集成电路系列丛书
国家出版基金项目

集成电路产业全书

（下册）

王阳元　主编

电子工业出版社
Publishing House of Electronics Industry
北京·BEIJING

目录

上 册

第1章 集成电路技术与产业发展 ································· 1

  1.1 集成电路的发明与技术进步 ································· 3

    1.1.1 集成电路与集成电路产业，積體電路與積體電路產業，
Integrated Circuit (IC) and IC Industry ································· 3

    1.1.2 集成电路发明前的技术准备，積體電路發明前的技術準備，
Invention before IC ································· 4

    1.1.3 电子管、晶体管的发明与应用，電子管、電晶體的發明與應用，
Invention and Application of Electron Tube and Transistor ································· 6

    1.1.4 集成电路的发明，積體電路的發明，Invention of IC ································· 9

    1.1.5 集成电路产业中信息获取、存储与处理的里程碑，積體電路產業中資訊獲取、存儲與處理的里程碑，Milestones of Information Acquisition, Storage and Processing in IC Industry ································· 11

    1.1.6 集成电路材料发展的里程碑，積體電路材料發展的里程碑，
Milestones of Materials Development in IC ································· 13

    1.1.7 集成电路制造发展的里程碑，積體電路製造發展的里程碑，
Milestones of Manufacturing Development in IC ································· 14

    1.1.8 从工业时代到信息时代，從工業時代到資訊時代，
From Industrial Era to Information Era ································· 17

    1.1.9 信息的市场需求与技术推动，資訊的市場需求與技術推動，
Market Demand and Driving Force of Information Technology ································· 19

  1.2 集成电路产业的特点与战略意义 ································· 22

    1.2.1 集成电路的战略性与市场性，積體電路的戰略性與市場性，
Strategy and Marketability of IC ································· 22

    1.2.2 集成电路与国家安全，積體電路與國家安全，IC and National Security ································· 23

    1.2.3 集成电路与绿色经济，積體電路與綠色經濟，IC and Green Economy ································· 25

    1.2.4 集成电路与社会生活和社会文化，積體電路與社會生活和社會文化，
IC and Social Life and Culture ································· 27

1.2.5 价值流向知识聚集的地方，價值流向知識聚集的地方，
"The value goes to where the knowledge is" ········· 29

1.3 集成电路产业的发展规律 ········· 30

1.3.1 摩尔定律和贝尔定律，摩爾定律和貝爾定律，
Moore's Law and Bell's Law ········· 30

1.3.2 金帆定律、吉尔德定律和梅特卡夫定律，金帆定律、吉爾德定律和梅特卡夫定律，Gene's Law, Gilder's Law and Metcalfe's Law ········· 33

1.3.3 微电子技术与产业的发展规律，微電子技術與產業的發展規律，
Development Law of Microelectronic Technology and Industry ········· 35

1.3.4 摩尔定律的终结与软件的创新，摩爾定律的終結與軟體的創新，
Ending of Moore's Law and Innovation of Software ········· 39

1.4 世界集成电路产业的发展 ········· 42

1.4.1 世界 GDP 与人均 GDP，世界 GDP 與人均 GDP，
Global GDP and GDP per Capita ········· 42

1.4.2 集成电路产业链，積體電路產業鏈，IC Supply Chain ········· 46

1.4.3 圆片代工，晶圓代工，Wafer Foundry ········· 48

1.4.4 集成电路产业结构的变迁，積體電路產業結構的變遷，
Evolution of IC Industrial Structure ········· 51

1.4.5 世界半导体企业销售额排名前 10 位的变化（1985—2015 年），世界半導體企業銷售額排名前 10 位的變化（1985—2015 年），Revenue Change of the Top 10 World's Semiconductor Companies（1985-2015）········· 53

1.4.6 全球半导体市场规模、区域分布及产品结构（1985—2016 年），全球半導體市場規模、區域分佈及產品結構（1985—2016 年），Revenue, Distribution and Product Category of Global Semiconductor Market（1985-2016）········· 55

1.4.7 世界半导体理事会，世界半導體理事會，
World Semiconductor Council（WSC）········· 58

1.4.8 国际半导体设备与材料协会，國際半導體設備與材料協會，
Semiconductor Equipment and Materials International（SEMI）········· 60

1.4.9 全球半导体联盟，全球半導體聯盟，
Global Semiconductor Association（GSA）········· 61

1.4.10 国际半导体技术路线图，國際半導體技術路線圖，
International Technology Roadmap for Semiconductors（ITRS）········· 62

1.4.11 世界主要集成电路研发机构，世界主要積體電路研發機構，
Worldwide Major Institutions of IC Research and Development ········· 64

1.4.12 半导体市场分析，半導體市場分析，Semiconductor Market Analysis ········· 65

1.4.13 世界半导体贸易统计公司，世界半導體貿易統計公司，
World Semiconductor Trade Statistics（WSTS） ………… 67

1.4.14 全球主要集成电路市场研究公司，全球主要積體電路市場研究公司，
World Wide Major IC Market Research and Consulting Companies ………… 68

1.4.15 后摩尔时代集成电路科学技术展望，後摩爾時代積體電路科學技術
展望，Perspectives of IC Science and Technology in Post-Moore Era …… 70

1.4.16 美国集成电路产业发展，美國積體電路產業發展，
IC Industry Development in the United States ………… 73

1.4.17 欧洲集成电路产业发展，歐洲積體電路產業發展，
IC Industry Development in Europe ………… 74

1.4.18 日本集成电路产业发展，日本積體電路產業發展，
IC Industry Development in Japan ………… 75

1.4.19 韩国集成电路产业发展，韓國積體電路產業發展，
IC Industry Development in South Korea ………… 76

1.4.20 中国台湾地区集成电路产业发展，中國臺灣地區積體電路產業發展，
IC Industry Development in Chinese Taiwan ………… 78

1.5 中国集成电路产业的发展 ………… 79

1.5.1 中国GDP与人均GDP，中國GDP與人均GDP，
China's GDP and GDP per Capita ………… 79

1.5.2 避免中等收入陷阱和修昔底德陷阱，避免中等收入陷阱和修昔底德陷阱，
Avoiding Middle Income Trap and Thucydides's Trap ………… 81

1.5.3 巴黎统筹委员会与瓦森纳协定，巴黎統籌委員會與瓦森納協定，
Coordinating Committee for Multilateral Export Controls and Wassenaar
Arrangement ………… 83

1.5.4 中国集成电路产业的发展（1965—1999年），中國積體電路產業的發展
（1965—1999年），Development of China's IC Industry（1965-1999） ………… 84

1.5.5 中国集成电路产业的发展与展望（2000—2030年），
中國積體電路產業的發展與展望（2000—2030年），
Development and Prospect of China's IC Industry（2000-2030） ………… 86

1.5.6 1956—1967年科学技术发展远景规划纲要，1956—1967年科學
技術發展遠景規劃綱要，Long-Term Plan of Science and
Technology Development from 1956 to 1967 ………… 88

1.5.7 国家高技术研究发展计划（863计划），國家高技術研究發展計劃
（863計劃），National High Technology Research and Development
Program of China ………… 89

1.5.8 国家重点基础研究发展计划（973计划），國家重點基礎研究發展計劃
（973計劃），National Basic Research Program ………… 91

1.5.9 厦门集成电路战略研讨会，廈門積體電路戰略研討會，
Semiconductor Industry Strategy Conference at Xiamen ………………… 93

1.5.10 四项优惠政策与电子工业发展基金，四項優惠政策與電子工業發展
基金，Four Policies and Electronics Industry Development Fund ………… 94

1.5.11 电子计算机和大规模集成电路领导小组，
電子計算機和大規模集成電路領導小組，
Leadership Group of Computers and Large Scale IC ………………………… 95

1.5.12 "六五""七五""八五"科技攻关，"六五""七五""八五"
科技攻關，Task Force of Science and Technology for the Sixth, Seventh and
Eighth 5-Year Plans ……………………………………………………… 96

1.5.13 国家科技重大专项，國家科技重大專項，Key Programs of National
Science and Technology ……………………………………………………… 98

1.5.14 深化科技体制改革实施方案，深化科技體制改革實施方案，
Implementation Plan to Deepen the Reform of Scientific and
Technological Systems …………………………………………………… 100

1.5.15 无锡微电子工程，無錫微電子工程，Wuxi Microelectronics Project …… 101

1.5.16 "908"工程，"908"工程，908 Program ……………………………… 102

1.5.17 "909"工程，"909"工程，909 Program ……………………………… 104

1.5.18 中芯国际集成电路制造有限公司，中芯國際集成電路製造有限公司，
Semiconductor Manufacturing International Corporation（SMIC）……… 106

1.5.19 第二代居民身份证与金融 IC 卡，第二代居民身份證與金融 IC 卡，
Second Generation Resident ID Card and Financial IC Card …………… 107

1.5.20 国发〔2000〕18 号文，國發〔2000〕18 號文，
State Council Document No. 18 (2000) ……………………………………… 109

1.5.21 国发〔2011〕4 号文，國發〔2011〕4 號文，
State Council Document No. 4 (2011) ……………………………………… 110

1.5.22 国家集成电路产业发展推进纲要，國家集成電路產業發展推進綱要，
Guidelines for National IC Industry Development ………………………… 112

1.5.23 从"六五"计划到"推进纲要"，從"六五"計劃到"推進綱要"，
From "Sixth Five-Year Plan" to "Guidelines" ……………………………… 113

1.5.24 国家集成电路产业投资基金，國家集成電路產業投資基金，
National IC Industry Investment Fund ……………………………………… 115

1.5.25 中国集成电路产业销售额（2000—2016 年），
中國積體電路產業銷售額（2000—2016 年），
Sales Revenue of China IC Industry (2000-2016) ………………………… 116

1.5.26 中国集成电路设计业的发展（2000—2016 年），
中國積體電路設計業的發展（2000—2016 年），

Development of China IC Design Industry (2000-2016) ………………… 118

1.5.27 中国集成电路制造业的发展（2000—2016 年），
中國積體電路製造業的發展（2000—2016 年），
Development of China IC Manufacturing Industry (2000-2016) ………… 119

1.5.28 中国集成电路封装测试业的发展（2000—2016 年），
中國積體電路封裝測試業的發展（2000—2016 年），
Development of China IC Packaging and Testing Industry (2000-2016) …… 121

1.5.29 中国集成电路设备业的发展（2000—2016 年），
中國積體電路設備業的發展（2000—2016 年），
Development of China IC Equipment Industry (2000-2016) ……………… 122

1.5.30 中国集成电路材料业的发展（2000—2016），
中國積體電路材料業的發展（2000—2016），
Development of China IC Material Industry (2000-2016) ………………… 124

1.5.31 中国集成电路设计业重点企业，中國積體電路設計業重點企業，
Major Design Companies of China IC Industry …………………………… 125

1.5.32 中国集成电路制造业重点企业，中國積體電路製造業重點企業，
Major Manufacturing Companies of China IC Industry …………………… 127

1.5.33 中国集成电路封装测试业重点企业，中國積體電路封裝測試業重點企業，Major Packaging and Testing Companies of China IC Industry …… 128

1.5.34 中国集成电路专用设备重点企业，中國積體電路專用設備重點企業，
Major Equipment Companies of China IC Industry ………………………… 130

1.5.35 中国集成电路专用材料重点企业，中國積體電路專用材料重點企業，
Major Material Companies of China IC Industry ………………………… 132

1.5.36 中国集成电路市场规模与产品结构（2000—2016 年），
中國積體電路市場規模與產品結構（2000—2016 年），
Market Scale and Product Category of IC in China (2000-2016) ………… 134

1.5.37 中国集成电路进出口规模（2000—2016 年），
中國積體電路進出口規模（2000—2016 年），
Import and Export Amount of IC Products in China (2000-2016) ……… 136

1.5.38 中国的集成电路产业联盟，中国的積體電路產業聯盟，
China's IC Industry Alliances ……………………………………………… 137

1.5.39 中国半导体行业协会，中國半導體行業協會，
China Semiconductor Industry Association (CSIA) ……………………… 139

1.5.40 国家工业信息安全发展研究中心，國家工業信息安全發展研究中心，
Electronic Technology Information Research Institute of MIIT (ETIRI) … 140

1.5.41 中国电子技术标准化研究院，中國電子技術標準化研究院，
China Electronics Standardization Institute (CESI) ……………………… 141

1.5.42 中国电子产品可靠性与环境试验研究所，
中國電子產品可靠性與環境試驗研究所，
China Electronic Product Reliability and Environment Test Research
Institute（CEPREI） ………………………………………………… 143

1.5.43 中国电子信息产业发展研究院，中國電子信息產業發展研究院，
China Center for Information Industry Development（CCID） ……… 144

1.5.44 中国电子科技集团公司集成电路研发机构，中國電子科技集團公司
積體電路研發機構，IC R&D Institutions of CETC ………………… 145

1.5.45 中国电子信息产业集团有限公司集成电路研发机构，中國電子信
息產業集團有限公司積體電路研發機構，IC R&D Institutions of CEC …… 147

1.5.46 中国航天科技集团公司集成电路研发机构，中國航天科技集團公司
積體電路研發機構，IC R&D Institutions of CASTC ………………… 149

1.5.47 中国科学院集成电路科研机构，中國科學院積體電路科研機構，
IC R&D Institutes of CAS ……………………………………………… 150

1.5.48 高等学校集成电路教学科研机构，高等學校積體電路教學科研機構，
IC Scientific Research Institutions under Higher Education System ……… 151

1.5.49 上海集成电路研发中心有限公司，上海集成電路研發中心有限公司，
Shanghai Integrated Circuit Research and Development Center Ltd.
（ICRD） ……………………………………………………………… 152

1.6 集成电路中的信息安全 …………………………………………………… 153

1.6.1 集成电路与信息安全，積體電路與資訊安全，
IC and Information Security …………………………………………… 153

1.6.2 对集成电路中信息安全性的攻击种类，對積體電路中資訊
安全性的攻擊種類，Kinds of Attacks to Information Security in IC …… 155

1.6.3 非侵入式攻击，非侵入式攻擊，Non-invasive Attacks ……………… 156

1.6.4 侵入式攻击，侵入式攻擊，Invasive Attacks ………………………… 158

1.6.5 半侵入式攻击，半侵入式攻擊，Semi-invasive Attacks ……………… 159

1.6.6 存储器的信息安全防护，記憶體的資訊安全防護，
Information Security Protection in Memory ………………………… 160

1.6.7 CPU 的信息安全防护，CPU 的資訊安全防護，
Information Security Protection in CPU ……………………………… 162

1.6.8 密码算法实现的 SCA 防护，密碼算法實現的 SCA 防護，
Defence Against SCA to Implementation of Cryptography ………… 164

1.6.9 密码算法实现的 FIA 防护，密碼算法實現的 FIA 防護，
Defence Against FIA to Implementation of Cryptography ………… 165

1.6.10 鲁棒性与信息安全，韌性與資訊安全，
Robustness and Information Security ……………………………… 166

1.7 集成电路知识产权 ·· 167

1.7.1 中国集成电路知识产权现状，中國積體電路智慧財產權現狀，
Status of China's IC IP ·· 167

1.7.2 硅知识产权核，矽智慧財產權核，Silicon IP Core ················ 168

1.7.3 集成电路 IP 核现状，積體電路 IP 核現狀，Status of IC IP Core ········ 169

1.7.4 工业和信息化部软件与集成电路促进中心，
工業和信息化部軟件與集成電路促進中心，
MIIT Software and Integrated Circuit Industry
Promotion Centre（CSIP）·· 170

1.7.5 上海硅知识产权交易中心有限公司，
上海矽知識產權交易中心有限公司，
Shanghai Silicon Intellectual Property Exchange Inc.（SSIPEX）·········· 172

1.7.6 硅知识产权交易、合作与共享及集成电路知识产权诉讼典型案例，
矽智慧財產權交易、合作與共享及積體電路智慧財產權訴訟典型案例，
Silicon IP Transactions, Cooperation and Sharing & Litigation
Cases in IC IP ·· 173

1.8 国际竞争与合作 ·· 175

1.8.1 客户自有技术和代工厂自有技术，客戶自有技術和代工廠自有技術，
Customer-Owned Technology and Foundry-Owned Technology ·········· 175

1.8.2 技术授权，技術授權，Technology License ································ 176

1.8.3 半导体公司并购，半導體公司併購，
Semiconductor Corporation Merge and Acquisition ·········· 178

1.8.4 圆片代工企业的未来趋势及商业模式，晶圓代工企業的未來趨勢及
商業模式，Future Trend and Business Model of Foundry ·········· 180

1.8.5 450mm 圆片时代，450mm 晶圓世代，450mm Wafer Era ·········· 181

1.9 集成电路企业管理 ·· 184

1.9.1 集成电路企业类型，積體電路企業類型，Type of IC Companies ·········· 184

1.9.2 集成电路企业组织结构，積體電路企業組織結構，
Management Structure of IC Enterprises ································ 186

1.9.3 集成电路企业经营管理，積體電路企業經營管理，
Operation Management of IC Enterprises ································ 188

1.9.4 集成电路企业生产管理，積體電路企業生產管理，
Production Management of IC Enterprises ································ 191

1.9.5 集成电路企业资产管理，積體電路企業資產管理，
Asset Management of IC Enterprises ································ 192

1.9.6 集成电路企业信息管理，積體電路企業資訊管理，

Information Management of IC Enterprises …………………………………… 194

1.10 人才培养 ………………………………………………………………… 196

1.10.1 近代科学教育的发展，近代科學教育的發展，
Development of Education in Modern Science …………… 196

1.10.2 国内大学微电子专业设置与学历教育情况，國內大學微電子專業設置
與學歷教育情況，Setup of Microelectronics Specialty and
Education Status of Academic Degree in Domestic Universities ………… 200

1.10.3 人才培养相关政策和示范性微电子学院，人才培養相關政策和
示範性微電子學院，China's Policies on Education of IC Talents ……… 201

1.10.4 海外高层次人才引进计划，海外高層次人才引進計劃，Recruitment
Program for Foreign Experts（Thousand Talents Plan） …………… 203

1.10.5 长江学者奖励计划，長江學者獎勵計劃，
Chang Jiang Scholars Program（Cheung Kong Scholars Programme）…… 204

1.10.6 中国科学院百人计划，中國科學院百人計劃，
CAS Pioneer Hundred Talents Program ………………………… 205

1.10.7 国家杰出青年科学基金，國家傑出青年科學基金，
National Science Fund for Distinguished Young Scholars …………… 206

1.10.8 集成电路人才培训，積體電路人才培訓，Trainings of IC Talents …… 207

1.10.9 关于营造企业家健康成长环境弘扬优秀企业家精神更好发挥企业家
作用的意见，關於營造企業家健康成長環境弘揚優秀企業家精神
更好發揮企業家作用的意見，Opinions on Building a Healthy Growth
Environment for Entrepreneurs and Promoting the Outstanding
Entrepreneurship to Play a Better Role ………………………… 208

第2章 集成电路产品门类与应用 ………………………………………… 211

2.1 集成电路产品的发展与分类 ……………………………………………… 213

2.1.1 集成电路产品发展概述，積體電路產品發展概述，
Overview of IC Products ………………………………… 213

2.1.2 集成电路产品的分类，積體電路產品的分類，
Classification of IC Products ……………………………… 215

2.1.3 集成电路产品的功能与结构，積體電路產品的功能與結構，
Function and Structure of IC Products …………………… 217

2.2 按制造工艺划分的集成电路产品门类 …………………………………… 218

2.2.1 集成电路制造工艺与产品，積體電路製程與產品，
IC Products by Manufacturing Process …………………… 218

2.2.2 双极型集成电路，雙極接面型積體電路，Bipolar Junction Transistor IC …… 219

2.2.3 平面CMOS集成电路，平面CMOS積體電路，Planar CMOS IC …… 221
2.2.4 双扩散金属-氧化物-半导体集成电路，雙擴散金氧半積體電路，
Double-diffused Metal-Oxide-Semiconductor IC …… 222
2.2.5 双极互补金属-氧化物-半导体集成电路，雙極互補金氧半積體電路，
Bipolar Complementary Metal-Oxide-Semiconductor IC …… 224
2.2.6 双极互补双扩散金属-氧化物-半导体集成电路，雙極-互補-雙擴散
金氧半積體電路，Bipolar-CMOS-DMOS IC …… 226
2.2.7 鳍式场效应晶体管集成电路，鰭式場效應電晶體積體電路，
Fin Field Effect Transistor IC …… 227
2.2.8 绝缘体上硅集成电路，絕緣體上矽積體電路，Silicon on Insulator IC …… 229
2.2.9 砷化镓器件，砷化鎵元件，Gallium Arsenide Devices …… 231
2.2.10 磷化铟器件，磷化銦元件，Indium Phosphide Devices …… 232
2.2.11 氮化镓器件，氮化鎵元件，Gallium Nitride Devices …… 233
2.2.12 碳化硅器件，碳化矽元件，Silicon Carbide Devices …… 234
2.2.13 异质结双极晶体管，異質接面雙極電晶體，
Heterojunction Bipolar Transistor（HBT） …… 236
2.2.14 系统级封装集成电路，系統級封裝積體電路，System in Package IC …… 237
2.2.15 微/纳机电系统，微/奈機電系統，
Micro/Nano-Electro-Mechanical System（MEMS/NEMS） …… 238
2.2.16 其他先进工艺产品，其他先進製程產品，Products of Other Advanced
Processes …… 240

2.3 数字集成电路产品 …… 242
2.3.1 数字集成电路，數位積體電路，Digital IC …… 242
2.3.2 静态随机存取存储器，靜態隨機存取記憶體，
Static Random Access Memory（SRAM） …… 243
2.3.3 动态随机存取存储器，動態隨機存取記憶體，
Dynamic Random Access Memory（DRAM） …… 245
2.3.4 双倍速率同步动态随机存取存储器，雙倍速率同步動態隨機存取
記憶體，Double Data Rate SDRAM …… 246
2.3.5 低功耗双倍速率同步动态随机存取存储器，低功耗雙倍速率同步動態
隨機存取記憶體，Low Power Double Data Rate SDRAM …… 248
2.3.6 图形双倍速率同步动态随机存取存储器，圖形雙倍速率同步動態隨機
存取記憶體，Graphics Double Data Rate SDRAM …… 249
2.3.7 一次可编程和多次可编程存储器，一次可程式和多次可程式記憶體，
One-Time Programmable/Multi-Time Programmable Memory …… 251
2.3.8 闪速存储器，快閃記憶體，Flash Memory …… 253
2.3.9 固态硬盘，固態硬碟，Solid State Drive（SSD） …… 255

2.3.10 嵌入式多媒体卡，嵌入式多媒體卡，
Embedded Multi-Media Card（eMMC） ·· 256
2.3.11 嵌入式多芯片封装存储器，嵌入式多晶片封裝記憶體，
Embedded Multi-Chip Package Memory ·· 258
2.3.12 x86架构处理器，x86架構處理器，x86 Processors ················ 261
2.3.13 IA-64架构处理器，IA-64架構處理器，IA-64 Processors ················ 263
2.3.14 POWER系列架构处理器，POWER系列架構處理器，
POWER Family Processors ·· 265
2.3.15 MIPS架构处理器，MIPS架構處理器，MIPS ·············· 267
2.3.16 ARM架构处理器，ARM架構處理器，ARM Processors ················ 269
2.3.17 UltraSPARC架构处理器，UltraSPARC架構處理器，
UltraSPARC Processors ·· 270
2.3.18 C-SKY架构处理器，C-SKY架構處理器，
C-SKY Architecture Processors ·· 272
2.3.19 图形处理器，圖形處理器，Graphics Processing Unit（GPU） ·········· 273
2.3.20 微控制器，微控制器，Microcontroller Unit（MCU） ············ 276
2.3.21 数字信号处理器，數位信號處理器，Digital Signal Processor（DSP） ··· 278
2.3.22 现场可编程门阵列，現場可程式閘陣列，
Field Programmable Gate Array（FPGA） ·································· 279
2.3.23 专用集成电路，專用積體電路，
Application Specific Integrated Circuit（ASIC） ······················ 281
2.3.24 网络处理器，網路處理器，Network Processor（NP） ·············· 283
2.3.25 安全加密处理器，安全加密處理器，Secure Cryptoprocessor ········ 285
2.3.26 高级处理器，高級處理器，Advanced Processors ·············· 286

2.4 模拟与模数混合集成电路产品 ·· 289
   2.4.1 模拟集成电路产品，類比積體電路產品，Analog IC ············ 289
   2.4.2 模/数转换器，類比/數位轉換器，Analog-to-Digital Converter（ADC） ··· 291
   2.4.3 数/模转换器，數位/類比轉換器，Digital-to-Analog Converter（DAC） ······ 293
   2.4.4 比较器，比較器，Comparator ·· 294
   2.4.5 运算放大器，運算放大器，Operational Amplifier（Op-Amp） ············ 295
   2.4.6 仪表放大器，儀表放大器，Instrumentation Amplifier ············ 296
   2.4.7 专用放大器，專用放大器，Specialty Amplifier ··················· 297
   2.4.8 电源管理集成电路，電源管理積體電路，
Power Management IC（PMIC） ·· 298
   2.4.9 交流/直流转换器，交流/直流轉換器，AC/DC Converter ·············· 299
   2.4.10 直流/直流转换器，直流/直流轉換器，DC/DC Converter ············ 301
   2.4.11 开关电源控制器，開關電源控制器，Switching Power Supply Controller ··· 301

2.4.12 低压差线性稳压器，低壓差綫性穩壓器，
Low Dropout Regulator（LDO） ·· 303

2.4.13 发光二极管驱动器，發光二極體驅動電路，
Light Emitting Diode Driver ·· 305

2.4.14 液晶显示器驱动器，液晶顯示器驅動電路，
Liquid Crystal Display Driver ··· 306

2.4.15 电动机控制器，馬達控制器，Motor Controller ·························· 308

2.4.16 串行/解串器，串列/解串器，SerDes ·· 308

2.4.17 串行通信与通用串行总线接口，串列通信與通用串列匯流排介面，
Serial Communication and Universal Serial Bus Interfaces ·············· 310

2.4.18 以太网接口集成电路，乙太網路介面積體電路，
Ethernet Interface IC ·· 313

2.4.19 标清与高清视频传输接口，標清與高清視頻傳輸介面，Interface for
Standard-Definition Television and High-Definition Television ·············· 314

2.4.20 高清多媒体接口集成电路，高清多媒體介面積體電路，
High-Definition Multimedia Interface IC ····································· 315

2.4.21 高技术配置接口，高技術配置介面，
Advanced Technology Attachment Interface ································ 317

2.4.22 DDR SDRAM 接口，DDR SDRAM 介面，DDR SDRAM Interface ·············· 318

2.4.23 接口转换集成电路，介面轉換積體電路，
Protocol Converter Interface IC ··· 321

2.4.24 控制器局域网总线，控制器局域網匯流排，
Controller Area Network Bus ·· 322

2.4.25 内部集成电路总线，內部積體電路匯流排，
Inter-Integrated Circuit Bus ·· 323

2.4.26 高频调谐器，高頻調諧器，High Frequency Tuner ······················· 324

2.4.27 数字视频广播调制解调，數位視頻廣播調製解調，
Digital Video Broadcasting Modulation/Demodulation ···················· 325

2.4.28 蜂窝移动通信集成电路，蜂窩移動通信積體電路，
Cellular Mobile Communication IC ·· 327

2.4.29 音频编解码器，音頻編解碼器，Audio Codec ······························ 329

2.4.30 视频编解码器，視頻編解碼器，Video Codec ······························ 330

2.4.31 电力线通信，電力綫通信，Power Line Communication（PLC） ········· 330

2.4.32 数字用户线路，數位用戶綫路，Digital Subscriber Line（DSL） ········ 332

2.4.33 无源光纤网络和电缆调制解调器，無源光纖網路與纜綫數據機，
Passive Optical Network and Cable MODEM ································ 332

2.5 射频集成电路产品 ·· 334

2.5.1 射频领域集成电路产品，射頻領域積體電路產品，RF and Microwave IC Products ········ 334
2.5.2 射频功率放大器，射頻功率放大器，RF Power Amplifier（RF PA）··· 335
2.5.3 低噪声放大器，低雜訊放大器，Low Noise Amplifier（LNA）········ 337
2.5.4 混频器，混頻器，Mixer ········ 338
2.5.5 振荡器，振蕩器，Oscillator ········ 340
2.5.6 双工器，雙工器，Duplexer ········ 341
2.5.7 滤波器，濾波器，Filter ········ 343
2.5.8 微波器件，微波元件，Microwave Devices ········ 344
2.5.9 毫米波器件，毫米波元件，Millimeter Wave Devices ········ 346
2.5.10 太赫兹器件，太赫茲元件，Terahertz Devices ········ 347
2.5.11 收音机芯片，收音機晶片，Radio Receiver Chip ········ 349
2.5.12 导航芯片，導航晶片，Navigation Chip ········ 350
2.5.13 无线网络产品，無綫網路產品，Wireless Fidelity Products ········ 351
2.5.14 蓝牙产品，藍牙產品，Bluetooth Products ········ 352
2.5.15 紫蜂产品，紫蜂產品，ZigBee Products ········ 353
2.5.16 射频识别产品，射頻識別產品，Radio Frequency Identification Products ··· 354

2.6 功率器件产品 ········ 355
2.6.1 功率器件，功率元件，Power Devices ········ 355
2.6.2 功率二极管，功率二極體，Power Diode ········ 357
2.6.3 快恢复二极管，快恢復二極體，Fast Recovery Diode（FRD）········ 359
2.6.4 晶闸管，晶閘管，Thyristor（SCR）········ 361
2.6.5 功率双极晶体管，功率雙極電晶體，Power BJT ········ 364
2.6.6 功率金属-氧化物-半导体场效应管，功率金氧半場效電晶體，Power MOSFET ········ 366
2.6.7 绝缘栅双极晶体管，絕緣閘雙極電晶體，Insulated Gate Bipolar Transistor（IGBT）········ 369
2.6.8 宽带隙半导体器件，寬能隙半導體元件，Wide Bandgap Semiconductor Devices ········ 373
2.6.9 超级结型晶闸管，超極接面型晶閘管，Super Junction Thyristor ········ 374
2.6.10 栅极关断晶闸管，閘極關斷晶閘管，Gate Turn-Off Thyristor ········ 376
2.6.11 集成栅极换流晶闸管，整合閘極換流晶閘管，Integrated Gate Commutated Thyristor（IGCT）········ 378
2.6.12 发射极关断晶闸管，發射極關斷晶閘管，Emitter Turn-Off Thyristor ········ 379
2.6.13 MOS门控晶闸管，MOS 關斷晶閘管，MOS Controlled Thyristor（MCT）········ 380

2.7 光电器件产品 ········ 382

	2.7.1	光电器件，光電元件，Optoelectronic Devices	382
	2.7.2	光电二极管，光電二極體，Photodiode	383
	2.7.3	雪崩光电二极管，雪崩光電二極體，Avalanche Photodiode（APD）	385
	2.7.4	发光二极管，發光二極體，Light Emitting Diode（LED）	387
	2.7.5	有机发光二极管，有機發光二極體，Organic Light Emitting Diode（OLED）	388
	2.7.6	有源矩阵有机发光二极管，主動式矩陣有機發光二極體，Active Matrix Organic Light Emitting Diode（AMOLED）	390
	2.7.7	微型发光二极管，微型發光二極體，Micro Light Emitting Diode（MicroLED）	392
	2.7.8	量子点发光二极管，量子點發光二極體，Quantum Dot Light Emitting Diode（QLED）	393
	2.7.9	薄膜晶体管，薄膜電晶體，Thin Film Transistor（TFT）	395
	2.7.10	激光二极管，雷射二極體，Laser Diode（LD）	397
	2.7.11	光电倍增管，光電倍增器，Photomultiplier（PMT）	398
	2.7.12	红外器件，紅外元件，Infrared Devices（IR Devices）	399
	2.7.13	光通信器件，光通信元件，Optical Communication Devices	401
2.8	传感器与微机电系统传感产品	402
	2.8.1	传感器与微机电系统器件，感測器與微機電系統元件，Sensors and MEMS Devices	402
	2.8.2	电阻式传感器，電阻式感測器，Resistance Sensor	404
	2.8.3	电容式传感器，電容式感測器，Capacitance Sensor	405
	2.8.4	电感式传感器，電感式感測器，Conductance Sensor	407
	2.8.5	压电传感器，壓電感測器，Pizeo-Electric Sensor	408
	2.8.6	温度传感器，溫度感測器，Temperature Sensor	409
	2.8.7	霍尔传感器，霍爾感測器，Hall Effect Sensor	410
	2.8.8	压力传感器，壓力感測器，Pressure Sensor	411
	2.8.9	微机电系统惯性器件，微機電系統慣性元件，MEMS Inertial Device	413
	2.8.10	射频微机电开关，射頻微機電開關，RF MEMS Switch	414
	2.8.11	微流控芯片，微通道晶片，Microfluidics Chip	415
	2.8.12	MEMS 磁强计，MEMS 磁強計，MEMS Magnetic Field Sensor	417
	2.8.13	红外传感器，紅外感測器，Infrared Sensor	419
	2.8.14	电荷耦合器件，電荷耦合元件，Charge Coupled Device（CCD）	420
	2.8.15	CMOS 图像传感器，CMOS 影像感測器，CMOS Image Sensor（CIS）	421
	2.8.16	指纹识别芯片，指紋識別晶片，Fingerprint Recognition Chip	423
	2.8.17	触控芯片，觸控晶片，Touch Control Chip	424

2.8.18　生物微机电集成电路，生物微機電積體電路，Bio-MEMS IC ……… 425

2.9　集成电路产品在消费电子、计算机和通信等领域的主要应用 …………… 427

2.9.1　电子游戏机与电子玩具产品，電子遊戲機與電子玩具產品，
　　　　Electronic Games and Toys ……………………………………… 427
2.9.2　家用电器，家用電器，Home Appliances ……………………… 427
2.9.3　个人消费电子产品，個人消費數碼產品，
　　　　Consumer Electronics Products …………………………………… 428
2.9.4　智能卡，智慧卡，Smart Card …………………………………… 429
2.9.5　物联网应用，物聯網應用，Application of Internet of Things ……… 431
2.9.6　智慧家庭，智慧家庭，Smart Home …………………………… 432
2.9.7　智慧城市，智慧城市，Smart City ……………………………… 433
2.9.8　个人计算机、工作站与外部设备，個人電腦、工作站與週邊設備，
　　　　Personal Computer and Peripherals ……………………………… 434
2.9.9　超级计算机，超級計算機，Supercomputers …………………… 435
2.9.10　手机，手機，Mobile Phone ……………………………………… 437
2.9.11　数据中心，資料中心，Data Center ……………………………… 438
2.9.12　网络通信设备，網路通信設備，Network Communication Equipment … 440
2.9.13　无线通信核心网与接入网，無綫通信核心網與接入網，
　　　　Telecommunication Core Network and Access Network ………… 441
2.9.14　通信领域的融合，通信領域的融合，Unified Communications ……… 442

2.10　集成电路产品在汽车电子与工业、医疗等领域的主要应用 ……………… 444

2.10.1　车载信息娱乐系统，車載資訊娛樂系統，In-Vehicle Infotainment …… 444
2.10.2　车身控制模块，車身控制模組，Body Control Module ………… 445
2.10.3　动力传动综合控制系统，動力傳動綜合控制系統，
　　　　Powertrain Control System ………………………………………… 446
2.10.4　汽车主动安全系统，汽車主動安全系統，
　　　　Automotive Active Safety Systems ………………………………… 447
2.10.5　新能源汽车，新能源汽車，New Energy Vehicles ……………… 448
2.10.6　高级驾驶辅助系统，高級駕駛輔助系統，
　　　　Advanced Driver-Assistance Systems（ADAS）………………… 449
2.10.7　轨道交通，軌道交通，Rail Transit ……………………………… 450
2.10.8　智能电网，智慧電網，Smart Grid ……………………………… 451
2.10.9　新能源应用，新能源應用，Application of New Energy Sources …… 452
2.10.10　医疗成像设备，醫療成像設備，Medical Imaging Equipments ……… 453
2.10.11　经典医疗电子设备，經典醫療電子設備，
　　　　Medical Electronic Equipments …………………………………… 455

2.10.12　医疗监护仪，醫療監護儀，Medical Monitor ················ 457

2.10.13　医疗电子装置，醫療電子裝置，Medical Electronic Devices ········ 458

2.10.14　植入式医疗电子装置，植入式醫療電子裝置，
　　　　Implanted Medical Electronic Devices ················ 459

2.10.15　医疗机器人，醫療機器人，Medical Robot ················ 460

2.11　集成电路产品在航空军事及新兴领域的主要应用 ················ 461

2.11.1　雷达，雷達，Radio Detection and Ranging（Radar） ········ 461

2.11.2　航空飞行控制，航空飛行控制，Aviation Flight Control（AFC） ····· 463

2.11.3　集成电路在人造卫星中的应用，積體電路在人造衛星中的應用，
　　　　Application of ICs in Satellites ················ 465

2.11.4　军事通信，軍事通信，Military Communication ················ 466

2.11.5　电子战用集成电路，電子戰用積體電路，Electronic Warfare IC ····· 468

2.11.6　导弹制导和控制系统，導彈制導與控制系統，
　　　　Missile Guidance and Control System ················ 469

2.11.7　红外夜视，紅外夜視，Infrared Night Vision ················ 470

2.11.8　航空仪表，航空儀表，Avionics Instrument ················ 473

2.11.9　预警机，預警機，Early Warning Aircraft ················ 474

2.11.10　智能机器人环境认知传感器，智慧機器人環境認知感測器，
　　　　Smart Robot Environment Cognitive Sensors ················ 475

2.11.11　机器人网络通信系统，機器人網路通信系統，
　　　　Robot Network Communication System ················ 476

2.11.12　智能制造系统，智慧製造系統，
　　　　Intelligent Manufacturing System（IMS） ················ 478

2.11.13　无人机系统，無人機系統，Unmanned Aerial Vehicle System ····· 479

2.11.14　双目视觉系统，雙目視覺系統，Binocular Vision System ········ 481

2.11.15　虚拟现实/增强现实/混合现实，虛擬實境/擴增實境/混合實境，
　　　　Virtual Reality/Augmented Reality/Mixed Reality ········ 482

2.11.16　人工智能系统，人工智慧系統，Artificial Intelligence System ····· 484

第3章　集成电路产业经济与投资 ················ 487

3.1　与集成电路产业相关的经济学和金融学理论 ················ 491

3.1.1　集成电路产业与宏观经济，積體電路產業與宏觀經濟，
　　　IC Industry and Macro-economy ················ 491

3.1.2　集成电路产业的规模经济效应，積體電路產業的規模經濟效應，
　　　Effect of Scale Economies in the IC Industry ················ 494

3.1.3　摩尔定律的经济学理解，摩爾定律的經濟學理解，

Economic View of Moore's Law ……… 496

3.1.4 集成电路产业的供给侧结构性改革，積體電路產業的供給側結構性改革，Structural Reform of Supply Side for IC Industry ……… 497

3.1.5 集成电路产业的范围经济和产业集群，積體電路產業的範圍經濟和產業集群，Scope Economy and Industrial Cluster in IC Industry ……… 499

3.1.6 集成电路产业的蓝海和红海市场，積體電路產業的藍海和紅海市場，Blue Ocean and Red Ocean of IC Industry ……… 501

3.1.7 集成电路产业的全球化和开放性市场，積體電路產業的全球化和開放性市場，Globalization and Open Market for IC Industry ……… 502

3.1.8 集成电路产业的全球价值链和微笑曲线，積體電路產業的全球價值鏈和微笑曲線，Global Value Chain and Smiling Curve of IC Industry ……… 503

3.1.9 集成电路产业的贸易与关税，積體電路產業的貿易與關稅，Trade and Tariff in IC Industry ……… 505

3.1.10 后发国家/地区的集成电路产业赶超策略，後發國家/地區的積體電路產業趕超政策，"Catching-Up" Strategy of Late-Comer Countries/Areas in IC Industry ……… 506

3.1.11 集成电路产业贸易保护的主要手段，積體電路產業貿易保護的主要手段，Protective Trade Policy in IC Industry ……… 507

3.1.12 不同所有制集成电路企业在投融资方面的区别，不同所有制積體電路企業在投融資方面的區別，The Difference in Financing among IC Enterprises with Distinct Ownership System ……… 508

3.1.13 集成电路产品的生命周期，積體電路產品的生命週期，Life Cycle of IC Products ……… 510

3.1.14 集成电路产业中的长尾效应和定制化产品，積體電路產業中的長尾效應和定制化產品，Long Tail Effect and Customized Products in IC Industry ……… 511

3.1.15 集成电路企业的权益估值模型，積體電路企業的權益估值模型，Equity Valuation Model of IC Enterprises ……… 513

3.1.16 集成电路企业管理中的委托代理制度，積體電路企業管理中的委託代理制度，Principal-Agent System in IC Enterprise Management ……… 516

3.1.17 集成电路企业的资本结构，積體電路企業的資本結構，Capital Structure of IC Enterprises ……… 517

3.2 集成电路产业的发展规律和发展指标 ……… 519

3.2.1 集成电路产业的发展趋势，積體電路產業的發展趨勢，Developing Trend of IC Industry ……… 519

3.2.2 存储器产业的特征，記憶體產業的特徵，

    Business Characteristics of Memory IC Industry ················· 521
3.2.3 集成电路产业的战略和市场，積體電路產業的戰略和市場，
    Strategy and Market for IC Industry ························· 523
3.2.4 政府政策与集成电路产业发展，政府政策與積體電路產業發展，
    Government Policies and IC Industry Development ············ 524
3.2.5 集成电路产业的投资与成长，積體電路產業的投資與成長，
    Investment and Growth of IC Industry ······················· 526
3.2.6 集成电路产业商业模式转变的技术经济原因，
    積體電路產業商業模式轉變的技術經濟原因，
    Technomic Factors for IC Industry Evolution ················· 526
3.2.7 全球半导体产业投资规模与市场规模的变化，
    全球半導體產業投資規模與市場規模的變化，
    Changes in Total Investment and Market Size of Worldwide
    Semiconductor Industry ···································· 529
3.2.8 集成电路产业的资本支出和研发支出，
    積體電路產業的資本支出和研發支出，
    CAPEX and R&D Expense of IC Industry ···················· 531
3.2.9 集成电路产业的进入壁垒，積體電路產業的進入壁壘，
    Entry Barriers of IC Industry ································ 534
3.2.10 集成电路产业的区域演进，積體電路產業的區域演進，
    Regional Migration of IC Industry ··························· 536
3.2.11 集成电路产业投资与产业生态建设，積體電路產業投資與產業生態建設，
    IC Industry Investment and Industrial Ecology Development ····· 536
3.2.12 集成电路产业投资与技术进步的关系，積體電路產業投資與技術進步的
    關係，Relationship Between Investment and Technology Advancement in
    IC Industry ·· 538
3.2.13 优势企业在集成电路产业中发挥决定性作用，
    優勢企業在積體電路產業中發揮決定性作用，
    Major Role of Superior Enterprises in IC Industry ············· 540
3.2.14 集成电路产品的成本结构分析，積體電路產品的成本結構分析，
    Cost Structure Analysis of IC Products ······················· 542
3.2.15 集成电路制造业优化生产规模，積體電路製造業優化生產規模，
    Production Scale Optimization for IC Manufacturing Industry ··· 543
3.2.16 集成电路制造业的盈亏特点，積體電路製造業的盈虧特點，
    Profit and Loss Characteristics of IC Manufacturing Industry ··· 545
3.2.17 集成电路代工企业的股权结构，積體電路代工企業的股權結構，

　　　　　　　Shareholder Structure of IC Foundry ·················· 546
　　3.2.18 集成电路产业的统计类景气度指标，積體電路產業的統計類景氣度
　　　　　　指標，Prosperity Indicators of Statistics for IC Industry ·········· 547
　　3.2.19 集成电路产业的证券类景气度指标，積體電路產業的證券類景氣度指標，
　　　　　　Prosperity Indicators of Securities for IC Industry ·············· 548
3.3 企业财务经营实务与分析 ··· 549
　　3.3.1 三大财务报表与财务分析方法，三大財務報表與財務分析方法，
　　　　　　Financial Statements and Analysis Methods ···················· 549
　　3.3.2 资本支出，資本支出，Capital Expenditure（CAPEX）·········· 551
　　3.3.3 出货量，出貨量，Shipment ··· 553
　　3.3.4 市场份额，市場份額，Market Share ······························· 555
　　3.3.5 产品结构，產品結構，Product Category ·························· 557
　　3.3.6 毛利率，毛利率，Gross Margin Rate ······························ 559
　　3.3.7 折旧，折舊，Depreciation ··· 561
　　3.3.8 税息折旧及摊销前利润，稅息折舊及攤銷前利潤，EBITDA ··· 562
　　3.3.9 其他报表财务指标，其他報表財務指標，Other Financial Indexes ·· 565
　　3.3.10 市盈率，市盈率，Price-to-Earnings Ratio（PER，P/E）······ 567
　　3.3.11 商誉，商譽，Goodwill ·· 568
　　3.3.12 股权激励，股權激勵，Equity Incentive ·························· 570
3.4 集成电路产业的投资与融资 ··· 571
　　3.4.1 风险投资基金/私募股权基金，風險投資基金/私募股權基金，
　　　　　　Venture Capital/Private Equity（VC/PE）···················· 571
　　3.4.2 中国概念股，中國概念股，Chinese Concept Share ············ 574
　　3.4.3 集成电路企业的主要融资渠道，積體電路企業的主要融資管道，
　　　　　　Major Financing Sources for IC Companies ····················· 575
　　3.4.4 集成电路制造业的资金来源，積體電路制造業的資金來源，
　　　　　　Financing Sources for IC Manufacturing ························ 577
　　3.4.5 产业基金的投资方式，產業基金的投資方式，
　　　　　　Investment Methods of Industry Funds ·························· 578
　　3.4.6 国家集成电路产业投资基金股份有限公司和华芯投资管理有限责任公司，
　　　　　　國家集成電路產業投資基金股份有限公司和華芯投資管理有限責任公司，
　　　　　　China Integrated Circuit Investment Fund Co. Ltd and Sino IC Capital ······ 579
　　3.4.7 中国主要省级集成电路政府投资基金（北京），
　　　　　　中國主要省級積體電路政府投資基金（北京），
　　　　　　China's Major Provincial IC Investment Funds（Beijing）········ 582
　　3.4.8 中国主要省级集成电路政府投资基金（上海），

中國主要省級積體電路政府投資基金（上海），
China's Major Provincial IC Investment Funds（Shanghai） ·············· 583

3.4.9 中国主要省级集成电路政府投资基金（其他），
中國主要省級積體電路政府投資基金（其他），
China's Major Provincial IC Investment Funds（Others） ·············· 584

3.4.10 国际集成电路相关政府投资基金，國際積體電路相關政府投資基金，
International Government Investment Funds on IC ·············· 585

3.4.11 国际集成电路研发投资，國際積體電路研發投資，
International IC R&D Investment ·············· 587

3.4.12 中国主要民间集成电路投融资机构，
中國主要民間積體電路投融資機構，
China's Major Private IC Investment and Financing Institutions ·············· 588

3.4.13 集成电路产业的并购，積體電路產業的併購，
Mergers and Acquisitions in IC Industry ·············· 590

3.4.14 IPO 和私有化，IPO 和私有化，IPO and Going Private ·············· 592

3.4.15 集成电路企业的风险投资操作流程，積體電路企業的風險投資操作流程，
Procedure of Venture Capital for IC Companies ·············· 595

3.4.16 A 股上市的半导体企业，A 股上市的半導體企業，
A Share Listed Companies of Semiconductor Industry ·············· 597

3.4.17 在香港联交所上市的中国集成电路企业，
在香港聯交所上市的中國積體電路企業，
Listed Companies of China IC Industry in HKEX ·············· 599

3.4.18 在纳斯达克交易所上市的中国集成电路企业，
在納斯達克交易所上市的中國積體電路企業，
Listed Companies of China IC Industry in NASDAQ ·············· 600

3.4.19 集成电路企业的尽职调查，積體電路企業的盡職調查，
Due Diligence in IC Enterprises ·············· 601

3.4.20 集成电路企业的资产评估，積體電路企業的資產評估，
Asset Evaluation of IC Enterprises ·············· 603

中　册

第 4 章　集成电路生产线建设 ·············· 607
4.1　集成电路生产线的发展历程 ·············· 609
4.1.1　集成电路生产线发展情况，積體電路生產綫發展情況，
History of IC Manufacturing Line ·············· 609

4.1.2 中国集成电路生产线发展情况，中國積體電路生產綫發展情況，
History of China IC Manufacturing Line ········· 611

4.2 集成电路生产线的选址与环境影响评价·········· 612

4.2.1 集成电路生产线的选址准则，積體電路生產綫的選址準則，
Guidelines of IC Manufacturing Line Plant Location ········· 613

4.2.2 环境空气影响评价，環境空氣影響評價，
Environmental Evaluation of Air ········· 614

4.2.3 地表水环境评价，地表水環境評價，
Environmental Evaluation of Surfacewater ········· 616

4.2.4 地下水环境评价，地下水環境評價，
Environmental Evaluation of Groundwater ········· 617

4.2.5 声环境评价，聲環境評價，Environmental Evaluation of Noise ········· 618

4.2.6 土壤环境评价，土壤環境評價，Environmental Evaluation of Soil ········· 619

4.2.7 环境风险评价，環境風險評價，Environmental Risk Assessment ········· 620

4.2.8 环境影响评价因子，環境影響評價因子，
Environmental Assessment Factors ········· 622

4.2.9 集成电路生产线的污染分析，積體電路生產綫的污染分析，
Analysis of Contamination in IC Manufacturing Line ········· 623

4.2.10 集成电路生产线的污染物及处理，積體電路生產綫的污染物及處理，
Contaminants and Treatment in IC Manufacturing Line ········· 626

4.3 集成电路生产线设计·········· 627

4.3.1 集成电路生产线的工艺设计，積體電路生產綫的製程技術設計，
Technology Considerations for IC Manufacturing Line ········· 627

4.3.2 集成电路生产线的投资与分配，積體電路生產綫的投資與分配，
Investment and Expenses for IC Manufacturing Line ········· 629

4.3.3 集成电路生产线的建筑与结构，積體電路生產綫的建築與結構，
Buildings & Structures for IC Mamufacturing Line ········· 630

4.3.4 绿色厂房设计，綠色廠房設計，Green Plant Design ········· 631

4.3.5 自动化物料搬运系统，自動化物料搬運系統，
Automated Material Handling System（AMHS）········· 632

4.3.6 给排水系统，給排水系統，Water Supply and Drainage System ········· 633

4.3.7 消防系统，消防系統，Fire Safety System ········· 634

4.3.8 电力系统，電力系統，Power System ········· 636

4.3.9 超纯水系统，超純水系統，Ultrapure Water System ········· 639

4.3.10 废水处理系统，廢水處理系統，Waste Water Treatment System ········· 640

4.3.11 厂务监控系统，廠務監控系統，

    Facility Monitoring and Control System（FMCS） ……………………… 642
  4.3.12 二次配管系统，二次配管系統，Hook Up System ……………… 644
 4.4 集成电路生产线厂房的洁净室与空调 ……………………………………… 645
  4.4.1 洁净室系统，潔淨室系統，Clean Room System ……………… 645
  4.4.2 空调系统，空調系統，Air Conditioning System ……………… 647
  4.4.3 工艺循环冷却水系统，製程循環冷卻水系統，
    Process Circulating and Cooling Water System ………………… 648
  4.4.4 工艺真空系统，製程真空系統，Process Vacuum System ……… 649
  4.4.5 工艺排气系统，製程排氣系統，Process Exhaust System ……… 650
 4.5 集成电路生产线厂房的中央气体系统与化学品供应系统 ………………… 652
  4.5.1 大宗气体系统，大宗氣體系統，Bulk Gas System …………… 652
  4.5.2 特种气体系统，特種氣體系統，Specialty Gas System ………… 653
  4.5.3 化学品供应系统，化學品供應系統，Chemical Supply System … 656
 4.6 集成电路生产线厂房的建设与管理 ………………………………………… 658
  4.6.1 项目组织与职责，項目組織與職責，Organization and Responsibility … 658
  4.6.2 项目规划与设计，項目規劃與設計，Project Plan and Design … 659
  4.6.3 项目招标投标流程，項目招標投標流程，Project Bidding Procedure … 660
  4.6.4 政府审批，政府審批，Government Approval …………………… 661
  4.6.5 施工管理，施工管理，Construction Management ……………… 664
  4.6.6 合同管理，合約管理，Contract Management ………………… 665
  4.6.7 进度控制，進度控制，Schedule Control ………………………… 666
  4.6.8 质量监督与保障，質量監督與保障，
    Quality Inspection & Quality Assurance（QA）………………… 667
  4.6.9 动力设施空间管理，動力設施空間管理，
    Utilities Equipment Space Management ………………………… 668
  4.6.10 施工安全管理，施工安全管理，Construction Safety Management … 670
  4.6.11 中央供应系统的测试，中央供應系統的測試，
    Monitoring of Central Supply System …………………………… 671
 4.7 集成电路生产线的节能降耗 ………………………………………………… 672
  4.7.1 生产线能耗的种类，生產綫能耗的種類，
    Energy Consumption in IC Production Line ……………………… 672
  4.7.2 节能降耗的主要措施，節能降耗的主要措施，
    Main Measures for Saving Energy and Reducing Consumption … 674
 4.8 集成电路生产线的危险化学品管理 ………………………………………… 675
  4.8.1 采购，採購，Procurement ………………………………………… 675
  4.8.2 运输，運輸，Transportation ……………………………………… 676

4.8.3 储存，儲存，Storage …… 677
4.8.4 使用，使用，Usage …… 678
4.8.5 处理，處理，Disposal …… 679

4.9 集成电路生产线建设的发展趋势 …… 680

4.9.1 集成电路生产线建设的现状及发展方向，積體電路生產綫建設的現狀
及發展方向，Development and Status of IC Manufacturing Line …… 680

4.9.2 中国集成电路生产线发展的现状和机遇，中國積體電路生產綫發展的
現狀和機遇，Status and Opportunity of China IC Manufacturing Line …… 682

第5章 集成电路设计 …… 685

5.1 集成电路设计产业概况 …… 687

5.1.1 全球集成电路设计业概况，全球積體電路設計業概況，
Overview of Global IC Design Industry …… 687

5.1.2 中国集成电路设计业概况，中國積體電路設計業概況，
Overview of IC Design Industry in China …… 688

5.1.3 集成电路设计对整机系统的支撑作用，積體電路設計對整機系統的
支撐作用，Supporting Role of IC Design to System …… 689

5.1.4 集成电路设计与制造的协同发展，積體電路設計與製造的協同
發展，IC Design and Technology Co-optimization（DTCO） …… 691

5.2 集成电路设计技术基础 …… 692

5.2.1 设计规格，設計規格，Design Specification …… 692
5.2.2 设计流程，設計流程，Design Flow …… 693
5.2.3 工艺设计包，工藝設計包，Process Design Kit（PDK） …… 695
5.2.4 客户自有技术，客戶自有技術，Customer-Owned Technology（COT） …… 697
5.2.5 标准单元库，標準單元庫，Standard Cell Library …… 698
5.2.6 电路图，電路圖，Schematics …… 699
5.2.7 输入/输出，输入/输出，Input/Output（I/O） …… 701
5.2.8 时钟，時鐘，Clock …… 702
5.2.9 泄漏电流，漏電流，Leakage Current …… 704
5.2.10 功耗，功耗，Power Consumption …… 705
5.2.11 设计仿真，設計模擬，Design Simulation …… 706
5.2.12 功能验证，功能驗證，Functional Verification …… 708
5.2.13 布局布线，佈局佈綫，Placement and Routing …… 709
5.2.14 物理验证，物理驗證，Physical Verification …… 710
5.2.15 版图，版圖，Layout …… 711
5.2.16 版图交付，版圖交付，Tape Out …… 712

5.2.17 静电放电防护设计，靜電放電防護設計，Electrostatic Discharge
Protection Design ······ 713

5.3 数字集成电路设计 ······ 715
    5.3.1 数字集成电路，數位積體電路，Digital IC ······ 715
    5.3.2 硬件描述语言，硬體描述語言，Hardware Description Language
(HDL) ······ 717
    5.3.3 电路划分，電路劃分，Circuit Partitioning ······ 718
    5.3.4 布局规划，布圖規劃，Floor Planning ······ 720
    5.3.5 高层次综合，高層次合成，High Level Synthesis (HLS) ······ 721
    5.3.6 逻辑综合，邏輯合成，Logic Synthesis ······ 722
    5.3.7 时序分析，時序分析，Timing Analysis ······ 724
    5.3.8 形式验证，形式驗證，Formal Verification ······ 725
    5.3.9 可测性设计，可測性設計，Design for Testability (DFT) ······ 726
    5.3.10 硬件仿真，硬體模擬，Hardware Emulation ······ 728

5.4 模拟集成电路设计 ······ 729
    5.4.1 模拟集成电路，類比積體電路，Analog IC ······ 729
    5.4.2 运算放大器设计，運算放大器設計，Operational Amplifier Design ······ 731
    5.4.3 带隙基准源设计，能隙基準源設計，Bandgap Reference Design ······ 732
    5.4.4 滤波器设计，濾波器設計，Filter Design ······ 733
    5.4.5 模/数转换原理，類比/數位轉換原理，
Analog-to-Digital Converter Principle ······ 735
    5.4.6 模/数转换器特性参数，類比/數位轉換器特性參數，
Characteristic Parameters of Analog-to-Digital Converter ······ 736
    5.4.7 模/数转换器设计，類比/數位轉換器設計，
Analog-to-Digital Converter Design ······ 737
    5.4.8 数/模转换器特性参数，數位/類比轉換器特性參數，
Characteristic Parameters of Digital-to-Analog Converter ······ 739
    5.4.9 数/模转换器设计，數位/類比轉換器設計，
Digital-to-Analog Converter Design ······ 740

5.5 射频集成电路设计 ······ 742
    5.5.1 射频集成电路，射頻積體電路，Radio Frequency Integrated
Circuit (RFIC) ······ 742
    5.5.2 微波毫米波集成电路，微波毫米波積體電路，
Microwave & Millimeter Wave Integrated Circuit ······ 744
    5.5.3 软件定义无线电，軟體定義無綫電，Software Defined Radio (SDR) ······ 745
    5.5.4 射频收发器设计，射頻收發器設計，

Radio Frequency Transceiver Design ………………………………… 746

5.5.5 低噪声放大器设计，低雜訊放大器設計，
Low Noise Amplifier Design ………………………………………… 748

5.5.6 混频器设计，混頻器設計，Mixer Design ……………………… 749

5.5.7 频率合成器设计，頻率合成器設計，Frequency Synthesizer Design …… 750

5.5.8 射频功率放大器设计，射頻功率放大器設計，
Radio Frequency Power Amplifier Design ………………………… 751

5.5.9 射频开关设计，射頻開關設計，Radio Frequency Switch Design …… 752

5.5.10 数字射频集成电路设计，數位射頻積體電路設計，
Digital Radio Frequency Integrated Circuit Design ……………… 754

5.6 功率集成电路设计 …………………………………………………………… 756

5.6.1 功率器件与BCD工艺，功率元件與BCD工藝，
Power Device and BCD Process …………………………………… 756

5.6.2 智能功率集成电路，智慧功率積體電路，
Smart Power Integrated Circuit（SPIC）…………………………… 757

5.6.3 电源管理集成电路，電源管理積體電路，
Power Management Integrated Circuits（PMIC）………………… 759

5.6.4 能量采集与变换控制，能量採集與變換控制，
Energy Harvesting and Transformation Control ………………… 761

5.6.5 交流/直流转换器与驱动电路，交流/直流轉換器與驅動電路，
AC/DC Converter and Driver ……………………………………… 764

5.6.6 直流/直流转换器与驱动电路，直流/直流轉換器與驅動電路，
DC/DC Converter and Driver ……………………………………… 766

5.7 处理器设计 ……………………………………………………………………… 768

5.7.1 处理器，處理器，Processors ……………………………………… 768

5.7.2 指令集架构，指令集架構，Instruction Set Architecture（ISA）…… 770

5.7.3 数据通路，資料路徑，Datapath …………………………………… 772

5.7.4 控制逻辑，控制邏輯，Control Logic ……………………………… 774

5.7.5 协处理器，協處理器，Coprocessor ……………………………… 775

5.7.6 数据处理流水线，資料處理管線，Data Processing Pipeline …… 776

5.7.7 多发射，多指令分發，Multi-Issue ………………………………… 777

5.7.8 单指令多数据，單一程式流多重資料，
Single-Instruction Multiple-Data（SIMD）………………………… 778

5.7.9 多线程，多執行緒，Multi-Thread ………………………………… 779

5.7.10 多核，多核心，Multi-Core ………………………………………… 781

5.7.11 众核，眾核，Many Cores ………………………………………… 782

5.7.12 存储架构，存儲層次，Memory Hierarchy ·········· 783
5.7.13 数字信号处理器，數位信號處理器，Digital Signal Processor（DSP）······ 785
5.7.14 图形处理器，圖形處理器，Graphics Processing Unit（GPU）········ 786

5.8 存储器设计 ··········· 787

5.8.1 存储器，記憶體，Memory ·········· 787
5.8.2 存储单元和外围电路，記憶體單元和週邊電路，
Memory Cell and Periphery Circuit ········· 789
5.8.3 存储器控制器，記憶體控制器，Memory Controller ·········· 791
5.8.4 静态随机存取存储器，靜態隨機存取記憶體，
Static Random Access Memory（SRAM）········· 793
5.8.5 动态随机存取存储器，動態隨機存取記憶體，
Dynamic Random Access Memory（DRAM）········ 795
5.8.6 闪速存储器，快閃記憶體，Flash Memory ·········· 797
5.8.7 三维与非闪速存储器，三維 NAND 快閃記憶體，3D NAND Flash Memory ··· 800
5.8.8 铁电存储器，鐵電記憶體，
Ferroelectric Random Access Memory（FeRAM）········ 802
5.8.9 自旋转移矩磁随机存储器，自旋轉移力矩磁隨機記憶體，Spin Transfer
Torque-Based Magnetoresistive Random Access Memory（STT-MRAM）··· 804
5.8.10 阻变存储器，電阻式記憶體，
Resistive Random Access Memory（ReRAM）········ 806
5.8.11 相变存储器，相變記憶體，
Phase Change Random Access Memory（PCRAM）········ 807

5.9 系统芯片设计 ··········· 809

5.9.1 系统芯片，系統晶片，System on Chip（SoC）········ 809
5.9.2 IP 核，矽智財核，Intellectual Property Core ·········· 810
5.9.3 嵌入式处理器，嵌入式處理器，Embedded Processor ·········· 812
5.9.4 系统总线，系統匯流排，System Bus ·········· 813
5.9.5 外设 IP 核，週邊 IP 核，Peripheral IP Core ·········· 814
5.9.6 中断控制器，中斷控制器，Interrupt Controller ·········· 815
5.9.7 驱动程序，驅動程式，Driver ·········· 816
5.9.8 软硬件协同设计，硬軟體協同設計，Hardware Software Co-design ······ 818
5.9.9 安全增强设计，安全增強設計，Security Enhancement Design ······ 819
5.9.10 人工智能芯片设计，人工智慧晶片設計，
IC Design for Artificial Intelligence ·········· 821

5.10 可编程逻辑电路设计 ··········· 823

5.10.1 可编程逻辑，可程式邏輯，Programmable Logic ·········· 823

— 27 —

5.10.2 现场可编程门阵列，現場可程式閘陣列，
Field Programmable Gate Array（FPGA） ……… 824

5.10.3 电可编程逻辑器件，電可程式邏輯元件，
Electrically Programmable Logic Device（EPLD） ……… 825

5.10.4 可编程系统芯片，可程式系統晶片，
Programmable System on Chip（PSoC） ……… 826

5.10.5 可重构计算芯片，可重構計算晶片，Reconfigurable Computing Chip ……… 826

5.11 设计自动化工具 ……… 829

5.11.1 集成电路设计自动化，積體電路設計自動化，IC Design Automation ……… 829

5.11.2 流程管理工具，流程管理工具，Flow Management Tool ……… 831

5.11.3 系统仿真工具，系統模擬工具，System Level Simulator ……… 832

5.11.4 电路图录入工具，示意圖錄入工具，Schematic Capture Tool ……… 833

5.11.5 仿真工具，模擬工具，Simulator ……… 834

5.11.6 逻辑综合工具，邏輯合成工具，Logic Synthesizer ……… 838

5.11.7 形式验证工具，形式驗證工具，Formal Verification Tool ……… 839

5.11.8 可测性设计工具，可測性設計工具，Design for Testability Tool ……… 841

5.11.9 物理设计工具，物理設計工具，Physical Design Tool ……… 842

5.11.10 寄生参数提取工具，寄生參數提取工具，
Parasitic Parameter Extractor ……… 845

5.11.11 版图验证工具，版圖驗證工具，Layout Verification Tool ……… 847

5.11.12 时序与功耗分析工具，時序與功耗分析工具，
Timing and Power Analysis Tool ……… 851

5.11.13 可制造性设计，可製造性設計，Design for Manufacturability（DFM） ……… 853

5.11.14 成品率设计，良率設計，Design for Yield ……… 855

5.11.15 可靠性设计，可靠性設計，Design for Reliability ……… 856

第6章 集成电路制造与企业管理 ……… 859

6.1 集成电路制造技术的演进 ……… 861

6.1.1 摩尔定律和工艺微缩，摩爾定律和製程尺寸微縮，
Moore's Law and Technology Scaling ……… 861

6.1.2 后摩尔定律时代的工艺，後摩爾定律時代的製程，
Process of Post Moore's Law Era ……… 862

6.1.3 技术路线图，技術路綫圖，Technology Roadmap ……… 864

6.1.4 前段、中段、后段工艺，前段、中段、後段製程，
FEOL，MOL，BEOL ……… 865

6.2 集成电路中的硅基器件 ··· 867
    6.2.1 双极晶体管，雙極型電晶體，Bipolar Junction Transistor（BJT） ········ 867
    6.2.2 MOS 场效应晶体管，MOS 場效應電晶體，MOSFET ····················· 868
    6.2.3 鳍式场效应晶体管，鰭式場效應電晶體，Fin Field Effect
          Transistor（FinFET） ·· 869
    6.2.4 全耗尽型 SOI，全耗盡型 SOI，Fully Depleted SOI（FD-SOI） ········ 871
    6.2.5 超级结，超級接面，Super Junction ·· 872
    6.2.6 横向扩散 MOSFET，橫向擴散 MOSFET，Laterally Diffused
          MOSFET（LDMOS） ·· 874
    6.2.7 集成无源元件，積體化被動元件，Integrated Passive Device（IPD） ··· 876
6.3 化合物半导体器件及其集成电路 ··· 877
    6.3.1 化合物半导体功率器件与集成，化合物半導體功率元件與積體化，
          Compound Semiconductor Power Devices and Integration ········ 878
    6.3.2 高迁移率沟道集成电路，高遷移率通道積體電路，
          High-Mobility Channel ICs ·· 880
    6.3.3 硅光子集成电路，矽光子積體電路，Si Photonics ICs ··················· 882
    6.3.4 射频集成电路，射頻積體電路，Radio Frequency Integrated
          Circuits（RFIC） ·· 884
    6.3.5 微波单片集成电路，微波單片積體電路，Microwave Monolithic
          Integrated Circuits（MMIC） ··· 885
6.4 微机电系统制造 ··· 888
    6.4.1 湿法刻蚀，濕式蝕刻，Wet Etching ·· 888
    6.4.2 干法刻蚀，乾式蝕刻，Dry Etching ·· 891
    6.4.3 牺牲层技术，犧牲層技術，Sacrificial Layer Technology ················ 894
    6.4.4 键合技术，鍵合技術，Bonding Technology ······························· 896
    6.4.5 空腔-SOI，空腔-SOI，Cavity-Silicon on Insulator（Cavity-SOI） ··· 899
    6.4.6 微机电系统与 CMOS 集成，微機電系統與 CMOS 積體化，
          MEMS and CMOS Integration ··· 900
6.5 单项工艺 ·· 904
    6.5.1 光刻工艺，微影製程，Lithography ··· 905
    6.5.2 移相掩模，相位移光罩，Phase-Shift Mask（PSM） ····················· 907
    6.5.3 浸没式光刻，浸潤式微影，Immersion Lithography ····················· 908
    6.5.4 极紫外光刻，極紫外微影，EUV Lithography ···························· 909
    6.5.5 计算光刻，計算微影，Computational Lithography ····················· 911
    6.5.6 氧化工艺，氧化製程，Oxidation Process ································· 913
    6.5.7 扩散工艺，擴散製程，Diffusion Process ·································· 915

6.5.8 离子注入，離子佈植，Ion Implantation ……………………………………… 916

6.5.9 等离子体掺杂，電漿佈植，Plasma Doping …………………………………… 917

6.5.10 退火工艺，退火製程，Thermal Annealing ………………………………… 919

6.5.11 物理气相沉积及溅射工艺，物理氣相沉積及濺射製程，
Physical Vapor Deposition and Sputtering ……………………………………… 920

6.5.12 化学气相沉积工艺，化學氣相沉積製程，
Chemical Vapor Deposition ……………………………………………………… 922

6.5.13 原子层沉积，原子層沉積，Atomic Layer Deposition ……………………… 923

6.5.14 化学机械抛光工艺，化學機械抛光製程，
Chemical Mechanical Polishing ………………………………………………… 924

6.5.15 外延工艺，磊晶製程，Epitaxy ……………………………………………… 925

6.5.16 干法刻蚀和清洗，乾式蝕刻和清洗，Dry Etch and Cleaning ……………… 926

6.5.17 湿法刻蚀和清洗，濕式蝕刻和清洗，Wet Etch and Cleaning ……………… 928

6.6 模块工艺 ……………………………………………………………………………… 930

6.6.1 双阱工艺，雙阱製程，Twin-Well or Dual Well …………………………… 930

6.6.2 隔离工艺，隔離製程，Isolation ……………………………………………… 931

6.6.3 沟道工艺，通道製程，Channel Process ……………………………………… 932

6.6.4 多晶硅栅，多晶矽閘，Poly-Si Gate ………………………………………… 932

6.6.5 高k金属栅工艺，高k金屬閘製程，High-k Metal Gate（HKMG）………… 933

6.6.6 硅化物工艺，矽化物製程，Silicidation ……………………………………… 934

6.6.7 接触孔工艺，接觸窗口製程，Contact Process ……………………………… 935

6.6.8 铝/铜互连工艺与双镶嵌法，鋁/銅互連製程與雙鑲嵌法，
Al/Cu Interconnect and Dual Damascenes ……………………………………… 936

6.6.9 双重图形化技术，雙重圖形化技術，Double Patterning
Technology（DPT）……………………………………………………………… 938

6.6.10 应变硅（压应力/张应力），應變矽（壓應力/張應力），
Strained Silicon（Compressive Stress/Tensile Stress）………………………… 940

6.6.11 嵌入式源漏选择性外延，嵌入式源漏選擇性磊晶，
Embedded Source and Drain Selective Epitaxy ………………………………… 942

6.7 集成工艺 ……………………………………………………………………………… 943

6.7.1 前段集成工艺，前段整合製程，FEOL Integration Flow …………………… 943

6.7.2 中段集成工艺，中段整合製程，MOL Integration Flow …………………… 954

6.7.3 后段集成工艺，後段整合製程，BEOL Integration Flow …………………… 956

6.7.4 CMOS集成工艺，CMOS整合技術，CMOS Integration Technology ……… 959

6.7.5 非易失性存储器集成工艺，非揮發性記憶體整合技術，
Non-volatile Memory（NVM）Integration Technology ………………………… 967

6.7.6 三维 NAND 集成工艺，三維 NAND 整合技術，
3D NAND Integration Technology ·················· 973

6.7.7 动态随机存储器集成工艺，動態隨機存儲器整合技術，
Dynamic RAM (DRAM) Integration Technology ·················· 975

6.7.8 设计-工艺协同优化技术，設計-製程協同優化技術，
Design-Technology Co-Optimization (DTCO) ·················· 978

6.8 集成电路企业类型·················· 980

6.8.1 整合器件制造公司，整合式元件製造公司，
Integrated Device Manufacturer (IDM) ·················· 980

6.8.2 无生产线集成电路设计公司，無晶圓廠積體電路設計公司，
Fabless Design House ·················· 981

6.8.3 模块制造公司，模組製造公司，Module Manufacturer ·················· 982

6.8.4 集成电路圆片代工企业，積體電路晶圓代工企業，Wafer Foundry ·················· 983

6.8.5 IP 设计和服务公司，IP 設計和服務公司，IP Design and Service ·················· 985

6.8.6 外包半导体封装测试厂，外包半導體封裝及測試廠，
Outsourced Semiconductor Assembly & Test (OSAT) ·················· 987

6.8.7 掩模版制造厂，光罩製造廠，Photo Mask Manufacturer ·················· 988

6.8.8 半导体设备制造公司，半導體設備製造公司，
Semiconductor Equipment Manufacturer ·················· 989

6.8.9 半导体材料制造公司，半導體材料製造公司，
Semiconductor Materials Manufacturer ·················· 989

6.8.10 电子设计自动化软件公司，電子設計自動化軟體公司，
Electronic Design Automation (EDA) Company ·················· 990

6.8.11 分销商与销售代理，經銷商與銷售代理，
Distributor & Sales Representative ·················· 992

6.9 集成电路制造企业管理和模式·················· 993

6.9.1 组织架构，組織架構，Organization Structure ·················· 993

6.9.2 战略管理，戰略管理，Strategy Management ·················· 994

6.9.3 计划管理，計劃管理，Planning Management ·················· 996

6.9.4 技术管理，技術管理，Technology Management ·················· 997

6.9.5 品质管理，品質管理，Quality Management ·················· 998

6.9.6 市场和销售管理，市場和銷售管理，
Marketing and Sales Management ·················· 999

6.9.7 洁净厂房管理，潔淨廠房管理，Clean Room Management ·················· 1000

6.9.8 物料管控，物料管控，Materiel Management and Control ·················· 1001

6.9.9 设备维护管理，設備維護管理，Facility Management ·················· 1003

6.9.10　废弃物处理管理，廢棄物處理管理，
　　　　 Waste Material Treatment Management ………………………… 1004
6.9.11　环境保护管理，環境保護管理，Environmental Protection Management … 1005
6.9.12　安全管理，安全管理，Safety Management …………………………… 1006
6.9.13　信息安全管理，資訊安全管理，Information Security Management …… 1007

第7章　集成电路封装测试 …………………………………………………… 1009

7.1　集成电路封装测试业的发展 ………………………………………… 1011

7.1.1　全球封测业发展现状与趋势，全球封測業發展現狀與趨勢，
　　　 Developing of Global Packaging and Testing Industry ………………… 1011
7.1.2　中国集成电路封测业发展现状与特点，中國積體電路封測業發
　　　 展現狀與特點，Status and Characteristics of Packaging and
　　　 Testing Industry in China ……………………………………………… 1012
7.1.3　中国集成电路封测产业链的协同创新，中國積體電路封測產業鏈的
　　　 協同創新，Collaborative Innovation of Packaging and
　　　 Testing Industry Chain in China ……………………………………… 1013
7.1.4　全球封测业的主要运营模式，全球封測業的主要運營模式，
　　　 Main Business Model of Global Packaging and Testing Industry ……… 1015
7.1.5　全球主要IDM企业的封测业务，全球主要IDM企業的封測業務，
　　　 Packaging and Testing Business of Major Global IDM Companies …… 1016
7.1.6　中国半导体封装技术研究机构，中國半導體封裝技術研究機構，
　　　 Semiconductor Packaging Technology Research Institutes in China …… 1018

7.2　集成电路封装类型 …………………………………………………… 1019

7.2.1　传统封装的定义与作用，傳統封裝的定義與作用，
　　　 Definition and Function of Conventional Packaging …………………… 1019
7.2.2　主要封装类型的变迁，主要封裝類型的變遷，
　　　 Changes of Major Package Types ……………………………………… 1021
7.2.3　传统封装，傳統封裝，Conventional Package ……………………… 1023
7.2.4　先进封装，先進封裝，Advanced Package ………………………… 1027
7.2.5　通孔插装类封装和表面贴装类封装，通孔插裝類封裝和表面貼裝類
　　　 封裝，Through Hole and Surface Mount Package …………………… 1028
7.2.6　四面引线扁平封装，四面引綫扁平封裝，Quad Flat Package ……… 1031
7.2.7　有机基板封装，有機基板封裝，Organic Substrate Package ………… 1033
7.2.8　圆片级封装，晶圓級封裝，Wafer Level Package …………………… 1035
7.2.9　系统级封装，系統級封裝，System in Package（SiP）……………… 1036
7.2.10　微系统封装，微系統封裝，Micro System Package ………………… 1038

7.2.11　多芯片组件封装，多晶片模組封裝，Multi-Chip Module Package …… 1039

7.2.12　嵌入式封装，嵌入式封装，Embedded Package …………………… 1040

7.2.13　三维封装，三維封裝，3D Package ……………………………… 1042

7.2.14　板上芯片封装，板上晶片封裝，Chip on Board (COB) Package …… 1043

7.2.15　基板类封装，基板類封裝，Substrate Package ……………………… 1045

7.2.16　外壳封装分类，外殼封裝分類，Packaging Shell Catagories ……… 1046

7.2.17　封装互连，封裝互連，Packaging Interconnection ………………… 1048

7.2.18　引线框架类封装，引綫框架類封裝，Lead Frame Package ………… 1051

7.2.19　气密性封装和非气密性封装，氣密性封裝和非氣密性封裝，
　　　　Hermetic Package and Non-hermetic Package …………………… 1052

7.2.20　封装类型的选择，封裝類型的選擇，Package Type Selection ……… 1053

7.3　传统封装关键工艺及典型流程 ……………………………………………………… 1054

7.3.1　圆片减薄工艺，晶圓減薄製程，Wafer Thinning Process …………… 1054

7.3.2　划片工艺，晶圓切割製程，Wafer Dicing Process …………………… 1055

7.3.3　装片工艺，黏晶粒製程，Die Attach Process ………………………… 1056

7.3.4　引线键合工艺，焊綫製程，Wire Bonding Process …………………… 1059

7.3.5　塑封工艺，塑封製程，Molding Process ……………………………… 1061

7.3.6　电镀工艺，電鍍製程，Plating Process ……………………………… 1063

7.3.7　SOP 封装工艺，SOP 封裝製程，SOP Process ……………………… 1064

7.3.8　QFN 封装工艺，QFN 封裝製程，QFN Process ……………………… 1066

7.3.9　键合 BGA 工艺，焊綫球栅陣列封裝製程，Wire Bond BGA Process … 1067

7.3.10　金属封装工艺，金屬封裝製程，Metal Packaging Process ………… 1070

7.3.11　陶瓷封装工艺，陶瓷封裝製程，Ceramic Packaging Process ……… 1071

7.4　先进封装典型流程及关键工艺 ……………………………………………………… 1073

7.4.1　凸块工艺流程与技术，凸塊製程與技術，
　　　　Bump Process Flow and Technology …………………………… 1073

7.4.2　倒装芯片工艺，覆晶製程，Flip Chip Process ………………………… 1076

7.4.3　倒装芯片球栅陣列工艺流程与技术，覆晶球栅陣列封裝製程與技術，
　　　　Flip-Chip Ball Grid Array Process Flow and Technology ………… 1077

7.4.4　倒装芯片尺寸级封装工艺流程与技术，晶片尺寸覆晶封裝製程與技術，
　　　　Flip-Chip Chip-Scale Package (FC-CSP) Process Flow and Technology … 1080

7.4.5　叠层封装工艺流程与技术，堆叠式封裝製程與技術，
　　　　Package on Package (PoP) Process Flow and Technology ……… 1084

7.4.6　圆片级芯片尺寸封装工艺流程与技术，晶圓級晶片尺寸封裝製程與
　　　　技術，Wafer Lever Chip-Scale Package (WLCSP) Process Flow
　　　　and Technology …………………………………………………… 1087

7.4.7 扇出型圆片级封装工艺流程与技术，扇出型晶圆級封裝製程與技術，
Fan-out Wafer Level Packaging（FoWLP）Process Flow and Technology … 1090

7.4.8 硅通孔封装工艺流程与技术，矽穿孔封裝製程與技術，
Through Silicon Via（TSV）Process Flow and Technology … 1092

7.4.9 三维封装工艺流程与技术，三維封裝製程與技術，
3D Package Process Flow and Technology … 1095

7.4.10 板级埋入式封装工艺流程与技术，板級崁入式封裝製程與技術，
Panel Level Embedded Assembly Process Flow and Technology … 1099

7.4.11 系统级封装工艺流程与技术，系統級封裝製程與技術，
System in Package（SiP）Process Flow and Technology … 1103

7.5 先进封装设计技术 … 1106

7.5.1 典型先进封装选型和设计要点，典型先進封裝選型和設計要點，
Typical Advanced Package Selection and Design Points … 1106

7.5.2 芯片-封装-PCB 协同设计，晶片-封裝-PCB 協同設計，
Chip-Package-PCB Co-design for System … 1108

7.5.3 封装设计中的电气性能考量，封裝設計中的電氣性能考量，
Electrical Considerations for Package Design … 1110

7.5.4 封装设计中的热性能考量，封裝設計中的熱性能考量，
Considerations of Thermal Performances for Package Design … 1112

7.5.5 封装设计中的材料与结构性能考量，封裝設計中的材料與結構性能考量，General Rules for Packaging Material Selection and Structure Design … 1114

7.5.6 封装设计中的电-热-力多物理场耦合设计，封裝設計中的電-熱-力多物理場耦合設計，Electrical-Thermo-Mechanical Multiphysical Design … 1116

7.5.7 可制造性、可靠性和可测性协同设计，可製造性、可靠性和可測性協同設計，DFM/DFR/DFT Co-design … 1117

7.5.8 封装设计与仿真流程，封裝設計與仿真流程，
Design and Simulation Flow for IC Package … 1118

7.5.9 封装设计与仿真工具现状及发展趋势，封裝設計與模擬工具現狀及發展趨勢，Current Status and Development Trend of Design and Simulation Tools … 1120

7.5.10 SiP 和 SoC 的协同发展，SiP 和 SoC 的協同發展，
Co-development of SiP and SoC … 1122

7.6 集成电路测试技术 … 1123

7.6.1 集成电路测试定义，積體電路測試定義，

　　　　　　Definition of IC Test ··· 1123
　　7.6.2 数字集成电路测试，數位積體電路測試，Digital IC Test ················ 1125
　　7.6.3 模拟集成电路测试，類比積體電路測試，Analog IC Test ················ 1127
　　7.6.4 混合信号集成电路测试，混合信號積體電路測試，Mixed Signal IC Test ····· 1129
　　7.6.5 存储器集成电路测试，記憶體積體電路測試，Memory IC Test ············ 1132
　　7.6.6 高速信号集成电路测试，高速信號積體電路測試，
　　　　　High Speed IC Test ··· 1133
　　7.6.7 射频集成电路测试，射頻積體電路測試，RF IC Test ···················· 1135
　　7.6.8 可编程器件测试，可程式設計元件測試，
　　　　　Programmable Device Test ··· 1137
　　7.6.9 系统芯片测试，系統晶片測試，SoC Test ······························ 1141
　　7.6.10 物联网芯片/微机电系统芯片测试，物聯網晶片/微機電系統晶片
　　　　　　测试，IoT/MEMS Chip Test ··· 1143
　　7.6.11 测试成本优化，測試成本優化，Optimization of Testing Cost ·········· 1145
　　7.6.12 故障模型，故障模型，Fault Model ·································· 1146
　　7.6.13 可测性设计，可測性設計，Design for Testability（DFT）············· 1148
　　7.6.14 测试数据管理，測試數據管理，Management of Testing Data ··········· 1150
　　7.6.15 测试平台，測試平臺，Test Platform ································· 1152
7.7 集成电路封装可靠性 ·· 1154
　　7.7.1 集成电路封装可靠性定义，積體電路封裝可靠性定義，
　　　　　Definition of IC Package Reliability ································ 1154
　　7.7.2 集成电路封装可靠性设计，積體電路封裝可靠性設計，
　　　　　Reliability Design of Integrated Circuit Package ···················· 1155
　　7.7.3 集成电路封装可靠性试验的分类与作用，積體電路封裝可靠性試驗的
　　　　　分類與作用，Classification of Reliability Testing for IC ············ 1158
　　7.7.4 集成电路封装可靠性试验标准，積體電路封裝可靠性試驗標準，
　　　　　Standards for Reliability Testing of IC ····························· 1159
　　7.7.5 集成电路封装可靠性试验程序，積體電路封裝可靠性試驗程序，
　　　　　Package Reliability Testing Procedures for IC ······················· 1161
　　7.7.6 集成电路封装失效分析方法，積體電路封裝失效分析方法，
　　　　　Failure Analysis Methods for IC Package ···························· 1164
　　7.7.7 集成电路封装失效分析流程，積體電路封裝失效分析流程，
　　　　　Procedure of Failure Analysis for IC Package ······················· 1165
　　7.7.8 集成电路封装典型失效模式与分类，積體電路封裝典型失效
　　　　　模式與分類，Failure Modes and Classification of IC Package ········· 1167
　　7.7.9 集成电路封装失效机理，積體電路封裝失效機制，
　　　　　Failure Mechanism of IC Package ···································· 1168

7.7.10 集成电路封装可靠性模拟分析，積體電路封裝可靠性模擬分析，
Simulation Analysis of Package Reliability of IC 1171

7.8 集成电路封装的标准化 1173

7.8.1 国际封装标准化组织，國際封裝標準化組織，
International Packaging Standardization Organization 1173

7.8.2 中国封装标准化组织，中國封裝標準化組織，
China Packaging Standardization Organization 1174

7.8.3 封装外形和封装命名的标准化，封裝外形和封裝命名的標準化，
Standardization of Package Outline and Designation 1175

7.8.4 集成电路封装的国家标准，積體電路封裝的國家標準，
National Standard of IC Packaging (GB) 1176

7.8.5 GJB 与 MIL 标准，GJB 與 MIL 標準，China and US Military Standards 1178

7.8.6 JEDEC 标准，JEDEC 標準，Joint Electron Device Engineering Council Standard 1179

7.8.7 IPC 标准，IPC 標準，Association Connecting Electronics Industries Standard 1182

7.8.8 AEC-Q100 标准，AEC-Q100 標準，Automotive Electronics Council-Q100 Standard 1184

下　　册

第8章 集成电路专用设备 1187

8.1 集成电路设备产业发展 1189

8.1.1 国际集成电路设备产业发展概况，國際積體電路設備產業發展概況，Development of International IC Equipment Industry 1189

8.1.2 全球各市场区域集成电路设备产业发展的特点，全球各市場區域積體電路設備產業發展的特點，Development Characteristics of Worldwide IC Equipment Industry 1190

8.1.3 中国集成电路设备产业发展阶段，中國積體電路設備產業發展階段，Development Phase of IC Industry in China 1193

8.1.4 中国集成电路设备产业发展现状，中國積體電路設備產業發展現狀，Development Status of IC Equipment Industry in China 1194

8.2 硅片制备设备 1197

8.2.1 硅片制备设备概况，矽晶片製造設備概況，
Overview of Silicon Wafer Manufacturing Equipment 1197

8.2.2　直拉单晶炉，直拉單晶爐，Czochralski Crystal Growth Furnace ………… 1199

8.2.3　区熔单晶炉，區熔單晶爐，Float Zone Crystal Growth Furnace ………… 1201

8.2.4　滚磨机，滾圓機，Ingot Grinding Machine ………… 1203

8.2.5　切片机，切片機，Slicing Machine ………… 1206

8.2.6　硅片退火炉，矽片退火爐，Silicon Wafer Annealing Furnace ………… 1210

8.2.7　倒角机，圓磨機，Edge Rounding Machine ………… 1212

8.2.8　研磨机，研磨機，Lapping Machine ………… 1215

8.2.9　硅片刻蚀机，矽片蝕刻機，Wafer Etching Machine ………… 1219

8.2.10　抛光机，抛光機，Polisher ………… 1221

8.2.11　双面磨片机，雙面輪磨機，Double Side Grinder ………… 1224

8.2.12　单面磨片机，單面輪磨機，Single Side Grinder ………… 1226

8.2.13　边缘抛光机，邊緣抛光機，Edge Polisher ………… 1228

8.2.14　双面抛光机，雙面抛光機，Double Side Polisher ………… 1233

8.2.15　单面抛光机，單面抛光機，Single Side Polisher ………… 1234

8.2.16　硅片清洗机，矽片清洗機，Final Cleaning Machine ………… 1238

8.3　掩模制造设备 ………… 1240

8.3.1　掩模制造设备的发展与展望，光罩製造設備的發展與展望，
Development and Outlook of Mask Manufacturing Equipment ………… 1240

8.3.2　掩模制造设备概述，光罩製造設備概述，
Overview of Mask Manufacturing Equipment ………… 1242

8.3.3　掩模检查设备，光罩檢查設備，Mask Inspection Equipment ………… 1244

8.3.4　激光差动共焦显微镜，雷射差動共焦顯微鏡，
Laser Differential Confocal Microscope (LDCM) ………… 1245

8.3.5　掩模关键尺寸测量系统，光罩關鍵尺寸測量系統，
Mask CD Measurement System ………… 1247

8.3.6　掩模缺陷和污染检测系统，光罩缺陷和污染檢測系統，
Inspection System for Mask Defects and Contamination ………… 1249

8.3.7　掩模版自动检测系统，光罩自動檢測系統，
Automatic Mask Inspection System ………… 1250

8.3.8　掩模修补系统，光罩修補系統，Mask Repairing System ………… 1252

8.3.9　光学图形发生器，光學圖形產生器，Optical Pattern Generator ………… 1254

8.3.10　分步重复系统，分步重複系統，Step-and-Repeat System ………… 1255

8.3.11　激光直写系统，雷射直寫系統，Laser Lithography System ………… 1257

8.3.12　基于DMD的激光掩模直写系统，基於DMD的雷射光罩
直寫裝置，DMD-Based Laser Mask Direct Writing System ………… 1259

8.3.13　电子束曝光系统，電子束曝光系統，
Electron-Beam Exposure System ………… 1262

8.3.14 投影式电子束曝光系统，投射式電子束曝光系統，
Electron-Beam Projection Lithography System ·············· 1264

8.3.15 掩模光刻胶处理及清洗设备，光罩光阻處理及洗淨設備，
Resist Processing and Cleaning Equipment for Mask-Making ·············· 1266

8.3.16 掩模光刻胶涂覆设备，光罩光阻塗覆設備，
Photoresist Coater for Mask-Making ·············· 1267

8.3.17 光刻胶去除装置，光阻去除裝置，Photoresist Stripper ·············· 1268

8.3.18 掩模复印机，光罩複製機，Mask Copier ·············· 1269

8.3.19 掩模湿法刻蚀设备，光罩濕式蝕刻設備，
Wet Etching Equipment for Mask-Making ·············· 1270

8.3.20 掩模干法刻蚀设备，光罩乾式蝕刻設備，
Dry Etching Equipment for Mask-Making ·············· 1271

8.3.21 掩模版保护膜安装仪，光罩保護膜安裝儀，
Pellicle Mounting Instrument ·············· 1272

8.3.22 掩模图形数据处理系统，光罩圖形數據處理系統，
Processing System for Mask Pattern Data ·············· 1273

8.4 光刻设备 ·············· 1275

8.4.1 光刻机简介，微影設備簡介，
Introduction of Photo Lithography Equipment ·············· 1275

8.4.2 光刻机发展历史，微影設備發展歷史，
History of Photo Lithography Equipment ·············· 1277

8.4.3 接触/接近式光刻机，接觸/接近式微影設備，
Contact/Proximity Aligner ·············· 1279

8.4.4 步进重复光刻机，步進微影設備，Wafer Stepper ·············· 1280

8.4.5 步进扫描光刻机，掃描微影設備，Wafer Scanner ·············· 1283

8.4.6 浸没式光刻机，浸潤式微影設備，Immersion Scanner ·············· 1287

8.4.7 极紫外光刻机，極紫外微影設備，
Extreme Ultraviolet (EUV) Lithography System ·············· 1288

8.4.8 无掩模光刻系统，無光罩微影系統，
Maskless Lithography System ·············· 1290

8.4.9 电子束光刻系统，電子束微影系統，
Electron Beam Lithography (EBL) System ·············· 1291

8.4.10 纳米电子束直写系统，奈米電子束直寫系統，
Nano Electron Beam Direct Writing System ·············· 1292

8.4.11 多电子束光刻机，多電子束微影設備，
Multiple Electron Beam Lithography System ·············· 1294

8.4.12 纳米压印设备，奈米壓印設備，Nano-Imprint Equipment ·············· 1295

8.4.13 圆片匀胶显影设备，軌道設備，Wafer Track ·········· 1297

8.4.14 湿法去胶设备，光阻去除機，Wet Stripping System ·········· 1301

8.5 扩散及离子注入设备 ·········· 1303

8.5.1 扩散及离子注入设备简介，擴散及離子佈植設備簡介，
Introduction to Diffusion and Ion Implantation Equipment ·········· 1303

8.5.2 卧式扩散炉，水平式擴散爐，Horizontal Diffusion Furnace ·········· 1305

8.5.3 立式扩散炉，垂直式擴散爐，Vertical Diffusion Furnace ·········· 1307

8.5.4 退火炉，退火爐，Annealing Furnace ·········· 1309

8.5.5 高压氧化炉，高壓氧化爐，High Pressure Oxidation Furnace ·········· 1310

8.5.6 中束流离子注入机，中電流離子佈植機，
Medium Current Ion Implanter ·········· 1311

8.5.7 大束流离子注入机，大電流離子佈植機，High Current Ion Implanter ·········· 1314

8.5.8 高能离子注入机，高能離子佈植機，High Energy Ion Implanter ·········· 1315

8.5.9 快速热处理设备，快速熱處理設備，
Rapid Thermal Processing (RTP) System ·········· 1317

8.6 薄膜生长设备 ·········· 1320

8.6.1 薄膜生长原理与设备，薄膜生長原理與設備，
Principles of Thin Film Growth and Equipment ·········· 1320

8.6.2 物理气相沉积设备，物理氣相沉積設備，
Physical Vapor Deposition (PVD) Equipment ·········· 1326

8.6.3 化学气相沉积和外延设备，化學氣相沉積和磊晶設備，
Chemical Vapor Deposition (CVD) and Epitaxy Equipment ·········· 1327

8.6.4 真空蒸镀设备，真空蒸鍍設備，Vacuum Evaporator ·········· 1329

8.6.5 直流物理气相沉积设备，直流物理氣相沉積設備，
Direct Current Physical Vapor Deposition (DCPVD) System ·········· 1331

8.6.6 射频物理气相沉积设备，射頻物理氣相沉積設備，
Radio Frequency Physical Vapor Deposition (RFPVD) System ·········· 1332

8.6.7 磁控溅射设备，磁控濺射設備，Magnetron Physical Vapor Deposition
(Magnetron-PVD) System ·········· 1334

8.6.8 离子化物理气相沉积设备，離子化物理氣相沉積設備，
Ionized Physical Vapor Deposition (Ionized-PVD) System ·········· 1337

8.6.9 常压化学气相沉积设备，常壓化學氣相沉積設備，Atmospheric
Pressure Chemical Vapor Deposition (APCVD) System ·········· 1340

8.6.10 低压化学气相沉积设备，低壓化學氣相沉積設備，
Low Pressure Chemical Vapor Deposition (LPCVD) System ·········· 1341

8.6.11 等离子体增强化学气相沉积设备，電漿增強化學氣相沉積設備，
Plasma Enhanced Chemical Vapor Deposition (PECVD) System ········· 1342

8.6.12 高密度等离子体增强化学气相沉积设备，高密度電漿增強化學氣相沉積設備，High Density Plasma Chemical Vapor Deposition (HDP-CVD) System ·········· 1345

8.6.13 金属化学气相沉积设备，金屬化學氣相沉積設備，
Metal Chemical Vapor Deposition (Metal-CVD) System ·········· 1347

8.6.14 原子层沉积设备，原子層沉積設備，
Atomic Layer Deposition System ·········· 1350

8.6.15 光化学气相沉积，光化學氣相沉積，
Photo Chemical Vapor Deposition (Photo-CVD) ·········· 1353

8.6.16 激光化学气相沉积，雷射化學氣相沉積，
Laser-Assist Chemical Vapor Deposition (LA-CVD) ·········· 1354

8.6.17 电子回旋共振等离子化学气相沉积设备，電子回旋共振微波電漿化學氣相沉積設備，Electron Cyclotron Resonance CVD (ECR-CVD) System ·········· 1355

8.6.18 金属有机气相沉积设备，金屬有機氣相沉積設備，
Metal Organic Chemical Vapor Deposition (MOCVD) System ·········· 1356

8.6.19 分子束外延系统，分子束磊晶系統，
Molecular Beam Epitaxy System ·········· 1358

8.6.20 气相外延系统，氣相磊晶系統，
Vapor Phase Epitaxy (VPE) System ·········· 1360

8.6.21 液相外延系统，液相磊晶系統，
Liquid Phase Epitaxy (LPE) System ·········· 1362

8.6.22 化学束外延系统，化學束磊晶系統，
Chemical Beam Epitaxy (CBE) System ·········· 1364

8.6.23 离子团束外延系统，離子團束磊晶系統，
Ion Beam Epitaxy (IBE) System ·········· 1365

8.6.24 低能离子束外延系统，低能離子束磊晶系統，
Low Energy Ion Beam Epitaxy (LE-IBE) System ·········· 1366

8.6.25 匀胶机，旋塗機，Spin Coater ·········· 1368

8.7 等离子体刻蚀设备 ·········· 1369

8.7.1 等离子体刻蚀原理及设备简介，電漿蝕刻原理及設備簡介，
Principle of Plasma Etching and Equipment ·········· 1369

8.7.2 等离子体刻蚀设备的分类，電漿蝕刻設備的分類，
Category of Plasma Etching Equipment ·········· 1371

8.7.3 等离子体刻蚀设备的应用及展望，電漿蝕刻設備的應用及展望，
Plasma Etching Equipment：Application and Outlook ………… 1375

8.7.4 离子束刻蚀设备，離子束蝕刻設備，
Ion Beam Etching（IBE）Equipment ………… 1377

8.7.5 等离子刻蚀设备，電漿蝕刻設備，Plasma Etching Equipment ………… 1379

8.7.6 反应离子刻蚀设备，反應離子蝕刻設備，
Reactive Ion Etching（RIE）Equipment ………… 1380

8.7.7 磁场增强反应离子刻蚀设备，磁場增強型反應離子蝕刻設備，
Magnetically Enhanced Reactive Ion Etching（MERIE）Equipment ………… 1382

8.7.8 电容耦合等离子体刻蚀设备，電容耦合電漿蝕刻設備，
Capacitively Coupled Plasma（CCP）Etching Equipment ………… 1384

8.7.9 电感耦合等离子体刻蚀设备，電感耦合電漿蝕刻設備，
Inductively Coupled Plasma（ICP）Etching Equipment ………… 1387

8.7.10 电子回旋共振等离子体刻蚀设备，電子回旋共振電漿蝕刻設備，
Electron Cyclotron Resonance（ECR）Plasma Etching Equipment ………… 1391

8.7.11 螺旋波等离子体刻蚀设备，螺旋波電漿蝕刻設備，
Helicon Wave Plasma（HWP）Etching Equipment ………… 1393

8.7.12 表面波等离子体刻蚀设备，表面波電漿蝕刻設備，
Surface Wave Plasma（SWP）Etching Equipment ………… 1396

8.7.13 原子层刻蚀设备，原子層蝕刻設備，
Atomic Layer Etching（ALE）Equipment ………… 1398

8.7.14 等离子体去胶设备，電漿除光阻設備，Plasma Stripping Equipment ……… 1401

8.7.15 干法清洗设备，乾式清洗設備，Dry Cleaning Equipment ………… 1404

8.7.16 等离子体刻蚀设备的主机平台，電漿蝕刻設備的主機平臺，
Platform of Plasma Etching Equipment ………… 1407

8.7.17 等离子体刻蚀设备反应腔部件的材料，電漿蝕刻設備反應腔零部件的材質，Materials of Chamber Parts in Plasma Etching Equipment ………… 1410

8.7.18 等离子体刻蚀设备中的静电吸盘，電漿蝕刻設備中的靜電吸盤，
Electrostatic Chuck（ESC）in Plasma Etching Equipment ………… 1412

8.8 湿法设备 ………… 1415

8.8.1 湿法工艺设备概述，濕法製程設備概述，
Overview of Wet Processing and Wet Equipment ………… 1415

8.8.2 槽式圆片清洗系统，槽式晶圓清洗系統，
Bench-Type Wet Cleaning System ………… 1418

8.8.3 槽式圆片刻蚀机，槽式晶圓蝕刻機，Bench-type Wet Etcher ………… 1420

8.8.4 单圆片湿法设备，單晶圓濕法設備，
Single-Wafer Type Cleaning Equipment ………… 1421

8.8.5 单圆片清洗设备，單晶圓清洗設備，
Single-Wafer Type Cleaning System …… 1423

8.8.6 单圆片刷洗设备，單晶圓刷洗設備，Single-Wafer Type Scrubber …… 1426

8.8.7 单圆片刻蚀设备，單晶圓蝕刻設備，Single-Wafer Type Wet Etcher …… 1428

8.8.8 单槽体圆片清洗机，單槽體晶圓清洗機，Single-Bath Wafer Cleaner …… 1430

8.8.9 低温超临界流体圆片清洗机，低溫超臨界流體晶圓清洗機，
Cryogenic-Aerosol Wafer Cleaner …… 1432

8.8.10 化学机械抛光机，化學機械拋光機，
Chemical Mechanical Polisher (CMP) …… 1434

8.8.11 无应力抛光设备，無應力拋光設備，Stress Free Polish Equipment …… 1436

8.8.12 电化学镀铜设备，電化學鍍銅設備，
Copper Electro-Chemical Plating (Cu-ECP) Equipment …… 1439

8.9 工艺检测设备 …… 1441

8.9.1 工艺检测设备的作用和主要类型，製程檢測設備的作用和主要類型，
Metrology and Inspection Equipment: Roles and Categroies …… 1441

8.9.2 套刻误差测量设备，微影疊對量測設備，
Overlay Metrology Equipment …… 1442

8.9.3 关键尺寸扫描电子显微镜，關鍵尺寸掃描電子顯微鏡，
Critical Dimension Scanning Electron Microscope (CD-SEM) …… 1446

8.9.4 光学薄膜测量设备，光學薄膜量測設備，
Optical Thin Film Metrology Equipment …… 1448

8.9.5 光学关键尺寸测量设备，光學關鍵尺寸量測設備，
Optical Critical Dimension (OCD) Measurement Equipment …… 1450

8.9.6 明场光学图形圆片缺陷检测设备，明場光學圖形晶圓缺陷檢測設備，
Bright Field Optical Patterned Wafer Defect Inspection Equipment …… 1453

8.9.7 暗场光学图形圆片缺陷检测设备，暗場光學圖形晶圓缺陷檢測設備，
Dark Field Optical Patterned Wafer Defect Inspection Equipment …… 1455

8.9.8 无图形圆片表面检测系统，無圖形晶圓表面檢測系統，
Unpatterned Wafer Surface Inspection Tool …… 1457

8.9.9 宏观缺陷检测设备，宏觀缺陷檢測設備，
Macro Defect Inspection Tool …… 1459

8.9.10 电子束图形圆片缺陷检测设备，電子束晶圓缺陷檢測設備，
Electron Beam Inspection (EBI) Equipment for Wafer Defects …… 1461

8.9.11 缺陷分析扫描电子显微镜，缺陷分析掃描電子顯微鏡，
Defect-Review Scanning Electron Microscope …… 1463

8.9.12 X射线测量设备，X射線量測設備，X-Ray Metrology Equipment …… 1465

8.9.13 原子力显微镜，原子力顯微鏡，Atomic Force Microscope (AFM) …… 1467

8.9.14 聚焦离子束显微镜，聚焦離子束顯微鏡，
　　　　Focused Ion Beam (FIB) Microscope ·················· 1469

8.9.15 傅里叶变换红外光谱仪，傅立葉變換紅外光譜儀，
　　　　Fourier Transform Infrared (FTIR) Spectrometer ·············· 1470

8.9.16 薄膜应力测试设备，薄膜應力測試設備，
　　　　Film Stress Measurement Tool ·················· 1471

8.9.17 四探针方块电阻测试仪，四點探針方塊電阻測試儀，
　　　　Four-Point Probe ·················· 1473

8.9.18 表面台阶仪，表面臺階儀，Surface Profiler ·················· 1475

8.10 组装与封装设备 ·················· 1476

　　8.10.1 组装与封装工艺及设备，組裝與封裝製程及設備，Overview of
　　　　　　Process and Equipment for Assembling and Packaging ·············· 1476
　　8.10.2 圆片减薄机，晶圆減薄機，Wafer Grinder ·················· 1478
　　8.10.3 砂轮划片机，晶圆切割機，Dicing Saw ·················· 1481
　　8.10.4 激光划片机，雷射切割機，Laser Saw ·················· 1484
　　8.10.5 临时键合/解键合机，臨時鍵合/解鍵合機，
　　　　　　Temporary Bonding/Debonding Machine ·················· 1487
　　8.10.6 圆片键合机，晶圆鍵合機，Wafer Bonder ·················· 1488
　　8.10.7 植球机，植球機，Ball Mounting Machine ·················· 1489
　　8.10.8 黏片机，黏片機，Die Bonder ·················· 1491
　　8.10.9 引线键合机，引綫鍵合機，Wire Bonder ·················· 1492
　　8.10.10 倒装机，倒裝機，Flip Chip Bonder ·················· 1495
　　8.10.11 助焊剂清洗机，助焊劑清洗機，Flux Cleaner ·················· 1497
　　8.10.12 回流炉，回流爐，Reflow Oven ·················· 1498
　　8.10.13 塑封机，塑封機，Molding Machine ·················· 1500
　　8.10.14 电镀及浸焊生产线，電鍍及浸焊生產綫，
　　　　　　Electro Plating and Wave Soldering System ·················· 1501
　　8.10.15 切筋成型机，切筋成型機，Cropping Machine ·················· 1502
　　8.10.16 激光打标设备，雷射印標機，Laser Marking Machine ·················· 1503

8.11 主要公用部件 ·················· 1504

　　8.11.1 设备前端模块，設備前端模組，Equipment Front End Module (EFEM) ··· 1504
　　8.11.2 机械手，機械手臂，Manipulator ·················· 1505
　　8.11.3 气体质量流量控制器，氣體質量流量控制器，
　　　　　　Mass Flow Controller (MFC) ·················· 1508
　　8.11.4 射频电源，射頻電源，RF Generator ·················· 1510
　　8.11.5 尾气处理装备，尾氣處理裝備，Local Scrubber ·················· 1511

8.11.6　干泵，乾式泵，Dry Pump ……………………………………………… 1513

8.11.7　冷泵，冷凍泵，Cryopump ……………………………………………… 1515

8.11.8　分子泵，分子泵，Turbo Pump …………………………………………… 1516

8.11.9　低温冷却器，低溫冷卻器，Chiller ……………………………………… 1517

8.11.10　阀门，閥門，Valves …………………………………………………… 1519

8.11.11　气路系统，氣路系統，Gas Panel ……………………………………… 1520

8.11.12　静电吸盘，靜電吸盤，Electrostatic Chuck（E-Chuck） …………… 1522

8.11.13　反应腔喷淋头，反應腔噴淋頭，Process Chamber Showerhead …… 1523

8.11.14　反应腔室，反應腔室，Reaction Chamber ……………………………… 1524

8.12　集成电路测试设备 …………………………………………………………………… 1525

8.12.1　集成电路测试设备概述，積體電路測試設備概述，
Overview of IC Testing Equipment ……………………………………… 1525

8.12.2　通用数字集成电路测试系统，通用數位積體電路測試系統，
Logic IC Test System ……………………………………………………… 1527

8.12.3　存储器测试系统，記憶體測試系統，Memory IC Test System ………… 1528

8.12.4　SoC 测试系统，SoC 測試系統，SoC Test System ……………………… 1529

8.12.5　模拟/混合集成电路自动测试系统，類比與混合型積體電路
自動測試系統，Analog/Mixed-Signal IC Test System …………………… 1532

8.12.6　射频集成电路自动测试系统，射頻積體電路自動測試系統，
RF IC Test System ………………………………………………………… 1534

8.12.7　定制化测试设备，定制化測試設備，Customized Test System ………… 1536

8.12.8　测试仪表，測試儀表，Test Instrument ………………………………… 1537

8.13　生产线其他相关设备 ………………………………………………………………… 1538

8.13.1　电感耦合等离子体质谱仪，電感耦合電漿質譜儀，
Inductively Coupled Plasma-Mass Spectrometer（ICP-MS） …………… 1538

8.13.2　离子色谱仪，離子色譜儀，Ion Chromatograph ………………………… 1538

8.13.3　热脱附气相色谱质谱仪，熱脫附氣相色譜質譜儀，Thermal
Desorption-Gas Chromatogram Mass Spectrometer（GC-MS） ………… 1539

8.13.4　自动滴定仪，自動滴定儀，Titrator ……………………………………… 1540

8.13.5　研磨液颗粒计数仪，研磨液顆粒計數儀，Accusizer …………………… 1541

8.13.6　液体颗粒计数仪，液體顆粒計數儀，
Liquid Particle Counter（LPC） ………………………………………… 1541

第9章　集成电路专用材料 ………………………………………………………………… 1543

9.1　硅材料 ………………………………………………………………………………… 1545

9.1.1　集成电路对硅材料的要求，積體電路對矽材料的要求，
Requirements of IC for Silicon Materials ………………………………… 1545

9.1.2　高纯多晶硅，高純多晶矽，High Purity Polycrystalline Silicon …………… 1548

9.1.3　单晶硅，單晶矽，Mono Crystalline Silicon ……………………………………… 1549

9.1.4　非晶硅薄膜，非晶矽薄膜，Amorphous Silicon Thin Film ………………… 1551

9.1.5　纳米硅材料，奈米矽材料，Nano-Silicon Materials …………………………… 1552

9.1.6　硅外延单晶薄膜，矽磊晶單晶薄膜，
　　　　Monocrystalline Silicon Epitaxial Film ……………………………………… 1554

9.1.7　SOI 材料，SOI 材料，Silicon-on-Insulator ……………………………………… 1555

9.1.8　硅基 SiGe 薄膜，矽基 SiGe 薄膜，SiGe Film on Silicon Substrate ……… 1558

9.1.9　硅基应变硅薄膜，矽基應變矽薄膜，
　　　　Strained Silicon Film on Silicon Substrate ………………………………… 1559

9.1.10　硅基碳管，矽基碳管，Carbon Nanotubes on Silicon Substrate ………… 1560

9.1.11　硅基石墨烯，矽基石墨烯，Graphene on Silicon Substrate ………………… 1561

9.1.12　硅基发光材料，矽基發光材料，
　　　　Light Emitting Materials on Silicon Substrate ……………………………… 1562

9.2　硅片加工 ……………………………………………………………………………………… 1563

9.2.1　晶体热处理，晶體熱處理，Heat Treatment of Crystal Ingot …………… 1563

9.2.2　晶体定向，晶體定向，Orientation of Crystal ……………………………… 1564

9.2.3　晶锭切断工艺，晶錠切斷工藝，Cutting Technology of Crystal Ingot …… 1565

9.2.4　切片工艺，切片技術，Slicing Technology ……………………………………… 1566

9.2.5　研磨工艺，研磨技術，Lapping Technology …………………………………… 1567

9.2.6　抛光工艺和抛光片，抛光技術和抛光片，
　　　　Polishing Technology and Polished Wafer ………………………………… 1569

9.2.7　硅片清洗与包装，矽片清洗與包裝，
　　　　Cleaning and Packaging of Silicon Wafer …………………………………… 1571

9.3　硅材料中的缺陷与杂质 …………………………………………………………………… 1573

9.3.1　点缺陷，點缺陷，Point Defects ………………………………………………… 1573

9.3.2　线缺陷，綫缺陷，Line Defects …………………………………………………… 1574

9.3.3　面缺陷，面缺陷，Surface Defects ……………………………………………… 1575

9.3.4　体缺陷，體缺陷，Bulk Defects …………………………………………………… 1577

9.3.5　微缺陷，微缺陷，Microdefects …………………………………………………… 1578

9.3.6　直拉单晶硅中的氧，矽單晶中的氧，Oxygen in CZ Silicon ………………… 1579

9.3.7　直拉单晶硅中的碳，矽單晶中的碳，Carbon in CZ Silicon ………………… 1580

9.3.8　直拉单晶硅中的氮，矽單晶中的氮，Nitrogen in CZ Silicon ……………… 1581

9.3.9　直拉单晶硅中的金属杂质，矽單晶中的金屬雜質，
　　　　Metallic Impurity in CZ Silicon ……………………………………………… 1582

9.3.10 滑移位错，滑移位錯，Slip Dislocation ······ 1583
9.3.11 失配位错，失配位錯，Misfit Dislocation ······ 1585
9.3.12 氧化诱生层错，氧化誘生層錯，Oxygen-Induced Stacking Faults ······ 1586
9.3.13 外延缺陷，磊晶缺陷，Epitaxial Defects ······ 1587
9.3.14 诱生微缺陷，誘生微缺陷，Induced Microdefects ······ 1588

9.4 化合物半导体 ······ 1590

9.4.1 化合物半导体材料，化合物半導體材料，
Compound Semiconductor Materials ······ 1590

9.4.2 集成电路对化合物半导体材料的要求，積體電路對化合物半導體材料的要求，Requirement of IC for Compound Semiconductor Materials ······ 1590

9.4.3 砷化镓单晶的制备，砷化鎵單晶的製備，
Fabrication of Monocrystalline GaAs ······ 1592

9.4.4 砷化镓热处理和晶片加工，砷化鎵熱處理和晶圓加工，
Thermal Treatment and Processing of GaAs Wafers ······ 1594

9.4.5 砷化镓外延，砷化鎵磊晶，GaAs Epitaxy ······ 1595

9.4.6 磷化铟的性质，磷化銦的性質，Properties of InP ······ 1597

9.4.7 磷化铟单晶制备，磷化銦單晶製備，
Fabrication of Monocrystalline InP ······ 1598

9.4.8 铟镓砷，銦鎵砷，InGaAs ······ 1599

9.4.9 氮化镓单晶，氮化鎵單晶，Monocrystalline GaN ······ 1600

9.4.10 氮化镓薄膜，氮化鎵薄膜，GaN Thin Film ······ 1602

9.4.11 蓝宝石晶体与衬底材料，藍寶石晶體與襯底材料，
Crystalline Al_2O_3 and Substrate Materials ······ 1602

9.4.12 碳化硅单晶，碳化矽單晶，Monocrystalline Silicon Carbide ······ 1603

9.4.13 碳化硅薄膜，碳化矽薄膜，Silicon Carbide Film ······ 1605

9.4.14 化合物量子阱材料，化合物量子阱材料，
Compound Quantum Well Materials ······ 1606

9.4.15 化合物量子点材料，化合物量子點材料，
Compound Quantum Dot Materials ······ 1607

9.5 光掩模和光刻胶材料 ······ 1609

9.5.1 集成电路对光掩模材料的要求及发展，積體電路對光罩材料的要求及發展，Requirements of IC for Photomask Materials and Development of Photomask Materials ······ 1609

9.5.2 光掩模基板材料，光罩基板材料，Photomask Substrate Material ······ 1610

9.5.3 匀胶铬版光掩模，勻膠鉻版光罩，
Photoresist Applied Chrome Thin Film Photoplate ······ 1612

9.5.4 移相掩模，相位移光罩，Phase-Shift Mask（PSM） ………………………… 1614
9.5.5 极紫外掩模，極紫外光罩，
    Extreme Ultraviolet Lithography Photomask ………………………… 1616
9.5.6 硬掩模，硬光罩，Hard Photomask ……………………………………… 1617
9.5.7 光刻胶，光阻，Photoresist ……………………………………………… 1618
9.5.8 g线和i线的紫外光刻胶，g綫和i綫的紫外光阻，
    UV Photoresist for g-Line and i-Line …………………………………… 1621
9.5.9 KrF和ArF深紫外光刻胶，KrF和ArF深紫外光阻，
    DUV Photoresist for KrF and ArF ……………………………………… 1623
9.5.10 极紫外光刻胶，極紫外光阻，EUV Photoresist …………………………… 1624
9.5.11 新型光刻胶材料，新型光阻材料，
    Next Generation Lithography Materials ………………………………… 1625
9.5.12 光敏聚酰亚胺，光敏聚酰亞胺，Photosensitive Polyimid ………………… 1627
9.5.13 抗反射涂层，抗反射塗層，Antireflection Coating ……………………… 1629
9.5.14 光刻胶配套试剂，光阻配套試劑，Ancillaries …………………………… 1629

9.6 工艺辅助材料 …………………………………………………………………… 1630
9.6.1 浸没液体，浸沒液體，Immersion Fluid …………………………………… 1630
9.6.2 高纯特种气体，高純特種氣體，High Purity Special Gases ……………… 1632
9.6.3 硅片精密加工材料，矽片精密加工材料，
    Precise Processing Materials for Silicon Wafers ………………………… 1637
9.6.4 石英制品，石英製品，Quartz Products …………………………………… 1639
9.6.5 高纯化学试剂，高純化學試劑，High Purity Chemicals ………………… 1642
9.6.6 清洗腐蚀试剂，清洗蝕刻試劑，Cleaning and Etching Chemicals ……… 1643
9.6.7 化学机械抛光液，化學機械抛光液，
    Chemical Mechanical Polishing Slurry …………………………………… 1645
9.6.8 化学机械抛光垫和化学机械抛光修整盘，化學機械抛光墊和化學機械抛光
    修整盤，Chemical Mechanical Polishing Pad and Conditioning Disc …… 1646
9.6.9 掺杂试剂，摻雜試劑，Doping Reagents …………………………………… 1647
9.6.10 铝靶，鋁靶，Aluminum Target …………………………………………… 1648
9.6.11 钛靶，鈦靶，Titanium Target ……………………………………………… 1650
9.6.12 钽靶，鉭靶，Tantalum Target ……………………………………………… 1651
9.6.13 铜靶，銅靶，Copper Target ………………………………………………… 1653
9.6.14 贵金属靶，貴金屬靶，Precious Metal Target …………………………… 1654

9.7 封装结构材料 …………………………………………………………………… 1655
9.7.1 引线框架材料，引綫框架材料，Lead Frame Materials ………………… 1655
9.7.2 塑封材料，塑封材料，Plastic Packaging Materials …………………… 1657

9.7.3 陶瓷封装材料，陶瓷封装材料，Ceramic Packaging Materials ………… 1658

9.7.4 金属封装材料，金属封装材料，Metal Packaging Materials ………… 1661

9.7.5 陶瓷基板材料，陶瓷基板材料，Ceramic Substrate Materials ………… 1663

9.7.6 有机封装基板，有機封裝基板，Organic Packaging Substrate ………… 1664

9.7.7 贵金属及其键合引线材料，貴金屬及其鍵合引綫材料，
Precious Metals and Their Bonding Wire Inner Leads Materials ………… 1666

9.7.8 键合铜线、铝线及其合金引线材料，鍵合銅絲、鋁絲及其合金引綫材料，
Copper Bonding Wire, Alloy of Copper Bonding Wire, Aluminium Bonding
Wire and Alloy of Aluminium Bonding WireInner Leads Materials ………… 1668

9.7.9 导电胶黏结材料，導電膠黏結材料，Conductive Adhesive Materials ………… 1671

9.7.10 绝缘黏结胶材料，絕緣黏結膠材料，Insulated Adhesive Materials ……… 1672

9.7.11 焊料，銲料，Solder ………… 1672

9.7.12 底填料，底填料，Underfill ………… 1675

第 10 章 集成电路基础研究与前沿技术发展 ………… 1679

10.1 非传统新结构器件 ………… 1681

10.1.1 栅极全环绕器件，閘極全環繞元件，
Gate-All-Around（GAA）Device ………… 1681

10.1.2 隧道场效应晶体管，隧道穿透場效應電晶體，
Tunneling Field Effect Transistor ………… 1682

10.1.3 碰撞电离 MOS 器件，碰撞電離 MOS 元件，
Impact Ionization MOS ………… 1684

10.1.4 自旋场效应晶体管，自旋場效應電晶體，
Spin Field Effect Transistor ………… 1685

10.1.5 负栅电容晶体管，負柵電容電晶體，
Negative Capative MOSFET（NC-MOSFET）………… 1687

10.1.6 磁阻式随机存储器，磁阻式隨機記憶體，
Magnetoresistive Random Access Memory（MRAM）………… 1690

10.1.7 自旋转移矩磁随机存储器，自旋轉移力矩磁隨機記憶體，Spin Transfer
Torque-Based Magnetoresistive Random Access Memory（STT-MRAM）… 1693

10.1.8 相变存储器，相變記憶體，Phase Change Random Access Memory ………… 1695

10.1.9 阻变随机存储器，阻變隨機記憶體，
Resistive Switching Random Access Memory（RRAM）………… 1698

10.1.10 忆阻器，憶阻器，Memristor ………… 1700

10.1.11 准 SOI 器件，準 SOI 器件，Quasi-SOI Devices ………… 1702

— 48 —

10.2 新型集成电路 ... 1705
- 10.2.1 人工神经网络，人工神經網路，Artificial Neural Network ... 1705
- 10.2.2 类脑芯片，類腦晶片，Brain-Inspired Chip ... 1707
- 10.2.3 可重构计算集成电路，可重構計算積體電路，Reconfigurable Computing Integrated Circuits ... 1709
- 10.2.4 太赫兹集成电路，太赫茲積體電路，Terahertz Integrated Circuit（THz IC） ... 1711
- 10.2.5 量子集成电路，量子積體電路，Quantum Integrated Circuit ... 1713
- 10.2.6 认知无线电集成电路，認知無線電積體電路，Cognitive Radio Integrated Circuit ... 1715
- 10.2.7 非易失性逻辑集成电路，非揮發性邏輯積體電路，Non-volatile Logic Integrated Circuit ... 1717
- 10.2.8 生物医学芯片，生物醫學晶片，Biomedical Chip ... 1720

10.3 集成电路新材料 ... 1722
- 10.3.1 金刚石，金剛石，Diamond ... 1722
- 10.3.2 石墨烯，石墨烯，Graphene ... 1724
- 10.3.3 类石墨烯材料，類石墨烯材料，Graphene-Like Materials ... 1726
- 10.3.4 纳米线材料，奈米綫材料，Nanowire Materials ... 1728
- 10.3.5 碳纳米管，碳奈米管，Carbon Nanotube（CNT） ... 1730
- 10.3.6 锗锡，鍺錫，GeSn ... 1732
- 10.3.7 量子线材料，量子綫材料，Quantum Wire Materials ... 1735
- 10.3.8 拓扑绝缘体，拓撲絕緣體，Topological Insulator（TI） ... 1736

10.4 先进集成电路制造技术 ... 1738
- 10.4.1 超低介电常数和空气隙，超低介電常數和空氣隙，Low-k Dielectric and Air Gap ... 1738
- 10.4.2 等离子体掺杂，電漿佈植，Plasma Doping ... 1739
- 10.4.3 纳米压印光刻，奈米壓印光刻，Nano-Imprint Lithography（NIL） ... 1742
- 10.4.4 定向自组装光刻，定向自組裝微影，Directed Self-Assembly（DSA）Lithography ... 1743

10.5 新型集成与互连 ... 1746
- 10.5.1 三维互连工艺，三維互連制程，3D Interconnect Technology ... 1746
- 10.5.2 基于 TSV 的三维集成电路，基於 TSV 的三維積體電路，TSV-Based 3D IC ... 1748
- 10.5.3 片上光互连，單晶片光連接模組，On-Chip Optical Interconnect ... 1750

10.6 纳米级器件模型与模拟 1751
10.6.1 半导体技术计算机辅助设计，半導體技術計算機輔助設計，
Technology Computer Aided Design 1751
10.6.2 蒙特卡洛器件模拟，蒙特卡洛器件模擬，
Monte Carlo Simulation for Device 1753
10.6.3 准弹道输运，準彈道輸運，Quasi-ballistic Transport 1754
10.6.4 非平衡格林函数，非平衡格林函數，
Non-equilibrium Green's Function（NEGF）............................ 1756
10.6.5 分子动力学模拟，分子動力學模擬，Molecular-Dynamics Simulation ... 1757
10.6.6 第一性原理，第一性原理，First Principles Method 1759
10.6.7 密度泛函理论，密度泛函理論，
Density Functional Theory（DFT）... 1760
10.6.8 原子级器件模拟，原子級器件模擬，Atomic Device Simulation 1761

10.7 柔性半导体器件 1762
10.7.1 可延展无机半导体器件，可延展無機半導體器件，
Flexable Inorganic Semiconductor Devices（FISD）............... 1762
10.7.2 可折叠硅集成电路，可折疊矽積體電路，
Foldable Silicon Integrated Circuit（FSIC）............................ 1764
10.7.3 柔性薄膜晶体管，柔性薄膜電晶體，
Flexible Thin Film Transistors（FTFT）.................................. 1765
10.7.4 有机场效应晶体管，有機場效應電晶體，
Organic Field Effect Transistors（OFET）.............................. 1768
10.7.5 柔性存储器，柔性記憶體，Flexible Memory（FM）............. 1769
10.7.6 柔性衬底技术，柔性襯底技術，
Flexible Substrate Technology（FST）..................................... 1771
10.7.7 柔性电子标签，柔性電子標籤，Flexible RFID 1773
10.7.8 柔性微机电系统技术，柔性微機電系統技術，
Flexible Micro Electro Mechanical Systems（F-MEMS）....... 1774
10.7.9 有机半导体材料，有機半導體材料，
Organic Semiconductor Materials（OSM）............................. 1776
10.7.10 有机半导体异质结，有機半導體異質結，
Organic Heterojunctions（OH）.. 1778
10.7.11 有机发光二极管，有機發光二極體，
Organic Light Emitting Diode（OLED）................................. 1779
10.7.12 有机光探测器，有机光探测器，Organic Photodetectors 1780

10.7.13　有机太阳电池，有機太陽電池，Organic Solar Cells ············ 1781

10.8　集成微系统技术 ············ 1783

10.8.1　可植入式微系统，可植入式微系統，Implantable Microsystem ············ 1783

10.8.2　纳米能源器件，奈米能源器件，Nano Energy Devices ············ 1784

10.8.3　体硅微加工工艺，矽微加工技術，
Bulk-Si Micromachining Technology ············ 1785

10.8.4　表面硅微加工工艺，面型矽微加工技術，
Surface-Si Micromachining Techonlogy ············ 1786

10.8.5　光刻-电镀-注塑技术，微影-電鍍-造模技術，
Lithographie-Galvanoformung-Abformung（LIGA）Process ············ 1787

10.8.6　智能传感器，智慧型感測器，Smart Sensors ············ 1788

10.9　先进表征技术与测试技术 ············ 1789

10.9.1　导电原子力显微镜，導電原子力顯微鏡，
Conductive Atomic Force Microscope（CAFM）············ 1789

10.9.2　原子探测断层成像，原子探針斷層成像，
Atom Probe Tomography ············ 1791

10.9.3　非弹性电子隧道谱技术，非彈性電子穿隧譜技術，
Inelastic Electron Tunneling Spectroscopy ············ 1792

10.9.4　飞秒激光技术，飛秒雷射科技，Technology of Femtosecond Lasers ············ 1794

10.9.5　低功耗测试，低功耗測試，Power-Aware Testing ············ 1795

10.9.6　三维集成电路测试，三維積體電路測試，3D IC Testing ············ 1796

10.9.7　嵌入式内核测试，嵌入式內核測試，Embedded Core Testing ············ 1798

10.9.8　缺陷容忍度，缺陷容忍度，Defect Tolerance ············ 1800

10.9.9　自适应测试，自我調整測試，Adaptive Testing ············ 1801

10.9.10　硬件安全和可信度，硬體安全和可信度，
Hardware Security and Trust ············ 1803

附录A　集成电路企业简介 ············ 1807

A.1　全球部分半导体企业简表 ············ 1807

A.2　全球重要半导体企业排名 ············ 1810

A.2.1　全球重要集成电路设计企业排名 ············ 1810

A.2.2　全球重要集成电路制造企业排名 ············ 1811

A.2.3　全球重要集成器件制造商排名 ············ 1811

A.2.4　全球重要集成电路封装测试企业排名 ············ 1812

- A.2.5　全球重要圆片制造设备供应商排名 ……………………………………… 1813
- A.2.6　全球重要车用半导体供货商排名 ………………………………………… 1813
- A.2.7　全球重要 MEMS 企业排名 …………………………………………………… 1814

A.3　中国重要半导体企业排名 …………………………………………………………… 1814
- A.3.1　中国重要集成电路设计企业排名 ………………………………………… 1814
- A.3.2　中国重要集成电路制造企业排名 ………………………………………… 1815
- A.3.3　中国重要半导体封装测试企业排名 ……………………………………… 1815
- A.3.4　中国其他重要半导体企业 ………………………………………………… 1816

A.4　中国半导体与集成电路产业联盟 ………………………………………………… 1818
- A.4.1　中国半导体产业相关联盟 ………………………………………………… 1818
- A.4.2　中国半导体产业相关联盟简介 …………………………………………… 1818

A.5　索尔维会议 ……………………………………………………………………………… 1822

附录 B　常用参考表 ……………………………………………………………………… 1825

B.1　希腊字母表 ……………………………………………………………………………… 1825

B.2　常用物理化学参考表 ………………………………………………………………… 1826
- B.2.1　元素周期表 ……………………………………………………………………… 1826
- B.2.2　集成电路制造常用元素 ……………………………………………………… 1827
- B.2.3　常用气体的物理化学特性表 ………………………………………………… 1828
- B.2.4　部分液体的物理化学特性表 ………………………………………………… 1829
- B.2.5　常用半导体材料参数表 ……………………………………………………… 1830
- B.2.6　物理化学常量表 ………………………………………………………………… 1831

B.3　常用数学常数表 ………………………………………………………………………… 1832

B.4　常用物理学常量表 ……………………………………………………………………… 1834
- B.4.1　通用物理常量表 ………………………………………………………………… 1834
- B.4.2　电磁学常量表 …………………………………………………………………… 1834
- B.4.3　原子与原子核常量表 …………………………………………………………… 1835

B.5　国际单位制（SI Units） ……………………………………………………………… 1835
- B.5.1　国际单位制基本单位 …………………………………………………………… 1835
- B.5.2　国际单位制导出单位 …………………………………………………………… 1836
- B.5.3　可与国际单位制单位并用的我国法定计量单位 ………………………… 1837
- B.5.4　国际单位制词头 ………………………………………………………………… 1838

B.6　常用单位换算表 ………………………………………………………………………… 1838

  B.6.1 常用长度单位换算表 ································· 1838

  B.6.2 常用面积单位换算表 ································· 1838

  B.6.3 常用体积和容量单位换算表 ························· 1839

  B.6.4 其他常用单位换算表 ································· 1839

  B.6.5 常用货币换算表 ····································· 1840

附录 C 集成电路常用缩写语 ··· 1841

附录 D 集成电路产业常用词汇 ····································· 1853

索引 ··· 1869

第 8 章　集成电路专用设备

自 20 世纪 50 年代集成电路问世以来,集成电路产业一直遵循"一代装备,一代工艺,一代产品"的模式快速发展。正因如此,集成电路制造与检测设备成为了产业技术升级和发展的先导与核心。

集成电路制造往往需要经过上千个工艺步骤才能完成,每个工艺步骤都要依赖特定设备的加工处理才能实现。制造与检测设备是集成电路的核心技术及工艺的载体,是产业发展的基础,集人类超精细加工技术之大成,代表着当今世界微细制造的最高水平。因此,集成电路产业是一个国家高端制造能力的综合体现,是全球高科技国力竞争的战略必争制高点。

芯片集成度的不断提高,不仅使芯片内在结构和生产工艺不断创新,对生产工艺赖以实现的设备技术也提出了新的需求。目前,许多加工技术的精度已趋近于物理极限,使得集成电路制造设备的性能要求越来越高,先进设备的研发也更具有挑战性。

本章主要内容包括圆片制备设备、掩模制造设备、光刻设备、扩散与离子注入设备、薄膜生长设备、等离子体刻蚀设备、湿法设备、工艺检测设备、组装与封装设备、主要公用部件、集成电路测试设备、生产线其他相关设备等 12 个部分,涵盖了绝大多数与集成电路制造相关的设备种类,同时也简要介绍了国内外产业的发展状况。

◎ 本章编委会

主　　编：叶甜春
副 主 编：尹志尧　赵晋荣
编　　委（按姓氏笔画排序）：
　　　　　丁培军　王　帆　王　晖　王志越　吕彤欣
　　　　　杨　峰　张　东　张　昕　张志勇　张国铭
　　　　　陈宝钦　陈福平　柳　滨　贺荣明　夏　洋
　　　　　浦　远　程建瑞
责任编委：浦　远　夏　洋

第8章 集成电路专用设备

8.1 集成电路设备产业发展

8.1.1 国际集成电路设备产业发展概况，國際積體電路設備產業發展概況，Development of International IC Equipment Industry

1. 全球半导体设备市场发展概况

半导体产业起源于美国，经过大半个世纪的发展，全球产业中心先后经历了两次大转移，即20世纪七八十年代从美国转移到日本和90年代从日本转移到中国台湾地区和韩国。进入21世纪以后，中国大陆的半导体产业发展日趋迅猛，全球半导体产业中心开始呈现加速向中国大陆地区转移的趋势，半导体设备市场随着产业中心的转移发生变化。目前，中国台湾地区和韩国仍然是半导体装备市场的重点地区，而中国大陆地区的市场地位则日益增强。

根据国际半导体设备与材料协会（Semiconductor Equipment and Materials International, SEMI）统计，2016年全球半导体制造设备的总销售额达到412.3亿美元，同比增长13%；预计2018年将达到约532.1亿美元，创历史新高，如图8-1所示。设备类别包括圆片制造、封装、测试及其他前段工艺设备等，其中圆片制造设备占比最大。

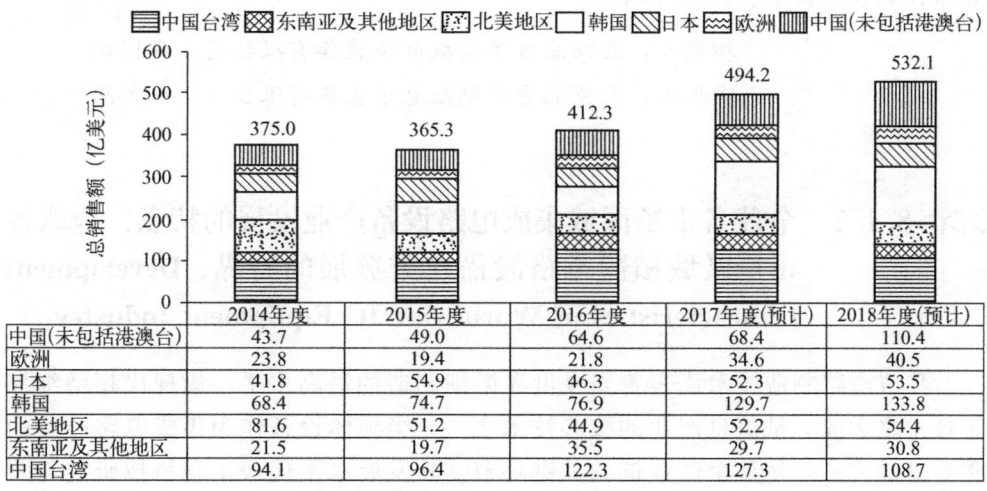

图8-1 全球半导体设备销售额（数据来源：SEMI, 2017.7）

在区域市场方面，未来北美、日本等传统芯片制造大国或地区对设备市场的需求呈现下降趋势；欧洲虽有增长，但总体规模不大；东南亚市场则保持连续增长，其主要增量来自中国（包括台湾地区）和韩国等。中国台湾地区已连续5年成为全球最大的半导体新设备市场，其2016年度的设备采购金额达到122.3亿美元；韩国排名第二；中国（未包括港、澳、台地区）市场以32%的年增长率跃居第三位，而第四位和第五位则分别为日本和北美地区。

2. 全球主要半导体设备供应商概况

美国、日本、荷兰是集成电路设备制造的强国。其中，美国主要在等离子刻蚀设备、离子注入机、外延生长系统、化学气相沉积（CVD）设备、溅射设备、退火设备、镀铜设备、去胶设备、掩模制造设备、工艺检测设备、圆片清洗设备、部分测试设备等方面占据优势；日本主要在光刻机、涂胶设备、显影设备、封装及测试设备、氧化/LPCVD设备、等离子刻蚀设备、化学气相沉积设备、检验设备、传送装置等方面具有优势；荷兰则在高端光刻机方面居于国际领先地位。

国际半导体设备企业的发展自20世纪60年代开始，经历50余年，由全盛时期的数百家，通过并购整合等措施缩减至目前的数十家，其中排名前十位的企业占据了约80%的市场份额，细分领域的垄断程度越来越高，形成"大者恒大"的局面。全球圆片制造设备商主要包括 Applied Materials、ASML、Tokyo Electron、Lam Research、KLA‑Tencor、Screen Semiconductor Solutions、Hitachi High-Technologies、Nikon、Hitachi Kokusai、ASM International 等，这些公司主要分布在美国、日本、荷兰等国家。

撰稿人：北京北方华创微电子装备有限公司 张国铭
审稿人：北京北方华创微电子装备有限公司 程朝阳

▷▷▷ 8.1.2 全球各市场区域集成电路设备产业发展的特点，全球各市場區域積體電路設備產業發展的特點，Development Characteristics of Worldwide IC Equipment Industry

集成电路制造技术代表着当今世界微细制造的最高水平，集现代超精细加工技术之大成，是信息产业的核心技术之一。半导体设备作为集成电路产业的重要基础之一，是整个产业链的关键环节，其发展水平代表了高科技研究与开发的能力，是各国间科技竞争的战略制高点。

1. 美国半导体设备产业发展概况及特点

美国半导体设备产业是伴随着芯片制造业的技术进步同步发展起来的。美国在刻蚀机、PECVD设备、PVD设备、离子注入机、检测设备、热处理设备等方面具有很强的竞争力。半导体产业发源于美国，大部分时间里美国在这一领域都保持着全球领先地位，对半导体设备不断提出新的需求，推动了设备企业的发展。20世纪80年代，日本曾一度在存储器等领域超过美国，为了对抗日本在存储器领域的优势，重新夺回美国在半导体市场的份额，1987年美国政府支持IBM、Intel、HP等13个主要半导体公司组建半导体技术研发合作产业联盟（SEMATECH），其宗旨是整合和分享各企业的资金资源，分担研究开发的技术风险和财务风险，提升美国半导体制造技术的地位和话语权，通过上下游合作来加强新技术的开发，推动美国半导体产业加速发展。在美国政府的组织和推动下，20世纪90年代，美国半导体企业重新回到了世界第一的竞争地位。美国半导体设备企业的竞争优势主要体现在技术创新方面，通过与领先用户的紧密合作，保持其技术领先地位。为此，企业投入大量经费用于新技术的研发，研发费用通常占年销售收入的10%~15%。例如，美国Applied Materials、Lam Research、KLA-Tencor等公司分别在薄膜设备、刻蚀设备、测试设备等不同领域保持技术领先地位及很高的市场占有率。同时，美国政府鼓励创新的税收政策、发达的融资体系、丰富的人才资源对半导体设备产业的成长起到了巨大的推动作用。

除了企业自身的研发投入，半导体设备技术还需要复杂的协同研究（包括基础性研究、工艺技术研究和优化技术研究），各个环节互相影响，缺一不可，而且研发周期非常长，需要持续不断地注入资金。在基础性研究方面，美国高水平的大学及研究机构也为相关企业的技术创新提供了有利的支撑，利用美国科研机构充足的人力资源和多学科优势，企业与大学或研究机构合作，加快产品研发过程，攻克产业共性技术瓶颈及其核心技术等问题，并实施成果共享。

2. 欧洲半导体设备产业发展情况及特点

欧洲各国集成电路设备企业的发展程度不一，其中比较有名的设备企业包括总部在荷兰的ASML和ASM，总部在德国的SUSS，以及比利时的IMEC。作为全球知名的独立公共研发平台，IMEC是半导体业界的指标性研发机构，它拥有全球先进的芯片研发技术和工艺，与包括英特尔、AMD、三星、台积电、应用材料等在内的全球半导体产业巨头拥有广泛的合作，是实现"开放式创新"平台的典范。

ASM和ASML都是国际上著名的半导体设备公司。作为欧洲最大的半导体设备企业，ASML掌握了国际上最先进的图形曝光技术。尤其是在浸没式（Immersion）光刻和极紫外（EUV）光刻技术方面，到目前为止ASML仍是国际上唯一可以提供此类商业化设备的供应商。ASML的EUV光刻技术被半导体业界视为跨入10nm以下工艺最重要的技术。另外，通过并购 MHI 公司，ASML 拥有了国际先进工艺的测量设备。ASML 的成功与荷兰大力发展知识型经济大国的策略密不可分。

3. 日本半导体设备产业发展概况及特点

日本半导体设备企业早期通过与美国公司技术合作等方式，逐渐确立了自己的产业基础，并凭借其原有的科技储备和创新活动在一些设备领域实现了重点突破。20 世纪 80 年代后期，全球半导体产业的重心转移到日本，NEC、东芝、日立、OKI 等公司通过严格的生产管理，加强质量控制，凭借 DRAM 芯片的生产，确立了在世界半导体业的领先地位。随着日本自身集成电路产业的壮大，设备需求大量增加，为其半导体设备产业的发展创造了良好机遇。日本半导体设备企业凭借其在价格、质量、服务等方面的综合优势，使得当时许多正在进行产能扩张的日本和韩国的半导体企业都倾向于日本设备厂商。虽然从 1990 年以来，日本经济总体处于萧条期，但日本的集成电路设备企业依然在全球半导体设备领域中占据着极其重要的地位，其主要代表性企业有东京电子（TEL）、日立、DNS、尼康、佳能、DISCO、日本真空等。目前，日本集成电路产业链已经非常成熟和完善，可以提供的集成电路设备种类最多，关键零部件及材料的本土配套能力很强。

4. 韩国半导体设备产业发展概况及特点

韩国半导体设备产业的发展是随着韩国平板显示器产业和集成电路产业的发展逐步成长起来的，并且发展速度很快。其中，三星、SK 海力士等龙头企业发挥了巨大的带动作用，设备企业与本地用户建立了紧密的合作关系，推动了韩国设备企业的发展。除光刻机等少数设备外，主要工艺设备种类及零部件均已实现国产配套，但关键工序的关键设备仍需要从美国、日本等国家进口。

纵观国际集成电路设备产业的发展历程，可以看出集成电路设备产业的发展具有如下特点。

（1）大比例的研发投入，保持设备产业整体的持续竞争力。

（2）创新驱动成长，实现技术领先。伴随着摩尔定律，半导体制造工艺节点对设备行业的更新换代和技术进步不断提出更高的要求。

（3）并购整合，加速企业发展。并购整合在半导体设备产业中的表现日趋突出，也是各大设备厂商得以实现快速成长、提升竞争力的重要手段。

（4）生产服务外包，整合全球优质资源。将非核心业务外包给在领域或环节中具有更专业技能的独立厂商，而只保留核心价值创造活动的企业经营模式已成为一种趋势，典型代表如荷兰的 ASML 公司。

撰稿人：北京北方华创微电子装备有限公司　张国铭
审稿人：北京北方华创微电子装备有限公司　程朝阳

8.1.3 中国集成电路设备产业发展阶段，中國積體電路設備產業發展階段，Development Phase of IC Industry in China

中国集成电路设备产业发展经历了以下 3 个阶段。

1. "自力更生"创业阶段（1956—1979 年）

中国半导体技术研发始于 1958 年。针对当时的国际环境，从 20 世纪 60 年代开始进行集成电路的研发工作。在这一时期，国家规划布局近十所高校、数十家研究所及国企从事半导体技术（工艺、装备、材料）和产品的研究与生产体系建设。在随后的 40 多年的创业与发展历程中，中国在半导体与集成电路产品、工艺、装备和材料等方面曾经基本实现"独立自主，自力更生"的目标。例如，中国第一台晶体管计算机（109 乙机、丙机）、第一台集成电路计算机（156、151 计算机）、第一台百万次、千万次计算机（757 机）所用的全部集成电路和晶体管均实现了国产化，为"两弹一星"、远洋测量船等国家工程做出了重大贡献。

在这一历史时期，由于国际上的严格禁运，国内集成电路制造所需的工艺、装备与材料一直依靠自主研发。在国家计划的支持下，一批高校、研究机构和国企按照分工，采取全国协作的方式，自力更生，从无到有，支撑着国内半导体制造业自强不息，艰难前行。

2. "引进与转型"探索发展阶段（1980—1999 年）

改革开放之初，中国经历了一次半导体生产线引进高潮。据原电子工业部统计，国家投入了约 13 亿元人民币的资金，先后由 24 家企业不同程度地从国外引进了 33 条换代中的集成电路生产线（主要是 3in 和 4in 生产线，1in = 25.4mm）。

由于当时国内产业经验的缺乏和机制体制等综合原因，引进生产线的企业普遍存在产品工艺缺乏、设备不齐全、运行资金（尤其是研发资金）匮乏等问题，导致这些引进的生产线陷入困境。而国内半导体制造设备的落后，使得生产线只能靠引进设备进行升级，从而陷入了"引进—落后—再引进"的怪圈。这一时期，原来从事半导体设备研究与制造的科研院所和国有企业普遍存在生存危机，如没有研发经费、产品无人问津、"下海"创业冲击等，相关企业纷纷改行转型，生存艰难。

针对"大引进"后期出现的问题，国家加强了集成电路工艺、装备的研发投入，先后组织实施了"908"、"909"等集成电路重大工程，同时调动地方政府积极性，组建了"北方微电子研发基地"和"上海微电子基地"。在集成电路装备研发方面，组织了光刻机、干法刻蚀设备、离子注入机、磁控溅射设备、圆片处理系统、集成电路成品检测设备等 8 种设备的国家科技攻关任务。从实施效果来看，尽管建立了企业平台和队伍，打下了一定的产业基础，但由于基础薄弱，研发投入有限，国产装备研制基本止于样机，并未建立起国产装备对制造业的支撑能力。

3. "战略调整与政策扶持"快速追赶阶段（2000年至今）

2000年以后，伴随着互联网、移动通信、智能终端等信息产业的快速发展，中国对芯片的需求量大幅增加，作为信息技术基石的集成电路及其装备产业也日益受到重视，大力发展集成电路已成为国家战略。国家在加大科技研发投入的同时，陆续出台了关于鼓励发展集成电路产业的相关政策（国发〔2000〕18号文、国发〔2011〕4号文等），由此中国集成电路产业进入了快速追赶阶段。"十一五"以来，随着国家"极大规模集成电路制造装备与成套工艺"科技重大专项（02专项）的启动实施，中国开始围绕集成电路产业链加快部署创新链，为中国集成电路制造、装备、材料及封装产业链的形成和竞争力的提高发挥了决定性作用。一批300mm高端集成电路制造设备实现从无到有的突破，刻蚀机、离子注入机、PVD、LPCVD等主要前道工序设备及先进封装设备通过大生产线考核进入海内外市场。尽管国产半导体设备取得了很大进步，但与国际先进设备之间仍存在较大的差距。

撰稿人：北京北方华创微电子装备有限公司　张国铭
审稿人：北京北方华创微电子装备有限公司　程朝阳

▷▷▷ 8.1.4　中国集成电路设备产业发展现状，中國積體電路設備產業發展現狀，Development Status of IC Equipment Industry in China

1. 中国集成电路设备市场概况

2010年以来，中国的集成电路制造的规模发展迅猛，对设备的需求不断增长，但本土设备配套能力不足的弊端也日益突出。据中国电子专用设备工业协会统计，2016年中国集成电路设备营收为28.14亿元人民币（约4.27亿美元），在全球市场规模（约365.3亿美元）中占比约为1.2%。中国主要的圆片制造设备供应商见表8-1。

随着云计算、大数据存储对以3D NAND为代表的存储器芯片的需求，以及集成电路制造业在中国的蓬勃发展，未来几年全球集成电路设备市场有望得到迅猛发展。2016年，中国已经以32%的增长率成为了全球半导体市场最具成长性的区域。

表 8-1 中国主要的圆片制造设备供应商

设 备 种 类	国内主要供应商
等离子刻蚀机	中微半导体，北方华创
化学气相沉积设备	沈阳拓荆，北方华创，中微半导体
离子注入机	北京中科信，上海凯世通，中电 48 所
光刻机	上海微电子装备、成都光机所，上海微高
物理气相沉积设备	北方华创
氧化扩散炉/LPCVD/退火设备	北方华创，中电 48 所
原子层沉积设备	北方华创、沈阳拓荆
清洗及湿法刻蚀设备	北方华创，上海盛美，沈阳芯源
化学机械抛光机	天津华海清科，上海盛美，中电 45 所
涂胶显影设备	沈阳芯源
检测设备	上海睿励，东方晶圆，中科飞测

目前，中国在集成电路制造设备方面已经取得了较大进步，部分细分产品已经实现了国产替代，甚至成为客户量产线（Baseline）机台。但整体而言，由于集成电路设备技术极其复杂，价格昂贵，关键设备对芯片性能起着决定性作用，以及长期以来客户使用习惯的形成等因素，使得集成电路设备市场已形成了长期较为固化的格局，这就给市场的后来者带来很大的阻碍和挑战。

在先进封装和 LED 芯片、光伏制造等领域，国产设备的替代率大幅提升。其中，LED 芯片和光伏制造设备已具备整线国产配套能力，国产设备已占据市场的主流，这说明设备国产化程度与客户对工艺的把控能力密切相关。未来，随着中国集成电路制造产业的快速发展，工艺整合能力的进一步提升，国产设备在技术实现上也非常有望实现质的突破。

未来十年，中国将成为集成电路制造业的主要增长区域，新一轮的建厂潮正在到来。目前国内已有 20 多条生产线开始筹建，对集成电路设备的需求巨大，这也为国产设备的发展带来了前所未有的机遇。

2. 中国集成电路设备发展近况

"十二五"以来是中国集成电路设备发展最快的时期。在技术方面，2008 年国家 02 科技重大专项实施前，300mm 国产设备还是空白，只有 2 种 200mm 设备。目前，300mm 主要种类的关键设备都已批量进入大生产线使用，总体量产水平达到 28nm。多种 14~10nm 关键设备也已开始进入客户生产线。国产设备制造商方面也涌现出了一些优秀的企业，如在等离子刻蚀机方面，中微公司开发的介质刻蚀机，在海内外一流客户芯片生产线上不断取代美国垄断公司的设备，并被广泛应用在国际一线客户中，目前已有240多台刻蚀机设备在亚洲的20多条生产线上稳定、可靠地运转；北方华创公司是国内可提供集成电路制造装备产品种类最多的公司，其产品主要包括刻蚀机、PVD设备、氧化炉、LPCVD设备、超精细清洗机、原子层沉积设备、外延设备、气体质量流量计等，现已在海内外大生产线上广泛使用。正是由于国产等离子刻蚀机技术水平的大幅提升，2015年美国国土安全局宣布取消对刻蚀机产品的出口审查。在其他国产设备方面，中科信的离子注入机、沈阳拓荆的PECVD设备、上海盛美的清洗机、沈阳芯源的匀胶机、上海睿励的光学尺寸测量设备、天津华海清科的CMP设备等一批国产300mm高端设备均已在海内外客户中批量使用。在集成电路领域的主要关键设备方面，中国已基本具备自主研发能力，本地化配套能力显著改善。

此外，将国产集成电路前道工艺设备技术拓展应用在先进封装领域中，不仅提升了中国封装领域的本地化配套能力，也促进了封装产业的快速发展。"十二五"期间，国产的刻蚀机、PVD设备、匀胶机、光刻机、PECVD设备、清洗机等成套的先进封装设备已大批量替代进口，其技术指标已达到国际先进水平，且兼具售后服务和性价比优势，从而减轻了中国先进封装产业的投资压力，提升了国内产业的竞争力。此外，由于企业自身研发能力的提升和核心技术的不断积累，国产设备在LED、MEMS、功率器件等泛半导体领域已开始大比例地替代进口，并已取得较好的效益。

除了整机水平的提升，关键零部件的本地化配套能力也有所增强。"十二五"期间，气体质量流量计、真空干泵、机械手、反应腔室等一批国产零部件实现了本地化制造，在整机系统中得到应用并实现了销售。但总体而言，国产零部件在集成电路制造高端设备中的应用仍需进一步加强。

3. 发展中国集成电路设备产业的几点思考

虽然国产集成电路设备产业取得了一定的进步，但在技术层次和规模供应能力上与国外先进企业之间的差距仍较大，需要持续有效地进行研发投入和技术升级。在中国半导体制造产业密集投资和高速发展之际，加强中国半导体设备的规模发展和技术创新能力变得十分急迫，重点要在以下5个方面开展工作。

（1）加快培养关键零部件的本地化供应商，降低成本，提升服务质量，提高国产设备行业的综合竞争能力。

（2）集中资源、重点投入，实施强强联合的大企业策略，积极参与国际竞争。国际上集成电路设备的集中度越来越高，技术难度越来越大，对人才团队、研发投入、企业实力等方面要求很高,如果没有强大的综合实力和产业规模,就很难与国际龙头企业抗衡。

(3) 加强与本土龙头用户及国际领先用户的全方位合作,提高先进技术开发能力,拓展设备应用范围,实现由"追赶"到"并肩齐驱"甚至"局部领先"的基本发展目标。半导体设备的前期研发及后续服务资金投入巨大,垄断企业通常会采用定向价格打压的手段来阻断新兴企业的发展。国内企业需要依靠战略合作来加快技术进步,提高赢利能力,保障持续发展。

(4) 加快专业人才和技术团队的培养,建立先进、有效的人才培养机制。集成电路设备制造企业属于人才密集型产业,需要大量的高素质研发人才,人才是产业发展的关键因素之一。同时,企业也要建立国际化的有效激励机制,以吸引海内外人才加盟。

(5) 加快国内外的整合兼并,深化国际合作,实现互利共赢。

撰稿人:北京北方华创微电子装备有限公司 张国铭
审稿人:北京北方华创微电子装备有限公司 程朝阳

8.2 硅片制备设备

8.2.1 硅片制备设备概况,矽晶片製造設備概況,Overview of Silicon Wafer Manufacturing Equipment

硅单晶片(以下简称为硅片)是集成电路、半导体分立器件和功率器件生产的主要原材料。90%以上的集成电路都是制作在高纯、优质的硅片上的,硅片质量和产业链供应能力直接影响着集成电路的质量和竞争力,因此硅片制造产业是集成电路产业链中最上游也是最重要的一环。随着信息产业的快速发展,国家将集成电路制造产业作为战略支撑产业,给予了更多的政策和资金方面的支持,硅片的需求量也在不断增长。国内硅片市场不仅对直径 100mm、125mm、150mm 硅片有一定的需求量,对直径 200mm、300mm 硅片的需求量也在不断扩大,硅片直径的增大可降低单个芯片的制造成本。但是,伴随着硅片直径的增大,对硅片表面局部平整度、表面附着的微量杂质、内部缺陷、氧含量等关键参数的要求也在不断提高,这对硅片的制造技术提出了更高的要求。硅片制备设备(Silicon Wafer Manufacturing Equipment)是指将纯净的多晶硅材料制造成一定直径和长度的硅单晶棒材料,然后将硅单晶棒材料经过一系列的机械加工、化学处理等工序，制造成具有一定几何精度要求和表面质量要求的硅片或外延硅片（Epitaxial Silicon Wafer），为集成电路芯片制造提供所需硅衬底的设备。直径200mm以下的硅片制备的典型工艺流程为，单晶生长→截断→外径滚磨（包括平边参考面或定位槽处理）→切片→倒角→研磨→刻蚀→吸杂（退火、CVD、背封）→抛光→清洗→外延→包装等。对于直径300mm的硅片制备，其加工工艺流程以缩短工艺流程、降低加工成本，以及提高硅片的几何精度、表面微粗糙度（Microroughness）精度、洁净度等为方向，不同的制造商采取的工艺流程有所不同，但其主要的工艺流程基本相同，即单晶生长→截断→外径滚磨（定位槽或参考面处理）→切片→倒角→表面磨削→(刻蚀)→边缘抛光→双面抛光→单面抛光→最终清洗→(外延/退火)→包装等。直径300mm的硅片的加工工艺流程与直径200mm以下的硅片的加工工艺流程相比，倒角加工之前的工艺流程（含倒角）相同，倒角加工之后的工艺流程会有所不同。

我国的硅片制备设备经过了30多年的发展，已可提供直径200mm以下的硅片制备设备，但受市场需求量较少和国外二手设备的冲击，国产设备发展的门类并不齐全。在300mm硅片制备设备的发展上，国内研发了单晶炉、多线切割机等几种关键设备，也通过了300mm硅片生产试验线的验证，但与国外设备相比，受市场需求不足的影响，产业化推进较为缓慢，同时也影响了设备技术的进步。日本在300mm硅片制备设备产业中占有相对优势，其产品覆盖了硅片制造生产线的全套设备。

本节介绍的硅片制备设备，主要针对的是市场上直径为150mm、200mm、300mm的硅片的制备设备。虽然直径为100mm、125mm的硅片的市场需求正在逐渐减小，但在本节"直径200mm以下的硅片"叙述中，仍包含这两种规格的硅片。同时，读者应注意，在本节中将双面磨片机归类为300mm硅片制造设备。单面磨片机、双面抛光机、单面抛光机在硅片制造中是根据用户需求和工艺过程选择应用的工艺设备，按照行业习惯，在直径200mm以下硅片制造中应用的单面抛光机、双面抛光机统称为抛光机。在直径300mm硅片制造中，单面磨片机、双面抛光机、单面抛光机已是标准的工艺设备，其功能和性能比直径为200mm硅片制造中的相应设备有较大的扩展和提升。

另外还应该注意，尽管某些种类的设备应用于所有规格的硅片的制造中，如晶体生长、倒角等，但是考虑到不同规格硅片制造要求的不同，同一类工艺设备因工艺参数、功能指标及设备成本等原因，会派生出多种系列型号。另外，本节介绍的硅片制造设备不包含外延片和SOI衬底制造设备。

撰稿人：中国电子科技集团公司第四十五研究所　柳滨
审稿人：中电科电子装备集团有限公司　王志越

▷▷▷ 8.2.2 直拉单晶炉，直拉單晶爐，Czochralski Crystal Growth Furnace

直拉单晶炉是指将高纯度的多晶硅材料在封闭的高真空或稀有气体（旧称惰性气体）保护环境下通过加热熔化成液态，通过再结晶，形成具有一定外形尺寸的硅单晶材料的工艺装备。单晶炉的工作原理是多晶硅材料在液态状态下再结晶成单晶硅材料的物理过程。

直拉单晶炉又称切克劳斯基（Czochralski, CZ）法单晶炉，如图8-2所示。直拉单晶炉主要由石英坩埚、石墨坩埚、加热器、隔热层、冷却装置、坩埚支撑、溢熔接盘、电极等部分组成。其工作原理是，向单晶炉石英坩埚内加入一定量的多晶硅后，加热石英坩埚到多晶硅熔融温度（1420℃）之上，熔融的硅料充满在石英坩埚中成硅熔体；之后，慢速降低加热功率，对硅熔体降温后，单晶炉籽晶杆通过提拉机构向下运动，籽晶杆前段的夹头夹持着籽晶（Seed Crystal，籽晶是具有和所需硅单晶晶向相同的小尺寸硅单晶，是生长硅单晶的种子，也称为晶种；用不同晶向的籽晶，可获得不同晶向的硅单晶），从单晶炉上端向下浸入硅熔体内；由于籽晶与硅熔体的固液界面附近的硅熔体维持一定的过冷度，在一定温度下，硅熔体沿籽晶周围按照籽晶晶向结晶；籽晶杆通过单晶炉提拉机构不断旋转，并以极慢速度提升，硅熔体不断结晶并随籽晶逐渐上升、长大，生长成棒状单晶。石英坩埚由加热器（高频感应型或电阻加热型）加热，石墨坩埚起着高温承载、传热和安全作用。通过调节加热功率、提拉速度和籽晶旋转速度，可以控制结晶单晶的直径。在直拉单晶过程中，可在石英坩埚中掺入砷、硼、磷或锑等元素，拉制出所需掺杂的单晶材料。直拉单晶炉应用较普遍，其优点是价格便宜，制备的单晶电阻率低（<100Ω·cm），可以拉制较大直径的单晶（如直径为450mm的单晶），多晶原料可多次重复使用。直拉单晶炉的缺点是制备的单晶需要通过石英坩埚熔融，而石英坩埚本身存在的Al、Fe、Ca等杂质可形成工艺污染。图8-3所示为直拉单晶炉实物图，表8-2所列为直拉单晶炉的主要技术参数。

直拉单晶炉热场系统是硅单晶成晶的最重要的条件之一，热场的温度梯度分布直接影响着硅单晶直拉进程和成品单晶的质量，因而热场的结构和效能是直拉单晶炉的核心技术之一。

按籽晶提拉运动方式的不同，直拉单晶炉可分籽晶杆向上提拉单晶炉和坩埚下降法单晶炉两种。通常，硅单晶制备采用的是前一种类型。

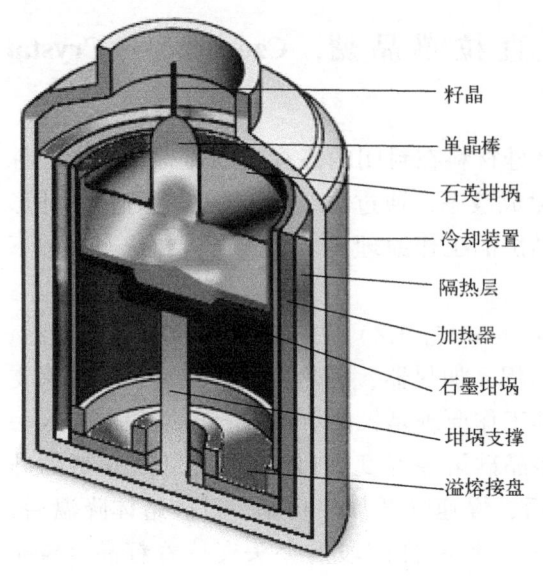

图 8-2　直拉单晶炉示意图

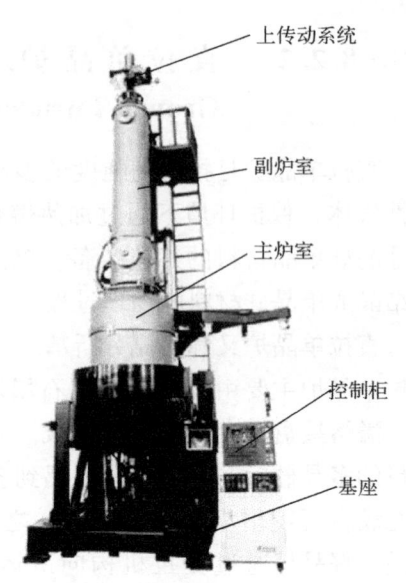

图 8-3　直拉单晶炉实物图
（图片来源：浙江晶盛机电股份有限公司）

表 8-2　直拉单晶炉的主要技术参数

参　　数	示 例 指 标
拉制晶棒直径/mm	300
最大装料量/kg	260
热场规格/in	24~28
炉体高度(闭炉)/m	7.83
晶体行程/mm	3700
晶体转速/(r/min)	0~30
坩埚行程/mm	460
坩埚转速/(r/min)	0~20

坩埚下降法单晶炉的炉体通常由高温区（上部）、温度梯度区（中部）和低温区（下部）三部分构成。其工作过程是，在坩埚底部先装好籽晶，将原料放入具有特殊形状的坩埚内，坩埚在炉体高温区加热融化并保持熔融状态；通过下降装置使坩埚在炉体内由上部的高温区逐渐经过中部的温度梯度区，下降到下部的低温区时，熔体开始逐步结晶为整块单晶。坩埚下降法单晶炉主要用于大碱卤化合物、氟化物等光学晶体的生长[1]。

目前，国内半导体级别的直拉单晶炉制造厂商主要有西安理工晶体科技有限公司、浙江晶盛机电股份有限公司、北京京运通科技股份有限公司、北京七星华创电子股份有限公司等；国外厂商主要有美国林顿晶体技术公司（Linton Crystal Technologies）、日本菲洛泰克（Ferrotec）株式会社、德国普发拓普（PVA TePla）股份公司。

参考文献

[1] 徐家跃，武安华，吴宪君，等. 锗酸盐晶体的坩埚下降法生长研究 [J]. 陕西科技大学学报，2004，22(5)：92-99.

撰稿人：中国电子科技集团公司第四十五研究所　柳滨
审稿人：浙江晶盛机电股份有限公司　胡建荣

▷▷▷ 8.2.3　区熔单晶炉，區熔單晶爐，Float Zone Crystal Growth Furnace

如图8-4所示，区熔单晶炉是指利用区熔法（Float Zone，FZ）原理，在高真空或稀有气体保护环境下，将一个硅多晶棒，通过炉体一个高温的狭窄封闭区，使多晶棒局部产生一个狭窄的熔化区，移动多晶棒或炉体加热体，使熔化区移动而逐步结晶成单晶棒（Monocrystal Ingot）的工艺设备。区熔法制备单晶棒的特点是，可以使多晶棒在结晶成单晶棒过程中提升纯度，棒料掺杂生长比较均匀。

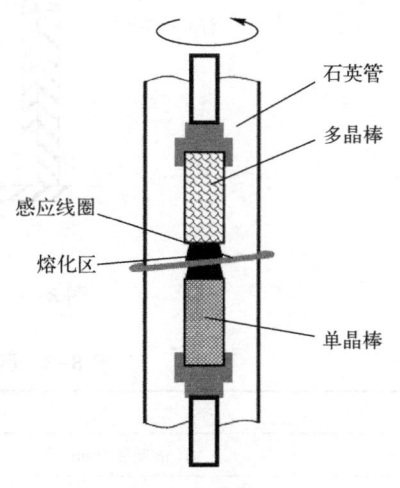

图8-4　区熔法原理

区熔单晶炉的类型可分为依靠表面张力的浮区熔炼形式和水平形式两种。在实际应用中，区熔单晶炉一般采用浮区熔炼形式。区熔单晶炉可制备高纯度的低氧硅单晶，不需要坩埚，主要用于制备高电阻率($>20\text{k}\Omega\cdot\text{cm}$)硅单晶和区熔硅的提纯，这些产品主要用于分立功率器件的制造。区熔单晶炉结构示意图如图8-5所示，其实物图如图8-6所示。区熔单晶炉由炉室、上轴与下轴（机械传动部分）、晶棒夹头、籽晶夹头、线圈（高频发生器）、气口（抽真空口、进气口、上出气口）等组成。在炉室结构中，内设有冷却水循环。单晶炉上轴的下端为晶棒夹头，用于夹持一根多晶硅棒；下轴的顶端为籽晶夹头，用于夹持籽晶。

加热线圈通入高频电源,从多晶棒下端开始,使多晶棒形成一个狭窄的熔区,同时通过上轴与下轴的旋转和下降,使熔区结晶成单晶。表 8-3 所列为区熔单晶炉的主要技术参数。

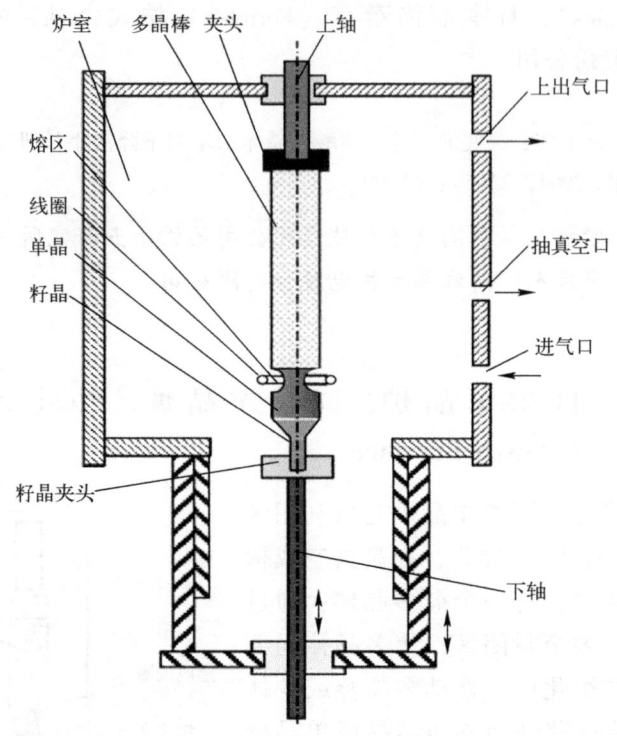

图 8-5 区熔单晶炉结构示意图

表 8-3 区熔单晶炉的主要技术参数

参　　数	示 例 指 标
单晶直径/mm	150、200
工艺氩气流量控制/(mL/min)	0~50
炉压/Pa	≥3.0×10^5
上轴行程/mm	≥2500
下轴行程/mm	≥2000
上/下轴移动速度/(mm/min)	0~30,±1%
上/下轴快速移动速度/(mm/min)	≥300
真空度/Pa	≤1.0

区熔单晶炉的优点是不仅可以提升制备单晶的纯度,棒料掺杂生长比较均

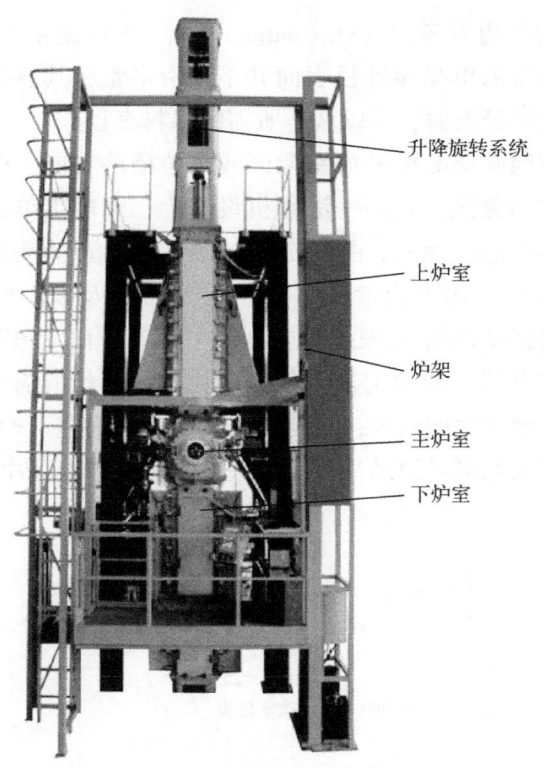

图 8-6 区熔单晶炉实物图（图片来源：浙江晶盛机电股份有限公司）

匀，而且可对单晶棒料进行多次工艺提纯。所以制备的单晶可用于电力电子器件、光敏二极管、射线探测器、红外探测器等的制造。区熔单晶炉的缺点是工艺成本较高，制备的单晶直径较小，目前能制备的单晶直径最大为 200mm。另外，区熔单晶炉总高度较高，内部的上轴与下轴的行程较长，可生长较长的单晶棒料。

目前，区熔单晶炉的国内制造厂商主要有浙江晶盛机电股份有限公司、西安理工晶体科技有限公司、北京京运通科技股份有限公司等；国外厂商主要为德国普发拓普（PVA TePla）股份公司。

撰稿人：中国电子科技集团公司第四十五研究所　柳滨
审稿人：浙江晶盛机电股份有限公司　　　　　　胡建荣

▷▷▷ 8.2.4　滚磨机，滚圆機，Ingot Grinding Machine

滚磨机是指将硅单晶棒外径通过金刚石磨轮磨削成所需直径的单晶棒料，

并磨削出单晶棒的平边参考面（Orientation Flat，OF）或定位槽（Notch）的工艺设备。单晶炉制备的单晶棒外径表面并不光滑平整，其直径也比最终应用的硅片直径大，通过外径滚磨，可以获得所需的棒料直径。

滚磨机具有磨削硅单晶棒平边参考面或定位槽的功能，即对磨削出所需直径的单晶棒进行定向测试，在同一滚磨机设备上，磨削出单晶棒的平边参考面或定位槽，如图8-7（a）所示；图8-7（b）所示为轴测直观示意图。一般直径200mm以下的单晶棒采用平边参考面，直径200mm及以上的单晶棒采用定位槽。直径200mm的单晶棒也可根据需要制作平边参考面。单晶棒定向参考面的作用是：满足集成电路制造中工艺设备自动化定位操作的需求；标明硅片的晶向和导电类型等，便于生产管理；主定位边或定位槽垂直于<110>方向，在芯片封装过程中，划片工艺可导致晶片自然解理，定位可防止碎片的发生。

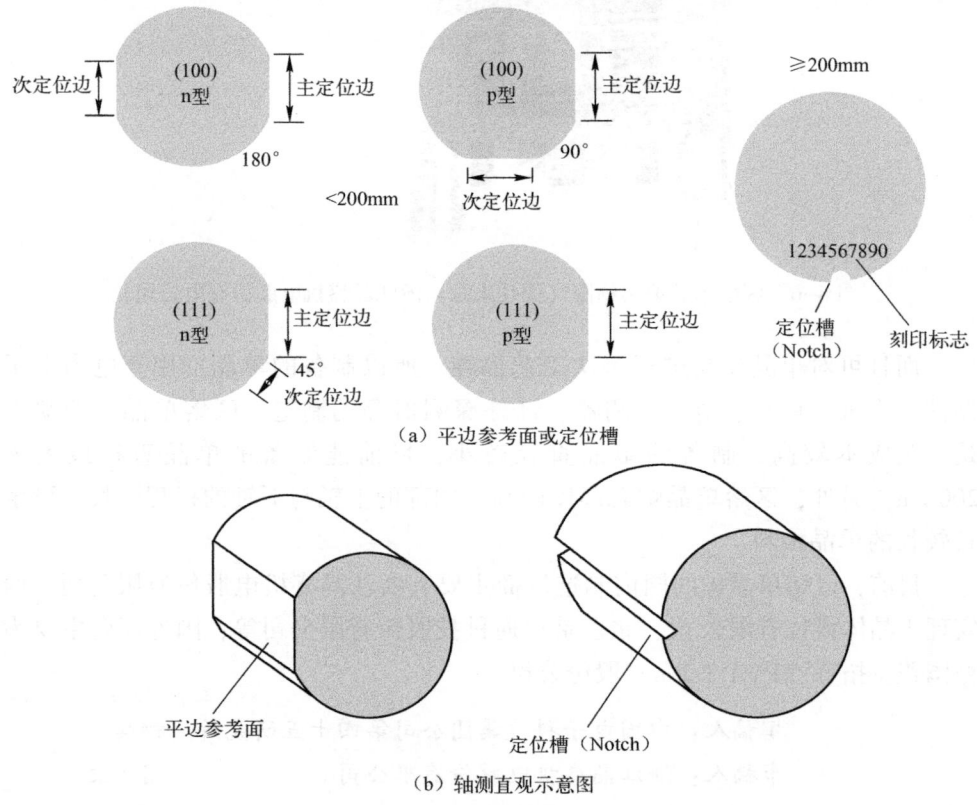

图 8-7 单晶棒的平边参考面或定位槽

滚磨机的工作原理如图8-8所示，其实物图如图8-9所示。将单晶棒夹持在滚磨机工作台两端顶尖之间，顶尖的旋转会带动单晶棒旋转，磨头上的金刚石磨轮（一般采用杯形砂轮或圆柱砂轮）高速旋转并相对于单晶棒外径横向进给，单晶棒或磨轮产生纵向往返式运动形成磨削。表 8-4 所列为滚磨机的主要技术参数。

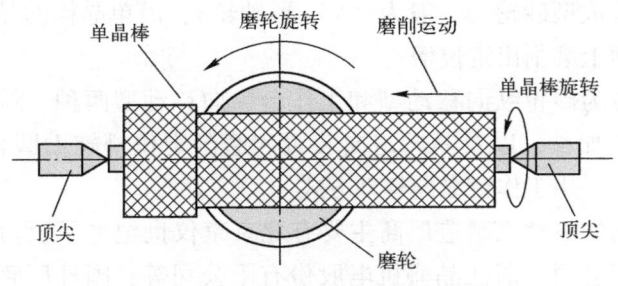

图 8-8　滚磨机的工作原理

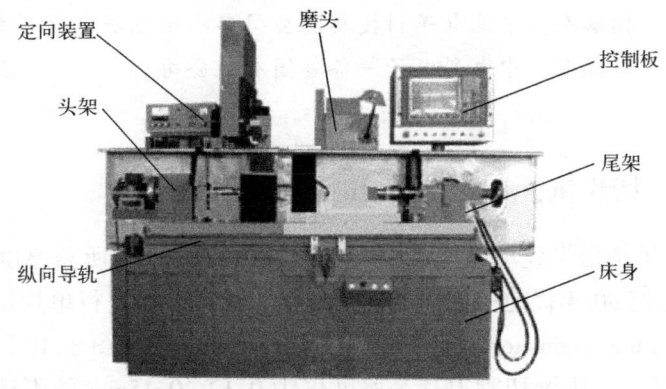

图 8-9　滚磨机实物图（图片来源：中西远大科技有限公司）

表 8-4　滚磨机的主要技术参数

参　数	示例指标
加工直径/mm	200、300
工作行程/mm	≤2800
磨轮转速/(r/min)	3200~8000
头架转速/(r/min)	0~30
磨头行程/mm	2400

通常，滚磨机的晶向定向装置是集成在滚磨机中的 X 射线定向装置。其工作方法是，定向装置对单晶棒外圆柱面进行测试，单晶棒分度旋转，当找到所需晶向参考面后，停止单晶棒的旋转；磨轮横向进给一定磨削量后，单晶棒或

磨轮产生纵向往返式运动，沿单晶棒的晶轴方向在单晶棒的圆柱面上磨削出所需的参考面。对于直径150mm以下的单晶棒，磨削平边参考面时，可采用滚磨单晶棒外圆用的砂轮；对于直径200mm以上的单晶棒，磨削定位槽时，可采用设备上的另一种成型砂轮（一般为"V"形砂轮），沿单晶棒的晶轴方向在单晶棒的外圆圆柱面上磨削出定位槽。

滚磨机可分为砂轮纵向移动型和工作台纵向移动型两种。随着硅单晶棒料直径增大，长度加长，以及晶向定向装置和磨削定位槽辅助磨轮的集成需要，目前滚磨机主要采用工作台纵向移动方式。

目前，国内的滚磨机制造厂商主要有北京京仪世纪电子股份有限公司、中西远大科技有限公司、浙江晶盛机电股份有限公司等；国外厂商主要有日本东京精机工作室（TSK）。

  撰稿人：中国电子科技集团公司第四十五研究所 柳滨
  审稿人：中电科电子装备集团有限公司   王志越

▷▷▷ 8.2.5　切片机，切片機，Slicing Machine

硅片切片机是指将硅单晶棒切成具有精确几何尺寸和所需厚度薄硅片的工艺设备。20世纪90年代前的切片机采用内圆刀具对硅棒进行单片切割，称之为内圆切片机（Inner Diameter Blade Sawing），其工作原理如图8-10所示，其实物图如图8-11所示。内圆切割刀片是厚度仅为0.12~0.15mm的不锈钢圆环，内环涂镀金刚石磨料，以固结磨料（Fixed Abrasive）的形式形成内圆刃口；内圆刀

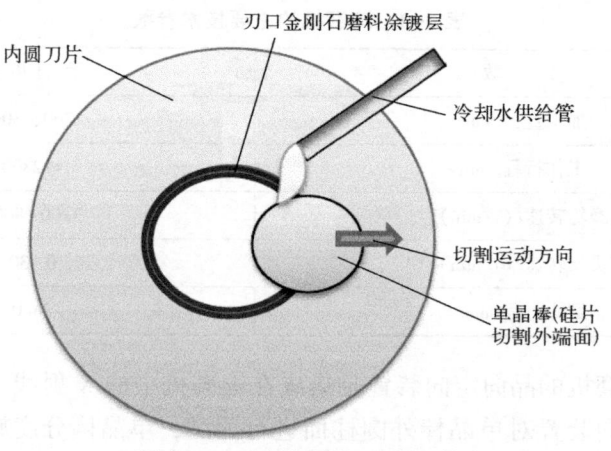

图8-10　内圆切片机工作原理

片外端通过内圆切片机上、下刀盘夹持和张紧形成具有一定刚度的刀片,随刀盘高速旋转。单晶棒料黏结在单晶棒装夹头上并安装在送料装置上,送料装置按照预定厚度相对于内圆刀片分度运动一个切割距离(z 向进给)后,单晶棒料相对于内圆刀片在工作台运动下,往刀片外端方向(x 向)运动,形成切割。切割完成后,工作台退回到切割初始位置。

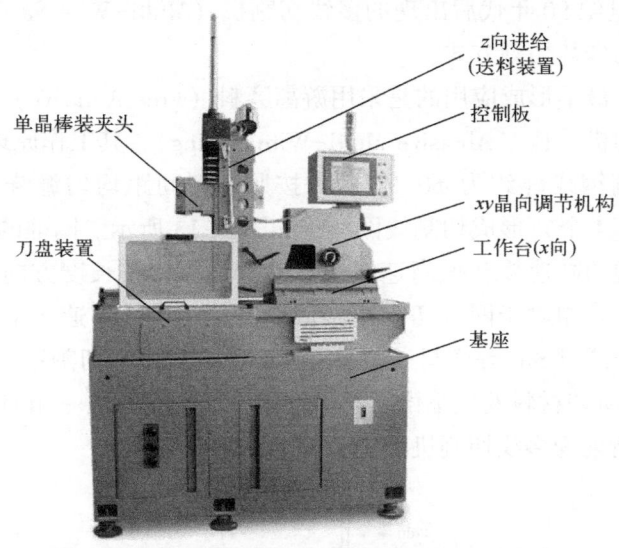

图 8-11 内圆切片机实物图(图片来源:中国电科 45 所)

根据单晶棒晶轴黏结方向的不同,内圆切片机可分为立式和卧式两种。立式内圆切片机的单晶棒晶轴方向呈垂直(竖直)方向,如图 8-11 所示;卧式内圆切片机的单晶棒晶轴方向呈水平方向。表 8-5 所列为内圆切片机的主要技术参数。

表 8-5 内圆切片机的主要技术参数

参　　数	示例指标
采用刀片/mm	ODϕ690×IDϕ241(ϕ235)
切割晶棒最大直径/mm	153
工件长度/mm	≤400
切割速度范围/(mm/min)	0.5~120
送料重复精度/mm	≤±0.005
片厚设定范围/mm	0.001~40.000
晶向调节(x 方向)/(°)	±7
晶向调节(y 方向)/(°)	±7

国内的内圆切片机制造厂商主要有中国电子科技集团公司第四十五研究所，国外厂商主要有日本东京精密株式会社（ACCRETECH）。

内圆刀片刃口为金刚石磨料涂镀层，其厚度为 0.29~0.35mm，切割硅片时切口处的材料损耗较大。同时由于硅片直径的增大，内圆切割后的硅片厚度变化、弯曲度、翘曲度、硅片表面损伤层均较大，这都增大了硅片后续加工的难度和成本。20 世纪 90 年代后出现的多线切割机（Multi-Wire Sawing）技术，已成为目前主流的硅片切割方式。

多线切割机最早形成应用的是采用游离磨料（Free Abrasive）加工原理的游离磨料多线切割机（Free Abrasive Multi-Wire Sawing），其工作原理如图 8-12 所示。所用的切割钢线（约为 φ0.12mm）按照排列间距均匀缠绕分布在轴辊上（主辊数量为 2~4 个）形成切割线网框，如图 8-13 所示。网框的切割边呈水平状态，随着轴辊的高速旋转做高速缠绕运动，单晶棒按长度方向呈水平状黏结在进给装置上，并相对于网框切割边做低速进给运动。高速运动的钢线与单晶棒料发生摩擦，同时 SiC 等磨料砂浆被浇注在摩擦区域，切割钢线裹挟着 SiC 磨料，SiC 磨料对所切材料发生细微的切割作用，直到切割出一组具有预设厚度的硅片。表 8-6 所列为多线切割机的主要技术参数。

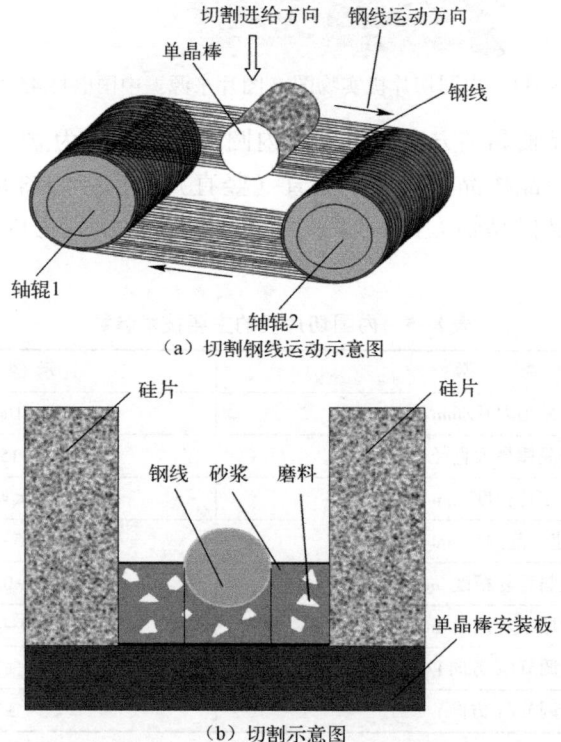

(a) 切割钢线运动示意图

(b) 切割示意图

图 8-12 多线切割机的工作原理

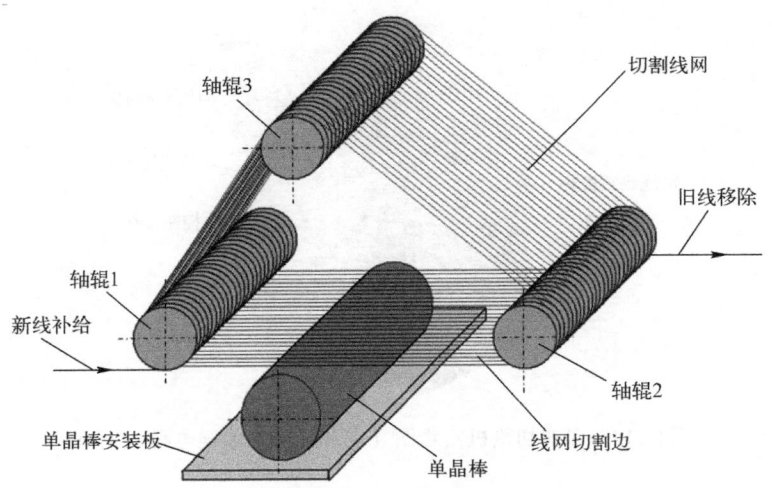

图 8-13 切割线网框

表 8-6 多线切割机的主要技术参数

参　　数	示 例 指 标
切割直径/mm	300
切割晶棒最大长度/mm	400
切割速度范围/(mm/min)	0.01~9
切割行程/mm	360
线张力范围/N	0~50
晶向水平调节(x方向)/(°)	±5
最大线速度/(m/s)	18

多线切割机由于使用了 SiC 等磨料砂浆，工作环境恶劣，钢线切割区需要封闭，如图 8-14 所示。21 世纪初，出现了镀制金刚石磨料的钢线，用金刚石钢线替代普通钢线进行切割，相应的设备称为固结磨料多线切割机（Fixed Abrasive Multi-Wire Sawing）或金刚石多线切割机（Multi-Diamond-Wire Sawing），技术又回到了固结磨料技术时代。在金刚石多线切割工艺过程中，以去离子水为主要成分的冷却液对切割区域进行冷却，极大地改善了工作环境。金刚石多线切割机的工作环境较好，对环境污染小，加工效率高，是硅片切割设备发展的主要方向。

根据单晶棒进给方向的不同，多线切割机可分为下进式和上进式两种。下进式多线切割机的单晶棒放置在线网框上端，由上往下进给切割；上进式多线切割机的单晶棒放置在线网框下端，由下往上进给切割。这两种形式的多线切

图 8-14 多线切割机实物图（图片来源：中国电科 45 所）

割机的功能区别不大，仅存在砂浆浇注装置的安装和维护方便问题。

目前，国内的半导体级多线切割机制造厂商主要有中国电子科技集团公司第四十五研究所，国外厂商主要有日本小松株式会社（NTC）、瑞士 SlicingTech 公司（原瑞士迈耶伯格公司）。

撰稿人：中国电子科技集团公司第四十五研究所　柳滨
审稿人：中电科电子装备集团有限公司　　　　　王志越

▷▷▷ 8.2.6 硅片退火炉，矽片退火爐，Silicon Wafer Annealing Furnace

在制造多晶硅和直拉单晶硅过程中，单晶硅中含有氧，在一定温度下，单晶硅中的氧会转化为氧施主，影响硅片的电阻率。退火炉是指在氢气或氩气环境下，将炉内温度升到 1000~1200℃，通过保温、降温，将抛光硅片表面附近的氧从其表面挥发脱除，使氧沉淀分层，溶解掉硅片表面的微缺陷，减少硅片表面附近的杂质数量，减少缺陷，在硅片表层形成相对洁净区的工艺设备。因退火炉的炉管温度较高，所以也称之为高温炉。行业内也将退火工艺称为吸杂（Gettering）。

水平式退火炉的工作原理如图 8-15 所示。其中，反应室是由熔融石英管、石英舟、温度/气压控制系统构成的密封区域。反应室内可通入氢气或氩气，通过加热器（一般为高频感应加热或卤素灯管加热），使反应室内达到所需的温度和压力。硅片通过在反应室内一段时间的保温达到硅片退火的目的。

硅片退火炉可分为水平式退火炉、立式退火炉及快速退火炉 3 种。水平式退火炉与立式退火炉的主要区别是反应室布局方向不同。水平式退火炉的反应

第 8 章 集成电路专用设备

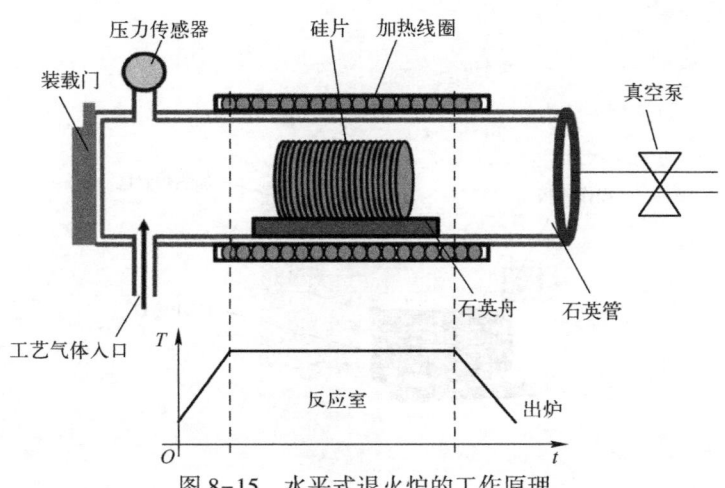

图 8-15 水平式退火炉的工作原理

室呈水平结构布局,可以将一批硅片同时装入退火炉反应室内进行退火处理。通常退火时间为 20~30min,但反应室需要较长的加热时间才能达到退火工艺要求的温度。水平式退火炉反应室中石英管长度方向上的温度控制非常重要,是水平式退火炉研发的关键技术之一。

立式退火炉的工艺过程也是采用一批硅片同时装入退火炉反应室内进行退火处理的方式,其反应室为垂直结构布局,可使硅片以水平状态放置在石英舟中,同时由于石英舟在反应室内可以整体转动,使得反应室的退火温度均匀,硅片上的温度分布均匀,具备优良的退火均匀性特点,但立式退火炉的工艺成本比水平式退火炉的高。快速退火炉采用卤钨素灯直接对硅片加热,可以实现 1~250℃/s 大范围的快速升温或降温,比传统退火炉升温或降温速率要快,反应室温度加热到 1100℃ 以上仅需数秒时间。相对于水平式退火炉和立式退火炉,虽然快速退火炉采用单个硅片处理方式,但快速退火炉有很多优点(如具有硅片热预算低、退火温度高、工艺控制优良、退火时间短等),已在 300mm 硅片退火工艺中应用。表 8-7 所列为立式退火炉的主要技术参数。图 8-16 所示为立式退火炉实物图。

表 8-7 立式退火炉的主要技术参数

参 数	示例指标
硅片直径/mm	300
硅片一次处理量(片)	100
FOUP 存储个数(只)	16
加热管内径/mm	500
热平坦区长度/mm	1040

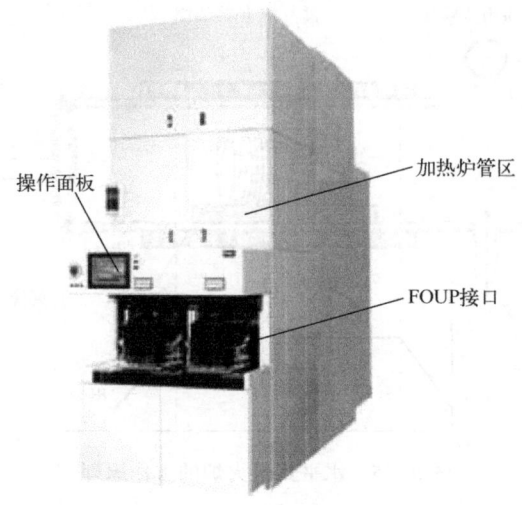

图 8-16 立式退火炉实物图（图片来源：光洋热系统有限公司[1]）

目前，国内的退火炉制造厂商主要有北方华创科技集团股份有限公司、中国电子科技集团公司第四十八研究所，国外厂商主要有日本光洋（Koyo）热系统有限公司、德国商先创国际股份有限公司（Centrotherm International AG）等。

参考文献

[1] Koyo Thermo Systems Co., Ltd. [EB/OL]. http://www.koyo-thermos.co.jp/english/products/handou/handou_vf5900.html.

撰稿人：中国电子科技集团公司第四十五研究所　柳滨
审稿人：中国电子科技集团公司第四十八研究所　禹庆荣

▷▷▷ 8.2.7 倒角机，圆磨机，Edge Rounding Machine

倒角机是指采用成型的磨轮，将切割成的薄硅片的锐利边缘修整（磨削）成特定的 R 型或 T 型边缘形状，防止硅片在后续加工过程中边缘产生破损的工艺设备。硅片倒角外形图如图 8-17 所示（具体参数可参考相关 SEMI 标准）。直径大于 200mm 的硅片一般具备定位槽，也需要进行倒角加工，属于硅片倒角的一道工序。

倒角机的工作原理如图 8-18 所示。硅片通过真空吸附夹持在主轴吸盘上，与主轴旋转中心对中并高速旋转；磨轮主轴端部安装成型倒角磨轮（Edge Grinding Wheel），硅片在 z 向电动机驱动下与磨轮设定槽中心对中，如图 8-19 所示；磨轮主轴高速旋转，带动磨轮旋转并横向接触硅片边缘，x、y 向电动机做插补驱动运动，使磨轮按照硅片边缘及参考面轮廓形状横向进给所需距离后停止，再反方向退出，完成硅片边缘的成型倒角工艺。倒角磨削过程分为粗磨削和精磨削两个过程。

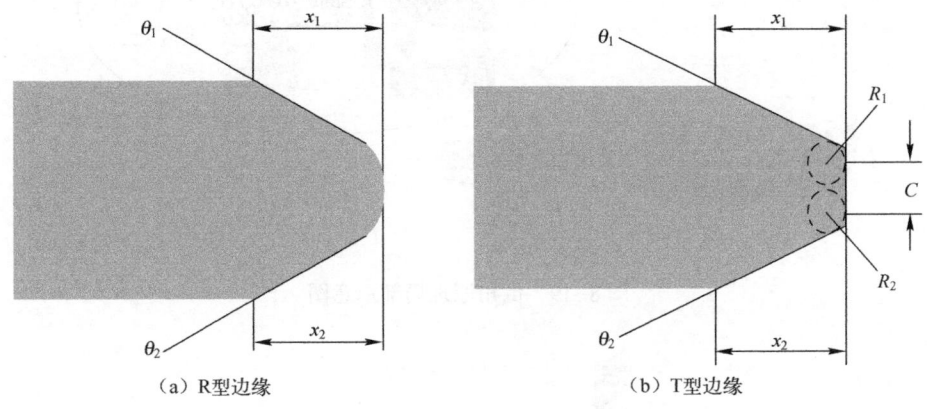

（a）R型边缘　　　　　　　　　（b）T型边缘

图 8-17　硅片倒角外形图

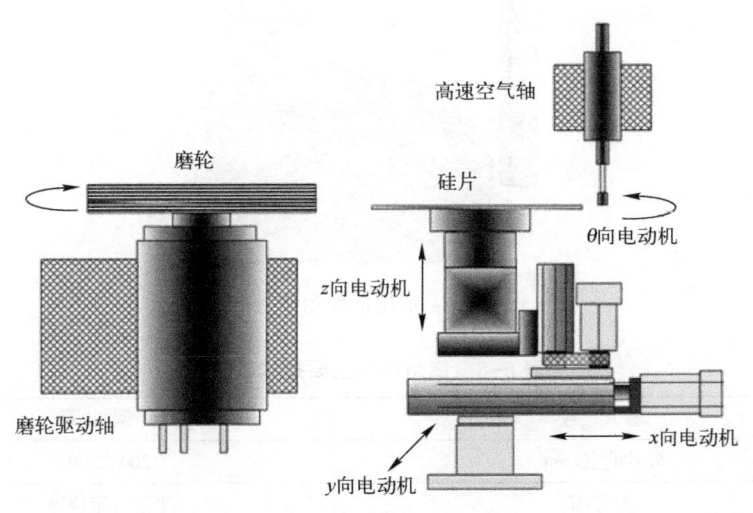

图 8-18　倒角机的工作原理

硅片的定位槽倒角需要相应的倒角装置。吸附硅片的主轴通过旋转和 z 向运动，使硅片的定位槽中心与 θ 向高速空气轴的前端成型磨轮设定槽中心对中并保持一定距离，通过 x、y 向电动机做插补驱动运动使硅片横向进给，与定位槽成型磨轮（见图 8-20）进给到一定距离，再反方向退出，完成硅片边缘的定位槽倒角工艺。在定位槽倒角过程中，由于定位槽成型磨轮直径很小，需要高速空气轴的驱动才能达到所需的工艺条件。表 8-8 所列为倒角机的主要技术参数。

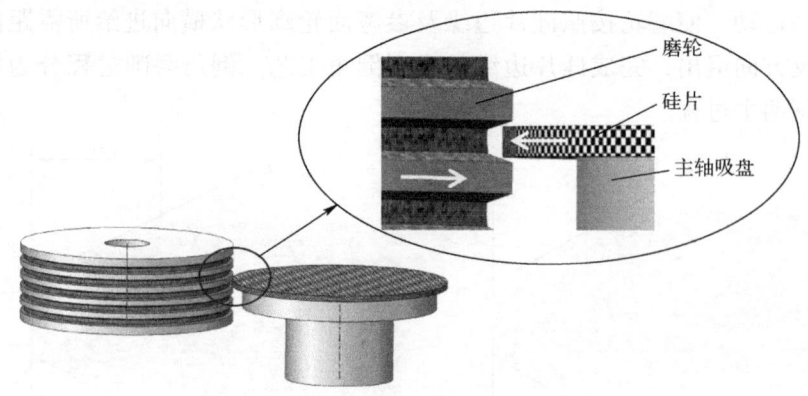

图 8-19 倒角原理局部示意图

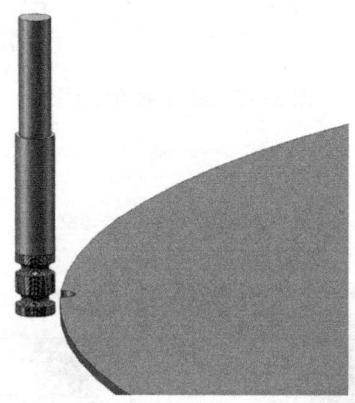

图 8-20 定位槽倒角示意图

表 8-8 倒角机的主要技术参数

参　　数	示例指标
硅片直径/mm	200、300
参考面	平边、定位槽
硅片厚度/mm	0.6~1.0
磨轮直径/mm	200
磨轮速度/(m/s)	80
定位槽磨轮直径/mm	3
定位槽磨轮转速/(r/min)	8000

倒角机设备以硅片水平夹持方式为主,主轴、磨轮主轴、θ 向定位槽成型磨轮主轴轴向均呈垂直方向。考虑到自动化程度和工作效率等因素,倒角机设备目前主要分为单台和双台两种类型。单台倒角机只有一个吸附硅片的主

轴台面，硅片倒角加工仅可单片进行；双台倒角机包含两个吸附硅片的主轴台面，可同时进行双硅片的倒角加工，提高了加工效率。图 8-21 所示为双台倒角机实物图。

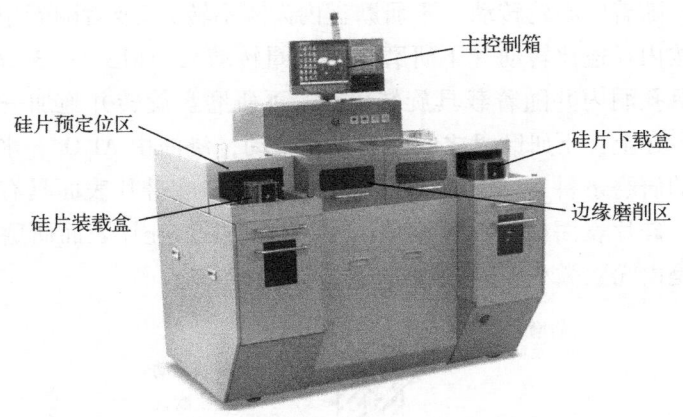

图 8-21　双台倒角机实物图（图片来源：中国电科 45 所）

目前，倒角机制造厂商主要有日本东京精密株式会社（ACCRETECH）、日本 SPEEDFAM 有限公司。

撰稿人：中国电子科技集团公司第四十五研究所　柳滨
审稿人：中国电子科技集团公司第四十五研究所　王学军

▷▷▷ 8.2.8　研磨机，研磨機，Lapping Machine

硅片研磨机又称双面研磨机（Double Lapping Machine），是指通过机械双面研磨的方法，去除硅片表面因切割工艺所造成的锯痕，减小硅片表面损伤层（Surface Damage，SD）深度，有效改善硅片的平坦度与表面粗糙度的工艺设备。

研磨机一般由球墨铸铁材质的研磨盘、行星载具和研磨浆料器组成。采用球墨铸铁制造研磨盘（Lapping Plate），主要是因为铸铁中的球状石墨（粒径一般为 20~50μm）在研磨工艺中可起到润滑作用。研磨盘是研磨机的关键零部件，不仅要保证研磨盘的表面几何精度（如平面度和粗糙度）及其保持性，研磨盘的材质还应当具备硬度分布均匀（硬度为 140~180HB），使用中容易修整等特性。在研磨盘的研磨表面上通常制造有沟槽，沟槽的作用是便于研磨浆料在研磨表面上流动，以及研磨结束后便于取片。沟槽通常深度为 10mm，宽度为 1~2mm，按相互垂直的方式布局，沟槽间距取决于设备制造商的经验。

研磨加工原理如图 8-22 所示。行星载具（Planet Carrier）是具备外齿圈的薄型元件（厚度小于硅片厚度），表面开有一个或多个略大于硅片直径的孔洞。行星载具外齿圈与中心轮（也称太阳轮，Sun Gear）外齿圈和下研磨盘外径端的内齿圈啮合，随着中心轮转动（下研磨盘内齿圈不转），或者随着中心轮与下研磨盘内齿圈按内在速比转动（下研磨盘内齿圈转动），如图 8-23 所示。硅片放置在行星载具孔洞内并随着载具旋转，上、下研磨盘旋转并施加一定的研磨压力，行星载具在上、下研磨盘之间随行星轮转动，浇注由 Al_2O_3、水和活性悬浮剂配制而成的研磨浆料（Lapping Slurry）。研磨浆料在硅片表面具有滚轧作用和微切削作用，硅片表面材料的磨削以微小破碎为主。硅片表面研磨后形成的理想表面形态是由无数微小破碎痕迹构成的均匀无光泽表面[1]。

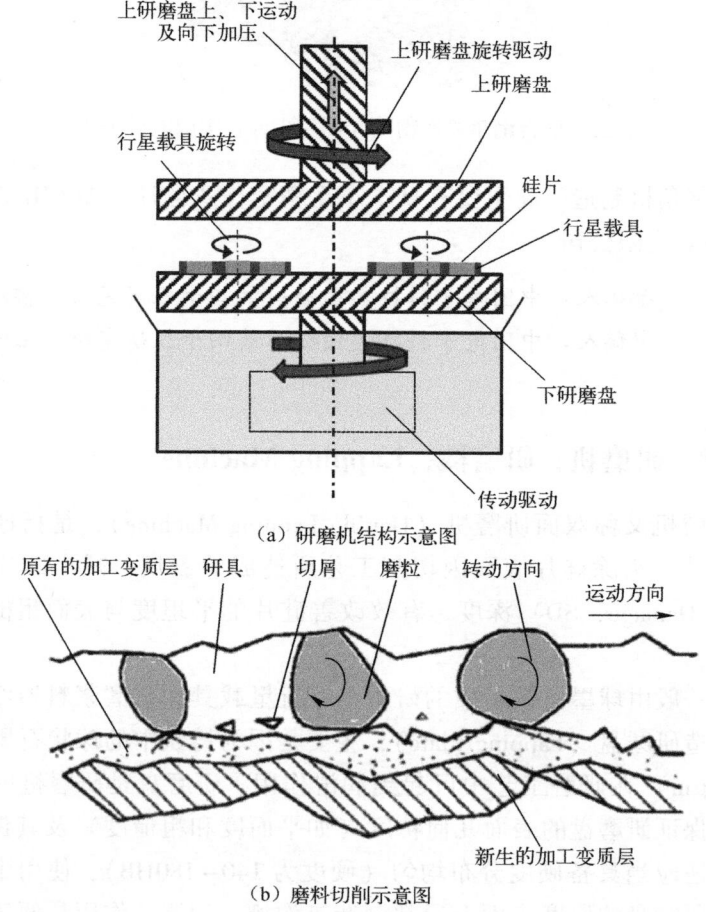

(a) 研磨机结构示意图

(b) 磨料切削示意图

图 8-22 研磨加工原理

第 8 章 集成电路专用设备

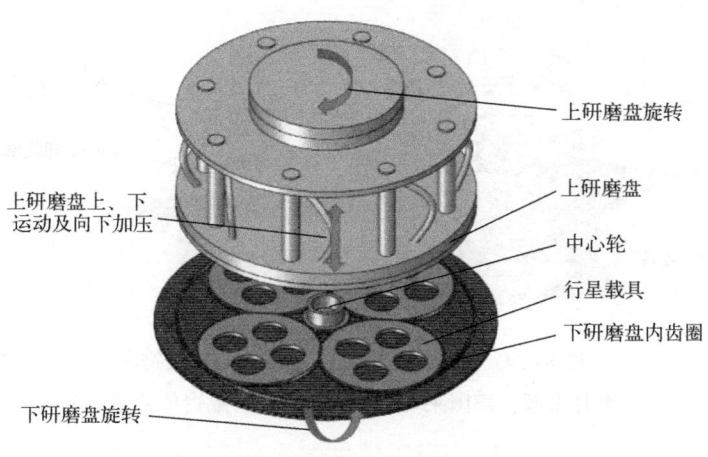

图 8-23 研磨盘、中心轮、行星载具啮合示意图

由研磨运动机理可知，双面研磨机必须有上/下研磨盘之间的相对转动、行星载具自转和绕中心轮公转这 3 种基本运动。在设备结构上，中心轮的定轴转动是必需的，下研磨盘内齿圈定轴转动是可选的，行星载具与中心轮、下研磨盘内齿圈啮合形成行星轮转动，具备了自转和公转。通常，进行行星载具直径设计时，重点考虑的是在其表面制作最大数量的开孔，用于放置更多的硅片。设计双面研磨机时，以尽可能安放最大数量的行星载具为前提条件，再综合行星载具变形、磨损和运动轨迹等条件进行优化。

双面研磨机的构造类型几乎一致，只是行星载具在中心轮与内齿圈之间安装或移出的方式上会有所不同。一般采用上研磨盘升降式和上研磨盘移出式两种方式，以便腾出行星载具的操作空间。图 8-24 所示的是上研磨盘移出式双面研磨机实物图。在行星载具啮合安装与移出方式上，一般采用下研磨盘升降式和内齿圈升降式两种类型。另外，研磨的 3 种基本运动驱动方式也有所不同。最早采用单电动机定传动比的驱动方式，这种方式使得研磨的 3 种基本运动只存在简单的一两种转速的组合，不易于双面研磨工艺参数的调整。为了丰富工艺参数的调节，目前的技术已发展到 4 台电动机独立驱动方式（俗称四道双面研磨机）。这种独立驱动方式的好处是，可以对上研磨盘、下研磨盘、内齿圈、中心轮的转速单独进行调节，形成使硅片表面的研磨效果（研磨去除率、硅片内研磨均匀性）达到最理想的转速比。同时，中心轮相对于上研磨盘等其他 3 个转速的速比可进行无级调速，使行星载具可以实现正转或反转，能够满足不同材料的研磨工艺和研磨盘修整工艺的需求。表 8-9 所列为研磨机的主要技术参数。

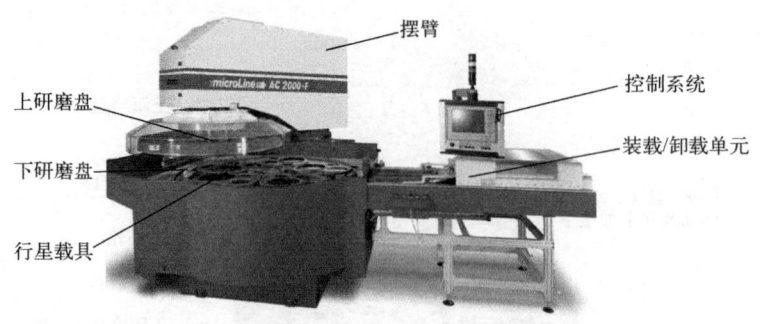

图 8-24 上研磨盘移出式双面研磨机实物图
(图片来源：德国莱玛特·沃尔特斯有限责任公司[2])

表 8-9 研磨机的主要技术参数

参 数	示例指标
研磨盘直径/mm	1935
研磨区宽度/mm	686
研磨硅片最大直径/mm	450
研磨最小厚度/mm	0.5
研磨最大厚度/mm	200
研磨最大压力/kgf	3500
中心轮最大转速/(r/min)	50

注：1kgf=9.806 65N。

硅片研磨质量将直接影响后续硅片抛光工艺质量及抛光工艺的整体效率，因此双面研磨工艺一般采用粗研与精研相结合的方法来提高硅片研磨质量。粗研工艺可采用磨料粒度较大的研磨浆料（磨料粒度约为 15μm）、较大的研磨压力和较高的研磨转速（通过控制上研磨盘、下研磨盘、内齿圈、中心轮的转速来调节），研磨去除率较高，研磨后硅片表面粗糙度 Ra 达到 0.63μm 以下。精研工艺可采用磨料粒度较小的研磨浆料（磨料粒度为 3~5μm）、较低的研磨压力和较小的研磨转速，研磨去除率较小，研磨后硅片表面粗糙度 Ra 达到 0.16μm 以下。

目前，国内的研磨机制造厂商主要有苏州赫瑞特电子专用设备科技有限公司、湖南宇晶机器股份有限公司等；国外厂商主要有日本 SPEEDFAM 有限公司、日本浜井产业株式会社（HAMAI）、德国莱玛特·沃尔特斯有限责任公司（LAPMASTER WOLTERS）、美国 PR HOFFMAN 机械产品股份公司、英国科密特（Kemet）国际有限公司。

参考文献

[1] 吴明明,周兆忠,巫少龙.单晶硅片的制造技术 [J].制造技术与机床,2005(3):72-75.

[2] Lapmaster Wolters GmbH [EB/OL]. http://www.peter-wolters.com/en/machines/double-sided-processing.

撰稿人：中国电子科技集团公司第四十五研究所　柳滨

审稿人：有研半导体材料有限公司　　　　　　　王永涛

▷▷▷ 8.2.9 硅片刻蚀机，矽片蚀刻機，Wafer Etching Machine

硅片刻蚀习惯上也称为硅片腐蚀或减薄腐蚀（Thinning Etching）。硅片通过切片、研磨等机械加工后，硅片表面会形成诸如凹坑、崩碎、开裂等损伤层及加工应力。硅片刻蚀机是指利用化学作用去除先前机械加工所造成的硅片损伤层、加工应力和沾污，获得干净、光亮的硅片表面的工艺设备。同时，通过硅片刻蚀工艺，还可曝露硅片研磨过程中产生的不易被观察到的缺陷，如划痕等。

化学作用刻蚀硅片，通常采用碱性溶液（如氢氧化钠或氢氧化钾热溶液）或酸性溶液（如硝酸、氢氟酸）来浸泡硅片，化学溶液与硅片表面的硅原子发生反应，形成的其他化合物溶解在溶液中，从而逐步去除硅片表面损伤层，释放加工应力。采用的化学溶液腐蚀作用是具备选择性的，对损伤层内的硅材料具有较大的去除能力，因而可起到减小损伤层、抑制硅材料微裂纹扩散的作用。硅片刻蚀机的工作过程是，将具有一定数量的硅片由设备传输机构循序通过清洗槽进行预清洗，然后在刻蚀槽内完成刻蚀处理，最后在干燥单元经过最终清洗和干燥完成整个工艺过程，如图8-25所示。

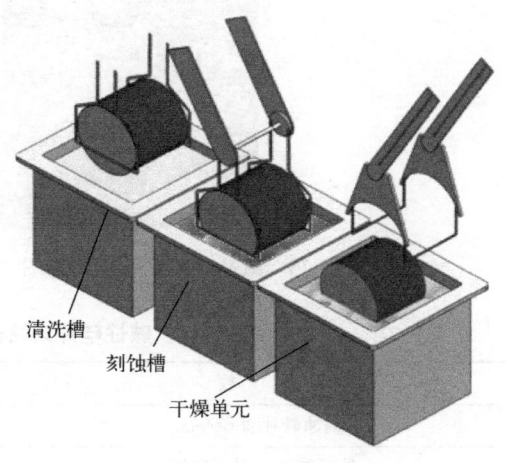

图8-25　硅片刻蚀示意图

由于硅片刻蚀速率较低，为了提高效率，硅片刻蚀机通常采用多硅片同时刻蚀的方法，即将硅片成批放置在硅片载具盒（俗称花篮）或设备的硅片架中同时进行刻蚀。

按照所采用的化学溶液类型的不同，硅片刻蚀机一般分为酸性刻蚀机和碱性刻蚀机两种。硅片的碱性刻蚀具有各向异性，刻蚀速率与硅片的类型（p型或n型）、晶向都有关系。硅片刻蚀后的表面粗糙度不仅与硅片的类型、晶向相关，也与硅片研磨后的状态（如粗糙度、损伤层深度等）相关。一般碱性刻蚀工艺成本低、无毒，但硅片刻蚀后的表面粗糙度增大。图8-26所示的是碱性硅片刻蚀机实物图，表8-10所列为碱性硅片刻蚀机的主要技术参数。酸性刻蚀的刻蚀速率较高，但工艺过程较难控制，刻蚀过程还会产生有毒气体；刻蚀中因刻蚀速率的不同，会产生硅片中心厚度略厚于边缘厚度的现象，硅片间的刻蚀一致性稍差。同时，因为酸性刻蚀工艺酸性溶液成本较高，对环保要求也较高，所以小直径硅片的刻蚀工艺常采用碱性刻蚀。但酸性刻蚀硅片的表面没有腐蚀坑现象。

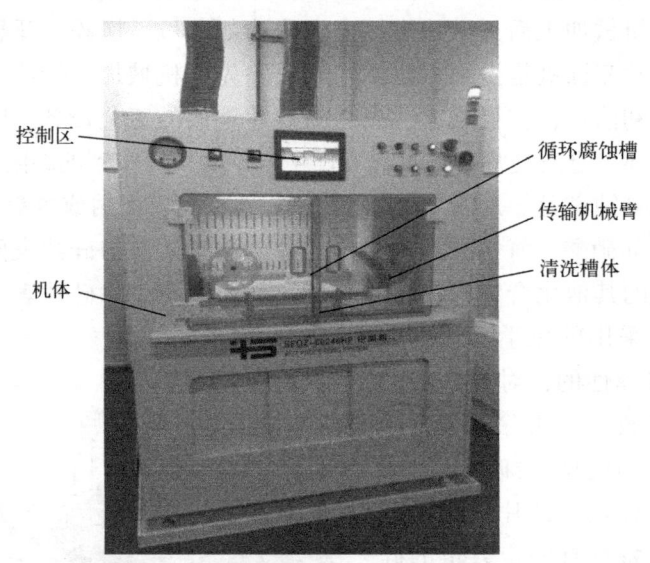

图8-26　碱性硅片刻蚀机实物图（图片来源：中国电科45所）

表8-10　碱性硅片刻蚀机的主要技术参数

参　　数	示例指标
刻蚀硅片直径/mm	100、150、200
处理能力（片/槽次）	100（100mm硅片）、50（150mm以上）
溶液类型	KOH（浓度≥50%、温度≤130℃）
工艺槽体	QDR清洗槽，腐蚀槽，干燥槽
硅片传输形式	机械手自动传输
硅片架类型	无硅片盒式（PEEK架体）

续表

参　　数	示例指标
溶液加热类型	在线加热
干燥方式	热氮气/IPA 蒸汽

硅片刻蚀工艺中所采用的碱性溶液与酸性溶液的配比以及相关化学反应式如下所述。

（1）碱性溶液：采用金属碱及稳定剂，如采用氢氧根溶液，化学反应式为

$$Si+2OH^-+4H_2O \longrightarrow Si(OH)_6^{2-}+2H_2$$

（2）酸性溶液：一般采用 HNO_3-HF 混合液，HF 与 HNO_3 之比为 0.05~0.25，温度控制在 18~24℃，同时加入乙酸，起到缓冲腐蚀速率、改善腐蚀均匀性的作用。化学反应式分别为

$$Si+4HNO_3 \longrightarrow SiO_2+4NO_2+2H_2O$$
$$SiO_2+6HF \longrightarrow H_2SiF_6+2H_2O$$

总反应式为

$$Si+4HNO_3+6HF \longrightarrow H_2SiF_6+4NO_2+4H_2O$$

目前，硅片刻蚀机制造厂商较多，国内厂商主要有中国电子科技集团公司第四十五研究所、江苏华林科纳半导体设备技术有限公司、苏州晶淼半导体设备有限公司等，国外厂商主要有日本创新（JAC）有限公司、美国 MEI 湿工艺系统与服务有限公司、韩国 Global Zeus 公司等。

撰稿人：中国电子科技集团公司第四十五研究所　柳滨
审稿人：中国电子科技集团公司第四十五研究所　曹秀芳

▷▷▷ 8.2.10　抛光机，抛光机，Polisher

硅片抛光机也称为化学机械抛光机，是指通过抛光液（Slurry）中的化学溶液（碱性化学液）的腐蚀作用和抛光液中磨料的机械研磨的去除作用，细微地去除硅片表面材料，达到改善硅片表面形貌质量，提高硅片表面微粗糙度的工艺设备。

抛光机的工作原理如图 8-27 所示。抛光台的上表面贴装有抛光垫（抛光垫是一种聚合物材质的有孔隙的薄垫）并旋转，硅片夹持在抛光头承载器中（通过有机腊粘贴或抛光头真空吸附装置），随抛光头承载器的运动压紧到抛光垫上并旋转和摆动。同时，向抛光垫与硅片接触的区域浇注抛光液。抛光液中的化学溶液将硅片表面层腐蚀成松软的物质，同时抛光液中的纳米磨料（SiO_2 或 Al_2O_3）作为研磨剂，利用抛光垫（布）与硅片之间摩擦作用去除硅片表面的腐蚀层。硅片的

化学机械抛光实质上是在不断的化学腐蚀和机械去除的综合平衡作用下，形成硅片表面材料的细微去除，以达到最佳的抛光效果。抛光垫修整器是安装有毛刷或端面金刚石磨轮的机构，通过旋转、向下加压并摆动，来清理抛光垫表面沉积物或修整抛光垫表面，以维持抛光垫的去除率。

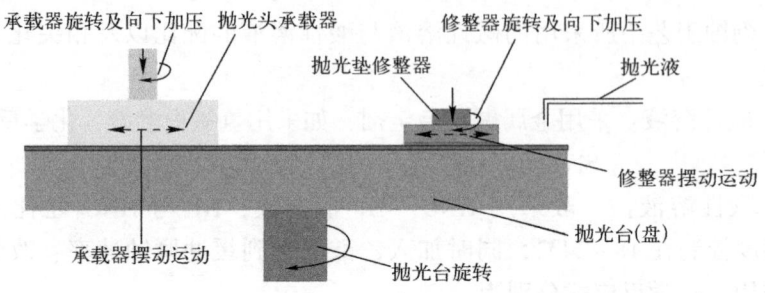

图 8-27　抛光机的工作原理

在实际应用中，硅片抛光机可分为多片单面抛光机和多片双面抛光机两种类型。硅片制造商根据下游用户需求的不同，将直径小于 200mm 的硅片分为单面抛光片和双面抛光片两种。由于化学机械抛光是一道加工效率较低、加工成本较高的工艺过程，所以直径小于 200mm 的单面抛光片一般是在研磨片基础上对硅片的一个面进行抛光后形成的产品。在制造工艺上，一般采用多片单面抛光机加工，即在一个抛光台上采用多抛光头（承载器）同时进行抛光，以提高抛光效率，降低生产成本，如图 8-28 所示。

图 8-28　多片单面抛光机

直径为 200mm 的双面抛光片是市场上需求较多的硅片，一般采用多片双面抛光机（简称双面抛光机）进行加工。双面抛光机是在双面研磨机基础上，在上、

第 8 章 集成电路专用设备

下抛光盘上贴装抛光垫,增加抛光液供给/回收装置,可同时进行多片抛光的设备,如图 8-29 所示。图 8-30 所示的是多片双面抛光机实物图。该设备通过更换行星载具规格可实现对 100~200mm 硅片的抛光。表 8-11 所列为双面抛光机的主要技术参数。

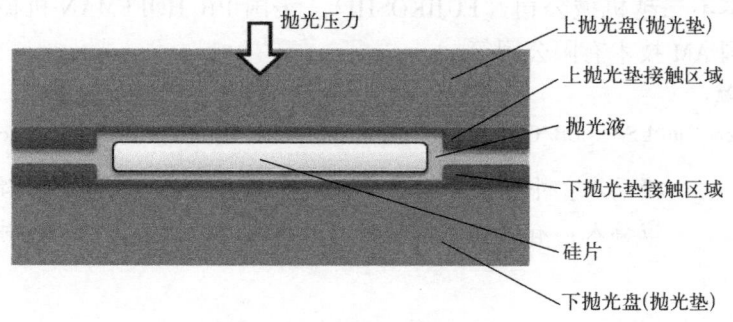

图 8-29 双面抛光机原理图

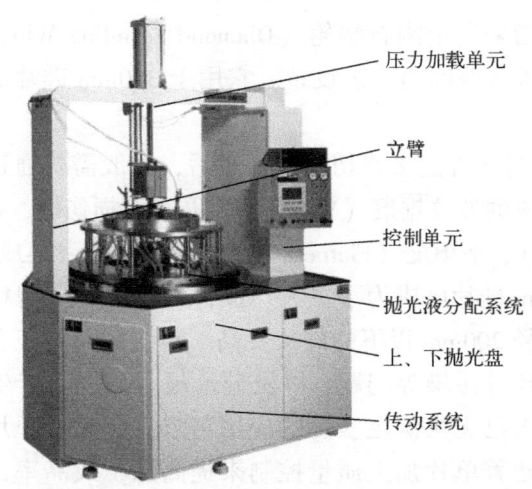

图 8-30 多片双面抛光机实物图(图片来源:SPEEDFAM(美国)有限公司)[1]

表 8-11 硅片双面抛光机主要技术参数

参 数	示例指标
抛光盘直径/mm	1114
批次抛光硅片数量(片)	15(150mm 硅片)、5(200mm 硅片)
抛光硅片直径/mm	100、150、200
抛光压力/kgf	23~1000
上下盘最大转速/(r/min)	33

· 1223 ·

直径为 300mm 的硅片主要为双面抛光片，一般采用双面抛光和单面抛光组合工艺流程（参见 8.2.14 节和 8.2.15 节）。

目前，国内的双面抛光机制造厂商主要有苏州赫瑞特电子专用设备科技有限公司、湖南宇晶机器股份有限公司等；国外厂商主要有日本 SPEEDFAM 有限公司、日本不二越机械公司（FUJIKOSHI）、美国 PR HOFFMAN 机械产品股份公司、韩国 AM 技术有限公司等。

参考文献

[1] SpeedFam USA [EB/OL]. https://www.speedfamusa.com/double-side-machines.

撰稿人：中国电子科技集团公司第四十五研究所　柳滨
审稿人：有研半导体材料有限公司　　　　　　　　王永涛

▷▷▷ 8.2.11　双面磨片机，雙面輪磨機，Double Side Grinder

双面磨片机是指采用金刚石磨轮（Diamond Grinding Wheel）工具，对硅片的上、下两面同时进行磨削的工艺设备。它用于 300mm 硅片的加工，替代硅片研磨机。

直径 300mm 的硅片经过多线切割机加工后，一般需要通过双面研磨工艺来去除切片工艺所造成的波纹锯痕（Waviness）及表面损伤层，以有效改善单晶硅片的翘曲度（Warp）、平坦度（Flatness）与平行度。随着集成电路进入 90nm 以下节点工艺，300mm 硅片已成为了主流产品，对硅片的形貌精度和表面微粗糙度的要求相对于直径 200mm 以下的硅片要高。传统的研磨工艺因研磨设备制造精度、加工成本、环境污染等问题，以及硅片尺寸增大易产生加工形貌精度降低的问题，研磨加工已无法满足实际的应用需求。在双面磨片工艺中，硅片是单片加工的，可以随着单片加工质量控制来提高加工成品率，同时金刚石磨轮具有较高的磨削效率。

双面磨片机的工作原理如图 8-31 所示[1]。硅片通过边缘支撑机构（图中未画出）呈垂直状态且通过边缘支撑机构驱动旋转（正/反方向旋转），水平方向的磨轮主轴前端安装有杯型磨轮且可水平移动。两个磨轮主轴高速旋转，转向相反，通过水平相向移动接触硅片，开始磨削硅片两面，之后通过低速进给运动，磨削硅片至所需的厚度后，磨轮轴反向退回初始位置。图 8-32 所示为全自动双面磨片机的实物图，其硅片装卸操作是通过载具盒来完成的。表 8-12 所列为双面磨片机的主要技术参数。

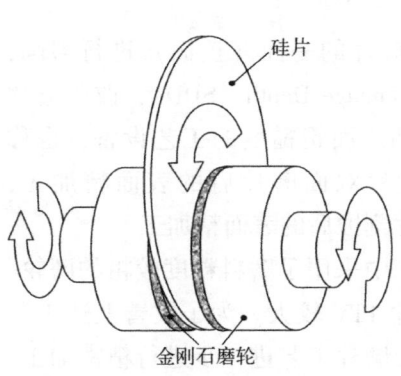

图 8-31 双面磨片机的工作原理

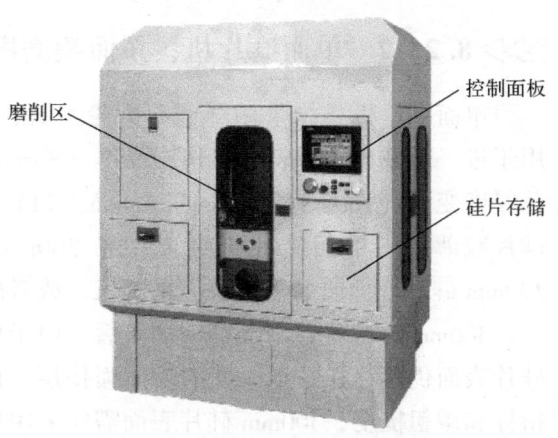

图 8-32 全自动双面磨片机实物图
（图片来源：光洋机器工业有限公司[2]）

表 8-12 双面磨片机的主要技术参数

参　数	示例指标
磨削硅片直径/mm	200、300
磨轮直径/mm	110（200mm 硅片）、160（300mm 硅片）
磨轮转速/(r/min)	5500~6000
硅片转速/(r/min)	25~35
磨轮纵向进给速度/(μm/min)	25~80
冷却水温度/℃	21

由于双面磨片机中的硅片是垂直放置的，所以它只有一种卧式结构类型。由于磨轮直径小于硅片直径，磨轮旋转速度很高，容易产生振动，而振动对磨片质量有很大的影响，所以双面磨片机采取单片磨削方式。目前，国外的双面磨片机制造厂商主要有日本光洋（Koyo）机器工业有限公司。

参考文献

[1] Z. C. Li, Z. J. Pei, Graham R. Fisher. Simultaneous double side grinding of silicon wafers: a literature review [J]. International Journal of Machine Tools & Manufacture, 2006, 46: 1449-1458.

[2] Koyo Machine Industries CO., LTD. [EB/OL]. http://www.koyo-machine.co.jp/English/pdf/machine/Special_3.pdf.

撰稿人：中国电子科技集团公司第四十五研究所　柳滨
审稿人：北京中电科电子装备有限公司　王仲康

▷▷▷ 8.2.12 单面磨片机，單面輪磨機，Single Side Grinder

单面磨片机是指采用金刚石磨轮工具，对硅片的一面（正面）进行磨削，用于进一步减小硅片表面损伤层厚度（Surface Damage Depth，SDD），改善硅片总厚度变化（Total Thickness Variation，TTV）和表面粗糙度的工艺设备，也称硅片减薄机。单面磨片机主要用于300mm硅片双面磨片后的表面精加工，200mm硅片双面研磨后的表面精加工，或者硅片刻蚀后的表面精加工。

300mm硅片经过双面磨削加工后，由于加工中采用了磨料粒度较粗的磨轮，硅片表面仍然存在一定深度的表面损伤层，硅片TTV较大。为了改善上述工艺指标和微粗糙度，300mm硅片表面需要采用单面磨片工艺进一步进行精密加工。200mm硅片制造采用单面磨片工艺的主要目的是提高硅片的TTV精度。由于单面磨片工艺增加了硅片制造成本，所以工艺线应根据硅片最终平坦度指标酌情选择单面磨削工艺。

单面磨片机的工作原理（IFG方式）如图8-33所示[1]。硅片通过真空吸附保持在真空吸盘上，真空吸盘安装在承片台主轴端面并旋转；磨轮安装在磨轮主轴端面且高速旋转，在磨轮主轴垂直进给运动下，磨轮接触硅片进行磨削；当磨削达到一定深度时，磨轮主轴垂直返回，完成磨削加工。

单面磨片机主要分为立式和卧式两种类型，是以承片台主轴、磨轮主轴呈垂直安装方式或呈水平安装方式来区分的。在磨削运动进给方式上，又分为缓进给磨削（Creep-Feed Grinding，CFG）和垂直进给磨削（In-Feed Grinding，IFG）两种方式。缓进给磨削方式要求磨轮直径大于硅片直径，硅片吸附在工作台上做旋转运动，磨轮相对于硅片进行均匀的磨削深度进给，这样沿硅片横截面形成磨削运动，完成磨削。而在垂直进给磨削方式中，磨轮直径一般等于硅片直径，从磨轮直径的最外端向内涂镀一定宽度的金刚石磨料（称为杯型磨轮）作为磨轮磨削刃口，磨轮磨削刃口通过硅片中心，沿硅片表面轴向实施进给磨削。由于垂直进给磨削方式可以通过厚度测量探头测量硅片，可实时控制磨削厚度，所以目前的主流磨片机几乎都采用垂直进给磨削方式的立式结构设计。图8-34所示的是垂直进给方式单面磨片机的实物图。

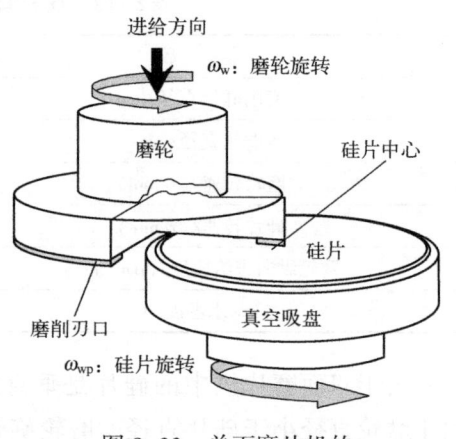

图8-33 单面磨片机的工作原理（IFG方式）

第 8 章　集成电路专用设备

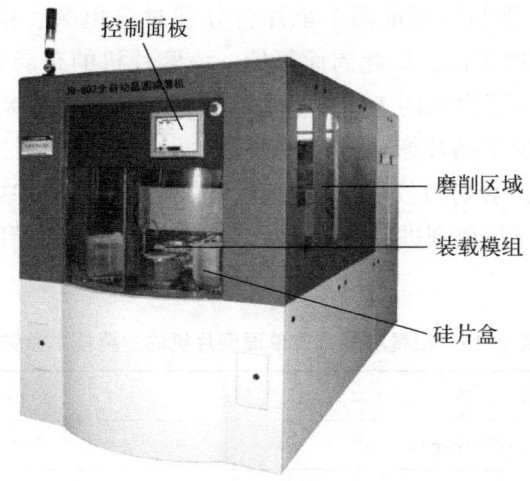

图 8-34　垂直进给方式单面磨片机实物图
（图片来源：北京中电科电子装备有限公司）

300mm 硅片单面磨片机主要采用垂直进给方式的立式结构。为了进一步减小硅片的表面损伤层厚度和加工应力，提高加工效率和加工精度，单面磨片机通常采用粗磨轮与精磨轮组合的粗精磨削方式，粗磨轮磨料的粒度相对于精磨轮磨料的粒度较大。这种磨片机采用 2 套磨削系统，分别实现粗磨（Rough Grinding）和精磨（Fine Grinding），如图 8-35 所示。该磨片机配有 3 套独立的承片台系统，集成于分度工作台（Index Table）上，分度工作台旋转带动 3 套承片台（Chuck Table）系统在 3 个工位上轮换。工作时，在第一个承

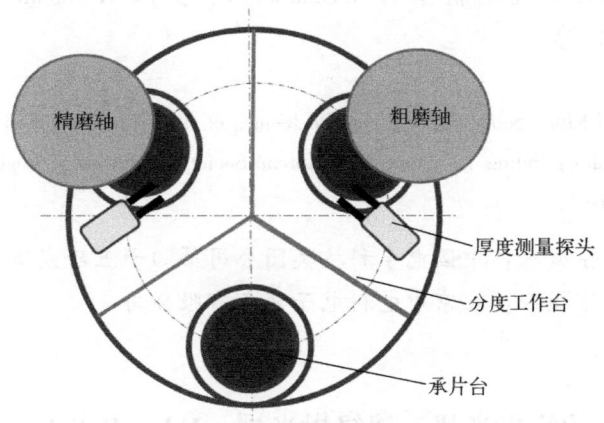

图 8-35　粗精磨削方式

· 1227 ·

片台系统上进行上/下料,其他两个承片台分别对应粗磨、精磨工艺。承片台每旋转120°转换一次工位,如此周而复始。该磨片机的布局充分保证了各工位相互协调工作,提高了设备的工作效率,同时只需一次吸片装夹即可完成粗磨、精磨两道工序,减少了晶片搬运和装夹次数。由于粗精磨削进给方式采用了较小的进给磨削速度,磨削力较小,因此磨削区冷却散热条件好,排屑通畅,使硅片磨削后的表面质量得到进一步提高。表8-13所列为粗精磨削方式单面磨片机的主要技术参数。

表8-13 粗精磨削方式单面磨片机的主要技术参数

参 数	示 例 指 标
磨削硅片直径/mm	200、300
磨轮直径/mm	300
磨轮转速/(r/min)	1000~4000
磨轮进给速度/(μm/min)	1~999
磨削厚度检测	无接触/在线
磨削方式	IFG
承片台数量(台)	3

目前,国内的单面磨片机制造厂商主要有北京中电科电子装备有限公司;国外厂商主要有日本迪思科(Disco)公司、日本光洋(Koyo)机器工业有限公司、日本冈本工作机械制作所(Okamoto)、美国 Revasum 股份公司(原 Strasbaugh 公司)等。

参考文献

[1] Sang Chul Kim, Sang Jik Lee, Hae Do Jeong, et al. Profile simulation in mono-crystalline silicon wafer grinding [J]. Journal of Korean Society for Precision Engineering, 2004, 21 (10): 26-33.

撰稿人:中国电子科技集团公司第四十五研究所　　柳滨
审稿人:北京中电科电子装备有限公司　　　　　　王仲康

▷▷▷ 8.2.13 边缘抛光机,邊緣拋光機,Edge Polisher

边缘抛光机是指采用化学机械抛光方法,对硅片边缘进行抛光,降低硅片边缘的粗糙度和加工应力的工艺设备。

进行硅片倒角加工时，由于倒角磨轮磨料粒度的原因，硅片边缘总会残留一定深度的损伤层，表面粗糙度较大，所以无法满足后续硅片制造过程中对洁净度的要求。通过硅片边缘抛光，一方面可以降低硅片边缘的粗糙度、降低边缘污染，另一方面可以消除边缘加工应力、减小硅片碎裂的风险。

在实际应用中，直径200mm或300mm的硅片一般均需进行边缘抛光。如同硅片倒角一样，硅片边缘抛光时需要对硅片边缘的所有部分进行加工。由于硅片存在定位用的定位槽（Notch），所以硅片倒角部分和定位槽部分是分别进行抛光的。由于硅片倒角部分是斜面的，因此边缘抛光机的功能和结构较为复杂。

硅片边缘抛光是采用化学机械抛光原理进行加工的，加工后的硅片存在抛光液等污染物，需要及时进行清洗，所以主流的边缘抛光机一般集成了后清洗功能。

硅片定位槽的抛光是边缘抛光机的难点之一。如图8-36所示，需要进行边缘抛光的硅片，边缘倒角一般为"T"形，分为倒角正面、倒角侧面和倒角背面三部分[1]。定位槽也分为定位槽正面、定位槽侧面、定位槽背面三部分，其间存在圆弧过渡。在实际应用中，定位槽的面型比较复杂，对定位槽的3个面分别进行抛光是不现实的。考虑到定位槽边缘部分面积较小，一般采用蝶形抛光盘，将其直接深入到定位槽内，依靠抛光盘上的抛光垫的塑性变形，施加抛光压力，完成定位槽抛光。

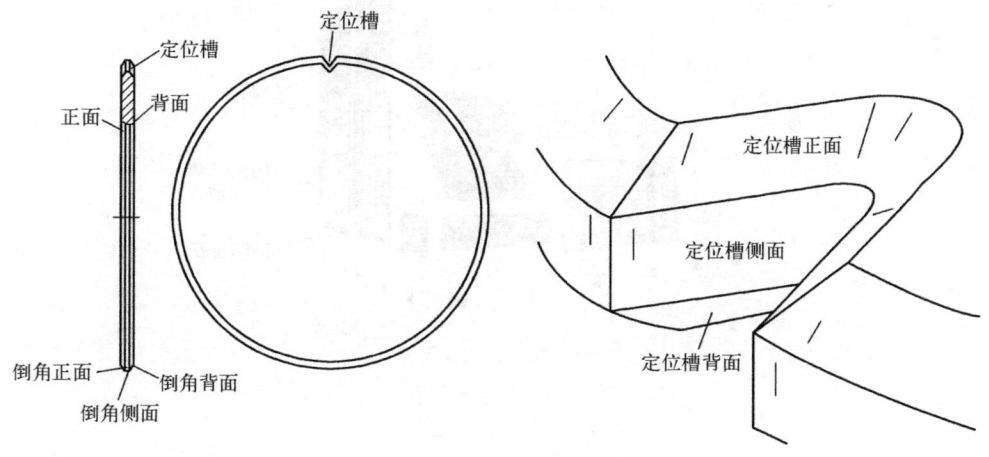

图8-36 硅片边缘示意图

硅片的边缘抛光一般采用抛光盘（Polishing Plate）式抛光原理。抛光盘是黏附抛光垫（Polishing Pad）且具有一定斜度与弧度的运动模组，如图8-37所示。主轴端通过真空吸附硅片，并随主轴对中旋转。抛光模组一般由4个抛光盘组成，包括一个上斜面抛光盘、一个下斜面抛光盘和两个垂直面抛光盘。上斜面抛光盘与下斜面抛光盘同时存在上下移动和水平移动功能，垂直面抛光盘可上下移动。4个抛光盘工作表面黏附有抛光垫，在驱动装置驱动下靠近硅片边缘并施加一定的抛光压力，同时在抛光液作用下，对硅片边缘进行抛光。

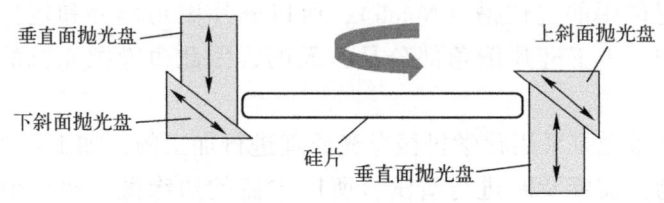

图8-37 抛光盘式边缘抛光原理示意图

经过边缘抛光的硅片一般都需要清洗，因此边缘抛光机是一种集成硅片输入、输出、定位槽抛光、边缘抛光和后清洗干燥功能的自动化设备。图8-38所示的是抛光盘式边缘抛光机实物图。表8-14所列为抛光盘式边缘抛光机的主要技术参数。

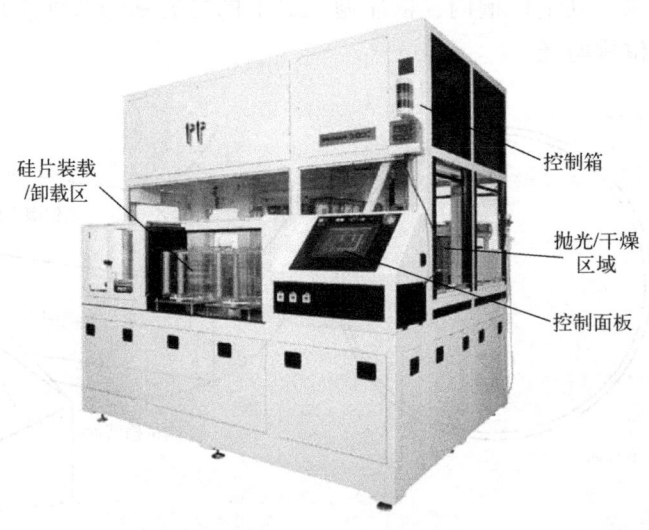

图8-38 抛光盘式边缘抛光机实物图（图片来源：SPEEDFAM有限公司[2]）

表 8-14　抛光盘式边缘抛光机的主要技术参数

参　　数	示例指标
硅片直径/mm	150、200、300
抛光盘数量（个）	4
抛光硅片直径/mm	200、300
抛光压强/(gf/cm^2)	30~200
上/下盘最大转速/(r/min)	30

注：1gf/cm^2 = 0.098 066 5kPa。

目前，抛光盘式边缘抛光机制造厂商主要有日本 SPEEDFAM 有限公司、日本 BBS 金明股份公司。

另一种类型的边缘抛光机则采用抛光桶（Polishing Drum）方式，对倒角正面和倒角背面同时进行抛光后，再对倒角侧面进行抛光。如图 8-39 所示，主轴端部利用真空吸附硅片并与主轴对中旋转，主轴倾斜一定角度以符合"T"形倒角倾斜角度[3]。抛光桶主轴轴线垂直，抛光桶外侧附着抛光布，抛光桶主轴可上下移动，同时抛光桶主轴也可进行水平移动。抛光桶在驱动装置驱动下（图中未画出）靠近硅片边缘并施加一定的抛光压力，在抛光液的作用下对硅片倒角正面（图中示意的方向和位置）进行抛光。

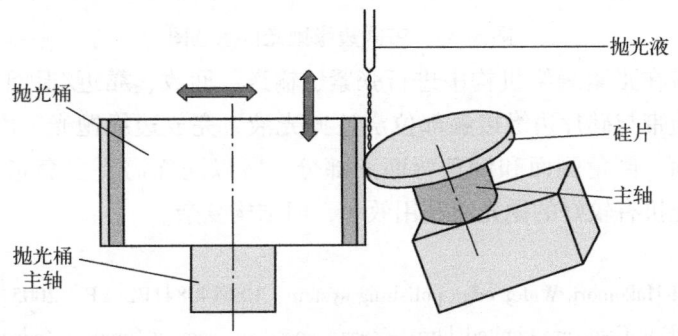

图 8-39　抛光桶式边缘抛光机示意图

图 8-39 所示的抛光方法仅可抛光硅片边缘的一个倒角表面（如图中所示的硅片的倒角正面）。为了提高加工效率，减小设备的复杂性，边缘抛光机按图 8-40 所示设计为 4 抛光桶式结构，4 个抛光桶的外侧均附着抛光布，随各自的抛光桶主轴旋转，与硅片/主轴转向相向。硅片/主轴倾斜，4 个抛光桶同时在各自驱动装置驱动下（图中未画出）靠近硅片边缘并施加一定的抛光压力，在抛光液的作用下对硅片倒角正面、倒角侧面和倒角背面三部分同时进行抛光。

还有一种带式结构的边缘抛光机，如图 8-41 所示[4]。硅片在主轴夹持下旋

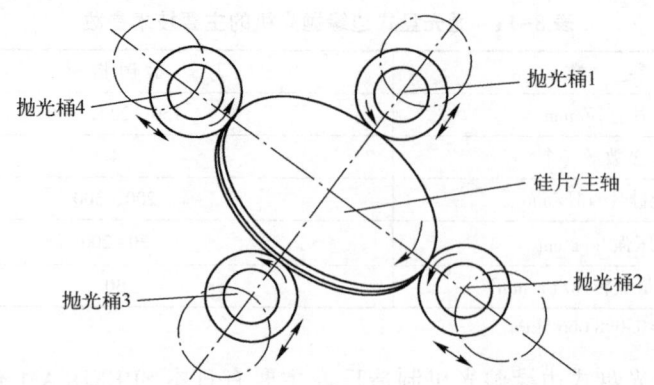

图8-40 4抛光桶式边缘抛光结构图

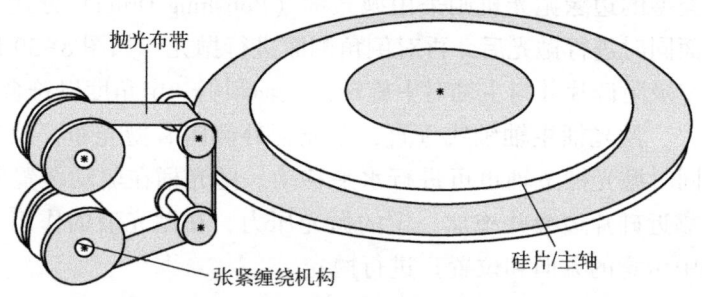

图8-41 带式边缘抛光机示意图

转,抛光布带在张紧缠绕机构中进行张紧、输送、回收、靠近/退回和环绕操作,同时在抛光布带与硅片边缘接触部位浇注抛光液,完成边缘抛光。由于硅片边缘存在倒角正面、倒角侧面和倒角背面三部分,所以同样需要多套张紧缠绕机构。带式边缘抛光机有较好的抛光液利用效率,但结构复杂。

参考文献

[1] Shunji Hakomori. Wafer edge polishing system:US6840841B2 [P]. 2005-01-11.

[2] SpeedFam Company Limited. http://www.speedfam.com/en/products/edge_polisher.html.

[3] Ohnishi, Masafumi. Edge polisher and edge polishing method:EP1000703A2 [P]. 2000-05-17.

[4] Sen-Hou Ko, Sunnyvale. Methods and apparatus for cleaning a substrate edge using chemical and mechanical polishing:US0207093Al [P]. 2008-08-28.

撰稿人:中国电子科技集团公司第四十五研究所　柳滨
审稿人:有研半导体材料有限公司　　　　　　　　王永涛

8.2.14 双面抛光机,雙面拋光機,Double Side Polisher

双面抛光机是指采用化学机械抛光方法,对硅片两面同时进行抛光,降低硅片表面的微粗糙度,提高硅片全局平整度(Global Flatness Back Ideal Range,GBIR)和局部平整度(Site Flatness Front Least-Squares Range,SFQR)的工艺设备。在早期的直径小于200mm的硅片抛光设备中,根据下游用户的要求,硅片的单面抛光和双面抛光工艺是可选择的,所以当时将硅片的多片单面抛光机和多片双面抛光机统称为抛光机,不加以区分。随着300mm硅片的出现,下游工艺对硅片的几何精度、表面粗糙度和表面洁净度提出了更高的要求。300mm硅片抛光工艺主要采用双面抛光(Double Side Polishing)和单面抛光(Single Side Polishing)组合工艺,现已成为标准的工艺过程。

300mm双面抛光机的工作原理与200mm(含)以下硅片双面抛光机的工作原理类似。但300mm双面抛光机中的上下抛光盘的直径很大,每个抛光行星载具最多只装载3个硅片,行星载具的数量一般不超过5个,如图8-42所示[1]。因此,300mm双面抛光机可同时加工的硅片数量较少。由于硅片加工后的面型精度要求增高,设备体积变大,所以设备制造精度和控制精度相对更高。为了减小硅片装载、卸载时人工操作容易碎片的风险,一些300mm双面抛光机还集成了硅片自动装载/卸载单元装置。图8-43所示的是双面抛光机实物图。表8-15所列为双面抛光机的主要技术参数。

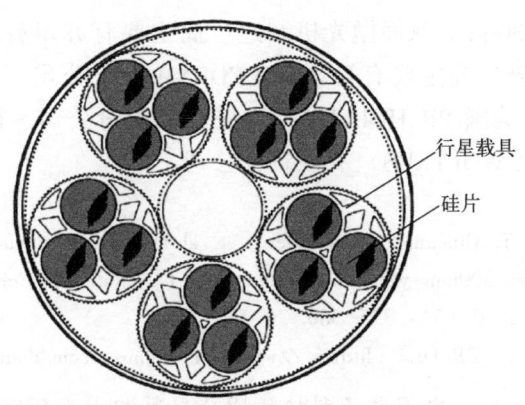

图8-42 双面抛光机行星载具示意图

表8-15 双面抛光机的主要技术参数

参　　数	示 例 指 标
抛光盘直径/mm	1380
批次抛光硅片数量(片)	15(200mm)、5(300mm)

续表

参　　数	示例指标
抛光硅片直径/mm	200、300
抛光压强/(gf/cm^2)	30~200
上/下盘最大转速/(r/min)	30

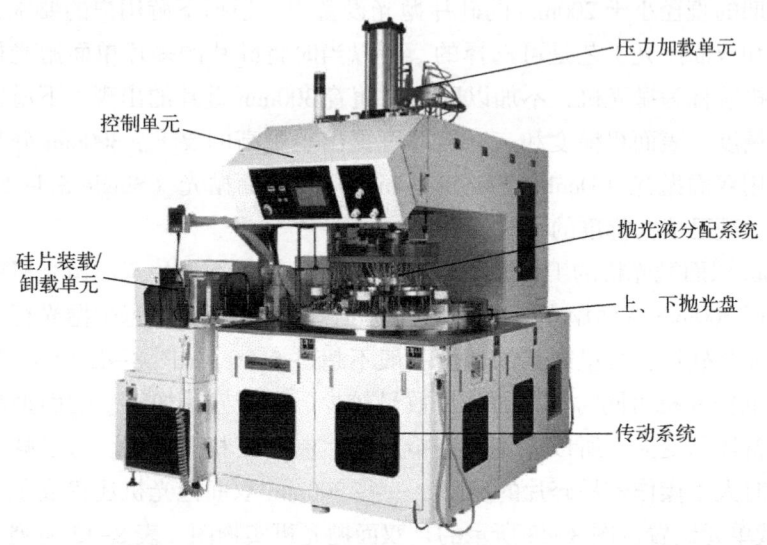

图8-43　双面抛光机实物图（图片来源：SPEEDFAM（美国）有限公司[2]）

目前，国内的300mm双面抛光机制造厂商主要有苏州赫瑞特电子专用设备科技有限公司；国外厂商主要有日本SPEEDFAM有限公司、日本不二越机械公司（FUJIKOSHI）、美国PR HOFFMAN机械产品股份公司、德国莱玛特·沃尔特斯（LAPMASTER WOLTERS）有限责任公司。

参考文献

［1］G. Wenski, T. Altmann, W. Winkler, et al. Doubleside polishing – a technology mandatory for 300mm wafer manufacturing［J］. Materials Science in Semiconductor Processing, 2003（5）: 375-380.

［2］SpeedFam USA［EB/OL］. https://www.speedfamusa.com/double-side-machines.

撰稿人：中国电子科技集团公司第四十五研究所　　柳滨
审稿人：有研半导体材料有限公司　　王永涛

▷▷▷ 8.2.15　单面抛光机，單面拋光機，Single Side Polisher

单面抛光机是指采用化学机械抛光方法，对300mm双面抛光硅片的正面进行再次抛光,以降低硅片表面的微粗糙度和雾状(Haze)缺陷的工艺设备。300mm 硅片经过双面抛光后,由于仍然存在表面损伤缺陷,以及上道工序形成的表面沾污,在显微镜下观看,好像存在一层雾状组织,这会影响后续外延工艺质量或器件性能质量,因此需要通过再次精细抛光,最大限度地减小雾状缺陷,所以单面抛光也称为雾抛光(Haze Polishing)。300mm 硅片经过单面抛光后,后续的制造工艺不再有机械性质的加工过程,所以单面抛光机也称为最终抛光机。

在加工去除原理上,单面抛光的去除原理与硅片抛光机的工作原理相同。由于单面抛光是精细抛光,抛光液需采用精细磨料以形成适度的去除率,相应的抛光工艺一般采用多次抛光,所以单面抛光机一般采用两个或三个串行抛光流程结构。图 8-44 所示为单面抛光机三个串行抛光工艺流程示意图,它可实现粗抛—精抛—精细抛的效果,图中箭头所示方向为硅片抛光流程的工艺位置顺序。图 8-45 所示的是单面抛光机实物图。

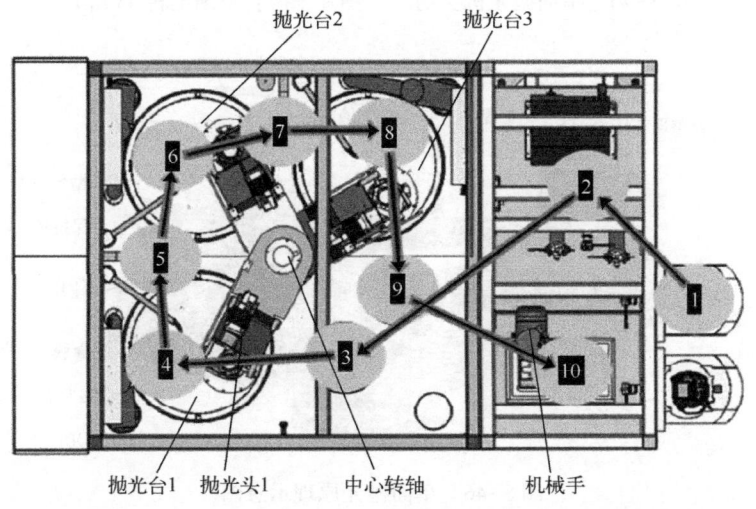

图 8-44　单面抛光机三个串行抛光工艺流程示意图(图片来源:中国电科 45 所)

另外,考虑到硅片表面污染及抛光去除形成的硅片面型精度要求,单面抛光机的抛光液是开放性的,不可回收再利用。同时,考虑到抛光垫去除作用的影响及抛光液在抛光垫上的分布等因素,单面抛光机理论上采取单片/单台(单硅片、单抛光台)结构方式(类似 CMP 设备方式),如图 8-46 所示。在单面抛光过程中,硅片利用真空吸附并夹持在保持环内,随着抛光头做旋转运动和往复摆动运动。抛光头施压机构形成压力,使硅片与抛光垫压紧,抛光垫随抛光台做旋转运动,硅片与抛光垫形成相对运动,产生机械摩擦,从而形成去除作用。抛光垫修整器对毛刷盘施加一定的压力并做旋转和往复摆动运动，对抛光垫进行自砺性修正，从而保持抛光垫的摩擦去除性能。

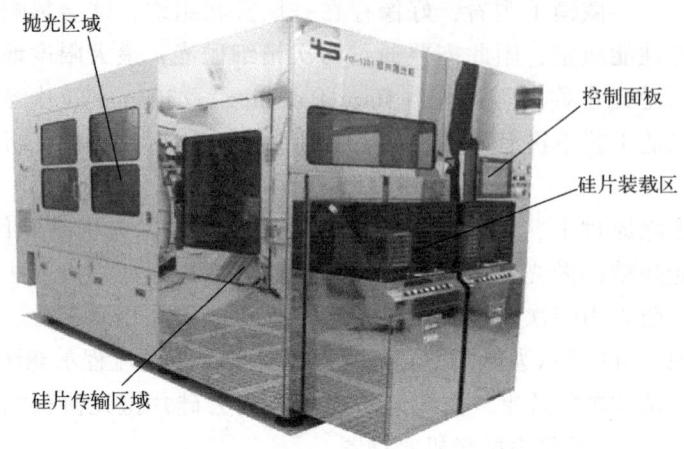

图 8-45　单面抛光机实物图（图片来源：中国电科 45 所）

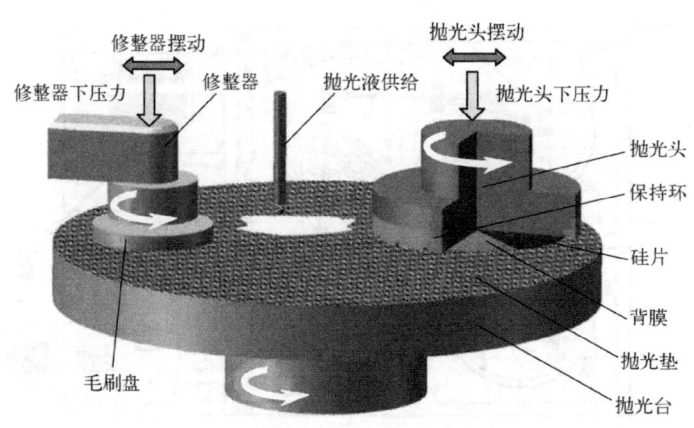

图 8-46　单面抛光原理示意图

由于单面抛光工艺中的抛光液是开放性的，所以单面抛光的成本较高。为了提高抛光液的利用率，同时考虑到提高单面抛光机设备的加工效率，单面抛光机一般采用双头/单台（双硅片、单抛光台）结构方式，如图 8-47 所示。

以抛光台数量来分类，单面抛光机可分为单台单面抛光机、双台单面抛光机和三台单面抛光机。早期的单台单面抛光机采用多头（一般为 4 头）抛光结构，可明显提高生产效率、降低生产成本，但为了实现粗抛、精抛、精细抛等自动过程，需要集成自动化硅片传输装置，将两台以上的单台单面抛光机联接起来使用。随着 300mm 硅片被应用到 65nm 以下节点的先进集成电路制造中，对硅片质量的要求越来越高，所以市场上主要以三台单面抛光机为主流设备。

图 8-47 双头抛光结构示意图

单面抛光机的另一种分类方式是依抛光头运动轨迹来划分，可分为旋转式和直线式两种。参见图 8-44，旋转式单面抛光机的所有抛光头、抛光台均环绕中心转轴布局，抛光头（图中仅标注了抛光头 1）通过中心轴的旋转分度，运动到所需工位的抛光台对硅片进行抛光。旋转式单面抛光机结构较为紧凑。为了提高单面抛光机的生产效率，按照当前技术现状，三台抛光机结构同时有 6 个抛光头参与抛光，加之有另外 2 个抛光头参与硅片装载与卸载，这样的单面抛光机就有 8 个抛光头，因此三台/八头抛光机是 300mm 硅片单面抛光机的主流设备。而直线式单面抛光机受硅片装载、卸载的制约，只能设计成双台/四头结构，设备效率较低。表 8-16 所列为单面抛光机的主要技术参数。

表 8-16 单面抛光机的主要技术参数

参　　数	示例指标
抛光台直径/mm	920
抛光台数量（台）	2~3
抛光头数量（头）	3~8
抛光硅片直径/mm	300
抛光压力/N	0~2000
抛光盘转速/(r/min)	0~120
抛光头转速/(r/min)	0~120

目前，国内的单面抛光机制造厂商主要有中国电子科技集团公司第四十五研究所；国外厂商主要有日本 SPEEDFAM 有限公司、日本不二越机械公司（FUJIKOSHI）、日本冈本工作机械制作所（Okamoto）、德国莱玛特·沃尔特斯（LAPMSTER WOLTERS）有限责任公司。

　　　　　撰稿人：中国电子科技集团公司第四十五研究所　柳滨
　　　　　审稿人：中电科电子装备集团有限公司　　　　　王志越

▷▷▷ 8.2.16 硅片清洗机，矽片清洗機，Final Cleaning Machine

硅片清洗机是指通过物理和化学清洗方法，将抛光后的硅片表面上所产生的磨料颗粒、有机物颗粒及金属沾污等杂质污染去除掉，获得所需洁净表面的工艺设备。

在加工过程中，硅片表面会附着各类杂质污染物（如固态磨料颗粒、有机物颗粒和各类金属离子），这些杂质污染物在加工过程中不仅影响硅片的加工品质，而且可产生交叉污染，形成新的杂质，不利于清洗去除，影响硅片最终的外延质量或器件制造质量。一般来说，硅片加工的每道工序结束前，都有一次清洗的过程，要求做到本工序流程的污染在本工序流程中清洗掉，以免影响下道工序的工艺质量，同时避免交叉污染。

硅片加工工艺中的切片、倒角、研磨、刻蚀、抛光等工序阶段，在工艺结束后，都需要进行一次清洗，尽量消除本加工阶段的污染物，使其达到一定的洁净标准。由于各工序中清洗的重点污染物不同，所以清洗工艺设备的功能和组成也有所不同，它们也可作为独立的清洗设备在工艺线上应用，只有刻蚀清洗例外，因为刻蚀清洗是将清洗功能集成在刻蚀设备上的。硅片最终抛光是硅片加工的最终工艺，抛光后的硅片经过预清洗，再进行物理尺寸、电阻率、翘曲度、平整度等外观检查，合格后，硅片进入最终清洗工序，称为硅片清洗。硅片清洗是保证硅片加工表面洁净度质量的关键工艺，该工序可去除硅片表面的细小颗粒及金属离子，以满足后续半导体器件制造对硅片表面洁净度的要求。随着对 300mm 硅片表面洁净度质量要求的不断提高，硅片清洗设备与技术不断发展，工艺复杂度也越来越大。

硅片表面上形成的杂质污染可以分为两类，一类是受分子间范德瓦耳斯力（van der Waals' Force）吸引作用所引起的硅片表面与杂质颗粒之间的吸附作用形成的污染，这种吸附作用可以吸附较大范围内和较大尺寸的杂质颗粒，吸附后，颗粒与硅片表面的距离比较大，结合能力也比较弱，可吸附的杂质种类多，因此杂质也比较容易脱落，一般可通过物理方式（如超声振动、冲洗、刷洗等方式）予以去除；另一类是在硅片表面通过电子转移（离子键）或电子对共用（共价键）形式，在硅片与杂质之间形成化学键或生成表面配位化合物等方式产生的化学吸附，这种吸附是一种距离较近的作用，成键稳定，吸附稳定、牢固，吸附原子的种类有选择性，比较难清除，一般通过化学的方法（如 RCA 方法）予以去除。

RCA 清洗法是由 Kern 和 Puotinen 等人在 N.J.Princeton 的 RCA 实验室首创的，并由此而得名。RCA 清洗法在半导体制造工艺中是一种典型的、标准的湿式化学清洗法。RCA 清洗法所用的清洗液主要包括如下 4 种。

（1）SPM（Surfuric/Peroxide Mixture）液，又称 SC3（Standard Clean-3）液，由 H_2SO_4/H_2O_2 化学液配制而成，需要加热到 120~150℃。

（2）DHF（Dilute Hydrofluoric Acid）液，即经稀释的 HF 液，温度控制在 20~25℃。

（3）APM（Ammonia/Peroxide Mixture）液，又称 SC1（Standard Clean 1）液，由 $NH_4OH/H_2O_2/H_2O$ 混合而成，需要加热到 70~80℃。

（4）HPM（Hydrochloric/Peroxide Mixture）液，又称 SC2（Standard Clean 2）液，是 $HCl/H_2O_2/H_2O$ 混合液，需要加热到 70~80℃。

硅片清洗机一般采用 RCA 清洗、物理清洗、干燥组合工艺方案。干燥采用离心甩干并结合腔内洁净空气强对流干燥、马兰戈尼（Marangoni）干燥、热氮气（N_2）干燥、异丙醇（Isopropyl Alcohol，IPA）气相干燥（Vapor Drying）等方法。离心甩干安全、高效，但对干燥后硅片表面颗粒的控制较差，通常用于 200mm 以下硅片的干燥。对于 200mm、300mm 硅片，通常使用异丙醇气相干燥或马兰戈尼干燥。图 8-48 所示为硅片清洗机典型工艺流程图。

O_3清洗	快速冲洗DIW	SC1兆声循环清洗	快速冲洗DIW	SC1兆声循环清洗	SC1兆声循环清洗	快速冲洗DIW	SC2循环清洗	快速冲洗DIW	DHF清洗	快速冲洗DIW	DIW兆声清洗	干燥

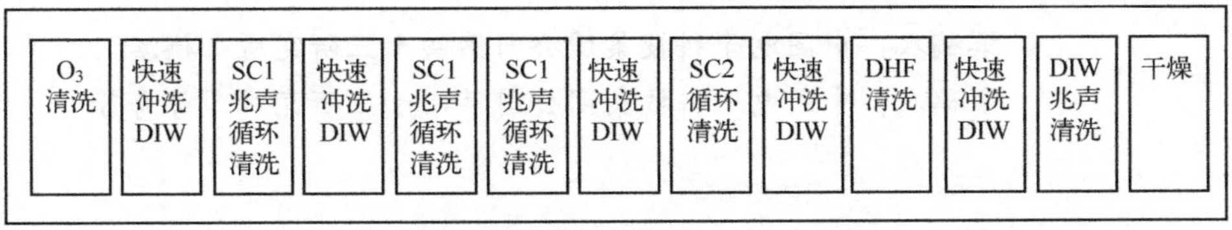

图 8-48 硅片清洗机典型工艺流程图

图 8-49 所示的是硅片清洗机实物图。表 8-17 所列为硅片清洗机的主要技术参数。

图 8-49 硅片清洗机实物图（图片来源：中国电科 45 所）

表 8-17 硅片清洗机的主要技术参数

参　数	示例指标
刻蚀硅片直径/mm	200、300
高效/超高效空气过滤	内建

续表

参　　数	示例指标
溶液类型	SC1/SC2/DHF/O$_3$
兆声波	1MHz
硅片传输形式	机械手自动传输
冲洗槽	QDR
清洗方式	溶液循环溢流、在线加热
干燥方式	马兰戈尼干燥

目前，国内的硅片清洗机制造厂商主要有中国电子科技集团公司第四十五研究所、北方华创科技集团股份有限公司等；国外厂商主要有日本创新（JAC）有限公司、美国Akrion系统有限公司、美国MEI湿工艺系统与服务有限公司、韩国Global Zeus公司等。

撰稿人：中国电子科技集团公司第四十五研究所　柳滨
审稿人：中国电子科技集团公司第四十五研究所　曹秀芳

8.3　掩模制造设备

8.3.1　掩模制造设备的发展与展望，光罩製造設備的發展與展望，Development and Outlook of Mask Manufacturing Equipment

在集成电路产业发展过程中，光掩模制造技术、光刻技术及其相应设备的发展和进步起着十分重要的作用。

在集成电路制造工艺中，光刻工艺需要一整套具有特定几何图形的光掩蔽模版，业内将这种光掩蔽模版称为掩模版或掩模（Mask）。掩模版是一种可以选择性地阻挡光、辐照或物质穿透的掩蔽模版，没有掩模图形且涂布感光材料的掩模版基片称为匀胶铬板或超微粒干板。光刻工艺是将掩模版上的集成电路图形，通过曝光和显影等工序转移到半导体基片表面的光刻胶上，形成抗蚀性图形，这些抗蚀性在刻蚀工艺中可以阻挡对基片的刻蚀，在注入工艺中可以阻挡离子注入，在金属化工艺中可阻挡金属膜的刻蚀以形成铝引线，因此掩模版在半导体平面工艺中是不可或缺的。采用图形转移技术，在半导体基片表面形成的具有掩蔽功能的二氧化硅膜层图形或金属膜层图形，称为硬掩模[1]。

掩模制造（Mask Making）过程分为掩模图形设计，掩模图形编辑，掩模图形数据格式转换，采用掩模制造设备进行掩模图形曝光、显影、刻蚀、清洗和干燥处理，以及掩模缺陷检测修补等工序。

早期的掩模版仅由透光和不透光两种区域组成，称为二元掩模（Binary Intensity Mask，BIM）。它是在感光板（Emulsion Photoplate）表面涂覆一层感光乳胶（如含卤化银的乳剂），通过曝光、显影、定影等工序后，曝光区域还原出黑色的银微粒形成遮光区，未曝光区域的卤化银被定影液溶解释出，只留下透明的乳胶层。

目前采用的掩模版以匀胶铬板（Chromium Photo Plate）为主，它是在玻璃（或石英玻璃）基片上蒸镀或溅射一层带氧化膜的金属铬膜，然后再在铬膜上涂覆一层光刻胶，形成空白匀胶铬板。在掩模制造工艺中，在计算机控制下，利用掩模曝光设备进行掩模图形曝光，通过显影工序在铬膜表面形成抗蚀性图形，再通过刻蚀工艺腐蚀掉没有被光刻胶掩蔽的铬膜，即可制备出铬掩模版，这个过程称为掩模图形转移。

随着光刻工艺的进步，目前主要发展以光刻分辨率增强技术（Resolution Enhancement Technology，RET）为基础的先进掩模制造技术，包括移相掩模（Phase-Shift Mask，PSM）技术、光学邻近效应校正（Optical Proximity Correction，OPC）掩模制造技术、离轴照明（Off-Axis Illumination，OAI）技术、亚分辨率辅助图形（Sub-Resolution Assistance Feature，SRAF）技术和浸没（Immersion）技术等波前工程技术。

利用波前工程技术可使光学曝光技术的分辨能力超越光学理论的分辨率极限，达到亚波长、半波长，甚至1/4波长和1/8波长的加工分辨能力。最具代表性的波前工程技术是移相掩模（PSM）技术和光学邻近效应校正（OPC）掩模技术。

光学邻近效应校正（OPC）可分为两类，一类是基于规则的光学邻近效应校正（Rules-Based OPC），即根据大量光掩模制造中由邻近效应影响产生图形失真的实测数据，归纳出一套掩模图形修正规则，对掩模版上容易产生邻近效应的部位实施几何修正，或者在图形密度不均匀的区域添加亚分辨率图形的技术；另一类是基于衍射理论模型的光学邻近效应校正（Model-Based OPC），即根据光学衍射理论模型和光刻胶显影过程的化学反应模型，计算光刻后失真图形边缘的轮廓与设计原图数据之间的偏差，然后根据边缘位置误差（Edge Placement Error，EPE）实施图形修正的技术[2]。

近年来出现的双重图形化掩模（Mask for Double Patterning Technology）设计与制造技术、光源-掩模协同优化（Source-Mask Optimization，SMO）技术、定

向自组装诱导模版（Guide Stencil for Directed Self Assembly）设计与制造技术、逆向光刻（Inverse Lithography）掩模设计与制造技术、计算光刻（Computational Lithography）掩模设计与制造技术等，都是进一步提高光学光刻分辨率和延伸现有光学光刻设备使用寿命的重要方法。

总之，光刻技术的进步离不开微米/纳米图形转移技术和掩模制造技术，即使在下一代光刻技术中，包括极紫外光刻技术、电子束光刻技术、X射线光刻技术、计算光刻技术、干涉光刻技术、无掩模光刻技术等，都离不开先进掩模制造技术。先进的半导体产业需要使用最精密的设备，而最先进的光掩模制造设备和光刻设备在全世界也只有少数一两个厂家能够制造。目前，我国使用的高精度的掩模制造设备和光刻设备主要还是依靠从国外引进。

参考文献

[1] 陈宝钦，王琴，赵珉，等. 微光刻与微纳米加工技术发展与展望 [C]. 第十五届全国半导体集成电路、硅材料学术会议，2007：312-321.

[2] 陈宝钦，刘明，徐秋霞，等. 微光刻与微纳米加工技术 [C]. 第十三届全国电子束·离子束·光子束学术年会（湖南·长沙），2005：9-23.

撰稿人：中国科学院微电子研究所　　陈宝钦
审稿人：中国科学院微电子研究所　　王力玉
　　　　北京大学　　　　　　　　　罗正忠

▷▷▷ 8.3.2　掩模制造设备概述，光罩製造設備概述，Overview of Mask Manufacturing Equipment

掩模制造设备俗称制版设备，是集成电路版图编辑和图形数据处理系统，以及集成电路光刻掩模版或中间掩模版制造设备的统称，包括掩模图形编辑和数据处理设备、掩模数据格式转换设备、中间掩模版制备设备、光学分步重复系统、掩模复印机、光学图形发生器、激光图形发生器、电子束图形发生器等。随着CAD/CAM技术的发展，由计算机控制的光学图形发生器取代了图形数据数字化仪、自动制图机、坐标刻图机和初缩照相机等中间掩模版制备的设备。

早期使用的掩模制造设备包括数字化仪（Digitizer）、坐标刻图机（Coordinatograph）、自动制图机（Automatic Drafter）和初缩照相机（First Reduction Camera）。

（1）数字化仪：指从集成电路设计平面图上读取反映图形特征点坐标值（如顶点坐标），并将其转化为制图机或其他制图设备可接受格式的图形数据处理装置。

(2) 坐标刻图机：是集成电路原图红膜刻制的一种设备。它利用在坐标平台表面作二维运动的绘图笔，按设计数据对应直角坐标轴，即可准确定位绘制集成电路掩模版图，再将带有红膜的柔性透明树脂基片贴附在图纸上，经人工刻线，剥离功能图形以外的红膜，即可形成具有一定放大倍率的集成电路红膜原图。通过后续的初缩工序，可以将集成电路红膜原图制成中间掩模版，再通过精缩分步重复曝光工序制成主掩模或工作掩模版。

(3) 自动制图机：是在计算机控制下，以彩色笔绘制综合版图的设备。它可以在图纸上自动绘制具有一定放大倍率的与各工艺层对应的彩色版图，体现各层集成电路版图之间的套刻关系，以利于掩模版图设计者检查图形的完整性和套刻关系。后来发展成在计算机控制下，按照输入的图形数据，在涂有漆膜或红膜的柔性透明基片上直接刻膜和揭膜来制作放大的集成电路原图。

(4) 初缩照相机：简称初缩机。它是利用光学成像原理将放大的集成电路原图按照一定的比例进行缩小，并成像在乳胶板的感光膜上，通过显影生成中间掩模版。初缩机通常是轨道式可变倍率的大型照相机，将刻有集成电路放大图的红膜原图粘贴在轨道的大型灯箱上，通过调整红膜原图与照相机的距离来调整成像的倍率。

现在，中间掩模版的制备采用的是速度更快、精度更高的激光图形发生器和电子束图形发生器等先进的光掩模制造设备。新型的图形发生器可直接制备工作掩模版或投影光刻机使用的中间掩模版，不需要绘图、刻图，也不需要制作初缩版、精缩版和翻版等繁杂工序[1]。

光刻技术是从平版印刷术的照相曝光和刻蚀工艺的基础上发展起来的，而掩模就是平版印刷术的照相底版。光刻是将照相底版的图形转移到平板印刷基板（石板）表面的感光材料上，从而形成抗腐蚀的保护膜图形，然后利用保护膜图形通过腐蚀工艺将照相底版的图形转移到平板印刷基板上。同理，半导体制造工艺就是一种通过一系列光刻技术和相应的平面制造工艺，逐层地将集成电路的版图从掩模转移到半导体晶片上的制造过程。随着光刻分辨率的不断提高，需要采用先进的电子束光掩模制造系统和纳米电子束直写系统来制备掩模版。

参考文献

[1] 陈宝钦. 微光刻与微/纳米加工技术 [J]. 微纳电子技术，2011，48（1）：10-14.

撰稿人：中国科学院微电子研究所　　陈宝钦
审稿人：中国科学院微电子研究所　　王力玉
　　　　北京大学　　　　　　　　　罗正忠

▷▷▷ 8.3.3 掩模检查设备，光罩檢查設備，Mask Inspection Equipment

掩模检查设备是指利用适当方法，在掩模制造过程中检测掩模版或中间掩模版的图形缺陷、线宽及套版精度，以保证制备出优质的掩模版，从而提升大规模集成电路芯片制造成品率、稳定性和可靠性的关键设备。因此，在掩模制造的各个工序及整个光刻工艺过程中，必须对掩模基片的材料、光刻胶材料进行质量控制，同时对光刻胶涂覆过程、掩模图形曝光过程、掩模显影工序过程、铬膜腐蚀过程、掩模清洗和烘烤过程、掩模传输和包装材料等进行严格的质量检测。掩模检查设备又称掩模质量检测设备（Mask Quality Checking Equipment）。

掩模质量控制主要包括掩模基片平整度的检测，掩模基片缺陷的检测，基片表面光刻胶的均匀性检测，基片表面涂覆的光刻胶缺陷的检测，掩模曝光、显影过程质量控制，铬膜腐蚀过程质量控制，掩模清洗和烘烤后缺陷检测，图形线宽、图形畸变、图形反差、边缘粗糙度和图形完整性检测，图形层之间的套刻精度、图形阵列的正交性和定位精度检测等。

掩模质量检测设备主要包括掩模版表面检测仪（用于检查掩模基片的平整度、掩模表面缺陷和异物），掩模比较仪（用于检测掩模版的套刻精度、掩模图形的正交性、芯片图形的倍率、插入的异图分布精度等），CD 线宽测量仪（用于关键尺寸的精度和均匀性检测）和掩模缺陷检测仪（用于检测掩模版上图形的各种缺陷等）。

早期，掩模线宽测量设备（Mask Line Width Measurement Equipment）和掩模比较仪（Mask Comparator）在光掩模制造和集成电路制造工艺中具有非常重要的地位，为了保证光掩模制造和芯片加工的精度，对所有关键工序都必须进行图形线宽监测，以及套刻精度和缺陷密度监控。随着掩模工艺检测技术的发展，上述两种设备的功能已经纳入适应量产条件的先进自动化检测设备中，如掩模版自动检查系统（Automatic Photomask Inspection System），掩模关键尺寸测量系统（Mask CD Measurement System），表面缺陷和污染检测仪（Surface Defect and Contamination Detector，SDCD）等。这些主流的自动化多功能掩模质量检测系统，具备掩模和芯片缺陷检测功能，微细线条宽度检测功能，长距离相对位置精度检测功能等，并且具有全自动扫描检测、定位、存储、数据分析、打印输出等功能，是大型掩模制造厂和芯片制造厂不可或缺的掩模质量检测和工艺质量监控设备。

在实验室条件下进行掩模检查时，仍然需要采用传统的检测手段，如高倍光学显微镜（主要用于微米级以上图形尺寸的观察），相切显微镜（利用其具有左右两个目镜分色图像叠加及相对位移值检测图形线宽),激光共焦扫描显微镜和激光扫描差动共焦显微镜(由于共焦显微镜具有更高的分辨力,可以达到百纳米级的图形观察分辨率,是较好的亚微米线条图形观测工具),专用光学线宽检测仪(具有精密扫描、光栅定位或激光定位机构,是掩模版线宽专用检测仪器),扫描电子显微镜(是实验室条件下最主要的纳米尺度的图形线宽检测工具)。

撰稿人:中国科学院微电子研究所　陈宝钦
审稿人:中国科学院微电子研究所　王力玉
　　　　北京大学　　　　　　　　罗正忠

▷▷▷ 8.3.4　激光差动共焦显微镜,雷射差動共焦顯微鏡,Laser Differential Confocal Microscope (LDCM)

采用激光扫描共聚焦显微镜检测圆片或掩模版的图形,可以得到比传统光学显微镜更清晰的图像。与原子力显微镜(Atomic Force Microscope)、静电力显微镜(Electrostatic Force Microscope)、磁力显微镜(Magnetic Force Microscope)、近场光学显微镜(Near Field Optical Microscope)和光子扫描隧道显微镜(Photon Scanning Tunneling Microscope)相比,共焦显微镜具有无须制备样品,测量范围大、速度快、成本低,不损伤测量表面,可直接测量高度大于半波长的台阶轮廓等优点,被广泛用于三维微尺度的结构测量。

激光差动共焦显微镜是在激光扫描共聚焦显微镜的基础上发展起来的[1],又称外差共焦测量系统(Heterodyne Confocal Measurement System,HCMS)。图 8-50所示的是超分辨掩模激光差动共焦显微镜,其探测系统分为两个部分,即在物镜焦平面前、后对称位置上放置两个针孔探测器,这两个探测器分别置于像方等距离的前偏离物镜焦平面和后偏离物镜焦平面上;让两束测量光分别通过这两个对称偏离物镜焦平面的两路针孔探测器进行两路信号相减处理,通过强度响应信号的差动计算,即可得到具有绝对零点的双极性差动共焦特性响应曲线,该曲线的绝对零点与物镜的焦点严格对应,提高了轴向探测灵敏度。该特性曲线在物镜的轴向响应半高宽范围内具有线性特性,可根据得到的差动信号判断样品的位置并对样品进行成像。当样品高度在差动共焦曲线线性量程范围内时,通过直接对 x-y 焦平面进行单次扫描即可获得样品的三维形貌信息,提高了扫描速度;对高度超出线性量程的样品,则需要进行逐层扫描,然后再对获得的二维图像进行数据处理,以获得样品的三维形貌信息,此种技术可应用于微纳结构进行三维成像。[2]

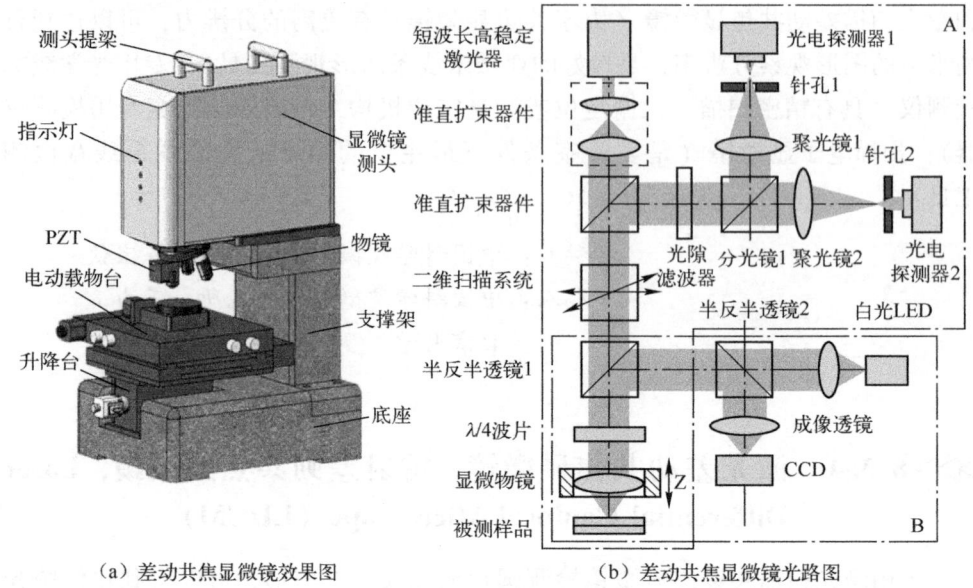

（a）差动共焦显微镜效果图　　　　（b）差动共焦显微镜光路图

图 8-50　超分辨掩模激光差动共焦显微镜（图片来源：北京理工大学）

激光差动共焦三维成像技术（Laser Differential Confocal Three-dimensional Imaging）有两种实现方式，一种是利用差动共焦特性曲线的零点进行瞄准、定位，再采用三维扫描结构实现系统扫描成像；另一种是在差动共焦曲线的线性区进行轴向微区成像，结合二维扫描机构实现三维成像，再利用大范围轴向扫描机构实现大范围的三维成像。

激光差动共焦光谱扫描成像技术/检测技术（Laser Differential Confocal Spectral Scanning Imaging/Detection）是采用激光差动共焦显微镜进行光谱成像的一种技术。它是在二维空间成像的基础上增加了一维的光谱信息，主要利用差动共焦技术对样品进行精确定焦，并获取样品焦点处的光谱信息，然后沿着 x、y 方向进行扫描，即可获取拉曼光谱图像。根据光谱间的分子指纹特性对物质成分和结构等进行检测，则可提高拉曼光谱技术的轴向响应精度，通常用于高精度微区成像与检测。因此，采用激光差动共焦光谱扫描成像技术/检测技术可以有效提高显微镜的空间分辨率（达到百纳米尺度），同时还具有数十纳米尺度的纵向检测功能和三维成像效果[3]。

参考文献

[1] 刘俭. 超分辨移相共焦和复色差动共焦扫描显微技术及理论 [D]. 哈尔滨：哈尔滨工业大学，2009.

[2] 程硕. 超分辨激光差动共焦微孔测量技术研究 [D]. 北京：北京理工大学，2015.

[3] 毛新越. 激光差动共焦显微镜扫描控制软件技术研究 [D]. 北京：北京理工大学，2015.

撰稿人：中国科学院微电子研究所　陈宝钦
审稿人：中国科学院微电子研究所　王力玉
　　　　北京大学　　　　　　　　罗正忠

▷▷▷ 8.3.5　掩模关键尺寸测量系统，光罩關鍵尺寸測量系統，Mask CD Measurement System

掩模关键尺寸测量系统是在光刻和掩模制造中用于关键尺寸（Critical Dimension，CD）图形线宽检测的仪器设备，并可用于检测整个掩模版或整个圆片上所有芯片中关键尺寸图形的线宽均匀性及线宽精度，通过分析发现关键尺寸图形的线宽均匀性问题及线宽精度误差的规律，以指导工艺技术的改进，并控制光刻工艺或光掩模制造工艺的质量。早期是通过显微镜以人工检测方式来测量关键尺寸图形的均匀性和线宽精度的，而在量产中则采用关键尺寸自动测量系统进行检测，并根据检测结果进行数据分析。对于关键尺寸图形比较大的掩模或圆片，可采用光学或激光关键尺寸自动测量系统进行检测。对于图形为纳米尺度的掩模或圆片，需要采用关键尺寸电子显微镜测量系统（Critical Dimension Measurement Scanning Electron Microscopes，CD-SEM）进行检测。通常，检测设备的操作方法（Operation Method）分为自动操作方法（Automatic Operation Method）、手动操作（Manual Operation）和半自动操作（Semi-auto Operation）三种，所测量的目标包括线条、间隙、间距、孔和框中框（Box-in-box）等图形种类，检测结果分析包括对准误差、图像分辨率、放大倍率、测量精度、动态重复性、线性度、可再现性和静态重复性等。

注意，关键尺寸（Critical Dimension，CD）和特征尺寸（Feature Size）是两个不同的概念。关键尺寸是指在掩模版图上设置的一种用以评价和控制工艺精度的专用检测图形尺寸，也称评价尺寸；特征尺寸是指按照摩尔定律预测，在集成电路芯片制造工艺的某个技术节点上的最小工艺加工尺寸。关键尺寸的检测图形宽度可根据集成电路每一层的具体工艺所产生的偏差情况来设计，并且可以对检测图形的每个边进行适当缩放，以抵消工艺可能造成的线宽变化，便于直观地观察和检测工艺精度。因此，在同一个工艺节点的一套光刻掩模版上，关键尺寸检测图形的宽度可以不一样，不同的功能层的缩放尺寸也可以不一样，而一套光刻掩模版中最小的关键尺寸（如CMOS工艺中栅长）则反映了该工艺技术节点的特征尺寸。

图 8-51 所示的是电子束掩模 CD 检测系统，图 8-52 所示的是大面积掩模坐标（TP）检测系统台面效果图。

图 8-51　电子束掩模 CD 检测系统
（图片来源：中微掩模公司）

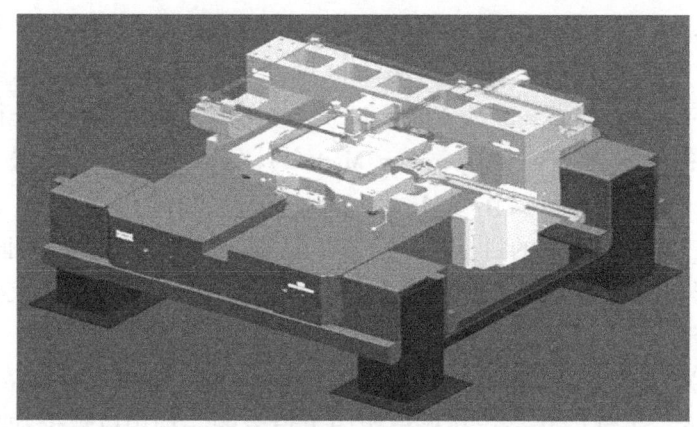

图 8-52　大面积掩模坐标（TP）检测系统台面效果图
（图片来源：清溢公司）

撰稿人：中国科学院微电子研究所　陈宝钦
审稿人：中国科学院微电子研究所　王力玉
　　　　北京大学　　　　　　　　罗正忠

▷▷▷ 8.3.6 掩模缺陷和污染检测系统，光罩缺陷和污染检测系统，Inspection System for Mask Defects and Contamination

掩模缺陷检测系统分为两类，一类是表面缺陷和污染检测仪（Surface Defect and Contamination Detector，SDCD），用于检测圆片或掩模版表面缺陷和沾污；另一类是采用比较法进行缺陷检测的掩模比较仪（Mask Comparator）。

表面缺陷和污染检测仪是一种利用扫描聚焦激光束进行掩模版表面缺陷检测的仪器。它根据缺陷和沾污物产生的激光散射光信息判别缺陷类型，以及缺陷所在的位置和尺寸，并具有计数、显示、打印缺陷分布图、分析缺陷密度及统计结果的功能。另一种缺陷检测仪是采用热波（Thermal Wave）技术的圆片或掩模版表层缺陷检测分析仪器（Sub-surface Defect Detection System，SDDS），它采用 Ar 离子激光检测系统，可以侦测由 Ar 离子激光在样品表面产生的热波和等离子波传播过程中因缺陷调制而产生的微小波前变化，并统计分析圆片表面缺陷情况，这是一种无损伤圆片或掩模版表层缺陷的在线检测技术。此外，还有一种利用图形增强法进行缺陷检测的方法，它是利用相干光照射集成电路或掩模版图形的几何形状和缺陷几何形状产生衍射强度差异，以此来区别集成电路或掩模版的图形和缺陷。由于集成电路或掩模版图形通常是由垂直边缘组成的，而缺陷的边缘多为不规则的（部分有圆形），因此利用相干光照射掩模表面所产生的衍射增强或相消效应可以达到检测缺陷的目的。该仪器在成像镜片与成像焦平面之间加了一片具有阻断直角化信息的傅里叶变换空间光强分布滤波片，只有随机分布的缺陷所产生的衍射光能量不会被空间滤波器阻断。通常表面缺陷和污染检测仪需要匹配掩模缺陷修补仪，以便根据检测数据进行定位修补。

掩模比较仪通常有两种检测方法，即图形比较法（Die to Die Comparison Method）和图形—数据比较法（Die to Data Comparison Method）。前者是将掩模版上检测到的两个芯片图形的视频信号进行逐点比较，以此确定光掩模图层透明及不透明缺陷的位置和大小；后者是将实际检测到的图形转换数据与其原始 CAD 图形数据进行逐一比较，从而确定光掩模图层透明及不透明缺陷的位置和大小。

早期，缺陷检测是采用双光学台面结构的分离视场掩模比较显微镜来完成的。它采用两个不同工艺图层掩模进行视场图像重叠套准，从而发现掩模版之间或中间掩模版之间的套准误差和随机缺陷；也可以是在两个相同图形的掩模版之间进行图形比较，找出掩模制造的重复性缺陷或随机缺陷。比较的方法又可分为显微放大目视对准比较法和激光干涉坐标测量法两种。前者结构简单，可直接观测出两个掩模之间的套准偏差，但目视观测会带入人为的测量误差；后者利用绝对值测量掩模对准标志或关键尺寸图形的坐标，用数据与基准掩模版进行比较，测量精度高、范围较大。

在量产时，必须采用自动化检测方式，一种是图形比较法，仅对同一个掩模版自身不同位置的芯片图形进行比较，即可快速自动化检测；另一种是采用3个彩色摄像系统同时对准3个芯片进行扫描，每个芯片对应的成像光路具有一种基色，然后将这3个芯片图像重合，若有芯片出现缺陷，在缺陷处必然出现彩色斑点，依此即可判断缺陷的类型、大小和位置。

撰稿人：中国科学院微电子研究所　　陈宝钦
审稿人：中国科学院微电子研究所　　王力玉
　　　　北京大学　　　　　　　　　罗正忠

▷▷▷ 8.3.7　掩模版自动检测系统，光罩自動檢測系統，Automatic Mask Inspection System

掩模自动检测系统是以表面缺陷和污染检测仪为基础发展出来的自动化掩模缺陷检测和掩模精度检测的仪器。它利用对比或直接测量的方法，对中间掩模版和精缩版图形缺陷的类型、位置及尺寸进行自动检测，并存储检测数据作为掩模修补的依据。掩模版检测方法有两种，即图形比较法和图形—数据比较法。图形比较法可以准确地检测出掩模图形的各种缺陷；图形—数据比较法可以检测出掩模图形与原设计图形的实际误差和缺陷。掩模版自动检测的关键技术包括自动聚焦、高分辨率激光飞点扫描摄像、动态自动对准补偿、与计算机及缺陷修补系统的接口技术等。通常，掩模版自动检测系统支持的检测模式包括无图形基片检测（用于检测无图形晶片或掩模裸板表面颗粒、划痕、针孔等缺陷），图形的"Die to Die"模式检测，自动关键尺寸（CD）检测，掩模套刻精度测量，自动缺陷检测，全盘检测与自定义区域检测，缺陷结果复检确认（Review），与修补机台数据对接，GPU高性能计算机分布式并行计算等。

掩模版自动检测系统通常具有如下功能。

（1）缺陷分辨率可设置：为了应对各种检测物的精度要求，在系统中可以设置抓取尺度最小的缺陷。

（2）分区检测功能：可以指定版图中的检测区域与不检测区域，以提高检测效率。

（3）检测编程（Recipe）参数保存及加载：检测参数可保存为文件，并支持加载已有的 Recipe 文件。

（4）自动对准与自动标定：为简化人工操作，系统提供了自动一键对准功能,可以有效地提高操作效率,并在检测开始前自动完成标定。

(5) 高效可靠的"Z"形扫描:系统采用"Z"形扫描路径进行快速的检测,同时支持异常情况下的 Rescan 功能。

(6) 缺陷对比:提供直观且易用的缺陷对比功能,可将缺陷图与 GDS 图形进行比较。

(7) 缺陷结果合并:当部分缺陷分布比较密集(特别是颗粒缺陷)时,通过该功能可以将多个缺陷合并为一个缺陷,有效减少人工确认的时间。

(8) 缺陷复检(Review):检测完成后,系统提供缺陷一键定位功能以利于确认缺陷。

(9) 快速灵活的缺陷分类:系统默认提供常见的缺陷分类,同时也支持分类的自定义;系统提供一键式批量缺陷确认功能,可提高结果确认效率。

(10) 支持多种缺陷报告:系统支持检测结果生成 Word、Excel、PDF 等格式的缺陷报告。

(11) 支持 KLA 缺陷复检(Review):为了有效利用 KLA 的机台,可以在本设备上完成 KLA 的缺陷确认工作,节省 KLA 执行检测作业的时间,最大化发挥 KLA 机台的能力。

(12) 支持与修补机台对接:支持与第三方修复机的数据对接。KLA 掩模检测系统结合影像扫描技术与先进的图像处理技术,可在掩模版上捕捉图形缺陷。

以 KLA 掩模自动检测系统为例,其设备主体配置包括主机台(Tera Star FE/IS)和外挂机台。外挂机台有如下 3 种。

(1) KLA 95i:其主要功能为存取及分析检测数据,并输出检测报告和解码处置(Inspection-Report & Recipe)。

(2) 数据准备系统(Data Preparation System,DPS):其主要功能是将检测结果与数据库比较,以进行数据处理和解码处置(Data & Recipe)。

(3) 线性调节器(Line conditioner):为主机台提供稳定的电流。

KLA 掩模自动检测系统的功能还包括检测没有光刻胶的掩模基片、带保护膜(Pellicle)的二元掩模(BIM)或移相掩模(PSM)。

随着技术的改进和集成电路特征尺寸越来越小,现在主要依靠提高掩模制造系统的曝光定位精度来解决套刻问题。先进的掩模直写系统和电子束掩模直写系统都带有掩模图形自我检测功能,其中包括曝光显影后掩模图形定位精度自检功能和自调整功能。

图 8-53 所示的是掩模版自动检查系统外观图。

图 8-53　掩模版自动检查系统外观图（图片来源：中微掩模公司）

撰稿人：中国科学院微电子研究所　　陈宝钦
审稿人：中国科学院微电子研究所　　王力玉
　　　　北京大学　　　　　　　　　罗正忠

▷▷▷ 8.3.8　掩模修补系统，光罩修補系統，Mask Repairing System

掩模修补系统是一种利用聚焦的高能辐射束（包括离子束或激光束等），结合热沉积或光化学气相沉积材料修复掩模缺陷的专用设备。掩模修补工艺是制造无缺陷掩模，延长掩模版使用寿命，降低掩模版制造成本的重要手段。在掩模制造过程中，由于材料、环境或工艺的因素会在铬掩模上造成残留的透明或不透明的缺陷，所以在交付光刻工艺前，需要对其进行严格的缺陷检测和修补。例如，小岛、毛刺、连线等缺陷需要选择性地去除，而针孔、凹陷、断线等缺陷则需要进行填补。通常，自动掩模修补系统需要与掩模缺陷检查系统连接，根据掩模缺陷检查系统的检测和分析结果对掩模版进行修补。早期的掩模版线条尺寸和缺陷尺寸都在微米级，主要采用人工修补的办法，在实体显微镜下使用画眉毛笔蘸腐蚀液局部腐蚀不透明铬点。对于缺陷位置靠近功能图形或遇到毛刺、连线等难以修补的缺陷，需要先用画眉毛笔蘸光刻胶将周围功能图形覆盖起来，再对缺陷部分进行局部腐蚀。对于复杂的掩模版缺陷，则采用具有紫外可变光阑掩模修补显微镜进行修补。通常，在光学曝光及显影后，直接进行缺陷检测，若发现有小岛、毛刺、连线等不透明缺陷，应调整可变光阑使其对准缺陷，进行选择性的局部曝光和显影，再进行局部腐蚀。如果在已经去胶的掩模版上发现不透明缺陷，可以重新涂胶，再利用紫外可变光阑掩模修补显微镜进行缺陷处局部曝光、显影、腐蚀。对于周围空间比较大的透明缺陷，通常采用带红色染料的水溶性胶液进行局部修补。当遇有致命缺陷的精细掩模时，则需重新制作掩模版。

随着集成电路工艺的特性尺寸达到亚微米、深亚微米甚至达到纳米尺度，采用缺陷自动检测和自动修补设备对精细的掩模版进行修补势在必行。例如，对于小岛、毛刺、连线短路等不透明缺陷，可以采用高能量激光脉冲汽化去除掩模版上残留的铬缺陷；而对于针孔、凹陷、断线等透明缺陷，则需要利用高能量热辐射束在透明区局部加热，以实现将金属材料选择性地沉积在透明区域上。

典型的掩模缺陷修补系统大体可分为聚焦激光束修补或聚焦离子束修补两类。

聚焦激光束掩模修补系统（Laser Mask Repair System）既可以修复不透明缺陷，也可以修复透明缺陷。以高热的能量将多余的铬材料瞬间升华，即可达到修复不透明缺陷的目的；利用适当波长的激光，使特定金属有机物反应剂在透明的缺陷区域产生光化学气相沉积，即可达到修复透明缺陷的目的。

聚焦离子束（Focused Ion Beam，FIB）掩模修补系统主要依靠定域溅射刻蚀去除不透明缺陷区域的铬材料。同时还可用物理方法打磨透明缺陷表面，使其产生不透明的效果来修补透明缺陷。以美国 FEI 公司出品的聚焦离子束掩模修补系统为例，该系统除了具有对不透明的多余铬膜定域溅射刻蚀清除（Opaque Clear Repair）功能和透明缺陷沉积修补（Deposition Repair）功能，还具有采用亚分辨率聚焦离子束打毛透明缺陷来修补透明缺陷的功能。此外，采用聚焦离子束选择性地刻蚀石英基片，还可以实现移相掩模图形缺陷的修补。因此，该系统可同时适用于移相掩模和传统二元掩模的缺陷修补。图 8-54 所示的是可用于移相掩模缺陷修补的 FEI 聚焦离子束掩模缺陷修补系统。

图 8-54　可应用于移相掩模缺陷修补的 FEI 聚焦离子束掩模缺陷修补系统
（图片来源：中微掩模公司）

图 8-55 所示的是 LCVD 激光大面积掩模缺陷修补系统。

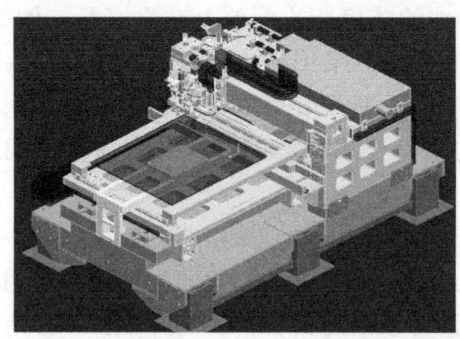
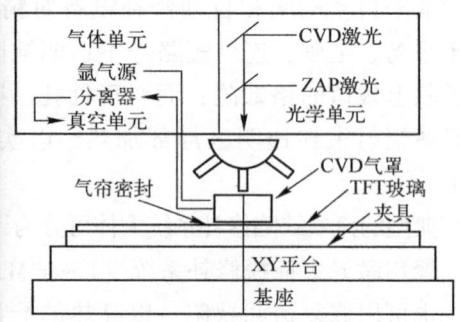

(a) LCVD激光大面积掩模缺陷修补系统效果图　(b) LCVD激光大面积掩模缺陷修补系统激光掩模缺陷修补系统原理图

图 8-55　LCVD 激光大面积掩模缺陷修补系统（图片来源：清溢公司）

撰稿人：中国科学院微电子研究所　陈宝钦
审稿人：中国科学院微电子研究所　王力玉
北京大学　罗正忠

▷▷▷ 8.3.9　光学图形发生器，光學圖形產生器，Optical Pattern Generator

光学图形发生器是一种使用计算机辅助工具制造中间掩模的曝光设备，它通过不同的曝光手段可在感光材料上形成掩模图形，主要应用在利用分步重复精缩机或投影光刻机制备中间掩模版（Reticle）的程序中。分步重复精缩机所用的中间掩模版比实际芯片版图的图形尺寸大 10 倍，投影光刻机所用的中间掩模版通常比实际芯片版图的图形尺寸大 5 倍或 4 倍。

光学图形发生器配置可变机械狭缝（或固定矩形模块）光阑（Aperture）和具有一定缩小倍率（通常放大率为 1∶25）的透镜成像系统，使用计算机协调闪光灯（或汞灯与快门配合）和工件台移动的动作，可将集成电路的数据在感光板上按顺序曝光，从而拼接出完整的集成电路中间掩模版。光刻工艺中采用的图形发生器是指通过各种曝光手段在感光材料上曝光形成掩模图形的掩模曝光设备，如光学图形发生器、激光图形发生器和电子束图形发生器等。电子束图形发生器是指在计算机控制下输出波形数据，并通过控制电磁偏转系统实现扫描成像功能的电路模块。通常在电子显微镜内会配置电子束图形发生器和微动工件台，控制电子显微镜的电子束偏转线圈与微动工件台相互配合，即可在感光材料上绘制实验图形。由于没有精密的扫描坐标校正系统、精密的定位系统和扫描场畸变修正系统，电子束漂移较大，所以电子束图形发生器不适合用于大面积精密版图的曝光。

光学图形发生器由计算机控制系统、数据读入系统、双频激光器精密定位伺服系统、气浮防振系统、精密工件台、自动调焦系统、25 倍微缩光学镜头、汞灯照明和闪光灯照明系统（曝光光源）、可变矩形旋转光阑系统、快门系统、恒温洁净空调系统等组成。光学图形发生器的最小曝光图形尺寸为 2μm，最大掩模版尺寸为 7in，最大行程为 150mm×150mm，定位精度为±0.25μm。

撰稿人：中国科学院微电子研究所　陈宝钦
审稿人：中国科学院微电子研究所　王力玉
北京大学　　　　　　　　　　罗正忠

▷▷▷ 8.3.10　分步重复系统，分步重複系统，Step–and–Repeat System

分步重复系统又称分步重复照相机（Step-and-Repeat Camera），俗称精缩机。分步重复系统是由高分辨光学缩小成像系统和精密定位工件台组成的掩模曝光设备。它将光学图形发生器制备的中间掩模图形按适当比例（通常为 1:10）缩小到实际芯片尺寸，并按分步重复方式或异图分布方式在乳胶板或匀胶铬板的感光膜上曝光，从而制备成接触式光刻机使用的阵列掩模版。分步重复系统由计算机控制系统、双频激光器精密定位伺服系统、气浮防振系统、中间掩模版精密对准台、精密工件台、自动调焦系统、10 倍微缩光学镜头、汞灯照明系统、快门系统、恒温洁净空调系统等组成，其最小曝光图形尺寸为 1.25μm，最大掩模版尺寸为 7in，最大行程为 150mm×150mm，定位精度为±0.25μm。

分步重复系统具有比光学图形发生器更高的图形拼接精度，以及可逐级分步重复拼接图形的功能，它可以采用各种"图形词汇"高效率地拼接出高精度的周期性大面积图形，也可以采用不同的"图形词汇"拼出各种高精度的复杂图形。其关键技术如下所述。

（1）设备精度调整技术：对缩小倍率、图形畸变和对准精度进行严格调整，达到 100mm 范围内的误差小于 100nm。

（2）"图形词汇"制备技术：可采用其自身的高精度缩小拼接功能制备高精度"图形词汇"。为了实现图形拼接的多样性，可以根据常用的掩模图形制备出各种"图形词汇"模版，如各种图形元素和图形组，如方形、矩形、三角形、菱形、圆形、十字形、分辨率图形和对准标志符号等。每一种"图形词汇"包含从微米级、十微米级、百微米级及毫米级的图形,同时还包括"图形词汇"模版角度变化对准标志。

(3) 图形位置修正技术:"图形词汇"模版按照视场分割方式将独立的"图形词汇"按照一定的规律分布在中间掩模版的不同位置上。根据图形尺寸的不同,可以在一块中间掩模版上仅包含一个完整的"图形词汇"。也可以包含4个、9个或25个"图形词汇"。另外,可以根据其与中间掩模版的中心偏离值确定工件台上成像的修正值(在此要注意中间掩模版台面坐标系与工件台上的基片台面坐标系之间的关系)。

图 8-56 所示的是利用分步重复系统制备的高精度掩模版。

 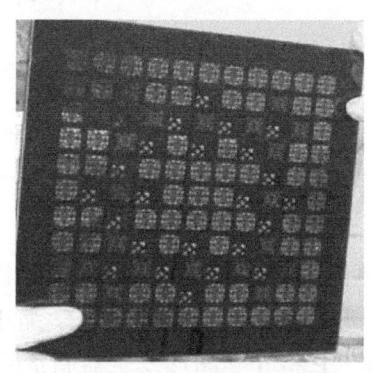

(a) 高精度中间掩模版　　　　(b) 插入测试图形的高精度工作掩模版

图 8-56　利用分步重复系统制备的高精度掩模版(图片来源:中国科学院微电子研究所)

投影步进光刻机(Projection Stepper)又称圆片直接步进曝光机(Direct Stepper on the Wafer,DSW),其基本原理与分步重复系统类似,即通过自动掩模版对准系统、工作台伺服控制系统、双频激光干涉仪精密定位系统和光学投影成像系统相互配合,将中间掩模版的图形缩小,并分步重复地缩小成像在晶片表面的光刻胶上,在全晶片的范围内进行图形阵列曝光。由于投影步进光刻机具有自动掩模版对准系统,所以能够实现光刻工艺层间的精确套刻。曝光光源波长为g线(435nm)或i线(365nm)的投影步进光刻机使用倍率为5倍的投影微缩透镜,而准分子激光(248nm和193nm)投影步进光刻机则用倍率为4倍的投影微缩透镜,目前主流的投影步进光刻机为浸没式193nm投影光刻机(193nm Immersion Lithography,193i)。

撰稿人:中国科学院微电子研究所　陈宝钦
审稿人:中国科学院微电子研究所　王力玉
　　　　北京大学　　　　　　　　罗正忠

▷▷▷ 8.3.11 激光直写系统，雷射直寫系統，Laser Lithography System

激光直写系统又称激光图形发生器（Laser Pattern Generator，LPG），它是一种采用激光束在光敏材料（光刻胶）上直接扫描曝光出掩模图形的掩模制造设备，如图 8-57 所示。传统的激光直写系统由计算机控制光调制的扫描方式，将高精细激光束投射到掩模基片表面的光刻胶上进行直写曝光，从而将设计图形转移到掩模版上。激光直写系统可以代替光学图形发生器直接在匀胶铬板上制备掩模版，还具有在涂有光刻胶的晶片上直写图形的功能。此外，它也具有套刻多图形层的直写功能和自动检测图形曝光精度的功能。

(a) 扫描激光直写系统主机　　(b) 扫描激光直写系统工件台

图 8-57　激光直写系统（图片来源：海德堡仪器公司）

激光直写系统的基本组成包括激光光源系统（He-Cd 激光器），激光调制系统（激光聚束装置、扩束装置、分束器、声光调制器和多面镜滚轮扫描器），变焦透镜和缩小投影透镜系统，He-Ne 双频激光干涉仪定位的精密工件台控制系统，焦面自动控制和检测系统，计算机控制系统，以及恒温保持和补偿系统等。图 8-58 所示的是激光直写系统光路示意图。

随着激光直写技术的快速发展，现已出现多种模式的激光成像系统。

(1) 从工件台的结构上区分，有直角坐标曝光方式、极坐标曝光方式或两者混合的方式。传统的激光直写系统采用的是直角坐标方式，通常调制激光束在横向上进行场扫描曝光，同时使导轨在纵向上匀速运动进行光栅扫描；在一个扫描场曝光完毕后，控制导轨在横向上移动一个场间距，然后继续在纵向进行光栅扫描，直至完成整个基片图形曝光；其关键技术是控制导轨定位精度以保证曝光图形的场拼接精度。极坐标方式主要用于曝光微光学元器件掩模图形，如波带片等中心对称的图形，上方激光束的一维线性移动平台会让聚焦的激光束偏离转动中心，以控制曝光的圆环半径；下工件台为精密的转动平台，采用

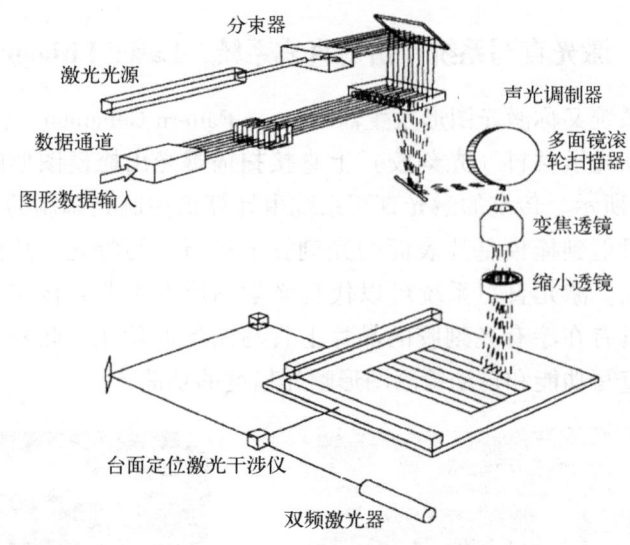

图 8-58 激光直写系统光路示意图（图片来源：芯碁公司）

气浮转轴装置保证台面匀速旋转，以实现扫描式圆周曝光；其关键技术是保证上方激光束的一维线性移动平台与下方回转平台之间的中心位置的精度。

（2）激光束的数量有单束和多束之分。传统的激光直写系统为单光束扫描曝光模式；为了提高曝光效率，通常会采用多束激光直写模式或多镜头曝光模式。

（3）从曝光原理上区分，由于激光具有很好的单色性，能够充分满足相干条件，因此采用激光作为光源可开发出各种激光成像技术，其中主要有聚焦激光束扫描曝光技术和基于 DMD 的无掩模数字光刻技术；此外，还有激光干涉光刻技术（Laser Interference Lithography Technology）、双光束掩模图形调制干涉成像技术、激光纳米 3D 打印技术（Nano 3D Printing Technology with Laser）、飞秒激光双光子荧光成像（Femto-Second Laser Two-Photon Fluorescence Imaging，FLTFI）等。

超大尺寸平面显示掩模的激光直写系统可用于制备薄膜晶体管液晶显示器（Thin Film Transistor Liquid Crystal Display，TFT-LCD）的大型平面显示掩模。这种激光直写系统是在传统的激光直写系统上发展起来的专用设备，目前最大的平面显示掩模尺寸已达到 2850mm×3050mm，因此这种设备需要采用多激光头高速扫描的曝光方式来提高掩模的制造效率。

撰稿人：中国科学院微电子研究所　　陈宝钦
审稿人：中国科学院微电子研究所　　王力玉
　　　　北京大学　　　　　　　　　罗正忠

▷▷▷ 8.3.12 基于 DMD 的激光掩模直写系统，基於 DMD 的雷射光罩直寫裝置，DMD-Based Laser Mask Direct Writing System

基于数字微镜器件（Digital Micromirror Device, DMD）的激光直写技术是光学无掩模光刻（Optical Maskless Lithography, O-ML2）技术中的一种，简称为数字光刻技术。此种激光直写技术主要用于掩模制造和晶片直写。基于 DMD 的无掩模数字光刻机采用 DMD 芯片作为"数字掩模"来取代传统投影光刻机的中间掩模版，通过透镜微缩可将 DMD 中的每个近十微米级的镜片反射光缩小到亚微米级光斑（也就是"像素"）并直接投影到基片上。一个 DMD 器件通常包含近百万个采用 MEMS 技术制造的微镜片，每个微镜片下都有一个 CMOS 静态随机存储器，可对微镜片进行寻址，并驱动微镜片绕固定轴偏转，以此来控制每个光像素反射光的方向，从而达到曝光的"开关"功能和灰度曝光的目的。图 8-59 所示的是 DMD 曝光原理图，图 8-60 所示的是基于 DMD 的激光掩模直写系统光路示意图。

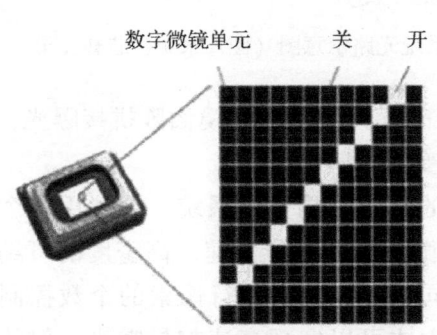
(a) DMD 阵列及开关成像示意图

(b) DMD 单 MEMS 微镜片结构示意图

图 8-59　DMD 曝光原理图（图片来源：芯碁公司）

基于 DMD 的光刻机的曝光方式有如下 5 种。
(1) 采用整体数字微镜缩小拼接曝光方式。
(2) 采用控制微镜阵列中每个微镜分别曝光，再拼接成复杂图形的方式。
(3) 采用步进分步重复曝光的方式。
(4) 采用步进与扫描相结合的曝光的方式。
(5) 采用聚焦整形的圆斑扫描曝光的方式。
数据输入的形式有如下两种。
(1) 微镜面阵逐像素可控的拼接直写系统是在计算机的控制下，按照一定

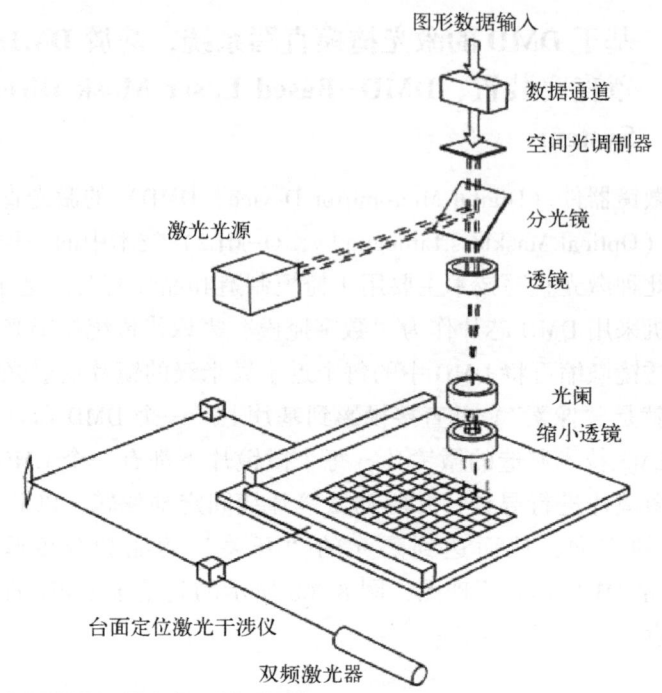

图 8-60 基于 DMD 的激光掩模直写系统光路示意图（图片来源：芯碁公司）

的曝光步距，以每个像素点可控的形式对光刻胶进行微镜面阵拼接曝光，通过像素间的重叠可以使所有角和线的边缘变得平滑。

（2）微镜阵列逐行像素组合曝光的激光扫描直写系统，是利用一个空间光调制器，按输入的 CAD 图形数据对微镜阵列进行高速、高密度的可编程相位调制，在扫描方向上组成多像素并同时曝光，由该行像素的个数控制曝光的强弱，以达到灰度曝光的效果。该方式可以实现高速扫描曝光，但数据处理量较大。根据光刻机结构的不同，可分为基于 DMD 的无掩模光刻机、DMD 投影步进分步重复光刻机、DMD 步进扫描光刻机和 DMD 数字掩模光刻机等[1]。

除了激光直写系统和基于 DMD 的激光掩模直写系统，还有一种应用于大面积高分辨率光栅掩模制备的无掩模激光干涉光刻（Laser Interferometric Lithography Without Masks）系统，它是利用激光的衍射和干涉的现象、全息成像的原理形成无掩模光刻或全息光刻。图 8-61 所示的是无掩模激光干涉光刻光路示意图。由于激光具有单色性和很好的干涉成像条件，可以采用两束相干激光束直接聚焦在基片表面的光刻胶上进行干涉成像，调控干涉场内的光强分布，即可形成相应的明暗相间的干涉图案，再以分步重复方式制备大面积高分辨率图案衍射光栅基片；也可以采用光学系统将激光束分裂成两个扩束，使相干的激光束直接干涉成像，以此来制备大面积衍射光栅基片；还可以通过两束扩束后的相干激光束，经掩模图形调制进行干涉成像，产生各种复杂的阵列图形[2]。图 8-62 所示的是 2 束和 4 束激光干涉光刻成像原理图。

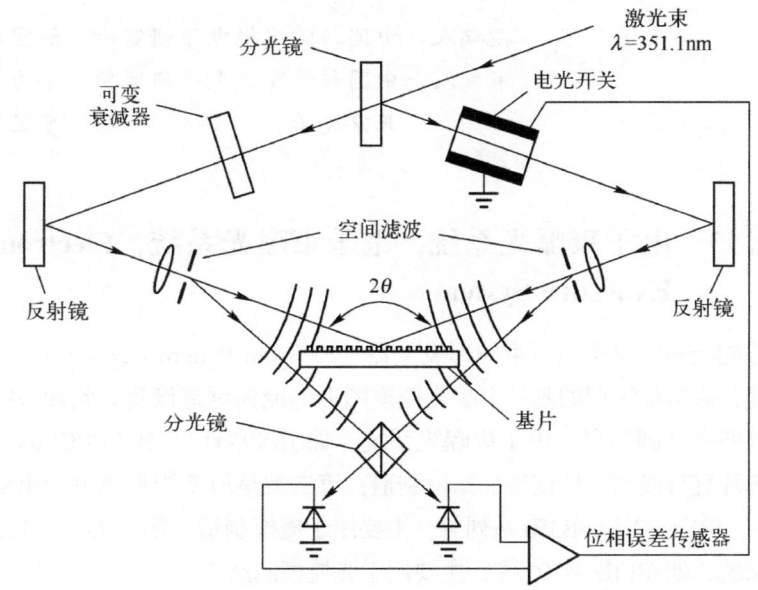

图 8-61　无掩模激光干涉光刻光路示意图（图片来源：苏大维格公司）

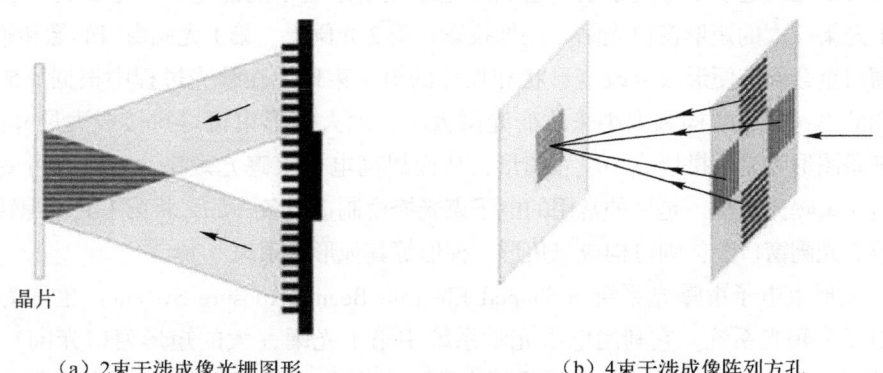

（a）2 束干涉成像光栅图形　　　　　　　　（b）4 束干涉成像阵列方孔

图 8-62　2 束和 4 束激光干涉光刻成像原理图（图片来源：苏大维格公司）

参考文献

[1] 苏平. 提高光刻图形质量的双曝光技术研究 [D]. 成都：中国科学院光电技术研究所，2001.

[2] 徐兵，魏国军，陈林森. 激光直写技术的研究现状及其进展 [J]. 光电子技术与信息，2004，17（6）：1-5.

撰稿人：中国科学院微电子研究所　　陈宝钦

审稿人：中国科学院微电子研究所　　王力玉

北京大学　　罗正忠

▷▷▷ 8.3.13 电子束曝光系统，電子束曝光系統，Electron-Beam Exposure System

电子束曝光系统又称电子束图形发生器（E-Beam Pattern Generator），它是利用电子束直接在涂覆抗蚀剂的基片上曝光掩模图形的掩模制造设备。此种系统有三类：第一类是高斯束（圆形束）电子束曝光系统，如 JBX9500 FS 和 EBPG5200 等，主要用于纳米芯片直写或纳米尺度特征掩模制造；第二类是可变矩形束电子束曝光系统，如 JBX6AII、JBX3200 和 SB350 系列等，主要用于掩模制造；第三类是光栅扫描式电子束曝光系统，如 MEBES4700 等，主要用于光掩模制造[1]。

变形束电子束曝光系统（Variable-Shaped Electron Beam Exposure System）是一种可变束斑的电子束曝光系统。它利用电子光学系统中的静电偏转电极将可移动的第 1 光阑（大的矩形窗口光阑）的像投影在第 2 光阑上，第 1 光阑窗口的像和第 2 光阑窗口重合部分便形成可改变形状和尺寸的电子束斑。在曝光过程中根据集成电路版图的单元图形结构和大小来改变光阑大小，由大矩形束斑可拼接成大尺寸图形，以细条图形曝光可拼接成小尺寸图形，从而提高电子束曝光效率，也称为可变矩形束电子束曝光系统，是一种常用的电子束光掩模制造设备。如果将第 1 光阑偏转成像在第 2 光阑窗口上，则可构成三角形、梯形等其他形状束斑[2]。

成形束电子束曝光系统（Shaped Electron Beam Exposure System）也称为定形束电子束曝光系统。它利用电子光学系统中第 1 光阑（大的矩形窗口光阑）的像移动到一定位置后保持不变，并投影在第 2 光阑上，第 1 光阑窗口的像和第 2 光阑窗口重合部分便形成一个形状和尺寸固定的电子束斑，因此也称为固定矩形束电子束曝光系统，常用于光掩模制造。根据曝光图形的精度要求可以调整矩形束斑的尺寸，由于该系统是固定束斑，电子束曝光的数据处理比较简单；如果将第 2 光阑置换成固定尺寸和形状的镂空掩模，即可形成定形束投影电子束光刻系统。如果将第 2 光阑置换成由一系列各种尺寸和形状组合的镂空掩模，通过第 1 光阑窗口可选择投射到镂空组合掩模的某个特定图素上进行投影拼接曝光,或者多次选择不同的图素进行拼接曝光,即字符投影式电子束光刻方式,该投影电子束曝光系统同时具有纳米级曝光精度和快速高效率曝光的特点。

光栅扫描式电子束曝光系统（Raster Scan Electron Beam Exposure System）是一种全掩模有效区域内选择性扫描曝光的电子束曝光系统。工件台的移动和电子束扫描相互配合可构成二维扫描场,通过静电通断电路依照输入图形数据控制电子束的通断可进行选择性曝光。通常是工件台在 x 方向按弓字形连续往返移动,电子束沿 y 方向以设定的扫描场宽度扫描曝光,调整工件台往返的间隔与电子束扫描宽度相匹配可完成整个基片曝光。美国 ETEC 公司出品的 MEBES 系列电子束曝光系统均属光栅扫描方式,该系统具有较高的曝光效率,主要用于掩模制造[3]。

图 8-63 所示的是 JBX 3200MV 变形束电子束掩模制造系统,图 8-64 所示的是变形束电子束掩模制造系统制备的高分辨率掩模版。

图 8-63　JBX3200MV 变形束电子束掩模制造系统（图片来源：JEOL 公司）

图 8-64　变形束电子束掩模制造系统制备的高分辨率掩模版
（图片来源：中国科学院微电子研究所）

参考文献

[1] 陈宝钦. 电子束光刻技术与图形数据处理技术 [J]. 微纳电子技术, 2011, 48 (6): 345-352.

[2] 任黎明. 电子束曝光的 Monte Carlo 模拟及邻近效应校正技术研究 [D]. 北京: 中国科学院研究生院, 2002.

[3] 赵珉. 电子束光刻工艺技术研究 [D]. 北京: 中国科学院研究生院, 2009.

撰稿人: 中国科学院微电子研究所　陈宝钦
审稿人: 中国科学院微电子研究所　王力玉
北京大学　罗正忠

▷▷▷ 8.3.14　投影式电子束曝光系统, 投射式電子束曝光系統, Electron-Beam Projection Lithography System

投影式电子束曝光（Electron-Beam Projection Lithography, EBPL）系统是一种快速电子束曝光机。它以镂空掩模作为第 2 光阑, 通过电子光学系统调制将镂空掩模图形缩小成像到掩模基片表面的电子抗蚀剂膜上, 实现电子束缩小投影曝光。该系统具有纳米级的曝光精度和很高的曝光效率, 既可以应用于大面积纳米尺度的芯片直写, 也可以应用于先进掩模的制造。其镂空掩模采用硅片作为支撑体, 在硅片上镀有一定厚度的金属膜, 采用分割视场方式, 从晶片背面腐蚀出具有一定尺寸的窗口, 在窗口与窗口之间留有一定间隔的硅梁, 这个硅梁框架支撑着金属膜以保证金属膜的刚性。在每个窗口的金属膜上制备出一组镂空的基本图素或基本单元的版图图形。利用电子偏转器, 将第 1 光阑的窗口投射到所选择的镂空基本图素上, 经电子光学系统缩小成像在晶片表面的电子抗蚀剂上, 可以进行图形拼接曝光或分步重复曝光。通过第 2 光阑的束斑既可以是矩形、三角形或多边形, 也可以是固定形状的束斑, 或者由若干种不同形状的复合镂空掩模形成的束斑。

字符投影式电子束曝光系统（Electron-Beam Character Projection Lithography System）是一种可选择字符拼写出复杂图形的高精度高速电子束曝光设备, 其特点是在电子光学透镜系统中加入一个图案字符模版来替代第 2 光阑, 该模版上分布一系列可组合电路版图的基本图案镂空窗口（约有 100 种镂空基本图案）, 电子枪发射的电子束穿过第 1 光阑形成矩形的电子束斑, 通过偏转器将该矩形束斑投射到基本图案模版上的某个镂空窗口, 形成断面为该字符图案的成形电子束, 经过电磁透镜进行一定倍率的缩小后投影在晶片表面电子抗蚀剂层上, 即可形成纳米尺度的成形电子束斑。可选择模版上的一种或若干种基本字符图案通过计算机控制可以拼出复杂的集成电路图形或纳米结构图形。常用的图形字符模版上含有方形、矩形、三角形、菱形、圆形、十字形和对准标志符号等图形组，这些图形元素可以任意组合，从而拼接成所需要的集成电路图形或微纳结构图形；此外，也可以采用同一个基本图形元素重复拼接出大面积图形。

图 8-65 所示的是投影式电子束曝光系统，图 8-66 所示的是投影式电子束曝光系统工作原理示意图。

图 8-65　投影式电子束曝光系统（图片来源：Advantest 公司）

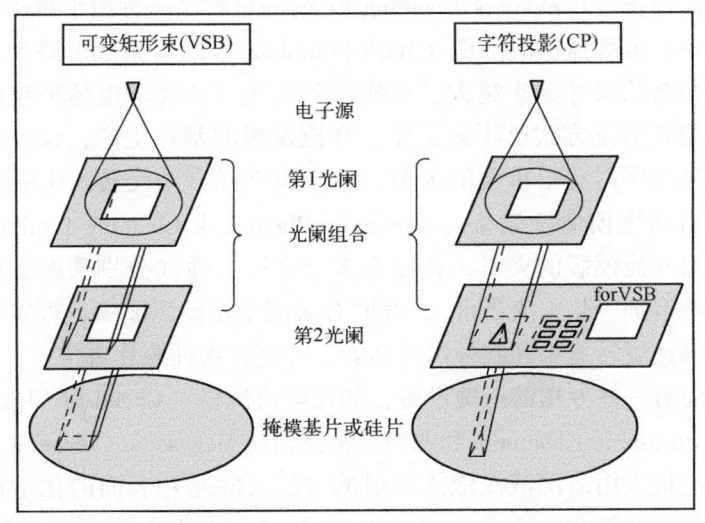

图 8-66　投影式电子束曝光系统工作原理示意图（图片来源：Advantest 公司）

撰稿人：中国科学院微电子研究所　陈宝钦
审稿人：中国科学院微电子研究所　王力玉
　　　　北京大学　　　　　　　　罗正忠

▷▷▷ 8.3.15 掩模光刻胶处理及清洗设备，光罩光阻處理及洗净設備，Resist Processing and Cleaning Equipment for Mask-Making

在掩模制造工艺中，对掩模版进行表面热处理、涂增黏剂、涂胶、前烘、显影、清洗、坚膜、刻蚀及干燥等化学处理工序的一系列辅助设备统称为掩模光刻胶处理及清洗设备。这些处理设备可以单独使用，也可以组合成综合系统或轨道式全自动批量处理的流水线系统，如全自动掩模清洗设备（Automatic Photomask Cleaning Equipment）。光刻胶既是曝光工序中形成掩模图形的感光涂料，又是后续刻蚀工序中能够选择性地抵抗刻蚀的膜层。

掩模显影机（Mask Developer）是一种在掩模曝光后对光刻胶潜影进行显影处理的设备。轨道式光刻胶自动处理系统（Photoresist Track Developing System）通常是在计算机控制下，对曝光后的掩模连续进行显影、定影、清洗、坚膜烘烤和去胶等工序处理的一体化综合处理系统。此外，超声光刻胶显影系统（Ultrasonic Photoresist Developing System）则是利用超声波振荡产生的作用力使显影液空化和乳化来增强显影效果的设备。

掩模清洗设备（Photomask Cleaning Equipment）是一种用于对掩模版进行清洁处理的设备，也称掩模清洗机（Mask Scrubber）。随着集成电路工艺技术的不断发展，掩模版的尺寸越来越大，对掩模版洁净度的要求也越来越高，传统的手工清洗和槽式清洗方式已不再适用。在掩模版的基片生产、镀金属膜、涂覆过程中，清洗工序占有很重要的地位，通常应选择自动旋转高压喷射式掩模清洗系统。全自动掩模清洗设备（Automatic Photomask Cleaning Equipment）具有可放置不同尺寸掩模版的夹具，正面有多个高压喷嘴（分别喷射去离子水、清洗液、有机物溶剂、热去离子水），背面有去离子水高压喷嘴，可实现自动双面清洗，具有高速旋转甩干和红外烘烤功能，并配有物理擦片机构。

此外，还有一些专用的清洗设备，如化学清洗机（Chemical Cleaner）、超声波清洗机（Ultrasonic Cleaner）和兆声波清洗机（Megasonic Cleaner）等。

化学清洗机采用清洗液浸泡或喷射的方法去除基片表面的化学污染物。清洗液包括硫酸+过氧化氢混合液（Sulfuric Acid and Hydrogen meroxide, SPM）、氢氧化铵+过氧化氢混合液（Ammonium Hydroxide and Hydrogen Peroxide, APM）或盐酸+过氧化氢混合液（Hydrochloric Acid and Hydrogen Peroxide, HPM）。

超声清洗机是一种利用超声波在液体介质中产生声波振荡以去除掩模版表面污染和尘埃的设备。

兆声波清洗机利用声波振荡器产生比超声波频率（3MHz）高20倍的行进

式声波振荡去除掩模版表面的污染物。这些专用的清洗设备可以单独使用，也可以组合成流水线式的槽式清洗设备。图 8-67 所示的是包含显影、腐蚀、清洗等功能的大面积掩模（1300mm×1500mm×13mm）处理设备。

（a）大面积掩模处理机照片

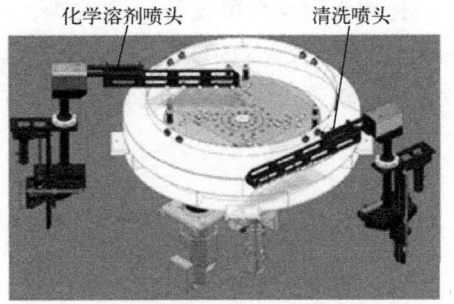
（b）大面积掩模处理机内部结构示意图

图 8-67　包含显影、腐蚀、清洗等功能的大面积掩模（1300mm×1500mm×13mm）处理设备
（图片来源：清溢公司）

掩模版清洗后，需要去除掩模版表面的水分，实验室中常用的方法是用气枪吹干，或者在超净工作台上自然干燥，或者用甩干机甩干；在生产线上则需要自动化干燥设备（例如，利用掩模清洗设备清洗后直接甩干；利用滚筒离心装置甩干；利用带高纯度氮气喷头的旋转干燥机、异丙醇蒸汽干燥机、带异丙醇喷头的旋转干燥机或异丙醇置换去离子水装置等进行干燥处理）。

撰稿人：中国科学院微电子研究所　　陈宝钦
审稿人：中国科学院微电子研究所　　王力玉
　　　　北京大学　　　　　　　　　罗正忠

▷▷▷ 8.3.16　掩模光刻胶涂覆设备，光罩光阻塗覆设备，Photoresist Coater for Mask-Making

掩模光刻胶涂覆设备是指利用液体的表面张力和基片高速旋转的离心力将光刻胶均匀地涂覆在基片表面的设备。常规的掩模光刻胶涂覆设备由如下部件组成。

（1）两步转速可控电动机装置：负责控制光刻胶的厚度及均匀性。滴胶后，首先低速旋转以使胶滴均匀覆盖整个晶片表面，然后快速旋转（如 1000～7000r/min）以控制抗蚀剂的厚度。

（2）滴胶容器装置：根据基片尺寸、匀胶转速和光刻胶浓度控制每次的滴胶量。

(3) 吸盘和真空吸附系统：用以防止高速旋转时基片飞脱。

(4) 收集废胶的容器和防止对流的容器罩：容器罩可以防止甩胶时出现拉丝现象。

掩模光刻胶涂覆设备分为两类，一类是简易型旋转式匀胶台（Spin-coating Stage），另一类是轨道式匀胶显影系统。全自动轨道式涂胶系统通常采用轨道式匀胶系统与轨道式显影系统配套使用的方式。

撰稿人：中国科学院微电子研究所　陈宝钦

审稿人：中国科学院微电子研究所　王力玉

　　　　北京大学　　　　　　　　罗正忠

▷▷▷ 8.3.17 光刻胶去除装置，光阻去除装置，Photoresist Stripper

光刻胶去除是半导体生产工艺中的一个重要环节。在掩模版制造过程或集成电路生产工艺中，以及在电子束曝光、紫外曝光等微纳米加工工艺中，光刻胶只是起图形转移的媒介作用，因此在完成图形转移后，需要将光刻胶完全去除，以避免残留的光刻胶影响后续工艺的质量。光刻胶去除方法可以分为两种，一种是湿法去胶，主要采用碱性溶液去除常规正性光刻胶，而负性光刻胶主要采用有机化学溶剂（如丙酮等）去除，但为了将光刻胶彻底去除干净，通常还需要采用氧等离子清除底膜；另一种是干法去胶，主要采用等离子去胶机（Plasma Resist Stripper），利用气态的等离子体使光刻胶氧化成挥发性气体，随时被真空泵吸除。氧等离子去胶是最普遍的去胶方法，其原理是在1500V高压的真空反应腔中，由高频信号发生器产生的强电磁场使通入的氧气发生电离，形成由氧离子、活化的氧原子、氧分子和电子等混合的等离子体辉光放电区，其中的原子态氧与光刻胶中的C及H产生化学反应，生成CO和CO_2气体以及水汽，并被真空泵抽走。实验发现，在通氧之前，适当地加入H_2O或H_2气体能产生催化作用，从而提高去胶效率。产生辉光放电的交变电磁场源既可以是射频电源，也可以是微波电源。

图8-68所示的是微波等离子去胶机。微波等离子去胶机具有操作简单、效率高、无损伤、无划痕、无残留物、表面干净光洁、无须干燥处理、成本低、环保等优点。微波等离子去胶机能够去除较难处理的SU-8光刻胶或经刻蚀而改性的难溶光刻胶，工作气体可以采用氧气和氩气的混合物。利用氟基气体与SU-8光刻胶的化学反应能够快速将其去除。此外，常压射频介质阻挡辉光放电等离子去胶工艺，以及常压下强烈的紫外线照射致使光刻胶或其他污染物质分解

蒸发的工艺，都是去除光刻胶或进行掩模基片表面干法清洗的常用方法。

图 8-68　微波等离子去胶机（图片来源：AlphaPlasma 公司）

超临界态 CO_2 去胶（Super Critical Carbon Dioxide Resist Stripper）是一种去除光刻胶及其残留物的新方法。该去胶装置由去离子水储罐、CO_2 储气罐、混合罐、对混合溶液加热的热交换器，以及用于对掩模基片或圆片去胶的反应腔体组成，去离子水储罐、CO_2 储气罐的出口与混合罐一端连接，混合罐的另一端通过热交换器与反应腔体入口连接。将需要去胶的掩模版放置于压力腔内，使超临界态 CO_2 和去离子水（或其他剥离剂化学药品）导入压力腔内，形成液态 CO_2 和去离子水的混合溶液，然后加热混合溶液，以使 CO_2 达到超临界态，含有超临界态 CO_2 和高温高压去离子水的混合溶液与基片表面的光刻胶及其残留物发生相互作用，就可达到除掉光刻胶及其残留物的目的。也可以将携带有机和无机化学药品的超临界态 CO_2 置入压力腔内，超临界态 CO_2 和高温高压化学药品的混合溶液与基片表面的光刻胶及残留物发生相互作用，即可将这些光刻胶及其残留物和剩余化学药品带出压力腔。

撰稿人：中国科学院微电子研究所　陈宝钦
审稿人：中国科学院微电子研究所　王力玉
　　　　北京大学　　　　　　　　罗正忠

▷▷▷ 8.3.18　掩模复印机，光罩複製機，Mask Copier

掩模复印机是一种复制副掩模版（Sub-master）或工作掩模版（Working Mask）的曝光设备，俗称翻版机。早期的掩模材料主要采用超微粒干板，由于图形膜层很容易损坏，所以采用掩模复印技术先复制副掩模版，再利用副掩模版复制工作掩模版，以延长主掩模版（Master Mask）的使用寿命。主掩模版属正向掩模版，复印一次的副掩模版位相是反的，需要用副掩模版再复制一次才能得到正向掩模版。复制出来的掩模版图形质量会受到光衍射效应、掩模版平整度及复印过程中颗粒缺陷的影响而严重下降。例如，光学邻近效应会使掩模图形的边角变圆，密集细线条图形不可分辨，掩模图形分辨率显著下降，以及产生牛顿环等现象。随着 CAD/CAM 技术的发展，掩模版的制造效率已显著提高，而制造成本也显著下降。现在，常用光学图形发生器、激光图形发生器或电子束图形发生器直接制备工作掩模版，不需要再进行掩模复制副掩模版的工序，只有部分需求量较大的低端掩模版还采用复制的办法。

接触/接近式掩模复印机（Proximity/Contact Mask Copier）采用真空吸附的办法，将主掩模版和涂有光刻胶的掩模基板"压"在一起（气压可调），为防止对准操作过程中刮伤光刻胶，操作时必须调整曝光分离间隙（Wafer/Mask Alignment Separation）。根据复制压力（Copy Force）的大小，可将其分为接触式复制（Contact Printing）和接近式复制（Proximity Printing）两种模式。在接近式复制模式中，可采用手动、半自动和全自动方式调整曝光分离间隙（Wafer/Mask Exposure Separation）；汞灯光源通过反射镜聚光和光源光路系统扩束，再通过蜂窝状复眼透镜（Fly's Eye-lens）匀光后进行曝光，采用曝光量积分器（Exposure Integrator）控制曝光能量。

投影复印属于非接触式复印。投影掩模复印机（Projection Mask Copier）多采用长条状照明光源，以 1:1 投影扫描曝光的方式复制掩模版。投影扫描复制的掩模版图形质量比较好，但效率稍低。

撰稿人：中国科学院微电子研究所　陈宝钦
审稿人：中国科学院微电子研究所　王力玉
　　　　北京大学　　　　　　　　罗正忠

▷▷▷ 8.3.19　掩模湿法刻蚀设备，光罩濕式蝕刻設備，Wet Etching Equipment for Mask-Making

掩模材料与特定溶液相互作用而自行分解的现象称为湿法刻蚀（早期湿法刻蚀又称腐蚀）。湿法刻蚀会产生气相释放或使掩模材料溶解于溶液中，有时也可能产生络合反应。掩模版湿法刻蚀通常分为槽式浸泡刻蚀和旋转喷淋式刻蚀两种，都是利用腐蚀液与掩模材料之间的化学反应达到刻蚀的目的。在槽式浸泡刻蚀过程中，要充分地搅拌腐蚀液使其流动，以提高其均匀性，从而避免腐蚀液在大面积刻蚀时产生"负载"效应，引起该区域刻蚀变慢而残留雾状金属膜。在旋转喷淋式刻蚀中，要通过实验调整喷头的结构、角度、位置等参数，以优化刻蚀效果。旋转喷淋式刻蚀还可采用程序控制以实现刻蚀清洗全自动化。

湿法刻蚀的反应生成物在刻蚀液中扩散较慢，容易产生刻蚀不均匀现象，必须采用加热或搅拌等方法加快反应速率并提高流动性。湿法刻蚀一般是各向同性的腐蚀，因此针对不同的材料需要使用不同的腐蚀液。铬掩模常用的腐蚀液成分为硝酸铈铵（$Ce(NH_4)_2(NO_3)_6$）和高氯酸（$HClO_4$）混合液，推荐配比为去离子水:硝酸铈铵:高氯酸 = 1000mL:200g:9mL。湿法刻蚀可以利用高选择性刻蚀特点实现刻蚀反应的自动停止。湿法刻蚀是一种低成本、没有损伤、兼容性好、高效的图形转移方法，而且具有明显的选择性刻蚀特点，因此它在掩模制造技术中仍然具有实用价值。由于湿法刻蚀存在 100~200nm 侧向钻蚀，因此在掩模版图设计中必须考虑图形每边的尺寸应有适当的涨缩（如涂正性光刻胶时，掩模版图透明区的图形尺寸需要每边缩进 100nm），以补偿湿法刻蚀的侧向钻蚀。

早期的光刻蚀（Photo-Etching）主要采用湿法刻蚀的方法来实现。而现代半导体技术中的光刻（Lithography）专指用于微光刻和微纳米加工技术中的各种曝光、成像技术及其他图形化技术，并不包含腐蚀和刻蚀工艺。随着半导体工艺技术的发展和纳米集成电路高分辨率加工需求的增加，干法刻蚀技术正逐渐取代湿法刻蚀技术，成为图形转移技术的主流工艺。

撰稿人：中国科学院微电子研究所　陈宝钦
审稿人：中国科学院微电子研究所　王力玉
北京大学　罗正忠

▷▷▷ 8.3.20 掩模干法刻蚀设备，光罩乾式蝕刻設備，Dry Etching Equipment for Mask-Making

掩模干法刻蚀设备是一种采用等离子刻蚀（Plasma Etching，PE）金属铬膜的设备，其基本原理是利用离子轰击协同反应腔中化学活性较大的气相刻蚀剂与金属铬膜发生作用，生成挥发性气体并经由真空系统抽走。

干法刻蚀的优点如下所述。

（1）分辨率高：干法刻蚀是通过离子的物理轰击和自由基的化学腐蚀共同作用而达到刻蚀目的的，具有各向异性和高分辨率的特点。

（2）无钻蚀现象：干法刻蚀的离子物理轰击与自由基化学腐蚀之间的关系

可以调整，因此可以控制剖面陡直度，不仅不会产生钻蚀现象，反而可以产生"负"钻蚀现象。

（3）与去胶工艺兼容：干法刻蚀与氧等离子去胶工艺可以在同一个反应腔中进行。

（4）刻蚀均匀性高，重复性好。

干法刻蚀的速率与工作气体的压力、射频功率及刻蚀气体组分中的氧气浓度有关，同时也与沉积的铬薄膜化学成分及其表面结构有关，所以需要通过实验优化刻蚀工艺参数。刻蚀铬和氧化铬的气体主要是由四氯化碳（CCl_4）、氩（Ar）和氧（O_2）组成的混合气体，通常铬和氧化铬的刻蚀速率随射频功率增加而增加，当氧的浓度达到40%时，刻蚀速率达到最大。移相掩模（Phase-Shift Mask，PSM）基片的主要成分是 SiO_2（石英基片），主要采用含F基的工作气体作为刻蚀气体，如 CHF_3 和 Ar，氟利昂（O-IF）、O_2 和 Ar，$CFCl_3$ 和 Ar，SF_6 和 Ar，CF_4 和 CHF_3 等。此外，采用 C_4H_8 作为钝化气体，采用 He 作为冷却气体，可以在石英基片上刻蚀数十微米的高深宽比结构。

等离子干法刻蚀还可以应用于铬板反转刻蚀工艺：反转刻蚀与常规刻蚀的关键区别在于刻蚀功率。例如，常规刻蚀铬板条件是 CCl_4、空气或 Ar，工作气压为30Pa，射频功率为160W；如果将射频功率提高到320W，工作气体仍为 CCl_4、空气或 Ar，工作气压为35Pa，就变成反转刻蚀。铬板反转刻蚀的原理是，在超大功率的等离子体气氛中，铬掩模上的 AZ 系列光刻胶会迅速汽化，刻蚀气体和光刻胶产生的气体在光刻胶覆盖区域混合，形成新的局域高浓度等离子体区，因而加速了覆盖区域光刻胶、铬膜和氧化铬的刻蚀速率，而未被光刻胶覆盖区域的铬膜刻蚀速率相对较慢，从而实现反转刻蚀。

撰稿人：中国科学院微电子研究所　陈宝钦
审稿人：中国科学院微电子研究所　王力玉
　　　　北京大学　　　　　　　　罗正忠

▷▷▷ 8.3.21 掩模版保护膜安装仪，光罩保護膜安裝儀，Pellicle Mounting Instrument

掩模版保护膜安装仪是用于在中间掩模版上安装掩模保护膜（Pellicle）的一种精密装置。保护膜是一种高透光率薄膜，它采用金属框架固定在中间掩模版图形层上方的一定高度处，用以隔离空气中的颗粒和其他环境沾污物等缺陷对掩模图形层的污染。在投影光刻机曝光时，保护膜上的微小缺陷被挡在远离掩模版图形层焦平面的地方，使得缺陷曝光的影像因失焦（Defocus）而发散，因此可以减少缺陷对光刻胶的影响。对精细的掩模版，还需要在掩模版正反两面都安装保护膜。保护膜本身具有低反射率、高透射率、高物理强度、膜厚均匀等特点。曝光时，在保护膜两个表面所产生的反射光、折射光和透射光会产生干涉效应，所以必须考虑照射光的波长、薄膜厚度，以及薄膜材料的折射率和反射率等光学特性的影响。保护膜主要由硝化纤维材料或聚酯薄膜材料制成，其厚度约为 0.72~12μm。保护膜的安装必须在非常严格的洁净环境中进行（通常在洁净度为 1 级的小超净室内操作），为了减少人为污染，应该采用专用保护膜自动安装设备，此外需要检测保护膜的质量和专用夹具，并对掩模版保护膜安装仪的机构进行严格的清洁处理。掩模版保护膜安装仪可以自动地将保护膜安装在无缺陷的掩模版上，以减小操作过程中由人为造成的污染。图 8-69 所示的是 MLI8000 系列掩模版保护膜安装仪。

图 8-69　MLI8000 系列掩模版保护膜安装仪（图片来源：中微掩模公司）

撰稿人：中国科学院微电子研究所　　陈宝钦
审稿人：中国科学院微电子研究所　　王力玉
　　　　北京大学　　　　　　　　　罗正忠

▷▷▷ 8.3.22　掩模图形数据处理系统，光罩圖形數據處理系統，Processing System for Mask Pattern Data

在光掩模版制造工艺中，掩模图形数据处理系统将数据传输常用的 GDSII 格式（或其他格式）的数据转换成曝光设备能够接受的专用格式数据，并进行版图曝光场切割和各种数据变换处理。掩模图形数据处理系统常用的软件包括如下 6 种。

（1）CAD/CAM 软件[1]：CAD/CAM 是集成电路掩模版图设计软件和掩模版

图数据处理软件的统称。其中最具代表性的是在 SUN 工作站上运行的 SPARC（Scalable Processor Architecture）系列和 Synopsys EDA 系统的传统集成电路设计软件（IC-CAD）。注意，通用的 AutoCAD 不能直接用于 IC 版图设计和掩模版的图形编辑，其输出格式 DWG 不能被 IC 设备接受，需要导出生成 DXF 图形文件格式（二进制格式）。

（2）集成电路版图编辑器（Layout Editor，L-EDIT）[1-3]：L-EDIT 图形编辑器是掩模版制造工艺中必备的数据编辑模块，它是由 Tanner Research 公司开发的一种集成电路设计工具。L-EDIT 编辑器主要包括掩模版版图布局设计及掩模图形编辑工具，可运行于 PC 环境，软件界面友好。

（3）基于 Java 的图形编辑软件（Graphics Editing System Based on Java）：是一种以 Java 编程语言为主的图形编辑系统（Stella Vision for Java），具有对 AutoCAD 绘制图形进行修改和纠错的功能，是平面显示掩模版制造工艺中必备的绘图数据图形编辑模块。

（4）数据格式转换软件（Data Format Conversion）[1,2]：可将一种曝光装置的曝光图形数据格式转换成另一种曝光装置所需的特定图形数据格式，也可将 CAD 系统的图形数据格式转换成曝光装置所需的数据格式。主要应用于光学掩模曝光和电子束曝光系统的图形数据切割，具有图形显示和图形检查等功能。

（5）掩模图形数据处理软件（Mask Pattern Data Processing System）[2]：具有图形布尔运算功能、图形数据处理与图形编辑功能，同时还可执行图形变换及图形编辑，其中最具代表性的是 BEAMER 软件。

（6）任意角度和任意数学函数曲线的组合图形编辑器（Editor to Generate Patterns Composed with Cell of Arbitrary Angle and Curve of Functions）[1,2,4]：图形编辑模块可绘制由任意角度和各种函数曲线组成的复杂图形。该模块可以直接加载到 L-EDIT 图形编辑器中，可根据用户输入的任意函数表达式绘制出特殊形状的图形，具有自动批处理常用图形的功能。该模块还可以将 Word 文件处理器中的任意字库文件加载到 L-EDIT 图形编辑器中。

参考文献

［1］何杰，夏建白. 半导体科学与技术［M］. 北京：科学出版社，2007.
［2］陈宝钦. 电子束光刻技术与图形数据处理技术［J］. 微纳电子技术，2011，48（6）：345-352.
［3］孙润，等. TANNER 集成电路设计教程［M］. 北京：北京希望电子出版社，2002.
［4］胡勇. 微光刻图形处理及数据格式转换［D］. 北京：中国科学院研究生院，2002.

撰稿人：中国科学院微电子研究所　陈宝钦
审稿人：中国科学院微电子研究所　王力玉
　　　　北京大学　　　　　　　　罗正忠

8.4 光刻设备

8.4.1 光刻机简介，微影設備簡介，Introduction of Photo Lithography Equipment

在集成电路制造工艺中，光刻是决定集成电路集成度的核心工序，该工序的作用是将电路图形信息从掩模版上保真传输、转印到半导体材料衬底上。光刻工艺的基本原理是，利用涂敷在衬底表面的光刻胶的光化学反应作用，记录掩模版上的电路图形，从而实现将集成电路图形从设计转印到衬底的目的。光刻工艺基本原理如图 8-70 所示。首先，使用涂胶机在衬底表面涂敷光刻胶；其次，使用光刻机对涂有光刻胶的衬底进行曝光，利用光化学反应作用的机制，记录光刻机传输的掩模版图形信息，完成掩模版图形到衬底的保真传输、转印和复制；最后，使用显影机对曝光衬底进行显影，去除（或保留）受到曝光后发生光化学反应的光刻胶。

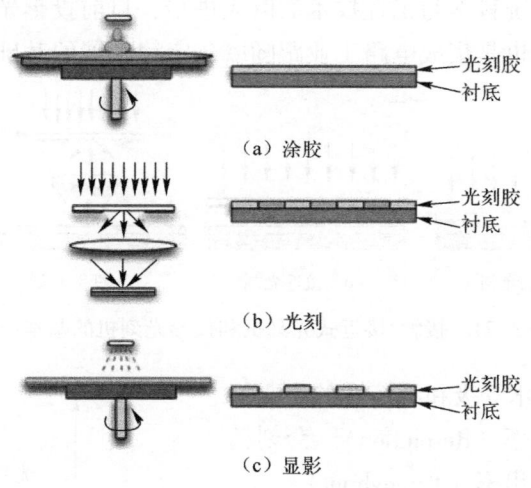

图 8-70　光刻工艺基本原理

光刻工序需要用到两种工艺设备，即轨道和光刻机。通常，涂胶机和显影机集成在一起，业内俗称轨道（Track）。光刻机是集成电路生产线上最昂贵且最复杂的核心设备，光刻机的精度水平决定了集成电路的集成度。先进的半导体工艺通常将轨道与光刻机直接对接，协同工作，通过光刻胶涂覆、光刻、显影过程中严格的工艺时间控制，确保光刻后转印在衬底上的集成电路图形达到质量要求。

光刻机分为无掩模光刻机和有掩模光刻机两大类。

无掩模光刻机又称直写光刻机，其特点是灵活性高，可柔性制作集成电路，但生产效率很低，一般用于集成电路器件原型的研制验证制作、光刻掩模版的制作等。无掩模光刻机按照所采用的辐射源的不同，又可分为电子束直写光刻机、离子束直写光刻机、激光直写光刻机，分别用于不同的特定应用领域。例如，电子束直写光刻机主要用于高分辨率掩模版、集成电路原型验证芯片的制造，以及特种器件的小批量制造；激光直写光刻机主要用于特定小批量芯片的制造。

有掩模光刻机又分为接触/接近式光刻机和投影光刻机，其基本原理如图8-71所示。接触/接近式光刻机的工作原理为近场菲涅尔衍射（Fresnel Diffraction）成像，接触式光刻的分辨率可以达到亚波长量级，但由于掩模版与光刻胶接触会导致掩模版损耗，从而带来较高的缺陷密度和较低的成品率，所以能够大规模使用的基本都是接近式光刻机。但是，由于要保持接近式光刻机中的掩模版与光刻胶之间的间隙足够小，因此限制了这类光刻机的分辨率的提高，制约了这类光刻机的应用领域。投影光刻机基于远场傅里叶光学成像原理，在掩模版和光刻胶之间采用了具有缩小倍率的投影成像物镜，可以有效提高分辨率。得益于超精密光学系统科学与工程技术的巨大进步，目前投影光刻机已实现了$\lambda/5$分辨率的光刻，这也是集成电路工业跟随摩尔定律发展的基础。

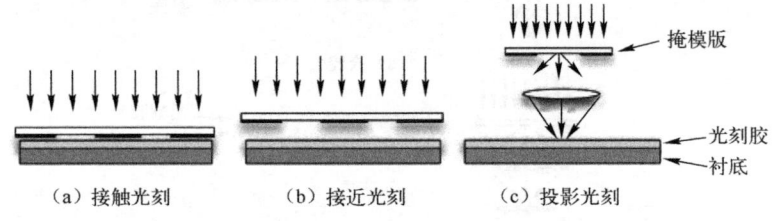

图8-71　接触/接近式光刻机和投影光刻机的基本原理

评价光刻机技术等级和经济性的主要指标有3个，即分辨率（Resolution）、套刻精度（Overlay）和产出率（Throughput）。

（1）分辨率：是指光刻机能够将掩模版（Mask）上的电路图形在衬底面光刻胶上转印的最小极限特征尺寸（Critical Demision，CD）。通常，分辨率用该极限电路图形的半节距（Half Pitch）表示。只有满足要求的光刻胶特征尺寸才能作为光刻机的分辨能力，如图8-72所示。

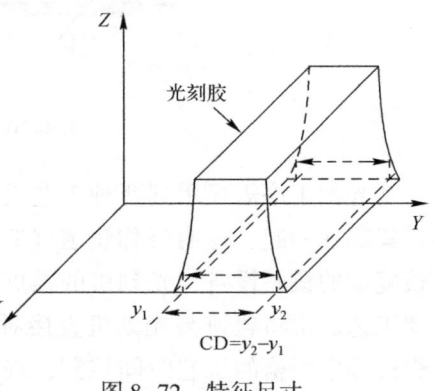

图8-72　特征尺寸

(2) 套刻精度：是指以上一层图形的位置（或特定的参考位置）为参考，本层图形预定的期望位置与实际转印位置之间的偏差。

(3) 产出率：光刻机的产出率决定了光刻机的经济性能。产出率的单位为光刻机每小时（或每天）处理的衬底的片数，通常以 wph 或 wpd 来表示。

撰稿人：上海微电子装备（集团）股份有限公司　贺荣明　程建瑞　段立峰
审稿人：上海微电子装备（集团）股份有限公司　孙刚

▷▷▷ 8.4.2　光刻机发展历史，微影設備發展歷史，History of Photo Lithography Equipment

光刻技术经历了接触/接近式光刻、光学投影光刻、步进重复光刻、扫描光刻、浸没式光刻、EUV 光刻的发展历程，如图 8-73 所示。

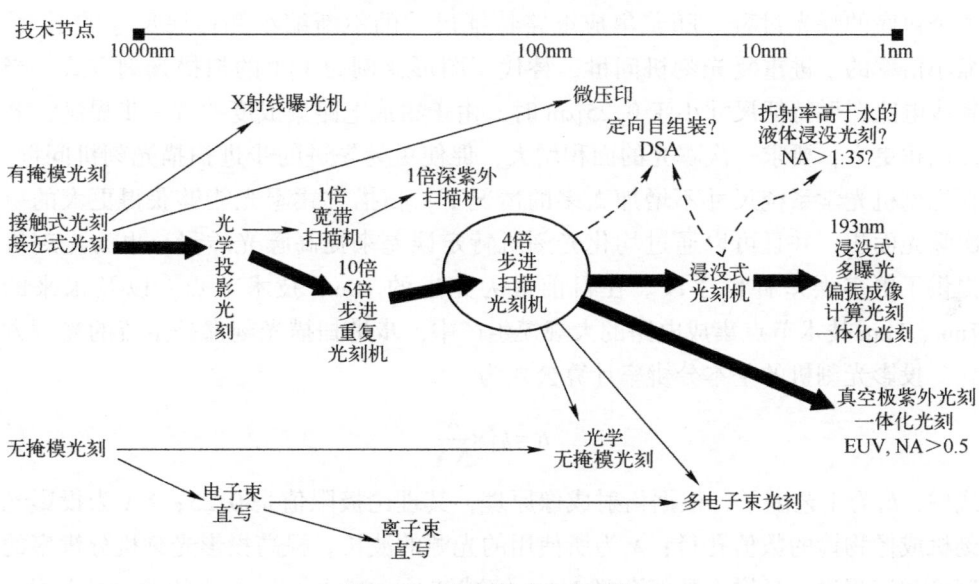

图 8-73　光刻技术发展历程

接触/接近式光刻机是最早用于集成电路大规模制造的光刻机，它从 20 世纪 60 年代初开始用于集成电路的生产。其基本分辨率 R 的计算公式为

$$R = K_p \sqrt{\lambda \left(g + \frac{T}{2}\right)}$$

$$\lambda < g < \frac{w^2}{\lambda}$$

式中，K_ρ是工艺因子，一般工艺取 $K_\rho = 1.5$；λ 为光源的波长；g 为掩模版与光刻胶之间的间距；T 为光刻胶厚度；w 为掩模版上图形的尺寸宽度。接触/接近式光刻机的最高分辨率可以达到亚微米级，掩模版上的图形与曝光在衬底上的图形在尺寸上基本是1∶1的关系，即掩模版与衬底的尺寸一样大，可以一次曝光整个衬底，但是最小分辨率受上述公式的约束。在接触/接近式光刻中，掩模版会在曝光过程中受到污染，属于消耗品，污染缺陷率较高，但光刻机设备结构简单，维护和使用成本低，至今仍然用于小尺寸衬底的工业批量生产，是微米级器件制造的首选光刻方式。

投影光刻机自20世纪70年代中后期开始替代接触/接近式光刻机，是先进集成电路大批量制造中唯一的光刻形式。投影光刻是将掩模版上的电路图形通过一个投影物镜成像，曝光衬底上的光刻胶，从而将图形转印、记录在光刻胶上。早期的投影光刻机的掩模版与衬底图形尺寸比例为1∶1，通过扫描方式完成整个衬底的曝光过程。随着集成电路特征尺寸的不断缩小和衬底尺寸的增大，缩小倍率的步进重复光刻机问世，替代了图形比例为1∶1的扫描光刻方式。当集成电路图形特征尺寸小于0.25μm时，由于集成电路集成度的进一步提高，芯片面积更大，要求一次曝光的面积增大，促使更为先进的步进扫描光刻机问世。在光刻机光学系统尺寸不增加太多的情况下，扫描方式曝光能够获得更大的一次曝光面积，并且可以通过均化光刻机特定误差来提高曝光质量，也为光刻机提供了更多误差补偿手段。在目前最为先进的10nm技术节点，以及未来的7nm、5nm技术节点集成电路的大规模生产中，步进扫描光刻都是主流的光刻方式。投影光刻机的基本分辨率计算公式为

$$R = k_1 \times \frac{\lambda}{\mathrm{NA}}$$

式中，k_1为工艺因子，根据衍射成像原理，其理论极限值是0.25；NA 为投影光刻机成像物镜的数值孔径；λ 为所使用的光源的波长。提高投影光刻机分辨率的理论和工程途径是增大数值孔径 NA，缩减波长，减小 k_1。主流的曝光波长从 g 线（436nm）、i 线（365nm）、KrF（248nm）、ArF（193nm），一直缩减到 EUV（13.5nm）。EUV 光源波长是光刻机能够使用的终极波长，最短可以达到 6.8nm，但 6.8nm 波长的 EUV 光刻机将面临巨大的工程技术挑战。与其他光刻机的投影成像系统不同，EUV 光刻机只能使用全反射投影成像光学系统。目前，一台商用的用于集成电路规模生产的 EUV 光刻机市场售价超过 1 亿美元，是集成电路生产线上最为昂贵、最为复杂的设备。世界上能够提供商用 EUV 光刻机

的企业，目前只有荷兰 ASML 公司一家。

撰稿人：上海微电子装备（集团）股份有限公司　贺荣明　程建瑞　段立峰
审稿人：上海微电子装备（集团）股份有限公司　王帆

▷▷▷ 8.4.3　接触/接近式光刻机，接觸/接近式微影設備，Contact/Proximity Aligner

接触式光刻出现于 20 世纪 60 年代，并广泛应用于 20 世纪 70 年代，它是小规模集成电路（SSI）时代的主要光刻手段，主要用于生产特征尺寸大于 5μm 的集成电路。在接触/接近式光刻机中，通常晶片置于一个手动控制水平位置和旋转的工件台上。操作者利用分立视场显微镜同时观察掩模和晶片位置，并通过手动控制工件台位置来实现掩模版与晶片的对准。晶片与掩模版对准后，二者将被压紧，使得掩模版与晶片表面的光刻胶直接接触。移开显微镜物镜后，将压紧的晶片与掩模版移入曝光台进行曝光。汞灯发出的光经透镜准直平行照射掩模版，由于掩模版与晶片上的光刻胶层直接接触，所以曝光后掩模图形按照 1∶1 的比例转印至光刻胶层。

在接触式光刻技术中，由于晶片与掩模版直接接触，减小了光的衍射效应，因此可以实现较小特征尺寸的曝光。但是，接触式光刻要求涂有光刻胶的晶片与掩模版紧密接触，在接触过程中晶片与掩模之间的摩擦会在二者表面形成划痕，与此同时很容易产生颗粒沾污。晶片表面的划痕与颗粒沾污会导致半导体器件致命缺陷的产生。掩模版表面的划痕与颗粒沾污将缩短掩模版的使用寿命，降低晶片成品率，提高接触式光刻的应用成本。

接触式光刻设备是最为简单、经济的光学光刻设备，且可实现亚微米级的特征尺寸图形的曝光，因此至今仍应用于小批量产品制造和实验室研究中。在大规模的集成电路生产中，为避免因掩模版与晶片的直接接触而导致的光刻成本上升，接近式光刻技术得以引入。

接近式光刻技术于 20 世纪 70 年代在小规模集成电路时代与中规模集成电路（MSI）时代早期被广泛应用。与接触式光刻不同，接近式光刻中的掩模版与晶片上的光刻胶并未直接接触，而是留有被氮气填充的间隙。掩模版浮在氮气之上，掩模版与晶片之间的间隙大小由氮气的气压来决定。由于接近式光刻不存在晶片与掩模版的直接接触，减少了光刻过程中引入的缺陷，从而降低了掩模版的损耗，提高了晶片成品率。接近式光刻中，晶片与掩模版存在的间隙使得晶片处于菲涅耳衍射区域。而衍射的存在限制了接近式光刻设备分辨率的进一步提高，因此该技术主要适用于特征尺寸在 3μm 以上的集成电路的生产。

目前，接触/接近式光刻机的国外生产商主要有德国的苏斯（SÜSS）公司、奥地利的 EVG 公司，国内生产商主要有中国电子科技集团第四十五研究所、中国科学院光电技术研究所等。

撰稿人：上海微电子装备（集团）股份有限公司　王帆　程建瑞
审稿人：上海微电子装备（集团）股份有限公司　孙刚

▷▷▷ 8.4.4　步进重复光刻机，步進微影設備，Wafer Stepper

步进重复光刻机（Wafer Stepper）是圆片光刻工艺发展史上最重要的设备之一，它推动光刻亚微米工艺迈入了量产阶段。步进重复光刻机利用 22mm×22mm 的典型静态曝光视场（FOV）和缩小比为 5∶1 或 4∶1 的光学投影物镜，将掩模版上的图形转印到圆片上。图 8-74 所示的是步进重复光刻机的工作原理示意图。

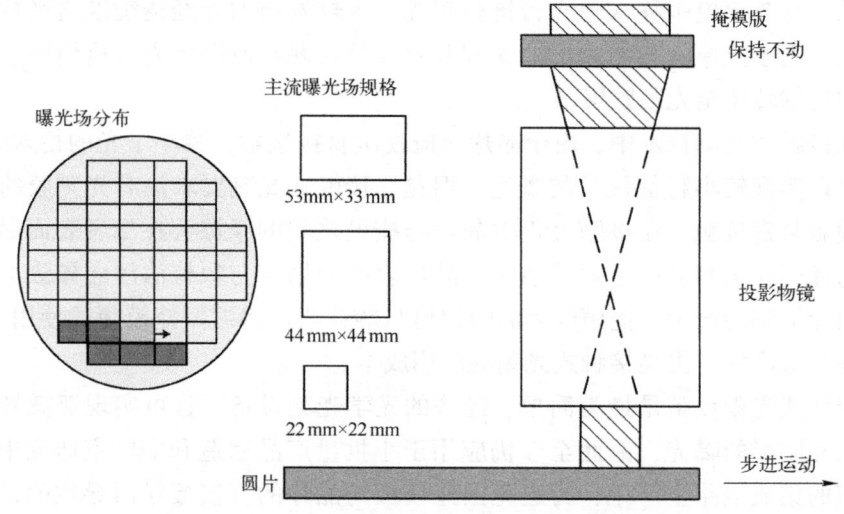

图 8-74　步进重复光刻机的工作原理示意图

步进重复光刻机一般由曝光分系统、工件台分系统、掩模台分系统、调焦/调平分系统、对准分系统、主框架分系统、圆片传输分系统、掩模传输分系统、电子分系统和软件分系统组成。图 8-75 所示的是步进重复光刻机系统结构图。

典型的步进重复光刻机工作过程为，利用圆片传输分系统将涂覆好光刻胶的圆片传输到工件台上，同时利用掩模传输分系统将需要曝光的掩模传输到掩模台上；然后系统利用调焦/调平分系统对工件台上载有的圆片进行多点高度测量，获得待曝光圆片表面的高度和倾斜角度等信息，以便在曝光过程中始终将

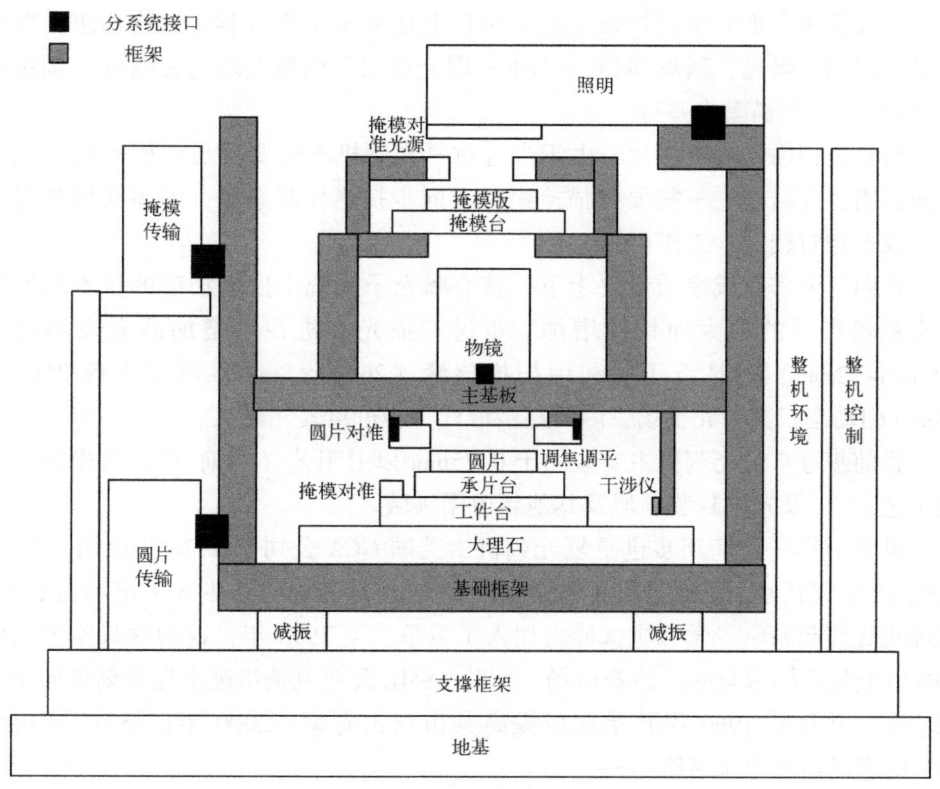

图 8-75 步进重复光刻机系统结构图

圆片曝光区域控制在投影物镜焦深（Depth of Focus，DOF）范围内；随后系统利用对准分系统对掩模和圆片进行对准，以便在曝光过程中控制掩模图像与圆片图形转印的位置精度始终在套刻要求范围内；按规定路径完成圆片整面的步进→曝光动作，实现图形转印功能。图 8-76 所示的是步进重复光刻机工作流程图。

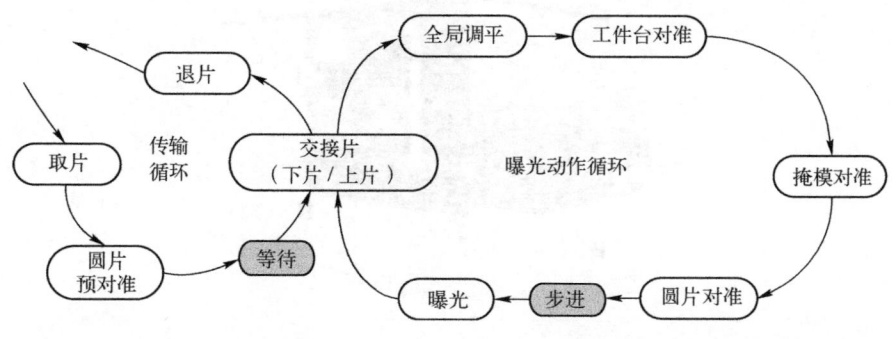

图 8-76 步进重复光刻机工作流程图

后续发展出来的步进扫描光刻机是在上述基本工作过程上,将步进—曝光改进为扫描—曝光,调焦/调平—对准—曝光在双台机型上改进为测量(调焦调平+对准)与扫描曝光并行。

与步进扫描光刻机相比,由于步进重复光刻机不需要实现掩模和圆片同步反向扫描,在结构上不需要扫描掩模台和同步扫描控制系统,因而结构相对简单,成本相对较低,工作可靠。

在同等分辨率成像质量要求下,核心曝光子系统中投影物镜的技术难度随静态视场尺寸的增大而快速增加。步进扫描光刻机在不增加静态视场尺寸(22mm×22mm)的情况下,利用扫描狭缝(26mm×8mm)可以实现26mm×33mm的动态扫描曝光视场,因而逐步取代了步进重复光刻机。

目前步进重复光刻机主要应用于0.25mm以上工艺(当前IC领域中的非关键工艺),以及先进封装领域及其他新应用领域。

世界上第一台商用步进重复光刻机由美国GCA公司于1978年推出。自20世纪80年代开始,尼康推出了NSR系列步进重复光刻机并主导了市场占有率;佳能也凭借超精密光学和机械能力加入了竞争。至1995年,这两家日本公司以70%以上的市场占有率统治着市场。荷兰ASML公司也是步进重复光刻机的主要供应商,并且从1990年开始逐步提高其市场占有率;2000年,ASML公司以37%的市场占有率排名第一。

IC工艺进入0.25mm后,由于步进扫描光刻机在扫描曝光视场尺寸及曝光均匀性上均具有优势,使得步进重复光刻机的应用开始缩减。目前,尼康提供的最新型步进重复光刻机具有与步进扫描光刻机同样大的静态曝光视场,以及高达200片/h以上的生产效率,主要用于IC非关键层的制造。图8-77所示为SMEE公司生产的步进重复光刻机。

图8-77　SMEE公司生产的步进重复光刻机(图片来源:SMEE公司)

同样，随着 IC 工艺向 65nm 以下发展，芯片 I/O 密度日益提高，传统的引线键合封装方式已不能满足现代封装的需要。为此，美国 Ultratech 公司开发出基于 Dyson 折反射投影物镜的步进重复光刻机，并将其用于先进封装行业，使其一度在该领域占据了垄断地位。上海微电子装备（集团）股份有限公司（SMEE）2009 年开发出基于全折射投影物镜的 SSB500 系列步进重复光刻机，开始进入先进封装领域，经过多年发展，在生产效率、曝光质量方面均已达到领先水平，尤其在厚胶工艺下能实现高深宽比（>10∶1）曝光，2015 年全球出货占有率超过 40%。

撰稿人：上海微电子装备（集团）股份有限公司　黄栋梁
审稿人：上海微电子装备（集团）股份有限公司　段立峰

▷▷▷ 8.4.5　步进扫描光刻机，扫描微影設備，Wafer Scanner

步进扫描光刻机的应用始于 20 世纪 90 年代。通过配置不同的曝光光源，步进扫描技术可支撑不同的工艺技术节点，从 365nm、248nm、193nm、193nm 浸没式，直至 EUV 光刻。与步进重复光刻机不同，步进扫描光刻机的单场曝光采用动态扫描方式，即掩模版相对圆片同步完成扫描运动；完成当前场曝光后，圆片由工件台承载步进至下一扫描场位置，继续进行重复曝光；重复步进并扫描曝光多次，直至整个圆片所有场曝光完毕。

步进扫描光刻机的投影物镜倍率通常为 4∶1，即掩模图形尺寸为圆片图形尺寸的 4 倍，故掩模台扫描速度也为工件台的 4 倍，且扫描方向相反。投影成像静态视场在 x 向（非扫描方向）尺寸均为 26mm，在 y 方向（扫描方向）不同类型的机台大小不一（为 5~16mm），经扫描后形成 26mm×33mm 的动态视场。步进扫描光刻机的工作原理示意图如图 8-78 所示。

与步进重复光刻机相比，步进扫描光刻机成像系统的静态视场更小。在同等成像性能约束下，投影物镜制造难度降低。因此在 0.18mm 工艺节点后，即采用 KrF 光源后，高端光刻机厂商基本采用步进扫描技术，并一直沿用至今。

步进扫描光刻机需要时刻保持掩模台相对工件台的高速、高精度同步运动。为满足高产出率与高成品率的量产需要，通常要求运动台具备较高的速度和加速度，以及超高相对运动控制精度。以现今最高端的浸没式光刻机为例，其工件台扫描速度高达 800mm/s，对应掩模台速度达到 3.2m/s，同时相对运动控制精度达到 nm 量级。正因如此，步进扫描光刻机整机设计开发难度较大，需要解

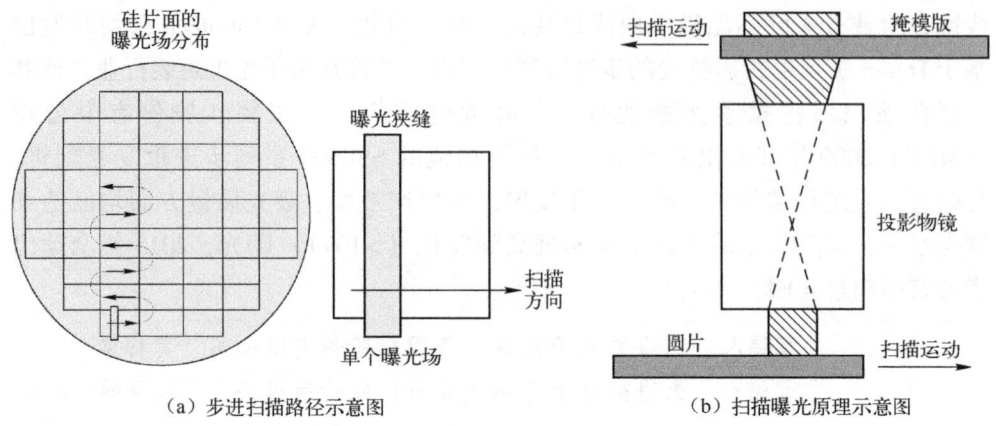

图 8-78 步进扫描光刻机的工作原理示意图

决的核心技术包括整机架构动态稳定性控制技术、同步高精度运动控制技术等。图 8-79 所示的是步进扫描光刻机系统结构图。

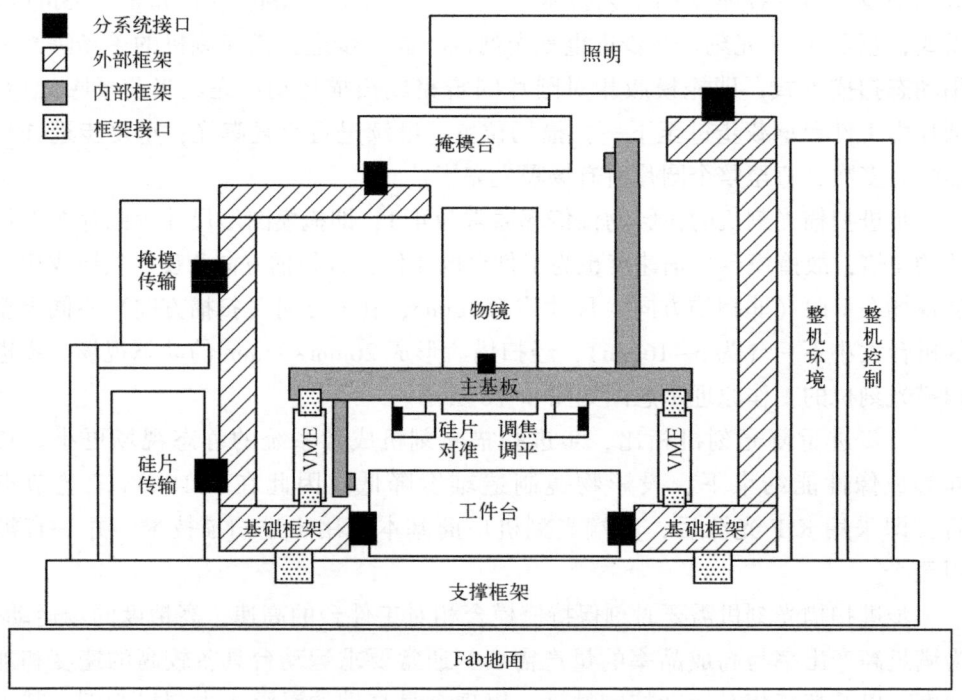

图 8-79 步进扫描光刻机系统结构图

第8章 集成电路专用设备

通过配置不同种类的光源（如 i 线、KrF、ArF），步进扫描光刻机可支撑半导体前道工艺所有的技术节点。典型的硅基底 CMOS 工艺，从 0.18mm 节点开始便大量采用步进扫描光刻机；目前在 7nm 以下工艺节点使用的极紫外（EUV）光刻机也采用步进扫描方式。经部分适应性改造，步进扫描光刻机也可以支撑 MEMS、功率器件、射频器件等诸多非硅基底工艺的研发与生产。

步进扫描投影光刻机的主要生产厂商包括 ASML（荷兰）、尼康（日本）、佳能（日本）和 SMEE（中国）。ASML 于 2001 年推出了 TWINSCAN 系列步进扫描光刻机，它采用双工件台系统架构，可以有效提高设备产出率，已成为应用最为广泛的高端光刻机，如图 8-80 所示。上海微电子装备（集团）股份有限公司（SMEE）研制的 90nm 高端步进扫描投影光刻机已完成整机集成测试，并在客户生产线上进行了工艺试验。

图 8-80　ASML 公司的 TWINSCAN 系列步进扫描投影光刻机

步进扫描光刻机主要机型信息见表 8-18 和表 8-19。

表 8-18 ASML、尼康和佳能的步进扫描光刻机机型信息

公司	型号	曝光方式	最小分辨率/nm	曝光光源	最大数值孔径	放大倍率	最大曝光视场	圆片尺寸/mm	套刻精度/nm	产出率（片/h）
ASML	NXE3300B	EUV	≤22	EUV 13.5nm	0.33				≤3	125
	NXT1980Di	双台浸没式步进扫描曝光	≤38	ArF 准分子激光器193nm	1.35				≤1.6	275
	NXT1950i								≤2.5	175
	XT1450H		≤65		0.93			300	≤5	162
	XT1000K	双台干式步进扫描曝光	≤80	KrF 准分子激光器248nm	0.93	1:4	26mm×33mm		≤6	180
	XT860K		≤110		0.8				≤12	210
	XT400K		≤350	高压汞灯光源365nm	0.65				≤35	220
	PAS5500/1150C	单台步进扫描曝光	≤90	ArF 准分子激光器193nm	0.75			200	≤12	135
	PAS5500/850D		≤110	KrF 准分子激光器248nm	0.8				≤15	145
	PAS5500/450F		≤220	高压汞灯光源365nm	0.65				≤25	150
尼康	NSR-S631E	浸没式步进扫描曝光	≤38	ArF 准分子激光器193nm	1.35	1:4	26mm×33mm	200、300	≤1.7	270
	NSR-S621D								≤2	200
	NSR-S322F	步进扫描曝光	≤65		0.92				≤2	230
	NSR-S210D		≤110	KrF 准分子激光器248nm	0.82				≤9	176
佳能	FPA-6300ES6a	步进扫描曝光	≤90	KrF 准分子激光器248nm	0.86	1:4	26mm×33mm	200、300	≤8	200

表 8-19 SMEE 的步进扫描光刻机机型信息

公司	型号	最小分辨率/nm	曝光光源	最大数值孔径	放大倍率	最大曝光视场	圆片尺寸/mm	套刻精度	产出率（片/h）
SMEE	SSA600/20	≤90	ArF 准分子激光器193nm	0.75	1:4	26mm×33mm	200、300	SMO≤15nm MMO≤25nm	80
	SSB600/10	≤220nm	高压汞灯光源365nm		1:4			SMO≤25nm MMO≤50nm	80

撰稿人：上海微电子装备（集团）股份有限公司　孙刚

审稿人：上海微电子装备（集团）股份有限公司　段立峰

8.4.6 浸没式光刻机，浸润式微影设备，Immersion Scanner

由瑞利公式可知，在曝光波长不变的情况下，进一步提高成像分辨率的有效方法是增大成像系统的数值孔径。对于 45nm（半节距）以下及更高成像分辨率，采用 ArF 干法曝光方式已经无法满足要求（因其最大支持 65nm 成像分辨率），故而需要引入浸没式光刻方法。浸没式光刻方法通过将镜头像方下表面与圆片上表面之间充满液体（通常是折射率为 1.44 的超纯水），从而提升了成像系统的有效数值孔径（NA＝1.35）。虽然浸没式光刻机是步进扫描光刻机中的一种，其设备整机系统方案也没有变化，但由于引入了与浸没相关的关键技术，所以它属于 ArF 步进扫描光刻机的改型与拓展。图 8-81 所示的是浸没式光刻原理示意图。

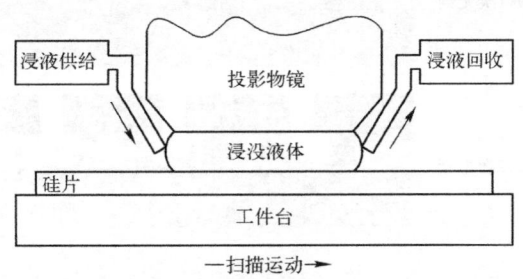

图 8-81　浸没式光刻原理示意图

浸没式光刻的优点在于，由于系统数值孔径的增大，提升了步进扫描光刻机的成像分辨能力，可以支撑 45nm 以下成像分辨率的工艺要求。与干式成像系统相比，在相同分辨率与对比度的要求下，浸没式成像系统可以进一步提升有效焦深范围，即

$$\frac{\text{DOF}_{浸没}}{\text{DOF}_{干式}} = \frac{1-\sqrt{1-(\lambda/p)^2}}{n-\sqrt{n^2-(\lambda/p)^2}}$$

由于浸没式光刻机仍然沿用 ArF 光源，保证了工艺的延续性，节省了光源、设备及工艺的研发成本。在此基础上，结合多重图形和计算光刻技术，浸没式光刻机得以在 22nm 及以下工艺节点应用。在 EUV 光刻机正式投入量产前，浸没式光刻机已得到广泛应用，并能够满足 7nm 节点的工艺要求。

但是，由于浸没液体的引入，导致设备本身工程难度大幅度增加，其关键技术包括浸没液体供给与回收技术、浸没式液场维持技术、浸没式光刻污染与缺陷控制技术、超大数值孔径浸液式投影物镜开发与维护、浸液条件下成像质量检测技术等。

由于光刻物理极限的限制，工艺因子的最小值为 0.25，即采用 ArF 浸没式光刻技术，考虑设备的实际工作能力，其最小分辨率可实现 38nm。为了实现更小的工艺线宽（CD）要求，目前通过采用多重图形技术（Multi－Pattern

Technology），同时借助高精度在线检测与一体化计算光刻技术，使得 ArFi 步进扫描光刻机性能不断提升，现在可支撑至 7nm 节点工艺，有效地解决了 EUV 光刻机成熟前集成电路工艺的发展问题。

多重图形技术原理示意图如图 8-82 所示。由图可见，为了实现高密度周期图形工艺，需要将一次曝光过程拆分为多次，即通过大周期小线宽掩模图形，采用两次光刻工艺过程实现小周期小线宽图形的制备，在第 1 次光刻后进行二次涂胶，并进行第 2 次光刻过程，通过刻蚀和去胶，最终在圆片表面的硬掩模上形成小周期密集图形。

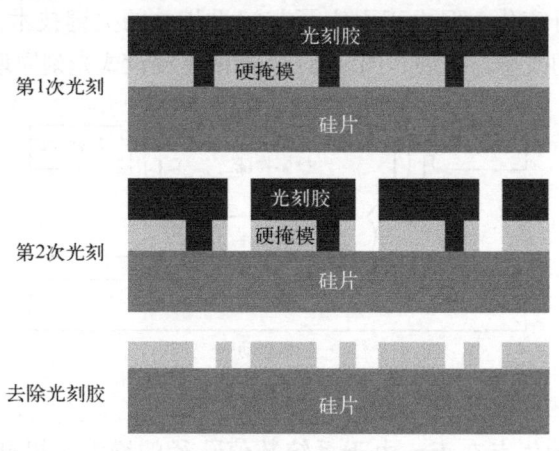

图 8-82 多重图形技术原理示意图

目前，商用的 ArFi 步进扫描光刻机主要由两家公司提供，即荷兰的 ASML 与日本的尼康。其中，ASML NXT1980Di 的单台售价约为 8000 万欧元。

撰稿人：上海微电子装备（集团）股份有限公司　孙刚
审稿人：上海微电子装备（集团）股份有限公司　段立峰

▷▷▷ 8.4.7　极紫外光刻机，極紫外微影設備，Extreme Ultraviolet (EUV) Lithography System

为了提高光刻分辨率，在采用准分子光源后进一步缩短曝光波长，引入波长 10~14nm 的极紫外线作为曝光光源。极紫外线的波长极短，可使用的反射式光学系统也通常由 Mo/Si 或 Mo/Be 等多层膜反射镜组成。其中，Mo/Si 多层膜在 13.0~13.5nm 波长范围内的反射率的理论最大值约为 70%，Mo/Be 多层膜在更短的波长 11.1nm 处的反射率的理论最大值约为 80%。虽然 Mo/Be 多层膜反射镜的反射率更高，但是 Be 的毒性较强，因此在研发 EUV 光刻技术时放弃了对此类材料的研究。现在的 EUV 光刻技术采用的是 Mo/Si 多层膜,其曝光波长也确定为 13.5nm。

主流的极紫外光源采用激光致等离子体(Laser-Produced Plasma, LPP)技术,通过高强度激光激发热熔状态的 Sn 等离子体发光。长期以来,光源功率与可用性是制约 EUV 光刻机效率的瓶颈,通过主振荡功率放大器(Master Oscillator Power Amplifier, MOPA)、PP(Predictive Plasma)技术和原位收集镜清洁技术,EUV 光源的功率及稳定性得到大幅提高。

EUV 光刻机主要由光源、照明、物镜、工件台、掩模台、圆片对准、调焦调平、掩模传输、圆片传输、真空框架等分系统组成。极紫外线经过多层镀膜的反射镜组成的照明系统后,照射在反射掩模上,被掩模反射的光进入由一系列反射镜构成的光学全反射成像系统,并最终在真空环境下将掩模的反射像投影在圆片表面。EUV 光刻机的曝光视场和成像视场均为弧形,并采用步进扫描方式实现全圆片曝光,以提高产出率。ASML 公司的最先进的 NXE 系列 EUV 光刻机采用波长为 13.5nm 的曝光光源、反射型掩模(6°角斜入射)、6 镜结构的 4 倍缩小反射投影物镜系统(NA=0.33)、扫描视场为 26mm×33mm、真空曝光环境。

相对于浸没式光刻机,采用极紫外光源的 EUV 光刻机的单次曝光分辨率得到大幅提高,可有效避免因多次光刻刻蚀形成高分辨率图形所需的复杂工艺。目前数值孔径为 0.33 的 NXE 3400B 光刻机的单次曝光分辨率达到 13nm,产出率达到 125 片/h。为了满足摩尔定律进一步延伸的需求,未来使用数值孔径为 0.5 的 EUV 光刻机将采用中心拦光(Central Obscuration)的投影物镜系统,采用 0.25 倍/0.125 倍的非对称倍率,扫描曝光视场从 26mm×33mm 缩小为 26mm×16.5mm,单次曝光分辨率可达 8nm 以下。图 8-83 所示的是 ASML 公司生产的 EUV 光刻机。

图 8-83　ASML 公司生产的 EUV 光刻机

撰稿人:上海微电子装备(集团)股份有限公司　王帆
审稿人:上海微电子装备(集团)股份有限公司　程建瑞

8.4.8 无掩模光刻系统，無光罩微影系統，Maskless Lithography System

无掩模光刻系统可分为如下两类。

（1）基于空间光调制器（Spatial Light Modulator，SLM）的光学无掩模光刻（Optical Maskless Lithography）设备：如基于 DMD 的透镜缩小投影设备、激光直写（Laser Direct Writing，LDW）设备、波带片阵列光刻（Zone-Plate-Array Lithography，ZPAL）设备、表面等离子激元成像装置等。其中，以 DMD 为基础的无掩模光刻技术已开发了一系列各具特色的无掩模光刻设备。

（2）带电粒子无掩模光刻（Charged Particle Maskless Lithography，CP-ML2）设备：它属于一种直写设备，如电子束直写（Electron Beam Lithography，EBL）设备、基于静电可伸缩光学（Electrostatic Scalable Optics）的多电子束光刻（Multi-Electron Beam Lithography，MEBL）设备、聚焦离子束（Focused Ion Beam，FIB）直写设备和带电微滴喷墨（Writing with Charged Ink Droplets）光刻设备等。电子束直写光刻技术具有不需要制备昂贵的掩模版和研制周期较短的优点，但由于纳米精度的电子束直写效率很低，无法应用在大规模集成电路生产工艺中。多电子束光刻（MEBL）则是提高直写效率的解决方案。在新一代光刻技术中，极紫外（EUV）光刻已经在亚 10nm 集成电路生产中得到应用，随着特征尺寸进一步缩小，MEBL 有望成为纳米光刻技术的一种选择。

在多电子束光刻系统的微型电子光学柱阵列组成中，每个微型电子光学柱均可独立受控进行扫描直写，因此能解决传统单一电子束光刻系统的曝光效率低的问题。多电子束光刻的关键技术是如何减少曝光微场图形失真以保证纳米级的拼接精度，以及避免产生曝光图形丢失的问题。在版图布局设计中，需要考虑功能图形的位置与电子束曝光微场边界的相对关系，而进行 MEBL 微场图形数据切割程序的优化设计可以避免微场图形拼接缝合时出现的误差。

在 MEBL 技术方案研究中，优化多电子束并行曝光光刻系统中的多电子束发生器（Beamlets）阵列结构可以提高生产效率。另外，也可以考虑其他提高生产效率的方法，如类似现在的光学光刻系统和电子束光刻系统之间的匹配与混合光刻技术，以及辅助电子束光刻（Complementary e-Beam Lithography，CEBL）技术。CEBL 技术仅使用电子束光刻系统直写最小的特性图形，其他图形仍采用现有的光学设备进行光刻。

撰稿人：中国科学院微电子研究所　陈宝钦
审稿人：中国科学院微电子研究所　王力玉
　　　　北京大学　　　　　　　　罗正忠

第8章 集成电路专用设备

▷▷▷ 8.4.9 电子束光刻系统，電子束微影系統，Electron Beam Lithography (EBL) System

电子束光刻系统是一种利用计算机输入的地址和图形数据控制聚焦电子束在涂有感光材料的基片上直接绘制电路版图的曝光系统，又称电子束直写光刻机。电子束光刻系统可以在基片上一次性曝光形成微纳米结构图形，也可以进行多层集成电路版图套刻，或者用于多种曝光设备之间的匹配和混合（Match & Mixed）光刻。

为了实现多层电子束光刻，必须在晶片上事先制备电子束直写套刻标志，该标志既包含电子束多次直写的套刻标志，也包含混合电子束光刻和光学光刻的套刻标志。利用电子探测器检测出电子束在扫描对准标志时产生的背向散射电子（Back Scattered Electrons）或二次电子（Secondary Electron）信号，即可确定晶片上套刻标志图形的位置误差、角度误差和倍率误差；通过数据补偿技术修正图形数据，补偿检测出来的位置误差、角度误差和倍率误差，即可使电子束写入的图形与晶片上的图形达到精确套准[1]。

电子束光刻系统从功能上可分为快速掩模（Quick Mask）制造电子束光刻系统和高精度纳米电子束光刻（High Precision Nanometer Electron Beam Lithography）系统。电子束光刻系统通常采用高斯束矢量扫描曝光技术进行纳米级电子芯片直写，其电子束斑的电子密度呈高斯分布。为了提高电子束斑的电子密度均匀性，需要在电子光学柱中插入微小圆形光阑来遮挡高斯束斑外围电子密度不均匀的部分，仅让中心高密度的电子通过。在电子束曝光工艺中，可根据不同的曝光速度和精度需求，选择适当孔径的圆形光阑进行曝光。在电子束光刻过程中，也可选择大小束斑混合曝光的方式[1]来提高电子束曝光效率。

由于电子束扫描场的尺寸有限，所以在电子束曝光前，需要对电子束曝光的图形数据进行扫描场切割处理和数据格式转换处理，根据扫描场尺寸将集成电路版图细分为若干图形组。为了提高写场拼接精度，还要将扫描场进一步划分为许多子场，在电子束曝光过程中，电子束按规定的子场宽度尺寸（如250nm）从扫描场内最接近台面起始点的图形单元开始，进行连续的扫描曝光；当一个子场扫描曝光完成后，电子束直接偏转到下一个邻近子场图形的位置，继续进行扫描曝光；当整个扫描场内的图形组扫描曝光完成后，工件台直接移动到下一个需要曝光的扫描场位置，电子束直接偏转到该扫描场内进行子场扫描曝光，直至完成整个晶片的图形曝光。纳米直写电子束光刻系统通常采用矢量扫描方式曝光[2]。

此外，正在开发的下一代生产型电子束光刻设备，如反射式电子束光刻（Reflective Electronic Beam Lithography，REBL）系统、电子束步进（EB Stepper）系统、接近式电子光刻（Proximity Electron Lithography，PEL）系统和多电子束光刻（Multi-electron Beam Lithography，MEBL）系统，可以提高批量生产的曝光效率[3]。

参考文献

[1] 何杰，夏建白. 半导体科学与技术[M]. 北京：科学出版社，2007.

[2] 陈宝钦，刘明，徐秋霞，等. 微光刻与微纳米加工技术[C]. 第十三届全国电子束·离子束·光子束学术年会（湖南·长沙），2005：9-23.

[3] 陈宝钦. 电子束光刻技术与图形数据处理技术[J]. 微纳电子技术，2011，48（6）：345-352.

撰稿人：中国科学院微电子研究所　陈宝钦

审稿人：中国科学院微电子研究所　王力玉

北京大学　罗正忠

▷▷▷ 8.4.10 纳米电子束直写系统，奈米電子束直寫系統，Nano Electron Beam Direct Writing System

电子束光刻系统既可以在基片表面的光刻胶上直接扫描曝光纳米图形，也可以应用于纳米尺度掩模版的制造，如X射线掩模版、极紫外（EUV）光刻掩模版、光学投影光刻掩模版、电子束投影光刻掩模版、压印模板和嵌段聚合物自组装模版等。在纳米加工中，通常采用矢量扫描式的电子束直写系统[1]。纳米电子束光刻中的关键工艺和技术包括电子束邻近效应校正技术，匹配和混合光刻技术，电子束纳米加工工艺等[2]。

1. 电子束邻近效应校正技术

在电子束曝光中，入射电子与固体原子会产生弹性碰撞或非弹性碰撞，进入光刻胶中的电子会向周围散射；穿过光刻胶进入衬底后的电子会不断地与基片材料的原子发生碰撞，并沿着不同的轨迹产生散射，一部分大角度散射的电子会穿过基片界面的背面而返回光刻胶中参与曝光，这些电子称为背向散射电子（Back Scattered Electrons）。在电子束曝光中，光刻胶同时吸收大量前向散射电子（Forward Scattered Electrons）和背向散射电子的能量，这些散射电子与参与曝光的电子相叠加后，会造成曝光图形失真，即邻近效应现象。在电子束曝光中，必须减少邻近效应的影响，所采取的措施包括电子束曝光条件的优化、电子束邻近效应的几何修正、电子束邻近效应剂量调制校正等技术。

2. 匹配和混合光刻技术

纳米电子束曝光中的电子束斑为纳米尺度，最小的间隔可达到0.125nm，具有极高的曝光分辨率，但其扫描曝光的效率很低。采用混合曝光技术，如电子束与光学光刻系统匹配的混合曝光技术、大小电子束流混合曝光技术、大小剂量混合曝光技术、大小光阑混合曝光技术、大小束斑混合曝光技术等，可以解决纳米电子束曝光效率低的问题。

3. 电子束纳米加工工艺

电子束纳米加工工艺既包括电子光刻胶工艺，也涉及下述纳米电子束光刻技术[3]。

（1）电子束光刻系统的电子光学柱参数调试技术：包括加速电压的调整和电子束流的调整等。

（2）电子光刻胶应用工艺技术：包括电子光刻胶曝光剂量的优化，高灵敏度和高分辨率电子光刻胶的应用，以及电子光刻胶显影工艺问题等。

（3）电子束曝光图形数据可制造性设计问题：包括电子束曝光时间可制造性问题和电子束邻近效应可制造性设计问题。

（4）利用电子束变剂量曝光解决纳米尺度曝光条件不确定性的问题。

（5）亚 20nm 尺度电子束线曝光技术的问题。

（6）高深宽比（High Aspect Ratio）光刻胶图形坍塌与粘连的问题。

（7）绝缘衬底电子束曝光的电荷积累问题：包括富含纳米导电颗粒水溶性涂层应用技术。

（8）高加速电压电子束曝光和大剂量电子束曝光条件下的光刻胶变性问题。

（9）导电金属膜在高能电子束轰击下激发二次电子、背向散射电子、X 射线及其他电磁辐射的漫散射曝光积累问题等。

图 8-84 所示为 JEOL 纳米电子束直写系统，图 8-85 所示为 RAITH 电子束直写系统。

图 8-84　JEOL 纳米电子束直写系统（图片来源：JEOL 公司）

图 8-85　RAITH 电子束直写系统（图片来源：RAITH 公司）

参考文献

[1] 于明岩. 微纳系统电子束光刻关键技术及相关机理研究 [D]. 哈尔滨：哈尔滨理工大学，2015.

[2] 陈宝钦. 纳米电子束光刻若干工艺技术的讨论 [C]. 全国半导体器件技术、产业发展研讨会暨第六届中国微纳电子技术交流与学术研讨会，2013：4-6.

[3] 杜宇禅. 极紫外光刻掩模关键技术研究 [D]. 北京：中国科学院大学，2013.

撰稿人：中国科学院微电子研究所　陈宝钦

审稿人：中国科学院微电子研究所　王力玉

北京大学　　　　　　　　　　罗正忠

▷▷▷ 8.4.11　多电子束光刻机，多電子束微影設備，Multiple Electron Beam Lithography System

电子束光刻技术是一种使用聚焦电子束在圆片表面进行扫描，并在光刻胶中形成预定义图形的技术，即在保持电子束光刻高分辨率特点的基础上，多电子束光刻（MEBL）技术通过独立控制多束聚焦电子束实现并行写入，从而提高图形在圆片上的写入速度，满足生产效率的要求。多电子束光刻技术主要有两种实现方式，即多孔径（Multiple Aperture）像素分辨率增强技术和多电子束（Multiple Beam）投影技术，如图 8-86 所示。

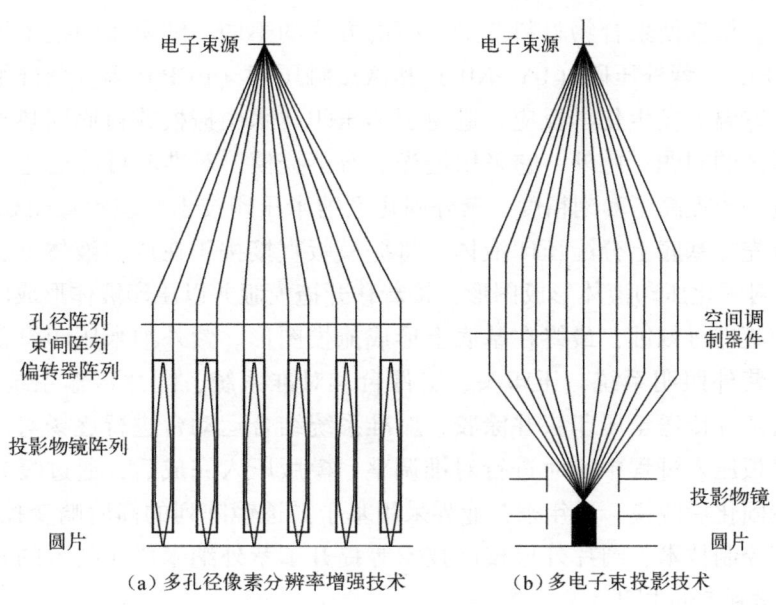

图 8-86 多电子束光刻技术实现方式

在多孔径像素分辨率增强技术中,电子束源发射的电子束经准直后由孔径阵列(Aperture Array)形成多电子束,并由聚光镜聚焦到束闸阵列(Beam Blanker Array)上的特定位置。束闸阵列可控制各电子束的开与关,再经投影物镜阵列聚焦为多个电子束点阵。各电子束通过偏转器阵列获得较大的扫描范围,从而充满投影物镜阵列之间的空隙。

在多电子束投影技术中,电子束源发射的电子束经由照明系统照射在空间调制器件上,经过调制的电子束通过单个投影物镜微缩成像于圆片表面。通过控制空间调制器件的开与关,可在光刻胶上形成预定义图形的像。运动台承载圆片进行扫描运动,并与空间调制器件同步,实现圆片的扫描曝光。

撰稿人:上海微电子装备(集团)股份有限公司 王帆
审稿人:上海微电子装备(集团)股份有限公司 程建瑞

▷▷▷ 8.4.12 纳米压印设备,奈米壓印設備,Nano-Imprint Equipment

美国普林斯顿大学的周郁教授于 1995 年首次提出了纳米压印技术。纳米压印技术采用高分辨率电子束等技术将预定义的纳米图形刻制在掩模上,然后通过掩模使样品上的聚合物材料变形,并采用一定方式使聚合物固化,从而完成图形转印。根据使聚合物材料变形固化的方式的不同，纳米压印技术可分为热压印（HEL）、紫外压印（UV-NIL）和微接触压印（μCP）等。紫外纳米压印技术可在室温下发生化学反应，避免了热压印技术中掩模或衬底因热膨胀而影响套刻精度的问题；此外，它采用透光的石英掩模，对准时可以通过掩模观察基底，进一步提高了套刻精度。紫外固化型纳米压印技术原理示意图如图 8-87 所示。首先在基底上分配压印液体，将掩模版直接按压在压印液体上，然后通过 UV 照射固化压印液体形成图形，接着移开掩模版并以压印液体形成的图形为刻蚀掩模版进行刻蚀，最终在基底上形成掩模图形。紫外纳米压印设备通常由激光器、紫外照明系统、压印头、工件台、对准系统、圆片传输系统等组成。工件台将圆片传送至压印头并涂胶，对准系统结合运动台进行逐场对准并压入模版，模板压入过程中实时进行对准调整，模版压入完成后，通过曝光系统照射紫外线固化后脱模。近年来，业界采用基于微透镜阵列的高阶畸变控制技术、圆片温度控制技术、圆片外形校准技术等提升了紫外纳米压印技术的套刻精度（目前已达到 5nm 以下）。

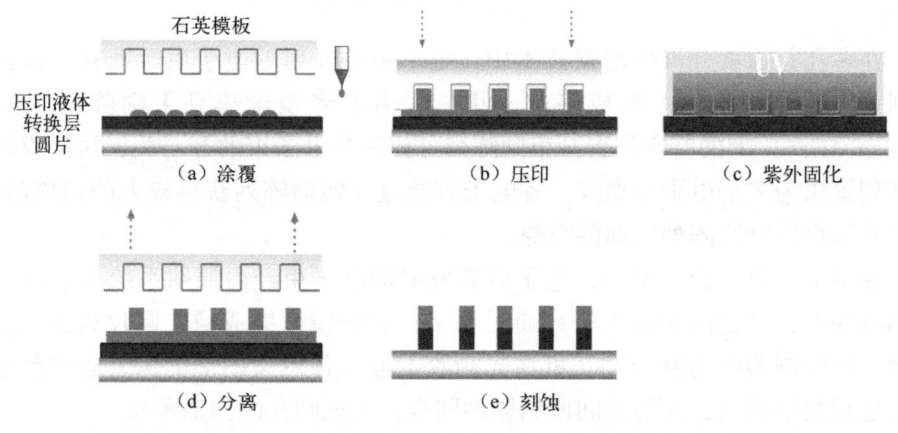

图 8-87　紫外固化型纳米压印技术原理示意图

纳米压印技术具有成本低、分辨率高等优点，分辨率可达 10nm 以下。但该技术存在缺陷率高、模版易被污染、套刻误差大等缺点。

目前，纳米压印设备生产厂商主要有日本的佳能公司、奥地利的 EVG 公司和德国的苏斯（SÜSS）公司等。

撰稿人：上海微电子装备（集团）股份有限公司　王帆
审稿人：上海微电子装备（集团）股份有限公司　程建瑞

▷▷▷ 8.4.13 圆片匀胶显影设备，轨道设备，Wafer Track

圆片匀胶显影设备是指光刻工艺过程中与光刻机配套使用的匀胶、显影及烘烤设备。在早期的集成电路工艺和较低端的半导体工艺中，此类设备往往单独使用（Off Line）。随着集成电路制造工艺自动化程度的不断提高，在200mm及以上的大型生产线上，此类设备一般都与光刻设备联机作业（In Line），组成配套的圆片处理与光刻生产线，与光刻机配合完成精细的光刻工艺流程。为提高生产效率，近年来开发出多种工艺模块定制组合的积木式机台，同时可带有胶膜厚度自动测量装置及 CD 自动测量装置。圆片匀胶显影设备的主要工艺流程如图 8-88 所示。

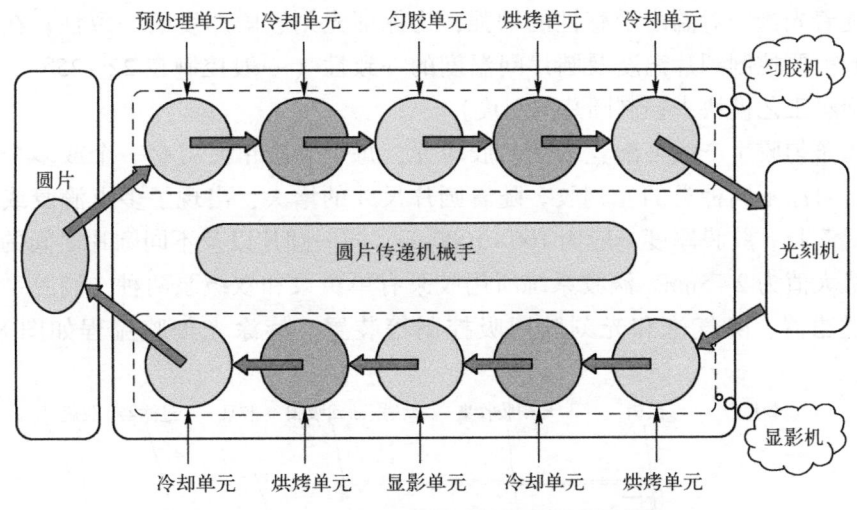

图 8-88　圆片匀胶显影设备的主要工艺流程

圆片匀胶显影设备主要由匀胶、显影、烘烤三大系统组成，通过圆片传递机械手，使圆片在各系统之间传输和处理，完成圆片的光刻胶涂覆、固化、光刻、显影、坚膜的工艺过程。

1. 匀胶系统

匀胶系统的主要功能是实现光刻胶的均匀涂覆，它是用高精度的光刻胶泵，将定量的光刻胶准确地滴到指定位置，通过电动机的加速旋转，利用离心力将光刻胶均匀地涂覆于圆片表面。匀胶系统的具体工作过程是，将片盒中的圆片传送到载片台上（用真空吸附），光刻胶在滴胶系统的驱动下，通过胶嘴滴落在圆片上，在主轴电动机的带动下进行旋转并完成涂胶工艺。圆片旋转速度为 50~8000r/min（可调），精度为±1r/min。匀胶工艺包括预涂增黏剂、圆片冷却、旋涂光刻胶、圆片涂胶后软烘等流程，如图 8-89 所示。

图 8-89 匀胶工艺流程

在旋涂光刻胶前，圆片需预涂增黏剂，并在 100~140℃ 温度下烘烤处理，以增强光刻胶与圆片的附着力。增黏剂（HMDS）通过发泡挥发形式喷覆在圆片表面，喷覆与烘烤是在密封腔内完成的，并通过真空泵排出挥发的有害物质。

随着光刻胶对温度敏感性的增强，为保证光刻胶膜厚度的一致性，在涂覆光刻胶前要控制圆片温度及圆片间温度的一致性（一般控制在 22~25℃，可以通过冷盘工艺模块来控制圆片的温度）。

每条匀胶生产线可配置多个匀胶单元，每个匀胶单元可有一个或多个滴胶系统，可涂不同种类的光刻胶。随着圆片尺寸的增大，出现了多点滴胶或胶嘴移动式滴胶。胶膜厚度一般为 100~1000nm，同一圆片以及不同圆片之间的膜厚偏差最大值为 2~5nm。滴胶系统所用胶泵有单级泵和双级泵两种。滴胶系统还包括过滤器、除气泡和光刻胶回吸控制等装置。旋涂光刻胶流程如图 8-90 所示。

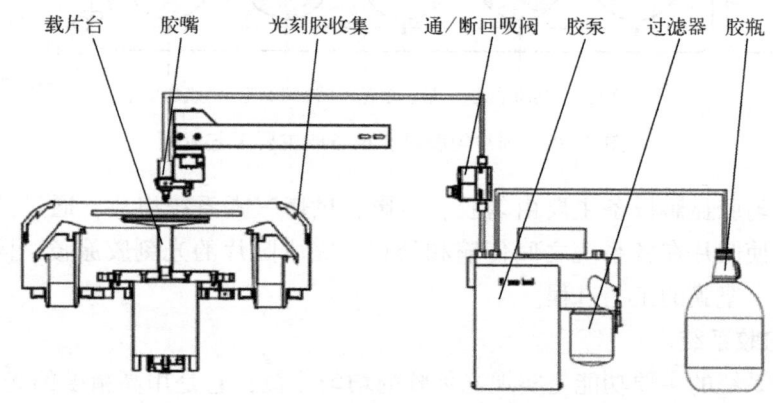

图 8-90 旋涂光刻胶流程

匀胶单元一般配有边缘光刻胶清除及背面杂质清洗功能，用于去除圆片正面边缘 1~5mm 处的光刻胶，同时清洗掉圆片背面的杂质。

软烘是指对涂过胶的圆片进行 90~180℃ 烘烤，烘烤时间为 1~2min。涂胶后的圆片要按一定的升温速率进行烘干，烘烤过程在相对密封的腔体内进行，通过排风系统排出挥发出来的有害物质。软烘结束后，将圆片送入收片盒内。图 8-91 所示的是匀胶后软烘示意图。

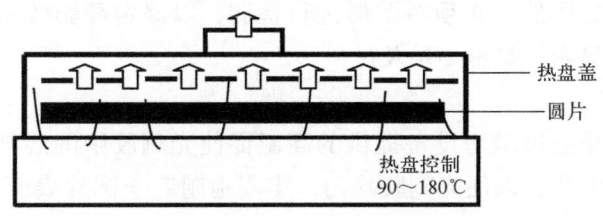

图 8-91 匀胶后软烘示意图

主轴转速的稳定性和重复性是决定胶膜厚度均匀性和一致性的关键，起动加速度的大小是决定是否能将不同黏稠度的光刻胶甩开并使胶均匀的决定性因素。涂胶环境温/湿度的控制、涂胶腔体的结构、涂胶前圆片的温度控制、涂胶后的软烘控制等都会影响光刻胶的涂覆效果。

2. 显影系统

显影系统的主要功能是对曝光后的圆片进行显影及坚膜（Hard Bake）。其工艺流程是，利用气压或泵将显影液通过显影喷嘴喷洒到高速旋转的圆片上，与光刻胶发生反应后形成相应的图形，然后喷洒清洗液去除显影液及光刻胶，再喷洒定影液进行定影，经过高速旋转甩干后，将圆片传输到烘烤单元进行坚膜，最后送回片盒，如图 8-92 所示。

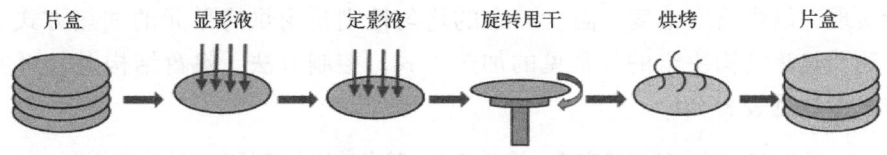

图 8-92 显影工艺流程

显影时，圆片旋转速度为 50~8000r/min（可调），精度为 ±1r/min。显影液喷洒方式分为柱状、扇形、雨帘状及雾状等多种方式，以适应不同的光刻胶、胶膜厚度及显影进度的要求。在显影过程中，必须对圆片背面进行保护，防止显影液残留污染圆片。

显影液的温度对光刻胶的显影效果有很大影响，因此在显影过程中必须保持温度恒定（一般控制在 23℃）。目前，采用水浴方式控制显影液温度。在显影液管路外套保温管，保温管内有恒温循环水，循环水由专用恒温槽控制水温（控温范围为 20~25℃，精度为 ±0.2℃）。

显影后的烘烤在独立的烘烤单元进行，烘烤单元与匀胶系统所用的烘烤单元基本相同，其温度范围一般为 90~180℃，烘烤时间一般为 1~2min。烘烤的主要作用是去除光刻胶中剩余的溶剂，同时增加光刻胶与圆片之间的黏附力。

影响显影效果的主要因素有显影液成分、显影时间、显影方式、烘烤温度及烘烤时间等。显影后，必须对图形进行检测，以确定显影效果。常见的显影问题包括不完全显影、显影不足及过显影。

3. 烘烤系统

烘烤的目的是通过烘烤设备提供的高温促使光刻胶中的溶剂蒸发，使光刻胶黏结力达到最大化，以便光刻胶均匀、牢固地附着于圆片表面。由于匀胶/显影设备的自动化，多数烘烤单元与匀胶/显影单元一起集成于圆片匀胶显影设备中，实现了匀胶—烘烤—显影—坚膜的一体化。但是，少数客户由于特殊的工艺要求或受圆片匀胶显影设备配置的限制，需要在圆片匀胶显影设备外单独配置专用的自动烘烤设备（Baking Track）。此类设备一般为定制式非标设备。

自动烘烤设备的工作过程与圆片匀胶显影设备相同，只是省略了匀胶与显影单元，取而代之的是配置更多的烘烤单元（Hot Plate）。用于150~300mm圆片处理时，通常配置12~24个烘烤单元，以适应不同工艺与产能的需求。设备的产能主要由圆片要求的烘烤的工艺时间所决定，因此可以通过适当增加烘烤单元的数量来提高产能。但是，当烘烤单元增加到一定数量时，其产能将受到圆片传输单元能力的限制。

决定烘烤设备性能的是烘烤温度、温度精度及温度在圆片不同区域的均匀性。烘烤温度是受光刻胶热流程特性限制的，一般为30~200℃，各种烘烤方式均能实现。烘烤温度精度、温度分布的均匀性则是由烘烤单元的加热方式、控制方法及热盘结构决定的。常见的加热方式、控制方法、热盘结构及其可实现的技术参数见表8-20。

表8-20 常见的加热方式、控制方法、热盘结构及其可实现的技术参数

序号	加热方式	热盘结构	控制方法	温度精度/℃	温度均匀性/℃
1	加热丝	敞开式	比例积分	±1	3
2	加热丝	封闭式	比例积分	±1	2
3	硅胶加热片	封闭式	比例积分	±0.5	1.5
4	分区加热片	封闭式	比例积分	±0.25	1

光刻胶烘烤产生的挥发物主要为各种有机溶剂，有较大的刺激性气味，大量吸入会对人体产生一定的伤害，因此烘烤设备应采取适当措施对其进行收集与强制排出（多采取整体的封闭结构，以利于挥发物的收集与排放）。

圆片匀胶显影设备的国外生产厂商主要有日本的东京电子（TEL）公司和DNS公司，以及德国的苏斯（SÜSS）公司等，其中TEL公司的产品在高端产品

领域占据主要市场份额。近年来，沈阳芯源微电子设备有限公司在圆片匀胶显影设备领域取得了突破性的发展，在国内的高端封装、LED 制造等领域占有主要的市场份额，在前道高端设备方面也取得了突破性的进展，其产品技术参数与性能指标已达到或接近国际先进水平，逐渐具备了替代进口设备的能力。图 8-93 所示的是芯源微电子公司生产的圆片匀胶显影设备。

图 8-93　芯源微电子公司生产的圆片匀胶显影设备

撰稿人：沈阳芯源微电子设备有限公司　　刘正伟　王绍勇
审稿人：沈阳芯源微电子设备有限公司　　徐春旭

▷▷▷ 8.4.14　湿法去胶设备，光阻去除机，Wet Stripping System

湿法去胶设备主要用于圆片刻蚀后其表面作为阻挡层的光刻胶的去除，适用于 50~300mm 圆片的处理，按工作方式可分为单片处理机台和槽式处理机台两类。随着圆片尺寸的逐渐增大，集成电路生产中越来越多地采用单片湿法去胶设备。常见的单片去胶处理方法有常压去胶液冲洗方法和高压去胶液冲洗方法。为了配合厚胶的去除，单片处理机台一般也配有浸泡单元，可以将多个圆片同时浸泡，以提高设备的产能。

单片湿法去胶的一般工艺流程为：

浸泡（可选）→ 高压去胶（可选）→ 常压去胶 → 清洗甩干

浸泡工艺在浸泡槽中进行。浸泡槽内一般具有去胶液加热和超声波清洗辅助功能，加热的去胶液的分子运动更强烈，对胶膜的溶解也更快一些。超声波的清洗原理为，在频率为 20~40kHz 的超声波作用下，液体会产生局部密度差异（密度低的疏部和密度高的密部），其中疏部可能接近真空，从而形成空腔；当空腔撕裂时，其周边会产生强大的局部压力，增快胶膜的剥离和脱落，同时也起到加速溶解的作用[1]。超声波去胶效果与介质温度以及超声波的频率、功率、压力等条件有关。一般情况下，增加功率对提高清洗效果比较有效，但对具有沟槽结构或减薄的圆片，功率过大会有破片的风险。因此，合理地布置超声波源的位置也是机台设计的关键点之一。

常压去胶液冲洗方法适用于去除较薄的胶膜（约 10μm），其工艺最为常见，使用加热后的去胶液直接对圆片表面进行喷洒，直至圆片表面的胶膜完全溶解后，再使用纯水清洗圆片，最后将圆片甩干后取回。在机台设计上，需要具有对去胶液管路保温的功能。去胶液的加热一般在供液桶内完成，加热温度为 50~80℃。

高压去胶液冲洗方法一般应用于较难去除的光刻胶，或者在提高机台产能时使用。通过气液增压泵将去胶液加压至 5~20MPa，然后选择柱状或扇状喷嘴冲刷圆片表面。因高压去胶液冲击圆片表面时会产生大量的"水雾"，所以整个工艺单元的密封设计也是要重点考虑的。在整个去胶过程中，圆片需要以较高的速度旋转，在旋转的过程中不断地向圆片表面喷洒去胶液，利用去胶液的溶解作用和高速旋转的离心作用，使溶解的胶膜或颗粒及时脱离圆片表面。高压去胶液一般也需要加热。

单片湿法去胶设备对圆片的处理采用干进干出的方式，但在工艺过程中会涉及湿圆片的传递步骤，因此其机械手和承片台不能使用真空吸附的方式，以免去胶液进入真空管路，引起管路的腐蚀破坏。

去胶液价格较高，而且使用过一次的去胶液对胶膜还有很强的溶解能力，所以去胶设备一般都具有去胶液回收功能，这样不仅可以充分利用去胶液的溶解能力，减少环境污染，也可以减少去胶液温度的波动。

去胶液的气味刺激性较大，吸入其蒸气会对人体造成一定的伤害，所以此类设备多采用片盒到片盒的全自动工作方式。湿法去胶设备国内的主要生产厂商有沈阳芯源微电子、中国电子科技集团第四十五研究所，国外的主要生产厂商是美国 SSEC 公司。SSEC 公司研发去胶机比较早，早期国内使用的单片去胶设备几乎均为其产品。沈阳芯源微电子公司自主研发的单片湿法去胶设备具有占地面积小，叠层排布，各工艺单元数量配置灵活的特点，如图 8-94 所示。

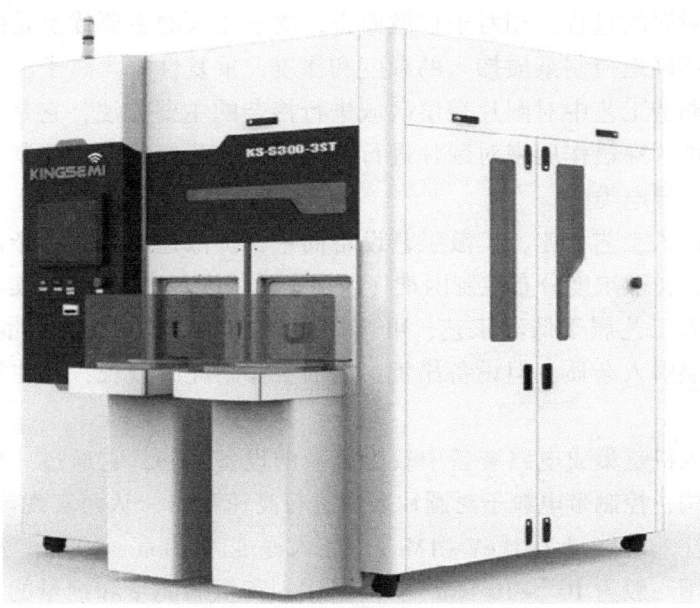

图 8-94 芯源微电子公司生产的单片湿法去胶机

参考文献

[1] 刘传军, 赵权, 刘春香, 等. 硅片清洗原理与方法综述 [J]. 半导体情报, 2000, 37（2）: 30-36.

撰稿人: 沈阳芯源微电子设备有限公司　谷德君
审稿人: 沈阳芯源微电子设备有限公司　徐春旭

▷▷ 8.5　扩散及离子注入设备

▷▷▷ 8.5.1　扩散及离子注入设备简介，擴散及離子佈植設備簡介，Introduction to Diffusion and Ion Implantation Equipment

在集成电路制造工艺中，扩散工艺是向硅材料中引入杂质的一种传统方法，用于控制圆片衬底中主要载流子的类型、浓度和分布区域，进而控制衬底的导电性和导电类型。按物理形态的不同，扩散工艺使用的扩散源分为固态源、液态源和气态源 3 种。扩散源通过高温热处理作用扩散到圆片衬底中。传统的扩散设备主要是卧式扩散炉，也有少量的立式扩散炉。

离子注入工艺是指使具有一定能量的带电粒子（离子）高速轰击硅衬底并

将其注入硅衬底的过程。相对于扩散而言，离子注入的主要优点是能够在较低的温度下，准确地控制杂质掺入的浓度和深度，重复性好。离子注入工艺是目前集成电路制造工艺中对圆片表层区域进行掺杂的主要方法，它是利用高能粒子对圆片内部的穿透作用来对圆片进行掺杂的，借此来改变和控制掺杂区域的载流子浓度和导电类型。

与离子注入工艺相比，扩散工艺设备简单，扩散速率快，掺杂浓度高，但扩散温度高，扩散浓度分布控制困难（表层杂质浓度最高），难以实现选择性扩散。离子注入工艺属于低温工艺，可选择的杂质种类多，掺杂剂量控制准确，可以向浅表层引入杂质，但设备昂贵，大剂量掺杂耗时较长，存在隧道效应和注入损伤。

离子注入机是集成电路装备中较为复杂的设备之一，它通过一整套精密控制的系统结构，控制带电粒子对圆片表面进行高速轰击，从而实现掺杂的目的。通常，离子注入的能量为1keV~1MeV，注入深度为10nm~10mm。离子注入剂量的调整范围一般为10^{12}~10^{18} cm^{-3}。根据注入离子的能量和剂量的不同，离子注入机大体分为低能大束流离子注入机、中束流离子注入机和高能离子注入机3种类型，其应用范围和制造工艺各有不同。

由于离子注入采用高速轰击的工作方式，不可避免地会在注入区域形成局部损伤区和畸形团，这会对半导体结构的电特性参数造成不良影响。另外，在离子被注入时，大多数注入的离子并不处于掺杂工艺所期望的置换位置（期望离子替代的晶格位置），需要在特定的温度和气氛环境下（真空或氮、氩等高纯气体环境），对离子注入后的圆片进行适当时间的热退火处理，激活被注入的离子，恢复迁移率及其他材料参数，并部分或全部消除圆片中的损伤。

传统的退火炉使用类似卧式扩散炉的炉管系统。退火工艺主要采用长时间的高温处理来消除注入损伤，其缺点是清除缺陷不完全，注入杂质激活效率不高。另外，由于退火温度高、时间长，容易导致杂质再分布，造成大量杂质扩散而无法符合浅结及窄杂质分布的需求。

利用快速热处理（Rapid Thermal Process，RTP）设备对离子注入后的圆片进行快速热退火（Rapid Thermal Annealing，RTA）是一种在非常短的时间内将整个圆片加热至某一温度（一般为400~1300℃）的热处理方法。相对于炉管加热式退火，它具有热预算少，掺杂区域中杂质运动范围小，沾污小和加工时间短等优点。快速热退火工艺可采用多种能量源，退火时间范围很宽（从100s到10^{-9}s，如灯退火、激光退火等），可以在有效抑制杂质再分布的情况下完全激活杂质，目前广泛应用于圆片直径大于200mm的高端集成电路制造工艺中。

由于我国集成电路制造产业起步较晚，整体产业链发展并不平衡，在工艺设备的研制和生产方面仍显落后。在圆片直径小于 150mm 的集成电路制造领域，我国的扩散设备基本能实现自给自足。国内知名的设备厂商有北方华创公司、中国电子科技集团公司第四十八研究所等；而应用于 300mm 集成电路制造的立式扩散/氧化炉设备仍主要依赖进口，主要厂商有东京电子（TEL）、日立国际（HKE），单台平均售价约为 80 万美元。国内只有北方华创公司能够小批量提供 300mm 立式炉产品。

国内生产线上使用的离子注入机多数依赖进口，主要设备厂商有美国的 SPIRE 公司和 ISM Tech. 公司，英国的 AEA Industrial Tech.、Tec Vac 和 Tech-Ni-Plant，法国的 Nitruvid 和 IBS，西班牙的 INASMET 和 AIN，德国的 MAT 和丹麦的 DTI Tribology Centre 等。北京中科信电子装备有限公司、中国电子科技集团公司第四十八研究所、上海凯世通半导体股份有限公司等也能提供少量产品。其中，中科信公司已具备不同种类（低能大束流、中束流和高能）离子注入机上线机型的量产能力。

在 RTP 设备方面，目前 IC 生产线上普遍采用美国的应用材料公司、Axcelis Technology 公司、Mattson Technology 公司和 ASM 的 RTP 设备（约占 90%的市场份额）。

撰稿人：北京北方华创微电子装备有限公司　程朝阳
审稿人：北京北方华创微电子装备有限公司　张国铭

▷▷▷ 8.5.2　卧式扩散炉，水平式擴散爐，Horizontal Diffusion Furnace

卧式扩散炉是一种在圆片直径小于 200mm 的集成电路扩散工艺中大量使用的热处理设备，其特点是加热炉体、反应管及承载圆片的石英舟（Quartz Boat）均呈水平放置，因而具有片间均匀性好的工艺特点。它既是集成电路生产线上重要的前道设备之一，也广泛用于分立器件、电力电子、光电器件和光导纤维等行业的扩散、氧化、退火、合金等工艺中。

扩散工艺主要是在高温（通常为 900~1200℃）条件下，利用热扩散原理，将杂质元素（一般采用液态源或固态源）按要求的深度掺入硅衬底中，使其具有特定的浓度分布，以达到改变材料的电学特性，形成半导体器件结构的目的。在硅集成电路工艺中，扩散工艺用于制作 pn 结或构成集成电路中的电阻、电容、互连布线、二极管和晶体管等元器件，也用于元器件之间的隔离。由于不能精确控制掺杂浓度的分布，在圆片直径为 200mm 及以上的集成电路制造中，扩散工艺已逐渐被离子注入掺杂工艺取代，但仍有少量应用于重掺杂工艺。

卧式扩散炉原理示意图如图 8-95 所示。卧式扩散炉可装备 1~5 个工艺炉管，炉管越多，产能越大，超净间的利用效率越高。

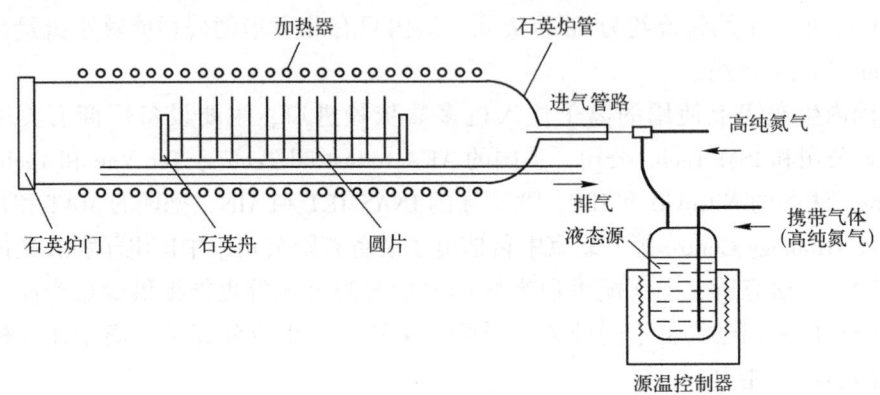

图 8-95　卧式扩散炉原理示意图

常见的卧式扩散炉的主要技术指标：工作温度范围为 600~1300℃；恒温区长度为 600~1100mm；恒温区精度为 ±0.5℃；最大可控升温速率不小于 15℃/min；最大可控降温速率不小于 5℃/min。

卧式扩散炉的系统配置可以根据用户需求灵活选择，但其基本功能单元大致相同。以五管卧式扩散炉为例，其整机系统由净化工作台、主机箱、气源柜和控制柜四大部分构成，如图 8-96 所示。

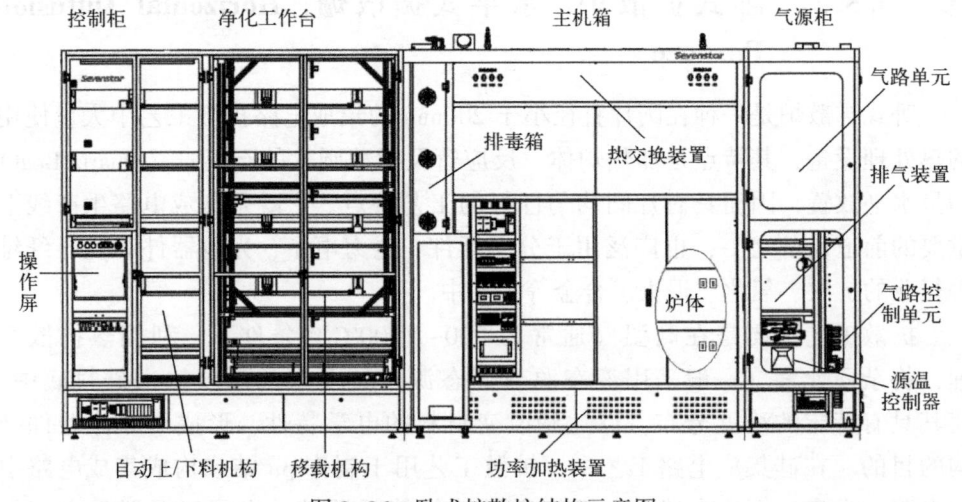

图 8-96　卧式扩散炉结构示意图

（1）净化工作台：在水平层流洁净环境下，完成圆片装卸、石英舟移载和自动上/下料等工序。

（2）主机箱：包括排毒箱、炉体功率加热装置和热交换装置等，是完成热处理工艺的核心单元。

（3）气源柜：包括气路单元、源温控制器、气路控制单元、排气装置等，用于工艺气体的输送。

（4）控制柜：采用工控机作为系统主机，通过网络与各下位机实现通信。每个工艺炉管各自具有独立的控制系统，可实现对温度、气体流量、阀门、石英舟、真空泵等的自动控制，并实现工艺配方（Recipe）管理。

撰稿人：北京北方华创微电子装备有限公司　刘效桢
审稿人：北京北方华创微电子装备有限公司　程朝阳

▷▷▷ 8.5.3　立式扩散炉，垂直式擴散爐，Vertical Diffusion Furnace

立式扩散炉泛指应用于直径为200mm和300mm圆片的集成电路工艺中的一种批量式热处理设备，俗称立式炉。立式扩散炉的结构特点是，加热炉体、反应管及承载圆片的石英舟均垂直放置（圆片呈水平放置状态），具有片内均匀性好、自动化程度高、系统性能稳定的特点，符合SEMI标准要求，可以满足大规模集成电路生产线的需求。立式扩散炉是半导体集成电路生产线的重要设备之一，也常应用于电力电子器件（如IGBT）等领域的相关工艺。

立式扩散炉适用的工艺包括干氧氧化、氢氧合成氧化、DCE（二氯乙烯）氧化、氮氧化硅氧化等氧化工艺，以及二氧化硅、多晶硅（Poly-Si）、氮化硅（Si_3N_4）、原子层沉积（ALD）等薄膜生长工艺，也常应用于高温退火、铜退火（Cu Anneal）及合金（Alloy）等工艺。在扩散工艺方面，有时立式扩散炉也会应用于重掺杂工艺。

立式扩散炉的核心技术主要集中在高精度温度场控制、颗粒控制、微环境微氧控制、系统自动化控制、先进工艺控制及工厂自动化等方面。其工艺温度范围为300~1200℃，恒温区温度均匀性不低于±0.5℃，恒温区长度约为800~1000mm，平均无故障工作时间（Mean Time Between Failure，MTBF）不少于1200h；平均维护时间（Mean Time To Repair，MTTR）不大于4h。

立式扩散炉通常由圆片装卸端口（Load Port）、存储系统（Stocker）、微环境水平层流净化系统、自动传输系统、热处理反应室系统、气路控制系统（Gas Box）、自动化控制系统、供电系统，以及其他水冷、排气、危险气体检测等辅助装置组成。设备外形结构采用行业通行的肩并肩（Side-by-Side）设计，可实现设备侧向无间隙排布，占地面积小，可以节省超净间成本。以 300mm 立式扩散炉为例，其系统结构如图 8-97 所示。

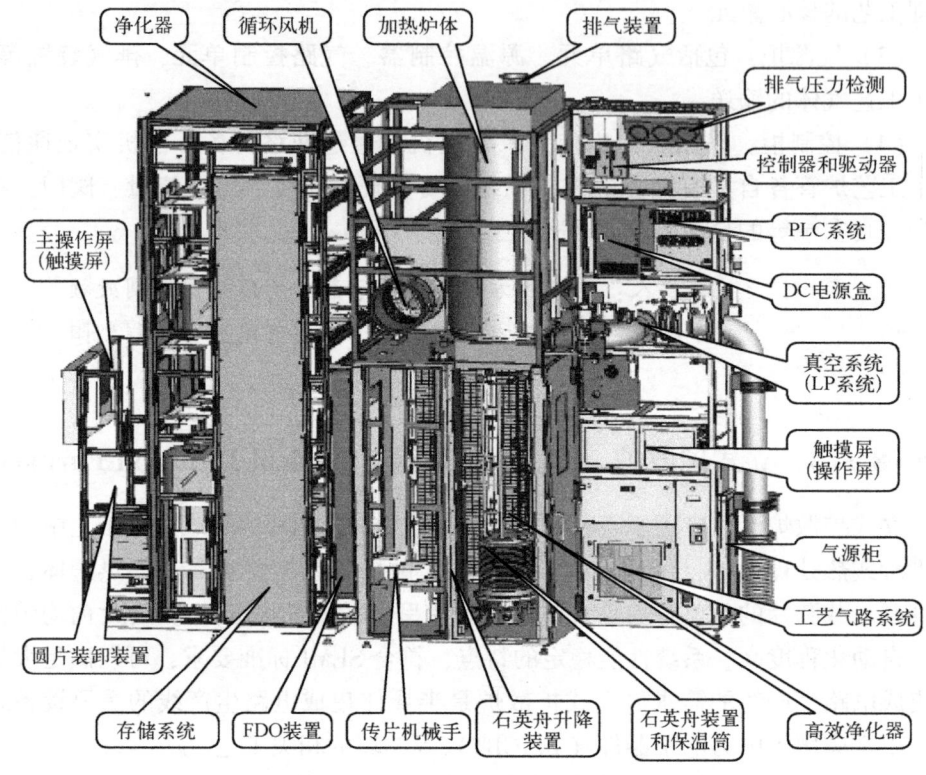

图 8-97 立式扩散炉（300mm）设备结构示意图

圆片装卸装置是 300mm 圆片盒进出设备的输入/输出端口，也是设备与生产线的唯一机械接口。300mm 圆片盒采用封闭式的前开式标准片盒（Front Open Unified Pod，FOUP）；而 200mm 及以下圆片盒则采用开放式的圆片盒（Cassette）。存储系统（FOUP 存储装置）负责 FOUP 在设备内部的临时存放，以及圆片装卸装置、存储舱和 FDO（FOUP Door Opener）装置之间的 FOUP 搬运，并依靠风机过滤器单元（Fan Filter Unit，FFU）实现内部的垂直层流净化环境。

微环境系统借助超高效过滤器（Ultra Low Penetration Air Filter，ULPA）和循环风机装置，建立内部洁净水平层流气流模型以控制颗粒污染，并依靠高纯氮气吹扫手段和氧气监测器来实现微环境中的氧含量控制和压力控制。

热处理反应系统包括加热炉体、反应腔室、石英舟及组件、石英舟升降装置（Elevator）等，用于实现圆片的热处理工艺及升降石英舟的功能。

自动传输系统借助存储系统内部的 FOUP 传输机械手和微环境中的传片机械手，实现 FOUP 通过圆片装卸系统进出存储系统、FOUP 在存储舱与 FDO 之间的搬运、圆片在 FOUP 与石英舟之间的传输（Charge/Discharge）等一系列复杂而可靠的搬运过程。自动化控制系统包括系统软件（CTC/TMC/PMC 系统）和基于 IPC/PLC 的一整套系统控制装置，以及触摸屏、遥控电源柜、检测仪器仪表、外围 I/O 器件等。

辅助装置主要包括排气系统（Exhaust、Photohelix）、压力控制系统（包括 PTI 或抽真空系统等）、危险气体检测装置、水冷装置等。

撰稿人：北京北方华创微电子装备有限公司　程朝阳
审稿人：北京北方华创微电子装备有限公司　张国铭

▷▷▷ 8.5.4　退火炉，退火爐，Annealing Furnace

退火炉是集成电路制造工艺中的常用设备之一。在半导体制造中，有很多工艺（如氧化、扩散、外延、离子注入、蒸发电极等）在其完成后需要进行特定的退火热处理。退火的主要作用是消除晶格缺陷（使不在晶格位置上的离子运动到晶格位置，以使其具有电活性，产生自由载流子，起到激活杂质的作用）和晶格损伤（在离子注入过程中，由于受到高能粒子的撞击，导致硅结构的晶格原子发生位移，造成晶格缺陷和损伤）。另外，退火也用于除氧，除金属杂质，清除表面吸附物质，改善表面粗糙度，以及使得半导体表面与金属能够形成合金，保证接触良好等方面。

退火可分为快速退火、激光退火和传统的管式退火。其中，大尺寸圆片（直径≥200mm）的退火工艺一般采用立式炉及单片退火设备。而传统的管式退火炉（卧式退火炉）因其结构简单，通用性强，便于控制，广泛应用于小尺寸圆片（直径<200mm）的生产线上。退火工艺原理示意图如图 8-98 所示。

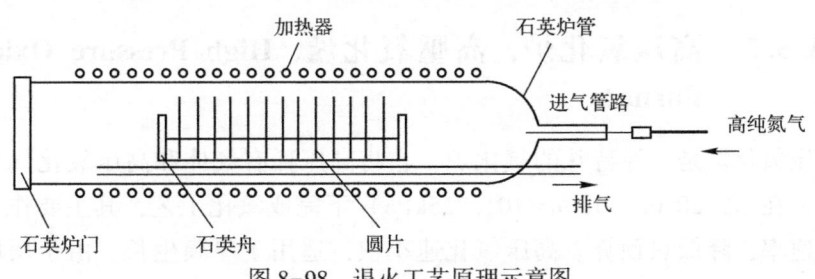

图 8-98　退火工艺原理示意图

退火炉的主要技术指标：工作温度范围为 500~1280℃，恒温区长度为 600~1100mm，恒温区精度为±0.5℃，最大可控升温速率不小于 15℃/min，最大可控降温速率不小于 5℃/min。

退火炉结构示意图如图 8-99 所示（以三管退火炉为例）。

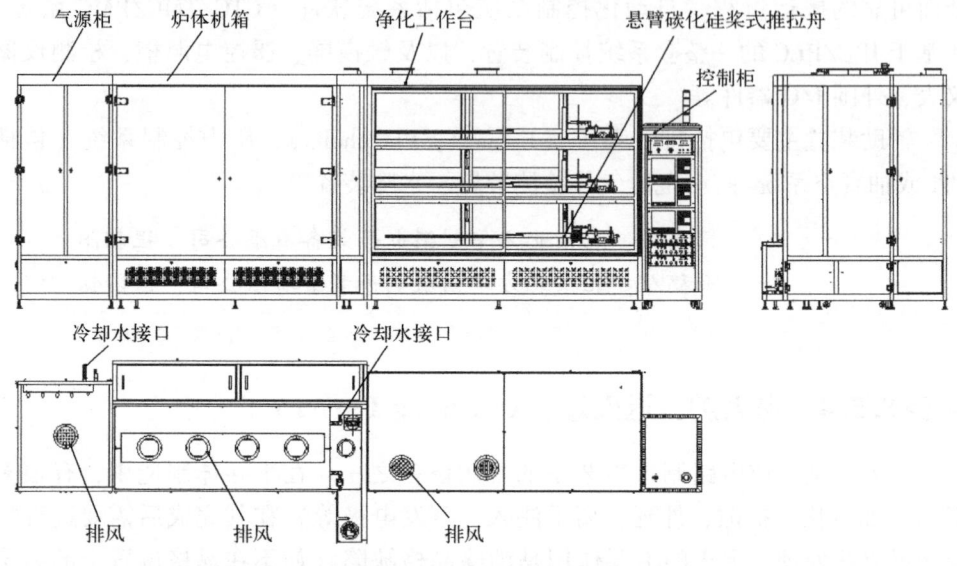

图 8-99　退火炉结构示意图

退火炉由炉体机箱（包括加热炉体、热交换器、排毒箱、变压器机箱）、净化工作台、控制柜和气源柜 4 个部分构成。退火炉系统一般采用工控机作为控制主机，使用防磁、防振、抗干扰能力强且适应恶劣工业环境的工作站。每个炉管具有一套独立的控制系统。

撰稿人：北京北方华创微电子装备有限公司　刘效桢
审稿人：北京北方华创微电子装备有限公司　程朝阳

▷▷▷ 8.5.5　高压氧化炉，高壓氧化爐，High Pressure Oxidation Furnace

高压氧化炉是一种特殊的氧化炉，它将高压稀有气体和高压氧化气体输入石英管，在 10~20atm（1atm=101.325kPa）下完成氧化工艺，其主要作用是提高氧化速率，降低热预算。高压氧化速率快，适用于厚膜生长。由于反应压力高，需要在石英管反应室外部加装不锈钢外套。

与常压氧化相比，高压下氧化剂分子到达圆片表面的速度增大，氧原子可以更快地穿越正在生长的氧化层，氧化剂的扩散速率大大增加，氧化层的生长速率也相应增大，此时界面反应成为主要的控制因素，因此高压氧化反应的控制机制为表面反应控制。表面反应控制阶段是线性的，即高压氧化中的氧化层厚度随时间线性生长。

由于氧化层的生长速率依赖于氧化剂从外部（气相）到达硅界面的速度，生长速率随着氧化剂分压的增大而增大，所以改变氧化剂分压即可控制氧化层的生长速率。与常压氧化相比，高压氧化可以在较低的温度条件下实现相同的氧化速率，或者在相同温度条件下获得更快的氧化层生长速率。实验数据表明，在维持相同的氧化速率下，每增加1atm的压力，可以使炉体温度降低约30℃。因此，这种采用增加氧化压力来降低工艺温度的方法可以节省成本（热能），同时也可以解决高温工艺带来的一些负面影响。

在实际应用中，通过增加反应压力（氧化剂分压）来提高氧化速率，或者保持氧化速率不变而降低氧化温度是经常采用的方法。因为温度越高，时间越长，越容易产生不利于总体工艺质量的负面影响，如圆片表层中的"错位"与温度的高低以及高温下处理的时间长度密切相关，而这种"错位"对器件特性是十分不利的。高压氧化炉结构示意图如图 8-100 所示。

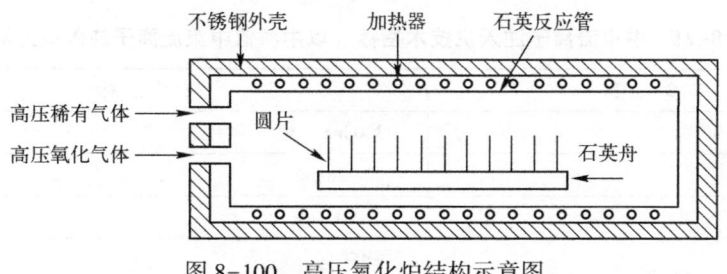

图 8-100　高压氧化炉结构示意图

高压氧化有利于降低材料中的位错缺陷，但也带来了安全问题和高压系统污染问题。近年来，由于氧化工艺日臻成熟和多样化（如干氧氧化、水汽氧化、湿氧氧化等），高压氧化在生产线上的应用正逐渐减少。

撰稿人：北京北方华创微电子装备有限公司　刘效桢
审稿人：北京北方华创微电子装备有限公司　程朝阳

▷▷▷ 8.5.6　中束流离子注入机，中電流離子佈植機，Medium Current Ion Implanter

离子注入机是极大规模集成电路制造工艺中最主要的掺杂设备。与传统热掺杂工艺相比，离子注入工艺具有剂量均匀性与重复性较好，横向扩散较小的优点，并且它克服了热掺杂工艺的诸多限制，可以满足浅结、低温和精确控制等要求，提高了集成电路掺杂工艺的质量，降低了成本和功耗。

注入剂量的计算公式为

$$D=\frac{tI}{qS}$$

式中，D 为注入剂量（离子数/单位面积），t 为注入所需时间，I 为束流强度（Beam Intensity），q 为离子所带的电荷量（单电荷为 1.6×10^{-19} 库仑），S 为面积。

在工艺允许的范围内，离子注入机的生产效率主要取决于可提供的束流大小。因此，根据不同的工艺对束流大小需求的不同，离子注入机分为小束流离子注入机、中束流离子注入机和大束流离子注入机（含强流离子注入机和超强流离子注入机）。中束流离子注入机的离子能量范围从数 keV 至约 1MeV，其中单电荷最大离子能量约为 300keV，更高能量可通过加速多电荷态离子（二价离子或三价离子）实现。中束流离子注入机可应用于半导体制造中的沟道、阱和源漏等多种工艺，在半导体制造领域有着广泛的应用。中束流离子注入机的基本技术指标见表 8-21。中束流离子注入机外观如图 8-101 所示。

表 8-21 中束流离子注入机技术指标（以中科信中束流离子注入机为例）

参　　数	技　术　指　标
圆片直径	300mm
适用工艺	90~28nm
注入能量	2~900keV
注入角度	±45°
注入角度精度	±0.1°
束流平行度误差	±0.1°
注入剂量重复性	$\sigma\leqslant1\%$（能量≤5keV），$\sigma\leqslant0.5\%$（能量>5keV）
注入剂量均匀性	$\sigma\leqslant1\%$（能量≤5keV），$\sigma\leqslant0.5\%$（能量>5keV）

中束流离子注入机一般由离子源、分析器、加速管、平行透镜和靶室等组成，如图 8-102 所示。

（1）离子源：产生所需的带电离子，并使离子具有一定的初始能量。

（2）分析器：从离子源引出的离子可能包含多种不同的离子，必须对它们进行筛选，只保留所需的离子。分析器的作用就是完成离子的筛选，不同种类

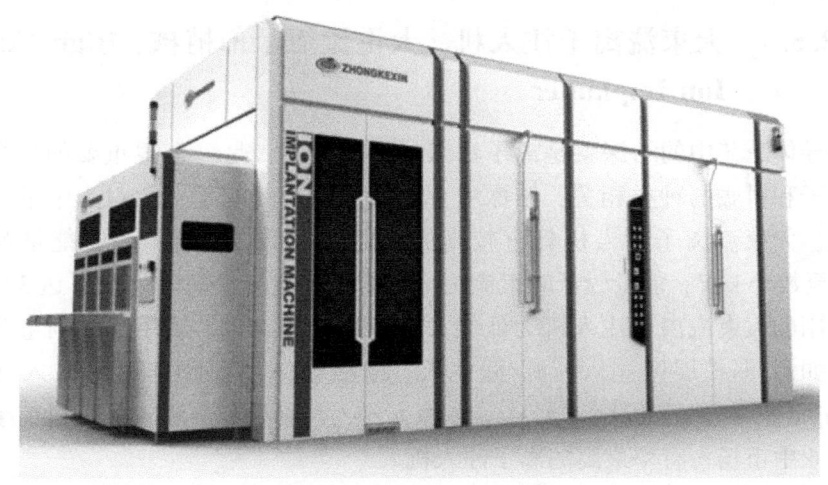

图 8-101　中束流离子注入机外观

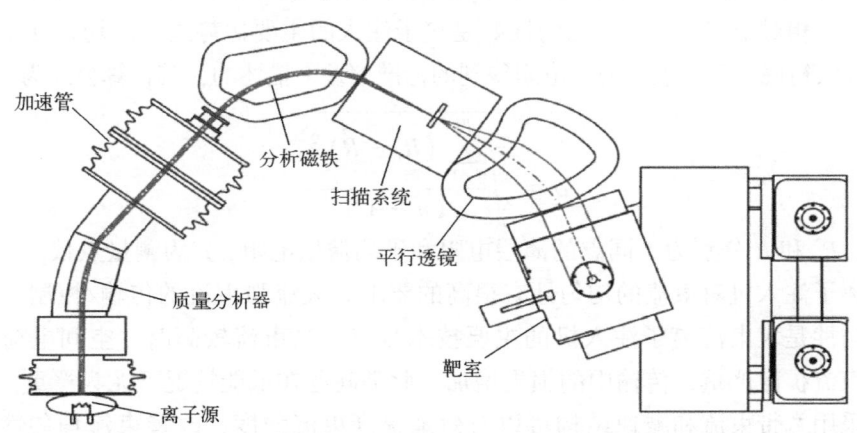

图 8-102　中束流离子注入机结构示意图

的离子在分析器中的运动轨迹不同，最终只有所需要的离子能通过分析光阑。

（3）加速管：产生纵向电场，对离子进行加速或减速，将离子能量调整到所需要的水平。

（4）平行透镜：对具有一定发散角的束流进行偏转和聚焦，以产生近乎平行的束流。

（5）靶室：离子在此被注入衬底中。靶室是离子注入机的重要组成部分，一般包括扫描系统、圆片传输系统和其他控制系统。

撰稿人：北京中科信电子装备有限公司　卓祖亮
审稿人：北京中科信电子装备有限公司　谢均宇

8.5.7 大束流离子注入机，大電流離子佈植機，High Current Ion Implanter

半导体工艺中的结深就是离子注入衬底的深度，是一个很重要的参数。除了与离子和衬底的种类相关，结深主要取决于离子的能量。相对于中束流离子注入机，大束流离子注入机具有较高的束流和较低的能量，离子能量范围为100eV至数十keV，能量较低时束流为mA量级，能量较高时束流可达30mA以上。常用的大束流离子注入机为低能大束流离子注入机，适用于大剂量及浅结注入，如源/漏扩展区注入、源/漏注入、栅极掺杂以及预非晶化注入（Pre-Amorphization Implantation，PAI）等多种工艺。大束流离子注入机是目前半导体制造行业中市场占有率最高的离子注入机。

大束流注入机的束流状态可分为宽带束（Ribbon Beam）或斑点束（Spot Beam）两种。其中，宽带束可为水平宽带束或垂直宽带束，目前主流机型为水平宽带束。相对于扩散工艺，均匀性好是离子注入的主要优势之一。均匀性是通过测量注入衬底上不同点的薄层电阻得到的标准偏差来描述的，其计算公式为

$$\sigma = \sqrt{\frac{\sum_{i=1}^{n}(R_i - \overline{R})^2}{(n-1)}}$$

式中，R_i 和 $\overline{R}$ 分别为不同点的薄层电阻和平均薄层电阻，n 为测量点数。

离子注入机对束流的均匀性有很高的要求。大流强束流的传输/控制及注入的均匀性是大束流离子注入机的主要技术难点。当束流较高时，空间电荷效应导致束流扩散严重，传输中的损失增加，此类问题在低能情况下尤为严重。

采用宽带束流和减速结构可以有效地提高束流强度，改善束流均匀性。大束流离子注入机技术指标见表8-22。

表8-22 大束流离子注入机技术指标（以中科信大束流离子注入机为例）

参　　数	技术指标
圆片直径	300mm
适用工艺	22~45nm
注入能量	0.1~60keV
注入剂量	$2\times10^{12} \sim 2\times10^{17}$ion/cm^2
能量精度	<0.1%
能量污染	<0.05%
注入剂量重复性	$\sigma\leq1\%$（能量$\leq$10keV），$\sigma\leq0.7\%$（能量>10keV）

续表

参数	技术指标
注入剂量均匀性	$\sigma \leqslant 1.5\%$（能量$\leqslant$10keV），$\sigma \leqslant 1\%$（能量>10keV）
束流平行度误差	$\leqslant \pm 1°$（能量$\leqslant$1keV），$\leqslant \pm 0.5°$（能量>1keV）

大束流离子注入机的基本结构如图8-103所示。在大束流离子注入机中，采用大束流宽带束离子源和引出电极技术，可以产生均匀的宽带离子束流；通过离子束传输结构设定的束流路径，可以高效、高质量地控制宽带离子束的传输；通过偏转和减速一体化集成技术，可以提高低能离子束的传输效率，消除能量污染；对离子束进行三维角度参数的检测和控制，可以更加全面地实现平行束注入；通过聚焦透镜可以调节束流尺寸，有利于应用领域的开拓。

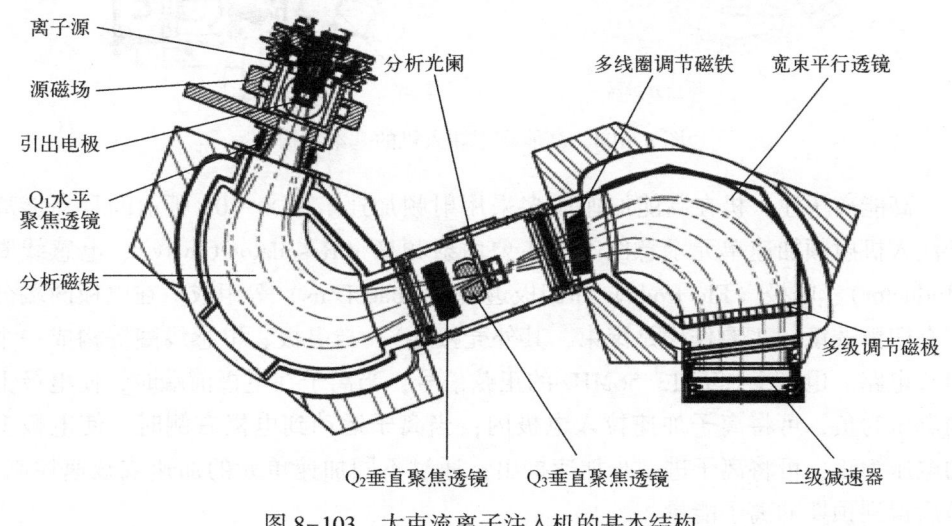

图8-103 大束流离子注入机的基本结构

撰稿人：北京中科信电子装备有限公司 卓祖亮
审稿人：北京中科信电子装备有限公司 谢均宇

▷▷▷ 8.5.8 高能离子注入机，高能離子佈植機，High Energy Ion Implanter

高能离子注入机中的单电荷离子能量可达1MeV以上，更高能量可以通过多电荷态离子加速来实现。在高能离子注入机中，离子的加速可通过射频（RF）加速和直流（DC）加速来实现。直流加速是指在大束流离子注入机和中束流离子注入机中采用的离子加速方式,它具有能量散度较小的优点,但很难实现较高的束流能量。相比于直流加速,射频加速的稳定性和可靠性比较高,因此目前采用射频加速的高能离子注入机在市场中占主导地位。高能离子注入机的基本结构如图 8-104 所示。

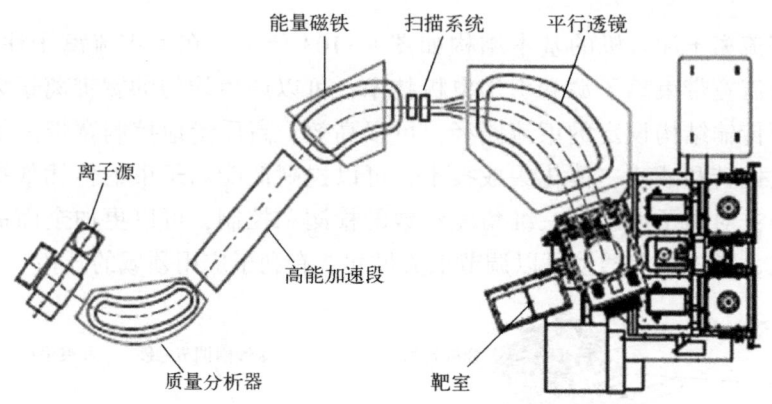

图 8-104　高能离子注入机的基本结构

高能离子注入机在高能加速段多采用射频加速。图 8-105 所示的是高能离子注入机射频加速单元示意图。它主要由射频桶（Resonator Cavity）、电感线圈（Inductor）、电极（Electrode）和四极透镜（Quad Lens）等组成。在电极两端分别有四极透镜（主要作用是聚束,其外壳接地）,与电极、电感线圈等构成一个 RLC 电路。电极上加有 13.56MHz 的正弦信号,当离子在电极前端时,使电极上的电压为负,可将离子加速拉入电极内；当离子运动到电极右侧时,使电极上的电压为正,可将离子进一步加速推出；通过不同加速单元的加速或减速控制,最后得到预期的离子能量。

高能离子注入机在逻辑/存储器件、成像器件、功率器件等集成电路制造领域有着广泛的应用。除了完成其他机型不能完成的高能离子注入工艺,它还可作为中束流离子注入机的备份机,或者在某些工艺中替代中束流离子注入机。高能离子注入机的技术指标见表 8-23。

表 8-23　高能离子注入机技术指标（以中科信高能离子注入机为例）

参　数	技术指标
圆片直径	300mm
注入能量	20keV～3MeV
注入剂量	1×10^{11}～1×10^{14} ion/cm^2
注入剂量的重复性与均匀性	$\sigma\leqslant 1\%$（剂量：1×10^{11}～5×10^{11} ion/cm^2） $\sigma\leqslant 0.5\%$（剂量：5×10^{11}～1×10^{14} ion/cm^2）

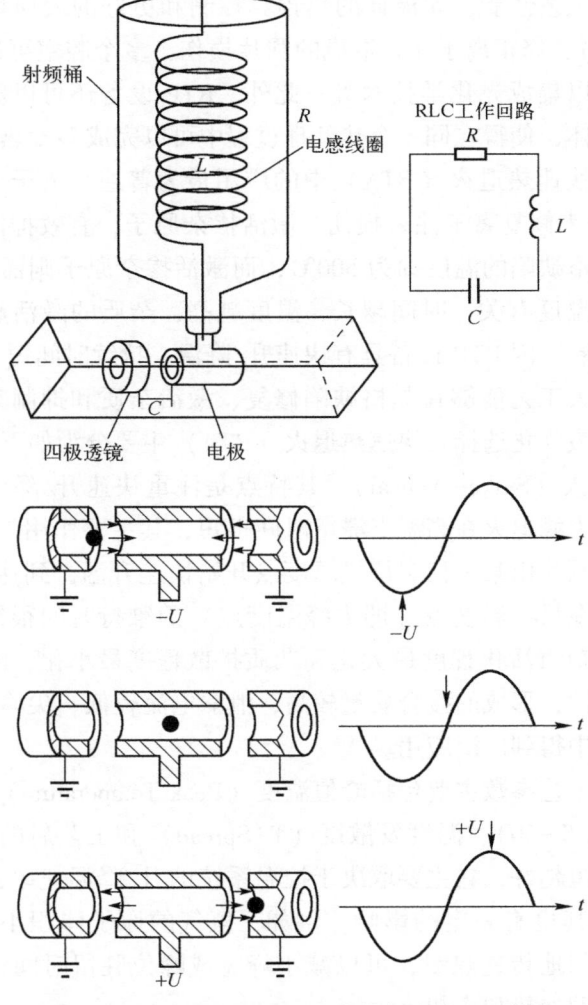

图 8-105　高能离子注入机射频加速单元示意图

　　撰稿人：北京中科信电子装备有限公司　卓祖亮
　　审稿人：北京中科信电子装备有限公司　谢均宇

▷▷▷ 8.5.9　快速热处理设备，快速熱處理設備，Rapid Thermal Processing (RTP) System

快速热处理设备是一种单片热处理设备，它可以将圆片的温度快速升至工艺所需要的温度（200～1300℃），并且能够快速降温，升/降温速率一般为20～250℃/s。除了能源种类多，退火时间范围宽，快速热处理（RTP）设备还具有其他优良的工艺性能，如极佳的热预算控制和更好的表面均匀性（尤其是对大尺寸的圆片），修正离子注入造成的圆片损伤，多个腔室可以同时运行不同的工艺过程，可以集成光化学技术等。此外，RTP设备还可以灵活、快速地转换和调节工艺气体，使得在同一个热处理过程中可以完成多段热处理工艺。

RTP设备在快速热退火（RTA）中的应用最为普遍。离子注入完成后，需要利用RTP设备来修复离子注入损伤，激活掺杂原子，有效抑制杂质扩散。一般而言，修复晶格缺陷的温度约为500℃，而激活掺杂原子则需要950℃。杂质的激活与时间和温度有关，时间越长，温度越高，杂质的激活越充分，但不利于杂质扩散的抑制。因RTP设备具有快速升/降温、持续时间短暂的特点，使得离子注入后的退火工艺能够在晶格缺陷修复、激活杂质和抑制杂质扩散这三者之间实现参数的最优化选择。快速热退火（RTA）主要分为如下四类。

(1) 尖峰退火（Spike-Anneal）：其特点是注重快速升/降温过程，但基本没有保温过程。尖峰退火在高温点滞留时间很短，其主要作用是激活掺杂元素。在实际应用中，圆片由某一稳定待机温度点开始快速升温，到达目标温度点后，立即降温。由于在目标温度点（即尖峰温度点）的维持时间很短，因而使该退火过程能够实现杂质活化程度最大化和杂质扩散程度最小化，同时具有良好的缺陷退火修复特性，形成的接合质量较高，泄漏电流较低。尖峰退火在65nm之后的超浅结工艺中得到广泛应用。

尖峰退火的工艺参数主要包括峰值温度（Peak Temperature）、峰位驻留时间（Residence Time，T-50）、温度发散度（T-Spread）和工艺后的圆片电阻值等。峰位驻留时间越短越好，它主要取决于控温系统的升/降温速率，但选择的工艺气体氛围有时对其也有一定的影响。例如，氦气的原子体积小，扩散速率快，有利于快速、均匀地传递热量，可以减小峰宽或峰位驻留时间，因此有时会选择通入氦气来辅助加热和冷却。

(2) 灯退火（Lamp Annealing）：灯退火技术的应用比较广泛，一般采用卤素灯作为快速退火热源，其很高的升/降温速率和精确的温度控制可以满足65nm以上的制造工艺的要求，但不能完全满足45nm工艺的苛刻要求（45nm工艺之后逻辑LSI的镍硅接触时，需要在毫秒内将圆片从200℃快速加热到1000℃以上，因此一般需要采用激光退火方式）。

(3) 激光退火（Laser Annealing）：激光退火是直接利用激光快速提高圆片表层的温度，直至足够熔化硅晶体，从而使其高度活化。激光退火的优势是升温极快，控制灵敏，不需要用灯丝进行加热，基本不存在温度滞后和灯丝寿命的问题。但从技术角度来看，激光退火存在泄漏电流和残留物缺陷问题，对器件性能也会造成影响。

(4) 闪光退火（Flash Annealing）：闪光退火是一种利用高强度辐射对特定预热温度下的圆片进行尖峰退火的退火技术。圆片的预热温度为 600~800℃，之后采用高强度辐射进行短时间脉冲照射，当圆片温度峰值达到所需退火温度时，立即关闭辐射。

RTP 设备的核心技术主要包括反应腔室（包括热源）设计、温度测量技术和温度控制技术。在 RTP 设备中，热量多数借助辐射（Radiation）的方式传导至圆片上。目前使用的辐射能源（Radiant Energy Source）主要有卤素钨灯（Tungsten Halogen Lamp）、电弧灯（Arc Lamp）和传统电阻式热源（使用较少）。由于卤素钨灯的价格和使用时限均比较低，因而使用较为广泛。RTP 的反应腔室依据在工艺过程中的特点大致上可分 3 种，即冷壁（Cold-Wall）式、暖壁（Warm-Wall）式和热壁（Hot-Wall）式。

在热源与反应腔室设计方面，如果运用灯组（卤素钨灯的单个功率为 1~2kW，电弧灯则为数十 kW）作为热源，必须设计成灯组阵列，其排列形状与圆片表面温度均匀性有很大关系；同时，其设计必须与反应腔室的尺寸、形状及冷却形式共同考虑。由于圆片为圆形，且反应腔室内部大多为对称性设计（圆形或六边形等），因此灯的排列大多采用同心圆的形式，依照排列半径的不同而将其分为不同的区（Zone），每一区的灯采用同一个功率控制器，而灯距或半径的大小则可依控制效果来决定。除此之外，各区与圆片之间的垂直距离也有不同的设计。通常，圆片外缘的灯比内缘的灯距离圆片更近，主要目的是增加热辐射的效率，以补偿圆片外缘因散热面积较大而造成的热量流失。

在温度测量技术方面，RTP 设备中圆片温度的精确测量对温度控制效果及工艺成品率具有决定性的影响。通常，在 RTP 设备中的温度测量是依靠热电偶（Thermocouple）与高温计（Pyrometer）来实现的。热电偶属于接触式传感器，无法直接用于工艺中，但它能表征真实、可靠的温度信号，因此热电偶通常用于校正其他的温度传感器；而工艺过程中的温度测量，则基本依赖非接触式的传感器（如高温计等）来实现。

在温度控制技术方面，良好的温度控制系统设计首先取决于对控制对象认知的程度。依据充分的实验数据，建立合理、准确的 RTP 温度过程控制的数学模型，是一项非常重要的工作。该数学模型往往十分复杂，并不适宜作为控制器设计的系统模型，通常要将其简化，抽取最具代表性的部分。图 8-106 所示的是快速热处理设备反应室的基本结构示意图。

RTP 设备在先进集成电路制造领域的应用越来越广泛。除了大量应用于快速热退火（RTA）工艺，RTP 设备也开始应用于快速热氧化（Rapid Thermal Oxidation，RTO）、快速热氮化（Rapid Thermal Nitridation，RTN）、快速热扩散

（Rapid Thermal Diffusion，RTD）、快速热化学气相沉积（Rapid Thermal Chemical Vapor Deposision，RTCVD）、解耦等离子体氮化（Decoupled Plasma Nitridation，DPN），以及金属硅化物生成、外延等工艺。

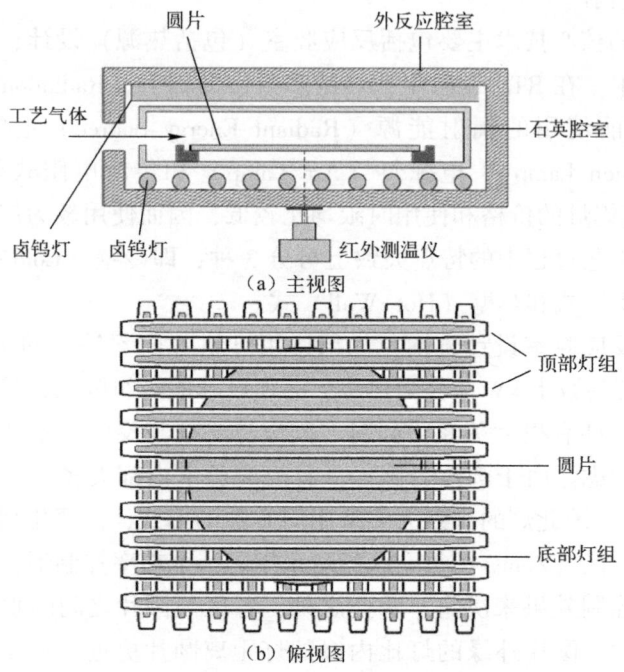

图 8-106　快速热处理设备反应室的基本结构示意图

撰稿人：北京北方华创微电子装备有限公司　程朝阳
审稿人：北京北方华创微电子装备有限公司　张国铭

▷▷ 8.6　薄膜生长设备

▷▷▷ 8.6.1　薄膜生长原理与设备，薄膜生長原理與設備，Principles of Thin Film Growth and Equipment

采用物理或化学方法使物质（原材料）附着于衬底材料表面的过程即为薄膜生长。薄膜生长兴起于 20 世纪 60 年代，是现代信息技术的关键要素之一，也是电子、信息、传感器、光学、太阳能等技术的重要基础。

根据工作原理的不同，集成电路薄膜沉积可分为物理气相沉积（Physical Vapor Deposition，PVD）、化学气相沉积（Chemical Vapor Deposition，CVD）和外延三大类。表8-24所列为薄膜制备方法的分类。

表8-24 薄膜制备方法的分类

物理工艺		化学工艺		外延工艺
溅射	蒸镀	化学气相沉积	原子层沉积	
直流物理气相沉积	真空蒸镀	常压化学气相沉积	原子层沉积	分子束外延
射频物理气相沉积	电子束蒸镀	低压化学气相沉积		气相外延
磁控溅射		等离子体增强化学气相沉积		液相外延
离子化物理气相沉积		金属化学气相沉积		化学束外延
		光化学气相沉积		离子团束外延
		激光化学气相沉积		低能离子束外延
		ECR-CVD		MOCVD

在微米技术代，化学气相沉积均采取多片式的常压化学气相沉积（Atmospheric Pressure CVD，APCVD）设备，其结构比较简单，腔室工作压力约为1atm，圆片的传输和工艺是连续的。随着圆片尺寸的增加，单片单腔室工艺占据了主导地位。为此，美国应用材料（Applied Materials）公司率先推出的单腔单片150mm的P5000型号CVD系统，作为划时代的里程碑被永久地陈列在美国的自然历史博物馆内。在圆片尺寸增加的同时，IC技术代也在不断地更新。到了亚微米技术代，低压化学气相沉积（Low Pressure CVD，LPCVD）设备成为主流设备，其工作压力大大降低，从而改善了沉积薄膜的均匀性和沟槽覆盖填充能力。在IC的技术代发展到90nm的过程中，等离子体增强化学气相沉积（Plasma Enhanced CVD，PECVD）设备扮演了重要的角色。由于等离子体的作用，化学反应温度明显降低，薄膜纯度得到提高，薄膜密度得以加强。化学气相沉积（CVD）不仅用于沉积介质绝缘层和半导体材料，还用于沉积金属薄膜。在硅（Si）外延应用的基础上，从65nm技术代开始，在器件的源区、漏区采用选择性SiGe外延工艺，提高了PMOS的空穴迁移率。从45nm技术代开始，为了减小器件的泄漏电流，新的高介电材料（High k）材料及金属栅（Metal Gate）工艺被应用到集成电路工艺中，由于膜层非常薄，通常在数纳米量级内，所以不得不引入原子层沉积（Atomic Layer Deposition，ALD）的工艺设备，以满足对薄膜沉积的控制和薄膜均匀性的需求。

在150mm圆片时代，物理气相沉积（PVD）以单片单腔室的形式为主。从

IC 技术发展的角度来看，因制备的薄膜更加均匀、致密，对衬底的附着性强，纯度更高，溅射设备逐渐取代了真空蒸镀设备（Vacuum Evaporator）。随着 IC 技术代的发展，要求 PVD 设备从能够制备单一均匀的平面薄膜，到覆盖具有一定深宽比的孔隙沟槽，这种发展需求使 PVD 腔室工作压力从数个毫托发展到亚毫托（减小），或者到数十个毫托（增大），靶材到圆片的距离也显著增加。这种发展需求也伴随着磁控溅射设备、射频 PVD 设备和离子化 PVD 设备的逐步发展。磁控溅射源（Magnetron Source）除了采用直流电源，也引入射频源来降低入射粒子能量，以减少对圆片上器件的损伤，这类离子化物理气相沉积腔室在铜互连和金属栅的沉积中应用广泛。除此之外，还引入了辅助磁场、辅助射频电源或准直器。承载圆片的基座除了具有加热或冷却的功能，还引入了射频电源所产生的负偏压及反溅射的功能。此类离子化 PVD 腔室和金属化学气相沉积（Metal CVD）及原子层沉积也有着结合在同一系统中的趋势。

表 8-25 所列为薄膜生长设备反应腔结构和特点（表中数据为通常情况下的工艺条件）。

表 8-25 薄膜生长设备的反应腔结构和特点

设备种类	薄膜生长源	薄膜生长温度	生长速率	反应腔室工作压力	衬底承载方式	等离子体源
真空蒸镀（Vacuum Evaporator）设备	蒸发源	高温生长（<1500℃）	10~30nm/min	>10^{-3} Torr	悬挂式衬底加热	热蒸发或电子束
直流物理气相沉积（DCPVD）设备	靶材	高温或常温生长（<600℃）	<1mm/min	0.1~10 Torr	加热或冷却基座	直流源（阴极溅射）
射频物理气相沉积（RF PVD）设备	靶材	高温或常温生长（<600℃）	<100nm/min	0.01~10 Torr	加热、冷却或射频基座	射频源（13.56MHz、20MHz、60MHz）
磁控溅射（Magnetron PVD）设备	靶材	高温或常温生长（<600℃）	<1mm/min	0.1~200mTorr	加热、冷却或射频基座	直流源
离子化物理气相沉积（Ionized PVD）设备	靶材	高温或常温生长（<600℃）	<100nm/min	10~200mTorr	冷却射频基座	直流源和射频源
常压化学气相沉积（APCVD）设备	前驱物	550~1100℃	2~300μm/h	常压	承载舟	无
低压化学气相沉积（LPCVD）设备	前驱物	350~1100℃	0.1~1μm/h	低压 0.1~10Torr	承载舟	无

续表

设备种类	薄膜生长源	薄膜生长温度	生长速率	反应腔室工作压力	衬底承载方式	等离子体源
等离子体增强化学气相沉积（PECVD）设备	气态前驱物	低温生长（室温~700℃）	<2μm/min	常压或低压 760Torr 或 0.05~5Torr	加热或射频基座或承载舟	射频（100kHz~40MHz）
金属化学气相沉积（Metal CVD）	金属无机化合物前驱物或金属有机化合物前驱物	低温生长（<550℃）	4~350nm/min	1~300Torr	加热或射频基座	射频（13.56~60MHz）
原子层沉积（ALD）设备	卤化物或金属有机化合物前驱物	<500℃	<0.3nm/沉积周期	常压：760Torr 低压：0.1~10Torr	加热或射频基座	射频（13.56~60MHz）
光化学气相沉积（photo-CVD）设备	气态前驱物	100~300℃	2nm/min~1μm/min	0.1~50Torr	加热基座	无
激光化学气相沉积（LCVD）设备	气态前驱物	100~500℃	2nm/min~100μm/min	0.1~50Torr	加热基座	无
电子回旋共振等离子化学气相沉积（ECR-CVD）设备	气态前驱物	常温~300℃	20~1500nm/min	10^{-4}~10^{-1}Torr	加热基座	微波（2.45GHz）
金属有机气相沉积（MOCVD）设备	前驱物	500~1100℃	1~2μm/h	低压 1~100Torr	加热基座	无
分子束外延（MBE）系统	固态源或气态源或液态源	500~900℃	0.1~2μm/h	低压 10^{-3}~10^{-11}Torr	加热基座	无
气相外延（VPE）系统	固态源或气态源	550~1100℃	0.5~100μm/h	常压或低压 20~100Torr	加热基座	无
液相外延（LPE）系统	液态源或固态源	400~500℃	0.1~10μm/h	—	加热基座或滑动舟	无
化学束外延（CBE）系统	前驱物	500~900℃	0.1~2μm/h	低压（<0.1mTorr）	加热基座	无
离子团束外延（IBE）系统	固态源或气态源	400~800℃	10nm/min~1μm/min	10^{-10}~10^{-7}Torr	加热基座	直流
低能离子束外延（LEIBE）系统	固态源或气态源	150~900℃	10~500nm/min	10^{-10}~10^{-7}Torr	加热基座	直流
旋涂（Spin-on）	液态源	常温	厚度：10nm~100μm	常压	常温	无

注：1Torr=133.3224Pa。

薄膜生长要兼顾薄膜的性能和成本两个方面。表8-26列出了薄膜生长设备的主要评估指标，表8-27列出了集成电路制造中应用薄膜生长设备的工艺。除集成电路制造领域，薄膜生长还被广泛用于先进封装（Advanced Package）、发光二极管（LED）制造和微电机系统（MEMS）制造等领域。

表 8-26 薄膜生长设备的主要评估指标

主要指标	注释
生长速率	薄膜的生长速率直接影响到设备的生产效率
均匀性	包括各种均匀性，如薄膜厚度均匀性、薄膜电阻均匀性等
台阶覆盖率	包括对沟槽、孔隙的顶部、中部、底部（拐角处）的覆盖率
介电性能（k 值）/泄漏电流	薄膜（介电）的绝缘性能
功函数（Work Function）	金属薄膜的重要参数
薄膜应力控制	包括单层薄膜的应力控制和复合薄膜的应力控制
微粒杂质控制	包括圆片传输过程和工艺过程中的微粒杂质控制
反应腔室清理周期	反应腔室清理的周期及清理过程的时长均会影响设备的生产效率

表 8-27 集成电路制造中应用薄膜生长设备的工艺

器件类型	主要工艺
逻辑电路	浅槽隔离（STI）、活性区（Active Area Nitride）、侧墙（Spacer Oxide, Spacer Nitride, Offset Oxide, Offset Oxide）、刻蚀停止层（Etching Stop Layer）、金属栅整合（High k and Metal Gate）、自对准硅化物（Salicide）、接触窗（Contact）、钨栓塞（W Plug）、铜阻挡层籽晶层（Cu Barrier and Seed）、氮化钛金属硬掩模（TiN Hardmask）、铝衬垫（Al Pad）
存储器件	串行选择门电路（SSL Gate）、接地选择门电路（GSL Gate）、公共源线金属化（CSL/MC）、浅槽隔离（STI）、自对准硅化物（Salicide）、钨栓塞黏附和阻挡层（W-Plug Liner and Barrier）、钨栓塞（W-Plug）、铜阻挡层籽晶层（Cu Barrier and Seed）、氮化钛金属硬掩模（TiN Hardmask）、铝衬垫（Al Pad）
先进封装	硅通孔（Through Silicon Via）沉积、凸点下金属化（UBM）、再布线（RDL）、金凸块倒装焊接（Gold Bump）、锡铅凸块倒装焊接（Solder Bump）、铜柱凸块焊接（Cupper Pillar Bump）
发光二极管	AlN 缓冲层（AlN Buffer Layer）、GaN 发光层（GaN Light Emitting Layer）、ITO 透明电极（ITO Transparent Electrode）、银镜（Silver Mirror）、布拉格反射层（DBR Reflector）、阻挡层（Barrier Layer）、钝化（Passivation）、衬垫（Pad）
微机电系统	AlN 缓冲层（AlN Buffer Layer）、压电层（Piezoelectric Layer）、牺牲层（Sacrifice Layer）、绝缘层（Insulation Layer）、钝化（Passivation）、内部互连层（Internal Interconnect Layer）、电极（Metal Electrode）、活性区（Active Area Nitride）
功率器件	活性区（Active Area Nitride）、金属电极（Metal Electrode）、硅化物（Silicide）
平板显示	栅绝缘层（Gate Insulator）、活性区（Active Area Nitride）、透明导电电极（Transparency Conductive Electrode）

集成电路工艺技术的发展，对薄膜生长提出了许多新的挑战。未来薄膜生长设备的发展方向主要有如下 4 个。

（1）越来越多新材料的涌现要求研发新的设备及工艺。

（2）更严格的热预算限制要求更低温的薄膜生长工艺。

（3）更复杂的三维器件结构要求薄膜生长具有更好的台阶覆盖率、更强的沟槽填充能力及更精准的膜厚控制。

（4）更好的薄膜界面性能控制要求设备具备更高的设备集成整合度，可以完成一个应用模块的工艺。

为了满足这些要求与挑战，薄膜生长设备需要不断地引入或研发新技术和新工艺，如在新的磁存储器件中必须引入新的磁性薄膜，在新型二维器件中也需要引入 MoS_2 和 WS_2 等新的衬底材料。这些新材料的制备都需要研发新设备和新工艺。新的器件结构对薄膜生长的热预算有更严格的限制（特别是对一些传统的薄膜，如 SiO_2 和 Si_3N_4 等薄膜），这就需要研发新的制备工艺（如研发新的更低温的反应前驱物），或者研发新的生长技术（如增强等离子体技术或光照技术来降低生长温度）等。三维闪存和鳍状场效应管等新的三维器件结构的出现，均要求在三维器件形貌上生长的薄膜具有更精准的膜厚控制及更优良的台阶覆盖率。因此，未来原子层薄膜沉积（ALD）技术在薄膜生长领域会有更多的应用。

新的器件结构也对薄膜的工艺提出了更严峻的挑战。为了更好地控制不同薄膜之间的生长，薄膜制备平台的系统集成度会更高，如金属互连阻挡层的制备需要将多个不同的工艺腔室集成在一个平台上，这就对设备平台的自动化控制提出了更高、更严峻的挑战。

薄膜生长设备是一种集合了多种学科最先进技术的高科技产品，也是各种芯片生产设备中比较复杂、难度较大且使用率较高的设备。一台先进的带有 8 个反应腔的 300mm 圆片的薄膜生长系统的售价可能超过一千万美元。目前美国、欧洲和日本在薄膜沉积设备领域处于领先地位，主要的生产商包括美国的应用材料（Applied Materials）、泛林（Lam Research），荷兰的先进半导体材料（ASM），以及日本的东京电子（TEL）等。近年来，中国在此领域有了长足的进步，北京北方华创微电子装备有限公司自主开发的系列 PVD 设备已经用于 28nm 生产线中，用于 14nm 工艺的 PVD 设备也已开始进入工艺评价阶段；沈阳拓荆和北方华创的 PECVD 设备也在芯片及 MEMS 生产线上得到应用。同时，北方华创的薄膜生长设备在先进封装、LED 及光伏领域也得到了广泛应用。

撰写人：北京北方华创微电子装备有限公司　赵晋荣　丁培军
审稿人：北京北方华创微电子装备有限公司　王厚工

8.6.2 物理气相沉积设备，物理氣相沉積設備，Physical Vapor Deposition（PVD）Equipment

物理气相沉积（Physical Vapor Deposition，PVD）是指利用热蒸发或受到粒子轰击时物质表面原子的溅射等物理过程，实现物质原子从源物质到衬底材料表面的物质转移，从而在衬底表面沉积形成薄膜的技术。PVD可以分为真空蒸镀（Vacuum Evaporator）和溅射（Sputtering）两种类型。

在薄膜沉积技术发展的初期，主要是真空蒸镀占主流，其原理是在真空中加热原材料，使材料的原子或分子从蒸发材料中逸出，形成蒸气流并输运到待镀膜衬底表面，在表面凝结成薄膜。蒸镀的特点是工艺简单，操作容易，所制备的薄膜纯度较高，生长机理简单。但真空蒸镀设备不能满足蒸发某些难熔金属和氧化物材料的需要，于是发展出以电子束作为加热源的蒸发方法——电子束蒸镀，它是利用加速电子轰击镀膜材料，使镀膜材料加热蒸发并汽化，从而在衬底表面成膜。

在集成电路领域，随着圆片尺寸的增大，溅射技术逐步取代蒸镀技术。溅射的基本原理是，利用电场加速带电离子，将离子引向欲被溅射的物质制成的靶电极。入射离子在与靶表面原子碰撞过程中，将后者溅射出来射向衬底，从而实现薄膜的沉积。传统直流物理气相沉积（DCPVD）的靶材只能是导体，而射频物理气相沉积（RF PVD）能够解决绝缘靶材溅射的问题。磁控物理气相沉积（Magnetron PVD）是在靶材背面装置磁体，与电源系统等形成磁控溅射源。磁控溅射源可提高等离子体的密度，对靶材形成更多的溅射并降低衬底温度。为了提高高深宽比形貌的台阶覆盖率，在磁控溅射的基础上，提高溅射离子的离子化率，并通过在腔室内/外增加射频线圈及下偏压，进而定向金属离子流，提高高深宽比形貌的台阶覆盖能力，这种设备称为离子化物理气相沉积设备（Ionized PVD）。离子化物理气相沉积设备广泛应用于集成电路后道互连工艺。

金属薄膜也应用于器件的金属互连方面。随着技术的发展，金属薄膜的制备工艺日新月异。从早期的磁控物理气相沉积，历经具有更佳孔隙填充能力的离子化物理气相沉积，到目前采用离子化物理气相沉积、化学气相沉积及原子层沉积相结合的薄膜生长设备，已实现薄层金属的良好台阶覆盖率和电学性能。为了减低互连的RC延迟，从180nm技术代开始，Cu取代Al作为金属互连材料。金属薄膜还应用于金属栓塞工艺模块中，该模块中的TiN阻挡层和W栓塞均是采用金属化学气相沉积完成的。

撰写人：北京北方华创微电子装备有限公司　丁培军　王厚工
审稿人：北京北方华创微电子装备有限公司　史小平

▷▷▷ 8.6.3 化学气相沉积和外延设备，化學氣相沉積和磊晶設備，Chemical Vapor Deposition (CVD) and Epitaxy Equipment

化学气相沉积（CVD）是通过混合化学气体并发生化学反应，从而在衬底表面沉积薄膜的一种工艺，用于沉积的材料包括金属材料（W、TiN、Co）、介电材料（SiO_2、Si_3N_4、掺磷二氧化硅、掺硼磷二氧化硅）和半导体材料（多晶硅、无晶硅）等。

CVD 反应的主要过程为，反应前驱物（Precursor）通过载气的牵引，从反应腔入口区域流动到工艺腔室中；在工艺腔室中，反应前驱物发生化学反应或分解，形成激化态的前驱物；激化态的前驱物扩散到衬底表面，吸附于表面并与衬底表面的成核中心（Nucleation Sites）结合，在衬底表面发生化学反应，进而完成薄膜的生长。吸附在衬底表面的反应前驱物通常会发生表面迁移现象（Surface Migration）。表面迁移现象的存在，使得 CVD 工艺通常具有较好的台阶覆盖率。未反应的反应物及副产物（表面化学反应生成）会随着气流流动到反应腔出口并排出。

按照激化反应前驱物方式的不同，CVD 可以分为热化学气相沉积（Thermal CVD）、等离子体增强化学气相沉积（PECVD）、光化学气相沉积（Photon CVD）、激光化学气相沉积（Laser Enhanced CVD）、电子回旋共振等离子化学气相沉积（ECR-CVD）和金属有机气相沉积（MOCVD）等。热化学气相沉积又可以分为常压化学气相沉积（APCVD）、低压化学气相沉积（LPCVD）及金属化学气相沉积（MCVD）等。

原子层沉积（Atomic Layer Deposition，ALD）是一种近年来得到快速发展的薄膜沉积技术。与 CVD 连续生长的反应机理不同，ALD 通过周期性地在反应腔室中通入反应前驱物，形成周期性的薄膜沉积。ALD 每个周期中生长的薄膜厚度是一定的，所以可以有非常精准的膜厚控制及非常优越的台阶覆盖率。根据反应机理的不同，ALD 又可以分为热原子层沉积和等离子体增强原子层沉积（Plasma Ehanced ALD，PEALD）。随着器件集成技术的提升，ALD 在器件工艺中的应用也将越来越广泛。

外延是一种在晶片等单晶衬底上按照衬底晶向生长单晶薄膜的工艺过程。根据外延生长材料的不同，外延可以分为同质外延和异质外延。同质外延是指生长的外延层和衬底是同一种材料，异质外延是指外延生长的薄膜材料与衬底材料不同，如 SOS 技术（在蓝宝石或尖晶石上生长硅）。根据外延生长技术的不同，外延可以分为物理外延技术及化学外延技术。分子束外延（Molecular Beam Epitaxy，MBE）就是一种物理外延技术。在物理外延技术中，反应源通常为纯的固态源，通过加热蒸发成气态，输送到衬底表面完成外延生长，整个过程中反应源不发生化学反应。化学外延技术是指在外延工艺中，反应前驱物通过发生化学反应，进而实现外延单晶薄膜层的生长。化学外延可分为 3 种类型，即气相外延（Vapor Phase Epitaxy，VPE）、液相外延（Liquid Phase Epitaxy，LPE）和固相外延（Solid Phase Epitaxy，SPE）。气相外延具有良好的膜层厚度控制能力，较低的杂质浓度和较高的晶体完整性，在硅工艺中被广泛采用。广义而言，化学外延可以归为 CVD 中的一种。

在 CMOS 半导体集成电路工艺中，绝缘介质的一个主要应用是用于制备 MOS 器件的栅介质层。在 45nm 以上的 CMOS 工艺中，SiO_2 被用来作为 CMOS 栅介质材料。随着 CMOS 器件的不断缩小，在 45nm 以下的技术代中，为了有效抑制短沟道效应，提高栅电极电容并降低栅泄漏电流，高介电材料（High k）被引入替代传统的 SiO_2 材料。目前，以元素铪（Hf）的氧化物为基础的高介电材料为首选材料。高介电材料的制备工艺通常是由 ALD 设备实现的。

绝缘材料的另一个主要应用是空隙及沟槽的填充，以形成器件隔离。随着集成电路的发展，填充材料及制备工艺也不断革新。从大于 $0.8\mu m$ 技术代的 PECVD，历经 90nm 的高密度等离子体（High Density Plasma，HDP）化学气相沉积及 65nm 的高深宽比工艺（High Aspect Ratio Process，HARP），到 10nm 以下技术代中可能采用流体式化学气相沉积（Flowable CVD，FCVD），实现自底向上（Bottom-Up）的填充，达到致密且无碳的介电薄膜生长。在后道金属互连领域，介电薄膜也从原始的 SiO_2 发展到可降低 RC 延迟的介电常数更低的低介电常数（Low-k）绝缘材料（$k \leqslant 3.2$）及超低介电常数材料（$k \leqslant 2.5$）。

在 CMOS 工艺中，多晶硅等半导体材料通常用于制备栅电极。在 90nm 以上技术代中，多晶硅通常用 LPCVD 设备来制备。在 90nm 至 65nm 的技术代中，快速热化学气相沉积（Rapid Thermal CVD，RTCVD）设备被研发采用，以提高栅叠层的工艺整合性。到了 45nm 及以下的工艺技术代，由于栅介质采用高介电材料，采用金属栅电极取代多晶硅，因此避免了费米能级钉扎效应（Fermi Level Pining）及硅栅耗尽效应（Poly Depletion Effect，DE）。金属栅电极通常也是用 ALD 设备制备的。

在 CMOS 65nm 技术代以下，源漏区的局部应力工艺可以提升晶体管速度。这个技术是通过在 PMOS 晶体管的源/漏区嵌入锗硅（SiGe）应变外延层实现的。由于 Si 跟 SiGe 晶格常数失配，在 PMOS 器件源/漏区采用外延技术引入 SiGe 外延层时，会对器件沟道区域产生压应力，从而可以提升空穴的迁移率。

这就使得 PMOS 在保持器件尺寸不变的情况下，其饱和电流得到增大，从而提高器件的响应速度。

> 撰写人：中芯国际集成电路制造有限公司　　刘建强
> 　　　　北京北方华创微电子装备有限公司　　史小平
> 审稿人：北京北方华创微电子装备有限公司　　丁培军

▷▷▷ 8.6.4　真空蒸镀设备，真空蒸鍍設備，Vacuum Evaporator

真空蒸镀是一种通过在真空室内加热固体材料，使其蒸发汽化或升华后凝结沉积到一定温度的衬底材料表面的镀膜方式。

图 8-107 所示的是典型的真空蒸镀设备示意图，通常它由 3 个部分构成，即真空系统、蒸发系统和加热系统。真空系统由真空管路和真空泵组成，其主要作用是为蒸镀提供合格的真空环境。蒸发系统由蒸发台、加热组件和测温组件构成，蒸发台上放置所要蒸发的目标材料（如 Ag、Al 等）；加热和测温组件是一个闭环系统，用于控制蒸发的温度，保证蒸发顺利进行。加热系统由载片台和加热组件构成，载片台用于放置需要蒸镀薄膜的衬底，加热组件用于实现基板加热和测温反馈控制。

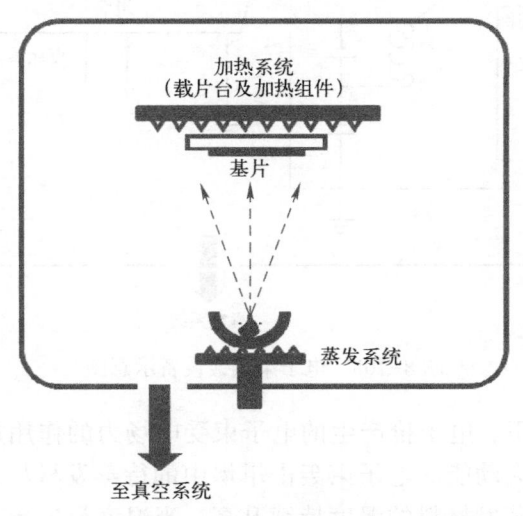

图 8-107　典型的真空蒸镀设备示意图

真空环境是真空蒸镀过程中非常重要的条件，关系到蒸发的速率和成膜的质量。如果真空度达不到要求，汽化的原子或分子会与残余气体分子频繁碰撞，使其平均自由程变小，原子或分子散射严重，从而改变运动方向，降低了成膜速率。另外，因为残余的杂质气体分子的存在，使得沉积的薄膜受到严重污染，质量不佳，尤其是在腔室的压升率不达标而存在外漏的情况下，空气会漏入真空腔室中，对成膜质量产生严重影响。

真空蒸镀设备的结构特点决定了其在大尺寸衬底上镀膜的均匀性较差。为了改善其均匀性，一般采取增加源基距和旋转衬底的方法，但增加源基距会牺牲薄膜生长速率和纯度，同时因为真空空间的增加，导致蒸发材料的利用率降低。

虽然真空蒸镀设备具有操作方便等优点，但它不能满足蒸发某些难熔金属和氧化物材料的需要，于是发展了以电子束作为加热源的蒸发方法——电子束蒸发，它是指利用电子束（通常由电子枪产生）轰击待蒸发材料，使之受热蒸发，并经电子加速后沉积到衬底材料表面。电子束蒸镀设备示意图如图 8-108 所示。

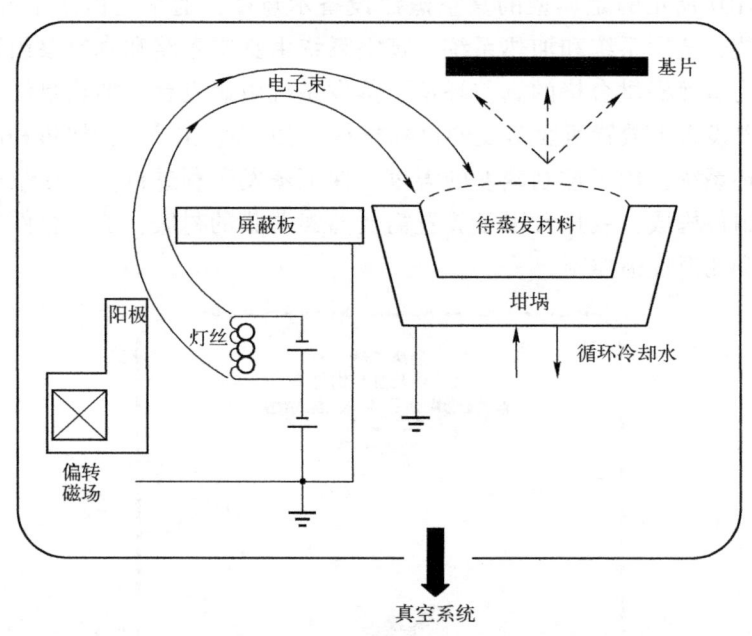

图 8-108　电子束蒸镀设备示意图

在电场的作用下，电子枪产生的电子束受电场力的作用加速，从而具有较大的动能。具有较大动能的电子束轰击坩埚中的待蒸发材料，电子的动能转化为热能，从而使待蒸发材料的温度持续升高。当温度超过待蒸发材料的蒸发温度时，待蒸发材料便发生汽化，蒸发出来的材料的原子或分子在衬底表面凝结，形成薄膜。在这个过程中，电子是由热阴极发射的，电子在电场中被加速，具备足够的动能；而待蒸发材料是阳极，电子产生、被加速、轰击待蒸发材料从而使待蒸发材料温度升高，是一个比较简单的过程。薄膜的蒸发速率取决于电子束的功率。对于高熔点的待蒸发材料，需要加大电子束的功率。电子束加热蒸镀的优点是可以获得极高的能量密度，加热温度可达 3000~6000℃，可以蒸发难熔金属或化合物，可以蒸镀 W、Mo、Ge、SiO_2、Al_2O_3 等材料，可实现高纯度薄膜的制备；其缺点是高能离子的轰击会引起衬底损伤，也不太适合化合物的制备，所产生的 X 射线对人体有一定的伤害。

目前电子束蒸镀主要应用在 LED 的电极制作上，而主流 IC 制作领域已经不再采用此类设备进行薄膜制备。

撰写人：北京北方华创微电子装备有限公司　王厚工
审稿人：北京北方华创微电子装备有限公司　史小平

▷▷▷ 8.6.5　直流物理气相沉积设备，直流物理氣相沉積設備，Direct Current Physical Vapor Deposition（DCPVD）System

直流物理气相沉积（DCPVD）又称阴极溅射或真空直流二级溅射，真空直流溅射的靶材作为阴极，衬底作为阳极。真空溅射是通过将工艺气体电离后，形成等离子体，等离子体中的带电粒子在电场中加速从而获得一定的能量，能量足够大的粒子轰击靶材表面，使靶原子被溅射出来；被溅射出来的带有一定动能的原子向衬底运动，在衬底表面形成薄膜。溅射所用的气体一般是稀有气体，如氩气（Ar），所以由溅射形成的薄膜不会受到污染；另外，氩（Ar）的原子半径比较适合溅射，溅射粒子尺寸要与靶材原子的尺寸相近才能进行溅射，若粒子太大或太小，都不能形成有效的溅射。除了原子的尺寸因素，原子的质量因素也会影响溅射质量，如果溅射的粒子源太轻，靶材原子不会被溅射；如果溅射的粒子太重，靶材会被"撞弯"，靶材也不会被溅射。图 8-109 所示的是 DCPVD 设备示意图。

DCPVD 所使用的靶材必须是导体，这是因为当工艺气体中的氩（Ar）离子轰击靶材时，会与靶材表面的电子复合；当靶材是金属等导体时，这种复合所消耗的电子较容易由电源和靶材其他地方的自由电子通过电传导的方式获得补充，从而使得靶材表面整体保持负电性，维持溅射。反之，如果靶材是绝缘体，靶材表面被复合掉电子后，靶材其他地方的自由电子不能通过电传导的方式来补充，甚至正电荷会在靶材表面累积，造成靶材电位上升，靶材的负电性因此减弱直至消失，最终导致溅射终止。因此，为了使绝缘材料同样能够用于溅射，就需要另外寻找一种溅射方法，射频溅射就是一种既适用于导体靶材也适用于非导体靶材的溅射方法。

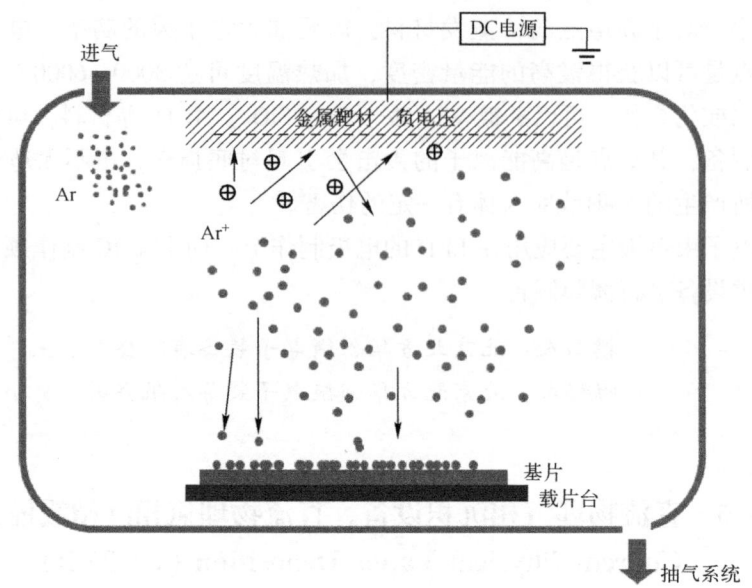

图 8-109 DCPVD 设备示意图

DCPVD 的另一个弱点是启辉电压高，电子对衬底的轰击强。解决该问题的有效方法是采用磁控溅射，所以在集成电路领域中真正有实用价值的是磁控溅射。

撰写人：北京北方华创微电子装备有限公司　丁培军　王厚工
审稿人：北京北方华创微电子装备有限公司　史小平

▷▷▷ 8.6.6 射频物理气相沉积设备，射频物理氣相沉積設備，Radio Frequency Physical Vapor Deposition (RFPVD) System

射频物理气相沉积（RFPVD）使用射频电源作为激励源，是一种适用于各种金属和非金属材料的 PVD 方法。

RFPVD 使用的射频电源的常用频率为 13.56MHz、20MHz、60MHz。射频电源的正、负周期交替出现，当 PVD 靶处于正半周时，因为靶材表面处于正电位，工艺气氛中的电子会流向靶面中和其表面积累的正电荷，甚至继续积累电子，使其表面呈现负偏位；当溅射靶材处于负半周期时，正离子会向靶材移动，并在靶材表面被部分中和。最关键的是，射频电场中电子的运动速度比正离子快得多，而正、负半周期的时间却是相同的，所以导致在一个完整周期后，靶材表面会"净剩"负电。因此，在开始的数个周期内，靶材表面的负电性呈现增加的趋势；之后，靶材表面达到稳定的负电位；此后，因为靶材的负电性对电子具有排斥作用，致使靶材电极所接受的正、负电荷量趋于平衡，靶材呈现稳定的负电性。从上述过程可以看出，负电压形成的过程与靶材材料本身的属性无关，所以 RFPVD 方式不仅能够解决绝缘靶材溅射的问题，并且还能够很好地兼容常规的金属导体靶材。图 8-110 所示为 RFPVD 设备示意图。

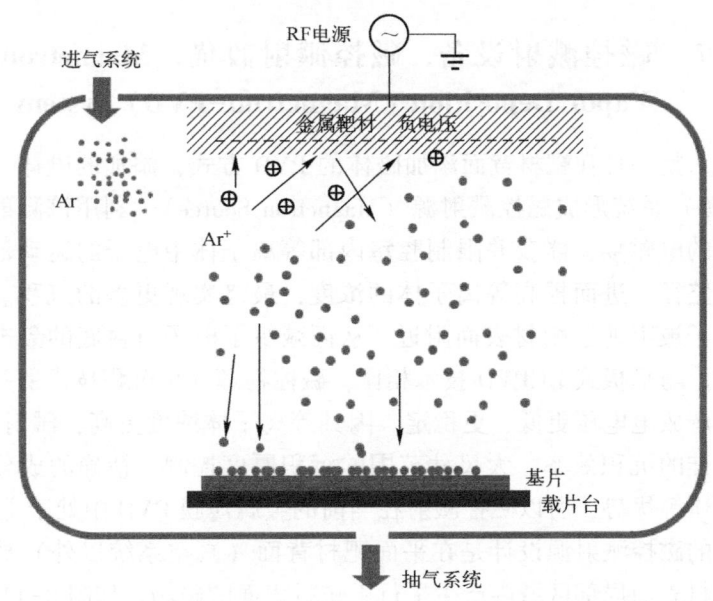

图 8-110　RFPVD 设备示意图

相较于 DCPVD 而言，稳定状态下 RFPVD 的靶材电压更小，而更低的靶材电压意味着轰击到靶材上的正离子（Ar^+）被加速的动能更小，进而轰击出的靶材原子动能也更小；而薄膜沉积时，沉积粒子的动能会直接影响薄膜的成膜结构和特性。利用这个特点，RFPVD 在改变薄膜特性和控制沉积粒子对衬底的损伤方面具有独特的优势。不过靶材电压低会造成溅射产额降低，从而导致薄膜的沉积速率降低；在相同的输入功率条件下，DCPVD 的沉积速率通常会数倍于 RFPVD。为了弥补这个不足，另一种 PVD 方式是直流和射频同时加载，两种电源通过耦合器同时加载于靶材上且不会相互干扰，而射频电源使工艺气体中的等离子的产生更为容易，所以这种直流和射频同时加载的方式既有较低的靶材电压，又能够保持可接受的薄膜沉积速率。

与 RFPVD 相比较，CVD 具有更好的台阶覆盖能力，因此 IC 工艺中大多采用 CVD 方法制备介质绝缘材料。RFPVD 主要通过与直流磁控 PVD 相结合来降低 DCPVD 对圆片上的器件的损伤。同时，RFPVD 的加入会导致沉积速率的下降，以便更好地对沉积超薄膜厚度进行控制。因此，对金属栅的沉积大多采用磁控 DCPVD/RFPVD 方法。

撰写人：北京北方华创微电子装备有限公司　丁培军　王厚工
审稿人：北京北方华创微电子装备有限公司　史小平

▷▷▷ 8.6.7　磁控溅射设备，磁控濺射設備，Magnetron Physical Vapor Deposition（Magnetron-PVD）System

磁控溅射是一种在靶材背面添加磁体的 PVD 方式，添加的磁体与直流电源（或交流电源）系统形成磁控溅射源（Magnetron Source），利用该溅射源在腔室内形成交互的电磁场，俘获并限制腔室内部等离子体中电子的运动范围，延长电子的运动路径，进而提高等离子体的浓度，最终实现更多的沉积。另外，因为更多的电子被束缚于靶材表面附近，从而减少了电子对衬底的轰击，降低了衬底的温度。与平板式 DCPVD 技术相比，磁控物理气相沉积技术的一个最明显的特点是启辉放电电压更低、更稳定。因其等离子体浓度更高，溅射产额更大，可以实现极佳的沉积效率、大尺寸范围的沉积厚度控制、精确的成分控制及较低的启辉电压等优势，所以磁控溅射在当前的金属薄膜 PVD 中处于主导地位。

最简单的磁控溅射源设计是在平面靶材背面（真空系统以外）放置一组磁体，以在靶材表面局部区域内产生平行于靶材表面的磁场，如图 8-111 所示）。

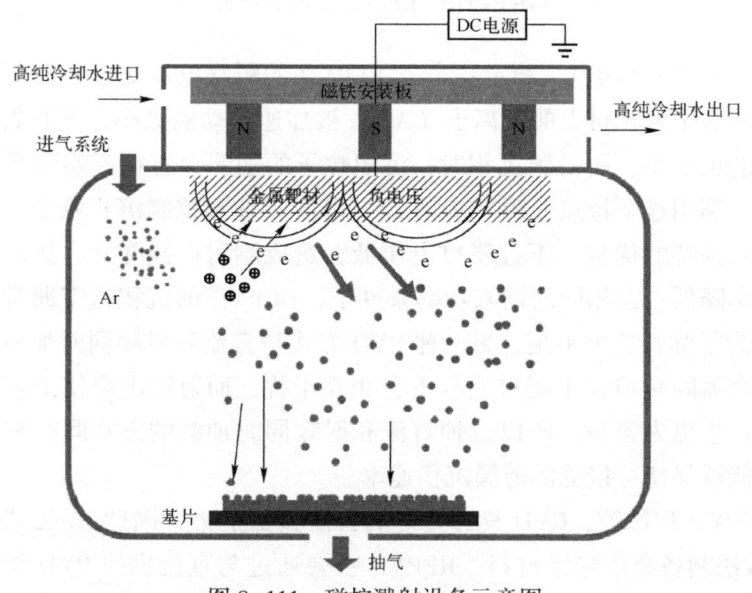

图 8-111　磁控溅射设备示意图

如果放置的是永磁体，因其磁场相对固定，导致腔室内靶材表面的磁场分布相对固定，只有靶材的特定区域的材料被溅射，靶材利用率低，制备的薄膜均匀性较差，溅射出的金属或其他材料的粒子有一定概率沉积回靶材表面，从而聚集成颗粒，形成缺陷污染。因此，商用的磁控溅射源多采用旋转磁体设计方式，以提高薄膜均匀性、靶材利用率及全靶溅射。平衡这三个因素至关重要，如果平衡处理得不好，可能导致获得了很好的薄膜均匀性，却大幅度降低了靶材利用率（缩短了靶材寿命），或者达不到全靶溅射或全靶腐蚀，会在溅射过程中产生颗粒问题。图 8-112 所示的是一种典型的磁控溅射源设计方案。

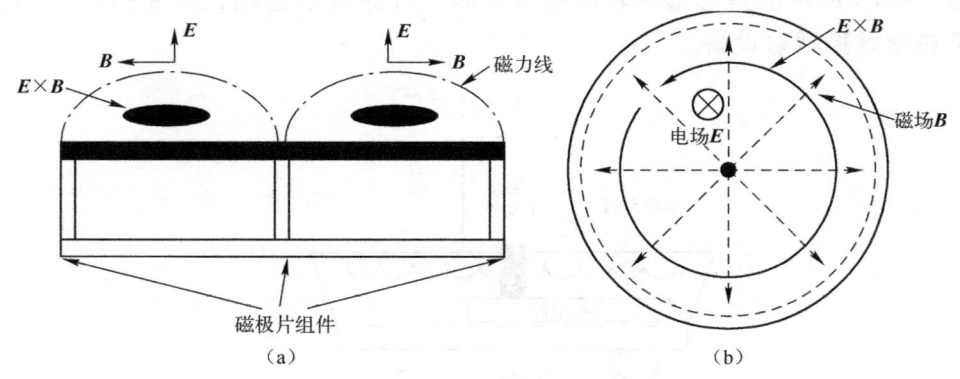

图 8-112　磁控溅射源设计

在磁控 PVD 技术中，需要考虑旋转磁体运动机构、靶材形状、靶材冷却系统及磁控溅射源，同时还需要考虑对承载圆片的基座的功能配备，如对圆片的吸附和温度控制等。在 PVD 过程中，对圆片进行温度控制是为了获得所需要的晶体结构，晶粒尺寸和取向，以及性能的稳定性。由于圆片背面和基座表面的热传导需要一定的压力，通常为数托（Torr）数量级，而腔室的工作压力通常为数毫托（mTorr）数量级，这就导致圆片背面的压力远比圆片上表面的压力大，因此需要用机械卡盘或静电卡盘（Electrostatic Chuck）对圆片进行定位限制。机械卡盘是靠自重和扣压圆片的边缘来实现此功能的，虽然它有结构简单和对圆片的材料不敏感的优点，但圆片的边缘效应明显，也不利于对颗粒的严格控制，因此在 IC 工艺中已经逐渐被静电卡盘所取代。对温度不非常敏感的工艺，也可以选用无吸附、无边缘接触的搁置式方法（圆片的上表面与下表面之间没有压力差）。在 PVD 过程中，腔体内衬和与等离子体接触的零部件表面都会被沉积和覆盖。当沉积的膜厚超过了极限值，膜就会开裂剥落而造成颗粒问题，因此内衬等零部件的表面处理是延长该极限值的关键。表面喷沙和铝溶射是两种常用的方法，其目的是增加表面的粗糙度，以加强膜与内衬表面的结合力。

磁控管的设计要求对于有倾角的溅射（Off-Angle Sputtering）相对宽松，因为薄膜厚度的均匀性主要依靠倾角的调节和圆片的旋转。这种方法的弱点是沉积速率低，沟槽孔隙覆盖率低，因此局限于沉积平面薄膜。

磁控 DCPVD 是应用最广泛的一种沉积方式，特别是对于平面薄膜的沉积，包括集成电路制备中的铝互连的金属层制备，但在铜互连中这类应用减少。28nm 的氮化钛硬掩模又开启了对这种平面沉积技术的新应用。图 8-113 所示的是心形旋转磁控溅射源设计原理示意图，表 8-28 所列的是典型磁控溅射设备。

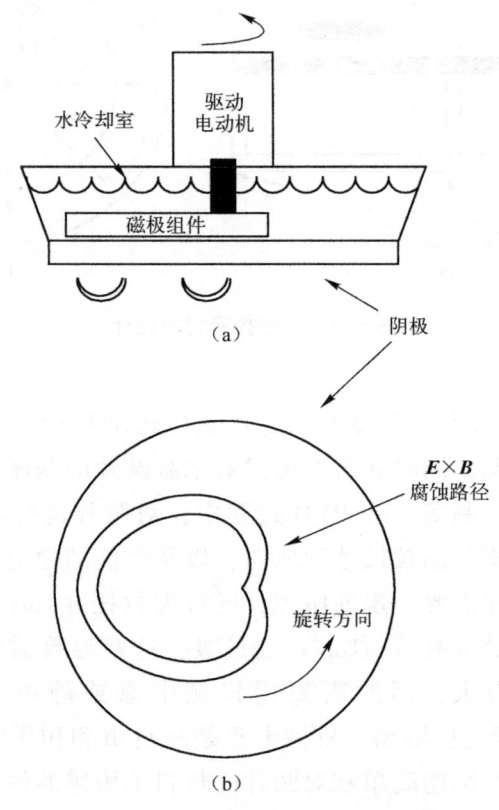

图 8-113 心形旋转磁控溅射源设计原理示意图

表 8-28 典型磁控溅射设备

主要生产商	设备型号	主要特点
AMAT	Endura	集簇式系统，可集成多种材料的沉积工艺腔室，单片工艺，可配置加热或冷却基座；主要应用于集成电路制造，也可应用于先进封装、功率半导体、MEMS等领域的金属或介质镀膜工艺
北方华创	Polairs、Flexer、exiTin	集簇式系统，可集成多种材料的沉积工艺腔室，单片工艺，可配置加热或冷却基座；可应用于集成电路、先进封装、半导体照明、功率半导体、微机械等领域的金属或介质镀膜工艺
北京泰龙电子	PVD-M	微型集簇式系统，可集成多种材料的沉积工艺腔室；主要应用于集成电路制造，也可应用于先进封装、功率半导体、MEMS等领域的金属或介质镀膜工艺

撰写人：北京北方华创微电子装备有限公司　丁培军　王厚工
审稿人：北京北方华创微电子装备有限公司　史小平

▷▷▷ 8.6.8 离子化物理气相沉积设备，離子化物理氣相沉積設備，Ionized Physical Vapor Deposition (Ionized-PVD) System

随着微电子技术的不断发展，特征尺寸变得越来越小。由于 PVD 技术无法控制粒子的沉积方向，所以 PVD 进入具有高深宽比的通孔和狭窄沟道的能力受到限制，使得传统 PVD 技术的扩展应用受到越来越多的挑战。在 PVD 工艺中，随着孔隙沟槽的深宽比增加，底部的覆盖率降低，在顶部的拐角处形成屋檐式的悬垂（Overhang）结构，并在底部拐角处形成最薄弱的覆盖，如图 8-114 所示。

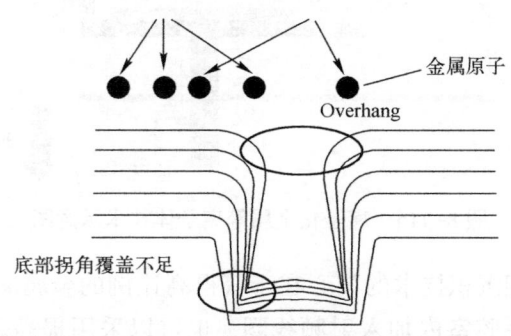

图 8-114 在高深宽比的接触孔处，典型的台阶覆盖随时间增加而变化的截面图

离子化物理气相沉积（Ionized PVD）技术就是为了解决这一问题而开发的。它先将从靶上溅射出来的金属原子通过不同的方式使之等离子化，再通过调整加载在圆片上的偏压，控制金属离子的方向与能量，以获得稳定的定向金属离子流来制备薄膜，从而提高对高深宽比通孔和狭窄沟道的台阶底部的覆盖能力。

离子化金属等离子体技术的典型特征是在腔室中加入一个射频线圈，如图 8-115 所示。进行工艺时，腔室的工作压力维持在比较高的状态（约为正常工作气压的 5～10 倍）。在进行 PVD 时，利用射频线圈产生第 2 个等离子体区域，该区域中的氩等离子浓度随着射频功率和气压增加而升高。当靶材溅射出的金属原子经过该区域时，与高密度氩等离子体相互作用而形成金属离子。在圆片的载盘（如静电卡盘）处施加射频源可以提高圆片上的负偏压，以此来吸引金属正离子到达孔隙沟槽的底部。这种与圆片表面垂直的定向金属离子流提高了对高深宽比孔隙和狭窄沟道的台阶底部覆盖能力。施加在圆片上的负偏压还会使离子轰击圆片表面（反溅射）。这种反溅射能力会削弱孔隙沟槽口的悬垂（Overhang）结构，并且将已沉积在底部的薄膜溅射到孔隙沟槽底部拐角处的侧壁上，从而加强了拐角处的台阶覆盖率。

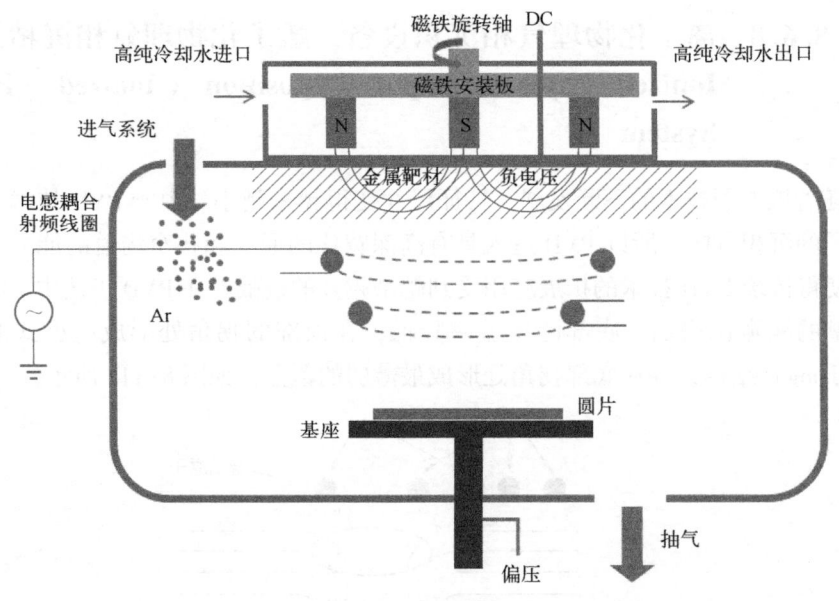

图 8-115　离子化金属等离子体技术示意图

离子化物理气相沉积技术的核心在于获得高比例的金属离子，以形成定向的金属粒子流。除了在腔室内加入射频线圈，也可以采用提高磁控管的磁场强度，加大 DCPVD 功率和降低工作气压的方法，具有代表性的这种离子化 PVD 技术为自离子化等离子体（Self Ionized Plasma，SIP）技术，如图 8-116 所示。其典型特征是采用更高磁场强度的磁控溅射源（以提高金属原子的离子化率），增加靶材到圆片的距离，在 PVD 过程中采用低压甚至零氩气溅射工艺（如铜的自溅射）。低压 PVD 减少了金属离子、氩离子和原子被散射的概率，从而保证对高深宽比通孔和狭窄沟道的台阶覆盖能力。

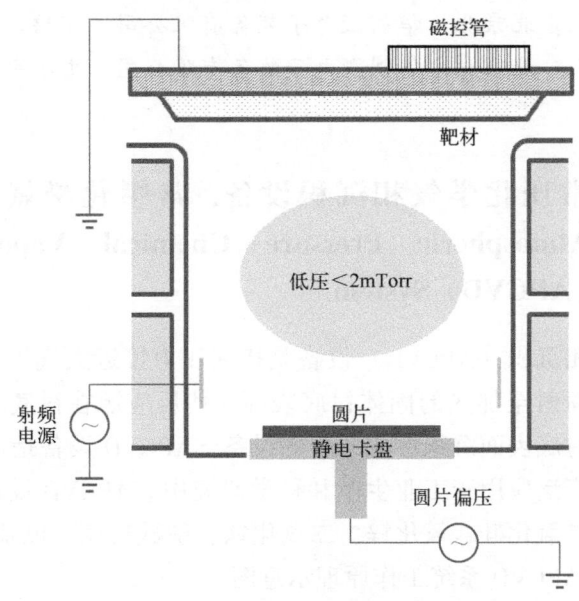

图 8-116　SIP 技术的腔室布局示意图

离子化 PVD 属于磁控 DCPVD 中的一种新技术。近代铝互连的隔离层、钨栓塞的黏附层，以及铜互连中的隔离层和籽晶层，就是利用离子化 PVD 完成的。对于有高深宽比的孔隙沟槽的集成电路工艺，离子化 PVD 的应用已经占据了主导地位。同时，这类离子化 PVD 腔室已经和金属 CVD 腔室结合在一个系统中，各自发挥其特长，如钨栓塞的黏附层（钛离子 PVD）和隔离层（氮化钛 CVD），展示了各类腔室系统性结合的发展趋势。表 8-29 所列为典型离子化 PVD 系统。

表 8-29　典型离子化 PVD 系统

主要生产商	设备型号	主要特点
AMAT	Endura	集簇式系统，可集成多种材料的工艺腔室，单片工艺，可配置加热、冷却及射频基座，可实现高深宽比的孔隙填充。主要应用于集成电路制造、先进封装等领域的金属互连或介质镀膜工艺

续表

主要生产商	设备型号	主要特点
北方华创	eVictor、Polaris	集簇式系统，可集成多种材料的工艺腔室，单片工艺，可配置加热或冷却基座及射频基座。可应用于集成电路制造、先进封装等领域的金属互连或介质镀膜工艺

撰写人：北京北方华创微电子装备有限公司　丁培军　王厚工

审稿人：北京北方华创微电子装备有限公司　史小平

▷▷▷ 8.6.9　常压化学气相沉积设备，常壓化學氣相沉積設備，Atmospheric Pressure Chemical Vapor Deposition (APCVD) System

常压化学气相沉积（APCVD）设备是指在压力接近大气压力的环境下，将气态反应源匀速喷射至加热的固体衬底表面，使反应源在衬底表面发生化学反应，反应产物在衬底表面沉积形成薄膜的设备。APCVD 设备是最早出现的 CVD 设备，至今仍被广泛应用于工业生产和科学研究中。APCVD 设备可用于制备单晶硅、多晶硅、二氧化硅、氧化锌、二氧化钛、磷硅玻璃、硼磷硅玻璃等薄膜。图 8-117 所示为 APCVD 系统工作原理示意图。

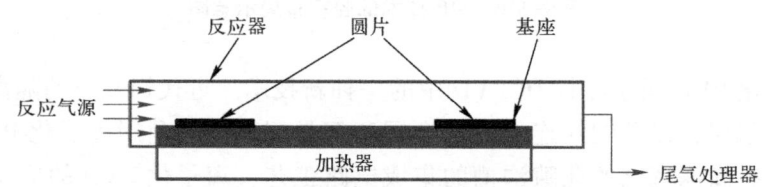

图 8-117　APCVD 系统工作原理示意图

APCVD 设备通常由气体控制部分、加热及其电气控制部分、传动部分、反应腔室部分和尾气处理部分组成。气体控制部分用于控制、混合、均匀输送所需气体进入设备所需位置，包括气路和气体喷射装置；每个气路上根据需求设计了不同类型和数量的阀门（手阀、气动阀等）及流量计，通过这些装置控制气路的通/断和气体的流量。气体喷射装置位于气路尽头进入反应腔室的地方，其作用是保证气体均匀地流入反应腔室，是影响薄膜质量的关键部件。加热部分提供化学反应所需要的热源，有电磁感应线圈加热和红外灯加热等方式。常见的APCVD设备可以根据每炉的载片数量划分为多片设备和单片设备,其中多片设备主要有立式反应炉、水平式反应炉和桶式反应炉3种类型。

APCVD设备工作时,需要先将衬底加热至一定的温度,再将控制、调节好的反应气体匀速通过衬底表面,通过气体间的化学反应,使反应物在衬底表面沉积,废气则经由特定的管路进入尾气处理部分。APCVD设备的反应环境与大气环境近似,反应气体的分子平均自由程较小,分子之间发生碰撞的频率很高,容易发生同质成核的化学反应,从而导致生产的薄膜内部及其表面可能含有颗粒,因此对腔室设计与维护提出了较高的要求。由于APCVD设备不需要真空环境,因此它具有结构简单、成本较低、沉积速率高、生产效率高、工艺重复性好等优点,易于实现大面积连续镀膜,适合大批量工业生产。

撰写人:北京北方华创微电子装备有限公司　吴军
审稿人:北京北方华创微电子装备有限公司　史小平

▷▷▷ 8.6.10 低压化学气相沉积设备,低壓化學氣相沉積設備,Low Pressure Chemical Vapor Deposition (LPCVD) System

低压化学气相沉积(LPCVD)设备是指在加热(350~1100℃)和低压(10~1000mTorr)环境下,利用气态原料在固体衬底表面发生化学反应,反应产物在衬底表面沉积形成薄膜的设备。LPCVD设备是在APCVD的基础上,为了提高薄膜质量,改善膜厚和电阻率等特性参数的分布均匀性,以及提高生产效率而发展起来的,其主要特征是在低压热场环境下,工艺气体在圆片衬底表面发生化学反应,反应产物在衬底表面沉积形成薄膜。LPCVD设备在优质薄膜的制备方面具有优势,可用于制备氧化硅、氮化硅、多晶硅、碳化硅、氮化镓和石墨烯等薄膜。

与APCVD相比,LPCVD设备的低压反应环境增大了反应室内气体的平均自由程和扩散系数,反应腔内的反应气体和载带气体分子可在短暂的时间内达到均匀分布,因而极大地提高了薄膜的膜厚均匀性、电阻率均匀性和阶梯覆盖性,反应气体的消耗量也小。另外,低压环境也加快了气体物质的传输速度,衬底中扩散出的杂质和反应副产物可迅速通过边界层被带出反应区,反应气体则迅速通过边界层到达衬底表面进行反应,因而可以有效地抑制自掺杂,制备出过渡区陡峭的优质薄膜,同时也提高了生产效率。

LPCVD设备一般由气路控制系统、反应室及其压力控制系统、电气控制系统、传送系统和尾气处理装置等组成。反应室压力控制部分的核心装置是真空泵、真空控制器、真空规和阀门等，通过程序控制，使反应室内部达到所需的低压环境。加热方式分为电阻丝加热、高频感应加热和红外灯加热等。

LPCVD 设备根据腔室单次载片数量划分为多片设备和单片设备，多片设备主要采用热壁加热系统，单片设备多采用冷壁加热系统。热壁与冷壁的最大区别在于加热对象的不同，热壁系统是经由热源提供热量，对整个反应腔室系统（包括圆片、石英舟和反应腔室）进行加热，反应室处于热壁状态；冷壁系统仅对圆片进行加热，反应腔室则保持冷壁状态。热壁系统中的化学反应发生在反应腔室内的所有部位，因此反应腔室内壁上也会有反应物沉积，需要定期对其进行清洁处理；冷壁系统内的化学反应仅发生在被加热的衬底及衬底托盘处。现阶段，LPCVD 设备越来越向高产能、低温化和新反应源方向发展。表 8-30 所列为典型 LPCVD 系统。

表 8-30 典型 LPCVD 系统

主要生产商	设备型号	主要特点
ASM（荷兰）	A400、A412 PLUS、	多片立式结构。适用于氧化硅、氮化硅、TEOS、非掺杂和原位（磷、砷、硼）掺杂的多晶硅外延工艺
TEL（日本）	Alpha-8SE、TELFORMULA、TELINDY、	多片立式结构，内、外部热电偶控温。适用于多晶硅、氧化硅、氮化硅、ALD 高 k 等外延工艺
日立国际电气（日本）	VERTRON、QUIXACE	多片立式结构。适用于原位（磷、砷）掺杂的多晶硅、氧化硅和氮化硅等外延工艺
AMAT（美国）	Centura、POLYgen、Centura SiNgenPlus	单片设备，采用冷壁系统及陶瓷加热，属于低温（500℃以下）沉积，等离子活性化。适用于原位（磷、砷）掺杂、多晶硅锗、氮化硅等外延工艺
北方华创（中国）	THERORIS（300）、THERORIS（200）	多片立式结构，热壁腔室，适用于多晶硅、氧化硅、氮化硅等外延工艺

撰写人：北京北方华创微电子装备有限公司　吴军

审稿人：北京北方华创微电子装备有限公司　史小平

▷▷▷ 8.6.11 等离子体增强化学气相沉积设备，電漿增強化學氣相沉積設備，Plasma Enhanced Chemical Vapor Deposition（PECVD）System

等离子体增强化学气相沉积（PECVD）是一种应用广泛的薄膜沉积技术。在等离子体工艺过程中，气态前驱物在等离子体作用下发生离子化，形成激发态的活性基团，这些活性基团通过扩散到达衬底表面，进而发生化学反应，完成薄膜生长。

按照等离子体发生的频率来分，PECVD中所用的等离子体可以分为射频等离子体（Radio Frequency Plasma）和微波等离子体（Microwave Plasma）两种。目前，工业界所用的射频频率一般为13.56MHz。射频等离子的引入通常分为电容耦合方式（CCP）和电感耦合方式（ICP）两种。电容耦合方式通常为直接等离子体（Direct Plasma）反应方式；而电感耦合方式可以为直接等离子体方式，也可以为远程等离子体（Remote Plasma）方式。图8-118所示为平板电容耦合式PECVD设备的示意图。

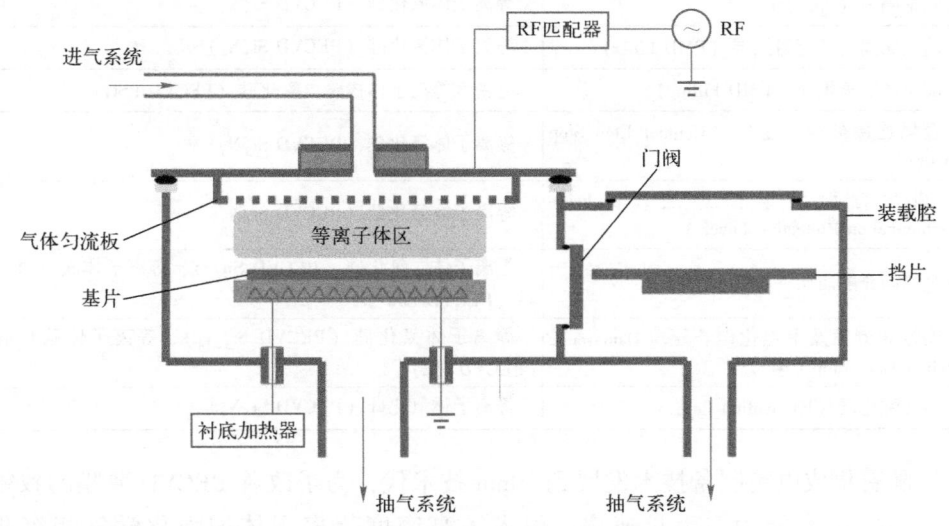

图8-118　平板电容耦合式PECVD设备的示意图

通常，使用电容耦合生成的等离子体的电离率较低，因此导致反应前驱物的离解有限，沉积速率也相对较低。使用电感耦合可以产生更高密度的等离子体。当电感线圈上施加高频信号时，在电感线圈内部感应出电场，加速等离子体中的电子至更高的能量，这样就可以产生更高密度的等离子体。

在半导体制造工艺中，PECVD通常用于在含有金属或其他对温度比较敏感的结构的衬底上生长薄膜。例如，在集成电路后道金属互连领域，由于在前道工艺中，器件的源、栅与漏等结构已经形成，因而金属互连领域的薄膜生长有着很严格的热预算（Thermal Budget）限制，所以通常是由等离子体辅助完成的。通过调整等离子体工艺参数，PECVD生长的薄膜的密度、化学组分、杂质含量、机械韧性和应力等参数都可以在一定范围内得到调节和优化。表8-31列出了当今半导体集成电路工艺中所需的可以用PECVD技术生长的薄膜材料。

表 8-31 PECVD 技术在集成电路工艺中的主要应用

工艺应用	PECVD 生长材料
浅槽隔离填充（STI Filling）	高密度等离子体二氧化硅（HDP SiO_2）、流体沉积二氧化硅（FCVD SiO_2）
光刻硬掩模（Litho Hard Mask）	等离子体非晶碳（PECVD α-C，APF）、等离子体氮化硅（PECVD Si_3N_4）、等离子体氮化钛（PECVD TiN）
光刻防反射层（Anti-reflective Coating）	等离子体氮氧化硅（PECVD SiON）
侧壁隔离（Spacer）	等离子体氮化硅（PECVD Si_3N_4）
前金属隔离填充阻挡层（PMD Liner）	等离子体氮化硅（PECVD Si_3N_4）
前金属隔离填充（PMD Filling）	高密度等离子体掺磷二氧化硅（PECVD PSG）
金属连接刻蚀停止层（Contact Etch Stop Layer）	等离子体氮化硅（PECVD Si_3N_4）
圆片背面污染保护层（Backside Contamination Protection Layer）	等离子体氮化硅（PECVD Si_3N_4）
金属间介电质层（IMD）	等离子体二氧化硅（PECVD SiO_2）、等离子体底介质材料（PECVD Low-k）
镶嵌式刻蚀及平坦化停止层（Damascene Etch & CMP Stop Layer）	等离子体氮化硅（PECVD Si_3N_4）、等离子体碳化硅（PECVD SiC）
器件钝化层（Passivation Layer）	等离子体氮化硅（PECVD Si_3N_4）

随着集成电路制备技术发展到 90nm 技术代，为了改善 PECVD 薄膜的致密性、沟槽填充能力、生长速率，引入了高密度等离子体增强化学气相沉积（High Density Plasma CVD，HDP-CVD）技术。在高密度等离子体中，离子化的原子或分子因具有更强的轰击（Bombardment）作用而引发溅射（Sputtering），可以有效地消除薄膜沉积过程中形成的悬垂（Overhang）结构，从而实现对沟槽及孔隙由下至上的填充。表 8-32 所列为典型 PECVD 系统。

表 8-32 典型 PECVD 系统

主要生产商	设备型号	主要特点
AMAT（美国）	Producer、Centura	单片集簇式系统。可应用于集成电路制造领域的后段金属布线超低 k 介电质层薄膜沉积
LAM Research（美国）	Vector Express/PF-300T、SPEED	多片集簇式系统。可应用于集成电路制造领域的金属钨塞及介质薄膜沉积
TEL（日本）	Triase+ SPAi	单片集簇式系统。可应用于集成电路制造领域的介质材料沉积
ASM（荷兰）	Eagle	单片集簇式系统。可应用于集成电路制造领域的低 k 介电质层沉积
北方华创（中国）	EPEE	单片集簇式系统，可应用于 IC、Power IC 领域介质材料沉积

续表

主要生产商	设备型号	主要特点
拓荆(中国)	PF-300T	单片集簇式系统。可应用于集成电路制造领域的低 k 介电质层沉积

撰写人：北京北方华创微电子装备有限公司　史小平

中芯国际集成电路制造有限公司　刘建强

审稿人：北京北方华创微电子装备有限公司　丁培军

▷▷▷ 8.6.12 高密度等离子体增强化学气相沉积设备，高密度電漿增強化學氣相沉積設備，High Density Plasma Chemical Vapor Deposition (HDP-CVD) System

高密度等离子体增强化学气相沉积（HDP-CVD）工艺是 PECVD 工艺的一种特殊形式。在高密度等离子体中，离子化的原子或分子具有较高的能量，在向衬底移动时具有更强的轰击作用，从而能够引发溅射。这种溅射工艺可以有效地消除薄膜沉积过程中形成的悬垂结构，从而实现对沟槽及孔隙自下而上的填充。

在 HDP-CVD 工艺过程中，薄膜沉积和薄膜溅射是同时发生的。通过调节工艺参数，可以调节薄膜的沉积溅射比。沉积溅射比是一个非常关键的参数，如果溅射过强，可能会对衬底上凸起结构的顶部拐角部位造成损伤；如果溅射过弱，填充时会形成悬垂物，在填充物中形成空隙，从而导致填充效果不好。由于 HDP-CVD 独特的工艺特性，在具有图形的衬底上采用 HDP-CVD 方法沉积薄膜时，在沟槽处通常会比在凸起处沉积速率要快一些，因而 HDP-CVD 工艺具有平坦化（Planarization）的性能。通常，采用 HDP-CVD 方法沉积的薄膜的致密度更高，杂质含量更低。

图 8-119 所示的是 HDP-CVD 工艺原理示意图。HDP-CVD 通常是通过源射频和偏压射频的双频结构设计来实现的，如图 8-120 所示。源射频通常是一个电感耦合装置，所用频率约为 2MHz，主要用于控制离子的浓度。偏压射频是由电容耦合装置来实现的，所用频率约为 13.56MHz，主要用于控制离子向衬底的迁移。双频结构设计有助于实现高密度等离子体，同时也保证了良好的薄膜稳定性和较高的沉积速率。HDP-CVD 的二氧化硅通常是用硅烷加氧气/氩气混合气体制备而成的。在反应前驱物中，氩气的掺入可以提升 HDP-CVD 工艺的溅射率。在上述工艺的反应前驱物中加入磷烷，可以实现掺磷二氧化硅的工艺制备。

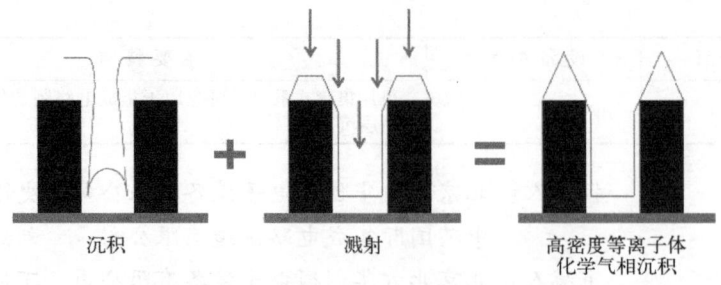

图 8-119　HDP-CVD 工艺原理示意图

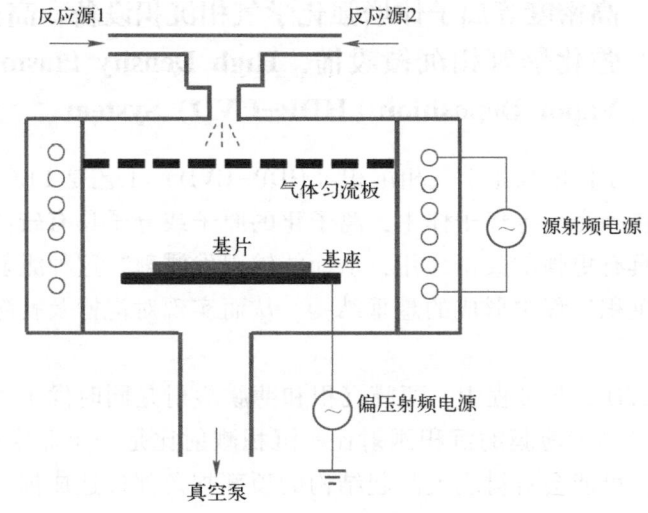

图 8-120　HDP-CVD 双频结构原理图

采用 HDP-CVD 方法制备的二氧化硅薄膜比较致密，广泛用于 CMOS 集成电路 130nm 到 45nm 技术节点的浅槽隔离（Shallow Trench Isolation，STI）填充。而用 HDP-CVD 制备的掺磷二氧化硅薄膜通常被用于相应技术代的前金属介质填充（PMD）等工艺中。

随着集成电路技术发展到 28nm 以下，FinFET 器件结构的引入对器件隔离沟槽的填充技术提出了更高的挑战，HDP-CVD 技术已经不能满足技术发展的要求。为此，新的沟槽填充技术——流体化学气相沉积技术（Flowable CVD，FCVD）应运而生。FCVD 是一种远程等离子体沉积技术，其反应前驱物通过一个远程等离子体发生器，定向引入反应腔室，对沟槽实现自下而上的填充。FCVD 可以完成对细小沟槽及孔隙的无缝隙填充，从而满足 10nm 和 7nm 技术节点的工艺要求。表 8-33 所列为典型 HDP-CVD 系统。

表 8-33 典型 HDP-CVD 系统

主要生产商	设备型号	主要特点
AMAT（美国）	Producer、Centura	单片集簇式系统。可应用于集成电路制造领域的后段金属布线超低 k 介电质层薄膜沉积

撰写人：北京北方华创微电子装备有限公司　史小平
　　　　中芯国际集成电路制造有限公司　　　刘建强
审稿人：北京北方华创微电子装备有限公司　丁培军

▷▷▷ 8.6.13 金属化学气相沉积设备，金屬化學氣相沉積設備，Metal Chemical Vapor Deposition (Metal-CVD) System

金属化学气相沉积（Metal-CVD）是特指含金属的前驱物的一类化学沉积技术，其优点是可实现对孔隙和沟槽很好的台阶覆盖率。按照反应激活方式的不同，金属化学气相沉积设备可分为热反应和等离子体增强两种类型，后者又可分为金属原位和金属远程两种方式。图 8-121 所示的是这三种类型设备的工作原理示意图。

金属热反应化学气相沉积是金属前驱物与其他气体（或金属前驱物自身）通过托盘加热激发化学反应（或热分解）实现金属薄膜沉积的，其设备结构相对简单，且容易实现高台阶覆盖率。金属原位等离子体增强化学气相沉积设备适用于集成电路后段工艺沉积温度低于 400℃ 的低杂质金属薄膜的沉积，它通过等离子体离子化分解前驱物与加热结合激发化学反应，实现低温低杂质的薄膜沉积，其缺点是可能对衬底造成电损伤，并且由于等离子体存在各向异性，使金属薄膜沉积在小孔隙或沟槽台阶处的覆盖率变差，因此其应用有一定的局限性。金属远程等离子体化学气相沉积设备弥补了原位等离子体增强化学气相沉积设备的部分缺陷，它将部分反应气体在远离衬底的等离子体腔室内进行离子化分解，进而降低激发化学反应所需的势垒，达到降低沉积温度、薄膜杂质和衬底电损伤的目的。这种等离子体通常是电感耦合型的。由于离子和原子的寿命短，使得该设备的匀流板设计及腔室材质的选择具有挑战性。另外，金属前驱物的选择对最终金属薄膜的纯度、粗糙度，以及孔隙及沟槽的台阶覆盖率有着重要影响。使用气态前驱物有利于提高和控制其流量，以便改善台阶覆盖率、

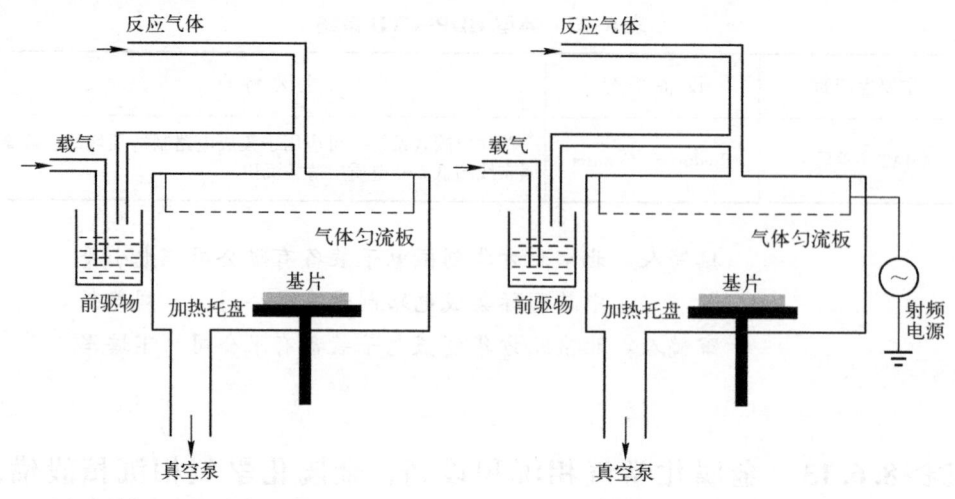
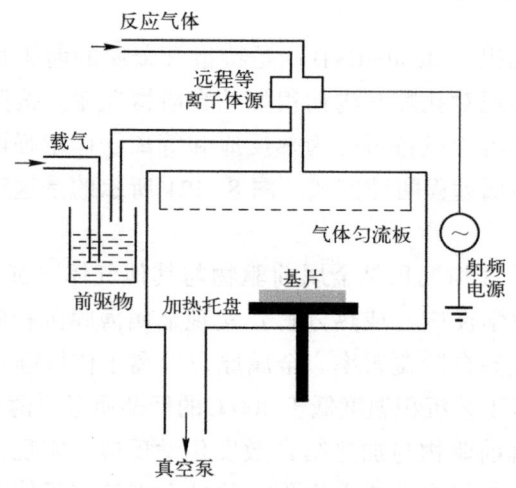

(a) 金属热反应化学气相沉积设备（以液态金属前驱物及载气携带方式为例）

(b) 金属等离子体增强化学气相沉积设备（以液态金属前驱物及载气携带方式为例）

(c) 金属远程等离子体化学气相沉积设备（以液态金属前驱物及载气携带方式为例）

图 8-121　金属化学气相沉积设备的工作原理示意图

减少颗粒；如果使用液态或固态前驱物，则需要其汽化温度较低、蒸气压较高。前驱物的分解温度与汽化温度之差最好大于100℃，以防止在汽化过程中被分解而产生颗粒。金属前驱物分为金属无机前驱物和金属有机前驱物两类。常用的无机前驱物有氟化物、氯化物和氢化物等，如 WF_6、$TiCl_4$、SiH_4、NH_3。常用无机前驱物通常是气态或液态的，其所沉积的金属薄膜会有少量氟、氯或其他无机杂质。若以卤化物作为前驱物，反应生成物是 HCl、HF 等，会对衬底及腔室产生腐蚀。金属有机前驱物无腐蚀性,且沉积温度较低,但其沉积的薄膜容易含有碳杂质,并且在室温下通常是液态或固态的,蒸气压较低,控制前驱物流量和颗粒预防的难度较大。

最早应用金属化学气相沉积设备的目的是为了沉积钨,用于集成电路上填充接触孔隙及存储器上的字线,前驱物 WF_6+SiH_4 和 WF_6+H_2 用于籽晶层沉积和主沉积。随着技术代的更新,孔隙尺寸变小,钨的阻挡层氮化钛由原来采用 PVD 改为采用 CVD。由于氮化钛沉积前是钛附着层,为了防止对钛附着层的腐蚀及氯杂质,氮化钛的沉积不能使用无机前驱物 $TiCl_4$,因此金属原位 PECVD 设备被用于氮化钛的沉积,金属有机前驱物(Tetrikis Dimethyl-Amido-Titanium,TDMAT)被采用。在存储器上的电容电极制备中,对薄膜的台阶覆盖率、产能和电学性能的要求较高,金属热反应 CVD 设备被用于氮化钛电极薄膜沉积,无机前驱物 $TiCl_4$ 被采用。在 28nm 技术代之后,为了提高金属互连应力寿命,钴封顶层在铜的化学机械抛光之后被引入,选择性 PECVD 设备用于钴封顶层的沉积。由于热反应化学气相主沉积的钨比较粗糙,14nm 技术代之后,钨填充接触孔隙的籽晶层沉积也由金属热反应化学气相沉积转换为金属原位 PECVD,以改变籽晶层表面化学成分的各向异性,使主沉积实现从底部生长(Bottom-Up),减少空洞内的缝隙。在 3D NAND 制备中,字线和插塞是由原子层沉积和热反应 CVD 设备结合完成钨的沉积。在 14nm 技术之后,由于沟槽尺寸变小,对金属表面的粗糙度的要求越来越高。对于较薄薄膜的应用,金属原子层沉积设备会更多地取代金属化学气相沉积设备。但是金属原子层沉积的产能通常较低,对于较厚的金属薄膜沉积,或者因没有合适的前驱物实现原子层沉积,同时要求较高的台阶覆盖率的应用,金属化学气相沉积仍然是很好的选择。表 8-34 所列为典型金属化学气相沉积系统。

表 8-34 典型金属化学气相沉积系统

主要生产商	工艺应用	设备型号	主要特点
Lam Research	钨栓塞,DRAM 和 3D NAND 字控制线,金属接触等	Altus MAX E series Altus ICEFILL	每个腔室包括 4 个托盘,有利于提高产能和降低设备成本。每个基座温度可以不同,有利于使用最优化的温度实现成核(Nucleation)与体沉积(Bulk Deposition)。如果是射频加强化学沉积工艺,需要单独设置腔室提供射频能力
AMAT	钨栓塞,DRAM 和 3D NAND 字控制线,金属接触等	Centura iSPRINT	单片集簇式系统,最多可集成 4 个腔室。可以独立控制每个腔室的温度、压力,以及是否有射频,工艺可调性好
AMAT	钨栓塞阻挡层 MOTiN 制备	EnduraiLB	集簇式系统,最多可集成 9 个多种材料的腔室,包括预清洗(PCXT、Siconi)、物理沉积钛(PVD Ti)、金属化学沉积氮化钛(CVD TiN from TDMAT)

续表

主要生产商	工艺应用	设备型号	主要特点
TEL	DRAM 电容电极和 3D NAND 位电极（Bit Line）	Triase$^+$TiN	单片集簇式系统，最多可集成 4 个腔室
	钨栓塞阻挡层 MOTiN 制备	Triase$^+$Ti/TiN	单片集簇式系统，最多可集成 4 个腔室，包括预清洗（Preclean）、化学沉积钛（CVD Ti）、金属化学沉积氮化钛（CVD TiN from TiCl$_4$）
	钨栓塞，DARM 和 3D NAND 字控制线，金属接触等	Triase$^+$W	单片集簇式系统，最多可集成 4 个腔室

撰写人：北京北方华创微电子装备有限公司　郑波

审稿人：北京北方华创微电子装备有限公司　史小平

▷▷▷ 8.6.14　原子层沉积设备，原子層沉積設備，Atomic Layer Deposition System

原子层沉积（Atomic Layer Deposition，ALD）是一种以准单原子层形式周期性生长的薄膜沉积技术。其特点是通过控制生长周期的数目可以精确调节沉积薄膜的厚度。与化学气相沉积（CVD）工艺不同，ALD 工艺中的两种（或多种）前驱物交替通过衬底表面，并通过稀有气体的吹扫有效实现隔离。两种前驱物在气相中不会混合相遇而发生化学反应，仅在衬底表面通过化学吸附而发生反应。在每个 ALD 周期中，吸附在衬底表面的前驱物的量与衬底表面活性基的密度有关。当衬底表面的反应活性基耗尽后，即使再通入过量的前驱物在衬底表面也不会发生化学吸附，这个反应过程称为表面自限制反应（Surface Self-Limiting）。这种工艺机制使得 ALD 工艺在每个周期生长的薄膜厚度是一定的，因此 ALD 工艺具有厚度控制精确、薄膜台阶覆盖率好等优点。

ALD 设备的工作温度一般低于 500℃。虽然 ALD 设备可以工作在常压条件下，但更主要的是工作在低压（0.1~10Torr）条件下。根据供能方式的不同，可将 ALD 设备分为热原子层沉积（Thermal ALD）设备和等离子增强型原子层沉积（Plasma Enhanced ALD，PE-ALD）设备。热原子层沉积设备依靠热能激发两种或多种前驱物发生化学反应。为提供足够的反应激活能量，热原子层沉积设备一般的工作温度区间是 200~500℃。图 8-122 所示为喷淋头式热原子层沉积设备工作原理示意图。

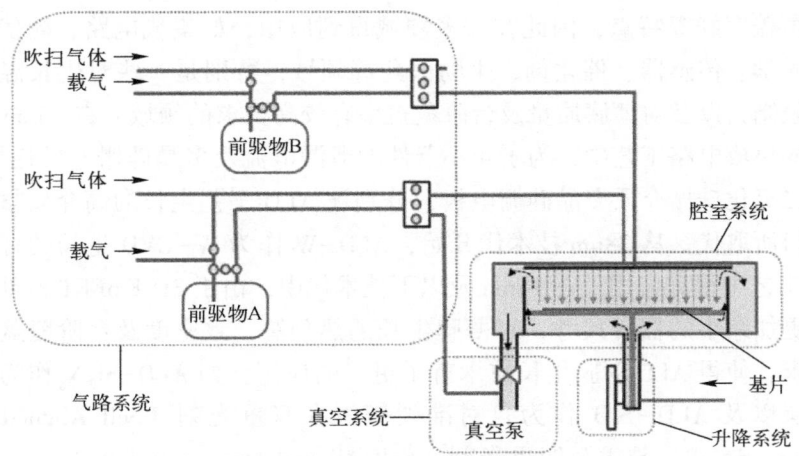

图 8-122 喷淋头式热原子层沉积设备工作原理示意图

在热原子层沉积设备基础上，通过在工艺腔室中引入等离子体，可以有效降低工艺温度，满足低热预算的工艺要求。另外，等离子体的引入可以使更多的前驱物满足 ALD 工艺化学吸附反应所要求的反应激活能，从而可以使 ALD 工艺制备更多的薄膜。PE-ALD 设备一般工作在室温至 400℃ 的温度范围。根据等离子体引入方式的不同，可将 PE-ALD 设备分为电容耦合型（CCP PE-ALD）和电感耦合型（ICP PE-ALD）两类。CCP PE-ALD 设备原理示意图如图 8-123 所示。除了降低工艺温度，PE-ALD 工艺在提高薄膜致密度、降低薄膜杂质含量等方面也具有一定的优势。

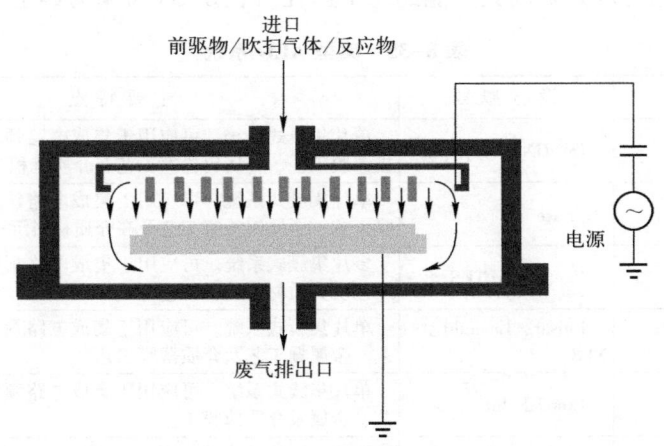

图 8-123 CCP PE-ALD 设备原理示意图

ALD 工艺具有生长温度相对低、膜厚控制精准、薄膜均匀性好、致密度高及台阶覆盖率好等特点，因此在许多领域得到应用，如集成电路、光伏、平板显示、光学、传感器、催化剂、生物医药等领域，特别是一些对生长温度及热预算有限制，以及对薄膜质量及台阶覆盖率有较高要求的领域。在45nm及以下技术代的集成电路工艺中，为了减小器件的泄漏电流及多晶硅栅电极耗尽效应，传统的二氧化硅栅介质多晶硅栅电极，分别被ALD工艺生长的高介质材料及金属栅材料所取代。从28nm技术代开始，ALD-W作为W-CVD生长的籽晶层在W栓塞工艺中得到应用。在14nm及以下技术代中，由于3D FinFET器件结构的引入及更加缩小的器件尺寸，对薄膜生长的热预算、致密度及台阶覆盖率有更高的要求，使得ALD薄膜生长技术有了更多的应用，如ALD-Si_3N_4作为器件侧壁隔离层以及ALD-SiO_2作为自对准硬掩模在双重光刻（Self Aligned Double Patterning，SADP）技术及四重光刻（Self Aligned Quadruple Patterning，SAQP）技术工艺中的应用。

二维器件（2D Device）结构作为替代当前MOS器件结构的最具潜力的选项之一，已经引起人们越来越多的重视。二维器件是在二维材料（2D Materials）上制备的，如MoS_2、WS_2、WSe_2等。由于二维薄膜材料所具备的超薄属性，ALD工艺技术成为制备这些材料的最具潜力的制备技术。

ALD是一种化学吸附反应过程，这就使能够通过ALD工艺生长的薄膜比较有限。开发新的ALD工艺，需寻找适当的ALD反应前驱物，是一项非常前沿且具有挑战性的工作。此外，由于ALD工艺周期性生长的特点，生长速率通常比较低，所以提高产能是ALD机台研发所面临的一个挑战。通过引入空间隔离形式的ALD工艺可能是提高其产能的一个途径。表8-35所列为典型ALD系统。

表8-35 典型ALD系统

主要生产商	设备型号	主要特点
AMAT	ISPRINT、Olympia	单片集簇式系统。可应用于集成电路领域的前段金属栅极镀膜工艺、金属钨栓塞工艺及介质沉积工艺
TEL	Triase$^+$	单片集簇式系统。可应用于集成电路领域的金属黏合薄膜工艺、金属钨栓塞工艺及高介质材料沉积工艺
Lam Research	Vector、ALTUS	多片集簇式系统。可应用于集成电路领域的金属钨栓塞工艺及介质材料沉积工艺
ASM	Pulsar、Emerald、XP8	单片集簇式系统。可应用于集成电路领域的高k镀膜工艺、金属栅工艺及介质薄膜工艺
北方华创	Promi Exlnt	单片集簇式系统。可应用于集成电路领域的高k镀膜工艺、金属及介质薄膜工艺
科民电子	T-ALD、PEALD	可应用于集成电路高k介质、光电子器件钝化等

撰写人：北京北方华创微电子装备有限公司　史小平　李春雷
审稿人：北京北方华创微电子装备有限公司　丁培军

8.6.15 光化学气相沉积，光化學氣相沉積，Photo Chemical Vapor Deposition (Photo-CVD)

光化学气相沉积可以实现多种金属膜、介质膜、半导体膜的制备。其原理是，在 CVD 系统中引入一定波长的光，使参与化学反应的源气体分子对光子进行选择性吸收，通过源气体分子的气相光分解、光敏化反应及衬底表面加热等途径，可使原来制备薄膜所需的温度降低，一般衬底在 100~300℃ 温度时便可沉积成膜。光化学气相沉积系统与普通的 CVD 系统大体相同，它具有反应室、进气系统、抽气系统和光源系统，如图 8-124 所示。光源波长可从紫外波段到红外波段，但是光源的输出波段一定要与沉积特定薄膜所需的源气体的光吸收特性相匹配。光源分为两种，即激光光源和灯光源。光通过光学窗口辐照进腔体，对于光学窗口有如下两点要求。

（1）保证光的透过性，即保证光源高效率辐照进腔室内。

（2）保证光学窗口的光洁度，避免源气体分解后在光学窗口沉积，阻碍光通过。

辐照方式分为聚焦方式和非聚焦方式；光照方向分为平行衬底和垂直衬底两种方式。大面积薄膜生长一般采用平行于衬底表面的辐照方式。

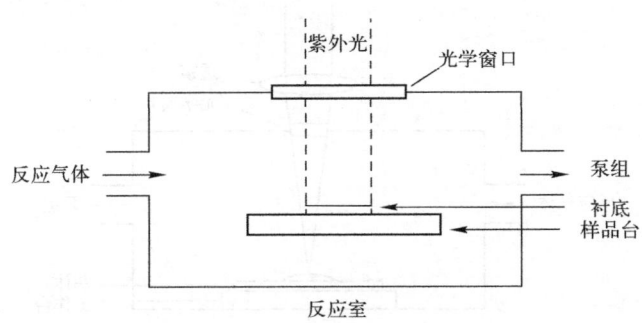

图 8-124 光化学气相沉积原理图

光化学气相沉积特点如下所述。

（1）有效降低了基底加工温度，在 100℃ 的基底温度（甚至在室温条件下）便可进行膜沉积。这就避免了因高温工艺带来的诸如反应系统对样品的沾污、气相自掺杂、杂质迁移，以及晶片翘曲等因离子体轰击而造成的晶格损伤等有害影响。

（2）所沉积的膜厚均匀一致，台阶覆盖性好，膜结构及电学特性均有所改善。

（3）提高了膜层沉积速率。

(4) 具有很好的工艺兼容性，与其他工艺相配合，可以恰到好处地解决 MOS 器件绝缘栅层的制作及多层布线等问题。

撰写人：中国科学院微电子研究所　尹彬
审稿人：中国科学院微电子研究所　夏洋

▷▷▷ 8.6.16　激光化学气相沉积，雷射化學氣相沉積，Laser-Assist Chemical Vapor Deposition (LA-CVD)

激光化学气相沉积（LA-CVD）可用于生长金属薄膜、金刚石薄膜、类金刚石薄膜、化合物半导体薄膜及绝缘体薄膜等。LA-CVD 可以应用在集成电路的互连和封装，制备欧姆接点、扩散阻挡层、掩模、修补电路以及 3D 图案制造等。其原理是，气体在激光的作用下发生化学反应，最终在基底沉积。LA-CVD 工作原理示意图如图 8-125 所示。目前，常用的激光器有 3 种，即 YAG 激光器、CO_2 激光器和准分子激光器。YAG 激光器和 CO_2 激光器一般在源气体热分解沉积薄膜中使用；由于准分子激光器具有较高的能量，可以打断源分子的分子键，因此准分子激光器一般用于源气体光分解沉积薄膜。

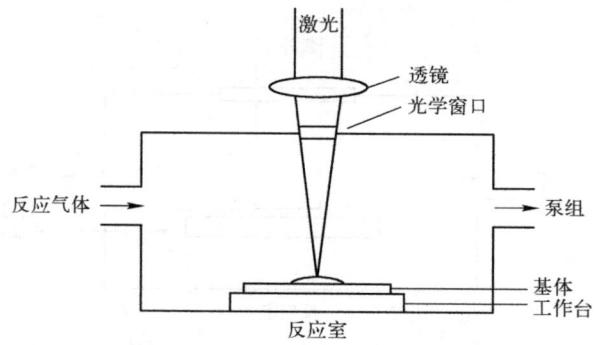

图 8-125　LA-CVD 工作原理示意图

LA-CVD 具有如下特点。

(1) 沉积温度低：对于大多数材料，可在 500℃ 以下（甚至室温）沉积成膜。对于温度敏感的基体材料，如聚合物、陶瓷、化合物半导体等，LA-CVD 由于基体温度低，减少了因温度变化引起的变形、应力、开裂、扩散和夹杂等缺点，在较低的沉积温度下，即可得到高质量的薄膜和较高的沉积速率。

(2) 局部选区精细定域沉积：可以准确控制聚焦激光束在选区定域沉积，获得 μm 级所需的功能薄膜图形，适宜在微电子、光电子和微机械制造中应用。

（3）不需掩模沉积：可以采用直写方式沉积出设计的图形，凡激光光斑扫描过的轨迹上都形成沉积薄膜。该工艺适应性强，可方便、快速地制造形状不规则的器件。

（4）膜层夹杂少，质量高，可用作成膜的材料选择范围广，几乎任何材料都可进行沉积。

未来，LA-CVD 的研究方向包括研究和开发各种高效、长寿命光源，以及各类特种气源。由于 LA-CVD 技术的难度较高，涉及的学科较多，目前仍处于实验室阶段。

撰写人：中国科学院微电子研究所　尹彬
审稿人：中国科学院微电子研究所　夏洋

▷▷▷ 8.6.17 电子回旋共振等离子化学气相沉积设备，電子回旋共振微波電漿化學氣相沉積設備，Electron Cyclotron Resonance CVD（ECR-CVD）System

电子回旋共振等离子化学气相沉积（ECR-CVD）可用于沉积 Si_3N_4、SiO_2、金刚石膜等薄膜。其原理是，将 2.45GHz 微波通过波导管引入等离子共振腔，共振腔由磁场线圈环绕，微波能量被强烈吸收，产生电子回旋共振，气体大量电离，产生很高的等离子体浓度，从而在基片形成高质量薄膜。ECR-CVD 设备主要由真空系统、进气系统、排气系统、微波发生及传输耦合系统、电磁线圈和直流源或射频源系统组成，如图 8-126 所示。该系统一般由两套电磁线圈组成，一套用于引起共振磁场，产生高浓度等离子体；另一套用于将等离子体引出磁场。ECR-CVD 技术能在低气压下形成高浓度（$10^{11} \sim 10^{12} cm^{-3}$）等离子体，而通常的射频等离子体 CVD 只能获得小于 $10^{11} cm^{-3}$ 的等离子体浓度。

因此 ECR-CVD 在应用中具有 DCCVD 和 RFCVD 无可比拟的优点：生长速率高，能够更快地沉积高质量薄膜；低能离子降低了衬底表面损伤；通过控制轰击衬底的离子能量，获得其他方法难以得到的亚稳态相；反应离子活性高，可在室温下沉积薄膜，并能够控制晶体的生长取向。

目前，在制备金刚石膜的众多方法中，ECR-CVD 法是一种被普遍认可的最佳方法。另外，对于金刚石单晶生长和可控掺杂研究而言，ECR-CVD 法是唯一满足其苛刻要求的技术。虽然该技术沉积金刚石膜的技术优点很多，但是它也存在不足之处，即沉积速率相对较低，且设备和技术相对复杂。由于它可以实现室温下沉积工艺，所以对于在 II-VI 族和 III-V 族半导体材料上沉积所需薄膜很有价值。

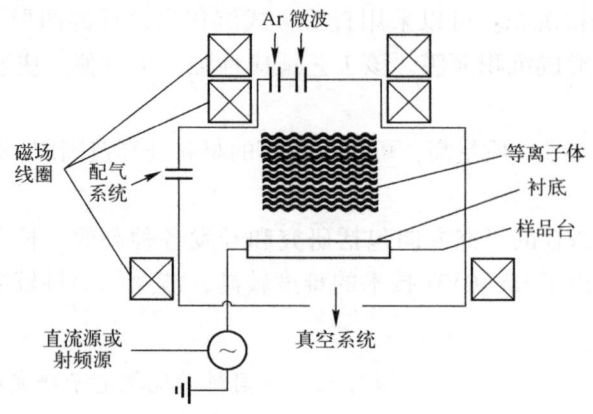

图 8-126 ECR-CVD 原理示意图

撰写人：中国科学院微电子研究所 尹彬
审稿人：中国科学院微电子研究所 夏洋

▷▷▷ 8.6.18 金属有机气相沉积设备，金屬有機氣相沉積設備，Metal Organic Chemical Vapor Deposition (MOCVD) System

金属有机气相沉积（MOCVD）技术主要用于制备半导体光电子、微电子器件领域的各种III-V族化合物（GaAs、GaN）和II-VI族化合物（ZnSe）半导体单晶材料。目前，在化合物半导体量子阱、超晶格和异质结等低维结构的制备中，MOCVD越来越成为主要手段，并在化合物半导体LED、激光器、高频电子器件和太阳电池等领域具有规模化生产的能力。

MOCVD设备一般由原材料气源供应系统、生长材料反应室系统、电气及自动控制系统、原位监测系统和尾气处理系统组成。图8-127所示的是MOCVD设备组成示意图，图8-128所示的是MOCVD工艺原理图。

反应室系统是整个MOCVD设备的核心部分，是所有气体混合及发生反应的地方。腔体通常是由不锈钢或石英材料制备的，在腔体中有一个石墨载盘用于承载和加热基板。加热器的加热方式分为电阻丝加热和射频高频加热等。载气与反应气体经由质量流量控制器的调节进入系统。反应源分为两种，即有机金属反应源和氢化物（Hydride）气体反应源。常用的有机金属反应源有TMGa（Trimethylgallium）、TMAl（Trimethylaluminium）、TMIn（Trimethylindium）和

DIPTe（Diisopropy ltelluride）等；常用的氢化物气体有砷化氢（AsH$_3$）、磷化氢（PH$_3$）、氨气（NH$_3$）和乙硅烷（Si$_2$H$_6$）等。

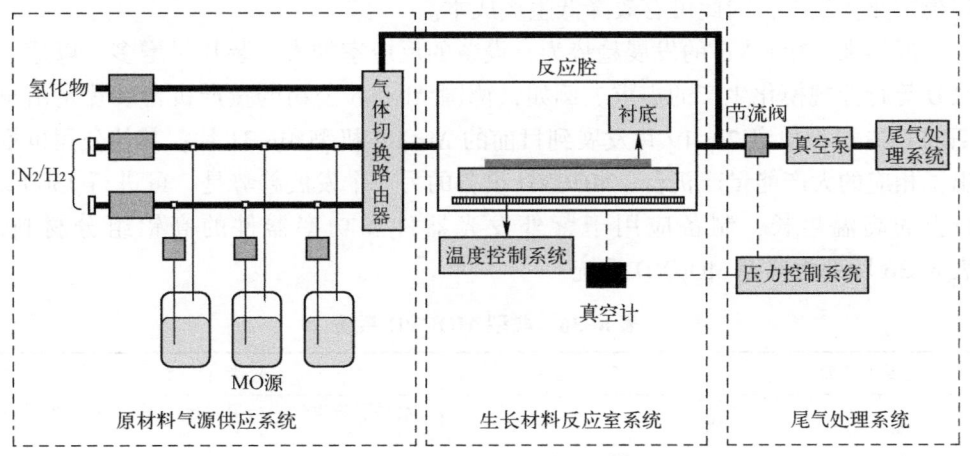

图 8-127　MOCVD 设备组成示意图

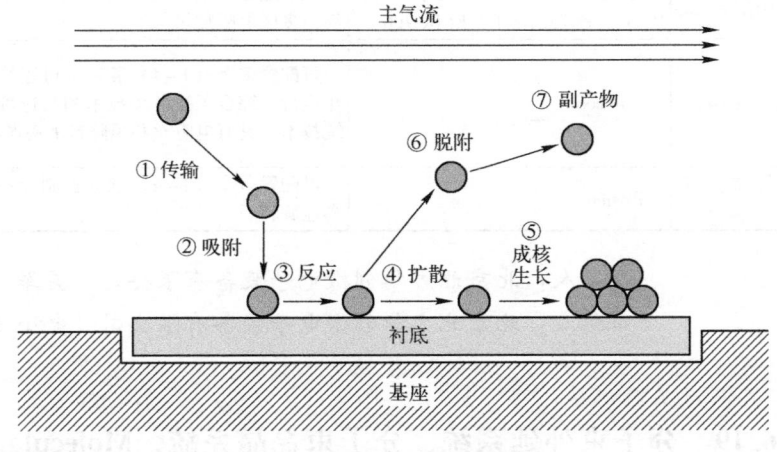

图 8-128　MOCVD 工艺原理图

采用 MOCVD 技术进行外延生长的过程较为复杂，一般可概括为：载气（主要采用 H$_2$，也可采用 N$_2$）携带反应源材料（其流量被精确控制）输运至反应室，到达加热的衬底表面后发生反应，生长出外延层，反应后残留的尾气经过尾气处理系统处理后排出反应室。MOCVD 具有很多优点，主要的优点有如下 3 个。

（1）适用范围广：可生长多种化合物半导体，尤其适于生长各种异质结构材料。

（2）生长易于控制：可通过改变温度、流量、压力等生长参数来精确控制其厚度、形貌、组分和界面。

(3) 重复性、均匀性好：能重复生长大面积均匀性良好的外延层，便于大规模工业化生产，因此可有效降低生产成本。

近年来，MOCVD 的发展趋势为，设备的反应室加大，装片量增多，以适应 LED 等行业规模化生产的需求。例如，德国 Aixtron 公司的量产机台装片量由早期的 CCS 机型单盘 2in 19 片发展到目前的 Aix R6 机型 4in 31 片；其他公司也推出了相应的大产能量产机台。MOCVD 设备的另一个发展趋势是，可进行 1300℃以上的高温生长，制备应用于紫外发光器件和功率器件的高铝组分材料。表 8-36 所列为典型 MOCVD 系统。

表 8-36 典型 MOCVD 系统

主要生产商	设备型号	主要特点
Aixtron（德国）	AIX	水平层流进气，行星式反应器、RF 射频感应加热
Aixtron（德国）	Crius、CCS	近耦合喷淋头，垂直进气，多区电阻加热
Veeco（美国）	K465i、MaxBright MHP、Propel Power、E475i As/P、EPIK 700	Turbodisc 托盘高速旋转，V 形槽式垂直进气，多区电阻加热
中晟光电（中国）	ProMaxy	可配置多个（1~4）腔室，可连续多炉自动化运行。综合了喷淋头技术和高速旋转托盘系统技术，具有电阻丝和矩阵自平衡调温功能
中微半导体（中国）	Prismo	可配置多个（1~4）独立控制腔室，托盘可高速旋转

撰写人：北京北方华创微电子装备有限公司　吴军
审稿人：北京北方华创微电子装备有限公司　史小平

▷▷▷ 8.6.19　分子束外延系统，分子束磊晶系统，Molecular Beam Epitaxy System

分子束外延（Molecular Beam Epitaxy，MBE）系统是指在超高真空条件下，由一束或多束热能原子束或分子束，以一定速度喷射到加热的衬底表面上，并在衬底表面进行吸附、迁移而沿着衬底材料的晶轴方向外延生长单晶薄膜的一种外延设备。一般在具有热挡板的喷射炉加热的条件下，束流源形成原子束或分子束，沿衬底材料晶轴方向逐层生长薄膜，其特点是外延生长温度低，厚度、界面、化学组分和杂质浓度可实现原子级别的精确控制。虽然 MBE 起源于半导体超薄单晶薄膜的制备，但其应用如今已经扩展到金属、绝缘介质等多种材料体系，可制备Ⅲ-Ⅴ族、Ⅱ-Ⅵ族、硅（Si）、硅锗（SiGe）、石墨烯、氧化物和有机薄膜。

分子束外延（MBE）系统主要由超高真空系统、分子束源、衬底固定和加热系统、样品传输系统、原位监测系统、控制系统、测试系统组成。真空系统包括真空泵（机械泵、分子泵、离子泵和冷凝泵等）和各种各样的阀门，它可以创造超高真空生长环境，一般可实现的真空度为$10^{-8} \sim 10^{-11}$ Torr。真空系统主要有3个真空工作室，即进样室、预处理和表面分析室、生长室。进样室用于实现与外界传递样品，从而保证其他腔室的高真空条件；预处理和表面分析室连接着进样室与生长室，其主要功能是样品前期处理（高温除气，保证衬底表面的完全清洁）和对清洁过的样品进行初步的表面分析；生长室是MBE系统最核心的部分，主要由源炉及其相应的快门组件、样品控制台、冷却系统、反射高能电子衍射仪（Reflection High Energy Electron Diffraction，RHEED）、原位监测系统等组成。部分生产型MBE设备具有多个生长室配置。MBE设备结构示意图如图8-129所示。

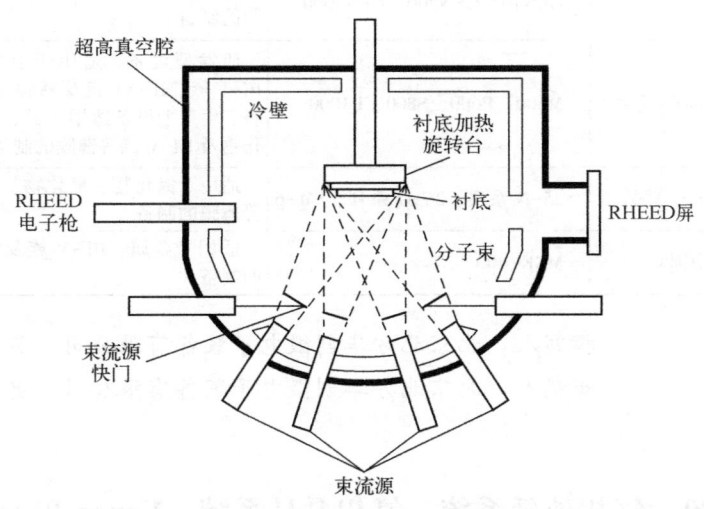

图8-129 MBE设备结构示意图

硅材料的MBE是以高纯硅为原料，在超高真空（$10^{-10} \sim 10^{-11}$ Torr）条件下生长，生长温度为600~900℃，以Ga（p型）、Sb（n型）为掺杂源。通常使用的P、As和B等掺杂源，因其难于蒸发而较少作为束流源使用。MBE的反应室具有超高真空环境，增加了分子的平均自由程，减少了生长材料表面的沾污和氧化，其制备出的外延材料表面形貌好，均匀性好，并可以制成不同掺杂或不同材料组分的多层结构。

MBE 技术实现了重复生长厚度为单个原子层的超薄外延层，且外延层之间的分界面陡峭。对 III-V 族半导体及其他多元异质材料的生长起到了促进作用。采用 MBE 方法制备 GaAs/AlGaAs 薄膜，其生长温度为 580~600℃，以 Be（p型）、Si（n 型）为掺杂源，生长速率为 0.1~2μm/h。77K 低温迁移率大于 100 000cm^2/Vs，材料背景浓度为 10^{14}/cm^2，能够制成 GaAs MESFET、HEMT、HBT 和各种超晶格新型器件。目前，MBE 系统已成为生产新一代微波器件、光电器件的先进工艺设备。

MBE 技术的缺点是薄膜生长速率慢，真空要求高，设备本身和设备使用成本较高。表 8-37 所列为典型 MBE 系统。

表 8-37 典型 MBE 系统

主要生产商	设备型号	主要特点
Riber（法国）	Compact21、MBE49、MBE7000	适用于 III-V 族、II-VI 族、碳化硅、硅锗、碲镉汞、金属、氧化物等薄膜的制备
Veeco（美国）	GEN10、GEN200、GEN2000	适用于 III-V 族、II-VI 族、氧化物等薄膜的制备
DCA Instruments（芬兰）	M600、P600、S800、P1000	研发型设备，适用于金属、氧化物、III-V 族、II-VI 族及碲镉汞等薄膜的制备。生产型设备适用于硅、锗、硅锗、氧化物及 III-V 族等薄膜的制备
SVTAssociates（美国）	35-N 系列、26-O 系列、SM-6	适用于氮化物、氧化物、硅、锗及金属等薄膜的制备
沈阳科仪（中国）	MBE-400	适用于金属、III-V 族及氧化物等薄膜的制备

撰写人：北京北方华创微电子装备有限公司　吴军

审稿人：北京北方华创微电子装备有限公司　史小平

▷▷▷8.6.20 气相外延系统，氣相磊晶系統，Vapor Phase Epitaxy（VPE）System

气相外延（VPE）系统是指将气态化合物输运到衬底上，通过化学反应而获得一层与衬底具有相同晶格排列的单晶材料层的外延生长设备。外延层可以是同质外延层（Si/Si），也可以是异质外延层（SiGe/Si、SiC/Si、GaN/Al$_2$O$_3$ 等）。目前，VPE 技术已广泛应用于纳米材料制备、功率器件、半导体光电器件、太阳能光伏与集成电路等领域。

典型的 VPE 有常压外延及减压外延（Reduced Pressure Epi, RP Epi）、超高

真空（Ultra High Vacuum UHV）化学气相沉积、金属有机气相沉积（MOCVD）等。VPE 技术中的关键点为反应腔室设计、气流方式及均匀性、温度均匀性和精度控制、压力控制与稳定性、颗粒和缺陷控制等。目前，主流的商业 VPE 系统的发展方向均为大载片量，全自动控制，以及实现温度与生长过程的实时监控等。VPE 系统有立式、水平式和圆筒式 3 种结构，其加热方式有电阻加热、高频感应加热和红外辐射加热等。目前，VPE 系统多采用水平圆盘式结构，它具有生长外延膜均匀性好、载片量大等特点。VPE 系统通常由反应器、加热系统、气路系统和控制系统 4 部分组成。因 GaAs 和 GaN 外延膜生长时间较长，所以大多采用感应加热和电阻加热方式。而在硅的 VPE 中，厚外延膜生长则多采用感应加热方式；薄外延膜生长则多采用红外加热方式，以达到快速升/降温目的。VPE 设备结构示意图如图 8-130 所示。

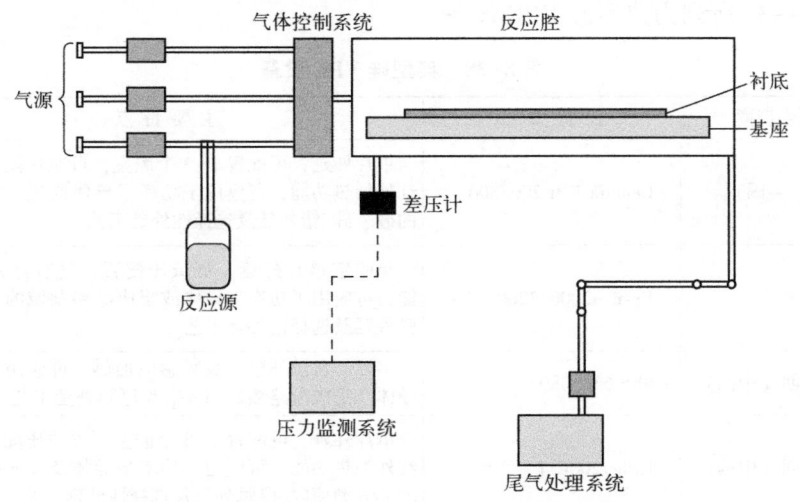

图 8-130　VPE 设备结构示意图

以硅材料的硅（Si）和锗硅（SiGe）VPE 为例，工艺气体中常用 3 种含硅气体源，即硅烷（SiH_4）、二氯硅烷（SiH_2Cl_2，DCS）和三氯硅烷（$SiHCl_3$，TCS），某些特殊外延工艺中还要用到含 Ge 和 C 的气体锗烷（GeH_4）和甲基硅烷（SiH_3CH_3）。反应中的载气一般选用氢气（H_2）。硅和锗硅的 VPE 工艺广泛应用于现代集成电路制造中。

（1）硅衬底全外延（Blanket Epi on Silicon）：为了提高集成电路和元器件性能，通常在硅衬底上外延一层纯度更高、质量更好的本征硅；或者在高掺杂低阻硅衬底上生长低掺杂高阻外延层来有效解决器件的闩锁（Latch-up）效应。

（2）SiGe 外延：为满足无线通信、光通信等领域对高频、高速器件的需求，需要在异质结双极晶体管（Hetero Junction Bipolar Transistor，HBT）的基区掺入

Ge 组分，形成 SiGe 外延层。SiGe 的能带宽度小，可以降低电子从发射区扩散到基区遇到的势垒，提高电子空穴注入比和电流增益。在满足一定的放大系数的条件下，基区可进行重掺，并且做得较薄，这样就减少了载流子的基区渡越时间，从而提高器件的截止频率（Cut-off Frequency）。

（3）选择性外延（Selective Epitaxy of Growth，SEG）：进入 65nm 技术代后，随着集成电路器件尺寸的大幅度减小，源/漏极的结深越来越浅，需要采用 CMOS 源/漏区的 Si/SiGe 选择性外延技术来降低串联电阻。对于 65/45/28nm 技术工艺，利用 Ge 与 Si 晶格失配小（4%）的特点，在刻蚀 PMOS 源/漏极后外延 SiGe 层，对沟道引入压应力，改变能带结构，提高空穴迁移率；或者在无应力的 SiGe 层上外延一层单晶硅，由晶格失配引起对 SiGe 层的张应力，提高电子迁移率，进而增大器件的饱和工作电流，提高响应速度。

表 8-38 所列为典型硅 VPE 设备。

表 8-38 典型硅 VPE 设备

主要生产商	设备型号	主要特点
AMAT（美国）	Centura EPI 200/300	单片外延，可配置 1~3 个腔室，可减压配置，具有红外加热功能，可应用于功率半导体或集成电路领域的硅、硅/锗外延及选择性外延工艺
ASM（荷兰）	Epsilon2000/3200	单腔室单片外延，可减压配置，具有红外加热功能，可应用于功率半导体或集成电路领域的 n/p 型薄膜外延及选择性外延工艺
北方华创（中国）	SES 630/680A	多片、常压外延，高频感应加热，可应用于功率半导体及集成电路领域的 n/p 型厚膜外延工艺
北方华创（中国）	Esther200C/L	单片外延，可配置 1~3 个腔室，可减压配置，具有红外加热功能，可应用于功率半导体及集成电路领域的 n/p 型薄膜/厚膜外延及选择性外延工艺

撰写人：北京北方华创微电子装备有限公司　吴军
审稿人：北京北方华创微电子装备有限公司　史小平

▷▷▷8.6.21　液相外延系统，液相磊晶系统，Liquid Phase Epitaxy (LPE) System

液相外延（LPE）系统是指将待生长材料（Si、Ga、As、Al 等）及掺杂剂（Zn、Te、Sn 等）溶化于熔点较低的金属（如 Ga、In 等）中，使溶质在溶剂中呈现饱和或过饱和状态，然后将单晶衬底与溶液接触，通过逐渐降温冷却的方式使溶质从溶剂中析出，在衬底表面生长出一层晶体结构及晶格常数均与衬底相似的晶体材料的外延生长设备。LPE 方法于 1963 年由 Nelson 等人提出,用于生长 Si 薄膜和单晶材料,以及Ⅲ-Ⅳ族、碲镉汞等半导体材料,可制作各种光电器件、微波器件、半导体器件和太阳电池等。

LPE 系统一般由气体控制部分、加热部分、控制部分、装料室、反应腔室部分和真空系统组成。根据反应系统类型的不同,LPE 系统大致可分为水平滑动舟系统、垂直浸渍系统和旋转坩埚系统(离心系统)3 种类型。水平滑动舟系统是水平式反应器,在衬底上放置具有多个槽室的滑动石墨舟,在槽室中放入原料溶液,滑动石墨舟至载有溶液的槽室与衬底接触,外延结束后,推动石墨舟将剩余溶液刮走。垂直浸渍系统采用立式生长管及立式加热系统,将配置好的原料溶液放置在石墨坩埚里,将衬底固定在石墨坩埚上方的衬底架上,采用降温生长,或者在溶质、溶液及衬底间形成一定的温度梯度生长的方式外延。旋转坩埚系统是将坩埚固定在一个可旋转的立柱上,衬底固定在坩埚底部,通过控制坩埚的转速,在离心力的作用下让原料溶液覆盖或离开衬底表面,从而实现外延。图 8-131 所示为水平滑动舟 LPE 系统示意图。

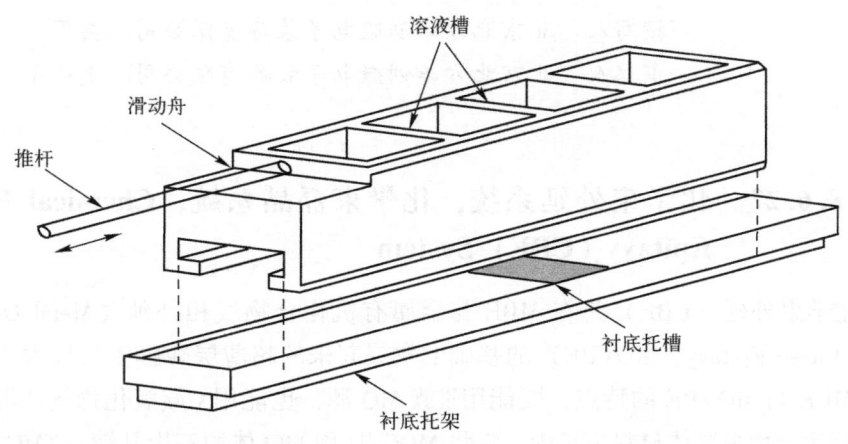

图 8-131 水平滑动舟 LPE 系统示意图

LPE 与 MBE 和 VPE 的不同之处在于,LPE 技术是一种在近热动力学平衡时才能进行薄膜生长的技术。LPE 系统具有很多优点,如生长设备结构较为简单;生长速率较快;可外延厚度较大;高温熔融外延;可选择的掺杂剂范围较为广泛,可以制备出具有各种粒子掺杂的单晶薄膜;外延出的晶体层位错密度较赖以外延的衬底低;生长过程中无剧毒及强腐蚀性原料及反应产物,操作简单安全。但 LPE 系统也存在一定的不足,其主要缺点是,对于大尺寸外延及多元化合物组合的均匀性控制较难;对衬底及原料要求高,导致制备成本极高;当外延层与衬底间的晶格大于 1%时,难以发生外延生长;生长速率快,导致难以制备纳米级厚度的外延层；外延层的表面质量也不如一般的 VPE 产品的表面质量。

LPE 技术在 20 世纪 70 年代得到广泛发展，用于制造Ⅲ-Ⅴ族合金半导体化合物。许多半导体器件的制造，包括 LED、激光器、Ⅲ-Ⅴ族太阳电池和异质结二极管等，都是首先通过 LPE 技术实现的。但是在 80 年代，LPE 技术没有进一步青睐，在Ⅲ-Ⅴ族 As 和 P 的 LED 市场，LPE 技术逐渐衰落，这是由于 MBE 和 MOCVD 设备具有精确的异质结构控制和不受衬底限制的优点，取代了 LPE 在 LED、半导体器件等领域的应用研发和生产。然而在其他一些应用领域，如中红外Ⅲ-Ⅴ族锑化物光电子、部分 LED 和探测器，LPE 却仍持续在应用。目前，LPE 技术被认为在大尺寸和高产出的沉积材料领域具有潜在应用，尤其是硅太阳电池领域。近年来，LPE 技术在新型的溶剂、磁场领域的应用、缺陷过滤技术等方面取得了一些创新发展。

现在，LPE 设备基本为各厂家及实验室根据需求，自己设计、组装的自制设备。LPE 系统对温度控制要求较高，通过配有高稳定度的电压源和电流源，可以保证温度的均匀性及稳定性。

撰写人：北京北方华创微电子装备有限公司　吴军
审稿人：北京北方华创微电子装备有限公司　史小平

▷▷▷ 8.6.22　化学束外延系统，化學束磊晶系統，Chemical Beam Epitaxy（CBE）System

化学束外延（CBE）是在 MBE 与金属有机化合物气相外延（Metal Organic Vapor Phase Epitaxy，MOVPE）的基础上发展起来的超薄层薄膜生长技术。它综合了 MBE 与 MOVPE 的特点，既能用Ⅲ族 MO 源，也能用Ⅴ族氢化物气体源。在Ⅲ-Ⅴ族化合物半导体材料生长中，它将 MOCVD 用的气体源三甲基镓（TMGa）或三甲基铝（TMAl）等引入到 MBE 设备，代替原来的 Ga、Al 等固体蒸发源。采用砷烷、磷烷来代替Ⅴ族元素的固体源。对于Ⅵ族半导体的生长，可使用其氢化物作为气态源，如用硅烷或乙硅烷代替固体硅，用锗烷生长锗外延层。由于气体源可以连续供给，流量控制精度与控制反应速率均优于固体源，所以 CBE 兼具 MOCVD 的精密气流控制能力和 MBE 的超薄界面控制及现场测量等优点。

CBE 系统主要由类似于 MOCVD 的可以对源气体进行精密电子质量流速控制的多路气态源系统，以及与 MBE 系统类似的高真空生长室两部分组成。气路系统用质量流量计控制气体流量。所有不锈钢管道的内表面都用电化学抛光，各连接处必须用检漏仪进行严格检测，以防有毒气体泄漏。生长系统和监测系统与 MBE 的相似，衬底通过带有独立抽真空的负载室和预备室进入生长室中，生长室由涡轮分子泵和冷凝泵抽真空，压强小于 0.1mTorr。生长室装有液氮屏蔽罩和液氮循环冷却套。MBE 的精密分析仪（如反射高能电子衍射仪、四极质谱仪和俄歇能谱仪等）也可用于 CBE，以便观察和研究结晶生长过程，分析残余气体成分，监控生长速率，实现原子层外延。

CBE 技术主要用于制备化合物半导体单晶薄膜，特别适用于磷化物材料器件，在生长结构复杂的化合物半导体方面有重要用途，一度有望成为发展新一代光电器件、高频器件的重要技术。但 CBE 技术也有一些缺点，如过多的真空装置导致设备价格昂贵，GaInAs 等材料生长时 In 组分难以控制，GaAlAs 等材料生长时 C 污染等问题。法国 Riber 公司、日本佳能 Anelva 等 MBE 公司可以提供 CBE 设备。但因 CBE 技术不被当作可持续发展的技术，目前各公司的 CBE 产品均已停产。

撰写人：北京北方华创微电子装备有限公司　吴军
审稿人：北京北方华创微电子装备有限公司　史小平

▷▷▷ 8.6.23　离子团束外延系统，離子團束磊晶系統，Ion Beam Epitaxy (IBE) System

离子团束外延（IBE）技术可用于金属、绝缘体、半导体、有机材料、高温超导材料、氧化物、氮化物、氟化物等多种材料薄膜的制备。其基本原理是，将待蒸积材料放置在特制的具有小孔（直径约为 1mm）的坩埚中，加热使其蒸发。蒸气通过小孔进入高真空室，这样待蒸积材料的蒸气经历了一个绝热膨胀过程，结果致使蒸发材料的分子耦合成松散的原子团。原子团通过电离区，电离区包括热阴极和阳极，热阴极产生的电子在电场的作用下加速轰击蒸发出来的原子团，使部分原子团离子化，带正电荷的原子团通过加速电极，加速电极至靶表面为等位空间，通常多荷离子（指失掉两个电子以上的离子）出现的概率较小，因此离子团具有较小的荷质比，所以离子团束的空间电荷效应不显著，可以达到较高的沉积速率，通过电离区可以方便地控制离子团束的能力和离子的含量，从而可在低温基片上生长致密的、附着力强的薄膜，这是很多外延技术无法达到的。IBE 技术的工作原理如图 8-132 所示。

坩埚部分用不锈钢罩遮蔽，装有防热板和水冷系统。用电阻丝加热坩埚，并配有温度监控及稀有气体控制系统。衬底置于遮蔽罩中，通过加热或通过液氮、水等冷却控制其温度，配有测温热电偶。IBE 腔室与分子泵系统相连接，系统中油污染较少。

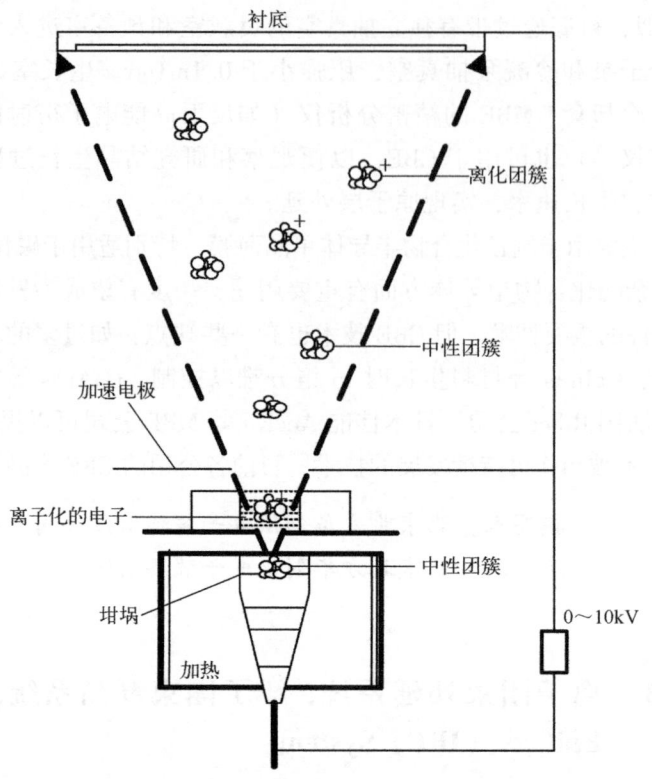

图 8-132 IBE 技术的工作原理

尽管 IBE 在实验中已经获得了很多材料的高质量薄膜，但在理论上还存在许多尚未解决的问题，如团簇的形成机理，团簇形态对膜质量的影响，团簇尺寸与成膜的关系，以及薄膜与衬底的界面问题等。近年来，国际上已经发展了许多实验和理论来研究这些问题。然而，大多数研究仅提供了一些经验性的实验参数，材料在团簇碰撞条件下热量和质量传递机理有待更深入的研究。

撰写人：中国科学院微电子研究所　尹彬
审稿人：中国科学院微电子研究所　夏洋

▷▷▷ 8.6.24 低能离子束外延系统，低能離子束磊晶系統，Low Energy Ion Beam Epitaxy（LE-IBE）System

低能离子束外延可用于 Si、Ge、GaN 等薄膜的低温外延，也可用于生长金刚石多晶膜。其基本工作原理是，用一个适当的强流离子源产生成膜材料并经加速聚焦成束，用质量分析器从离子束中分离出所需要的离子，然后再进行聚焦、偏转、减速（由高能变成低能）和中和（由低能离子变成中性原子或分子），最后在基片上外延沉积薄膜。按其结构不同，LE-IBE 系统可分为单束型、准双束型和双束型；按其产生的离子种类的不同，LE-IBE 系统可分为正离子束型、负离子束型和正负离子束型。每种设备都包括离子源、磁分析器、电或磁四极透镜、静电偏转器、减速透镜和超高真空腔室，如图 8-133 所示。

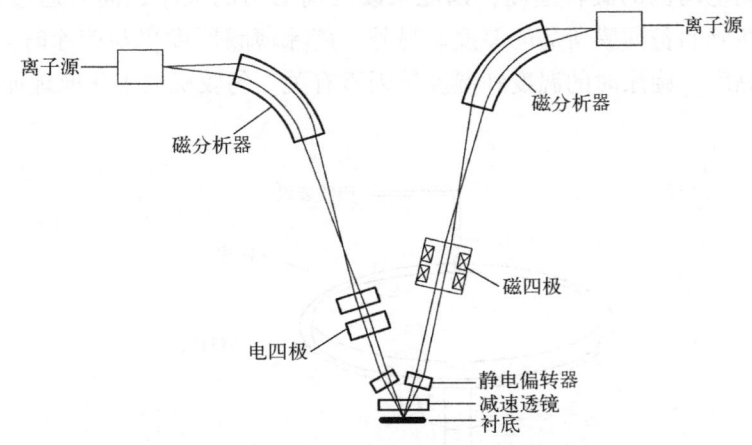

图 8-133　低能双束离子束外延原理示意图

与其他常规薄膜材料制备生长技术相比，LE-IBE 技术具有如下特点。

（1）可以制备的材料种类繁多，也可用于新材料的研究。

（2）具有质量分离功能，即使原材料的纯度不高，但依然能够分离出高纯的材料成分进行沉积。

（3）具有荷能离子沉积的特点，可以在低温下实现高质量外延，也可以生长在高温下才能合成的材料，还可以生长亚稳态与非平衡态的纳米结构材料。

（4）功能多样，生长方式灵活，既可以采用单束外延生长，也可以采用双束外延生长，还可以选择交替生长方式。

（5）生长速率精确可控，甚至可实现薄膜的单层生长。

（6）生长工艺易于调控，便于对薄膜的生长原理和薄膜表面科学进行研究。

然而，LE-IBE 设备结构过于复杂，生产效率又很低，至今依然处于实验室研究阶段。典型的 LE-IBE 机型为 Oxford Ionfab 300Plus，它是集离子束外延和离子刻蚀于一体的半导体设备。

撰写人：中国科学院微电子研究所　尹彬
审稿人：中国科学院微电子研究所　夏洋

▷▷▷ 8.6.25 匀胶机，旋塗機，Spin Coater

匀胶机（Spin Coater）用于晶片基底材料的表面光刻胶涂覆。匀胶机由样品台、滴胶装置和空心电动机组成，其工作原理是，通过在样品台上产生负压，将需要旋涂的基底材料吸附在样品台上，光刻胶液滴注在基底材料的表面，通过准确控制电动机的旋转速度，以此来改变离心力的大小，同时通过控制胶液的流量来达到制备薄膜所需的厚度。另外，旋涂薄膜厚度也与旋涂时间的长短、光刻胶的黏度、旋涂时的温度和湿度等因素有关。匀胶机的工作原理如图8-134所示。

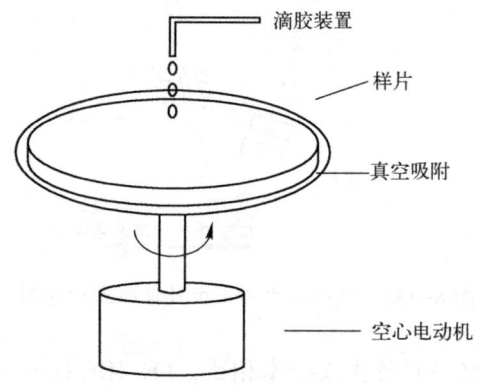

图 8-134　匀胶机的工作原理

常用的滴胶方式分为两种，即静态滴胶和动态滴胶。静态滴胶是在基片静止时将光刻胶滴注到基片的中心位置，滴胶量约为1~10mL，但在满足厚度需求的前提下，滴胶量还应根据光刻胶的黏度和基片的大小来确定。当光刻胶黏度较高或基片尺寸较大时，需要更多的光刻胶才能保证在高速旋转过程中整个基片上都能够涂到胶并保证其均匀性。动态滴胶是指基片在旋转的过程中将光刻胶滴注到基片的中心位置，通常旋转速度不宜过快（500r/min），动态滴胶可以在保证快速地在基片表面将光刻胶铺开的前提下，减少针孔的产生，也可减少光刻胶的使用量。当一些特定材料与光刻胶之间的湿润性不好时，动态滴胶可以体现出静态滴胶所不具备的旋涂优势。匀胶机在旋涂过程中会出现边缘效应，这是由于在旋涂的过程中溶剂的挥发导致表面和边界处光刻胶的浓度和黏度都增大，从而引起边缘位置较中心位置要厚一些，因此基片边缘需要经过去边处理。去边处理包括基片正面和背面的化学去边处理，以及基片正面的光学去边处理。

目前,国产匀胶机的代表机型有中国科学院微电子研究所的 KW-4A 型和芯源微电子的喷雾式匀胶机等,旋涂的膜厚可以达到 10nm~100μm,均匀度为 1%。

撰写人:中国科学院微电子研究所　尹彬
审稿人:中国科学院微电子研究所　夏洋

8.7 等离子体刻蚀设备

8.7.1 等离子体刻蚀原理及设备简介,電漿蝕刻原理及設備簡介,Principle of Plasma Etching and Equipment

集成电路制造工艺中的刻蚀分为湿法刻蚀和干法刻蚀两种。早期普遍采用的是湿法刻蚀,但由于其在线宽控制及刻蚀方向性等多方面的局限,$3\mu m$ 之后的工艺大多采用干法刻蚀,湿法刻蚀仅用于某些特殊材料层的去除和残留物的清洗。干法刻蚀是指使用气态的化学刻蚀剂(Etchant)与圆片上的材料发生反应,以刻蚀掉需去除的部分材料并形成可挥发性的反应生成物,然后将其抽离反应腔的过程。刻蚀剂通常直接或间接地产生于刻蚀气体的等离子体,所以干法刻蚀也称等离子体刻蚀。

等离子体是刻蚀气体在外加电磁场(如产生于射频电源)作用下通过辉光放电而形成的一种处于弱电离状态的气体,它包括电子、离子和中性的活性粒子(Neutral Free Radicals)。其中,活性粒子可以与被刻蚀材料直接发生化学反应而达成刻蚀,但这种纯化学反应通常仅发生在极少数材料且不具有方向性;当离子具有一定的能量时,可以通过直接的物理溅射(Sputtering)达成刻蚀,但这种纯物理反应的刻蚀率极低,并且选择性很差。绝大多数的等离子体刻蚀是在活性粒子和离子同时参与下完成的。在此过程中,离子轰击具有两个功能,一是破坏被刻蚀材料表面的原子键,从而加大中性粒子与其反应的速率;二是将沉积于反应界面的反应生成物打掉,以利刻蚀剂与被刻蚀材料表面充分接触,从而使刻蚀持续进行。而沉积于刻蚀结构侧壁的反应生成物则不能有效地被具有方向性的离子轰击所去除,从而阻断了侧壁的刻蚀并形成了各向异性刻蚀[1,2]。表 8-39 所列为等离子体刻蚀类型及应用。

表 8-39 等离子体刻蚀类型及应用

刻蚀类型	物理刻蚀	物理化学混合刻蚀	化学刻蚀
主要特点	方向性好，选择性很低	方向性和选择性兼具且可控	方向性很差，选择性很高
设备举例	溅射刻蚀（Sputtering Etching）	反应离子刻蚀（RIE Etching）	去胶机（Stripper）
主要应用	表面清洗	各种形状（如孔，槽）的硅、氧化物，及金属等材料的刻蚀	光刻胶去除，氮化硅去除，掩模氧化层去除

过去的30多年间，随着集成电路制造技术的持续发展，等离子体刻蚀设备经历了快速的演进。总体而言，早期的等离子体刻蚀设备采用多圆片系统，即反应腔可容纳多个圆片，如圆筒形设备（Barrel Etcher）和六角形设备（Hexode Etcher），有些平板式设备（Planar Etcher）也是如此。随着刻蚀精度和均匀度要求的提高，以及圆片直径的增大，自进入200mm圆片时代起，绝大多数的刻蚀设备均采用单圆片形式。由于单片形式每次只完成一个圆片的刻蚀，需要大大增加刻蚀率，而越来越精细的刻蚀必须在低气压环境中完成，所以单片式刻蚀设备的演进历史在其初期就是低气压环境下稳定且高密度等离子体技术的发展史。后来在实践中发现高密度等离子体并不必然带来高刻蚀率，反而可能导致器件损伤和低选择率等问题，因此高密度不再是最主要的追求目标。随着近代集成电路技术的革命性突破，如三维鳍式场效应管（FinFET）和立体闪存结构，刻蚀工艺的要求不仅越来越高，并且涉及面越来越广，使得刻蚀设备的发展除了普遍追求均匀性和精确的控制，更呈现出多样化和特殊化。

刻蚀设备是一种集合了等离子体、材料、真空、精密加工、控制软件等多领域最先进技术的高科技产品，刻蚀设备也是各种芯片生产设备中最为复杂、难度最大且使用比例最高的设备之一。一台先进的带有4个反应腔的300mm圆片刻蚀系统，其售价可高达500万美元以上。目前，美国和日本在刻蚀设备制造领域处于领先地位，主要的生产商包括美国的泛林（Lam Research）和应用材料（Applied Materials），以及日本的东京电子（TEL）和日立（Hitachi）。近十多年，中国的设备生产商在此领域进步显著，中微半导体设备（上海）有限公司自主开发的介质刻蚀设备已经被国内外芯片制造大厂引入先进生产线中进行大规模生产，用于硅通孔（Through Silicon Via，TSV）刻蚀的设备也进入国内外多个封装厂实现量产。北方华创微电子装备有限公司的硅刻蚀机已进入中芯国际等多条生产线的先进工艺中进行大规模生产；同时用于FinFET工艺的低损伤高选择比刻蚀工艺的具有低电子温度特性的表面波等离子体刻蚀机也已研发成功，开始进入工艺评估阶段。

参考文献

[1] Michacl A. Lieberman, Allan J. Lichtenberg. Principles of Plasma Discharges and Materials Processing [M]. 2nd ed. New Jersey: John Wiley & Sons, 2005.

[2] Francis F. Chen, Jane P. Chang. Lecture Notes on Plasma Processing [M]. New York: Plenum/Kluwer Publishers, 2002.

撰稿人：中微半导体设备（上海）有限公司　浦远　尹志尧
审稿人：中微半导体设备（上海）有限公司　刘身健

▷▷▷ 8.7.2　等离子体刻蚀设备的分类，電漿蝕刻設備的分類，Category of Plasma Etching Equipment

除接近纯物理反应的离子溅射刻蚀设备和接近纯化学反应的去胶设备以外，等离子体刻蚀可以根据等离子体产生和控制技术的不同而大致分为两大类，即电容耦合等离子体（Capacitively Coupled Plasma，CCP）刻蚀和电感耦合等离子体（Inductively Coupled Plasma，ICP）刻蚀。下面以电容耦合和电感耦合为主线，将等离子体刻蚀设备按其结构进行简单明了的分类。[1]

电容耦合等离子体刻蚀是将射频电源接在反应腔上、下电极中的一个或两个上，两个极板之间的等离子体形成简化等效电路中的电容，如图 8-135（a）所示。其特点是驱动电流 I_1 与等离子体电流 I_2 方向相同。最早出现的此类技术有两种，一类是早期的等离子体刻蚀，即将射频电源接到上电极，而圆片所在的下电极接地，如图 8-136（a）所示；因为这样产生的等离子体不会在圆片表面形成足够厚的离子鞘层，离子轰击的能量较低，通常用于硅刻蚀等以活性粒子为主要刻蚀剂的工艺。另一类是早期的反应离子刻蚀（Reactive Ion Etching，RIE），即将射频电源接在圆片所在的下电极，而将具有较大面积的上电极接地，如图 8-136（b）所示；这种技术能形成较厚的离子鞘层，适用于需要较高离子能量参与反应的电介质刻蚀工艺。在早期的反应离子刻蚀的基础上，加上一个与射频电场垂直的直流磁场，形成 ExB 漂移（ExB Drift），可以增加电子与气体粒子的碰撞机会，从而有效提高等离子体浓度和刻蚀率，这种刻蚀称为磁场增强反应离子刻蚀（Magnetron Enhanced Reactive Ion Etching，MERIE），如图 8-136（c）所示。以上 3 种技术存在一个相同的弱点，即等离子体浓度及其能量无法分别控制。例如，为了提高刻蚀率，可以采用加大射频功率的方法来提高等离子体浓度，但加大的射频功率必然会导致离子能量升高，从而会造成对圆片上器件的损伤。近十年来，电容耦合技术都采用多个射频源设计，将其分别接在上、下电极或都接在下电极,通过对不同射频频率的选择和搭配,电极面积、间距、材料及其他关键参数相互配合,可以尽量将等离子体浓度和离子能量去耦合(Decouple),如图8-136(d)所示。其中,高频率射频源用于控制等离子体浓度,称为源电源(Source Power);而接在下电极的低频率射频源则用于控制离子能量,称为偏压电源(Bias Power)。但受电容耦合本身特性所限,这样的去耦合是有局限性的;另外,由于等离子体的带电粒子在极板之间随射频电场方向来回碰撞而造成动能损耗,导致无法获得高密度等离子体,这种情况在低气压条件下尤为明显。

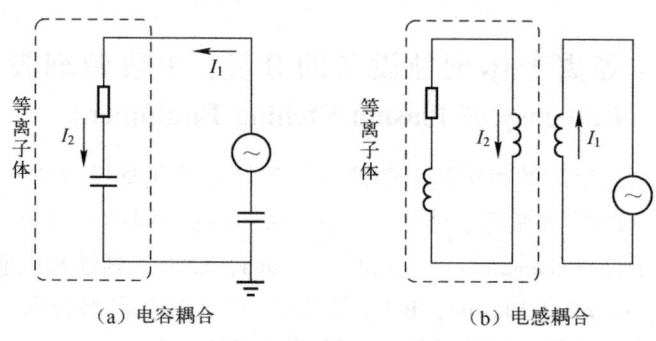

(a)电容耦合　　　　　　　　(b)电感耦合

图8-135　电容耦合和电感耦合的简化等效电路

　　电感耦合等离子体刻蚀是将一组或多组连接射频电源的线圈置于反应腔上部或周围,线圈中的射频电流所产生的交变磁场透过介质窗口进入反应腔,实现对电子的加速,从而产生等离子体。在简化的等效电路(变压器)中,线圈为一次绕组电感,而等离子体则为二次绕组电感(见图8-135(b)),其特点是驱动电流I_1和等离子体电流I_2方向相反。这种耦合方式能够在低气压下获得比电容耦合高一个数量级以上的等离子体浓度。此外,第2个射频电源接在圆片所在位置作为偏压电源,提供离子轰击能量,因此离子浓度取决于线圈的源电源,而离子能量取决于偏压电源,从而达到比较彻底的浓度与能量的去耦合,如图8-136(e)所示。

　　另外还有一种更早发明并一直沿用至今的等离子体刻蚀技术,即电子回旋共振(Electron Cyclotron Resonance,ECR)等离子体刻蚀,如图8-136(f)所示。其等离子体浓度和工作气压范围与电感耦合技术的相近,且应用于同类的刻蚀工艺。不同之处在于,其等离子体是通过电子在外加的磁场与导入的微波频率正好达到共振时吸收微波能量并被加速而产生的。其离子能量同样由另一个加在圆片位置的偏压电源控制。由于此种技术的反应腔结构相当复杂,导致结构简单得多的电感耦合技术后来居上,得到了更广泛的应用。

第8章 集成电路专用设备

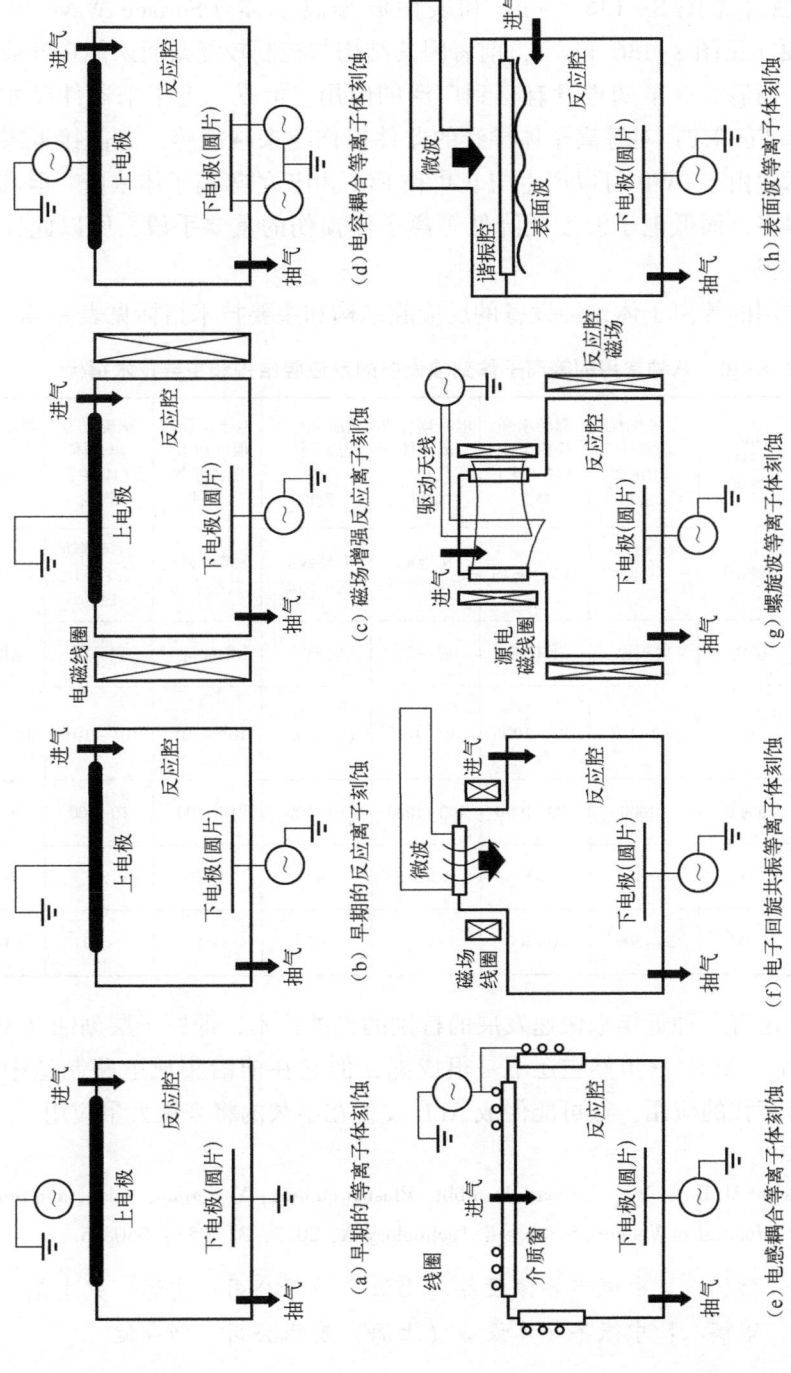

图8-136 八种常用等离子体刻蚀设备的反应腔结构示意图

同时期还开发了另外两种技术，即螺旋波等离子体（Helicon Wave Plasma，HWP）刻蚀（见图 8-136（g））和表面波等离子体（Surface Wave Plasma，SWP）刻蚀（见图 8-136（h）），前者因其结构与控制较复杂而未能在商业化中取得成功，而后者在早期也没有得到广泛的应用。但是，近年来器件尺寸的不断减小（如 FinFET）对等离子体导致的器件损伤越来越敏感，急需接近零损伤的刻蚀技术，由于 SWP 可以产生与 ICP 和 ECR 相近的等离子体浓度，但其电子温度却低得多，而低电子温度是降低等离子体损伤的重要手段，所以此技术又重新得到重视。

八种常用的等离子体刻蚀设备的反应腔结构和主要技术指标见表 8-40。

表 8-40　八种常用的等离子体刻蚀设备的反应腔结构和主要技术指标

设备种类	早期的等离子体刻蚀	早期的反应离子（RIE）刻蚀	磁场增强反应离子（MERIE）刻蚀	电容耦合等离子体（CCP）刻蚀	电感耦合等离子体（ICP）刻蚀	电子回旋共振（ECR）等离子体刻蚀	螺旋波等离子体（HWP）刻蚀	表面波等离子体（SWP）刻蚀
上电极（或上反应腔）	射频源	接地	接地+磁场	接地或接射频源	电感线圈接射频源	微波及回旋共振磁场	射频驱动天线及 DC 磁场	微波
下电极（圆片端）	接地	射频源	射频源	射频源	射频源	射频源	射频源	射频源
等离子体浓度/cm^{-3}	10^8	$10^8 \sim 10^9$	$10^9 \sim 10^{10}$	$10^9 \sim 10^{11}$	$10^{10} \sim 10^{12}$	$10^{10} \sim 10^{12}$	$10^{11} \sim 10^{13}$	$10^{10} \sim 10^{12}$
离子能量/eV	约为 0	<1000	100~1000	100~1000	10~100	10~100	10~100	10~100
电子温度/eV	>5	>5	>5	>2	>2	>2	>2	约为 1
反应腔气压/mTorr	>100	50~500	50~500	15~500	1~50	<1	<10	10~100

此外，还有一种近年来快速发展的特别的刻蚀技术，即原子层刻蚀（Atomic Layer Etching，ALE），虽然它还不是很成熟，但它在前沿集成电路制造中越来越多的不可替代的应用，很可能促成 ALE 设备在不久的将来被大量应用。

参考文献

[1] Vincent M. Donnelly, Avinoam Kornblit. Plasma etching: Yesterday, today, and tomorrow [J]. Journal of Vacuum Science & Technology A, 2013, 31 (5): 050825.

撰稿人：中微半导体设备（上海）有限公司　浦远　尹志尧

审稿人：中微半导体设备（上海）有限公司　刘身健

▷▷▷ 8.7.3 等离子体刻蚀设备的应用及展望，電漿蝕刻設備的應用及展望，Plasma Etching Equipment：Application and Outlook

在集成电路生产线上，等离子体刻蚀设备通常按照被刻蚀材料的种类分为硅刻蚀设备、金属刻蚀设备和电介质刻蚀设备3类。传统的硅和金属的刻蚀偏向使用较低离子能量的刻蚀设备，如电感耦合等离子体刻蚀设备；而电介质刻蚀偏向使用较高离子能量的刻蚀设备，如电容耦合等离子体刻蚀设备。随着工艺要求的专门化、精细化，刻蚀设备的多样化，以及新型材料的应用，上述分类方法已变得越来越模糊。表8-41列出了集成电路制造中需要采用等离子体刻蚀设备的工艺。除了集成电路制造领域，等离子体刻蚀还被广泛用于LED、MEMS及光通信等领域。

表8-41 集成电路制造中需要采用等离子体刻蚀设备的工艺

制造类型	主要工艺
逻辑电路	浅槽隔离（STI）、多晶硅栅（Poly Gate）、栅侧墙（Spacer）、接触孔（Contact）、通孔（Via）、电介质沟槽（Trench）、双镶嵌式刻蚀（Dual Damascene）、铝垫（Pad）、去胶（Stripping）、应力记忆技术（SMT）的刻蚀、应力邻近技术（SPT）的刻蚀及双应力层（DSL）刻蚀等
三维闪存（NAND）	高深宽比沟槽（High Aspect Ratio Trenches）、硬掩模（Hard Mask）、台阶（Stair-Step）及孔刻（Chanel Hole）的刻蚀等
封装	整面减薄（Thinning）、深斜孔/槽（Taper Hole and Trench）、硅通孔（Through Silicon Via）刻蚀、空腔（Cavity）刻蚀及等离子体切割（Plasma Dicing）等

随着芯片集成度的不断提高，生产工艺越来越复杂，刻蚀在整个生产流程中的比重也呈上升趋势（见表8-42）。因此，刻蚀设备支出在生产线设备总支出中的比重也在增加。据相关数据统计，全球干法刻蚀设备销售额占设备总销售额的比重从2011年的约10%，提升到了2015年的约20%。而刻蚀设备按刻蚀材料细分后的增长速度，则根据工艺技术的发展阶段不同呈现此消彼长的状况。例如，当0.13μm工艺的铜互连技术出现时，金属刻蚀设备的占比大幅下降，而介质刻蚀设备的占比大幅上升；30nm之后的工艺中出现的多重图像技术及越来越多的软刻蚀应用，则使得硅刻蚀设备的占比快速增加[1]。

刻蚀设备的优劣主要体现在两个方面，一是能否满足刻蚀工艺的各种要求，从而达到较好的电性能表现及较高的成品率；二是能否以最低的成本（包括设备价格和生产消耗，如能源、用气及反应腔耗材）达到最大的产出量。表8-43列出了生产厂家评估一台刻蚀设备的重要指标。

表 8-42　各技术节点集成电路产品的制造工艺步骤数的粗略估计（数据来源：招商证券）

工艺节点	65nm	45nm	28nm	20nm	14nm	10nm	7nm
刻蚀步骤数	20	30	40	55	65	110	150
全工艺步骤数				1000	1100	1300	1500

表 8-43　评估刻蚀设备的重要指标

重要指标	注　释
刻蚀速率	刻蚀速率直接影响到生产效率
均匀度	包括各种均匀度，如刻蚀率、尺寸、形貌等，特别是圆片边缘的均匀度
选择比	包括掩模材料和衬底材料
形貌	包括孔槽的切面角度和形状等，以及刻蚀界面的粗糙度
关键尺寸控制	如对于 10nm 级工艺，必须控制在 1nm 之内
微粒杂质	如对于 10nm 级工艺，要求直径大于 30nm 的颗粒在 300mm 圆片上要少于 10 个
反应腔清理周期	一般要求大于 300h（射频源开启累积时间，业内俗称 RF 小时）

随着集成电路工艺的不断升级，器件尺寸不断缩小（如逻辑器件已经进入 10nm 级线宽），新结构（如三维闪存、FinFET 等）、新材料（如高 k 介质/金属栅等）和新工艺（如铜线低 k 介质镶嵌式刻蚀技术和多次图形技术等）不断涌现，导致对刻蚀工艺的要求主要集中在能够实现刻蚀反应中的各种参数的更精密的控制，能够达到更高的刻蚀选择比，对圆片器件的损伤降至最低。因此刻蚀设备的主要发展方向是，越来越多地采用脉冲等离子体，更低的离子能量，更窄的离子能量分布，更低的光辐射。

刻蚀设备需要不断引进新技术来满足上述全新的要求，如原子层刻蚀技术已经用于自对准接触孔（Self Align Contact，SAC）的超高选择率刻蚀，表面波等离子体刻蚀技术已经用于极低等离子体损伤的鳍状栅的刻蚀，中性离子束刻蚀也正在尝试新的应用，这些新技术代表了刻蚀设备领域的发展趋势。另外，对现有技术设备的持续改进（Continuous Improvement Program，CIP）也是刻蚀设备发展的主要途径[2,3]。

参考文献

［1］ Gerald Yin. China Semi Equipment Momentum and AMEC Briefing［C］. Invited Presentation in SEMI Industry Strategy Symposium, Half Moon Bay, California, 2017.

［2］ Peter L. G. Ventzek, Shahid Rauf, Terry Sparks. Plasma Etch［M］//Robert Doering, Yoshio. Nishi. Handbook of Semiconductor Manufacturing Technology. New York：CRC Press, 2008.

[3] 郑晃忠,刘传玺. 新世代积体电路制程技术 [M]. 台北：东华书局, 2011.

撰稿人：中微半导体设备（上海）有限公司　浦远　尹志尧

审稿人：中微半导体设备（上海）有限公司　刘身健

▷▷▷ 8.7.4　离子束刻蚀设备，離子束蝕刻設備，Ion Beam Etching (IBE) Equipment

离子束刻蚀（IBE）设备是指利用由等离子体产生的低能离子束轰击圆片，将需要去除的材料通过物理溅射（Sputtering）加以逸除的设备。图 8-137 所示的是典型的 IBE 设备简化示意图。它由离子源、萃取栅系统和反应腔 3 个主要部分组成。离子源通入氩气或其他稀有气体产生低温等离子体，从而提供低能量离子，早期采用热阴极（灯丝）技术产生等离子体，后来大多采用 13.56MHz 射频驱动电感耦合技术，也有采用电子回旋微波共振等离子体技术来获取较高密度离子的。萃取栅系统是离子束形成并由离子源进入反应腔的通道，一般由 3 个栅板组成，离子源一侧接正电压；中间的接负电压，两板之间的压差决定了由离子源产生的低能量（带正电）离子被加速后的能量；反应腔一侧的栅板通常接地，用于改善离子束性能，同时也用于防止反应腔的电子回流及溅射反应生成物对带电栅板的污染。三个栅板的间距，每个栅板上的通气孔形状和分布的设计，以及栅板的曲率和表面材料选择等，都对离子束的表现有很大的影响。反应腔是离子束对圆片进行刻蚀的工作室，其真空度一般为 $10^{-5} \sim 10^{-6}$ Torr，由分子泵和机械泵（Mechanical Pump）二级抽气系统完成。圆片吸盘的氦气冷却机制将由溅射产生的热量带走，并对圆片控温。圆片座架可调节圆片表面与离子束

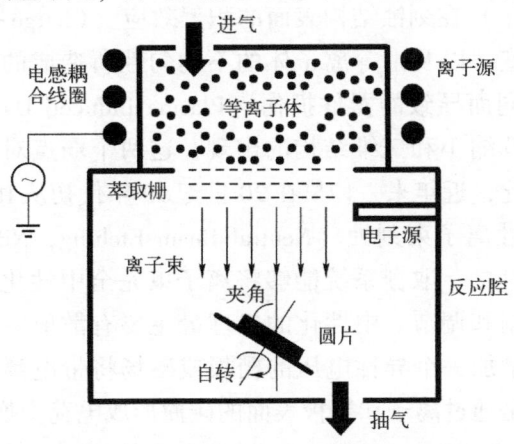

图 8-137　典型的 IBE 设备简化示意图

的夹角，以改善对刻蚀结构侧壁形貌的控制和刻蚀率的径向均匀度；座架还具有自转功能，以改善刻蚀率的轴向均匀度。另外，比较先进的设备还具备一个中性化机制，即在萃取栅系统的下游增加一个电子源，如热阴极灯丝，其目的是提供适量的电子，使离子束中的部分离子得以中性化，从而降低离子束因空间电荷效应而造成的束发散（Beam Divergence），并减少对圆片表面的电荷堆积量[1]。

特种气体离子束刻蚀基本上是一种纯物理反应，所以又称离子研磨（Ion Milling）。它具有很好的各向异性，且理论上可以刻蚀任何材料，但低选择性、反应生成物沉积及低刻蚀率是其最大的弱点。改善方法是加入反应气体，如 SF_6、CHF_3、CF_4、O_2、Cl_2 等，可以与稀有气体一起加入离子源，称之为反应离子束刻蚀（Reactive Ion Beam Etching，RIBE）；也可以通过置于圆片周边的喷气环直接导入，称之为化学辅助离子束刻蚀（Chemical Assistant Ion Beam Etching，CAIBE）。在 RIBE 中，反应气体经历了两次解离（Dissociation）过程，一次是在离子源内经由电磁场导致的，另一次是在圆片表面经由与加速离子的碰撞导致的；而在 CAIBE 中，反应气体仅经历后一种解离过程，其优势在于轰击离子和反应粒子的浓度可以独立控制。

IBE 主要应用在对 Au、Pt、Ag、NiCr 等一些无法产生挥发性反应生成物的特殊材料的刻蚀，对一些有机材料、Ⅲ-Ⅴ族及其他异质结构（Heterostructure）材料的各向异性刻蚀，以及圆片的表面清洗。

由于其他等离子体刻蚀技术（如占市场主流的电容耦合和电感耦合等离子体刻蚀）的发展大大提高了其各向异性刻蚀和对不同材料的刻蚀能力，且具有更高的刻蚀速率，IBE 在大规模生产线上的应用受到相当大的局限。然而上述的主流刻蚀技术都是直接与等离子体接触，从而存在两个无法避免的弱点，即带电粒子（电子和离子）在刻蚀结构表面的积累效应（Charge-Up Effect）会造成各种刻蚀形貌的畸变，以及由等离子体的不均匀性所造成的圆片不同位置的瞬时电流或电压的不同而导致的器件损伤（Plasma Induced Damage，PID）。随着集成电路尺寸的持续缩小和三维结构的出现，这两个弱点对芯片成品率的影响越来越大。正因如此，近年来一种早在20世纪90年代初从 IBE 基础上发展出来的刻蚀技术——中性离子束刻蚀（Neutral Beam Etching，NBE）越来越受到重视。简单来讲，NBE 的萃取栅系统能够将离子束完全中性化，并对中性化离子的能量加以精确控制和调节。中性化的机理最主要有散射中性化和表面中性化两种，前者是通过增加一个异性电压的栅板或磁场将带电离子反射回离子源实现中性化的，后者是通过离子和栅板表面的碰撞形成电荷交换实现中性化的[2]。

参考文献

[1] Harper J. M. Ion Beam Etching [M]//Dennis M. Manos, Daniel L. Flamm. Plasma

Etching: An Introduction. New York: Academic Press Inc, 1989.
[2] Seiji Samukawa. Neutral beam technology: Defect-free nanofabrication for nobel nano-materials and nano-devices [C]. The 14th International Conference of Nanotechnology, Toronto, 2014.

撰稿人：中微半导体设备（上海）有限公司　浦远
审稿人：中微半导体设备（上海）有限公司　刘身健

▷▷▷ 8.7.5　等离子刻蚀设备，電漿蝕刻設備，Plasma Etching Equipment

几乎所有干法刻蚀中的刻蚀剂都是直接或间接地产生于等离子体，因此常将干法刻蚀称为等离子体刻蚀。等离子刻蚀是广义的等离子体刻蚀中的一种。在早期的两种平板式反应腔设计中，一种是将圆片所在极板接地而另一极板接射频源，另一种则与之相反。在前一种设计方案中，接地极板面积通常大于接射频源极板的面积，而且反应腔内的气体压力偏高，在圆片表面形成的离子鞘层很薄，圆片仿佛"浸泡"在等离子体中，刻蚀主要是由等离子体中的活性粒子与被刻蚀材料表面的化学反应来完成的，离子轰击的能量很小，其参与刻蚀的程度很低，这种设计称为等离子刻蚀模式（Plasma Etching Mode）。而在另一种设计方案中，因为离子轰击的参与程度较大，所以称为反应离子刻蚀（Reactive Ion Etching，RIE）模式[1]。

图 8-138（a）所示的是典型的平板多片式等离子刻蚀设备的示意图。其射频电源接在反应腔的上电极，圆片所在的下电极接地，金属反应腔壁一般也接地，所以接地面积大于电源电极面积，使得上电极表面的离子鞘层比圆片表面的离子鞘层厚得多，因而承受较大的离子轰击。上、下电极均具有冷却功能，上电极冷却是为了带走由离子轰击产生的热量，下电极冷却是为了控制圆片的反应温度。刻蚀气体从反应腔的上方、侧面或圆片底座的下方导入，经过圆片表面空间后，从反应腔下方被抽出，反应腔的工作压力为 0.1~10Torr。

图 8-138（b）所示的是筒状多片式等离子刻蚀设备的示意图。反应腔体采用石英材料，腔外的半圆柱形电极分别接 13.56MHz 的射频电源和地，从而形成电容耦合，产生等离子体（也可以采用线圈绕在石英腔体外实现电感耦合而产生等离子体）。多个圆片垂直放置于一个石英舟中；刻蚀气体由反应腔下方导入，从上方抽出。圆片与反应腔壁之间是一个有通孔的金属圆柱状隔离层，其功能是将等离子体带电粒子局限在腔壁和隔离层之间，使得不带电的活性粒子

可以通过通孔扩散至圆片区并与之发生反应,而带电离子基本不参与反应。这种刻蚀设备是历史上最早研制成功并在生产线上大量使用的等离子体刻蚀设备,所以业内一直将其称为等离子刻蚀设备。

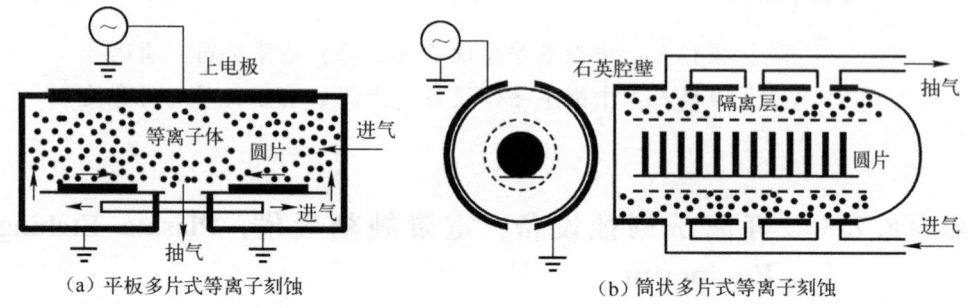

图 8-138　等离子刻蚀设备的简化示意图

由于离子轰击的参与程度很低(或为零),等离子刻蚀设备具有各向同性和刻蚀选择率较高的特点,一般用于光刻胶的去除和氮化硅刻蚀。

参考文献

[1] Alan R. Reinberg. Plasma Etching Equipment and Technology [M]//Dennis M. Manos, Daniel L. Flamm. Plasma Etching: An Introduction. New York: Academic Press Inc, 1989.

撰稿人:中微半导体设备(上海)有限公司　浦远

审稿人:中微半导体设备(上海)有限公司　刘身健

▷▷▷ 8.7.6　反应离子刻蚀设备,反應離子蝕刻設備,Reactive Ion Etching (RIE) Equipment

反应离子刻蚀(RIE)是指有活性粒子和带电离子同时参与完成的刻蚀过程。其中,活性粒子主要是中性粒子(又称自由基),浓度较高(约为气体浓度的 1%~10%),是刻蚀剂的主要成分,它与被刻蚀材料发生化学反应所产生的生成物,或者挥发并被直接抽离反应腔,或者堆积在刻蚀表面;而带电离子则浓度较低(约为气体浓度的 10^{-4} 至 10^{-5}),它被形成于圆片表面的离子鞘(Ion Sheath)的电场加速而轰击刻蚀表面。带电粒子的主要功能有两个,一是破坏被刻蚀材料的原子结构,从而加快活性粒子与之反应的速率;二是轰击、去除堆积的反应生成物,以使被刻蚀材料与活性粒子充分接触,从而使刻蚀持续进行。因为离子不直接参与刻蚀反应(或占比很小,如物理性的轰击去除和活性离子的直接化学刻蚀),严格地说,上述刻蚀过程应该称为离子辅助刻蚀(Ion Assist

Etching),反应离子刻蚀这个名称并不准确,但约定俗成而沿用至今[1]。

由于 RIE 必须具有离子轰击,因此其刻蚀设备的重点在于离子鞘的形成。图 8-139(a)所示的是典型平板式 RIE 设备的简化示意图。由图可见射频电源接在圆片所在的下电极,上电极接地。下电极的面积一般远小于上电极的面积。反应腔的工作气压较低,一般为 50~500mTorr。因此,置于下电极的圆片表面会形成一个较厚的等离子体鞘,其电场对正离子的加速能量可达 500eV 以上。圆片基座具有冷却功能,可带走刻蚀所产生的热量,并保持刻蚀在稳定可控的温度条件下进行。喷淋头(Showerhead)可以将气体更均匀地分布到圆片上。光学刻蚀终点侦测系统的应用可以减少衬底材料损失。反应腔内衬(Chamber Liner)是一个便于拆装的组件,进行设备保养时仅需更换已事先清洗干净的内衬而不用现场清洗腔壁,从而大大节省保养时间,增加设备的在线率。

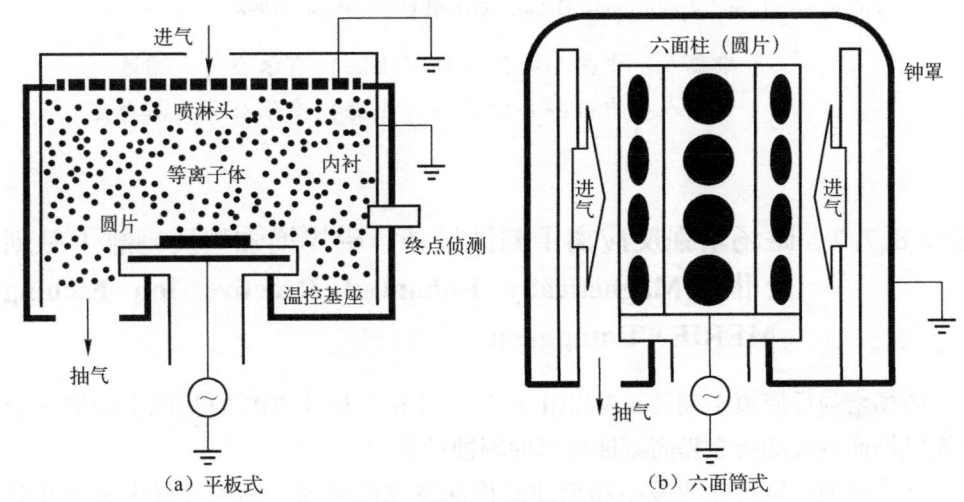

图 8-139 RIE 设备的简化示意图

上述 RIE 也被称为二极反应离子刻蚀(Diode RIE Etching)。为了增加刻蚀的可控性,后续开发的同类刻蚀设备在反应腔壁上增加了第 2 射频电源,或者将反应腔壁接地而将第 2 射频电源加在上电极上,形成三极反应离子刻蚀(Triode RIE),并且逐渐演化成电容耦合等离子体刻蚀设备。

图 8-139(b)所示的是另一种更早开发的曾经在市场上颇为风行的反应离子刻蚀设备的简化示意图,被称为六面筒式刻蚀设备(Hexode Etcher)。圆片被手动放置在一个六面柱的 6 个面上,每一面可放置 4 个圆片,一次可处理 24 个圆片。六面筒为阴极接射频电源,反应腔壁(钟罩)接地,接地极面积约为接电源极面积的 2 倍,气体由处于钟罩壁与六面柱之间的供气板喷出,抽气泵位于钟罩下方,腔内工作气压为 20~100mTorr。

由于离子轰击具有方向性，不论破坏原子结构、去除堆积物，垂直于圆片表面的轰击对刻蚀结构侧面的影响都远小于对正面的影响，所以刻蚀是各向异性的。此类刻蚀反应适用于线条、通孔及有一定深宽比结构的刻蚀，并由于离子轰击所造成的物理效应，它可以用于刻蚀那些采用偏化学反应的等离子刻蚀无法刻蚀的材料，如氧化硅和难熔金属[2]。

最早的 RIE 设备于 20 世纪 80 年代投入使用，由于采用单一的射频电源和比较简单的反应腔设计，所以在刻蚀率、均匀度和选择比等方面存在局限性。

参考文献

[1] J. W. Coburn, Harold F. Winters. Plasma etching: A discussion of mechanisms [J]. Journal of Vacuum Science and Technology, 1979, 16 (2): 391-403.

[2] Handa S. Technology of reactive ion etching [M] //Minoru Sugawara. Plasma Etching: Fundamentals and Applications. Oxford: Oxford Univ. Press, 1998.

撰稿人：中微半导体设备（上海）有限公司　浦远

审稿人：中微半导体设备（上海）有限公司　刘身健

▷▷▷ 8.7.7 磁场增强反应离子刻蚀设备，磁場增強型反應離子蝕刻設備，Magnetically Enhanced Reactive Ion Etching (MERIE) Equipment

磁场增强反应离子刻蚀（MERIE）是一种在平板式 RIE 的基础上外加一个直流磁场而构成的旨在提高刻蚀速率的刻蚀设备[1]。

随着刻蚀线宽尺寸的减小和刻蚀结构深宽比的增加，刻蚀过程中离子在轰击圆片的行程中必须减少与其他粒子的碰撞，以保持其方向性和能量。虽然可以通过降低工作气压以增加离子的自由程来达到减少碰撞的目的，但这样会直接导致等离子体浓度的降低，从而影响刻蚀速率。若在平板结构的基础上增加一个与离子鞘电场方向相垂直的直流磁场，在离子鞘区域或接近离子鞘区域中的电子会受到一个 $E \times B$ 漂移力，受力方向遵循右手法则且垂直于电场和磁场，电子会沿圆片平面作摆线漂移，从而增加了电子存在的时间，以利于增加解离碰撞概率而增加活性粒子的浓度，如图 8-140 所示。另外，与反应腔壁垂直的磁力线在低气压下也可以抑制电子与腔壁的碰撞所造成的浓度损失。

图 8-141 所示的是 MERIE 设备的简化示意图。反应腔内的设计与平板式反应离子刻蚀的相似。外加磁场的设计分为两类，一类是用多个磁场方向渐变的偶极子永磁铁围绕放置在圆形反应腔周围，使得反应腔圆片上方形成一个均匀

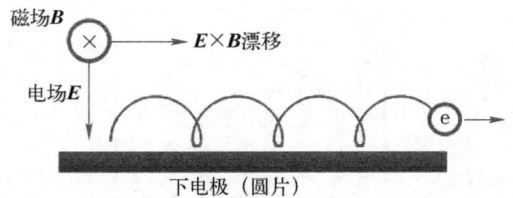

图 8-140 $E\times B$ 漂移驱使电子沿圆片表面作摆线漂移

的磁场,这种刻蚀称为偶极子环磁控管(Dipole-Ring Magnetron,DRM)刻蚀,如图 8-142(a)所示。直流磁场导致的电子漂移会造成等离子体浓度的空间分布不均匀,这个问题可以通过慢速旋转平行磁场加以解决。DRM 刻蚀是通过永磁体系统的机械转动来消除等离子体浓度的空间分布不均匀性的。DRM 刻蚀的优点是刻蚀均匀性较好,其缺点是磁场大小不可调节。

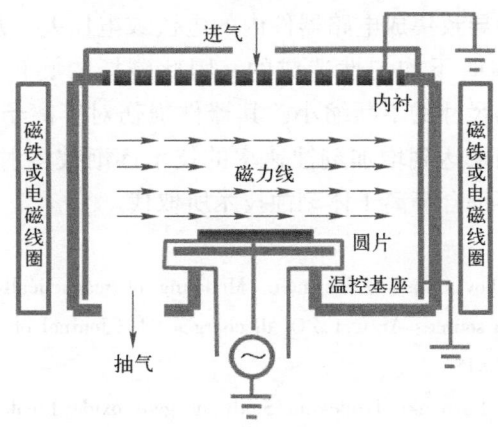

图 8-141 MERIE 设备的简化示意图

另一类是在反应腔周围放置两对亥姆霍兹线圈(Helmholtz Coils)来产生直流磁场的,如图 8-142(b)所示。它是利用两对线圈内的驱动电流的相位差来消除直流磁场所导致的电子漂移造成的等离子体浓度的空间分布不均匀性的,其优点是通过调节线圈驱动电流的大小及相位,可以调节磁场强度和转动速度,并可以实现一机两用(当驱动电流为零时,相当于反应离子刻蚀);其缺点是刻蚀均匀性较差。

所加的磁感应强度在圆片表面通常为 50~200Gs,等离子体浓度可达 10^{10}cm^{-2} 水平,工作气压为 50~500mTorr。通常情况下,磁场对刻蚀速率的增强效应随气压的增加而减小。MERIE 设备在生产线上的应用与反应离子刻蚀设备相似,主要用于电介质的各向异性刻蚀,它对氧化硅(SiO_2)的刻蚀速率可达 $1\mu m/min$。

 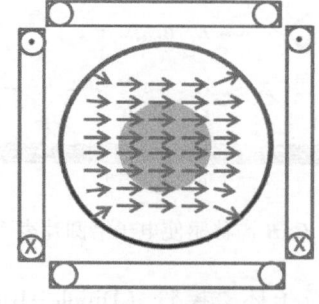 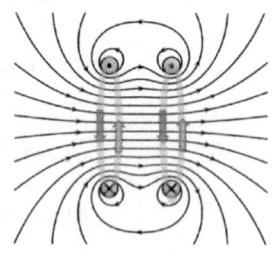

(a) 偶极子环磁控管式　　　　　(b) 亥姆霍兹线圈式（右图仅呈现一对线圈）

图 8-142　外加磁场俯视示意图

MERIE 设备于 20 世纪 90 年代大规模投入使用，当时单片式刻蚀设备已经成为行业主流设备。MERIE 设备的最大弱点是磁场所造成的等离子体浓度的空间分布不均匀性，会导致集成电路器件内的电流或电压差，从而产生器件损伤，由于此种损伤是由瞬时不均匀性造成的，因此磁场的旋转并不能对其加以消除[2]。随着集成电路尺寸的不断缩小，其器件损伤对等离子体的不均匀性越来越敏感，以磁场增强来达到增加刻蚀速率的技术逐渐被多射频电源平板反应离子刻蚀技术，即电容耦合等离子体刻蚀技术所取代。

参考文献

[1] Alex V. Vasenkov, Mark J. Kushner. Modeling of magnetically enhanced capacitively coupled plasma source: Ar/C_4F_8/O_2 discharges [J]. Journal of Applied Physics, 2004, 95 (3): 834-845.

[2] Kazuo Nojiri, Kazuyuki Tsunokuni. Study of gate oxide breakdown caused by charge buildup during dry etching [J]. Journal of Vacuum Science and Technology B, 1993, 11 (5): 1819-1824.

撰稿人：中微半导体设备（上海）有限公司　浦远
审稿人：中微半导体设备（上海）有限公司　刘身健

▷▷▷ 8.7.8　电容耦合等离子体刻蚀设备，電容耦合電漿蝕刻設備，Capacitively Coupled Plasma (CCP) Etching Equipment

电容耦合等离子体（CCP）刻蚀设备是一种由施加在极板上的射频（或直流）电源通过电容耦合的方式在反应腔内产生等离子体并用于刻蚀的设备。其刻蚀原理与反应离子刻蚀设备类似。

CCP 刻蚀设备的简化示意图如图 8-143 所示。它一般采用两个或三个不同频率的射频源,也有配合采用直流电源的。射频电源的频率为800kHz~162MHz,常用的有2MHz、4MHz、13MHz、27MHz、40MHz和60MHz。通常将频率为2MHz或4MHz的射频电源称为低频射频源,一般接在圆片所在的下电极,对控制离子能量比较有效,因此也称为偏压电源(Bias Power);频率在27MHz以上的射频电源称为高频射频源,它既可以接在上电极,也可接在下电极,对控制等离子体浓度比较有效,因此也称为源电源(Source Power)。13MHz射频电源处于中间,一般被认为兼具上述两个功能但都相对弱一些。注意,尽管等离子体浓度和能量可以在一定的范围内分别通过不同频率的射频源的功率加以调节(即所谓的去耦合效应),但是由于电容耦合的特点,它们无法得到完全独立的调节和控制。

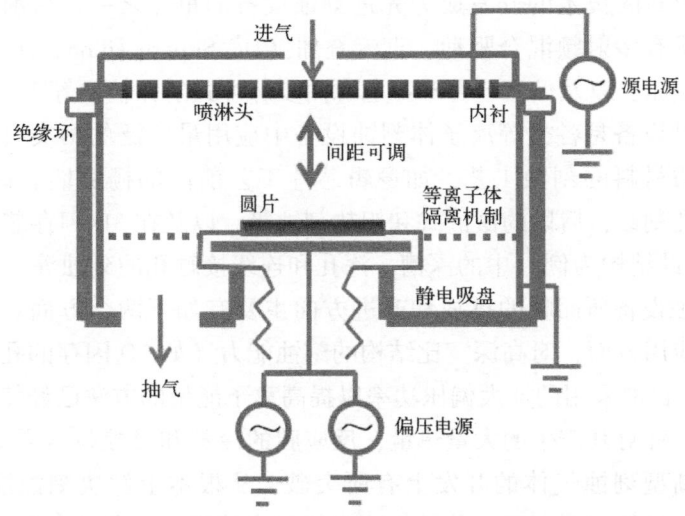

图8-143 CCP刻蚀设备的简化示意图

早期的反应腔工作气压为50~500mTorr,近年来针对高深宽比结构的刻蚀要求,工作气压可低至10mTorr,以增加离子的自由程,减少因碰撞所造成的能量损失。离子能量一般为100eV~10keV。出于同样原因,近年来通过采用功率高达10kW的偏压电源,可以产生2keV或更高的离子能量,用以加强离子垂直进入极高深宽比结构底部而不发生偏移的能力。等离子体浓度一般为10^9~10^{10}cm^{-3},在使用高频和大功率的条件下也可达10^{11}cm^{-3}的水平。

就反应腔的机械结构而言,除了进气喷淋头及反应腔内衬的概念仍被广泛使用,还有两个被经常采用的概念,一是等离子体约束(Plasma Confinement),它是指通过一个特殊的等离子体隔离机制将等离子体约束在圆片附近的部分空间内(但不影响反应气体的抽出),这样可以更有效且稳定地产生和使用等离子体，并且可以减少反应生成物沉积在反应腔不利清洗的下部；二是上、下电极间距的可调机制，它是在反应腔的下电极或上电极增加一个能够使其升降的装置，在刻蚀过程中根据需要改变电极间距。由于电极间距对等离子体及气流的空间分布，以及很多其他参数有相当大的影响，因而通过改变电极间距可以优化整个刻蚀效果。例如，越来越多的刻蚀工艺要求将电介质刻蚀和去除光刻胶集成在同一个刻蚀设备中一步完成，由于这两种刻蚀所使用的气体、压力和射频功率有很大的不同，必须通过调节电极间距来获得最佳均匀度。镶嵌式刻蚀工艺包括对沟槽、孔洞、阻挡层、光刻胶等更多不同材料和形貌的刻蚀，因此电极间距调节功能显得尤为重要。

离子的能量分布对刻蚀的细部表现及器件损伤有着明显的影响，所以对优化离子能量分布的技术的开发成为先进刻蚀设备的重点之一。目前已成功运用于生产的技术有多射频混合驱动、直流叠加（DC Superposition，DCS）、射频配合直流脉冲偏压，以及偏压电源和源电源同步脉冲式射频输出等[1,2]。

CCP刻蚀设备是各类等离子体刻蚀设备中应用最广泛的两类设备之一，主要用于电介质材料的刻蚀工艺，如逻辑芯片工艺前段的栅侧墙和硬掩模刻蚀，中段的接触孔刻蚀，后段的镶嵌式和铝垫刻蚀等，以及在3D闪存芯片工艺（以氮化硅/氧化硅结构为例）中的深槽、深孔和连线接触孔的刻蚀等。

CCP刻蚀设备所面临的挑战和改进方向主要有如下两个方面。一是在极高离子能量的应用方面，对高深宽比结构的刻蚀能力（如3D闪存的孔槽刻蚀要求高于50:1），目前采用的加大偏压功率以提高离子能量的方法已经使用高达万瓦的射频电源，针对其产生的大量热量，反应腔的冷却和温控技术需要不断改进；二是需要在新型刻蚀气体的开发上有所突破，从根本上解决刻蚀能力的问题。在极低离子能量的应用方面，前段刻蚀应用的高选择比（如FinFET的介质壁刻蚀），除了要求对射频电源和刻蚀气体的脉冲输出技术进行不断改进，从而对参与反应的中性粒子的种类和离子的能量分布等加以精确的控制与调节，在等离子体源技术上也重新采用了表面波等离子体（Surface Wave Plasma）技术，在刻蚀方式上引进了原子层刻蚀（Atomic Layer Etching，ALE）。

作为先进集成电路生产线上的重要设备，CCP刻蚀设备的主要供应商是日本的东京电子（TEL）公司和美国的泛林公司（Lam Research），它们占有介质刻蚀市场（2015年统计约为20亿美元）的80%以上。近些年发展起来的中微半导体设备（上海）有限公司生产的介质刻蚀设备，由于其设计结合了独特的去耦合技术和较高产出率的双反应腔架构，以较高的性价比克服了大公司的垄断，其产品已在包括台积电、海力士、中芯国际等芯片生产商的20多条生产线上实现了量产。图8-144所示的是该公司生产的Primo SC AD-RIE单反应腔介质刻蚀设备。该设备采用业界流行的团簇式架构，一个主机平台最多可挂6个刻蚀单元，已应用于16nm存储芯片接触孔刻蚀的量产和3D闪存关键刻蚀步骤的工艺中。

图8-144 中微半导体设备（上海）有限公司生产的Primo SC AR-RIE单反应腔介质刻蚀设备

参考文献

[1] T. Kitajima, Y. Takeo, Toshiaki Makabe. Two-dimensional CT images of two-frequency capacitively coupled plasma [J]. Journal of Vacuum Science and Technology A, 1999, 17 (5): 2510-2516.

[2] Samer Banna, Ankur Agarwal, Gilles Cunge, et al. Pulsed high-density plasmas for advanced dry etching processes [J]. Journal of Vacuum Science and Technology A, 2012, 30 (4): 040801.

撰稿人：中微半导体设备（上海）有限公司　浦远
审稿人：中微半导体设备（上海）有限公司　刘身健

▷▷▷ 8.7.9 电感耦合等离子体刻蚀设备，電感耦合電漿蝕刻設備，Inductively Coupled Plasma (ICP) Etching Equipment

电感耦合等离子体（ICP）刻蚀设备是一种将射频电源的能量经由电感线圈，以磁场耦合的形式进入反应腔内部，从而产生等离子体并用于刻蚀的设备。其刻蚀原理也属于广义的反应离子刻蚀。

ICP刻蚀设备的等离子体源设计主要分为两种，一种是由美国泛林公司（Lam Research）开发生产的变压器耦合型等离子体（Transformer Coupled Plasma, TCP）技术，如图8-145所示。其电感线圈置于反应腔上方的介质窗平面上，13.56MHz的射频信号在线圈中产生一个垂直于介质窗并以线圈轴为中心径向发散的交变磁场,该磁场透过介质窗进入反应腔,而交变磁场又在反应腔中产生平行于介质窗的交变电场,从而实现对刻蚀气体的解离并产生等离子体。由于可以将此原理理解成一个以电感线圈为一次绕组而反应腔中的等离子体为二次绕组的变压器,ICP 刻蚀因此而得名。TCP 技术的主要优势是结构易于放大,比如从 200mm 圆片放大到 300mm 圆片,TCP 可以通过简单地将线圈的尺寸增大而保持同样的刻蚀效果。

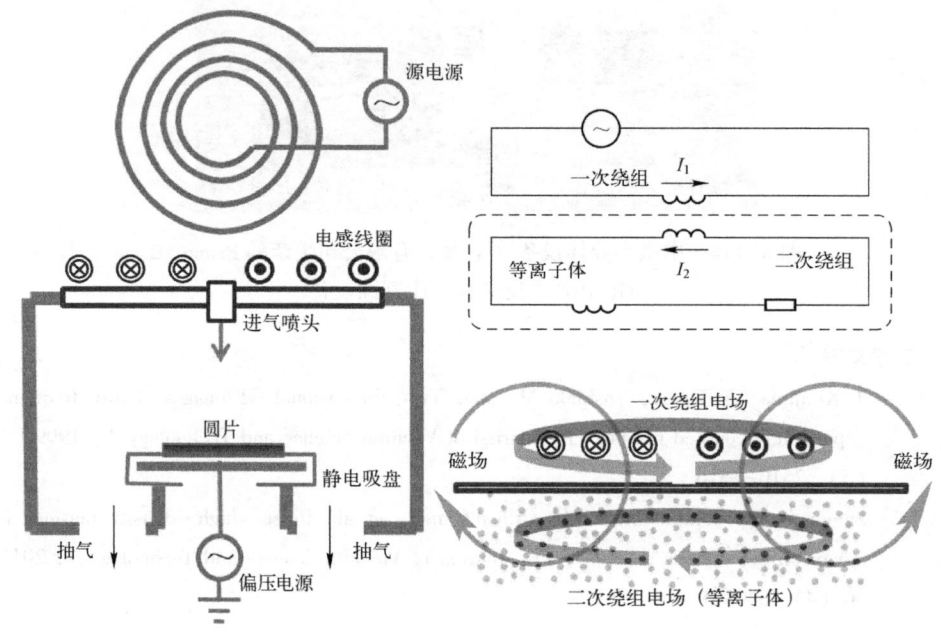

图 8-145　TCP 型 ICP 刻蚀设备示意图及其等效电路

另一种等离子体源设计是由美国应用材料公司开发生产的去耦合型等离子体源(Decoupled Plasma Source, DPS)技术,如图 8-146 所示。其电感线圈立体地绕在一个半球形的介质窗上,产生等离子体的原理与前述 TCP 技术类似,但气体的解离效率比较高,有利于获取较高的等离子体浓度。由于电感耦合产生等离子体的效率比电容耦合的高,且等离子体主要产生于接近介质窗的区域,其等离子体浓度基本上由接电感线圈的源电源功率决定,而圆片表面离子鞘中的离子能量则基本上由偏压电源的功率决定,所以离子的浓度和能量能够独立控制,从而实现去耦合[1]。

通常,ICP 刻蚀设备的反应腔工作气压范围为 1~50mTorr(比 CCP 的低),等离子体浓度范围为 10^{10} ~ 10^{12} cm^{-3}(比 CCP 的高),刻蚀气体的解离率(Dissociation Rate)可以达到约 90%。偏压电源功率一般为 100W 以内,离子能量在数十 eV 或上百 eV(近年来在低能量应用中经常会低至数十 eV 甚至数 eV)。

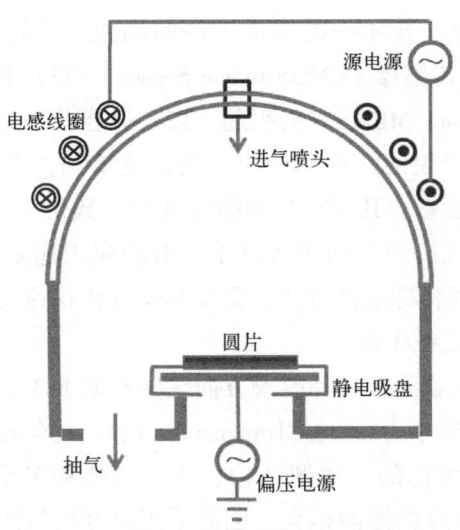

图 8-146 DPS 型 ICP 刻蚀设备示意图

电感线圈的设计是获取均匀分布的等离子体浓度从而实现均匀刻蚀的关键。为了加强径向浓度分布的可调节性，多线圈技术、源电源/偏压电源同步控制技术被广泛采用。然而，因线圈上存在局部高电压而产生的电容性耦合一直是 ICP 刻蚀设备需要克服的难题，虽然具有隔离电容性耦合效果的法拉第屏蔽（Faraday Shield）技术可以解决这个问题，但它却是以牺牲等离子体浓度和均匀性为代价的。由不同设备厂商开发的几种立体线圈结构能在较少牺牲等离子体浓度和均匀性的前提下有效地减少电容性耦合。

以高浓度低能量为特点的 ICP 刻蚀在原理上偏向于化学反应。刻蚀表现对等离子体中粒子的成分非常敏感，而此类设备的反应腔通常又比较大，反应腔表面的状态（如温度、沉积物的种类和厚度等）对等离子体中粒子的成分影响很大，所以如何保持稳定的反应腔表面状态是获得高重复性刻蚀的关键。由此而开发的反应腔干式清洗（Chamber Dry Cleaning）技术和流程多样且复杂。通常先采用清洗气体去除反应腔表面的沉积物，再用不同的气体沉积一层可控且重复性好的薄膜，为了达到此效果，必须采用先进的部件温度精确控制技术和气体的快速转换技术。此外，由于金属和半导体的刻蚀需要腐蚀性气体（如氯气、溴化氢等），此类设备的反应腔、主机及圆片传输通道都必须采用抗腐蚀的材料或涂层。

ICP 刻蚀设备是各类等离子体刻蚀设备中应用最广泛的两类设备之一，它主要用于对硅浅槽隔离（STI）、锗（Ge）、多晶硅栅结构、金属栅结构、应变硅（Strained-Si）、金属导线、金属焊垫（Pad）、镶嵌式刻蚀金属硬掩模和多重成像（Multiple Patterning）技术中的多道工序的刻蚀。另外，随着三维集成电路（3D IC）、CMOS 图像传感器（CMOS Image Sensor，CIS）和微机电系统（Microelectromechanical System，MEMS）的兴起，以及硅通孔（Through Si Via，TSV）、大尺寸斜孔槽和不同形貌的深硅刻蚀应用的快速增加，多个厂商推出了专为这些应用而开发的刻蚀设备，其特点是刻蚀深度大（数十甚至数百微米），所以多工作在高气流量、高气压和高功率条件下。有的应用还采用一种被称为博世工艺（Bosch Process）的特殊刻蚀方法，需要具备气体快速交换的机制，其工作原理和构造与 ICP 刻蚀设备相似。

ICP 刻蚀设备所面临的挑战和改善方向主要有如下 3 个方面。

（1）刻蚀后关键尺寸（Critical Dimension，CD）均匀度：大多数对 CD 敏感的刻蚀是由此类设备承担的，如栅结构、浅槽隔离和多重成像工艺中的刻蚀，而圆片的工作温度对 CD 的影响很大，因此采用温度均匀性和重复性好，能够多区域分别控温且变温快速的静电吸盘成为关键。尤其是多区温控，它能够修正由前一步工序（如光刻）造成的 CD 不均匀性，功效极大。现在已经有超过 100 个温控区的静电吸盘正在研发。

（2）刻蚀选择性：随着器件尺寸的不断缩小（尤其是 FinFET 的出现），提高选择性或减少（甚至完全消除）对衬底材料的侵蚀至关重要，因此必须对刻蚀条件进行精确的调控，从而实现反应生成物的选择性沉积。目前，相关研究重点集中在控制离子的轰击能量方面，如通过对源电源和偏压电源信号的同步脉冲调制，对射频波形的调制，以及采用脉冲直流偏压技术来剪除离子能量分布中的高能段并精确调控离子的能量。

（3）等离子体引起的损伤：先进集成电路已进入原子尺度和单一或数个电子效应的时代，降低等离子体的电子温度是将损伤降至最小（甚至为零）的途径之一，表面波等离子体技术的重新被采用就是一个例子。此外，还有一些研究旨在利用脉冲等离子体的后发光（After Glow）阶段所产生的负离子来平衡正电荷积累，从而实现降低损伤的目的。

参考文献

[1] John C. Forster, John H. Keller. Planar Inductive Sources [M]//Oleg A. Popov. High Density Plasma Sources. New Jersey：Noyes Publications，1996.

撰稿人：中微半导体设备（上海）有限公司　浦远
审稿人：中微半导体设备（上海）有限公司　刘身健

8.7.10 电子回旋共振等离子体刻蚀设备，電子回旋共振電漿蝕刻設備，Electron Cyclotron Resonance（ECR）Plasma Etching Equipment

电子回旋共振等离子体刻蚀设备是一种利用电子在磁场中的回旋共振原理，在低气压条件下获取高浓度等离子体并用于刻蚀的设备。此原理最早应用在离子束刻蚀设备的离子源中，比电感耦合技术更早应用于刻蚀工艺。

如图 8-147 所示，电子在一个固定磁场（B）的作用下，会以磁场方向为轴心作回旋运动，回旋频率为

$$\omega_c = eB/m_e$$

式中，e 为电子电荷，m_e 为电子质量。而微波的电场可以看作分别以右手法则和左手法则在微波偏振平面上以微波频率（ω_m）旋转的两个分量。当磁场方向垂直于电场平面且满足共振条件 $\omega_c = \omega_m$ 时，在一个旋转周期里，以右手法则旋转的分量得以持续获取能量，而以左手法则旋转的分量获取的能量与损失的能量相互抵消，总的结果是电子从微波电场中获取了能量，实现了能量转移的最大化，这就是电子回旋共振的原理。

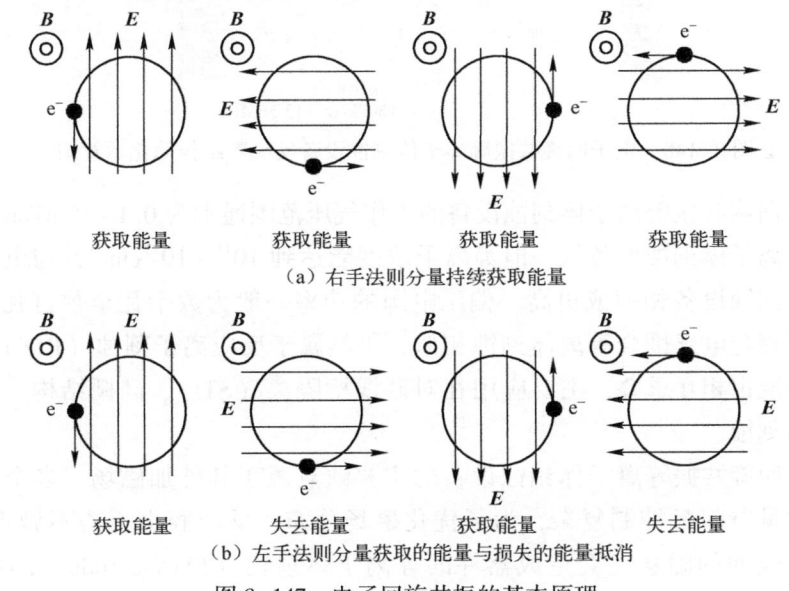

图 8-147 电子回旋共振的基本原理

图 8-148 所示的是电子回旋共振等离子体刻蚀设备反应腔结构简化示意图。从磁控管发出的 2.45GHz 微波经由波导管传播，并透过介质窗进入反应腔，微波的偏振平面（即电场平面）与介质窗和圆片平行，置于反应腔周围的电磁线

圈产生一个垂直于微波电场平面的向下的直流磁场，在圆片与介质窗之间的某个扁平区域，其磁通密度满足共振条件 $B=875Gs$。磁通密度在接近圆片的方向逐渐变小，电磁线圈的大小、位置及电流设计除了具有达成共振条件和确定共振区位置的功能，还有配合特定气压优化等离子体均匀度的作用。圆片所在的下电极通常采用 13.56MHz 的偏压电源。离子浓度由微波电源决定，而离子能量则由偏压电源决定，从而实现去耦合[1,2]。

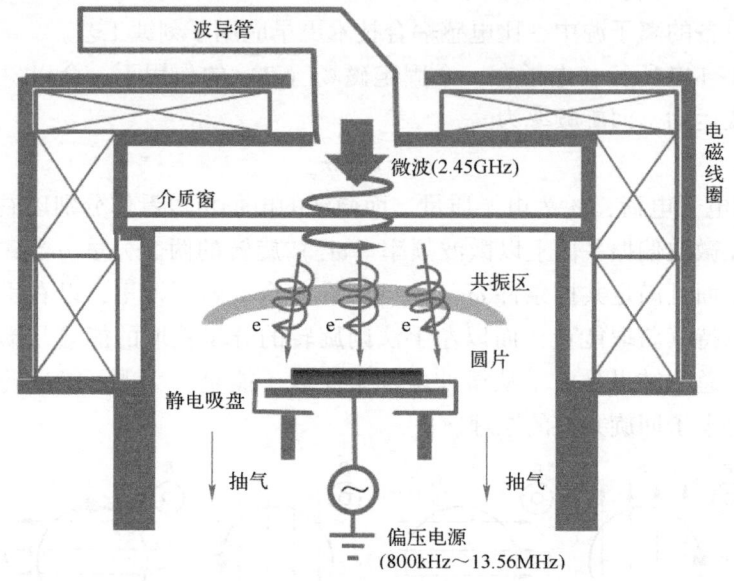

图 8-148　电子回旋共振等离子体刻蚀设备反应腔结构简化示意图

电子回旋共振等离子体刻蚀设备的工作气压范围通常为 0.1~10mTorr，比电感耦合等离子体刻蚀设备低，但等离子浓度能达到 $10^{11} \sim 10^{12} cm^{-3}$，与电感耦合等离子体刻蚀设备相似或更高。偏压电源的功率一般为数十瓦至数百瓦。由于其刻蚀原理与电感耦合等离体刻蚀相似，仍然属于反应离子刻蚀（RIE），因此其应用领域也相互重叠，主要应用在对硅浅槽隔离（STI）、硅栅结构、硬掩模及金属的刻蚀。

电子回旋共振等离子体刻蚀设备的主要缺点源于其外加磁场，多个线圈不仅占据大量空间且控制复杂，为了优化磁场分布，反应腔也不得不做得很大，此外圆片表面的磁场还会造成器件的等离子体损伤（Plasma Induced Damage，PID）。作为改善措施，生产商后来推出了 UHF-ECR 刻蚀设备，采用属于超高频（Ultra High Frequency，UHF）的 450MHz 代替微波频率，其体积是原来的 1/5，磁通密度也相应减小至原来的 1/5，大大减小了设备尺寸并降低了复杂度。在偏压射频方面，则尝试采用比 13.56MHz 更低的射频电源来减小对器件的损伤。

参考文献

[1] James E. Stevens. Electron Cyclotron Resonance Plasma Sources [M]//Oleg A. Popov. High Density Plasma Sources. New Jersey: Noyes Publications, Park Ridge, 1996.

[2] S. Watanabe. ECR plasma etchers [M]//Minoru Sugawara. Plasma Etching Fundamentals and Applications. Oxford: Oxford Univ. Press, 1998.

撰稿人：中微半导体设备（上海）有限公司　浦远
审稿人：中微半导体设备（上海）有限公司　刘身健

▷▷▷ 8.7.11 螺旋波等离子体刻蚀设备，螺旋波電漿蝕刻設備，Helicon Wave Plasma (HWP) Etching Equipment

螺旋波等离子体（HWP）是通过一种能够在磁化的等离子体中传播的特殊行波，它是将驱动天线中的射频能量转换成电子能量而产生的等离子体。由于这种波的偏振以螺旋的方式沿外加的 DC 磁场方向呈圆柱体状传播，所以被称为螺旋波。螺旋波理论相当复杂且不易表述，在同一外加磁场条件下的等离子体色散方程决定了有多种模式的波存在，通过天线的设计并配合 DC 磁场特性及等离子体腔的形状，可以激发和支持某种需要的模式。图 8-149 所示的是 HWP 刻蚀设备结构示意图[1]。图中，源电磁线圈产生 z 方向的 DC 磁场，用以产生和支持螺旋波，反应腔电磁场用于减少等离子体损耗。

HWP 刻蚀设备与 ICP 及 ECR 刻蚀设备有很多相似之处，它们都属于低气压（10mTorr 或更低）高密度（$10^{10}cm^{-3}$ 或更高）等离子体刻蚀设备，等离子体产生区域都处于反应腔的上部，离子和活性粒子向下扩散，与圆片发生反应，离子轰击能量由加在圆片吸盘上的偏压电源控制，从而实现离子浓度和能量的独立控制（去耦合）。从理论上讲，当外加磁场为零或很小时，射频天线以 ICP 方式转换能量给等离子体；当磁场强度和驱动频率满足回旋共振条件时，射频天线以 ECR 方式转换能量（现实中还有其他条件无法满足）。相比之下，HWP 刻蚀设备的优点主要体现在如下 3 个方面。

（1）HWP 刻蚀设备的等离子体浓度比 ICP 刻蚀设备的等离子体浓度高：ICP 线圈所产生的电磁波因趋肤效应只能达到等离子体表面，而螺旋波能够进入等离子体，并根据朗道阻尼（Landau Damping）效应，通过控制天线长度使其电磁场的相速度（Phase Velocity）等于电子的热速度（Thermal Velocity）时，即可实现电子被电场有效加速（还有另外的解释模型，如 TG 波理论）。在实验中，氩气在 1~2kW 射频功率的驱动下，螺旋波所产生的等离子体浓度高达 10^{13} ~

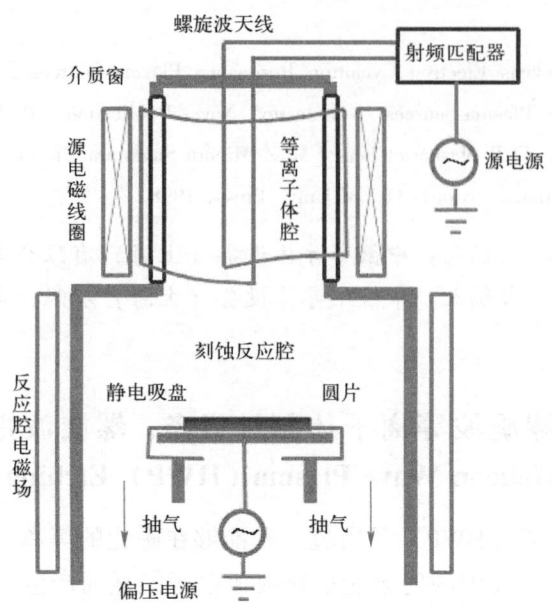

图 8-149　HWP 刻蚀设备结构示意图

10^{14}cm^{-3}，以实际设备相比较，HWP 刻蚀设备的等离子体浓度约为 ICP 刻蚀设备的等离子体浓度的 3~10 倍。

（2）HWP 刻蚀设备的反应腔结构比 ECR 刻蚀设备的反应腔结构简单：采用 2.45 GHz 微波驱动的 ECR 刻蚀设备需要 875Gs 的强磁场来满足回旋共振条件，而螺旋波等离子体刻蚀设备仅需 50~300Gs 的磁感应强度，大大减低了外加磁场的设计难度，而且可以用比微波源便宜很多的 13.56MHz 射频源作为驱动电源。

（3）具有比较均匀的等离子体浓度分布：这是由螺旋波的性质所决定的。另外，通过对螺旋波外加磁场的合理设计，可以进一步根据工艺应用的特点提高刻蚀的均匀度。

第一个 HWP 实验是由澳大利亚科学家 Boswell 于 20 世纪 70 年代完成的，其商业化则始于 20 世纪 90 年代，由螺旋波专家成立的公司——Plasma Material Technologies Inc.，致力于将该技术应用于刻蚀设备。该公司开发的 MORI（$m=0$ reactive ion）螺旋波刻蚀设备曾在业界颇具潜力，产品通过了漫长的实验，"但由于公司商业决策上的失误，此技术的商业化没有获得成功"（国际等离子体学科专家，也是该技术的主要研发者，UCLA 教授，Francis Chen 所言）。从技术层面看，对螺旋波模式控制的困难及等离子体的不稳定性是其失败的重要原因之一。尽管如此，由于该技术的先进性，集成电路设备生产龙头企业——美国的应用材料公司和泛林公司，都出巨资购买了 MORI 螺旋波设计的应用许可。图 8-150

所示的是 MORI 螺旋波等离子体刻蚀设备示意图。由图可见，MORI 驱动天线为上、下两个电流方向相反的线圈，这种设计能激发和支持零级（$m=0$）螺旋波模式[2]。

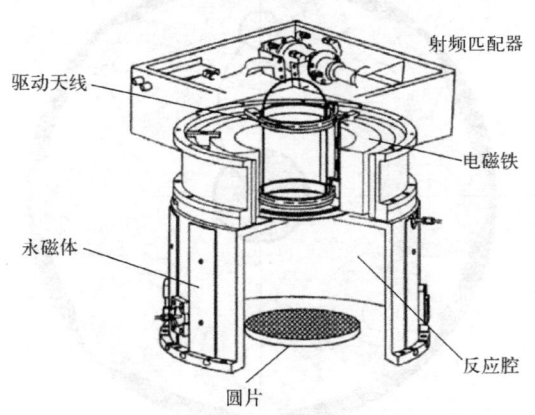

图 8-150　MORI 螺旋波等离子体刻蚀设备示意图

等离子体科研领域对螺旋波的研究持续进行，近十多年发表的相关论文有 2700 多篇，其应用领域主要是微加工设备和太空飞行器的推进技术。Francis Chen 预言，其团队研发的小型永磁体螺旋管可以通过多个单位组合的方式产生大面积均匀等离子体，对未来大半径加工（刻蚀和 CVD）和显示屏的生产具有很大的商业化潜力。图 8-151 所示的是多螺旋管单元阵列设计方案示意图。此外，近年来在螺旋波理论模型及仿真计算方面的进展也将对螺旋波天线设计及等离子体的控制提供关键性的帮助[2]。

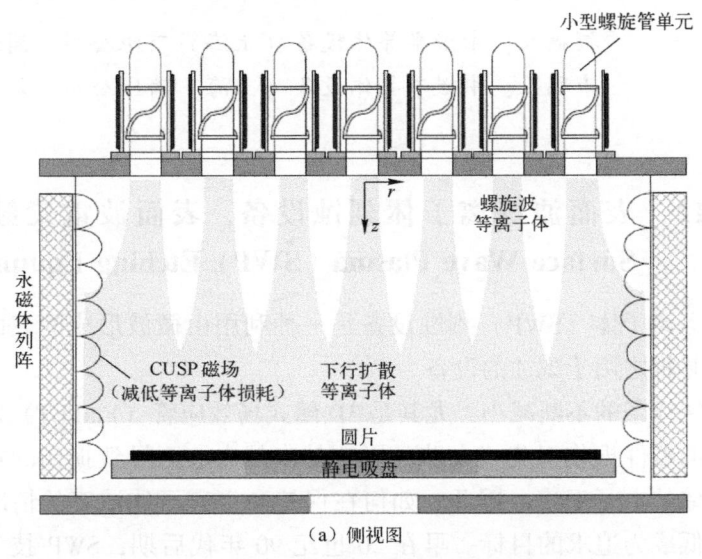

(a) 侧视图

图 8-151　多螺旋管单元阵列设计方案图[2]

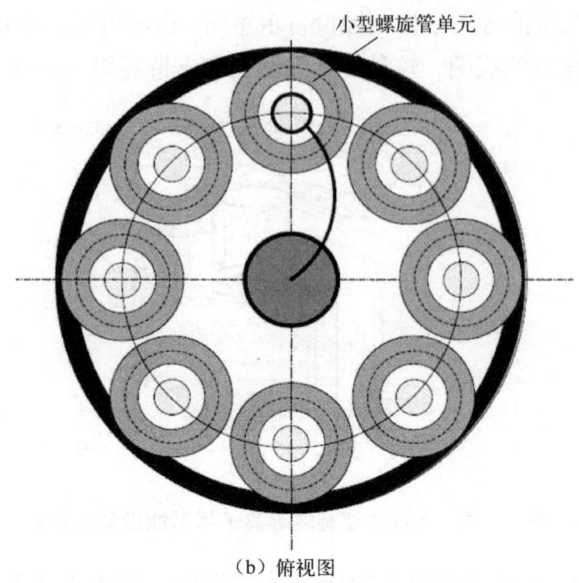

(b) 俯视图

图 8-151 多螺旋管单元阵列设计方案图[2]（续）

参考文献

[1] R. W. Boswell. Plasma production using a standing helicon wave [J]. Physics Letters. 1970, 30A (7): 457-458.

[2] Francis F. Chen. Helicon discharges and sources: a review [J]. Plasma Sources Science and Technology. 2015, 24 (1): 014001.

撰稿人：中微半导体设备（上海）有限公司　浦远
审稿人：中微半导体设备（上海）有限公司　刘身健

▷▷▷ 8.7.12 表面波等离子体刻蚀设备，表面波電漿蝕刻設備，Surface Wave Plasma (SWP) Etching Equipment

表面波等离子体（SWP）刻蚀设备是一种利用由微波形成的表面波进而产生等离子体并将之用于刻蚀的设备。

随着刻蚀线条的不断减小，尤其是3D鳍式场效应管（FinFET）的兴起，等离子体导致的器件损伤对集成电路的影响越来越大，而导致损伤的重要因素之一是等离子体的电子温度。因此，如何在保持高等离子体浓度的情况下将电子温度降至最低成为追求的目标。早在20世纪90年代后期，SWP技术因其均匀度高而受到欢迎；如今，SWP技术因为这一优势，重新得到重视和应用。SWP

产生的机理是，电磁波能量通过谐振腔和天线馈入反应腔，当介质窗与等离子体界面的等离子体浓度高于电磁波在等离子体中传播的截止浓度时，电磁波在介质窗和等离子体界面被截断，此时电磁波只能沿介质窗和等离子体界面传播。利用表面波激发产生的等离子体具有如下3个主要优点。

（1）可获得与 ICP 和 ECR 相似的等离子体浓度，但电子温度更低。

（2）等离子体均匀度高，且受反应腔设计及周围部件的影响较小，因而易于设备尺寸的缩放（Scaling）。

（3）可在很大的气压范围内工作，有利于刻蚀应用的多样化。

产生表面波的技术有多种，其中最成功的是从卫星天线设计引进的径向线缝隙天线（Radial Line Slot Antenna，RLSA）技术，由此技术开发的 SWP 刻蚀设备的简化示意图如图 8-152（a）所示。频率为 2.45GHz 的微波经由匹配装置和波导管进入模式转换器，微波从 TE 模式变成 TEM 模式，再经过垂直的同轴波导管进入天线结构。天线结构由 3 层平板相叠组成，中间的金属板是有若干通槽的天线板，每个通槽单位之间的距离一般等于微波的波长或半波长，通槽形状如图 8-152（b）所示；上面的介质板是微波延迟板，用于减小微波的有效波长以配合有限尺寸的天线设计；下面的介质板则是反应腔的顶板，它承载与等离子体接触的表面波，称为微波传输板。等离子体浓度和电子温度在顶板表面为最高，沿向下方向衰减。圆片所在的下电极有一个偏压电源用于提供离子能量。与 ICP 和 ECR 相似，SWP 属于离子浓度与离子能量去耦合的刻蚀设备，其刻蚀反应仍属于反应离子刻蚀（RIE）[1]。

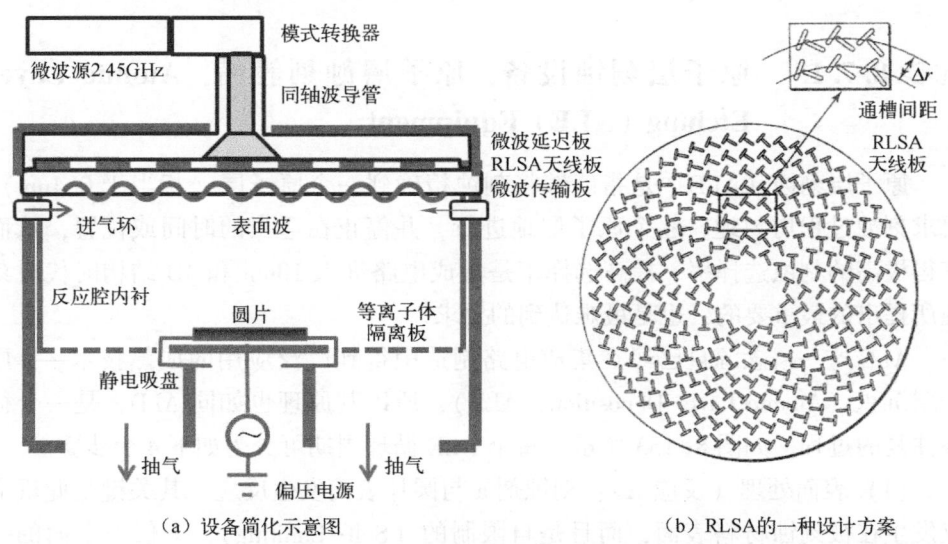

(a) 设备简化示意图　　　　　　　　　(b) RLSA的一种设计方案

图 8-152　RLSA 表面波等离子体刻蚀设备示意图

RLSA 表面波刻蚀设备的工作气压范围为 5mTorr~5Torr，比 ICP 和 ECR 大得多，可用于硅、氧化硅、氮化硅及有各种有机材料的刻蚀。圆片区域的等离子体浓度为 10^{11}~10^{12} cm^{-3}，电子温度可达 1eV 以下，是市场上所有刻蚀设备中最低的，因此它被用于最先进的鳍式结构刻蚀（Fin Etching）工艺中，以期达到最低（甚至于为零）的器件损伤。

由于设备主要用于前道（Front-End of Line，FEoL）的刻蚀工艺，对刻蚀过程中所产生的金属污染的要求非常严苛，对反应腔内的部件（尤其是位于介质顶板附近的部件）的表面涂层材料的选择及设计必须进行不断的改善。此外，尽管表面波产生的大面积等离子体的均匀度比 ICP 和 ECR 都要优越，但还需要具备径向可调性，以满足不同应用的要求或弥补前道工序造成的不均匀性，如在天线板结构上方增加一个或多个装载永磁铁的同轴环，同轴环由步进电动机控制其相对于反应腔顶板的距离，从而实现对等离子体浓度增强程度的调节。[2]

参考文献

［1］C. Tian，T. Nozawa，K. Ishibasi，et al. Characteristics of large-diameter plasma using a radial-line slot antenna ［J］. Journal of Vacuum Science and Technology A，2006，24（4）：1421.

［2］Seiji Samukawa. Development of high-density plasma reactor for high-performance processing and future prospects ［J］. Applied Surface Science，2002，192：216-243.

撰稿人：中微半导体设备（上海）有限公司　浦远
审稿人：中微半导体设备（上海）有限公司　刘身健

▷▷▷ 8.7.13　原子层刻蚀设备，原子層蝕刻設備，Atomic Layer Etching（ALE）Equipment

原子层刻蚀（ALE）是指能够将刻蚀精确到一个原子层（相当于 0.4nm），要求刻蚀过程均匀地、逐个原子层地进行，并停止在适当的时间或位置，从而获得极高的刻蚀选择率。提高选择率是集成电路进入 10nm 和 3D 结构时代对刻蚀所提出的最重要的，也是最难达到的要求。

ALE 这一概念源自已经在集成电路制造中得到广泛应用的成熟技术——原子层沉积（Atomic Layer Deposition，ALD），所以其原理也如同 ALD，是一个循环往复的过程，如图 8-153 所示。每个 ALE 循环周期可分为如下 4 个步骤。

（1）表面处理（反应 A）：刻蚀剂 a 与圆片表面发生反应。其关键是此反应仅发生在被刻蚀材料表面，而且是自限制的（Self-Limiting），即仅与表面的一个原子层发生反应而不会深入到下一层。

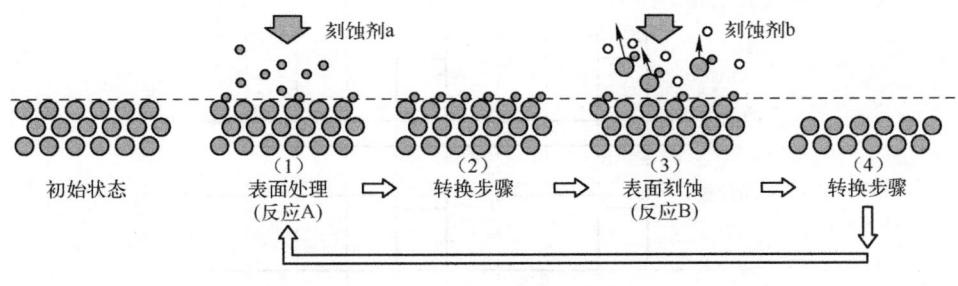

图 8-153 ALE 的基本原理

(2) 转换步骤：将刻蚀剂 a 抽离反应腔，并调节反应腔的其他参数，准备进入下一步骤。

(3) 表面刻蚀（反应 B）：经处理的表面与刻蚀剂 b 发生反应，反应生成物剥离圆片表面，其关键是只有经过处理的表面上的一个原子层被剥离，其他材料不受影响。

(4) 转换步骤：将刻蚀剂 b 和反应生成物抽离反应腔，并调节反应腔的其他参数，准备进入下一循环步骤[1,2]。

基于上述原理，ALE 的具体实现方法有多种，目前比较常见的有如下两种。

(1) 以美国泛林公司（Lam Research）为代表，其反应 A 为化学吸附，而反应 B 为离子溅射去除。以硅刻蚀为例，其刻蚀剂 a 是氯气，等离子体中的活性氯原子以化学吸附的方式与最表面一层的硅原子的一个悬键（Dangling Bond）结合形成结合力较强的 Si-Cl 键（4.2eV），它会弱化该硅原子与另外 3 个硅原子的 Si-Si 键，使其结合力从 3.4eV 降到 2.3eV。刻蚀剂 b 是氩气，在偏压功率的作用下轰击圆片表面，当偏压功率调至使氩离子的轰击动能处于 2.3~3.4eV 时，仅有表面被弱化的硅原子层会被溅射去除，而下一层的未被弱化的硅原子不受影响。图 8-154 所示的是一种硅原子层刻蚀过程中主要反应腔参数的变化。这一方法可以在现有的刻蚀设备中实现，如泛林公司推出的 ALE 设备就是在其原有的 Flex™ 系列电容耦合等离子体刻蚀设备的基础上加入了混合脉冲技术这一局部的改进。

(2) 以美国应用材料公司为代表，其反应 A 也是吸附过程，但反应 B 则为一个汽化过程。以氧化硅刻蚀为例，其刻蚀剂 a 主要由氨气（NH_3）和三氟化氮（NF_3）组成，在一远程等离子体源中解离成活性粒子（如 NH_4F 或 $NH_4F \cdot HF$），下行扩散至圆片表面，与氧化硅反应，反应生成物是固态的 $(NH_4)_2SiF_6$ 和气态的 NH_3 和 H_2O，这是一个自饱和过程。而反应 B 则是通过将圆片垂直升起，使之接近处于高温的反应腔顶板，以使其温度骤升至可使 $(NH_4)_2SiF_6$ 升华（Sublimation）的温度（约为 150℃）并充入稀有气体（刻蚀剂 b，并不参与反

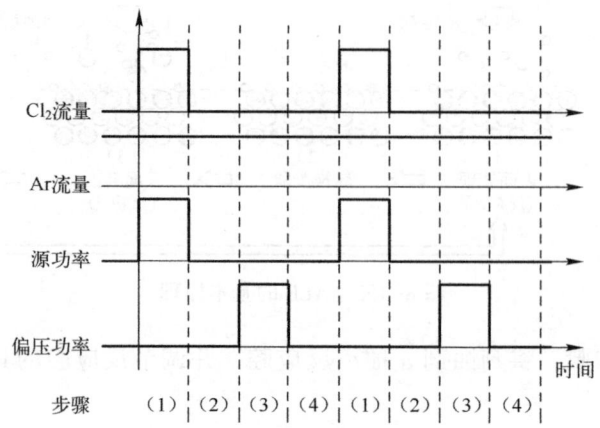

图 8-154　一种硅原子层刻蚀过程中主要反应腔参数的变化

应），以利于将升华了的气态化合物一起抽出反应腔。图 8-155 所示的是应用材料公司应用此种刻蚀方法的设备（SiConi™）简化示意图。

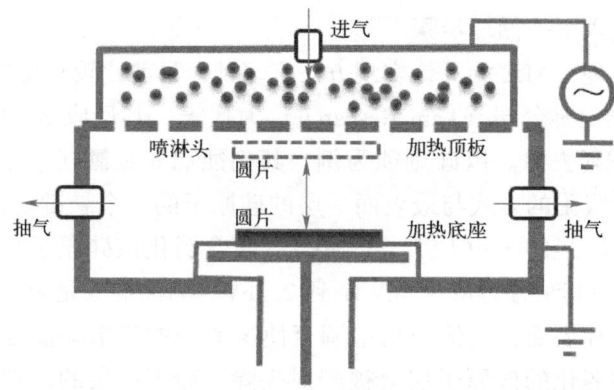

图 8-155　一种 ALE 设备（SiConi™）的简化示意图

ALE 不仅具有极高的刻蚀选择率，其刻蚀速率的微负载（Microloading）效应也因为自饱和效应的保证而几乎为零，不论在反应快的部位和反应慢的部位，每个周期仅完成一个原子层的刻蚀。另外，ALE 所用到的等离子体相当弱，有的甚至采用远程等离子体源，等离子体携带的紫外辐射和电荷量都很小，所以对器件的电学损伤非常小。ALE 可能的应用范围非常广泛，如要求对硅表面零损坏的界面氧化物（Interfacial Oxide）刻蚀及鳍状栅（FinFET）相关刻蚀，要求去除极少量材料的鳍结构和浅槽隔离（STI）结构的修整（Trim），要求零残留物的侧墙式多次成像（Spacer Multiple Patterning）工艺中的刻蚀，以及很多三维闪存和动态存储器的刻蚀应用。

然而此技术的应用目前还处于初级阶段，相应的设备仍不成熟，距离上述理想化的 ALE 应用还有相当的距离。例如，反应 A 并不能完全实现自限制，即还会在一定程度上影响到下一个原子层；而反应 B，以氩离子轰击为例，也会在一定程度上伤及下层原子。此外，其多转换步骤的循环方式造成刻蚀速率极低，这在生产应用上是一大弱点。但由于它的巨大市场潜力，以及器件进一步发展对此种设备需求的迫切性，相关的技术开发受到极大的重视，大致有如下 4 个重点研究方向。

（1）通过对同步射频脉冲技术的进一步完善和采用射频波形调制（Waveform Modification）方法，获得离子能量区间的窄化和极精确的调控能力。

（2）引进电子束等离子体（E-Beam Plasma）技术，以获得极低的等离子体电子温度。

（3）通过特殊的过滤技术，从等离子体中萃取大流量中性粒子流。

（4）在刻蚀方式上摆脱纯循环方式，而采用连续和循环相结合，或者采取纯连续的方法但仍能获得极高的刻蚀选择率。

参考文献

[1] G. S. Oehrlein, D. Metzler, C. Li. Atomic layer etching at the tipping point: an overview [J]. ECS Journal of Solid State Science and Technology, 2015, 4 (6): 5041-5053.

[2] Keren J. Kanarik, Thorsten Lill, Eric A. Hudson, et al. Overview of atomic layer etchng in the semiconductor industry [J]. Journal of Vacuum Science and Technology A, 2015, 33 (2): 020802.

撰稿人：中微半导体设备（上海）有限公司　浦远
审稿人：中微半导体设备（上海）有限公司　刘身健

8.7.14　等离子体去胶设备，電漿除光阻設備，Plasma Stripping Equipment

等离子体去胶是指利用氧气、氮气或氢气等离子体中的活性粒子，与圆片上的光刻胶发生反应，使之分解和挥发的干法剥离方法。光刻胶主要由碳、氢和氧组成，它被活性氧"燃烧"后，转化成二氧化碳、水和氧气，这个过程，与固体废料被氧燃烧的灰化过程类似，因此也称为灰化。光刻胶的去除分为湿法和干法两种。在干法去胶设备中，除了采用等离子体，还有一大类是以紫外线照射臭氧等气体来产生活性氧的光（激发）去胶设备。

在芯片制造中，凡是用到掩模工艺的，如刻蚀和离子注入，之后都需要去胶。由于不同的工艺所曝露的衬底材料不同，对去胶的要求也有很大的不同，也因此决定了必须采用的去胶设备的类型。就等离子体去胶设备而言，由于等离子体本身伴随着紫外辐射，并含有大量的带电粒子，在一些与栅极有关的前道工艺和有金属衬底曝露的后道工艺中，一旦等离子体接触圆片，就会对器件的电性表现产生伤害，如域值电压漂移（Vt Shift）、泄漏电流增加、击穿电压降低等，所以旨在将等离子体与圆片隔离的远程等离子体源（Remote Plasma Source，RPS）成为针对这类应用的去胶设备的特点。而那些对带电粒子和紫外辐射敏感度很低的工艺，如硬掩模的图形刻蚀、某些接触孔（Via）刻蚀等，则可以采用将圆片直接"浸泡"在等离子体中的等离子刻蚀设备，包括早期的筒式多圆片加工设备。有的刻蚀工艺则可以直接于刻蚀结束后在同一个等离子体刻蚀反应腔中完成去胶的动作，称之为现场去胶（In-Situ PR Strip）。

图 8-156 所示的是远程等离子体源去胶设备的简化示意图。它由等离子体源（上反应腔）、等离子体隔离机制和圆片所在的反应腔组成，等离子体产生并被限制在上反应腔中，等离子体中的中性粒子，以及被隔离机制中和的带电粒子，经由扩散下行进入反应腔，与圆片发生反应，这也称为下行等离子体（Downstream Plasma）。等离子体源设计主要有 3 种，即电感耦合型、微波激发型和螺旋管激发型。其中，电感耦合型最为简单，成本也低，但在高气压下的等离子体浓度相对其他两种较低，而且由于其上反应腔的腔壁面积较大，表面状态的稳定性对去胶率的重复性影响较大。微波激发型和螺旋管激发型等离子体源一般由 OEM（Original Equipment Manufacturer）厂商制造，设备厂商将其集成到反应腔设计中，便于根据去胶工艺的特殊需要而选择不同的规格、型号。螺旋管激发型是比较晚开发出来的，其优点是能产生较高的等离子体浓度，其缺点是因螺旋管的制造较困难，导致的材料选择存在局限性，应用的通用性较差。隔离机制一般由一片或多片开有通孔的平板构成，通孔的尺寸及分布、板与板及板与圆片之间的间距等，对隔离紫外线和去胶均匀性会产生直接的影响，平板材料一般为金属，通过接地或接一定的电压以帮助隔离或中和带电粒子。隔离机制的设计是防止因充电或紫外线造成的器件损伤的关键。此外，由于所有参与去胶反应的活性粒子都经过此隔离机制，其表面状态的稳定性，如温度、粗糙度、化学钝化等，对去胶率的重复性至关重要。去胶刻蚀一般需要在高温条件下进行，所以圆片置于一个加热底座上，通常反应温度为 100~200℃。

光刻胶去除所采用的气体以氧气为主，加入少量的氮气可以增加活性氧的比例，从而提高去胶速率。对于含有需要免于氧化的衬底材料，如低 k 介质和 TiN 等，则用氢气或氢、氮混合气体来代替氧气，一般其去胶速率会大大下降[1,2]。对于掺其他元素（如 Si）或经特定刻蚀工艺而表面硬化了的光刻胶，往往需要加入少量的含氟气体（如 CF_4），以增加去胶速率。由于参与反应的不带电粒子不具有方向性，所以去胶反应基本是各向同性的。

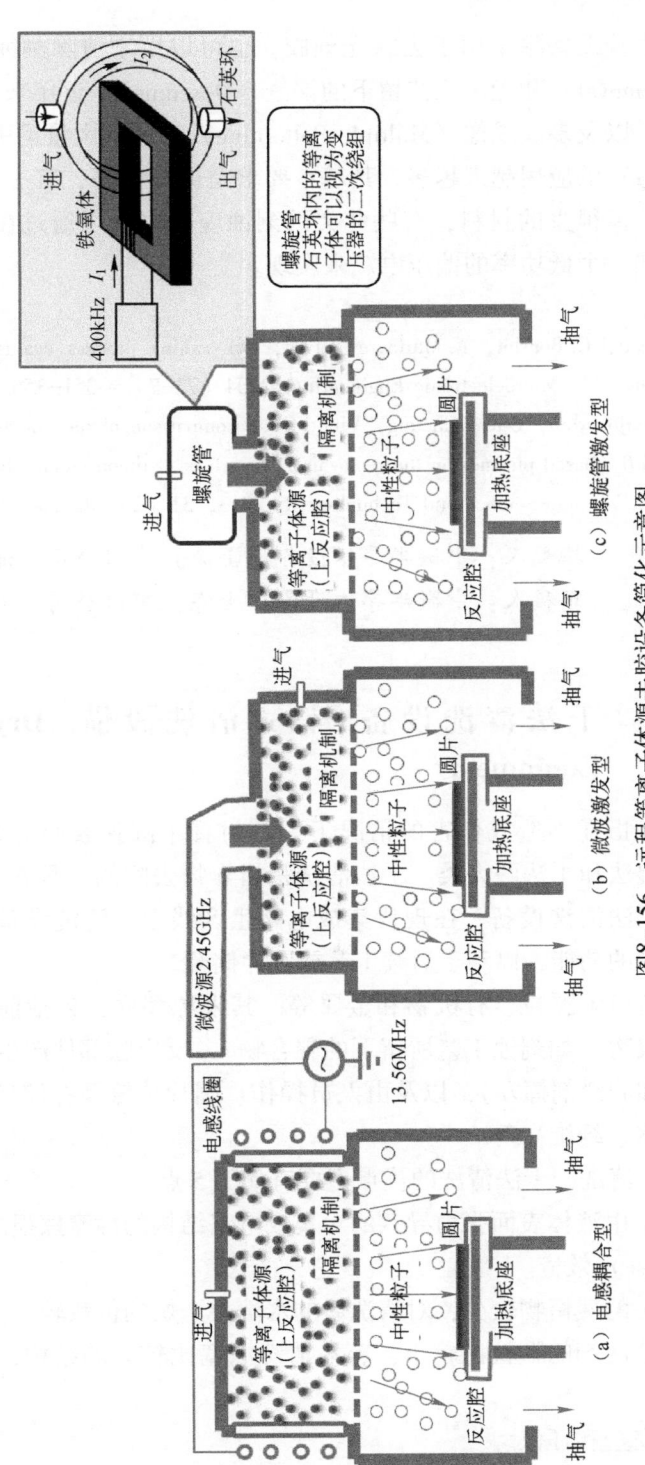

图8-156 远程等离子体源去胶设备简化示意图

等离子体去胶设备除了用于去除光刻胶,也可以用于清除刻蚀工艺的残留物(Residue Removal)和光刻工艺留下的浮渣(Descume)。近年来,由于3D结构器件的涌现,以及多次成像(Multiple Patterning)工艺的大量运用,所谓软刻蚀(Soft Etching)的应用越来越多,其基本要求是选择性高,有一定的方向性,并且只需要刻蚀掉很少的材料,有些此类的刻蚀应用也可以通过在去胶设备的圆片基座上增加一个低功率的偏压电源来实现。

参考文献

[1] O. Louveau, C. Bourlot, A. Marfoure, et al, Dry ashing process evaluation for porous ULK films [J]. Microelectronic Engineering, 2004 (73-74): 351-356.

[2] Bayu Thedjoisworo, David Cheung, Vince Crist. Comparison of the effects of downstream H_2- and O_2-based plasmas on the removal of photoresist, silicon, and silicon nitride [J]. Journal of Vacuum Science and Technology B, 2013, 31 (2): 021206.

撰稿人:中微半导体设备(上海)有限公司　浦远

审稿人:中微半导体设备(上海)有限公司　刘身健

▷▷▷ 8.7.15　干法清洗设备,乾式清洗設備,Dry Cleaning Equipment

圆片清洗是指在不造成伤害的情况下去除附着于圆片表面的异物的工艺。清洗工艺分为湿法和干法两大类。干法清洗是指异物去除的过程在气态中完成,其设备统称为干法清洗设备。在现代集成电路生产线上,清洗设备往往还包含圆片的表面处理的功能,以利于后续工艺或圆片储藏。

异物主要有微尘颗粒、有机物和金属等,其来源多样,包括前一道工序中产生的反应生成物(如刻蚀工艺所留下的聚合物)、反应腔部件产生的杂质(如镀层损伤剥落和润滑剂挥发),以及由人员操作、圆片传输及存储环境导致的交叉污染(如汗水、纤维)等。

相对于湿法清洗,干法清洗的优点主要有如下5点。

(1)消除了由液体表面张力导致的对集成电路结构的静摩擦损坏(Stiction)及崩塌(Collapse)效应。

(2)清洗后的残留物较少,对清洗后的水洗及干燥的依赖较小。

(3)气体清洗剂的颗粒比较小,容易清洗深宽比较大的结构,这在先进工艺中尤为重要。

(4)比较安全和环保。

(5)易于和其他设备整合在同一个主机系统(Mainframe System)中,从而实现模块式操作，提高生产效率。

干法清洗去除圆片表面异物的机理可以简单归纳为 3 种，如图 8-157 所示。

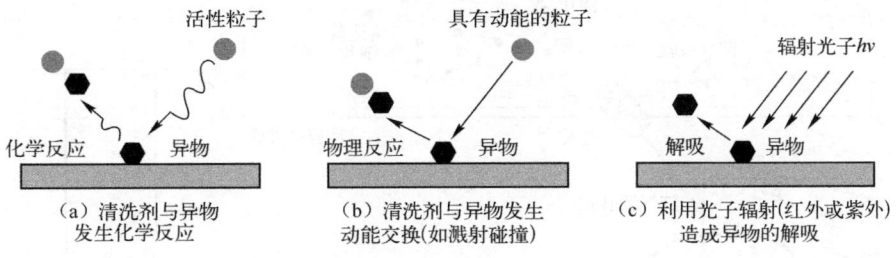

图 8-157　干法清洗的主要机理

干法清洗设备可以大致分为如下 5 种。

（1）等离子体清洗设备：利用等离子体产生的活性粒子与圆片表面异物发生化学反应加以清除（如用氧气等离子体清洗刻蚀残留的聚合物），或者利用等离子体中带有动能的离子溅射异物加以清除（如氩气等离子体可用于 PVD 沉积前的表面清洗）。这种设备往往与去光刻胶设备（Photoresist Stripping）或带有偏压电源的离子反应刻蚀设备类似。

（2）蒸气态清洗（Vapor Phase Cleaning）设备：它又分为用于清洗氧化物的氟化氢（HF Vapor）蒸气清洗设备，用于清洗有机物的紫外线/臭氧（UV/O_3）蒸气清洗设备，以及用于清洗金属复合物的紫外线/氯气（UV/Cl_2）清洗设备。汽化的清洗剂更容易进出微细结构而且往往其活化性更高，所以清洗效率较高。

（3）低温喷雾清洗（Cryogenic Aerosol Cleaning）设备：通过冷却而呈气液并存态的稀有气体（如氩气、氮气），经由高压喷头喷入相对低压的工作室，瞬间膨胀的稀有气液体转化为结晶态的烟雾簇（Aerosol Cluster），与圆片上的微粒发生作用，达到去除微粒的目的。这一清洗方式不会造成附加的化学反应（Reaction）、锈蚀（Corrosion）及损伤（Damage），尤其是对铜互连时代所采用的低 k 介质材料的清洗损害最小。图 8-158 所示的是低温喷雾清洗设备的简化示意图[1]。

（4）超临界流体清洗（Supercritical Fluid Cleaning）设备：是指在临界温度和临界压力下，使用具有液体和气体中间特性状态的流体（如处于约 31℃ 和 74atm 下的二氧化碳）作为清洗剂的清洗，由于其黏性和表面张力低，扩散速率快，易于溶解异物以使其剥离。

（5）其他定点去除异物的清洗设备：一般需要与检测微尘位置的装置配合使用，包括激光照射（Laser Irradiation）、原子力显微镜纳米扫除（AFM Nano Sweeping）和纳米镊子（Nano Tweezer Pick-Up）等。

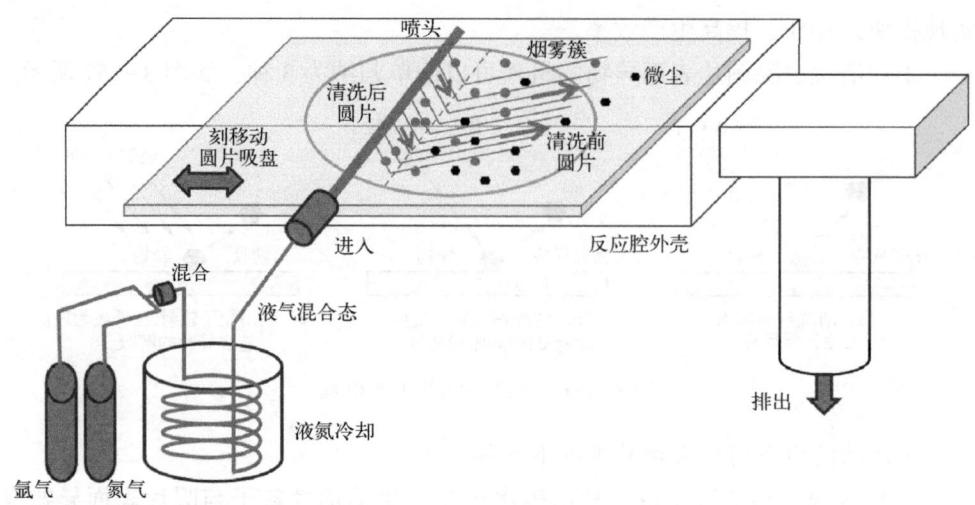

图 8-158 低温喷雾清洗设备的简化示意图

在集成电路前段工艺步骤数量中,清洗约占 20%~30%,是相当重要的环节。而干法清洗在现代工艺的清洗中约占 10%。随着集成电路的小型化和立体化发展,干法清洗可能会得到更广泛的应用,其设备比率也将呈上升的趋势。表 8-44 列出了干法清洗的主要应用。

表 8-44 干法清洗的主要应用

清洗对象	微尘(Particle)	有机物(Organics)	金属复合物(Metal Compound)	天然生成物/其他(Native/Chem)
清洗方法	-低温喷雾(氩、氮) -激光照射 -二氧化碳蒸气	-臭氧 -紫外线/臭氧 -氧气远程等离子体	-紫外线/氯气 -紫外线/四氯化硅 -紫外线/盐酸 -盐酸远程等离子体	-氩离子溅击 -氢等离子体

干法清洗的主要弱点是其清洗强度不如湿法清洗中的化学液体,所以清洗效率不够高,尤其是对超小尺寸的微尘的清洗。干法清洗也难以满足先进工艺对去除金属污染的要求。此外,对大量或大面积异物的清洗,如化学机械抛光(Chemical Mechanical Polishing,CMP)后的清洗,干法清洗的效果不够好。

参考文献

[1] T. Wagener, J. W. Butterbaugh. What's driving the new momentum behind cryogenic aerosols [J]. Solid State Technology, 2004 (7): 43-46.

撰稿人:中微半导体设备(上海)有限公司 浦远
审稿人:中微半导体设备(上海)有限公司 刘身健

▷▷▷ 8.7.16 等离子体刻蚀设备的主机平台，電漿蝕刻設備的主機平臺，Platform of Plasma Etching Equipment

早期的等离子体刻蚀设备没有专门的圆片传输平台，圆片在大气环境中被直接送入刻蚀反应腔，然后对反应腔抽气，达到所要求的真空度后再进行刻蚀。集成电路制造进入单片加工时代后，为了提高生产率，满足管控污染的需求，主机平台应运而生。尤其是进入 300mm 圆片时代后，国际半导体设备与材料协会（Semiconductor Equipment Materials International，SEMI）对生产线上的圆片隔离制定了 SMIF 标准（Standard Mechanical Interface），主机平台成为了刻蚀设备及其他微加工设备的标准配备。

图 8-159 所示的是典型的刻蚀设备主机平台的简化示意图。它的主要组成部分包括圆片装卸机（Load Port）、设备前端模块（Equipment Front End Module，EFEM）、气锁室（Load Lock，LL）、传输模块（Transfer Module，TM）和工艺模块（Process Module，PM）。

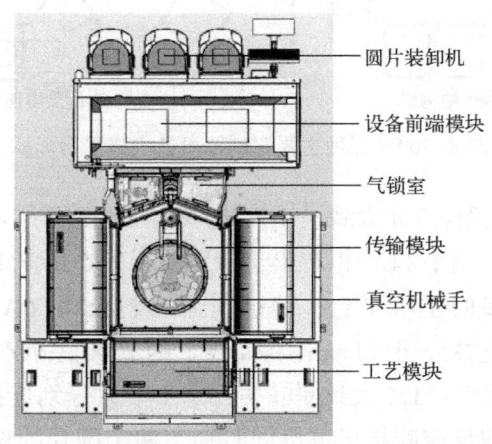

图 8-159 典型的刻蚀设备主机平台的简化示意图

（1）圆片装卸机：一般配有两三个前端统一圆片盒（Front Open Unified Pod，FOUP），也有 4 个或更多的。

（2）设备前端模块：处于大气压环境，内部持续保持平稳流动的过滤空气，以降低微尘污染及交叉污染的可能性，其主要部件是机械手和圆片位置对准机（Aligner）。

（3）气锁室：可通过抽气和充气分别与真空环境下的传输模块和大气环境下的 EFEM 连接，用于将未加工圆片传入或将已加工圆片传出。

（4）传输模块：处于真空环境，连接着数个反应腔，内有真空机械手将 LL

中未加工圆片传入反应腔,并将已加工圆片从反应腔传回 LL。

(5) 工艺模块:也就是真空反应腔,用于刻蚀或加工圆片。

图 8-160 所示为五种主要的刻蚀设备主机平台形式,其中六边四单腔型、四边三双腔型和四边六单腔型属于团簇结构。

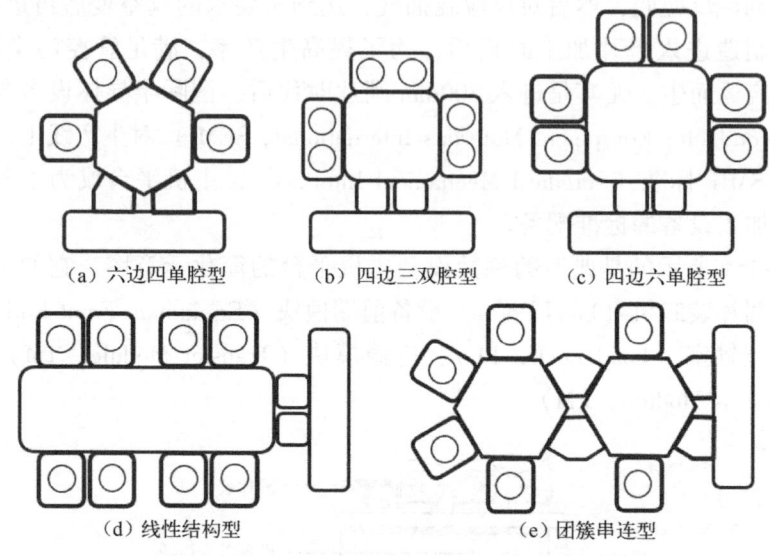

图 8-160　五种主要的刻蚀设备主机平台形式

(1) 六边四单腔型:TM 大致呈正六边形,一般配置是 4 个边分别连接 4 个 PM,另两边分别连接两个 LL;也有出于特别原因配 5 个 PM 和 1 个 LL 的情形。这是目前应用得最多的主机平台,美国应用材料公司(Applied Materials)的 Centura 系列产品和泛林公司(Lam Research)的 2300 系列产品均属于这一类。

(2) 四边三双腔型:TM 大致呈正方形,3 个边分别连接 3 个双腔 PM,另一边连接一对 LL。双反应腔是指可以同时加工两个圆片的设计,能有效地提高加工效率,中微半导体设备(上海)有限公司生产的 Primo 系列产品就采用这个类型。

(3) 四边六单腔型:TM 是一个较大的正方形,三个边每边并排连接两个单腔 PM,最多一共可接 6 个 PM,另一边接一对 LL,与四边三双腔型一样,由于加工效率高,这个类型的主机平台近年来得到大量使用,日商东京电子(TEL)的 Tactra 系列和美国应用材料公司的 Centris 系列采用了这个类型。

(4) 线性结构型:TM 呈长方形,两个长边分别连接三四个 PM,总共可高达 8 个 PM,LL 接在长方形一端的短边。真空机械手可沿长边方向线性移动。除了具有加工效率高的优点,其主要特点是可根据需要加长 TM,以连接更多的

PM，可以满足某些需要在真空环境下完成的一系列多道工序的加工，实现模块化生产，这有可能成为未来发展的方向。

(5) 团簇串连型：团簇结构的主机平台也可以通过串连达到增加 PM 的目的。

为配合 TM 及 PM 的特点以实现生产效率的最优化，真空机械手也有很多种设计，如单臂单手、单臂双手、双臂双手、无上下移动和上下可移动等。同样，气锁室也有双腔连通（同时充气、抽气）、双腔独立、上下两层共 4 腔等多种类型。LL 也可以具有附加的功能，如冷却或预加热圆片，去除圆片所携带的毒性或腐蚀性气体分子，去除光刻胶等。连接在同一个主机平台上的 PM 可以是相同的刻蚀设备且有相同的应用，也可以是同样的设备但应用不同，也可以将数个不同的设备串连应用，即集成系统（Integrated System）。最常见的集成系统是刻蚀 PM 和去胶 PM 的集成。图 8-161 所示的是中微半导体设备有限公司的 Primo DsA 产品，它由两个双腔的 D-RIE 刻蚀机和一个双腔的去胶机组成，已大量应用于某大型代工厂多个生产线铝垫刻蚀工艺。

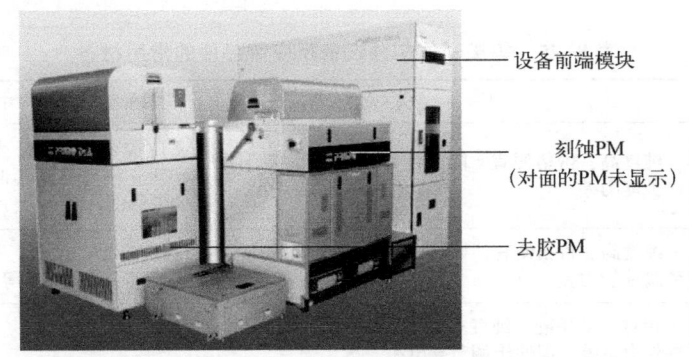

图 8-161 刻蚀—去胶集成系统（中微半导体设备有限公司生产的 Primo DsA）

一个设备系统的圆片产出率（Throughput，TP）与很多因素有关，除了主机平台结构，还与系统属于单一工艺还是串连的集成工艺，单个 PM 的刻蚀时间，LL 的抽气/充气速度，机械手的传送速度，圆片装卸机数量，以及圆片的传送模式（串行或并行）等有着密切的关系。除了追求高产出率，主机平台的发展趋势还包括对圆片传输位置的高精度，不同工艺之间的集成和圆片传输全过程环境的控制需求等作出改进。

撰稿人：中微半导体设备（上海）有限公司　浦远
审稿人：中微半导体设备（上海）有限公司　刘身健

▷▷▷ 8.7.17 等离子体刻蚀设备反应腔部件的材料，電漿蝕刻設備反應腔零部件的材質，Materials of Chamber Parts in Plasma Etching Equipment

反应腔内部件材料的选择，特别是曝露在等离子体环境下的部件材料的选择，是刻蚀设备设计的重要部分，它对芯片的缺陷，金属污染，刻蚀的重复性和稳定性，以及生产成本都有关键性的影响。除了满足电学和机械方面的基本要求，材料选择还要遵循以下原则：纯度高，以免造成污染；化学成分最好与反应气体（如氟、碳）或被刻蚀材料（如硅、氧化硅）一致，以避免其他元素的干扰；在等离子体中的消耗率低，以增加稳定度及寿命。通常反应腔部件使用的导体材料有硅、碳化硅和铝合金（如6061A）等；绝缘体材料有石英（氧化硅）、陶瓷（氧化铝、氮化铝和氧化钇）、表面阳极氧化铝合金等。表8-45列出了等离子体刻蚀设备反应腔部件的常用材料，等离子体刻蚀设备反应腔部件示意图如图8-162所示。

表8-45　等离子体刻蚀设备反应腔部件的常用材料

材料名称	特点	在反应腔部件中的应用
石英（SiO_2）	纯度高，价格便宜，隔热性好，抗氟等离子体腐蚀能力差	反应腔绝缘顶板，圆片周边聚焦环，反应腔视窗，其他电绝缘部件，其他隔热部件等
单晶硅（Si）	纯度高，价格便宜，导热性好，抗氟/氯等离子体腐蚀能力差	反应腔上电极板，圆片周边聚焦环，等离子体隔离板等
多晶硅（Poly Si）	相对于单晶硅，纯度较低，价格也较低，抗腐蚀能力更差，但便于调节导电率	圆片周边聚焦环等
碳化硅（SiC）	纯度高，价格高，导热性好，抗氟/氯等离子体腐蚀能力比硅和石英强	反应腔上电极板，圆片周边聚焦环等
氧化铝（Al_2O_3）	纯度可调，价格高，导热性好，抗腐蚀能力强；但易与含氟等离子体反应，形成氟化铝污染	反应腔绝缘顶板，气体喷头，圆片静电吸盘表面，其他绝缘部件等
氮化铝（Al_3N_4）	纯度可调，价格非常高，导热性比氧化铝高，抗腐蚀能力强	反应腔绝缘顶板，气体喷头，圆片静电吸盘表面，其他绝缘导热部件等
氧化钇（Y_2O_3）	纯度可调，镀膜价格便宜，抗腐蚀能力超强；因固体导热性能差而常以表面涂层形式应用	反应腔绝缘顶板，反应腔腔壁，内衬和等离子体隔离板涂层等
铝阳极氧化（Anodized Al）	价格便宜，抗离子体腐蚀能力比陶瓷弱，但比石英和硅强	电极表面，反应腔腔壁和内衬表面等
铝（Al）	价格便宜，导电性强，易加工，纯度低，抗氯锈蚀能力差	反应腔体，下电极及静电吸盘底座，其他导电部件等

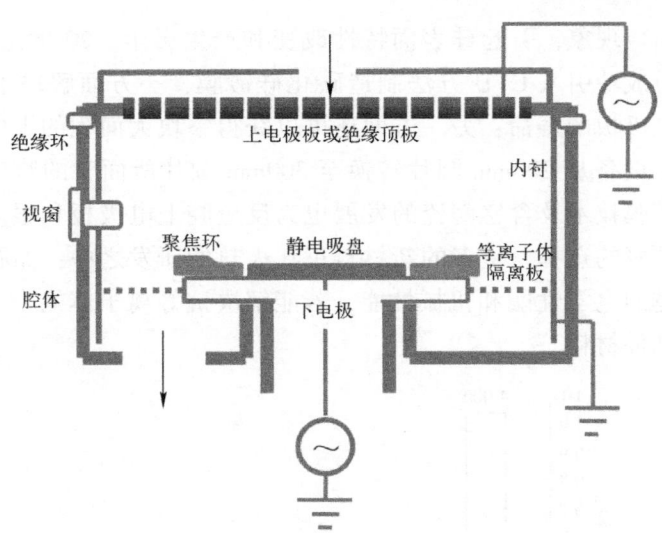

图 8-162 等离子体刻蚀设备反应腔部件示意图

有时单一材料不能满足所有要求,必须加以平衡,这对于反应腔中的消耗性部件尤为重要。以电容耦合等离子体刻蚀设备中最重要的消耗件——置于圆片周围的聚焦环(Focus Ring)为例,如果采用石英材料,其纯度高,对获得低金属污染最有利,但它在氟化物气体的等离子体中腐蚀消耗(Erosion)太快,寿命太短,不仅使成本增加,还会因为需要置换而停机,缩短了设备的在线率;若选用陶瓷,寿命足够长,但由于它处于高能量离子的轰击区域,溅击逸出的铝与等离子体中的氟反应会形成不挥发的氟化物(如氟化铝等),如果不能被抽除而沉积在圆片边缘的器件表面或光刻胶上,就会在后续步骤中阻止对生成物和光刻胶的去除,影响产品合格率。比较合适的材料是单晶硅或碳化硅,然而单晶硅便宜但寿命短,碳化硅价格高但寿命稍长,各有优缺点,需根据实际情况加以取舍。如果设备使用率高,其在线率比较重要,应采用碳化硅;如果此部件的损耗成本占比不是太高,则应采用单晶硅。有些生产商尝试用氧化钇喷涂在氧化铝聚焦环表面,后来发现钇原子被溅击逸出仍然会对圆片边缘造成影响。但是,氧化钇以其极低的腐蚀消耗率,制备技术成熟,价格低廉,在反应腔上电极板和绝缘顶板等其他部件上得到了广泛应用,其原因是上电极的离子轰击能量往往比较低,不易造成钇原子的溅击逸出。图 8-163 所示的是五种常用材料在同一等离子体刻蚀条件下的相对刻蚀速率比较。

新材料的开发和完善是刻蚀设备得以发展的重要条件。以电容耦合等离子体刻蚀设备反应腔的上电极板为例,最早采用表面阳极氧化的铝,当然会遇到氧化层的击穿和铝元素污染等问题,后来采用多晶硅和单晶硅,但在生产大面积硅板时遇到瓶颈,而且在某些含氟气体的等离子体条件下会产生所谓"黑硅"

（Black Silicon）现象，引起硅表面特性改变和产生微尘。20世纪80年代中后期，研究人员成功引入CVD方法制造碳化硅镀膜，一方面解决了"黑硅"问题，延长了电极板的寿命；另一方面还可以获得整块大面积的上电极板，克服了当时微加工设备从200mm圆片转换至300mm圆片所面对的难题。过去十多年，氧化钇镀膜技术及含钇陶瓷的发展也为反应腔上电极板和很多其他部件提供更多、更好的选择。更多的新材料正在火热的研发之中，如石墨烯材料已经展示出卓越的电学性能和机械性能，若能解决抗等离子体能力问题，将是绝好的反应腔部件材料。

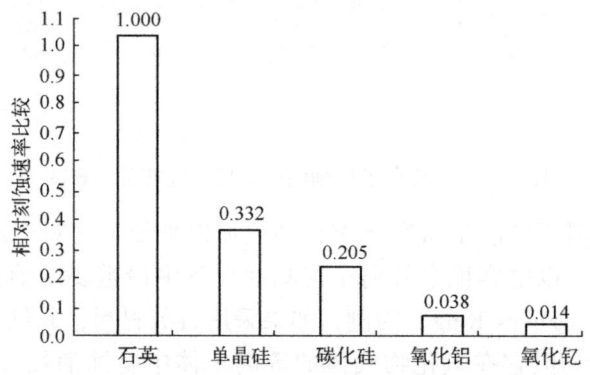

图8-163 五种常用材料在同一等离子体刻蚀条件下的相对刻蚀速率比较

撰稿人：中微半导体设备（上海）有限公司　浦远
审稿人：中微半导体设备（上海）有限公司　刘身健

▷▷▷ 8.7.18 等离子体刻蚀设备中的静电吸盘，電漿蝕刻設備中的靜電吸盤，Electrostatic Chuck (ESC) in Plasma Etching Equipment

静电吸盘（ESC）是一种利用库仑力将圆片加以固定并进行控温的部件。在等离子体刻蚀过程中，会产生大量的热量，而圆片温度是影响刻蚀反应生成物沉积速率及刻蚀效果的关键因素。将圆片上的热量快速移除，并将温度控制在所需的范围内，是保证刻蚀顺利实现的基础，因此静电吸盘是等离子体刻蚀设备中最为关键的部件[1]。在早期，控温功能是利用机械夹具将圆片边缘压在基座上实现的，这既会因夹具与圆片边缘的机械接触而产生圆片利用率的损失，也会因为压力集中在边缘导致圆片温度不均匀。静电吸盘的发明，以及所需材料和制造技术的成熟，有效地解决了上述问题，并大大提升了微加工设备的生产能力。

图 8-164 所示的是静电吸盘系统示意图及两种电极设计方案。它的表面是陶瓷材料平板，内部埋有电极，在吸盘表面与圆片之间可以充气，以利传输热量。陶瓷平板黏结在通有冷却液管道的铝质基座上，再用螺钉将基座固定在下电极上。静电吸盘的电极设计分为单电极和双电极两类。按照静电吸附原理的不同，静电吸盘可以分成库仑力型和 JR（Johnson-Rahbek）型两种，如图 8-165 所示。

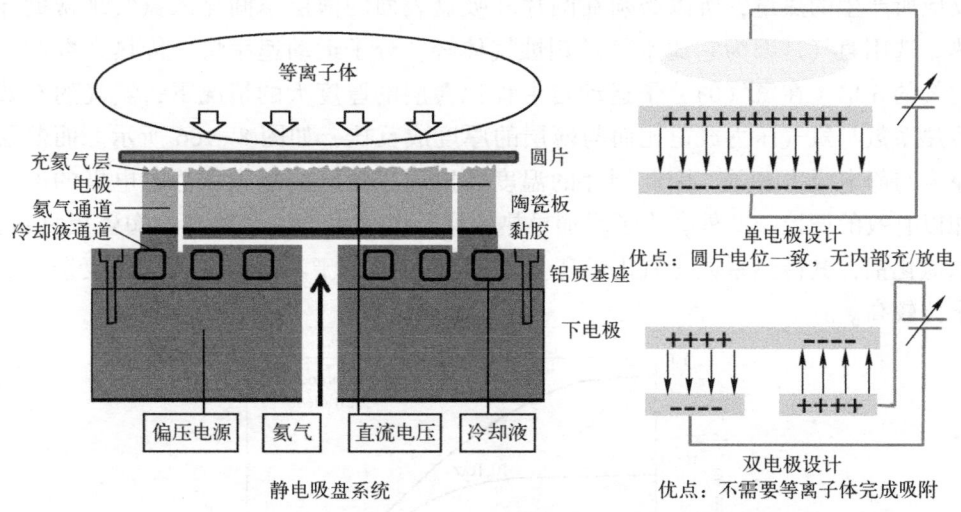

图 8-164 静电吸盘系统示意图及两种电极设计方案

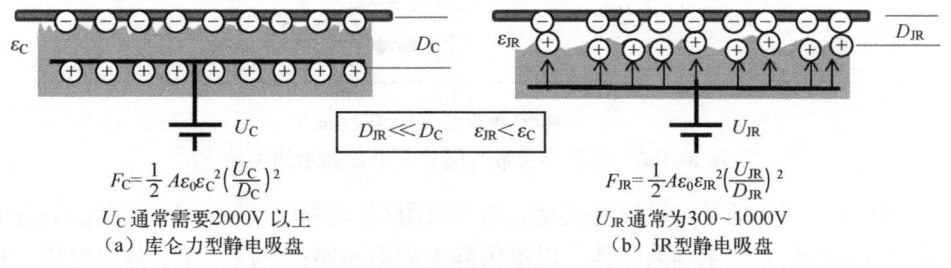

图 8-165 库仑力型静电吸盘与 JR 型静电吸盘

库仑力型静电吸盘在圆片与电极之间隔着不导电的绝缘体（电阻率大于 $10^{15}\Omega\cdot cm$），如氧化铝和聚硫亚胺等。当在电极上施加 2kV 以上的高压时，圆片背面诱发相反电性的电荷，圆片凭借电荷间的库仑力而被吸附。因为在此过程中陶瓷板内部没有电荷的移动，所以圆片的吸附和脱离比较简单快捷，与吸盘的温度也没有关系；其缺点是吸力较小，必须施加高电压。

JR 型静电吸盘在电极与圆片之间插入具有一定程度导电性的材料（电阻率为 $10^9 \sim 10^{12}\Omega\cdot cm$），如掺氧化钛（$TiO_2$）等不纯物质的氧化铝陶瓷。当在电极上施加电压时，电荷会在陶瓷中移动并集中在吸盘表面附近，使得正、负电荷的距离变小，吸附力增大，圆片在较小的电压下得以吸附。但由于圆片的吸附和脱离必须经过电荷在陶瓷板中的流动来实现，因此充/放电过程比较复杂和缓慢，并且由于陶瓷的电阻率与温度相关，导致圆片的吸附和脱离与吸盘的温度也存在一定的关系，增加了控制的复杂性。

由于仅依靠圆片与吸盘表面的机械接触并不能有效传输圆片上因等离子体反应所产生的热量，所以必须在圆片和吸盘表面的薄层空间充入氦气来帮助导热。选用氦气是因为它比空气及刻蚀气体轻，分子运动速率快，传热系数约为空气的6倍。在氦气的分子运动自由程比薄层的厚度大的情况下，氦气的有效传热系数与氦气压力成正比而与薄层的厚度成反比，如图8-166所示。而薄层厚度与静电吸力有关，因此圆片的温度可以通过氦气的压力和静电电极的电压加以有效的调控。此外，为了增加导热效率，可采用传热系数高的陶瓷板材料，如氮化铝，其传热系数比氧化铝高10倍以上，但由于其制造工艺比较复杂，价格比较高。

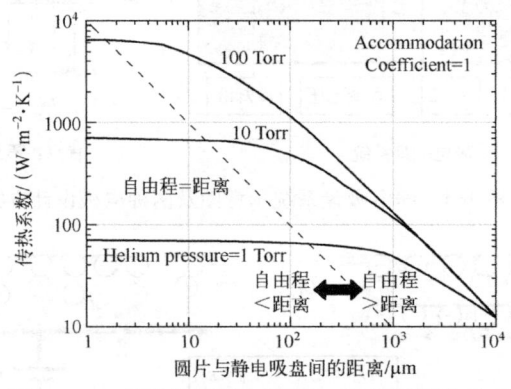

图8-166 热传导系数与圆片—吸盘间距的关系

图8-167所示的是单极静电吸盘的圆片吸附/脱离程序及圆片温度变化示意图。首先，开启源电源产生等离子体，以提供静电吸附回路；其次，施加静电电压，形成对圆片的吸附，再打开氦气阀进行导热，然后开始刻蚀反应；刻蚀结束后，圆片的脱离则采用和以上相反的顺序。在实际的运行中，这是一个相当复杂的过程，它与很多因素有关。例如，大偏压电源和长时间刻蚀过程会在圆片上（尤其是背面留有氧化物的圆片上）产生剩余电荷，必须通过施加适量且适时的反向电压等附加手段完成圆片脱离。此外，吸盘表面状态（如粗糙度、反应生成物的沉积等）会随着刻蚀设备使用时间的增加而有所改变，这会对异性电荷间的有效距离，圆片与吸盘表面的有效接触面积，电荷的充/放电速度等产生影响，从而导致圆片温度及吸附/脱离性能的漂移，必须通过其他辅助手段和反复实验来获取具有足够宽的工艺窗口

（Process Window）的最佳方法（Best Known Method，BKM）。

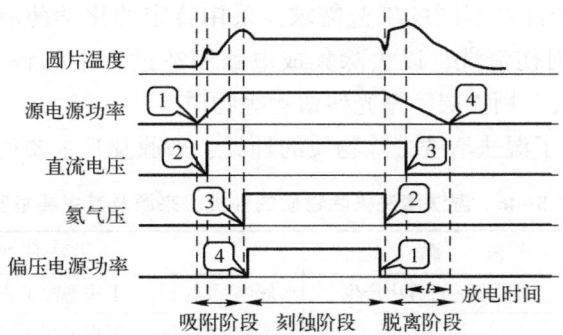

图 8-167　单电极静电吸盘的圆片吸附/脱离程序及圆片温度变化示意图

随着先进器件的刻蚀结果（特别是刻蚀后的结构尺寸及边缘粗糙度）对圆片温度的敏感度越来越高，圆片温度的精密控制成为刻蚀设备发展的重要标志。静电吸盘的主要发展方向如下所述。

（1）动态温控：在静电吸盘的表面陶瓷板中加入电热装置，使之不仅具有冷却及恒温功能，还能够通过快速加热，根据需要在不同的刻蚀阶段调控圆片的温度。为了达到快速和大跨度升/降温，静电吸盘的复杂度大大增加，目前能达到 1.5℃/s 的速率，区间温差高于 20℃。

（2）多区温控：为达到纳米级的尺寸调控，除了对刻蚀工艺本身造成的均匀性给予极精确的控制，还要针对光刻步骤造成的不均匀性加以补偿，即具备能按需要将圆片的不同区域控制在稍微不同的温度上，控温区的数量从最初的 2 个（由氦气分区）提高至 4 个（由电热装置分区），到目前正在开发完善中的 100 多个（根据半导体制冷原理的最新设计）。

参考文献

[1] 孙钰淳，程嘉，路益嘉，等. Design space of electrostatic chuck in etching chamber [J]. 半导体学报（英文版），2015，36（8）：98-104.

撰稿人：中微半导体设备（上海）有限公司　浦远
审稿人：中微半导体设备（上海）有限公司　刘身健

▶▶ 8.8　湿法设备

▶▶▶ 8.8.1　湿法工艺设备概述，濕法製程設備概述，Overview of Wet Processing and Wet Equipment

湿法工艺是指在集成电路制造过程中需要使用化学药液的工艺，主要有湿法清洗、化学机械抛光、无应力抛光和电镀四大类。

湿法清洗是指针对不同的工艺需求，采用特定的化学药液和去离子水，对圆片表面进行无损伤清洗，以去除集成电路制造过程中的颗粒、自然氧化层、有机物、金属污染、牺牲层、抛光残留物等物质。

表8-46列出了湿法清洗去除物质的种类、来源及其主要危害。

表8-46 湿法清洗去除物质的种类、来源及其主要危害

物质种类	来源	主要危害
颗粒	环境，其他工艺过程中产生	影响后续光刻、干法刻蚀工艺，造成器件短路
自然氧化层	环境	影响后续氧化、沉积工艺，造成器件电性失效
金属污染	环境，其他工艺过程中产生	影响后续氧化工艺，造成器件电性失效
有机物	干法刻蚀副产物，环境	影响后续沉积工艺，造成器件电性失效
牺牲层	氧化/沉积工艺	影响后续特定工艺，造成器件电性失效
抛光残留物	研磨液	影响后续特定工艺，造成器件电性失效

为了获得高成品率、高性能的器件，必须在集成电路制造过程中将圆片表面的上述6种物质控制在工艺要求的指标范围内。现阶段，关键技术节点已小于28nm，对圆片表面污染物控制的指标越来越高，因此每个工艺前都需要一步清洗工艺。

为了去除表8-46中所列的不同物质，需要根据其理化特点采用不同的化学药液配合物理辅助方式来实施，针对不同物质的去除所需使用的化学药液的种类见表8-47。

表8-47 不同化学药液的清洗作用

清洗作用\化学药液 物质种类	SPM	SC1	SC2	DHF	BHF	DIO$_3$	H$_3$PO$_4$	HF+HNO$_3$	TMAH	溶剂类
颗粒	适合	适合	—	—	—	适合	—	—	—	—
自然氧化层	—	—	—	适合	适合	—	—	—	—	—
金属污染	—	—	适合	适合	适合	—	—	—	—	—
有机物	适合	适合	—	—	—	适合	—	—	适合	适合
牺牲层	—	—	—	适合	适合	—	适合	适合	适合	—
抛光残留物	适合	适合	—	适合	适合	—	—	—	—	—

表中，SPM是硫酸（H_2SO_4）、过氧化氢（H_2O_2）和去离子水的混合物，主要用于清洗有机物；SC1是氨水（NH_4OH）、H_2O_2和去离子水的混合物，主要用于清洗颗粒；SC2是盐酸（HCl）、H_2O_2和去离子水的混合物，主要用于清洗金属污染物；DHF是稀释的氢氟酸（HF），主要用于二氧化硅（SiO_2）的刻蚀；

BHF（NH_4F+HF）是稀释的 HF 缓冲溶液，主要用于有图形圆片的 SiO_2 刻蚀；DIO_3 是臭氧水，主要用于清洗有机物；H_3PO_4 是磷酸，主要用于氮化硅（Si_3N_4）的刻蚀；$HF+HNO_3$ 是 HF 和硝酸（HNO_3）的混合物，主要用于 Si 的刻蚀；TMAH 是四甲基氢氧化铵，主要用于 Si 的刻蚀；溶剂类清洗液（Solvent）主要用于去除接触金属的有机物。

根据不同的清洗工艺需求，可配合使用的物理辅助方式主要有液体快速循环流动、兆声波和氮气辅助喷射清洗等。

从集成电路制造技术诞生以来，主要由槽式清洗机和槽式刻蚀机来完成圆片的清洗及薄膜刻蚀工艺。该技术是由美国无线电公司（RCA）于 1970 年提出的，它是通过多个化学槽体、去离子水槽体和干燥槽体的配合使用，完成圆片清洗及刻蚀工艺。该工艺具备工艺窗口大、操作简便、产能大等优点，一直延用至今。

随着集成电路线宽的不断缩小，对颗粒大小及数量、刻蚀速率及均一性、金属污染控制、表面粗糙度、圆片单面工艺等的要求越来越严格，陆续出现了单圆片清洗机、单圆片刷洗机、单圆片刻蚀机、单槽体圆片清洗机、低温超临界圆片清洗机等多种清洗机。

化学机械抛光是指圆片表面材料与研磨液发生化学反应时，在研磨头下压力的作用下进行抛光，使圆片表面平坦化的过程。圆片表面材料包括多晶硅、二氧化硅、金属钨、金属铜等，与之相对应的是不同种类的研磨液。化学机械抛光能够将整个圆片高低起伏的表面研磨成一致的厚度，是一种圆片全局性的平坦化工艺。

无应力抛光是指在集成电路制造过程中，用于加工芯片之间互连金属线所采用的电化学抛光，此工艺不会对金属线产生机械应力，尤其不会对于线宽较小、机械强度很弱的低 k/超低 k 介质材料组成的金属互连结构造成形变、分层等缺陷，因此也不会导致互连结构断路或短路。

电镀是指在集成电路制造过程中，用于加工芯片之间互连金属线所采用的电化学金属沉积。随着集成电路制造工艺的不断发展，目前电镀已经不限于铜线的沉积，还涉及锡、锡银合金、镍等金属的沉积，但金属铜的沉积仍是其中最主要的部分。

湿法设备是一种集合了流体力学、化学工程、材料科学、精密加工、电子控制、计算机软件等多学科的高科技产品，是集成电路制造过程中使用比例最高的核心生产设备。

撰稿人：盛美半导体设备（上海）有限公司　陈福平
审稿人：盛美半导体设备（上海）有限公司　王坚

▷▷▷ 8.8.2 槽式圆片清洗系统，槽式晶圆清洗系统，Bench-type Wet Cleaning System

槽式圆片清洗机主要由FOUP传输模块、圆片装载/卸载传输模块、排风进气模块、化学药液槽体模块、去离子水槽体模块、干燥槽体模块和控制模块构成，它可以同时对多盒圆片进行清洗，可以做到圆片干进干出。图8-168所示的是两种典型的槽式圆片清洗机布局示意图。布局的选择是由该设备在厂房中所处位置决定的，干法刻蚀区域一般选择Ⅰ型，扩散沉积区域选择Ⅱ型。典型的干法刻蚀后清洗的工艺流程如下：

$$SPM \rightarrow HQDR1 \rightarrow DHF \rightarrow OF \rightarrow SC1 \rightarrow HQDR2 \rightarrow DRY$$

其中，SPM用于去除圆片表层的有机物，HQDR1（Hot Quick Dump Rinse）用于去除圆片表层的SPM，DHF用于去除薄膜，OF（Over Flow）用于去除圆片表层的DHF，SC1用于圆片清洗，HQDR2（Hot quick Dump Rinse）用于去除圆片表层的SC1，DRY用于干燥圆片。

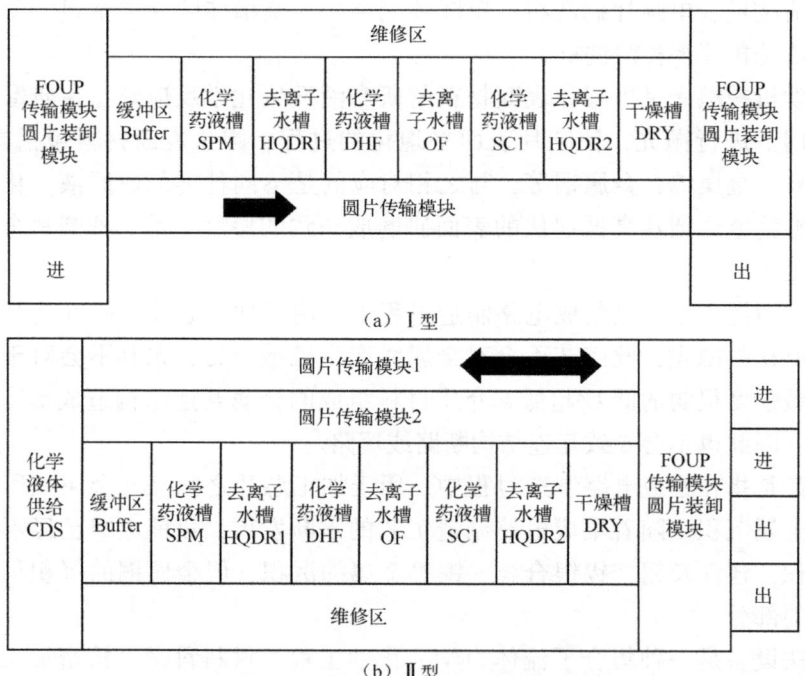

图8-168 两种典型的槽式圆片清洗机布局示意图

FOUP传输模块主要是将FOUP传到FOUP存储区域的确定位置，确保圆片清洗前、后进入同一个FOUP非常关键。圆片装卸模块将圆片从FOUP中取出，并按照确定的方式将两盒圆片组成一组。组成方式有两种，即圆片面对面（颗粒清洗效果好）和圆片面对背（刻蚀控制好）。目前主要采用圆片面对面的组成方式。圆片传输模块将圆片在各个工艺模块之间传输，水平位置的精确控制和进入各槽体的垂直速度是关键控制参数，直接影响清洗效果。化学药液槽体模块主要用于准备化学药液，该槽体模块由槽体、兆声波发生器、泵、热交换器、过滤器、浓度计、流量计、温度计和液位计等构成，主要实现对化学药液浓度、温度及循环流量的精确控制，从而实现清洗工艺目标。其中，兆声波发生器的主要作用是加强对圆片表面颗粒清洗的效果。图8-169所示的是典型化学药液槽体模块示意图。

在完成化学药液槽工艺后，圆片需要及时进入去离子水槽进行清洗，去除残留在圆片表面的化学药液，以避免过刻蚀的发生。去离子水槽主要有两种，一种是溢流槽（Over Flow，OF），用于湿法刻蚀后的清洗；另一种是热水快速排放槽（Hot Quick Dump Rinse，HQDR）主要用于去胶或颗粒清洗后的清洗，一般会配备有兆声波清洗功能。干燥槽是槽体圆片清洗机的核心模块，其主要作用是保证圆片干燥时不产生颗粒、水痕和图形损伤，并且可以控制化学氧化层的厚度。

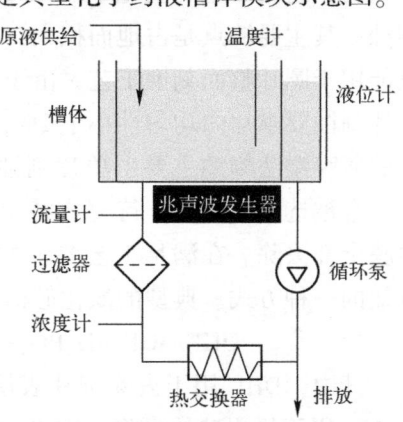

图8-169　典型化学药液槽体模块示意图

排风进气模块的主要作用是控制进入工艺模块气体的洁净度，同时将产生的化学气雾排放至厂务系统，以确保清洗工艺效果及机台人员安全。控制模块主要是根据设定的工艺流程完成对圆片的清洗刻蚀工艺，同时将关键参数上传至工厂数据控制系统。

28nm及更先进工艺的湿法清洗对圆片表面小颗粒的数量及刻蚀均匀性的要求越来越高，同时必须达到图形无损干燥。而槽式圆片清洗机的槽体内部化学药液的差异性、干燥方式，以及与圆片接触点过多，导致无法满足这些工艺需求，现已逐渐被单圆片清洗机取代，目前在整个清洗流程中约占20%的步骤。

槽式圆片清洗机主要由日本的迪恩士（SCREEN Semiconductor Solutions）、东京电子（Tokyo Electron）和JET提供，约占75%以上的市场份额，单台售价约为350万美元。韩国的SEMES和KCTECH也能提供此类设备，主要供给韩国市场。

撰稿人：盛美半导体设备（上海）有限公司　陈福平
审稿人：盛美半导体设备（上海）有限公司　王坚

▷▷▷ 8.8.3 槽式圆片刻蚀机，槽式晶圆蚀刻机，Bench–Type Wet Etcher

槽式圆片刻蚀机主要由 FOUP 传输模块、圆片装卸传输模块、排风进气模块、化学药液槽体模块、去离子水槽体模块、干燥槽体模块和控制模块构成，可同时对多盒圆片进行刻蚀，可以做到圆片干进干出。该刻蚀机的主要优点是产能高，适用于超高温化学液体（120℃以上），可同时对圆片正面和背面进行刻蚀；其主要缺点是占地面积大，薄膜刻蚀量控制精度小，片间刻蚀均匀性差，只能用于圆片整面刻蚀工艺。由于对薄膜刻蚀量和刻蚀均匀性的要求不断提高，圆片刻蚀要求片内均匀性小于2%，槽式刻蚀已经无法满足要求，因此目前大部分的薄膜湿法刻蚀主要由单片刻蚀机完成。氮化硅薄膜由于具有优异的材料特性，常被选作牺牲层，待完成特定的工艺后，需要将圆片正面和背面的氮化硅薄膜全部去除。在满足工艺要求的前提下，采用高温磷酸的槽式湿法刻蚀是最有效的一种方式。典型的氮化硅槽体湿法刻蚀的工艺流程如下：

$$DHF \rightarrow OF \rightarrow H_3PO_4 \rightarrow HQDR1 \rightarrow SC1 \rightarrow HQDR2 \rightarrow DRY$$

其中，DHF 用于去除圆片表层的氧化硅，OF 用于去除圆片表面的 DHF，H_3PO_4 用于氮化硅的去除，HQDR1 用于去除圆片表层的 H_3PO_4，SC1 用于圆片清洗，HQDR2 用于去除圆片表层的 SC1，DRY 用于干燥圆片。

图 8-170 所示的是典型槽式圆片刻蚀机布局示意图。槽式圆片刻蚀机与槽式圆片清洗机采用同一机台架构，二者最大的差别在于刻蚀机化学槽体的各项参数控制更加严格，主要通过如下 2 个关键零部件进行控制。

（1）高温泵：适当的化学液体循环流速可以保证槽体内浓度和温度的均匀性。

（2）加热器：高效的化学液体加热装置可以保证高温控制的稳定性。

同时，针对不同的刻蚀薄膜，也需要制定特定的功能，如针对氮化硅薄膜的湿法刻蚀，需要精确控制磷酸中水的含量与温度。

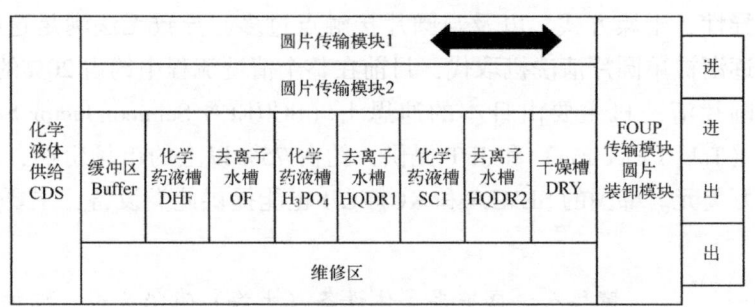

图 8-170 典型槽式圆片刻蚀机布局示意图

28nm 及更先进工艺对圆片薄膜的去除要求越来越高，不仅刻蚀量和刻蚀均匀性的控制指标在提高，对圆片表面的粗糙度也有更严格的要求。同时，有些工艺要求只能进行背面薄膜的去除，这就导致了槽式湿法刻蚀机市场的不断萎缩（目前在整个清洗流程中约占不到2%的步骤）。日本的芝浦电子已经开发出氮化硅单片湿法刻蚀机来取代槽式圆片刻蚀。

槽式圆片刻蚀机主要由日本的 JET 公司提供，它占据 90%以上的市场份额，单台售价约为 350 万美元。韩国的 SEMES 也能提供此类设备，主要供给韩国市场。

撰稿人：盛美半导体设备（上海）有限公司　陈福平
审稿人：盛美半导体设备（上海）有限公司　王坚

▷▷▷ 8.8.4　单圆片湿法设备，單晶圓濕法設備，Single-Wafer Type Cleaning Equipment

根据不同的工艺目的，单圆片湿法设备可分为三大类。第一类为单圆片清洗设备，其清洗目标物包括颗粒、有机物、自然氧化层、金属杂质等污染物。第二类为单圆片刷洗设备，其主要工艺目的是去除圆片表面颗粒。第三类为单圆片刻蚀设备，主要用于去除薄膜。按照工艺用途的不同，单圆片刻蚀设备又可以分为两种，第一种是轻度刻蚀设备，主要用于去除由高能离子注入所引起的表层薄膜损伤层；第二种是牺牲层去除设备，主要用于圆片减薄或化学机械抛光后的阻挡层去除。

从机台总体架构来看，所有种类的单圆片湿法设备架构都类似，一般由主体框架、圆片传输系统、腔体模块、化学药液供给传输模块、软件系统和电控模块 6 部分组成，如图 8-171 所示。

（1）主体框架：主要包括工艺腔体配置及腔体的布局，目前最常见的腔体配置数量为 8 个或 12 个。为了实现产能的最大化，设备厂商已经开始制造 24 个腔体的机台。而对于腔体如何摆放，在保证圆片传输路径短，工艺便利的同时，还能做到无尘室占地最小，各厂商有各自的解决方案。

（2）圆片传输系统：主要由 3 部分组成，即装卸端口、设备前端模块和圆片传输机械手。装卸端口（Load Port）必须满足圆片传输要求。设备前端模块（Equipment Front End Module，EFEM）装备高效空气颗粒过滤器（HEPA），并且满足不同技术节点对颗粒大小控制的要求。圆片传输机械手用于传送清洗前和清洗后的圆片，必须保证圆片在传输的过程中没有颗粒增加，同时也需要避免静电的产生。

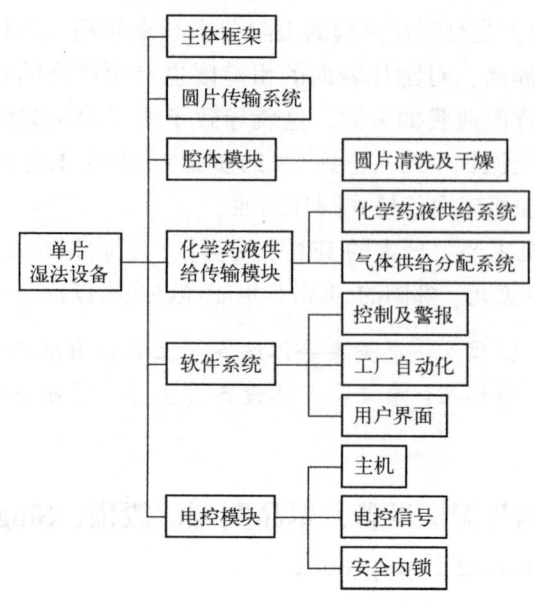

图 8-171 单圆片湿法设备基本架构

（3）腔体模块：腔体模块是执行圆片清洗干燥的区域，旋转喷淋（Spin）法是单片湿法设备的工艺基础。简单来说，旋转喷淋法是指利用电动机驱动等机械方法将圆片以较高速度旋转，在旋转的过程中，通过向圆片表面喷淋清洗液、刻蚀液等流体介质，并利用高速旋转的离心作用，实现流体介质在整个圆片表面的均匀覆盖和脱离的工艺过程。

（4）化学药液供给传输模块：化学药液供给系统一般有两种模式，即独立于主机台以外的供液子系统（Sub CDS System）和集成在主机台内部的在线混酸系统（In-line Mixing System）。这两种供液系统均可实现不同药液、不同比例的自动调配，主要用于 SPM、DHF、SC1、SC2 等 RCA 药液的精准混合。

（5）软件系统：其主要功能包括，提供友好的用户界面，由用户确定工艺配方，设置硬件工作参数，实时提供工艺关键参数监控，并显示机台实时状态；控制整机机械和电控系统，同时提供报警功能，当机台状态异常或工艺配方设置出错时将自动报警，保证生产过程的安全；具有 SECS/GEM（半导体装备通信标准/通用装备模型）工厂自动化控制软件系统，这是半导体装备进入 300mm 生产线的必要条件。SECS/GEM 的功能是确保半导体制造装备可以与生产线的中央控制系统进行信息交换，以实现最优的生产流程安排，并对每个圆片的状态进行实时监测。

（6）电控系统：电控系统是设备的控制大脑，是设备正常运行的保障。

目前，单圆片湿法设备的主要生产厂商为日本的迪恩士和东京电子，以及美国的泛林公司（Lam Research），三家设备制造商的单圆片湿法设备目前占据了70%以上的市场份额。在国内的单圆片湿法设备厂商中，盛美半导体设备（上海）有限公司独家开发的空间交变相位移（Space Alternated Phase Shift, SAPS）兆声波清洗设备和时序气穴振荡控制（Timely Energized Bubble Oscillation, TEBO）兆声波清洗设备已经成功进入韩国及中国的集成电路生产线并用于大规模生产。七星电子的清洗机也成功进入中芯国际生产线。

图 8-172 所示的是盛美自主开发的单圆片湿法设备。

图 8-172　盛美自主开发的单圆片湿法设备

撰稿人：盛美半导体设备（上海）有限公司　张晓燕
审稿人：盛美半导体设备（上海）有限公司　王坚

▷▷▷ 8.8.5　单圆片清洗设备，單晶圓清洗設備，Single-Wafer Type Cleaning System

单圆片清洗设备是基于传统的RCA清洗方法设计的，其工艺目的是清洗颗粒、有机物、自然氧化层、金属杂质等污染物。从工艺应用上来说，单圆片清洗设备目前已广泛应用于集成电路制造前道（FEOL）和后道（BEOL）工艺过程，包括成膜前、后的清洗（Pre-Deposition Clean，Post-Deposition Clean）、等离子体刻蚀后清洗（Post-Etch Clean）、离子注入后清洗（Post-Implant Clean）、化学机械抛光后清洗（Post-CMP Clean）和金属沉积后清洗等。除高温磷酸工艺之外，单圆片清洗设备已经基本上可以兼容所有的清洗工艺。

随着清洗工艺要求的不断提升，单纯的旋转喷淋法已无法满足工艺的需求。在这种情况下，各种辅助的清洗手段应运而生，其中最常见的包括如下 2 种。

1. 纳米喷射（Nano Spray）清洗

从清洗原理来说，纳米喷射是在二流体雾化喷嘴的两端分别通入液体介质和高纯氮气，使用高压气体为动力，辅助液体微雾化成极微细的液体粒子，并将其喷射至圆片表面，从而达到去除颗粒的效果。

日本的 DNS 公司是集成电路工艺中最早开发和使用纳米喷射技术的设备厂商。目前使用较多的液体媒介是 SC1 和 DIW。图 8-173 所示为纳米喷射清洗示意图。

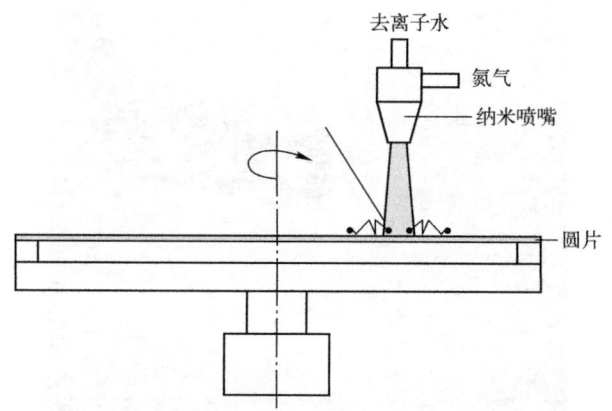

图 8-173　纳米喷射清洗示意图

纳米喷射清洗技术中的重要影响因素为喷雾粒径（即喷雾液滴的平均粒子直径）、喷射至圆片表面的液滴数量、液滴喷射速度、喷雾角度和喷射高度。

液滴数量和喷雾粒径决定着喷雾液滴与圆片接触的概率和可清洗的图形尺寸。液滴速度决定着对圆片表面污染物的冲击力和去除效果。喷雾角度（喷雾进行时最接近两侧的喷雾夹角角度）与喷雾高度（喷嘴口至圆片的距离）决定着喷雾覆盖面积的大小。因此，在纳米喷射清洗中，最重要的工艺参数为氮气流量和清洗液流量。由于这种清洗技术主要基于物理的冲击力，早期的设计无法应用于图形片（Pattern Wafer）的清洗。2010 年后，DNS 公司更新升级后的 Nanospray2 和 Nanospray3 技术减轻了清洗时对元件的损伤程度，已拓展了其应用范围。

2. 兆声波（Megasonic）清洗

美国无线电公司（RCA）于1979年提出兆声波辅助圆片清洗工艺。兆声波结合 DIW 或 SC1 可以非常有效地去除颗粒，同时能显著降低化学药液的使用量。特别是对于小尺寸颗粒的去除，效果更加明显。为了获得好的清洗效果，同时避免对圆片（特别是有图形的圆片）产生损伤，需要选择特定的兆声波振荡频率范围。通常使用的兆声波频率为 800kHz～3MHz。兆声波由兆声波发生器产生，传递到清洗液体中，然后对圆片进行清洗。兆声波是一种机械波，在传输的液体介质中产生周期性的压缩或拉伸。当低压相中兆声波的强度超过液体的固有拉伸强度时，液体将会被拉开而形成一个空穴，液体中溶解的气体会向空穴中扩散，在一个循环周期中空穴的体积会逐渐变大，这个现象被称为空穴（Cavitation）现象。空穴现象可产生显著的清洗效果。由于在兆声波中边界层厚度非常小，空穴的运动可以在距离圆片表面非常近的位置产生局部流体流动，这个现象被称为微流（Micro Streaming），这种流动和空穴破碎所产生的冲击波可将颗粒从圆片表面去除。

盛美半导体设备（上海）有限公司成功开发了用于单片清洗的空间交变相位移兆声波（SAPS MegPie）技术。通过控制兆声波发生器与圆片之间的距离，SAPS 兆声波技术可以很好地控制兆声波能量均匀分布在圆片表面，避免兆声波对圆片表面图形的损伤。图 8-174 所示为 SAPS 兆声波技术示意图。SAPS 兆声波技术主要采用扇形兆声波发生器（MegPie）对低速旋转的表面附有液体膜的圆片进行清洗。圆片旋转速度、液体膜的厚度和 MegPie 的位置及能量是关键的工艺参数。

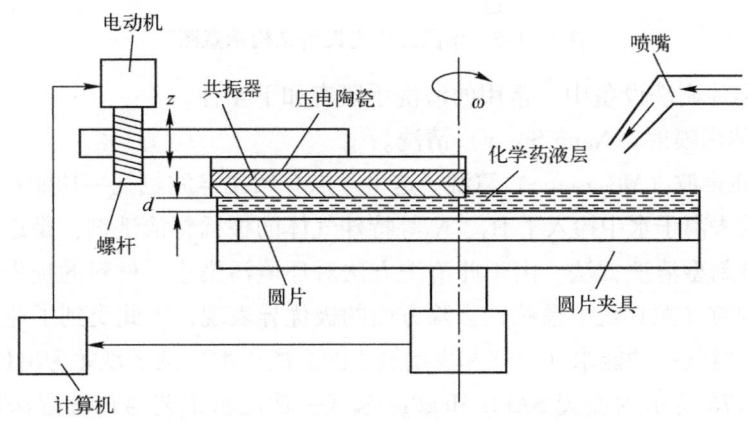

图 8-174 SAPS 兆声波技术示意图

SAPS 兆声波技术除了在小颗粒的去除上有良好的效果，在高深宽比的图形清洗上也具有优势。当圆片表面的图形具有高深宽比时，特别是在 TSV 结构的清洗中，清洗化学成分在沟槽内部的物质交换仅由扩散来决定。图形深度越大，扩散路径就变得越长，清洗效率越低。在传统的清洗工艺中，圆片表面的清洗液边界层厚度比较大，圆片表面的液体运动无法影响图形内部，不能形成对流。而在兆声波的作用下，圆片表面的边界层厚度变得非常薄，液体能够以对流方式进入图形内部，形成搅拌的作用，从而加快清洗化学成分的交换，提高清洗效率。

撰稿人：盛美半导体设备（上海）有限公司　张晓燕
审稿人：盛美半导体设备（上海）有限公司　王坚

▷▷▷ 8.8.6　单圆片刷洗设备，單晶圓刷洗設備，Single‑Wafer Type Scrubber

单圆片刷洗设备的主要工艺目的是去除圆片表面的颗粒。图 8-175 所示的是单圆片刷洗设备结构示意图。

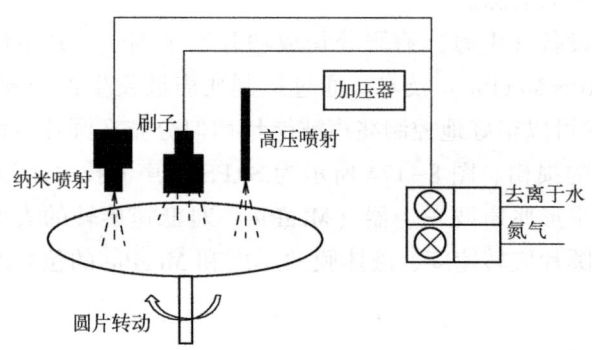

图 8-175　单圆片刷洗设备结构示意图

在单圆片刷洗设备中，常用的清洗手段有如下 4 种。

（1）纳米喷射（Nano Spray）清洗。

（2）兆声波（Megasonic）清洗。这里重点介绍兆声波氢气—功能水工艺。功能水是指在去离子水中掺入了 H_2、N_2 等特殊气体的极稀释清洗剂，是近年来发展起来的一种新型清洗方法。由于此清洗方法对环境污染小，材料的损失小，加之兆声波在颗粒（尤其是小颗粒）去除方面的极优异表现，因此受到了业界的广泛关注，其中氢气—功能水（氢气和少量氨水的去离子水）的表现尤为出色。

图 8-176 所示为盛美 SAPS MegPie 氢气—功能水工艺与传统湿法清洗工艺的颗粒去除率对比。从图中可以看出，纳米喷射技术对于 50nm 以下的颗粒的去除率很低，对于小于 80nm 的颗粒的去除率约为 65%；槽式兆声波 SC1 工艺对于小于 50nm 的颗粒的去除率约为 46%，对于小于 80nm 的颗粒的去除率约为

74%；而SAPS氢气—功能水工艺对于小于50nm的颗粒的去除率约为63%，对于小于80nm的颗粒的去除率可以达到91%。因此，在适宜的兆声波能量和气体含量配比下，氢气—功能水工艺的颗粒去除效果已经超越传统的清洗工艺。

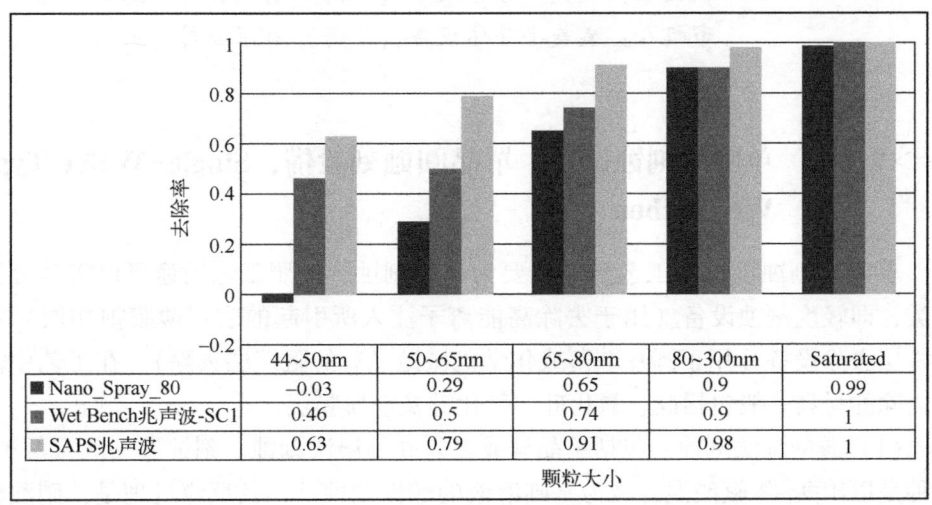

图8-176 SAPS MegPie氢气—功能水工艺与传统湿法清洗工艺的颗粒去除率对比

（3）刷子（Brush）刷洗：刷子刷洗是一种利用刷子与圆片表面摩擦力去除颗粒的机械清洗方法。当使用此种技术刷洗圆片表面时，摆臂可来回扫描，与此同时刷头在电动机驱动下旋转，刷毛经常不直接接触圆片表面，目前最常见的刷毛材质包括聚乙烯醇（Polyvinyl Alcohol，PVA）和尼龙。刷洗技术的局限和挑战在于首先清洗药液必须与刷毛材质兼容；其次，在使用刷子刷洗时，必须极为精确地控制刷子的向下压入量，以及刷头的旋转速度，以免对圆片造成损伤。目前，Brush刷洗技术一般用于圆片机械抛光后的大颗粒去除和圆片背面的颗粒去除。

（4）高压液体喷射（High Pressure Fluid Jet）：高压液体喷射清洗需要使用特制的高压泵和耐高压的不锈钢管路，高压喷嘴一般采用小口径限流设计，喷嘴的角度可根据具体工艺需求调节。当极高速的水射流由高压泵流经管路和液体喷嘴到达圆片表面时，甚至可以达到液体雾化的效果；利用这种高速微细流与圆片间的剪切应力，达到将圆片表面颗粒去除的效果。这种高压液体喷射法的清洗效果取决于液体压力和喷射速度，目前使用较高的液体压力已经到达2000lbf/in^{2}以上，但如此高的压力又会对圆片表面（特别是带图形的圆片表面）造成损伤。由于高压喷射法本质上并没有明显降低圆片表面的流体边界层，因此对于小颗粒的去除效果并不理想。目前，在集成电路制造中高压液体喷射清洗已逐渐退出市场，但在先进封装行业内的焊料清洗、高压去胶清洗等工艺中仍在大量使用。

撰稿人：盛美半导体设备（上海）有限公司　张晓燕
审稿人：盛美半导体设备（上海）有限公司　王坚

▷▷▷ 8.8.7　单圆片刻蚀设备，單晶圓蝕刻設備，Single-Wafer Type Wet Etcher

单圆片刻蚀设备的工艺目的主要为薄膜刻蚀，按照工艺用途可以将其分为两类，即轻度刻蚀设备（用于去除高能离子注入所引起的表层薄膜损伤层）和牺牲层去除设备（用于圆片减薄或化学机械抛光后的阻挡层去除）。在工艺中需要去除的材料一般包括硅、氧化硅、氮化硅及金属膜层。

（1）硅的湿法刻蚀：包括单晶硅或多晶硅的湿法刻蚀。刻蚀液一般有两种，一种是以硝酸-氢氟酸混合液为基础溶液的酸性刻蚀液，其反应机理是，硝酸将硅表面氧化，形成的氧化硅溶于氢氟酸形成六氟硅酸络合物，这类刻蚀液对硅的刻蚀速率极高，在硅的各个晶向的刻蚀速率相同，是一种各向同性的湿法刻蚀方法；在实际生产中，为保证药液的循环使用寿命和刻蚀稳定性，经常会添加醋酸、硫酸和磷酸等调节硅的刻蚀速率。另一种硅刻蚀液是以氢氧化钾或四甲基氢氧化铵（Tetramethylammonium Hydroxide，TMAH）为基础溶液的碱性刻蚀液，此类溶液在硅的不同晶向上具有不同的刻蚀速率，是一种各向异性的湿法刻蚀方法，因此在集成电路生产中经常被用作特殊微结构的加工。

（2）氧化硅的湿法刻蚀：最常见的 SiO_2 刻蚀液是氢氟酸刻蚀液，但由于氢氟酸溶液中的水较易挥发，在长时间的工艺过程中刻蚀速率不稳定，因此在有些需要精确控制刻蚀速率的工艺中引入了缓冲氧化硅刻蚀剂（Buffered Oxide Etchant，BOE）。这种刻蚀液由氢氟酸、氟化铵（NH_4F）和表面活性剂混合而成，其中氢氟酸仍为氧化硅的主要刻蚀剂；氟化铵（NH_4F）的作用是作为缓冲剂，提供反应过程中被不断消耗的氟离子，以保持刻蚀速率的稳定性；表面活性剂的作用是通过降低刻蚀液的表面张力，提升其在圆片表面的浸润性，改善刻蚀效果。

（3）氮化硅的湿法刻蚀：适用于氮化硅的刻蚀溶液包括氢氟酸、BOE 和高温磷酸（85%磷酸溶液，使用温度高于170℃）。由于磷酸对氧化硅的刻蚀速率很低，因此在集成电路工艺过程中，经常用磷酸作为氮化硅的膜层刻蚀剂。

（4）金属膜层的的湿法刻蚀：在集成电路工艺过程中，经常会出现金属膜层的刻蚀工艺，如铝、铜、钛、钽等。铝的湿法刻蚀液一般由磷酸、硝酸、醋酸及水混合而成，使用的工艺温度一般为35~45℃。铜的湿法刻蚀液一般为氢氟酸和硝酸的混合物。近年来，随着高 k 介质金属栅极（High k Metal Gate，HKMG）工艺的兴起，由于对硅、氧化硅和铪基 HKMG 薄膜的良好刻蚀选择性，一号标准清洗液（SC1）已越来越广泛地用于金属栅极材料（含金属钛和钽基的金属材料）的湿法刻蚀工艺。

在湿法刻蚀工艺及其硬件设计中，需要注意以下事项。

（1）湿式刻蚀速率可通过改变溶液浓度及温度予以控制。刻蚀液的温度及流量的波动容易造成刻蚀液性能的波动，使用高精度的化学药液混合系统和保温系统是保证湿法刻蚀工艺正常进行的基础。

（2）出于成本考量，刻蚀液一般需要回收使用，其浓度在循环利用过程中的变化会造成刻蚀速率的波动，因此应根据圆片的作业片数和药液使用时间来管控药液的使用寿命，及时更换新鲜药液。同时，混液系统内配置了刻蚀液的自动补加功能（Auto Dosing），当圆片作业的数量达到设定值时，混液系统自动对刻蚀储液槽进行补液，每次的补液量可由操作人员通过控制软件设定。在某些图形刻蚀的关键步骤中，控制软件会根据工艺片数的累计值自动调整每片刻蚀液的作用时间，刻蚀时间甚至可精准到 0.1s。

（3）由于刻蚀液在圆片表面各处的甩出速度不一致，且刻蚀过程中经常有气泡产生，这些气泡会附着在圆片表面，从而局部地抑制刻蚀的进行，因此会造成刻蚀的不均匀性。针对此问题，在硬件设计中，刻蚀液喷嘴可在高精度电动机驱动下来回扫描，且在圆片的不同区域根据刻蚀速率的差异自动调整喷嘴的扫描速度，以补偿纯离心力导致的刻蚀不均匀。

（4）刻蚀液一般为高浓度强刻蚀性液体，在反应过程中容易在腔体内产生化学雾，若不及时抽排而滞留在圆片上方，会造成圆片表面缺陷。因此在硬件设计上，需要在加强腔体排风的同时，兼顾送风和排风的风压平衡。

单圆片刻蚀设备又分为圆片正面刻蚀和圆片背面刻蚀两种类型。正面刻蚀设备的整体硬件结构与单圆片清洗设备基本一致，差异之处在于所施用的化学药剂不同。圆片背面刻蚀设备一般用于背面薄膜去除、圆片背面的多晶硅刻蚀和晶背减薄，它与正面刻蚀设备最大的区别在于所使用的工艺夹具不同。在正面刻蚀设备中，一般使用的夹具有如下两种。

（1）机械夹持夹具：利用汽缸、电磁或离心力等机械力驱动的活动卡针（Chuck Pin）固定圆片，这种夹紧装置会接触圆片的侧边和上表面外圈的 1~2mm 处。

（2）真空吸盘夹持夹具：利用真空负压吸附的原理进行工作，这种夹持装置需要较大面积地接触圆片背面，目前在高端集成电路清洗设备中已不再使用。

随着芯片厚度的减薄，圆片背面减薄的程度越来越大，当圆片厚度小于 300μm 时，传统的机械夹持方式容易使圆片发生翘曲变形破裂而不再适用。有的工艺需要在进行晶背工艺过程的同时，对圆片正面进行防止溶液、蒸汽和化学接触及机械划伤的全面保护。在这种需求的驱动下，非接触式夹具应运而生。目前，业内应用最多的是伯努利（Bernoulli）夹持夹具，这种夹持夹具应用了空气动力学悬浮原理。图 8-177 所示的是伯努利夹持夹具结构示意图。

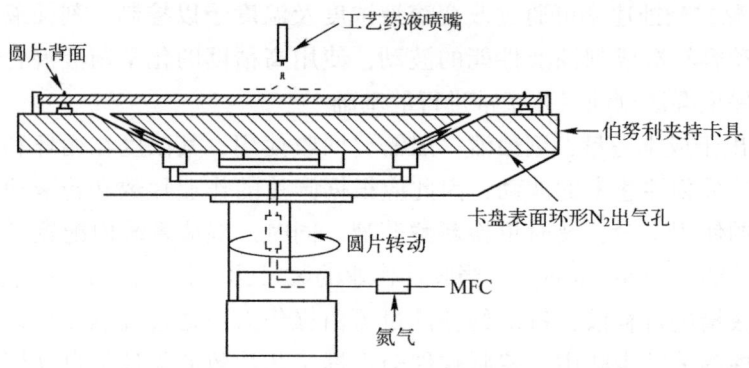

图 8-177 伯努利夹持夹具结构示意图

由图可见，机械手将圆片送入腔体后，圆片背面朝上、正面朝下，在工艺过程中，流量精准控制的高纯氮气通过夹具下方的气体管路和卡盘表面一圈的环形小孔源源不断地输入圆片与夹具之间的空隙中。根据伯努利效应，流体的流速越大，压强越小；流体的流速越小，压强越大。因此，当卡盘与圆片之间缝隙较小时，气体流动减小，导致施加在圆片正面的压强变大；而当卡盘与圆片之间的缝隙较大时，气体流速较大，导致施加在圆片正面的压强变小。在工艺过程中，只需精准维持气源的流量和压力，圆片即可被维持在一平衡位置。虽然伯努利夹具优势明显，但是高纯氮气消耗量过大的缺陷，使得这种夹具目前仅在圆片背面清洗刻蚀工艺中得到了应用。

撰稿人：盛美半导体设备（上海）有限公司　张晓燕
审稿人：盛美半导体设备（上海）有限公司　王坚

▷▷▷ 8.8.8　单槽体圆片清洗机，單槽體晶圓清洗機，Single-Bath Wafer Cleaner

单槽体圆片清洗机有别于传统的多槽体清洗机，其主要特征是只有一个进行湿法工艺的槽体（一次仅放置一盒圆片），多种清洗工序均在同一个槽体中完成，圆片在清洗槽体中以机械方式高速旋转，在旋转过程中，化学药液或去离子水不断喷向圆片，对圆片表面进行清洗。设备可同时提供多种清洗药液，如 SPM（硫酸和过氧化氢混合物）、SC1（氨水、过氧化氢与去离子水混合物）、DHF（稀释的氢氟酸液体）、SC2（盐酸、过氧化氢与去离子水混合物），以及去离子水，将各清洗药液按一定的工序对圆片进行湿法清洗，可实现不同的工艺应用，如光刻胶去除，金属及介质层的剥离去除，扩散、薄膜沉积、氧化、刻蚀等工序前、后的颗粒、有机物残留及金属污染物的清洗，介质层刻蚀，化学机械研磨后残留物的清洗，圆片回收等方面的湿法工艺。

以 FSI 公司开发的单槽体离心喷淋式圆片清洗机为例，其结构示意图如图 8-178 所示。

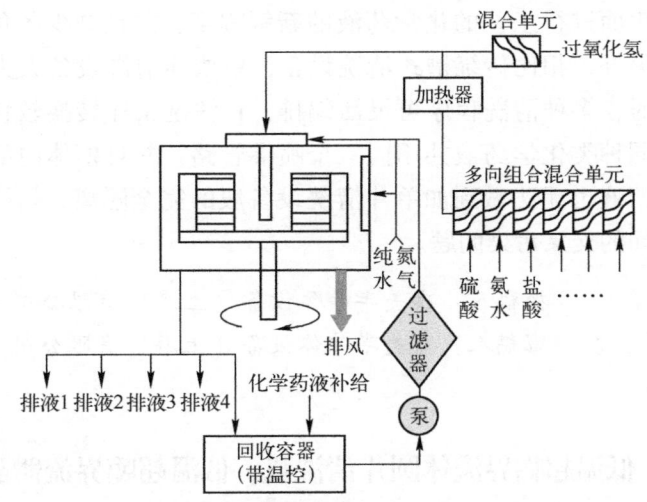

图 8-178　FSI 公司开发的单槽体离心喷淋式圆片清洗机结构示意图

该清洗设备将多个圆片盒放置在槽体中转速可控的旋转盘上，在高速旋转的同时，将用于清洗工艺的化学药液、去离子水和 N_2 通过置于槽体顶盖中心的喷射柱喷淋在圆片上。化学药液的喷射也可通过 N_2 加压后喷出，以达到更好的清洗效果。各清洗药液与去离子水喷淋在圆片上的清洗顺序可控，每道化学清洗工序结束后，化学药液立即排出槽体，槽体内通入去离子水，将喷射柱与槽体内部各处冲洗干净，再通入下一种化学药液；不同化学药液及去离子水的排放通过多向阀分别控制，排放到不同的下排管道，也可以选择回收到回收容器中循环使用。清洗完成后，通入氮气吹干，结合转盘高速旋转产生的离心力甩干，可达到良好的干燥效果。

化学药液的混合及稀释在一个多向组合混合单元中在线完成，可混合多种不同化学药液，且混合比例与流量可以精确控制。化学药液在到达喷射柱前经充分混合形成清洗药液，从而保证到达圆片表面时清洗药液的新鲜程度。

化学药液的温度控制主要通过在线加热器完成，加热后的化学药液通入槽体进行工艺使用。对于 SPM 清洗工艺，要求到达圆片表面使用点的化学药液具有很高的温度，一般为 120～150℃，甚至超过 200℃。对于这种高温度要求，一般槽式清洗设备难以实现在槽中直接加热或通过加热器直接加热，也很难保持药液的新鲜程度和有效成分。单槽式清洗设备则使用加热器将硫酸预先加热到一定温度（如 80℃以上），然后在线混入过氧化氢，利用这两种化学药液混合时所产生的热量使药液再次升温，通过对混合比例、药液流速、混合时间等参数的控制，使其达到所需的使用温度，从而满足其药液流到圆片表面时的温度要求。

与传统的槽式清洗设备相比，单槽体设备可以有效降低化学药液的使用量，保证到达圆片表面进行工艺的化学药液的新鲜程度，并且减少各化学药液之间的交叉污染。另外，相比传统槽式清洗设备，单槽体清洗设备大大减少了机台占地面积，同时，多种清洗程序可灵活编排，且清洗工序转换较快。其不足之处是，由于不同种类化学药液共用同一个喷淋管路，并且槽体内的进行工艺的不同种类化学药液也无法做到如单片清洗设备般的完全隔离，始终无法彻底避免化学药液之间的交叉污染问题。

撰稿人：盛美半导体设备（上海）有限公司　王希
审稿人：盛美半导体设备（上海）有限公司　王坚

▷▷▷ 8.8.9　低温超临界流体圆片清洗机，低溫超臨界流體晶圓清洗機，Cryogenic-Aerosol Wafer Cleaner

随着半导体技术节点不断更新，特征尺寸越来越小。当特征尺寸发展到纳米级时，由于表面张力和毛细作用力增大，使水或化学药液进入微小结构中的清洗变得非常困难，化学药液对微小尺寸的图形结构难免造成材料损失，并且湿法清洗后的干燥工艺在小尺寸的图形结构中造成的粘连等问题也变得更加严峻，因此湿法清洗面临着诸多挑战。超临界流体技术是利用超临界流体特性而发展起来的一门新兴技术，以超临界流体为媒体的清洗技术为克服以上湿法清洗带来的问题提供了良好的解决方案。

超临界流体是指在临界温度和临界压力之上的流体，它兼具液体与气体性质，是不同于一般气体的一种稠密的气态，其物性是处于气态与液态之间的中间状态。表 8-48 列出了气体、超临界流体与液体的属性对比。超临界流体兼有液体和气体的优点：黏度小，扩散系数大，表面张力小，具有良好的传质特性，可进入微小尺寸图形结构中进行清洗；接近液体密度的大密度，使其具有良好的溶解特性，适合作为液态清洗剂的替代品；在临界点附近对温度和压力特别敏感，因此在清洗工艺中可以通过提升其温度和压力使其溶解度达到最大，而清洗完毕后可以通过降低其温度和压力使其中的溶质分离析出。

表 8-48 气体、超临界流体与液体的属性对比

种 类	密度/(g/cm^3)	黏度/(Pa·s)	扩散系数/(cm^2/s)
气体	$(0.6\sim2)\times10^{-3}$	$(1\sim4)\times10^{-5}$	$0.1\sim0.4$
超临界流体	$0.2\sim0.9$	$(1\sim9)\times10^{-5}$	$(0.2\sim0.7)\times10^{-3}$
液体	$0.6\sim1.6$	$(0.2\sim3)\times10^{-3}$	$(0.2\sim2)\times10^{-5}$

表 8-49 列出了常用物质的超临界属性。其中，CO_2 是一种良好的超临界流体，其临界温度与临界压力较低（$T_c=31.2℃$，$P_c=7.38MPa$），较容易实现自动化控制。图 8-179 所示为 CO_2 超临界清洗技术相位图。超临界 CO_2 是一种物性稳定的物质，不可燃，安全，无刻蚀性，成本低，对环境友好。超临界 CO_2 的溶解对象一般限于非极性或弱极性物质，可以通过掺加极性溶剂来改变其极性，使其对不同的溶质具有不同的溶解性能。

表 8-49 常用物质的超临界属性

分 子	临界温度/℃	临界压力/atm	临界密度/(g/cm^3)
H_2	-239.9	12.8	0.032
N_2	-147	33.5	0.314
Xe	16.6	57.7	1.11
CO_2	31.26	72.9	0.468
C_2H_6	32.3	48.2	0.203
CF_3H	25.9	47.8	0.526
CF_3Cl	28.8	38.7	0.579
NH_3	132.3	111.3	0.235
CH_3OH	240	78.5	0.272
CH_3CN	274.7	47.7	0.237
H_2O	374.2	218.3	0.135

图 8-180 所示的是 CO_2 超临界清洗系统结构框图。其工作原理是，暂存于容器中的 CO_2 经由泵增压至其临界压力（7.38MPa）之上，同时加入微量的助溶剂和清洗剂，随后升温至其临界温度（31.2℃）之上，使 CO_2 达到超临界状态，然后喷射于圆片表面，对圆片进行冲洗，同时可配合使用喷头摆动、机械

旋转等功能，增加超临界 CO_2 流体的动能，使其在圆片表面均匀分布。清洗工序完毕后，继续通入超临界 CO_2，使已溶解了污染物的 CO_2 进入分离器中，同时对工艺腔体降压，使腔体内干净的 CO_2 汽化后排出，最后再对分离器中的 CO_2 降压以实现污染物的分离析出。

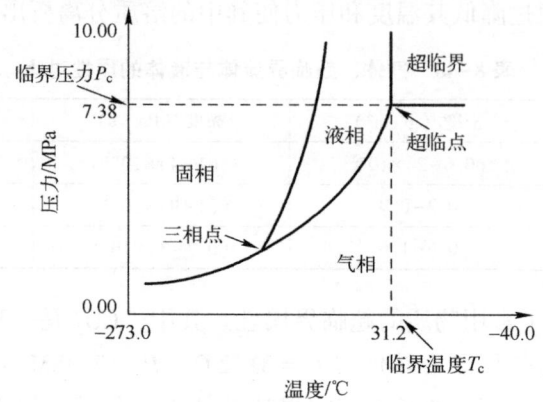

图 8-179　CO_2 超临界清洗技术相位图

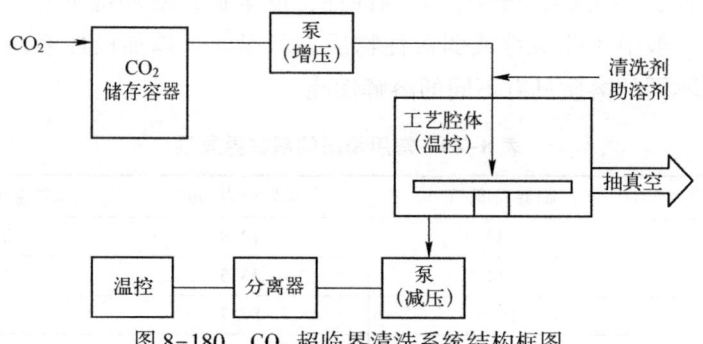

图 8-180　CO_2 超临界清洗系统结构框图

撰稿人：盛美半导体设备（上海）有限公司　王希
审稿人：盛美半导体设备（上海）有限公司　王坚

▷▷▷ 8.8.10　化学机械抛光机，化學機械拋光機，Chemical Mechanical Polisher（CMP）

化学机械抛光（Chemical Mechanical Polishing, CMP）工艺由 IBM 于 1984 年引入集成电路制造工业，它首先用于后道工艺金属间介电质层（IMD）的平坦化，之后用于金属钨（W）的平坦化，随后又用于浅槽隔离（STI）和铜（Cu）的平坦化。

CMP 工艺的平坦化原理是，利用机械力作用于圆片表面，同时由研磨液中的化学物质与圆片表面材料发生化学反应来增加其研磨速率，如图 8-181 所示。CMP 工艺中最重要的两大组成部分是研磨液和研磨垫。在 CMP 工艺中，首先让研磨液填充在研磨垫的空隙中，圆片在研磨头带动下高速旋转，与研磨垫和研磨液中的研磨颗粒发生作用，同时需要控制研磨头下压力等其他参数。

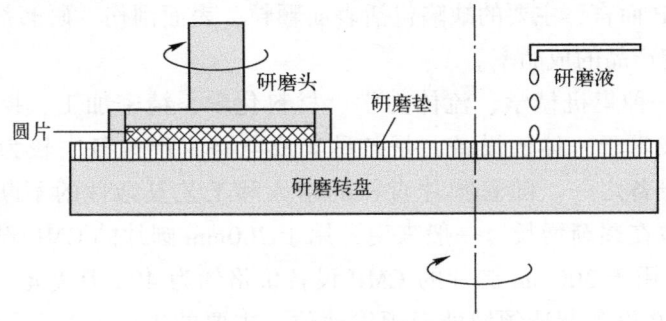

图 8-181　CMP 工艺的平坦化原理

CMP 工艺在芯片制造中的应用包括浅槽隔离平坦化（STI CMP）、多晶硅平坦化（Poly CMP）、层间介质平坦化（ILD CMP）、金属间介电质平坦化（IMD CMP）、铜互连平坦化（Cu CMP）。

CMP 设备主要分为两部分，即抛光部分和清洗部分，如图 8-182 所示。抛光部分由 4 部分组成，即 3 个抛光转盘和一个圆片装卸载模块。清洗部分负责圆片的清洗和甩干，实现圆片的"干进干出"。

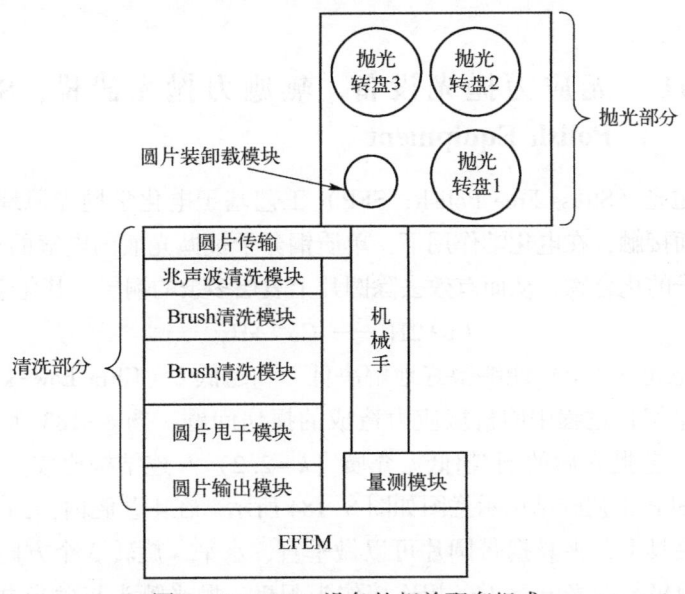

图 8-182　CMP 设备的相关配套组成

CMP 的主要检测参数包括研磨速率（Removal Rate）、研磨均匀性（Uniformity）和缺陷量（Defect）。研磨速率是指单位时间内圆片表面材料被研磨的总量。研磨均匀性又分为圆片内研磨均匀性（WIW NU）和圆片间研磨均匀性（WTW NU）。圆片内研磨均匀性是指某个圆片研磨速率的标准方差与研磨速率的比值；圆片间研磨均匀性用于表示不同圆片在同一条件下研磨速率的一致性。对于 CMP 而言，主要的缺陷包括表面颗粒、表面刮伤、研磨剂残留等，它们将直接影响产品的成品率。

CMP 是一种集机械学、流体力学、材料化学、精密加工、控制软件等多领域最先进技术于一体的设备，是各种集成电路生产设备中较为复杂和研制难度较大的设备之一。随着圆片直径的增大和工艺复杂性的不断提高，CMP 的设备价格也在逐渐增长。一般来说，用于 200mm 圆片的 CMP 设备价格约为 300 万美元，用于 300mm 圆片的 CMP 设备价格约为 400 万美元。目前，美国和日本在 CMP 设备制造领域处于领先地位，主要的生产商有美国的应用材料（Applied Materials）公司和日本的荏原机械（Ebara）公司。其中应用材料公司占 CMP 设备市场约 60%的份额，荏原机械公司约占 20%的份额。国内 CMP 设备的主要研发单位有天津华海清科和中国电子科技集团公司第四十五研究所，其中华海清科的抛光机已在中芯国际生产线上试用。

撰稿人：盛美半导体设备（上海）有限公司　杨贵璞
审稿人：盛美半导体设备（上海）有限公司　王坚

▷▷▷ 8.8.11　无应力抛光设备，無應力拋光設備，Stress Free Polish Equipment

无应力抛光（Stress Free Polish，SFP）工艺基于电化学抛光原理，抛光液与圆片的铜表面接触，在电化学作用下，单质铜分子被抛光液内电解的氢离子置换，形成含铜离子的化合物，从而有效去除圆片上表层多余的铜层，其化学反应式为

$$Cu + 2H^+ \longrightarrow Cu^{2+} + H_2$$

无应力抛光（SFP）能够很好地解决低 k 和超低 k（Ultra Low-k）介质材料铜互连结构平坦化过程中因机械应力造成的损伤问题。图 8-183 所示的是 CMP 工艺和 SFP 工艺抛光后的铜/超低 k 介质（$k=2.2$）互连结构比较。

典型的 SFP 工艺腔结构示意图如图 8-184 所示。在工艺腔内，圆片正面向下，固定于圆片夹具上，夹具携带圆片可以做垂直、水平、旋转 3 个方向的运动。圆片通过液体电极与抛光电源正极相连接作为阳极，抛光喷头与抛光电源负极相连

接作为阴极。通过控制抛光电源的电流或电压、抛光液的流量,以及圆片水平和旋转等工艺参数,从而控制圆片铜层的去除速率(Removal Rate)和形貌(Profile)。为了控制好圆片的全局膜厚(WIN NU)和碟形化(Dishing),SFP 工艺采用智能抛光控制系统,可以对圆片表面的铜层膜厚进行测量,并根据测量值自动调整工艺参数,从而对厚度去除量进行精确控制。SFP 智能抛光系统具有对圆片机械运动的控制,智能抛光电源的电流/电压输出控制和抛光液的输送流量控制等功能。使用一定周期后,电化学抛光液的铜离子浓度增加,可以通过化学液回收装置,以电镀的方式将抛光液内的铜离子析出,并将固体铜回收,确保电化学抛光液能够重复循环使用。SFP 工艺的主要技术指标见表 8-50。

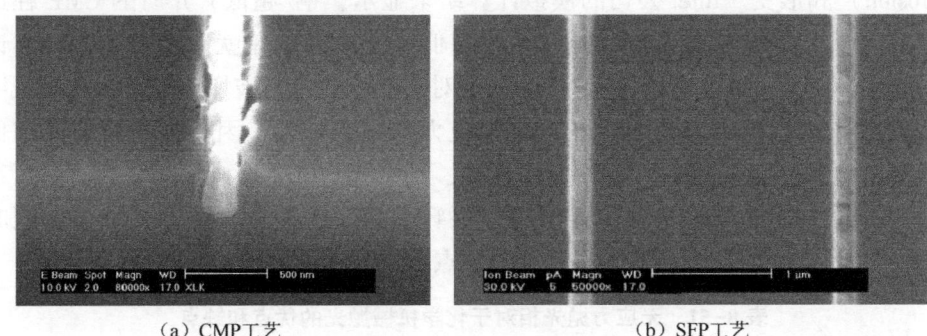

(a) CMP 工艺　　　　　　　　　　　　　　(b) SFP 工艺

图 8-183　CMP 工艺和 SFP 工艺抛光后的铜/超低 k 介质($k=2.2$)互连结构比较

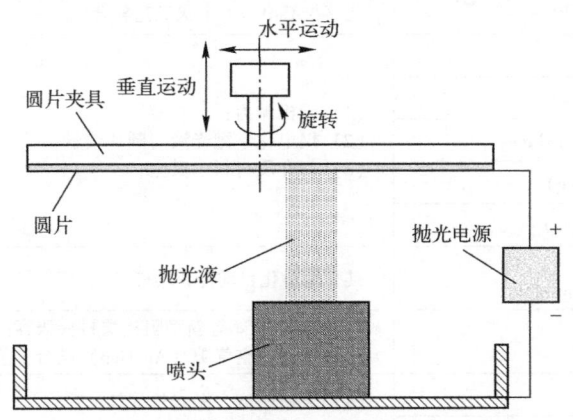

图 8-184　典型的 SFP 工艺腔结构示意图

表 8-50　SFP 工艺的主要技术指标

主要技术指标	描　　述
去除速率(Removal Rate)	直接影响生产率
片内均匀度(WIN NU)	影响工艺后圆片表面形貌等

续表

主要技术指标	描述
表面粗糙度（Roughness）	工艺后圆片铜表面的粗糙度
碟形化（Dishing）	铜金属线与图形外介质层的高度差
侵蚀（Erosion）	铜金属线间介质高度与图形外介质层的高度差
微粒杂质（Particle）	对工艺后圆片表面颗粒数量

相对于传统的 CMP 工艺和 ECMP 工艺，SFP 工艺基于电化学抛光（ECMP）原理，仅有抛光液与圆片表面接触，并且对介质层和阻挡层不会产生侵蚀（Erosion）和形变。Intel 公司的模拟计算结果显示，铜/超低 k 介质的 CMP 在进行到接近阻挡层时，抛光垫和抛光粉对超低 k 介质的破坏就像楔子一样，不论抛光垫与圆片间的压力多么小，都会造成对超低 k 介质的破坏。SFP 工艺被证明是一种在抛光过程中不会产生任何机械应力的抛光工艺，因而不论铜导体和低 k/超低 k 介质的弹性模量相差得多么悬殊，都不会对二者造成任何损坏。SFP 系统没有抛光垫和磨料，并且抛光液可以循环利用，这样不仅降低了成本，同时还减少了环境污染。SFP 工艺的优点和缺点见表 8-51。

表 8-51 无应力抛光相对于化学机械抛光的优点和缺点

优点和缺点	描述
与传统 CMP 工艺兼容	能够与 CMP P1 步骤工艺整合
无应力	（1）无机械力； （2）仅电化学抛光液与圆片接触； （3）与介质材料不反应
无侵蚀（Erosion Free）	
无分层（Delamination-Free）	
无划伤（Scratch-Free）	
无颗粒（Particle-Free）	
碟形化控制均匀（Uniform Dishing Control）	具有碟形化自动停止功能
技术延展性	（1）与 Ru/Co 等新型阻挡层材料兼容； （2）适用于空气隙（Air Gap）整合工艺
低成本	（1）无研磨液、抛光垫等耗材； （2）电化学抛光液可以循环使用
保护环境	
平坦化效应较差	工艺各向同性，平坦化效应较差
表面粗糙度较差	表面粗糙度均值 $Ra>2\text{nm}$（CMP：$Ra<1\text{nm}$）

撰稿人：盛美半导体设备（上海）有限公司　金一诺
审稿人：盛美半导体设备（上海）有限公司　王坚

8.8.12 电化学镀铜设备，電化學鍍銅設備，Copper Electro-Chemical Plating (Cu-ECP) Equipment

铜电镀工艺采用电化学原理，将已经沉积有种子层的圆片表面作为阴极，整个圆片浸没在电镀液中。电镀液是含有高浓度硫酸铜、硫酸和相应添加剂的电解液混合溶液。电镀液中的铜离子浓度、酸性和氯离子浓度决定了镀铜后表面铜层的质量。当铜离子浓度过高时，会造成铜层粗糙度增加；当铜离子浓度过低时，会使电流密度下降，最终导致沉积速率降低。因此，在镀铜工艺中，需要对镀铜液中的上述三大要素定期进行分析和监控，通过补充去离子水和氯离子调整镀铜液的浓度。此外，在半导体铜互连工艺中，还需要加入少量添加剂，以改善镀层表面形态及在图形结构圆片上的镀铜效果。添加剂主要包括加速剂、抑制剂和表面平整剂。将3种添加剂混合在镀铜液中的主要目的是，降低铜层粗糙度；加快在凹槽结构中底部垂直方向铜的沉积速率；抑制凹槽结构中垂直侧壁水平方向铜的沉积速率，避免凹槽结构内封口造成空洞失效；调整不同图形密度区域的镀铜速率，提高在圆片尺度内的均匀性。添加剂浓度也需要定期进行分析和监控，根据测试结果，相应地添加加速剂、抑制剂和表面平整剂，并且要控制镀铜液温度，避免高温导致添加剂加速分解。

目前，电镀设备大多采用单片式结构，在电镀腔内部采用离子膜分离技术，使阴极电镀液与阳极电镀液分离开来，各自单独循环。在电场的作用下，铜离子可以穿过离子膜，使阴极电镀液内消耗的铜离子及时得到补充，而添加剂和阴离子则不能穿过离子膜。图8-185所示的是水平式电镀腔的结构示意图。

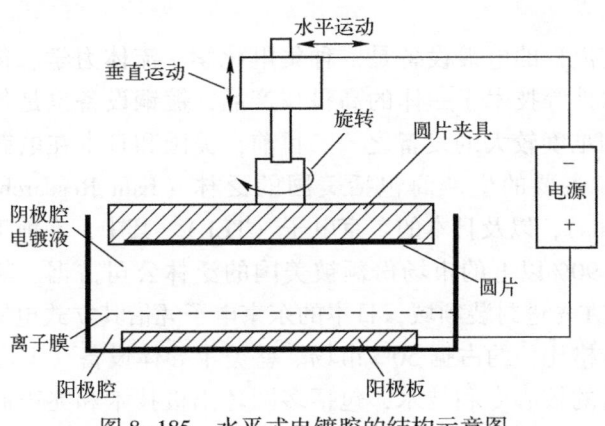

图8-185 水平式电镀腔的结构示意图

在工艺腔内，圆片正面向下固定于圆片夹具上，夹具携带圆片可以做垂直、倾斜、旋转3个方向的运动。夹具不仅要保证圆片表面种子层的导电性能良好，还要保证电镀液不能进入夹具内的接触触点。圆片夹具内的触点与电源负极相连接作为阴极，可溶性铜块和阳极板与抛光电源正极相连接作为阳极。通过控制电源的电流或电压、电镀液的流量，以及圆片水平和旋转等工艺参数，可以控制圆片铜层的镀铜速率（Plating Rate）和形貌（Profile）。

电镀设备作为集成电路制造重要的设备之一，其性能指标一般从两个方面进行考量：一是满足电镀工艺的各种要求，达到较好的电学性能及较高的成品率；二是以最低的成本达到最大的产出量。表8-52列出了电镀设备的主要指标。

表8-52 电镀设备的主要指标

主要指标	描述
镀铜速率（Plating Rate）	设备可以实现的最大电镀速率，直接影响生产率
片内均匀度（WIN NU）	整个圆片内铜膜厚度分布，对后续工艺影响较大
表面粗糙度（Roughness）	工艺后圆片铜表面的粗糙度
电镀腔维护周期	镀铜腔的一些关键部件（如圆片夹具、离子膜、接触触点等）需要定期清洁维护和更换，这些部件精细且昂贵，直接影响使用成本
反射率	工艺后表面反射率，体现铜表面质量
微粒杂质（Particle）	工艺后圆片表面颗粒或缺陷数量

电镀工艺还广泛应用于先进封装（Advanced Package）、微机电系统（MEMS）等领域。随着圆片级先进封装技术的发展，电镀设备的应用也在逐渐增加，目前所需电镀设备的市场份额已经超越集成电路前道电镀设备的市场份额。

用于铜工艺流程的电镀设备是一种集电化学、流体力学、化学添加剂、精密加工、控制软件等技术于一体的高科技产品，镀铜设备也是各种芯片生产设备中较为复杂和难度较大的设备之一。目前，美国和日本在电镀设备制造领域处于领先地位，主要的生产商包括美国的泛林（Lam Research）和应用材料（Applied Materials），以及日本的东京电子（TEL）。其中，在前道的镶嵌式技术电镀铜设备中，90%以上的市场份额被美国的泛林公司占据，其单台售价约为500万美元；而在先进封装领域，日本的东京电子凭借其立式电镀腔的设计，具有更高的产出价格比，约占据50%市场。盛美半导体设备（上海）有限公司已经掌握了电镀机的核心专利技术，包括多圆环阳极技术和兆声波辅助电镀技术等，自主开发了Ultra ECP系列电镀机。

撰稿人：盛美半导体设备（上海）有限公司　贾照伟
审稿人：盛美半导体设备（上海）有限公司　王坚

8.9 工艺检测设备

8.9.1 工艺检测设备的作用和主要类型，製程檢測設備的作用和主要類型，Metrology and Inspection Equipment: Roles and Categrories

工艺检测设备是应用于工艺过程中的测量类设备和缺陷（含颗粒）检查类设备的统称。在集成电路芯片生产过程中，在线工艺检测设备要对经过每一道工艺（或数道相近工艺）的圆片进行无损的定量测量和检查，以保证工艺的关键物理参数（如薄膜厚度、线宽、沟/孔深度、侧壁角等）满足工艺指标，发现可能出现的"致命"缺陷并对其进行分类，剔除不合格的圆片，避免后续工艺的浪费。同时，工艺检测设备可以帮助工程师及时找出生产设备或工艺流程出现的偏移或问题，及时进行纠正或解决，从而保证芯片（Die）的成品率，以及最终生产线芯片出货的稳定性和可预期性。工艺检测设备的另一个重要作用是帮助工程师在工艺开发和试生产时优化生产类设备（如光刻、薄膜、刻蚀、CMP 等设备）的运行参数和光掩模的设计，查找影响芯片工艺质量的缺陷，发现并消除缺陷来源，继而优化整个工艺流程，缩短开发时间，快速提升成品率并实现量产。因此，工艺检测设备是保证集成电路芯片生产线快速进入量产阶段并获取稳定的高成品率和高经济效益的关键性设备。

集成电路芯片制造工艺流程中在线使用的工艺检测设备种类繁多，应用于前段芯片制造工艺的主要检测设备分为如下 4 类。

(1) 圆片表面的颗粒和残留异物检查，以及工艺过程中圆片的缺陷和异物的检查和分类。

(2) 薄膜材料的厚度和物理常数（如折射率、消光系数、组分和应力等）的测量。

(3) 圆片在光刻胶曝光显影后、刻蚀后和 CMP 工艺后的关键尺寸（CD）和形貌结构的参数测量。

(4) 套刻对准的偏差测量。

在后段封装工艺中，芯片倒装（Flip-Chip）、圆片级封装（Wafer-Level Package）和硅通孔（Through Silicon Via，TSV）等先进工艺要求对凸点（Bump）、通孔（TSV）、铜柱（Copper Pillar）等的缺损/异物残留及其形状、间距、高度的一致性，以及再布线层（Redistribution Layer，RDL）进行无接触定量检查和测量。

在集成电路工业发展的早期，检测通常是在无图形的监控圆片上进行的。随着制造工艺的发展，单个芯片的价值越来越高。为了获取尽量高的芯片成品率（Die Yield），需要严格控制圆片之间、同一圆片上芯片之间的工艺一致性。因此，对工艺过程中的圆片进行在线检测成为必然，这就要求检测设备必须具备智能化的图像识别功能，能够快速、准确地找到工艺流程中规定的测量区域去完成检查和测量，并且自动地将数据实时上传至生产线控制终端系统，为各工艺段的生产设备的参数微调提供依据，并预警设备异常，从而保证每道工艺均落在容许的工艺窗口内，使整条生产线平稳、连续地运行。对于一个24h不间断生产的现代化量产线，总检测次数十分庞大，因此检测设备的吞吐量也成为与灵敏度、准确性、稳定性同样重要的指标，是检测设备更新换代和同类设备之间比较的一个重要参考。

针对集成电路芯片制造工艺中采用的不同材料及结构，工艺检测设备分别采用了包括宽波段光谱（紫外到红外）、电子束、激光和X射线等多种不同技术。随着工艺不断向细微化发展，集成电路单元的几何尺寸越来越小，器件形成过程中的结构也越来越复杂，并由传统的二维平面结构向三维结构转变（如FinFET、3D NAND和TSV等），这些都对检测设备的灵敏度、可适用性及稳定性等不断提出了新的挑战，也为工艺检测设备的技术发展和进步提供了动力。

工艺检测设备不仅要确保集成电路芯片生产线快速实现量产和取得高成品率，还要对生产类设备进行定量的监控，确保生产类设备正常运行，为生产设备的维护、保养和验收提供依据，帮助工程师排查生产设备出现的异常。

随着芯片结构的不断细微化和工艺的不断复杂化，工艺检测设备在先进的前段生产线中起着越来越重要的作用。根据相关数据统计，目前工艺检测设备投资占整个前段工艺设备总投资的10%~15%。如同其他集成电路工业专用设备，工艺检测设备的供应商主要集中在美国、日本、以色列等少数国家。近十年来，一批服务先进集成电路生产线的中国设备企业逐渐成长起来，其中包括生产和研发工艺检测设备的睿励科学仪器（上海）有限公司和深圳中科飞测科技有限公司。

撰稿人：睿励科学仪器（上海）有限公司　杨峰
审稿人：睿励科学仪器（上海）有限公司　李海涛

▷▷▷ 8.9.2 套刻误差测量设备，微影疊對量測設備，Overlay Metrology Equipment

在先进的集成电路芯片制造过程中，关键层的光学套刻对准直接影响器件的性能、成品率及可靠性，因此套刻误差（Overlay，OL）是制造工艺中最重要的指标之一。随着芯片集成度的不断增加，器件的关键尺寸越来越小，圆片尺寸加大，以及双重或多重图形光刻工艺的应用，需要更加严格地控制层对层之间的套刻误差，因此套刻误差测量是先进的工艺控制过程中的一个关键环节。

套刻误差的定义为第 n 层图形结构中心与第 $n+1$ 层图形结构中心的平面距离。套刻误差的测量通常包括确定各个结构沿 x 轴和沿 y 轴方向的中心线（CL）。图 8-186 所示的是确定 x 轴中心线的示例[1]：

图 8-186　确定 x 轴中心线的示例

$$CL = \frac{1}{2}(x_2 - x_1)$$

式中，x_1 和 x_2 所在位置为测量所定义的边界位置。

目前，常见的套刻误差测量系统有 3 种，即光学显微成像（Image-Based Overlay，IBO）系统、光学衍射（Diffraction-Based Overlay，DBO）系统和扫描电子显微镜（SEM-OL）系统。

（1）光学显微成像系统：这是一种最常用的套刻误差测量系统。它通过光学显微成像系统获得包括两层套刻目标图形的数字化图像，然后基于数字图像处理算法，分别提取每一层的套刻目标图形的边界位置，再进一步计算每一层图形的中心位置，从而获得套刻误差。

（2）光学衍射系统：这是一种非成像的套刻误差测量系统。它使用特定设计的光栅目标图形和光强传感器，将一束单色平行光照射到在两个不同层上的套刻目标光栅上，利用一对光强传感器分别测量由光栅反射的至不同空间方向的第一衍射射束的强度，通过测量两个第一衍射射束强度的不对称性来确定套刻误差。这种系统的优点是使用的光学元件较少，对像差的敏感度较小，重复性比成像系统好，常用于先进的光刻工艺控制中。

（3）扫描电子显微镜系统：主要用于经过刻蚀后的最终套刻误差测量，相应的套刻目标图形尺寸更小，通常设计在芯片器件内部，而不是在画线槽区域。这种系统的缺点是测量速度较慢。

先进工艺控制（APC）中最常用的光学套刻设备是 KLA-Tencor 公司的 Archer 500 系列和 ASML 公司的 YieldStar S-250 系列。Archer 500 系列使用光学显微成像（IBO）测量技术和激光衍射（DBO）测量技术，可测量多种套刻目标图形。YieldStar S-250 系列使用光学衍射（DBO）测量技术，套刻目标图形既可以是位于器件内 10μm×10μm 图形，也可以是位于划片槽区域的 30μm×60μm 图形，其总测量不确定度（Total Measurement Uncertainty，TMU）≤0.35nm。另外，Hitachi 公司的 CD-SEM CV5000 系列使用 30kV 高压加速扫描电子显微镜（SEM-OL），用于制作在器件区域内的微小套刻目标图形的测量。以上这些设备都能满足 10nm 工艺节点的套刻测量需求。

套刻测量需要优化设计专用的套刻目标（Target）图形，这些图形通常制作在划片槽区域（Scribe-Line）。随着芯片制造工艺的不断提高，套刻目标图形的尺寸逐渐缩小，图形的边缘也不断增加，以增进套刻测量的精度。用于成像套刻测量系统的目标图形主要有块中块（Box-in-Box）图形、条中条（Bar-in-Bar）图形和目标（AIM）图形，如图 8-187（a）至（c）所示。图 8-187（d）所示的是条中条图形的剖面示例。对于衍射套刻测量系统的光栅图形，假设 I_{ill}

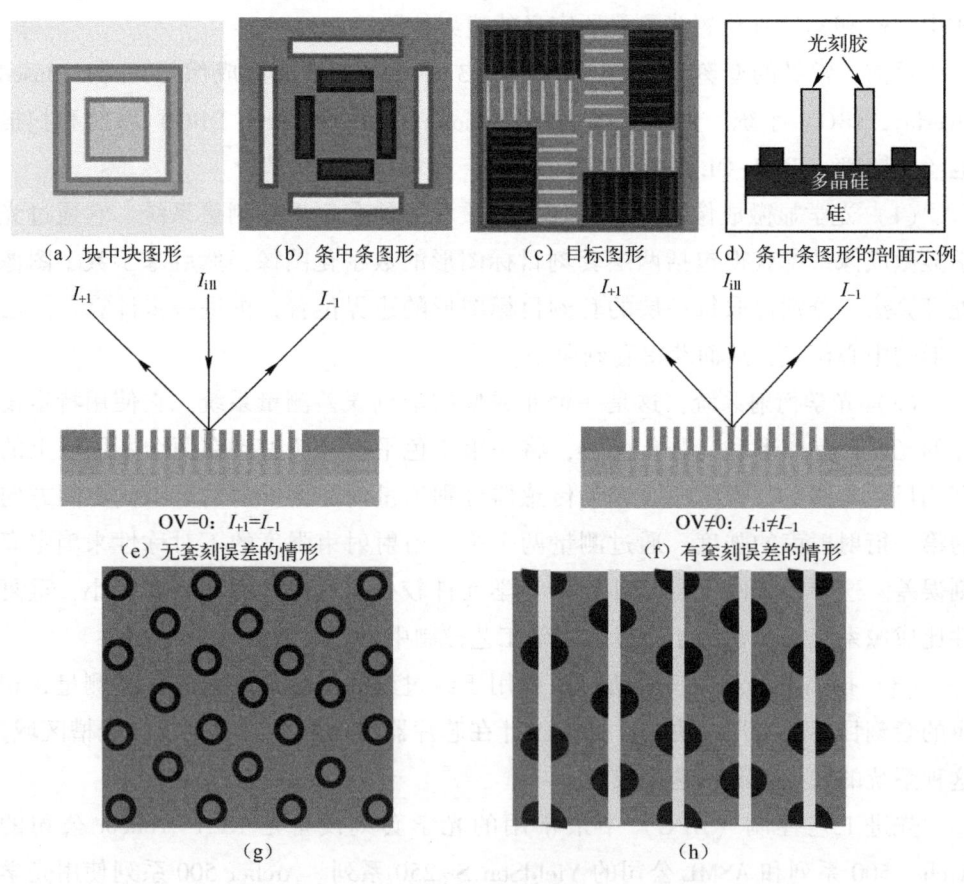

图 8-187 常用的套刻误差测量目标图形

是入射光场强，I_{+1} 和 I_{-1} 分别是由光栅反射形成的正、负第一级衍射光场强，图 8-187（e）所示的是无套刻误差（OV＝0，$I_{+1}=I_{-1}$）的情形，图 8-187（f）所示的是有套刻误差（OV≠0，$I_{+1}≠I_{-1}$）的情形。用于 SEM 系统套刻测量的套刻图形如图 8-187（g）和（h）所示，这类图形的尺寸很小，可以和实际器件制作于同一区域（In-die）。

套刻测量的误差主要来自测量系统、光刻工艺、待测圆片上的图形等方面，业界用于评估的误差包括测量系统引起的位移（Tool-Induced-Shift，TIS）、待测圆片引起的位移（Wafer-Induced-Shift，WIS）和总测量不确定度（TMU）[2]。

（1）测量系统引起的位移（TIS）：是由光学套刻测量系统的不对称性导致的误差，主要包括照明系统和成像系统中心倾斜或偏离轴中心的透镜、不均匀照明、成像系统光学透镜的像差等。聚焦深度与 3D 图形结构的不匹配、不均匀的探测器响应等都会造成最终成像的非对称性，使得测量到的中心线与实际图形结构中心线之间存在偏差，从而形成由测量系统引起产生的误差。TIS 的计算是通过机台 0~180°旋转对同一位置的两个图像的叠对测量取平均值得到的。为了消除 TIS 影响，通常需要一个针对光路的全面评价和反复设计来减少系统的复杂性，以及增强总的光学系统的对准性。

（2）待测圆片引起的位移（WIS）：是由器件制造工艺造成的圆片上用于套刻测量的图形结构的非对称性引起的中心线位移所导致的误差。工艺非对称性是所观察到的测量误差中一个很大的成分，即使测量系统非常完美，这种系统误差依然存在。

（3）总测量不确定度（TMU）：这是对套刻系统最大可能误差的度量，主要包括 4 个误差分量，即动态精确度、TIS 可变度、套刻图形保真度、设备对设备的匹配误差。为了减少套刻测量的总测量不确定度，需要采用更高的测量采样密度。

参考文献

[1] Neal T. Sullivan. Semiconductor Pattern Overlay [M] //Kevin M. Monahan. Handbook of Critical Dimension Metrology and Process Control, SPIE Vol. CR52, 1994.

[2] Barak Bringoltz, Tal Marciano, Tal Yaziv, et al. Accuracy in optical overlay metrology [C]. Proc. SPIE 9778, Metrology, Inspection, and Pracess Control for Microlithography XXX, 97781H, 2016.

撰稿人：睿励科学仪器（上海）有限公司　徐益平
审稿人：睿励科学仪器（上海）有限公司　李海涛

▷▷▷ 8.9.3 关键尺寸扫描电子显微镜，關鍵尺寸掃描電子顯微鏡，Critical Dimension Scanning Electron Microscope（CD-SEM）

关键尺寸扫描电子显微镜（CD-SEM）是集成电路前段制造流程中的重要测量设备，主要用于对芯片生产过程中的关键尺寸（CD）的在线测量和关键设备（如光刻机、显影涂胶设备）的性能监控；另外，CD-SEM 对产品研发阶段的光学邻近效应校正（OPC）中的模型修正也有很重要的作用。

目前，这种设备的主要供应商是日立高新（Hitachi High-Tech）和应用材料（Applied Materials）。

1. CD-SEM 工作原理

图 8-188 所示为 SEM 成像原理图。图左侧是待测量图形的剖面图，由于在斜坡处入射电子有效作用面积最大，二次电子产生率也相应最高。转换为 SEM 图像时，图形边缘的亮度总是最高的，于是就可以据此计算线宽，即 CD 值。

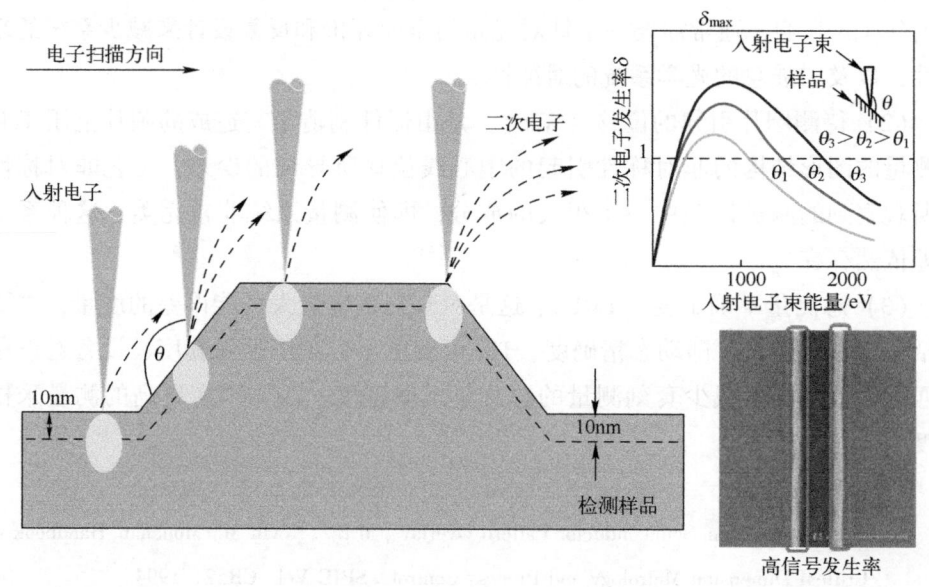

图 8-188　SEM 成像原理图

2. CD-SEM 在集成电路制造中的应用

CD-SEM 不同于实验室所用的 SEM，其主要特点在于它是一台高速运行的半导体芯片测量设备，所以具备快速而精准的自动图形识别能力是极为重要的。

CD-SEM 最终要测量的图形的大小可能仅有十几纳米，而样品台移动精度

一般是 μm 量级，所以 CD-SEM 采用多倍率寻址方法来保证其定位精度，即先在低倍率条件下寻找特征图形，然后根据特征图形与待测量图形的相对位置来定位最终测量图形，利用高精度的电子束移动来保证定位精度。图 8-189 所示的是常见的 CD-SEM 自动测量流程图。

在 CD-SEM 获得测量图形的影像后，CD-SEM 进行测量并将测量数据上传到管理系统中。为了使测量结果能够真实而准确地反映产品的性能，CD-SEM 在测量算法上也需要不断优化和提高。一方面，要适应半导体工艺的发展，推出各种新的测量方式，如边缘粗糙度（Edge Roughness）、间隙（Gap）、扭曲度（Wiggling）、叠对（Overlay）、图形重心（Center Gravity）等的测量方式；另一方面，仍需不断提高测量的可靠性，以及对产品工艺波动的敏感度。

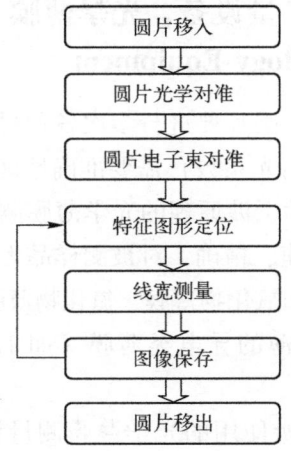

图 8-189　常见的 CD-SEM 自动测量流程图

3. 集成电路制造工艺发展对于 CD-SEM 的新挑战

（1）由于电子束直接照射在圆片表面，会引起新型光刻胶材料（如 ArF 光刻胶）的收缩（Shrinkage），使测量结果与真实 CD 之间存在差异。相应的解决方案是，提高电子束扫描速度，以减少扫描时间；在低电压、低放大倍率、低扫描帧数的条件下，给出可以达到测量精度要求的影像；开发更高效的图像处理技术。

（2）关键尺寸（CD）越来越小，对于 CD-SEM 的分辨率和测量重复精度提出了更高的要求。相应的解决方案是，进一步改进电子光学系统，增强其物理分辨率；开发更高效的图像处理技术；开发自动化的电子光学调节系统，以保证设备长期运转的稳定性。

（3）半导体 3D 器件结构的发展趋势，要求 CD-SEM 不仅可以测量当前层的 CD，还可以测量与前一层的套刻（Overlay）情况，以及对于深孔底部的测量。相应的解决方案是，提供更大的电子束电压和电流的可调范围；改造电子信号接收器，使其不仅能接收二次电子信号，还要能接收背向散射电子（Backward Scattering Electrons，BSE）信号。

（4）OPC 2D 图形的建模：GDS 设计图形与实际 SEM 影像的叠对，从 SEM 影像提取轮廓线（Contour），并将其导入到 GDS 设计模型中。

撰稿人：日立高新技术（上海）国际贸易有限公司　　徐宇杰
审稿人：睿励科学仪器（上海）有限公司　　　　　　李海涛

▷▷▷ 8.9.4　光学薄膜测量设备，光學薄膜量測設備，Optical Thin Film Metrology Equipment

在集成电路制造过程中，圆片要进行多次各种材质的薄膜沉积，因此薄膜的厚度及其性质（如折射率和消光系数）需要准确地确定，以确保每一道工艺均满足设计规格。基于多界面光学干涉原理的光学薄膜测量设备是生产线上最常用的薄膜测量设备，其优点是快速、精确，对被测样品无损伤，可测量集成电路制造工艺中的各种透明介质膜（如氧化物薄膜、氮化物薄膜等）、半导体薄膜（如多晶硅薄膜、SiGe 薄膜等）及很薄的导电类薄膜（如 TiN 薄膜、Ti 薄膜、Ta 薄膜、TaN 薄膜等）。

先进集成电路生产线上所使用的光学薄膜测量设备，以高分辨率的小光斑宽波段光谱测量技术和多参量的模型实时回归（Model – Based Real – Time Regression）计算为核心。光学系统的设计兼顾探测光在圆片表面聚焦后的光斑大小，测量光谱范围内的光通量，以及光谱采集系统的分辨率，实现在微小的测量区域以 ms 级的积分时间快速采集光谱。以不同材料的光学色散模型（Dispersion Model）及多界面光学干涉原理为基础的计算软件，从预设的薄膜参量初值（通常为工艺指标对应值，或称为 Nominal Values）开始，围绕实测光谱进行回归迭代逼近，最终获得薄膜参量终值，并将其作为测量结果。除了实测光谱对薄膜厚度及其光学常数（折射率和消光系数）的灵敏度，灵活有效的光学色散模型和快速准确的计算方法也是决定光学薄膜测量设备测量能力的关键所在。为了最大限度地提高设备的吞吐量，对于回归计算、光谱采集与随后的圆片运动控制应采取并行处理（Parallel Processing）的模式。

光学薄膜测量设备的光谱测量方式主要分为椭圆偏振（Elliptical Polarization）和垂直反射两种。在椭圆偏振方式下，光源发出的光经由起偏器、光学聚焦系统，以一定的角度（在布儒斯特角附近）入射圆片表面，经过表面膜层和硅衬底反射的光再经过光学系统和检偏器，由光谱仪接收。反射光的 P 偏振分量（平行于入射面）和 S 偏振分量（垂直于入射面）的光场振幅比（$\tan\varphi$）和相位差（Δ），在起偏器或检偏器旋转的情况下，通过光谱仪同时获取。由于 $\tan\varphi$ 和 Δ 是波长、膜厚和薄膜光学常数的函数，通过对膜厚和薄膜光学常数等变量进行回归迭代逼近，使计算光谱与实测光谱吻合，最终所得到的迭代值即为所测薄膜的厚度和光学常数。图 8-190 所示的是椭圆偏振光谱拟合图。由于椭圆偏振式测量得到的信号是出射光自身 P 偏振光与 S 偏振光的光场强度比和相位差，原理上不受光源强度瞬时变化和长期衰减的影响，因此测量的精确度和稳定性都更高，而且对于超薄膜、复杂的多层膜结构和薄膜材料的光学常数有极高的灵敏性。

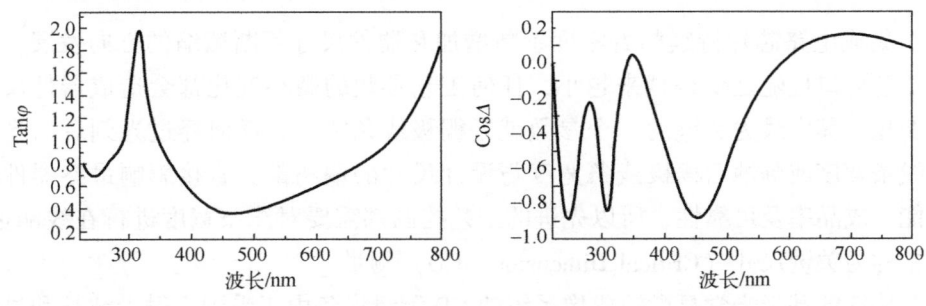

图 8-190　椭圆偏振光谱拟合图

与椭圆偏振式测量相比，垂直反射式测量得到的只是圆片表面的垂直反射光谱，不包含偏振光在近布儒斯特角斜入射时特有的位相变化的信息，且必须通过与事先在标准裸圆片上测得的反射光谱对比才能得到样品的垂直反射率。因此，垂直反射式测量对薄膜厚度及光学常数的灵敏度远低于椭圆偏振式测量，主要用于较厚薄膜和单层膜的厚度测量。

为了控制圆片之间（Wafer-to-Wafer）及芯片之间（Die-to-Die）的工艺一致性，薄膜及其光学常数的测量必须在产品圆片上进行。光学薄膜测量设备会根据预设的配方（Recipe）选取待测圆片，通过智能化的图像识别，精确、快速地移动到测量位置，完成测量和数据收集，并将其上传到生产线终端系统。上述步骤均可通过远程控制自动完成。生产线终端可以根据测量设备收集到的数据判断前一道工艺（如 CVD、刻蚀等）是否合格，并根据需要对相应的工艺生产设备进行参数调整以纠正偏差，也可以将所得数据输入后续的刻蚀、CMP 等设备，作为控制刻蚀、研磨终值的参考数据。这个测量数据的采集、反馈（Feed-Back）或前馈（Feed-Forward）并调整工艺生产设备参数的过程是通过集成电路生产线专用的先进工艺控制（Advanced Process Control）系统自动实现的。

在集成电路工艺向细微化发展的过程中，芯片上用于监控的区域不断缩小，含有新型复合材料的先进工艺不断被采用，这就要求光学薄膜测量设备向光斑更小，对薄膜材料的厚度和组分的灵敏度更高（尤其是多层膜），以及测量稳定性更好的方向发展。

撰稿人：睿励科学仪器（上海）有限公司　　杨峰　李海涛

审稿人：中芯国际集成电路制造有限公司　　乌李瑛　林益世

▷▷▷ 8.9.5 光学关键尺寸测量设备，光學關鍵尺寸量測設備，Optical Critical Dimension（OCD）Measurement Equipment

集成电路芯片持续朝着密度不断增加和器件尺寸不断微缩的方向发展，制造工艺窗口也随之变得越来越小，任何工艺参数的微小变化都会造成器件尺寸的变化，其中最为关键的一个参数就是栅极线条宽度。任何经过光刻后的光刻胶线条宽度或刻蚀后栅极线条宽度与设计尺寸的偏离都会直接影响最终器件的性能、成品率及可靠性，所以先进的工艺控制都需要对线条宽度进行在线测量，通常称为关键尺寸（Critical Dimension，CD）测量。

传统的基于光学显微镜成像系统的 CD 测量设备由于受到入射光波长和显微物镜光学分辨率的限制，已无法满足先进工艺的 CD 测量的需求。关键尺寸扫描电子显微镜（CD-SEM）凭借其高精度的 CD 测量和可测量线宽变化（CD Variation）及线边缘粗糙度（Line Edge Roughness，LER）的功能，已成为一种重要的 CD 测量设备。但是，CD-SEM 需要将待测圆片置放在真空中，因而测量速度慢，设备体积大，而不利于集成。由于高电压电荷积累可能对样品材料具有破坏性，CD-SEM 不能有效地测量具有多边结构的多晶栅极（Poly Gate）线宽、浅沟道隔离（STI）的深度和剖面图形形貌（Cross-Section Profile）等。另外，CD-SEM 测量局部数据点线宽时，需要多次取样测量以得到高信任度的平均值，所以 CD-SEM 不能满足先进的在线工艺控制应用对关键尺寸测量的要求。

目前，基于衍射光学原理的非成像光学关键尺寸（OCD）测量设备已成为先进集成电路制造工艺中的主要工具，它可以实现对器件关键线条宽度及其他形貌尺寸的精确测量，并具有很好的重复性和长期稳定性。通过 OCD 测量可以一次性获得诸多工艺尺寸参数，而在以前这些参数通常需要使用多种设备（如扫描电子显微镜、原子力显微镜、光学薄膜测量仪等）才能完成。由于 OCD 测量方法具有非接触性，非破坏性，同时测量多个工艺特征，可实现在线测量等诸多优势，因此越来越广泛地用于先进的集成电路制造工艺控制过程中。

光学关键尺寸测量系统是一种非成像的线宽测量系统,其基本工作原理如图 8-191 所示。

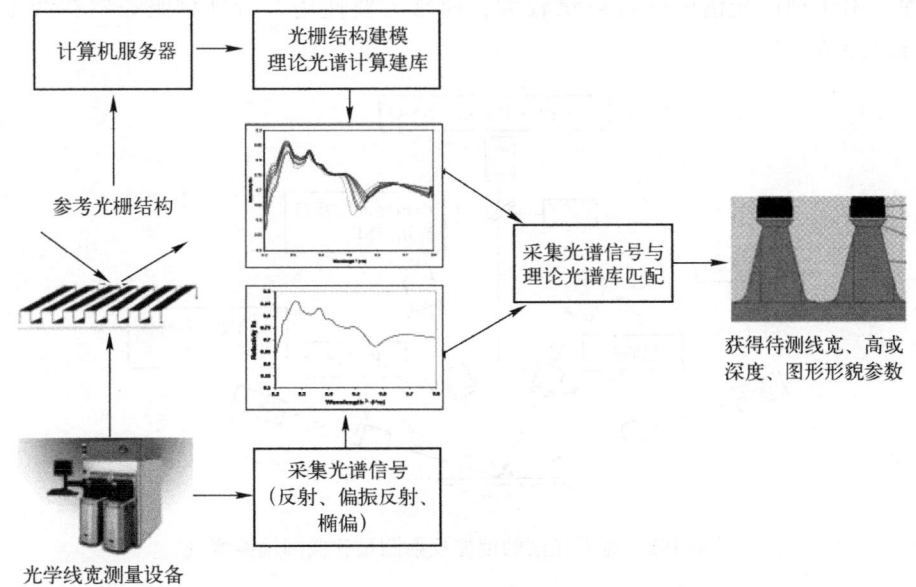

图 8-191 光学关键尺寸测量系统基本工作原理

(1) 采集光谱信号:基于宽带光谱的偏振反射测量技术和椭圆偏振测量技术,如图 8-192 所示。宽带光谱光束经过起偏器入射样品的被测周期性结构区域,经过样品的衍射,衍射光中包含了样品的结构、材料等信息。衍射光中的反射光束通过检偏器被光谱传感器接收,并进一步经过信号处理形成包含被测样品信息的特征测量光谱,其物理表征形式可以是反射率 R_s 和 R_p(椭圆偏振光中 S 光和 P 光的反射率)、偏振态变化的描述 $\tan\varphi$ 和 $\cos\Delta$、偏振态分析的傅里叶系数 a 和 b,或者直接输出描述散射过程的穆勒矩阵(Mueller Matrix)等。目前,主流的 OCD 测量光谱范围为 210~1000nm,针对一些应用(如 3D NAND 等),设备厂商也会将光谱范围延伸到近红外(大于 2000nm)。总之,光谱范围越宽,覆盖的应用越多。

(2) 建模和建库:OCD 测量技术需要依据被测器件的工艺和结构优化设计光栅参考图形,这些图形通常制作在划片槽区域,或者嵌入芯片区域中。根据待测样品的基本信息,如器件的 2D/3D 结构、使用材料等信息,建立高自由度模型,将一个复杂的被测器件用一系列参数来表征,如宽度、高(厚)度和边倾角等,如图 8-193 所示。根据被测器件模型的参数和测量设备的系统参数,由电磁场数值计算方法，如严格耦合波分析（Rigorous Coupled Wave Analysis，RCWA）算法，计算出具有该模型描述的样品的理论光谱。通过在一定范围内改变被测器件模型的参数组合，重复上述电磁场数值计算，以获得相应的理论光谱库。由于理论光谱库的计算量较大，通常需要使用并行计算服务器在线下独立计算完成。

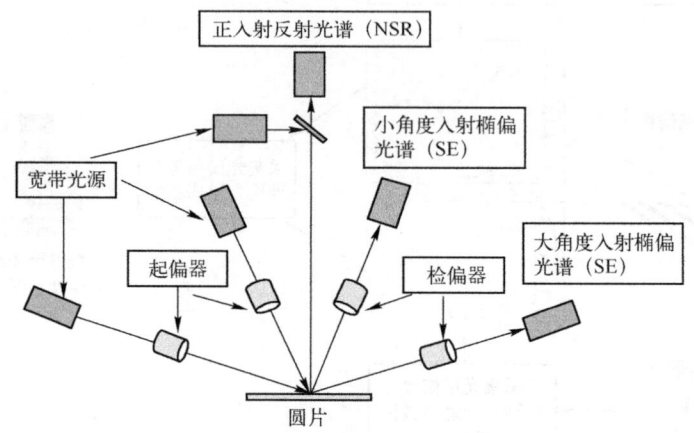

图 8-192　宽带光谱的偏振反射测量和椭圆偏振测量

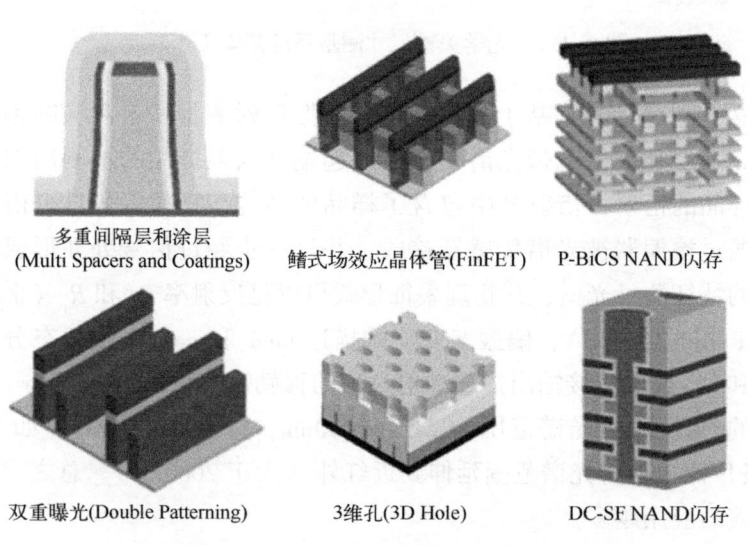

图 8-193　2D/3D 器件结构建模示例

（3）光谱匹配：将采集的测量光谱与理论光谱库中的光谱逐一匹配，寻找与测量光谱均方差最小的一条理论光谱作为最佳匹配，并索引出相应用于产生这一理论光谱的参数组合值，作为最终的测量结果。匹配的计算过程非常快，可以在 OCD 测量设备采集测量光谱的时间内同步完成。

OCD 测量误差主要来自测量设备、制造工艺和计算算法等，这些误差的存在对 OCD 测量的精确度和长期稳定性带来了很大的挑战，具体包括如下 4 个方面。

（1）硬件设备包含诸多的子系统设置参数，在采集光谱过程中的不稳定性和随机性，可能造成测量光谱中的噪声。

（2）制造工艺变化形成的线边缘粗糙度（LER）。

（3）样品建模中有限参数表征得不完善。

（4）电磁场数值计算算法存在的数值误差。

目前，OCD 测量设备的国外的供应商主要有 KLA-Tencor、Nanometrics 和 Nova，国内的供应商有睿励科学仪器（上海）有限公司。

撰稿人：睿励科学仪器（上海）有限公司　徐益平
审稿人：睿励科学仪器（上海）有限公司　李海涛

▷▷▷ 8.9.6 明场光学图形圆片缺陷检测设备，明場光學圖形晶圓缺陷檢測設備，Bright Field Optical Patterned Wafer Defect Inspection Equipment

光学图形圆片缺陷检测设备采用高精度光学检测技术，对圆片上的 nm/μm 尺度的缺陷和污染进行检测和识别，以便向集成电路生产厂商报告在不同生产节点中的圆片的产品质量问题，并确认工艺设备的运行情况是否正常，从而实现提高生产成品率、节约生产成本的目标。

光学图形圆片缺陷检测设备以高分辨率的光学成像技术为主要技术手段，结合圆片表面的材料属性和结构特性，在照明和成像的光学系统、光源亮度和光谱范围，以及光电传感器的设计上，进行精密的选择和设计。该设备分为明场和暗场两大类别，其定义基于传统光学显微镜针对照明光角度和采集光角度的相互关系。明场是指照明光角度和采集光角度完全相同或部分相同，所以在光电传感器上最终形成的图像是由照明光入射圆片表面并反射回来的光形成的；而暗场则是指照明光角度和采集光角度完全不同，所以在光电传感器上最终形成的图像是由照明光入射圆片表面并被图形表面的 3D 结构散射回来的光形成的。随着设备的不断发展，明场和暗场的定义也在变化，现在明场一般是指照明光路和采集光路在临近圆片端共用同一个显微物镜，而暗场是指照明光路和采集光路在物理空间上是完全分离的。

明场光学图形圆片缺陷检测设备的光学显微系统以更亮光源照明、更宽光谱范围、更高成像分辨率、更大数值孔径、更大成像视野等为设计的主要方向。传统光源以氙灯（Xenon Discharge Lamp）或汞放电灯（Mercury Vapor Discharge Lamp）为主，最新的光源有激光持续放电灯（Laser Sustain Discharge Lamp），能够提供更小的发光电弧尺度，从而得到更高的光源亮度。光源的使用波长范围为 180~650nm。因为圆片表面上的材料种类很多，而且每种材料的光学特性不同，所以更宽的光谱范围提供了更多的对不同材料的缺陷的更强信号的选择。一般在光学系统中通过光栅型滤光片或透过式滤光片来对不同的波长使用范围进行选择。光学系统中的照明光路和采集光路在圆片端是同路的，在光源端和光电传感器端光路通过半反半透镜片分开。光学系统以透镜为主，透镜材料为石英晶体或氟化镁晶体。为了在宽光谱波长范围中均得到很好的光学分辨率，光学系统中会加入多层反射镜片来降低色差。最大数值孔径可以达到 0.9 或更高。照明和采集角度的选择可以通过在分开的照明光路和采集光路中加入圆孔形、圆环形或其他形状的光阑来实现，并达到亮场（照明和采集的数值孔径相同）、灰场（照明和采集的数值孔径不同但有交集）和暗场（照明和采集的数值孔径不相同）的效果。在针对不同类型的圆片进行检测时，明场光学图形圆片缺陷检测设备可以使用不同的配置（Configuration），即不同光学参数和系统参数的组合，当前的设备的配置数量有一万种以上。

明场光学图形圆片缺陷检测光学结构示意图如图 8-194 所示。

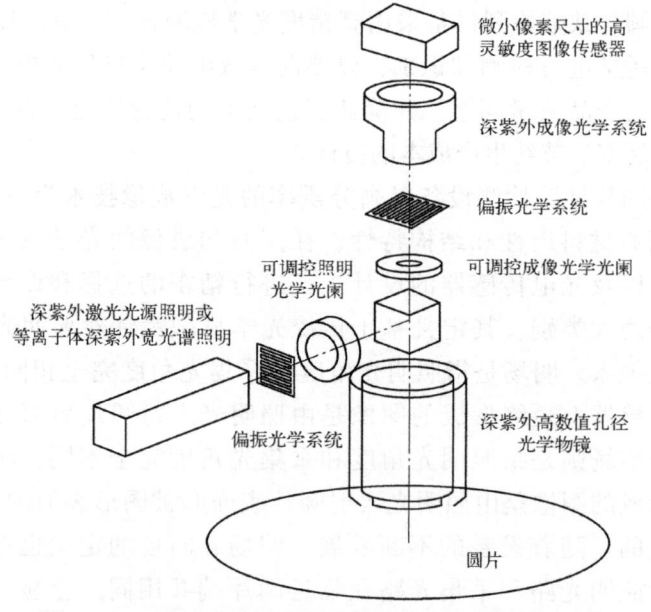

图 8-194　明场光学图形圆片缺陷检测光学结构示意图

在检测过程中，圆片被机械臂自动上载后，移动平台将圆片真空吸附，使得圆片表面的平整度在 10μm 之内。预校准（Pre-alignment）功能通过对圆片边缘和缺口（Notch）位置的观察，定位圆片的中心位置和旋转角度；精校准功能通过对圆片表面的重复的芯片图形的观察，以更高精度定位圆片上每个芯片（Die）的位置。移动平台以"S"形（Serpentine）路径移动，在移动过程中，光学系统对不同的位置成像拍照，采集的图像通过相邻重叠区域的特征识别完成整个圆片的图像拼接。全圆片的图像按照芯片单元的重复性分为每个芯片的图像。缺陷的检测算法分为如下两种。

（1）将每个芯片的图像和事先取得的黄金芯片（Golden Die）的图像进行对比，找到图像的不同，得到可能的缺陷图像。其中，黄金芯片图像可以通过人工确认的完好芯片的图像得到，也可以任选若干芯片的图像通过组合得到。

（2）将每个芯片的图像与前/后的若干芯片的图像进行对比，找到图像的不同，得到可能的缺陷图像。

图像的计算分析均在扫描检测过程中实时进行，在圆片扫描结束时也同时完成了缺陷的检测识别。

明场光学图形圆片缺陷检测设备已经在 10nm 的研发中应用，在 14nm 及以上工艺的生产中广泛应用。当前市场上的主要设备供应商是 KLA-Tencor（39××系列、29××系列）和应用材料公司（UVision 系列）。

撰稿人：深圳中科飞测科技有限公司　　陈鲁　刘涛
审稿人：睿励科学仪器（上海）有限公司　　杨峰

▷▷▷ 8.9.7　暗场光学图形圆片缺陷检测设备，暗場光學圖形晶圓缺陷檢測設備，Dark Field Optical Patterned Wafer Defect Inspection Equipment

暗场光学图形圆片缺陷检测设备采用高精度光学检测成像技术，对集成电路圆片上的 nm/μm 尺度的缺陷和污染进行检测和识别。暗场光学检测的特性在于照明光路与采集光路在物理空间上是完全分离的，所以不仅照明光的入射角度和采集光的角度不同，而且照明光的性质也可以有多种类型。

暗场光学图形圆片缺陷检测设备的光学显微系统以更好的噪声控制、更高的成像分辨率、更高的检测扫描速度等为设计的主要方向。光源可以采用激光光源、环形光和光纤照明等，在 nm 量级的高精度应用中以激光光源为主。激光光源的发光波长为 193nm、266nm、355nm 等，越短的波长可以实现更好的光学成像分辨率。通常，照明的光强足够大，但是太大的照明光强可能会超过圆片材料的损伤阈值，所以应尽可能避免。激光照明为掠入射角度照明，从而可得到最大的缺陷颗粒散射信号；光学采集成像系统从圆片上方实现最大数值孔径和最大视野的采集成像。由于激光光速的相干性，暗场光学图形圆片缺陷检测对于具有周期阵列的图形表面的检测效果更好。芯片表面的周期性结构会将入射激光散射到若干确定的空间立体角，因此在采集光学系统的光路中放置和衍射角度对应的矩形或圆形光阑，就可以非常有效地遮挡周期性结构的散射光，从而在最大限度上压缩图像的背景噪声，得到更好的缺陷信号的信噪比。

图 8-195 所示为暗场光学图形圆片缺陷检测光学结构示意图。

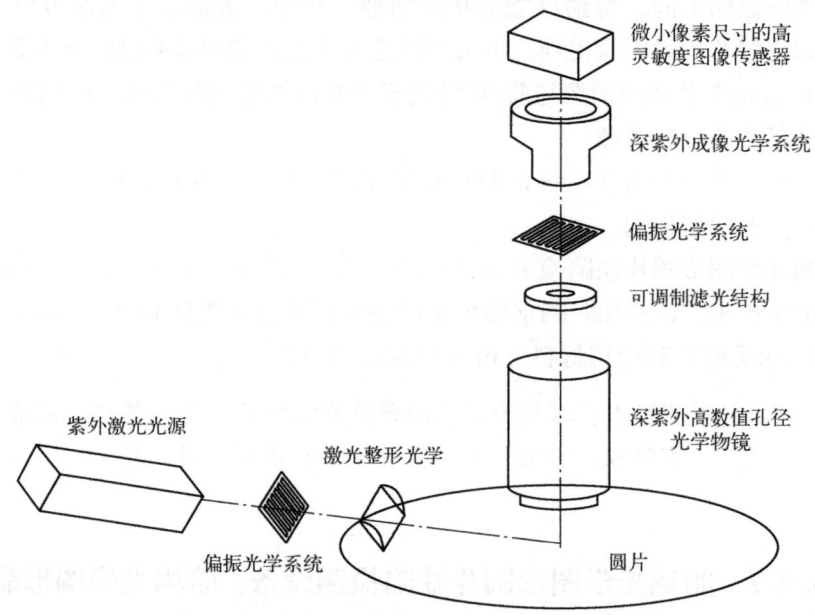

图 8-195 暗场光学图形圆片缺陷检测光学结构示意图

暗场光学图形圆片缺陷检测过程及检测算法与明场光学图形圆片缺陷检测过程及检测算法类似。

暗场光学图形圆片缺陷检测设备已经在 14nm 及以上工艺的集成电路圆片生产中应用。当前市场上此类设备的主要供应商是 KLA-Tencor（Puma 系列）和 HITACHI High-Tech（IS 系列）。

撰稿人：深圳中科飞测科技有限公司　　陈鲁　刘涛
审稿人：睿励科学仪器（上海）有限公司　　杨峰

▷▷▷ 8.9.8 无图形圆片表面检测系统，無圖形晶圓表面檢測系統，Unpatterned Wafer Surface Inspection Tool

无图形圆片表面检测系统是一种用于检测圆片表面品质和发现圆片表面缺陷的光学检测设备。其工作原理是，将激光照射在圆片表面，通过多通道采集散射光，经过表面背景噪声抑制后，通过算法提取和比较多通道的表面缺陷信号，最终获得缺陷的尺寸和分离。此外，也可以结合其他辅助光学检测方法，综合实现无图形圆片表面的微观缺陷和宏观特征检测（如粗糙度、大范围起伏等）。无图形圆片表面检测系统的检测精度最高可达 10nm，可以满足量产的检测速度大于 100 片/h，主要用于晶片和薄膜圆片的表面检测。

无图形圆片表面检测系统能够检测的缺陷类型包括颗粒污染、凹坑、水印、划伤、浅坑、外延堆垛（Epi Stacking）、CMP 突起（CMP Protrusion）、晶坑（Crystalline Pits）、滑移线（SlipLine）等，主要应用于如下三类细分领域。

（1）芯片制造领域：主要包括来料品质检测（IQC）、工艺控制（薄膜 Film、CMP 等）、圆片背面污染检测、设备洁净度监测等。

（2）圆片制造领域（Prime/Epi/SOI Wafer）：主要包括工艺研发中的缺陷检测、圆片出厂前的终检流程。

（3）半导体设备制造领域：主要包括工艺研发中的缺陷检测、设备的工艺品质评估（如颗粒污染、金属污染）等。

无图形圆片表面检测系统的工作原理是，将激光光束照射在圆片表面某一个区域，通过圆片旋转与径向移动的结合，实现激光在圆片全表面的扫描；当激光光束遇到缺陷结构时，缺陷结构产生散射光信号，信号被大口径的光学采集系统收集，并被探测器捕获；缺陷在圆片表面的位置（XY Coordinates）会被记录下来，并与 SEM 等图像检测仪器同步位置信息，以便进行缺陷的分析、判断。

通过多类型的激光特征调制、多通道的信号采集及综合分析、基于缺陷坐标位置的聚类分析，检测系统可以进一步获得缺陷的种类。激光特征调节包括激光多种照明方式的调节和激光偏振方向的调节。多通道的信号主要为宽场光学通道信号和窄场光学通道信号。以颗粒缺陷和凹坑缺陷的检测为例，颗粒散射在宽场具有较强的相对散射强度，在窄场则具有较低的相对散射强度；而凹坑的情况正好与之相反。通过比对宽场和窄场的相对散射强度的不同，可以将颗粒缺陷与凹坑缺陷区分开来。同样，不同缺陷对于正入射照明和斜入射照明也有不同的可以量化的特征表现，结合空间分布特征，即可对圆片表面多种类型的缺陷进行分类。另外，无图形圆片表面检测系统通常都集成了明场照明的差分干涉检测模式（Differential InterferenceContrast，DIC），可以检测圆片表面的高度差异，这可用于检测较大的缺陷。圆片表面散射的背景强度与圆片表面的粗糙度具有相关性，因此在检测缺陷的同时，也可以检测圆片表面粗糙度等特征。

图 8-196 所示为暗场非图形圆片缺陷检测光学结构示意图。

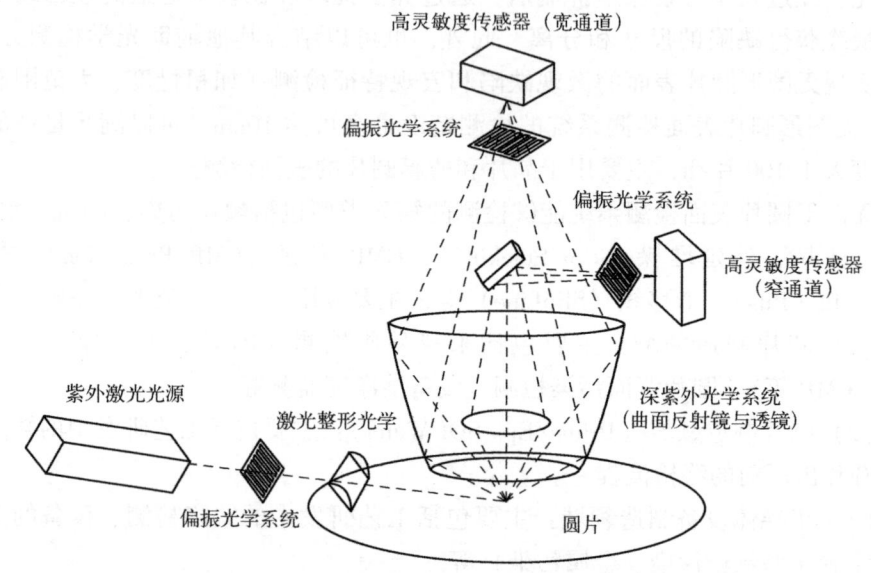

图 8-196　暗场非图形圆片缺陷检测光学结构示意图

从检测技术的角度来看，缺陷的光学散射强度与缺陷尺寸的 6 次方成正比，与波长的 4 次方成反比。因此，实现更小缺陷的高灵敏性检测需要采用更短的光学波长。现有设备通常采用深紫外（DUV）和紫外（UV）波段的激光器作为照明光源，以确保检测的灵敏性。结合多光源照明和信号提取的算法优化，可以提高光学强度和检测速度。同时，通过优化采集通道分布和采集通道的孔径，优化采集信号，可以实现更好的灵敏性和分类效果。

当前市场上此类设备的主要供应商是 KLA-Tencor（Surfscan 系列）和 Hitachi High-Tech（LS 系列）。

撰稿人：深圳中科飞测科技有限公司　　刘涛　陈鲁
审稿人：睿励科学仪器（上海）有限公司　　杨峰

▷▷▷ 8.9.9 宏观缺陷检测设备，宏觀缺陷檢測設備，Macro Defect Inspection Tool

宏观缺陷检测设备基于光学图像检测技术，结合多种光学量测方法，可以实现尺度大于 0.5μm 的圆片缺陷检测。宏观缺陷检测设备采用的检测方式有两种，一种方式为全圆片表面成像，光学系统能够实现整个 300mm 圆片表面的一次性成像探测，检测速度极快，如图 8-197 所示；另一种方式为局部圆片表面成像，其光学视场仅限于圆片表面的局部，它具有更高的空间分辨率，测试中通过对圆片表面的定位或连续扫描，拍摄圆片表面的完整图像信息，通过"Die-to-Die"比对等图像计算方法获得检测结果，如图 8-198 所示。这两种方式采用不同的照明方式，通过圆片反射光信号形成圆片表面图像，并结合图像算法的分析和处理，实现对缺陷的尺度、形状的检测和分类。宏观缺陷检测设备可以检测图形化或非图形化圆片，并配有更高分辨率的显微复检功能。

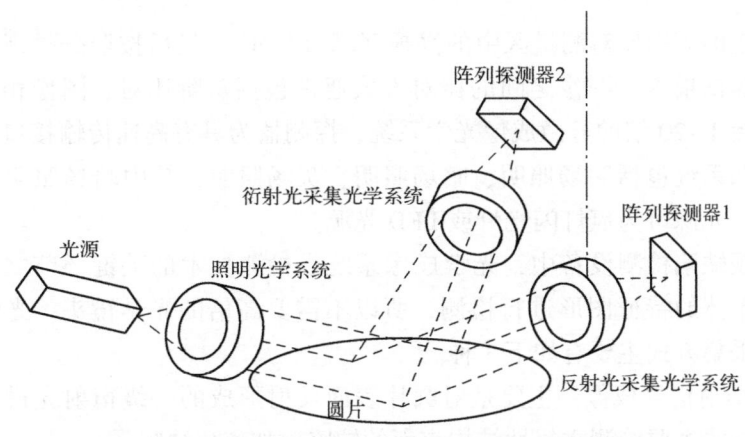

图 8-197　全圆片表面成像方式宏观缺陷检测光学结构示意图

全圆片表面成像方式的基本检测原理是，均匀重复图形表面所产生的反射光或衍射光的图像分布也是相对均匀的；如果图像表现出亮度分布的不同，则认为圆片表面存在缺陷。由于对光学过程影响的机理和方式不同，每一类具体的缺陷所对应的图像亮度分布的特征也不相同。因此，可以基于特征的不同属性，对缺陷进行分类。例如，由于曝光设备聚焦错误产生的一个完整的区域的离焦缺陷，和由于圆片背面脏污造成的离焦缺陷，所成像在光强分布上表现出的特征分别为长方形暗区域和小面积环状暗区域。

局部表面成像方式的基本检测原理是，在圆片表面连续运动情况下，进行高速图像拍摄；通过图像特征（Pattern Match）提取用户定义的测量区，并且按

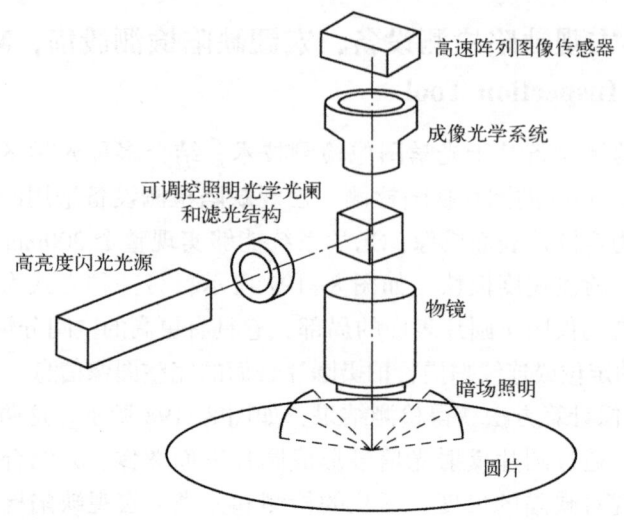

图 8-198 局部表面成像方式宏观缺陷检测光学结构示意图

照用户设定的规则比对测量区中的兴趣区域（ROI），最后按照分类规则产生比对结果和测试报告。图像之间的比对方式通常包括灰阶比对、图像相减等。设备通常包括 1~20 倍的显微成像光学系统，探测器为具有高速传输接口的阵列传感器。照明系统包括明场照明、暗场照明、灰场照明，其中暗场照明可有多个照明角度；光源可为氙灯闪光灯或 LED 光源。

在宏观缺陷检测设备中，光学成像系统是检测技术的关键环节之一。因为不需要对单体的特征图形进行检测，所以不需要高倍的光学镜头。光学成像系统的光学采集方式主要有如下 3 种。

（1）衍射信号成像：主要是对圆片表面反射形成的一级衍射光进行收集并成像。此方式主要检测重复性结构表面的缺陷，如离焦缺陷。

（2）反射信号成像：通常是对圆片表面反射的光进行收集并成像。此方式主要用于检测圆片表面的较大尺寸缺失，如光刻胶缺失。

（3）散射信号成像：通常是对圆片表面散射的光进行收集并成像。此方式主要用于检测圆片表面的小尺寸缺陷，如颗粒污染。

宏观缺陷检测设备可以包含不同放大倍数的光学系统，以获取最佳的图像分辨率。检测的照明方式分为明场照明、暗场照明和灰场照明，以适应不同图像对比度的要求。照明光学系统通常为欧勒照明或临界照明，并可采用远心照明系统（Telecentric Optics System）来实现一致性更高的照明。宏观缺陷检测设备通常有多种聚焦系统，可用于不同样品表面和多层样品的聚焦。为了适应更小节距（Pitch）的圆片结构，可采用 DUV 和 UV 的深紫外光源来提高检测分辨率。

宏观缺陷检测设备主要应用于光刻、CMP、刻蚀、薄膜、复合 3D 测量能力后的出货检验（Outgoing Quality Control，OQC）/入厂检验（Incoming Quality Control，IQC）、圆片级芯片尺寸封装（WLCSP）和扇出圆片级封装（FOWLP）等工艺控制中。

宏观缺陷检测项目包括如下 4 类。

（1）正面检测：包括颗粒污染、划伤、离焦缺陷、光刻胶缺失、掩模版 ID、套刻错误等。

（2）背面检测：包括圆片背面的污染和刮伤缺陷。

（3）边缘检测：包括边缘去除（Edge Bead Removal，EBR）的覆盖度、同心度、均匀性检测，以及边缘缺口、边缘裂纹的检测。

（4）圆片几何形状检测。

当前市场上此类设备的主要供应商是 KLA - Tencor（CirCL 系列）、Nanometrics（Spark 系列）、Rudolph（NSX 系列）和睿励科学仪器（FSD 系列）。

撰稿人：深圳中科飞测科技有限公司　　刘涛　陈鲁
审稿人：睿励科学仪器（上海）有限公司　　杨峰

▷▷▷ 8.9.10　电子束图形圆片缺陷检测设备，電子束晶圓缺陷檢測設備，Electron Beam Inspection (EBI) Equipment for Wafer Defects

电子束图形圆片缺陷检测设备是一种利用扫描电子显微镜在前道工序中对集成电路圆片上的刻蚀图形直接进行缺陷检测的工艺检测设备。

图 8-199 所示为电子束图形圆片缺陷检测设备结构示意图。它的核心是扫描电子显微镜，通过聚焦电子束对圆片表面进行扫描，接受反射回来的二次电子和背散射电子，进而将其转换成对应的圆片表面形貌的灰度图像。通过比对圆片上不同芯片（Die）同一位置的图像，或者通过图像和芯片设计图形的直接比对，可以找出刻蚀或设计上的缺陷。与常规的实验室用扫描电子显微镜不同，作为一款工业设备，它尤其需要满足圆片厂对高吞吐量（Throughput）的需求，同时还要避免对圆片上的芯片造成伤害，因此在性能上它强调具有更高的扫描和图像采集速率、更大的扫描场、高速的样品运动定位能力，以及在低入射电压下的图像质量。与极高分辨率的 CD-SEM 和缺陷复查 SEM（Review SEM）不同，电子束图形圆片缺陷检测设备在分辨率上只是配合集成电路先进工艺节点尺寸，而不是一味追求最高分辨率。通过配以在线自动缺陷检测和分类等数据

处理能力，即可形成一款全自动的工业化设备。

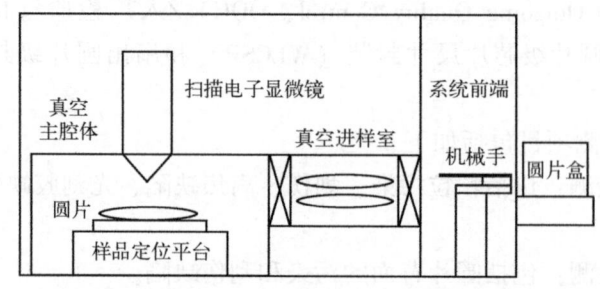

图 8-199 电子束图形圆片缺陷检测设备结构示意图

与基于普通光学亮场和暗场的图形圆片缺陷检测设备相比，电子束图形圆片缺陷检测设备对图形的物理缺陷（颗粒、突起、桥接、空穴等）具有更高的分辨率，以及特有的通过电压衬度（Voltage Contrast）检测隐藏缺陷的能力。对于开路和短路，或者由于内部空穴（Void）造成电阻值过大的触点和过孔，以及短路的导线等隐藏缺陷，当受到电子束轰击时，因其电荷释放的能力与正常情况不同，会在表面形成不同的电位，从而影响二次电子的产量，在图像上形成不同的灰度，所以通过图像比对即可检测出来。与光学缺陷检测设备相比，虽然电子束检测设备在性能上占优，但因逐点扫描的方式导致其检测速度太慢，所以不能满足圆片厂对吞吐能力的需求，无法大规模替代光学设备承担在线检测任务，目前主要用于先进工艺的开发。在目前每年约 18 亿美元的图形缺陷检测设备市场中，电子束图形圆片缺陷检测设备约占 12% 的份额。现阶段此类设备的主要供应商为汉民微测科技（现已被荷兰 ASML 公司收购）和美国应用材料公司。曾经的供应商还包括第一台此类设备的开发商美国科磊公司（KLA-Tencor）和日本日立公司（Hitachi）。

由于受检测速度的限制，电子束图形圆片缺陷检测设备的工作模式主要为抽样检测，通常是检测圆片上每个芯片（Die）的同一小块区域，包括关键区域或者热点（Hot Spot）位置，从而得到整个圆片范围内的缺陷特征分布图。为了避免圆片表面充电，以及过大的电子入射深度对圆片材料造成损害，常见的工作电压约为 1kV（可用的最高工作电压约为 3~5kV）。基于对某些隐藏缺陷和 3D 结构检测的需要，近期有将最高工作电压提高至 10kV 以上的趋势。同时，随着集成电路线宽的逐步缩小，电子束图形圆片缺陷检测设备所需提供的最小分辨率也相应减小，现阶段已达 1~2nm，以适应 16~10nm 及以下节点的工艺需求。

如何进一步提高检测速度一直是电子束图形圆片缺陷检测设备发展的一个

最重要的研究课题。现有的商业化产品均是基于单电子束的扫描电子显微镜，在保持足够图像信噪比的前提下，主要通过增加聚焦电子束的电流密度来提高扫描速度，但这种改进很难有数量级级别的改善。另一种发展方向是开发阵列式多镜筒（Multi-Column）和单镜筒多电子束（Multi-Beam）系统，以实现多路电子束扫描和图像采集的并行运行，从而大幅度提高图像采集速率。要达到可以与光学缺陷检测系统相比拟的检测速度，需要实现数百乃至数千电子束的并行运行，这对技术和设备成本都具有相当大的挑战。目前来看，有可能率先实现商业化的是有限束数的单镜筒多电子束系统，它通过将一个大扫描场分割为多个小扫描场，每个小扫描场由一束电子束来扫描，以此来实现大尺寸图像的快速采集。表8-53列出了常用的电子束图形圆片缺陷检测设备。

表8-53 常用的电子束图形圆片缺陷检测设备

主要在售产品系列	制造厂商	主要性能指标	参考价格
eScan、eP、PROVision	汉民微测科技、应用材料	常用工作电压：500~3000V 常用工作电流：1~200nA 常用像素采样频率：≥10^8次/s 最小分辨率：1~2nm 扫描速率：<100cm^2/h	400万美元~800万美元

撰稿人：睿励科学仪器（上海）有限公司　张旭
审稿人：睿励科学仪器（上海）有限公司　李海涛

▷▷▷ 8.9.11 缺陷分析扫描电子显微镜，缺陷分析掃描電子顯微鏡，Defect-Review Scanning Electron Microscope

随着超大规模集成电路技术的不断发展，特别是在关键尺寸进入纳米级的先进工艺中，缺陷已经成为影响产品成品率的重要因素之一。能否清楚地观测到工艺中产生的缺陷的具体形貌和元素成分，成为解决工艺缺陷的关键因素。因此，在集成电路制造中引入缺陷分析扫描电子显微镜是非常必要的。

缺陷分析扫描电子显微镜是扫描电子显微镜的一种，它结合在线光学缺陷检测设备及电子束扫描检测设备，对集成电路生产工艺中各关键步骤产生的缺陷进行检测分析。通常的检测方法是，在一些关键的生产工艺之后，加入缺陷检测站点，先使用明场、暗场光学缺陷检测设备或电子束缺陷检测设备对圆片表面进行扫描检测，缺陷检测设备会根据扫描区域的图形信号特征对比，发现并标记潜在缺陷的坐标信息，缺陷管理系统（Defect Data Management System）再将缺陷坐标信息传入缺陷分析扫描电子显微镜。缺陷分析扫描电子显微镜则根据导入的坐标信息找到对应位置的缺陷，通过高倍率电子显微镜观测缺陷的形貌特征、尺寸、缺陷所在位置的背景环境，并通过能量色散 X 射线光谱分析（Energy-Dispersive X-Ray Microanalysis，EDX）的方法确定缺陷的元素成分，从而判断缺陷产生的原因及对应的工艺步骤，并进行针对性的缺陷改善。图 8-200 所示的是缺陷检测和缺陷分析流程图。

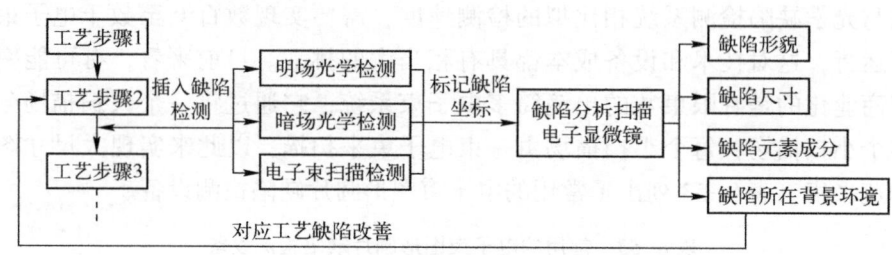

图 8-200　缺陷检测和缺陷分析流程图

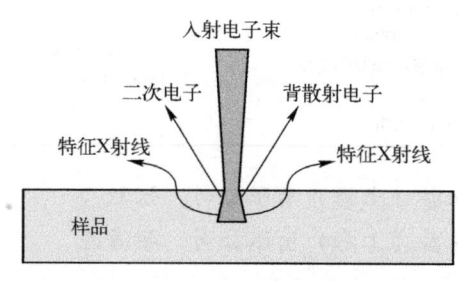

图 8-201　缺陷分析扫描电子显微镜工作原理图

　　缺陷分析扫描电子显微镜的成像原理是，通过电子枪将高能电子束射入圆片表面，与圆片表面材质的原子核及核外电子发生碰撞，激发出二次电子（Secondary Electrons）、背散射电子（Backscattered Electrons）、特征 X 射线等信号，扫描电子显微镜通过收集这些电子信号实现高分辨率、高放大倍率的观测，如图 8-201 所示。其中，二次电子信号和背散射电子信号用于形成被观测样品的表面形貌，特征 X 射线信号用于识别样品表面或缺陷的元素成分。

　　缺陷分析扫描电子显微镜主要由真空系统、电子光学系统和信号检测放大系统组成。真空系统的功能是为产生电子束的电子枪灯丝提供真空环境，以防止灯丝在空气中被氧化，同时增大电子的平均自由程。电子光学系统的功能是产生激发物理信号的扫描电子束，激发出成像所需的二次电子和背散射电子等物理信号。信号检测放大系统的功能是检测、收集样品表面被电子束激发出的物理信号，经放大后作为显像系统的调制信号。调制信号在阴极射线荧光屏即可转化为样品表面某种图形或缺陷形貌的扫描图像，如图 8-202 所示。

　　进行缺陷分析时，不仅需要得到样品表面形貌的扫描图像，还需要知道缺陷的元素成分，以便更准确地判断缺陷来自哪道工艺，这时就需要用到能量色散 X 射线光谱（EDX）分析方法。其原理是，高能电子入射到样品时，原子的

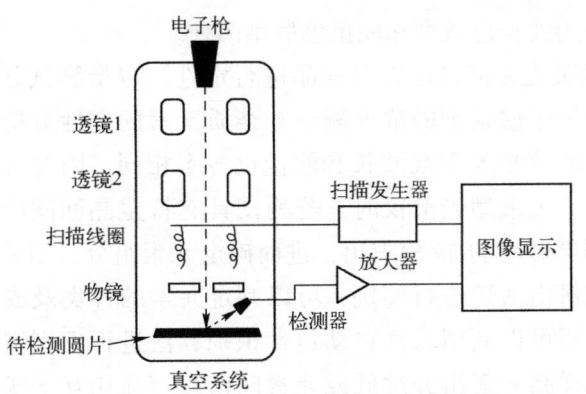

图 8-202　缺陷分析扫描电子显微镜工作原理示意图

内层电子会被激发到更高能量的外层，或者内层电子直接被激发到原子外，使该原子系统的能量升高而处于激发态。这种高能量态是不稳定的，较外层的电子会跃迁到有空位的内层，填补空位从而降低原子系统的总能量，并以特征 X 射线的方式释放出多余的能量。入射电子的能量及被入射样品的元素不同，就会产生不同线系的特征（Characteristic）X 射线。通过收集 X 射线光子的能量和强度，就能分析出元素的种类和含量。

撰稿人：中芯国际集成电路制造有限公司　阎海滨
审稿人：睿励科学仪器（上海）有限公司　李海涛

▷▷▷ 8.9.12　X 射线测量设备，X 射綫量測設備，X – Ray Metrology Equipment

1. X 射线荧光光谱仪（X-Ray Fluorescence Spectroscopy，XRF）

1923 年，乔治·德海韦西（George Charles de Hevesy）提出了用 X 射线荧光光谱进行元素定量分析，但受当时元素探测技术水平的局限，X 射线荧光光谱法并未得到实际应用。直到 20 世纪 40 年代末，随着 X 射线管、半导体探测器和光束分光技术的进步，该方法才开始进入快速应用发展阶段，成为一种非常重要的测试分析表征方法。其原理是，当 X 射线作用在测试样品上时，测试样品被激发出各种不同波长范围的荧光 X 射线，将这些混合的 X 射线按波长（或能量）进行分离，即可分别测量、分析不同波长（或能量）的 X 射线强度，从而达到定量和定性分析的目的。具备该功能的分析设备称为 X 射线荧光光谱仪。因为 X 射线既具有特定的波长，又具有特定的能量，所以该仪器按照波长和能量划分，主要分为波长色散型和能量色散型两种。

采用X射线荧光光谱仪可以对样品进行定性、定量测试分析。在集成电路生产制造中，常用于掺杂剂的浓度测试和杂质元素的定性分析。在定性测试分析中，不同元素的荧光X射线波长和能量也各不相同，因此可以进行元素组分分析。在使用波长色散型光谱仪时，若测试具有特定晶面间距的样品，X射线波长λ通过检测器转动的2θ角求出，进而确定元素组分。当采用能量色散型光谱仪分析时，能量由通道进行鉴别，可以判定元素的种类及成分。但是在实际测试中，定性分析可以利用软件自动定性识别算法进行识别谱线拟合，从而得到定性结果；当样品元素组分过低或元素间谱线存在相互干扰时，则需要人工鉴别分析。在进行人工鉴别分析时，要提前了解样品的来源、性质等全面信息，综合这些信息进行判断。在集成电路生产过程中，进行硼磷硅玻璃（BPSG）薄膜沉积时，常用X射线荧光光谱仪来分析、检测薄膜里硼、磷的浓度。

2. X射线衍射光谱仪/反射仪（XRD/XRR）

德国物理学家马克斯·冯·劳厄（Max Theador Felix von Laue）发现，当X射线波长与晶体内部原子面的间距相近时，晶体可以作为X射线的空间衍射光栅。将一束X射线照射在物体上时，因为受到物体中原子的散射，原子会产生散射波，这些散射波互相影响，就会产生衍射。这些衍射波相互叠加，在某些方向上强度得到加强，在其他方向上强度则会减弱。对衍射结果进行分析，即可获得晶体内部结构。英国物理学家威廉·亨利·布拉格（Sir William Henry Bragg）和威廉·劳伦斯·布拉格（William Lawrence Bragg）父子二人在此基础上，提出了作为晶体衍射基础的著名公式——布拉格方程：

$$2d\sin\theta = n\lambda \qquad n = 1, 2, \cdots$$

式中，d为平行晶面间的距离，λ为射线的波长，θ为入射光束与晶体表面的夹角。

X射线衍射光谱仪（XRD）利用X射线衍射原理，可对材料进行精准的测定分析，用以表征物质的晶体结构、应力等，同时它也可以进行定性分析、定量分析和物相分析，广泛应用于集成电路制造和先进工艺开发领域。例如，当进行晶体材料测试分析时，如果待测晶体与入射束成不同角度，就会检测出那些满足布拉格衍射的晶面，在测试得到的XRD曲线图上就会呈现具有不同衍射强度的峰；当进行非晶体材料测试分析时，由于非晶体材料内部结构中不存在原子长程有序的排列，所以非晶体样品的XRD图谱为一些漫散射的峰。随着集成电路工艺的发展和技术节点的缩小，XRD测试技术在先进集成电路先导工艺技术研发及生产过程中的用途越来越广。例如，在SiGe源漏替换和高迁移率材料（Ge 和Ⅲ-Ⅴ族）替换沟道技术中，用 XRD 设备可以分析测试外延薄膜的厚度及应变情况等。

X 射线反射仪（XRR）基于 X 射线反射原理，它对材料的表面特性非常敏感，可以进行无损的纳米尺度检测，可测试的材料包括晶体材料和非晶体材料，是集成电路制造领域先进工艺研发中不可或缺的一种薄膜性质测试方法。随着集成电路技术的进一步发展和设备应用能力的扩展，XRR 测试分析在先进工艺技术研发中的应用比重越来越大，其主要用途包括如下 3 个方面。

（1）沉积薄膜厚度、界面粗糙度的测定以及层密度的高精确度测量。

（2）高 k 介质金属栅（HKMG）工艺集成中所用多层薄膜结构性质的测量。

（3）铜互连工艺中的低 k 介电系数（Low-k）薄膜孔密度和孔径测量分析。

目前，集成电路制造中使用的 X 射线测量设备主要是由马尔文帕纳科（Malvern Panalytical）、赛默飞世尔（Thermo Fisher Scientific）和布鲁克（Bruker）等厂商生产的，不同公司生产的测量设备的检测精度和软件分析能力差别较大。其中，马尔文帕纳科公司生产的 X 射线荧光光谱分析仪器及软件的性能较好，目前得到了广泛使用。集成电路制造中使用的 X 射线衍射光谱仪主要是由飞利浦和布鲁克这两家厂商生产的，其中布鲁克公司专门针对集成电路先进工艺研发的 JVX7300LSI 系列集成了自动装片系统和数据处理软件，可以对小尺寸 FinFET 器件进行无损测试分析，在先进工艺研发领域得到了广泛的应用，其市场价格约为 100 万美元。

撰稿人：中国科学院微电子研究所　　　　　王桂磊
审稿人：睿励科学仪器（上海）有限公司　　李海涛

▷▷▷ 8.9.13　原子力显微镜，原子力顯微鏡，Atomic Force Microscope（AFM）

原子力显微镜（AFM）于 1986 年由格尔德·宾宁（Gerd Binning）、卡尔文·福里斯特·奎特（Calvin Forrest Quate）和克里斯托夫·格伯（Christoph Gerber）研制而成，具有原子级的分辨力。其原理是，利用针尖与样品原子间的微弱作用力，对样品表面进行光栅式扫描，从而获得样品的相关信息。其具体方法是，将微小的针尖装在一个对原子力非常敏感的微悬臂的一端，悬臂的另一端固定；利用针尖对样品表面进行扫描，通过针尖原子与样品原子之间非常微弱的排斥力获得样品表面信息。图 8-203 所示为原子力显微镜工作原理图。

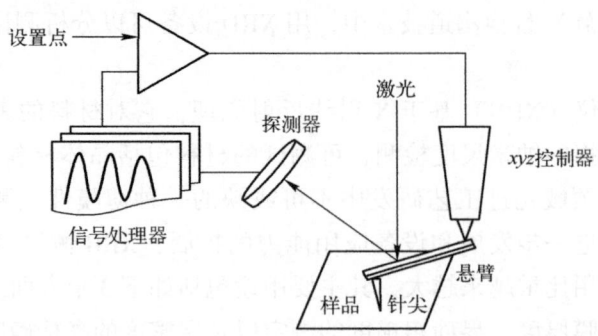

图 8-203 原子力显微镜工作原理图

该检测方法可以在大气和液体环境下对各种材料和样品进行纳米区域物理性质的探测，目前 AFM 已经广泛应用于半导体、生物、化工、医学等各种与纳米相关的学科的研究实验领域，成为纳米科学研究的基本工具。

在集成电路生产制造中，原子力显微镜可以对样品进行表面形貌扫描、表面导电性测试、静电分布测定、摩擦力大小探测等物理性质测试。例如，在薄膜生长、CMP 等方面，可以利用 AFM 测量其薄膜表面的粗糙度，监测工艺的稳定性，以便掌控器件的各项性能，保证器件的成品率。

常用的原子力显微镜的扫描模式有 3 种，即接触模式、非接触模式和轻敲模式。这 3 种扫描模式的测试原理有一定的差别，所以需要依据其所测样品表面不同的结构形态、材料本身的特性及研究需求来选择不同的扫描模式。

1. 接触模式（Contact Mode）

接触模式是在测试过程中，针尖与样品表面始终保持轻微的接触，用保持恒高或恒力的两种模式在样品表面滑动进行扫描，通过接触模式可以得到稳定、高分辨率的图像。但是，如果样品质地比较软，样品表面容易与针尖直接接触，很容易造成样品的损伤。所以接触模式一般不适用于研究生物大分子这类容易移动和变形的样品。

2. 非接触模式（Non-Contact Mode）

在非接触模式中，针尖在样品表面上方，并不与样品接触，探测的是原子之间的静电力和范德瓦耳斯力，这种模式可以有效提高显微镜的灵敏度。这种测量模式的缺点是，当针尖与样品之间的距离较远时，容易成像不稳定，增加了操作的难度，所以该模式通常不适合在液体中成像。

3. 轻敲模式（Tapping Mode）

轻敲模式是微悬臂在其共振频率附近作受迫振动，振荡的针尖轻轻地在样品表面进行敲击。由于针尖是间断地与样品接触，所以该操作模式又称为间歇接触模式。该模式在大气和液体环境下都可以使用，对样品几乎不会造成损伤，线性工作范围大，使得垂直反馈系统具有很高的稳定性，从而可以实现对样品的重复测量。原子力显微镜的3种扫描模式的比较见表8-54。

表8-54　原子力显微镜的3种扫描模式的比较

扫描模式	优　　点	缺　　点
接触模式	测试速度快，分辨率高	损伤样品
非接触模式	样品无损伤	分辨率低，扫描速度慢
轻敲模式	分辨率高，样品无损伤，稳定性高	测试速度慢

撰稿人：中国科学院微电子研究所　　　　李亭亭
审稿人：睿励科学仪器（上海）有限公司　李海涛

▷▷▷ 8.9.14　聚焦离子束显微镜，聚焦離子束顯微鏡，Focused Ion Beam（FIB）Microscope

在集成电路封测阶段，需要大量使用聚焦离子束显微镜完成精细定位切割的任务。其基本工作原理是，利用静电透镜将电场加速后的离子束聚焦到小尺寸进行材料的显微切割。目前常用的离子源是液相金属镓离子源，因为镓元素具有低熔点、低蒸气压和良好的抗氧化特性。在外加电场作用下，液态镓形成细小尖端，再施加一个负电场，即可将镓离子束从尖端的镓导出。离子束经过第一级静电透镜及一系列变化的孔径改变束流大小，再经过第二级静电透镜进行二次聚焦，将离子束焦点至样品表面，利用对样品表面的物理碰撞达到切割的目的。为了满足不同的切割需要，业界也研发了不同离子源的聚焦离子束设备，如适合快速且大面积切割的氙气离子源聚焦离子束设备，以及能减少离子对样品损伤的氦离子源聚焦离子束设备。

如今，半导体器件尺寸越来越小，切割位置越来越精细，因此聚焦离子束设备在切割样品的同时，需要具备实时观察的能力。离子束扫描撞击样品表面可以激发出材料的二次电子和二次离子，通过探测器收集这些粒子可以用于成像。由于离子束扫描样品表面时会对样品造成损伤，因此先进的聚焦离子束仪器一般为双束系统，即同时具有离子束系统和电子束系统。电子束用于激发样品表面的二次电子，通过探测这些二次电子来成像，其原理和功能类似于扫描电子显微镜。在进行离子束切割时，用电子束观察影像，不仅可以避免离子束损伤，还可以有效地提高图像分辨率。

聚焦离子束显微镜还配有多种辅助气体源，其中刻蚀气体源会根据气体对不同物质的刻蚀速率的不同进行选择性刻蚀，从而实现加速切割或材料去除。采用电子束或离子束能量分解有机金属蒸气或气相绝缘材料，在特定的区域进行沉积，沉积的导电薄膜可以作为截面切割时的保护层，避免样品表面在切割过程中损伤，同时还能够防止样品表面荷电效应引起的漂移；在进行电路修改时，可以利用沉积的金属薄膜作为导线，利用沉积的非导体薄膜作为绝缘体。

聚焦离子束显微镜在集成电路制造中的主要应用包括圆片故障分析、透射电子显微镜试片制作和线路修补等。圆片的故障分析是指针对某一特定区域寻找物理失效原因的功能。在实际操作中，可以实现边切割边观察的功能，直到发现问题所在的位置，如图8-204（a）和（b）所示。目前，绝大多数的透射电镜样品制备都要依靠聚焦离子束显微镜来实现，如图8-204（c）所示。进行线路修补时，结合定点切割及接线的功能，可以实现局部的线路修改，如图8-204（d）所示。

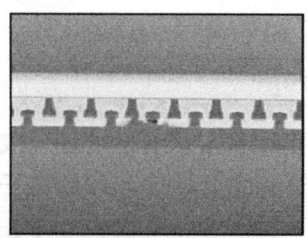
(a) 分析圆片缺陷示例1

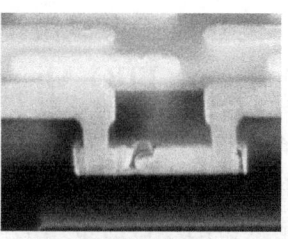
(b) 分析圆片缺陷示例2

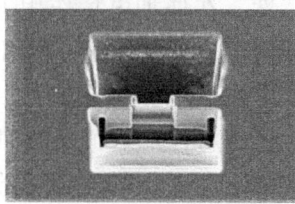
(c) 制备TEM样品薄片

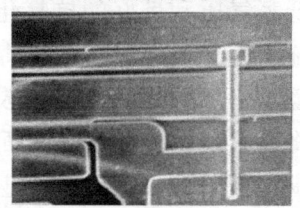
(d) 线路修补

图8-204 聚焦离子束显微镜的应用

撰稿人：中芯国际集成电路制造有限公司　段淑卿
审稿人：睿励科学仪器（上海）有限公司　李海涛

▷▷▷ 8.9.15　傅里叶变换红外光谱仪，傅立葉變換紅外光譜儀，Fourier Transform Infrared (FTIR) Spectrometer

红外线和可见光同属于电磁波，但是红外线是波长介于可见光与微波之间的一段电磁波。根据波长的不同，红外线分为近红外线、中红外线和远红外线3种，其中利用中红外线（波长为 2.5~25μm）可以准确地反映分子内部结构的各种物理过程及结构方面的特征，对解决物质化学组成问题和了解分子结构最为有效。傅里叶变换红外光谱仪（FTIR）主要由红外线源（高压汞灯、硅碳棒）、干涉仪、光阑、样品仓、检测器和不同的红外反射镜等部件组成，用于对样品进行定性和定量分析。目前，集成电路制造领域中使用的 FTIR 光谱仪主要是由赛默飞世尔（Thermo Fisher Scientific）、珀金埃尔默（PerkinElmer）和布鲁克（Bruker）这三家厂商生产的。赛默飞世尔的 FTIR 光谱仪型号较多，可根据用户定制要求选择不同的配置，灵活性较高，配置的分析软件性能较强，加载圆片测试平台后可进行圆片级测试分析，有利于快速薄膜表征分析，因而得到广泛使用。通常根据设备配置和用途的不同，其价格为几万美元到十几万美元。

FTIR 光谱仪测试的基本原理是，光源发出的红外线通过分束器分为两束，分别入射定镜和动镜，经定镜和动镜反射后再回到分束器，动镜作直线匀速运动，因此经分束器作用后的两分束红外线产生光程差，形成干涉。干涉光作用于样品后，将含有样品信息的干涉光信号送达检测器，信号通过傅里叶变换处理后，得到吸光度或透过率随波数（或波长）变化的红外光谱图。因此，在FTIR 光谱测试分析中，经过测量得到的原始红外干涉图是一种难以解读的时域谱，需要通过软件对其进行快速傅里叶变换处理，从而得到以波长或波数为函数的频域谱。

在集成电路制造过程中，使用 FTIR 光谱仪可对圆片上生长的薄膜的性质进行快速表征分析。常见的 FTIR 应用包括硅外延层薄膜厚度的测量，半导体薄膜中的间隙氧和替位碳含量检测，硼磷硅玻璃膜、磷硅玻璃膜和氟化硅玻璃膜中掺杂剂含量的测试，以及用于表征各种介质层（SiN、SiO_2 等膜）中成键类型和元素含量（H等）的定性测试分析。

撰稿人：中国科学院微电子研究所　　　王桂磊
审稿人：睿励科学仪器（上海）有限公司　李海涛

▷▷▷ 8.9.16　薄膜应力测试设备，薄膜應力測試設備，Film Stress Measurement Tool

随着集成电路制造工艺的发展，圆片的尺寸越来越大，器件的集成度越来越高，在圆片表面沉积的薄膜层数也越来越多。由于每层薄膜的结构和热膨胀系数都不相同，因此薄膜中的应力会使基片产生形变，导致后续 CMP 的成品率降低和芯片的失效。为了更好地控制圆片在制造过程中的形变,需要对每个膜层的应力进行监控,因而在制造过程中广泛使用应力测试设备测试薄膜的应力。目前,集成电路制造中常用的应力测试仪主要是由 KLA-Tencor 和 FSM 这两家厂商生产的,通常 KLA-Tencor 的应力测试设备是和自动化膜厚仪集成在一起的。FSM 的应力测试仪的价格通常为几万美元到几十万美元。

如果以薄膜应力造成基片弯曲形变的方向来区分,可以将其分为压应力(Compressive Stress)和张应力(Tensile Stress)两种,如图 8-205 所示。当薄膜和衬底受到压应力作用时,薄膜表面产生外凸的现象,即在压应力作用下,薄膜有向外扩张的趋势;如果压应力达到一定极限,则会使薄膜向基片内侧卷曲,造成膜层凸起。当薄膜和衬底受到张应力作用时,薄膜受力向外扩张,基片向内压缩,膜层表面产生下凹的现象;如果薄膜所受的张应力超出一定极限,就会造成薄膜破裂甚至基片翘起。

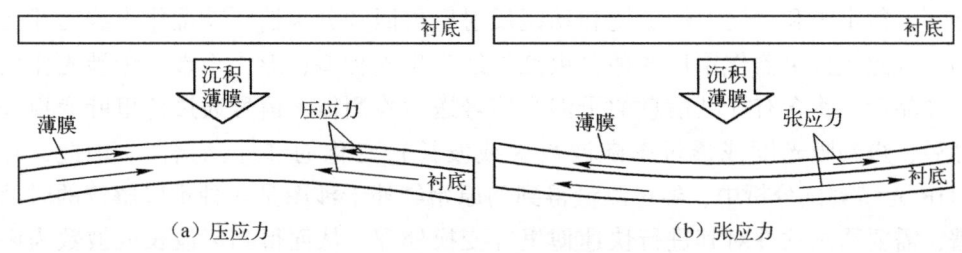

图 8-205 薄膜的形变与应力

薄膜应力的主要来源有外应力、热应力及内应力。其中,外应力是由外力作用施加于薄膜所引起的;热应力是因为基片与薄膜之间热膨胀系数不同引起的;内应力主要是由薄膜材料和基片材料之间特性的不同引起的,主要取决于薄膜的微观结构和沉积缺陷等因素。

测试薄膜内应力的方法主要有机械法、干涉法和衍射法。前两者是通过测试基片成膜前、后受应力作用造成的基片曲率发生变化值,从而得到薄膜应力的估算值,因此这两种方法统称为曲率法。在集成电路制造中,常用曲率法测试薄膜的内应力。衍射法主要用于测试晶格常数的变化。

1. 曲率法

假定薄膜应力均匀,通过测试薄膜沉积前、后基片弯曲量的差值,可以计算出应力的估算值。常见的曲率法有 3 种,即悬臂梁法、牛顿环法、干涉仪相位移式应力测试法。集成电路应力测试设备中常用的是悬臂梁法。悬臂梁法的测试原理是,将激光照射在自由端的一点,在沉积薄膜前、后各测试一次,得到成膜前、后基片的曲率半径,进而计算出薄膜的残余应力。

2. X射线衍射法

X射线衍射法的基本原理是，当样品存在残余应力时，晶面间距受到应力作用会变大（张应力）或变小（压应力），进而发生布拉格衍射，X射线衍射峰的峰位产生漂移，峰位移动距离的大小与应力的大小有对应关系。使用波长为λ的X射线，以不同的入射角照射样品表面，会在一定的角度2θ上接收到X射线的衍射峰，这便是X射线的衍射现象，如图8-206所示。X射线的波长λ、衍射晶面的间距d与衍射角2θ之间遵循布拉格定律，即

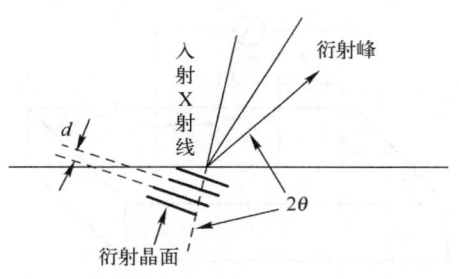

图8-206　X射线衍射法的原理

$$2d\sin\theta = n\lambda \qquad n=1,2,3,\cdots$$

在已知X射线波长λ的条件下，可测量的衍射角与微观的晶面间距d之间存在对应关系。当材料中有应力存在时，晶面间距随晶面与应力相对取向而变化，因此可以求得应力值。

撰稿人：中国科学院微电子研究所　　　　　白国斌
审稿人：睿励科学仪器（上海）有限公司　　李海涛
　　　　北京大学　　　　　　　　　　　　罗正忠

▷▷▷ 8.9.17　四探针方块电阻测试仪，四點探針方塊電阻測試儀，Four-Point Probe

电阻率是表征半导体材料导电特性的一个重要参数。导电性能良好的低阻材料，其电阻率较小；反之，导电性不佳的材料（甚至绝缘材料），其电阻率非常高[1]。通常，电阻率用ρ表示，最常用的单位为$\Omega\cdot cm$。在室温下，半导体材料的电阻率介于导体和绝缘体之间，一般为$10^{-4}\sim10^{9}\Omega\cdot cm$。

在测试半导体材料的电阻率时，一般采用探针法，如直流两探针法，通过测量材料的物理尺寸和电阻获得材料电阻率。但是，这种方法有时会受到外加电流、材料与探针的接触电阻等因素的干扰，以致影响测试的结果。因此，业界更多的是采用四探针法（Four Point Probe）进行测量，这种方法快捷、简便，应用广泛，可以对体材料、薄膜材料，以及半导体工艺中的扩散或离子注入掺杂层进行测量[2]。

图8-207所示为四探针法测量样品电阻率的原理示意图。四根探针一字排

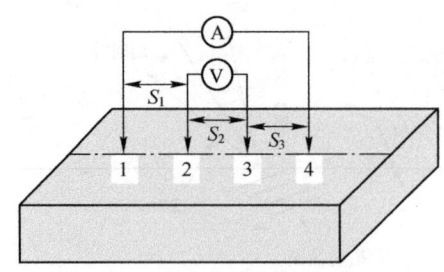

图 8-207 四探针法测量样品电阻率的原理示意图

开,连接到平坦的样品表面,1、4 两点外接电流源,将一个恒定电流通过探针注入样品,用一个独立的电流表测量通过样品的电流 I,用一个电压表测量整个样品内部的电压 U_{23}(也可以用一个电压源在样品两端施加电压,同时再串联一个电流表测量通过样品的电流)。这样,采用四探针法测量电阻率的计算公式为

$$\rho = C\frac{U_{23}}{I}$$

式中,C 为四探针的探针系数(单位为 cm),即

$$C = 2\pi\left(\frac{1}{S_1} - \frac{1}{S_1+S_2} - \frac{1}{S_2+S_3} + \frac{1}{S_3}\right)^{-1}$$

当 $S_1 = S_2 = S_3 = S$ 时,$C = 2\pi S$。

依据上述公式,C 的大小取决于探针的排列方式及探针间距,与样品本身无关。在无穷大的样品(即样品尺寸远大于探针间距)上,如果 4 根探针位于同一直线上,且探针间距相等为 $S=1\text{mm}$ 时,则 $C=2\pi S\approx 0.628\text{cm}$。注意,这个公式应用的前提是样品厚度($d$)及样品边缘与四探针中任意探针的距离大于 $4S$。

在实际测量中,如果样品为有限厚度,则需要引入一个厚度修正因子 F_1 进行修正[3];如果探针到样品边缘的距离与探针间距可相比拟时,还要引入位置修正因子 F_2 进行边缘修正,则

$$\rho = \frac{1}{F_1 \cdot F_2} \cdot 2\pi S\frac{U_{23}}{I}$$

除了测量电阻率,四探针法还经常用于测量导电薄膜和半导体薄膜的薄层电阻。薄层电阻也称方块电阻,用于表征半导体薄膜样品或薄掺杂层的电阻率。对薄膜样品来说,通常电阻比电阻率更容易测得。一般均匀掺杂的薄膜的电阻与电阻率的关系为

$$R_s = \frac{\rho}{d}$$

式中,R_s 为薄膜方块电阻,ρ 为电阻率,d 为薄膜厚度。

一般来说,四探针方块电阻测试仪是集成电路工业化生产中常用的一种线下(Off-line)监测设备,可测量诸如 PVD/CVD 金属薄膜电阻、薄膜外延层电阻率或离子注入退火后的方块电阻,用于日常监控相关工艺设备的稳定性。美国 KLA-Tencor 公司是目前四探针方块电阻测试仪的主要供货商之一,该公司的

Rs 系列四探针方块电阻测试仪广泛应用于集成电路制造生产线上,其市场占有率最高。此外,CDE、FSM、Four-dimension 等公司也提供同类型的测试设备,设备的价格依据衬底尺寸、硬件功能配置和客户需求的不同,为几万美元到几十万美元。

参考文献

[1] Michael B. Heaney. Electrical Conductivity and Resistivity [M]//John G. Webster. Electrical Measurement, Signal Processing, and Displays. CRC Press, 2003.

[2] 杨德仁,等. 半导体材料测试与分析 [M]. 北京:科学出版社,2010.

[3] 孙以材. 半导体测试技术 [M]. 北京:冶金工业出版社,1984.

撰稿人:中国科学院微电子研究所　　刘金彪
审稿人:睿励科学仪器(上海)有限公司　李海涛

▷▷▷ 8.9.18　表面台阶仪,表面臺階儀,Surface Profiler

表面台阶仪属于接触式表面形貌测量仪器,其测量原理示意图如图 8-208 所示。表面台阶仪由信号测量、信号处理和信号输出三大模块构成。当探针沿被测表面轻轻滑过,遇到被测表面起伏的形貌时,探针随着形貌的起伏而上下移动,这种运动可以反映样品表面的形貌。

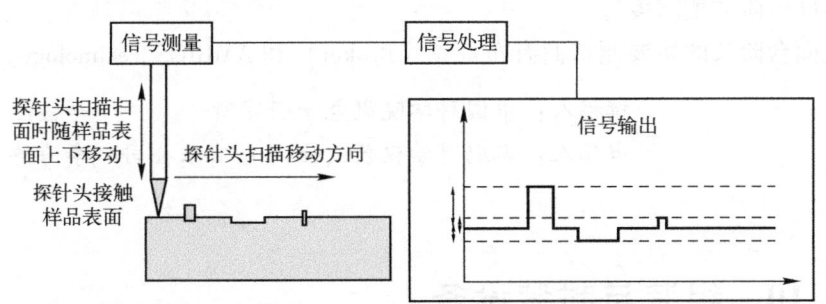

图 8-208　表面台阶仪测量原理示意图

按信号采集传感器类型的不同,表面台阶仪分为光电式、电感式和压电式 3 种。表面台阶仪的主要技术指标如下所述。

(1) 探针尖半径 (Stylus):针尖半径越小,测试精度越高。目前,主流产品的探针尖半径为 $0.7 \sim 2.0 \mu m$。

(2) 厚度测量范围 (Vertical Scan Range):目前主流产品的厚度测量范围为数十纳米至 1 毫米。

(3) 探针作用力 (Force):作用力越小,对样品表面的影响越小。目前主流产品的探针作用力一般为1~15mgf。

(4) 扫描长度（Scan Length）：数十微米至数十毫米。

(5) 视场范围（Field of View）：数毫米。

(6) 台阶高度重复性（Step Height Repeatability）：小于0.5nm。

(7) 垂直方向分辨率（Vertical Resolution）：小于0.5nm。

(8) 测量样品最大尺寸（Sample Compatible）：300mm。

与其他测试方法相比，表面台阶仪的优点是测试量程较大，精度较高，测量结果的稳定性和重复性比较好，它还可以作为其他形貌测量技术的辅助手段用于测量结果的比对。但是，表面台阶仪也有如下缺点。

(1) 探针头与测试试样存在物理接触和相互作用，这会导致探针头变形和磨损，因此在使用一段时间后，测量精度可能会下降。

(2) 为了保证探针头的耐磨性和刚性等力学性能，其尺寸受到限制。如果探针头头部曲率半径大于被测表面上微观凹坑的半径，就会导致探针头无法到达凹坑底部，容易造成该处测量数据偏离真实值。

(3) 为了提高探针头的使用寿命，探针头材料的硬度一般都很高，所以该方法不适用于精密零件及软质表面的测量，否则会造成测试样品表面的损伤。

表面台阶仪可以用于刻蚀深度、台阶高度及轮廓等的测量，如MEMS技术领域的硅台阶或槽深度等。

表面台阶仪的主要制造商有布鲁克（Bruker）和AMBIOS Technology。

撰稿人：中国科学院微电子研究所　　　　李俊杰
审稿人：睿励科学仪器（上海）有限公司　李海涛

▷▷ 8.10　组装与封装设备

▷▷▷ 8.10.1　组装与封装工艺及设备，組裝與封裝製程及設備，Overview of Process and Equipment for Assembling and Packaging

电子产品制造过程包括半导体器件制造和整机系统组装，以圆片切割成芯片为界，通常分为前道工序（Front End）和后道工序（Back End），如图8-209所示。后道工序包括芯片封装和器件组装过程。

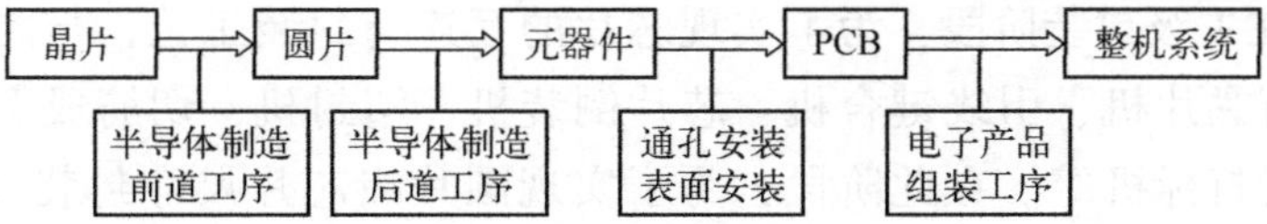

```
晶片 → 圆片 → 元器件 → PCB → 整机系统
      半导体制造   半导体制造   通孔安装   电子产品
      前道工序     后道工序     表面安装   组装工序
```

图 8-209　电子产品物理实现过程

封装和组装可分为四级，即芯片级封装（0级封装）、元器件级封装（1级封装）、板卡级组装（2级封装）和整机组装（3级封装）[1]。通常将0级和1级封装称为电子封装，而将2级和3级封装称为电子组装。电子封装是对芯片（Die）进行安放、固定、密封、保护并增强电热性能，将芯片内部I/O通过引线或凸点与封装外壳的引脚连接，或者将多个芯片有效、可靠地互连。从20世纪50年代起，电子封装经历了从晶体管外形（Transister Outline，TO）封装、双列直插封装（Dual In-line Package，DIP）、小外形封装（Small Outline Package，SOP）、四面扁平封装（Plastic Quad Flat Package，QFP）、针栅阵列（Pin Grid Array，PGA）封装、球栅阵列（Ball Grid Array Package，BGA）封装、多芯片封装（Multi-Chip Package，MCP）到系统级封装（System in Package，SiP）的变迁。随着集成电路性能越来越先进，其技术指标也越来越高，芯片面积与封装面积的比率越来越趋近于1，适用概率和耐温性能也越来越高，引脚数增加，引脚间距缩小，质量减少，可靠性提高，使用更加方便[2]。2级封装将这些引脚又通过PCB上的导线与其他器件建立连接，此过程主要涉及通孔插装技术（Through Hole Technology，THT）和表面贴装技术（Surface Mount Technology，SMT）。由于SMT优点突出，现已成为电子生产领域的主流技术。先进电子封装的发展强调系统设计，各封装阶段已由独立分散型走向集中统一型，由单纯的生产制造型向设计主导型发展，即3级封装正逐渐走向融合。

集成电路的芯片制造和封装技术及其性能水平与相关设备的能力紧密相连，只有先进的设备才能成就先进的芯片和封装[3]。在芯片生产线和封装线中，设备、工艺、材料和环境这四大要素，形成了互相依存、互相促进、共同发展的关系。要发展芯片和封装，设备必须先行。正是深刻理解了这一关系，在此领域比较发达的国家均投入巨资大力发展相关设备[4]。电子封装工艺设备是指在研究、开发和封装各种电子产品过程中专门用于基板制备、元器件封装、板级组装、整机系统组装、工艺环境保证、生产过程监控和产品质量保证的设备。电子封装工艺设备领域里最具基础与规模，与工艺结合最密切，并对封装性能影响最大的有如下3个方面。

（1）在0级封装阶段，为了实现圆片的测试、减薄、划切工艺，与之对应的主要封装设备有圆片探针台、圆片减薄机、砂轮和激光切割机等。

（2）在 1 级封装阶段，为了实现芯片的互连与封装工艺，与之对应的主要封装设备有黏片机、引线键合机、芯片倒装机、塑封机、切筋成型机、引线电镀机和激光打标机等。在此阶段，为了实现圆片级芯片尺寸封装（Wafer Level Chip Size Packaging，WLCSP）工艺，相应的主要封装设备还有植球机、圆片凸点制造设备、圆片级封装的金属沉积设备及光刻设备等。

（3）在 2 级封装阶段，为了实现 PCB 组装工艺，与之对应的主要封装设备有焊膏涂覆设备、丝网印刷机、点胶机、贴片机、回流炉、波峰焊机、清洗机、自动光学检测设备等。为了提供电路组装的基板，与之对应的主要基板工艺设备有真空层压机、钻孔机、通孔电镀系统、涂胶机、光刻机、显影机、刻蚀机、丝网印刷机、电镀铜系统、自动光学检测仪、印字打标机等。

随着技术的发展，插装型封装（如 DIP）所占的市场份额逐渐萎缩，而倒装芯片（Flip Chip）封装、扇出型（Fan-Out）封装、圆片级封装（Wafer Level Package，WLP）、系统级封装（System in Package，SiP）和三维（3D）封装等先进封装技术越来越成为主流。与此同时，先进封装设备也在不断涌现和升级，如用于超薄圆片处理的临时键合/拆键合机、圆片键合机等[5]。

参考文献

［1］陈明辉，吴懿平. 电子制造与封装［J］. 电子工业专用设备，2006（2）：49-52.

［2］梅万余. 半导体封装形式介绍［J］. 电子工业专用设备，2005（5）：14-21.

［3］李燕玲，于高洋，童志义. 应对"后摩尔定律"的封装设备［J］. 电子工业专用设备，2010（12）：1-8，43.

［4］高尚通. 微电子封装与设备［J］. 电子与封装，2002（6）：1-5.

［5］中国电子学会电子制造与封装技术分会，电子封装技术丛书编辑委员会. 电子封装工艺设备［M］. 北京：化学工业出版社，2012.

撰稿人：北京中电科电子装备有限公司　叶乐志
审稿人：北京中电科电子装备有限公司　王志越

▷▷▷ 8.10.2　圆片减薄机，晶圆减薄機，Wafer Grinder

圆片减薄机是一种利用安装在空气静压电主轴上的金刚石磨轮，对圆片、蓝宝石、陶瓷等被加工物进行减薄，高速旋转的磨轮以极低的速度进给，磨削吸附在吸盘上的圆片，从而达到圆片厚度变薄的设备。根据设备工艺需求的不同，圆片减薄机分为减薄机和减薄抛光一体机两种。

减薄机主要由粗磨系统、精磨系统、承片台、承片台清洗系统、上片机械手、下片机械手、中心机械手、料篮、定位盘、圆片清洗台、回转工作台等组成,如图 8-210 所示。粗/精磨系统配有空气静压电主轴,由内装式高频电动机直接驱动主轴,带动金刚石磨轮高速旋转;承片台可以吸附圆片,并可以进行旋转;承片台清洗系统主要用于清洗承片台,保证承片台的洁净;上/下片机械手主要用于圆片从承片台、定位盘、圆片清洗台之间的装载与卸载;中心机械手用于圆片在圆片清洗台、料篮、定位盘之间的传输;料篮主要用于圆片的装载;定位盘用于圆片的位置识别与固定;圆片清洗台主要用于磨削后的圆片的清洗及干燥,去除影响传输的水渍和粉尘;回转工作台主要通过回转运动,实现圆片在粗磨系统、精磨系统及装片位置之间的变换。

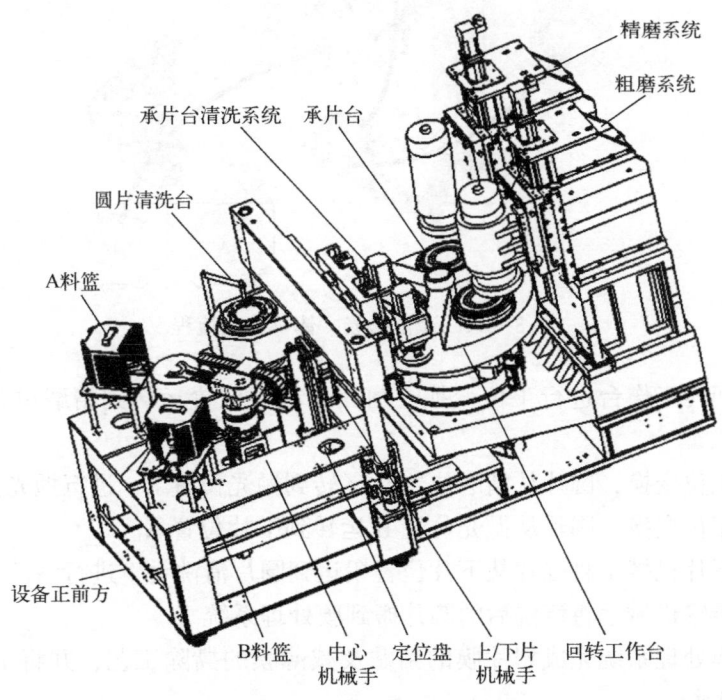

图 8-210 减薄机典型结构

减薄抛光一体机可以实现从上片、定位、装片、粗磨、精磨、抛光、清洗/干燥、保护膜处理到卸片的全部工序的自动化操作,其工艺流程如图 8-211 所示。减薄抛光一体机的工作流程分为如下 9 个步骤。

(1) 机械手将圆片从料篮内取出,送至定位盘。

(2) 在定位盘进行中心定位后,平移机械手臂将工作物移到装片台。

(3) 回转工作台进行工位变换,圆片从装片位 A 运转到粗磨位置 D,进行粗磨。

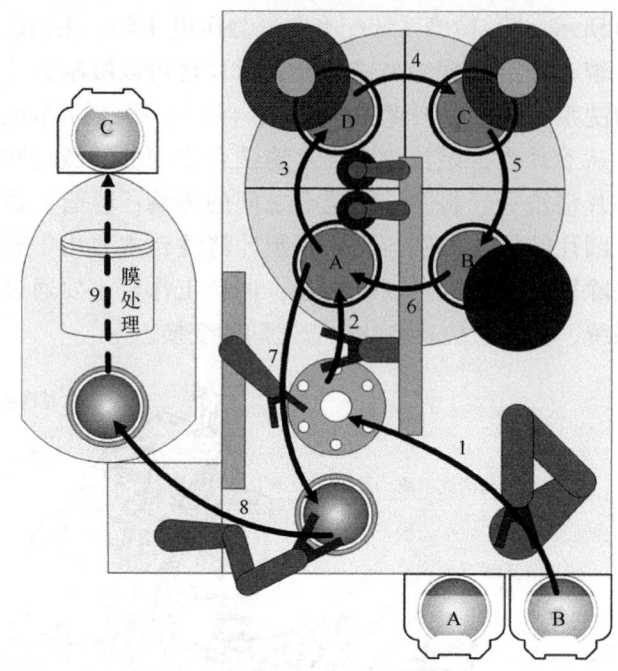

图 8-211 减薄抛光一体机工艺流程

(4) 回转工作台进行工位变换，圆片从粗磨位置运转到精磨位置 C，进行精磨。

(5) 工位变换，圆片从精磨位置 C 运转到抛光位置 B，进行抛光。

(6) 工位变换，圆片从抛光位置 B 运转到下片位置 A。

(7) 下片机械手将圆片从下片位置搬运到圆片清洗台，进行清洗。

(8) 传输机械手将清洗后的圆片搬到膜处理系统。

(9) 膜处理系统完成划片膜的粘贴及减薄膜的撕除工艺，并将带框架的圆片传输到料篮。

减薄抛光一体机可在同一承片台上顺序完成上/下片、粗磨、精磨、抛光等工序，其典型结构布局如图 8-212 所示。它通过一个含有 4 个真空吸盘能够 360°顺时针旋转的大圆盘回转台的运动，使圆片在不离开真空吸盘的情况下就可以顺序移送到粗磨、精磨、抛光、装片位等不同的工位，完成整个减薄抛光过程。减薄抛光后的圆片从减薄、抛光系统移至去膜、贴膜系统，这个过程是通过中间机械手的移动来完成的。去膜、贴膜系统主要完成保护膜的去除和划片膜的粘贴，利用粘贴在框架上的划片膜所具有的平整能力和张力来给薄圆片提供支撑，从而完美地解决厚度小于 100μm 的大直径圆片的传输问题，根除了圆片在传输过程中破碎的风险。

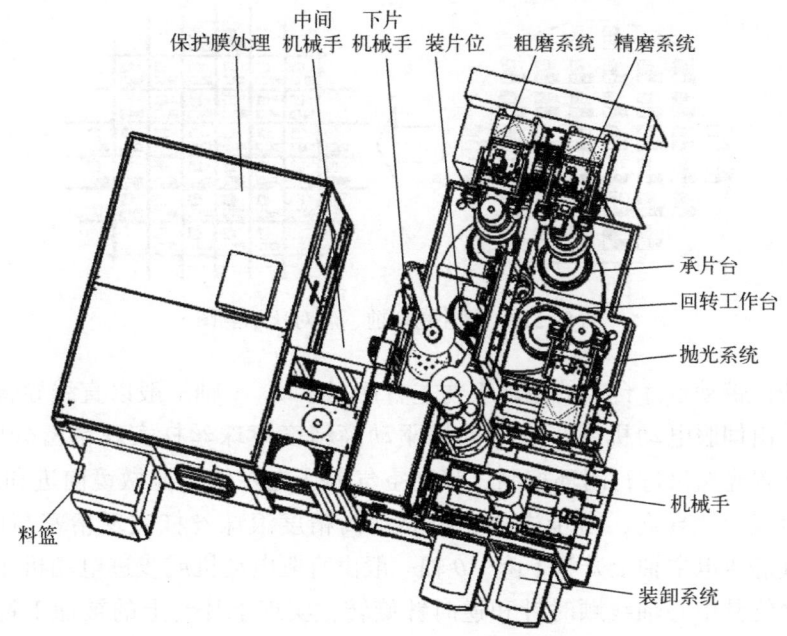

图 8-212 减薄抛光一体机典型结构布局

目前，研制减薄机的国外的主要生产厂家有日本 Disco 和东京精密等，以及国内的北京中电科电子装备有限公司等。除了应用于集成电路行业，减薄机还广泛应用于 LED、红外器件、指纹识别、光通信等行业。

撰稿人：北京中电科电子装备有限公司　郭强生

审稿人：北京中电科电子装备有限公司　王志越

▷▷▷ 8.10.3　砂轮划片机，晶圆切割机，Dicing Saw

砂轮划片机是一种利用安装在空气静压电主轴上的金刚石砂轮，对圆片、玻璃、陶瓷等被加工物进行切割或开槽的设备。图 8-213 所示的是圆片划切前、后对比示意图。根据设备自动化程度不同，砂轮划片机分为半自动砂轮划片机和全自动砂轮划片机。

半自动砂轮划片机工作时，被加工物的安装与卸载作业均采用手动方式操作，仅有切割工序以自动化方式进行。半自动砂轮划片机主要由空气静压电主轴、x 轴、y 轴、z 轴、θ 轴等组成，如图 8-214 所示。空气静压电主轴以气体静压轴承作为支撑，由内装式高频电动机直接驱动主轴，带动金刚石砂轮高速旋转。x 轴一般以直线导轨为支撑和导向，由伺服电动机驱动大导程滚珠丝杠实现

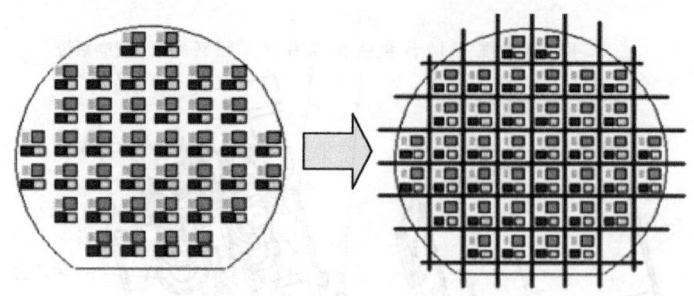

图 8-213 圆片划切前、后对比示意图

直线运动,带动承片台上的被加工物左右往复移动。y 轴一般以直线导轨为支撑和导向,由伺服电动机或步进电动机驱动高精度滚珠丝杠实现精密分度定位,必要时配置光栅尺进行闭环控制,带动空气静压电主轴和显微镜前进和后退。z 轴采用直线导轨导向,由步进电动机驱动高精度滚珠丝杠实现精密高度控制,带动空气静压电主轴上升和下降。θ 轴一般由直驱电动机或步进电动机驱动,带动承片台绕其中心轴线顺时针和逆时针旋转,实现承片台上的被加工物的划切道与 x 轴运动方向平行。

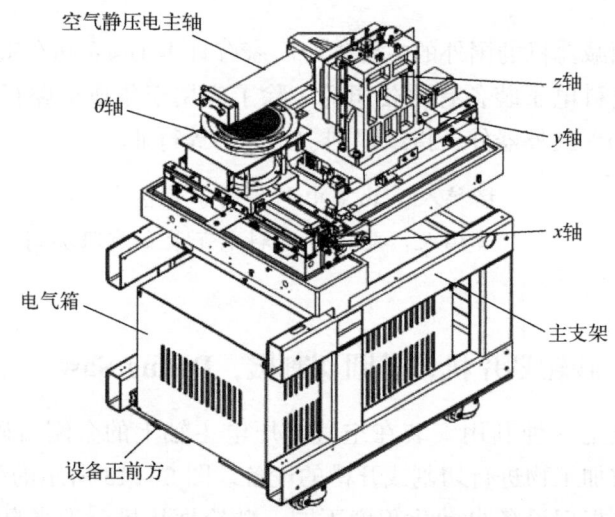

图 8-214 半自动砂轮划片机典型结构

全自动砂轮划片机可以实现从上片、位置校准、切割、清洗/干燥到卸片的全部工序的自动化操作,其工艺流程如图 8-215 所示,其典型结构布局如图 8-216 所示。

砂轮划片机配置有一套或两套空气静压电主轴,其工作机理是强力磨削。进行圆片等被加工物的单元分离作业时,安装于空气静压电主轴上的金刚石砂轮以

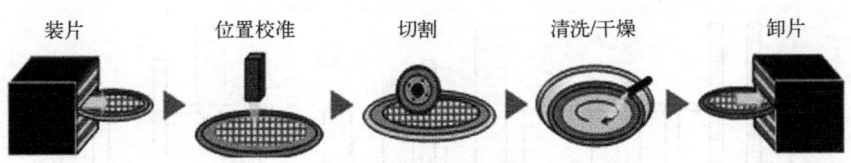

图 8-215 全自动砂轮划片机的工艺流程

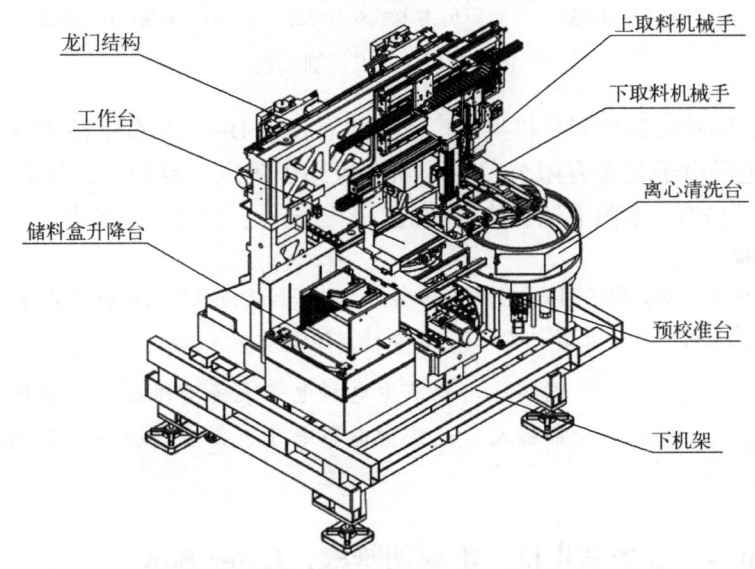

图 8-216 全自动砂轮划片机典型结构布局

30000r/min 以上的高转速在被加工物的划切道内切割,固定着被加工物的承片台以一定的速度沿金刚石砂轮与被加工物接触点的切线方向作往复直线运动,切割过程中产生的碎屑被去离子水冲走。空气静压电主轴的转速、输出功率,金刚石砂轮的金刚砂粒度、结合剂类型、厚度、半径等,冷却液的温度、流量,承载薄膜类型,x 轴速度等因素对被加工物的切割质量具有重要影响。圆片等被加工物的材料本身固有的脆性和砂轮切割方式,不可避免地对被加工物产生正面和背面机械应力,导致分离单元的边缘出现正面崩裂、背面崩裂等质量缺陷。

随着半导体技术的发展,更多新材料、新工艺应用于圆片制造,这对砂轮切割工艺提出了很大挑战。砂轮划片机要适应不同材质的被加工物、不同的应用需求,控制质量缺陷是切割工艺的重点和难点。为了提高生产效率和切割质量,双刀切割工艺(如图 8-217 所示)得到了日益广泛的应用。其中,并列式双刀切割采用两套空气静压电主轴同时加工两条划切线;阶梯式双刀切割先用 z_1 主轴上的刀片进行开槽,再用 z_2 轴上较薄的刀片实现完全划切;斜角式双刀切割先用 z_1 主轴上的 "V" 形刀刃开槽,再用 z_2 轴的刀片进行完全划切。

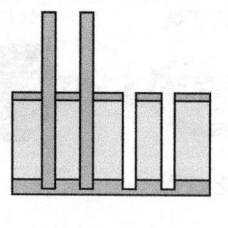 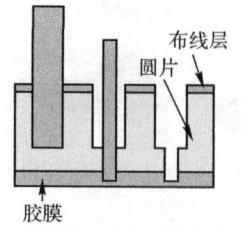 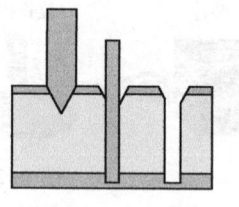

(a) 并列式双刀切割　　(b) 阶梯式双刀切割　　(c) 斜角式双刀切割

图 8-217　双刀切割工艺

目前，国外的砂轮划片机生产厂家主要有日本 Disco 和东京精密等，国内的有北京中电科电子装备有限公司等。除了应用于集成电路行业，砂轮划片机还广泛应用于 LED、太阳电池、热敏电阻、平板显示、光通信等行业。

参考文献

［1］中国电子学会电子制造与封装技术分会，电子封装技术丛书编辑委员会．电子封装工艺设备［M］．北京：化学工业出版社，2012．

撰稿人：北京中电科电子装备有限公司　郭强生
审稿人：北京中电科电子装备有限公司　王志越

▷▷▷ 8.10.4　激光划片机，雷射切割機，Laser Saw

激光划片机是一种利用高能激光束照射在圆片等被加工物表面或内部，通过固体升华或蒸发等方式对被加工物进行切割或开槽的设备。根据激光技术原理的不同，激光划片机分为干式激光划片机和微水导激光划片机。根据设备自动化程度的不同，激光划片机分为半自动激光划片机和全自动激光划片机[1]。

干式激光划片机主要由激光系统、x-y 工作台、θ 向旋转台、z 向调焦系统、除尘及真空和电控系统等组成，如图 8-218 所示。激光系统参数根据被加工物材料对激光的吸收特性确定，x-y 工作台进行快速直线往复运动和精密步进运动，θ 向旋转台用于被加工物划切道的精密对位，z 向调焦系统用于激光加工焦点和 CCD 成像焦点的精密调节。

干式激光划片机的激光加工方法主要分为烧蚀加工和隐形切割。烧蚀加工是指将激光能量在极短的时间内集中于圆片等被加工物表面的微小区域内，使划切道内固体熔化、汽化的开槽加工或全切割加工方式。激光开槽加工是在圆片等被加工物表面切割出深度约为材料总厚度 1/4~1/3 的凹槽，如图 8-219 所示；然后通过裂片工艺将圆片等被加工物沿划切槽分裂从而获得芯片（Die），如图 8-220 所示。激光全切割加工则是直接切穿圆片等被加工物整个材料厚度

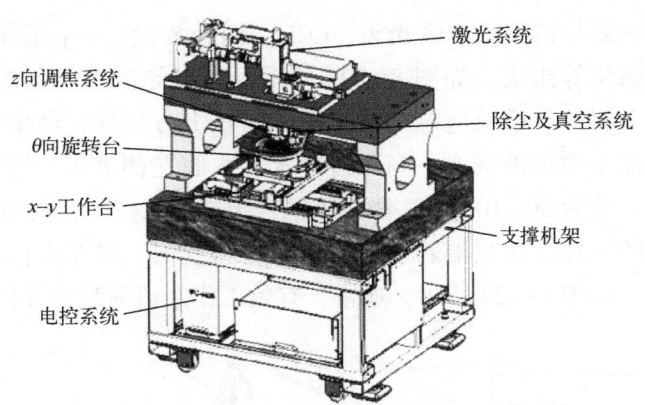

图 8-218　干式激光划片机典型结构

并分离获得芯片,如图 8-221 所示;芯片由于热作用不会自动分离,因而需要通过扩晶过程进行分离。

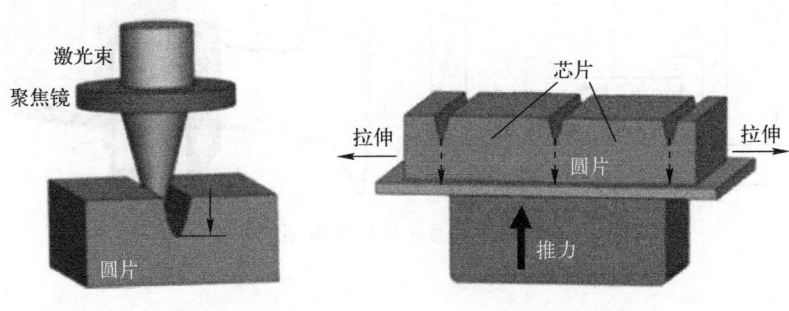

图 8-219　激光开槽加工　　　　　图 8-220　裂片

隐形切割是指将激光能量聚集于圆片等被加工物内部,利用特殊波长控制激光仅打乱硅的原子键,在圆片内部产生变质层,再通过扩展胶膜等方法将被加工物分离成芯片的加工方式,如图 8-222 所示[2]。

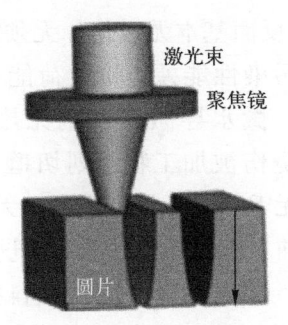 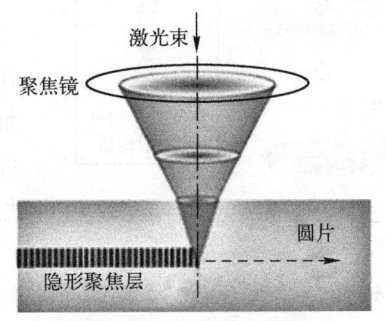

图 8-221　激光全切割加工　　　　图 8-222　隐形切割

微水导激光划片机主要由激光头、CCD、耦合装置、x-y 工作台、z 向调整系统、水循环系统等组成，如图 8-223 所示。微水导激光切割的基本原理是，将激光束由超薄圆片、微机电芯片等被加工物正上方导入，经聚焦镜及水腔的窗口进入并聚焦于喷嘴的圆心；高压纯净水从水腔左侧进入，经喷嘴的微孔喷出，水柱直径尺寸为 30~100μm；激光束耦合于纯净水柱中，利用在微水柱与空气界面全反射的原理，激光沿着水柱行进至材料表面，仅在水柱直径范围内烧蚀并切割圆片，如图 8-224 所示。通常，有效工作距离为喷嘴直径的 1000 倍。

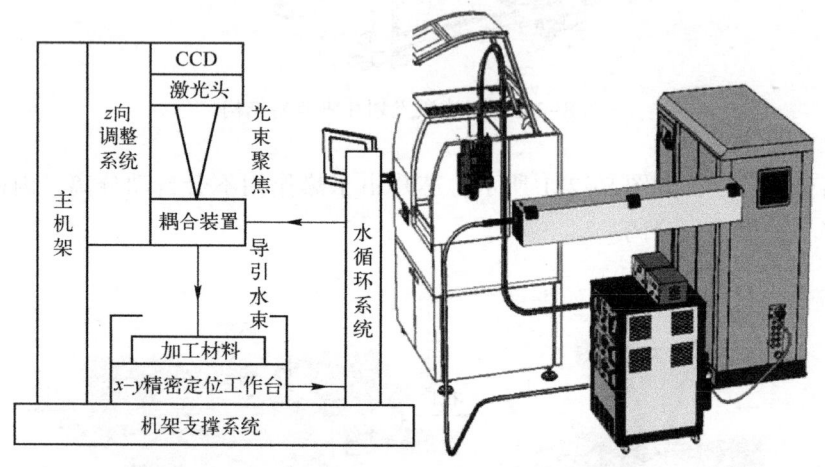

图 8-223 微水导激光划片机典型结构示意图

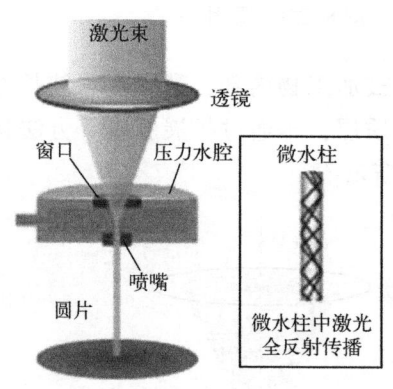

图 8-224 微水导激光切割基本原理

利用干式激光烧蚀加工进行开槽或全切割，具有切割槽窄、非接触、速度快等优点，但存在材料重凝、热影响区、裂纹、晶粒强度等问题；干式激光隐形切割可以抑制加工碎屑的产生，对被加工物正/反面基本无损伤，无须清洗，适用于抗污染性能差、抗负荷能力差的被加工物。微水导激光切割无热影响区，完全不烧伤被加工物，划切道干净、无熔渣、无毛刺、无机械应力、无污染。

目前，国外的激光划片机生产厂家主要有日本 Disco、美国 JPSA、瑞士 Synova 等，国内的有中国电子科技集团公司第四十五研究所、武汉华工激光、深圳大族激光等。激光划片机主要应用于切割硅圆片、蓝宝石圆片、低介电常数材料、MEMS、薄膜太阳电池等光电及半导体材料。

参考文献

[1] 中国电子学会电子制造与封装技术分会，电子封装技术丛书编辑委员会．电子封装工艺设备［M］．北京：化学工业出版社，2012．

[2] 黄福民，谢小柱，魏昕，等．半导体晶圆激光切割新技术［J］．激光技术，2012（5）：293-297．

撰稿人：北京中电科电子装备有限公司　郭强生
审稿人：北京中电科电子装备有限公司　王志越

▷▷▷ 8.10.5 临时键合/解键合机，臨時鍵合/解鍵合機，Temporary Bonding/Debonding Machine

随着时代的进步，计算机、通信、汽车电子、航空航天工业及其他消费类产品对集成电路封装提出了越来越高的要求，如更小、更轻、更薄、更多功能和更低成本。为了满足这些要求，需要将圆片磨薄至100μm以下，圆片与圆片之间通过硅通孔垂直互连，从而实现高密度3D叠层封装，从另一个角度突破摩尔定律[1]。柔性、易碎、翘曲是减薄后圆片的特点，这就需要将薄圆片通过中间材料键合到较厚的载体上，经过背部减薄、TSV开孔、重布互连工艺后，再输入外界能量（光、电、热及外力）使黏层失效，将圆片从载体上分离，此过程即为圆片的临时键合/解键合工艺[2]。简而言之，临时键合/解键合是指将圆片临时键合至刚性的承载（玻璃或圆片）衬底上，以便进行减薄及所需的一系列工艺处理的过程。

临时键合机的主要键合分离方案有化学分解（Chemical Decomposition）、光分解（UV Debonding）、光束曝光慢热机械（Slide-Off）、热分解（Thermal Decomposition）、ZoneBond。用于固定薄圆片的键合胶是临时键合工艺成功的关键[2]。

EVG公司开发了EVG805临时键合/解键合系统，其适用键合方案有Slide-Off、Lift-Off、Edge Zone Debond（EZD）、UV，可临时键合圆片尺寸为200~300mm，最高分离温度为200~300℃。该公司与Brewer Science公司合作开发的WaferBOND HT圆片键合系列黏合剂是一种新型高温可旋转喷涂的黏合剂，主要用于临时键合，可以在高温条件下处理圆片，并能够持续较长一段时间[3]。SUSS公司的XBS200临时键合系统支持临时键合过程中所有关键步骤，包括释放层形成、黏合、低力圆片键合、UV固化和冷却。

参考文献

[1] Andrew Ho. 3D-IC TSV 制造中的双膜层临时键合方法 [J]. 半导体科技, 2014, 3/4: 20-23.

[2] 帅行天, 张国平, 邓立波, 等. 用于薄晶圆加工的临时键合胶 [J]. 集成技术, 2014 (6): 102-110.

[3] 李燕玲, 于高洋, 童志义. 应对"后摩尔定律"的封装设备 [J]. 电子工业专用设备, 2010 (12): 1-8.

撰稿人：北京中电科电子装备有限公司　叶乐志

审稿人：北京中电科电子装备有限公司　王志越

▷▷▷ 8.10.6　圆片键合机，晶圆键合機，Wafer Bonder

圆片键合是指通过化学或物理反应将硅圆片与硅圆片、硅圆片与玻璃或其他材料圆片永久地结合起来的工艺[1]。其键合过程为，在外加能量作用下，两个圆片接合界面上的原子相互反应形成共价键，从而使圆片结合并达到一定的界面键合强度[2]。

圆片键合是 MEMS 加工的关键步骤[3]。随着键合技术所涉及的材料越来越多样化（如玻璃、硅、Ⅲ-Ⅴ族材料等），工艺温度越来越低，该技术的应用也越来越广泛[4]，在安全气囊加速计、微流体元件、圆片级封装、SOI（Silicon on Insulator）基底结构制作、光电通信元件的薄膜转移等产业中都得到了应用[5]。通过与其他工艺结合，该技术还可以用于支撑和保护微结构，实现机械结构之间或机械结构与电路之间的连接，并在 MEMS 工艺中构造电极和空腔。

圆片键合工艺可分为如下 4 种[4]。

（1）阳极键合：在较低温度下（200~500℃）硅与玻璃、玻璃与金属、合金与半导体、玻璃与半导体之间的键合。其优点是，不需要中间层，键合结构的气密性和长期可靠性好，工艺条件简单（既可在真空下进行，也可在稀有气体或大气中进行），残余应力小，键合强度高等，在 MEMS 制造中获得广泛应用。

（2）黏着键合：用非金属材料（如玻璃浆料、光刻胶等）作为中间层材料的键合。它只需在基片表面涂覆中间层材料，再用键合机将两个圆片黏结在一起即可。黏着键合的应用更为广泛，基本上可以在所有的领域中应用，包括气密封装和互连领域。其优点是，中间层材料能避免由于表面凹凸造成的缺陷，因此它是一种对表面粗糙度不敏感的键合方式；其缺点是，键合表面的电学特性一般，并且过渡层比其他键合技术要厚得多。

（3）熔融键合：将两个经过特定表面处理的表面光滑的硅圆片，以特定温度和压力加以键合，最后在 800~1000℃ 的温度下退火。该工艺属于同质键合，不会因为热膨胀系数不匹配等引起键合热应力等问题。

（4）低温圆片键合：主要有等离子活化法和氩气溅射氧化法两种。等离子活化的机理是，离子轰击表面会赋能给不稳定的非桥接氧原子，并使其离开成键的硅原子，从而形成悬键；等离子体处理可以破坏并清除硅圆片表面的碳氢化合物，增加表面 –OH 数量，从而达到表面活化的目的。通常的低压等离子体技术基于 10^{-4}Pa 气压条件下电子和离子的高能激化。该方法可应用于多种材料圆片之间的低温键合，如硅与硅、硅与玻璃、玻璃与玻璃、硅与锗、硅与Ⅲ–Ⅴ族化合物等，与 IC 工艺兼容，其缺点是设备及工艺成本较高。

圆片键合机的国外主要厂商有德国 SUSS、奥地利 EVG 等，国内主要厂商有苏州美图、上海微电子装备。EVG560 自动圆片键合系统[4]能够集成 4 个以上的键合腔体，并可建构整个的键合流程，包括阳极键合、黏着键合、低温等离子体键合等，也可以进行 300mm 的圆片的键合。

参考文献

[1] 李浩. 晶圆键合机控制系统的设计与实现 [D]. 保定：华北电力大学，2012.
[2] 李运. 表面活化晶片键合的研究 [D]. 南京：东南大学，2013.
[3] 李和太，李晔辰. 硅片键合技术的研究进展 [J]. 传感器世界，2002（9）：6-10.
[4] 林晓辉. 晶圆低温键合技术及应用研究 [D]. 武汉：华中科技大学，2008.
[5] 饶潇潇. 晶圆低温直接键合技术研究 [D]. 武汉：华中科技大学，2007.

撰稿人：北京中电科电子装备有限公司　叶乐志
审稿人：北京中电科电子装备有限公司　王志越

▷▷▷ 8.10.7　植球机，植球機，Ball Mounting Machine

植球工艺是指制造芯片凸点（Bump）的过程，实施植球工艺的植球技术是倒装芯片封装、BGA/WLCSP 先进封装工艺中的关键技术。凸点是芯片与外部电路相连接的纽带，即 I/O 通道[1]。芯片凸点种类很多，常用的有金凸点和焊料凸点[2]。进行倒装芯片封装时，常采用热超声工艺制作金凸点，该工艺可以根据焊接要求进行凸点设计并按设计模型灵活实现制作，既可保证器件的电学和机械特性，又可节省材料和工作量[3]。

根据制作凸点类型的不同，植球机的工作原理也各不相同。植球机主要采用热超声工艺进行金凸点制作。植球机的主要构件包括超声电源、换能器、送线机构、劈头、温度可控的夹具等。植球过程是，将基板固定在热台上，移动劈刀至凸点上方；焊接时，金丝通过中空的劈刀到达劈刀尖，流出可控制长度的尾丝；电子火焰熄灭（Electronic Flame-off，EFO）系统产生高电压对尾丝进行放电，其电火花产生的高温能瞬间熔化金丝的尾丝端部；通过表面张力效应，熔化的尾丝端部迅速凝固形成金凸点，在热超声的作用下，凸点焊接在基板上；劈刀水平移动，产生横向切力，使得金线在凸点的尾部断开，从而完成打点。在实际操作中，金凸点的直径一般控制为金丝直径的2~3倍[4]。制作金凸点的植球机的主要设置参数包括凸点高度、线尾长度、超声功率、超声时间、凸点间距、打火高度、凸点数量等。

在进行焊料凸点制作时，植球工序主要包括助焊剂涂敷、锡球贴放、回流焊和检测。其中，助焊剂涂敷是将助焊剂涂敷在基板焊盘上，起到增加锡球流动性以确保固化工序的质量，以及增加焊盘黏附性以确保锡球贴放成功的双重作用[5]。目前，业界流行的工艺有丝网印刷法、针转移法、点滴法等。锡球的直径为0.1~1mm，球径越小，植球的难度越大。植球设备由3个主要部分（印刷工程、搭载工程、检查工程）和2个辅助部分（装载器、卸料器）组成。印刷工程是将助焊剂等均匀、精确地印刷在电路基板的电极位置上，以便大幅度提高球的搭载率和回流后的黏附强度。搭载工程是用吸头从供给机中吸起锡球，在锡球不变形的条件下将其整齐排列，然后通过图像处理技术精确定位，将锡球搭载到基板上，最后用CCD系统对已完成植球的基板进行检测。植球机的主要技术指标包括最大植球区域、锡球直径、单次植球数量、单次植球时间、植球精度等。

上海微松工业自动化有限公司的全自动植球机WMB-2000，通过高精度丝网印刷和微球精准对位搭载，已实现圆片级芯片尺寸封装工艺，可替代传统圆片电镀凸点工艺，具有批量化生产和高搭载率的优势。上海爱立发植球机BM-760S采用高画质图像处理系统，可以检测锡球的有无、尺寸和位置偏差，可进行单点涂助焊剂、单点补球，并可取走不良的锡球；对应植球基板尺寸为460mm×260mm，可植锡球直径为0.06~0.3mm。

参考文献

［1］刘劲松，郭俭，王鹤. 芯片尺寸级CSP封装自动植球技术的研究［J］. 制造业自动化，2015（10）：117-120.

［2］赵志明，乔海灵. 芯片凸点植球技术［J］. 电子工业专用设备，2009（12）：17-19.

［3］田知玲，夏志伟，闫启亮. 金丝球焊制作焊接凸点的工艺参数分析［J］. 电子工业专用设备，2012（12）：33-39.

[4] 林海青. 金丝球焊工艺及影响因素分析 [J]. 中国新技术新产品, 2016 (2): 48-49.
[5] 方兴. 用于集成电路球栅阵列（BGA）封装的全自动植球机的研制开发 [D]. 合肥: 合肥工业大学, 2005.

撰稿人：北京中电科电子装备有限公司　叶乐志

审稿人：北京中电科电子装备有限公司　王志越

▷▷▷ 8.10.8　黏片机，黏片機，Die Bonder

黏片是将芯片安装固定在封装基板或外壳上，所用工艺设备为黏片机。芯片通常在圆片工艺线上完成片上测试，并将有缺陷的芯片打上标记，以便在后续封装过程中进行识别。芯片的封装工艺始于将芯片分离成单个的芯片。当单个芯片从整体圆片上分离出来后，然后通过装片工艺将芯片安装到引线框上或芯片载体上。黏片采用的键合材料有很多种，包括导电环氧树脂、金属焊料等。

黏片机也称芯片键合机、装片机或固晶机。黏片机主要由承片台、点胶系统、键合头、视觉系统、物料传输系统、上/下机箱及基座等部分组成，如图 8-225 所示。键合头完成芯片的拾取和放置，是完成芯片键合工艺的关键。键合头与承片台相互配合，从蓝膜上准确地拾取芯片，然后与物料传输系统相互配合，准确地将芯片放置在封装基底涂覆了黏合剂的位置上。接着，对芯片施加压力，在芯片与封装基底之间形成厚度均匀的黏合剂层。在承载台和物料传输系统的进给/夹持机构上，分别需要一套视觉系统来完成芯片和封装基底的定位，将芯片位置的精确信息传递给运动控制模块，使运动控制模块能够在实时状态下调整控制参数，完成黏片动作。物料传输系统负责芯片键合工艺中料条的自动操作，主要包括上料机构、进给/夹持机构、下料机构。芯片传输机构作为黏片机的主要机构，要求结构精密紧凑。由于圆片的运动是在 $x\text{-}y$ 平面进行

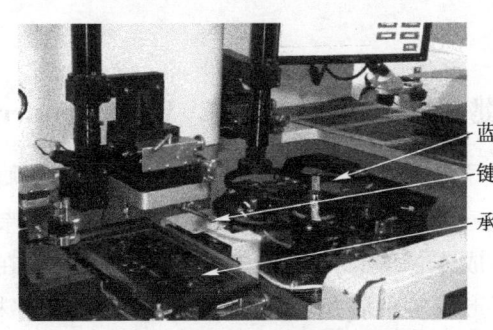

图 8-225　黏片机内部结构

的光栅扫描式运动，所以圆片/芯片供送系统的主要部件是 $x-y$ 工作台。在进行芯片黏片时，圆片运动的步距为两个相邻芯片的距离，$x-y$ 工作台的行程必须大于圆片自身的直径，这样才能保证圆片上的每个芯片均能移动到顶针上方被顶针顶起至吸头[1]。圆片的直径大小有 150mm、200mm 及 300mm。国际上主流机型为 300mm。黏片机的关键技术是整机运动控制、芯片拾放和图像识别[2]。对于芯片拾放机构，要求速度快、精度高。

黏片机经过多年的发展，已在技术上取得了长足的进步，现已推出了 300mm 的全自动设备，其主要生产厂商是 ESEC 公司、ASM 公司、Alphasem 公司。表 8-55 列出了典型黏片机的性能比较。

表 8-55 典型黏片机的性能比较

公司	型号	位置精度	生产效率 UPH	圆片尺寸 /mm	芯片尺寸 /mm	封装工艺
ASM	AD838	±25.4μm @3σ	17000	200	0.150~10.16	BGA、CSPBGA、MLP、QFP、PDIP、TQFP、堆叠式 CSP
ESEC	2100sD^{plus}	±12μm @3σ	13000	300	0.25~20	BGA、CSP-BGA、Sip-BGA、FBGA
ESEC	2008hSplus	25μm @3σ	13000	150、200、300	0.254~25.4	QFN、BGA、减薄芯片、PBGA、WBL、叠层芯片

参考文献

[1] 曹占伦. 芯片键合装置的开发与研究 [D]. 广州：广东工业大学，2008.

[2] 刘洋，邝守东. 粘片机布局及关键机构技术研究 [J]. 电子工业专用设备，2009 (7)：29-32.

撰稿人：北京中电科电子装备有限公司　叶乐志
审稿人：北京中电科电子装备有限公司　王志越

▷▷▷ 8.10.9 引线键合机，引綫鍵合機，Wire Bonder

引线键合工艺是以导电引线连接封装内部芯片焊区和引脚的焊接工艺，它是保证集成电路最终电气、光学、热学和力学性能的关键环节[1]。引线键合工艺因其实现简单灵活，成本低廉，可使用多种封装形式，而在封装互连方式中占据主导地位[2]。为了形成各种满足不同封装形式需要的特殊线弧形状，引线键合利用陶瓷细管引导金属引线在三维空间中作复杂的高速运动，将已黏结于引线框架上的内部芯片与引线框架上的外部引脚进行物理连接。在键合过程中，需要机械、电气、软件、光学和图像等系统全面配合并自动完成定位，EFO 系统打火形成金球，复杂空间拉弧运动由 x-y 工作台、z 工作台和精密定位驱动完成，自动上/下料由物料系统完成，最后在超声波能量、基板热量及键合压力的作用下完成焊线。

在半导体封装生产线上，引线键合机也称球焊机、压焊机、焊线机或邦定机。引线键合机主要由 x-y 工作台、键合头、视觉系统、物料传输系统及上/下机箱及基座等组成，如图 8-226 和图 8-227 所示。其中，x-y 工作台提供引线键合工艺中形成复杂线弧形状所需的键合面内的高速精密运动，是实现键合工艺的关键部件。键合头提供键合过程中垂直于键合面的运动，与 x-y 平台相互协调，共同完成引线键合所需的复杂三维空间运动，同时承载超声波换能器、线夹、电子打火杆等小机构，是实现键合工艺的另一关键部件。键合头主要由摆臂、转轴、电动机及各种小机构组成。摆臂的后部与驱动电动机线圈连接，前部固定超声波换能器和线夹，中部通过轴承或片簧定义的转轴旋转，带动劈头、超声波换能器和线夹上下运动。超声波换能器产生的超声波能量，通过固定在其顶端的劈刀（金线从中穿过的中空陶瓷细管）传递到键合点，在引线与焊盘之间形成新的洁净金属界面，从而使其扩散焊接在一起。线夹在引线键合工艺的不同阶段关闭或打开，起到控制线长和从第 2 键合点拉断引线的作用。电子打火针与电子打火盒的负极相连，尖端采用耐高温、耐腐蚀的铂金属。电子打火针固定在 x-y 工作台上靠近劈刀尖端的位置。线夹的一侧夹板能够导电，并与电子打火盒的负极相连，线夹关闭时，金丝与电子打火正极连通。视觉系统由光路、照明和摄像头组成。通过摄像头获得的图像经过模式识别算法处理后，得到每根引线的起始点和终止点，并且承担焊后检测的任务，如图 8-228 所示。引线键合机的主要工艺参数包括键合温度、键合时间、超声功率与键合压力、线弧控制[3]。

图 8-226　引线键合机工作台

图 8-227　引线键合机键合头

图 8-228　引线键合弧度控制

目前，全自动引线键合机以 K&S 公司的 Maxμm、ESEC 公司的 WB-3200 系列为主导，ASM 公司、SINKAWA 公司、KAIJO 公司等的产品紧随其后，它们共同占据了市场中相当大的份额。表 8-56 列出了全球较具代表性的引线键合机技术性能指标。国内在该领域也有多个厂家开始生产引线键合机，如北京中电科公司、深圳大族等。

表 8-56　代表性引线键合机技术性能指标

公　司	型　号	键合精度	键合速度/ (ms/线)	键合间距/ μm	焊线直径/ mm
ASM	Eagle60Ap	±2.5μm@3σ	60	35	15~76
	TwinEagle	±3.0μm@3σ	60×2	35	20~75
ESEC	WB-3200	±2.5μm@3σ	40	30	20
K&S	Maxμmultra	±2.5μm@3σ	60	35	25.4
	Maxμmelite	±2.5μm@3σ	60	60	25.4
SHINKAWA	UTC-2000	±2.5μm@3σ	60	35	20

参考文献

[1] 王晓奎. 倒装焊接设备精密对位系统的精度设计 [D]. 西安：西安电子科技大学，2013.

[2] 纪伟，刘严庆，刘丹，等. 手动引线键合设备夹持台解决方案 [J]. 电子工业专用设备，2014（6）：27-31.

[3] 赵杰. 镀钯键合线在封装应用中的研究 [D]. 上海：上海交通大学，2012.

撰稿人：北京中电科电子装备有限公司　叶乐志
审稿人：北京中电科电子装备有限公司　王志越

8.10.10　倒装机，倒裝機，Flip Chip Bonder

倒装芯片封装作为一种先进的芯片互连技术，已经成为高密度封装和芯片互连的主要发展方向和趋势。倒装芯片正面朝下，芯片上的凸点（Bump）直接与基板上的焊盘（Pad）连接，互连线非常短，I/O 引出端分布在整个芯片表面，具有密度高、体积小、性能强的特点，能够满足智能手机等电子产品的要求。倒装技术还能够实现堆叠芯片及三维封装工艺。倒装焊的优点包括焊点牢固、信号的传输路径短、I/O 密度高、可靠性高、封装尺寸小等；其缺点在于成本高。倒装芯片互连技术采用 3 种键合工艺，即对应金凸点（Stud Bump）的热超声（Thermal Ultrasonic）工艺，对应锡凸点的回流焊（Mass Reflow）工艺，以及对应铜柱凸点的热压（Thermal Compression）工艺[1]。

（1）热超声工艺：参照引线键合（Wire Bond）技术，热超声倒装键合技术采用超声引线键合的方式在芯片焊盘上植入金凸点，然后将芯片倒置装贴在基板焊盘上，在温度和超声键合力共同作用下，将倒装芯片键合到基板焊盘上。由于此技术应用了成熟的引线键合技术，凸点的制作过程简单，而且可兼容大部分传统的设备和技术，所以适用于 I/O 密度较低的芯片，如 LED 封装、智能卡封装和通信领域中的 SAW Filter 器件等。

（2）回流焊工艺：集成电路中倒装芯片键合最主流的工艺是回流焊方式，也称 C4 工艺（Controlled Collapse Chip Connection），如图 8-229 所示。它是由 IBM 早期在发展芯片粘贴到陶瓷基座的技术时而开发的。回流焊工艺是先在芯片上制作锡凸点，将倒装芯片蘸取助焊剂（Flux）后装贴在基

图 8-229　倒装芯片 C4 工艺凸点

板上，然后通过回流炉实现焊接，其工艺过程如图 8-230 所示。

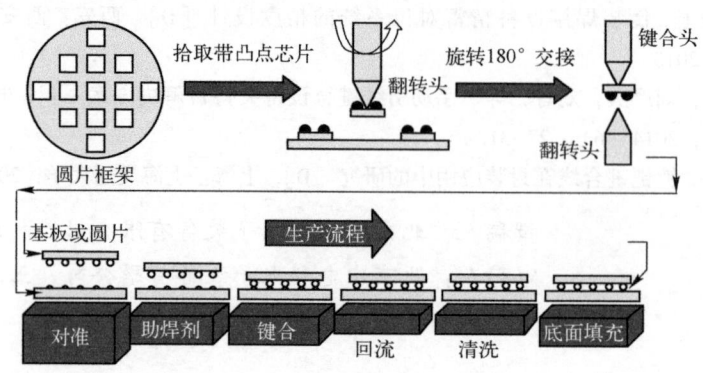

图 8-230　倒装芯片回流焊工艺过程

（3）热压工艺：热压倒装芯片一般用于 I/O 密度更高的的铜柱凸点，在基板焊盘上涂敷各向异性的导电胶，通过加热加压的方式将芯片凸点键合到基板焊盘上。与圆形焊锡凸点相比，侧面平整且高深宽比的铜柱凸点及尺寸更小的微铜柱凸点，更适合小间距、大尺寸芯片和多 I/O 个数（800 个以上）的芯片。但目前的热压工艺成本高，装片工艺也要求更高的精度。目前已实现批量生产的铜柱凸点最小间距是 40μm。采用热压倒装焊技术最大障碍是芯片键合设备的精度，小间距铜柱凸点要求该设备的装片精度达到±3μm 以内。图 8-231 所示为锡凸点和铜柱凸点。

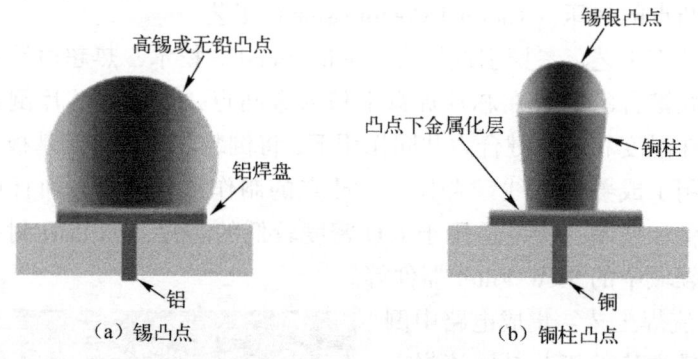

图 8-231　锡凸点和铜柱凸点

典型回流焊型倒装芯片键合设备厂商有 ASM、Datacon、ESEC 和北京中电科电子装备有限公司。北京中电科研制的倒装机能适应芯片到圆片（Chip to Wafer）、芯片到基板（Chip to Substrate）、芯片到引线框架（Chip to Leadframe）、芯片到面板（Chip to Panel）等倒装工艺，且兼容热压工艺，稳定性良好。表 8-57 列出了典型倒装键合机的技术指标。

表 8-57 典型倒装键合机的技术指标

公司	型号	键合精度	芯片尺寸	生产能力/(件/h)	工作面积/mm²
ASM	AD9212	±10μm@3σ	0.25μm@3σ×0.25μm@3σ~17.8μm@3σ×17.8μm@3σ	4500~6000	200~200
中电科	Octopus-1300	±6μm@3σ	0.2μm@3σ×0.2μm@3σ~25μm@3σ×25μm@3σ	6000	350~350
Besi	Datacon 8800	±6μm@3σ	0.2μm@3σ×0.2μm@3σ~25μm@3σ×25μm@3σ	4000	180~200
Besi	ESEC 5003plus	±10μm@3σ	0.25μm@3σ×0.25μm@3σ~50μm@3σ×50μm@3σ	5000	150

参考文献

［1］叶乐志，唐亮，刘子阳. 倒装芯片键合技术发展现状与展望［J］，电子工业专用设备，2014（11）：1-5, 15.

撰稿人：北京中电科电子装备有限公司　叶乐志
审稿人：北京中电科电子装备有限公司　王志越

▷▷▷ 8.10.11　助焊剂清洗机，助焊劑清洗機，Flux Cleaner

助焊剂清洗机主要用于集成电路组装与封装工艺中的圆片凸点回流焊接、特殊芯片凸点倒装焊接器件的助焊剂的清洗，适用于标准的 200mm 或 300mm 圆片，器件规格尺寸不等。助焊剂清洗机主要由机架、旋转清洗干燥单元、机械手升降机构、溶液浸泡预热槽、溶液喷淋预热槽、去离子水清洗（De-ionized Water Rinsing, DIW）喷淋预热槽、N_2 干燥单元、电控系统、管路/管件系统及排液/排风系统等组成。

助焊剂清洗机的工作原理是，清洗液在溶液浸泡预热槽中预加热后，通过泵由工艺槽体底部注入工艺槽中，完成浸泡旋转清洗工艺，废液直接排放于厂务专用管道中；清洗液在溶液喷淋预热槽中预加热后，通过泵将预热槽中的溶液从工艺槽喷淋管中喷在清洗工件上，进行热清洗液喷淋旋转冲洗，废液直接排放于溶液喷淋预热槽中循环使用；去离子水在 DIW 喷淋预热槽中加热后，由泵打入喷淋管中完成热 DIW 喷淋旋转冲洗，废液直接排放于厂务专用管道中；氮气烘干采用不锈钢在线加热器，温度范围为常温至 100℃，温度可调。

助焊剂清洗机配置了可用于不同圆片及器件的旋转载体，如图 8-232 所示。旋转载体由转轴、旋转盘、片盒固定架、活动固定杆等组成。旋转电动机采用伺服电动机，旋转速度为 0~1200r/min，转速可通过设定进行调节；机械手采用上下升降方式；透明门盖采用透明钢化玻璃及密封圈。

(a) MCM载体　　　　　(b) BGA载体　　　　　(c) 倒装芯片载体

(d) 混合电路模块载体　　(e) 200mm圆片载体　　(f) 300mm圆片载体

图 8-232　旋转载体结构图

助焊剂清洗机的电控系统主要由 PLC、触摸屏、温控器、传感器等组成，其软件具有报警信息、历史记录、维护信息等的记录功能。

　　　　　撰稿人：北京中电科电子装备有限公司　郭强生
　　　　　审稿人：北京中电科电子装备有限公司　王志越

▷▷▷ 8.10.12　回流炉，回流爐，Reflow Oven

回流炉也称回流焊炉，主要用于 0 级封装的倒装芯片锡凸点（Solder Bump）回流焊接工艺和 1 级封装的器件表面贴（SMT）工艺。在倒装芯片回流焊接工艺中，倒装芯片上有锡凸点，将芯片蘸取助焊剂后，粘贴在基板或框架上，并通过热回流进行焊接[1]。此工艺经由重新熔化预先分布在 PCB 焊盘上的膏状软纤焊料，实现与元器件焊端或引脚之间的机械与电气连接的焊接[2]。回流焊接是一个实时控制过程，涉及很多工艺参数，其中温度曲线的设置最为关键，它将决定回流焊接的质量。未优化的温度曲线会使基板或 PCB 出现焊接不全、虚焊、元器件翘立、焊接球过多等缺陷。进行回流焊接时，首先基板或 PCB 进入升温区，对其进行稳定升温；之后进入 160~180℃ 的升温区，焊膏中的溶剂得以蒸发，而焊膏中的助焊剂则实现对焊盘、元器件焊点和引脚的湿润；焊膏软化后塌落并覆盖焊盘，起到将焊盘及元器件引脚与氧气隔离的作用；同时也对表贴元器件进行预热；然后进入回流区，温度以 2~3℃/s 的速率迅速上升，使焊膏熔化，液态焊锡实现润湿、扩散、漫流和回流融合，在焊接界面生成金属化合物而形成焊接点；最后进入冷却区实现焊点凝固。图 8-233 所示为回流焊理想温度曲线图。

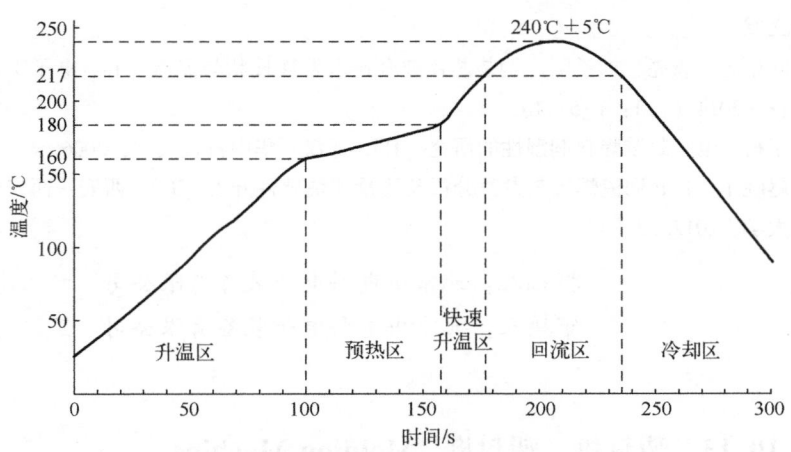

图 8-233　回流焊理想温度曲线图

根据加热方式的不同，回流焊炉分为热板传导型、热风型、红外线辐射型、红外热风型、气相型、激光型等不同的类型[3]。回流焊的热传导方式主要有辐射和对流两种。辐射传导主要采用红外炉，其优点是热效率高、温度陡度大、温度曲线控制及双面焊接时 PCB 上/下面温度控制容易，不足之处是温度控制不够均匀，可能造成焊接不良和元器件损坏等问题；而对流传导主要采用热风炉，它具有温度均匀、焊接质量好等优点，但不容易控制 PCB 上/下面温差，以及沿焊接长度方向的温度梯度。目前，业界倾向热风小对流方式，通过在炉子下方设置制冷机制来保持热风炉在垂直和长度方向的温度梯度，从而达到特定温度曲线的要求。

主要的回流炉设备厂商有 SUNEAST、千住金属、劲拓等。深圳市劲拓自动化设备股份有限公司开发的 JTE 系列、JTR 系列和 KT 系列回流炉具有性能稳定可靠，控温能力强，高控温精度，生产效率较高等特点，可有效节约能耗和生产成本。劲拓 JTE-800 回流炉外形图如图 8-234 所示。

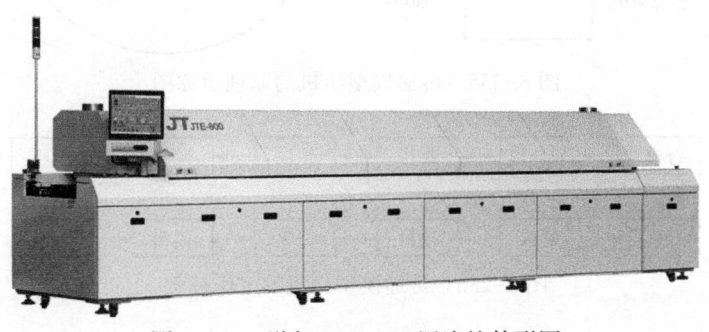

图 8-234　劲拓 JTE-800 回流炉外形图

参考文献

［1］叶乐志，唐亮，刘子阳. 倒装芯片键合技术发展现状与展望［J］. 电子工业专用设备，2014（11）：1-5, 15.

［2］李松. 电子封装焊料润湿性的研究［D］. 武汉：华中科技大学，2006.

［3］赵晓军. PoP 回流焊工艺参数分析及质量评估软件开发［D］. 西安：西安电子科技大学，2012.

撰稿人：北京中电科电子装备有限公司　叶乐志

审稿人：北京中电科电子装备有限公司　王志越

▷▷▷ 8.10.13　塑封机，塑封機，Molding Machine

塑封机主要用于集成电路产品后道工序的自动化塑封。塑封工艺过程主要包括排片、预热、模压和固化等。目前，模塑技术的自动化程度越来越高，自动塑封系统集排片、上料、预热、装料、模压、清模、去胶和收料于一体，大大提高了工作效率和封装质量。

对塑封而言，传递模塑工艺是集成电路封装最普遍的方法。传递模塑是指通过加压，将加料室中热的黏稠状态的热固性材料，通过料道、浇口进入闭合模腔内制造塑封元件的过程。图 8-235 所示为传递模塑压机的原理示意图，其工作过程如图 8-236 所示[1]。

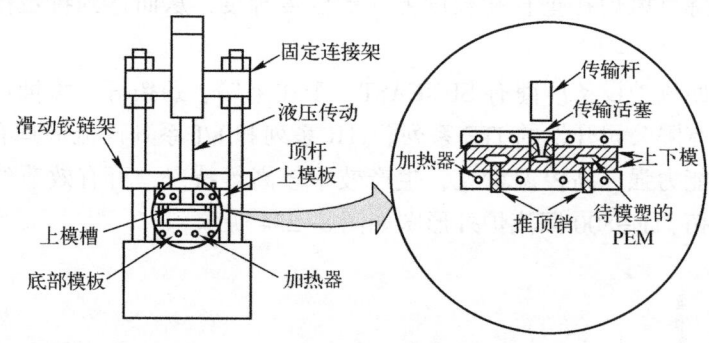

图 8-235　传递模塑压机的原理示意图

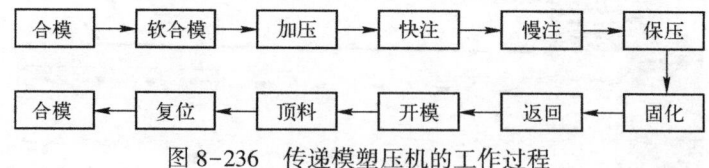

图 8-236　传递模塑压机的工作过程

塑封压机主要利用 PLC 来控制液压系统中的各个阀件，通过各个阀件的动作控制塑封压机核心部分——液压模块的运行，其合模和注射的速度、流量与压力是通过控制电磁比例阀来实现的。塑封压机的工作过程主要有合模和注塑两个阶段，其工作过程如下所述。

（1）合模：活动工作台快速上升→慢速上升→一次加压→二次加压→合模保持→活动工作台卸压→慢速下降→快速下降→慢速下降→活动工作台维持→升降工作台卸压→慢速上升。

（2）注塑：上柱塞杆快速下降→一次慢速下降→二次慢速下降→三次慢速下降→卸压→慢速上升→快速上升→慢速上升。

塑封压机的关键部件包括液压系统、锁模系统、模具、变速/变压控制系统、注塑头、PLC 控制系统等。液压系统关键技术要求包括合模压力，开模/合模速度可调，注塑压力/注塑速度可调，保压，顶出产品时速度要平稳。主要控制的工艺参数包括模具合模压力、传递压力、料室温度、模具的温度、填充模腔需要的传递时间等。

参考文献

［1］中国电子学会电子制造与封装技术分会，电子封装技术丛书编辑委员会. 电子封装工艺设备［M］. 北京：化学工业出版社，2012.

撰稿人：北京中电科电子装备有限公司　　郭强生
审稿人：北京中电科电子装备有限公司　　王志越

▷▷▷ 8.10.14　电镀及浸焊生产线，電鍍及浸焊生產綫，Electro Plating and Wave Soldering System

电镀生产线用于对封装后的 IC 引线框架、接插件的进行电镀或对金属零件进行表面处理。此工序是对封装后的 IC 引线框架引脚进行保护性镀层处理，以增加引脚的可焊性。封装后框架引脚的后处理可采用电镀或浸锡工艺来实现。电镀槽呈流水线式，其工艺过程是，首先进行清洗，清洗后的引线框架在不同浓度的电镀槽中进行电镀，然后对完成电镀的引线框架再次进行冲洗、吹干，最后放入烘箱中烘干[1]。

浸锡工艺首先也是进行清洗，然后将清洗后的产品在助焊剂中浸泡，再浸入熔融锡合金熔液中进行浸锡，对浸锡后的产品再次进行清洗、烘干。其工艺流程为，去毛边→去油污→去氧化物→浸助焊剂→浸锡→清洗→烘干。

电镀会造成周围厚中间薄的所谓的"狗骨头"（Dog-Bone）问题，主要原因是电镀时容易造成电荷聚集效应,另外电镀液也容易造成离子污染。浸锡容易引起镀层不均匀,主要原因是熔融焊料表面张力的作用使得浸锡部分中间厚、边缘薄。

目前主流的电镀生产线是高速环形垂直升降式电镀生产线,与普通的电镀生产线在结构上有很大的不同,工件的横移和升降不再是针对单一的槽进行的,而是整条线的挂具和工件同时动作,单槽的工件在上升→横移→下降后进入下一个槽,镀槽和多位的药水槽的工件则在槽内作连续移动,不作升降移动。高速环形垂直升降式电镀生产线除人工上/下料外,其他操作均采用自动控制,工作效率高,适用范围广。

参考文献

[1] 中国电子学会电子制造与封装技术分会,电子封装技术丛书编辑委员会. 电子封装工艺设备 [M]. 北京:化学工业出版社,2012.

撰稿人:北京中电科电子装备有限公司　郭强生
审稿人:北京中电科电子装备有限公司　王志越

▷▷▷ 8.10.15　切筋成型机,切筋成型機,Cropping Machine

切筋成型机主要用于引线框架后封装的切筋、成型和分离工艺。它集自动上料、自动传递、自动成型、自动检测、自动装管、自动收料于一体,可实现整个生产过程的自动化。切筋成型机主要由上料系统、模具系统、导料机构、收料机构、除尘系统五部分组成[1]。

剪切是将整条引线框架上已封装好的芯片分开,同时切除多余的连接材料及凸出的树脂。剪切后的独立封装芯片具有坚固的树脂硬壳,其侧面伸出许多个外引脚。成型则是将这些外引脚压成便于PCB组装的设计好的形状。剪切和成型是两道工序,但由于定位及动作的连续性,通常在同一个设备中完成,但也有分开完成的。切筋成型后的芯片被置入用以运送的塑料管(Tube)或承载盘(Tray)里。

成型工艺的主要的问题是引脚的变形。对于DIP,由于其引脚数少,且引脚较粗,问题不大;但对于SMT贴装,由于是微细间距框架,且引脚数大,在引脚成型时易造成引脚的非共面性。原因之一是人为因素,随着设备自动化程度的提高,这个因素已大大减少;原因之二是成型过程中产生的热收缩应力[2]。由于塑封料和框架材料的热膨胀系数不同,在成型后的降温过程中会引起各自在收缩程度上的差异,造成框架翘曲,从而引起非共面问题。随着框架引脚越来越细，封装模块越来越薄，这一问题越来越具有挑战性，克服的途径在于材料的选择、框架带长度及框架形状的设计优化等。

参考文献

［1］中国电子学会电子制造与封装技术分会，电子封装技术丛书编辑委员会. 电子封装工艺设备［M］. 北京：化学工业出版社，2012.

［2］赵军毅. 低介电常数工艺集成电路的封装技术研究［D］. 上海：复旦大学，2009.

撰稿人：北京中电科电子装备有限公司　郭强生
审稿人：北京中电科电子装备有限公司　王志越

▷▷▷ 8.10.16　激光打标设备，雷射印標機，Laser Marking Machine

打标（又称打印）是指在已封装好的集成电路模块顶面"印上"字母和标识，包括制造商的信息、产地、芯片代码等，主要作用是为了识别和跟踪。打标方法有多种，其中最常用的方法是油墨打标（Ink Marking）和激光打标（Laser Marking）。油墨打标对模块表面要求比较高，不能有沾污现象。油墨通常是高分子化合物，需要进行热固化或使用紫外线进行固化。随着技术的发展，油墨打标已逐渐被激光打标所替代，目前集成电路生产线上使用的打标设备基本都是激光打标机。

按其工作方式的不同，激光打标机分为光纤激光打标机、CO_2激光打标机、半导体侧泵激光打标机、半导体端泵激光打标机等。激光打标是指用激光束使表层物质发生化学物理变化而刻出痕迹，或者使器件表层物质产生蒸发而露出深层物质，或者通过光能烧掉部分物质，显示出所需的图形、文字[1]。

激光打标的显著优点是，非接触式加工，污染小，标记速度快，字迹清晰，无磨损，可长久使用，操作方便，防伪功能强。目前，激光标记的主要方法有3种，即掩模式标记法、线性扫描式标记法和点阵式标记法。

通用的激光打标机包含激光器、激光器冷却系统、光学系统、自动上料/卸料系统、高速精密导轨、多功能视觉检测系统、精密定位标刻系统、跟踪偏移补偿打标系统等。

参考文献

［1］中国电子学会电子制造与封装技术分会，电子封装技术丛书编辑委员会. 电子封装工艺设备［M］. 北京：化学工业出版社，2012.

撰稿人：北京中电科电子装备有限公司　郭强生
审稿人：北京中电科电子装备有限公司　王志越

8.11 主要公用部件

8.11.1 设备前端模块，設備前端模組，Equipment Front End Module (EFEM)

设备前端模块（EFEM）是集成电路设备总体结构的一部分，其功能是作为生产线与设备工艺模块之间的安全、洁净的机械传送接口，主要用于对洁净度要求较高的 200mm 和 300mm 集成电路设备。通常，EFEM 前端依靠圆片盒装卸系统（Load Port）与生产线实现设备对接，后端与设备主体功能模块相连，EFEM 内部的机械手安装在 EFEM 接口上的圆片盒与设备后端功能模块之间实现圆片的传输，确保传输过程始终处于一个洁净的环境中。其中，高效空气净化器为 EFEM 内部提供一个相对设备外环境更加洁净的正压微环境，保障圆片在 EFEM 内部传输过程中的洁净度；圆片对准装置主要用于圆片中心定位和 Notch（圆片外缘上的唯一标记凹槽）朝向的定位。有的 EFEM 内部还配置了圆片暂存缓冲工位（Buffer Station）、静电消除（Electrostatic Discharge，ESD）装置等功能模块。依据配置的不同，单台 EFEM 的售价为几万美元到几十万美元。

Brooks 和 ASYST 是全球领先的 EFEM 供货商。目前，EFEM 已基本采用数字化网络来实现稳定可靠的模块间通信和自动化控制，在确保安全性和可靠性的前提下，实现了 EFEM 的最佳性能。未来 EFEM 发展的技术方向有三个：一是在确保系统稳定性和安全性的前提下，进一步缩小 EFEM 操作所需的空间，提高超净厂房的使用效率；二是提高圆片传送的速度和效率，从而降低生产成本；三是确保整个生产制造过程的安全性，因为圆片在任一设备的搬运过程中发生的任何差错都意味着巨大的经济损失。

常见的 EFEM 有两端口、三端口和四端口 3 种形式，内部功能结构的配置则会依据设备需求有所不同，但内部洁净微环境、密闭对外接口（Load Port）、圆片可靠传输是最基本的要求。在此基础上，根据实际需要可配备圆片暂存缓冲工位、圆片对准装置（Aligner）、静电消除（ESD）装置等。图 8-237 和图 8-238 所示为三端口的 EFEM 结构示意图和俯视图。

撰写人：北京北方华创微电子装备有限公司　李东三
审稿人：北京北方华创微电子装备有限公司　程朝阳

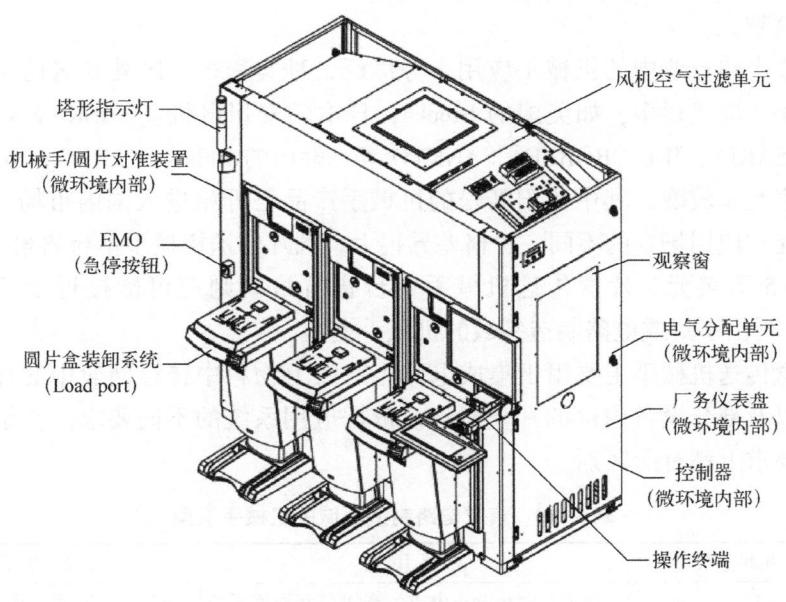

图 8-237 三端口 EFEM 结构示意图

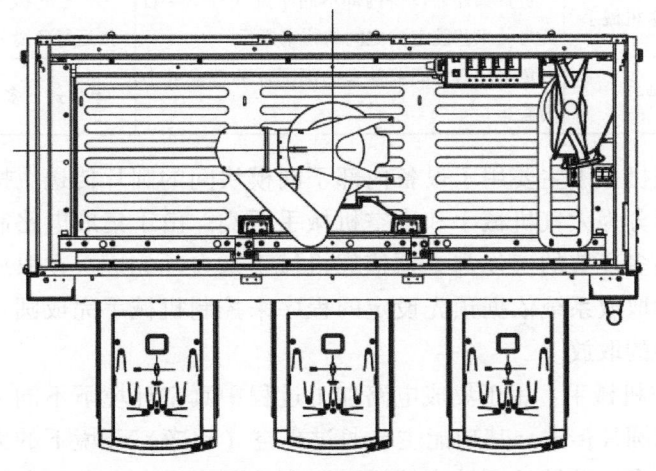

图 8-238 三端口 EFEM 俯视图

▷▷▷ 8.11.2 机械手，機械手臂，Manipulator

机械手是集成电路设备中的重要部件之一，它具有高洁净度、高平稳性、高精度、高效率和高可靠性的特点，主要用于生产线和设备中的片盒（Cassette 或 FOUP）传输，以及设备内部不同模块之间的圆片传输。机械手通常由控制器、驱动器、手臂及末端执行器（End Effector）等部分组成。根据运动轴数量的不同，分为单轴或多轴机械手。一般来讲，轴数越多，机械手实现复杂运动的能力就越大。

集成电路行业中的机械手应用十分广泛，种类繁多。国外知名的半导体应用机械手供应商很多，如美国的 Brooks，日本的安川电机（YASKAWA）、川崎（KAWASAKI）、JEL、RORZE、SANKYO 等，韩国的 Robostar、RND、Kostek 等。国内厂家起步较晚，其中沈阳新松的机械手产品已开始进入国内市场。机械手依据功能和应用场合的不同，价格差异很大。圆片传送机械手单台售价一般为 2 万美元~5 万美元，片盒传送机械手单台售价最高则有可能接近 10 万美元。表 8-58 列出了集成电路制造领域的机械手类型。

片盒传送机械手主要用于集成电路生产线上物料中转存储舱中的片盒调度搬运，以及部分设备内部的片盒搬运。依据应用系统的不同要求，在结构形式和功能要求上都有所区别。

表 8-58 集成电路制造领域的机械手类型

序号	机械手类型	主要用途	主要类型
1	片盒传送机械手	负责片盒在设备中或生产线存储调度系统中片盒的调度和搬运	底部托举型、顶部夹持型（按片盒取放方式分类）
2	圆片传送机械手	负责圆片在设备内部不同站点（片盒—石英舟—工艺腔室）之间的往来搬运	大气机械手、真空机械手（按运行环境分类）
3	倒片机械手	负责片盒之间或片盒内部圆片的替换或中转搬运	单片式、多片式

圆片传送机械手主要用于设备内部不同模块间的圆片传送，按工作环境的适应性，可以分为大气机械手和真空机械手两类。由于集成电路制造的洁净度要求很高，很多环节的工作都必须依靠机械手来自动完成。在取放圆片的环节中，圆片自动取放系统依据预先设定的程序来控制机械手完成圆片在指定片盒及指定位置中的取放。

（1）真空机械手：用于集成电路加工过程中真空环境下不同工位或不同工艺腔室之间的圆片传送。其功能主要通过真空（超净）环境下的大间隙直驱电动机的选用、多运动轴的同轴直接驱动与真空隔离、高真空与高洁净环境下的精密伺服控制等手段来实现，具有密封性好、颗粒污染小、传输效率高等特点。按手臂数量的不同，真空机械手可分为双臂和单臂两种类型，如图 8-239 和图 8-240 所示。

（2）大气机械手（Atmospheric Manipulator）：主要用于常压环境下圆片的传送。大气机械手采用高刚性的轻金属材料手臂、高性能的交流伺服系统和高精度谐波减速器来实现机械手整体传动的高速平稳运行。按传送圆片方式的不同，机械手手臂可分为接触式和非接触式两种。接触式手臂的特点是在传送过程中，

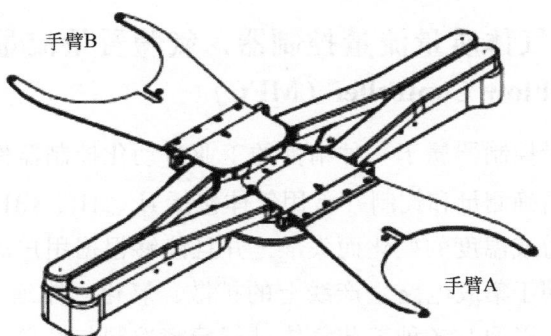

图 8-239 双臂真空机械手

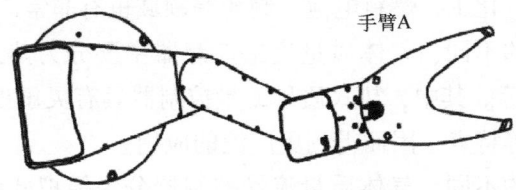

图 8-240 单臂真空机械手

机械手手臂与圆片直接接触，通常采用真空吸附方式或托举方式来搬运圆片，如图 8-241 和图 8-242 所示。由于接触式手臂与圆片表面直接接触，容易造成圆片表面的污染、划伤和翘曲变形等缺陷，因此非接触式手臂开始在要求较高的集成电路设备上得到应用。非接触式圆片传送主要利用空气动力学原理实现机械手对圆片的非接触"夹持"，典型应用为伯努利式的机械手片叉。非接触式机械手因其对圆片材料和形状限制少，对圆片表面无划伤，以及对工作环境污染小等优点而得到越来越多的应用。

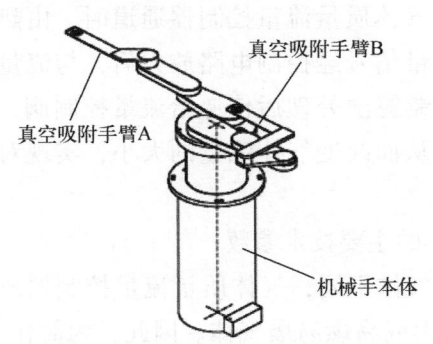

图 8-241 真空吸附式大气机械手

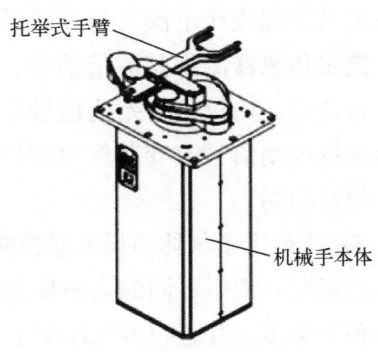

图 8-242 托举式大气机械手

撰写人：北京北方华创微电子设备有限公司　董金卫
审稿人：北京北方华创微电子装备有限公司　程朝阳

▷▷▷ 8.11.3 气体质量流量控制器,氣體質量流量控制器,Mass Flow Controller (MFC)

气体质量流量控制器属于一种精密的工业自动化控制器件,它可对多种气体质量流量进行精确测量和控制(常用气体包括 N_2、H_2、CH_4、NH_3 等),其测量值不因环境压力或温度的变化而失准,并且能够根据用户需求设定流量控制值,因而大量应用于集成电路生产线上的扩散、氧化、外延、CVD、等离子刻蚀等工序设备中,以便对各种工艺气体进行精密控制与输送,同时在太阳能光伏产品制造、光纤预制棒熔炼、类金刚石镀膜、人工晶体制造、超导材料研制、核燃料处理、石油、化工、燃料电池、制药等领域也有非常广泛的应用。

根据工作原理的不同,气体质量流量控制器主要分为热式、差压式和科里奥利(Coriolis)式等。其中,热式质量流量控制器具有灵敏度高,响应速度快,精度高,无须补偿等特点,因而得到更广泛的应用。

按照控制信号的不同,气体质量流量控制器分为模拟式和数字式两种。数字式气体质量流量控制器采用数字补偿技术,使得传感器精度更高,性能更稳定,响应速度更快,具有 RS-485、DeviceNet 和 PROFIBUS 等多种通信接口可供选择。在接口方面,采用表面洁净度高、密封性好的 VCR 接头和 IGS W 型/C 型接头。数字式气体质量流量控制器在对精度、响应速度和表面洁净度要求很高的大规模集成电路领域具备广阔的市场空间。气体质量流量控制器实物图如图 8-243 所示。

气体质量流量控制器主要由流量传感器、流量控制阀和控制电路组成,如图 8-244 所示。其中,流量传感器基于热式原理或压力原理;流量控制阀一般采用电磁调节阀或压电阀。当气体通过气体质量流量控制器通道时,由热式或压力式流量传感器测得其流量信号,流量信号经控制电路放大后,与流量设定信号进行比较,比较后的差值信号经控制算法处理后传递给流量控制阀,流量控制阀根据控制信号改变其阀口开度,从而改变气体流量的大小,实现对气体流量的闭环控制。

表 8-59 列出了气体质量流量控制器的主要技术参数。

产品标定:由于不同的客户所用的气体不同,气体质量流量控制器所测量的气体种类繁多,并且很多气体属于有毒或易燃易爆气体。因此,为简化生产,保证可实施性和安全性,多采用氮气(N_2)作为代气并乘以转换系数(标定的目标气体与氮气之间的转换系数,可通过试验的方法测得)的方法对产品进行标定。

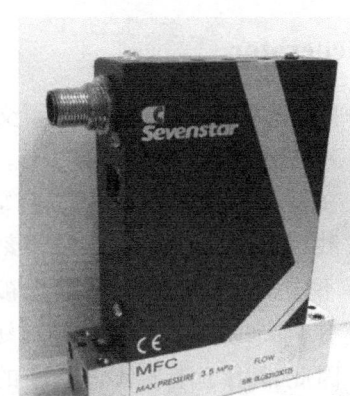 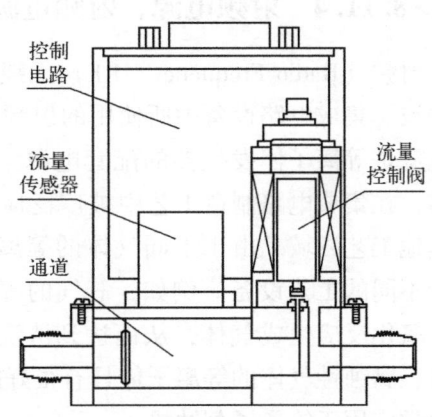

图 8-243 气体质量流量控制器实物图　　图 8-244 气体质量流量控制器结构示意图

表 8-59　气体质量流量控制器的主要技术参数

序号	技术参数	技术指标	备注
1	阀动作类型	常开/常闭	常开：不通电时，阀开通 常闭：不通电时，阀关闭
2	流量规格（N_2）	（0~1,2,3,5,10,20,30,50,100,200,300,500）SCCM （0~1,2,3,5,10,20,30）SLM	SCCM：mL/min（标准） SLM：L/min（标准）
3	精确度	±0.8% 设定点（≥30% FS），±0.24% FS（5%~30% FS）	FS：满量程
4	响应时间	≤500ms	ms：毫秒
5	重复精度	±0.2% FS	
6	漏气率	$1×10^{-11}$ Pa·m³/s He	漏气率的国际标准单位
7	温度系数	零点：±0.02% FS/℃，调节：±0.05% FS/℃	

应用于半导体集成电路行业的气体质量流量控制器的国外知名供货商有美国的 Brooks、MKS，日本的 HORIBA STEC、Fujikin（富士金）等，国内比较知名的生产厂商主要是北方华创（NAURA）。目前，集成电路生产线上一般采用数字式气体质量流量控制器，其单台平均售价约为 2000 美元。

撰写人：北京北方华创微电子装备有限公司　牟昌华
审稿人：北京北方华创微电子装备有限公司　程朝阳

▷▷▷ 8.11.4 射频电源，射频電源，RF Generator

射频（Radio Frequency，RF）无线电波是一种可以辐射到空间的高频交变电磁波。集成电路设备中所使用的射频电源的频率范围为 300kHz～300MHz。射频电源是等离子体发生器的配套电源，主要用于在低压或常压气氛中产生等离子体，在集成电路制造工艺中被广泛应用于射频溅射、PECVD、等离子体刻蚀及其他工艺领域。由于不同气体的等离子体具有不同的化学性能，因而常被应用于不同的工艺设备。例如，氧气的等离子体具有很高的氧化性，可与光刻胶发生氧化反应生成气体，从而达到清洗的效果，因此常用于半导体设备中的去胶机；腐蚀性气体的等离子体具有很好的各向异性，十分符合刻蚀工艺的需求，因而常应用于等离子刻蚀机。

常用的射频电源的输出频率有 2MHz、13.56MHz、27.12MHz、40.68MHz、60MHz 等，射频功率为数瓦至数千瓦。图 8-245 所示为目前较为先进的开关型固态射频电源原理示意图。其特点是，通过高频（100kHz）开关整流电路的集成应用，省去了笨重且体积庞大的工频变压器，并为射频驱动回路提供驱动电力；与传统的线性射频电源相比，具有低电力损耗、低存储能量、系统体积小型化的特点，因而非常适用于半导体薄膜设备及工业镀膜设备的等离子真空工艺。

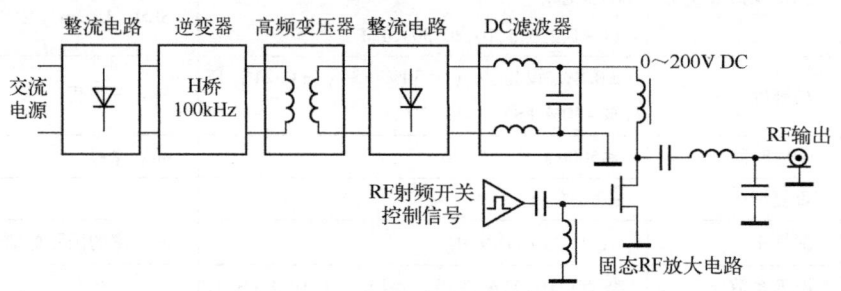

图 8-245 开关型固态射频电源原理示意图

依据射频电源内部采用的功率放大器类型的不同，射频电源可分为晶体管射频电源与电子管射频电源两类。相对于电子管射频电源，晶体管射频电源具有体积小、功率控制精密、输出稳定、频率精度高、开机无须预热等优点，在小功率领域（小于 2kW）已逐步取代电子管射频电源；而电子管射频电源在抗驻波比方面要明显优于晶体管射频电源，因此在大功率（大于 2kW）应用领域仍被大量应用。

射频电源一般由射频功率源、射频阻抗匹配器和阻抗功率计等组成。射频功率源提供固定频率的高频正弦波电压；阻抗匹配器主要通过 LC 网络的阻抗调整，使负载阻抗与射频源内部阻抗互相适配，以最大限度地减小射频的反射损耗，使输出功率最大化，保证尽可能多的射频功率能量进入设备输入端，提高设备的工作性能；阻抗功率计一般用于显示射频阻抗匹配的实时状况。

目前国外主要的射频电源厂商有美国的 AE（Advanced Energy）、MKS ENI、ADTEC、COMDEL、SEREN、VEECO 等，日本的 KYOSAN（京三）、DAIHEN 等，德国的 HUTTINGER 等。国内的主要厂商是中科院微电子所，其生产的 RFG 系列固态射频电源（0.3~3kW）和 SY 型电子管射频电源（0.5~10kW）的市场占有率较高。进口射频电源的单台售价，按功率大小和配套要求的不同一般为 1 万美元到数万美元。

撰写人：北京北方华创微电子装备有限公司　李东三
审稿人：北京北方华创微电子装备有限公司　程朝阳

▷▷▷ 8.11.5　尾气处理装备，尾氣處理裝備，Local Scrubber

尾气处理装置（Local Scrubber）是集成电路制造中必不可少的配套装置，其工作原理是在催化剂的作用下，使集成电路制造工厂排放废气中的有毒有害物质及烟尘得到净化，或使其在处理后达到排放标准，减轻对环境的污染，减少大气污染和对人体健康的危害。

半导体生产过程中产生的主要废气成分包括氨气（NH_3）、氯化氢（HCl）、氢氟酸（HF）、异丙醇（IPA）、丙醇（C_3H_8O）、六甲基二硅烷（HMDS）、硅甲烷（SiH_4）、氢气（H_2）、砷烷（AsH_3）、磷烷（PH_3）、二硼乙酸（B_2H_6）、氟代甲烷（CH_3F、CHF_3、CH_2F_2）、全氟丁二烯（C_4F_6）、八氟环戊烯（C_5F_8）和其他一般排气等。

尾气处理装置的主要特点是，除烟除味效果明显，无二次污染；具备智能再生控制系统，可有效控制再生，减少能量损失；净化系统实现自动控制运行等。

按照尾气处理方式的不同，尾气处理装置分为燃烧式（Combustion）、电热式（Electrical-heating）、等离子式（Plasma）和吸附式（Absorption）等类型。燃烧式尾气处理是在处理腔室中通入甲烷（CH_4）、丙烷（C_3H_8）和氧气（O_2）等可燃气体，通过高温燃烧来处理可燃气体，温度最高可达 1600℃，因而能够有效处理各种可燃气体，包括全氟化合物（Perfluorinated Compound，PFC）。由于甲烷、丙烷本身就有很高的火灾风险，一般需谨慎使用。

电热式尾气处理主要用于处理一些燃烧产物可溶于水的可燃性气体,如 H_2 等。由于其加热温度为 800～1100℃,所以无法处理燃点过高的全氟化合物(PFC)。

等离子式尾气处理是借助高电压离子束的高能量破坏尾气气体分子之间的化学键,从而使目标气体分解,达到尾气处理目的。该方法适用于处理一些性质比较稳定的废气。

吸附式尾气处理是采用吸附剂,通过物理或化学吸附的手段去除尾气中的有害成分。但对于化学性质比较稳定的尾气成分,这种方法效率不高。

由于集成电路制造工艺中产生的废气基本都是来自诸多设备的混合气体,因此最合理的方法就是根据具体工艺的类别,对所有工艺可能产生的混合废气性质进行综合分析,然后进行系统化选型。

为了防止在设备运行过程中出现异常停机导致尾气处理受到影响,通常的办法是采用两两互为后援的机制,并最终将尾气出口连接到生产线中央酸性排气系统(即工厂尾气集中处理系统),以便进行最后的净化。该系统体积庞大,机构复杂,具备在线监测分析功能,经过该系统处理过的排气必须达到排放标准。

图 8-246 所示为典型的电热式水洗尾气处理装置原理图,图 8-247 所示为典型的燃烧式水洗尾气处理装置原理图。表 8-60 列出了集成电路制造尾气处理装置类型。

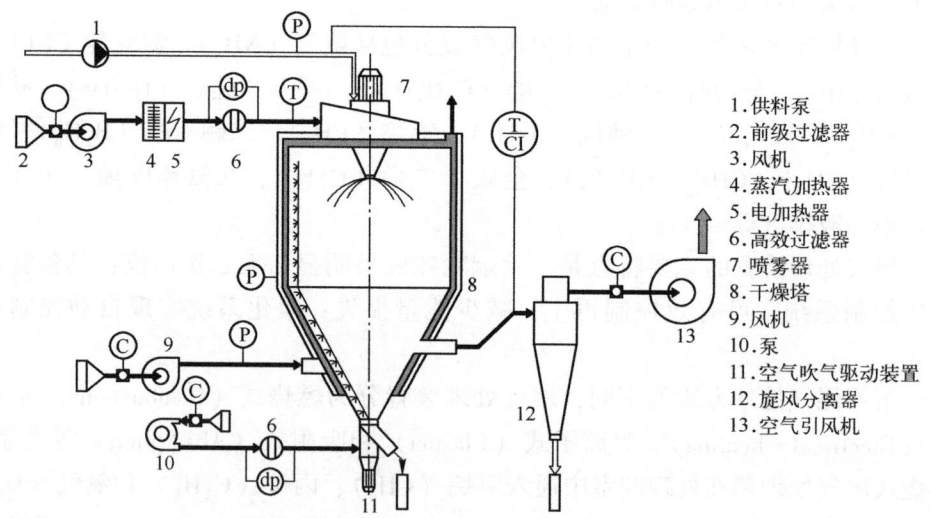

图 8-246 典型的电热式水洗尾气处理装置原理图

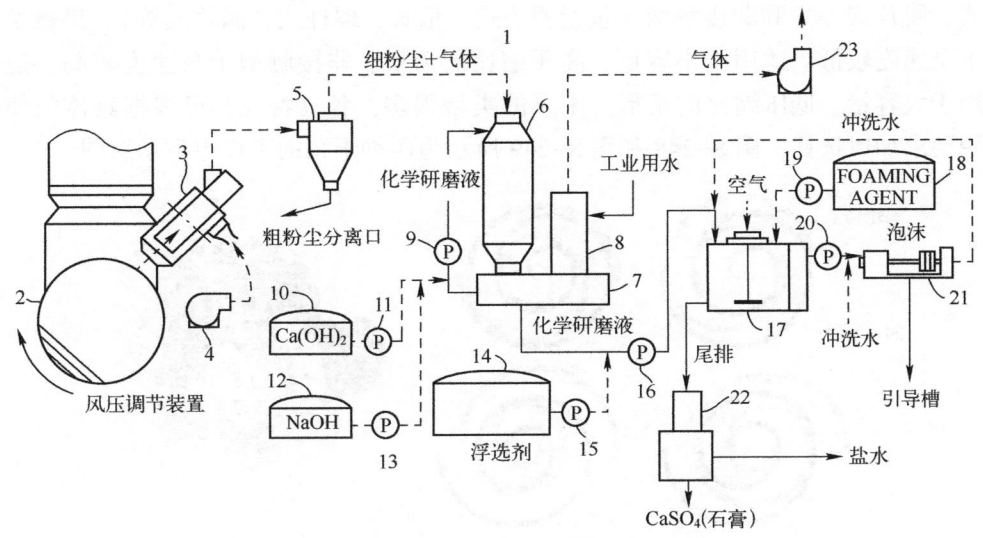

图 8-247 典型的燃烧式水洗尾气处理装置原理图

表 8-60 集成电路制造尾气处理装置类型

编号	尾气处理装置类型	可处理气体
1	燃烧式	硅烷，氢气，全氟化合物
2	电热式	硅烷，氢气，三氟化氮
3	等离子式	全氟化合物，四氟化硅，氯化氢
4	吸附式	砷化氢，磷化氢，溴化氢，氯化氢，三氟化硼，氯气，三氟化氮

撰写人：北京北方华创微电子装备有限公司　谢远祥
审稿人：北京北方华创微电子装备有限公司　程朝阳

▷▷▷ 8.11.6　干泵，乾式泵，Dry Pump

干泵是集成电路设备中的重要配套设备之一，主要用于为集成电路设备提供真空工艺环境，广泛用于 LPCVD、刻蚀、PVD、CVD 等真空设备中，此外还可应用于化学工业、医药工业、食品工业（蒸馏、干燥、脱泡、包装等），以及除半导体工艺外的某些产生微粒的工艺，防止有机溶剂污染或油污染。相比于传统机械泵，干泵具有洁净度高、机械性能优良、可靠度高、维修少等特点。

根据工作原理的不同，干泵大体分为干式螺杆真空泵、无油往复真空泵、爪式真空泵和无油涡旋真空泵等。干泵的工作压力范围为 $10^{-3} \sim 10^3$ Torr。

按结构形式的不同，干泵可分为接触型（包括叶片式、凸轮式、往复活塞式、膜片式等）和非接触型（包括罗茨式、爪式、螺杆式、涡轮式等）。接触型干泵速度较低，适用于小容量、高压缩比的情形。非接触型干泵速度较高，适用于大容量、低压缩比的情形。干泵的类型很多，各具特点，可根据具体的使用要求加以选择。图 8-248 和图 8-249 所示为两种干泵的工作原理示意图。

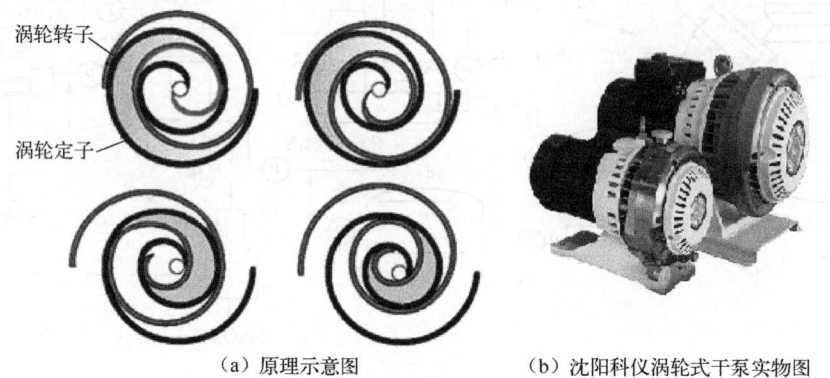

（a）原理示意图　　　　（b）沈阳科仪涡轮式干泵实物图

图 8-248　涡轮式干泵的工作原理示意图

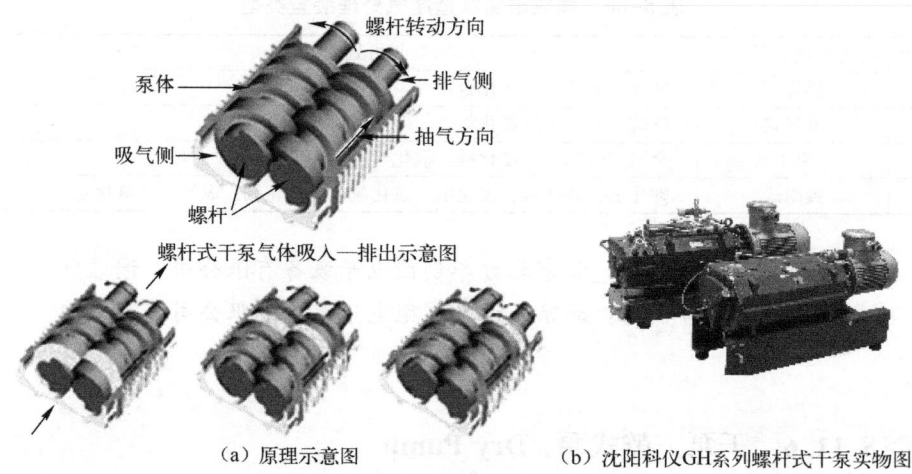

（a）原理示意图　　　　（b）沈阳科仪GH系列螺杆式干泵实物图

图 8-249　螺杆式干泵的工作原理示意图

目前国外的干泵制造商有美国的瓦里安（VARIAN）、德国的普发真空（PFEIFFER VACUUM）和莱宝（Leybold）、英国的爱德华（Edwards）、法国的阿尔卡特（ALCATEL）、日本的爱发科（ULVAC）和荏原（EBARA）等。半导体领域使用的干泵的单台售价一般为一万美元至数万美元。

撰写人：北京北方华创微电子装备有限公司　祁谱
审稿人：北京北方华创微电子装备有限公司　程朝阳

8.11.7 冷泵，冷冻泵，Cryopump

冷泵（Cryopump）是一种通过低温表面冷凝和吸附气体来获得真空的真空泵，又称冷凝泵或低温泵。冷泵具有洁净无污染（无油）、效率高、抽速大（对所有气体）、可靠性好、极限真空度高的特点，广泛应用于半导体集成电路制造工艺中的蒸发、溅射、离子注入、分子束外延等工艺，同时也广泛应用于真空镀膜设备、电真空器件、高能粒子加速器、受控热核反应、表面分析仪器和材料科学等领域。

冷泵的冷源一般为低温制冷机或低温液体，通常冷泵分为闭路循环气氦制冷机冷泵和注入式液氦冷泵两种类型。闭路循环气氦制冷机冷泵的优点是不消耗氦气、易于维修、操作简单，采用气氦作为制冷机的制冷介质。一级冷板的温度范围为 50~100K，其作用是冷凝水蒸气和预冷其他气体，并为后级更冷的冷板提供防辐射屏蔽；二级冷板的温度范围为 10~20K，其作用是冷凝穿过导流板的气体，如 N_2、O_2 和 Ar 等。二级冷板的内表面涂有活性炭，少量不能被冷板冷凝的剩余气体会被活性炭吸附，活性炭的比表面积范围为 500~$2500m^2/g$，在低温下对 He、Ne 和 H_2 有很强的吸附能力。冷板采用表面镜面抛光的无氧铜材料，以减小辐射系数。泵的预抽压力为 1Pa。图 8-250 所示为制冷机型冷泵的结构。

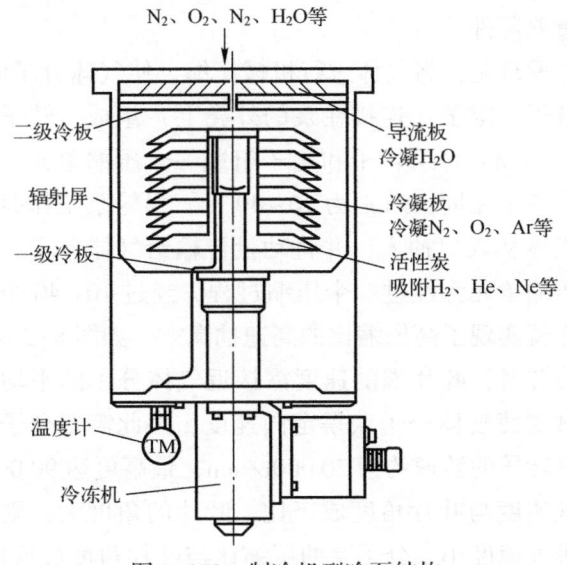

图 8-250　制冷机型冷泵结构

注入式液氦冷泵的主要零部件包括泵体、液氦容器和连接挡板的液氦腔体等。液氦容器外壁采用双层保温壁，两层之间抽成真空，以减少液氦消耗。当

泵被抽到 10^{-6}Pa 时，灌入液氮和液氦，气体凝结在温度为 4.2K 的冷凝板上；经过预抽，氦气和氢气的分压可达到 10^{-12}Pa 的数量级，泵的极限压力能够达到 10^{-11}Pa 以下。

美国很早就开始了冷泵的研究，其最新的冷泵产品广泛采用了变频技术，已初步实现了智能化和网络化，如美国 CTI 公司生产的 On-Board 系列、On-Board IS 系列和 Cyro-Torr 系列。另外，日本的爱发科（ULVAC）公司和德国的莱宝（Leybold）公司的相关产品的水平也较高。相比较而言，国内的冷泵研究和制造水平较为落后，与国外先进技术差距较大。由于集成电路工艺要求的不断增高，扩散泵等非清洁真空泵已逐渐被淘汰，从而为高洁净的冷泵提供了越来越大的市场空间。

撰写人：北京北方华创微电子装备有限公司　杨帅
审稿人：北京北方华创微电子装备有限公司　程朝阳

▷▷▷ 8.11.8　分子泵，分子泵，Turbo Pump

分子泵又称涡轮泵，是一种用途广泛、工作可靠的真空泵，可广泛用于刻蚀、沉积、金属化、离子注入等多种集成电路制造工艺设备中，是集成电路制造工艺设备中的重要部件。

分子泵的工作原理是，将气体进行机械压缩，使气体分子向指定方向运动。泵体由电动机、转子、定子（连接在泵的外壳上）组成，转子的旋转叶片和定子的固定叶片两两间隔，每组转子和定子组成一个压缩单元。不同型号的涡轮泵的压缩单元个数各不相同，通常为 10~40 个。涡轮泵工作时，电动机高速旋转，带动转子将气体从入口抽入，并将动量传输给气体分子，使之获得定向速度；气体在每个压缩单元都经过一个压缩过程，经过 10~40 个压缩过程后，被驱向排气口，这样就实现了高压缩比的高速抽真空，如图 8-251 所示。

分子泵转子旋转时，叶片端的速度需接近气体分子的平均速度，才能通过与气体分子发生碰撞使气体分子获得定向速度，因此需要分子泵转子以极高的速度旋转。分子泵转子的转速约为 20 000r/min，最高可达 90 000r/min。

分子泵的排气速度与叶片角度成正比，叶片的角度大，则排气速度大；叶片的角度小，则排气速度小。分子泵的压缩比与叶片角度成反比，叶片角度大，则压缩比小；叶片的角度小，则压缩比大。分子泵的排气速度基本上不受气体种类的影响，但是抽轻气体（如氢气、氦气等）时，排气速度会有所降低。抽干燥气体时，使用分子泵可达到 10^{-8}Pa 的极限压强，利用分子泵可以制造出很

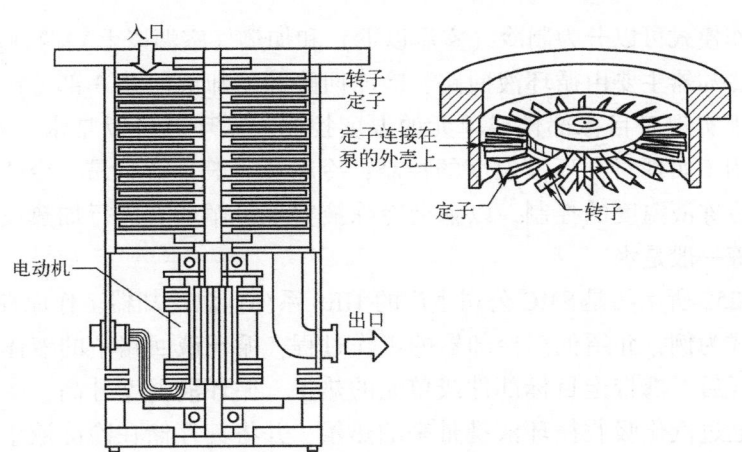

图 8-251　分子泵工作原理图

大的气体产量，实现高压缩比的高速抽真空。

在使用分子泵时，要避免使泵的入口突然曝露于大气压之下，否则容易造成分子泵的叶片发生弯曲并互相碰撞，导致设备严重损坏；要防止颗粒进入，以免影响半导体产品的成品率；还要避免物理振动，因为分子泵的回转轴是精密平衡的，使用过程中的移动或冲撞会导致回转轴遭到破坏，严重时会导致分子泵严重损坏。分子泵一般不需要外部保养，损坏时一般选择直接更换。

应用型分子泵于 1955 年研制成功。随着动平衡技术、减振技术、磁悬浮轴承、铝合金/钛合金/碳纤维等高强度材料的应用，以及数控加工技术、变频技术、控制理论与信息技术的进步，分子泵不仅在结构和性能上不断得到改进和创新，并且在应用拓展和智能控制方面也进一步得到提升。

目前，集成电路行业中使用的分子泵的生产厂商主要有德国的普发真空（Pfeiffer Vacuum）、英国的爱德华（Edwards）、德国的莱宝（Leybold）、美国的 Varian（瓦里安）、法国的阿尔卡特（ALCATEL Vacuum）、日本的爱发科（ULVAC）等，单台售价一般为一万美元到数万美元。

撰写人：北京北方华创微电子装备有限公司　赵燕平
审稿人：北京北方华创微电子装备有限公司　程朝阳

▷▷▷ 8.11.9　低温冷却器，低温冷卻器，Chiller

低温冷却器（Chiller）是一种通过液体热传导控制特定部件或单元温度的温控装置。低温冷却器的控温范围为 5~40℃。根据目标温度范围的不同，低温冷却器的工作模式可以分为制冷（室温以下）和加热（室温以上）两种。

低温冷却器主要由循环液回路、冷冻回路和冷却液回路 3 部分组成。循环液回路用于实现对目标部件或单元的温度控制；循环液可以是水、乙二醇等。冷冻回路用于实现对循环液温度的控制；冷冻液一般是氟利昂。冷却液回路用于实现对冷冻液温度的控制，以辅助冷冻液实现对循环液进行加热或冷却的控制；冷却液一般是水。

图 8-252 所示的是 SMC 公司生产的 HRS 系列低温冷却器工作原理图。下面以制冷模式为例，介绍低温冷却器的工作过程：循环液回路中的液体经过目标部件或单元后，携带走目标部件或单元的热量，循环液温度升高；冷冻回路中的冷冻液通过汽化吸收循环液携带来的热量，并将其存储在冷冻液中；冷冻液通过与冷却液进行热交换，将热量传递给冷却液，并由冷却液携带出低温冷却器。

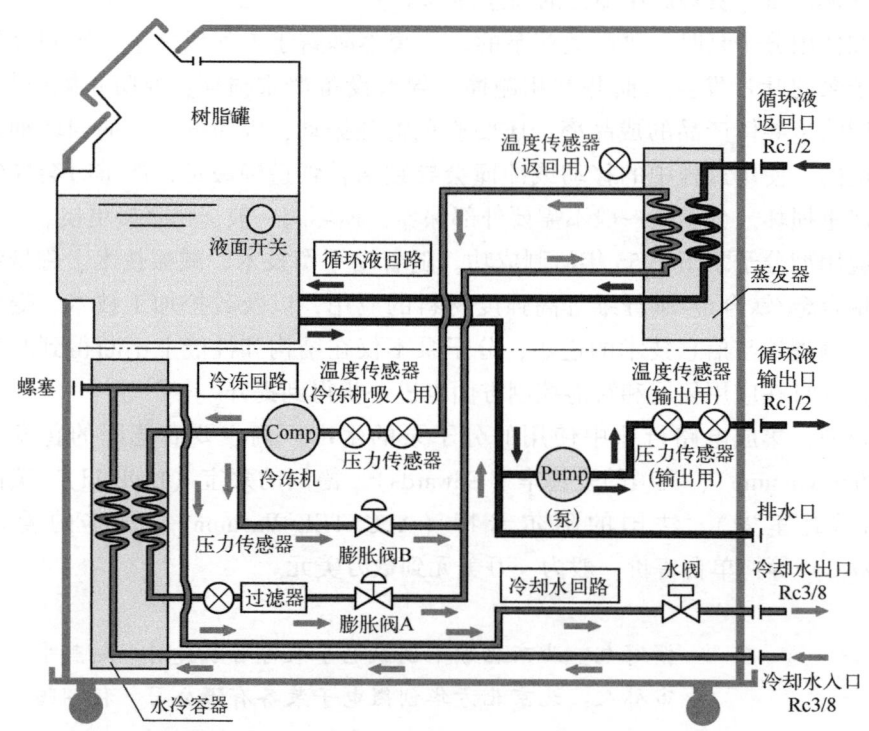

图 8-252　SMC 公司生产的 HRS 系列低温冷却器工作原理图

在实际生产工艺中，一般选择低温冷却器对设备中的液态反应源、基座等对温度控制要求较高的部件或单元进行温度控制。

低温冷却器的生产厂家众多，在集成电路制造领域使用的低温冷却器的生产厂家主要有美国的 ATS，日本的 SMC 和 SHINWA，以及中国的上海微电子等公司。

撰写人：北京北方华创微电子装备有限公司　李春雷
审稿人：北京北方华创微电子装备有限公司　程朝阳

▷▷▷ 8.11.10　阀门，閥門，Valves

阀门（Valve）是一种安装在管路中用于控制管路开闭的机械装置，其主要作用是控制管路中流体的流量、压力等参数。阀门控制流过的介质可以是液体或气体。

集成电路制造领域中使用的阀门，按驱动方式的不同，分为手动阀、电磁阀、气动阀和单向阀等；按材质的不同，分为金属阀、非金属阀；按使用场合的不同，分为气体用阀、液体用阀和真空阀。集成电路制造中使用的阀门种类很多，主要有球阀、单向阀、减压阀、隔膜阀、波纹管阀等，如图 8-253 所示。这些阀门的主要技术指标如下所述。

(1) 洁净度：阀内表面要进行电解抛光并经过精加工，达到 EP 级别。

(2) 密封性：集成电路设备管路中多数为危险性气体（液体），所以对阀门的密封性要求很高，经测试泄漏率可达到 10^{-9} cm^3/s 以下。

(3) 耐压性：由于管路中的介质多为危险性高压气体（液体），所以对阀门有耐压要求，有些阀门的耐压能力应达到数千 psi（（1psi = 1 lbf/in^2 = 6.894 76kPa）。

(4) 耐腐蚀性：集成电路制造中所用的气体（液体）多数具有腐蚀性，因

图 8-253　集成电路制造领域常用阀门

此对阀门的耐腐蚀性要求很高，如金属阀门通常采用 316L 不锈钢，非金属阀门常用 PTFE（聚四氟乙烯）等。

由于介质的压力、温度、流量和物理化学性质的不同，对装置和管道系统的控制要求和使用要求也不同。集成电路制造中常用的阀门种类见表 8-61。

表 8-61 集成电路制造常用阀门种类

阀门种类	作 用	应 用 场 合
截止阀	控制管路的开闭	适用于需频繁开关的场合
球阀	控制管路的开闭	适用于流通管径较大且阻力较小的场合
真空蝶阀	控制管路的真空度	适用于控制真空度的场合
单向阀	限制流通方向，保证安全	可限制流体的流动方向，自动卸压
减压阀	调整流通介质的压力	适用于管路压力需调整的场合
计量阀	可精确控制流通介质流过的量	可根据调整阀门的开度来精确控制流量
闸板阀	隔断和密封	适用于需密封的两个腔室的隔断和打开
气动隔膜阀	控制管路的开闭和密封	适用于气路或真空管道密封性要求高的场合
波纹管阀	控制管路的开闭和密封	适用于气路或真空管道密封性要求高的场合
ALD 阀	控制管路的高速开关	适用于控制气路高速开关的专用阀门
非金属阀	耐腐蚀性强	适用于有很强耐腐蚀性要求的场合

国际上比较知名的半导体设备行业阀门供应商有 Swagelok、Fujikin、HAMLET、MKS、VAT 等。

撰写人：北京北方华创微电子装备有限公司　刘东
审稿人：北京北方华创微电子装备有限公司　程朝阳

▷▷▷ 8.11.11　气路系统，氣路系統，Gas Panel

气路系统主要是指集成电路工艺设备中用于工艺气体或其他气体控制和输送的装置，是工艺设备中的关键部件。集成电路制造中的气路系统主要分为如下 3 类。

(1) 工艺气路系统：主要用于处理高纯度气体、有毒气体和腐蚀性气体的控制与输送。设备工艺运行所需气体全部由其提供，它是实现工艺运行的核心关键装置。工艺气路系统对稳定性的要求非常高，管路气体颗粒度低于 $0.003\mu m$，整体管路泄漏率低于 $10^{-9}Pa\cdot m^3/s$，管路调压阀稳压性高，拆卸方便易更换。气体管路由高质量的完全退火型无缝连接的不锈钢管（EP 级）组成。洁净不锈钢管件在现场安装时方可启封，启封后均要用纯度达 5N（即纯度为 99.999%）的高纯气体吹扫后才能接入系统。图 8-254 所示为工艺气路系统原理图。工艺气路中的每条管路均包含过滤器、手动阀、调压阀、压力传送器、质量流量控制器、气动阀、单向阀等必要零部件,主要连接方式有 VCR、C-SEAL 和 W-SEAL。目前,主流工艺气路系统采用的是集成气路系统(IGS),如图 8-255 所示。集成气路系统具有集成度高、体积小、维修改造方便等特点。

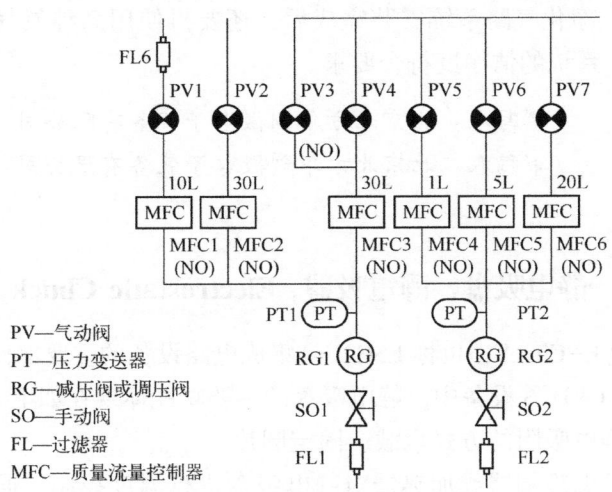

图 8-254 工艺气路系统原理图

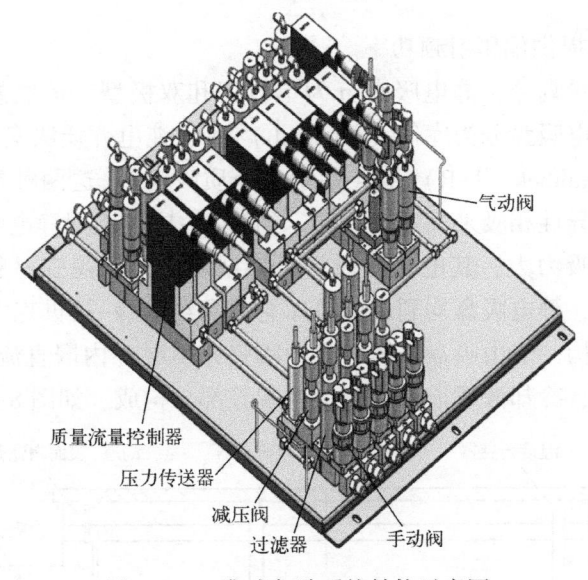

图 8-255 集成气路系统结构示意图

(2) 零部件驱动气路系统:主要用于汽缸、电磁阀组、气体密封圈、门阀、角阀、真空比例控制阀等部件,为工艺运行保驾护航。进气管路采用高质量的完全退火型无缝连接的不锈钢管(BA 级),后端部件连接使用聚氨酯管。气体管道不得与电缆、导电线路同架铺设。

（3）净化气路系统：主要用于为圆片在设备内部的传输提供洁净的气氛环境，是保证产品质量的关键环节之一。净化气体管路由高质量的洁净不锈钢管（BA级）组成。净化气路系统安装完成后，还要再使用高纯氮气进行大流量吹扫，以确保整个系统的洁净度符合要求。

撰写人：北京北方华创微电子装备有限公司　卢言晓
审稿人：北京北方华创微电子装备有限公司　程朝阳

▷▷▷ 8.11.12　静电吸盘，静電吸盤，Electrostatic Chuck（E-Chuck）

静电吸盘（E-Chuck，也称ESC）是集成电路设备的重要部件之一，广泛用于刻蚀、PVD、CVD等设备中。静电吸盘的主要功能体现在如下3个方面。

（1）通过静电吸附的方式承载、固定圆片。

（2）利用低温冷却器或加热器对静电吸盘进行温度控制，通过在静电吸盘与圆片之间通入氦气，使得圆片与吸盘可以更好地进行热传导，间接控制圆片的温度。

（3）为圆片提供偏压射频功率。

按照电极数量划分，静电吸盘分为单极型和双极型；按照静电吸附力的原理模型划分，静电吸盘分为库伦（Coulomb）型（纯电介质吸盘）和约翰森-拉贝克（Johnsen-Rahbek，J-R）型（掺杂电介质吸盘）。这两种类型的静电吸盘都是靠静电荷的异性相吸来固定圆片的。约翰森-拉贝克型静电吸盘的吸力比库仑型静电吸盘的吸力大，其电介质通常是掺杂的氮化铝陶瓷材料，有较好的导热性。一般来讲，静电吸盘均利用的是库仑力和约翰森-拉贝克力的组合作用。

静电吸盘结构一般由吸盘基体、表面陶瓷介质层（内嵌直流电极）、氦气沟道、温度传感器、冷却液通道和射频引入端等部分构成，如图8-256所示。

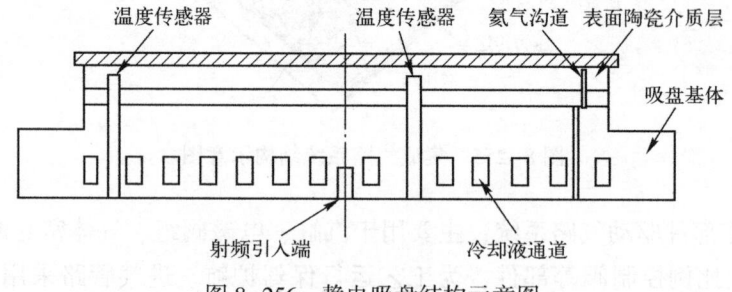

图8-256　静电吸盘结构示意图

在静电吸盘的表面陶瓷介质层中镶嵌着一个直流电极（比圆片稍小），电极被接通到高压（低流）直流电源后，电介质表面会产生极化电荷（对约翰森-拉贝克型静电吸盘而言，不仅有极化电荷，还有很大部分的自由电荷），而电介质的表面电荷会产生电场，该电场会使吸盘上的圆片表面相应产生极化电荷（包括部分自由电荷）；分布在圆片背面的电荷与分布在吸盘上面的电荷极性相反，产生吸引力，于是圆片被吸盘吸住。

除了直流电极，静电吸盘中还有射频电极引入端，用来提供圆片处理过程中需要的射频偏置功率。另外，还配置有用于冷却和控温的冷却液通道和氦气沟道。

撰写人：北京北方华创微电子装备有限公司　李东三

审稿人：北京北方华创微电子装备有限公司　程朝阳

▷▷▷ 8.11.13　反应腔喷淋头，反應腔噴淋頭，Process Chamber Showerhead

喷淋头（Showerhead）是一种面式的反应源导入装置。图 8-257 所示的是喷淋头结构示意图。喷淋头一般由进口、缓冲腔和出口三部分组成。进口一般由数个独立的管路组成，各种反应源经过进口管路进入喷淋头中；缓冲腔是各种反应源混合的区域，在缓冲腔中形成相对均匀的反应源混合物；出口一般位于一个平面上，由少则十几个，多则成百上千个小孔组成。反应源混合物通过出口以面状形式进入工艺腔室中。与线式、点式反应源导入装置相比，喷淋头适用于大面积均匀成膜领域。

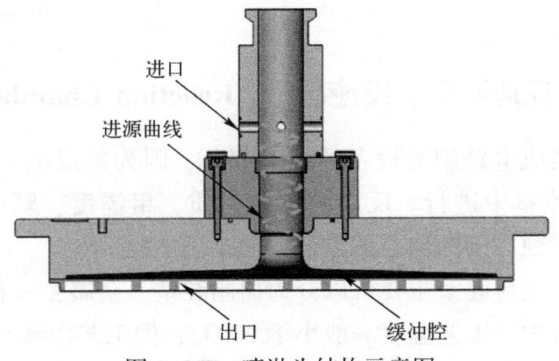

图 8-257　喷淋头结构示意图

通常，反应源的进入方向与进口管路平行。然而，反应源在进入缓冲腔后，由于压力的变化会对缓冲腔内壁和出口平面形成一定的冲击。因此，为避免这种冲击所带来的负面影响，有的喷淋头的反应源进入方向与进口管路相切，形成螺旋形的进源曲线（见图8-257）。另外，螺旋形的进源曲线设计也有利于反应源的充分混合。在反应源离开喷淋头时，一般要求反应源均匀地进入反应腔室。缓冲腔室的几何形状、容积、出口孔径及分布等参数均会对反应源分布的均匀性造成影响。

常见的喷淋头多为单通道形式，即所有的反应源经由同样的通道进入/离开喷淋头。但在特殊应用场合，喷淋头也可有两个或更多的通道。图8-258所示的是一个应用在原子层沉积设备中的双通道喷淋头结构示意图。在图中所示的喷淋头结构中，反应源的通道分为上、下两层，两个通道中的反应源相对独立。独立通道的设计可以避免反应源在喷淋头内部发生反应，延长喷淋头的使用寿命。

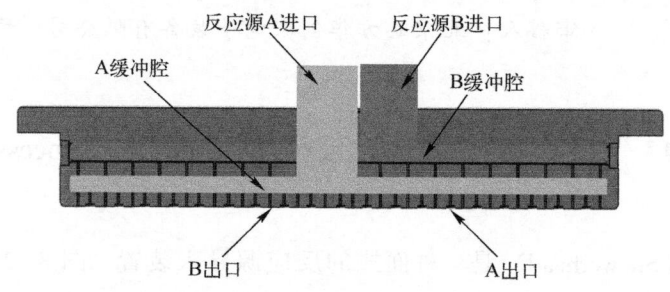

图8-258 双通道喷淋头结构示意图

喷淋头一般应用在等离子体增强化学气相沉积设备、原子层沉积设备及清洗机等工艺设备中。

撰写人：北京北方华创微电子装备有限公司　李春雷
审稿人：北京北方华创微电子装备有限公司　程朝阳

▷▷▷ 8.11.14　反应腔室，反應腔室，Reaction Chamber

反应腔室是集成电路制造设备的主体部分，因为集成电路制造中的主要工艺过程均在反应腔室中进行。反应腔室的材质、粗糙度、颗粒度、力学性能、热力学性能、耐腐蚀等指标均会影响设备的工艺性能。

按材质划分，反应腔室主要可以分为树脂腔室、金属腔室和石英腔室。

在清洗类设备中，工艺温度一般小于200℃，但工艺中涉及的化学药液通常具有一定的腐蚀性。在该领域中，反应腔室一般选择耐腐蚀性能好的树脂材料。常见的树脂材料包括PFA、PTFE等。

在PVD、CVD、ETCH类设备中，工艺一般在一定负压条件下进行，工艺温度适中（约为800℃）。在该领域中，反应腔室一般选择力学性能好，导热性能好的金属材料。常见的金属材料包括铝、镍和不锈钢等。

在硅外延炉、氧化炉、扩散炉、退火炉类设备中，工艺温度一般较高（500~1200℃）。在该领域中，反应腔室一般选择耐热性能好且污染小的石英材质。

按衬底数量划分，反应腔室主要可以分为单片工艺腔室和多片工艺腔室。如图8-259所示，单片工艺腔室仅可容纳一个衬底，工艺灵活，工艺质量高，但产能相对较低。多片工艺腔室可容纳多个衬底，产能高，但工艺灵活性相对较差。根据衬底放置的方式划分，多片工艺腔室分为平板式和立式两种形式，如图8-260和图8-261所示。

图8-259 单片工艺腔室

图8-260 平板式多片工艺腔室

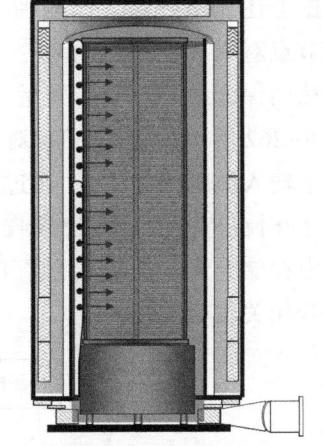

图8-261 立式多片工艺腔室

撰写人：北京北方华创微电子装备有限公司 李春雷
审稿人：北京北方华创微电子装备有限公司 程朝阳

8.12 集成电路测试设备

8.12.1 集成电路测试设备概述，積體電路測試設備概述，Overview of IC Testing Equipment

一个合格的集成电路芯片，从最初的设计到最终的成品，需要经过上百道主要工序。为了保证芯片的质量,需要在整个生产过程中及时地进行监测。为此,几乎每一步主要工艺完成后,都要对芯片进行相关的工艺参数监测,以保证产品质量的可控性。换句话说,集成电路测试贯穿于整个集成电路生产过程中。依据测试内容的不同,集成电路测试分为工艺参数测试和电学参数测试两类。为了保证集成电路芯片的生产效率,没有必要在每个主要工序后对所有的参数都进行测试,所以在大部分工序后仅对几个关键的工艺参数和电学参数进行监测,这样花费的时间较短,可保证生产效率。同时,为了保证质量,在几个关键节点会集中地对整个电学参数进行检测,这种集中检测涉及集成电路所有的关键参数,所以花费的时间较长,但对于保证产品质量却能起到关键作用。

为加快集中检测电学参数的速度,降低集成电路的测试成本,半导体产业界开发了相关的自动测试设备(Automatic Test Equipment,ATE)。利用计算机控制,ATE能够完成对集成电路的自动测试。

根据上述介绍可知,作为独立的集成电路测试环节,主要指的是通过ATE在关键节点对集成电路进行电学参数的集中检测,从而挑选出质量符合要求的芯片,从而保证最终产品的质量。

图8-262所示为使用ATE对集成电路进行测试的示意图。ATE由计算机控制,产生输入激励信号U_{in},通过外部连接,输入待测器件(Device Under Test,DUT),同时在待测器件输出端收集响应输出信号U_{out},并将其送入ATE数据存储单元中存储起来,然后与预存的理想输出结果进行对比,从而判断待测器件是否符合相关质量要求。

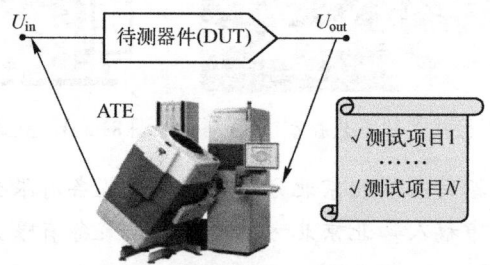

图8-262 集成电路自动测试示意图

一般来说,ATE价格昂贵,对测试环境要求苛刻,所以要求有高标准的测试场地,同时还要保证多台ATE并行运行,以保证测试的速度和效率。对于每种集成电路都要开发专门的ATE测试程序,以保证测试自动进行。所以,一个完整的测试生产线不仅包含高标准的测试场地、充足的测试设备群,也包括专门开发的测试程序;同时,质量保证体系和负责测试的工程师也是不可或缺的。成熟的测试生产线具有测试资源充足、测试开发工具多的特点,自动化程度高,可一次自动完成芯片规范要求的全部测试项目,测试效率高,吞吐量大,节省人工,可有效降低测试成本。

近年来,全球集成电路测试设备供应商经过不断整合,形成了以日本爱德万测试(ADVANTEST)和美国泰瑞达(TERADYNE)两大公司,其产品约占全球半导体企业测试设备市场份额的 70%以上。国内集成电路测试设备的研发起步较晚,水平较低,目前仅在低端市场占有很小的市场份额。

撰稿人:北京自动测试技术研究所　姜岩峰
审稿人:北京自动测试技术研究所　张东

▷▷▷ 8.12.2　通用数字集成电路测试系统,通用数位積體電路測試系統,Logic IC Test System

通用数字集成电路测试系统是用于测试数字集成电路的 ATE 系统。通用数字集成电路测试系统结构示意图如图 8-263 所示。

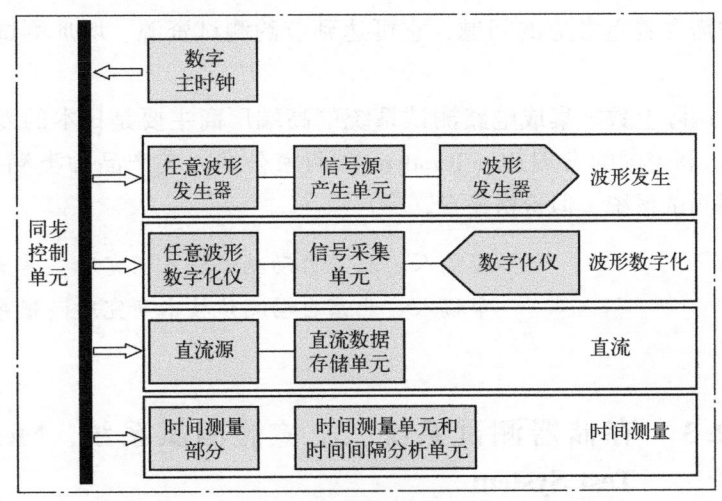

图 8-263　通用数字集成电路测试系统结构示意图

通用数字集成电路测试系统包括数字主时钟产生单元、同步控制单元、波形发生部分、波形数字化部分、直流部分和时间测量部分等。其中,数字主时钟产生单元通过同步控制单元发送同步时钟信号,使得系统内所有单元均响应同步时钟。波形发生器产生测量所需要的波形,任意波形数字化仪则是将波形数字化后,以数字形式存储记录波形。一般来说,波形发生器产生数字集成电路测试所需要的波形信号,通过有效连接提供给待测器件(DUT),而响应信号则通过数字化仪转变成数字信号并存储在 ATE 中。系统中与直流相关的测量均在直流单元中完成，而与时间相关的测量（主要是测量时间间隔的功能）则是在时间测量单元部分完成的。

数字集成电路具有种类多、数量大、逻辑关系复杂等特点，所以相应的数字集成电路测试系统的开发就需要考虑提高测试速度、增加测试程序库、增加测试向量深度等。其中，提高测试速度可采用提高时钟频率的方法，但实际应用中更多的是采用多路并测技术，即对多个 DUT 并行进行检测，虽然这样做所需要的基本单元数量增加了，在一定程度上增加了机器成本，但缩短了测量时间，降低了测试成本；增加测试程序库对于解决待测数字集成电路种类繁多的问题是非常重要的，通过扩增测试程序库，可以有针对性地测量每种产品，不仅减少了测试时间，还增加了测试覆盖率；对于逻辑关系复杂的数字集成电路（如 CPU 等），则需要增加测试向量存储空间，将响应结果存储到 ATE 中，以满足测试功能的需要。

在实际应用中，为了满足测试不同电路的需求，需要设置相应的扩展接口，以便在必要的时候通过扩展接口连接所需的测试单元，这种所谓的可扩展性是系统设计中需要着重考虑的问题，它可达到节约测试资源、增加测试覆盖面的目的。

目前，国际上数字集成电路测试系统的高端厂商主要是日本的爱德万测试（Advantest）和美国的泰瑞达（Teradyne）两家公司，其产品种类涵盖高、中、低端全系列测试系统，但价格昂贵。

撰稿人：北京自动测试技术研究所　姜岩峰
审稿人：北京自动测试技术研究所　张东

▷▷▷ 8.12.3　存储器测试系统，記憶體測試系統，Memory IC Test System

目前半导体存储器的种类较多，不同存储器具有不同的特点。存储器主要分为两类，即存取存储器和只读存储器。随着设计技术和加工工艺的不断进步，半导体存储器正在向更高集成度、更大存储容量、更快读/写速度方向发展。

存储器测试的基本原理是，往存储器写入一些数据，然后根据相关存储单元的地址，校验读回的数据；如果所有读回的数据和写入的数据是相同的，就可以判定这个存储单元的功能是正确的。

存储器的逻辑功能相对简单，不需要复杂的测试程序，但因为要保证存储器中每个存储单元的功能都得到检测，所以存储器测试最主要的特点就是数据量巨大，这就需要测试系统具有更大的数据吞吐量。同时，存储器的发展方向之一是具有更快的读/写速度，所以对测试波形和工作频率也提出了新的要求。

目前有种误区，即将系统芯片（SoC）测试系统等同于存储器测试系统，这是不正确的。虽然 SoC 测试系统能够用于检测存储单元，但从产业角度来看，这样做是极为不合适的。SoC 测试系统的复杂程度远高于存储器测试系统，SoC 测试系统中的很多功能在进行存储器测试时是用不到的；另外，SoC 的测试路径也有限，因此不适合大规模存储单元的并行检测。

虽然存储器芯片的逻辑功能远不如 SoC 芯片复杂，但是由于其集成度高，存储单元众多，所以逐个对存储单元进行检测无疑是非常耗时间的，因此存储器测试系统中的算法向量发生器（Algorithmic Pattern Generator，APG）非常重要。APG 能够产生满足故障测试覆盖率的向量组，从而保证测试效率。APG 主要由三部分组成，即微程序控制器、地址发生器和数据发生器。另外，由于存储器芯片测试时间长，为了提高测试效率，降低测试成本，在存储器芯片的产业化测试中，需要通过多测试头和并行测试提高测试吞吐量。多测试头是指一台测试主机可以同时连接多个探针台或机械手进行测试；而并行测试是指同时对多个芯片进行测试。目前，国际上已经出现双测试头 512 并测的存储器芯片测试实例。

目前，全球存储器市场规模接近 800 亿美元，其中约 50% 的市场份额在中国。在移动通信、云计算和物联网的驱动下，闪存的应用在可预见的未来会保持高速增长，预计 2018 年的 Flash 存储器测试系统的全球市场将达到 1.48 亿美元。目前存储器测试系统的主要生产厂商是日本的爱德万测试（ADVANTEST），其 T5×× 系列存储器测试系统虽然价格昂贵，但仍是全球各大存储器圆片制造及封测厂的主力设备。

面对国内存储器芯片及其测试系统需求旺盛的态势，国内在存储器芯片设计和圆片制造领域已经开始发力，但目前尚未推出自主开发的存储器测试系统。

撰稿人：北京自动测试技术研究所　姜岩峰
审稿人：北京自动测试技术研究所　张东

▷▷▷ 8.12.4　SoC 测试系统，SoC 測試系統，SoC Test System

SoC 测试系统是指用于测试系统芯片的自动测试系统，国际上的主要供应商为美国的泰瑞达（TERADYNE）和日本的爱德万测试（ADVANTEST）。SoC 测试系统的工作原理是，向被测芯片提供正确的电压、电流、时序和功能状态，并监测芯片的响应，将每个测试项的结果与预定义的限制进行比较，作出通过/失效判定[1]。SoC 测试系统主要包括系统控制部分、直流仪表、功能/交流仪表、混合信号测试仪表、射频信号测试仪表、机械硬件、软件部分等，其结构框图如图 8-264 所示。

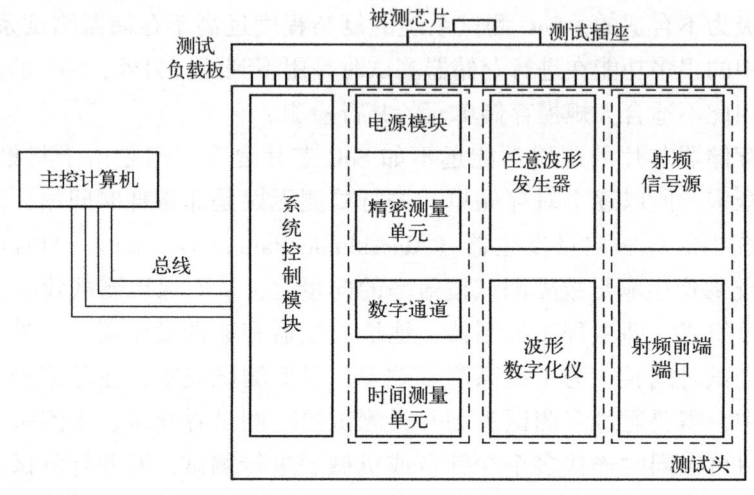

图 8-264　SoC 测试系统结构框图

系统控制部分是整个测试系统的控制中心，由高性能的主控计算机或工作站构成。对主控计算机的要求是主频较高，内存和磁盘容量足够大，读/写速度较快等，具备键盘、鼠标、显示器等计算机的基本外设与接口，支持与探针台、机械手等其他设备通信。测试头内有相应的系统控制模块，可完成主控计算机与测试系统之间的通信与控制，通常该模块还包括系统主时钟与继电器控制信号、校准电路等。

直流仪表包括参考电压源（Reference Voltage Supplies，RVS）、电源（Device Power Supplies，DPS）、精密测量单元（Precision Measurement Units，PMU）等。电源可为被测芯片提供可编程的电压或电流，同时也可以测量芯片电源引脚的电压或电流。电源至被测芯片引脚之间的线路因有阻抗会引起压降，因此需通过开尔文方式连接（Kelvin Connection）电源与芯片引脚，使得期望的电源电压可以施加至芯片引脚上。在实际使用中，还会采用并接多个电源通道的方法来提高电源供电电流。精密测量单元是一个精密电压/电流施加/测量部件，用于 DC 参数的精确测量，具有电压/电流四象限施加/测量能力，比较常用的有加压测流（Force-Voltage/Measure-Current，FVMI）与加流测压（Force-Current/Measure-Voltage，FIMV）功能。

功能/交流仪表主要包括向量存储器（Vector Memory）、时序子系统（Timing Subsystem）、引脚卡（Pin Electronics，PE）三个部分。向量存储器用于存储测试激励和芯片响应；时序子系统将逻辑信号转换为引脚电路可用的电信号，时序设置包括周期时间设置和上/下沿时间设置；PE 提供测试设备内部资源与被测芯片之间的接口，测试时通过 PE 给被测芯片提供输入信号并接收其输出信号。PE 包括提供输入信号的驱动电路（Driver）、检验输出电平的电压比较电路（Comparator）、动态电流负载（Current Load），以及用于打开和关闭驱动器和电流负载的 I/O 开关电路。图 8-265 所示为引脚卡结构图。参考电压源为位于引脚卡上的驱动电路和比较电路提供逻辑 0 和逻辑 1 电平的电压基准，包括输入低电平（Input Low Voltage，VIL）、输入高电平（Input High Voltage，VIH）、输出低电平（Output Low Voltage，VOL）和输出高电平（Output High Voltage，VOH）。有些高端数字电路测试系统还提供时间测量单元（Time Measurement Unit，TMU），用于非常精确的时间和频率测试，测量如周期、脉宽、上升/下降时间、传输延迟等时间参数[2]。

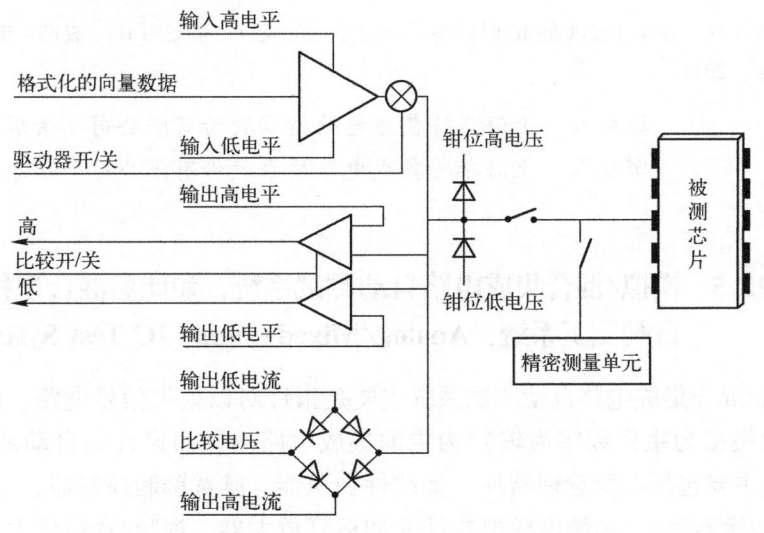

图 8-265　引脚卡结构图

混合信号测试仪表主要包括任意波形发生器（Arbitrary Waveform Generator，AWG）与波形数字化仪（Digitizer，DGT）。AWG 用于产生频率、相位、幅度准确的正弦波、三角波等信号，主要包括数据存储空间、DSP、DAC、抗混叠滤波器、增益与偏置调整器等。DGT 将连续的模拟信号转换为离散的数字信号，主要包括抗混叠滤波器、ADC、数据存储空间、DSP 等。另外，混合信号测试仪表还需具备模拟信号和数字信号同步的能力。

射频信号测试仪表包括多个独立的射频子系统,具有独立的射频测试激励和测量能力,每个子系统均拥有射频信号源和多路射频端口,可以同时扇出射频信号,支持多路射频信号同时发射或测量。射频信号测试仪表具备基带 I/Q 信号调制功能,支持多种常见的标准协议及自定义协议测试,并拥有快速信号合成与分析能力。

SoC 测试系统可为用户提供开发测试程序及量产测试所需的软件支持,包括友好的图形化界面、完备的测试程序调试工具、广泛的兼容性等。

SoC 测试系统的主要技术指标包括通道数、最大数据速率、向量深度、时钟精度、混合信号分辨率及带宽、射频信号频率及其他技术指标。目前,SoC 测试系统可支持的数字通道数达数千个,最大数据速率大于 1Gbit/s,向量深度超过百兆行,时钟精度达到 10ps 量级,混合信号分辨率超过 20bit 且带宽达数百兆,射频信号频率超过 10GHz,为高端集成电路产品测试打下了坚实的基础。

参考文献

[1] 顾汉玉 张立荣. 晶圆测试中 BIN 分设置的一种应用 [J]. 电子测试,2012(8):68-73.

[2] 曾泽嵘. 基于 FPGA 的 IC 时间参数测量单元的设计与验证 [D]. 成都:电子科技大学,2012.

撰稿人:上海华岭集成电路技术股份有限公司　余琨
审稿人:上海华岭集成电路技术股份有限公司　张志勇

▷▷▷ 8.12.5　模拟/混合集成电路自动测试系统,類比與混合型積體電路自動測試系統,Analog/Mixed-Signal IC Test System

模拟/混合集成电路自动测试系统主要是指针对以模拟信号电路、混合信号电路(以模拟为主,数字为辅)为主的集成电路测试而设计的自动测试系统,被测电路主要包括电源管理器件(如线性稳压器、脉宽调制控制器、充电电路、DC-DC 转换器等)、高精度模拟器件(如运算放大器、视频/音频放大器、滤波器、锁相环等)、数据转换器(如 A/D 转换器、D/A 转换器等)、汽车电子(如功率放大器、各类驱动器等)和分立器件(如 MOSFET、IGBT 等)。

目前,国际上主要的模拟/混合集成电路自动测试系统有美国泰瑞达(Teradyne)公司的(含原 Eagle 公司)ETS 系列(如 ETS88、ETS364 等)和 FLEX 系列,美国 LTX-Credence 公司的 ASL1000 系列,北京华峰 AccoTEST 的 STS8200 系列和 STS8250 系列,上海宏测(Macrotest)的 MTS737、MS7000 等。

图 8-266 所示的是模拟/混合集成电路自动测试系统结构框图。模拟/混合

集成电路自动测试系统一般包括数字模块、任意波形发生器（AWG）模块、数字化仪（DGT）模块、直流仪表模块和时间测量单元（TMU）等。

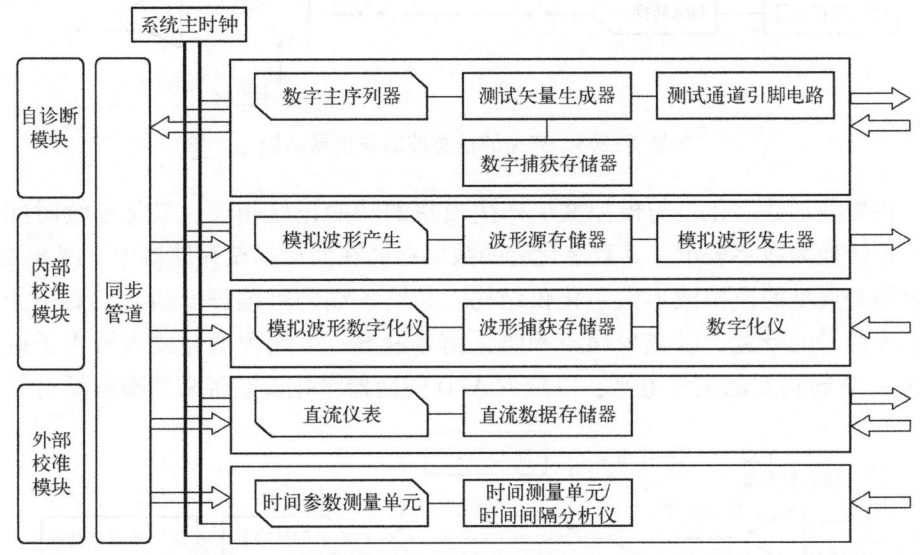

图 8-266　模拟/混合集成电路自动测试系统结构框图

模拟/混合集成电路自动测试系统中的主要模块是直流仪表模块，也称"V/I 源（电压/电流源）"，它通常具备图 8-267 所示的四象限能力，既能产生正电压和正电流，也能产生负电压和负电流。同时，该模块通常具备加压测流（Force-Voltage/Measure-Current，FVMI）、加流测压（Force-Current/Measure-Voltage，FIMV）、加压测压（Force-Voltage/Measure-Voltage，FVMV）、加流测流（Force-Current/Measure-Current，FIMI）4 种能力。衡量直流模块测试能力的指标包括电压/电流范围、精确度、准确度、测量速度、施加速度、瞬态响应、纹波等。

模拟波形产生模块用于产生符合测试需求的任意模拟电压波形，通常采用比正弦波或函数发生器更灵活的任意波形发生器，如图 8-268 所示。任意波形发生器的主要功能有同步/异步时钟、触发、滤波、实时 DSP 等，通常包括一个波形源存储器，通过 D/A 转换器将波形数据转换成模拟电压，可编程低通滤波器将步进模拟信号平滑为连续波形，可编程增益放大器（Programmable-Gain Amplifier，PGA）用于调整信号电平。

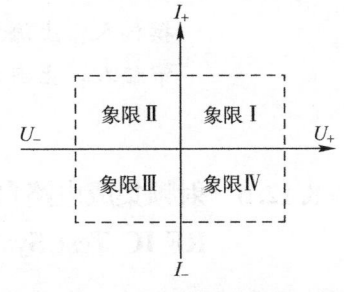

图 8-267　四个象限区域表示直流模块的拉/灌电流值或电压值

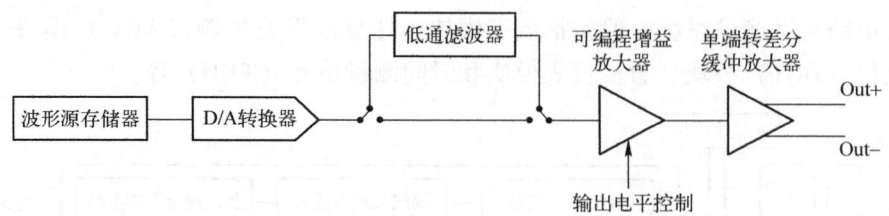

图 8-268　典型的任意波形发生器结构

模拟波形数字化仪与模拟波形产生模块的功能正好相反，是将连续时间模拟波形转换为数字表示，其数字化后的数据存储在波形捕获存储器中。图 8-269 所示的是典型的模拟波形数字化仪结构。其输入端的可编程低通滤波器用于限制输入信号的带宽，以减少噪声和防止信号混叠。可编程增益放大器用于调整进入 A/D 转换器的信号电平，以减少 A/D 转换器量化误差带来的噪声影响[1]。

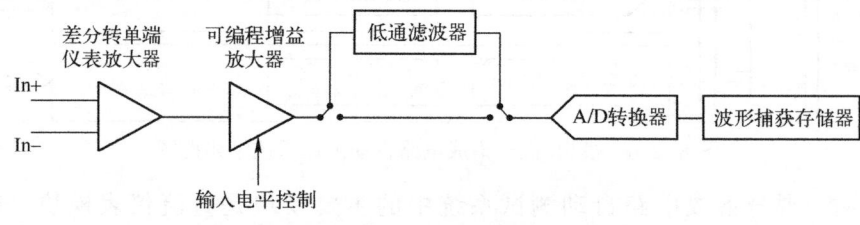

图 8-269　典型的模拟波形数字化仪结构

传统的模拟/混合电路自动测试系统的测试资源通常由多款不同功能的选件组成，而目前先进的测试系统在单个测试通道中集成了源、测量和分析的全部功能，其测试条件的更新也会采用测试矢量动态控制的方式，极大地提高了测试效率。

参考文献

[1] 吴丹．集成电路测试系统中波形数字化仪的校准研究［J］．计算机与数字工程，2012 (7)：56-59.

　　　　撰稿人：上海华岭集成电路技术股份有限公司　　祁建华
　　　　审稿人：上海华岭集成电路技术股份有限公司　　张志勇

▷▷▷ 8.12.6　射频集成电路自动测试系统，射頻積體電路自動測試系統，RF IC Test System

射频集成电路自动测试系统是指针对射频集成电路测试而设计的自动测试系统。射频集成电路自动测试系统的测试范围需要覆盖大多数射频芯片，既需要覆盖低端的射频放大器、射频开关等,又需要覆盖高端复杂的射频 SoC 芯片,确保有多个射频端口用于测试芯片;同时要满足大多数标准协议,以及数字信号、混合信号、电源管理等测试的相关要求。目前,主流的射频集成电路自动测试系统有国际先进 ATE 厂商爱德万(Advantest)的 V93000 和泰瑞达(Teradyne)的 UltraFLEX 等。

射频集成电路自动测试系统包括多个独立的射频子系统,具有独立的射频信号测试激励和测量能力。射频子系统主要由射频前端、射频信号源、射频接收机构成。射频前端拥有多路射频端口,可以通过分路器同时输出射频信号,支持多路射频信号同时发射或测量。射频信号源包含合成器、衰减器、多路复用器、放大器,以及用于 I/Q 信号调制的任意波形发生器等,可以生成高精度、低噪声、低失真的正弦波信号,具备基带 I/Q 信号调制功能,并可在每个目标频率执行自动调平(幅度自动校准)。另外,射频信号源还提供一个精度非常高的信号,通常用来作为被测芯片的时钟或本振信号。为了与测试系统保持一致的时序关系,频率合成器被锁定在一个参考主时钟频率上。射频接收机包含衰减器、中频滤波器、带通滤波器、高速波形数字化仪、高精度波形数字化仪、低噪声放大器等,用于将接收到的射频信号下变频后进行抓取及处理。图 8-270 所示为射频集成电路自动测试系统结构框图。

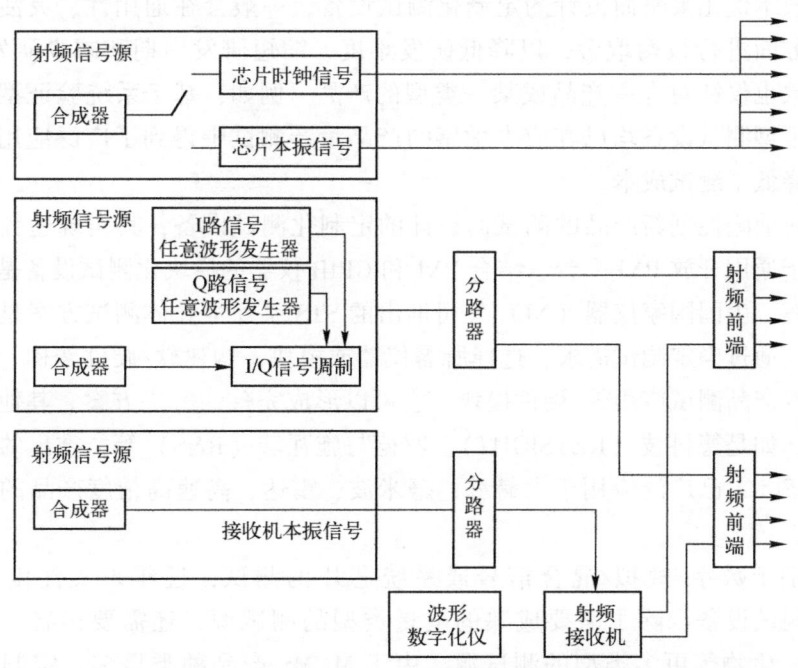

图 8-270 射频集成电路自动测试系统结构框图

射频集成电路自动测试系统需支持多种常见的标准协议及自定义协议的测试，测试系统的分析软件可提供全套解调和矢量信号分析工具，并拥有快速信号合成与分析能力。在测试过程中，通过开启多线程进行数据上传与计算（即在测试继续进行的同时，后台有大量的测试数据通过专用高速数据总线从测试机上传到工作站进行数据处理），可实现测试效率的提升。另外，对射频集成电路测试来说，快速的频率及功率变换功能，以及测试系统较低的本底噪声也是非常重要的。

撰稿人：上海华岭集成电路技术股份有限公司　余琨
审稿人：上海华岭集成电路技术股份有限公司　张志勇

▷▷▷ 8.12.7 定制化测试设备，定制化測試設備，Customized Test System

对于成熟的量产产品的测试，自动测试系统（ATE）通常都有完善的标准化解决方案。但是，针对成本敏感和前瞻性研发的创新产品，大型的标准自动测试系统往往不是最优的解决方案，因此定制化测试设备应运而生。

为成本优化策略而设计的定制化测试设备，一般会在通用性、灵活性、前瞻性等方面进行权衡取舍，以降低研发难度、缩短研发周期和减少研发成本，测试对象也仅针对专一产品或某一类型的产品。例如，基于系统验证型、基本功能验证型测试设备均已在成本敏感的产品量产测试中得到了广泛应用，较大程度地降低了测试成本。

针对前瞻性创新产品的测试而设计的定制化测试设备，其实现途径较为多样，基于通用开放 PXI 平台、结合 PXI 和 GPIB 仪器的模块化测试设备是一个有效的方案。美国国家仪器（NI）公司推出的 STS 系列半导体测试方案是一个典型案例，通过确定测试需求，选择所需仪器或模块，构建软/硬件架构、接口组件，开发产品测试应用软/硬件模块，它可以形成完善的解决方案。其他测试仪器企业，如是德科技（KEYSIGHT）、罗德与施瓦茨（R&S）等，推出的定制化测试方案，也已广泛应用于太赫兹、毫米波、雷达、高速高精度产品的测试验证领域。

区别于数字/模拟/混合信号或系统芯片的测试，近年来关注度颇高的 MEMS 测试设备，除了需要成熟的电量类型的测试源，还需要声音、光、磁场、力、生物等更多类型的测试源。由于 MEMS 产品种类繁多，定制化设备应用较为广泛，其中面向加速度或陀螺仪的高 g 多轴设备、高速旋转头定制小型测试设备、麦克风测试设备、全封闭型压力测试设备等均是定制化测试设备的典型应用。

撰稿人：上海华岭集成电路技术股份有限公司　祁建华
审稿人：上海华岭集成电路技术股份有限公司　张志勇

▷▷▷ 8.12.8　测试仪表，測試儀表，Test Instrument

在集成电路测试中，经常需要利用测试仪表进行辅助测试与分析，其中包括设计验证和量产测试环节的快速、高质量测试。常用的测试仪表包括电源、万用表、示波器、信号源、信号分析仪等。是德科技（KEYSIGHT）、罗德与施瓦茨（R&S）、泰克（Tektronix）、福禄克（FLUKE）等国际主流厂商占据了绝大部分测试仪表市场份额。

在集成电路测试验证过程中，经常需要用到万用表、示波器、信号分析仪等测试仪表对电压、电流、频率、幅度、相位、信号波形等进行测量确认，以便对具体问题进行定位与深入分析，在仿真、原型设计和设计验证阶段获得一致且可比较的结果，以此来优化集成电路设计，加快集成电路产品的上市进程。

在量产产品的测试过程中，当被测芯片仅有某项指标或某几项指标超出通用自动测试设备（ATE）能力范围时，若被测芯片必须使用 ATE 不能提供的高精度电源、需要测量超过 ATE 量程的高电压等，从成本优化的角度考量，通常会采用测试仪表辅助 ATE 测试。相较于 ATE，专用测试仪表往往具有量程大、精度高、噪声低等优势，且可支持计算机编程控制。将 ATE 的主控电脑通过 GPIB、USB 等接口与测试仪表连接，即可对其实现程序自动控制[1]。

针对近年来关注度很高但是对成本又非常敏感的 IoT 器件，采用低端 ATE 外挂信号分析仪等测试仪表进行测试，不失为一个有效的低成本测试解决方案。除了常规的直流参数与功能测试，它还可以直接测量芯片的信号功率、增益、谐波失真、相位噪声、噪声系数、误差矢量幅度等射频相关参数，进行频域、时域和调制域信号分析，快速验证信号性能，完成器件全参数测试[2]。

参考文献

[1] 袁正朋，向罗勇，王汝言. 物联网微功率设备射频自动测试系统的设计与实现［J］. 现代电信科技，2013（9）：11-15.

[2] 余琨. RF 芯片测试技术研究［J］. 中国集成电路，2015（3）：41-46，55.

撰稿人：上海华岭集成电路技术股份有限公司　余琨
审稿人：上海华岭集成电路技术股份有限公司　张志勇

8.13 生产线其他相关设备

8.13.1 电感耦合等离子体质谱仪,電感耦合電漿質譜儀,Inductively Coupled Plasma-Mass Spectrometer (ICP-MS)

电感耦合等离子体质谱仪可用于物质试样中多种元素的定量分析,测试质谱范围为3~300amu(Atomic Unit),分辨能力<1amu,并且可以测定元素周期表中90%的元素,大多数元素检测限介于0.1~10ng/L范围内,标准差为2%~4%,且有效测量范围高达10^6,适合多种元素同时分析测试。电感耦合等离子体质谱仪由等离子体装置、接口装置和质谱装置等组成。等离子体装置的主体是由石英材质的3层套管组成的炬管(Torch),炬管由外到内分别通入冷却氩气、辅助氩气和载气氩气,炬管右端装有铜质电感线圈。铜质电感线圈通入交流电,产生垂直于线圈平面的27MHz高频振荡磁场,与自由电子电感耦合发生电荷放电,产生的能量通过碰撞转移给氩分子,从而将氩分子电离成氩离子(Ar^+);在电磁场的影响下,Ar^+和电子再次与其他Ar发生碰撞,进而生成更多的Ar^+和电子;同时强大的电流所产生的热能,使Ar形成了等离子体焰炬(Plasma Torch),温度高达10000K。等离子体被约束在石英炬管的气流范围内,之后被检测的样品气溶胶通过等离子体中心,将样品蒸发、原子化、离子化,最终形成带正电荷的离子;这些电荷离子被提取出来后,进入质谱装置进行检测。通过双曲面钼四级杆,通入大小不等的电压,将离子按质量与电荷的比值差异进行分离,完成快速分析。电感耦合等离子体质谱仪主要用于半导体、同位素分析、采矿业、化工、生物等,该技术的优势是非常低的检出限,非常宽的动态线性范围,分析的速度很快,干扰很少,应用范围广等。在集成电路制造领域,电感耦合等离子体质谱仪主要用于厂务原物料HF、H_2SO_4、HCl、NH_4OH等金属污染分析,以及半导体工厂机台端化学物质和金属杂质的分析。

撰稿人:中芯国际集成电路制造有限公司 王立众
审稿人:中芯国际集成电路制造有限公司 张昕

8.13.2 离子色谱仪,離子色譜儀,Ion Chromatograph

离子色谱分析是化学领域高效分析阴、阳离子的一种色谱方法。依据待分析的样品种类的不同,离子色谱可以分为阳离子色谱和阴离子色谱。在阳离子色谱分析中，通常使用最外层带负电荷的阳离子交换树脂作为固定相，以甲磺酸作为流动相；在阴离子色谱分析中，通常将最外层带正电荷的阴离子交换树脂作为固定相，以氢氧化钾作为流动相。

离子色谱仪由高压泵、淋洗液发生器、检测器、柱箱和数据分析系统构成。柱箱又包括六通阀、保护柱、分析柱、抑制器和检测器。待测物在流动相的带动下，依次经过保护柱、分析柱、抑制器、检测器，最后将流出物的电导变化用电导检测器进行连续检测，得到各离子的谱图，最后比照标准曲线定量得到物质的含量。

利用离子色谱分离不同离子的原理为，色谱柱的固定相对不同离子的吸附力不同；型号不同的分析柱，样品离子在其中分离的顺序也不尽相同。离子色谱对样品的定量有两个状态，即载入（Load）状态和进样（Inject）状态。在载入状态下，样品通过进样管进入浓缩柱中浓缩，再由废液管流出；在进样状态下，淋洗液带动浓缩柱中的样品进入分析柱中进行分离，继而进入抑制器对样品本身的电导值进行放大，对干扰电导值进行缩小，最后进入检测器中检测电导值，而待测样品含量的得出则是通过数据处理系统来完成的。

离子色谱在能源、电子和化学等行业均有普遍的应用。在半导体行业的无尘室中，由于空气中的阴、阳离子对产品有很大的影响，只有对其进行严格控制才能提升产品的成品率，因此离子色谱在洁净室环境阴、阳离子的检测中发挥着巨大的作用；在半导体行业的供水系统中，只有严格控制水的纯度才能保证工艺化学品的质量，而各种工艺化学品的质量也直接影响产品的质量，因此离子色谱在各种水的纯度检测中具有非常重要的意义。

撰稿人：中芯国际集成电路制造有限公司　王立众
审稿人：中芯国际集成电路制造有限公司　张昕

▷▷▷ 8.13.3　热脱附气相色谱质谱仪，熱脫附氣相色譜質譜儀，Thermal Desorption – Gas Chromatogram Mass Spectrometer (GC-MS)

热脱附气相色谱质谱仪主要包括热脱附部分、色谱部分、质谱部分和数据处理部分。热脱附部分由自动进样器及脱附部件组成；色谱部分包含柱温箱、汽化装置和载气装置；质谱部分包含真空腔、离子源、质量分析装置和检测器；数据处理部分包含热脱附控制软件、质谱化学软件和计算机。

热脱附气相色谱质谱仪的分析流程是，自动进样器首先将载有吸附样品的样品管加热，在主脱附阶段，自动进样器中加热装置温度升高，样品在稀有气体气流的作用下被脱附到冷阱（Cold Trap）中进行富集；然后冷阱被加热到300℃，将样品管中吸附的样品彻底解析出来，在稀有气体气流的作用下进入气相色谱仪和质谱仪中进行分析；接着冷阱降温至约10℃，自动进样器中加热装置也进行降温；最后自动进样器卸下样品管，完成样品分析。

气相色谱（Gas Chromatogram）中对固定相吸附剂的要求是多孔，而且要有一定的活性。当多个成分的混合物进入色谱柱时，因吸附剂对每个成分的吸附作用力存在差异，吸附能力差的成分容易解析下来（在色谱柱中停留时间最短），而最难被解析下来的组分由于吸附力极强，在色谱柱中的停留时间最长，这就导致各组分进入质谱仪中的先后顺序不同；不同组分在离子源的高真空环境中按一定次序在电场的作用下形成具有质量与电荷比值（m/z）差异的正电离子，然后经过离子光学系统的作用汇聚成具有一定能量的离子束，先进入四级杆质量分析器中，最后再进入电子倍增器进行放大并检测。

热脱附气质联用技术具有检测灵敏度高，分离效果好的优点，是检测有机物的最常用的方法，主要用于医药、环境、生物等领域。在半导体行业，该技术主要用于分析半导体制造环境中的挥发性有机物，包括苯及苯的同系物等。

撰稿人：中芯国际集成电路制造有限公司　王立众
审稿人：中芯国际集成电路制造有限公司　张昕

▷▷▷ 8.13.4　自动滴定仪，自動滴定儀，Titrator

自动滴定仪（Titrator）是一种实验室里常用的利用电位法原理分析样品浓度/容量的分析仪器。一台自动滴定仪通常由标准滴定试剂（根据分析样品的性质确定其种类及浓度）、主机（包括数据分析模块、系统设置模块及动力模块）、前端分析（包括反应池、电极、滴定管和搅拌器）三大部分组成。用于传输试剂的各管路及转换阀均由特种材料制成，具有极佳的耐腐蚀性及良好的密封性，确保其可以长期稳定地运行。目前，自动电位滴定的整个操作过程都实现了全自动化，包括过程滴定、终点识别、数据分析等，其各种高灵敏度的电极和精密度极高的滴定剂计量泵等关键部件保证了滴定结果的高重复性和精准性。

在样品滴定分析过程中，样品与滴定剂在反应池中发生化学反应，反应的进行会使反应池中的离子含量时时变化，进而由电极探测到的反应池中的电位也在时时变化。当反应趋近终点时，电极探测到电位突变，系统即可识别出滴定终点，滴定终止。机台进行分析工作时，应用不同的指示电极，配以相应的滴定剂，即可对不同性质的样品进行滴定分析。例如，利用普通酸碱玻璃电极，选用盐酸、氢氧化钠等酸碱滴定剂，可以进行酸碱滴定；利用具有抗氢氟酸腐蚀的氟电极配以参比电极，可以对氢氟酸进行滴定；利用铂电极为指示电极，硫酸铈为滴定剂，可以对过氧化氢进行氧化还原滴定等。

撰稿人：中芯国际集成电路制造有限公司　　王立众
审稿人：中芯国际集成电路制造有限公司　　张昕

▷▷▷ 8.13.5　研磨液颗粒计数仪，研磨液顆粒計數儀，Accusizer

研磨液颗粒计数仪（Accusizer）是利用单颗粒光学传感器（Signal Particle Optics Sensor，SPOS）对液体中的颗粒进行粒径测试并计数的一种分析仪器。研磨液颗粒计数仪主要包括检测器、全自动进样系统和二级自动稀释系统，其主要工作原理为，当不同粒径大小的粒子经过光感区域时，光强会随之产生相应的变化，处理器会根据这些由探测器将光信号转换而来的电压信号计算出粒子粒径的大小（因为不同大小的粒径会对应不同大小的电压信号）。

SPOS 技术利用光散射与光消减两种物理作用，提高了研磨液颗粒计数仪的快速检测能力和辨析度，避免了粒子间的相互干扰，可以真实、准确地分析出样品的粒径及分布。

在集成电路制造领域，研磨液颗粒计数仪主要用于对化学机械研磨工艺中所用研磨液颗粒的粒径和分布的检测，对减少化学机械研磨工艺中的缺陷，提高产品成品率有着非常重要的作用。

撰稿人：中芯国际集成电路制造有限公司　　王立众
审稿人：中芯国际集成电路制造有限公司　　张昕

▷▷▷ 8.13.6　液体颗粒计数仪，液體顆粒計數儀，Liquid Particle Counter（LPC）

液体颗粒计数仪是一种对液体中不同粒径的微粒进行计数的精密仪器。其工作原理是，当激光光源照射恒定流速的含微粒液体时，液体中的微粒会发射出散射光，光电倍增管会将通过聚光透镜投射过来的散射光脉冲信号转变为电脉冲信号，因此各种粒径下的微粒数即可通过电脉冲数量求得。

液体颗粒计数仪由取样装置、传感器及数据处理系统组成。取样时，它可以实现恒定的取样速率和精确的取样体积，还可以较为灵活地控制取样量，而且误差小，可大幅度改善测试的精确性，为半导体行业工艺化学品中极小微粒的检测提供了便利条件。此外，它还具有测试时间短、测试粒径范围广等优点，对检测效率和精确性的改善提供了很大的帮助。

液体颗粒计数仪在小粒径液体的颗粒计数中发挥着不可替代的作用，其最小检测粒径可达 $0.10\mu m$ 以下。

液体颗粒计数仪在电子、环境、化工等行业中均有着不可替代的作用，尤其是它可以为液体中极小粒径颗粒的计数提供准确的测试数据，这可在一定程度上提高产品的质量。在半导体行业中，它对行业所要求的高标准、高纯度化学品及水的管控测试发挥了重要的作用。

撰稿人：中芯国际集成电路制造有限公司　王立众
审稿人：中芯国际集成电路制造有限公司　张昕

第 9 章　集成电路专用材料

集成电路材料是指在集成电路器件制备工艺中所需要的材料，是集成电路工业不可或缺的基础。集成电路材料主要包括两类，即器件制造本身所需要的材料和器件制造过程中所消耗的材料。

通常，人们利用直拉法（Czochralski）等晶体生长技术，将高纯的多晶硅原材料制备成单晶硅（又称硅单晶），再通过切、磨、抛等加工工艺，将单晶硅制备成抛光硅片，从而使其成为集成电路的基体材料；此后，抛光片外延硅薄膜、锗硅薄膜材料在集成电路上也得到广泛应用。20 世纪 60 年代，以 GaAs 为代表的化合物半导体单晶和外延薄膜材料得到发展和应用，制备了基于化合物半导体材料的集成电路。如今，已有 60 多种元素在集成电路材料中得到了应用。

根据在器件制备工艺中的作用和功能的不同，集成电路材料大致可分为功能材料（基体材料）、微细加工材料、工艺辅助材料和封装结构材料四大类。

集成电路材料的质量是器件制备的前提和保证。针对不同的材料，集成电路工艺有不同的需求。随着集成电路器件特征线宽的逐渐缩小，器件对材料的要求变得更加严格，要求材料的性能更加优秀，即材料更纯、晶体更完整、强度更高、散热更容易等。

◎ 本章编委会

主　　编：杨德仁
副 主 编：康晋锋
编　　委（按姓氏笔画排序）：
　　　　王茂俊　石　瑛　杨士勇　余学功　袁　桐
责任编委：余学功

9.1 硅材料

9.1.1 集成电路对硅材料的要求，積體電路對矽材料的要求，Requirements of IC for Silicon Materials

直拉硅片是用于制造集成电路的硅材料，分为硅抛光片和硅外延片两大类。常用的硅抛光片为 p 型、<100>晶向，电阻率为 3~6Ω·cm、8~12Ω·cm、15~25Ω·cm 等。常用的硅外延片是以重掺硼硅片为衬底的外延片。依据器件的种类、集成度、工艺条件的不同，集成电路的制造应选用不同的硅材料。一般而言，200mm 及以下的集成电路生产线常用硅抛光片；45nm 及以下线宽的 300mm 集成电路生产线常用硅外延片。硅抛光片由直拉单晶硅锭经过滚圆、切片、磨片、腐蚀、抛光、清洗等工序制造得来。与硅抛光片相比，硅外延片在晶体完整性方面得到了提高，并能显著降低器件的导通电阻，降低 α 粒子软误差，避免 CMOS 电路闩锁现象的发生。

随着集成电路集成度的提高，对硅片品质参数的要求也在不断提高。硅片的关键参数包括电阻率及其径向均匀性、氧浓度、碳浓度、体金属浓度、表面金属浓度、氧化诱生层错密度、体微缺陷密度、局部平整度、边沿局部平整度、边沿曲率、纳米形貌、表面颗粒等。其中，局部平整度、边沿局部平整度、边沿曲率、纳米形貌是在集成电路的特征线宽达到深亚微米后对硅片几何参数提出的新要求。

杂质（除掺杂剂以外）对硅片的性能和质量有着重要的影响。氧是直拉硅片中不可避免的杂质，它具有提高硅片机械强度的作用；在硅片体内产生的适量氧沉积具有吸除硅片表面有害金属沾污的作用，但是过量的氧沉积反而会引起硅片的翘曲。因此，需要将硅片中的氧含量控制在合理的范围内。

碳也是直拉硅片中不可避免的杂质。长期以来，碳因为具有增强氧沉积从而导致 pn 结的泄漏电流增大和击穿电压降低的效应而被认为是有害杂质。因此，碳的浓度甚至被要求控制在 $10^{16} cm^{-3}$ 以下。但是，随着集成电路用硅片氧含量的降低，关于碳的所谓有害性问题需要重新认识。

氮是硅片中有意掺入的杂质，它具有增强硅片机械强度、增加内吸杂（Gettering）能力、使空洞型缺陷易于消除等优点。经过近 30 年的研究与开发，进入 21 世纪后，掺氮硅片成为集成电路用的一种性能优异的硅片。

金属杂质无论在硅片的表面还是体内都是有害的，它们降低硅片的载流子寿命，并会诱发其他缺陷（如氧化诱生层错）。因此，必须尽可能避免金属杂质的存在。

硅片中的缺陷对集成电路的成品率有重要的影响。硅抛光片的主要缺陷包括氧沉积、氧化诱生层错（Oxygen Induced Stacking Faults，OSF）和空洞型缺陷（Void）等[1]。硅片中的氧杂质在集成电路制造工艺温度下处于过饱和状态，经过若干低温和高温的热工艺后，会形成氧沉积及其诱生缺陷（如位错和层错等）。针对集成电路制造的工艺特点，通过控制硅片的氧浓度及热历史（与单晶生长过程有关），可以使得氧沉积仅发生在硅片体内（即集成电路器件有源区下方），形成体微缺陷（Bulk Microdefect，BMD），它们起着内吸杂（Internal Gettering，即吸除硅片表面金属沾污）的作用。

OSF 是硅片经过 900~1150℃ 的热氧化时有可能产生的缺陷，硅片表面的损伤、金属沾污，以及硅片中过高的氧浓度和原生氧沉积等，都可导致 OSF。因此，OSF 是衡量硅片质量好坏的重要指标。空洞型缺陷是硅片的一种主要原生缺陷，它是由空位在单晶硅生长的冷却过程中聚集而形成的，会降低 MOS 器件的栅极氧化物完整性。

空洞型缺陷在硅片经过 RCA1 清洗液清洗后，会表现为晶体原生颗粒（Crystal Originated Particle，COP）。为了消除硅片近表面区域（即集成电路器件的工作区）中的 COP，通常采取氢气或氩气气氛下的高温（约 1200℃）退火工艺。此外，采用特殊的晶体生长工艺，可以生长出无 COP 的完美的单晶硅。

表 9-1 所列为 28nm 集成电路制造工艺对硅片的主要要求。

表 9-1 28nm 集成电路制造工艺对硅片的主要要求

	硅片参数	规格数值
一般特性	生长方法	直拉（CZ），磁场直拉（MCZ）
	晶向	(100)
	导电类型	p 型
电学和化学特性	衬底电阻率，电阻率的径向变化	8~12$\Omega \cdot cm$，≤8%
	氧浓度，氧浓度的径向变化	10~14ppma，≤8%
	碳浓度	≤0.18ppma
	少子寿命	≥600μs
	体铁浓度、体镍浓度、体铜浓度的最大值	4×10^{10} at/cm^3、1×10^{10} at/cm^3、1×10^{10} at/cm^3

续表

硅片参数		规格数值
结构特性	滑移线	无
	氧化诱生层错	≤100 个/cm²
	体内微缺陷（BMD）	$1×10^7 \sim 6×10^9$ 个/cm³
机械加工特性	直径	300mm±0.1mm
	厚度	775μm±15μm
	总厚度变化	≤0.7μm
	弯曲度	≤30μm
	翘曲度	≤25μm
	局部平整度（SFQR 26mm×8mm）	≤0.03μm @ PUA100%
	边沿局部平整度（ESFQR EE=2mm）	≤100nm
	边沿曲率（Front ZDD @ 148mm）	$-60 \sim +15$ nm/mm²
	纳米形貌（2mm×2mm、10mm×10mm）的最大值	9nm、24nm
前表面要求	表面金属（Na、Al、Ca、K、Fe、Cr、Cu、Ni、Zn）浓度	$≤3.5×10^9$ at/cm²
	划伤、裂纹及沾污	None
	LPD≥0.2μm、0.12μm、0.045μm	≤8 个/片、20 个/片、105 个/片
外延层特性	导电类型	p 型
	掺杂元素	硼（P）
	外延层电阻率	8~12Ω·cm
	外延层电阻率径向变化	±5%
	外延层厚度	4μm±0.2μm
	外延层厚度径向变化	±5%

注：1ppma = $5.02×10^{16}$ cm⁻³

参考文献

[1] 阙端麟，陈修治. 硅材料科学与技术 [M]. 杭州：浙江大学出版社，2000.

撰稿人：浙江金瑞泓科技股份有限公司　田达晞
审稿人：浙江大学　　　　　　　　　　　马向阳

▷▷▷ 9.1.2 高纯多晶硅，高純多晶矽，High Purity Polycrystalline Silicon

集成电路器件主要是在硅材料基体上制备的，其原始材料是高纯多晶硅，即纯度很高的多晶硅材料，通常其纯度要求达到 99.999 99%~99.999 999 9% 或更高。按照纯度和用途的不同，高纯多晶硅可以分为探测器级高纯多晶硅、电子级高纯多晶硅和太阳能级高纯多晶硅，分别作为制造探测器、集成电路和太阳电池等相关半导体器件的原始材料。其中，太阳能级多晶硅纯度要求相对较低；对于集成电路用高纯多晶硅而言，其纯度要求较高，一般要达到 99.999 999% 以上，杂质的含量要降到 10^{-9} 量级的水平。另外，根据形状和生产工艺的不同，高纯多晶硅也可分为棒状多晶硅和颗粒多晶硅。

高纯多晶硅的原材料是大自然中的纯度在 99% 以上石英砂。在电弧炉中，利用石英砂和焦炭（或木炭）在约 1800℃ 温度条件下进行还原反应，可以生成纯度为 95%~99% 的多晶硅，称之为金属硅（又称为冶金硅、粗硅或工业硅）。这种金属硅材料对电子工业而言，含有过多的杂质，其中主要是 P、B、C 等非金属杂质和 Al、Fe、Ca 等金属杂质，所以这种金属硅一般作为添加剂，应用在钢铁工业或塑料工业中。

通过对金属硅的进一步提纯，可以获得高纯多晶硅，它可以用作集成电路用硅晶体的原料。为了满足集成电路的要求，高纯多晶硅（电子级）的基磷浓度、基硼浓度一般要分别小于 0.15×10^{-9} 和 0.05×10^{-9}；而且金属杂质浓度要小于 1.0×10^{-9}，碳浓度要小于 0.1×10^{-6}。

制备高纯多晶硅的技术有多种，但是从成本、能耗、质量等方面综合考虑，目前制备集成电路用电子级高纯多晶硅主要利用三氯氢硅氢还原法和硅烷热分解法两种技术。三氯氢硅（$SiHCl_3$）氢还原法又称改良西门子法（Modified Siemens Process），在国际上被广泛采用，70%~80% 的电子级多晶硅是利用 $SiHCl_3$ 氢还原法生产的。该技术首先利用氯化氢（HCl）和金属硅反应，生成 $SiHCl_3$；经过多次精馏工艺，提纯 $SiHCl_3$；然后利用直径约 5mm 的多晶硅细棒作为硅芯，通电后，加热到约 1100℃，再同时通入高纯氢气和提纯后的 $SiHCl_3$，使之发生化学还原反应，生成高纯多晶硅晶体；这些多晶硅材料直接沉积在硅芯上，使得硅芯的直径逐渐增大（直径为 150~200mm），最终制成棒状的电子级高纯多晶硅。

硅烷热分解法（Silicane Pyrolytic Process）利用硅烷作为中间化合物。它易于提纯，可以通过热分解直接生成多晶硅，且分解温度相对较低。硅烷可以采用硅化镁和液氨反应，或者由 $SiHCl_3$ 歧化反应等技术获得，利用精馏技术提纯后通入反应室，硅芯通电加热到 850℃ 以上，硅烷热分解生成多晶硅，沉积在加热的硅芯上,制备成棒状的硅原料。如果将硅烷通入流化床反应器,利用硅细小颗粒作为核心,通过流化床技术(Fluidized Bed),硅烷热分解后可以得到尺寸在微米级的颗粒高纯多晶硅,适用于连续拉晶的直拉单晶硅技术。

参考文献

[1] 杨德仁. 太阳电池材料 [M]. 北京:化学工业出版社,2007.

撰稿人:浙江大学　杨德仁
审稿人:浙江大学　马向阳

▷▷▷ 9.1.3　单晶硅,單晶矽,Mono Crystalline Silicon

单晶硅,又称硅单晶,是由单一籽晶(晶核)生长的单晶体的硅材料,它具有晶格完整、缺陷很少、杂质很少等特点,是集成电路的基体材料。单晶硅分为区熔单晶硅(Floating Zone Silicon,FZ-Si)和直拉单晶硅(Czochralski Silicon,CZ-Si)两种,它们是由单晶硅晶体生长方式所决定的。

区熔单晶硅是利用区熔技术制备的,其直径小、机械加工性差。区熔单晶硅的制备是利用棒状高纯多晶硅,在下端放置具有一定晶向的单晶硅籽晶;根据所生长硅晶体的要求,籽晶的晶向一般为<111>或<100>;然后在氩气等稀有气体保护下或真空条件下,将一定宽度的高频感应线圈放置在多晶硅棒和籽晶的结合处,对线圈通电加热,使多晶硅棒和籽晶的结合处部分熔化,形成了一段硅熔体区域;随后,将感应线圈沿多晶硅棒缓慢向上移动,使得硅熔区逐步上移;离开线圈的硅熔体温度下降,从而形成单晶硅;当硅熔区到达多晶硅棒的上端时,整根多晶硅棒就变成了单晶硅。此时的杂质因分凝系数的不同,将位于晶体棒的头尾两端。因此,区熔工艺不仅是制备单晶的工艺,也是提纯的工艺;通过多次区熔过程,可以制备探测器级高纯硅晶体。

直拉单晶硅是利用晶体直拉生长技术制备的单晶硅,其晶向为<111>或<100>。直拉单晶硅生长示意图如图9-1所示。由图可见,晶体炉的外层是保温罩,内层是石墨加热器;在炉体下部,有一个固定在支架上的石墨托,它可以旋转和上下移动;在石墨托上面安放有石墨坩埚,其内放置有高纯的石英坩埚;另外,在炉体的上方安置着籽晶轴,也可以转动和上下移动。在晶体生长时,一般通入低压的高纯氩气或氮气作为保护气;同时,坩埚等石英件和加热器等的石墨部件都是由高纯材料制备的,以减少杂质引入直拉单晶硅中的可能性。

制备直拉单晶硅的主要工艺包括多晶硅原料装料、多晶硅熔化、种晶、缩颈、放肩、等径生长和收尾等。在基本工艺的基础上,目前又开发出磁控直拉

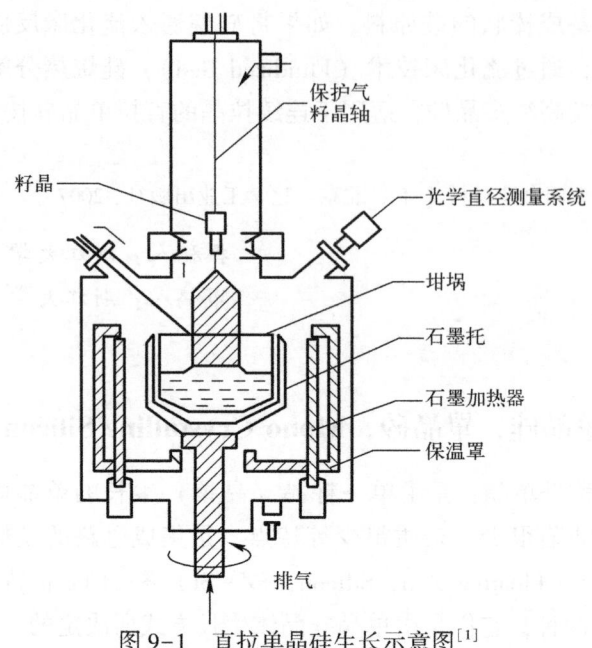

图 9-1 直拉单晶硅生长示意图[1]

(MCZ) 单晶硅生长（目的是降低氧浓度）、连续加料直拉单晶硅生长和重装料直拉单晶硅生长等工艺。

对于直拉单晶硅，需要控制其导电类型和电阻率，因此在晶体生长时需要掺入微量电学性的杂质（又称为掺杂剂），以满足器件制备的要求。若要得到 p 型半导体，一般掺入 B、Al、Ga 和 In 等Ⅲ族元素杂质；若要得到 n 型半导体，一般掺入 P、As 和 Sb 等Ⅴ族元素杂质。在晶体生长时，要考虑掺杂剂在晶体生长方向的分布，因此掺杂剂在硅熔体的蒸发系数、分凝系数是重要参数。对于 p 型掺杂，B 是最常用的直拉单晶硅掺杂剂；而对于 n 型掺杂，P、As 和 Sb 都可以作为直拉单晶硅的掺杂剂。

对于集成电路用直拉单晶硅，少数载流子寿命是主要的电学参数。除掺杂剂外，一般情况下直拉单晶硅生长需要尽量避免杂质的引入，以免影响单晶硅、器件的性能和质量。通常，直拉单晶硅中的主要杂质是氧和碳（来源于晶体生长时的石英坩埚和石墨加热器等）。缺陷是直拉单晶硅的另一个重要问题，它会严重影响器件的可靠性和产率。对于超大规模集成电路用直拉单晶硅，首先需要控制晶体原生颗粒（COP）的浓度。为了控制缺陷，会引入氮、锗等杂质来调控缺陷，以提高单晶硅晶体性能，这被称为"杂质工程（Impurity Engineering）"[2]。

直拉单晶硅生长完成后，需要经过切断、滚圆、切片、磨片、倒角、抛光和清洗等工艺，制备成适合集成电路器件制造所需的硅抛光片。在制备过程中，不仅对硅抛光片的表面粗糙度、弯曲度等表面加工有非常高的要求，而且对表面金属杂质浓度也有严格的要求，以便使得硅抛光片能够满足纳米级集成电路的需求。

参考文献

［1］ 阙端麟，陈修治. 硅材料科学与技术［M］. 杭州：浙江大学出版社，2001.
［2］ Xuegong Yu, Jiahe Chen, Xiangyang Ma, Deren Yang. Impurity engineering of Czochralski silicon. Materials Science and Engineering R-reports，74，2013：1-33.

撰稿人：浙江大学　杨德仁
审稿人：浙江大学　马向阳

▷▷▷ 9.1.4　非晶硅薄膜，非晶矽薄膜，Amorphous Silicon Thin Film

非晶硅（a-Si）是一种以共价无规则的网络原子结构组成的硅材料，即对一个单独的硅原子而言，它与周边的4个硅原子组成共价键，在近邻区域形成有规则的排列；但在更远一点的区域，硅原子则是无规则排列的。

与单晶硅相比，非晶硅具有不同的物理性质。从晶体结构上来看，它具有大量的悬键（Dangling Bond）；它的物理性质具有各向同性，是准直接带隙结构，其光吸收系数比晶体硅高约一个数量级。通常，氢化非晶硅薄膜的带隙宽度约为1.7 eV，通过不同的合金连续掺杂调控，其带隙宽度可以在1.4~2.0 eV范围内变化。

通常，非晶硅是指非晶硅薄膜材料。与晶体硅相比，非晶硅在热力学上处于亚稳状态，具有更高的晶格势能；经过一定的热处理，非晶硅薄膜可以变为纳米硅、微晶硅和多晶硅薄膜。通过改变合金组分和掺杂浓度，非晶硅的电导率、禁带宽度等性质可以连续调整，也可以形成如a-SiGe和a-SiC合金薄膜等。

非晶硅薄膜具有制备工艺简单、可大面积连续生产的优点，可用于制备场效应薄膜晶体管（Thin Film Transistor，TFT）、液晶显示器件、太阳电池等器件，其中非晶硅薄膜太阳电池是其重要的应用。与晶体硅太阳电池相比，非晶硅薄膜太阳电池的晶体完整性比较差，其光电转换效率明显偏低，而且具有明显的光致衰减现象；但是，非晶硅薄膜太阳电池也具有一些优点，如非晶硅可以沉积在柔性的不锈钢、塑料等衬底上，形成柔性的太阳电池，容易与建筑物等集成一体进行设计、施工[1]。

非晶硅薄膜主要是利用PVD、CVD技术制备的。对于利用溅射等物理气相沉积制备的非晶硅薄膜，其薄膜内具有较多的硅悬键，难以通过掺杂剂掺杂形成n型或p型半导体材料。因此，制备非晶硅薄膜主要利用CVD技术，如等离子增强化学气相沉积（PECVD）、热丝化学气相沉积（Hot Wire CVD，HWCVD）

和光化学气相沉积（Photo-CVD）等，其中最常用的技术是PECVD。

利用PECVD制备非晶硅，通常采用H_2稀释硅烷（SiH_4）气体或高纯的硅烷气体，通过热分解，在衬底材料上沉积形成非晶硅薄膜，如图9-2所示。也可以利用$SiHCl_3$等其他气体，通过化学反应，在衬底上生成非晶硅薄膜。

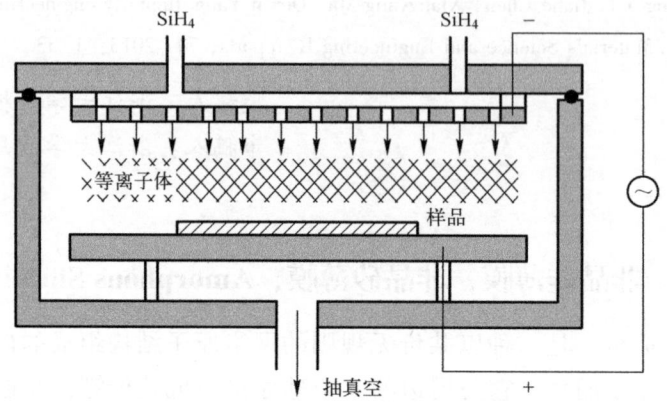

图9-2　利用PECVD系统制备非晶硅薄膜示意图

通过CVD制备的非晶硅薄膜具有大量的结构缺陷，主要是硅原子的悬键，其次是硅原子之间的Si-Si弱键。硅原子的悬键在非晶硅薄膜材料的禁带中引入高密度的深能级中心，具有电学活性，直接影响了非晶硅薄膜的电学性能；在热处理过程中，这些硅悬键的密度和结构也会发生变化，使得非晶硅薄膜的电学性能难以控制。为了解决这个问题，在制备非晶硅薄膜时，掺入一定量的氢原子，从而得到氢化的非晶硅薄膜材料（a-Si:H）。例如，在利用PECVD技术制备的非晶硅薄膜中，一般含有10%~15%的氢原子。但是，高浓度氢原子的引入，会在钝化硅悬键的同时，远远超过硅悬键的密度的氢原子又形成了新的氢相关缺陷，引起非晶硅薄膜光电性能的降低，产生光致衰减等现象。

参考文献

[1] 杨德仁. 太阳电池材料 [M]. 北京：化学工业出版社，2007.

撰稿人：浙江大学　杨德仁
审稿人：浙江大学　马向阳

▷▷▷ 9.1.5　纳米硅材料，奈米矽材料，Nano-Silicon Materials

一般认为，当硅材料的尺寸在1nm至数十纳米时，可以被称为"纳米硅"材料，包括硅纳米颗粒（Si Quantum Dots）、硅纳米线（Si Nanowire）、硅纳米管

（Si Nanotube）和硅纳米带（Si Nanobelt）等。纳米硅是当前国际上硅材料研究的一个热点，由于其优异的光电特性、无毒性，以及和现有硅集成电路工艺良好的兼容性，未来纳米硅可以应用在集成电路、生物成像、锂离子电池、太阳能光伏、发光器件、探测器等领域。

不同结构的硅纳米材料，其制备方法、性质和应用都不相同。

（1）硅纳米颗粒：又称硅量子点。硅纳米颗粒是主要的纳米硅结构之一，它有两种存在形式，一种是独立存在的硅纳米颗粒，另一种是镶嵌在介质（如氧化硅或氮化硅等）中的纳米硅颗粒。当硅纳米颗粒尺寸进一步变小，小于激子波尔（Bohr）半径4.9nm时，由于量子限域（Quantum Confinement）效应、表面效应和多激子效应等原因，硅纳米颗粒呈现出更多与体材料不同的性质。例如，由于量子限域效应，硅纳米颗粒中的载流子的运动会受到限制，随着其尺寸的减小，其能隙（Energy Gap）变宽。

独立存在的硅纳米颗粒可以利用硅粉球磨法、液相法或气相法等方法制备，其中硅烷气相热分解技术是制备独立存在的硅纳米颗粒的最常用的方法；利用激光、冷等离子体、高温气溶胶等辅助技术，可以实现批量、粒径可控的硅纳米颗粒的制备。

镶嵌在介质中的纳米硅颗粒可以利用激光烧蚀法、溅射沉积法、等离子化学气相沉积法和反应蒸发法等薄膜制备技术制备（主要镶嵌在二氧化硅薄膜中）。例如，在制备二氧化硅薄膜的过程中，同时沉积非晶硅纳米颗粒，然后将非晶硅纳米颗粒晶化，形成二氧化硅镶嵌硅纳米颗粒。

（2）硅纳米线：硅纳米线可以作为纳电子器件的结构单元，也可以用于制作太阳电池、化学和生物传感器等器件。

硅纳米线可以利用物理蒸发、物理溅射、物理刻蚀、化学气相沉积、化学腐蚀（化学刻蚀）和溶液法等多种技术制备，其中化学气相沉积和化学腐蚀是主要采用的技术方法。利用CVD制备硅纳米线时，一般利用SiH_4和$SiCl_4$等硅源气体在高温下分解，然后在置有Fe/Co/Ni/Au等金属催化剂的硅片上形成；通过控制SiH_4等硅源气体的浓度和流量、反应温度、反应时间和金属催化剂的颗粒大小等因素，可以控制硅纳米线的直径和长度，其生长机理是气-固-液（VSL）生长模型。化学腐蚀（刻蚀）则是将硅片放置在含有贵金属离子（如银离子）的氢氟酸溶液中，或者将表面沉积金属（金、银）薄膜的硅片浸入含有氧化剂（如硝酸铁、双氧水等）的氢氟酸溶液中进行刻蚀，从而在硅表面产生选择性腐蚀，形成大面积定向排布的硅纳米线阵列。

（3）硅纳米管：纳米硅管也可以作为纳电子器件的结构单元，其载流子迁移率远高于硅纳米线。与硅纳米线相比，硅纳米管具有更大的比表面积，同时载流子还具有弹道输运特性，因此在微电子器件、锂离子负极材料等领域具有很大的应用潜力。

由于硅属于金刚石结构，与碳的层状结构不同，很难形成管状结构，因此硅纳米管的制备相对比较困难，通常需要借助于模板（Template）技术。常用的模板技术有两种，一种是利用具有纳米孔洞的 Al_2O_3 模板，通过 SiH_4 的热分解，借助局域化的 Au 等金属催化剂，在模板孔洞内壁沉积硅材料，最后去除模板制备成纳米硅管；另一种是利用 ZnO 等纳米线作为"软模板"，在制备 ZnO 纳米线后，通过化学合成、物理溅射、化学气相沉积等工艺，在 ZnO 纳米线表面包裹一层硅材料，最后通过化学刻蚀或加温烧蚀等技术，将 ZnO 纳米线模板去除，从而获得硅纳米管。

撰稿人：浙江大学　杨德仁
审稿人：浙江大学　马向阳

▷▷▷ 9.1.6　硅外延单晶薄膜，矽磊晶單晶薄膜，Monocrystalline Silicon Epitaxial Film

硅外延单晶薄膜是指以硅单晶抛光片作为衬底，在其表面生长的具有一定厚度和电阻率的硅单晶薄层。外延生长出的硅单晶薄膜与衬底的晶向是相同的，二者为一个连续的单晶体，但硅外延单晶薄膜的导电类型、电阻率和厚度等参数可根据具体要求进行控制，并不一定与硅抛光片衬底的相同。硅外延单晶薄膜可为单层或多层结构。

生长硅外延单晶薄膜通常采用化学气相沉积（CVD）技术，相关设备称为外延炉。其制备过程是，将硅单晶衬底片置于石墨基座上，通过高频线圈感应加热或红外灯管加热两种方式升温到工艺温度，之后以氢气为载气通入反应气体。其制备原理是，硅的气态化合物（如 $SiCl_4$、$SiHCl_3$、SiH_2Cl_2 或 SiH_4）在硅片表面发生反应，并以单晶薄膜的形态沉积在衬底表面。硅外延单晶薄膜生长所使用的原料气体的比较见表 9-2。在硅外延单晶薄膜的生长过程中，会发生一系列的化学反应，产生一些中间产物。

表 9-2　硅外延单晶薄膜生长所使用的原料气体的比较

硅源	$SiCl_4$	$SiHCl_3$	SiH_2Cl_2	SiH_4
沸点/℃	57.6	31.8	8.3	-112
化学反应式	$SiCl_4+2H_2=Si+4HCl$	$SiHCl_3+H_2=Si+3HCl$	$SiH_2Cl_2=Si+2HCl$	$SiH_4=Si+2H_2$

续表

硅源	SiCl$_4$	SiHCl$_3$	SiH$_2$Cl$_2$	SiH$_4$
反应温度/℃	1150~1200	1050~1180	750~1150	550~1000
沉积速率/(μm/min)	0.4~1.0	0.4~2.0	0.4~3.0	0.1~0.5
备注	适合较厚的外延层	适合常压下外延	用于低压外延及较薄的外延层	杂质浓度高,适合较薄的外延层

为了控制硅外延单晶薄膜的导电类型和电阻率大小,必须在外延薄膜生长过程中将掺杂剂加入 CVD 系统中。通常乙硼烷(B_2H_6)被用作 p 型掺杂气体,磷烷(PH_3)及砷烷(AsH_3)被用作 n 型掺杂气体。掺杂气体通入外延生长设备后,在高温下分解产生掺杂原子磷(P)、砷(As)和硼(B),掺杂原子和在高温下分解的硅原子一样,通过硅单晶衬底表面吸附,以及与其他原子之间的相互吸附作用,而在硅衬底表面键结,并最终移动和扩散到最稳定(能量最低)的位置,实现外延单晶薄膜的掺杂生长。

硅外延单晶薄膜的主要技术参数包括导电类型,电阻率及其均匀性,厚度及其均匀性,过渡层厚度,埋层外延图形畸变和图形漂移,表面平整度,位错密度,表面滑移线,表面雾,层错和麻坑等。

撰稿人:浙江金瑞泓科技股份有限公司　梁兴勃
审稿人:浙江大学　　　　　　　　　　　　马向阳

▷▷▷ 9.1.7　SOI 材料,SOI 材料,Silicon-on-Insulator

SOI 是指覆盖在绝缘材料上的单晶硅薄膜。图 9-3 所示为制作在体硅材料和 SOI 材料上的 MOS 晶体管的结构示意图。在 SOI 材料上制备 MOS 晶体管,得益于绝缘材料对顶层单晶硅薄膜的介电隔离作用。相比在硅片上制备的晶体管,它极大地降低了源和漏的电容,使其电路运算速度更快,同时功耗更低。此外,SOI 晶体管具有抗辐射(对 α 粒子或宇宙射线引起的软误差不敏感)、耐高温(其电路工作温度可高于 300℃)的特点,并且没有体硅器件在低电压工作时的电流驱动能力降低和亚阈值波动问题,因此在低电压、低功耗电路应用方面表现出极佳的性能。目前,基于 SOI 的 CMOS 技术已广泛用于制造高速集成电路产品,如 SOI 微处理器、动态内存、静态内存、射频和逻辑电路等。

SOI 材料制备技术的关键是在绝缘层上形成几乎不存在缺陷的高质量硅单晶

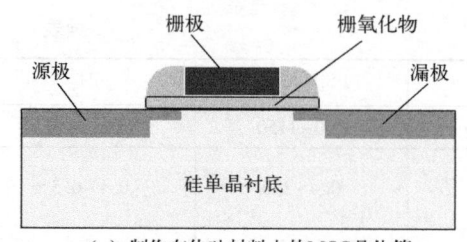 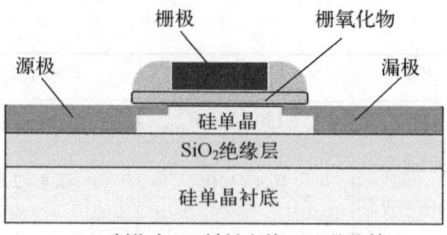

(a) 制作在体硅材料上的MOS晶体管　　(b) 制作在SOI材料上的MOS晶体管

图 9-3　制作在体硅材料和 SOI 材料上的 MOS 晶体管的结构示意图

薄膜。一种途径是直接采用石英、玻璃或单晶 Al_2O_3（蓝宝石）等绝缘材料作为衬底，通过高温外延工艺生长硅单晶薄膜。然而，由于硅与衬底之间存在晶格失配和热膨胀系数的不同，致使硅单晶薄膜中存在高密度的缺陷，引起界面附近载流子迁移率和寿命的降低，影响器件的性能。

基于硅衬底的 SOI 材料制备方法有区域熔融再结晶技术（Zone-Melting Recrystallization，ZMR）、多孔氧化硅全隔离技术（Full Isolation by Porous Silicon，FIPOS）、利用多孔硅的外延层转移技术（Epitaxial Layer Transfer，ELtran）、外延横向覆盖生长技术（Epitaxial Lateral Over-Growth，ELO）、氢注入剥离键合技术（Smart-Cut）、硅片直接键合技术（Silicon Direct Bonding，SDB）和注氧隔离技术（Separation by Implanted Oxygen，SIMOX）等。目前，最有竞争力的 SOI 制备技术是氢注入剥离键合技术、硅片直接键合技术和注氧隔离技术。

（1）氢注入剥离键合技术（Smart-Cut）：Smart-Cut 工艺结合了离子注入技术和硅片键合技术，该工艺包括 4 个步骤，如图 9-4 所示。首先，将氢离子注入到氧化的硅片近表面层（称为源片）中，注入剂量为 $5\times10^{16}/cm^2$ 量级，从而在注入射程的深度形成气泡层；再将源片与另一个氧化的硅片（称为支撑硅片）完成亲水键合；然后，对键合硅片进行两步退火，第一步退火温度约为 500℃，使源片的气泡层中空腔尺寸和内部氢气压力不断积累并导致源片沿气泡层完整裂开，第二步退火温度约为 1100℃，目的是为了增强支撑硅片和 SOI 膜的键合；最后，对 SOI 膜表面进行化学机械抛光。

（2）硅片直接键合技术（SDB）：将表面经热氧化工艺生长的具有一定厚度 SiO_2 层的抛光硅片与另一个具有亲水表面（SiO_2 层）的抛光硅片进行表面亲水处理，使两个硅片表面依靠硅片之间的羟基（—OH）的相互作用紧密结合（即亲水键合）；再将结合的硅片在氮气保护气氛中进行高温退火（700～1100℃），使其界面发生脱水反应并形成 Si—O—Si 键，达到两个硅片之间的完全键合。

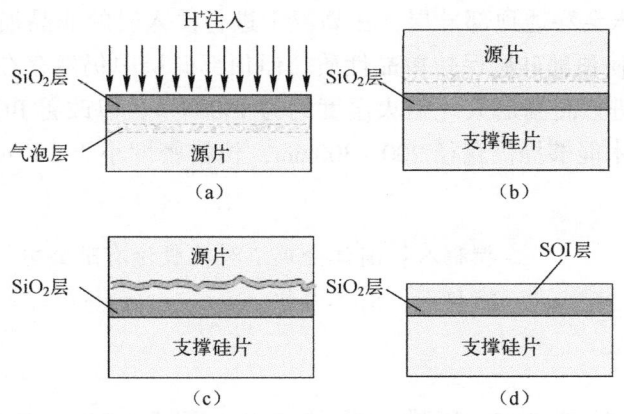

图 9-4　Smart-Cut 工艺制备过程示意图

为了满足 SOI 器件的应用要求，在硅片键合完成后，顶部硅片（SOI 层）必须减薄到数微米或更薄，如图 9-5 所示。常用的减薄方法有磨削加化学机械抛光和磨削（Grinding）加化学腐蚀。

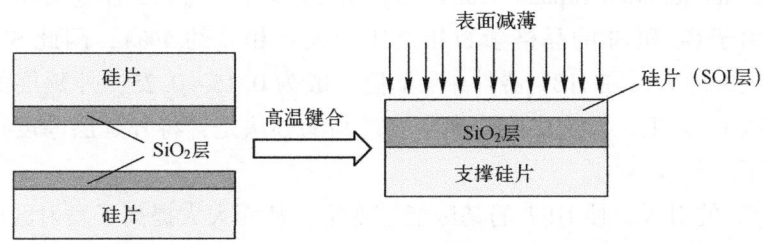

图 9-5　SDB 工艺制备过程示意图

（3）注氧隔离技术（SIMOX）：将高剂量的氧离子注入到单晶硅片表面一定的深度范围内，之后经过高温退火形成埋层 SiO_2 层（Buried Oxide，BOX）并使其稳定和致密化，实现对单晶硅片表层注入损伤缺陷的修复，使其恢复晶格的完整性，如图 9-6 所示。

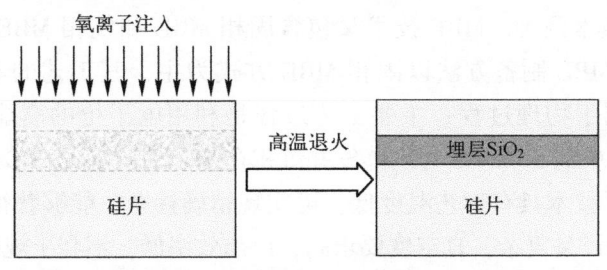

图 9-6　SIMOX 工艺制备过程示意图

氧离子注入会穿透顶部硅层，在高温下进行注入时的非晶损伤会退火消失（即自退火），使顶部硅层保持单晶性质。但顶部硅层中仍然存在缺陷，需要在离子注入后再进行高温退火（退火温度约为1300℃），以改善BOX和顶硅层质量。SIMOX技术能够提供直径200~300mm，位错密度小于10^3 cm^{-2}的商用SOI材料。

撰稿人：浙江金瑞泓科技股份有限公司　　梁兴勃
审稿人：浙江大学　　　　　　　　　　　　马向阳

▷▷▷ 9.1.8　硅基SiGe薄膜，矽基SiGe薄膜，SiGe Film on Silicon Substrate

硅基SiGe薄膜是指在硅衬底上生长的SiGe合金外延层。早期开展硅基SiGe材料研究的目的是为了提高晶体管的性能。采用硅基SiGe薄膜制备异质结双极晶体管（Heterojunction Bipolar Transistor，HBT）时，将SiGe合金层作为晶体管的基区。由于Ge和Si的晶格参数相差比较大（相差约4%），因此$Si_{1-x}Ge_x/Si$界面存在失配应力。在HBT器件中，x值一般为0.15~0.25，外延层的失配位错可达10^6 cm^{-2}以上。解决失配位错密度过高的办法是，将外延层厚度控制在临界厚度以下。

由于Ge的引入，使HBT的基区能带变窄，从而大大提高了发射区电子的注入效率；同时因为能带的作用，SiGe基区可以进行高掺杂（掺杂浓度约为10^{19} cm^{-3}），使基区可以变得很薄（数十纳米），显著缩短了电子在基区中的渡越时间。因此，器件速度得以大幅度提高（其最高截止频率可达300GHz以上），而噪声系数、功耗等参数也大大低于同类Si器件，尤其适用于如高效功率放大器、低相位噪声振荡器、宽带放大器等应用领域。

硅基SiGe薄膜材料的制备技术主要有分子束外延（MBE）技术和化学气相沉积（CVD）技术两种。MBE技术又包含固相MBE和气相MBE两种方式。硅基SiGe薄膜的MBE制备方法以固相MBE方式为主，其工艺的本质是Si和Ge元素的蒸发，属于物理过程；主要工艺过程是利用电子枪的高能量，在高真空条件下将蒸发源中的Si和Ge分别蒸发并沉积在Si衬底上形成SiGe薄膜。与CVD技术相比，MBE技术具有工艺温度低，可实现精确掺杂，能够获得高质量材料等优点；其缺点是设备复杂，真空度要求高，产出效率低，不利于规模化生产。

利用CVD技术制备硅基SiGe薄膜的方法有很多种，常见的有低压化学气相沉积（LPCVD）、快速热处理化学气相沉积（RTP-CVD）、超高真空化学气相沉积（UHV-CVD）等技术；其工艺原理是通过气相还原 Si 和 Ge 的氢化物，实现 Si 和 Ge 在 Si 衬底上沉积形成 SiGe 薄膜材料。目前，世界上较先进的应变 SiGe 材料生长技术是具有选择性外延的 UHV-CVD 和 RTP-CVD。

硅基 SiGe HBT 工艺可以与成熟的 Si 集成电路工艺兼容，实现低的制造成本及高的集成度。硅基 SiGe 薄膜器件从 HBT 开始，接着以 SiGe BiCMOS 工艺为主流，在 90nm 以下的 CMOS 工艺和片上系统（SoC）集成工艺技术方向上快速发展，并在高性能和高速运算集成电路中得到应用。

撰稿人：浙江金瑞泓科技股份有限公司　　梁兴勃
审稿人：浙江大学　　　　　　　　　　　马向阳

▷▷▷ 9.1.9　硅基应变硅薄膜，矽基應變矽薄膜，Strained Silicon Film on Silicon Substrate

提高硅 MOSFET 器件沟道中电子和空穴迁移率的方法之一是采用应变层（Strain Layer）技术，在高应变水平下，空穴和电子的迁移率可以分别提高到原来的 2.5 倍和 2 倍。硅基应变硅薄膜是一种在弛豫的硅锗化合物（Relaxed SiGe）表面上采用外延技术生长的硅单晶薄膜，其晶格在平行衬底方向上受到"拉伸"，通过在硅单晶衬底上依次生长硅锗化合物薄膜和硅单晶薄膜进行制备，其结构如图 9-7 所示。

应变硅层
弛豫 SiGe 层
硅单晶衬底

图 9-7　硅基应变硅薄膜结构示意图

在硅单晶衬底上生长锗硅（SiGe）薄膜时，Ge 含量一般为 20%~30%。由于锗原子比硅原子体积大，因此 SiGe 的晶格常数比 Si 的晶格常数大。随着 Ge 组分的增加，SiGe 薄膜受到的平行于衬底方向的压应力也随之增加。当 SiGe 薄膜厚度小于临界厚度时，薄膜始终受到应力的作用；当 SiGe 薄膜厚度超过临界厚度（通常只有数微米）时，原子间出现应力松弛，形成大量晶格失配位错，应力被释放，SiGe 薄膜被弛豫。临界厚度是指在保持材料热稳定性的前提下所允许的最大膜厚，它是用于表征异质外延层材料性能的一个重要参数。

当在弛豫的 SiGe 薄膜上采用外延技术再生长厚度 1~20nm 的硅单晶薄膜时，由于 SiGe 的晶格常数比 Si 的晶格常数大，因此硅单晶薄膜在平行衬底方向上受到拉应力，如图9-8所示。拉应变能够引发硅的能带分裂，从而改变能谷间的散射，降低有效质量，使载流子迁移率得到提高。通过改变硅单晶薄膜与SiGe层之间接合的厚度，可以实现对拉伸硅层中应力及相关特性的控制和调节。一般要求外延硅单晶薄膜小于临界厚度，这样才能产生应变。

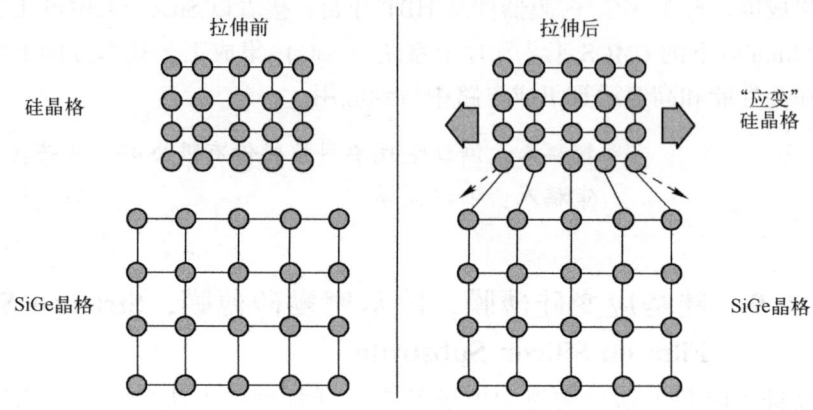

图9-8 "应变"硅晶格原理示意图

利用硅基应变硅薄膜在MOSFET器件的沟道中引入拉应力而应变硅沟道，可以大大提升沟道反型层中的载流子迁移率，如图9-9所示。这种方法的主要优点是pMOS和nMOS都可以应用沟道中的应力，能同时提高pMOS和nMOS的性能。

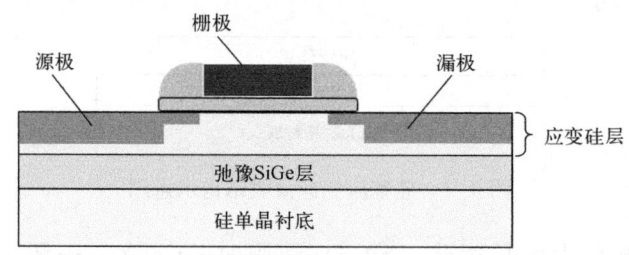

图9-9 应变硅薄膜MOSFET器件结构

撰稿人：浙江金瑞泓科技股份有限公司　梁兴勃
审稿人：浙江大学　马向阳

▷▷▷ 9.1.10 硅基碳管，矽基碳管，Carbon Nanotubes on Silicon Substrate

碳纳米管是一种备受瞩目的碳材料，具有良好的导电性和随管径变化的能带结构，因此碳纳米管在半导体产业有着较好的应用前景。早在1998年，人们就已经制备出基于单个碳纳米管的晶体管，而近年来沟道宽度小于10nm的碳纳米管晶体管也已经被实现[1]。在仅为0.5V的操作电压下，碳纳米管晶体管的径向工作电流密度就达到了同尺寸硅晶体管的4倍，其开关比可达到10^5。

目前，将碳纳米管与硅结合制备硅基电子器件仍处于应用基础研究的阶段。碳纳米管与硅直接结合可以形成异质结，具有整流特性，可用于二极管和光电探测器。在硅衬底表面利用碳纳米管可以制备出非易失性随机存储器。在这种随机存储器中，垂直放置的两层碳纳米管用作存储单元，两层纳米管之间的间距可以通过静电场进行调节，以产生不同的电阻值来作为存储位[2]。此外，碳纳米管可以用于集成电路的层间互联，通过将阵列生长碳纳米管反向插入通孔的方法，可以使单层通孔的电阻降低到十几欧姆以下，有效地降低了层间互联的损耗。同时，相较于铜填充技术，碳纳米管阵列接触的制备非常简单，还不存在金属扩散问题。在这些技术的基础上，通过电路设计来避免碳纳米管本身缺陷影响，可以制备出全功能的、可并行处理的硅基碳纳米管处理器。这些研究表明，碳纳米管在硅工艺中可以充当从连接到处理单元的各种功能。目前，硅基集成电路制备特征线宽已经开始进入10nm工艺时代，其进一步缩减面临着巨大的挑战，将碳纳米管与硅工艺结合被认为是延续摩尔定律的重要方案之一。

参考文献

[1] A. D. Franklin, M. Luisier, S. J. Han. Sub-10nm carbon nanotube transistor [J]. Nano Letters, 2012, 12: 758-762.

[2] T. Rueckes, K. Kim, E. Joselevich. Carbon nanotube-based nonvolatile random access memory for molecular computing [J]. Science, 2000, 289: 94-97.

撰稿人：浙江大学　余学功
审稿人：浙江大学　马向阳

9.1.11　硅基石墨烯，矽基石墨烯，Graphene on Silicon Substrate

石墨烯与硅直接接触可形成肖特基结（Schotty Junction），可以满足制作二极管或光探测器的要求。石墨烯-硅界面形成的肖特基结具有良好的整流效应，但其光电效应却十分微弱。利用化学掺杂的方法对石墨烯进行修饰，可以得到较好的光电响应。由于石墨烯具有本征半金属的特性，其晶体管的开关比相对较低，目前有两种方法解决这一问题。一种方法是借助栅压对石墨烯功函数进行调节[1]，使石墨烯-硅界面势垒得以增加，从而使其晶体管的开关比达到 10^5。这种器件结构设计克服了石墨烯没有本征带隙的缺点，展示了石墨烯与硅结合制备电子器件的前景。另一种方法是，将石墨烯制作成纳米条带结构以形成带隙（Energy Bandgap）。实验证实，通过在硅上制备沟道宽度仅为 30nm 的石墨烯纳米条带晶体管可以获得 $3.6×10^3$ 的开关比。进一步降低纳米条带的宽度，增加石墨烯的带隙，器件性能有望进一步得到提高。

利用石墨烯具有高迁移率的特性，可以制备高频晶体管，目前已制作出频率最高达 100GHz 的硅基顶栅晶体管阵列[2]。结合硅化钴纳米线，石墨烯晶体管的工作频率可以提高到 300GHz。石墨烯晶体管在理论上能够达到 1420GHz 的频率，这一频率远远超过了由硅材料和Ⅲ-Ⅴ族材料制备的高频晶体管的工作频率。据石墨烯的发明者 Novoselov 预测，在不久的将来，高频硅基石墨烯器件有望取代现有的Ⅲ-Ⅴ族高频器件而得到广泛的应用。

参考文献

［1］H. Yang, J. Heo, S. Park. Graphene barristor, a triode device with a gate-controlled schottky barrier［J］. Science, 2012, 336：1140-1143.

［2］Y. M. Lin, C. Dimitrakopoulos, K. A. Jenkins, et al. 100-GHz transistors from wafer-scale epitaxial graphene［J］. Science, 2010, 327：662.

撰稿人：浙江大学　余学功
审稿人：浙江大学　马向阳

▷▷▷ 9.1.12　硅基发光材料，矽基發光材料，Light Emitting Materials on Silicon Substrate

将现有成熟的微电子技术与光电子技术结合起来，实现硅基光电集成（硅基光电子），充分发挥硅基微电子价格低廉、高密度集成的先进加工工艺，以及光电子的高抗干扰性、高传输速率和低功耗的优势，在硅基材料中实现光的产生、传播、调制和探测，实现信息的产生、传输、处理和储存，已成为极大规模集成电路未来重要的发展方向之一。

硅基光电子技术包括硅基发光、光传输、光调制、光探测、光电集成与封装等，其中最为关键的是硅基发光材料和器件，这是硅基光电集成所必须解决的问题。硅基发光是指利用集成电路工艺，使得硅材料或硅基材料产生可控的室温电致发光或激光。1990 年，Caham 首先报道了利用硅片电化学腐蚀制备的多孔硅，实现硅基室温光致发光[1]。其后，人们提出了在硅基生长镶嵌硅量子点的氧化硅或氮化硅薄膜，通过调控硅量子点的尺寸，可以实现不同波长的光致发光和电致发光[2]。除此之外，硅基离子注入和位错发光，硅基稀土发光，硅基氧化物薄膜发光，硅基 Ge 薄膜发光，量子阱和量子点发光，硅基化合物异质结发光和硅基有机发光都是得到广泛研究。例如，利用高浓度掺杂和应力调整，将锗晶体薄膜改性为准直接带隙材料并集成在硅衬底上，在实验室已经实现了电致激射（Electric Pumped Lasing）；通过在硅衬底上外延制备 InGaAs/GaAs 量子点，已经实现了发射波长约为 1.5μm 的硅基室温电致激光。目前，可工业化生产的硅基室温激光尚未实现。人们通过将 InP 激光器集成在芯片上，初步实现了芯片与芯片光互连所需的光源。人们正在通过缺陷工程、能带工程等手段，希望实现室温硅基高效电致发光（Electroluminescence）和电泵激光。

硅基发光已经发展成为硅基光电子或硅基光子学（Silicon Photonics）的重要分支，而硅基光电集成是硅基光电子的主要形式和内容。硅基光电子具有广泛的应用前景，在微电子、计算机、通信等领域，以及在传感、生命科学、药学、能源等领域都具有极大的应用潜力。

参考文献

[1] L. T. Canham. Silicon quantum wire array fabrication by electrochemical and chemical dissolution of wafers [J]. Applied Physics Letters, 1990, 57: 1046-1048.

[2] N. M. Park, C. J. Choi, T. Y. Seong, S. J. Park. Quantum confinement in amorphous silicon quantum dots embedded in silicon nitride [J]. Physical Review Letters, 2001, 86: 1355-1357.

撰稿人：浙江大学　杨德仁
审稿人：浙江大学　马向阳

9.2　硅片加工

9.2.1　晶体热处理，晶體熱處理，Heat Treatment of Crystal Ingot

晶体热处理是指在一定的温度和保护气氛中，对硅单晶体（或硅片）进行一定时间的热处理，目的在于改善其性能。热处理通常在氮气或氩气保护的热处理炉内进行。典型的硅单晶（或硅片）热处理方式如下所述。

（1）消除热施主：采用直拉法生长的单晶硅在冷却至室温的过程中，体内的氧杂质在 350~500℃ 温度区间会产生热施主（Thermal Donor）。450℃ 是热施主形成的最有效温度，在 450℃ 下退火 100h，热施主浓度可达到约 10^{16} cm^{-3}。直拉单晶硅的头部在冷却过程中于约450℃的温度区间停留的时间最长，含氧量也较高，因此相比尾部有更多的热施主。热施主会使单晶硅的电阻率失真，导致n型材料的电阻率下降，p型材料的电阻率增加。

一般采用650℃温度热处理30~60min，然后快速冷却至300℃以下，可以基本消除热施主。如果冷却速度不够快，则会有一小部分热施主保存下来。对于大直径单晶棒，快速冷却产生的热应力会引起晶棒裂纹，所以需要采用硅片退火方式，使硅片的电阻率恢复至原始值。

（2）消除中子辐照损伤：中子辐照掺杂可用于高电阻率FZ单晶硅的掺杂。此掺杂过程是一个核反应过程：硅元素由 ^{28}Si、^{29}Si 和 ^{30}Si 三种同位素组成，其中 ^{30}Si 占3.09%；在原子能反应堆中，对Si进行中子辐照后，^{30}Si 与中子反应形成不稳定的同位素 ^{31}Si，其半衰期为2.6h，之后衰减成稳定的磷同位素 ^{31}P。辐照过程会在硅晶体内产生晶格损伤，该损伤可采用高温退火的方式进行消除。典型的退火温度为750~850℃，退火时间为1~2h。

撰稿人：浙江金瑞泓科技股份有限公司　　梁兴勃
审稿人：浙江大学　　　　　　　　　　　　余学功

▷▷▷ 9.2.2　晶体定向，晶體定向，Orientation of Crystal

由于单晶硅具有各向异性，而它的很多特性又与晶向有关，因此需要在单晶硅锭或硅片加工过程中（如晶锭切片）精确控制晶向以满足器件要求。晶体定向是指通过一定的测量技术或方法，确定单晶硅锭表面、断面和硅片表面晶向的过程。

MOS器件一般采用（100）晶面的硅片，而且需采取正晶向切割，其晶向偏离以不影响MOS器件特性为准，通常在±0.5°范围内。利用外延工艺制造的硅双极性电路的衬底片通常使用（111）晶面的硅片，一般需使硅片的<111>晶向朝最近的<110>方向偏离2°~4°进行切割加工，以获得比较平坦的硅外延层。

晶向测定的方法主要有两类，一类是借助可直接观察到的硅晶体腐蚀缺陷的边界对光线反射而形成的特殊图案进行测定，如光图定向法；另一类是借助专用设备或仪器进行测定，如X射线衍射法。X射线衍射法的精度较高，是目前被最广泛采用的测量单晶硅锭或硅片晶向的方法。

采用X射线衍射法进行晶向测定的原理是，在单晶硅中存在一系列相互平行的晶面，其中相邻晶面的间距为 d；当一束波长为 λ 的X射线投射到这些晶面时，如果X射线在邻近的两个平行晶面的路径距离之差值刚好为X射线波长

λ 的整数倍，那么从晶面反射的光束将正好同相，即可得到最大强度的衍射 X 射线。通常被测量的单晶硅锭或硅片被置于一个可旋转的装置上，以改变 X 射线的入射角（即 X 射线与指定晶面的夹角 θ）。X 射线入射方向与 X 射线接收器之间的夹角为 2θ。当入射角 θ 满足所需的晶面的衍射条件时，X 射线接收器出现最大强度的衍射 X 射线。

撰稿人：浙江金瑞泓科技股份有限公司　　梁兴勃
审稿人：浙江大学　　　　　　　　　　　　余学功

▷▷▷ 9.2.3　晶锭切断工艺，晶錠切斷工藝，Cutting Technology of Crystal Ingot

根据不同的目的和需求，按一定的角度或方向对硅单晶锭进行切割或切断的过程，称为晶锭切断。

晶锭切断的主要目的：切除整根单晶硅棒的头部（包括籽晶和放肩部分）、尾部及直径小于规格要求的部分；将单晶硅切割成具有一定长度的晶棒，以适合切片机进行切片处理；对单晶硅切取样片，用于检测电阻率、氧和碳含量、晶体缺陷等质量参数。

早期加工直径为 150mm 及以下的单晶硅时，晶锭切断较多采用外圆切割和内圆切割技术。随着 IC 工艺和技术的发展，单晶硅的直径不断增加，外圆切割和内圆切割受到其刀片直径尺寸和机械强度等限制，逐渐被带锯切割技术取代。在直径 200mm 和 300mm 单晶硅及抛光片的生产中，广泛采用先进的带锯切割技术术和设备进行晶体切断，如图 9-10 所示。

图 9-10　晶锭切断示意图

撰稿人：浙江金瑞泓科技股份有限公司　　梁兴勃
审稿人：浙江大学　　　　　　　　　　　　余学功

▷▷▷ 9.2.4　切片工艺，切片技术，Slicing Technology

将单晶硅锭切成具有一定厚度和平整度的硅片的过程，称为切片。切片工艺决定了硅片在后续制程中翘曲度的大小，对后续工序的加工（如硅片研磨、硅片抛光等）也有着决定性的影响。

硅晶锭的切片技术有外圆切、内圆切和线切割 3 种形式。早期直径为 150mm 及以下的单晶硅大多采用内圆切片方式。内圆切片机的刀刃朝向圆心，表面镀有金刚石粉末，镶嵌在圆形金属薄基片的内圆周上，刀片的外圆固定在旋转轴上。在切片过程中，高速旋转的内圆刀刃接触并缓慢切入单晶硅以完成切片。相比早期的外圆切片机，内圆切片机可以使用更薄的刀刃，因此具有更小的切割损耗和更高的切割精度。然而，内圆切片过程中需要不断地对刀片进行手工调整，因此对操作人员的熟练程度和经验要求很高。

随着单晶硅直径的增加，为了提高加工精度、降低切缝损耗及提升效率，线切割技术目前已经取代内圆切技术，在直径为 200mm 及更大尺寸的单晶硅锭切片中得到广泛应用。线切割技术主要以钢线带动砂浆的方式进行切割，通过将一根细钢线（直径小于 120μm）来回顺序地缠绕在具有一定槽间距的主辊上而形成具有固定间距的线网，钢线以一定的速度往复运动，同时砂浆喷嘴将砂浆喷在线网上。砂浆（Slurry）切削液主要由碳化硅颗粒和聚乙二醇悬浮液组成。切割时，单晶硅锭慢速地向下移动并穿过线网，在钢线的高速往复运动下，砂浆切削液中的碳化硅颗粒与硅片表面实现高速磨削。由于碳化硅的硬度远大于硅，所以单晶硅锭与钢线接触区域被磨削掉。磨掉的硅屑和产生的热量被切削液带走，以保持线切割过程的持续进行。当单晶硅锭完全穿过线网时，会被切割成许多具有相同厚度的硅片，如图 9-11 所示。

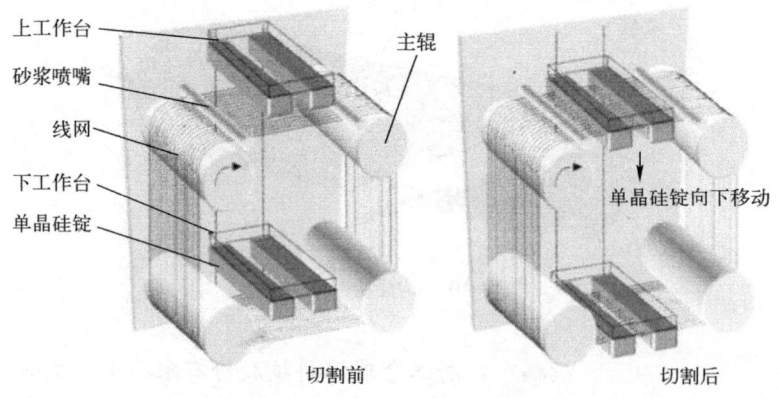

图 9-11　硅片线切割示意图

评价单晶硅锭切片效果的主要指标包括硅片的晶向偏离度和硅片的平整度（包括总厚度变化、翘曲度、弯曲度等）。通过在切片前对单晶硅锭进行晶向测量来确定其在切片机上的正确位置，从而保证切片后硅片的晶向偏离度。硅片线切割技术与内圆切割技术的特性比较见表9-3。

表9-3 硅片线切割技术与内圆切割技术的特性比较

项　　目	线切割	内圆切割
典型的切割断面特征	线锯痕	刀片印痕
损伤层深度/μm	5~15	20~30
每次切割的硅片数量（片）	200~400	1
切缝的损耗/μm	130~200	300~500（加工的单晶硅直径越大，损耗越多）
最大可切的晶锭直径/mm	300	200
硅片的总厚度变化(TTV)/μm	<15	<25
硅片的翘曲度(Warp)/μm	5~15	>50

金刚石线切割（Diamond Wire Sawing）技术是一种切片的新技术，主要分为树脂金刚石线切割和电镀金刚石线切割两大类型，在降低切割损耗、提高出片率、减少排污等方面具有明显的优势。金刚石线切割技术已经在光伏行业中被采用。

　　　　　　　　　撰稿人：浙江金瑞泓科技股份有限公司　　梁兴勃
　　　　　　　　　审稿人：浙江大学　　　　　　　　　　　余学功

▷▷▷ 9.2.5　研磨工艺，研磨技术，Lapping Technology

研磨工艺是指采用对硅片进行研磨的方式，去除硅切片表面残留的损伤层，并使硅片具有一定的几何精度的加工过程。

在硅片制造行业中，硅片研磨普遍采用双面研磨工艺。直径200mm及以下的硅片双面研磨加工示意图如图9-12所示。

进行双面研磨加工时，将待研磨的硅片置于行星片的定位孔中，行星片位于上、下磨盘之间，在中心齿轮的驱动下，围绕磨盘中心进行公转和自转，从而使硅片随着磨盘做相对的行星运动。与此同时，通入研磨浆料并对硅片加压，利用上、下磨盘的压力和研磨浆料的摩擦作用，实现对硅片的双面研磨。研磨盘一般采用铸铁材质，盘面上设有垂直交错的沟槽，沟槽宽度为1~2mm，深度约为10mm，以利于研磨浆料的均匀分布和研磨屑的排出。研磨浆料主要由磨砂（粒径为5~10μm的氧化铝和氧化锆微粉等）和磨液（水、表面活性剂）组成。

磨砂的硬度、粒径及均匀性，磨液对磨砂的悬浮性、分散性，磨液的润滑性及其对设备的防锈性能，是研磨浆料的重要性能。硅片双面研磨的总去厚量为60~80μm，表面损伤层的深度约为磨砂粒径的1.5倍。

图9-12　直径200mm及以下的硅片双面研磨示意图

在300mm硅片的制备工艺中，现已广泛采用单片表面磨削（Surface Grinding）技术来替代传统的多片双面研磨工艺，二者之间的对比见表9-4。

表9-4　硅片的表面磨削与双面研磨工艺比较

项　目	双面研磨	表面磨削
适用的硅片直径/mm	≤200	300
磨液	磨砂、水、表面活性剂	水、表面活性剂
最大磨削速率/(μm/min)	2.0	20~200
表面损伤	深度为磨砂粒径的1.5~2倍，为10~20μm	粗磨削表面损伤层深度小于1.4μm；精磨削表面的损伤层深度小于0.4μm
硅片的总厚度变化(TTV)/μm	≤2.0	≤0.3
硅片的局部平整度(STIR)/μm	≤0.14	≤0.10
硅片的翘曲度(Warp)/μm	≤15	≤15

表面磨削技术实质上是采用金刚石磨头直接对硅片表面进行磨削加工，具有加工效率高、加工后表面平整度好、成本低、表面损伤小等优点。单面磨削加工后的硅片表面会留下明显的磨削印痕，这种磨削印痕会影响硅抛光片表面的纳米形貌。随着双面磨削技术的不断成熟及完善，目前已开发出能够对300mm硅片进行双面同时磨削的系统，这样表面就不会出现磨削印痕，可确保硅抛光片表面的纳米形貌特征。

撰稿人：浙江金瑞泓科技股份有限公司　　梁兴勃
审稿人：浙江大学　　　　　　　　　　　　余学功

9.2.6 抛光工艺和抛光片,抛光技术和抛光片,Polishing Technology and Polished Wafer

硅片抛光工艺是指利用化学和机械作用的方式对硅片表面进行加工,以去除硅片表面残留的微缺陷和损伤层,并获得具有极佳几何精度和极低表面粗糙度的"镜面"硅片的过程,所得的硅片称为硅抛光片。硅片抛光包括表面抛光和边缘抛光,边缘抛光的目的在于降低在硅片加工过程中因碰撞产生碎片的概率,以及减少颗粒的附着。

硅片抛光是一种化学、机械过程。在进行表面抛光前,首先要借助液体蜡黏附(有蜡贴片)或衬板和软性衬垫真空吸附(无蜡贴片)的方法,将硅片固定在载体盘(陶瓷盘)上。抛光时,将硅片加压于旋转的抛光布上,同时通入抛光液,如图9-13所示。在抛光过程中,抛光液中的碱与硅片表面发生化学反应,其产物为可溶性硅酸盐。反应产物又通过抛光液中 SiO_2 胶粒(粒径为 50~70nm)具有的负电荷的吸附作用,以及与抛光布之间的机械摩擦作用而被去除。化学腐蚀和机械摩擦两种作用交替循环进行,从而实现连续地对硅片表面进行化学机械抛光。

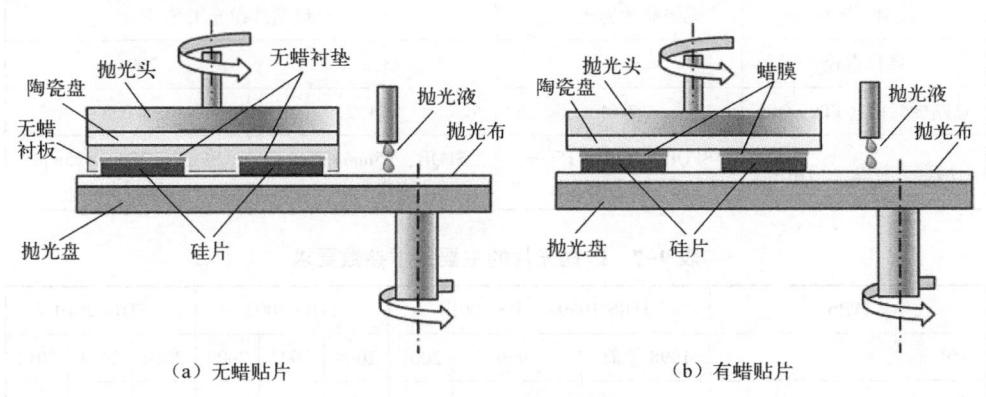

(a) 无蜡贴片　　　　　　　　(b) 有蜡贴片

图 9-13　硅片抛光示意图

为了得到所需的硅片抛光加工精度,需要对硅片进行两步(粗抛光—精抛光)或三步(粗抛光—中抛光—精抛光)或四步(粗抛光—中抛光—精抛光—最终抛光)的分步抛光工艺,每步抛光所使用的工艺条件均有所不同,其作用和去厚量列于表9-5中。影响抛光效果的工艺参数包括抛光压力、抛光液组分、粒度、浓度、pH值、抛光布材质、结构、硬度、抛光温度、去厚量等。

表 9-5 分步抛光工艺中各抛光过程的作用及去厚量

步骤	过程	作用	去厚量/μm
1	粗抛光	去除残留损伤层，达到要求的几何尺寸加工精度	12~18
2	中抛光	确保极低的表面局部平整度和粗糙度	5~8
3	精抛光	通过"去雾（Haze）"确保表面纳米形貌	<1
4	最终抛光	确保极佳的表面纳米形貌	<1

在无蜡贴片抛光工艺中，无蜡衬板和软性衬垫的选用是提高抛光精度的关键因素。相比之下，有蜡贴片抛光技术具有更高的加工精度，其关键在于涂蜡的工艺水平，以及对载体盘表面精度的控制和清洁处理。按照工艺的不同需求，一般直径125mm 以下的硅片通常采用无蜡贴片单面抛光工艺，直径 150~200mm（技术节点为 0.5/0.35/0.25/0.18μm IC 用）硅片通常采用有蜡贴片单面抛光工艺，这两种抛光工艺的加工精度列于表 9-6 中。对于技术节点小于 0.18μm IC 用的直径 300mm 的硅片，通常采用双面抛光技术进行粗抛光、中抛光，再采用单面无蜡抛光技术完成精抛光和最终抛光。硅抛光片的主要技术参数要求见表 9-7。

表 9-6 无蜡贴片和有蜡贴片抛光工艺的加工精度

技术指标	无蜡贴片抛光工艺	有蜡贴片抛光工艺	
硅片直径	≤5in	150mm	200mm
总厚度变化（TTV）/μm	2~4	≤1.2	≤0.8
局部平整度（STIR）	SFQR：15mm×15mm 1~3μm	SFQR：15mm×15mm ≤0.5μm	SFQR：25mm×25mm ≤0.14μm

表 9-7 硅抛光片的主要技术参数要求

ITRS	ITRS 1999~ITRS 2001				ITRS 2003			ITRS 2010		
年份	1998 年前	1999		2001	2004	2007	2009	2010	2013	2014
线宽	0.35μm	0.25μm	0.18μm	0.13μm	90nm	65nm	50nm	45nm	32nm	28nm
直径/mm	200	200	200	300	300	300	300	300	300	450
直径公差/mm	±0.2	±0.2	±0.2	±0.2	±0.2	±0.2	±0.2	±0.2	±0.2	±0.2
厚度/μm	725	725	725	775	775	775	775	775	775	775
厚度公差/μm	±25	±25	±25	±25	±25	±25	±25	±25	±25	±25
翘曲度（Warp）/μm	<30	<30	<30	<30	<10	<10	<10	<10	<10	<10
总厚度变化（TTV）/μm	<1.2	<1.2	<1.2	<1.0	<1.0	<1.0	<1.0	<1.0	<1.0	<1.0

续表

ITRS			ITRS 1999~ITRS 2001			ITRS 2003			ITRS 2010		
年份			1998年前	1999	2001	2004	2007	2009	2010	2013	2014
局部平整度（SFQR）	25mm×25mm		<0.3μm	<0.2μm	<0.18μm	<0.15μm	—	—	—	—	—
	26mm×8mm		—	—	—	—	≤90nm	≤64nm	≤51nm	≤45nm	≤32nm	≤28nm
边缘扣除距离/mm			3	3	3	3	2	2	2	2	2	2
表面颗粒	表面颗粒尺寸/nm		≥120	≥80	≥90	≥90	≥90	≥90	≥90	≥45	≥32	≥32
	表面颗粒/cm^{-2}		≤0.17	≤0.13	≤0.13	≤0.18	≤0.35	≤0.18	≤0.09	≤0.18	≤0.18	≤0.18
	表面颗粒数最大值（个/片）	总数	50	40	38	123	238	123	63	126	126	286
		≥0.16μm	30	—	—	—	—	—	—	—	—	—
		≥0.12μm	—	50	100	—	—	—	—	—	—	—
		≥0.09μm	—	—	38	78~123	—	—	—	—	—	—
表面金属浓度最大值/(at/cm^{-2})			1×10^{10} ~ 1×10^{11}	1×10^{10} ~ 1×10^{11}	$(1.4\sim1.8)\times10^{10}$	1.2×10^{10}	1×10^{10}	1×10^{10}	1×10^{10}	1×10^{10}	1×10^{10}	1×10^{10}

撰稿人：浙江金瑞泓科技股份有限公司　　　梁兴勃
审稿人：浙江大学　　　　　　　　　　　　余学功

▷▷▷ 9.2.7　硅片清洗与包装，矽片清洗與包裝，Cleaning and Packaging of Silicon Wafer

器件工艺要求硅片具有洁净的表面，而硅片的加工过程会使硅片表面残留有机物、金属离子、微粒等沾污，硅片清洗就是去除硅片表面各种沾污，以获得理想的洁净表面的过程。

硅片表面的沾污主要有3类：一是有机杂质沾污，主要来自装置硅片的片架、气氛中的有机蒸气和硅片加工制程的化学品；二是金属离子沾污，通过吸附在硅片表面氧化层上或利用金属离子与硅片表面之间的电荷交换（犹如"电镀"）而直接键合在硅表面上；三是颗粒，主要来自硅片加工制程及化学品。硅片的加工过程中有很多硅片清洗步骤，其中最为关键的是在抛光制程后的硅片清洗过程，因为这直接决定了硅片表面的最终洁净度。

硅抛光片的最终清洗一般采用多槽浸泡式化学清洗方式，即RCA清洗。典型的RCA清洗工艺见表9-8。

表 9-8 典型的 RCA 清洗工艺

步骤	SC-1 溶液	→	SC-2 溶液	→	脱 水 干 燥
溶液组成	$NH_4OH:H_2O_2:H_2O$	去离子水冲洗	$HCl:H_2O_2:H_2O$	去离子水冲洗	
混合比例	1:1:5		1:1:6		
溶液温度/℃	75~80		75~80		
清洗时间/min	6~10		6~10		
超声频率/kHz	15~200		15~200		
兆声频率/MHz	0.8~3.0		0.8~3.0		

(1) SC-1 溶液（1号液）主要用于去除颗粒和有机物沾污，也能去除部分金属杂质。其原理是，硅片表面被 H_2O_2 氧化而生产氧化膜，同时氧化膜又被 NH_4OH 腐蚀，腐蚀后又被氧化，如此反复进行。附着在硅片表面的颗粒，也随着氧化膜不断地被腐蚀而脱离硅片表面进入清洗溶液。有机物类的沾污在 H_2O_2 的强氧化作用及 NH_4OH 的溶解作用下，转化为水溶性化合物进入清洗溶液，经去离子水冲洗后得以去除。SC-1 溶液的强氧化性能氧化 Cr、Cu、Zn、Ag、Ni、Fe、Ca、Mg 等使其成为高价离子，高价金属离子再与碱进一步作用而转变为可溶性络合物，经去离子水冲洗后得以去除。在清洗过程中，结合使用超声波（去除粒径不小于 $0.4\mu m$ 的颗粒）或兆声波（去除粒径不大于 $0.2\mu m$ 的颗粒）可获得更好的去除颗粒效果。

(2) SC-2 溶液（2号液）是 H_2O_2 和 HCl 的酸性溶液，具有极强的氧化性和络合性，可去除碱金属离子，Cu 及 Au 等残留金属，$Al(OH)_3$、$Fe(OH)_3$、$Mg(OH)_2$ 及 $Zn(OH)_2$ 等氢氧化物的金属离子。经过 SC-2 溶液清洗后的硅片表面的 Si 原子大多数是以 Si—O 键终结，从而在硅片表面形成了自然氧化层，硅片表面也因此呈现为亲水性。

早期硅片脱水和干燥多采用离心甩干技术。近年来，在异丙醇（IPA）脱水和干燥技术的基础上，开发出多种利用马兰戈尼（Marangoni）效应的脱水和干燥技术，现已广泛用于大直径硅片的最终清洗中。

为确保硅片表面质量，防止再次沾污，便于保管和运输，需要对清洗好的硅片进行包装。硅抛光片的包装操作通常在 10 级或 1 级洁净室环境中进行。首先，将硅抛光片置入合适尺寸的包装盒内；然后，将包装盒放入对应尺寸的塑料薄膜包装袋（内层包装袋）中，并采用真空或充高纯氮气的方式对包装袋口进行密封处理；最后，装入防潮、除静电的金属和塑料复合膜包装袋（外层包装袋）中，并真空密封袋口，包装完毕即可转入成品仓库保存。

撰稿人：浙江金瑞泓科技股份有限公司　　梁兴勃
审稿人：浙江大学　　余学功

9.3 硅材料中的缺陷与杂质

9.3.1 点缺陷，點缺陷，Point Defects

点缺陷是指处在晶体的晶格点阵位或晶格的间隙位的缺陷，它对晶格所产生的应变局限在极小的区域内，分为本征点缺陷和非本征点缺陷两种。本征点缺陷包括处于晶格间隙位的原子（自间隙原子）和原子脱离晶格点阵所产生的空位。晶体内部的晶格原子转移到晶体表面后，在晶体内部留下的空位称为肖特基空位（Schottky Vacancy）；晶格原子转移到间隙位置后留下的空位，称弗兰克空位（Frankel Vacancy），弗兰克空位和自间隙原子总是成对出现的。空位和自间隙原子可由热激发产生，它们的浓度取决于温度和生成能。在某一温度下，晶体内总是存在一定浓度的自间隙原子和空位，因而本征点缺陷也被称为热平衡缺陷。点缺陷可以与其他缺陷相互作用，还会影响杂质在晶体中的扩散。点缺陷可以聚集形成扩展缺陷。例如，在单晶硅中，自间隙硅原子聚集可以形成位错或层错；而空位聚集可以形成空洞型缺陷。

非本征点缺陷是指外来的杂质原子，当其位于晶格点阵位时，称之为替位型（Substitional Type）杂质原子；当其位于晶格的间隙位时，称之为间隙型（Interstitial Type）杂质原子。在半导体中，用于改变电阻率而掺入的杂质原子（掺杂剂原子）通常处于替代位。在一定温度下，杂质原子在晶体中的平衡浓度受固溶度限制。对化合物晶体而言，不同原子互换它们的正常位置而形成反位结构，如 GaAs 单晶中存在 Ga 和 As 互换其晶格点阵位的情形，这也是一类点缺陷。

对集成电路用直拉单晶硅而言，点缺陷对晶体性能有重要影响。例如，原生缺陷（Grown-In Defect）的形成就与本征点缺陷（空位和自间隙硅原子）的过饱和度直接相关。在单晶硅生长时，固液界面上方的晶体内存在一定过饱和的空位和自间隙硅原子，由于两者会发生复合，它们的浓度从固液界面到晶体逐渐降低；其浓度梯度与固液界面附近的轴向温度梯度 G 成正比。因而，硅晶体生长过程中存在从固液界面到晶体的点缺陷扩散流，它与温度梯度 G 有关。与此同时，点缺陷还被熔体凝固本身强制带入晶体，形成所谓的点缺陷传送流，它与晶体生长速度 v 有关。在相同温度下，硅单晶中的空位平衡浓度 C_{Vm} 大于自间隙硅原子平衡浓度 C_{Im}。根据上述硅中点缺陷性质的特点可以推断：固液界面附近的硅晶体中点缺陷的类型取决于 v/G。当 v/G 较大时，由 v 支配的缺陷传送流起主导作用，导致晶体中的点缺陷为空位；当 v/G 较小时，由 G 支配的缺陷扩散流起主导作用，导致晶体中的点缺陷为自间隙硅原子。确切地说，v/G 存在

一个临界值 $\xi_{\text{crit}}^{[1]}$，即

$$\xi_{\text{crit}} = \left(\frac{E}{KT_{\text{m}}^2}\right)\left(\frac{D_{\text{Im}}C_{\text{Im}} - D_{\text{Vm}}C_{\text{Vm}}}{C_{\text{Vm}} - C_{\text{Im}}}\right)$$

式中，T_{m} 为硅的熔点温度；D_{Im} 和 D_{Vm} 分别为自间隙硅原子和空位在 T_{m} 条件下的扩散系数；E 是空位和自间隙硅原子形成的平均自由能。通过上式可以计算出这个临界值为 $1.34 \times 10^{-3} \text{cm}^2/(\text{min} \cdot \text{K})$。当 $v/G > \xi_{\text{crit}}$ 时，固液界面附近的硅晶体中的点缺陷为空位；当晶体进一步冷却时，空位进入过饱和状态，将聚集形成空洞型缺陷。当 $v/G < \xi_{\text{crit}}$ 时，固液界面附近的硅晶体中的点缺陷为自间隙硅原子；当晶体进一步冷却时，自间隙硅原子进入过饱和状态，将聚集形成位错环。空洞型缺陷和位错环这两类原生缺陷对器件都具有危害性，相比较而言，位错环由于尺寸更大，对器件的危害更甚。此外，空洞型缺陷可以通过高温热处理加以消除，而位错环则无法被消除。因此在实际生产中，通常在 $v/G > \xi_{\text{crit}}$ 的条件下生长单晶硅。理论上，当 $v/G = \xi_{\text{crit}}$ 时，可以生长出无缺陷的完美单晶硅。但是，由于工艺条件苛刻，生长完美单晶硅的难度很大。

参考文献

[1] R. Falster, V. V. Voronkov, F. Quast. On the properties of the intrinsic point defects in silicon: A perspective from crystal growth and wafer processing. physica status solidi (b), 2000, 222 (1): 219-244.

撰稿人：浙江大学　马向阳
审稿人：浙江大学　杨德仁

▷▷▷ 9.3.2　线缺陷，綫缺陷，Line Defects

线缺陷又称为位错（Dislocation），是晶体中的滑移区域与未滑移区域在滑移面上的交界线。当在晶体上施加一外力（如拉应力、压应力和剪切应力等）时，根据应力的大小，晶体会发生弹性或塑性形变。在弹性形变区，当外力撤去后，晶体会恢复到原状。但是，当外力超过晶体的屈服强度（Yield Strength）时，晶体会发生塑性形变，此时会产生位错。

晶体中的塑性形变实际上是晶面之间发生了相对移动，即滑移。由于不同方向的晶面间距和相互结合力都是不同的，因而沿不同晶面滑移的难易程度也有所不同。原子最密排晶面的间距较大，结合较弱，最容易发生滑移。晶面间的滑移并不是同时在整个晶面上发生的，而是先在某一局部区域开始，然后逐渐扩大；而位错则在局部区域发生滑移时就产生，但实际发生塑性形变所需的力比理论值要低好几个数量级。

位错依据位错线和滑移方向的几何关系可分为刃位错、螺位错和混合位错三大类。位错线与滑移方向的伯格斯矢量（Burgers Vector）垂直的位错称为刃位错；二者平行的位错称为螺位错；二者既不垂直也不平行的位错称为混合位错，它兼具刃位错和螺位错的特点。

刃位错的主要特征[1]：有一个多余的半原子面；位错线不一定是直线，可以是折线或曲线，但是它必须与滑移方向和滑移矢量垂直。

螺位错的主要特征[1]：没有多余的半原子面，呈现轴对称的原子错排；位错线一定是直线，且与滑移矢量平行；纯螺位错不存在特殊的滑移面，可在通过它的任意面内移动，常在原子密排面上滑移。

依据伯格斯矢量与点阵矢量的关系，位错分为全位错和不全位错。全位错的伯格斯矢量等于点阵矢量或其整数倍，全位错滑移后，晶体原子排列不变；而不全位错的伯格斯矢量不等于点阵矢量或其整数倍，不全位错滑移后，原子排列规律发生变化。当全位错分解为两个或多个不全位错时，以堆垛层错相连，形成所谓的扩展位错。

位错线是连续的，在有些情况下其起止点位于晶体表面或晶界；或者形成位错环这样的封闭回路；或者在节点处和其他位错相连。位错及其附近存在较大的应力，因而可以吸收杂质和点缺陷。

对于集成电路制造用的硅晶体，位错的成因有籽晶引入的位错、晶体生长过程中的各种干扰（如各种颗粒物掉落在固液界面上、熔体组分过冷等）、温度梯度造成的热应力等。由于缩颈技术及减压惰性气氛保护生长技术的发明，单晶硅可以实现无位错（线）生长。在硅晶体的切、磨、抛加工中，由于机械应力的作用，有可能在硅片边缘、表面引入位错；在硅集成电路制备中，由于温度分布不均匀、薄膜材料热膨胀系数不同等原因，会引入热应力导致位错。

硅晶体的位错对器件的电学性能有严重影响，如导致器件的泄漏电流增大。

参考文献

[1] 王亚男，陈树江，董希淳. 位错理论及其应用 [M]. 北京：冶金工业出版社，2007.

撰稿人：浙江大学　马向阳
审稿人：浙江大学　杨德仁

9.3.3　面缺陷，面缺陷，Surface Defects

面缺陷包括层错（Stacking Fault）、孪晶（Twin）和晶界（Grain Boundary）。

层错指的是晶体正常的周期性堆垛顺序在某两层之间出现了错误。以立方紧密堆积结构为例，其正常的堆垛顺序为三层重复的……ABC ABC ABC……，如果局部出现诸如……ABC A\C ABC……或者……ABC AB\A\C ABC……的堆垛顺序，则在画线处（"\"）就产生了层错。密堆积结构中的层错有两种基本类型：抽出型层错，即在正常层序中抽去一层原子；插入型层错，即在正常层序中插进一层原子。对于单晶硅来说，工艺诱生层错（如氧化诱生层错和离子注入产生的层错）通常是插入型（Extrinsic Type）的；而在外延过程中产生的层错通常是抽出型（Intrinsic Type）的。实际层错的发生都是局限于晶面上某一小区域，而不是延伸至整个晶面，如在硅片高温氧化时形成的层错往往是{111}面上接近表面的微小区域，在层错的边缘具有与刃位错相似的特点。

当晶体的部分晶格在特定方向上产生塑性变形，而变形区原子与未变形区原子在交接处仍维持紧密接触，这种缺陷称为孪晶。一方面，孪晶可以作为滑动全位错的运动障碍；另一方面，在某些情况下，滑动位错与孪晶晶界相交可以产生孪生位错。

晶体中的晶粒界面简称晶界，广义上指的是非单晶材料中的各种界面[1]。两个晶粒间或者晶向不同，或者晶格不匹配，或者晶体结构不同，或者化学成分不同，或者是以上两种乃至所有性质不同。最简单的情况是单相材料中的晶界，其两侧的晶粒仅有晶向上存在差异。

根据晶界两边晶粒取向差异的大小，晶界可以分为大角度晶界和小角度晶界（亚晶界）。小角度晶界两边晶粒的取向差异小于10°，它们通常是位错阵列，其性质和结构与晶粒间取向差异有关。大角度晶界的性质则与晶粒间取向差异的关系较小，多晶体中90%以上的晶界为大角度晶界。

晶界具有如下特性[2]。

（1）晶界处晶格严重畸变，导致较高的晶界能。在一定温度下，会发生晶粒长大和晶界的平直化，这会减少晶界面积，导致晶界能的降低。

（2）常温下，晶界阻碍位错的运动，提高了塑性变形抗力，表现为晶界较晶粒内有更高的硬度和强度。高温下的情况则相反，晶界一定程度上的黏滞性反而使两边的晶粒易产生相对滑动，从而降低强度。

（3）由于晶界处存在较多的缺陷，晶界成为杂质的快扩散通道，使杂质易于聚集沉积而形成新相等。

（4）晶界降低了材料的电导和热导。

（5）晶界处会优先发生腐蚀（如热侵蚀、化学腐蚀）。

参考文献

[1] 杨顺华，丁棣华. 晶体位错理论基础 [M]. 北京：科学出版社，1998.
[2] 王亚男，陈树江，董希淳. 位错理论及其应用 [M]. 北京：冶金工业出版社，2007.

撰稿人：浙江大学　马向阳
审稿人：浙江大学　杨德仁

▷▷▷ 9.3.4 体缺陷，體缺陷，Bulk Defects

晶体中的体缺陷主要包括杂质的沉积物（Precipitate）和空洞（Void）。对集成电路用的直拉单晶硅而言，由氧杂质聚集形成的氧沉积和由空位聚集形成的空洞型缺陷是两类重要的体缺陷，对集成电路制造的成品率具有显著的影响。

氧沉积是指直拉单晶硅中由过饱和间隙氧原子聚集与硅原子反应形成的氧化硅（SiO_x，$x \leqslant 2$）颗粒。直拉单晶硅中的氧杂质是由于晶体生长使用石英坩埚而引入的，处于过饱和状态，绝大部分氧原子处于硅晶格的间隙位。在集成电路制造的热处理工艺中，过饱和的氧原子会析出，聚集形成氧沉积，它与单晶硅中氧的初始浓度，其他杂质的种类和浓度，点缺陷，单晶生长的热历史，以及集成电路制造的热处理工艺条件（如气氛、温度、时间）等有关[1]。氧沉积包括形核（Nucleation）和长大（Growing-Up）两个阶段，形核在较低温度（不高于800℃）下发生，而长大则在1000℃及以上的温度进行。氧沉积的形核有均质（Homogeneous）和异质（Heterogeneous）两种机制。均质形核是过饱和间隙氧原子的聚集，间隙氧原子的过饱和度与扩散速率决定了形核速率；异质形核是间隙氧原子在其他杂质和缺陷处的聚集，如氮、硼、碳或锗等杂质及其与点缺陷相互作用形成的复合体、空位与氧相互作用形成的复合体等都可以作为氧沉积的异质形核中心。氧沉积长大时，发射出的自间隙硅原子会聚集形成位错、层错等缺陷。如果氧沉积及其诱生缺陷在硅片的体内或背面，即远离器件工作区域，它们在器件制造过程中具有吸除有害金属沾污（即内吸杂）的作用，有利于提高器件的成品率。但是，过度的氧沉积及其诱生缺陷则会导致硅片的翘曲。若氧沉积及其诱生缺陷出现在器件的工作区域，则会增加泄漏电流。

单晶硅中的空洞型缺陷是由空位聚集形成的一类微缺陷。单晶硅生长后所包含的点缺陷的类型由晶体生长速度（v）与固液界面附近的温度梯度（G）的比值（即v/G）决定。当v/G的值大于某一临界值时，单晶硅中点缺陷的类型为空位。这样，在后续的晶体冷却过程中，空位将进入过饱和状态而聚集，最终形成空洞型缺陷（被称为晶体原生颗粒，COP）。直拉单晶硅中的空洞型缺陷通

常呈现以 {111} 面构成的八面体。实际观察到的八面体空洞可能是单独存在的，也有可能出现孪生乃至三体的情况，而且八面体空洞的两个尖端通常被 {100} 面或 {311} 面削平，其尺寸在亚微米级[2]。此外，直拉单晶硅中的空洞型缺陷的内壁覆盖一层不超过5nm厚的氧化硅层。空洞型缺陷会劣化 MOS 晶体管的栅极氧化层完整性，导致泄漏电流。通过设计合理的单晶硅生长的热场，以及优化晶体生长的工艺，可以生长出无空洞型缺陷的"完美单晶硅"，不过其技术难度很大且工艺窗口较小。在实际生产中，通过在晶体生长中掺入氮杂质，然后在氩气或氢气气氛下的高温（不低于1200℃）热处理，可以消除硅片近表面区域（即集成电路的工作区域）中的空洞型缺陷。

参考文献

[1] 阙端麟, 陈修治. 硅材料科学与技术 [M]. 杭州: 浙江大学出版社, 2000.

[2] T. Ueki, M. Itsumi, T. Takeda. Octahedral void structure observed in grown-in defects in the bulk of standard Czochralski-Si for MOS LSIs. Japan Journal of Applied Physics, 1997, 36: 1781-1785.

撰稿人：浙江大学　马向阳
审稿人：浙江大学　杨德仁

▷▷▷ 9.3.5　微缺陷，微缺陷，Microdefects

微缺陷是半导体中由杂质或点缺陷聚集形成的缺陷及位错和层错等的总称。因上述缺陷的最大尺寸约为数十微米，一般为微米和亚微米级别，故名微缺陷。由杂质聚集形成的沉积物（如直拉单晶硅中的氧沉积）本身就属于微缺陷，当沉积物足够大时还会诱生出层错和位错等微缺陷。对集成电路用单晶硅而言，由点缺陷聚集形成的微缺陷有自间隙型缺陷（如位错环）和空位型缺陷。

单晶硅中的自间隙型缺陷是由自间隙硅原子聚集形成的位错和层错等缺陷。单晶硅的主要自间隙型缺陷是漩涡缺陷（Swirl Defect），它们经择优腐蚀显示后在硅片表面呈现类似漩涡状的图案，因而称之为漩涡缺陷，其中，较大的称为 A-Swirl，较小的称之为 B-Swirl。A-Swirl 是由于过饱和的自间隙原子聚集所产生的位错环，虽然这种位错环不会影响器件栅极氧化层的完整性，但会导致载流子寿命的下降、pn 结反向泄漏电流的增大和局部微等离子击穿等。当自间隙原子浓度较低时，有可能聚集形成较小的缺陷，即 B-Swirl。

单晶硅中的空位型缺陷是由硅晶格的空位聚集形成的空洞型缺陷，也称 D-缺陷，它是单晶硅中的另一类主要体缺陷。

对集成电路而言，直拉硅片中的微缺陷是利害并存的。一方面，集成电路的器件有源区在硅片的近表面区域，因此只要微缺陷不出现在硅片的近表面区域，它们就不会对集成电路构成危害。显然，漩涡缺陷、氧化诱生层错和空洞等类型的微缺陷必须通过晶体生长和后续的热处理加以消除或使其不出现在硅片的近表面区域。另一方面，集成电路有源区下面的硅片体区部分除了承担集成电路的机械支撑作用，还可以设法使微缺陷在此区域形成，并使之体现出有利的作用。在集成电路制造过程中，硅片表面不可避免地会遭受有害的金属（如 Cu、Fe 和 Ni 等）杂质沾污，从而使集成电路性能变差甚至失效。通过采取适当的工艺，使得直拉硅片中的氧沉积过程仅发生在体内，形成足够高密度的氧沉积并诱生出层错和位错等微缺陷。在热工艺过程中，这些体内微缺陷可以有效地吸收硅片表面的金属杂质并将其固定住，从而消除金属沾污对集成电路的危害性[1]。

参考文献

[1] 阙端麟，陈修治. 硅材料科学与技术［M］. 杭州：浙江大学出版社，2000.

撰稿人：浙江大学　马向阳
审稿人：浙江大学　杨德仁

▷▷▷ 9.3.6　直拉单晶硅中的氧，矽單晶中的氧，Oxygen in CZ Silicon

单晶硅中的氧主要来源于石英坩埚内表面的高温溶蚀。国际硅材料界一直对单晶硅中氧的分凝系数（Segregation Coefficient）值存在争议，一般认为是 1.25。直拉单晶硅中氧的浓度与晶体生长条件密切相关，调整晶体生长参数可以在一定程度上控制晶体中氧的分布，如改变热场、减小气压，以及调整坩埚的埚位和转速等。在单晶硅生长过程中施加一定方向的磁场，利用磁场对熔硅产生洛伦兹力，能有效增加硅熔体的黏滞性，抑制其对流，最终达到控制单晶硅中的氧浓度的目的。

单晶硅中的氧主要处于间隙位置，具有红外活性，间隙氧的浓度一般通过室温傅里叶红外光谱（FITR）测试得到（对间隙氧的 $1107 cm^{-1}$ 吸收峰强乘系数 $3.14 \times 10^{17} cm^{-2}$ 进行转换）。FITR 法简单、直接，而且对样品是无损检测，因而在半导体产业得到了广泛的应用。但是，对于重掺杂的单晶硅样品无法用 FTIR 法来测量，这是由于重掺杂样品中载流子的浓度太高，其红外吸收峰通常将间隙氧的吸收峰掩盖了。因而，对于重掺杂单晶硅样品，工业上可以用带电粒子活化分析法、气熔法、二次离子质谱法等来测量单晶硅中氧的浓度。单晶硅中的氧在退火过程中会扩散，在 300~400℃ 和 700~1200℃ 两个温度范围其扩散激活能为 2.53eV，而在 400~700℃ 将出现异常扩散行为，扩散速率非常快，这时氧主要以双氧原子形式扩散。

单晶硅中的氧的浓度一般为 $10^{18}\,cm^{-3}$，要高于其在 1250℃ 的固溶度，因此在晶体的冷却过程或随后的热循环过程中将产生偏聚（Accumulation）。在 300~500℃ 的温度范围内会形成热施主，从而引起硅片电阻率的飘移，热施主的最大浓度与间隙氧浓度的三次方成正比。一般采用在氩气氛围中 650℃ 处理 0.5h 就可以将直拉单晶硅中绝大部分的热施主消除。在约 650℃ 长时间的退火过程中，间隙氧将聚集形成另一种具有电活性的氧施主，称为新施主，其形成与细小的氧沉积相关。

氧沉积的均质形核是由过饱和的间隙氧聚集形成的，一般在低温下容易形成；而异质形核通常发生在一些杂质复合体和缺陷处，如氧-空位复合体和位错。氧沉积的生长是过饱和间隙氧原子偏聚在氧沉积核心长大的过程。直拉单晶硅中的氧沉积可被用于集成电路制造过程中的内吸杂（IG）工艺，成为"缺陷工程"的一部分，它是通过高—低—高三步退火来实现的。新型的内吸杂工艺被发明并逐渐应用于半导体工业中，其主要特点是吸杂效率高和工艺更简单，这包括 MEMC 公司发明的基于快速退火的魔幻清洁区（Magic denuded zone，MDZ®）内吸杂工艺[1]和浙江大学发明的基于掺氮和掺锗直拉单晶硅片的一步高温退火内吸杂工艺[2]。

参考文献

[1] R. Falster, V. V. Vorokov. The engineering of intrinsic point defects in silicon wafers and crystals [J]. Materials Science & Engineering B, 2000, 73: 87-94.

[2] Yu X G, Chen J H, Ma X Y, et al. Impurity engineering of Czochralski silicon [J]. Materials Science & Engineering R-Reports, 2013, 74: 1-33.

撰稿人：浙江大学　余学功
审稿人：浙江大学　杨德仁

▷▷▷ 9.3.7　直拉单晶硅中的碳，矽單晶中的碳，Carbon in CZ Silicon

在高温拉晶过程中，石墨坩埚和石英坩埚接触面会发生反应，产生一氧化碳，这些一氧化碳气体被熔体吸收后最终通过分凝效应进入单晶硅中。高浓度的碳在直拉单晶硅中容易引起旋涡缺陷，增大半导体器件的泄漏电流，降低集成电路的成品率。单晶硅中的碳通常处于替代位，在红外吸收光谱中主要表现为 $607\,cm^{-1}$，换算成碳浓度的转换系数为 $1\times10^{17}\,cm^{-2}$。在硅熔点附近，碳在熔硅和晶体中的平衡固溶度分别为 $4\times10^{18}\,cm^{-3}$ 和 $4\times10^{17}\,cm^{-3}$，随温度的降低，其固溶度逐渐减小。碳在直拉单晶硅中的分凝系数为 0.07，所以在直拉单晶硅中碳浓度的分布呈现头低尾高的现象。碳在单晶硅中的扩散比氧要慢得多,其扩散激活能为3.2eV。

直拉单晶硅中的碳可以与氧结合形成各种碳-氧复合体,在低温红外吸收光谱中表现为不同的吸收峰,如 $1026cm^{-1}$、$1052cm^{-1}$、$1099cm^{-1}$ 和 $1108cm^{-1}$ 等。由于碳-氧复合体的形成需要间隙氧的参与,这使得高碳直拉单晶硅中热施主的形成受到抑制。而直拉单晶硅中新施主的浓度通常与碳浓度成正比,表明碳能促进新施主的生成。碳-氧复合体在低温(<800℃)退火时能成为氧沉积的异质成核中心,促进氧沉积的生成,增加氧沉积的密度;而在高温(>800℃)退火时,尽管碳不会促进氧沉积的形核,但是由于其原子半径比硅小,会引入点阵应变,容易吸引自间隙硅原子,从而有利于氧沉积的长大,并使得氧沉积的形态向多面体转变。因此,通过在直拉单晶硅中提高碳的浓度,促进硅片体内氧沉积及其诱生缺陷,可以有效提高直拉单晶硅片内吸杂的能力,从而减小金属沾污对集成电路成品率的不利影响[1]。

参考文献

[1] Yu X G, Chen J H, Ma X Y, et al. Impurity engineering of Czochralski silicon [J]. Materials Science & Engineering R-Reports, 2013, 74: 1-33.

撰稿人:浙江大学 余学功
审稿人:浙江大学 杨德仁

▷▷▷ 9.3.8 直拉单晶硅中的氮,矽單晶中的氮,Nitrogen in CZ Silicon

氮在直拉单晶硅中具有非常重要的作用,微量的氮掺杂会对单晶硅的性能产生有利的影响。主动向单晶硅中掺氮的方法主要包括:晶体生长过程中采用氮气保护或者在熔硅中加入氮化硅粉末;氮离子注入法。在约1415℃温度下,氮在硅熔体和单晶硅中的饱和溶解度分别为 $6\times10^{18}cm^{-3}$ 和 $4.5\times10^{15}cm^{-3}$。由于氮在硅中的平衡分凝系数为 7×10^{-4},所以直拉单晶硅生长过程中氮的浓度一般小于 $5\times10^{15}cm^{-3}$。氮在直拉单晶硅中主要以氮对存在,而仅有约1%的氮处于替代位,具有施主效应,其电离能约为17meV。在室温红外吸收光谱中,氮对主要表现为 $963cm^{-1}$ 和 $766cm^{-1}$ 两个峰,利用 $963cm^{-1}$ 计算氮浓度的转换系数为 $1.83\times10^{17}cm^{-2}$。氮对在单晶硅中的扩散较快,其扩散系数比间隙氧高近3个数量级,在1270℃可达 $2\times10^{-6}cm^2/s$。

直拉单晶硅中氮与氧相互作用能形成氮-氧复合体,在中红外和远红外吸收光谱中表现出多个吸收峰。氮-氧复合体是一种浅施主,具有电活性。结合红外吸收和电阻率的测试可以发现，伴随着氮-氧复合体的红外吸收峰在退火过程中的消失，单晶硅的电阻率或载流子浓度会随之改变。通过高温退火可以消除氮-氧复合体的电活性。在直拉单晶硅中掺氮对热施主和新施主的生成具有抑制作用。

在区熔硅单晶中掺氮可以抑制自间隙型位错环和空位团的生成。而在大直径直拉单晶硅中掺氮可以改变空洞型缺陷的尺寸和密度，使得空洞型缺陷容易通过高温退火被消除[1]。理论计算表明，氮对首先与双空位结合形成复合体，然后这些复合体可以进一步与氧结合，在高温下促进原生氧沉积的生成，释放出大量的自间隙硅原子，消耗了大量的空位，从而导致了高密度、小尺寸空洞型缺陷的产生。氮-氧复合体和氮-空位-氧复合体的形成能够显著促进氧沉积的形核，增强间隙氧的沉积，因而可以提高硅片的内吸杂能力。利用掺氮在高温下促进氧沉积的性质，可以通过一步高温退火实现硅片的内吸杂（IG）工艺，节省了器件制程中的IG热预算[2]。同时，通过掺氮形成的高密度细小的氧沉积具有钉扎位错运动的能力，可以提高硅片的机械强度。采用压痕实验发现，经过相同的热处理后，掺氮硅片中位错的滑移距离要比普通硅片小很多。因而，在大直径直拉单晶硅中掺氮可以增强硅片的抗翘曲能力，提高集成电路的成品率。

参考文献

[1] Yu Xuegong, Yang Deren, Ma Xiangyang, et al. Grown-in defects in nitrogen-doped Czochralski silicon [J]. Journal of Applied Physics, 2002, 92: 188-195.

[2] Yu X G, Chen J H, Ma X Y, et al. Impurity engineering of Czochralski silicon [J]. Materials Science & Engineering R-Reports, 2013, 74: 1-33.

撰稿人：浙江大学　余学功
审稿人：浙江大学　杨德仁

▷▷▷ 9.3.9　直拉单晶硅中的金属杂质，矽單晶中的金屬雜質，Metallic Impurity in CZ Silicon

在器件制备过程中，过渡族金属杂质会沾污硅片，它们对集成电路的成品率有着致命的影响。单晶硅中大部分过渡族金属（如铜、镍和铁等）处于间隙位，而其他金属（如锌、铂和金等）则处于替代位。间隙态金属杂质一般具有较大的扩散系数，称为快扩散金属；而替代态金属杂质的扩散通常需要点缺陷的帮助，称为慢扩散金属。在单晶硅的所有金属杂质中，铜的扩散最快，室温下它可以在1h内在硅中扩散数毫米。单晶硅中过渡金属的固溶度随温度变化较大,在高温下其饱和固溶度较高,在室温下其饱和固溶度非常低。所以,经过高温沾污的硅片在随后的冷却过程中金属杂质极容易沉积下来,或者形成复合体。另外,单晶硅中过渡族金属的固溶度随着掺杂剂浓度的增加也会显著增加。

检测单晶硅中金属杂质沾污的常用方法有二次离子质谱法(SIMS)、深能级瞬态谱法(DLTS)、雾缺陷法(Haze Test)、X射线荧光全反射法(TXRF)、表面光电压法(SPV)、微波光电导衰减法(MWPCD)等。其中,雾缺陷法简单、方便,只要对硅片进行热处理,然后择优腐蚀后利用光学显微镜就可以检测,因而在工业界得到广泛应用。

在沾污程度较低的情况下,金属杂质在单晶硅中一般与掺杂剂结合形成复合体,如铜-硼对等;也能与氧结合形成复合体,如铁-氧对等。这些复合体通常具有比较低的热稳定性,在低温下退火就会被分解。而在沾污程度较高的情况下,金属杂质一般以沉积形式存在于单晶硅中,其沉积形核机制分为均质成核和异质成核两种。对于未经吸杂工艺处理的硅片,金属杂质优先在表面处沉积,对集成电路的成品率影响极大。因而,在现代集成电路的制备工艺中,硅片表面的金属沾污需要被去除。

在集成电路制造过程中,通常采用吸杂工艺吸除硅片表面器件工作区(有源区)的金属杂质。外吸杂主要通过在硅片背面引入一定量的晶体缺陷作为金属原子吸杂点来实现,主要有多晶硅沉积吸杂技术、背面喷砂技术、磷吸杂技术、铝吸杂技术等。内吸杂是利用硅片体内的氧沉积及其诱生缺陷作为金属吸杂点来实现的,主要有高—低—高三步退火吸杂工艺,基于掺氮或锗直拉单晶硅的一步高温退火吸杂工艺,以及基于快速热处理的魔幻洁净区吸杂工艺等[1]。无论是内吸杂还是外吸杂,硅片表面金属被吸杂的热动力学过程都可以分为如下阶段:金属杂质在器件有源区的释放;金属杂质从表面向吸杂点的扩散;吸杂点对金属杂质的俘获。

参考文献

[1] Yu X G, Chen J H, Ma X Y, et al. Impurity engineering of Czochralski silicon [J]. Materials Science & Engineering R-Reports, 2013, 74: 1-33.

撰稿人:浙江大学 余学功
审稿人:浙江大学 杨德仁

▷▷▷ 9.3.10 滑移位错,滑移位错,Slip Dislocation

具有金刚石结构的单晶硅在室温下是脆性的,但在超过780℃时,它就具有韧性。因此，在较高温度下单晶硅承受足够大的应力时就会产生位错。集成电路制造中包含若干高温工艺（如外延、氧化和扩散等），在这些高温工艺的升/降温过程中，硅片边缘和中心的温度变化速率不同，会产生一定的温度梯度，因而产生热应力，该热应力与温度梯度成正比。当热应力超过单晶硅在某一温度的屈服强度（Yield Strength）时，就会产生位错[1]。由于硅片边缘处的热应力最大，此处最易产生位错。若硅片边缘存在机械损伤和微裂纹等，则会促进位错的产生。一旦位错在硅片的边缘产生，在高温下就会沿着<110>方向滑移至硅片的中心，这就是滑移位错。滑移位错严重时，会形成网络，其分布的形状与硅片的晶向有关。若硅片的中心存在数量较多和尺寸较大的氧沉积，则滑移位错会在中心处首先发生。滑移位错既可以是60°位错，也可以是螺位错。

滑移位错的产生与热工艺温度、升降温速率、硅片直径/厚度比、硅片中的氧沉积数量等因素密切相关[2]。为了避免滑移位错，可以从降低热工艺产生的温度梯度入手。通常，采取程控的方式使硅片缓慢进炉和出炉，并以不超过10℃/min的速率升温和降温。此外，硅片的进炉和出炉的温度一般小于800℃，并且必须避免硅片的机械损伤，以消除位错的产生源。随着硅片直径的增大，对硅片边缘加工质量的要求越来越高。当硅片直径增大到200mm及以上时，边缘也需要抛光，其目的之一就是消除机械损伤。硅片直径的增大还使其自重显著增加，为了避免由于自重导致的滑移位错，在集成电路制造的高温工艺中，硅片通常采取水平放置的方式。即使在这种情况下，也需要优化硅片的支撑方式。此外，水平放置方式还对硅片翘曲度提出了更高的要求。在外延等工艺中，硅片直接与加热基座接触，如果硅片的翘曲度较大，就会产生较大的径向温度梯度，容易导致滑移位错。

对集成电路用直拉单晶硅而言，在其生长过程中也可能产生滑移位错。硅熔体与石英坩埚的接触会形成SiO挥发物，若得不到有效清除，会形成SiO_2颗粒沉积在炉壁上，容易落在熔体表面。这些颗粒一旦运动到晶体生长的固液界面，就会在单晶硅中产生位错；若位错滑移至上方的一段晶体，则无法实现无位错单晶硅的生长。直拉单晶硅生长时，通常在减压氩气氛保护下直拉生长硅晶体，还需在晶体生长热场中采用合适的导流装置，以有效地排除SiO等挥发物。

参考文献

[1] 黄昆，韩汝琦. 半导体物理基础 [M]. 北京：科学出版社，2010.

[2] 阙端麟，陈修治. 硅材料科学与技术 [M]. 杭州：浙江大学出版社，2000.

撰稿人：浙江大学　马向阳

审稿人：浙江大学　杨德仁

▷▷▷ 9.3.11 失配位错，失配位错，Misfit Dislocation

为形成双极晶体管的发射区和集电区，以及 MOS 晶体管的源区和漏区，需要通过扩散或离子注入的方法在硅晶格中引入高浓度的掺杂剂（施主或受主）原子[1]。需要指出的是，在集成电路制造中，通常采用离子注入法进行上述掺杂。掺杂剂原子通常处于硅晶格的替代位，由于原子半径的不同，它们与硅原子之间存在失配，从而引起晶格畸变。通常用失配因子，即（基体原子半径－杂质原子半径）／基体原子半径，描述杂质在单晶硅中的失配程度。注意，上述原子半径指的是相应元素晶体的四面体半径。

表 9-9 所列为某些杂质在单晶硅中的失配因子。由表可见，磷（P）和硼（B）原子的半径都比硅原子的小，掺 B 或 P 就会使硅晶格收缩；锑（Sb）原子的半径比硅原子的大，掺 Sb 就会使硅晶格膨胀；而砷（As）原子的半径与硅原子的相近，掺 As 则几乎不会改变硅晶格的大小。

表 9-9 某些杂质在单晶硅中的失配因子

杂质元素	P	As	Sb	B	Al	Ga	In	C	Sn
失配因子	-0.06	0.008	0.16	-0.248	0.077	0.077	0.231	-0.342	0.200

如果在单晶硅中均匀掺杂，晶格畸变并不引起应力或缺陷。但是，对扩散或离子注入掺杂而言，杂质浓度从表面到体内是显著变化的，这就会造成不均匀的晶格畸变，从而产生应力[2]。在较高的温度下，当掺杂引起的失配应力超过单晶硅的屈服强度时，就会产生所谓的失配位错。例如，当磷和硼的掺杂浓度足够高（表面浓度达 $10^{20} cm^{-3}$ 或更高）时，都会产生大量位错；在制造双极性集成电路时，在生长外延层前进行掺锑的埋层扩散，其表面浓度接近 $10^{20} cm^{-3}$，由于锑原子比硅原子大很多，使得在掺锑埋层上生长的外延层中有大量位错。若用与硅的原子半径几乎相同的砷代替锑，则埋层上的外延层几乎不会出现位错。失配位错通常形成密集的网络，位于掺杂浓度梯度最大的区域，与硅表面几乎平行；失配位错一般不会贯穿晶体管的结区，对晶体管电学性能的影响是很小的。掺杂剂原子的失配因子越大，产生失配位错的临界掺杂浓度越小。

参考文献

[1] N. G. Einspruch, H. Huff. VLSI Electronics: Microstructure science silicon materials [M]. London: Academic Press, 1985.

[2] 黄昆，韩汝琦. 半导体物理基础 [M]. 北京：科学出版社，2010.

撰稿人：浙江大学　马向阳
审稿人：浙江大学　杨德仁

▷▷▷ 9.3.12　氧化诱生层错，氧化誘生層錯，Oxygen-Induced Stacking Faults

当硅片经过不低于 900℃ 的热氧化后，在其表面有可能出现层错。由于这种层错是由热氧化引起的，因而称之为氧化诱生层错（Oxygen-induced Stacking Faults，OSF）。OSF 形成的机理是，硅片表面氧化形成二氧化硅层，由于体积膨胀而向体内发射出大量自间隙硅原子，它们聚集形成层错。OSF 位于 {111} 晶面上，由伯格斯矢量为 $\frac{a}{3}<111>$ 的弗兰克不全位错（Partial Dislocation）所包围[1]，其本质是插入（Extrinsic）型的。OSF 的危害主要表现为破坏 pn 结的反向特性，以及劣化 MOS 晶体管的栅极氧化物完整性。

根据成核中心所处位置的不同，OSF 分为表面型和体内型两种[1,2]。表面型 OSF 是由硅片表面的机械或化学损伤、硅片表面的重金属（如 Fe、Ni、Cu 等）沾污等因素造成的。表面型 OSF 由择优腐蚀显示时呈杆状，长短均匀，其长度方向为 <110>；在 (111) 面上互成 60°角，在 (100) 面上互相垂直；延长腐蚀时间，(111) 面上的层错呈梯形，(100) 面上的层错呈月牙形。经过多年的发展，硅片加工和清洗工艺已经高度完善，表面型 OSF 几乎不会产生。

体内型 OSF 是由硅片体内的氧沉积作为成核中心而形成的。板状（Plate-like）氧沉积具有较大的应变场，更易吸收硅片氧化产生的自间隙硅原子，使它们聚集形成层错。因此，直拉单晶硅片的氧浓度需要控制在合理的范围内，以避免氧沉积作为 OSF 的形核中心。体内 OSF 由择优腐蚀显示时呈杆状，长短不均匀，长度方向为 <110>；延长腐蚀时间，(111) 面上的层错呈梯形，(100) 面上的层错呈椭圆形，且随腐蚀时间而变化，层错的尺寸及密度也发生变化。

OSF 的形成及长大与热氧化的温度、时间、气氛、硅片的晶向和杂质浓度有关[1,2]。OSF 的长度可以表示为

$$L = At^n \exp(-Q/kT)$$

式中，A 为常数；t 为氧化时间；n 的取值范围为 0.77～0.84；Q 为生长活化能（约为 2.3eV）；T 为氧化温度。(100) 硅片的 OSF 生长速度比 (111) 硅片的高，这与 (100) 硅片氧化时可以提供更多的自间隙硅原子有关。在 1150℃ 以上

的温度氧化时，OSF 的形成受到抑制，已有的 OSF 甚至会收缩。重掺 n 型硅片（掺杂浓度在 10^{18} cm^{-3} 及以上）一般难以形成 OSF，这是由于此类硅片具有较高浓度的空位，它们可以与氧化产生的自间隙硅原子复合。相反，重掺 p 型硅片（掺杂浓度在 10^{18} cm^{-3} 及以上）容易形成 OSF，这与此类硅片在高温下具有较高浓度的自间隙硅原子有关。

如果硅片在高温氧化前，先在氮气氛下进行高温热处理，可以使 OSF 显著减少。即使对于高温氧化形成的 OSF，也可以通过在氮气氛下高温热处理加以消除。此外，含氯的氧化气氛对减少 OSF 特别有利[1,3]。

OSF 是衡量硅片质量的重要指标，它在很大程度上反映了硅片的晶体质量、表面的完整性和洁净程度。集成电路用硅片的 OSF 一般不应超过 100 个/cm^2。

参考文献

[1] 阙端麟，陈修治. 硅材料科学与技术 [M]. 杭州：浙江大学出版社，2000.
[2] 林明献. 硅晶圆半导体材料技术 [M]. 台北：全华科技图书股份有限公司，2004.
[3] 黄昆，韩汝琦. 半导体物理基础 [M]. 北京：科学出版社，2010.

撰稿人：浙江大学　马向阳
审稿人：浙江大学　杨德仁

▷▷▷ 9.3.13　外延缺陷，磊晶缺陷，Epitaxial Defects

外延生长技术在制造外延硅片和双极性集成电路中广泛使用。在硅外延层中产生的缺陷主要有位错滑移线、层错、凸起物、雾状物等。这些缺陷对器件的性能会产生不利的影响，主要表现为增大器件的泄漏电流。

产生位错滑移线的主要原因是衬底受热不均，引起径向温度梯度，从而产生热应力；当热应力超过硅的屈服强度时，将产生位错滑移线。由于衬底边缘处的热应力最大，位错一般在边缘处首先发生，然后向衬底中心滑移。除了温度梯度这一主要因素，衬底的掺杂种类及其浓度、氧含量和圆边程度（Edge Rounding）都会对位错滑移线的形成产生影响。例如，使用重掺锑硅片作为衬底生长高阻外延层时，容易产生位错。

产生层错的主要原因有：衬底表面本身存在层错，在外延过程中延伸至外延层；衬底表面存在颗粒物，这些颗粒物可能是硅片清洗不当遗留的表面沾污，或者来自衬底基座或外延炉壁；衬底表面的自然氧化物未被完全去除。在衬底表面开始形成的层错会在外延层的 {111} 面延伸生长，直至与外延层的表面相交。对于（100）外延硅片而言，外延层内有 4 个 {111} 面可以形成层错，经过择优腐蚀显示后，可在显微镜下观察到呈完全或不完全正方形的层错。对于

(111) 外延硅片而言，其他 3 个产生层错的（111）面与表面以 70.54° 角相交，经过择优腐蚀显示后，可在显微镜下观察到呈完全或不完全正三角形的层错。利用上述几何上的特点，可以通过测量层错的长度来获得外延层的厚度[1]。

外延层上的凸起物分为两种[2]，即较小的金字塔状凸起物（Hillock）和较大的不规则形状凸起物（Spike）。Hillock 的密度主要受到生长参数的影响，如硅源气体（如 $SiHCl_3$）的浓度和沉积温度等。一般而言，较高的沉积温度有利于消除 Hillocks。Spikes 一般源于衬底表面的残留硅颗粒，当硅源气体在这些硅颗粒上分解时，也可以沉积硅层，只不过可以同时在多个晶向上沉积而导致多晶。沉积在硅颗粒上的速率可能比沉积在衬底表面的高数倍，因而 Spikes 可以在衬底表面上显著凸出（甚至可以达到 100μm 数量级）。

雾状物（Haze）是指外延硅片表面在强光照射下所显现的呈雾状分布的缺陷[3]。在显微镜下观察雾状物时可看到微小的坑（Pit）。雾状物可能由氧化剂（如空气和水汽）与外延层表面反应或重金属沾污引起，也可能由衬底表面残留的有机物引起。当出现严重的雾状物时，提示外延层有可能不是单晶层，而是多晶层。

参考文献

[1] 黄昆，韩汝琦. 半导体物理基础 [M]. 北京：科学出版社，2010.
[2] 林明献. 硅晶圆半导体材料技术 [M]. 台北：全华科技图书股份有限公司，2004.
[3] 阙端麟，陈修治. 硅材料科学与技术 [M]. 杭州：浙江大学出版社，2000.

撰稿人：浙江大学　马向阳
审稿人：浙江大学　杨德仁

▷▷▷ 9.3.14　诱生微缺陷，诱生微缺陷，Induced Microdefects

诱生微缺陷是硅片在集成电路工艺中引入的缺陷的总称，如由温度梯度导致的滑移位错，由掺杂原子与硅原子大小的差异所导致的失配位错，氧化诱生层错，离子注入引入的位错和层错，金属沉积导致的雾状物，间隙氧原子聚集形成的氧沉积等都是诱生微缺陷。这些诱生缺陷在器件有源区对集成电路的性能有致命的危害，需要严格控制。但是，如果在硅片体内对其加以利用和控制，其危害性几乎可以忽略，甚至可以做到兴利除弊。

用于制造集成电路的硅片是用直拉法生长的，即所谓的直拉硅片。由于使用石英坩埚生长单晶硅，直拉硅片中一般含有 $(0.5\sim2)\times10^{18} cm^{-3}$ 的间隙氧杂质原子。在集成电路的工艺温度下，直拉硅片中的氧杂质处于过饱和状态。因此，在集成电路制造过程中，一部分氧原子会聚集，与硅原子反应形成氧沉积，即氧化硅（SiO_x，$1<x\leqslant 2$）。氧沉积的形成包括形核和长大两个阶段[1]。一般而言，形核在较低温度（不高于800℃）下发生，而长大则在1000℃及以上的温度条件下进行。氧沉积长大时，会发射自间隙硅原子，它们还会聚集，形成位错或层错等缺陷。通常，将处在硅片体内的氧沉积及其诱生缺陷（位错和层错等）统称为体微缺陷（Bulk Microdefects，BMDs）。在集成电路制造过程中，BMDs可以发挥内吸杂作用，即吸除有害金属Fe、Ni和Cu等沾污的作用，从而提高集成电路的成品率。但是，过多的BMDs反而会导致硅片的翘曲，不利于集成电路制造中的光刻套准；若氧沉积及其诱生缺陷出现在晶体管的工作区域，则会增加泄漏电流。因此，为了提高集成电路制造的成品率，要确保硅片在集成电路制造中仅在体内产生合适数量的氧沉积及其诱生缺陷，这就要求硅片具有合适的初始氧浓度及热历史（与硅单晶生长工艺及冷却过程有关），甚至需要掺入特殊的杂质，以促进氧沉积。

随着集成电路特征线宽的减小，为了降低制造成本，所使用的硅片直径随之增大。进入21世纪后，主流硅片的直径达到300mm，并有可能增大至450mm。这些大直径硅片的单晶硅都是在磁场下直拉生长的。由于磁场对硅熔体对流的抑制作用，硅单晶中的初始氧浓度有所降低，这对氧沉积相关的BMDs的形成是不利的，进而使得硅片的内吸杂性能降低。为了改变这种状况，可以在单晶硅中掺入合适浓度的氮杂质。研究表明，氮杂质可以在各种条件下显著地增强硅片中的氧沉积，从而改善硅片的内吸杂性能。进一步的研究还指出，掺氮具有增强硅片的机械强度，使硅片中的空洞型缺陷变小而易于消除等优点。由于具备上述优点，掺氮直拉硅片已广泛用于制造先进集成电路。此外，美国原MEMC公司还发明了基于快速热处理的内吸杂工艺，简称MDZ®工艺[2]，即将硅片首先进行氩气氛下的高温（约1250℃）快速热处理，在硅片中形成浓度从表面到体内逐渐升高的空位分布，这样的空位分布可以很好地使硅片在后续的低温—高温热处理中形成高密度的BMDs，并形成良好的近表面无缺陷区，这样就使得硅片能满足制造先进集成电路的要求。

参考文献

[1] 阙端麟, 陈修治. 硅材料科学与技术 [M]. 杭州：浙江大学出版社，2000.

[2] http://www.sunedisonsemi.com/index.php? view=Gettering&l1=27&l2=55&l3=56.

撰稿人：浙江大学　马向阳
审稿人：浙江大学　杨德仁

9.4 化合物半导体

9.4.1 化合物半导体材料，化合物半導體材料，Compound Semiconductor Materials

化合物半导体材料种类较多，元素组成极其丰富，能带结构也相应具有多样性，可以是直接带隙半导体，也可以是间接带隙半导体，还可实现宽禁带、高电子迁移率等电子器件所希望的材料特性。与元素半导体硅、锗等相比，化合物半导体的数量众多，且具有各种各样的物理特性，可满足信息化社会对半导体材料性质的新需求。根据材料禁带宽度和发展历程，化合物半导体又可大致分为第二代和第三代半导体材料。

第二代半导体材料以砷化镓（GaAs）、磷化铟（InP）等为代表，相对于第一代元素半导体 Si 和 Ge 而言，具有更高的载流子迁移率，并且大多具有直接带隙，发光效率高，可以用于制作应用于通信、雷达、电子对抗等领域的高速、高频电子器件，以及应用于发光领域的红色、绿色、红外 LED 和激光二极管等光电子器件。

第三代半导体材料以碳化硅（SiC）、氮化镓（GaN）等为代表，有着更大的禁带宽度、更高的热导率、更高的临界击穿场强、更高的化学稳定性和抗辐射能力，因此可以用于制备在高温、高压和强辐射等极端条件下工作的功率电子器件，弥补了硅基电子器件的不足。而氮化镓基材料又因为其载流子局域化导致的高电光转化效率等性质，非常适合制作蓝光和紫光等短波长的 LED 和半导体激光器。

此外，随着材料生长技术（如 MOCVD、MBE）的不断进步，化合物半导体除了普通的薄膜材料，在低维的量子阱、量子点和新型二维结构等方面也展现出优异的材料特性，在新型探测器、太阳电池、激光器等领域有着广阔的应用前景。

撰稿人：北京大学　王茂俊
审稿人：南京大学　陆海

9.4.2 集成电路对化合物半导体材料的要求，積體電路對化合物半導體材料的要求，Requirement of IC for Compound Semiconductor Materials

集成电路对半导体材料的需求可以追溯到半导体器件出现之初。锗单晶首先被用于制备半导体器件，之后发现硅基材料和器件具有更好的热稳定性，性能更为优越，因此单晶硅得到了广泛应用，并且在集成电路产业中逐渐占据了主导地位。化合物半导体材料在禁带宽度、载流子迁移率、发光效率等方面比第一代半导体硅和锗具有明显的优势，可具有传统硅基材料所不具备的高工作温度和高工作频率特性，适合制备微波器件、超高速电子器件、高效 LED 及半导体激光器。

从材料角度看，除了上述基本材料特点，化合物半导体与元素半导体相比的另一大优势是可以通过固溶体或混晶的形式形成多元化合物，可以根据元素组分大幅度调控能带结构和禁带宽度。在此基础上，可以构成异质结和量子阱结构，通过能带工程方法来调控载流子的输运及复合过程，大大拓展了化合物半导体器件的性能。

随着化合物半导体材料质量和集成电路制造工艺能力的不断提升，化合物半导体器件的应用领域也不断扩展。除了军事电子设备的苛刻应用需求，近年来不断发展的手机和移动通信设备也对化合物半导体材料有着极大的应用需求，特别是移动通信技术的快速发展，要求移动终端具有多频段、多模式、多功能及高性能[1]。一般而言，仅利用硅器件技术无法使集成电路达到最优的性能，因此需要在同一系统及封装中实现硅、锗硅、砷化镓、氮化镓等不同材料和器件的集成。另外，随着消费类电子的快速发展，不仅 WiFi 市场越来越大，家用电子产品的无线控制和数据连接比例也越来越高，电子设备的无线化等都将带来化合物半导体集成电路技术的发展与应用。与此同时，防撞雷达、自动驾驶等汽车电子产品逐渐普及，在微波射频等领域有着出色性能的磷化铟、砷化镓和锗硅等化合物半导体材料将会发挥不可替代的作用。新一代光纤通信技术的大量使用和光通信设备的成熟与应用，也会进一步推动化合物半导体集成电路的发展。

从应用角度看，集成电路对化合物半导体材料主要有以下 3 个方面的需求：提升化合物半导体材料的晶体质量，充分发挥其本身的优越材料特性；开展异质集成衬底材料研究，特别是与传统硅基电路的集成，实现高集成度、小型化和多功能化；开展大尺寸衬底和外延材料的研究，以降低材料和器件的制备成本。

参考文献

[1] 邵凯. III-V 族化合物半导体集成电路产业发展及其应用 [J]. 中国集成电路, 2003 (44): 38-41.

撰稿人：北京大学　王茂俊
审稿人：南京大学　陆海

▷▷▷ 9.4.3 砷化镓单晶的制备，砷化鎵單晶的製備，Fabrication of Monocrystalline GaAs

砷化镓单晶生长的主要方法有水平布里奇曼（Horizontal Bridgeman，HB）法、水平梯度凝固（Horizontal Gradient Freeze，HGF）法、液封直拉（Liquid Encapsulant CZ，LEC）法、蒸气控制直拉（Vapor CZ，VCZ）法、垂直布里奇曼（Vertical Bridgeman，VB）法及垂直梯度凝固（Vertical Gradient Freeze，VGF）法。

图 9-14 所示为 HB 法生长单晶的示意图。整个炉管左侧是高温区，右侧是低温区。石英管位于炉内，石英管左侧的石英舟内装有籽晶和多晶砷化镓，高温下多晶砷化镓呈液态，部分籽晶浸没其中。当石英腔室从左向右移动时，温度降低，石英管内的熔融砷化镓逐渐结晶，形成砷化镓单晶。石英管右侧的腔室中装有固态砷，位于低温区，目的是维持砷蒸气压与砷化镓解离压的平衡。

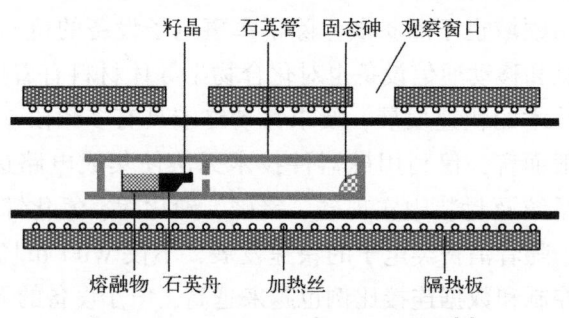

图 9-14　HB 法生长单晶的示意图[1]

HGF 法与 HB 法基本类似，不同的是，在采用 HGF 法生长砷化镓的过程中石英管不需要移动，在高、中温度区使用多段加热装置，通过控制炉管温度的变化实现单晶的生长。HB 法与 HGF 法制备的砷化镓单晶位错密度很低，均匀性好，是大规模生产砷化镓单晶的主要方法。

1962 年，E. P. A. Metz 提出了液封直拉（LEC）法；1965 年，J. B. Mullin 等人第一次将其应用于 GaAs 单晶的生长。LEC 法装置示意图如图 9-15 所示。坩埚一般为氮化硼材质，采用高纯度氧化硼作为液封剂，坩埚和籽晶都连接旋转杆。GaAs 单晶生长时，首先调节温度使 Ga 和 As 在高压下发生反应，生成多晶，升高温度使其变为熔融态；然后反向旋转籽晶和坩埚，使籽晶与熔融的砷化镓接触，在合适的温度下 GaAs 开始在籽晶处结晶生长；最后，以一定的速度慢慢抬升籽晶，并不断降低温度，即可生长出砷化镓单晶。LEC 法是制备非掺杂半绝缘 GaAs 单晶的主要方法，其制得的单晶尺寸大，碳含量可控；但由于生长时温度梯度较大，晶体中的位错密度相对较高。

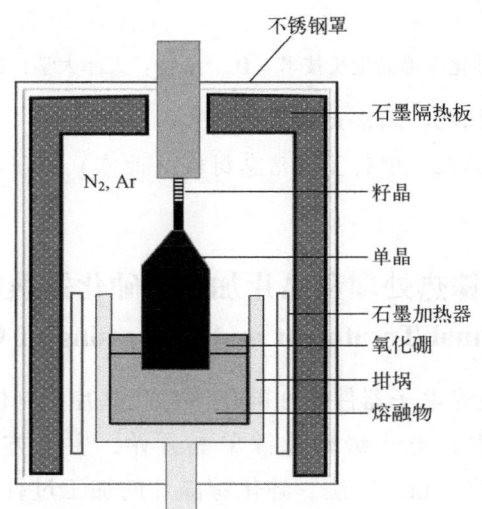

图 9-15　LEC 法装置示意图[1]

VCZ 法是 LEC 方法的改进，二者最大的不同点在于通过蒸气压的调节，维持砷蒸气压与砷化镓解离压的平衡，单晶的生长可以在更稳定的条件下实现，从而在保证单晶尺寸的情况下减小晶体中的缺陷密度。

图 9-16 给出了一种 VB 装置的示意图。VB 生长法具有设备简单、温度梯度小的特点，所生长的砷化镓单晶位错密度小，适用于大规模化生产。同样，VGF 生长过程中不需要反应容器与加热器的相对移动，直接通过程序控制温度梯度实现固液界面的移动，实现单晶的生长。VGF 适用于制备大直径、低位错、高质量的单晶，但不足之处是无法实现对晶体生长情况的实时监控。

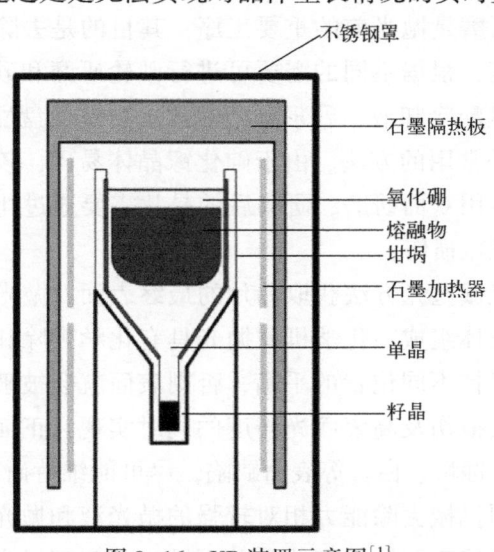

图 9-16　VB 装置示意图[1]

参考文献

[1] 周春锋. LEC 砷化镓单晶生长技术 [D]. 天津：天津大学，2009.

撰稿人：北京大学　　　　　　　　　　　　　　　王茂俊

审稿人：中科晶电信息材料（北京）有限公司　　　卜俊鹏

▷▷▷ 9.4.4　砷化镓热处理和晶片加工，砷化鎵熱處理和晶圓加工，Thermal Treatment and Processing of GaAs Wafers

砷化镓微电子及光电子器件是在砷化镓衬底晶片上制作完成的。衬底晶片的生产过程从人工生长电子级砷化镓单晶开始，主流方法有垂直梯度凝固（VGF）法和液封直拉（LEC）法。砷化镓晶片的加工过程主要包括晶片切割、退火、研磨、抛光、清洗等。

将晶棒切割成薄片是加工的第一步，晶向准确、面形合理、切缝损失小是重点关注的问题。早期使用内圆锯片进行单片切割，切割效率较低，而且材料损耗大，缝损高达 400μm。后来发展起来的多线切割可同时进行数百片切割，效率更高。切割线多采用包铜钢线，配合使用油性砂浆后，缝损可降至 100μm 以下。

衬底是高阻材料，都要求退火。非掺杂晶体的半绝缘特性是晶体中的深能级陷阱和浅受主杂质的补偿平衡造成的[1]。采用砷气氛下 1050℃ 高温多片热处理可以有效降低缺陷密度，明显减少材料缺陷和提高电学性能。

砷化镓晶片的研磨是抛光前的重要工序，其目的是去除机械损伤，并获取较好的晶片几何精度，根据不同的需要可进行砂轮研磨和砂浆研磨。砂轮研磨一般采用钻石砂轮盘配冷却液，砂浆研磨通常采用玻璃盘配氧化铝砂浆。单面研磨和双面研磨都是常用的方法。由于砷化镓晶体易碎，较薄的晶片多采用单面研磨，其他则多采用双面研磨。研磨后的晶片需要通过化学腐蚀和清洗进一步去除研磨本身的机械损伤。

一般采用化学机械抛光方法获取晶片的最终表面，抛光液多由含氯的碱性氧化剂混合氧化硅胶体组成。化学机械抛光具有化学去除和机械去除的综合作用，不同阶段都要保持不同位置的平衡，否则表面就会被破坏；其技术的关键是高几何精度、超低损伤及高表面光洁度的同时实现，正面粗糙度要达到 1nm 以下，不能有划伤、蚀坑、白雾等表面缺陷，尽可能维持研磨获得的几何精度。通常，粗抛光多选用机械去除能力相对较强的抛光液和抛光布，可以保证晶片良好的几何精度。虽然双面抛光工艺和单面抛光工艺都经常被使用，但砷化镓材料比较容易氧化，采用单面抛光工艺更容易使晶片尽快脱离药液，防止氧化。精抛光一般会采用化学去除能力较强单面抛工艺，表面机械损伤较小，粗糙度更低。

清洗是指对抛光后的晶片进行电子级超洁净清洗的过程，目前主要采用化学湿法清洗工艺获得超低表面颗粒度、杂质浓度的清洁表面。晶片可以达到开盒即用，不经处理即可进行离子注入或外延生长。实现开盒即用的技术关键是高几何精度、超低损伤、超低表面颗粒度、高的表面纯度及稳定表面钝化层的同时实现，并能够长期保持其特征。

由于砷化镓器件和电路的迅速发展，晶片尺寸越来越大，对晶片平整度、表面洁净度和缺陷密度的要求也会不断提高，同时加工成本还需要进一步降低。

参考文献

[1] Asom M T, Parsey J M, Kimerling L C, et al. Changes in the electronic properties of bulk GaAs by thermal annealing [J]. Applied Physics Letters, 1988, 52 (18): 1472-1474.

撰稿人：中科晶电信息材料（北京）有限公司　　卜俊鹏
审稿人：北京大学　　　　　　　　　　　　　　　王茂俊

▷▷▷ 9.4.5　砷化镓外延，砷化镓磊晶，GaAs Epitaxy

砷化镓外延技术始于 20 世纪 60 年代。外延生长的砷化镓材料缺陷密度小、纯度高、一致性好，并且能够用于制备多层同质或异质材料，满足了光电子、微电子等领域器件制备的要求。结合砷化镓单晶制备工艺，砷化镓外延已经成为许多器件制造的核心工艺技术。气相外延（VPE）法和液相外延（LPE）法均可用于生长砷化镓。其中，气相外延生长发展较早，包括卤化物气相外延、氢化物气相外延及金属有机气相沉积（MOCVD）。分子束外延（MBE）作为重要的化合物半导体外延生长技术，已经广泛用于包括砷化镓在内的各种化合物单晶薄膜的生长。

液相外延法是指利用饱和溶液，在单晶衬底上生长外延层的方法，1963 年由 H. Nelson 提出，是最早实现的砷化镓外延技术[1]。反应是在石英管内进行的，Ga 源和 As 源位于石墨舟的上层，下层为 GaAs 衬底。反应开始时，石英管内先通入 H_2，以排除内部的空气；然后加热石英管，使得 Ga 和 As 的反应源熔融，高温保持 18~26h 以达到去除杂质的目的；最后进行降温，同时将衬底装入石墨舟使得衬底与溶液相接触，开始进行外延生长。LPE法的优点是生长速度快，外延层的质量高，纯度也很高；缺点是难以控制外延层的掺杂，以及多元化合物组分的均匀性，另外它也不适用于生长超薄层复杂结构（如量子阱和超晶格）。

金属有机气相沉积是一种利用金属有机化合物进行外延层生长的气相外延生长技术，主要用于生长化合物半导体外延层[2]。最初利用三甲基镓（TMGa）和砷烷（AsH₃）为Ga源和As源，以氢气为载气，在蓝宝石衬底上生长出GaAs外延层。随着MOCVD技术的发展和原材料纯度的提高，MOCVD在砷化镓等化合物半导体外延方面成为主流方法。

在GaAs生长过程中，通过调整气体流量和温度，使得反应气体在衬底表面发生化学反应，生成GaAs外延薄膜。MOCVD的特点包括：可以精确地控制外延材料的厚度、组分和掺杂浓度等参数，实现原子层级别的外延和生长极薄的外延层；可生长多种化合物，非常适合批量生产；适合生长层厚、组分和掺杂复杂多变的异质结构，如多结太阳电池等；低压MOCVD可实现更快速的气体切换，降低了生长过程中的存储效应，能够获得陡峭的外延层异质和掺杂界面。

分子束外延（MBE）是20世纪60年代由贝尔实验室开发的一种被广泛使用的半导体制造技术。MBE利用超高真空（$10^{-8} \sim 10^{-12}$ Torr，1Torr = 133.3224Pa）的条件，将组成外延材料单晶的各元素单质或合金加热到一定温度，然后以分子束的形式喷射到加热的外延衬底上，通过原子在衬底表面的迁移和并入晶格，逐层规则排列，形成单晶薄膜，实现外延生长。MBE的特点包括：可以极低的速率生长材料，易于制备厚度精确控制的超薄外延薄膜；由于采用高真空生长环境，制备的材料纯度高，同时可获得极陡峭和平整的异质界面，因而可制备电子迁移率极高的二维电子气（2DEG）结构；可制备陡峭的异质界面，适合生长高质量多量子阱和超晶格结构；可以利用反射高能电子衍射（RHEED）进行原位观察分析，适用于生长机理和表面动力学研究。MBE可用于生长纯度很高、缺陷密度低的GaAs，获得很高的电子迁移率，广泛应用在高电子迁移率场效应晶体管（HEMT）及电路、量子阱激光器、级联激光器、红外探测器等光电器件上。另外，MBE低温生长的GaAs具有很高的电阻率，退火后，晶格失配大量减少，单晶的质量得到很大提高。

参考文献

[1] H. Nelson. Epitaxial growth from the liquid state and its application to the fabrication of

tunnel and laser diodes [J]. RCA. Review 1963, 24: 603-615.

[2] Manasevit H M. Single-crystal gallium arsenide on insulating substrates [J]. Applied Physics Letters, 1968, 12 (4): 156-159.

撰稿人：北京大学　　　　　　　　　　　　　　　　　　　　王茂俊
审稿人：中国科学院苏州纳米技术与纳米仿生研究所　董建荣

▷▷▷ 9.4.6　磷化铟的性质，磷化铟的性質，Properties of InP

磷化铟（InP）是 1910 年由蒂尔合成制备出来的，其分子量为 145.795，密度为 4.787g/cm^3，显微硬度为（435±20）mm^{-1}，单晶质地脆软，呈暗灰色，有金属光泽；常温下于空气中稳定，表面氧化速度很慢，360℃下开始分解。

常压下的 InP 具有闪锌矿（Zinc Blend）结构，其晶格结构及晶向示意图如图 9-17 所示，晶格常数为 5.8687Å。当压力增加时，其结构可以转变为 NaCl 型面心立方结构。室温下，其禁带宽度为 1.35eV，熔点温度为 1335K，属于直接带隙半导体，发光波长为 0.92μm。InP 的电子迁移率可以高达 4600cm^2/(V·s)，空穴迁移率达 150cm^2/(V·s)。InP 的热导率为 0.7W/(cm·K)，优于 GaAs 材料。InP 在光电子与电子器件领域具有重要用途。与 InP 晶格匹配的 InGaAsP、InGaAs 的带隙对应于 0.92~1.6μm，在 InP 衬底上生长的 GaInAsP/InP 双异质结可用于制备长波长光纤通信所需的光源和探测器，其传输损耗很低。20 世纪 70 年代，InP 基长波长激光器研制成功；80 年代，InP 激光器已经实际应用于光纤通信工程中。InP 是目前长距离光纤通信中所用激光器和光探测器唯一实用的材料，它已经在日益发展的光纤通信系统中发挥着重要的作用。InP 材料具有电子漂移速度快，与 InGaAs 晶格匹配的特点，是制作微波器件和高速/高频器件（如 HEMT 和 HBT）的理想衬底材料。InP 还具有谷间电子转移效应大的特点，作为转移电子效应器件材料，InP 比 GaAs 更为理想。采用半绝缘 InP 衬底的 MISFET 及光电集成电路已经得到广泛应用。可以说，InP 已经成为重要的光电子器件材料之一，在固态发光、微波/光纤通信、制导/导航、卫星等民用和军事领域发挥着重要的作用。

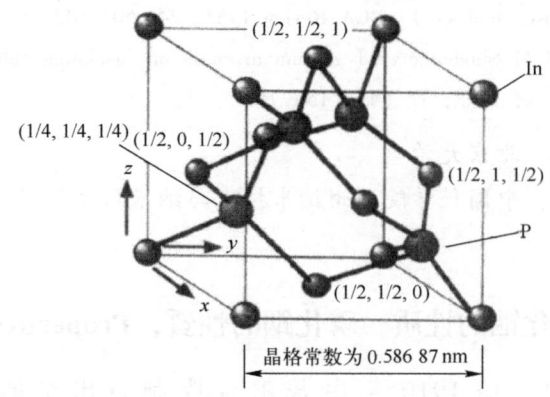

图 9-17 磷化铟晶格结构及晶向示意图

撰稿人：南方科技大学　　　　　　　　　　　　　　　　　　瞿学选
审稿人：中国科学院苏州纳米技术与纳米仿生研究所　董建荣

▷▷▷ 9.4.7　磷化铟单晶制备，磷化銦單晶製備，Fabrication of Monocrystalline InP

InP 单晶晶体的合成是熔体（液相）转变成固体（固相）的相变过程。尽管 InP 是最早制备出来的 Ⅲ-Ⅴ 族化合物半导体材料，但是因其实际生长过程中很容易产生孪晶，从而导致成晶率低，结晶质量差，很难生长出高质量、大尺寸的 InP 单晶。目前，商业化应用的 InP 单晶尺寸较小，且价格昂贵，这制约着 InP 单晶的应用前景。

对 InP 单晶的生长研究大多借鉴了 GaAs 的生长技术，在其基础之上针对 InP 单晶本身的生长特性进行改进。根据生长方向的不同，InP 单晶的生长主要可以分成水平生长和垂直生长两大类。目前比较常见的制备方法有液封直拉（LEC）法、蒸气控制直拉（VCZ）法、垂直梯度凝固（VGF）法和垂直布里奇曼（VB）法、水平梯度凝固（HGF）法和水平布里奇曼（HB）法、磷液封法等。

LEC 生长技术一直是制备 InP 单晶的主要方法，该方法也相对成熟，已经能够制备出较大尺寸的 InP 单晶。但由于其生长系统中温度梯度较大，因此制得的单晶中位错密度较高；如果减小温度梯度，又会引起晶体表面解离而导致难以结晶。为了生长出位错密度低、高质量的 InP 单晶，GaAs 生长中的蒸气控制直拉法被引入到 InP 单晶的制备中，该方法能很好地解决上述 LEC 法中的矛盾，但成本相对很高，生产效率也远不如 LEC 法。

在上述传统的直拉生长系统中，高轴向及径向温度梯度使 InP 单晶结晶时产生了较大的热应力，这就不可避免地引起 InP 单晶中位错密度的增加，很难制得高性能的 InP 单晶。为了解决这一问题，垂直梯度凝固技术和垂直布里奇曼技术被用于生长 InP 单晶。在此生长系统中，温度梯度小，InP 单晶的生长速度较慢，从而晶体承受的热应力变小。除此之外，还能在生长过程中准确地控制 InP 单晶的化学配比，因此可以制得极低位错密度的高质量 InP 单晶，但也对应着极低的生产效率及高成本问题。

对比各种改进的 InP 单晶生长方法，液封直拉技术仍是工业生产各种类型 InP 单晶的主要制备方法，而蒸气控制直拉技术和/或垂直梯度凝固/垂直布里奇曼技术仅应用于某些要求更小剩余应力和更低位错密度的特定器件中。对于 InP 单晶，最重要的是提高切片量，增大单晶直径，提高单晶质量，降低生产成本。

撰稿人：北京大学　　　　　　　　　　　　　　　　　王茂俊
审稿人：中国科学院苏州纳米技术与纳米仿生研究所　董建荣

▷▷▷ 9.4.8　铟镓砷，銦鎵砷，InGaAs

铟镓砷（InGaAs）是由 In、Ga 和 As 三种元素组成的三元化合物，是直接带隙、Ⅲ-Ⅴ族半导体材料，它是由占比 x 的 GaAs 和占比 $(1-x)$ 的 InAs 混合形成的 $In_{1-x}Ga_xAs$ 合金化合物。由于这两种材料可以按任意配比混合，因此 $In_{1-x}Ga_xAs$ 薄膜的禁带宽度可以从 1.424eV（300K 时 GaAs 的禁带宽度）变化到 0.354eV 窄禁带（300K 时 InAs 的禁带宽度），晶格常数可从 0.565 34nm（GaAs）变化到 0.605 85nm（InAs），其截止波长可以从 0.87μm（GaAs）变化到 3.5μm（InAs）[1]。表 9-10 中给出了几种常见的Ⅲ-Ⅴ族半导体材料的禁带宽度、晶格常数与截止波长。

表 9-10　几种常见的Ⅲ-Ⅴ族半导体材料的禁带宽度、晶格常数与截止波长

材料名称	禁带宽度/eV	晶格常数/nm	截止波长/μm
GaAs	1.428	0.565 33	0.87
InAs	0.354	0.605 83	3.5
GaP	2.25	0.545 05	0.55
InP	1.35	0.586 8	0.92
$In_{0.53}Ga_{0.47}As$	0.74	0.586 9	1.68

铟镓砷单晶薄膜可以借助金属有机气相沉积、分子束外延、气相外延和液相外延等技术，在 GaAs、InAs 和 InP 单晶衬底上外延生长而成。一般生长在 GaAs 和 InAs 单晶衬底上的 $In_{1-x}Ga_xAs$ 薄膜，由于外延薄膜与衬底的晶格失配较小，因此它们的性质也分别与单晶 GaAs 和 InAs 衬底的性质相似。而与 InP 衬底晶格相匹配的 $In_{0.53}Ga_{0.47}As$ 薄膜，却是一种与 GaAs、InAs 和 InP 单晶性质都不相同的半导体材料。室温下，$In_{0.53}Ga_{0.47}As$ 薄膜的禁带宽度为 0.74eV，电子迁移率为 $8450cm^2/(V \cdot s)$[2]，电子和空穴的有效质量分别为 $0.041m_0$[3] 和 $0.051m_0$[4]（$m_0 = 9.11 \times 10^{-31} kg$），可用于制备太阳电池、超晶格结构红外探测器和量子阱激光器等光电器件。

参考文献

[1] E. Herbert Li. Material parameters of InGaAsP and InAlGaAs systems for use in quantum well structures at low and room temperatures [J]. Physica E, 2000, 5: 215-273.

[2] Takeda Y, Sasaki A, Imamura Y, et al. Electron mobility and energy gap of $In_{0.53}Ga_{0.47}As$ on InP substrate [J]. Journal of Applied Physics, 1976, 47 (12): 5405-5408.

[3] NicholasR J, Portal J C, HoulbertC, et al. An experimental determination of the effective masses for $Ga_xIn_{1-x}As_yP_{1-y}$ alloys grown on InP [J]. Applied Physics Letters, 1979, 34 (8): 492-494.

[4] HermannC and Pearsall T P. Optical pumping and the valence-band light-hole effective mass in $Ga_xIn_{1-x}As_yP_{1-y}$ ($y \simeq 2.2x$) [J]. Applied Physics Letters, 1981, 38 (6): 450-452.

撰稿人：南方科技大学　　　　　　　　　　　　　　　　　仇明侠
审稿人：中国科学院苏州纳米技术与纳米仿生研究所　董建荣

▷▷▷ 9.4.9　氮化镓单晶，氮化鎵單晶，Monocrystalline GaN

氮化镓（GaN）是继硅、锗和砷化镓等材料之后的第三代半导体材料之一，具有宽的直接带隙（3.49eV）、优异的化学和物理特性（包括耐高温、强击穿电场和高电子饱和漂移速度），因此在半导体照明、高温/高频电子和功率电子器件领域具有广泛的应用前景和研究价值。

GaN 晶体一般为纤锌矿（Wurtzite）型结构，同时也存在亚稳态立方闪锌矿型结构。闪锌矿型结构又称立方硫化锌型结构，属立方晶系，为面心立方点阵，其结构示意图如图 9-18 所示。纤锌矿型结构又称六方硫化锌型结构，属六方晶系，如图 9-19 所示。

目前，GaN 单晶的生长方法主要有超高氮气压力法、助熔剂法、氨热法、

HVPE 法等。HVPE 是最早使用的制备 GaN 单晶的技术,其生长系统如图 9-20 所示。它主要利用 HCl 气体与高温金属镓反应生成的 $GaCl_3$ 在衬底上与 NH_3 反应制得 GaN,制作完成后,利用激光剥离等方式将其从衬底上剥离下来。此种方法的优点是生长速度快,并且所得 GaN 单晶质量较高,但存在高温反应和腐蚀性强的固有缺陷。

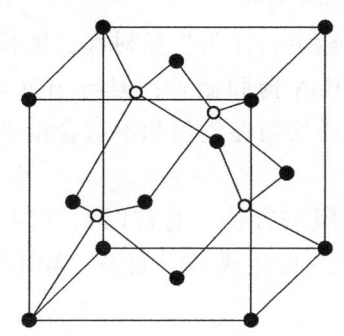

图 9-18 GaN 闪锌矿晶体结构示意图

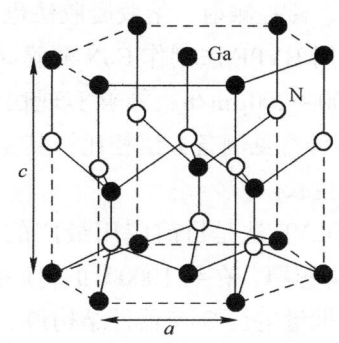

图 9-19 GaN 纤锌矿晶体结构示意图

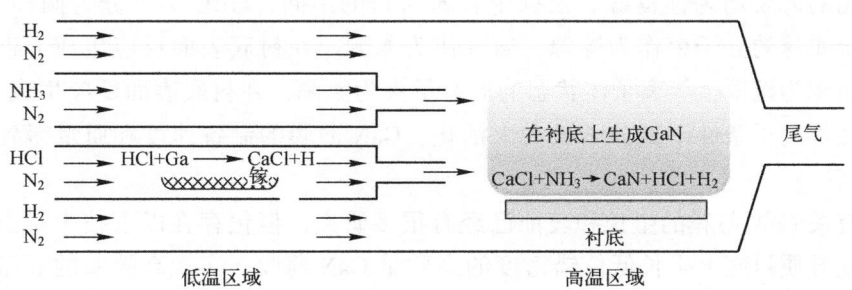

图 9-20 HVPE 外延生长系统示意图

氨热法是通过将籽晶、多晶培养料和矿化剂等材料装入高压釜,在加热条件下生长氮化镓单晶。氨热法虽然生长温度较低,但速度较慢,且较难得到高纯材料,容易出现金属杂质。

高压氮气溶液法(High Pressure Nitrogen Solution,HPNS)利用氮原子在高温高压的条件下融入 Ga,在降温条件下产生过饱和的原理制备 GaN 单晶。利用 HPNS 制备得到的 GaN 晶体质量较高,但生长中需要高温和高压条件,对设备要求可控,反应条件控制复杂。

撰稿人:北京大学 王茂俊
审稿人:南京大学 陆海

▷▷▷ 9.4.10 氮化镓薄膜，氮化鎵薄膜，GaN Thin Film

氮化镓基电子器件及光电子器件一般在外延生长的薄膜上加工形成，因此 GaN 薄膜的生长在Ⅲ族氮化物材料及器件的研究过程中具有极其重要的地位。目前，生长 GaN 薄膜的技术主要有 HVPE、MOCVD 及 MBE；此外，脉冲激光沉积技术、磁控溅射、溶胶凝胶法也可用于生长 GaN 薄膜。

利用 HVPE 法制作 GaN 薄膜时，通常采用蓝宝石作为生长衬底，生长速度可达 $100\sim200\mu m/h$，能够实现快速低成本的 GaN 薄膜制备；但与 MOCVD 和 MBE 两种常见制备方法相比，其主要缺点是薄膜均匀性较差和不适合精细外延结构的生长。

MOCVD 法是目前应用最广的生长 GaN 薄膜的方法。通常以氨气为氮源，TMGa 为镓源，在约 1000℃ 的衬底温度下热分解反应生成 GaN 材料。MOCVD 法是目前批量生长 GaN 器件结构最成功的技术。

MBE 外延生长技术允许对生长情况进行实时监测，且不需要高温生长条件，生长出的薄膜均匀性良好。根据生长原材料的不同，MBE 又可分为两种方式：①以金属镓的分子束作为镓源，氨气作为氮源，在衬底表面反应生成 GaN；②以金属镓为镓源，等离子体状态的氮原子束为氮源，在衬底表面反应生成 GaN。后者在等离子条件下氮分子被大大活化，GaN 薄膜的制备速度和质量得到了很大提高。

有关 GaN 薄膜的生长和表征已经有很多研究，但仍存在以下技术难点：在大失配异质衬底上生长低位错密度的高质量 GaN 薄膜，实现高效率的 p 型 GaN 掺杂；在横向结构的 GaN 电子器件中，为了实现高阻缓冲层而引入的深能级受主杂质会加大器件在工作时的陷阱效应，带来器件可靠性问题等。

撰稿人：北京大学　王茂俊
审稿人：南京大学　陆海

▷▷▷ 9.4.11 蓝宝石晶体与衬底材料，藍寶石晶體與襯底材料，Crystalline Al_2O_3 and Substrate Materials

蓝宝石的主要成分为氧化铝（Al_2O_3），是由 O 原子和 Al 原子以共价键形式结合而成的，属六方晶系。单纯的氧化铝结晶是透明无色的。由于存在各种杂质离子，自然界中天然存在的蓝宝石晶体可以呈现不同的颜色。

蓝宝石具有非常良好的物理化学性质，耐高温，耐磨，抗酸碱腐蚀。蓝宝石晶体的硬度很高，其莫氏硬度仅次于金刚石。蓝宝石晶体的熔点为 2050℃，沸点为 3500℃，最高工作温度可达 1900℃。蓝宝石晶体是一种重要的工业材料，被广泛应用于国防、航空航天、激光技术及民用工业等领域。另外，蓝宝石也是一种理想的衬底材料，在半导体发光二极管（LED）、大规模集成电路的 SOI、蓝宝石上硅（SOS）工艺及纳米结构薄膜等技术领域发挥着重要的作用。

作为目前使用最为普遍的一种衬底材料，蓝宝石属于三方晶系，具有六方对称性，制备工艺相对成熟，价格较低，易于清洗和处理，而且高温稳定性好，适合大尺寸稳定生产。特别是在 GaN 基 LED 半导体照明领域，由于大尺寸的 GaN 单晶生长比较困难且成本偏高，异质衬底上外延 GaN 薄膜就成为主要的选择。目前，GaN 常用的衬底材料有蓝宝石、SiC、AlN、氧化物材料、Si 和 GaAs[1]，其中以蓝宝石为衬底的 GaN 异质外延在成本和匹配性上都有很好的表现。以蓝宝石为衬底的生产工艺成熟，稳定性好，机械强度高。而且，基于表面微加工实现的图形化蓝宝石衬底（Patterned Sapphire Substrate，PSS）技术可以降低 GaN 基 LED 外延层的位错密度，使其光效率达到 50% 以上。但蓝宝石衬底本身不导电，不利于形成垂直结构；热导率较小，基于蓝宝石衬底的器件散热性能比较差。

参考文献

[1] Liu L, Edgar J H. Substrates for gallium nitride epitaxy [J]. Materials Science & Engineering R-Reports, 2002, 37 (3): 61-128.

撰稿人：北京大学　王茂俊
审稿人：北京大学　杨学林

▷▷▷ 9.4.12 碳化硅单晶，碳化矽單晶，Monocrystalline Silicon Carbide

碳化硅（SiC）作为第三代半导体重要材料之一，是典型的宽禁带半导体。SiC 的禁带宽度为 2.3~3.3eV，属于间接带隙半导体。

SiC 存在 200 多种不同的晶型，即同质多型，在化学计量相同的情况下晶体结构也可以不一样。SiC 主要有 3 种晶胞结构，即立方晶胞（闪锌矿结构）、六方晶胞（纤锌矿结构）和菱形晶胞，分别用 C、H、R 表示。密堆积系统有 3 种位置，分别用 A、B、C 表示。如图 9-21 所示，若原子堆积顺序为 ABC′ABC⋯，则为闪锌矿结构，记为 3C-SiC 或 b-SiC；若原子堆积顺序为 AB′AB⋯、ABCB′ABCB⋯和 ABCACB′ABCACB⋯，则为纤锌矿结构，记为 2H-SiC、4H-SiC 和

6H-SiC。除 3C-SiC 外，其他结构统称为 α-SiC。3C-SiC、4H-SiC 和 6H-SiC 是制备器件最常用的 SiC 晶型。

常压下，SiC 在 2830℃时直接升华，而不会形成液态，如图 9-22 所示。1955 年，Lely 采用无籽晶升华法生长出 3C-SiC 孪晶[1]。Lely 法得到的晶体的质量很高，但不能生长特定晶型且生长效率低。目前，高质量、大尺寸 SiC 单晶的主流生长方法为基于物理气相输运技术的籽晶升华法（PVT 法），也称为改进 Lely 法。SiC 粉在反应室坩埚里加热到 2000℃以上后分解成含 Si 和 C 的气体分子，这些气体分子通过源和籽晶之间的温度梯度再凝聚到较冷的籽晶表面，从而生长出 SiC 单晶。

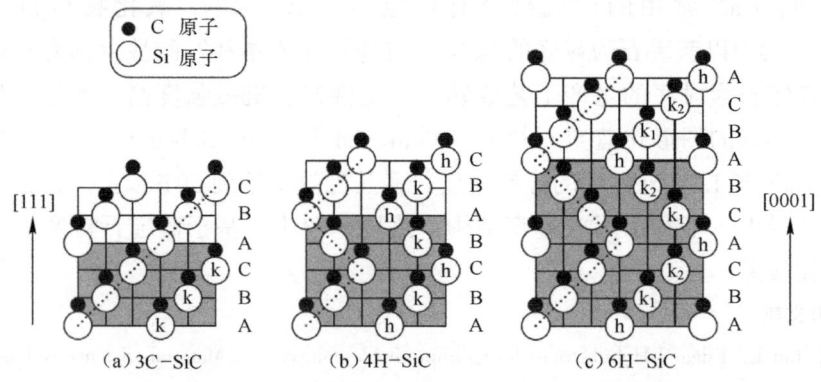

图 9-21　3C-SiC、4H-SiC、6H-SiC 结构示意图

SiC 作为一种重要的宽禁带半导体，拥有许多优点，被认为是 21 世纪的功率半导体材料，适用于制造高功率、高电压、高温度功率器件和高频光/电子器件。

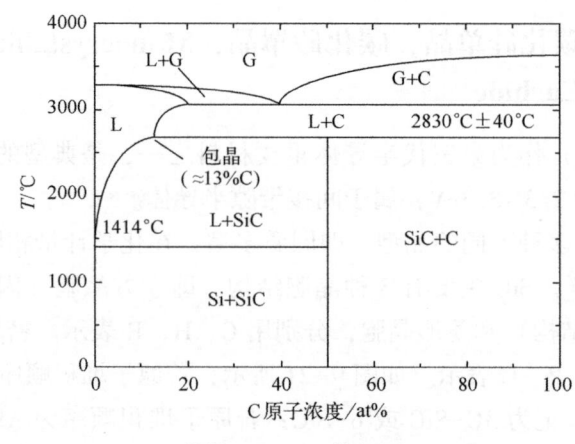

图 9-22　SiC 的相图

参考文献

[1] Lely, Jan Anthony. Darstellung von Einkristallen von Silicium Carbid und Beherrschung von Art und Menge der eingebauten Verunreinigungen. Berichte der Deutschen Keramischen Gesellschaft. 1955, 32: 229-236.

撰稿人：南方科技大学　王宁
审稿人：电子科技大学　邓小川

▷▷▷ 9.4.13　碳化硅薄膜，碳化矽薄膜，Silicon Carbide Film

SiC 作为制备电子器件的材料时，需要在特定的衬底上生长出具有不同掺杂浓度、不同掺杂类型的 SiC 薄膜。SiC 薄膜生长方法有化学气相沉积（CVD）法、分子束外延法、磁控溅射法等，其中最成熟的是基于 CVD 技术的外延生长方法。SiC 薄膜可通过在 SiC 衬底上同质外延或在其他衬底材料上异质外延获得。相较于 SiC 单晶的升华生长，SiC 薄膜的 CVD 法生长温度更低，晶体结构更完美，掺杂和生长速率更可控。

CVD 法生长 SiC 薄膜的反应管示意图如图 9-23 所示。反应管的材质是石英，用水作为冷却剂，因此又称冷壁 CVD。石墨基座构成了反应管的核心部分，其表面有特种材料作为涂敷，从而保证了加热时的热均匀性。为了获得精确的 C/Si 体积摩尔浓度（mol/L）比，将污染降至最低限度，选择合适的涂层材料就变得非常重要。硅烷和短链烃是最常用的反应气体。利用氢气作为载气，它们快速地通过衬底上方。反应开始时，先将短链烃通入反应管，然后加热衬底至

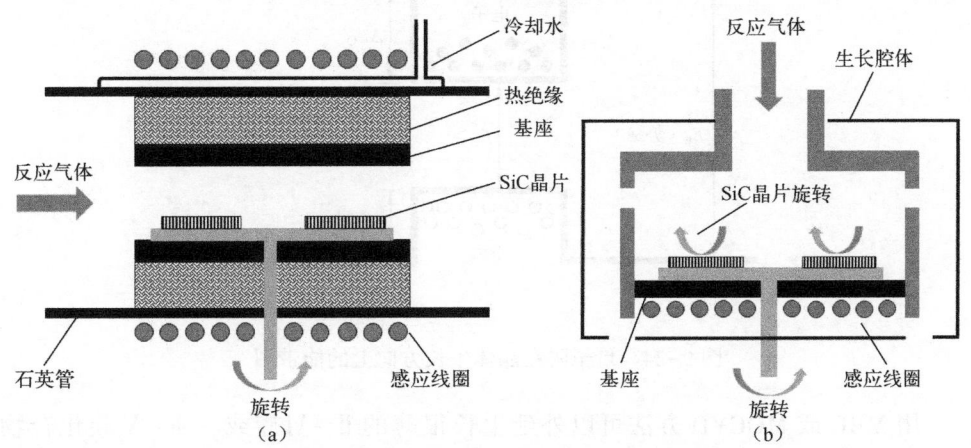

图 9-23　CVD 法生长 SiC 薄膜的反应管示意图[1]

略高于生长温度，维持一段时间，衬底上就会形成一层很薄的 SiC 缓冲层。再通入硅烷，控制反应管温度维持在约 1300℃，硅烷与短链烃发生高温热分解反应，生成的 Si、C 吸附在衬底材料上，最终形成 SiC 外延层。

CVD 法的外延薄膜生长速率较慢，通常是数微米每小时。为了提高生长速率，高温热壁 CVD 法在近年来受到了极大的关注。温度越高，外延成核生长过程越容易发生，因而能够增大生长速率。若要制备 n 型掺杂的 SiC 外延膜，需在反应的过程中加入氮气或 TMA（三甲胺）作为反应气体；而 TMAl（三甲基铝）一般被用来作为 p 型掺杂源。由于 SiC 材料具有优异的性质，SiC 薄膜被广泛用来制备大功率的二极管、JFET 及 MOSFET 器件。

参考文献

[1] 王茞. SiC/Si 薄膜的 CVD 制备研究 [D]. 成都：电子科技大学，2007.

撰稿人：北京大学　　王茂俊
审稿人：电子科技大学　邓小川

▷▷▷ 9.4.14　化合物量子阱材料，化合物量子阱材料，Compound Quantum Well Materials

薄层化合物半导体材料夹在禁带较宽的半导体材料之间，当薄层半导体材料的厚度接近电子德布罗意（de Broglie）波长时，就会形成量子阱。图 9-24 所示为量子阱在晶体生长方向上的能带图。

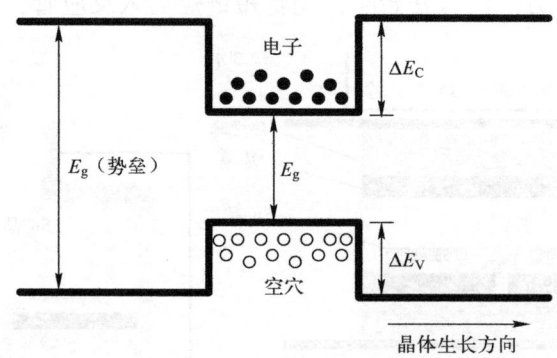

图 9-24　量子阱在晶体生长方向上的能带图

用 MBE 或 MOCVD 方法可以外延生长很薄的 Ⅱ-Ⅵ 族或者 Ⅲ-Ⅴ 族化合物半导体材料，从而形成异质结构。由于异质结构中的材料具有不同的能带隙，电子会被局限在厚度接近于德布罗意波长的窄禁带半导体中，从而形成量子阱。基于异质结构的化合物量子阱可以分为两类：一类是晶格匹配的异质结构；另一类是晶格失配较大，异质结界面处存在应力下的异质结构（即应变层）。其中，后者被广泛用于量子阱激光器、雪崩光电二极管、调制器和开关器件等。

化合物半导体量子阱材料有 AlGaAs/GaAs、GaAs/InGaAs、GaN/InGaN、CdTe/CdHgTe 等，均具有优越的光电特性。在 AlGaAs/GaAs 异质结构中，AlGaAs 进行 n 型重掺杂，GaAs 进行 n 型轻掺杂或不掺杂。在热平衡下，AlGaAs 中的电子进入 GaAs，积累在 GaAs 一侧的三角形量子阱中，在垂直于异质结界面的方向电子局域，形成二维电子气。因为 GaAs 一侧掺杂浓度很低，因此二维电子气的平行于界面的运动受到的杂质散射很少，导致电子迁移率较高。AlGaAs/GaAs 异质结构被广泛应用于高频器件领域。调节 AlGaAs 中的 Al 组分可以调节能带结构，所设计的 GaAs/AlGaAs 多量子阱可用于制作快速响应和长寿命的光折射器件。

在 GaAs 上生长 InGaAs，最大晶格失配可达 7% 而形成应变量子阱。在应变层量子阱结构中，通过改变阱宽可以控制两个最高的重空穴（Heavy Hole）能级的差值，同时可以通过控制轴应变来控制最高的重空穴和最高的轻空穴（Light Hole）能级的差值。GaAs/InGaAs 量子阱的厚度能对晶体结构产生影响，即通过应力的作用使能带发生变化，使得器件设计更加灵活，有利于提高器件性能和设计功能器件。GaAs/InGaAs 应变层结构目前已在高频高速器件及应变层量子阱激光器等领域得到了广泛的应用。

在蓝宝石或硅衬底上，用 MOCVD 外延生长 GaN 缓冲层，然后在该缓冲层上生长 $In_xGa_{1-x}N$/GaN 多量子阱，可以制备出高发光效率的发光器件。由于极强的自发极化与压电极化效应，AlGaN/GaN、InAlN/GaN 异质结构在不掺杂的条件下仍存在高浓度的二维电子气，并且具有较高的电子迁移率，是下一代射频微波功率器件及电力电子功率开关器件的理想的材料体系结构。

撰稿人：北京大学　王茂俊
审稿人：北京大学　康宁

▷▷▷ 9.4.15　化合物量子点材料，化合物量子點材料，Compound Quantum Dot Materials

量子点是准零维材料，其 3 个维度的尺寸均在纳米级，与电子的费米（Fermi）波长相近。量子点由有限数目的原子或分子组成，由于其空间的限域性，使其能量呈现量子化。它既可由一种半导体材料组成，如Ⅱ-Ⅵ族（CdS、CdSe、CdTe、ZnTe等）或Ⅲ-Ⅴ族（InP、InAs等）化合物半导体材料组成，也可由两种及以上的半导体材料组成。

量子点呈现出与体材料和原子、分子迥然不同的物理特性。量子点的光电特性因其尺寸和形状而变化，量子点的尺寸越小，其发射波长越短。通过控制量子点的尺寸，可以得到波长几乎覆盖整个可见光波段的光谱。基于量子点的这种可调谐的特性，量子点被广泛应用于晶体管、太阳电池、发光器件、量子计算和医学成像等领域。

Ⅱ-Ⅵ族化合物半导体量子点具有激子束缚能较高和激子半径较小等优点。此类量子点由于其特殊的表面效应和介电限域效应，可被用于固态照明和激光器等发光器件领域。

Ⅲ-Ⅴ族化合物包括二元化合物和多元化合物，量子点材料与体材料相同，晶体结构也可分为闪锌矿型和纤锌矿型。目前，应用比较广泛的量子点材料包括InGaAs、InGaN/AlGaN、GaN/AlN、InGaN/GaN等，其形状多种多样，有锥形、球形等。制备工艺对量子点的特性影响很大，量子点尺寸、密度和单晶结构因生长工艺方法、衬底及生长条件而变化，量子点的特性也因此而改变。Ⅲ-Ⅴ族化合物量子点的光学性能十分优越，其主要表现为，激子局域在很小的区域，发生非辐射复合的概率大大减小，可以实现较高的发光效率；由于量子点能级位置的提高，其发光波长小于体材料和量子阱；量子点尺寸缩小后，纵向光学声子（Optical Phonon）和激子耦合（Exciton Coupling）也随之减弱，因此光致发光能量的温度依赖性变小，温度红移随之减弱；GaN基量子点材料中存在很强的自发极化（Spontaneous Polarization）和压电极化（Piezoelectric Polarization）效应，因此存在很大的谱线红移。

另外，近几年基于半导体可扩展门型量子点的量子器件和计算模型受到了各方面的高度关注，其通过对量子点中的电荷和自旋自由度的精确控制实现量子比特（Quantum Bit，Qubit）编码，被认为是未来最有可能实现固态量子计算（Quantum Computation）的载体之一[1]。

参考文献

[1] Ladd T D, Jelezko F, Laflamme R, et al. Quantum computers [J]. Nature, 1994, 464 (464): 45-53.

撰稿人：北京大学　王茂俊
审稿人：北京大学　康宁

9.5 光掩模和光刻胶材料

9.5.1 集成电路对光掩模材料的要求及发展，積體電路對光罩材料的要求及發展，Requirements of IC for Photomask Materials and Development of Photomask Materials

光掩模，即光刻掩模版，又称光罩，是集成电路圆片制造光刻工艺中使用的母版。光掩模制造流程是将集成电路设计工程师设计的圆片制造所需的原始版图数据，通过掩模数据处理转换成激光图形产生器或电子束曝光设备等能够识别的数据格式，使其可由上述设备曝光在涂有感光材料的光掩模基板材料上；再经显影、刻蚀等一系列工艺处理，使图形定像在基板材料上；经检查、修补、清洗、贴膜后形成掩模产品，交付于集成电路圆片制造厂使用。

我国最早的集成电路是沿用传统的照相术制作的，即在铜版纸上喷涂黑漆，经人工刻图，再用照相机照相成像。当时的光掩模基片是将感光胶涂覆在玻璃基板上，现涂现用，这种工艺称为湿版工艺；后来研制了乳胶超微粒干版（Ultra Fine Silver Emulsion Plate）光掩模，由分散在以明胶作为载体的卤化银乳剂（感光主体），经均匀涂布在清洁平整的光掩模玻璃基板上制成，取代了原始的湿版工艺。光刻工艺也从最初的人工对准、真空压片曝光，渐渐发展到接触式光刻技术时代，采用超微粒乳胶干版投片，接触式光刻的光刻精度可达到 $1\mu m$。干版光掩模具有敏感度高（可见光、i线、g线）、分辨率高、对比度大等特点，长期被用作分立器件和中小规模集成电路掩模。

接触式光刻掩模分为真空接触、软接触、硬接触等方式，掩模版直接与光刻胶层接触以实现图形移转。图形接触式转移可保证成像过程的复制质量，避免引入放大率光学误差，在特定应用范围内具有优势；在 22nm/20nm 的高技术节点，还发展出一种被称为纳米压印光刻（Nano-Imprint Lithography，NIL）的先进接触式掩模。但是总体而言，由于是直接接触，光刻胶会污染掩模版，造成磨损累积缺陷，影响掩模版的使用寿命，因此接触式光刻掩模逐渐在集成电路产业被高耐久性、高分辨率、易清洁处理的投影光刻掩模所替代。

投影光刻掩模应用于刻图缩微制版技术，是从印刷工业的印刷制版技术移植过来的，即通过带有棱镜系统的微影光刻机投影曝光，将光掩模图形移转到圆片上，避免了光刻胶与掩模版直接接触导致的污染。早期的投影光刻掩模也采用与接触式光刻掩模相同的 1:1 图形转移比例，随着微影倍缩技术的广泛应用，现已转为倍缩式掩模（Reticle）。因此投影光刻掩模可以从比例上细分为1：1投影、5：1投影、4：1投影。此外，也可从工艺尺寸上区分为2.5in、4in、5in、6in、7in、9in等（1in=25.4mm）。从投影形状上可分为圆形和方形两种。目前，集成电路的光刻工艺主流光掩模为4：1投影6in方形掩模版。

常用的投影光刻掩模从材质来分，有匀胶铬版光掩模、移相掩模和不透光钼掩模等。由于中高端集成电路工艺的投影曝光会造成图形在不同密集度下的成像变形（即光学邻近效应误差），需要引入光学邻近效应校正（Optical Proximity Correction，OPC）模拟来对图形进行变形预抵消的数据处理，与之相关的掩模版也可称为光学邻近效应校正光掩模版。近年来，随着极紫外（Extreme Ultraviolet，EUV）光刻技术的发展，出现了适用于EUV光刻机的极紫外掩模技术。

撰稿人：中芯国际集成电路制造有限公司　郭贵琦
审稿人：中芯国际集成电路制造有限公司　时雪龙

9.5.2　光掩模基板材料，光罩基板材料，Photomask Substrate Material

光掩模基板材料是生成掩模产品的基础材料，主要是指涂布了不透光材料和感光材料的玻璃基板衬底。基板衬底必须具备良好的光学透光特性、尺寸及化学稳定性、表面平整、光洁、无夹砂（Sand Inclusion）、半透明点及气泡等微小缺陷。常用的光掩模基板材料有碱石灰白冕玻璃（White Crown Soda–Lime Glass）、低膨胀硼硅玻璃（Low Expansion Borosilicate Glass）和石英玻璃（Quartz Glass）3种。

碱石灰白冕玻璃是一类具有良好的机械、光学特性，易于加工与制作且廉价的基片材料。虽然它的热膨胀系数比较高，但因其价格仅为低膨胀玻璃的约1/3，一直被广泛用于一般要求的光掩模基板。这类基板的用量占整个光掩模基板材料的2/3以上。用白冕玻璃制作的光掩模主要用于分立器件及中小规模集成电路的微细加工。

低膨胀硼硅玻璃具有比碱石灰白冕玻璃更好的温度特性和光学特性，其膨胀系数不及白冕玻璃的1/2，透光率高。虽然其价格高于白冕玻璃，但仅为石英玻璃的1/3，因而受到市场重视并逐步扩大应用范围。采用这种材料可以保证光掩模的尺寸精度，适合制作主掩模或高精度掩模。低膨胀硼硅玻璃基板的用量约占整个光掩模基板用量的1/4。

人工合成高纯石英玻璃是一种玻璃态的高纯二氧化硅。它具有优异的光学特性,即透射率高,尤其是在短波光的情况下,仍可保持90%以上的透射率;其膨胀系数仅为白冕玻璃的1/20,温度、热稳定性和化学稳定性都优于前两种材料,是一种性能优异的光掩模基板材料,被广泛应用于超微细大规模集成电路光掩模制作。光掩模玻璃基板的组成、透射率及特性见表9-11至表9-13。

表9-11 光掩模玻璃基板材料的组成

组成成分	碱石灰系玻璃		非碱系玻璃（NA）	低膨胀玻璃（LE）	石英玻璃（QZ）
	SLW	SL			
二氧化硅（SiO_2）	73%	70%	55%	60%	100%
三氧化二硼（B_2O_3）	—	—	—	5%	—
三氧化二铝（Al_2O_3）	1%	—	14%	15%	—
氧化钠（Na_2O）	15%	8%	—	1%	—
氧化钾（K_2O）	1%	9%	—	1%	—
其他氧化物（RO）	10%	13%	31%	18%	—

表9-12 光掩模玻璃基板材料的透射率（%）特性

光源波长	碱石灰玻璃	低膨胀玻璃	石英玻璃
400nm	92%	92%	92%
350nm	85%	90%	92%
300nm	2%	17%	92%
250nm			91%
200nm			90%

表9-13 光掩模玻璃基板材料的特性

项目	特性	条件	单位	SLW	SL	NA	LE	QZ
温度特性	热膨胀系数	50~200℃		94×10^{-7}	98×10^{-7}	43×10^{-7}	37×10^{-7}	5×10^{-7}
湿度特性	徐冷点		℃	542	533	730	686	1120
光学特性	折射率			1.52	1.52	1.57	1.53	1.46
化学稳定性	失重	去离子水，100℃，1h	%	0.050	0.058	0.014	0.015	0.000
	失重	1/100N NHO_3，100℃，1h	%	0.028	0.023	0.040	0.030	0.000
	失重	5% NaOH，80℃，1h	mg/mm^2	0.13	0.14	0.10	0.31	0.17

续表

项目	特性	条件	单位	SLW	SL	NA	LE	QZ
机械特性	密度		g/cm³	2.50	2.56	2.87	2.58	2.20
	弹性模量		kgf/mm²	7000	7341	9420	7540	7413
	剪切模量		kgf/mm²	2870	2980	3730	3250	3170
	泊松比			0.22	0.23	0.25	0.16	0.58
	努氏硬度		kgf/mm²	540	530	650	657	615
	研磨硬度			88	88	160	209	210
电气特性	表面电阻		Ω	6×10^4	1×10^{10}	1×10^{11}	1×10^{12}	1×10^{19}
	体电阻率		Ω·cm	1×10^{12}	1×10^{16}	1×10^{14}	1×10^{16}	1×10^{18}

注：1kgf=9.806 65N。

撰稿人：中芯国际集成电路制造有限公司　郭贵琦
审稿人：中芯国际集成电路制造有限公司　时雪龙

▷▷▷ 9.5.3　匀胶铬版光掩模，匀膠鉻版光罩，Photoresist Applied Chrome Thin Film Photoplate

匀胶铬版光掩模是在平整的光掩模基板玻璃上通过蒸发或溅射沉积上厚约 0.1μm 的铬-氧化铬膜而形成镀铬基板，再涂敷一层光刻胶或电子束抗蚀剂制成的匀胶铬版。它具有高敏感度、高分辨率、低缺陷密度的特点，是制作微细光掩模图形的理想感光性空白版。匀胶铬版的感光特性、分辨率完全取决于所涂敷的光刻胶或电子束抗蚀剂类型、品种，并通过光刻工艺得到所需的模版。在接触式光刻技术时代，用超微粒乳胶干版投片，虽然乳胶版具有制作容易、成本低的优势，但是由于其胶膜面软，存在易擦伤、沾污，清洁处理困难，使用寿命短等弱点。匀胶铬版的制作工艺相对复杂、技术难度大、成本高，但它具有分辨率高、缺陷低、耐磨、易清洁处理、使用寿命长的优势，适用于制作高精度、超微细图形，现已逐渐替代接触式乳胶干版掩模，成为集成电路掩模的关键材料。

匀胶铬版光掩模在刻蚀铬层后可生成简单的由黑区和白区组合的二元图像，因此也被称为二元掩模（Binary Intensity Mask，BIM），其曝光原理如图 9-25 所示。图中所示的是传统穿透式掩模，黑区完全不透光，白区完全透光，激光穿透白区作用在硅片相应位置上,使光刻胶反应产生光酸,通过后续的显影工艺将其去除或保留(取决于光刻胶是正型或负型的)后形成图像。匀胶铬版光掩模可应用的光学范围很广,覆盖了 g 线、i 线,以及包括 KrF(波长 248nm)和 ArF(波长 193nm)的深紫外(Deep Ultraviolet, DUV)光刻工艺,曝光光源的波长极限决定了关键尺寸的技术节点。

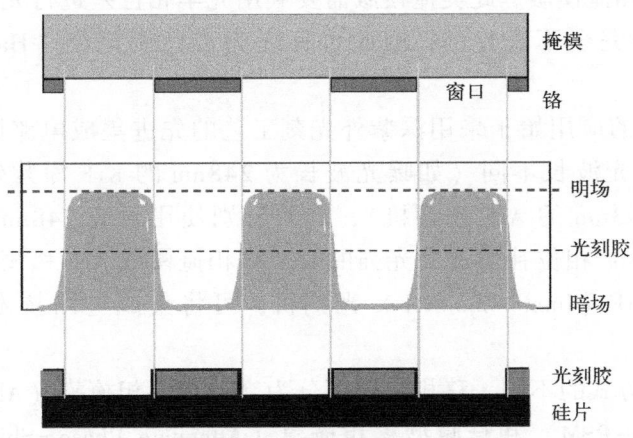

图 9-25　匀胶铬版光掩模的曝光原理

表 9-14 所列为日本 HOYA 公司匀胶铬版光掩模的特性指标。

表 9-14　日本 HOYA 公司匀胶铬版光掩模的特性指标

	特性指标	EQZ 6009 5C	ESQ 6025 2C	SHQ 6025 2C
衬底	厚度/mm	2.30 ±0.10	6.35 ±0.10	6.35 ±0.10
	平坦度/μm	≤5	≤2.0	≤2.0
铬层	种类	AR3*-LD	AR8	AR8
	厚度/nm	105 ±10	103 ±5	103 ±5
	反射率	(11.0 ±2.0)%	(12.5 ±1.0)%	(12.5 ±1.0)%
	缺陷率	无针孔（>1.0μm）	无针孔（>0.8μm）	0.3~1.0μm：≤5 ≥1.0μm：0 无针孔（>0.8μm）
光刻胶	种类	THMR-IP3500-U	THMR-IP3600	FEP171
	厚度/nm	465 ±10	465 ±10	400 ±10
	缺陷率	≥5.0μm：0	1.0~2.0μm：≤16 ≥2.0μm：0	1.0~2.0μm：≤7 ≥2.0μm：0

撰稿人：中芯国际集成电路制造有限公司　郭贵琦
审稿人：中芯国际集成电路制造有限公司　时雪龙

9.5.4 移相掩模,相位移光罩,Phase-Shift Mask (PSM)

当集成电路图形的关键尺寸和间距达到曝光光源的波长极限时,传统的匀胶铬版在光学衍射作用下,相邻部分的光强将相互叠加,造成投影对比度不足而无法正确成像。为了提高曝光分辨率的极限,引入了利用光学相位差增加光强对比度的移相掩模版。此类掩模版需要利用光学相位差进行光强补偿,不透光层将不再是完全不透光的,因此也称之为半色调掩模(Half Tone Mask,HTM)。

移相掩模的应用始于采用深紫外光刻工艺的先进集成电路圆片制造。由于光刻机的曝光波长不同(如曝光波长为248nm 的 KrF 深紫外光刻机,或曝光波长为193nm 的 ArF 光刻机),需要分别使用对应248nm 或193nm 波长下可提供180°相位补偿透光光强的 KrF 移相掩模或 ArF 移相掩模。ArF 还用于浸没式 ArF(Immersion ArF)光刻机,可将集成电路技术节点扩展到10nm 以下。

根据使用方式的不同,移相掩模可分为交替型移相掩模(Alternate Phase-Shift Mask, Alt-PSM)和衰减型移相掩模(Attenuate Phase-Shift Mask, Att-PSM)两种,其曝光原理如图9-26所示。其中,交替型移相掩模是在相邻透光层之间加上不透明的移相层,抵消光束间的衍射作用,提升曝光分辨率极限;衰减型移相掩模比交替型移相掩模制备工艺简单,通过将铬层转为钼硅化合物,部分补偿相邻光束间的相互作用,以此来实现曝光精度极限的提高。表9-15 所列的是日本 HOYA 公司衰减型移相掩模的特性指标。

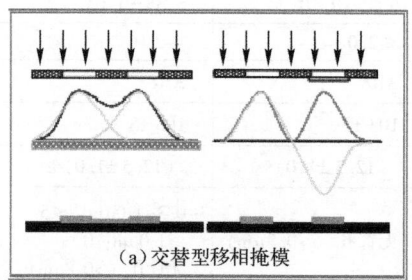
(a)交替型移相掩模

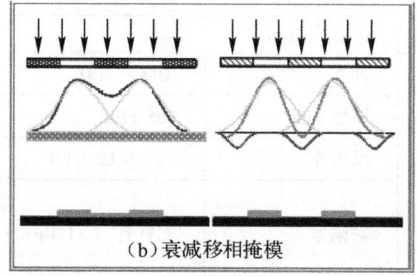
(b)衰减移相掩模

图9-26 交替型和衰减型移相掩模的曝光原理

表9-15 日本 HOYA 公司衰减型移相掩模的特性指标

特性指标		AXQ 6025 2C	AXQ 6025 0.5T
衬底	厚度/mm	6.35 ±0.10	6.35 ±0.10
	平坦度/μm	≤2.0	≤0.5

续表

特性指标			AXQ 6025 2C	AXQ 6025 0.5T
铬层	种类		AR8	TF11
	厚度	均值/nm	105 ±5	48 ±5
		均匀度偏差/nm	≤5	≤5
	反射率	均值	(12.5 ±1.0)%@ 365nm	(19.5 ±1.0)%@ 193.4nm
		均匀度偏差	≤1.0%	≤1.0%
	缺陷率		无针孔（≥3.0μm）	无针孔（≥1.0μm）
钼硅化合物层	种类		K63A	A61A *
	相位差	均值	(181°±2°) @248.4nm	(181°±2°) @193.4nm
		均匀度偏差	≤2.5°	≤2.5°
	透射率	均值	(5.3 ±0.3)%	(6.1 ±0.3)%
		均匀度偏差	≤0.2%	≤0.2%
	厚度	均值/nm	93	69.5
		均匀度偏差/nm	2.6	2.5
	反射率		18% @ 248.4nm	20%@ 193.4nm
	缺陷率		无针孔（≥1.0μm）	无针孔（≥0.15μm）
光刻胶	种类		FEP171	FEP171
	厚度	均值/nm	400 ±10	200 ±10
		均匀度偏差/nm	≤7	≤7
	缺陷率		0.3～1.0μm：≤17 1.0～2.0μm：≤2 ≥2.0μm：0	0.2～0.3μm：≤20 0.3～1.0μm：≤10 ≥1.0μm：0

在衰减型移相掩模材料结构的基础上发展起来的不透光钼掩模（Opaque MoSi on Glass，OMOG），是将原钼硅化合物移相层经处理后改光学性质为完全不透明，不再具有相移补偿的作用，中间的超薄铬层主要作为图形过渡层（Hard Mask），通过分步刻蚀形成与二元掩模类似的黑白二元图像，因此OMOG又被称为超级二元掩模（Super Binary Intensity Mask）。与匀胶铬版的二元掩模不同的是，OMOG 的黑区是不透光钼材料而非铬层。超薄铬层可支持更薄的光刻胶，以达到掩模曝光极限，而且作为过渡层可更好地将光刻胶成像图形传递到完全不透明钼层，最大限度地减小刻蚀工艺引入的微变形误差，实现更好的关键尺寸均匀度及图形仿真度，因此在微影光刻曝光极限允许的

情况下，可提供较小的掩模误差影响因子（Mask Error Effect Factor，MEEF），提升光刻品质和成品率。

撰稿人：中芯国际集成电路制造有限公司　郭贵琦

审稿人：中芯国际集成电路制造有限公司　时雪龙

▷▷▷ 9.5.5　极紫外掩模，極紫外光罩，Extreme Ultraviolet Lithography Photomask

随着集成电路技术节点的不断减小，出现了以 EUV（波长为 13～15nm，一般为 13.5nm）为曝光光源的极紫外光刻技术。由于其曝光波长极短，这样的曝光环境下物质吸收性很强，传统的穿透式光刻掩模版不能继续使用，而要改成适应反射式光学系统多层堆叠结构的反射型掩模版，包括中间层、顶部覆盖层钌（Ru）和吸收层 TaN 等[1]。其中，掩模中间层是由金属 Mo 和 Si 组成的多层膜结构，对极紫外线有较高的反射系数。由于 13nm 的极紫外线具有 X 射线光谱特性，可实现的反射微影过程的图形转移、传递几乎无失真，因此掩模的图形设计和相关工艺复杂程度可以得到相应降低。传统的穿透式光掩模与极紫外掩模的比较如图 9-27 所示。

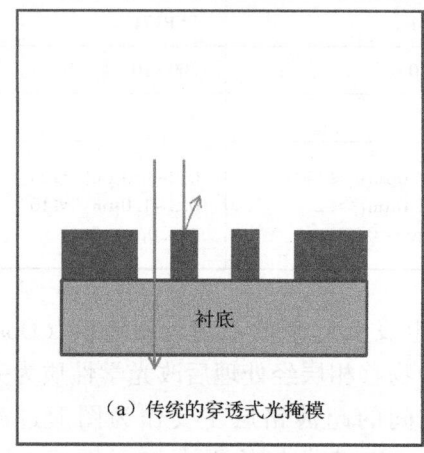
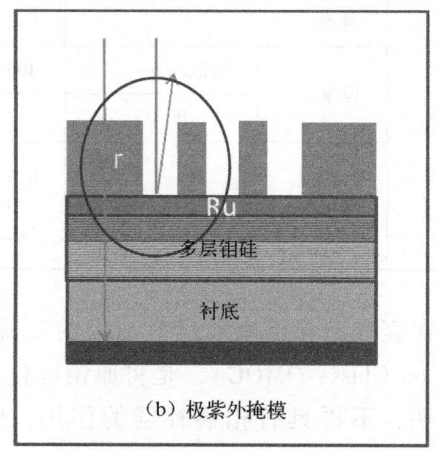

(a) 传统的穿透式光掩模　　(b) 极紫外掩模

图 9-27　传统的穿透式光掩模与极紫外掩模的比较

对于极紫外掩模的制备，除了图形关键尺寸缩小带来的工艺挑战，在应用过程中的高热稳定性和抗辐射技术也需要重视。由于反射型掩模无法进行传统的蒙版（Pellicle）保护，所以掩模的储存、运输及操作等非常困难。在此基础上，极紫外掩模在微影曝光端的应用，必须与光掩模检验、清洗和修补机台组合在一起，以避免使用过程中的污染或其他原因在芯片上造成的缺陷；而这将导致微影端工艺和设备的维护费用非常高，反过来这又促使掩模制造方抓紧对高温耐久的掩模蒙版的研究开发。

极紫外光刻技术最初是在 2005 年为了 65nm 芯片技术提出的，正是由于存在各种技术难点和超高资金投入门槛，尤其是始终未能开发出具有足够功率与可靠性的 EUV 光源使光刻技术达到成本均衡的产率[2]，使得其在集成电路应用的技术节点上推迟（比较公认的目标是 7nm 及以下）。随着集成电路 7nm 技术代的来临，极紫外光刻技术即将在集成电路制造领域占据战略性的重要地位[3]。

参考文献

［1］http://electroiq.com/petes-posts/2013/09/16/defect-free-mask-blanks-next-euv-challenge/.

［2］http://www.anandtech.com/show/10097/euv-lithography-makes-good-progress-still-not-ready-for-prime-time.

［3］http://spectrum.ieee.org/semiconductors/devices/leading-chipmakers-eye-euv-lithography-to-save-moores-law.

撰稿人：中芯国际集成电路制造有限公司　郭贵琦
审稿人：中芯国际集成电路制造有限公司　时雪龙

▷▷▷ 9.5.6　硬掩模，硬光罩，Hard Photomask

硬掩模是指用于刻蚀工艺的各类硬质半导体加工材料，它用来替代聚合物或其他有机"软"抗蚀材料（如光刻胶等）。它与光刻微影中作为母版使用的掩模版材料，分属于半导体产业中两个不同的工艺技术领域。图 9-28 所示的是硬掩模材料的应用示例。由于半导体芯片尺寸不断微缩，当图形透过一定厚度的光刻胶层向刻蚀层传递时，胶层图形的宽高比锐减使得刻蚀难度增加，刻蚀偏差、均匀度和侧壁角等都难以控制。因此，加入相对减薄许多的硬质掩模层，使其作为图形传递的中间过渡层，将刻蚀流程转化为从胶层到较薄的硬掩模层，再从硬掩模层到刻蚀层的二重过程，刻蚀难度将大大降低，从而取得较为理想的刻蚀结果。这是目前半导体产业中较为常见且成熟的刻蚀工艺，一般硬掩模层通过化学气相沉积（CVD）或物理气相沉积（PVD）生成。

硬掩模材料的种类众多，除了上述的非晶碳层，还有 SiO_2 或 SiN 等，其主要特点是厚度较薄、抗蚀性较好。与硬掩模对应的是软掩模（Soft Mask）材料，一般为厚胶层，习惯上直接称之为光刻胶。另外，在某些场合，由于成品铬版光掩模材料是硬质的，有时也被称为硬掩模材料。

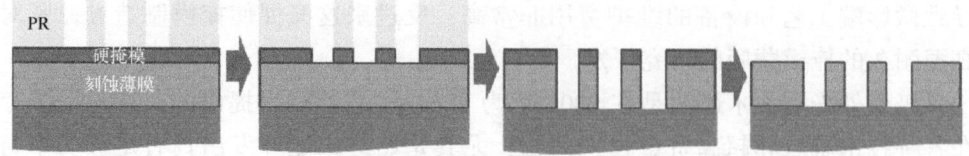

图 9-28 硬掩模材料的应用示例

撰稿人：中芯国际集成电路制造有限公司　郭贵琦
审稿人：中芯国际集成电路制造有限公司　时雪龙

▷▷▷ 9.5.7　光刻胶，光阻，Photoresist

光刻胶又称光致抗蚀剂，是一种感光材料，其中的感光成分在光的照射下会发生化学变化，从而引起溶解速率的改变；其主要作用是将掩模版上的图形转移到硅片等衬底上。光刻胶的工作原理如图 9-29 所示。首先，将光刻胶涂布在衬底片上，前烘去除其中的溶剂；其次，透过掩模版进行曝光，使曝光部分的感光组分发生化学反应；再则，进行曝光后烘烤（Post Exposure Bake，PEB）；最后通过显影将光刻胶部分溶解（对于正性光刻胶，曝光区域被溶解；对于负性光刻胶，未曝光区域被溶解），从而实现图形从掩模版到衬底片的转移。

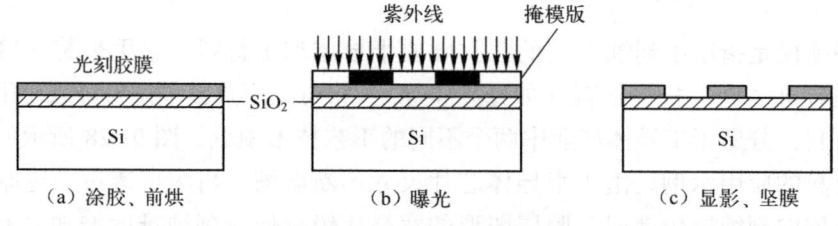

图 9-29　光刻胶的工作原理

光刻胶的组分主要包括成膜树脂、感光组分、微量添加剂和溶剂。其中，成膜树脂用于提供机械性能和抗刻蚀能力；感光组分在光照下发生化学变化，引起溶解速度的改变；微量添加剂包括染料、增黏剂等，用以改善光刻胶性能；溶剂用于溶解各组分，使之均匀混合。

目前大量使用的光刻胶既可以根据光化学反应机理分为传统光刻胶和化学放大型光刻胶，也可以按感光波长分为紫外、深紫外、极紫外、电子束、离子束及 X 射线类光刻胶。在实际应用中，有时直接采用其波长或发光光源为其命名，见表 9-16。

表 9-16　光刻胶的种类、应用领域及特性

光刻胶种类		应用领域	特性说明
紫外宽谱光刻胶	紫外宽谱正性光刻胶	半导体分立器件	用于二极管、三极管等的制造；工艺线宽较大（>5μm），要求光刻胶具有优异的工艺适应性；以酚醛树脂为成膜树脂，吸收峰在长波位置的化合物为光敏剂
		集成电路封装	用于凸点、再布线（RDL）、硅TSV等工艺；需要较厚的光刻胶膜厚（20~100μm），同时要求光刻胶具有较高的敏感度，或者抵抗电镀液腐蚀的能力；分辨率要求不高（>10μm）
		LED	LED芯片制造的正性光刻胶与半导体分立器件所用的光刻胶需求类似
		LCD	用于LCD、触摸屏制造；根据应用不同又分为用于TN/STN-LCD和用于TFT-LCD的正性光刻胶，前者对分辨率要求较低（>15μm），后者对分辨率要求较高（>5μm）；同时需要较好的涂布性能和较高的敏感度
	紫外宽谱负性光刻胶	半导体分立器件	以环化橡胶为成膜树脂，双叠氮化合物为交联剂；对分辨率要求不高（>5μm），但需要具有较好的抗湿法腐蚀性能
		集成电路封装	用于凸点、再布线（RDL）等工艺，主要是丙烯酸树脂体系的负性光刻胶；透光性好，可以在较厚的膜厚下保持光刻胶的形貌及高敏感度；分辨率要求不高（>5μm）
		LED	用于LED芯片制造，主要以酚醛树脂为成膜树脂，一般用于电极制造的剥离工艺；具有倒梯形形貌，高敏感度及较高分辨率（4~5μm）
		MEMS	主要以环氧树脂为成膜树脂，分辨率要求不高（>10μm），厚度要求在20~100μm，较大的高宽比，热稳定性及机械性能优异
g线（436nm）光刻胶	g线正性光刻胶	半导体分立器件	用于二极管、三极管等的制造；以酚醛树脂为成膜树脂，吸收峰在g线附近的化合物为光敏剂；其分辨率比紫外宽谱正性光刻胶的要高，可以达到微米级
		集成电路封装	用于凸点、再布线（RDL）、硅TSV等工艺；需要较厚的光刻胶膜厚（20~100μm），同时要求光刻胶有较高的敏感度，或者抵抗电镀液腐蚀的能力；分辨率要求不高（>10μm）
		LED	用于LED芯片制造，以酚醛树脂为成膜树脂，膜厚为2~3μm，分辨率在5μm以内
		LCD	用于高技术代的TFT-LCD制造；以酚醛树脂为成膜树脂，吸收峰在g线附近的化合物为光敏剂；分辨率要求较高（<5μm），同时具有较好的刮涂涂布性能和较高的敏感度

续表

光刻胶种类		应用领域	特性说明
g线（436nm）光刻胶	g线负性光刻胶	LED、集成电路	与紫外宽谱负性光刻胶相似，以酚醛树脂为成膜树脂，主要区别是其中的光致产酸剂对436nm光谱有更强的吸收性
i线（365nm）光刻胶	i线正性光刻胶	集成电路	与g线光刻胶类似，属于酚醛树脂/重氮萘醌体系，其特点是分辨率高，与g线光刻胶的主要区别在于光敏剂吸收峰位于365nm，酚醛树脂结构也不同；分辨率为0.5μm的普通i线光刻胶用于非关键层；分辨率达0.35μm的高分辨i线光刻胶用于关键层；厚膜光刻胶（膜厚3~5μm）用于钝化层工艺
		TFT-LCD	与g线光刻胶类似，属于酚醛树脂/重氮萘醌体系，用于制作像素控制阵列；分辨率要求不高，2μm即可，但对刮涂均匀性、金属杂质和颗粒的要求高于普通TN/STN型的光刻胶；曝光量要求低于70mJ
		LED衬底	LED衬底（LED PSS）工艺，已广泛被采用，该先进工艺需要i线曝光机，因而要用i线光刻胶；要求光刻胶有较强的抗干法刻蚀能力，分辨率为1~2μm
	i线负性光刻胶	集成电路、LED	属于以酚醛树脂为成膜树脂的负性光刻胶体系，与紫外宽谱负性光刻胶相比，光致产酸剂吸收峰主要在365nm附近
KrF（248nm）光刻胶	KrF（248nm）正性光刻胶	集成电路制造	KrF（248nm波长）为曝光光源，苯乙烯丙烯酸类聚合物为成膜树脂，吸收峰在248nm附近；以有机酸为光致产酸剂，产生的光酸可以重复使用，因而具有化学放大作用；敏感度高（约为30mJ）、分辨率高，可用于0.13~0.35μm工艺；结合分辨率增强技术，可用于0.11μm，甚至90nm工艺
	KrF（248nm）负性光刻胶	集成电路制造	KrF（248纳米波长）为曝光光源；由于光致产酸剂产生的光酸催化了交联反应，从而使光刻胶在显影过程中留下来；分辨率可以达到0.13μm；用于一些特殊工艺中
ArF（193nm）光刻胶	ArF正性光刻胶（干）	先进集成电路制造	ArF（193nm波长）为曝光光源，丙烯酸类聚合物为成膜树脂，并引入刚性分子基团以增加抗刻蚀性，吸收峰在193nm附近，以有机酸为光致产酸剂，采用化学放大技术；敏感度高（约为30mJ）、分辨率高，可用于65~90nm；结合分辨率增强技术，可用于45nm工艺；线宽均匀度（LWR）<4nm
	ArF正性光刻胶（湿）	先进集成电路制造	ArF（193nm波长）为曝光光源，树脂和光致产酸剂结构需进一步优化，以便达到更高的分辨率（约38nm），光致产酸剂吸收峰仍在193nm附近，仍采用化学放大技术；敏感度高（约为30mJ）；结合分辨率增强技术，可以用于32nm/28nm工艺；若采用多次图形技术，则可以实现20nm/14nm工艺；线宽均匀度（LWR）<2.5nm
EUV（13.5nm）光刻胶	EUV（13.5nm）正性光刻胶	先进集成电路制造	EUV为曝光光源，采用化学放大技术；与传统248nm和193nm光刻胶不同的是，光刻胶中所有组分都对EUV有吸收性，产酸机理更为复杂；由于曝光在真空中进行，要求光刻胶在曝光过程中有较低的析出物；作为下一代光刻技术的备选方案，预计EUV光刻胶将在10nm及以下工艺节点中应用
Ebeam电子束光刻胶	电子束光刻胶	光刻掩模的制造	用电子束作为曝光光源，丙烯酸类树脂为成膜树脂。分辨率可达nm级，曝光量要求为30~60μC/cm²

撰稿人：北京科华微电子材料有限公司　　　陈昕

审稿人：复旦大学　　　　　　　　　　　　邓海

▷▷▷ 9.5.8　g线和i线的紫外光刻胶，g綫和i綫的紫外光阻，UV Photoresist for g-Line and i-Line

紫外光刻胶指的是感光波长在280～450nm之间的光刻胶，根据感光波长可以将其细分为紫外宽谱、g线（436nm）和i线（365nm）光刻胶。其中，i线光刻胶的分辨率可达0.35μm，是微电子与集成电路生产中用量最大、用途最广的一类光刻胶。

1. 紫外宽谱光刻胶

紫外宽谱光刻胶是指以高压汞灯的全谱为曝光波长的一类光刻胶，主要用于分立器件、集成电路、LED芯片、LCD和触摸屏的制造过程，其特点是分辨率相对较低（>5μm），工艺宽容度较大，抗湿法腐蚀性能优良。根据曝光后反应机理的不同，可分为正性光刻胶和负性光刻胶。紫外宽谱正性光刻胶主要采用酚醛树脂/重氮萘醌体系，其作用机理是感光剂重氮萘醌与酚醛树脂形成氢键，降低其在显影液中的溶解速率，感光剂在光照时生成羧酸，促进酚醛树脂的溶解，形成曝光区与非曝光区的溶解速率差。根据应用的不同，紫外宽谱正性光刻胶中的酚醛树脂、感光剂及添加剂的类型也有所不同。该类光刻胶可被用于半导体分立器件、集成电路封装、LED和LCD等器件工艺。半导体分立器件工艺线宽较大，但要求光刻胶具有优异的工艺适应性。光刻胶在先进集成电路封装中主要用于凸点（Bumping）、再布线（Redistribution Layer，RDL）、硅通孔（Through Silicon Via，TSV）等工艺中。这类工艺对光刻胶的分辨率要求不高（>10μm），但需要较厚的光刻胶膜厚（20～100μm），同时要求光刻胶有较高的敏感度，且不受电镀液的腐蚀。用于LED芯片制造的正性光刻胶与半导体分立器件所用的光刻胶需求类似，不同之处是LED芯片制造中使用干法刻蚀，因此要求光刻胶具有优异的抗干法刻蚀性能；用于LCD制造的紫外宽谱正性光刻胶则根据应用的不同，又分为用于扭曲/超扭曲（TN/STN-LCD）的正性光刻胶和用于薄膜晶体管液晶显示器（TFT-LCD）的正性光刻胶，由于工艺需求的不同，两种光刻胶的组分有所不同。TN/STN-LCD制造过程中对光刻胶的分辨率要求较低（>15μm），采用NaOH/KOH显影，要求具有较好的工艺适应性。TFT-LCD制造过程对光刻胶的分辨率要求较高（>5μm），同时需要光刻胶具有较好的涂布性能和较高的敏感度。

紫外宽谱负性光刻胶主要分为三类，一是传统的负性光刻胶，即采用环化橡胶作为成膜树脂，双叠氮化合物作为感光组分和交联剂的体系；二是采用酚醛树脂为成膜树脂的负性光刻胶体系，采用化学放大机理，它从反应机理上属于负性光刻胶，但是所用的配套试剂与正性光刻胶的相同；三是以丙烯酸树脂或环氧树脂为成膜树脂的负性光刻胶体系，采用自由基聚合或开环交联机理，具有透光性好、敏感度高等优点。一般用于半导体分立器件、集成电路封装、LED、微机电系统（MEMS）等器件工艺。用于半导体分立器件的紫外宽谱负性光刻胶主要是传统的负性光刻胶，以环化橡胶为成膜树脂，双叠氮化合物为交联剂，对分辨率要求不高，但需要具有较好的抗湿法腐蚀性能；用于集成电路封装的紫外宽谱负性光刻胶主要是丙烯酸树脂体系的负性光刻胶，该体系光刻胶透光性好，可以在较厚的膜厚下保持光刻胶的形貌及高敏感度；用于 LED 芯片制造的紫外宽谱负性光刻胶主要以酚醛树脂为成膜树脂，一般用于电极制造的剥离（Lift Off）工艺，这类光刻胶具有倒梯形形貌，高敏感度及较高分辨率；用于 MEMS 制造的紫外宽谱负性光刻胶主要是以环氧树脂为成膜树脂的负性光刻胶，这一类光刻胶交联密度大，可以形成较大的高宽比，热稳定性及机械性能优异。

2. g 线（436nm）光刻胶

g 线光刻胶是指用于以 436nm 波长光作为曝光光源的光刻胶，根据作用机理的不同，可分为正性光刻胶和负性光刻胶。g 线正性光刻胶与紫外宽谱光刻胶相同，是酚醛树脂/重氮萘醌体系的正性光刻胶，通常采用步进式光刻机进行曝光。它与紫外宽谱正性光刻胶的主要区别是感光剂在 436nm 处有较强的吸收性，又因用于集成电路制造，对光刻胶的金属离子含量有一定的要求。g 线光刻胶常被用于半导体分立器件和集成电路工艺中。用于半导体分立器件的 g 线正性光刻胶与紫外宽谱正性光刻胶类似，但由于曝光方式的改变，要求光刻胶具的分辨率和工艺窗口等性能优于紫外宽谱正性光刻胶；用于集成电路工艺的 g 线正性光刻胶要求有较高的分辨率（约 $1.0\mu m$）和较大的工艺宽容度，特别是曝光宽容度和焦深。由于集成电路制造中采用干法刻蚀和离子注入，要求光刻胶具有较好的抗刻蚀能力。g 线负性光刻胶以酚醛树脂为成膜树脂，主要用于集成电路制造及 LED 芯片制造的剥离（Lift Off）工艺，与紫外宽谱负性光刻胶相似，主要区别是其中的光致产酸剂在 436nm 处具有更强的吸收性。

3. i 线（365nm）光刻胶

i 线光刻胶是指用于以 365nm 波长光作为曝光光源的光刻胶，是集成电路制造发展过程中的主要光刻胶类型，其分辨率可达 $0.35\mu m$，广泛用于 150mm 及以下集成电路制造，在 200mm 集成电路制造中也占有一部分比重。i线正性光刻胶属于酚醛树脂/重氮萘醌体系,其特点是分辨率高,与g线光刻胶的主要区别在于其酚醛树脂、感光剂和添加剂化学成分及结构的不同。其中,除了对甲酚和间甲酚,在酚醛树脂中引入第三结构单元,提高曝光区与非曝光区的对比度,通过分级技术使树脂分子量分布得更窄;采用透射性更好的感光剂骨架结构,使光强在光刻胶中的分布更为均匀;通过溶解促进剂或溶解抑制剂等添加剂的使用,能够更精确地控制光刻胶的敏感度。用于集成电路和先进封装工艺的i线光刻胶主要分为三类:一是分辨率为0.5μm的普通i线光刻胶,用于非关键层;二是分辨率达0.35μm的高分辨i线光刻胶,用于关键层;三是厚膜光刻胶(膜厚3~5μm),用于钝化层工艺。i线正性光刻胶还广泛应用于LED的图形化衬底(LED PSS)工艺,该工艺需要干法刻蚀蓝宝石,要求光刻胶具有较强的抗干法刻蚀能力,即提高光刻胶树脂的机械性能;另外,PSS工艺对光刻胶的分辨率及敏感度要求较高($R<1.5\mu m$,$E_{op}<150mJ$)。

i线的负性光刻胶属于以酚醛树脂为成膜树脂的材料体系,它主要用于集成电路及LED芯片制造的剥离工艺中。与紫外宽谱负性光刻胶相比,i线负性光刻胶中的光致产酸剂在365nm处有更强的吸收性。

撰稿人:北京科华微电子材料有限公司　陈昕
审稿人:复旦大学　　　　　　　　　邓海

9.5.9　KrF 和 ArF 深紫外光刻胶,KrF 和 ArF 深紫外光阻,DUV Photoresist for KrF and ArF

深紫外光刻胶指的是感光波长在180~260nm之间的光致抗蚀剂,根据感光波长的不同,可以分为KrF(248nm)光刻胶和ArF(193nm)光刻胶。对于193nm光刻胶,根据曝光方式的不同,又分为193nm干法光刻胶和193nm湿法光刻胶。目前,248nm光刻胶的分辨率可达130nm;193nm干法光刻胶的分辨率可达45nm;结合多次图形技术,193nm湿法光刻胶的分辨率可达10nm甚至更小尺寸。这几类光刻胶是先进集成电路制造中的关键材料。

1. KrF(248nm)光刻胶

KrF(248nm)光刻胶是以KrF为曝光光源的光刻胶,它也是第一个采用化学放大技术的光刻胶,其主要组分包括成膜树脂、光致产酸剂、添加剂及溶剂。其作用原理为,光致产酸剂在248nm光照射下产生的酸在曝光后烘烤(PEB)过程中催化树脂发生化学反应,实现曝光区和非曝光区的溶解速率差,进而将图形转移到基片上。由于采用了化学放大技术，其敏感度高（30~50mJ）、分辨率高（可达 0.13~0.35μm）；结合分辨率增强技术（RET），KrF（248nm）光刻胶可用于 0.11μm 甚至 90nm 工艺。

KrF（248nm）光刻胶以聚对羟基苯乙烯树脂体系为成膜树脂，以磺鎓盐或硫鎓盐为光致产酸剂。曝光区域的光致产酸剂产生酸，在曝光后烘烤过程中，对于正性光刻胶，酸可以催化树脂发生脱保护反应，生成酚羟基或羧基，易溶于碱性显影液中；对于负性光刻胶，酸可以催化树脂发生交联反应，形成难溶于显影液的三维网状结构。

2. ArF（193nm）光刻胶

ArF（193nm）光刻胶是以 ArF 为曝光光源的光刻胶，同样采用化学放大技术，即光致产酸剂在 193nm 光照下生成的酸在 PEB 过程中催化成膜树脂发生反应，引起曝光区与非曝光区的溶解速率差，进而将图形转移到基片上。193nm 光刻胶根据应用的不同，又分为 193nm 干法光刻胶和 193nm 湿法光刻胶。193nm 干法光刻胶的应用与 248nm 光刻胶相同，其应用工艺节点包括 90nm、65nm 和 45nm。193nm 湿法光刻胶用于 193nm 湿法光刻，它与干法光刻的主要区别是曝光过程中在镜头与光刻胶之间充满水，以提高分辨率，其应用工艺节点包括 32nm、28nm、22nm、14nm 甚至 10nm。

ArF（193nm）干法光刻胶以聚对甲丙烯酸甲酯树脂体系为成膜树脂，以磺鎓盐或硫鎓盐为光致产酸剂，其工作原理与 KrF（248nm）光刻胶的工作原理相同。

由于 ArF（193nm）湿法光刻时在镜头与光刻胶之间充满了水，所以要保证光刻胶中的各组分不被水溶出，同时光刻胶与水的接触角要尽可能大，以提高光刻过程的产能。针对上述性能要求，可以通过在工艺中加入顶部涂层、在光刻胶中采用大分子的光致产酸剂及添加剂来实现。

撰稿人：北京科华微电子材料有限公司　　陈昕
审稿人：复旦大学　　　　　　　　　　　　邓海

▷▷▷ 9.5.10　极紫外光刻胶，极紫外光阻，EUV Photoresist

极紫外（EUV）光刻胶指的是感光波长为 13.5nm 的光刻胶材料，用于 EUV 光刻工艺，目前尚处于研发试生产阶段，主要致力于提高光刻胶的感光性，降低光刻胶的边缘粗糙度，减小光刻胶的气体释放等性能。对 EUV 光刻胶的要求是高分辨率、高曝光灵敏度和低边缘粗糙度（LER）。此外，还需要量产的EUV光刻胶具有超低的辐射放气量，对投影光学系统的污染轻微，且污染易去除。作为下一代光刻技术方案，预计EUV光刻胶的应用节点包括7nm及以下。

EUV光刻胶按照组成分类，可分为传统的化学放大型、分子玻璃型、金属氧化物型3种。传统的化学放大型EUV光刻胶具有曝光灵敏度高的特点，非常适合曝光功率受光源能力限制的EUV光刻技术；但由于存在酸扩散效应，分辨率较低，需要进一步改进。分子玻璃型EUV光刻胶中有保护基团的小分子有机材料，能够用旋涂工艺制备均匀无序的非晶态薄膜，同时薄膜要具有一定的热稳定性（$T_g>150$ ℃）；但是，在线宽趋小时分子玻璃材料会发生坍塌，变形严重，难以实现更高的分辨率。金属氧化型EUV光刻胶具有较大的密度与EUV吸收截面积，在曝光过程中放气量小，且对光学元件不产生污染，在图形转移时材料本身具有优良的抗蚀性能；但是需要的曝光能量密度过大，尚需改进。

图9-30所示为常见的极紫外MG/PAG bonded 结构示例。

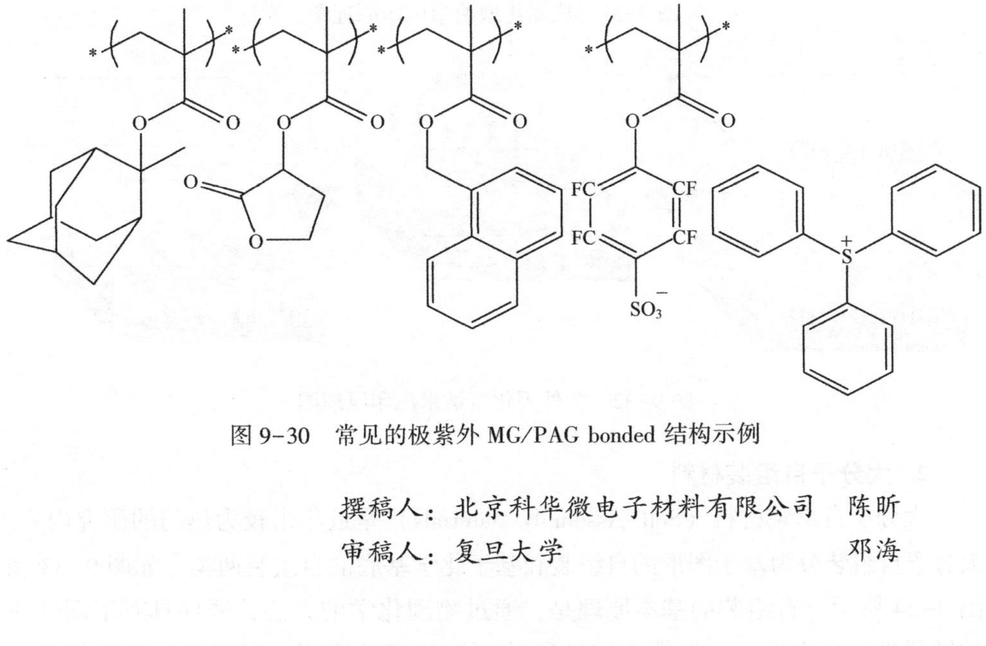

图9-30 常见的极紫外MG/PAG bonded 结构示例

撰稿人：北京科华微电子材料有限公司　　陈昕
审稿人：复旦大学　　　　　　　　　　　邓海

▷▷▷ 9.5.11 新型光刻胶材料，新型光阻材料，Next Generation Lithography Materials

新型光刻胶主要是指用于下一代光刻技术的光刻胶，如纳米压印光刻胶、大分子自组装材料和电子束光刻胶等。

1. 纳米压印光刻胶

纳米压印光刻胶主要分为两类，一类是热固化型纳米压印光刻胶（见图 9-31），即通过模质压印模板将光刻胶图形定义好后通过加热使之固化，然后通过刻蚀将图形转移到基片上；另一类是紫外固化型纳米压印光刻胶（见图 9-32），即通过紫外线照射将光刻胶图形固化，然后转移到基片上。用于纳米压印的光刻胶主要以丙烯酸树脂为主，再加入引发剂、交联剂、添加剂复配而成。

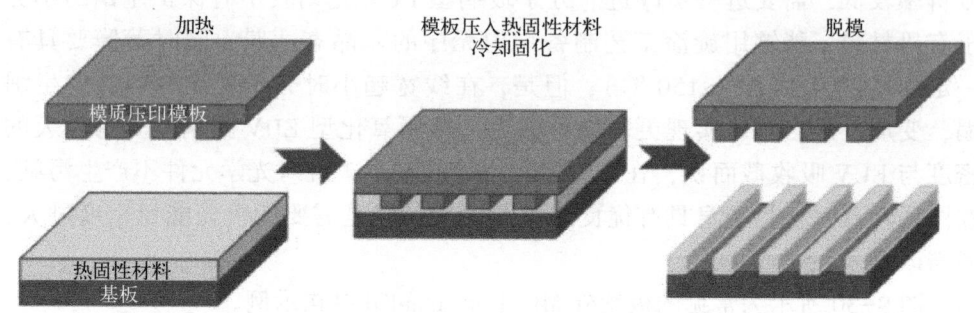

图 9-31　热固化型纳米压印原理图

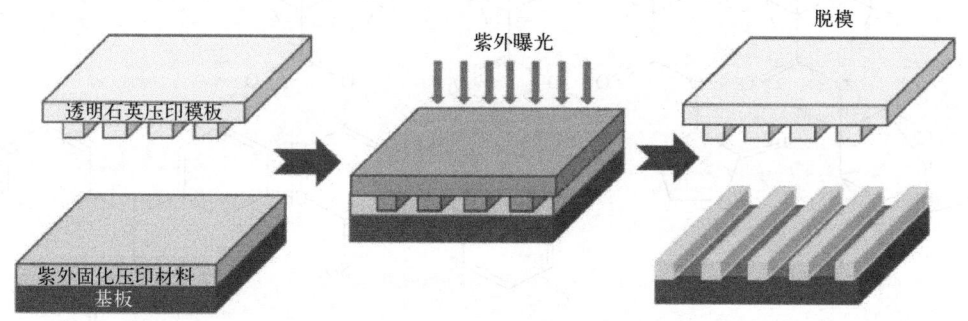

图 9-32　紫外固化型纳米压印原理图

2. 大分子自组装材料

大分子自组装材料（Self-Assembly Materials）是近年来较为热门的研究内容。大分子自组装分为基于图形的自组装和基于化学基底的自组装两类，如图 9-33 和图 9-34 所示。自组装的基本原理是，通过物理化学的方法，诱导具有不同性质的链段进行自主排列，根据不同链段的刻蚀速率的不同，实现类似于光刻的目的。目前，大分子自组装材料已经在 Intel 公司小批量使用。

3. 电子束光刻胶

电子束光刻胶指的是通过聚焦电子束曝光的光刻胶材料。由于电子束波长短、能量集中、束斑很细，可以获得很高的分辨率，因此可以用于光刻掩模版

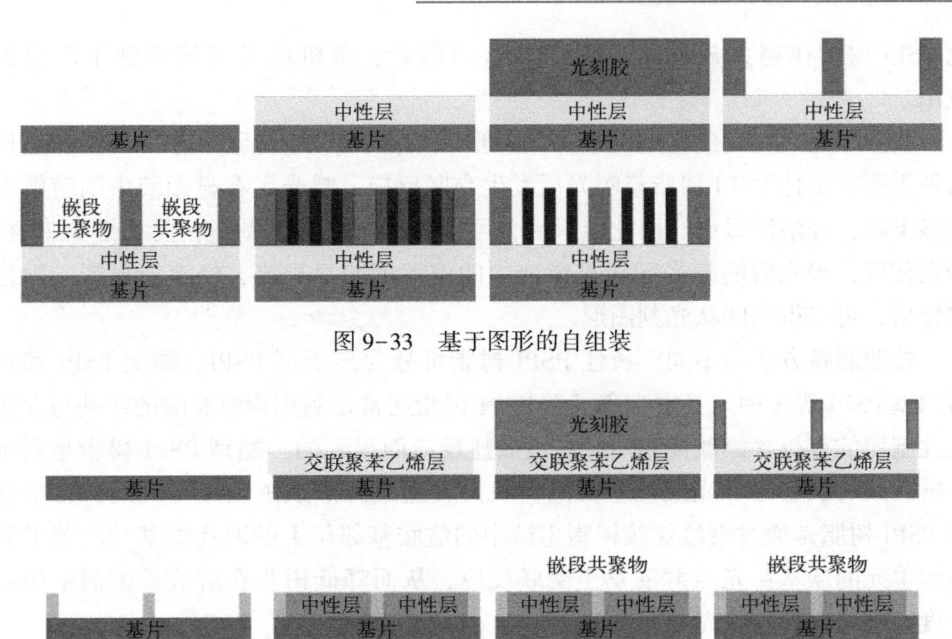

图 9-33 基于图形的自组装

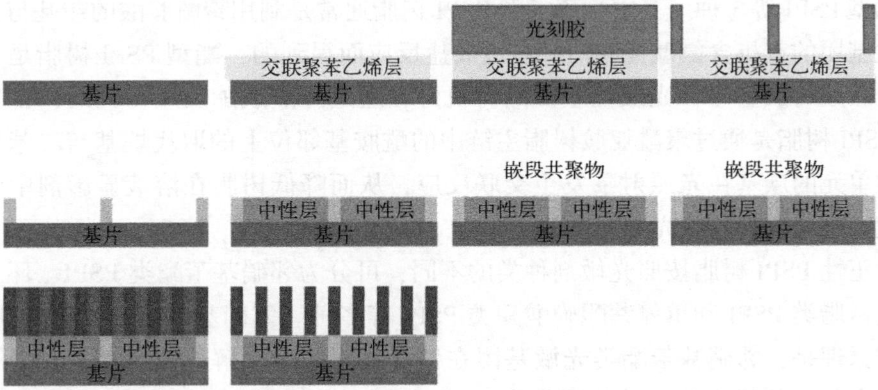

图 9-34 基于化学基底的自组装

的制作。电子束光刻胶以聚甲基丙烯酸酯类为主。在电子束的轰击下，电子束光刻胶发生断链反应，生成易溶于显影液的物质。电子束光刻速度较慢，不适合大规模集成电路芯片的制造。目前，国际上正在开展多束电子束光刻技术的研究工作，有望提高电子束光刻技术的产能。

撰稿人：北京科华微电子材料有限公司　　　陈昕
审稿人：复旦大学　　　　　　　　　　　　邓海

▷▷▷ 9.5.12　光敏聚酰亚胺，光敏聚酰亞胺，Photosensitive Polyimid

光敏聚酰亚胺（Photosensitive Polyimid，PSPI）树脂是一类在高分子链上兼有亚胺环及光敏基团，具有优异的热稳定性与良好的机械、电气、化学和感光性能的有机材料。利用 PSPI 树脂在紫外线、X 射线、电子束或离子束照射下会发生交联反应或分解反应，可以通过掩模版在基材表面形成薄膜图形；同时，由于使用 PSPI 树脂在基材上形成薄膜图形的工艺比较简单，生产成本较低，因此PSPI树脂在超大规模集成电路制造与封装、微机械等领域得到了广泛的应用。

按照曝光后得到的光刻图形的凸凹形状不同，PSPI树脂可分为负性和正性两种类型。负性PSPI树脂经曝光后发生交联反应，曝光区在显影液中的溶解度明显下降，经溶液显影、固化定影后，可以得到凸状光刻图形；而正性PSPI树脂则相反，曝光后的曝光区在显影液中的溶解度明显提高，经溶液显影、固化定影后，可以得到凹状光刻图形。

按照制备方法的不同，负性PSPI树脂可分为离子型PSPI、酯型PSPI和自增感型PSPI等3种。其中，离子型PSPI树脂通常是利用聚酰胺酸的羧基与含光敏性基团的有机含氮碱性物质，通过成盐反应而得到的；酯型PSPI树脂是利用聚酰胺酸的酸基与含光敏性基团的有机醇，通过醇酸成酯反应得到的；自增感型PSPI树脂是通过聚酰亚胺树脂主链中的酰胺基邻位上的取代烷基与二苯甲酮结构单元的羰基在光照射下发生交联反应，从而降低树脂在溶液显影剂中的溶解度，因此得到凸状光刻图形的。

正性PSPI树脂按照光敏剂种类的不同，可分为邻硝基苄酯类PSPI、环丁基亚胺树脂类PSPI和重氮萘醌磺酸酯类PSPI等多种。邻硝基苄酯类PSPI树脂的工作原理是，邻硝基苄酯类光敏基团在紫外线作用下分解成羧酸和醛，主链上连接有邻硝基苄酯类光敏基团的聚酰胺酸酯树脂在感光后使酯基转变成羧基，明显地提高了它在碱性水溶液中的溶解性；经碱性水溶液显影、固化定影后，曝光区完全溶解而非曝光区保留下来，从而形成正性凸状光刻图形。环丁基亚胺树脂类PSPI树脂的工作原理是，含环丁基的聚酰亚胺树脂受光辐照后发生分解反应，使得曝光区在有机显影剂中的溶解度提高，从而得到正性图形。重氮萘醌磺酸酯类PSPI树脂是由聚酰胺酸酯树脂与在光辐照下可形成有机羧酸化合物的光敏剂混合而成的；在光辐照作用下，重氮萘醌磺酸酯基团（DNQ）分解，形成有机茚酸类物质，使得曝光区树脂在碱性水溶液显影剂中的溶解度明显提高，从而得到正性图形。

PSPI树脂在超大规模集成电路制造与封装、微机械等领域中的应用很广泛，主要用于芯片表面的钝化层，多层金属互连电路的层间介质层膜，BGA/WLP等先进封装中的金属凸点制作中的介质绝缘层膜，以及塑封电路的应力缓冲保护层等。

撰稿人：中国科学院化学研究所　杨士勇
审稿人：复旦大学　　　　　　　邓海

▷▷▷ 9.5.13 抗反射涂层，抗反射塗層，Antireflection Coating

抗反射涂层是指涂布在光刻胶底部或顶部的涂层，其主要作用是消除光刻胶—基片界面及光刻胶—空气界面的反射，降低由衍射引起的驻波效应对光刻胶性能的影响。涂布在光刻胶顶部的抗反射涂层为 TARC，它可以在显影液中溶解；涂布在光刻胶底部的抗反射涂层为 BARC。抗反射涂层一般与248nm深紫外（DUV）光刻胶或193nm光刻胶配套使用，通常由高分子树脂、染料、热致产酸剂、溶剂等组成；但是，用于248nm和193nm光刻胶的抗反射涂层的组成又有所不同，其所用染料的吸收峰是不同的。底部抗反射涂层的主要作用是消除从基片反射到光刻胶中的光，阻止基片上的杂质向光刻胶中扩散；其性能要求包括具有较高的吸光系数，不溶于光刻胶溶剂，抗刻蚀速度小于光刻胶。顶部抗反射涂层的主要作用是消除从光刻胶顶面反射回光刻胶中的光，阻止空气中的杂质向光刻胶中扩散，降低膜厚对光刻胶性能的影响，提高光刻胶线宽的均匀性；其性能要求包括折射率与光刻胶匹配，易溶于显影液。

撰稿人：北京科华微电子材料有限公司　　陈昕
审稿人：复旦大学　　　　　　　　　　　　邓海

▷▷▷ 9.5.14 光刻胶配套试剂，光阻配套試劑，Ancillaries

光刻胶配套试剂是指在集成电路制造中与光刻胶配套使用的试剂，主要包括增黏剂、稀释剂、去边剂、显影液和剥离液。大部分配套试剂的组分是有机溶剂和微量添加剂，溶剂和添加剂都是具有低金属离子及颗粒含量的高纯试剂。

（1）光刻胶增黏剂：是在涂布光刻胶前对基片进行处理的一种试剂，主要组分是六甲基二硅氮烷。其主要作用是，通过与基片表面的羟基反应，将基片表面由亲水性变为疏水性，提高光刻胶与基片之间的黏附性，减少由光刻胶黏附性不好引起的缺陷，提高光刻胶的抗湿法腐蚀性能。

（2）稀释剂：是一种用于稀释光刻胶的溶剂，其主要作用是调整光刻胶的黏度，使其适用于不同的膜厚。其主要材料是常用的光刻胶溶剂，如丙二醇甲醚醋酸酯（PGMEA）、丙二醇甲醚（PGME）、乳酸乙酯（EL）、二庚酮（MAK）等。

（3）去边剂：是在光刻胶涂布过程中用于清洗基片边缘光刻胶的配套试剂。在旋转涂布过程中，光刻胶会回溅到基片的背面，随着基片进入后续环节，易引起设备的污染，增加环境中的颗粒，因此应通过去边工艺将基片背面的光刻胶清洗掉。去边剂的主要组分是有机溶剂，如丙二醇甲醚醋酸酯、丙二醇甲醚、乳酸乙酯等，需要与光刻胶的溶剂匹配。去边剂能快速溶解光刻胶，具有高纯度、低颗粒含量的特点。

（4）显影液：是在显影过程中使用的配套试剂，其作用是溶解基片上不需要的光刻胶。对于正性光刻胶，显影液主要是碱的水溶液，如四甲基氢氧化铵、氢氧化钠等；对于环化橡胶型的负性光刻胶，显影液的主要成分是有机溶剂。

（5）剥离液：是指在曝光显影及后续工艺后用于去除基片上的光刻胶的配套试剂。由于光刻胶在显影后要经过不同的工艺，如湿法刻蚀、干法刻蚀、离子注入等，这会引起光刻胶的结构变化，不易被去除，因此需要剥离液对光刻胶有较强的溶解性能。其基本组分是有机溶剂与有机胺类添加剂，常用的剥离液溶剂包括 N-甲基吡咯烷酮（纳米 P）、二甲基亚砜（DMSO）等。

撰稿人：北京科华微电子材料有限公司　　陈昕
审稿人：复旦大学　　邓海

▷▷▷ 9.6　工艺辅助材料

▷▷▷ 9.6.1　浸没液体，浸没液體，Immersion Fluid

浸没液体是指浸没式光刻机中用于填充最后一级投影物镜和硅片之间缝隙的高折射率液体，它起到附加液体镜头的作用，协助光学系统实现纳米级线宽曝光，如图 9-35 所示。浸没液体的使用是浸没式光刻区别于传统干式光刻技术的主要特征，后者的物镜与硅片之间的介质为气体。

在光刻技术的发展历程中，降低激光波长一直是提高曝光分辨率的主要手段；但在 193nm 波长光刻技术被成功应用后，业界始终无法解决 157nm 光波的镜头制造难题，为此转而采用 193nm 浸没式光刻技术来提高曝光分辨率。传统 193nm 干式光刻机的物镜和硅片之间的介质为气体，其折射率约为 1，因此数值孔径约为 0.93，曝光特征线宽无法突破 65nm。193nm 浸没式光刻机在其物镜与硅片之间填充浸没液体，以超纯水为例，其折射率约为 1.44，因此数值孔径可达到约 1.35，曝光特征线宽可降至 45nm 以下。此外，数值孔径的提高还增大了曝光焦深，使得曝光光线更容易汇聚在光刻胶上，增大了刻蚀的清晰范围，提高了光刻质量。

目前，已商业化推广的浸没式光刻机中所使用的浸没液体普遍为无气泡超

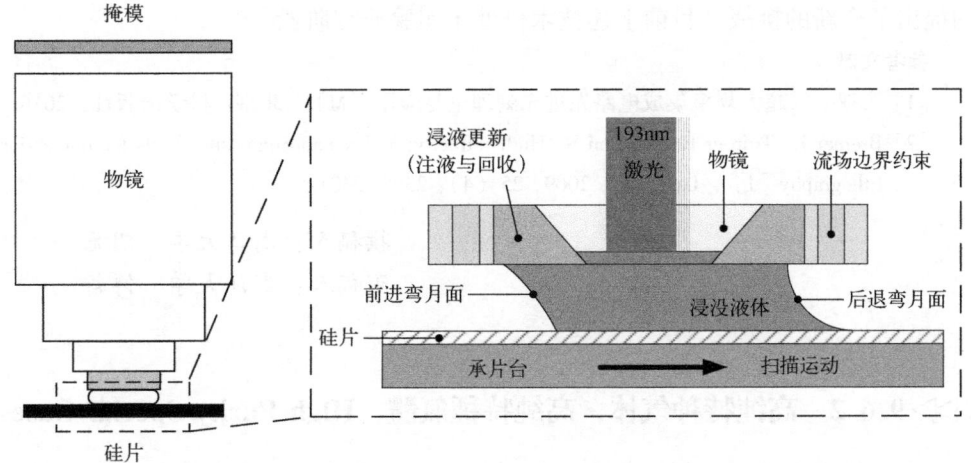

图 9-35 浸没式光刻原理示意图

纯水,它对 193nm 光波具有良好的透射率和较高的折射率,且对温度变化不敏感,不易与物镜材料发生化学反应。此外,水具有较低的黏度,有利于高速扫描曝光。但由于浸没液体充当着光路中最后一级物镜的角色,所以必须保证其高度纯净、均一与稳定。为此,首先需通过浸液处理系统将半导体厂务水转变为符合曝光要求的浸没液体,即使用高效、合理的污染物去除工艺,使溶氧、TOC、颗粒含量等诸多参数均达到洁净度指标要求。同时,需通过对管路及过流部件的设计进行严格控制,避免浸没液体在处理和输送过程中产生二次污染,并通过浸液输送控制系统,实现精确、连续、无波动的浸没液体供给。其次,在实际的曝光过程中,浸没液体的填充可能会给曝光区域引入新的次生缺陷,如光刻胶在浸没液体中浸泡析出造成的污染,流场初始化及扫描时引入的气泡,以及曝光时引起的流场局部温升等,都将影响浸没流场的均匀性,导致液体折射率不连续,降低曝光质量。为此,在实际曝光过程中,需对浸没液体进行实时更新,以维持浸没液体的高度洁净和均匀。此外,由于硅片的高速扫描会对浸没液体形成较强的黏性剪切作用,易导致流场边界失稳而引发泄漏,因此浸没流场的边界约束与控制也是至关重要的[1]。

提高浸没液体折射率是浸没式光刻向更高分辨率发展的最直接、有效的手段。因此,对浸没液体进行光学改性,研制二代乃至三代高折射率浸没液体,已成为浸没式光刻领域的研究热点。前者在浸没液体中加入盐类或者环烷类物质,可将折射率提高至约 1.65,将数值孔径提高至约 1.5;后者则在浸没液体中加入纳米粒子,可将折射率提高至约 1.8,并将数值孔径提高至约 1.7[2]。但由于光学改性后的浸没液体的均匀性和流动特性也随之变化,这对其制备与控制均提出了全新的挑战，目前上述技术仍处于实验研究阶段。

参考文献

[1] 韦亚一. 超大规模集成电路先进光刻理论与应用 [M]. 北京：科学出版社，2016.

[2] Bremer L, Tuinier R, Jahromi S. High refractive index nanocomposite fluids for immersion lithography [J]. Langmuir, 2009, 25 (4)：2390-2401.

撰稿人：浙江大学　胡亮
审稿人：浙江大学　傅新

▷▷▷ 9.6.2　高纯特种气体，高純特種氣體，High Purity Special Gases

在大规模集成电路制造业中，气体的使用非常广泛，约占全部生产材料的三分之一。其中，用于各种生产工艺的气体，特别是与硅片直接接触的气体，一般统称为高纯特种气体或高纯电子级气体。这类气体的最大特点就是高纯度和高危险性。由于在化学气相沉积、刻蚀、离子注入、外延等前段制造工艺中，气体中的有害杂质浓度对芯片的成品率有着直接的影响。目前，大部分的高纯特种气体的纯度应达到99.99%（4N）以上。

【说明】业内常用"xN"或"xN5"表示纯度等指标，其中x为大于1的正整数，"N"为英文单词Nine的首字母。例如，"4N"表示99.99%；"5N"表示99.999%；"6N5"表示99.99995%。

随着集成电路制造技术节点的不断提升，对气体纯度的要求也越来越高，部分气体需要经过进一步纯化处理，使其纯度达到99.999%（5N）以上。同时，大部分的特种气体还具有高压、易燃、高腐蚀性、剧毒等特点，因此对装载特种高纯气体的钢瓶和阀门有较高的安全要求。表9-17列出了常用的高纯特种气体的用途、纯度要求和包装规格。

表9-17　常用的高纯特种气体的用途、纯度要求和包装规格

气体名称	应用工艺	纯　度	钢瓶规格	阀门规格
SiH_4	扩散/CVD	≥99.9999%	47L，450L	DISS632
SiH_2Cl_2	扩散/CVD	≥99.9%	47L	DISS636
WF_6	扩散/CVD	≥99.999%	10L	DISS638
N_2O	扩散/CVD	≥99.9995%	47L，450L	DISS712
NH_3	扩散/CVD	≥99.999%	47L	DISS720/CGA660
SiF_4	扩散/CVD	≥99.999%	47L	DISS642
PH_3	扩散/CVD	≥99.9996%	47L 负压钢瓶	DISS SA-A

续表

气体名称	应用工艺	纯 度	钢瓶规格	阀门规格
Si_2Cl_6	扩散/CVD	≥99.999 9%	18L	1/4VCR
C_3H_6	扩散/CVD	≥99.95%	47L	JIS 22-14L
$SiH(CH_3)_3$	扩散/CVD	≥99.99%	47L	DISS632
HCl	扩散/CVD	≥99.999%	47L	CGA330/JIS 26-14-OR
HF	扩散/CVD	≥99.999%	47L	JIS 22-14-OR
He	扩散/CVD	≥99.999 9%	47L	DISS718
$1\%PH_3/N_2$	扩散/CVD	≥99.999%	47L	DISS632/CGA350
$5\%B_2H_6/N_2$	扩散/CVD	≥99.999%	47L	DISS632
$5\%H_2/He$	扩散/CVD	≥99.999 9%	47L	DISS724
$10\%CH_4/Ar$	扩散/CVD	≥99.99%	47L	DISS724
GeH_4/H_2	扩散/CVD	≥99.998%	47L	DISS632/CGA350
$20\%F_2/N_2$	扩散/CVD	≥99.9%	47L	JIS 22-14-OR
NF_3	刻蚀/清洗	≥99.99%	47L,450L	DISS640
CF_4	刻蚀/清洗	≥99.999 7%	47L	DISS716
CO	刻蚀	≥99.996%	47L	DISS724
HBr	刻蚀	≥99.999%	47L	DISS634
CO_2	刻蚀	≥99.999%	47L,450L	DISS716/CGA320
CH_3F	刻蚀	≥99.99%	47L	DISS724
$SiCl_4$	刻蚀	≥99.999 9%	47L	JIS 22-14R
BCl_3	刻蚀	≥99.999%	47L	DISS634
CHF_3	刻蚀	≥99.999%	47L	DISS716
CH_2F_2	刻蚀	≥99.998%	47L	DISS724
Cl_2	刻蚀	≥99.999%	47L	DISS634
C_4F_6	刻蚀	≥99.5%	47L	CGA724
C_2F_6	刻蚀	≥99.999%	47L	DISS716
SF_6	刻蚀/清洗	≥99.99%	47L	DISS716/CGA590
C_4F_8	刻蚀/清洗	≥99.999%	47L	DISS716
CH_4	刻蚀	≥99.999 9%	47L	JIS 14L
$4\%H_2/N_2$	刻蚀	≥99.999 9%	47L	DISS724
BF_3	离子注入	≥99.9%	2.2L 负压钢瓶	1/4VCR
PH_3	离子注入	≥99.999 7%	2.2L 负压钢瓶	1/2VCR

续表

气体名称	应用工艺	纯　　度	钢瓶规格	阀门规格
AsH_3	离子注入	≥99.999 5%	2.2L 负压钢瓶	1/2VCR
Xe	离子注入	≥99.995%	47L	CGA580
GeF_4	离子注入	≥99.9%	2.2L 负压钢瓶	1/4VCR
1.2%He/N_2	光刻	≥99.999 9%	47L	DISS718
3.5%Ar/$10×10^{-6}$ Xe/Ne	光刻		47L	DISS718
0.95%F_2/3.5%Ar/Ne	光刻		47L	DISS728
1.25%Kr/Ne	光刻		47L	DISS718
0.95%F_2/1.25%Kr/Ne	光刻		47L	DISS728

常用的高纯特种气体有 30 多种，按其化学属性可分为如下三类气体。

1. 烷类气体

大部分的烷类气体是由金属或非金属的氢化物组成的，如硅烷（SiH_4）、磷烷（PH_3）、砷烷（AsH_3）、锗烷（GeH_4）等；其化学分子式可以用 M_xH_y 或 $M_xH_yX_z$ 表示，这里 M 表示金属或非金属，H 表示氢，X 表示其他功能团。这类气体在比较温和的温度和能量条件下，不仅可以分解或反应成薄膜和掺杂所需要的组分，而且产生的氢气和易挥发的副产物很容易从硅片表面移除，不会对硅片的物化和电学性能以及生产设备产生不良影响。因此，烷类气体特别适用于化学气相沉积、扩散和离子注入等工艺。在 LED 制造的 MOCVD 工艺中也大量使用此类气体，特别是 AsH_3、PH_3 和 NH_3 被广泛地用于 GaAs、GaP、GaN、GaAsP 等红光、黄光、蓝光发光器件的生产。

烷类气体的化学气相沉积反应为

$$SiH_4 \xrightarrow{\triangle} Si（成膜）+H_2 \uparrow$$

$$SiH_4+N_2O \xrightarrow{\triangle} SiO_2（成膜）+N_2 \uparrow +H_2 \uparrow$$

烷类气体的离子注入反应为

$$AsH_3+e \longrightarrow As^+（掺杂）+H_2 \uparrow$$

$$PH_3+e \longrightarrow P^+（掺杂）+H_2 \uparrow$$

烷类气体基本上都是易燃、易爆和剧毒的高压气体（见表 9-18），其设备和操作的安全措施都比较烦琐。钢瓶必须安装在特制的气瓶柜内。气瓶柜由多个高压阀门、减压阀、压力计、置换单元等组成，除了具备减压输气、测漏、隔断等功能，气瓶柜通常还需要配备毒气探测器和尾气处理装置（Scrubber），并且要保证柜内一直具备足够的通风流量和负压。

表 9-18 烷类气体物化性质和安全类别

烷类气体种类	AsH$_3$	PH$_3$	SiH$_4$	GeH$_4$	NH$_3$
分子量	77.9	34	32	76.6	17
沸点（@1atm）/℃	-62.5	-87.7	-112.1	-88.1	-33.4
熔点/℃	-116.8	-133.8	-185	-165.9	-77.7
气体密度（@21.1℃）/(g/L)	3.228	1.408	1.3	3.174	0.705
液体密度（@25℃）/(g/ml)	1.321	0.491	0.43(-40℃)	0.859	0.602
蒸气压（@25℃）/atm	15	35	临界温度为 -3.5℃	39	10
安全阈值（×10^{-6}）	0.05	0.3	5	0.2	25
爆炸下限值（%）	4.5	1.2	1.4	2.8	15
爆炸上限值（%）	78	98	96	98	25
安全类别（UN-14、UN-16）	2.1、2.3	2.1、2.3	2.1、2.3	2.1、2.3	2.3、8.2
安全风险	剧毒、易燃	剧毒、自燃	剧毒、自燃	剧毒、燃爆	毒性、腐蚀

注：1atm=101.325kPa。

对于安全防护要求等级更高的工艺（如离子注入），目前基本上采用负压气体源技术（如 SDS®、Uptime™、安全源®等）来储存和输运高纯特种气体，以便将气体泄漏的可能性降低至可以忽略不计的水平。与传统的高压钢瓶相比，目前采用负压气体源技术的高纯特种气体的泄漏程度仅为其万分之一[1]。图 9-36 所示的是负压气体源技术原理。图 9-37 所示的是高压气体与负压安全气体源泄漏实验比较。

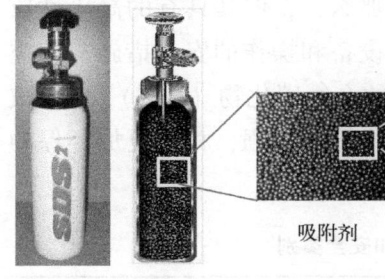

图 9-36 负压气体源技术原理

将比表面积达1200m²/g的吸附剂放置在气体钢瓶内，利用吸附剂的多孔性质和范德瓦尔斯力，将目标气体储存在吸附剂内，并控制瓶压在1atm以下，这样就可以避免由于高压而造成泄漏的风险。使用时，由机台或设备的真空设备将吸附的气体抽入机台腔体内。

2. 卤化物气体

含有氟（F）、氯（Cl）、溴（Br）、碘（I）元素的气体称为卤化物气体。鉴于绝大多数用于集成电路的卤化物为含氟的气体，一般将这类气体统称为氟化物气体或含氟气体。这类气体的特点在于卤元素具有极强的化学反应活性。

(a) 15g高压BF₃泄漏情况　　　　(b) 230g负压安全源SDS BF₃泄漏情况

图 9-37　高压气体与负压安全气体源泄漏实验比较

在高温或电场条件下，卤化物气体产生的等离子和自由基，与硅、二氧化硅、氮化硅、金属等材料发生化学反应，生成相应的气体，并将其从硅片和机台腔体表面去除。因此，这类气体特别适合干式清洗和刻蚀的工艺。目前，用于清洗工艺的气体主要包括 NF_3、SF_6、CF_4、C_2F_6、C_3F_8 和 ClF_3 等；而用于刻蚀工艺的气体种类比较多，大部分为氟碳化合物，如 CF_4、CHF_3、CH_3F、CH_2F_2、C_2F_6、C_4F_6、C_4F_8 和 C_5F_8 等。氟/碳比是这类刻蚀气体的一个重要参数，通过调节氟/碳比，可以使刻蚀速率、选择性、各向异性和均匀性都达到刻蚀工艺的要求。另外，有部分氟化物（如 BF_3、GeF_4、SiF_4）可以用于离子注入工艺。

氟化物干式刻蚀反应为

$$CF_4 + e \longrightarrow 2F + CF_2 (等离子或自由基)$$

$$SiO_2 + 4F \longrightarrow SiF_4 \uparrow + O_2 \uparrow$$

$$SiO_2 + 2CF_2 \longrightarrow SiF_4 \uparrow + 2CO \uparrow$$

虽然卤化物气体的毒性没有烷类气体的毒性那么大，但其具有的高压性质同样存在很大的安全风险（见表 9-19），因此其设备和操作的安全措施与烷类气体的基本一致。氟化物气体的使用会产生很多的全氟碳化物（PFC），PFC 被认为是一种典型的大气温室气体。随着环境保护措施的加强，相对更加环保的 C_6F_6、F_2 等刻蚀和清洗气体会得到越来越多的应用[2,3]。

表 9-19　卤化物气体物化性质和安全类别

卤化物气体种类	NF3	SF6	CF4	C4F8	ClF3
分子量	71	146	88	200	92.5
沸点（@1atm）/℃	-129	-50.7	-128	-5.98	11.5
熔点/℃	-206.7	-63.9	-184	-40.2	-83
气体密度（@21.1℃）/(g/L)	2.94	6.05	3.64	8.28	3.729
液体密度（@25℃）/(g/ml)	1.2 (-70℃)	1.32	1.3 (-80℃)	1.442	1.785

续表

卤化物气体种类	NF3	SF6	CF4	C4F8	ClF3
蒸气压（@25℃）/atm	临界温度为 -39.3℃	22.5	临界温度为 -45.5℃	1.68	1.5
安全阈值（$\times 10^{-6}$）	10	1000	—	—	0.1
爆炸下限值/%	—	—	—	—	—
爆炸上限值/%	—	—	—	18.7	—
安全类别（UN-14、UN-16）	2.3	2.2	2.2	2.2	2.3、8.2
安全风险	毒性	非易燃、无毒	非易燃、无毒	非易燃、无毒	剧毒、腐蚀

3. 其他气体

除烷类和卤化物气体外，另外还有一些从化学属性上不能归入烷类和卤化物的气体（如 N_2O、NO 等），在外延工艺中使用的 $SiCl_4$、$SiHCl_3$、SiH_2Cl_2 和 PCl_3 等，以及用于集成电路光刻设备激光器的气体。后者主要是以氟（F）、氪（Kr）、氖（Ne）为主体的各类混合气，如 $0.95\%\ F_2/1.25\%\ KrNe$、$3.5\%\ Ar/10\ ppmXe/Ne$。这类气体的使用量较小，但是在集成电路生产中是必不可少的。这些气体的用途各异，但是它们的纯度要求、安全包装和操作要求与烷类气体和卤化物气体基本一致。

参考文献

[1] W. KarlOlander, Lupng Wang. Low pressure sources: benefits and drivers for adoption [J]. Gases and Technoloby, Nov/Dec, 2002.

[2] Ritwik Chatterjee, Simon Karecki, Rafael Reif, et al. The evaluation of hexafluorobenzene as an environmentally benign dielectric etch chemistry [J]. Journal of The Electrochemical Society, 2001, 148 (12): 721-724.

[3] Siegele S, Hage D, Siegele F. On-site generation of high purity fluorine as a safe and economical alternative for CVD chamber cleaning [J]. FutureFab International, 2002, 13: 107-116.

撰稿人：江苏南大光电材料股份有限公司　　王陆平
审稿人：浙江大学　　　　　　　　　　　　杨德仁

9.6.3 硅片精密加工材料，矽片精密加工材料，Precise Processing Materials for Silicon Wafers

现阶段的研磨工艺主要是双面研磨，其研磨机理为物理机械去除。常用的研磨材料是碳化硅（SiC）、金刚石、氧化铝（Al_2O_3）或碳化硼（BC）的粉末颗粒，颗粒的尺寸在 $10\mu m$ 至数十微米之间。图 9-38 所示为研磨材料粉末颗粒的样品照片。使用时，需要在研磨颗粒中加入一定的分散剂，使磨料颗粒分散于水中。研磨过程中用的研磨盘一般由铜和环氧树脂（Epoxy/Resin）组成，通常研磨盘面积很大，可以同时承载多个硅片。

图 9-38 研磨材料粉末颗粒的样品照片

研磨后的硅片需要经过进一步的抛光处理才能达到更好的硅片表面条件。抛光工艺通常分为粗抛光、边抛光和精抛光三个主要步骤。抛光液主要由纳米级的 SiO_2 颗粒、水和相应的化学配方组成，通常是在碱性条件下使用。

在粗抛工艺中，硅片的双面都需要进行抛光，粗抛光液借助于化学机械抛光的机理，对硅片表面进行微米级厚度的去除，使硅片的厚度不均匀性尽量小，硅片的翘曲度得到控制，表面没有严重的缺陷和划伤，平整度达到纳米级，并且硅片表面金属离子的浓度达到一定的标准。粗抛光液的用量很大，为了节约成本，一般需要循环使用。目前，粗抛光液的主要供应商包括日本的 Fujimi、Nitta Hass、日产化学，美国的陶氏化学（Dow Chemical）和韩国的 ACE 等公司。

在边抛工艺中，边抛光液的主要作用是使硅片边缘达到高度光滑的平整度，其用量相对粗抛光液少很多，一般由粗抛光液的供应商提供。

精抛光是抛光工艺中的最后一个步骤，此时的硅片表面抛光对硅片表面的原子晶格排列、缺陷和金属离子的浓度都有很高的要求，因此对组成精抛光液的原材料有更高的要求，不仅要控制纳米级颗粒的金属离子浓度、尺寸分布和表面形貌，而且要控制抛光液配方中所用的化学品的纯度及金属离子浓度。另外，精抛光液不能循环使用。目前，日本的 Fujimi 公司在精抛光液技术和市场上均占有很大的优势。

除了抛光液，抛光垫也是抛光工艺中的重要耗材之一，一般由聚亚氨脂发泡而成。在抛光工艺中，抛光垫的硬度、压缩参数、沟槽的形貌和深度对抛光效果都有影响。

撰稿人：安集微电子（上海）有限公司　王淑敏
审稿人：浙江大学　　　　　　　　　　　杨德仁

▷▷▷ 9.6.4　石英制品，石英製品，Quartz Products

在集成电路制造工艺中，石英制品是必不可少的配套产品，主要包括石英扩散管、石英坩埚、石英钟罩、石英舟/篮/支架等。

1. 石英扩散管

石英扩散管主要用于半导体集成电路芯片生产线的氧化、扩散工序。该类石英扩散管通常采用连熔成型工艺，将提纯后的石英砂送至连熔炉中，然后经过高温熔凝拉制而成的。

石英车床是加工石英扩散管的必需的设备。其加工过程是，将石英扩散管两端卡在车床上，通过机械旋转，使管道整体保持同心，中间部分配有不同数量的喷灯，在加工的过程中调节火焰的温度，并由操作者按照产品的要求进行成型加工。

目前，石英扩散管的最大直径可达到800mm，其长度可达3500mm。在石英扩散管加工过程中，一般采用热加工玻璃车床进行封头、磨口、变径等操作，再经过手灯热加工进行接球头、焊吊管、焊法兰等工艺加工。

为了提高石英扩散管的耐温性能，通常还会采用高温涂层工艺，如图9-39所示。利用车床在石英扩散管表面喷涂 SiO_2、SiC、Al_2O_3 等涂层，可使石英扩散管在1280~1300℃高温下间断或连续使用，提高了石英管的使用寿命。

2. 石英坩埚

图9-40所示的是石英坩埚，它可分为单晶硅用石英坩埚和铸造多晶硅用石英坩埚两类。单晶硅用石英坩埚是选用高纯石英砂制备的用于直拉单晶硅生长的电弧石英坩埚。它具有较强的抗热振动、抗析晶性能，以及极低的热传输及介电损失特性，一般可在1450℃下连续使用。为了避免石英坩埚在拉晶过程中发生析晶落入熔硅中的情况，一般会在石英坩埚表面喷涂碳酸钡，这样石英坩埚在拉晶过程中会快速形成一层均匀而致密的 β-方石英层，从而保证单晶硅拉晶过程的顺利进行。直拉单晶硅用石英坩埚的直径一般在400~600mm之间。

图 9-39　石英扩散管高温涂层

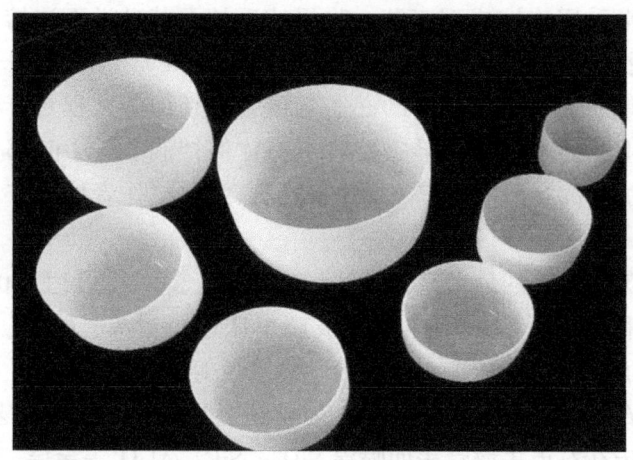

图 9-40　石英坩埚

铸造多晶硅用石英坩埚是选用高纯熔融石英制备的石英陶瓷坩埚，它具有极强的热稳定性、抗腐蚀性、抗压/抗折强度，一般用于太阳能光伏产业的多晶硅铸锭生产工艺，可在 1600℃ 高温下使用。为了防止铸造多晶硅用石英坩埚在晶体生长过程中溶蚀而导致晶体中氧浓度增加，通常会在石英坩埚内壁涂覆 Si_3N_4 涂层。

3. 石英钟罩

石英钟罩如图 9-41 所示。一般石英钟罩与石英保温筒及立式石英舟配套使用，多用于半导体集成电路芯片生产的外延工序。外延炉一般采用立式结构，将石英钟罩套在立式石英舟外部，而将石英保温筒作为支撑。

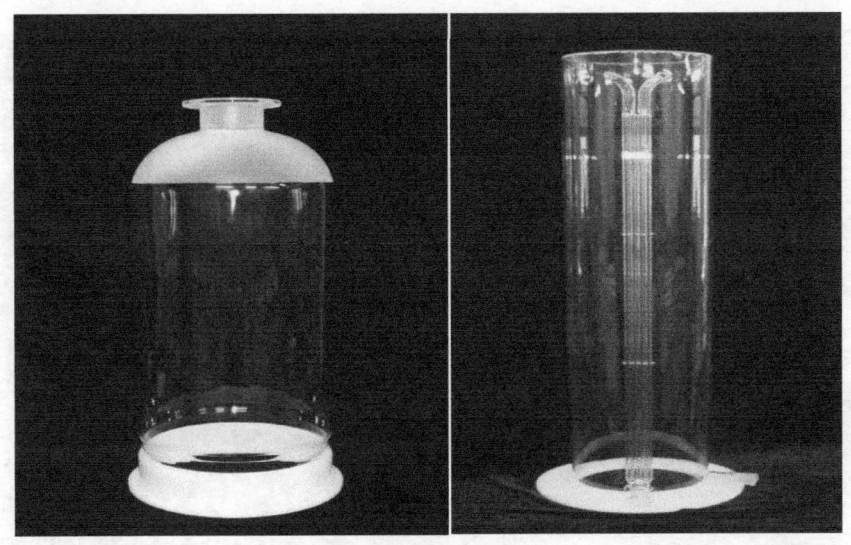

图 9-41　石英钟罩

石英钟罩一般采用玻璃车床直接进行封接，其顶部可分为圆顶、平顶、法兰对接等；经过必要的清洗处理后，再由手工操作焊接导气管、通气嘴、接嘴等配件；然后，由冷加工车床按照平面度、平行度等指标要求进行研磨（研磨面必须平整，以保证法兰的密封性良好，不会发生漏气现象）。

目前，国产石英钟罩及其配套产品的尺寸可以达到 300mm。为了提高钟罩的保温性能，石英法兰一般由乳白料制成，这可以使加热温度均匀，从而大大提高芯片的成品率。

4. 石英舟/篮/支架

石英舟一般用于硅片的扩散、氧化、化学气相沉积等工序，如图 9-42 所示。由于石英舟直接与单晶硅片接触，因此对石英舟的纯度要求、精度要求相当严格。在石英舟加工过程中，采用石墨模具进行定位加工，还需要经过点焊、全熔焊接、抛光等工序。对于大尺寸、高精度的石英舟产品，测量时还需要采用三坐标测量仪。不同的芯片生产线，对石英舟的需求也各不相同。

石英支架作为石英舟的载体，在石英扩散炉管内部可以将石英舟送入或取出，目的是为了避免二次污染，也禁止了其他工具与扩散炉管接触。通常，一个石英支架一次可放入 3~5 个石英舟。

石英篮多用于硅片的酸洗和超声波清洗工序，它可以作为硅片的支架。石英篮是在石英棒上开槽后焊接而成的，或者是直接用石英片组装焊接而成的，带有把手，规格各有不同。

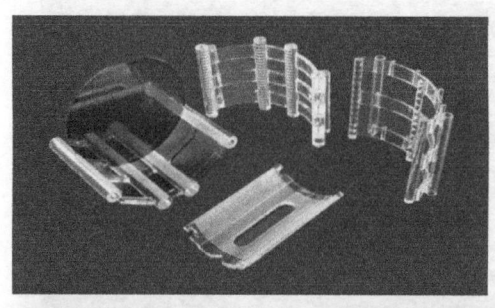
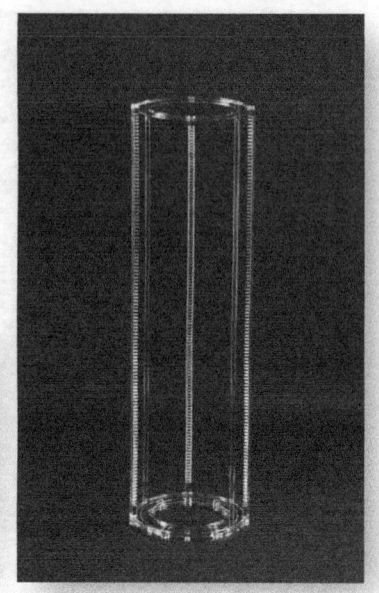
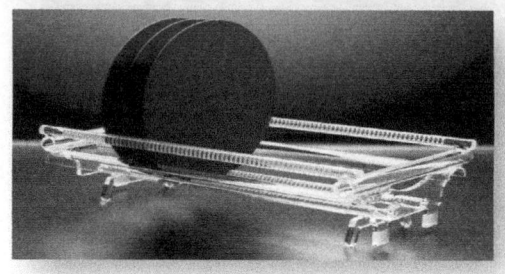

图 9-42　石英舟

撰稿人：北京凯德石英股份有限公司　　张忠恕
审稿人：浙江大学　　　　　　　　　　　杨德仁

▷▷▷ 9.6.5　高纯化学试剂，高純化學試劑，High Purity Chemicals

高纯化学试剂是指用于集成电路制造工艺的电子级化学品。高纯化学试剂具有超高纯度和超高洁净度，对其生产、包装、运输及使用环境的洁净度的要求很高。集成电路制造中常用的高纯化学试剂的品种已经超过 30 种，主要包括各类酸（如硫酸、盐酸、硝酸、磷酸）、碱（如氢氧化铵、氢氧化钾）、有机溶剂（如丙酮、异丙醇）、氧化试剂（如双氧水）等，多用于清洗、刻蚀等工艺。

集成电路行业对高纯化学试剂的微量金属杂质含量、颗粒粒径和数量、阴离子杂质含量等方面有非常严格的要求。为了规范全球高纯化学试剂的标准要求，国际半导体设备与材料协会（Semiconductor Equipment and Materials International，SEMI）于 1975 年成立了 SEMI 化学品标准化委员会，专门制定、规范高纯化学试剂的国际统一标准。表 9-20 列出了集成电路制造中不同线宽对高纯化学试剂 SEMI 国际标准等级的要求，其中 Grade1、Grade2、Grade3、

Grade4 为技术标准，Grade5 为指导方针，具体指标由供求双方协商解决[1]。

表 9-20 高纯化学试剂 SEMI 国际标准等级

SEMI 等级	集成电路线宽/μm	金属杂质（×10^{-9}）	控制粒径/μm	颗粒/(个/mL)
C1（Grade1）	>1.2	≤1000	≤1.0	≤25
C7（Grade2）	0.8~1.2	≤10	≤0.5	≤25
C8（Grade3）	0.2~0.6	≤1.0	≤0.5	≤5
C12（Grade4）	0.09~0.2	≤0.1	≤0.2	##
Grade5	<0.09	≤0.01	##	##

##：鉴于当前颗粒统计方法与途径的局限性，颗粒大小及数目由供求双方协商决定。

由表 9-20 可以看出，集成电路线宽越窄，所需要的高纯化学试剂的标准越高，纯度和洁净度的要求也就越高。随着近年来集成电路工艺技术的不断进步，线宽也在不断挑战极限，全球最先进的集成电路量产工艺已达到 10nm 以下，这对高纯化学试剂的品质提出了更高的要求。技术的进步也会促使国际 SEMI 标准化组织不断完善已有的标准，以适应集成电路行业发展的实际需要。

参考文献

[1] 中国电子材料行业协会经济技术管理部，北京万胜博讯高科技发展有限公司. 2015 版湿电子化学品行业市场调研报告［R］. 2015, 3: 21-22.

撰稿人：安集微电子（上海）有限公司　　陈东强

审稿人：浙江大学　　杨德仁

▷▷▷ 9.6.6　清洗腐蚀试剂，清洗蚀刻试剂，Cleaning and Etching Chemicals

清洗腐蚀试剂通常是指一些配方类或复配类化学品，是两种或多种化学试剂的混合物，主要应用于集成电路制造过程中的湿法清洗和刻蚀工艺。集成电路制造企业在使用高纯化学试剂时，可使用单一试剂，也可将多种试剂组合成混合试剂来使用，如常见的 1 号液（Standard Clean 1，SC-1）就是由双氧水、氨水、超纯水按一定比例混合而成的。与高纯化学试剂不同，清洗腐蚀试剂是由试剂制造企业根据专有的配方和比例混配好后供应给集成电路制造企业使用的，试剂制造企业拥有该试剂的知识产权。

清洗腐蚀试剂的主要特点是技术含量高、工艺配套性强。同时，由于集成电路制造工艺的不同或技术节点的不同，对其质量和性能的要求也不尽相同。这类试剂主要包括光刻胶剥离液、清洗液、刻蚀液等。由于清洗腐蚀试剂是复配的化学品，是混合物，其理化指标很难通过普通仪器进行定量检测，主要通过工艺应用手段来评价其有效性。表9-21列出了集成电路制造工艺中常用的清洗腐蚀试剂。

表 9-21　集成电路制造工艺中常用的清洗腐蚀试剂

试剂类别	试剂名称	主要组分	功能及工艺特征
光刻胶剥离液	正性光刻胶剥离液	胺类物质、有机溶剂、缓蚀剂等	胺类物质提供体系的碱性环境，可以将正性光刻胶中的主要组分——酚醛树脂分子链破坏，有机溶剂进而将分解后的分子溶解；缓蚀剂会吸附在金属表面，阻止金属的进一步腐蚀
光刻胶剥离液	负性光刻胶剥离液	有机碱、有机溶剂、缓蚀剂等	负性光刻胶曝光后，分子链发生交联反应，有机碱将高度交联的聚甲基丙烯酸甲酯、聚酰亚胺等分解成小分子化合物，有机溶剂进而将分解后的分子溶解；缓蚀剂会吸附在金属表面，阻止金属的腐蚀
铝连线干法刻蚀后清洗液	DSP+（稀释的硫酸双氧水混合液）	H_2SO_4、H_2O_2、HF、H_2O	多用于铝线干法刻蚀后的清洗；可以现场混配，价格便宜，工艺温度低，但对铝线的腐蚀不易控制
铝连线干法刻蚀后清洗液	胺基（Amine-based）清洗液	胺类、有机溶剂、腐蚀抑制剂、水	用于铝工艺后段（BEOL）干法刻蚀后清洗。价格昂贵，工艺温度高，清洗效果佳。腐蚀抑制剂可以有效保护铝线不被腐蚀；经过胺基清洗液清洗后，通常不能直接用超纯水漂洗，需要增加 IPA 或 NMP 中间漂洗
铝连线干法刻蚀后清洗液	氟基（Fluorine-based）清洗液	HF（或 NH_4F、NH_4HF_2 等氟化物）、有机溶剂、腐蚀抑制剂、水	用于铝工艺后段（BEOL）干法刻蚀后清洗。价格较贵，工艺温度低，清洗效果佳，多应用于旋转批处理及单片清洗机。经过氟基清洗液清洗后，可直接用超纯水漂洗，不需要中间漂洗过程
铜连线刻蚀后清洗液	DHF（稀释氢氟酸）	300∶1～1000∶1 的 H_2O∶HF	用于铜工艺后段（BEOL）干法刻蚀后清洗。价格便宜，工艺温度低，但工艺窗口窄，对前道刻蚀工艺要求高
铜连线刻蚀后清洗液	氟基（Fluorine-based）清洗液	HF（或 NH_4F、NH_4HF_2 等氟化物）、缓冲剂、有机溶剂、腐蚀抑制剂、水	用于铜工艺后段（BEOL）干法刻蚀后清洗，价格昂贵，清洗效果好，工艺窗口宽。腐蚀抑制剂可抑制清洗液对铜连线的刻蚀
铜线 CMP 后清洗液	碱性混合液	主要含有络合剂、腐蚀抑制剂、表面活性剂、pH 值调节剂等	用于铜线 CMP 后圆片表面清洗。碱性条件下，可以有效去除圆片表面的颗粒；腐蚀抑制剂可以减少对铜线和绝缘材料的刻蚀；表面活性剂可以改善表面的浸润性，提高清洗效率
铜线 CMP 后清洗液	酸性混合液	主要由有机酸、络合剂、表面活性剂等组成	有机酸和络合剂能有效去除圆片表面金属氧化物杂质，表面活性剂能有效去除圆片表面颗粒物

续表

试剂类别	试剂名称	主 要 组 分	功能及工艺特征
混合刻蚀液	硅刻蚀液	HF、HNO_3（可以添加 H_2SO_4、H_3PO_4）	刻蚀速率可控，加入 H_2SO_4、H_3PO_4 可以改善硅片表面形貌
	铝刻蚀液	H_3PO_4、HNO_3、CH_3COOH	刻蚀速率可由浓度和温度控制，加入 CH_3COOH 可以改善铝表面的浸润性，并起到稳定刻蚀速率的作用
	铜刻蚀液	H_2SO_4、H_2O_2（或其他氧化剂，如过硫酸钾、过硫酸氢钾）	刻蚀速率快，主要应用于铜电镀后硅片的边缘刻蚀、凸块刻蚀
	缓释氧化刻蚀液（BOE）	HF、NH_4F（可以添加表面活性剂）	适用于带光刻胶的氧化硅刻蚀，加入表面活性剂可以改善基片表面的浸润性及刻蚀后硅片表面的微观粗糙度

撰稿人：安集微电子（上海）有限公司　陈东强
审稿人：浙江大学　　　　　　　　　　　余学功

▷▷▷ 9.6.7 化学机械抛光液，化學機械拋光液，Chemical Mechanical Polishing Slurry

化学机械抛光液是集成电路工艺制造中化学机械抛光（CMP）工艺中使用的关键材料。化学机械抛光液主要由纳米级研磨颗粒、不同化学试剂和去离子水组成。针对具体工艺和被抛光材料的要求，不同种类的研磨颗粒（如二氧化硅、三氧化二铝、二氧化铈等）和多种化学试剂（如金属络合剂、表面抑制剂、氧化还原剂、分散剂及其他助剂等）被使用在化学机械抛光液的配方中。图9-43所示为化学机械抛光液的成品包装图。根据其应用，化学机械抛光液可以使用在集成电路芯片制造前/后道的各个工序中，如鳍状栅极、浅沟道隔离、钨栓塞、铜互连等。随着半导体工艺技术节点尺寸的不断缩小，化学机械抛光的工艺增加至20～30道，所抛光的材料有多种金属（包括Co、Al、W、Cu、Ta等）和非金属（包括SiO_2、Si_3N_4、Si等），所需要的对应的抛光液也变得更加复杂，对抛光液所要达到的抛光效果的要求也不断提高。另外，化学机械抛光液还应用在先进封装中的硅通孔工艺中，所需要的抛光液也因工艺和材料要求的不同而不同。2015年，全球抛光液的市场销售额约为11亿美元，共有十多个生产企业，其中最大的厂商是嘉柏微电子（Cabot），约占全部市场的35%。处于第二梯队的生产商有美国的空气产品（Air

Products)和陶氏化学(DowChemical),日本的 FujiFilm、Fujimi 和日立化学(Hitachi Chemical),它们各自约占全球市场的 5%~12%不等。安集微电子作为中国本土的抛光液制造商,也在这一领域有很大的突破,2015 年已实现化学机械抛光液的国产化,并进入国际市场。

图 9-43 化学机械抛光液的成品包装图

撰稿人:安集微电子(上海)有限公司　　王淑敏
审稿人:浙江大学　　　　　　　　　　　　余学功

▷▷▷ 9.6.8 化学机械抛光垫和化学机械抛光修整盘,化學機械拋光墊和化學機械拋光修整盤,Chemical Mechanical Polishing Pad and Conditioning Disc

化学机械抛光(CMP)工艺中的另一个重要工艺耗材为化学机械抛光垫。化学机械抛光垫的主要功能是提供机械摩擦和承载抛光液。它是影响化学机械抛光工艺参数(如抛光速率、均匀度、平整度、缺陷率)的关键因素之一。化学机械抛光垫主要以聚亚氨脂为原材料,通过特殊的发泡和成型工艺制作而成。根据不同 CMP 工艺的需要,需要对抛光垫的材料配方和工艺进行调整,从而获得不同的抛光垫硬度、发泡尺寸、可伸缩性以及表面沟槽的图形和深度。图 9-44 所示为化学机械抛光垫样品图。目前,国际上抛光垫的主要供应商是陶氏化学(Dow Chemical),其市场份额约为 80%;嘉柏微电子次之,约占 10%的市场份额。国内的成都时代立夫科技有限公司已开始实现抛光垫国产化,其产品已进入国内主流芯片制造公司。

CMP 修整盘是化学机械抛光工艺材料中的另一个重要组成部分。随着抛光过程的不断进行,抛光垫的表面物理化学性能不断被改变,会导致抛光效率和

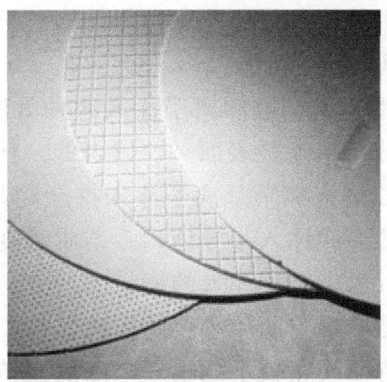

图 9-44　化学机械抛光垫样品图

质量的降低。CMP 修整盘是将金刚石颗粒镶嵌在金属胎体上，在抛光过程中对抛光垫进行修正，以保证抛光工艺的稳定性和重复性。金刚石颗粒的尺寸、形状和排列方式对修正的效果都可能造成影响。图 9-45 所示为 CMP 修整盘的样品图。美国的 3M、韩国的 Saesol、中国台湾地区的中砂（Kinik）等公司都占有一定的 CMP 修整盘市场份额。

图 9-45　CMP 修整盘的样品图

撰稿人：安集微电子（上海）有限公司　王淑敏
审稿人：浙江大学　　　　　　　　　　　余学功

▷▷▷ 9.6.9　掺杂试剂，摻雜試劑，Doping Reagents

通过向本征半导体中掺入一定数量和一定种类的杂质，可以改变本征半导体的载流子浓度和导电类型，以达到制作各类电子器件的目的。经高温激活后，掺入的杂质原子在基材中替代基材原子，占据晶格位置，增大自由电子或空穴浓度，从而控制和改变基材的导电能力。

半导体掺杂主要采用高温扩散和离子注入两种方法。对于高温扩散掺杂，杂质浓度在半导体中的分布特点是表面高、体内低，其具体分布行为可以通过扩散温度和扩散时间的长短来调节。离子注入掺杂则是将掺杂试剂离子化后，经由加速电场以离子束的形式注入半导体内，杂质浓度在半导体中的分布存在一个最大值，具体分布行为由离子注入的能量来调节。离子注入掺杂能更好地控制掺杂深度及浓度，更适用于制作小尺寸精密器件。随着集成电路技术的发展，扩散工艺很难满足特征线宽较小的集成电路的制造，需要采用先进的离子注入技术。近年来还涌现出了一些其他的掺杂技术，如等离子体浸没掺杂（PIIID）、投射式气体浸入激光掺杂（P-GILD）、快速气相掺杂（RVD），这些技术多用于薄膜晶体管、超浅结等特种工艺。

用作元素半导体的掺杂试剂主要是Ⅲ、Ⅴ族元素或化合物，用作化合物半导体的掺杂试剂主要是Ⅱ、Ⅵ族元素或化合物。掺杂试剂纯度通常需要在99.9%（3N），甚至99.999%（5N）以上。另外，由于多数掺杂试剂为剧毒气体，必须采用安全的负压包装技术，即离子注入安全气体源SDS（Safe Delivery Source）。用量最大的三类掺杂试剂是硼烷、砷烷和磷烷。此外，SiF_4、GeF_4、B_2H_6、BBr_3、$POCl_3$也是很重要的掺杂试剂。集成电路制造常用掺杂试剂见表9-22。

表9-22 集成电路制造常用掺杂试剂

掺杂试剂	纯度及包装要求
B^{11}富集三氟化硼 $B^{11}F_3$	纯度≥3N，要求安全气体源或类似包装钢瓶
AsH_3	纯度≥5N5，要求安全气体源或类似包装钢瓶
PH_3	纯度≥5N5，要求安全气体源或类似包装钢瓶
BF_3	纯度≥3N
SiF_4	纯度≥3N，要求安全气体源或类似包装钢瓶
GeF_4	纯度≥3N，要求安全气体源或类似包装钢瓶

撰稿人：安集微电子（上海）有限公司　　陈东强
审稿人：浙江大学　　　　　　　　　　　余学功

▷▷▷ 9.6.10　铝靶，鋁靶，Aluminum Target

铝靶是集成电路制造中的金属互连线的主要配套材料，是真空镀膜行业溅射靶材中的一种。

根据成分的不同，铝靶分为纯铝靶和合金靶两类，包括纯铝靶、铝硅合金靶、铝铜合金靶、铝钛合金靶、铝硅铜合金靶、铝硅锰合金靶、铝锰合金靶等。靶材纯度为99.99%~99.9995%。根据形状的不同，铝靶分为平面铝靶和旋转铝靶两种。根据结构的不同，铝靶分为焊接型铝靶和一体型铝靶。根据镀膜圆片尺寸的不同，铝靶分为150mm、200mm、300mm等；用于镀膜的圆片的尺寸越大，对溅射用原材料铝靶的要求越高。铝靶的典型产品如图9-46所示。

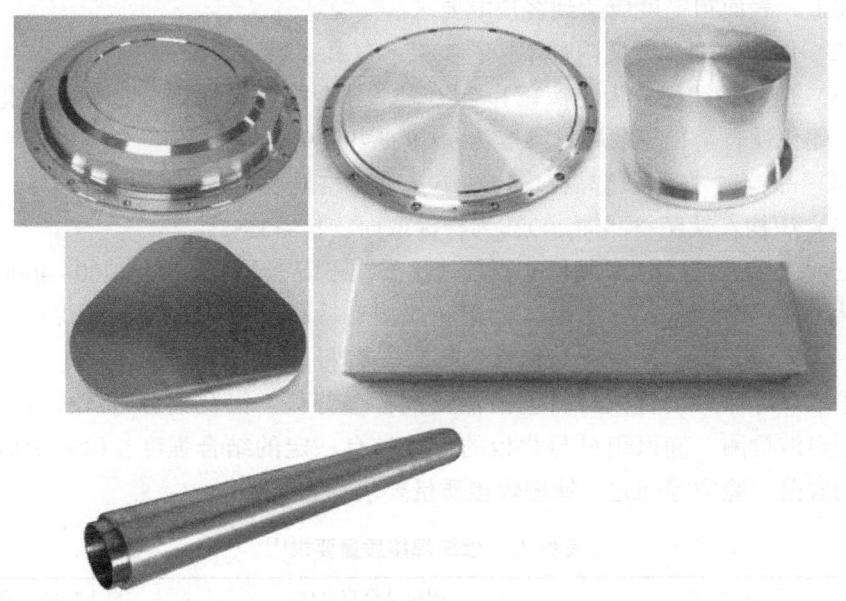

图9-46 铝靶的典型产品

制备铝靶时，首先通过电解、偏析等方法对低纯度铝进行提纯，得到纯度为99.999%以上的高纯铝块；然后将高纯铝块进行真空熔炼铸造，得到一定尺寸的高纯铝锭。高纯铝锭的杂质含量、宏观晶粒组织、内部缺陷等指标需要严格管控。由于原始高纯铝锭的晶粒粗大，不能直接用于溅射靶材生产，需要先通过合适的锻造、交叉轧制、热处理等一系列塑性加工工艺，对材料内部晶粒实施细化控制，对晶粒取向进行优化调控，从而得到符合要求的溅射靶材靶坯；然后采用钎焊、电子束焊、扩散焊等方式对靶坯与不同的合金背板进行焊接，再按图纸进行精密机械加工，最后在净化室中进行自动清洗、真空包装等工序，得到高纯铝溅射靶材。对于一体型铝靶，则不需要焊接工序。

撰稿人：宁波江丰电子材料股份有限公司　姚力军
审稿人：浙江大学　　　　　　　　　　　　马向阳

9.6.11 钛靶，钛靶，Titanium Target

钛靶是高纯钛经过加工后的产品，是采用物理气相沉积的方式制成薄膜，用作半导体芯片中铝导线的阻挡层。

1. 钛靶主要性能要求

（1）外观质量：出厂前，钛靶应经过无尘清洗，表面应清洁。钛靶表面经过精加工，表面粗糙度应达到客户的要求。

（2）内部缺陷：钛靶内部不应有夹杂、气孔、裂纹等缺陷。

（3）成分：钛靶分为纯钛靶和合金靶，合金靶包括钛铝合金靶、氮化钛合金靶、硼化钛合金靶等。靶材纯度为99.9%~99.999%。

（4）晶粒尺寸：钛靶晶粒均匀细小，一般控制平均晶粒≤50μm。

（5）织构：钛靶材晶向<002>为择优取向，且≥35%。

（6）几何尺寸：钛靶材尺寸根据使用要求不等，一般直径为200~460mm。

钛靶根据结构方式分为单体钛靶和焊接型钛靶。单体钛靶无须焊接，坯料加工一体成型。焊接型钛靶是将钛靶坯料与背板焊接，常用的焊接方法包括钎焊和扩散焊等。焊接背板材料包括铜及铜合金背板、铝及铝合金背板等。焊接后经超声波检测，确保靶材与背板的连接具有一定的结合强度，以避免溅射过程中的脱落、脆裂等问题。钛靶焊接质量要求见表9-23。

表9-23 钛靶焊接质量要求[1]

焊接种类	焊接结合百分比	单个焊接缺陷
钎焊	≥95%	≤2%
扩散焊	≥98%	≤1%

2. 钛靶的制备

纯钛靶的制备一般采用熔炼锭热压加工法。钛合金靶的制备采用粉末冶金法。

熔炼锭热压加工法是以熔炼得到的高纯钛锭为原料，通过锻造、轧制、退火等塑性加工工艺调控微观组织及坯料形状尺寸，再对坯料进行机械加工得到钛靶。经过锻造、轧制、退火工艺的钛靶，其晶粒细小均匀，织构占优，可以满足钛靶在溅射过程中的使用要求。熔炼锭加工过程中的损耗较大，包括熔铸过程中的损耗，锻造、轧制过程中因有氧化皮需车削，切断加工也存在损耗，所以其最终利用率约为80%。

对于TiB_2、TiAl等合金靶材，在锻打时容易开裂，更适合用粉末冶金加工法来制作，即以钛粉和添加剂为原料，经过混粉工艺，用热压或热等静压的方法成型，然后对坯料进行加工，进而得到钛合金靶。粉末冶金法可一次性成型毛坯，材料利用率高，而且可以方便地加入合金元素，是制备钛合金靶的首选方法。粉末冶金法存在的问题是对材料纯度、合金成分均匀性、致密度、材料内部缺陷等方面的控制要求较高。

钛靶产品如图 9-47 所示。

图 9-47 钛靶产品

参考文献

[1] 中华人民共和国工业和信息化部. 电子薄膜用高纯钛溅射靶材：YS/T 893—2013 [S]. 北京：中国标准出版社，2013：3.

撰稿人：宁波江丰电子材料股份有限公司　姚力军
审稿人：浙江大学　马向阳

▷▷▷ 9.6.12　钽靶，钽靶，Tantalum Target

由于钽具有优良的导电性和热稳定性，它被用作半导体芯片中铜互连线的阻挡层，用于阻止铜原子向基体硅中扩散。在溅射过程中，钽靶通常与钽环配套使用，以提升溅射薄膜的品质，提高钽靶的利用率。

1. 钽靶的性能要求[1]

钽靶材的纯度分为 99.95%（3N5）、99.99%（4N）、99.995%（4N5）三个级别，而具体的单个杂质含量应满足用户的要求。钽靶材经精密机加工完成后，表面具有较好的粗糙度，表面应清洁光亮。在压力加工过程中，钽靶材内部组织容易分层。另外,钽锭内部也容易产生气孔。合格的钽靶材不应有内部组织分层、气孔等缺陷;其晶粒尺寸应符合表9-24中的规定;其硬度应满足60HV~110HV。钽靶材可使用钎焊或扩散焊与背板焊接在一起,焊接质量应符合表9-25中的规定。半导体芯片用钽靶材的直径一般为200~460mm,厚度为6~10mm。

表9-24 钽靶晶粒尺寸要求

级 别	晶粒尺寸要求/μm
99.95%(3N5)	≤150
99.99%(4N)	≤100
99.995%(4N5)	≤100

表9-25 焊接质量要求

焊接种类	焊接结合百分比	单个焊接缺陷
钎焊	≥95%	≤2.5%
扩散焊	≥98%	≤1%

2. 钽靶的制备

图9-48所示的是钽靶及钽环。

图9-48 钽靶及钽环

钽靶通常采用铸锭压力加工法和粉末冶金法进行制作。

铸锭压力加工法是以熔炼得到的高纯钽锭为原料,通过轧制、退火等塑性加工工艺调控微观组织及坯料形状尺寸,再对坯料进行机加工,进而得到钽靶。钽的熔炼一般采用真空电子束炉熔炼。通过好的熔炼设备和合适的工艺可制备纯度达到99.995%及以上的钽锭。钽锭经过多方向轧制、退火等塑性加工工艺,得到细小晶粒均匀织构,以满足钽靶在溅射过程中的使用要求。

粉末冶金法采用钽粉为原料,用热压或热等静压的方法对其成型,然后对成型坯料进行机加工进而得到钽靶。粉末冶金钽靶可以避免内部组织的分层,靶材的组织结构比铸锭压力加工法所生产的钽靶更均匀。但是,由于钽粉中的氧含量及其他杂质含量较高,导致利用粉末冶金法制备的钽靶的氧含量和化学杂质含量偏高[2]。此外,粉末冶金法如何实现靶材的致密化也是钽靶制备的一个难点。

参考文献

[1] 中华人民共和国工业和信息化部.溅射用钽靶材:YS/T 1024—2015[S].北京:中国标准出版社,2015:10.

[2] 郑金凤,扈百直,杨国启,等.高纯钽溅射靶材制备工艺进展[J].湖南有色金属,2016,32(4):54-56.

撰稿人:宁波江丰电子材料股份有限公司　姚力军
审稿人:浙江大学　马向阳

▷▷▷ 9.6.13　铜靶,铜靶,Copper Target

铜靶主要分为纯铜靶和铜合金靶两大类。铜靶纯度主要有99.99%(4N)、99.995%(4N5)、99.999%(5N)和99.9999%(6N)四个级别,常用的是4N和6N纯度的铜靶。半导体芯片采用的铜合金靶有Cu-Al合金和Cu-Mn合金。纯铜中加入少量Al或Mn合金元素,可以降低铜的电迁移、应力迁移,增强抗腐蚀能力。

根据形状,铜靶分为平面铜靶和旋转铜靶。平面铜靶是片状的,有圆形、方形等。旋转铜靶是管状的。铜靶的典型产品如图9-49所示。

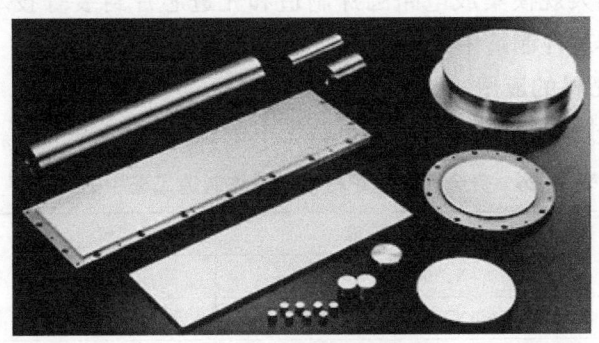

图9-49　铜靶的典型产品

铜靶坯料制备通常可以分为熔融铸造加工和粉末冶金加工两大类。

熔融铸造加工是以熔融铸造得到的高纯铜锭为原料，通过轧制、退火等塑性加工工艺调控微观组织及坯料形状尺寸，再对坯料进行机加工。高纯铜一般采用真空中频感应加热熔炼、铸造。铜锭经过多方向轧制、退火等塑性加工后，得到细小晶粒均匀织构，以满足铜靶在溅射过程中的使用要求。

粉末冶金加工采用铜粉为原料，用冷压、热压或热等静压的方法对其成型，然后对成型坯料进行机加工。

铜靶根据结构方式的不同，可分为单体铜靶和焊接型铜靶。单体铜靶无须焊接，直接对坯料进行加工成型。焊接型铜靶是将铜靶坯料与背板进行焊接，常用的焊接方法包括机械咬合、钎焊和扩散焊等。焊接背板包括铜及铜合金背板、铝及铝合金背板等。焊接后，经超声波检测，确保靶材与背板的连接有一定的结合强度，以避免溅射过程中发生脱落、脆裂等问题。

随着电子行业的发展，对铜靶的要求进一步提高。如何获取超高纯度铜靶原料，如何合理设计铜靶面结构延长靶材的使用寿命，如何通过塑性变形和热处理方法减少孪晶对溅射的影响，如何对大尺寸铜靶进行精密加工等，是铜靶不断改进和开发的方向。

撰稿人：宁波江丰电子材料股份有限公司　姚力军
审稿人：浙江大学　马向阳

▷▷▷ 9.6.14　贵金属靶，貴金屬靶，Precious Metal Target

在半导体制造中，常用的贵金属靶材材料包括金、银、铂、钌等金属及合金，它们用作硅基体与金属导线之间的互连材料，以及硅基体背面镀膜材料。近年来，随着超大规模集成电路圆片制造和先进芯片封装等技术的发展，贵金属靶材在半导体芯片制造中的应用也日益广泛。

1. 贵金属靶材的应用

贵金属溅射靶材在半导体制造工艺中的应用见表9-26。

表9-26　贵金属溅射靶材在半导体制造工艺中的应用[1]

靶材材料	性能要求	应用
Ag	纯度≥4N，晶粒尺寸≤50μm	圆片背面金属化、芯片互连导线
Au	纯度≥4N，晶粒尺寸≤50μm	圆片背面金属化、芯片互连导线
Pt及其合金	纯度≥4N，晶粒尺寸≤50μm	圆片背面金属化、芯片互连导线
Ru及其合金	纯度≥4N5，晶粒尺寸≤50μm，致密度>99%	圆片背面金属化、芯片互连导线

2. 贵金属靶材的制备

(1) 对于金、银、铂及其合金等低熔点金属靶材材料，可采用真空熔炼方法，将其铸造成具有一定尺寸的铸锭，然后利用轧制等压力加工的方法制成靶材。对于难熔的钌及其合金靶材材料，可采用粉末冶金方法，使用真空热压烧结或热等静压烧结而成。

(2) 微观组织的控制：对金、银、铂及其合金，靶材的晶粒尺寸和晶粒取向主要通过压力加工和热处理工艺来调控。对于难熔的贵金属钌及其合金靶材材料，靶材的晶粒尺寸则通过粉末粒径和烧结工艺来控制。

3. 贵金属靶材的回收

半导体制造中的靶材利用率较低，使用后的靶材会有70%以上是未使用的余料，同时靶材在从原材料到加工成成品的过程中，会产生一定的边角料和废屑。残靶、边角料和废屑需要回收再利用。

对于贵金属残靶及废屑，可以采用物理方法和化学提纯方法进行回收。物理方法回收是指通过机械加工对残靶表面进行处理，再利用酸洗等去除表面残留杂质的方法进行回收再利用。对于金属钌残靶，首先经过机械破碎，再用酸洗去除破碎时带来的铁铬等杂质，然后进行干燥、氢气还原脱氧，利用磁体进一步除铁，最后采用过筛的方法进行钌粉回收。

对于贵金属合金残靶及废屑，一般采用化学提纯方法进行回收。首先将合金残靶或废屑经化学反应溶解成溶液，然后进行化学沉积，将贵金属分离出来，再采用萃取、吸附、蒸馏等方法进行二次提纯，最后加热分解或用氢气还原，得到高纯度的贵金属[1]。

参考文献

[1] 何金江，陈明，朱晓光，等. 高纯贵金属靶材在半导体制造中的应用与制备技术[J]. 贵金属，2013，34（S1）：79-83.

撰稿人：宁波江丰电子材料股份有限公司　姚力军
审稿人：浙江大学　　　　　　　　　　　马向阳

9.7 封装结构材料

9.7.1 引线框架材料，引綫框架材料，Lead Frame Materials

引线框架是半导体封装中集成电路芯片的载体。

理想的引线框架材料必须满足以下特性：导热、导电性能好；有足够的强度、刚度和成型性；较低的热膨胀系数，良好的匹配性、钎焊性、耐蚀性、耐热性和耐氧化性；平整度好，残余应力小，加工后不变形；易冲裁加工。

常用的引线框架材料有两类，即铜基引线框架材料和铁基引线框架材料。

1. 铜基引线框架材料

铜基引线框架材料按合金元素的不同，可分为 Cu-Fe、Cu-Cr、Cu-Ni-Si、Cu-Sn、Cu-Zr 等 5 个系列；按合金性能的不同，又可分为高导电铜合金、高强中导电铜合金、高强高导电铜合金。

（1）高导电铜合金：高导电铜合金成分中铜的含量大于 99%，强度中等偏低。最常用的是 KFC-1/2H、C1220、C19210 等。表 9-27 为常用的高导电铜合金材料性能表。

表 9-27 常用的高导电铜合金材料性能表

材料牌号	抗拉强度/MPa	延伸率（%）	硬度（HV）	热膨胀系数/(10^{-6}/K)	百分数电导率（%IACS）	软化温度/℃
KFC-1/2H	355~430	≥5	100~130	17.5	≥85	450
C1220	275~346	≥5	≥80	16.6	≥80	320
C19210	294~412	≥5	100~130	17.7	≥90	420

高导电铜合金一般用于对导电及散热要求高的场合，如功率器件引线框架及其连接条、TO-92 分立器件引线框架等，其所用的铜带材料厚度较厚（≥0.2mm），一般采用冲压工艺生产引线框架。

（2）高强中导电铜合金：高强中导电铜合金以 C194 合金最为常用，其主要特点是材料强度较高，抗拉强度大于 400MPa，硬度大于 120HV，中等导电率（大于 10%ICAS）。表 9-28 为常用的高强中导电铜合金材料性能表。

表 9-28 常用的高强中导电铜合金材料性能表

材料牌号	抗拉强度/MPa	延伸率（%）	硬度（HV）	热膨胀系数/(10^{-6}/K)	百分数电导率（%IACS）	软化温度/℃
C194-H	410~480	≥5	130~145	17.6	≥60	480
CAC92	410~570	≥4	140~180	16.8	≥10	520

高强中导电铜合金一般用于对材料强度的要求较高而对导电及散热的要求不是很高的场合，大多数的集成电路引线框架及较薄的分立器件引线框架都使用这种材料。它可用冲压或刻蚀工艺生产，所用铜带材料厚度为 0.1~0.3mm。

（3）高强高导电铜合金：集成电路引线框架用高强高导电铜合金主要有

C7025、KLF-125、A194-ESH、EFTEC64T 等，其主要性能参数见表 9-29。

表 9-29 常用的高强高导电铜合金材料性能表

材料牌号	抗拉强度/MPa	延伸率（%）	硬度（HV）	热膨胀系数/(10^{-6}/K)	百分数电导率（%IACS）	软化温度/℃
C7025	600~725	≥5	180~220	17.6	≥35	—
KLF-125	≥500	≥8	187~210	17.0	≥30	525
C194-ESH	500~570	≥5	150~170	17.4	≥60	—
EFTEC64T	490~530	10	160~195	17.0	≥70	—

通常，高强高导电铜合金材料仅用于薄型材（材料厚度小于 0.2mm）的场合，如多排 TSSOP、MSOP、TQFP 冲压框架及 QFN 刻蚀框架。

2. 铁基引线框架材料

铁基引线框架材料主要包括 42Ni-Fe 合金和铁质引线框架材料。

（1）42Ni-Fe 合金：42Ni-Fe 合金含 42% 的镍，其余是铁，其特点是强度高（约为一般铜材的 2 倍）、韧性好，热膨胀系数小（接近于芯片的热膨胀系数，对后续封装比较有利）。但它的热导率、电导率较低，不宜用于有功耗要求的产品。42Ni-Fe 合金材料性能表见表 9-30。

表 9-30 42Ni-Fe 合金材料性能表

材料牌号	抗拉强度/MPa	延伸率（%）	硬度（HV）	热膨胀系数/(10^{-6}/K)	百分数电导率（%IACS）	软化温度/℃
42Ni-Fe	680~720	≥8	200~215	4.2	≥3	—

目前该材料主要用于有高可靠性要求的陶瓷封装产品，以及厚度为 0.1~0.2mm 的薄型精密塑封引线框架。

（2）铁质引线框架材料：其主要特点是成本低，其价格比铜合金及 42Ni-Fe 合金低得多；其缺点是电导率及热导性较差，且不耐腐蚀，因此只能用于低功耗产品，并且必须配套专门的表面处理技术（一般是电镀）使用。

生产铁质引线框架所用的材料主要是 SPCC、SPCD、SPCE 冷轧钢带，其硬度为 115HV~150HV，材料厚度为 0.2~0.4mm。

撰稿人：宁波康强电子股份有限公司　冯小龙
审稿人：中国电子材料行业协会　　　袁桐

▷▷▷ 9.7.2 塑封材料，塑封材料，Plastic Packaging Materials

按照封装材料种类的不同，电子器件封装可分为金属封装、陶瓷封装和塑料封装3种。塑料封装具有成本低、尺寸小、质量小、可批量生产等优点，目前90%以上的集成电路都采用塑料封装。

塑封材料包括固体塑封料和液体塑封料两类。固体塑封料也称环氧塑封料（Epoxy Molding Compound，EMC），在室温下呈固体状态，主要由无机填料、环氧树脂、固化剂、固化促进剂、脱模剂和着色剂等多种组分混合而成，其中无机填料主要是二氧化硅微粉，环氧树脂主要是酚醛环氧树脂或双酚 A 型环氧树脂。首先利用微波加热作用使环氧塑封料变软，通过注塑封装将其固定在引线框架中的 IC 芯片周围，然后在热和固化促进剂的作用下，环氧树脂与固化剂（胺类或有机酸酐类）发生交联固化反应而形成热固性塑封材料，完成对芯片的封装。目前，环氧塑封料正在向着高性能化、功能化、系列化等方向快速发展，已经形成快速固化型、高耐热型、低应力型、低吸湿性型、绿色环保型等系列产品。

液体塑封料包括环氧底填料（Underfill）和环氧包封料（Encapsulant）两种类型，在室温下呈液体状态，主要由无机填料、环氧树脂、固化剂、固化促进剂、脱模剂和着色剂等多种组分混合而成。环氧包封料通过液体注射器包覆在固定于引线框架或基板的 IC 芯片表面，而环氧底填料则填充在芯片与基板之间的缝隙中，然后经加热固化完成对 IC 芯片的封装。

塑封材料具有低介电常数、低介电损耗、高电绝缘、高强韧、易加工、低成本等优点，可提高 IC 封装密度，减小传输延迟。塑封器件的外壳质量一般约为陶瓷外壳的 50%，有利于实现封装器件的轻量化。使用塑封材料进行 IC 封装可以获得更小、更薄的封装结构，明显减小塑封器件的尺寸，有利于实现 IC 器件的微型化和薄型化。另外，塑封器件更适合大规模生产，可降低 IC 器件的制造成本。但是，塑封器件在苛刻条件下的可靠性较差，其非气密性特点和对水汽的吸附，以及温度特性、高温放气性和抗辐射性能差等，都限制了其在苛刻环境中的使用。

撰稿人：中国科学院化学研究所　杨士勇
审稿人：中国电子材料行业协会　袁桐

▷▷▷ 9.7.3　陶瓷封装材料，陶瓷封装材料，Ceramic Packaging Materials

陶瓷是一类性能优异的封装材料。相对于塑料来讲，陶瓷的气密性好、耐湿性高，采用陶瓷制作的封装外壳可靠性高，常用于军事、航空航天等领域。

陶瓷可以像金属一样形成气密的封装结构，但其价格低于金属封装。

目前，已用于实际生产的陶瓷封装材料主要是多层陶瓷材料，包括高温共烧陶瓷材料（HTCC）和低温共烧陶瓷材料（LTCC）两类。HTCC陶瓷封装材料发展比较成熟，在陶瓷封装领域占主导地位；但LTCC陶瓷封装材料烧结温度低，且能采用金、银、铜等良导体，所以在微波毫米波领域表现优越，是近年陶瓷封装材料的重要发展方向。

1. 高温共烧陶瓷材料

高温共烧陶瓷（High Temperature Co-fired Ceramic，HTCC）是指烧结温度大于1000℃的共烧陶瓷材料。在封装中常用的高温共烧陶瓷材料是氧化铝高温共烧陶瓷材料和氮化铝高温共烧陶瓷材料，这些材料具有热导率高、结构强度高、化学性能稳定、可以形成气密腔体和进行高密度布线等特点，在大规模集成电路、微波毫米波电路和组件、光电器件和模块、MEMS等领域有着广泛的应用。

氧化铝高温共烧陶瓷材料由92%~96%的氧化铝和4%~8%的烧结助剂组成，在1500~1700℃下的氢气气氛中烧结而成。该材料具有技术成熟、成本低、综合性能好的优点，是目前应用最广泛的陶瓷封装材料。氧化铝高温共烧陶瓷材料的缺点是：热导率较低，难以满足高功率电子的需求；导体电阻大，影响信号的高速传输。氧化铝陶瓷封装材料制备工艺如图9-50所示[1]。

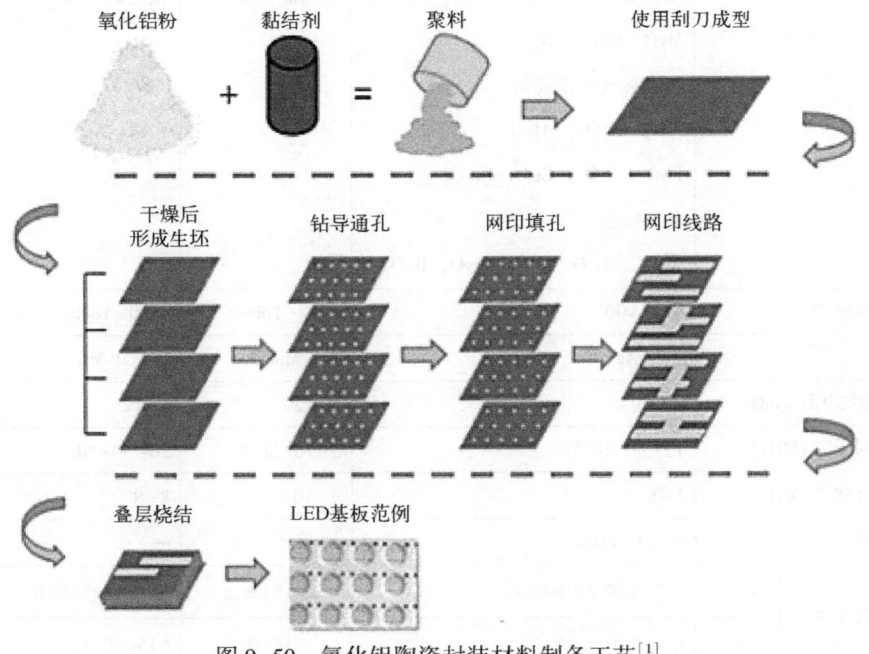

图9-50　氧化铝陶瓷封装材料制备工艺[1]

氮化铝高温共烧陶瓷材料是为了克服氧化铝高温共烧陶瓷材料热导率低的缺点而发展起来的一种高导热电子封装材料，它的热导率高（是氧化铝高温共烧陶瓷材料的10倍），热膨胀系数与硅匹配，机械强度高且电性能优良，是功率电子器件封装材料的首选。但氮化铝高温共烧陶瓷材料也存在着成本高、工艺成熟度差等缺点。随着氮化铝高温共烧陶瓷材料制作成本的降低和工艺技术的进步，氮化铝高温共烧陶瓷材料必将在封装领域有更大的作为。

2. 低温共烧陶瓷材料

低温共烧陶瓷（Low Temperature Co-fired Ceramic，LTCC）是一类非常有发展前途的陶瓷封装材料，它是相对于高温共烧陶瓷而言的，其烧结温度低于1000℃，主要由一些玻璃瓷组成。这类材料具有烧结温度低，可以采用金、银、铜等高电导率导体材料，能够集成电阻、电感、电容等无源元件等优点，适用于射频、微波/毫米波器件和模块的封装，可以实现多芯片组件的高密度集成，达到缩小体积，减小质量的目的。低温共烧陶瓷材料在近几年得到了快速的发展，已形成了完整的材料体系。LTCC材料的主要缺点是热导率低、强度差。

表9-31所列为常用的陶瓷封装材料性能[2]。

表9-31 陶瓷封装材料性能

性能指标		低温共烧陶瓷（LTCC）	高温共烧陶瓷（HTCC）	
材料		董青石 MgO、SiO_2、Al_2O_3 填充玻璃的合成物 SiO_2，B_2O_3，Al_2O_3 PbO_2，SiO_2，CuO，Al_2O_3 晶相陶瓷 Al_2O_3，CaO，SiO_2，MgO，B_2O_3	氧化铝（Al_2O_3）	氮化铝（AlN）
烧结温度/℃		850~900	1500~1600	1600~1800
导体		Au，Ag，Cu，PdAg	W，MoMn	W，MoMn
导体薄层电阻/（mΩ/□）		3~20	8~12	8~12
耗散因子（1MHz）		15~30×10^{-4}	5~15×30^{-4}	20~30×10^{-4}
介电常数（1MHz）		5~8	9~10	8~9
电阻值		0.1Ω~1MΩ	—	—
烧结收缩率	x, y	(12.0±0.1)%或0	(12±18)%	(15±20)%或0
	z	(17.0±0.1)%	(12±18)%	(15±20)%

续表

性能指标	低温共烧陶瓷（LTCC）	高温共烧陶瓷（HTCC）	
重复性	(0.3~1)%	(0.3~1)%	(0.3~1)%
线宽/μm	100	100	100
通孔直径/μm	125	125	125
金属层数	33	63	8
CTE($\times 10^{-6}$/K)	3~8	6.5	4.4
热导率/(W/(m·K))	2~6	15~20	180~200

参考文献

[1] http://www.cnledw.com/info/newsdetail-25424.htm

[2] 郑小红，胡明，周国柱．新型电子封装材料的研究现状及展望［J］．佳木斯大学学报（自然科学版），2005，23（3）：460-464.

撰稿人：中国电子科技集团公司第十三研究所　刘志平

审稿人：中国电子材料行业协会　　　　　　　　袁桐

▷▷▷ 9.7.4 金属封装材料，金属封装材料，Metal Packaging Materials

金属封装材料是电子封装中应用较多的材料。它具有较高的机械强度和良好的散热特性，并且对电磁也有一定的屏蔽功能，在功率器件中有着非常广泛的应用。金属封装材料主要包括传统金属封装材料和新型金属封装材料两类。

1. 传统金属封装材料

传统金属封装材料主要有 Cu、Al、可瓦合金（Kovar Alloy）、因瓦合金（Invar Alloy），以及 W 合金、Mo 合金等。

从传热角度来看，铜和铝是非常理想的壳体封装材料，但是它们的热膨胀系数（CTE）都很高，在与陶瓷材料或芯片焊接时会引入较大的热应力，常导致器件在工作热循环时引起封装失效。

可瓦合金和因瓦合金材料的 CTE 与 Si、GaAs、Al_2O_3、BeO 和 AlN 的 CTE 较为接近，且加工、焊接性能良好，还能与硼硅硬玻璃匹配封接，大量用作封装的引线、壳体等；其缺点是热导率低、电阻率大、密度高。

钨铜、钼铜材料是为了克服上述金属封装材料的缺点而开发的，这些材料具有高的导电、导热性能，同时又融合了 W、Mo 的低 CTE、高硬度等特点，用作封装的底座、热沉（Heat Sink）等。但是钨铜、钼铜的缺点是密度太大。常用芯片、基板材料和金属封装材料的性能对比见表 9-32[1]。

2. 新型金属封装材料

传统的金属封装材料均存在某些缺点，无法满足封装的多方面需求；因此人们又开发了新型的金属基复合材料，主要包括铝基、铜基、银基等复合材料，其中又以Al-Si合金、Al-SiC复合材料最为成熟。Al-Si和Al-SiC金属封装材料的性能见表9-33[1]。

表9-32 常用芯片、基板材料和金属封装材料的性能对比

材料	密度/(g/cm^3)	CTE($\times 10^{-6}$/K)	热导率/(W·m^{-1}·K^{-1})
Si	2.3	4.1	150
GaAs	5.33	6.5	44
Al$_2$O$_3$	3.61	6.9	25
BeO	2.9	7.2	260
AlN	3.3	4.5	180
Cu	8.9	17.6	400
Al	2.7	23.6	230
钢	7.9	12.6	65.2
不锈钢	7.9	17.3	32.9
可伐合金	8.2	5.8	17.0
W	19.3	4.45	168
Mo	10.2	5.35	138

表9-33 Al-Si和Al-SiC金属封装材料的性能[1]

材料	成分	密度/(g/cm^3)	CTE($\times 10^{-6}$/K)	热导率/(W·m^{-1}·K^{-1})
Al-SiC	Al+(50%~70%)SiC	2.90~3.03	6.5~9.0	220~230
Cu-W	W+(10%~20%)Cu	15.6~17.0	6.5~8.3	180~200
Cu-Mo	Mo+(15%~20%)Cu	10.00	7.0~8.0	160~170
Al-Si	60%Al+40%Si	2.53	15.4	126

Al-Si合金具有非常好的综合性能，热导率高、热膨胀系数低、可加工性能好，尤其是其质量比Al的小，约为可伐合金的1/3、Cu-W复合材料的1/6，是一种非常有前景的金属封装材料，广泛用于微波和毫米波集成电路模块封装中；其缺点是强度较低。

Al-SiC复合材料是一种在封装中得到广泛应用的金属基复合材料，它由30%~70%的SiC颗粒和铝或铝合金组成，是目前比刚性最高的封装材料。它的CTE可通过改变组分进行调整，含有70%SiC的Al-SiC复合材料，其热导率可高达170W/(m·K)，而CTE约为7×10^{-6}/K，可以与氧化铝很好地匹配。由于

Al 和 SiC 的密度都很小，因而 Al-SiC 复合材料的密度也很小，特别适合于航空航天等对质量有严格要求的场合应用。

参考文献

[1] 童震松，沈卓身. 金属封装材料的现状及发展 [J]. 电子与封装，2005，5（3）：6-15.

撰稿人：中国电子科技集团公司第十三研究所　刘志平
审稿人：中国电子材料行业协会　　　　　　袁桐

▷▷▷ 9.7.5　陶瓷基板材料，陶瓷基板材料，Ceramic Substrate Materials

陶瓷基板也称陶瓷基片，是以电子陶瓷为基体，对电路元件及外贴元器件形成支撑底座的片状材料，如图 9-51 所示[1]。表 9-34 列出了几种陶瓷基板材料的性能。

图 9-51　陶瓷基板材料

表 9-34　几种陶瓷基板材料的性能

陶瓷材料	热导率 /(W·m^{-1}·K^{-1})	体电阻率 /(Ω·cm)	热膨胀系数 (×10^{-6}/K)	抗弯强度 /(MPa)	介电常数 (@1MHz)
氧化铝（Al$_2$O$_3$）	13~32	>10^{14}	6.6~6.8	250~390	8.5~9.8
氮化铝（AlN）	100~270	>10^{14}	4.5	400~500	8.8
氧化铍（BeO）	280~290	>10^{14}	8	170~230	6.5

与塑料和金属相比，陶瓷基板具有高绝缘性、高热导率、高强度、化学性能稳定、耐酸碱、耐高温等特点，因此陶瓷基板的应用非常广泛，涉及众多的

军事和民用领域。

陶瓷基板种类很多，但常用的陶瓷基板主要是 Al_2O_3 陶瓷基板、BeO 陶瓷基板和 AlN 陶瓷基板。

（1）Al_2O_3 陶瓷基板：到目前为止，Al_2O_3 陶瓷基板是电子工业中应用数量最多、应用领域最广泛的基板材料。它具有工艺成熟、价格低廉、性能优良、原材料来源丰富等优点，可满足各种各样的需求，可以制作出不同的形状。Al_2O_3 陶瓷基板主要有 $95Al_2O_3$ 陶瓷基板和 $99Al_2O_3$ 陶瓷基板，$95Al_2O_3$ 陶瓷基板主要用作厚膜混合集成电路基板，$99Al_2O_3$ 陶瓷基板主要用作薄膜混合集成电路基板，其加工工艺常采用流延法，适合大批量生产。

（2）BeO 陶瓷基板：BeO 陶瓷基板是热导率最高的陶瓷材料，其电绝缘性、介电性和机械强度都很好，在微波功率器件中占有主导地位。由于 BeO 具有毒性，导致其存在一定的环境问题，日本、欧洲等发达国家均禁用 BeO 材料。目前，BeO 陶瓷基板材料正在逐渐被 AlN 陶瓷基板材料所取代。

（3）AlN 陶瓷基板：AlN 陶瓷基板的主要特点是热导率高、热膨胀系数与硅相匹配、强度高、无毒，是非常理想的新型封装和基板材料，也是有毒 BeO 陶瓷基板的理想替代品。随着 AlN 陶瓷制作工艺的逐渐成熟，其应用领域也在不断地扩大，主要用于微波毫米波功率器件和模块、光电器件和模块、晶闸管、IGBT 模块等的制造。

参考文献

[1] http://china.makepolo.com/product-picture/100752824087_0.html.

撰稿人：中国电子科技集团公司第十三研究所　　刘志平
审稿人：中国电子材料行业协会　　　　　　　　袁桐

▷▷▷ 9.7.6　有机封装基板，有機封裝基板，Organic Packaging Substrate

有机封装基板主要包括硬质封装基板和柔性封装基板两大类。

硬质封装基板是指以玻璃纤维布作为增强材料，浸渍有机树脂胶液后，烘干形成 B-阶段预浸料（布或带）；然后进行多层叠合，覆上铜箔，经加热、加压固化形成覆铜箔层压板，即覆铜板（Copper Clad Laminate，CCL）。CCL 中的覆铜层经光刻工艺形成单面或双面导电线路的封装基板，在其表面搭载 IC 器件，形成单面或双面线路板。封装基板在封装 IC 电路中主要担负着导电、绝缘和支撑三大方面的功能，其中铜箔是导电体，有机树脂是绝缘体，层合玻璃布复合材料起支撑作用。封装基板的电性能、可靠性、加工性、制造成本在很大程度上取决于基板材料。

与陶瓷封装基板相比，有机封装基板具有如下优点：①在基板材料制造过程中不需要高温烧结，从而可节省能源，降低成本，适于大规模生产；②介电常数（ε_r）较小，有利于信息的高速传输；③密度更低，有利于减小器件质量；④综合力学性能好，适合机械加工，可制成大面积、多层等复杂的结构形状；⑤易于实现微细图形电路加工。

高耐热有机封装基板可有效提高封装器件的耐再流焊性（如高温再流焊的适用性、倒装芯片微组装的再流焊反复性、再流焊稳定性等），还可提高封装基板的通孔可靠性，在热冲击、超声波作用下进行金属线压焊时，基板可保持稳定的物理特性（如平整性、尺寸稳定性、稳定的弹性模量和硬度变化等）。由于极性有机树脂易于吸附潮气，所以有机封装基板与陶瓷基板相比在高湿条件下更易吸湿。有机封装基板的热膨胀系数是影响基板尺寸稳定性的重要因素。为了保证封装基板微细电路的精度，必须选用低热膨胀系数的封装基板。有机封装基板具有较低的介电常数（ε_r），与陶瓷基材相比更适用于高频信号的传输，更适应电路信号高速化的发展趋势。

按照所用有机树脂种类的不同，硬质封装基板可分为环氧树脂基板、双马氰酸酯树脂基板、聚苯醚树脂基板、聚四氟乙烯树脂基板和聚酰亚胺树脂基板等。近年来，随着对环境保护的重视，又出现了绿色环保型封装基板。

柔性封装基板是在耐高温聚酰亚胺（Polyimide，PI）薄膜上覆铜箔（Cu）后形成 Cu/PI 复合薄膜（Flexible Copper Clad Laminate，FCCL），然后经光刻工艺将铜箔刻蚀成导电线路，制成具有弯曲性的柔性封装基板（Flexible Printed Circuit，FPC）。按照铜箔与 PI 薄膜之间是否存在黏结层，柔性封装基板可分为三层基板和两层基板。三层基板由于具有耐热性差的黏结层，在高低温循环条件下可能发生变形、折皱等现象，广泛应用于低密度的 IC 封装；而两层基板具有优良的耐高温性和低热膨胀性，主要用于高密度的 IC 封装。按照是在 PI 薄膜的单面或双面形成电子线路，柔性封装基板又分为单面基板和双面基板。另外，柔性封装基板还可制成多层高密度基板。

柔性封装基板广泛应用于手机、笔记本式计算机、平面显示器、照相机、摄像机等电子产品中，应用范围不断扩大，在电子产品的柔性化、薄型化、轻量化、低成本化等方面发挥着重要作用。

撰稿人：中国科学院化学研究所　杨士勇
审稿人：中国电子材料行业协会　袁桐

▷▷▷ 9.7.7 贵金属及其键合引线材料，貴金屬及其鍵合引綫材料，Precious Metals and Their Bonding Wire Inner Leads Materials

1. 键合金线及键合金合金线

因键合金线是先烧球再键合连线的，所以也称之为球焊金线。键合金线的纯度在99.99%以上，键合金合金线中金的纯度在99.9%或99%以上，或者金含量超过60%（主要有含金60%和80%的两种合金线）。键合金线的直径一般为15~50μm，最细可达10μm，以500m、1000m、2000m、3000m或更长长度绕在标准金属线轴上。键合金线因添加的微量元素种类和数量不同，键合连线的成弧能力不同，因此又分为低弧度、中弧度和高弧度三大类多种型号的金线。在拉伸测试伸长率相同的情况下，键合金合金线的拉断力一般要高于键合金线，可以形成更低的弧度和更高的强度，适用于高密度多叠层封装产品。键合金线有优良的电性能和导热性，机械性能均匀，化学稳定性好，可适应不同的键合机型和键合工艺。制造键合金线时，在高纯金中添加微量金属元素，通过熔铸、拉拔、在线调质处理，最后以一定的长度绕在标准金属线轴上；键合金合金线则是在熔铸时添加合金元素。键合金线和键合金合金线主要应用在可靠性要求较高的集成电路封装和较大功率LED封装领域，作为芯片和框架引脚或芯片和支架之间的内引线使用，由键合机完成连接。键合金线及键合金合金线成品如图9-52所示。

图9-52　键合金线及键合金合金线成品

2. 键合银线

键合银线又称银线，是在键合金线成本较高的情况下开发的较低成本的键合丝，用于代替键合金线，其直径一般为18~30μm，以500m、1000m长度绕在标准金属线轴上。键合银线具有优良的导电性、机械性能和焊接性。因其易氧化及硫化，在其加工和使用过程中均需使用稀有气体进行保护。制造时，一般在高纯银中添加少量微量元素，通过熔铸，再经过拉拔、调质处理和定长绕线加工而成。键合银线在 LED 封装领域已部分替代键合金线，用于芯片和支架之间的内引线使用，由键合机来完成连接，主要用于直插式较低端的封装产品。键合银线成品如图 9-53 所示。

3. 键合金银线

键合金银线又称镀金银线。键合金银线是在银线的表面镀一层厚度均匀的金镀层（厚度在数十纳米到数百纳米不等），其直径一般为 18～30μm，以 500m、1000m 长度绕在标准金属线轴上。键合金银线具有比键合银线更优良的导电性及机械性能，其镀层对银线具有很好的抗氧化、抗硫化作用，并可保持金与芯片镀层和支架镀层良好的结合性，较键合银线具有更好的可靠性。在其加工和使用过程中，均需要使用稀有气体保护。制造时，一般将银线加工到一定规格后再在其表面进行镀金处理，同样要进行调质处理和定长绕线。键合金银线在 LED 封装领域已部分替代键合金线，用于芯片和支架之间的内引线使用，由键合机来完成连接，主要用于直插式或少量贴片式封装产品。键合金银线较键合金线的成本明显降低，较键合铜线和键合银线具有较高的可靠性，但远低于键合金线封装产品。键合金银线成品如图 9-54 所示。

图 9-53 键合银线成品

图 9-54 键合金银线成品

4. 键合银合金线

键合银合金线又称合金线，其直径一般为 15～50μm，以 500m、1000m 等长度绕在金属线轴上。根据银含量的不同，键合银合金线可分为 88%、92%、95%、97%等不同的种类。键合银合金线具有优良的电性能和导热性，机械性能均匀，化学稳定性较好，比铜线或钯铜线的硬度低，更适合芯片镀层较薄的产品的封装，较键合银线具有更好的抗氧化性、抗硫化性和可靠性。制造时，在高纯银中添加一些其他合金材料，通过合金化熔铸、拉拔和在线调质处理，最后以一定的长度绕在标准金属线轴上。键合银合金线主要应用在部分集成电路封装产品或可靠性要求较高的 LED 封装产品中，作为芯片和框架引脚之间的内引线使用，由键合机来完成连接。其制造和使用过程均需要使用稀有气体保护，其成本高于键合银线、键合钯铜线，但低于键合金线，集成电路中主要应用在引脚数较多而用钯铜线易出现键合氧化或弹坑等缺陷的封装产品中。随着生产工艺的不断提高，键合银合金线将会越来越多地替代键合金线。键合银合金线成品如图 9-55 所示。

图 9-55 键合银合金线成品

撰稿人：北京达博有色金属焊料有限责任公司　　杜连民
审稿人：中国电子材料行业协会　　　　　　　　　袁桐

▷▷▷ 9.7.8 键合铜线、铝线及其合金引线材料，鍵合銅絲、鋁絲及其合金引綫材料，Copper Bonding Wire, Alloy of Copper Bonding Wire, Aluminium Bonding Wire and Alloy of Aluminium Bonding WireInner Leads Materials

1. 键合铜线

键合铜线的纯度为 99.99% 以上，其直径一般为 18～50μm，以 500m、1000m、2000m 或 3000m 长度绕在标准金属线轴上。键合铜线较键合金线具有更高的强度和刚度，更优良的电热和机械性能，更慢的金属间化合物生长速度，特别是较键合金线具有更低的材料成本，在要求不高的封装领域中成为键合金线的替代品。键合铜线一般分为普通铜线、软铜线和超软铜线 3 种。超软铜线较普通铜线具有更低的拉伸强度和刚度，更适用于镀层稍薄的芯片产品封装。制造键合铜线时，在高纯铜中添加微量元素，通过熔铸、拉拔和在线调质处理，最后以一定的长度绕在标准金属线轴上，整个加工过程均要防止铜氧化现象的发生。键合铜线主要应用在分立器件封装领域中（作为芯片和框架引脚之间的内引线），少量用于可靠性要求不高的 LED 封装领域中（作为芯片和支架之间的内引线），均由键合机来完成连接。使用时需要稀有气体的保护，由于其易氧化、强度过高，只适用于镀层较厚的芯片或引脚数较少的封装形式。键合铜线成品如图 9-56 所示。

图 9-56　键合铜线成品

2. 镀钯铜线

镀钯铜线是在铜线的表面镀一层厚度均匀的金属钯，镀层厚度在数十纳米到 200nm 不等，其直径一般为 18～30μm，以 500m、1000m、2000m 或 3000m 长度绕在标准金属线轴上。镀钯铜线的镀层对铜线具有很好的抗氧化作用，与芯片镀层和框架镀层之间又具有良好的结合性，较键合铜线具有更好的可靠性。在其加工和使用过程中，均需要使用稀有气体保护，防止铜线氧化现象的发生。制造时，一般将铜线加工到某一规格后，在其表面进行镀钯处理，然后再进行拉拔、调质处理和定长绕线。镀钯铜线在部分集成电路封装、中低端 LED 封装领域已逐步替代键合金线，作为芯片和框架引脚之间、芯片和支架之间的内引线使用，由键合机来完成连接。由于其较键合铜线具有更优良的抗氧化性和良好的结合性，较金线成本明显降低，随着键合设备及工艺技术的不断提高，其应用将越来越广泛。镀钯铜线成品如图 9-57 所示。

图 9-57　镀钯铜线成品

3. 键合铜合金线

键合铜合金线又称铜合金线，其直径一般为 15～50μm，以 500m、1000m 等长度绕在金属线轴上。键合铜合金线具有优良的电性能和导热性，机械性能均匀，化学稳定性较好，较键合铜线有较强的抗氧化性，较镀钯铜线具有相同的键合特性、电性能和机械性能，但成本较镀钯铜线低很多，不用在铜线表面镀钯层，与镀钯铜线具有相同的抗氧化性。制造时，在高纯铜中添加一些其他合金材料，通过合金化熔铸、拉拔和在线调质处理，最后以一定的长度绕在标准金属线轴上。键合铜合金线主要应用于可靠性要求稍高的集成电路封装产品或LED封装产品中，作为芯片和框架引脚之间的内引线使用，由键合机来完成连接。其制造和使用过程均需要使用稀有气体保护。键合铜合金线的成本较低，在集成电路制造中主要替代现在使用的镀钯铜线产品及银合金线产品。随着生产工艺的不断提高，键合铜合金线将越来越多地替代键合金线。

4. 键合铝线及键合铝合金线

键合铝线及键合铝合金线一般通称为键合铝线。因其材料成分不同，主要分为键合纯铝线和键合硅铝线两类。键合纯铝线中的铝纯度在99.99%以上，其直径一般为75~500μm，多以100m、200m、300m、400m等长度（或者以英制单位长度）绕在塑料线轴上。键合硅铝线中的铝原料纯度在99.99%以上，硅含量约为1%，其直径一般为20~50μm，多以1000ft或2500ft（1ft=0.3048m）长度绕在金属线轴上。键合铝线具有优良的电学性能和力学性能，适用于不同的超声波键合机。制造时，根据要求在高纯铝中添加其他元素，通过熔铸、拉拔、热处理、检测等工艺，最后以一定的长度绕在标准塑料线轴上。键合纯铝线主要应用在大功率器件上，键合硅铝线主要用于集成电路板键合（COB）上，作为芯片和框架引脚或芯片和支架之间的内引线使用，由超声波键合机来完成连接。为适应大电流高电压功率器件的要求，生产企业还在开发再结晶温度更高，具有更高强度、高耐热性和耐腐蚀性的铝合金线，以适合高密度、小型化功率器件的封装发展需要。键合铝线及键合铝合金线成品如图9-58所示。

图9-58 键合铝线及键合铝合金线成品

撰稿人：北京达博有色金属焊料有限责任公司　杜连民
审稿人：中国电子材料行业协会　　　　　　　袁桐

9.7.9 导电胶黏结材料,導電膠黏結材料,Conductive Adhesive Materials

导电胶是一种固化后具有一定导电性能的胶黏剂,它通常以基体树脂和导电填料为主要组分。通过基体树脂的黏结作用将导电粒子结合在一起,形成导电通路,实现被黏结材料的导电连接。导电胶可在较低温度下固化,避免高温过程对电子器件造成的机械损伤及形成的内应力。另外,导电胶可通过丝网印刷工艺施胶,形成引线宽度更细、间距更窄的电子线路,从而实现电子器件的小型化、轻薄化和高密度化。

导电胶的基体树脂在导电胶中起着力学支撑和黏结的作用,常用的基体树脂包括环氧树脂、有机硅树脂、聚氨酯、丙烯酸树脂、聚酰亚胺树脂等。基体树脂具有不同的固化温度和耐热性能,可满足多种特殊的应用需求。导电填料在导电胶中起着导电互连的作用,一般由 Au、Ag、Cu、Al、Fe、Zn、Ni 等金属或石墨、炭黑组成,其中金属 Ag 由于具有优异的导电性和抗氧化稳定性而被广泛应用于导电胶的制备。

根据基体树脂的固化温度的不同,导电胶可分为低温固化和高温固化两大类。低温固化导电胶的性能稳定性差,所封装的电子器件在室温储存过程中其电性能容易发生劣化。高温导电胶在高温固化过程中的金属导电粒子的表面会发生氧化反应,要求固化时间尽量短,避免导电胶的电性能达不到设计要求。目前,应用较多的导电胶在低于 150℃环境下固化,使电子器件的耐温能力和使用温度容易匹配,力学性能优异。

导电胶分为各向同性导电胶(Isotropic Conductive Adhesive,ICA)和各向异性导电胶(Anisotropic Conductive Adhesive,ACA)两大类。ICA 是指在各个方向上具有同等导电性能的导电胶,广泛用于电子器件的封装;ACA 则是指在一个方向上(如 z 方向)导电,而在 x 和 y 方向不导电的导电胶。ACA 的制备过程复杂,对生产设备和工艺条件要求较高,主要用于特殊 PCB 的生产,如平板显示器用 PCB 等。

导电胶在电子封装领域具有广泛的应用前景,其缺点是与锡铅焊料相比导电率较低,导电稳定性和耐久性较差。今后,需要进一步改善和提高基体树脂的耐热性,研制高电导率、高性能稳定、耐腐蚀、低成本的新型导电粒子等。

撰稿人:中国科学院化学研究所 杨士勇
审稿人:中国电子材料行业协会 袁桐

▷▷▷ 9.7.10 绝缘黏结胶材料，絕緣黏結膠材料，Insulated Adhesive Materials

绝缘黏结胶又称非导电胶，是具有优良电绝缘性能的多组分复合胶，一般是以沥青、天然树脂或合成树脂作为主体树脂材料，辅以填料而形成的具有高黏结性的胶黏剂材料。绝缘黏结胶在常温下具有很高的黏度，流动性能差，使用时加热以提高其流动性，使之便于灌注、浸渍、涂覆，冷却后固化。其特点是不含挥发性溶剂，主要用于电器表面的保护。

绝缘黏结胶分成热塑性胶和热固性胶两大类。前者主要由热塑性基体树脂和填料组成，用于工作温度不高、机械强度较小的场合，如用于浇注电缆接头；后者由热固性基体树脂、固化剂、增韧剂、稀释剂、填料（或无填料）等配制而成，与前者相比具有更好的力学强度和耐热性能。热固性黏结胶按固化方式又可进一步分为加热固化型（热固型）、光固化型等。基体树脂包括环氧树脂、有机硅树脂、聚酯、聚酯亚胺树脂等。

绝缘黏结胶具有优异的电气绝缘性、黏结性能和成型特性，广泛应用于电子元器件的制造，包括电机、发电机绕组的浸渍，变压器、电容器、无线电装置的密封等。

随着电子电器制造与封装技术的发展，电子器件的封装密度越来越高，体积不断缩小，器件的散热成为一个突出的问题，它直接影响到器件的精度、可靠性和使用寿命。目前，导热绝缘胶根据填料种类的不同，可以分为金属氧化物粉填充型、氮化物填充型、碳化硅填充型和石墨填充型等多种类型，但热导率都不高，因此发展高导热的绝缘黏结胶成为一个新的研究方向。

撰稿人：中国科学院化学研究所　杨士勇
审稿人：中国电子材料行业协会　袁桐

▷▷▷ 9.7.11 焊料，銲料，Solder

焊料（或钎料）是在钎焊时用作填充金属的材料。焊料经加热熔化后浸润母材，填充接头间隙，并与母材相互扩散，从而实现钎焊连接[1]。

焊料作为电子封装技术中的互连材料，主要承担机械连接、电气连接、热耗散等作用，应用于各级电子封装中。焊料主要用于引线焊接、芯片焊接、外壳封接等。

1. 集成电路封装对焊料性能的要求

为满足钎焊工艺及钎焊接头性能的要求，作为连接材料的焊料一般应满足如下基本要求[2-4]。

（1）具有合适的熔点，其熔点必须低于被焊接的母材的熔化温度。

（2）对母材具有良好的浸润特性及铺展特性，与母材金属可实现适当的溶解和扩散。

（3）焊接界面应具有一定的机械强度和稳定的物理、化学性能。

（4）价格适中，稀有金属及贵金属含量较低。

2. 焊料的材料体系

传统的焊料为铅锡（Sn-Pb）焊料，其材料体系稳定，熔点较低（63Sn-37Pb共晶焊料的熔点为183℃），具有优良的焊接性能、加工性能和低廉的价格，因此得到了广泛的应用。

随着人类社会环保意识的加强，各国对电子产品提出了绿色电子制造和无铅化的要求，推动了无铅焊料的研发和使用。无铅焊料除了满足一般焊料的基本要求，还必须同时达到如下特性。

（1）未来不会引入新的污染。

（2）熔点与63Sn-37Pb共晶焊料熔点接近。

（3）与现有焊料焊接工艺兼容。

（4）加工特性好。

各国研发及使用的无铅焊料主要是Sn基焊料，具有代表性的无铅焊料合金主要包括Sn-Ag、Sn-Au、Sn-Cu、Sn-Bi、Sn-Zn、Sn-In等二元合金材料体系，以及Sn-Ag-Cu、Sn-Ag-Bi等三元合金材料体系。表9-35列出了可能取代传统铅锡焊料的无铅焊料的性能特点。Sn-Ag-Cu系焊料是目前应用最广泛的无铅焊料体系。

表9-35 可能取代铅锡焊料的无铅焊料

焊料类型		共晶温度/℃	特　点
Sn系二元焊料	Sn-3.5Ag	221	高机械强度和抗蠕变特性
	Sn-0.7Cu	227	高机械强度
	Sn-57Bi	139	高焊接流动性
	Sn-51In	120	高可焊性
	Sn-9Zn	199	高机械强度
	Sn-5Sb	245	高力学性能
	Sn-80Au	278	高耐腐蚀性和抗蠕变特性

续表

焊料类型		共晶温度/℃	特 点
Sn-Ag系三元焊料	Sn-3Ag-0.5Cu	217.2	高力学性能和焊接性能
	Sn-3.9Ag-0.6Cu		
	Sn-3.8Ag-0.7Cu		
	Sn-Ag-Bi	137.1	高焊料强度
	Sn-Ag-In	114	高焊料强度
	Sn-Ag-Zn	216.4/193.7	高浸润性

焊料粉是焊料的主要成分，其成分和配比，以及焊料合金粉的形状、粒度和表面氧化度等，对焊料性能的影响很大。焊料合金粉末制备方法包括化学还原法、电沉积法、固体颗粒的机械加工法、合金雾化法等。目前使用的无铅焊料粉大多采用雾化法进行制备。

3. 焊料在集成电路封装中的应用

焊料被广泛应用于集成电路封装的各级封装工艺中，主要包括芯片黏结、组装、外壳封接、球栅阵列（Ball Grid Array，BGA）封装中的焊球、倒装芯片（Flip Chip）中的焊料凸点等。

焊料的形态在不同的应用中需要依据焊接的界面材料、金属化层、温度等多种要求进行选择。针对不同的应用，焊料的主要形态包括预成型焊料（Solder Preform）、焊膏（Solder Paste）、焊球（Solder Ball）、焊料凸点（Solder Bump）等。焊膏是由焊料粉、助焊剂及其他添加物混合而成的复杂材料体系，通常焊料粉占整个焊膏体积的80%~90%，添加物的主要作用是调整焊膏黏度、对焊接表面进行活化等。

在集成电路封装中，对封装散热有较高要求的器件（如功率器件）的封装等通常采用焊料进行芯片黏结，焊料的形式可以是预成型焊料或焊膏，常规的用于芯片黏结的材料体系包括Au-Sn、Ag-Cu、Sn-Pb等，采用焊料进行芯片黏结要求芯片背面有金属化层。

在SMT组装工艺中，针对引线框架型封装、球栅阵列封装的电子元器件的组装，焊膏通过印刷的方式涂覆到PCB上，采用回流焊工艺实现电子元器件和PCB的焊接。

在金属封装、陶瓷封装等对元器件有气密性要求的封装中，金属、陶瓷外壳与盖板的密封可以采用焊料进行焊接。

参考文献

[1] Howard Manko. Solder and soldering [M]. 2nd ed. New York：McGraw-Hill, 1979.

[2] Evans J W, KwonD, Evans J Y. A Guide to Lead-free Solders：Physical metallurgy and

reliability [M]. London: Springer, 2007.
- [3] 田民波. 电子封装工程 [M]. 北京：清华大学出版社，2003.
- [4] 韩宗杰，李孝轩，胡永芳，等. 电子组装用无铅钎料的研究和发展 [J]. 电焊机. 2010，40（12）：9-15.

撰稿人：清华大学　　　　　　　　　　　　　　　　　　　　　王谦
审稿人：中国科学院上海微系统与信息技术研究所　罗乐

▷▷▷ 9.7.12　底填料，底填料，Underfill

底填料（Underfill）填充在倒装芯片与基板之间由焊球连接形成的间隙中，不仅可将芯片、焊球凸点和基板紧紧地黏结在一起，还可降低因芯片与基板热膨胀系数（Coefficient of Thermal Expansion，CTE）不匹配在焊点上产生的应力，提高焊点的热疲劳寿命[1,2]。

底填料涉及环氧树脂、固化剂、固化促进剂、无机填充料、偶联剂、增韧剂等组分的选择，配置的底填料的材料性能包括固化性能、流变性能、动态热机械性能、接触角、表面张力、吸水率、黏结强度、热循环老化等多方面。

倒装芯片底部填充工艺包括传统倒装芯片的底部填充工艺、非流动底部填充工艺和圆片级底部填充工艺。

传统的底部填充技术利用液体的毛细现象产生的表面张力，将液态底部填充材料（Flow Underfill）填充在基板和芯片之间组成的间隙中，并使其固化。传统的底部填充工艺流程如图9-59所示[3]。首先将助焊剂涂在基板上，再将焊料凸点对准基板焊盘，加热回流，然后除去助焊剂，最后将底部填充材料沿芯片一字形或"L"形点胶，待胶水填充芯片后，高温固化。随着倒装芯片封装中芯片与基板之间的间距越来越小，同时焊球密度的增加导致焊球之间的间距也越来越小，这些均会阻碍传统毛细现象底部填充材料的流动，不仅造成封装效率的降低，还会在封装过程中产生气泡缺陷从而严重影响封装的可靠性。

为了克服传统的毛细现象底部填充的上述缺点，可以采用非流动底部填充胶（No-Flow Underfill）工艺。与传统的毛细现象底部填充工艺相比，非流动底部填充材料不需要利用液体的毛细现象，但它需将胶水在焊球回流焊之前铺好，接着在回流焊过程中同时完成焊球焊接和底部填充胶固化两个过程，省去了助焊剂涂覆和清洗流程，大大简化了底部填充工艺，提高了生产效率，如图9-60所示。

圆片级底部填充（Wafer Level Underfill，WLU）工艺首先在整个圆片上印制或涂覆一层底填料，然后将底部填充胶预聚合，并将圆片切割成单个的芯片，

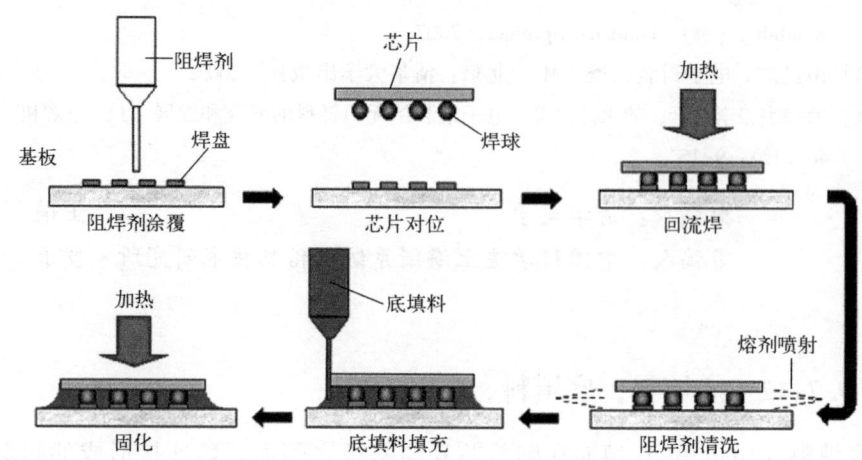

图 9-59 传统的底部填充工艺流程

如图 9-61 所示。此工艺将封装生产线的前道和后道的一些工艺集合在一起,它需要芯片制造公司、封装公司和材料供应商密切配合、协同研究。

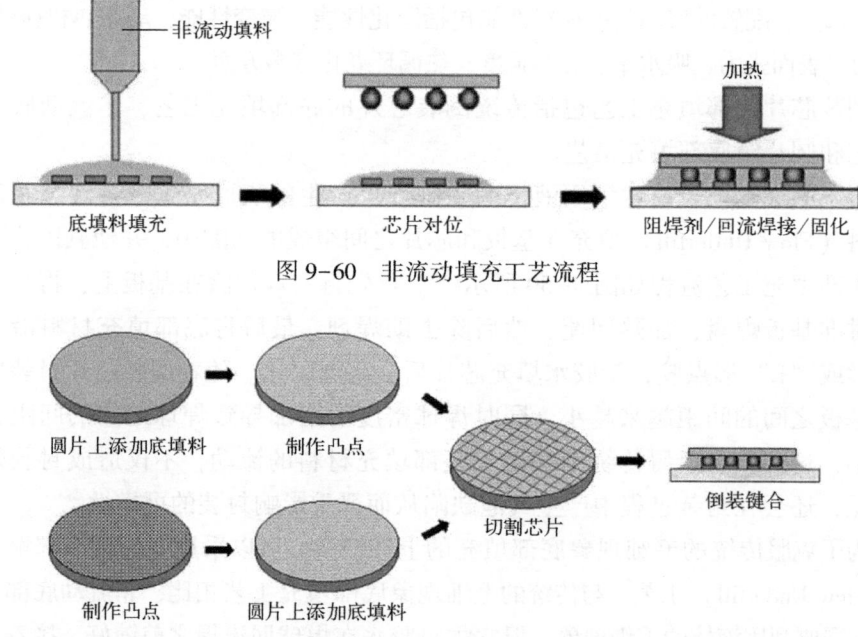

图 9-60 非流动填充工艺流程

图 9-61 圆片级底部填充工艺流程

无机填料二氧化硅对于底部填充胶的整体性能起着关键作用。填料尺寸、形貌、表面性质和填充量对底部填充胶的性能有着重要的影响。由于球形颗粒具有较好的流动性,底部填充胶中所使用的填料通常为球形 SiO_2 颗粒。通常,所用填料的尺寸要小于基板与芯片之间间距的 1/3。在传统的毛细现象底部填充胶中所用的球形 SiO_2 颗粒的尺寸为微米级。相比于微米级的 SiO_2，纳米级的 SiO_2 由于其尺寸小于可见光的波长而在环氧树脂基体中具有光学透明性，可满足圆片级封装的工艺要求。对于模塑底部填充胶而言，纳米级的 SiO_2 可作为填料进一步降低其热膨胀系数。纳米级的 SiO_2 在提高底部填充材料的综合性能方面具有重要的作用，它在底部填充材料中的应用已成为一种新的发展需求和趋势。

参考文献

[1] S. H. Shi, C. P. Wong. Recent advances in the development of no‐flow underfill encapsulants：A practical approach towards the actual manufacturing application [C]. 49th Electronic Components Technology Conf., San Diego, CA, 1999：770.

[2] C. P. Wong, L. Wang, S. Shi. Novel high performance no flow and reworkable underfills for flip-chip applications [J]. Materials Research Innovations, 1999, 2 (4)：232-247.

[3] Daniel Lu, C. P. Wong. Materials for Advanced Packaging [M]. London：Springer, 2016.

撰稿人：中国科学院深圳技术研究院　　　　　朱朋莉
审稿人：中国科学院上海微系统与信息技术研究所　罗乐

第 10 章　集成电路基础研究与前沿技术发展

目前，集成电路领域的相关基础研究与前沿技术发展十分活跃，新器件结构、新材料、新工艺技术层出不穷，在设计、制造、封装、测试等领域均取得了一系列重大突破，推动了集成电路技术的持续快速发展。

本章主要聚焦于在实验室研究阶段已经取得较为系统的研究成果，并有望于未来 5~10 年进入产业应用的新型技术，包括非传统新结构器件、新型集成电路、集成电路新材料、先进集成电路制造技术、新型集成与互连、纳米级器件模型与模拟、柔性半导体器件、集成微系统技术、先进表征技术与测试技术等。通过阅读这一章，读者可较为系统地了解目前集成电路技术的前沿研究领域和研究热点。

本章共有 71 个词条，由 11 个单位的 45 位一线专家学者撰写完成。在此，对他们的贡献表示衷心的感谢！

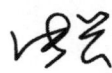

◎ 本章编委会

主　　编：张　兴
副 主 编：许　军　时龙兴
编　　委（按姓氏笔画排序）：
　　　　　于洪宇　王文武　王喆垚　刘晓彦
　　　　　杨振川　吴汉明　吴南健　张　荣
　　　　　施　毅　傅云义　蔡一茂
责任编委：蔡一茂

10.1 非传统新结构器件

自集成电路工艺节点进入 22nm 技术代之后,作为集成电路核心器件的 MOSFET 已经从传统的体硅平面结构逐渐过渡到 FinFET 三维结构及全耗尽型 SOI 结构。预计 FinFET 和超薄体 SOI 器件技术可以延续到 7nm 甚至更远的技术节点。然而随着超低功耗集成电路需求的不断发展,追求高能效、超低功耗性能的新结构器件也成为未来集成电路重要的候选器件技术。本节主要从超低功耗应用的角度来介绍新原理及新结构的逻辑与存储器件,其中部分技术已经实现小规模应用,预计在未来 5~10 年,这些新技术将得到更大的发展;而有些技术则可能与主流的高性能 CMOS 技术互补,并在超低功耗领域发挥独特的优势。

10.1.1 栅极全环绕器件,闸極全環繞元件,Gate-All-Around (GAA) Device

栅极全环绕(GAA)器件(晶体管)也称为环栅晶体管或围栅晶体管,是一种特殊结构的 MOSFET,如图 10-1(a)所示。其特点是栅电极将器件的沟道区完全环绕包裹起来[1],使得栅电极对器件沟道的控制作用达到最强。通常,GAA 可用于改善极短沟道(如沟道长度缩小到 10nm 以下时)MOS 器件的关态漏电特性,其工作原理与常规的平面 MOSFET 基本相同。栅极全环绕器件沟道中的源漏电流既可以沿着水平方向流动,也可以沿着垂直方向流动。例如,在多层结构的 NAND 型非易失性存储器(3D NAND Flash)中,就经常使垂直沟道的多个栅极全环绕晶体管串联起来[2,3]。当栅电极环绕包裹的器件沟道区的直径缩小到纳米尺度时,也可以称之为纳米线晶体管(Nanowire Transistor,NWT)[4],如图 10-1(b)所示。栅极全环绕器件的驱动电流主要受限于其沟道区的直径,若其直径过大,则会失去栅电极对沟道控制能力强的优点,导致器件关态特性变差。因此,若需增大栅极全环绕器件的驱动电流,结构上通常采用多个相同器件并联的方式来实现。栅极全环绕器件的沟道材料既可以采用硅、锗等传统的半导体材料,也可以采用碳纳米管(Carbon Nanotube,CNT)等新型的一维纳米线材料;其栅介质既可以采用二氧化硅,也可以采用二氧化铪、三氧化二铝、二氧化锆等高介电常数的材料,以进一步提升栅电极对器件沟道的控制能力。另外,当采用"环栅晶体管"来称呼栅极全环绕器件时,要注意与另一种平面的环栅 MOS 器件相区别,后者实际上仍是平面型的 MOS 器件,只是其栅电极的版图结构为封闭的环形,该闭合的环状栅电极内外分别是该 MOS 器件的源区和漏区。

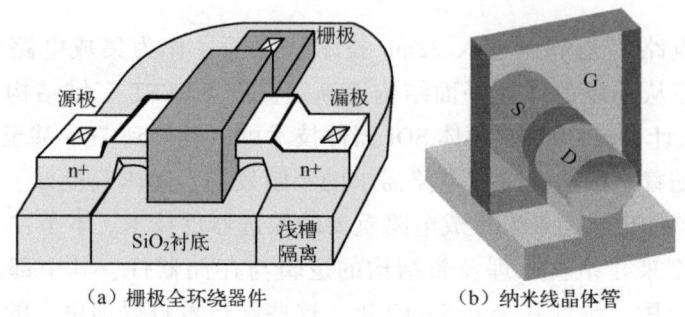

(a) 栅极全环绕器件　　　　(b) 纳米线晶体管

图 10-1　栅极全环绕器件结构示意图

参考文献

[1] Cui Y, Zhong Z, Wang D, et al. High performance silicon nanowire field effect transistors [J]. Nano Letters, 2003, 3 (2): 149-152.

[2] Lue H T, Hsu T H, Hsiao Y H, et al. A highly scalable 8-Layer 3D vertical-gate (VG) TFT NAND flash using junction-free buried channel BE-SONOS device [C]. Symposium on VLSI Technology, June 15-17, 2010, Honolulu, HI, United states, c2010: 131-132.

[3] Qiao F, Pan L, Blomme P, et al. TID radiation response of 3D vertical GAA SONOS memory cells [J]. IEEE Transactions on Nuclear Science, 2014, 61 (2): 955-960.

[4] Tsutsumi T, Ishii K, Hiroshima H, et al. Fabrication technology of a Si nanowire memory transistor using an inorganic electron beam resist process [J]. Journal of Vacuum Science and Technology B: Microelectronics and Nanometer Structures, 2000, 18 (6): 2640-2645.

撰稿人：清华大学　许军　梁仁荣
审稿人：北京大学　张兴　蔡一茂

▷▷▷ 10.1.2　隧道场效应晶体管,隧道穿透場效應電晶體,Tunneling Field Effect Transistor

隧道场效应晶体管(Tunneling Field Effect Transistor, TFET) 又称为隧穿场效应晶体管,它是一种利用栅电极控制沟道区中载流子在其导带与价带之间发生带间隧道穿透(Band-to-Band Tunneling, BTBT) 的现象来实现场效应晶体管性能的器件[1]。图 10-2 所示为典型的 TFET 结构示意图，从图中可以看出，该器件的漏区与沟道区的掺杂类型相同，这是区别于传统 MOSFET 的一个重要特点。

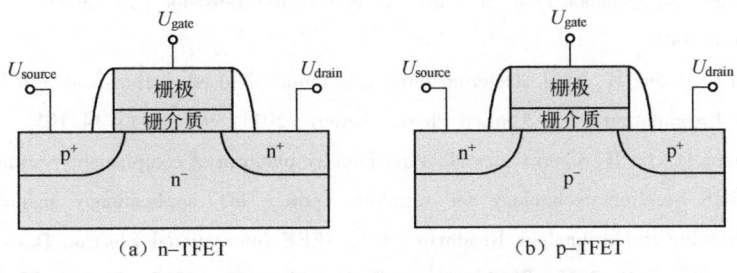

图 10-2 典型的 TFET 结构示意图

传统 MOSFET 利用外加栅极电压控制器件沟道区表面的沟道实现漏源之间的导通和关断状态的转换，而 TFET 则利用栅极电压控制沟道区中载流子的带间隧道穿透过程实现器件的导通和关断，如图 10-3 所示。以 n-TFET 为例，当没有外加栅电压时，由于器件的源区是 p 型重掺杂，沟道区是轻掺杂的 n 型区，源/沟道之间的耗尽区使得源区中的电子很难隧穿到沟道区，因此器件处于关断状态，且其关态电流小于传统的 MOS 器件的关态电流；当外加栅极电压逐渐增大时，沟道区的能带不断下拉；当沟道区的导带被下拉至源区的价带以下时，源区与沟道区的能带开始对齐甚至出现重叠，使得位于源区价带中的大量电子通过隧穿进入沟道区的导带，因此使得该器件瞬间由关断状态进入导通状态。由于该转换过程较传统 MOSFET 要迅速得多，因此 TFET 器件可以有很好的亚阈区特性，其亚阈值斜率有可能低于传统 MOS 器件的理想值。[2]

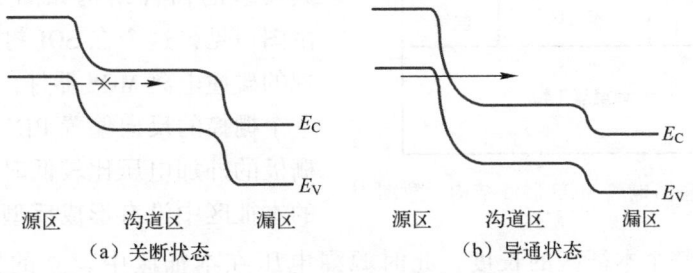

图 10-3 TFET 器件基本工作原理

为了进一步改善 TFET 的特性，目前又从器件结构等方面提出了多种改进型的 TFET 器件，其中包括异质栅结构的 TFET[3] 和 T 型栅/梳状栅肖特基 TFET[4] 等，这为进一步提升 TFET 的性能和实用性提供了可能。

参考文献

[1] J. Appenzeller, Y-M. Lin, J. Knoch, et al. Band-to-band tunneling in carbon nanotube field-effect transistors [J]. Physical Review Letters, 2004, 93 (19): 196805.

[2] Theis T N, Solomon P M. It's time to reinvent the transistor [J]. Science, 2010, 327: 1600-1601.

[3] Cui N, Liang R, Xu J. Heteromaterial gate tunnel field effect transistor with lateral energy band modulation [J]. Applied Physics Letters, 2011, 98 (14): 142105.

[4] Huang Q, Jia R, Chen C, et al. First foundry platform of complementary tunnel-FETs in CMOS baseline technology for ultralow-power IoT applications: manufacturability, variability and technology Roadmap [C]. IEEE International Electron Devices Meeting, December 7-9, 2015, Washington, DC, United states, c2015: 22.2.1-22.2.4.

撰稿人：清华大学　许军　梁仁荣
北京大学　黄芊芊
审稿人：北京大学　张兴　蔡一茂

▷▷▷ 10.1.3　碰撞电离 MOS 器件，碰撞電離 MOS 元件，Impact Ionization MOS

碰撞电离 MOS 器件（Impact Ionization MOS，IMOS）是一种利用源漏区之间强电场作用使得载流子发生碰撞电离倍增效应来实现低亚阈值斜率（Subthreshold Swing）的 MOS 器件[1]，其典型的器件结构如图 10-4 所示。由图可见，这个在 SOI 衬底材料上实现的碰撞电离 MOS 器件，实际上就是一个栅控的反向偏置 PIN 二极管。当栅极的外加电压比较低时，栅极下面的本征区中没有形成反型层，有效沟

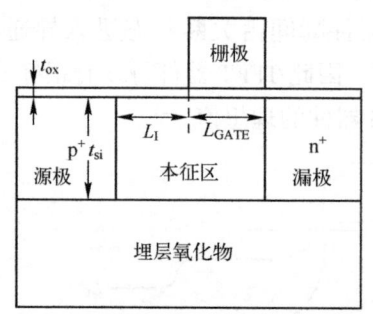

图 10-4　碰撞电离 MOS 器件结构示意图[1]

道长度就是整个本征区的长度，此时源漏电压在本征区中建立的横向电场较弱，沟道材料不会被击穿，因此晶体管处于关断状态；当栅极的外加电压比较高时，栅极下面的本征区中会形成反型层，使得器件的有效沟道长度（即剩余的本征区长度）明显缩短，此时源漏电压在缩短后的剩余本征区中建立的横向电场就会显著增强，以至于超过沟道材料的击穿电场，器件发生雪崩击穿，通过载流子的碰撞电离倍增效应，会形成很大的源漏电流，因此晶体管就进入了

导通状态。由于碰撞电离的雪崩倍增效应具有正反馈作用，理论分析和实验结果都表明，此时有可能使得室温下器件的亚阈值斜率在数值上低于其理想值 60mV/decade[2,3]。

碰撞电离 MOS 器件既可以在 SOI 衬底上实现，也可以在普通的体硅衬底上实现。另外，只要改变栅电极的位置，就可以将 n 型沟道的碰撞电离 MOS 器件改变为 p 型沟道的碰撞电离 MOS 器件，这样也能够实现互补结构的碰撞电离 MOS 器件和电路，如图 10-5 所示。

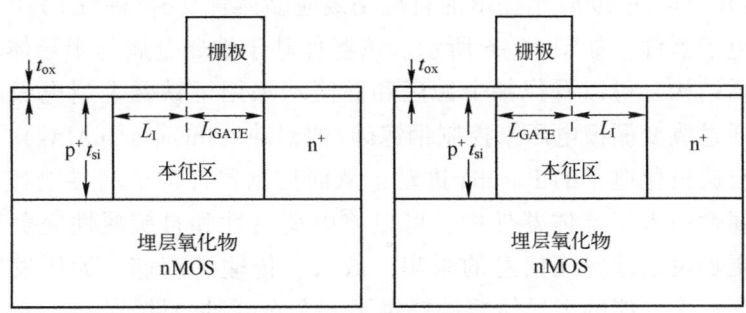

图 10-5　互补结构的碰撞电离 MOS 器件[1]

参考文献

[1] Gopalakrishnan K, Griffin P B, Plummer J D. I-MOS：A novelsemiconductor device with a subthreshold slope lower than kT/q［C］. IEEE International Electron Device Meeting, December 8-11, 2002, San Francisco, CA, United states, c2002：289-292.

[2] Gopalakrishnan K, Griffin P B, Plummer J D. Impact ionization MOS (I-MOS)—Part I：Device and circuit simulations［J］. IEEE Transactions on Electron Devices, 2005, 52 (1)：69-76.

[3] Gopalakrishnan K, Woo R, Jungemann C, et al. Impact ionization MOS (I-MOS)—Part II：Experimental results［J］. IEEE Transactions on Electron Devices, 2005, 52 (1)：77-84.

撰稿人：清华大学　许军　梁仁荣
审稿人：北京大学　张兴　蔡一茂

▷▷▷ 10.1.4　自旋场效应晶体管，自旋場效應電晶體，Spin Field Effect Transistor

自旋场效应晶体管（Spin Field Effect Transistor，Spin-FET）是一种新型的

微电子器件，它不仅利用了电子的电荷属性，而且利用了电子的自旋属性（Spin Property）。根据量子力学原理，电子除了具有电荷属性，还具有人们不太熟知的自旋特性，即电子还具有内禀（Inherent）的自旋角动量。因此，在外部施加的磁场中，运动的电子除了会受到洛伦兹力（Lorentz Force）的作用，还可以通过内禀磁矩与磁场之间发生耦合作用。利用电子的电荷属性和自旋属性作为信息的共同载体，尤其是把电子的自旋属性引入到半导体器件中，所发展出的新型半导体器件称为自旋电子器件。美国普渡大学（Purdue University）的 S. Datta 和 B. Das 在 1990 年提出的自旋场效应晶体管（Spin-FET）[1]是一个典型的自旋电子器件，如图 10-6 所示。该器件基于铁磁金属与半导体材料之间形成的异质结构，可以看作一个源区和漏区均采用了铁磁金属电极的场效应晶体管，通过改变栅极电压来控制铟镓砷/铟铝砷（InGaAs/InAlAs）二维电子气沟道中自旋极化电子的 Rashba 进动，从而控制器件沟道的导电特性。将电子的自旋属性引入半导体器件中，可以将电荷属性和自旋属性完美地结合起来，从而更加灵活地实现信息的采集、放大、传输和存储，为研发新型超高速、低功耗、多功能的半导体器件提供了一个全新的思路[2,3]。目前，自旋场效应晶体管存在的主要问题包括，自旋极化电子从铁磁金属通过欧姆接触或肖特基接触注入半导体后的自旋极化率比较低、驱动能力相对比较弱、抗干扰能力较差等。

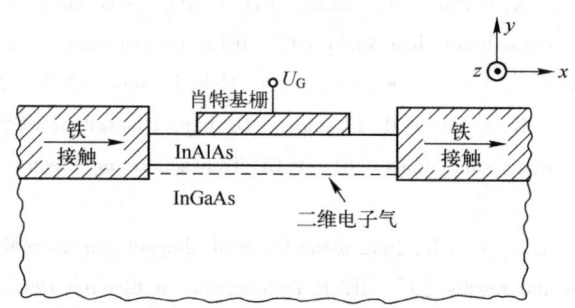

图 10-6　Spin-FET 器件结构示意图[1]

随着超大规模集成电路技术的迅猛发展，半导体器件的特征尺寸不断地按比例缩小，目前已经进入纳米尺度。相比于其电荷属性，电子的自旋属性在很多方面将具有更加独特的优点，如信息处理的速度更快，单位操作的能耗更低，集成密度更高等，因此未来自旋电子器件有望在新型信息产业中占据更重要的地位。

参考文献

[1] Datta S, Das B. Electronic analog of the electro-optic modulator [J]. Applied Physics Letters, 1990, 56 (7): 665-667.

[2] Ohdaira Y, Oogane M, Naganuma H, et al. Spin transistor using magnetic tunnel junctions with half-metallic Co_2MnSi Heusler alloy electrodes [J]. Applied Physics Letters, 2011, 99 (13): 132513.

[3] Wojcik P, Adamowski J, Spisak B J, et al. Spin transistor operation driven by the Rashba spin-orbit coupling in the gated nanowire [J]. Journal of Applied Physics, 2014, 115 (10): 104310.

撰稿人：清华大学　许军　梁仁荣
审稿人：北京大学　张兴　蔡一茂

▷▷▷ 10.1.5 负栅电容晶体管，負栅電容電晶體，Negative Capative MOSFET (NC-MOSFET)

MOSFET 器件的亚阈值斜率（SS）是一个极为重要的指标。在性能相同的情况下，降低 SS 可以减小泄漏电流，降低器件功耗[1]。常温下，传统 MOSFET 的 SS 理论最小值为 60mV/decade，而负栅电容器件为突破这一理论极限提供了可能[2]。图 10-7 所示为传统 MOSFET 结构原理图。

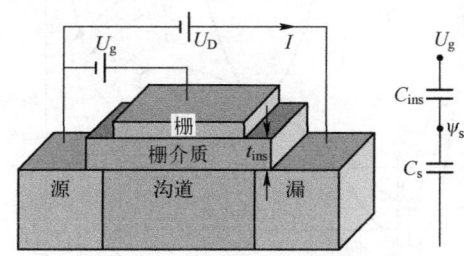

图 10-7　传统 MOSFET 结构原理图

顾名思义，负栅电容器件就是在传统 MOSFET 器件的栅绝缘层中引入负电容介质（如铁电介质、钙钛矿材料等），让其增大栅极电压，起到升压的作用；从而使栅极电压升高，MOSFET 栅控能力加强，SS 下降。

铁电材料是主要的负电容材料。由于介电材料的极化可以在外加电场的作用下发生，进而使其电容小于真空电容；而铁电材料会发生自发极化，当电场发生变化时，像铁磁体一样，铁电材料的极化强度表现出回滞特征。从能量的角度来看，电容的吉布斯自由能随着极化强度的关系表现为正向抛物线，该抛物线的开口和大小由电容决定；而铁电材料随着极化强度有两个稳定平衡态和一个位于零点的不稳定平衡态（即曲线上的一峰两谷），零点附近可以近似为一个开口向下的抛物线,间接表现出负电容的特性,如图10-8所示。在2015年,有实验测出铁电材料"类电感"的时域特征,证实了铁电材料的负电容特性。虽然铁电材料的负电容是不稳定的,即它的电学特性因自发极化呈现回滞特征,但是通过将铁电材料与另一个(大于其电容绝对值的)电容串联,即可消除整个系统中铁电材料的回滞现象,使其负电容呈现稳定的特征。

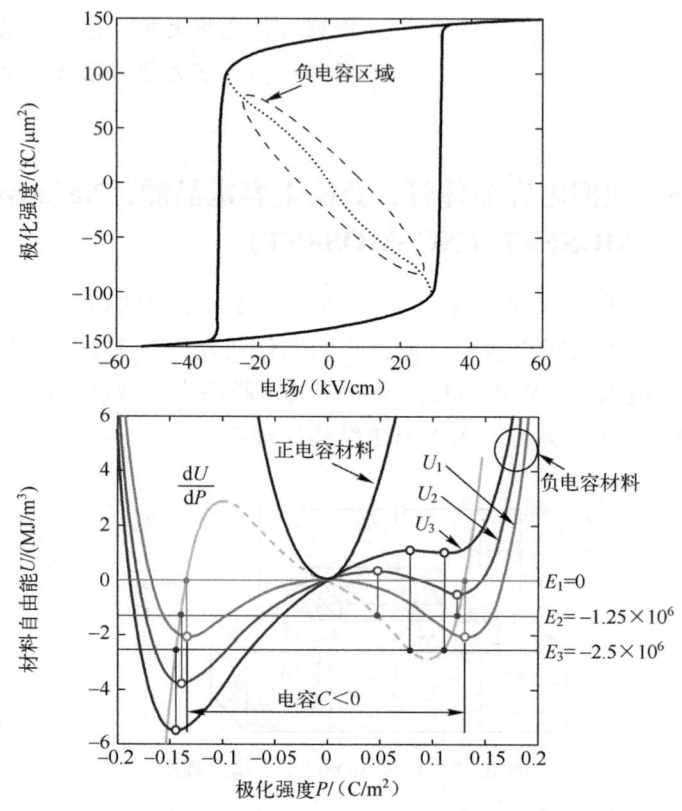

图10-8 铁电材料回滞曲线及线性电容和铁电材料自由能-极化强度关系图[2,3]

如果直接用铁电材料替代栅极材料,会存在工艺上的问题。如图10-9所示,基于铁电材料的负栅电容器件的栅介质采用的是铁电层-线性绝缘层堆叠结构,这给设计带来了新的要求:一方面,新的介质层整体上要表现出负电容特性,因此要求铁电层的电容值(C_{FE})要小于线性绝缘层的电容值(C_{ox});另一方面,为了消除铁电材料的回滞现象,和铁电层电容串联的总电容值(C_{MOS})要大于铁电层电容值(C_{FE})。

采用负栅电容器件是实现MOSFET器件的亚阈值斜率突破理想值的方法之一。相较于其他方法(如TFET等),它拥有如下优势:它不改变MOSFET的沟

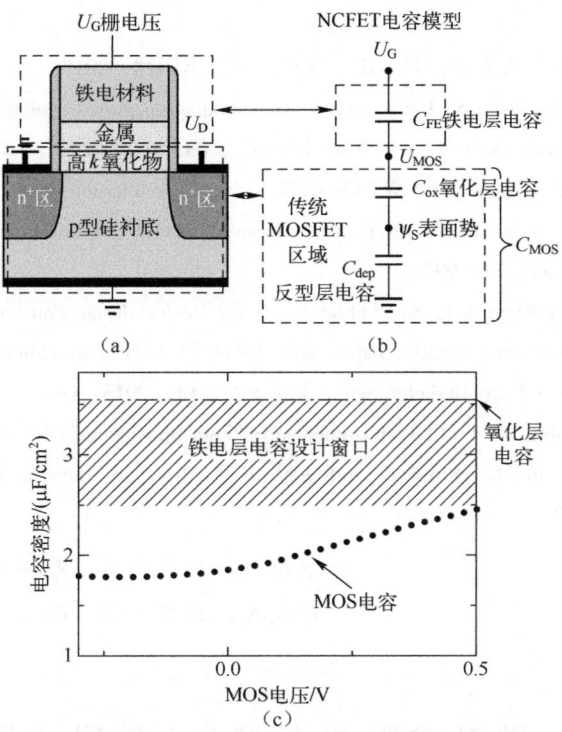

图 10-9 铁电堆叠栅器件结构示意图和铁电层电容设计窗口[4]

道输运机制,可以与各种试图通过改善沟道性能从而进一步提升 MOSFET 器件特性的技术兼容;从工艺的角度看,仅需要替代或插入负电容材料到栅介质层中,这样不仅简单,而且易于与现有的 MOSFET 工艺兼容。

负栅电容器件具有很大的应用潜力,在保证性能功耗的同时,可以降低器件的工作电压[5]。

2008 年,Salahuddin 等人最早提出了负栅电容器件的理论,即利用铁电介质的负电容特性"放大"栅极电压,从而减小器件的亚阈值斜率[2];同年,GA Salvatore 等人第一次成功地将薄的铁电层集成到标准 MOS 晶体管的栅极堆叠中,并克服了 MOSFET 的室温下的 60mV/decade 的亚阈值摆动极限(达到 13mV/decade)。2015 年,Asif Islam Khan 等人通过施加脉冲的方法,测得了铁电材料的瞬态响应呈现电感特征,在实验上证实了铁电材料的负电容特性,为负栅电容器件的发展提供了有力的理论支撑。2016 年,Asif Islam Khan 等人将 FinFET 栅极外接铁电容,用实验论证了负电容栅材料在短沟道器件中应用的可能性[5]。

· 1689 ·

参考文献

[1] 王阳元. 绿色微纳电子学 [M]. 北京：科学出版社，2010.

[2] Salahuddin S, Datta S. Use of negative capacitance to provide voltage amplification for low power nanoscale devices [J]. Nano letters, 2008, 8 (2): 405-410.

[3] Krowne C M, Kirchoefer S W, Chang W, et al. Examination of the possibility of negative capacitance using ferroelectric materials in solid state electronic devices [J]. Nano letters, 2011, 11 (3): 988-992.

[4] Yeung C W, Khan A I, Salahuddin S, et al. Device design considerations for ultra-thin body non-hysteretic negative capacitance FETs [C]//Energy Efficient Electronic Systems (E3S), 2013 Third Berkeley Symposium on. IEEE, 2013: 1-2.

[5] Hu, Chenming. 3D FinFET and other sub-22nm transistors. 2012 19th IEEE International Symposium on the Physical and Failure Analysis of Integrated Circuits (IPFA), IEEE, 2012.

撰稿人：北京大学　蔡一茂　喻志臻
审稿人：北京大学　张兴

10.1.6　磁阻式随机存储器，磁阻式隨機記憶體，Magnetoresistive Random Access Memory (MRAM)

20世纪90年代，具有非易失性的磁阻式随机存储器（MRAM）逐渐兴起。相较于传统存储器，MRAM的读取速度与静态随机存储器（SRAM）相近；其集成密度则与动态随机存储器（DRAM）相似，且具有更低的功耗。在可靠性方面，MRAM相比闪存（Flash）有着接近无限的读/写次数，并且速度更快。MRAM将这些特点集于一身，使得其成为未来通用存储器的重要候选技术之一[1,2]。

MRAM区别于DRAM的最大特点在于数据是以磁性存储单元作为介质存储的，而不是以电荷或电流的形式存储的。MRAM的存储单元主要包括磁隧道结（Magnetic Tunnel Junction, MTJ）和与之串联的晶体管。MTJ单元结构有两种，第一种结构如图10-10所示[3]。这种磁隧道结由4层材料组成，最上面一层为存储层，可以通过磁矩的方向来改变存储的信息；第2层是隧道阻挡层，这是一种非常薄的非磁性材料；第3层是参考层，该层材料具有铁磁性；最下面的一层是钉扎层，该层材料具有反铁磁的性质，可以使钉扎层被钉扎。在此结构中，钉扎层被钉扎在一个特定的磁矩极化方向上，这是通过钉扎层与参考层的耦合作用来实现的。隧道阻挡层起着隔离参考层和存储层的作用，使得参考层与存储层无法相互耦合，而存储层则可以通过外加激励来改变极化方向。信息"0"和"1"的存储由参考层与存储层的方向是相同和相反来决定的。

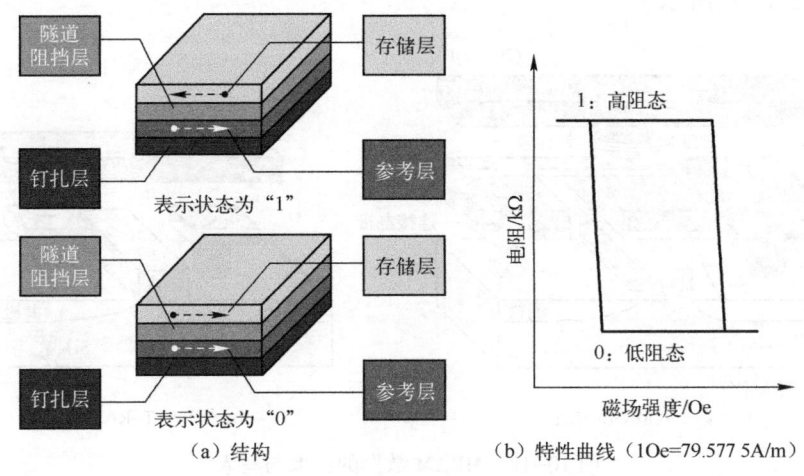

图 10-10　MTJ 单元的第一种结构

MTJ 单元的第二种结构如图 10-11 所示。这种结构只有存储层、非磁性隔离层和钉扎层这 3 层。其中，钉扎层具有较强的磁性，可以使磁矩维持固定方向不发生变化；而存储层则可以通过外加激励来使其磁矩方向发生变化。"0"或"1"状态的判别可以通过存储层和钉扎层之间磁矩的同向和反向来实现。

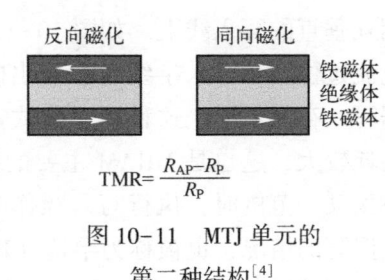

图 10-11　MTJ 单元的第二种结构[4]

MRAM 的最简单的数据读取方式是通过比较一个存储单元的读取电流的大小来实现的。每个存储器件会串联一个晶体管作为每个单元的选通开关，一端接输入电源，另一端接地，如图 10-12（a）所示。当要读取某一存储单元的信息时，选通这一存储单元连接的相应的晶体管即可选择该存储单元。由于隧道磁阻的存在，存储单元的电阻会随着可变极化方向的极板的极化方向的改变而变化。通过对由此产生的两个态的不同的电流的测量，即可获得该存储器存储的信息。通常，当两个极板的极化方向相同时，存储单元表现为较低的电阻，此时读取的数据为 1；相反，如果可变极化方向的极板的极化方向与固定极化方向的极板的极化方向相反，存储单元表现为高阻，此时读取的数据为 0。

MRAM 的数据有两种写入方式，即通过外加磁场写入，或者通过外加电流写入。磁场式写入利用字线和位线生成的特定磁场，使自由层的磁矩方向与钉扎层的磁矩方向相同或相反来完成数据的写入；电流式写入则是利用自旋转力矩效应（Spin Transfer Torque，STT）使自由层发生翻转来完成数据的写入，如图 10-12（b）所示。

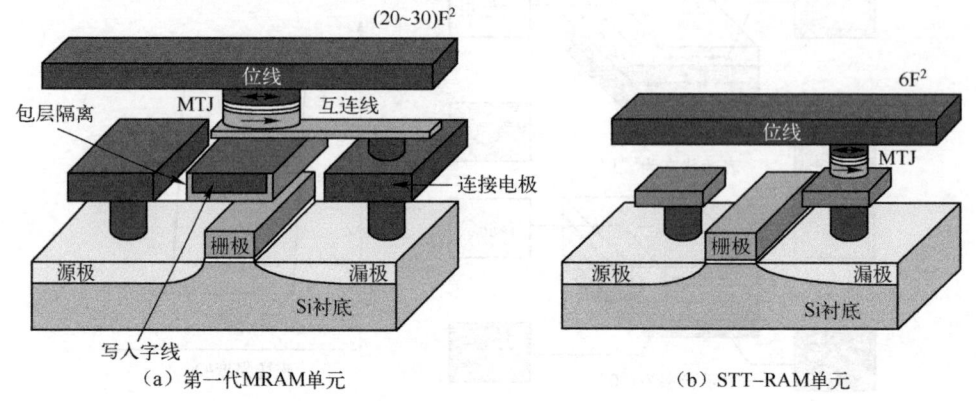

图 10-12　MRAM 数据的读取与写入

传统的 MRAM 采用磁场写入的方式，每个存储单元的两端分别连接到一对相互垂直的写入线上。如图 10-13 所示的位线（Bit Line）和写入字线，通过电流流过位线和写入字线时感应出的磁场使极板的极化方向发生改变，从而将数据写入存储单元。这种写入方式需要一个较大的电流来产生相应的磁场，因此功耗较大，这也是 MRAM 主要的短板之一。此外，当存储单元的尺寸进一步缩小到某一范围时，执行写入操作时感应出来的磁场会干扰邻近单元，可能会产生误写的情况，也被称为半选（Half-Select）或写入串扰问题。写入串扰问题严重限制了 MRAM 存储单元的间距，从而限制了 MRAM 的尺寸缩小潜力。

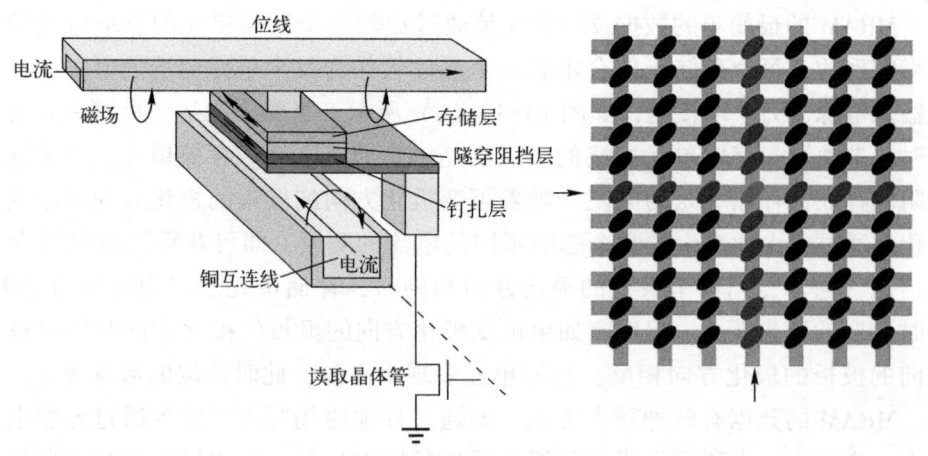

图 10-13　MRAM 存储单元在阵列中的写入串扰问题[1]

MRAM 的主要发展历程：1989 年，IBM 的科学家发现了某些薄膜结构中存在巨磁阻（GMR）效应；2000 年，IBM 和 Infineon 开始联合研发 MRAM；2003 年，采用 180nm 工艺的 128kbit MRAM 芯片成功制备；2004 年，Infineon 公布基于 180nm 工艺的 16Mbit MRAM 原型样品；2006 年，Freescale 开始销售 4Mbit MRAM；2008 年，Freescale 将 MRAM 剥离到一个新的公司 Everspin；2009 年，Everspin 开始向西门子售出 100KB MRAM 芯片；2014 年，TDK 展示 8MB STT-MRAM 原型芯片[5]。

参考文献

[1] J. Akerman. Toward a universal memory [J]. Science, 2005, 308 (5721): 508-510.

[2] W. J. Gallagher, S. S. P. Parkin. Development of the magnetic tunnel junction MRAM at IBM: from first junctions to a 16-Mb MRAM demonstrator chip [J]. IBM Journal of Research and Developmen, 2006, 50 (1): 5-23.

[3] Dmytro Apalkov, Bernard Dieny, J. M. Slaughter. Magnetoresistive random access memory [C]. Proceedings of the IEEE, 2016, 104 (10): 1796-1830.

[4] Dept. of Physics and Astronomy, University of Nebraska. Magnetic tunnel junction. http://physics.unl.edu/tsymbal/reference/spin-dependent_tunneling/magnetic_tunnel_junction.shtml.

[5] Wikipedia. Magnetoresistive random-access memory. http://en.wikipedia.org/wiki/Magnetoresistive_random-access_memory.

撰稿人：北京大学　蔡一茂　王宗巍
审稿人：北京大学　张兴

▷▷▷ 10.1.7 自旋转移矩磁随机存储器，自旋轉移力矩磁隨機記憶體，Spin Transfer Torque-Based Magnetoresistive Random Access Memory (STT-MRAM)

1996 年，Slonczewski[1]和 Berger[2]各自独立地在理论上预测了自旋转移力矩效应（STT-Effect）。2000 年，Katine 等人用实验验证了自旋转移力矩效应，并证明了基于自旋转移力矩效应的 MRAM（即 STT-MRAM）的可行性[3]。2005 年，索尼公司的 Hosomi 等人成功制造出了 4kbit 的 STT-MRAM。2007 年，Kawahara 等人成功制造出了 2Mbit 的 STT-MRAM。2008 年，IBM 公布了 STT-MRAM 的统计学研究成果；同年，Kishi 等人首次制造出了基于垂直磁化的 STT-MRAM。2010 年，Chung 等人基于 54nm 工艺成功制造了 64Mbit 的 STT-MRAM；同年，Worledge 等人深入研究了垂直磁化的 STT-MRAM 的电学特性。2011 年，Kim 等人将垂直磁化的 STT-MRAM 的工艺尺寸缩小到 20nm。2012 年，Everspin Technologies 制造了第一个 STT-MRAM 产品，其容量为 64Mbit，基于 90nm CMOS 工艺制造；这个芯片与 DDR3 存储控制器兼容，并于 2015 年进入市场。2014 年，Thomas 等人制造出了可用于汽车的 8Mbit STT-MRAM。

STT-MRAM 的基本结构为磁性隧道结（MTJ），它包括 3 个部分，即存储层（FL）、绝缘层（TB）和参考层（RL）。存储层又称记录层、自由层，是一层用于记录信息的铁磁体，主要由 CoFeB 等材料构成。绝缘层又称隧道层，是一层约 1nm 的薄绝缘层，其主要功能是提供利用自旋极化隧道电流改变存储层状态的媒介；MgO、AlO$_x$、TiO 等材料因其具有显著的隧道磁阻效应（TMR Effect）而常被用作绝缘层。参考层是一层磁阻层，且其磁各向异性较高，使其磁化方向在器件操作过程中不会发生改变，以达到提供固定参考磁化方向的目的。图 10-14 所示为 STT-MRAM 的典型结构示意图[3]。

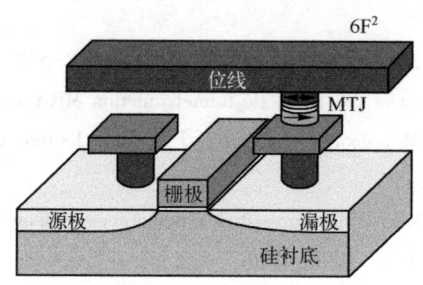

图 10-14　STT-MRAM 的典型结构示意图

STT-MRAM 的基本物理原理为自旋转移力矩效应。自旋转移力矩效应可以通过自由电子模型来解释，如图 10-15 所示。由图可见，两层铁磁体层被一层非铁磁体层分开，当电流流过其中的一个铁磁体层时，由于自旋相关散射，这一层中的电子将沿着磁化方向自旋极化；当自旋极化电流进入另一个铁磁层时，传导电子与负责局部磁化的电子进行自旋交换进而产生局部电场，则透射电子的自旋将在沿着该层的磁化方向的局部交换场周围非相干地进行。所以，在非常短的距离内（如 1nm 量级），电子电流会沿着第二铁磁层的磁化方向而复极化。由于动量守恒，进入和离开电子流的动量之间的差产生作用于第二铁磁体的磁化的力矩，这个力矩被称为自旋转移力矩[1,2]。

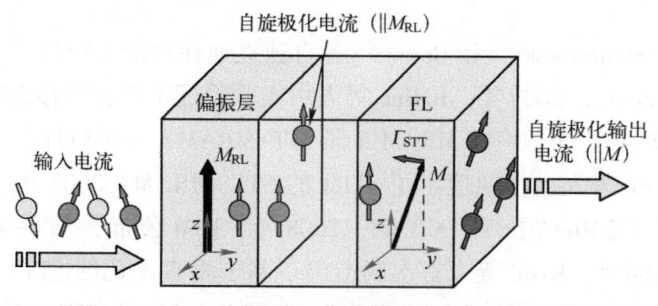

图 10-15　自旋转移力矩效应的自由电子模型[3]

STT-MRAM 主要分为水平 STT-MRAM、附有 PPMA（Partial Perpendicular Magnetic Anisotropy）的水平 STT-MRAM、垂直 MTJ（P-STT-MRAM）、双层 MTJ（DMTJ）和热辅助的 STT-MRAM。DMTJ 结构如图 10-16 所示。近几年来，STT-MRAM 技术得到快速发展，性能不断得到优化，不断有新的 STT-MRAM 产品进入市场。

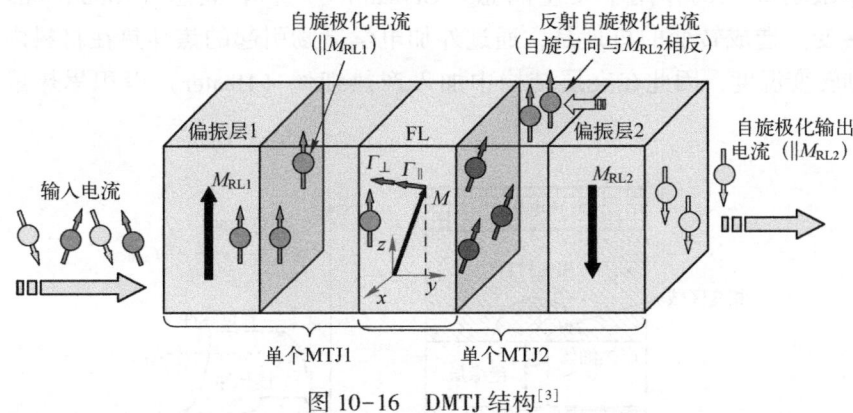

图 10-16　DMTJ 结构[3]

参考文献

[1] J. C. Slonczewski. Current-driven excitation of magnetic multilayers [J]. Journal Magnetism and Magnetic Materials, 1996, 159: L1-L7.

[2] L. Berger. Emission of spin waves by a magnetic multilayer traversed by a current [J]. Physical Review B, 1996, 54 (13): 9353-9358.

[3] Dmytro Apalkov, Bernard Dieny, J. M. Slaughter. Magnetoresistive random access memory [C]. Proceedings of the IEEE, 2016, 104 (10): 1796-1830.

撰稿人：北京大学　蔡一茂　陈青钰
审稿人：北京大学　张兴

10.1.8　相变存储器，相變記憶體，Phase Change Random Access Memory

相变存储器（Phase Change Memory 或 Phase Change Random Access Memory，PCRAM）是最近研发出来的新型存储器。而针对相变材料的研究最早可追溯至 20 世纪 60 年代[1]；到了七八十年代，工业界和学术界的研究集中于锗锑（GeSb, GS）、锑碲（SbTe, ST）等一系列氧属硫族化合物（Chalcogenide）

方面；后来，相变材料的研究集中在锗锑碲（GeSbTe，GST）方面[2]。与之前的材料发生相分离（Phase Segregation）的晶化不同，GST 发生的是共晶结晶（Congruent Crystalization），这为后来相变存储器的应用奠定了基础。

如图 10-17 所示，PCRAM 的基本结构是由顶电极金属层、相变材料层、底电极金属层组成的夹层结构。中间部分的相变材料层可在外加条件（如外加电学激励等）的作用下发生晶态（Crystalline）和非晶态（Amorphous）之间的转变。造成转变的机理是，通过外加电学激励引起的焦耳热在材料内部积累达到转变温度，因此在夹层结构中加入产热细丝（Heater）以积累热量实现相变[3]。

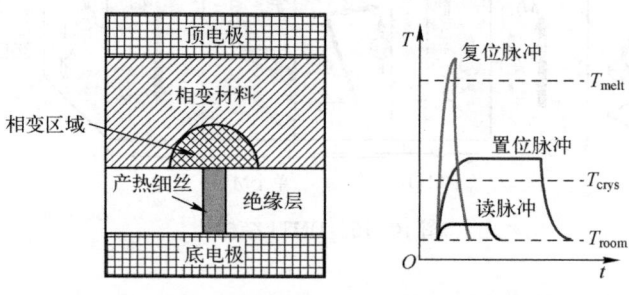

图 10-17　相变存储器工作原理示意图[3]

PCRAM 的转变过程分为从晶态转变为非晶态（复位过程），从非晶态转变为晶态（置位过程）两个阶段。对于相变材料，晶态对应着电学上的低阻态，电阻值相对较低；而非晶态对应着高阻态，电阻值相对较高。对于复位过程而言，相变区域（又称编程区域）初始处于晶态，若对其施加一个适当的电流脉冲，可以使相应区域达到熔点而转变为非晶化，电流脉冲迅速撤去后，该区域维持在非晶态；对于置位过程而言，相变区域初始处于非晶态，若对其施加一个适当的电流脉冲，可以使相变区域达到足够温度而转变为晶化。

相变存储单元复位电流与单元面积的关系如图 10-18 所示。复位过程是 PCRAM 工作过程中最耗能的部分，如何降低复位电流从而降低 PCRAM 的功耗一直是重要的研究方向之一。从相变机理来看，为了减小功耗，可以使存储器更容易积累热量而不易耗散出去，进而容易达到熔融温度。一方面可以考虑进行结构优化，将产热层的导电通道设计得更窄，或者说使底电极的接触孔更细，从而使电流束集进而提高该区域热量的积累，如图 10-19（a）所示；或者将相变区域利用隔热性能更好的材料包裹住，提高热量利用率，如图 10-19（b）所示；这两种结构优化的方式并没有降低触发相变所需要的能量密度。另一方面，有研究提出控制材料界面的界面相变方式，减少发生相变所需要的能量，从而降低功耗，提高器件的耐久特性（Endurance）[4]。

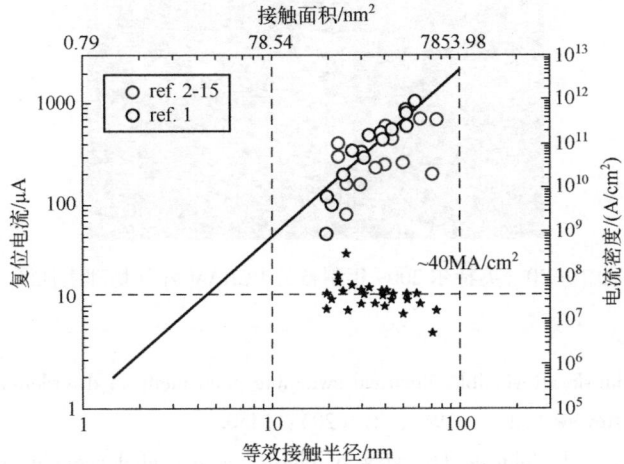

图 10-18　相变存储单元复位电流与单元面积的关系

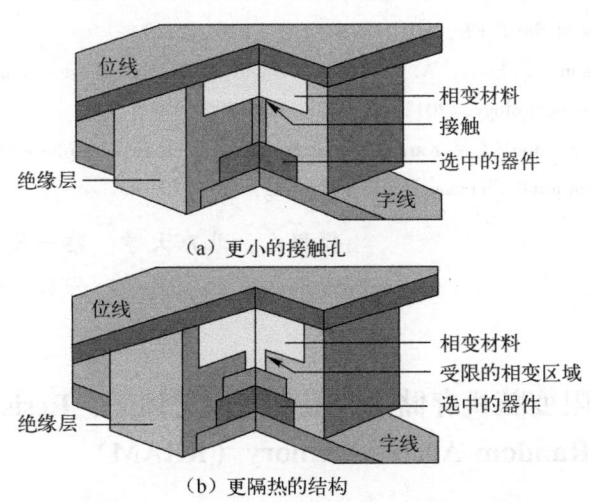

图 10-19　两种不同的相变存储器结构优化

英特尔（Intel）在 2009 年曾发布消息称其可以实现多层的 PCRAM 阵列，并制备了 64Mbit 的测试阵列，如图 10-20 所示。相关结果发表在同年的国际电子器件大会（International Electron Devices Meeting，IEDM）上[5]，该研究展示了 PCRAM 产业化的潜力。2015 年 7 月，英特尔在其官网上宣布与美光共同开发了 3D Xpoint 结构，有消息指出其主要存储单元也是 PCRAM。

图 10-20　英特尔 2009 年制备的 PCRAM 阵列物理表征图

参考文献

［1］S. R. Ovshinsky. Reversible electrical switching phenomena in disordered structures ［J］. Physical Review Letters，1968，21（20）：1450.

［2］S. Hudgens，B. Johnson. Overview of phase-change chalcogenide nonvolatile memory technology ［J］. MRS Bulletin，2004，29（11）：829-832.

［3］H-S. Philip Wong，Simone Raoux，Sang Bum Kim，et al. Phase change memory ［J］. Proceedings of the IEEE，2010，98（12）：2201-2227.

［4］R. E. Simpson，P. Fons，A. V. Kolobov，et al. Interfacial phase-change memory ［J］. Nature Nanotechnology，2011，6（8）：501-505.

［5］D. C. Kau，S. Tang，I. V. Karpov，et al. A stackable cross point phase change memory ［C］. IEEE International Electron Devices Meeting，2009：1-4.

撰稿人：北京大学　蔡一茂　方亦陈
审稿人：北京大学　张兴

▷▷▷ 10.1.9　阻变随机存储器，阻變隨機記憶體，Resistive Switching Random Access Memory（RRAM）

阻变随机存储器（RRAM）是通过电场或电压对材料的电导率进行改变从而实现信息存储功能的电子器件。在 20 世纪 60 年代，S. R. Ovshinsky 等人发现了绝缘介质的阻变现象。20 世纪 90 年代，研究者开始利用电子材料的电阻变化原理开发新型非易失性存储器。许多无机材料和有机材料均具有阻变特性，其中特性和可制造性综合优势较为明显的是过渡金属氧化物阻变材料，如 TaO_x、HfO_x、TiO_x、NiO_x、CuO_x 等。

常见的 RRAM 结构为"金属-阻变层-金属"式叠层结构，如图 10-21 所示。RRAM 的操作包括置位（Set）和复位（Reset）。置位操作是指通过器件两端的电极施加电压或电流,使得阻变材料的电阻值变小,对应于信号"1"的写入,此时产生阻变的阈值电压被称为 U_{set};而复位操作正好相反,是指通过器件两端的电极施加一定的电压或电流,使得阻变材料的电阻值变大,对应于信号"0"的写入,此时产生阻变的阈值电压称为 U_{reset}。通常对于刚制备的 RRAM,其第一次置位操作的 U_{set} 要比其后续置位操作的 U_{set} 更大,因此初始操作也通常被称为初始化(Formatting),以区别于其他后续置位操作。

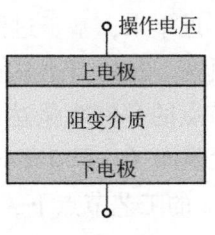

图 10-21 RRAM 基本结构单元

RRAM 可以分为两类,即单极 RRAM 和双极 RRAM,如图 10-22 所示。置位与复位操作电压在同一极性(即偏置电压的正负性一致)的存储器称为单极 RRAM。单极 RRAM 的优势在于用单一极性的电压即可实现阻变,可以使电路设计简单化。与之相对,双极 RRAM 不能在同一极性下实现阻变。双极 RRAM 的优势为器件相对稳定,循环特性好,阻值转换功耗小。然而,由于操作电压的极性不同,其外围电路的设计会变得相对复杂。

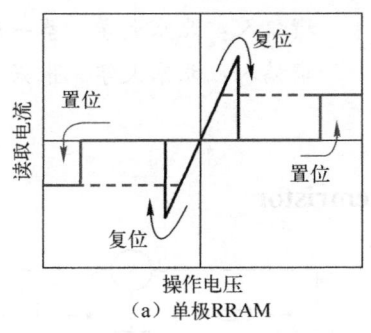
(a) 单极RRAM

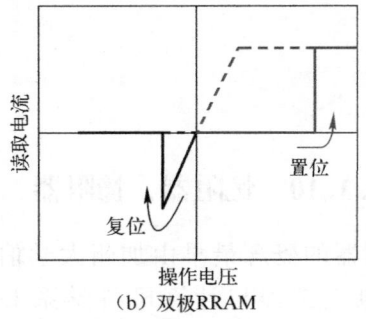
(b) 双极RRAM

图 10-22 两种 RRAM

由于闪存(Flash)在操作电压、可靠性及尺寸缩小等方面存在严峻挑战,RRAM 被认为是极具潜力的新型非易失性存储器,其主要优点如下所述。

(1)器件结构及制备工艺简单,容易实现三维集成,可进一步提高存储密度。

(2)金属电极和阻变层的金属氧化物工艺与 CMOS 集成电路制造工艺兼容,可同时满足嵌入式存储和独立式存储领域的应用。

(3)操作电压低(通常在 3V 以下),相对于闪存优势明显,可以有效减小外围电路的面积和功耗。

(4)具有多值存储功能,有助于进一步提高存储密度。

近年来，基于过渡金属氧化物的 RRAM 展现出许多优异的性能，其发展十分迅速。2013 年，闪迪公司和东芝公司在 ISSCC 会议上报道了一款基于 24nm 工艺节点的存储容量达到 32Gbit 的 RRAM 原型[1]。2015 年，松下公司在 VLSI 会议上发布了一款 2Mbit 的基于 TaO_x RRAM 的嵌入式存储阵列[2]，该阵列集成于 28nm 的工艺节点下，擦写次数达到了 10^5 次，在 85℃下的数据保持能力可超过 10 年。2016 年 Y. Hou 等人在对 HfO_x RRAM 的研究中发现，在小于 10nm 的尺度下它也表现出良好的阻变特性，显示出了优异的可缩小性[3]。

参考文献

［1］T. Liu, T. H. Yan, R. Scheuerlein, et al. A 130.7mm² -layer 32-Gb ReRAM memory device in 24-nm technology ［J］. IEEE Journal of Solid-State Circuits, 2014, 49（1）: 140-153.

［2］Y. Hayakawa, A. Himeno, R. Yasuhara, et al. Highly reliable TaOx ReRAM with centralized filament for 28-nm embedded application ［C］. 2015 Symposium on VLSI Technology, June 16-18, 2015.

［3］Y. Hou, U. Celano, L. Goux, et al. Sub-10nm low current resistive switching behavior in hafnium oxide stack ［J］. Applied Physics Letters, 2016, 108（12）: 123106.

撰稿人：北京大学　蔡一茂
审稿人：北京大学　张兴

▷▷▷ 10.1.10　忆阻器，憶阻器，Memristor

忆阻器的概念最早由加州大学伯克利分校电气工程与计算机科学系 Leon O. Chuan 教授提出[1]，他在深入研究电压、电流、磁通及电荷之间的关系后，判断在电阻、电感和电容这三类基本元件外，还应存在第 4 种电路基本元件——忆阻器，如图 10-23 所示。忆阻器是反应磁通与电荷之间关系的电路元件。与普通电阻不同的是，忆阻器在断电后，仍能保存之前流经它的电荷信息，即忆阻器的记忆特性。2008 年，惠普公司的研究团队首次研发出了实际的纳米忆阻器，开启了

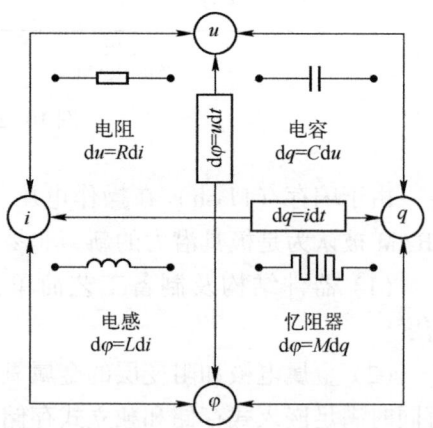

图 10-23　四种电子元件之间的关系[2]

忆阻器的研究新路[2]。忆阻器以其优越的电学性能，在尺寸可缩小性、擦除/写入速度、功耗等方面都优于传统的随机存储器，有希望成为新一代的非易失存储器。忆阻器具有简单的结构，与神经元突触（Synapse）工作原理有极大的相似性，是搭建人工神经网络（Artificial Neuron Network，ANN）最好的电子突触（Electronic Synapse）元件。由于忆阻器独特的非线性性质，可以用于电路中产生混沌（Chaotic）信号，因此在保密通信领域中也有着广泛的应用。

忆阻器是一个两端元件，具有 MIM（Metal-Insulator-Metal）结构，由上电极（TE）、下电极（BE）和两个电极之间的介质材料层（S-L）构成，如图10-24（a）所示。金属电极材料可以是传统的金属单质，如 Au、Pt、Cu、Al 等，而介质层的材料主要有二元过渡金属氧化物、钙钛矿化合物、固态电解质材料和有机物等。当在两个电极之间施加一定幅度的电压时，会使阻变材料在两个稳定的电阻态（低阻态和高阻态）之间转变。忆阻器的 I–U 特性曲线如图10-24（b）所示。由图可见，忆阻器具有明显的回滞特性。

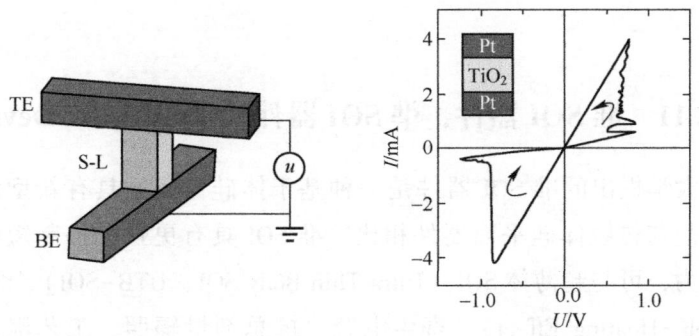

图 10-24　忆阻器的基本结构和 I–U 特性曲线[2]

忆阻器有许多种类[3]。忆阻器的阻变机制主要可分为4类，即导电细丝型（Conductive Filament，CF）、界面势垒调控型（Interface Barrier）、电荷俘获型（Charge Trapping-Detrapping）和绝缘体-金属转化型（Insulator-to-Metal Transition，IMT）。

忆阻器的一些里程碑式的进展包括：2008年4月，惠普公司开发出基于 TiO_2 的 RRAM 器件，首次将 RRAM 与忆阻器联系起来[2]。2010年，惠普实验室证明了忆阻器的布尔逻辑运算功能。2013年，Thomas Andy 博士研究团队将忆阻器置于芯片中，用于模拟大脑中的神经突触。2016年，IBM 苏黎世研究中心基于忆阻器制成了世界上第一个人造纳米尺度的随机相变神经元[4]；同年，马萨诸塞州阿姆赫斯特大学 Joshua Yang 教授的研究小组研发了新型的扩散型忆阻器，模仿生物突触分子动力学机制并成功实现了生物突触的重要功能[5]。

参考文献

[1] Leon O. Chua. Memristor—The missing circuit element [J]. IEEE Transactions on Circuit Theory. 1971, CT-18 (5): 507-519.

[2] D B Strukov, G S Snider, D R Stewart, et al. The missing memristor found [J]. Nature. 2008, 453 (7191): 80-83.

[3] Rainer Waser, Regina Dittmann, Georgi Staikov, et al. Redox-based resistive swicthing memories-nanoionic mechanisms, prospects, and challenges. Advanced Materials, 2009, 21: 2632-2663.

[4] Tomas Tuma, Angeliki Pantazi, Manuel Le Gallo, et al. Stochastic phase-change neurons [J]. Nature Nanotechnology, 2016, 11: 693-700.

[5] Zhongrui Wang, Saumil Joshi, Sergey E. Savelev, et al. Memristors with diffusive dynamics as synaptic emulators for neuromorphic computing [J]. Nature Materials, 2017, 16: 101-108.

撰稿人：北京大学　蔡一茂　杨雪
审稿人：北京大学　张兴

▷▷▷ 10.1.11　准 SOI 器件，準 SOI 器件，Quasi-SOI Devices

由北京大学提出的准 SOI 器件是一种基于体硅衬底的具有新型源漏结构的平面器件[1]。与传统体硅平面器件相比，准 SOI 具有更强的抑制短沟道效应和结泄漏的能力，可与超薄体 SOI（Ultra Thin Body SOI, UTB-SOI）比拟；但在自热效应（Self-Heating Effect）、寄生电容、抗总剂量辐照、工艺涨落（Process Variations）的容裕度和工艺兼容性（Process Compatibility）等方面又优于 UTB-SOI 器件。

在结构上，准 SOI 器件区别于传统体硅器件的最大特点在于：准 SOI 器件的大部分源漏区因被"L"形的氧化层包围，而与衬底隔开，沟道区和下面的衬底区直接相连，如图 10-25 所示；可以通过氧化层的上表面和硅表面的距离 h_1 决定 LDD 的结深，提高器件的短沟效应抑制；能够自动形成凹陷源漏，并能较灵活地设计深源漏的结深 X_j 和结的形貌，因此可以放宽源漏注入的能量、杂质激活热预算的要求，降低工艺复杂性。

图 10-26 所示的是沟道长度为 35nm 的 UTB-SOI MOSFET 和准 SOI MOSFET 在 $U_{gs}=1.2V$ 和 $U_{ds}=1.2V$ 条件下沟道电场沿沟道方向的分布，其中 ΔE 为由于漏致势垒降低效应造成的源端势垒的降低。由图可见，准 SOI 通过源漏区周围的绝缘层及衬底高掺杂降低漏区—沟道间的耦合作用，因此准 SOI 器件能有效

抑制漏端导致的势垒下降效应（Drain Induced Barrier Lowering，DIBL）。此外，由于源漏区大部分被绝缘层包围，减小了源漏区与衬底的共享电荷，有效改善了准 SOI 器件的亚阈特性，有助于得到较理想的亚阈斜率。源漏周围绝缘层的隔离作用可以有效减小由于高掺杂引起的源漏区和衬底的带间隧道电流，这为准 SOI 器件的阈值调节带来了更大的空间。

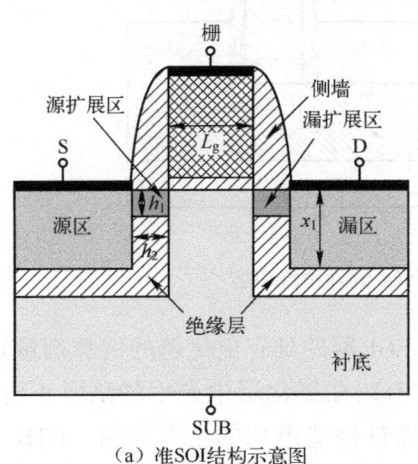
（a）准SOI结构示意图

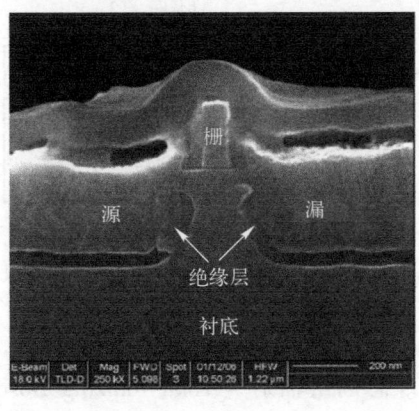
（b）70nm准SOI的SEM剖面结构图

图 10-25 准 SOI 结构[2]

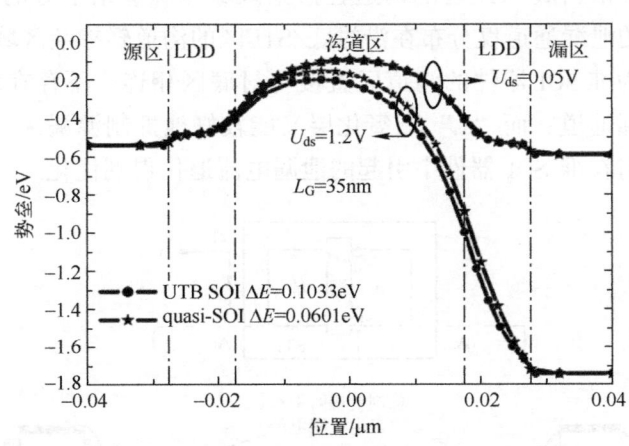

图 10-26 UTB-SOI MOSFET 和准 SOI MOSFET 的沟道电场沿沟道方向的分布示例[3]

与 UTB-SOI 器件相比，准 SOI 器件具有更好的散热特性。准 SOI 器件沟道区下方不存在 SiO_2 埋层，其本身产生的热量可以沿沟道、衬底很快散失，因此基本消除了器件的自热效应，进一步改善了器件的速度特性。

与 UTB-SOI 器件相比，准 SOI 器件具有更优越的高频特性。由于高频器件通常应用于饱和区，漏端电势变化基本上影响不大，因此本征栅漏电容可以被忽略。UTB-SOI 为了获得更高的驱动电流，不可避免地要引入源漏抬升，这将额外增加多余的寄生电容，而准 SOI 器件可以避免这个问题，如图 10-27 所示。因此，准 SOI 能够获得更高的截止频率（f_t）和最高频率（f_{max}）。

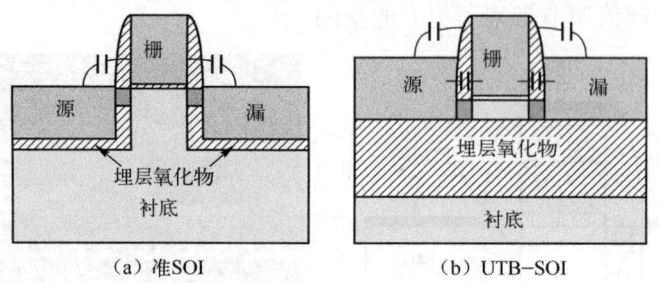

图 10-27　准 SOI 和 UTB-SOI 的外边缘电容[4]

与 UTB-SOI 器件和体硅器件相比，准 SOI 器件具有更优越的抗总剂量辐照特性。总剂量辐射（Total Ionizing Dose，TID）在氧化层中产生的陷阱正电荷，以及在此基础上形成的泄漏通道，是造成器件性能退化的主要原因。UTB-SOI 器件中的泄漏通道分布在埋氧/硅和器件隔离/硅界面处，体硅器件中的泄漏通道主要分布在沿衬底/STI 区的沟道轻掺杂区域和源漏结下方的衬底区域，而准 SOI 器件中的泄漏通道仅分布在沿衬底/STI 区的沟道轻掺杂区域，如图 10-28 所示。这是因为准 SOI 器件的沟道区直接与衬底区相连，不存在埋氧层陷阱正电荷产生的泄漏通道，而"L"形氧化层又能较好地抑制源漏区与衬底的泄漏，因此总剂量辐射在准 SOI 器件中引起的泄漏电流退化得到优化。

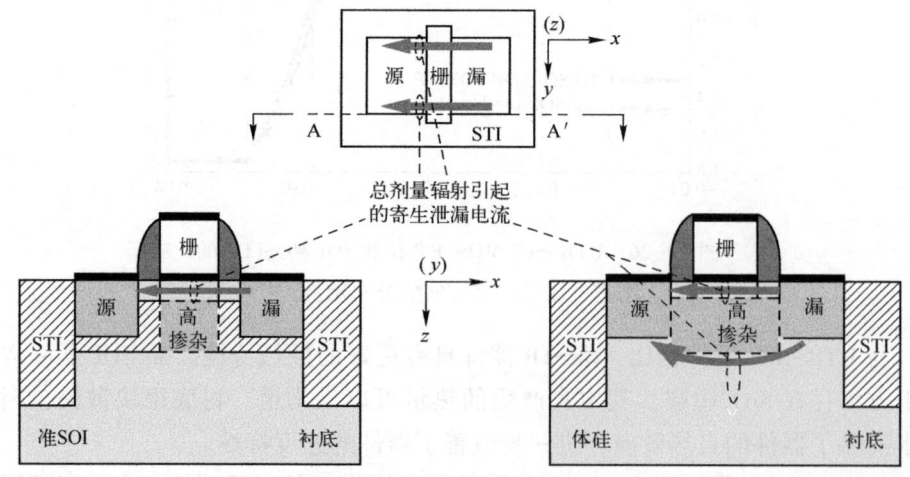

图 10-28　准 SOI 器件和体硅器件的泄漏通道的俯视图和沿衬底/STI 区界面的剖面图[5]

参考文献

[1] 黎明. 超深亚微米新器件结构研究和超浅结工艺模拟 [D]. 北京:北京大学, 2003.
[2] Yu Tian, Han Xiao, Ru Huang, et al. Quasi-SOI MOSFETs—A promising bulk device candidate for extremely scaled era [J]. IEEE Transactions on Electron Devices, 2007, 54 (7): 1784-1788.
[3] 田豫. 纳米尺度先进CMOS新器件结构研究 [D]. 北京:北京大学, 2007.
[4] 肖韩. 适合于射频应用的新结构场效应晶体管的研究 [D]. 北京:北京大学, 2008.
[5] 谭斐. 先进微电子器件的辐射效应研究 [D]. 北京:北京大学, 2014.

撰稿人:北京大学　杨远程
审稿人:北京大学　许晓燕

10.2　新型集成电路

10.2.1　人工神经网络,人工神經網路,Artificial Neural Network

随着现代神经科学研究的不断深化,人工神经网络(Artificial Neural Network,ANN)[1,2]应运而生。ANN是从信息在人脑中运算的方向对人脑神经网络进行模拟,建立神经元(Neuron)模型,大量人工神经元之间通过某种形式的连接构成功能良好的网络。ANN是一种动态的非线性系统,以更广泛的分布存储和更大量的并行处理为特征,具有自组织、自适应、容错、自学习进化等特性。这些特性使神经网络在解决复杂的函数逼近、优化、分类和聚类等应用方面比当前的计算机结构具有更大的优势,而且神经网络具有人脑的形象思维和联想记忆能力,能够解决很多目前计算机体系难以解决的问题。

现代神经网络起源于1943年McCulloch和Pitts提出的至今仍在使用的神经元数学模型——MP模型。1949年,心理学家Hebb提出了能够改变神经元连接强度的Hebb规则。1957年,Rosenblatt等人研制出了感知器,这是历史上第一个具有学习型神经网络特点的模式识别装置。1982年,Hopfield采用全互连型神经网络模型,成功求解了NP-Hard的旅行商问题,自此神经网络进入了蓬勃发展的阶段。误差反向传播(Back Propagation,BP)算法能够让网络从大量训练样本中学习规律,并对未来的情况进行预测和判断。但由于BP算法的局限性,该时期的前馈神经网络在实际应用时,往往都是只含有一个隐藏层的浅层模型。浅层模型无法解决复杂的大数据问题。2006年，Hinton提出了深度学习算法[3]，为深度神经网络解决了"高效学习算法"的问题，至此深度神经网络广泛应用于图像识别、语音识别、机器翻译等诸多领域，且效果优于传统算法，带来了人工神经网络新的发展高潮。

目前，实现人工神经网络的方法主要有两种，一种是在现有冯·诺依曼（von Neumann）体系结构的数字计算机上用软件模拟来实现，另一种是全硬件实现。利用软件模拟实现的人工神经网络具有灵活性强、使用方便、成本低等优点，但是软件模拟大规模的神经网络需要大量的计算机集群。例如，Google的深度学习系统Google Brain就是基于1000台16核的计算机，虽然其能力相当出众，但能耗也非常巨大。

神经网络的全硬件实现是指采用微电子、光学等技术将神经网络映射为物理实体[2]。目前，微电子技术由于具有精度高、抗噪声能力强、便于程序控制、实现技术成熟等特点，因此是实现神经网络最有效的方法。迄今为止，最大的神经突触计算芯片SyNAPSE[4]（IBM发布）就是采用微电子技术实现的。该芯片含有2.56亿个可编程突触、100万个可编程神经元，进行460亿突触运算仅需消耗1J的能量，这款芯片由54亿支晶体管组成。

为了实现高密度、低功耗的人工神经网络以适应不断发展的应用需求，不断有新的材料和器件被研发，如忆阻器、相变存储材料等。2016年8月，IBM公司宣布已成功研制出世界上第一个人造纳米尺度随机相变神经元，它使用相变材料存储、处理数据，适用于大数据中的模式识别、关联发现，以及高速、低能耗的无监督机器学习。

参考文献

[1] Simon Haykin. 神经网络原理[M]. 叶世伟, 史忠植, 译. 北京：机械工业出版社，2004.

[2] 鲁华祥，王守觉. 半导体人工神经网络的研究与发展[J]. 电子学报，1996（9）：10-12.

[3] G. E. Hinton, R. R. Salakhutdinov. Reducing the dimensionality of data with neural networks[J]. Science, 2006, 313 (5786)：504-507.

[4] Paul A. Merolla, John V. Arthur, Rodrigo Alvarez-Icaza, et al. A million spiking-neuron integrated circuit with a scalable communication network and interface[J]. Science, 2014, 345 (6197)：668-673.

撰稿人：中国科学院半导体研究所　鲁华祥
审稿人：北京大学　　　　　　　　张兴　蔡一茂

10.2.2 类脑芯片，類腦晶片，Brain-Inspired Chip

随着深度神经网络算法的成熟，计算机性能的持续提升，以及海量的大数据的产生，在人工智能（AI）领域的创新与应用也不断涌现。为应对神经网络算法的要求，多个芯片公司推出了面向神经网络的专用处理器。但这些处理器基本上都是基于传统的冯·诺依曼架构的，面临严重的发展瓶颈，即存储与处理分离的架构导致系统能耗居高不下，难以实现强人工智能。

借鉴人脑的工作模式，开发与类脑算法相匹配的全新芯片架构成为类脑研究领域的一个新的热点。神经形态工程（Neuromorphic Engineering）是该领域内对芯片架构进行重构的一项重要探索[1]。它利用模拟电路、数字电路、模数混合电路和模拟软件对神经网络进行模拟实现，大量应用于认知识别、运动控制和多感知整合等领域。数字电路具有许多优点，如设计灵活多变，可实现在线编程和调制，高精度的存储，对噪声的免疫力强，在芯片之间可以实现无损失通信，并且有较为完整的电子设计自动化（EDA）工具可以为电路设计提供支持。因此，立足于传统硅工艺，并以数字电路为基础的纯数字或模数混合架构的类脑芯片，成为热门的研究方向。

目前，该研究领域的标志性事件是由 IBM 团队于 2014 年 8 月在国际顶级刊物《科学》杂志上发布的"真北"（TrueNorth）芯片[2]。该芯片是基于纯数字电路的脉冲神经网络芯片，具有 4096 个处理核，每个内核包含 256 个硬件神经元，总共可以模拟 100 万个神经元和 2.56 亿个突触（Synapse）；可以模拟的神经元模型约有 50 种，包括触发神经元中的 20 种最突出的行为特征。此外，该系统采用定点运算模式配合事件驱动的工作模式，极大地降低了功耗。虽然"真北"芯片包含 54 亿个晶体管，但功耗却只有 70mW。

除 TrueNorth 芯片外，英国曼彻斯特大学研究小组研制了一款基于 ARM 处理器的芯片 SpiNNaker[3]，德国海德堡大学研制了一款名为 BrainScales 的神经网络模拟器[4]，美国斯坦福大学小组研制了一款模数混合的类脑芯片（Neurogrid）[5]。我国在该领域也取得了一定的成果，如中国科学院计算技术研究所联合法国 INRIA 为深度神经网络定制的基于全数字电路的"寒武纪"芯片，清华大学团队开发了支持包括脉冲神经网络、ANN 网络及混合集成网络的"天机"类脑芯片，中国科学院半导体研究所研制的"预言神"芯片和浙江大学开发的基于脉冲神经网络的"达尔文"芯片。

另外，利用新型纳米器件发展高密度、高性能神经形态器件，是近几年出现的一个全新的研究方向，如图 10-29 所示。在新型纳米器件中，忆阻器（Memristor）因其具有良好的微缩特性、非易失性、结构简洁等特性，成为神经形态器件的首选[6,7]。

忆阻器中的阻变层可由多种材料构成，包括氧化钛、氧化铪、氧化铁和钙钛矿等多种氧化物及非氧化物。运用连续电阻值变化等特性，通过调制突触前、后神经元的脉冲宽度和频率等方法，可实现触发时差依赖可塑性（STDP）等类生物学习法则[8]。与之前的硅基突触相比，忆阻器突触可以更好地控制功耗，更简单地调制前、后神经元的触发时差，减小突触集成面积，减少设计限制，为学习法则提供更多的自由度。

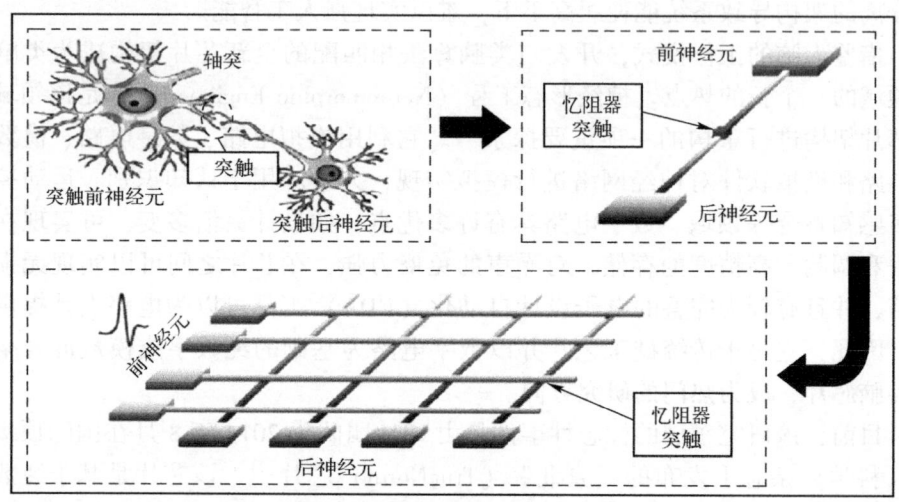

图 10-29　用忆阻器实现突触连接的示意图[9]

除了忆阻器，相变存储器（PCRAM）和磁阻式存储器也可用于突触和神经元的模拟。

参考文献

[1] C. Mead. Neuromorphic electronic systems [J]. Proceedings of the IEEE, 1990, 78: 1629-1636.

[2] Paul A. Merolla, John V. Arthur, Rodrigo Alvarez-Icaza, et al. A million spiking-neuron integrated circuit with a scalable communication network and interface [J]. Science, 2014, 345 (6197): 668-673.

[3] I. L. van Soelen, R. M. Brouwer, J. S. Peper, et al. Brain SCALE: brain structure and cognition: an adolescent longitudinal twin study into the genetic etiology of individual differences [J]. Twin Research and Human Genetics, 2012, 15 (3): 453-467.

[4] B. V. Benjamin, P. Gao, E. McQuinn, et al. Neurogrid: A mixed-analog-digital multichip system for large-scale neural simulations [J]. Proceedings of the IEEE, 2014, 102 (5): 699-716.

[5] S. B. Furber, D. R. Lester, L. A. Plana, et al. Overview of the SpiNNaker system architecture [J]. IEEE Transactions on Computers, 2013, 62 (12): 2454-2467.

[6] D. B. Strukov, G. S. Snider, D. R. Stewart, et al. The missing memristor found [J]. Nature Letters, 2008, 453 (7191): 80-83.

[7] L. O. Chua, S. M. Kang. Memristive devices and systems [J]. Proceedings of the IEEE, 1976, 64 (2): 209-223.

[8] S. H. Jo, T. Chang, I. Ebong, et al. Nanoscale memristor device as synapse in neuromorphic systems [J]. Nano letters, 2010, 10 (4): 1297-1301.

[9] S. Park, J. Noh, M. L. Choo, et al., Nanoscale RRAM-based synaptic electronics: toward a neuromorphic computing device [J]. Nanotechnology, 2013, 24 (38): 384009.

撰稿人：清华大学　何伟

审稿人：北京大学　张兴　蔡一茂

▷▷▷ 10.2.3　可重构计算集成电路，可重構計算積體電路，Reconfigurable Computing Integrated Circuits

可重构计算是一种能够将计算任务映射到空间引擎上，并且在被制作成硅片后仍能灵活改变功能的计算组织形式[1]。1960年，美国加州大学洛杉矶分校的Gerald Estrin教授提出了可重构计算的最初概念，为可重构计算系统建立了理论基础，即一个主控制器和一组能够改变功能的硬件（即可重构硬件）就可以组成计算机[2]。可重构硬件在主控制器的管理和监控下，基于所处理任务的特征，利用重新配置和功能裁剪来实现任务的加速处理。由于当时半导体工艺水平很落后，该理论自提出后就没有再继续发展。直到20世纪90年代，随着微电子技术的持续进步，单个硅片上集成的晶体管数目不断增长，可重构计算才重新获得重视，并越来越受到工业界和学术界的关注。1999年，美国加州大学伯克利分校的Andre Dehon等人把可重构计算定义为一种特定的计算机组织结构[3]，该结构具有以下两个特点。

（1）制造完成后芯片的定制能力：即在"硅实现"后，芯片的计算和互连功能仍可以按软件的需要来改变。

（2）能够将算法或任务映射到计算引擎阵列上，并按照一定的规则调度执行。这一特点属于空间映射，跟传统处理器通过指令驱动进行时分复用运算单元的方式有着根本的区别。

可重构计算处理器（Reconfigurable Computing Processor，RCP）是按照可重构计算的方式进行运算的处理器。可重构计算系统的软硬件架构如图10-30所示。其中，可重构数据通路（Reconfigurable Datapath，RCD）与基于可编程有限状态机的可重构控制器（Reconfigurable Controller，RCC）共同构成可重构计算处理器的硬件，如图 10-30（a）所示。可重构数据通路一般由大量的可重构运算单元（Reconfigurable Processing Elements，RPE）组成，逻辑上构成了一个或多个一维、二维甚至三维的可重构单元阵列（Reconfigurable Element Arrays，REA）。图 10-30（b）所示为该硬件架构所对应的编译系统架构。编译器将用高级编程语言编写的软件程序翻译成可重构计算处理器可以执行的配置信息，这些配置信息指定了 RCD 中每个 RPE 的功能、互连方式和执行顺序，经 RCC 读入后被用于控制 RCD 的运算和执行。注意，可重构计算处理器一旦设计完成，其架构就固定了（可重构计算处理器就是一个集成电路，一旦完成制造就无法再改变），但软件则可以不断变换。一个软件只要经过编译，就可以产生一组可重构计算处理器可执行的配置信息，通过在可重构计算处理器上的运行来获得所需的结果。

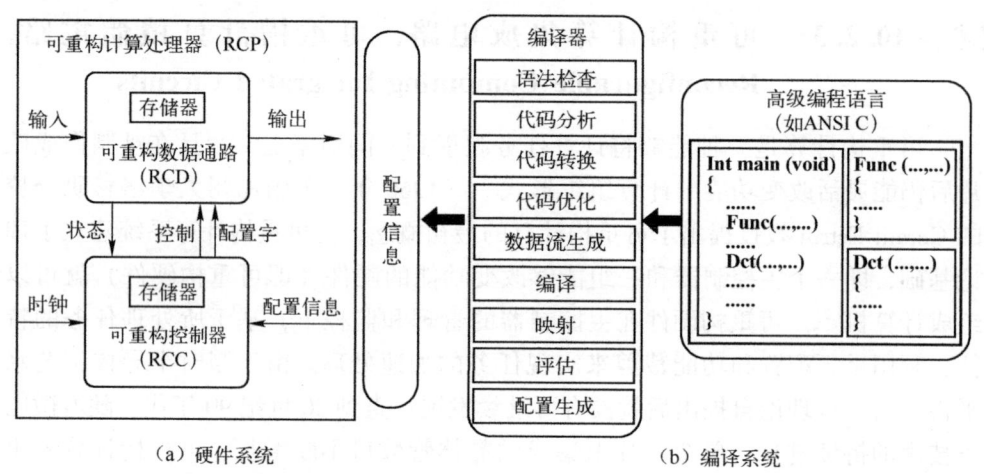

图 10-30　可重构计算系统的软硬件架构[1]

可重构计算处理器按照所实现的粒度（Granularity，即可重构运算单元和互连的位宽），可分为混合粒度（Hybrid-Grained）、粗粒度（Coarse-Grained）、中粒度（Mid-Grained）和细粒度（Fine-Grained）4 种。通常，运算单元的位宽是 1~4 位的被称为细粒度，4~12 位的为中粒度，12 位以上（一般 16 位、32 位居多）的为粗粒度，而混合粒度是指可重构计算处理器的运算单元至少有 2 种粒度的硬件位宽。如果按照重构方式来划分，可重构计算处理器可分为动态重构（Dynamic Configuration）和静态重构（Static Configuration）两种。静态重构所需要的时间一般较长，重构与运算无法并行执行，只能暂停运算过程才能完成处理器的功能重构。此外，支持动态重构的可重构计算处理器通常也支持部分重构（Partial Configuration），即可重构运算单元阵列的一个区域在运算，而另一区域在进行功能重构[4,5]，有时也称之为动态部分重构（Dynamic Partial Configuration）。

可重构计算处理器同时具备专用集成电路的高能量效率和指令驱动通用处理器的高功能灵活性。

参考文献

［1］魏少军，刘雷波，尹首一．可重构计算［M］．北京：科学出版社，2014．

［2］G. Estrin. Organization of computer systems: the fixed plus variable structure computer［C］. in Papers presented at the May 3-5, 1960, western joint IRE-AIEE-ACM computer conference: ACM, 1960: 33-40.

［3］A. DeHon, J. Wawrzynek. Reconfigurable computing: what, why, and implications for design automation［C］. Proceedings 1999 Design Automation Conference, New Orleans, US, June 21-25, 1999: 610-615.

［4］Yansheng Wang, Leibo Liu, Shouyi Yin, et al. On-chip memory hierarchy in one coarse-grained reconfigurable architecture to compress memory space and to reduce reconfiguration time and data-reference time［J］. IEEE Transactions on Very Large Scale Integration (VLSI) Systems, 2014, 22 (5): 983-994.

［5］Davide Rossi, Fabio Campi, Simone Spolzino, et al. A heterogeneous digital signal processor for dynamically reconfigurable computing［J］. IEEE Journal of Solid-State Circuits, 2010, 45 (8): 1615-1626.

撰稿人：清华大学　刘雷波

审稿人：北京大学　张兴　蔡一茂

▷▷▷ 10.2.4　太赫兹集成电路，太赫兹積體電路，Terahertz Integrated Circuit (THz IC)

太赫兹波是指频率范围为 0.1~10THz 的电磁波，更为严格的定义是指 0.3~3THz 的电磁波。太赫兹波的特性使其在高速数据通信、高分辨力相控阵雷达成像、无损探伤、危险物品检测和物质识别等方面具有极大的应用潜力，因而受到广泛关注。太赫兹集成电路是指能够产生、探测、传输太赫兹波段电磁信号的固态集成电路。太赫兹集成电路的研究和发展可使太赫兹通信、成像等典型应用系统更加紧凑、节能，有利于太赫兹波技术在国民经济各领域甚至消费电子领域的进一步推广。

早期的太赫兹集成电路是基于 GaAs、InP 等Ⅲ-Ⅴ族化合物半导体器件的工艺进行设计和制造的。与硅基工艺和器件相比，Ⅲ-Ⅴ族化合物器件的速度更快，具有更低的噪声和更大的驱动电流。但是，Ⅲ-Ⅴ族化合物半导体工艺与目前广泛采用的硅基 CMOS 集成电路工艺不兼容，成本较高，并且很难实现大规模集成电路。随着硅基 CMOS 工艺的发展，CMOS 晶体管的特征尺寸不断缩小，特征频率不断提高，使得采用 CMOS 工艺设计和制造太赫兹集成电路成为可能。CMOS 太赫兹集成电路主要的应用方向集中在太赫兹通信和成像两个领域。

在太赫兹通信集成电路方面，意法半导体公司基于 0.13mm SiGe 工艺制作的晶体管在室温下的特征频率可达 410GHz。IBM 公司采用 45nm SOI 工艺制造的 nMOS 晶体管的特征频率可以达到 485GHz。美国佛罗里达大学报道的基于 130nm CMOS 工艺的肖特基二极管的特征频率可达 2THz。在工艺和器件的支持下，人们开展了太赫兹集成电路关键电路和系统的研究：美国加州大学戴维斯分校的研究人员采用 65nm CMOS 工艺实现了 260GHz 的放大器；德国伍珀塔尔大学实现了基于 0.13mm SiGe CMOS 工艺的 0.53THz 太赫兹源；美国加州大学尔湾分校和戴维斯分校合作报道了基于 90nm SiGe CMOS 的 300GHz 频率综合器[1]；日本广岛大学的研究人员报道了基于 40nm CMOS 的 17.5Gb/s 的 300GHz 载频的太赫兹发射机芯片[2]。

在太赫兹成像集成电路方面，基于 CMOS 工艺和器件的太赫兹波探测器是研究的核心。目前，常用的探测器分别基于肖特基二极管和 nMOS 晶体管，二者都利用器件的非线性实现对太赫兹信号的自混频，将太赫兹辐射直接解调至直流进行探测。2011 年，法国 CEA-LETI-MINATEC 报道了基于 0.13mm 体硅 CMOS 工艺的 0.3~1THz 3×4 阵列大小的成像芯片，对树叶纹理进行了成像[3]。2012 年，德国伍珀塔尔大学报道了集成 32×32 像素的 0.7~1.1THz 的阵列式成像芯片[4]。上述成像芯片均用于远场成像。2016 年德国伍珀塔尔大学采用 0.13mm SiGe 工艺制作了 0.55THz 近场成像芯片，成像分辨率大大提高[5]。

参考文献

[1] Pei-Yuan Chiang, Zheng Wang, Omeed Momeni, et al. A 300GHz frequency synthesizer with 7.9% locking range in 90nm SiGe BiCMOS [C]: Proceedings of the 2014 IEEE International Solid-State Circuits Conference, San Francisco, February 9-13, 2014.

[2] Kosuke Katayama, Kyoya Takano, Shuhei Amakawa, et al. A 300GHz 40nm CMOS transmitter with 32-QAM 17.5Gb/s/ch capability over 6 channels [C]. Proceedings of the 2016 IEEE International Solid-State Circuits Conference, San Francisco, Janurary 31-February 4, 2016.

[3] Franz Schuster, Hadley Videlier, Antoine Dupret, et al. A broadband THz imager in a low-cost CMOS technology [C]. Proceedings of the 2011 IEEE International Solid-State Circuits Conference, San Francisco, Februry 20-24, 2011.

[4] Hani Sherry, Janusz Grzyb, Yan Zhao, et al. A 1kPixel CMOS camera chip for 25fps real-time terahertz imaging applications [C]. Proceedings of the 2012 IEEE International Solid-State Circuits Conference, San Francisco, February 19-23, 2012.

[5] Janusz Grzyb, Bernd Heinemann, Ullrich R. Pfeiffer. 25.1A fully integrated 0.55THz near-field sensor with a lateral resolution down to 8μm in 0.13μm SiGe BiCMOS [C]. Proceedings of the 2016 IEEE International Solid-State Circuits Conference, San Francisco, Janurary 31-February 4, 2016.

撰稿人：中国科学院半导体研究所　刘力源
审稿人：北京大学　　　　　　　　张兴　蔡一茂

▷▷▷ 10.2.5　量子集成电路，量子積體電路，Quantum Integrated Circuit

随着集成电路技术的发展，MOS晶体管栅长不断缩短，量子效应变得越来越严重，传统设计下的MOS晶体管将不能正常工作，因此需要基于量子力学原理及效应设计的新型器件和集成电路来代替现有的集成电路。另外，现有的大规模集成电路主要是基于冯·诺依曼的串行处理原理设计的，很难完成某些复杂的数学和应用问题的求解及处理。为了解决集成电路发展中的这两个瓶颈问题，目前世界先进国家都在积极推进量子集成电路的研究工作。量子集成电路分为两大类：第一类是指利用部分量子效应设计和研制的新型量子集成电路，用于实现高效的信息处理；第二类是指完全基于量子力学原理设计实现的进行并行运算和存储的集成电路，它是未来量子计算机的核心部件。

第一类量子集成电路利用部分量子效应设计实现的新型集成电路具有集成密度高、功耗低和并行计算度高的特点，其信号表现形式通常是采用单个电子或电子自旋等来表示逻辑信号；其计算模式采用改变输入信号使集成电路整体进入一个高能量的激发态，然后使系统释放能量弛豫到一个基态或低能量的稳态，这个低能态的电子或自旋分布状况即为计算结果。此类量子集成电路具有物理系统并行计算速度快的特点。这一类的量子集成电路包括量子元胞自动机（如图10-31所示）[1]、自旋逻辑电路（如图10-32所示）[2]和单电子集成电路[3]等。这些量子集成电路基本上还处于电路架构设计、系统仿真和基本单元电路实验试制等阶段，还有待于进一步开展纳米级工艺技术、新型信息处理算法和有效的电路操作方法的研究开发。

第二类量子集成电路是基于量子力学原理进行并行运算和存储的集成电路，它是量子计算机的核心部件[4]。量子计算机的运算能力强，有望解决计算量随变量数目或变量规模指数增长的复杂的数学问题。量子计算机以量子比特（Qubit）作为基本信息单元，与经典逻辑集成电路的基本信息单元取0或1的二值逻辑不同，量子比特通常取两个基本状态的线性叠加态进行信息处理。量子计算机可以由单比特的旋转门和 2 比特的受控非门等基本量子逻辑门单元构成。n 比特量子计算机的输入态是一个以 2^n 状态为基的叠加态，通过算法编程对电路进行一系列的量子逻辑门操作后，可得到另一个新的以 2^n 状态为基的叠加态，即为量子计算机的输出。与传统集成电路不同，量子集成电路是一个封闭的相干系统，量子信息处理是可逆的。最著名的量子算法是当时美国贝尔实验室科学家 P. Shor 提出的大数质因子量子分解算法，使人们认识到量子计算解决复杂的数学问题的潜力，推动了该技术的快速发展。目前，在实验中已经研制出了量子点自旋逻辑门、超导量子逻辑电路和离子阱量子电路等。中国科学技术大学在 GaAs 双量子点系统上实现了相干特性好、操控速度快、可控性强的电荷新型编码量子比特[5]；法国科学家发表了基于 CMOS 工艺的量子点自旋量子比特，为今后的大规模集成奠定了基础[4]。

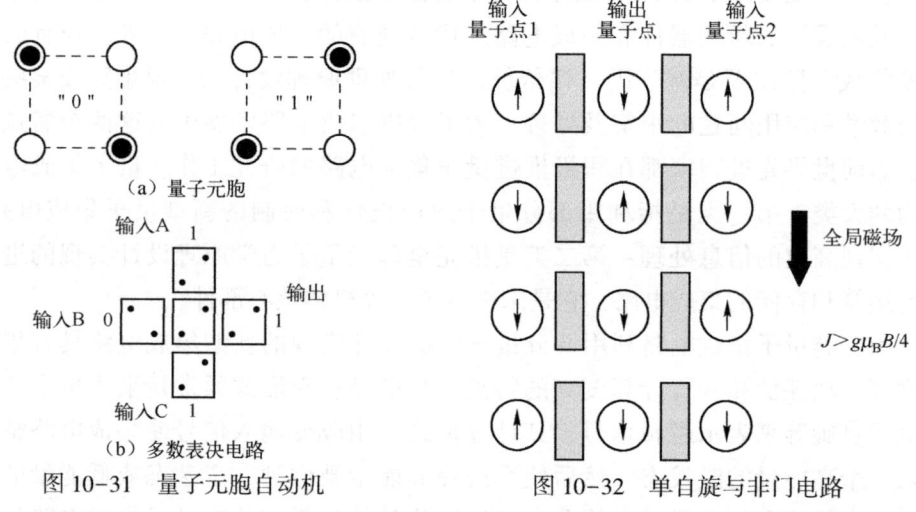

图 10-31　量子元胞自动机　　　　图 10-32　单自旋与非门电路

参考文献

［1］Mingliang Zhang, Li Cai, Xiaokuo Yang, et al. Design and simulation of turbo encoder in quantum-dot cellular automata［J］. IEEE Transactions on Nanotechnology, 2015, 14 (5)：820-828.

［2］Supriyo Bandyopadhyay, Marc Cahay. Electron spin for classical information processing: a brief survey of spin-based logic devices, gates and circuits［J］. Nanotechnology, 2009, 20 (41)：1-35.

［3］P. J. Koppinen, M. D. Stewart, Neil M. Zimmerman. Fabrication and electrical characterization of fully CMOS-compatible Si single-electron devices［J］. IEEE Transactions on Electron Devices, 2013, 60 (1)：78-83.

［4］R. Maurand, X. Jehl, D. Kotekar-Patil, et al. A CMOS silicon spin qubit［J］. Nature

Communications, 2016, 7: 13575.
[5] Gang Cao, Hai-Ou Li, Guo-Dong Yu, et al. Tunable hybrid qubit in a GaAs double quantum dot [J]. Physical Review Letters, 2016, 116: 086801.

撰稿人：中国科学院半导体研究所　吴南健
审稿人：北京大学　　　　　　　　张兴　蔡一茂

▷▷▷ 10.2.6　认知无线电集成电路，認知無綫電積體電路，Cognitive Radio Integrated Circuit

认知无线电是 20 世纪 90 年代末由 Joseph Mitola Ⅲ 基于软件无线电构想提出的一种用于无线通信的新型技术[1]。这种技术基于分配给授权用户的频谱资源在特定时间、特定空间内可能并没有被占用的现象，利用具有频谱认知能力的通信设备来感知特定时间、特定空间内未被占用的频谱资源，即可按照某种机制动态使用这些未被占用的频谱资源来进行通信，从而避免了频谱资源空置，提高了频谱资源的利用率，缓解了目前无线通信领域所遇到的频谱资源逐渐短缺的问题。

认知无线电工作的核心是动态频谱管理。具有频谱认知能力的通信设备首先对特定时间和特定空间内未被占用的频谱资源进行认知，并对这些未被占用的频谱资源特性进行分析，基于一定的规则动态调节认知无线电设备的通信参数，从而占用这些频谱资源建立起可靠的通信。在通信过程中，认知无线电设备要监控所占用的频谱资源，一旦探测到授权用户要利用该频谱资源，认知无线电将立即停止通信，释放所占用的频谱资源给授权用户使用，并重新寻找新的可利用频谱资源来建立通信。

认知无线电集成电路作为认知无线电系统的硬件基础，实现对特定时间、特定空间内未被占用的频谱资源的认知，并根据动态频谱管理配置高度可重构无线收发机或软件无线电型收发机的通信参数。一种实现频谱资源认知的典型电路如图 10-33（a）所示。一个频段可重构的窄带接收机将天线接收到的特定通信信道内频谱成分由较高的射频频段转换到较低的中频频段或数字域，然后通过能量检测、匹配滤波、特征检测、平稳周期性检测等频谱感知方法，确定该特定通信信道的频谱资源是否被占用。为了认知多个通信信道内频谱资源占用情况，需要以分时的方式配置该窄带接收机的工作频段，从而实现对不同通信信道处的频谱资源的认知。该实现方式的挑战在于如何保持接收机的高灵敏度以检测到微弱信号，同时保证接收机具有高线性度以避免通信信道外强干扰信号的影响，认知时间、实现难度和功耗是实现过程中需要考虑的关键问题。

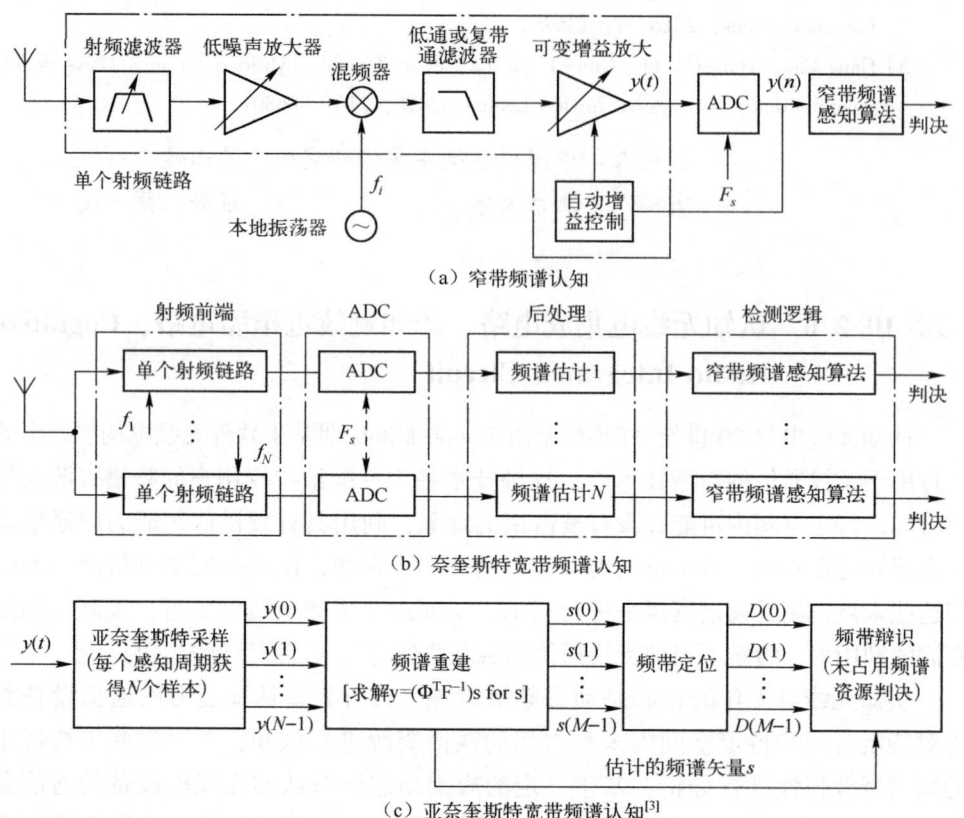

图 10-33 频谱认知的电路实现方式

另一种实现频谱资源认知的典型电路是宽带频谱认知电路，它可以一次认知多个通信信道的频谱资源占用情况，提高了认知速率[2]。它又可以分为基于宽带接收机前端的实现方式和多个窄带接收机并联的实现方式。基于宽带接收机前端的实现方式类似于窄带频谱认知，但接收机链路支持较宽的处理带宽。这种接收机将从天线接收到的宽带频谱成分由较高的射频频段转换到较低的中频频段，并经模/数转换后转换到数字域，然后通过傅里叶或小波变换等宽带频谱感知方法同时确定多个通信信道的频谱资源占用情况。这种实现方式要求射频前端电路覆盖足够宽的频率范围，并且模/数转换器具有足够高的采样率。而在多个窄带接收机并联的实现方式中，每个窄带接收机接收特定通信信道内的频谱成分，并通过能量检测、匹配滤波、特征检测、平稳周期性检测等频谱感知方法确定该特定通信信道的频谱资源是否被占用，如图 10-33（b）所示。多个窄带接收机并联，就可以同时认知多个通信信道处的频谱资源占用情况；相比于图 10-33（a）所示的实现方式，这种方式提高了认知速率，但电路实现复杂度也急剧增加。

另外，基于宽带频谱范围内信号的稀疏性或压缩性原理，可以采用便于重建的亚采样序列来认知频谱信息。这种方法降低了对采样率的要求，减小了硬件实现的复杂度，如图 10-33（c）所示。

参考文献

［1］ J. Mitola Ⅲ. Software Radios：Survey, critical evaluation and future directions ［J］. IEEE Aerospace and Electronic Systems Magazine, 1993（4）：25-36.

［2］ Hongjian Sun, Arumugam Nallanathan, Cheng-Xiang Wang, et al. Wideband spectrum sensing for cognitive radio networks：a survey ［J］. IEEE Wireless Communications, 2013, 20（2）：74-81.

［3］ Abdelmohsen Ali, Walaa Hamouda. Advances on spectrum sensing for cognitive radio networks：Theory and applications ［J］. IEEE Communications Surveys & Tutorials, 2017, 19（2）：1277-1304.

撰稿人：清华大学　池保勇
审稿人：北京大学　张兴　蔡一茂

10.2.7　非易失性逻辑集成电路，非揮發性邏輯積體電路，Non-volatile Logic Integrated Circuit

非易失性逻辑集成电路是一种基于非易失性器件构建的逻辑集成电路，具有电源断电时数据不丢失的特点。传统的逻辑电路是通过 CMOS 寄存器等保存数据的，当电源断开时，数据会丢失；而非易失性逻辑集成电路是使用非易失性触发器（Non-volatile Flip-Flop，NVFF）来实现电源切断时数据记忆功能的。图 10-34 所示为一个典型的基于铁电电容的非易失性触发器，其电路结构由主从触发器和非易失性存储单元组成。该电路正常工作时，非易失性存储单元被隔离，其功能等同于传统的触发器；一旦电源断开，该电路进入备份状态，触

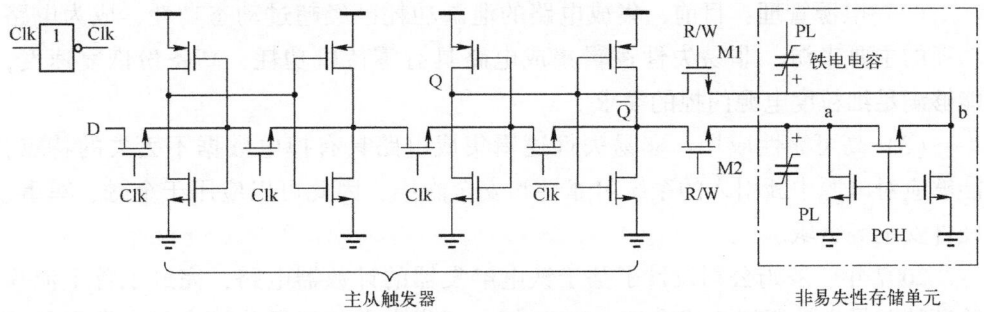

图 10-34　基于铁电电容的非易失性触发器[1]

发器中的数据被写入非易失性存储单元中；当电源恢复时，控制信号将非易失性存储单元中的数据读出并送入原触发器中，实现数据的恢复。非易失性触发器是非易失性逻辑集成电路实现数据备份和恢复的关键单元。图 10-35 所示为一个由上述铁电非易失性触发器构建的非易失性处理器（Non-volatile Processor, NVP）[1]。

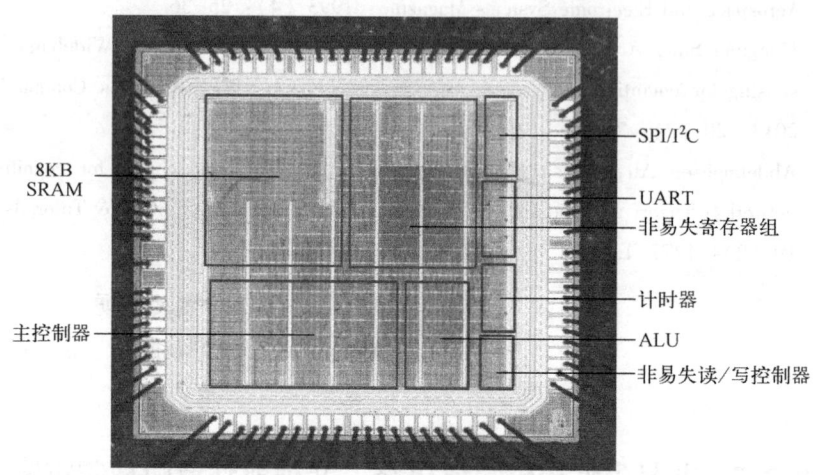

图 10-35　非易失性处理器 THU-1010N 芯片照片[1]

受益于内嵌的非易失性存储单元，非易失性逻辑集成电路具有零静态功耗、高速/低能耗数据备份恢复和高可靠性的特点，并可以广泛应用于各种低功耗、高可靠性等应用，典型的应用领域包括如下 3 个方面。

（1）能量采集系统：从环境中采集的能量具有间断供应和波动大的特点，使用非易失性逻辑集成电路有助于提高系统性能和可靠性，同时降低数据备份与恢复的开销。基于非易失性逻辑集成电路的能量采集系统适用于人体健康监测、物联网、安全监控等领域。

（2）电源管理：目前，集成电路的泄漏功耗已经超过动态功耗，成为电路功耗的主要来源。非易失性逻辑集成电路具有零待机功耗、高备份恢复速度，能够满足细粒度电源门控的需求。

（3）高可靠性应用：非易失性逻辑集成电路具有掉电数据不丢失的特点，能够应对电源中断引入的系统可靠性和安全隐患，因此可以应用于金融、军事、硬件安全等领域。

2007 年，罗姆公司设计了基于铁电触发器的计数器电路，完成了首个流片验证的非易失性逻辑集成电路。2012 年，清华大学与罗姆公司合作，发布了首款非易失性处理器芯片[1]。该款芯片采用 0.13mm 铁电工艺完成设计制造，实现了微秒级的数据备份恢复速度。2013 年，美国麻省理工学院和德州仪器公司合作设计了带有电源门控的铁电触发器，并以此实现了非易失性 FIR 滤波器[2]；同年，德州仪器公司发布了基于铁电触发器的 ARM Cortex-M0 架构的非易失性处理器[3]。2014 年，日本东北大学和 NEC 公司合作发布了基于 STT-MTJ 器件的非易失性处理器[4]，它实现了纳秒级的数据备份恢复速度。2016 年，北京清华大学和新竹清华大学合作发布了基于电阻型器件的非易失性处理器[5]，它具有自适应数据备份和恢复的功能。随着各种新型非易失性存储器件的发展，非易失性逻辑集成电路将沿着低功耗、高性能、高集成度的方向发展。未来，非易失性逻辑集成电路还有望实现存储功能与计算功能的一体化，从而发展成为一种新型计算体系架构。

参考文献

［1］ Yiqun Wang, Yongpan Liu, Shuangchen Li, et al. A 3μs wake-up time nonvolatile processor based on ferroelectric flip-flops ［C］. 2012 Proceedings of the ESSCIRC. IEEE, Bordeaux, France, 2012.

［2］ Masood Qazi, Ajith Amerasekera, Anantha P. Chandrakasan. A 3.4pJ FeRAM-enabled D flip-flop in 0.13μm CMOS for nonvolatile processing in digital systems ［C］. 2013 IEEE International Solid-State Circuits Conference Digest of Technical Papers. IEEE, San Francisco, CA, USA, February 17-21, 2013.

［3］ Steven C. Bartling, Sudhanshu Khanna, Michael P. Clinton, et al. An 8MHz 75μA/MHz zero-leakage non-volatile logic-based Cortex-M0 MCU SoC exhibiting 100% digital state retention at VDD = 0V with < 400ns wakeup and sleep transitions ［C］. 2013 IEEE International Solid-State Circuits Conference Digest of Technical Papers. IEEE, San Francisco, CA, USA, February 17-21, 2013.

［4］ Noboru Sakimura, Yukihide Tsuji, Ryusuke Nebashi, et al. A 90nm 20MHz fully nonvolatile microcontroller for standby-power-critical applications ［C］. 2014 IEEE International Solid-State Circuits Conference Digest of Technical Papers (ISSCC). IEEE, San Francisco, CA, USA, February 9-13, 2014.

［5］ Yongpan Liu, Zhibo Wang, Albert Lee, et al. 4.7A A 65nm ReRAM-enabled nonvolatile processor with 6× reduction in restore time and 4× higher clock frequency using adaptive data retention and self-write-termination nonvolatile logic ［C］. 2016 IEEE International Solid-State Circuits Conference (ISSCC). IEEE, San Francisco, CA, USA, February 25, 2016.

撰稿人：清华大学　刘勇攀
审稿人：北京大学　张兴　蔡一茂

▷▷▷ 10.2.8　生物医学芯片，生物醫學晶片，Biomedical Chip

随着健康监护需求市场的发展，以及神经工程和神经科学研究的深入，出现了一类基于集成电路技术发展出来的、专门用于传递和处理神经电、心电、脑电等电生理信号的生物医学芯片。在体生物医学芯片包括电极芯片和电路芯片。

微电极阵列（Micro Electrode Array，MEA）是一种用于记录组织切片、体外细胞培养细胞电活动或电特性的芯片。该类芯片中通常集成数百甚至上万个记录通道[1]，每个通道均包含放大、滤波等模拟前端。将 MEA 铺在培养皿的底部，当在其上面培养电活性细胞时，如心肌细胞或神经元细胞，神经元的电活动可以通过芯片上的接触点阵列耦合进入芯片。利用 MEA 可以同时记录数量庞大的细胞活动。

在体生物医学芯片的用途主要是测量心电、肌电、神经电及身体阻抗[2]。它与在体电极相连，对电极提取的电生理信号进行预放大，经过模拟滤波、模/数转换后输出[3]，有的电生理信号采集专用集成电路芯片甚至还包含无线射频发射功能[4]。生物电信号的等效信号源通常较弱，以脑电信号为例，其幅度通常只有数十微伏，同时这些信号总伴随着由于生命活动及生物运动带来的背景噪声的不稳定的接触阻抗，因此这类专用集成芯片的预放大的前端放大器通常具有高的输入阻抗，以抑制噪声从生物体传递到后端电路。在信号传递链条中，模拟滤波的主要作用是根据所采集生物信号的特征滤除来自传感器的噪声信号，通常使用低通滤波、限波器等消除运动伪迹干扰和工频噪声。经过放大、滤波的信号利用模/数转换电路转换成为数字信号，因此模/数转换器（ADC）是生物医学芯片中的重要组成部分，它在很大程度上决定了芯片的整体性能。用于生物医学芯片的常见的高性能、高精度模/数转换器有 SAR、Sigma-Delta 转换器等，转换精度可以达到 12 位或更高。目前，这类芯片已经实现商用的有 TI 公司的 ADS1298、ADS1299 系列。还有一些公司将采集放大和简单的信号处理电路集成在一起，如 Neurosky 公司的 BMD101 心电信号专用集成电路芯片。

图 10-36 所示为一款 8 通道神经信号采集专用芯片，其主要作用是实现植入式膀胱修复系统中的神经信号采集功能，其主要优点为精度高、功耗低、占用面积小。该芯片主要由模/数转换器、放大器和数字接口等部分组成，其中实现分步转换的斜坡积分 ADC 为系统核心。

目前，生物医学模拟前端芯片主要面临的难题是采集精度、采集性能及系统功耗三者之间的折中。脑电、心电等的进一步应用对于芯片的精度和性能提

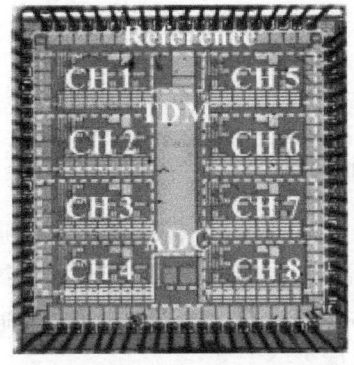 

图 10-36　8 通道神经信号采集芯片的显微照片与封装照片[5]

出了越来越高的需求，同时可穿戴/可移动装置对于功耗提出了严格的限制。因此，生物医学模拟前端芯片设计的主要目标是，在保证采集精度满足应用需求的前提下，通过改进架构和改善电路参数，进一步降低功耗和减小芯片面积，同时提高芯片的可靠性和稳定性。

另外，还有一些生物医学芯片是通过电刺激实现其功能的。电刺激可以调控生理生化过程，实现器官功能的调控或修复。

参考文献

［1］Jan Müller, Marco Ballini, Paolo Livi, et al. High-resolution CMOS MEA platform to study neurons at subcellular, cellular, and network levels ［J］. Lab on A Chip, 2015, 15（13）：2767-2780.

［2］Xu Zhang, Ming Liu, Bo Wang, et al. A wide measurement range and fast update rate integrated interface for capacitive sensors array ［J］. IEEE Transactions on Circuits and Systems—I：Regular Papers, 2014, 61（1）：2-11.

［3］Yuan Wang, Xu Zhang, Ming Liu, et al. An implantable sacral nerve root recording and stimulation system for micturition function restoration ［J］. IEICE 2014, E97-D（10）：2790-2801.

［4］Hong Chen, Ming Liu, Wenhan Hao, et al. Low-power circuits for the biodirectional wireless monitoring system of the orthopedic implants ［J］. IEEE Transactions on Biomedical Circuits and Systems., 2009, 3（6）：437-443.

［5］桂赟. 神经工程专用集成电路与系统研究 ［D］. 北京：中国科学院大学，2013.

撰稿人：中国科学院半导体研究所　裴为华
审稿人：北京大学　　　　　　　　张兴　蔡一茂

10.3 集成电路新材料

10.3.1 金刚石，金刚石，Diamond

金刚石是一种单质碳材料，其晶体结构为立方结构，C 原子的电子轨道杂化方式为 sp^3。在金刚石中，每个碳原子均与其周围的 4 个 C 原子形成共价键，晶胞为正四面体结构，具有高对称性，单胞晶格常数为 0.357nm（300K）。通过这些正四面体晶胞的重复堆垛，形成了金刚石晶体[1]。

通常，纯净的金刚石极其透明，但若含有杂质原子，则可呈现不同颜色（如绿、黄、褐、蓝、紫色、橙色等），其色彩取决于杂质种类及其含量。

金刚石的化学性质非常稳定，室温下很难与其他化学试剂反应，仅在 KNO_3、Na_2CO_3 和 $NaNO_3$ 熔融液中，或者与 $K_2Cr_2O_7$ 和 H_2SO_4 混合煮沸时，或者在空气中高于 850℃时，其表面才稍有氧化。但相比于石墨，金刚石是亚稳的，在真空或无氧环境下，在 1700℃以上金刚石会向石墨转变；在空气中，转变温度更低（约为 700℃）。金刚石在氧气和空气中的燃点分别为 720~800℃和 850~1000℃[2,3]。

天然的金刚石极其稀有，微电子工艺中使用的金刚石大多是人工合成的，合成技术主要有两种，即高温高压法（High Temperature High Pressure，HTHP）和化学气相沉积法（Chemical Vapor Deposition，CVD）。HTHP 在高温（大于 1500℃）、高压（大于 110Pa）下制备金刚石，其产率低，合成的金刚石尺寸有限，掺杂困难；而 CVD 在高温和氢气环境下使甲烷分解，其碳基团可在基片上沉积，或者在异质基底上外延生长出金刚石膜，所获的金刚石纯度高、尺寸大，可制得晶片级的单晶或多晶薄膜，且可获得 p 型和 n 型的金刚石[1,2]。图 10-37 所示为在铱/蓝宝石表面异质外延生长的金刚石晶片（Diamond Wafer）[4]。

金刚石因其独特的分子结构，具有优异的物理性能。由于金刚石中的碳-碳之间的共价键极强，4 个价电子饱和成键，故其硬度和熔点等极高。天然金刚石的密度为 3.15~3.53g/cm³，熔点可达 3550~

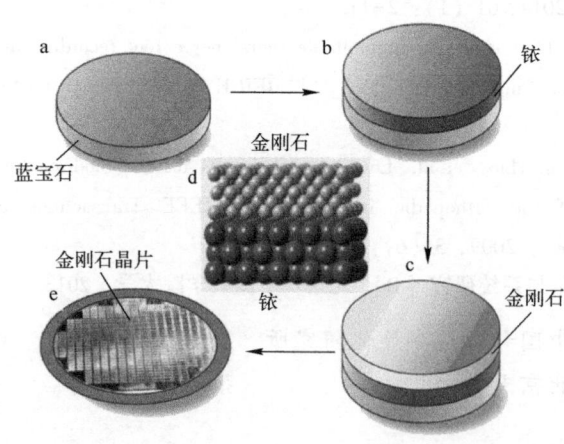

图 10-37 异质外延生长的金刚石晶片[6]

4000℃，硬度约为刚玉的 4 倍、石英的 8 倍；具有很高的折射率（2.418@ 500nm），色散性能强（色散率为 0.044），具有极高的反射率，其外观五彩缤纷、熠熠生辉；可透射的光谱范围很宽，除一部分近红外线外，从 X 射线至微波波段均可透过；其声传播速度极高（高于 10^4 m/s）；具有极高的热导率，大于 2kW/(m·K)，室温下约为铜的 5 倍，在液氮温区约为铜的 25 倍；热膨胀系数极小，在 -38.8℃时为 0，0℃时为 5.6×10^{-7}。金刚石是宽禁带半导体，能带隙为 5.47eV，击穿场强达 5~10MV/cm，明显高于 4H-SiC 的 3MV/cm 和 GaN 的 5MV/cm；其电子和空穴迁移率分别为 4500cm²/(V·s) 和 3800cm²/(V·s)，即使在 400K 和 500K，其空穴迁移率仍然可达 2000cm²/(V·s) 和 1000cm²/(V·s)；因光声子能量极高（E_{opt}=0.160eV），载流子的饱和速度很高，其电子和空穴的饱和速度分别达 $(0.85\sim1.2)\times10^7$ cm/s 和 $(1.5\sim2.7)\times10^7$ cm/s[1-3,5,6]。金刚石的主要物理特性见表 10-1。

表 10-1　金刚石的主要物理特性[3]

性　能	数　值	对　照
机械硬度/GPa	80~100	SiC：40
热导率/(W/(cm·K))	5~20	Ag：4.3；Cu：4.0；BeO：2.2
断裂韧性/(MPa$\sqrt{m}$)	5.5	SiO$_2$：1；SiC：4
弹性模量/GPa	1050	SiC：440；石墨：9
热膨胀系数/K^{-1}	1.2×10^{-6}	SiO$_2$：0.5×10^{-6}
折射率	2.418@ 500nm	玻璃：1.4~1.8
透射率	225nm~远红外线	—
摩擦系数	0.05~0.1（空气中）	特氟龙：0.05
能带隙/eV	5.47	Si：1.1；GaAs：1.43
电阻率/(Ω·cm)	$10^{12}\sim10^{16}$	AlN：10^{14}
密度/(g/cm³)	3.51	Si：2.32；Cu：8.89

金刚石是宽带隙材料（Wide-Bandgap Materials），光学性能优异，可掺杂，载流子迁移率和饱和速度极高，击穿场强极高，可用于制备高温、大功率和恶劣环境下工作的器件，如肖特基二极管（SPND）、射频场效应晶体管（RF-FET）、双结晶体管（BJT）、表面声波（SAW）器件和微机电系统（MEMS）等；同时，因其具有优异的导热性，可作为电子封装中的散热材料和芯片的衬底材料[1,5,6]。

参考文献

[1] Shinichi Shikata. Single crystal diamond wafers for high power electronics [J]. Diamond &

Related Materials, 2016, 65: 168-175.

[2] Chris J. H. Wort, Richard S. Balmer. Diamond as an electronic material [J]. Materials Today, 2008, 11 (1-2): 22-28.

[3] Yasar Gurbuz, Onur Esame, Ibrahim Tekin, et al. Diamond semiconductor technology for RF device applications [J]. Solid-State Electronics, 2005, 49 (7): 1055-1070.

[4] S. T. Lee, Y. Lifshitz. The road to diamond wafers [J]. Nature, 2003, 424: 500-501.

[5] Roy Szweda. Diamond and SiC Electronics [J]. The Advanced Semiconductor Magazine. 2006, 19: 40-42.

[6] Makoto Kasu, Kenji Ueda, Hiroyuki Kageshima, et al. Diamond RF FETs and other approaches to electronics [J]. Physics Status Solidi (C). 2008, 5 (9): 3165-3168.

撰稿人：北京大学　傅云义
审稿人：北京大学　张兴　蔡一茂

▷▷▷ 10.3.2　石墨烯，石墨烯，Graphene

石墨烯是由英国曼彻斯特大学 A. Geim 和 K. Novoselov 发现的，它是单原子层的石墨晶体，厚度仅为 0.34nm，可在室温大气环境下长期稳定保存，在纳电子学领域具有重要的应用价值。自从石墨烯发现以来，多种不同学科的科学家相继进入该领域，研究其分子结构、电子结构、物理和化学等特性及其应用。

石墨烯晶格结构是平面六边形点阵（或称二维蜂窝）结构，如图 10-38（a）所示。由于 C-C 共价键很强，每个碳原子中的 4 个电子以 sp^2 方式杂化，未杂化 p_z 轨道的电子形成 π 键，相邻 π 键形成大 π 键，在 π 键内电子可自由移动。石墨烯的带隙是零，其导带和价带相接于第一布里渊区的 6 个顶点，即狄拉克点。导带和价带关于狄拉克完全对称，其电子和空穴的性质完全相同，每个碳原子贡献一个 p_z 轨道电子，使得价带被全部占据，而导带为全空，于是费米面恰好位于导带和价带相接的平面，如图 10-38（b）和图 10-38（c）所示。狄拉克点附近的色散关系呈线性，即 $E^{\pm}(\kappa) = \pm \hbar v_F |\kappa|$，其中 $\kappa = k - K$，v_F 为费米速度（约 10^6 m/s），其电子和空穴的有效质量为零，其行为遵循相对论狄拉克方程，载流子称为无质量的狄拉克费米子（Dirac Fermion），如图 10-38（d）所示[1-3]。费米能级 E_F 的位置决定了石墨烯的掺杂类型，E_F 在导带中时石墨烯为 n 型掺杂，E_F 在价带中时则为 p 型掺杂。

石墨烯具有优异的电学、热学和力学性能，主要体现如下 7 个方面。

(1) 具有独特的能带结构。它通常是零带隙的半金属，但其带隙可通过尺寸限域效应或电场调节，即通过将石墨烯制备成纳米带结构，或者双层或三层石

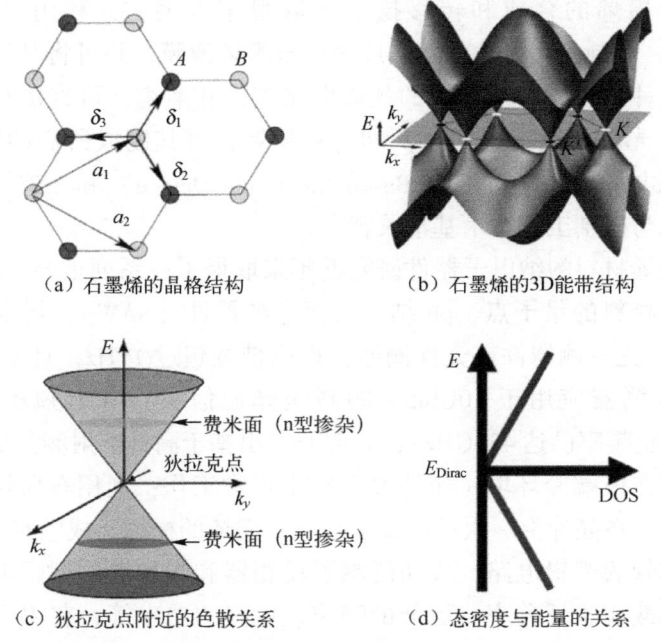

图 10-38 石墨烯结构示意图

墨烯晶体管,在其背栅和顶栅同时施加电压,均可打开石墨烯的带隙。目前的研究表明,石墨烯带隙最高可达 0.4eV。

(2) 石墨烯中载流子的平均自由程可接近微米尺度,载流子浓度约为 $10^{12}/cm^2$ 时,载流子平均自由程大于 $2\mu m$。

(3) 具有极高的室温载流子迁移率,实测可达 $2\times10^5 cm^2/(V\cdot s)$,远高于目前所知的迁移率最高的 InSb 材料,InSb 的载流子迁移率约为 $7.7\times10^4 cm^2/(V\cdot s)$,而且石墨烯的电子和空穴两种载流子的迁移率相同。

(4) 石墨烯的电导率大于 $6\times10^6 S/m$,可承载的电流密度达 $10^8 A/cm^2$,高于铜、铝导线 2~3 个数量级。

(5) 石墨烯的热导率极高,可达 3080~5150W·m^{-1}·K^{-1},其热导率远高于铜(401W·m^{-1}·K^{-1})、金(318W·m^{-1}·K^{-1})、银(420W·m^{-1}·K^{-1})等金属。

(6) 石墨烯没有趋肤效应(Skin Effect),寄生电容和邻近效应均可大幅度减小。

(7) 石墨烯的力学特性十分优异,其硬度超过钻石,强度比钢铁高 100 倍,弹性模量接近 1.0TPa,断裂强度约为 40N/m,而且还具有良好的弹性延展能力(可延长至 120%),高于其他晶体,有望应用于柔性电子学领域[1-3]。

目前，石墨烯的合成和转移技术已取得重大突破，利用化学气相沉积（CVD）技术，可制备大尺寸的单层或多层石墨烯薄膜，并可将其转移至任何衬底表面上。这种加工技术与传统的集成电路工艺相兼容，可直接利用现有的微纳加工技术（光刻、氧离子刻蚀）加工石墨烯，将其制成所需的形状或结构，直接形成碳基电子器件（Carbon-Based Electronic Device）和互连线，甚至集成电路，其技术与硅基工艺技术基本兼容[3]。

基于石墨烯材料的纳电子器件研究近年来取得了一系列重要进展[4,5]，已研制出基于碳基材料的量子点、pn结、表面声波器件（SAW）、场发射器件（从直流到高频）、光探测器件（光探测器，理论带宽超过1THz，且于2010年首次将石墨烯光探测器应用于10Gbit/s的高速光通信中）和射频场效应晶体管（RF-FET，截止频率已达427GHz），有望开发出基于高性能射频集成电路，尤其是RF-FET可在极端冷环境（如外太空）中正常工作；利用石墨烯晶体管、金属电感和布线，在晶片上一次性制成晶片级石墨烯的模拟集成电路；基于可变势垒石墨烯晶体管的逻辑电路，成功研制了反相器和半加器的逻辑电路。碳基器件具有极高的载流子迁移率、更低的噪声、更高的功率等，有望成为构建新型毫米波器件和电路的核心材料，可为开发高性能探测器件、高频宽带通信技术和高分辨率成像技术提供新的技术和方法。

参考文献

[1] A. H. Castro Neto, F. Guinea, N. M. R. Peres, et al. The electronic properties of graphene [J]. Reviews of Modern Physics, 2009, 81 (1): 109-162.

[2] Phaedon Avouris. Graphene: Electronic and photonic properties and devices [J]. Nano Letters, 2010, 10 (11): 4285-4294.

[3] Yanqing Wu, Damon B. Farmer, Fengnian Xia, et al. Graphene electronics: Materials, devices, and circuits [J]. Proceedings of the IEEE. 2013, 101 (7): 1620-1637.

[4] Rui Cheng, Jingwei Bai, Lei Liao, et al. High-frequency self-aligned graphene transistors with transferred gate stacks [J]. PNAS, 2012, 109 (29): 11588-11592.

[5] Yu-Ming Lin, Alberto Valdes-Garcia, Shu-Jen Han, et al. Wafer-scale graphene integrated circuit [J]. Science, 2011, 332 (6035): 1294-1297.

撰稿人：北京大学　傅云义
审稿人：北京大学　张兴　蔡一茂

▷▷▷ 10.3.3　类石墨烯材料，類石墨烯材料，Graphene-Like Materials

类石墨烯泛指与石墨烯相似的二维层状材料（2D Layered Material），因层间以范德瓦耳斯力结合,也称之为范德瓦耳斯型晶体;有时仅指类似于石墨烯六边形结构的且能带呈狄拉克锥型的单原子层二维晶体材料。类石墨烯研究的兴起源于石墨烯,由于石墨烯是零带隙的,现有的能带隙打开方法(如制成石墨烯纳米带)会明显损害其本身的电学特性(尤其是载流子迁移率),因此促使研究人员寻找新的类石墨烯材料,如硅烯(Silicene)、锗烯、磷烯、MoS_2、WS_2、SnS_2和BN等,近年来研究较多的主要是硅烯和MoS_2[1-4]。

硅烯是单原子层的硅晶体薄膜,是一种新的硅同素异构体,其晶格结构呈六边形蜂窝状,因极易弯曲,常呈弯曲状,其结构中晶格常数并不固定,且两种杂化的比例(sp^2/sp^3)可变。硅烯的特点如下所述。[1-4]

(1)与石墨烯相比,其能带结构与石墨烯相似,Si-Si键呈现类sp^2杂化特征,在第一布里渊区的K点处存在π键和π*键,即存在狄拉克圆锥。

(2)能带隙为零,但其带隙可通过电场(0~1.03V/Å)连续可调(范围为0~0.16eV)。

(3)由于导带和价带的能带呈线性,因此其载流子是无质量的费米子。

(4)硅烯纳米带具有很强的抗氧化能力,在氧气中,其开始氧化所需的氧浓度远高于硅表面开始氧化所需的浓度(高10^4倍)。

(5)硅烯存在拓扑相变(Topological Phase Transitions),若在硅烯纳米带上施加电场,它会从拓扑绝缘体转变为能带绝缘体,通过调整电场到临界状态,在硅烯平面的任何地方上会产生螺旋零模式(Helical Zero Modes),该区域即可成为被拓扑绝缘体或能带绝缘体环绕的量子线或量子点。

(6)由于同属于硅材料,因此制作硅烯器件的工艺与硅基工艺兼容。

硅烯的制备方法主要有如下两种。

(1)在硼化物表面外延生长硅烯:首先在超高真空环境下外延生长ZrB_2(导电陶瓷),然后通过退火,即可在(0001)ZrB_2自发外延生成硅烯。

(2)Ag单晶表面沉积生长硅烯:在超高真空条件下,可在Ag的(001)、(011)和(111)面上制得硅烯纳米带,所有硅烯纳米带都平行于{$\bar{1}10$}方向,宽度为0.8nm或1.6nm。目前,对硅烯材料的物理和化学特性的研究刚刚开始,今后或许会发现各种奇异的特性,它在纳电子学方面具有潜在的应用价值[1-4]。

MoS_2为六方晶系,单层MoS_2由3层原子层构成(中间层为Mo原子层,上、下两层均为S原子层),形成"三明治夹心"层状结构,层内由共价键相连,层间以范德瓦耳斯力结合。多层MoS_2的层间距为0.65nm[5]。

块状MoS_2晶体为间接带隙材料,随着分子层数的减少,带隙发生变化,而单层MoS_2是直接带隙材料;类石墨烯MoS_2的能带隙可调,随着层数的增加,能带隙会减小，通常在 1.29~1.90eV 范围内。MoS_2 的电子迁移率约为 $100cm^2/(V \cdot s)$，远低于硅材料，但高于非晶硅和常用的有机半导体的电子迁移率。目前，制备的方法主要有机械剥离法、化学气相沉积法等。

单层和多层 MoS_2 具有独特的电学、热学、力学和光学特性，且储量丰富、无毒无害、价格低廉，在电子学、光电子学领域极具应用潜力，可用于光电探测器、光发射器、太阳电池、柔性显示屏等的研制[5]。

参考文献

［1］Seymur Cahangirov, Mehmet Topsakal, Ethem Akturk, et al. Two-and one-dimensional honeycomb structures of silicon and germanium［J］. Physical Review Letters, 2009, 102 (23): 236804.

［2］Paola De Padova, Claudio Quaresima, Carlo Ottaviani, et al. Evidence of graphene-like electronic signature in silicene nanoribbons［J］. Applied Physics Letters, 2016, 96 (26): 261905.

［3］Chun-Liang Lin, Ryuichi Arafune, Kazuaki Kawahara, et al. Structure of silicene grown on Ag (111)［J］. Applied Physics Express, 2012, 5 (4): 045802.

［4］N. D. Drummond, V. Zolyomi, V. I. Fal'ko. Electrically tunable band gap in silicene［J］. Physical Review B, 2012, 85 (7): 075423.

［5］Ting Cao, Gang Wang, Wenpeng Han, et al. Valley-selective circular dichroism of monolayer molybdenum disulphide［J］. Nature Communications, 2012, 3: 1-4.

撰稿人：北京大学　傅云义
审稿人：北京大学　张兴　蔡一茂

▷▷▷ 10.3.4 纳米线材料，奈米綫材料，Nanowire Materials

纳米线材料是准一维纳米结构的材料，包括锗硅、化合物、氧化物、金属等。目前，用于纳电子器件的主要是半导体纳米线，其掺杂种类、成分、尺寸等均可在合成中进行控制，而且可与硅基微纳工艺兼容，因此它在纳电子领域具有独特的优势[1-3]。

常用的半导体纳米线有 Si、GaN、InP 等纳米线，制备方法主要有物理气相沉积法（PVD）和化学气相沉积法（CVD）等。单根纳米线常沿确定的晶向生长（如<111>），表面光滑，其表面的尺寸起伏在原子尺度。整根纳米线通常是单晶的，但也可能是双晶的。在半导体纳米线的微结构中，通常会存在晶界、堆垛层错等缺陷，纳米线的生长和形貌与上述缺陷密切相关[2-5]。

利用半导体纳米线可以制备效应晶体管（FET）、反相器和发光二极管等各种类型的纳电子器件。与碳纳米管相比，半导体纳米线更易于大规模集成，原因有二：一是在合成过程中能精确控制半导体纳米线的尺寸和电学性能，而纳米碳管的尺寸和电学性能还难以控制；二是借助定向组装技术，可以较方便地获得十字形半导体纳米线的器件及其阵列，且可在纳米尺度范围实现器件的集成，而碳纳米管器件的集成仍然受传统微电子光刻工艺的限制，且碳纳米管的定位较为困难[3-5]。

除半导体纳米线本身作为器件构建单元外，半导体纳米线的轴向、径向异质结或芯壳结构为制作纳电子器件提供了更丰富的结构。一维纳米线可以通过控制成分和掺杂得到轴向异质结，如 GaAs/GaP 纳米线异质结。另外，利用晶体的异质外延生长（Heteroepitaxial Growth）还可以获得径向的纳米线异质结，其典型例子是 Ge/Si 芯壳结构（Ge/Si Core-Shell Structure），如图 10-39 所示[3]。

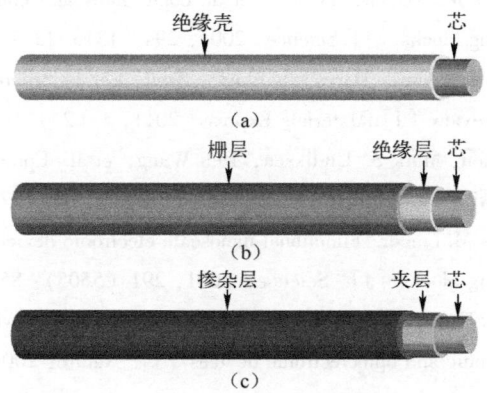

图 10-39　半导体纳米线的芯壳结构示意图[3]

图 10-39（a）所示的是在单晶半导体芯外包缚高质量的栅氧壳层，如果芯为硅纳米线，由于其表面极易氧化，硅纳米线（芯）表层常有一薄层 SiO_2，但其质量常不理想，很难承受高电场，因此可通过热氧化或 CVD 等生长一层高质量 SiO_2 栅氧取代其自然氧化层；图 10-39（b）所示的是先在单晶半导体的芯外制得高质量的栅氧，然后在栅氧表面沉积栅电极层，如在 Si/SiO_x 芯壳结构表层生长重掺杂非晶硅层作为栅电极；图 10-39（c）所示的是多层的芯壳结构，类似于二维半导体超晶格和二维电子/空穴气结构，利用夹层将掺杂层和有效导电沟道（芯部）分离开，如用本征的 GaAs 纳米线作为芯，内层（夹层）选择带隙较大的半导体材料（AlGaAs），而外层采用掺杂半导体（n 型 AlGaAs）。上述同轴芯壳结构可克服传统栅氧、背栅的结构缺陷，可用于设计、制造各种高性能的同轴纳米线器件[3]。

半导体纳米线可实现交叉阵列,利用微流体与PDMS微通道模板,可将多根纳米线定向排列,从而获得平行排列的纳米管阵列;若将模板翻转90°,重复上述工艺,可得到交叉排列的纳米线阵列。由于纳米线十字结尺寸小、集成度高、组装便捷,同时可克服基于硅衬底制备纳米器件所受到的光刻工艺限制[1]。利用纳米线组装方法,可以制得大量的十字形pn结,再通过自下而上的技术路线组合出各种功能复杂的电子器件。例如,可利用p-Si纳米线和n-GaN纳米线交叉形成十字形pn结,进而制备出或门、与门和非门等不同的逻辑门电路;同样,利用pn结及其阵列可制备出各种逻辑器件、异或逻辑运算器(XOR)、半加法器和解码器等[1,4]。

参考文献

[1] Yu Huang, Xiangfeng Duan, Yi Cui, et al. Logic gates and computation from assembled nanowire building blocks [J]. Science, 2001, 294: 1313-1317.

[2] Jeyakumar Ramanujam, Daryoush Shiri, Amit Verma. Silicon nanowire growth and properties: A review [J]. Materials Express, 2011, 1 (2): 105-126.

[3] Lincoln J. Lauhon, Mark S. Gudiksen, Deli Wang, et al. Epitaxial core-shell and core-multishell nanowire heterostructures [J]. Nature, 2002, 420: 57-61.

[4] Yi Cui, Charies M. Lieber. Functional nanoscale electronic devices assembled using silicon nanowire building blocks [J]. Science, 2001, 291 (5505): 851-853.

[5] X. F. Duan, Y. Huang, Y. Cui, et al. Indium phosphide nanowires as building blocks for nanoscale electronic and optoelectronic devices [J]. Nature, 2001, 409 (6816): 66-69.

撰稿人:北京大学　傅云义

审稿人:北京大学　张兴　蔡一茂

▷▷▷ 10.3.5 碳纳米管,碳奈米管,Carbon Nanotube(CNT)

碳纳米管(CNT)是由日本NEC公司S. Iijima于1991年发明的[1]。碳纳米管的分子结构是六角网格结构,每个碳原子与相邻的3个碳原子相连,碳原子以sp^2杂化为主。单壁碳纳米管的形态由直径和螺旋角决定,按螺旋角的不同,可将碳纳米管分成扶手椅(Armchair)型、锯齿(Zigzag)型和手性(Chiral)型3种类型;按碳原子层数的不同,碳纳米管可以分为单壁碳纳米管和多壁碳纳米管。多壁碳纳米管由多个不同直径的单壁碳纳米管套合而成,相邻的碳纳米管之间以范德瓦耳斯力结合。

单壁碳纳米管具有独特的能带结构[1,2]。相比于单层石墨,其区别主要在边

条件：在沿管轴方向，与单层石墨一样，波函数满足周期性边条件，波矢（k）准连续取值；但在垂直于碳纳米管轴的圆周方向，其波矢（k）取值非连续。在石墨烯第一布里渊区中，k取值落在一组间距为$2\pi/|C_h|$（C_h为手性矢量）的平行线上，价带和导带在第一布里渊区的6个顶点K处相接触。当平行线穿过K点时，碳纳米管呈金属性；否则，呈半导体性。对于扶手椅型碳纳米管（n，n），无论n取什么值，总是呈金属性；而对于锯齿型（n，0）或螺旋型碳纳米管（n，m），仅当$|m-n|=3q$（其中q为整数）时，才呈金属性，而在其他条件下均呈半导体性的。若碳纳米管直径很小，碳纳米管弯曲剧烈，会使价带和导带的简并位置（K点）往k_y方向移动，使金属性碳纳米管出现小的能带隙（但不影响扶手椅型金属性碳纳米管的能带隙）。

碳纳米管的能带隙与直径成反比，$E_{gap}=2\gamma_0 a_{c-c}/d$（$\gamma_0$为C-C紧束缚重叠能；$a_{c-c}$为最近邻C-C原子距离，为0.142nm；$d$为纳米管直径），可通过调整直径来控制其电学性能。

碳纳米管具有优异的电学性能：载流子迁移率高，大于$10^5 cm^2/(V\cdot s)$；平均自由程长，载流子可进行弹道输运，不会与杂质、声子发生散射，功耗小；参与导带的有两个子带，是理想的一维导体；所有碳原子均饱和成键，因此碳纳米管（沟道）与栅氧之间不存在类似Si和SiO_2那样的界面，无须进行特别的钝化处理，可选用高k绝缘介质作为栅氧；热稳定性很高，没有电迁移问题，可承受的电流密度可高达$10^9 A/cm^2$，高于相应铝、铜等金属导线两个数量级[1,2]。

近年来，利用碳纳米管已制备出结器件和场效应晶体管（FETs）等多种类型的纳电子器件。例如，通过将半导体性的碳纳米管和金属性的碳纳米管进行十字交叉，可构建出具有整流二极管特性的结器件；利用碳纳米管和金属电极接触处存在的肖特基势垒，通过改变源、漏电极材料，选择具有高功函数（5.1eV）且与CNT有良好浸润性的金属（Pd），可获得弹道式晶体管，其开态呈金属特性、电导接近量子化电导（$4e^2/h$）[1,3,4]。

近年来，在碳纳米管集成电路方面也取得了快速发展。美国IBM沃森研究中心的Ph. Avouris小组和荷兰C. Dekker小组相继报道了在逻辑电路方面开展的工作，如将CNT晶体管作为逻辑元件，并采用电阻-晶体管逻辑电路，在同一芯片上研制出反相器、与非门、静态随机存储器和环形振荡器等逻辑电路[3,4]；2013年，美国斯坦福大学利用高密度的碳纳米管平行阵列，成功研制出碳纳米管计算机，可进行计数和整数排序，实现了20个商用MIPS指令[5]，如图10-40所示。

图 10-40　碳纳米管计算机部分结构的电子显微镜照片[5]

参考文献

［1］Wei Lu，Charles M. Lieber. Nanoelectronics from the bottom up［J］. Nature Materials，2007，6：841-850.

［2］R. Saito，M. Fujita，G. Dresselhaus，et al. Electronic structure of chiral graphene tubules［J］. Appl. Phys. Lett. 1992，60（18）：2204-2206.

［3］Sander J. Tans，Alwin R. M. Verschueren，Cees Dekker. Room-temperature transistor based on a single carbon nanotube［J］. Nature，1998，393：49-52.

［4］Zhihong Chen，Joerg Appenzeller，Yu-Ming Lin，et al. An Integrated Logic Circuit Assembled on a Single Carbon Nanotube［J］. Science，2006，311（5768）：1735.

［5］Max M. Shulaker，Gage Hills，Nishant Patil，et al. Carbon nanotube computer［J］. Nature，2013，501（7468）：526-530.

撰稿人：北京大学　傅云义
审稿人：北京大学　张兴　蔡一茂

▷▷▷ 10.3.6　锗锡，鍺錫，GeSn

作为近红外波段的光通信媒介，Si 基光电集成器件从 2004 年开始逐渐成为研究热点。由于 Si 是一种间接带隙半导体材料，因此 Si 的发光和探测效率较低。单质锗（Ge）不仅带隙符合近红外波段的要求，而且发光和探测效率更高，并能与 Si 集成电路兼容，因此 Si 上 Ge 材料与器件得到广泛研究。

Ge 是一种准直接带隙的半导体材料，它用于光电器件时，需要重掺杂以增加电子在Γ谷的占据概率，因而导致较强的自由载流子吸收效应。通过在 Ge 中加入一定量的锡（Sn），形成 GeSn 合金，可以较为有效地降低 Ge 的带隙宽度，从而降低掺杂浓度，增强其发光和探测效率。GeSn 合金的禁带宽度随 Sn 含量的变化如图 10-41 所示[1]。

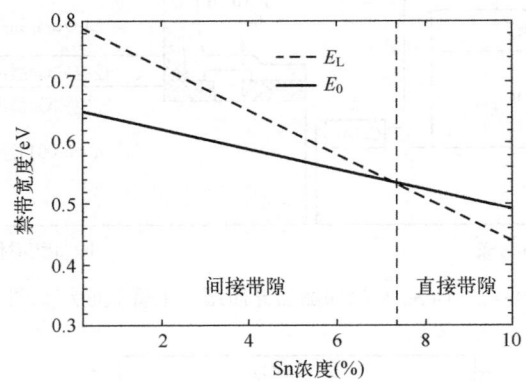

图 10-41　GeSn 合金的禁带宽度随 Sn 含量的变化[1]

对 GeSn 合金而言，Sn 在 Ge 中的平衡固溶度小于 1%，因此当 Sn 含量大于 1%时，GeSn 处于亚稳态。另外，Sn 在 Ge 中有很强的表面析出趋势，因此在制备 GeSn 时，需要采用较低的温度。目前，通常采用分子束外延[2]或超高真空化学气相沉积[3]方法生长 GeSn 薄膜。

由于 GeSn 合金的禁带宽度符合近红外波段的要求，因此 GeSn 光电器件可用于发射该波段的光或对该波段的光进行探测或调制，这些器件包括探测器、发光器和调制器等。

Ge 光电探测器在波长超过 1550nm 时，其探测效率会急剧减弱，因此无法覆盖 L 波段（1565~1625nm）和 U 波段（1625~1675nm）的探测。在 Ge 中掺入 2%浓度 Sn 的 GeSn 合金就能够覆盖电信通信的全波段，且效率可达单质 Ge 光电探测器的 10 倍以上。GeSn 光电探测器一般是用 GeSn 和 Si 形成异质结 PiN 二极管，其截面示意图如图 10-42 所示[4,5]。

GeSn 发光器包括激光器和发光二极管，目前研究的重点主要以 GeSn 激光器为主。相对于Ⅲ-Ⅴ族化合物激光器，GeSn 激光器可以明显降低材料和制造成本。单纯由 Ge 单质制备的激光器阈值电流过大而无法实际应用。典型的 GeSn 激光器结构如图 10-43 所示[1]。

此外，GeSn 合金还可以用于制备光调制器和量子阱调制器。

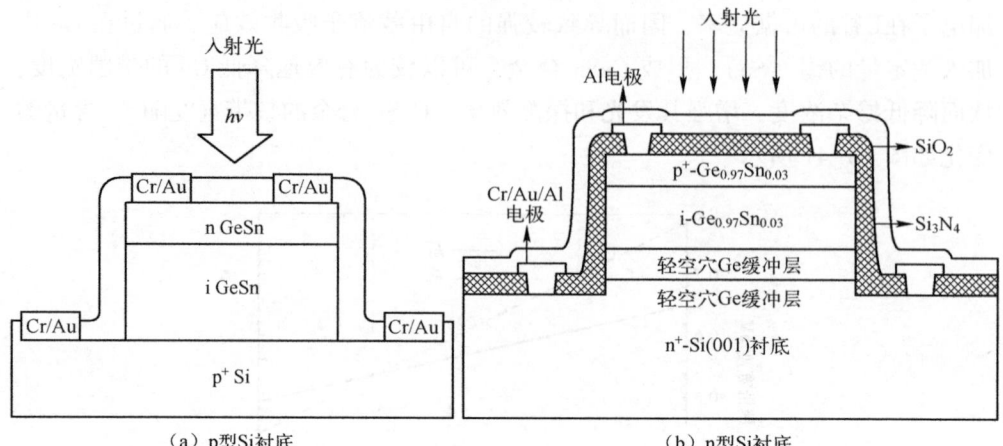

(a) p型Si衬底　　　　　　　　(b) n型Si衬底

图 10-42　GeSn 光电探测器异质结二极管截面示意图[4,5]

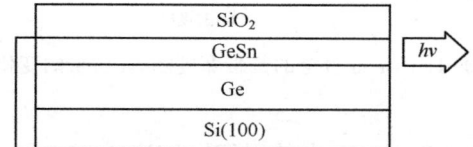

图 10-43　GeSn 激光器截面结构示意图

参考文献

[1] Jay Mathews, Zairui Li, Yun Zhao, et al. Toward GeSn lasers: light amplification and stimulated emission in GeSn waveguides at room temperature [J]. ECS Transactions, 2016, 75 (8): 163-176.

[2] Hai Lin, Robert Chen, Yijie Huo, et al. Low-temperature growth of $Ge_{1-x}Sn_x$ thin films with strain control by molecular beam epitaxy [J]. Thin Solid Films, 2012, 520 (11): 3927-3930.

[3] M. Bauer, J. Taraci, J. Tolle, et al. Ge-Sn semiconductors for band-gap and lattice engineering [J]. Applied Physics Letters, 2002, 81 (16): 2992-2994.

[4] Jay Mathews, Radek Roucka, Junqi Xie, et al. Extended performance GeSn/Si (100) p-i-n photodetectors for full spectral range telecommunication applications [J]. Applied Physics Letters, 2009, 95 (13): 133506.

[5] Shaojian Su, Buwen Cheng, Chunlai Xue, et al. GeSn p-i-n photodetector for all telecommunication bands detection [J]. Optics Express, 2011, 19 (7): 6408-6413.

撰稿人：南方科技大学　王辉
审稿人：北京大学　　　张兴　蔡一茂

10.3.7 量子线材料,量子綫材料,Quantum Wire Materials

当材料厚度与电子自由程(约数十纳米)可比拟时,传统的能带理论将不再适用,而电子的量子力学特征就会明显地表现出来,即电子能量不再连续,必须用分立的能级(Discrete Energy)来描述。如图10-44所示,根据量子线能量(DOS)公式(式中,m^*是电子的有效质量,$\hbar$是普朗克常数除以2,E是电子的能量),可以绘制其电子态密度图。由图10-44(a)可知,量子线的x和z方向的尺寸与电子自由程相当,因此电子在x和z方向的运动受到限制,表现出量子特性,但在y方向可以自由活动。由图10-44(b)可知,量子线的电子态密度在x和z方向呈分立的尖峰形状。

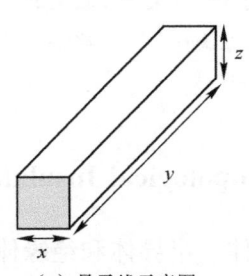
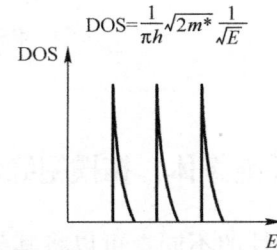

(a)量子线示意图　　(b)根据量子线能量公式绘制的电子态密度示意图

图 10-44　量子线能量

量子线包括半导体纳米线、氧化物纳米线和碳纳米管等。通常,量子线利用"V"形槽方法进行制备。该方法由E. Kapon[1]提出,根据在"V"形槽底生长速率加快的原理,利用金属有机气相沉积(MOCVD)和分子束外延(MBE)生长形成量子线[1]。在此基础上,"Λ"形槽和侧壁生长量子线的方法也被发展和应用起来。"T"形量子线在解理边缘、单原子台阶式衬底生长[2]和波纹高指数衬底[3]等生长方法也被提了出来。碳纳米管是非常典型的量子线,一般采用电弧放电法、激光烧蚀法等方法制备。

库伦强相互作用力和电子散射的抑制是量子线的明显特性,可以利用这些特性制备低阈值半导体激光器等光电子器件和高电子迁移率器件。随着场效应晶体管尺寸的减小,很多问题涌现出来。其中,沟道长度减小会出现漏感应势垒降低效应(DIBL),导致阈值降低,栅极控制能力减弱。利用量子线材料制作沟道,载流子会被限制在源漏之间的沟道中,可以有效提高栅极控制能力和载流子迁移率。2016年,科学期刊[4]报道,碳纳米管已经被应用于1nm的晶体管中,提高了器件特性[4]。

参考文献

[1] E. Kapon, D. M. Hwang, R. Bhat. Stimulated emission in semiconductor quantum wire heterostructures [J]. Physical Review Letters, 1989, 63 (4): 430-434.

[2] P. M. Petroff, A. C. Gossard, W. Wiegmann. Structure of AlAs-GaAs interfaces grown on (100) vicinal surfaces by molecular beam epitaxy [J]. Applied Physics Letters, 1984, 45 (6): 620-622.

[3] Xue-Lun Wang, Valia Voliotis. Epitaxial growth and optical properties of semiconductor quantum wires [J]. Journal of Applied Physics, 2006, 99 (12): 121301.

[4] Sujay B. Desai, Surabhi R. Madhvapathy, Angada B. Sachid, et al. MoS$_2$ transistors with 1-nanometer gate lengths [J]. Science, 2016, 354 (6308): 99-102.

撰稿人：南方科技大学　段天利

审稿人：北京大学　　　张兴　蔡一茂

▷▷▷ 10.3.8　拓扑绝缘体，拓撲絕緣體，Topological Insulator（TI）

根据材料导电特性的不同，可以将其分为导体、半导体和绝缘体，其中绝缘体又可分为能带绝缘体（Energy Band Insulator）、莫特绝缘体（Mott Insulator）和安德森绝缘体（Anderson Insulator）等。拓扑绝缘体材料属于能带绝缘体，但是在低温和微观尺度下，由于其电子结构的"拓扑"性，在其表面展现出金属态的导电的特性，其独特的输运机制使其成为新型信息材料[1]。

电子拓扑状态的研究源于 20 世纪七八十年代一系列重大实验和理论的发现。在低温和微观尺度下，二维电子气的霍尔电导的测量值只能是 e^2/h 的整数倍，其量子效应表现得十分明显，且该量子霍尔电导极为稳定，几乎不受杂质等散射源的影响。

整数量子霍尔电导（Integer Quantum Hall Conductance）可以写成占据能带的贝里曲率在第一布里渊区通量之和（TKNN 数，Thouless-Kohmoto-Nightingale-den Nijs 数）乘物理学常数 e^2/h。微分拓扑学给出的 TKNN 数一定是整数，这个整数在数学上以著名数学家陈省身名字命名，称为陈数。陈数是隶属于能带的拓扑不变量，可以用于解释量子霍尔电流的稳定性。

整数量子霍尔效应（Integer Quantum Hall Effect，IQHE）具有高度稳定的超电流，但其所需的强磁场和极低的温度限制了它的应用。寻找不需要磁场的拓扑绝缘体逐渐成了科学工作者的研究目标。

1988年，D. Haldane教授第一次通过简单的理论模型说明不需要磁场也可以实现拓扑非平庸的系统[2]，这对之后的研究工作极具启发性。该工作在量子反常霍尔效应和量子自旋霍尔效应两种体系中展开，但实现量子反常霍尔效应的条件非常苛刻，在该领域的研究进程较为缓慢。直到2010年，戴希、方忠和张首晟等人首次提出在磁性掺杂的拓扑绝缘体薄膜 Bi_2Se_3/Bi_2Te_3 中可能存在量子反常霍尔效应（Quantum Anomaly Hall Effect）[3]。2013年，薛其坤小组第一次在上述体系中观测到了量子反常霍尔效应[4]，引起了国内外很大的关注。2016年，美国科学家戴维·索利斯（David Thouless）、邓肯·霍尔丹（Duncan Haldane）和迈克尔·科斯特立茨（Michael Kosterlitz）因在拓扑相变（Topological Phase Transitions）和拓扑材料（Topological Materials）方面的理论发现获得了诺贝尔物理学奖。

与量子反常霍尔效应相比，量子自旋霍尔效应的相关研究首先取得了突破。最初，Z_2 拓扑绝缘体理论模型建立在石墨烯中。可惜的是，这个理论模型并不能在实验上实现，因为碳原子的自旋轨道耦合效应十分微弱。也正因此，在重元素材料中找寻量子自旋霍尔效应成了科学工作者后来的研究方向。2006年，张首晟课题组基于HgTe的能带构建了二维模型并以此来产生 Z_2 拓扑相，并预测CdTe/HgTe/CdTe量子阱具有很强的自旋轨道耦合，可以产生量子自旋霍尔效应。这个预测于2007年被M. König等人证实。不过，由于量子阱的构造较为复杂，人们希望在本征材料中寻找二维拓扑绝缘体。

拓扑绝缘体的另一个进展是三维 Z_2 拓扑绝缘体的发现。最早观测到的三维拓扑绝缘体是在具有强自旋轨道耦合的半导体合金材料 $Bi_{1-x}Sb_x$ 中。然而，$Bi_{1-x}Sb_x$ 系列材料的带隙太小，而且是合金，结构复杂，不便于制备和使用。随后发现的第二代三维拓扑绝缘体 Bi_2Se_3 和 Bi_2Te_3 具有很多更优良的性能，因而更具有应用潜力[5]。

目前，我国在该领域的研究处于世界领先水平。拓扑绝缘体具有广阔的应用前景，寻找更多的拓扑绝缘体体系，以及提高拓扑绝缘体的使用温度，是科研工作者们努力的方向。拓扑绝缘体发展大事记如图10-45所示。

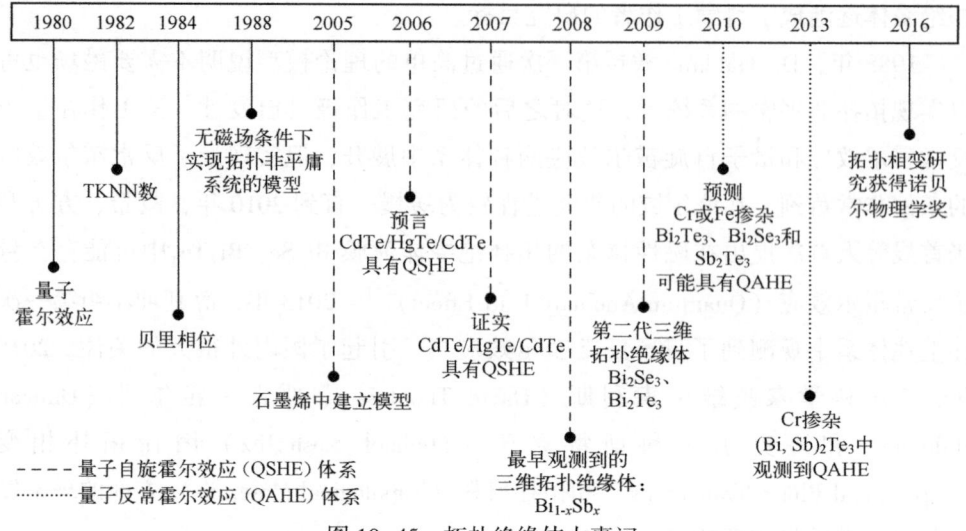

图 10-45 拓扑绝缘体大事记

参考文献

［1］张艳阳，李树深．神秘的新材料——拓扑绝缘体简介［J］．物理教学，2013，(35)：2-6．

［2］F. D. M. Haldane. Model for a quantum hall effect without Landau levels: Condensed-matter realization of the "parity anomaly"［J］. Physical Review Letters，1988，61（18）：2015-2018.

［3］Rui Yu, Wei Zhang, Hai-Jun Zhang, et al. Quantized anomalous Hall effect in magnetic topological insulators［J］. Science, 2010, 329（5987）：61-64.

［4］Cui-Zu Chang, Jinsong Zhang, Xiao Feng, et al. Experimental observation of the quantum anomalous Hall effect in a magnetic topological insulator［J］. Science, 2013, 340（6129）：167-170.

［5］Haijun Zhang, Chao-Xing Liu, Xiao-Liang Qi, et al. Topological insulators in Bi_2Se_3, Bi_2Te_3 and Sb_2Te_3 with a single Dirac cone on the surface［J］. Nature Physics, 2009, 5：438-442.

撰稿人：南方科技大学　李剑
审稿人：北京大学　　　张兴　蔡一茂

10.4　先进集成电路制造技术

10.4.1　超低介电常数和空气隙，超低介电常數和空氣隙，Low-k Dielectric and Air Gap

在集成电路中，导线将前端成千上万个晶体管连接起来，导线之间的介电

常数 k 值正比于等效电容。降低 RC 延迟可以提高频率，因此降低 k 值是集成电路的一个关键技术。低 k 值材料具有降低有效电容的特点，从而可以提高频率。由此可见，使用低 k 值材料替代传统的层间介质 SiO_2 来降低电路的寄生电容（正比于 k 值），是现代超大规模集成电路制造技术的重要组成部分。毫无疑问，在未来的集成电路制造技术中，低介电常数材料（$k<4$）和超低介电材料（$k<2$）会有非常广泛的应用，尤其是针对高速和低功耗的器件产品[1]。

降低 k 值有很多方法，最常用的方法是通过掺杂（尤其是掺氟）使其成为微小气泡的多孔材料。介质掺杂（氟）后的 k 值降低程度与介质中增加的孔隙空间紧密相关，氟的含量基本决定了孔隙在整个介质中所占的比例。显然，能用于超低介电常数技术的新材料就是多孔介质，它会在未来集成电路制造中成为主流层间介质材料。多孔超低介电常数材料就是具有一定比例空隙的介质材料，在产业中经常使用 CVD 或甩胶技术，汽化或溶解后使其形成均匀分布的孔隙。通俗地讲，低 k 值材料主要由材料中的孔隙比例决定其 k 值，较低的 k 值意味着介质中有较多的孔隙。但是当孔隙过多时，材料的机械性质就会变差。k 值的最低极限是 1（即真空）。所以降低 k 值就是在两根导线之间增加孔隙，使得相应的 k 值尽可能接近于 1，这种技术就是空气隙技术，也称空气桥技术。在制备空气隙结构时，需要利用介质薄膜制备工艺中特有的悬空技术，使得在薄膜沉积中形成孔隙，从而得到较低的 k 值[2]。这个技术在 Intel 的 14nm 技术代中已经被用于产品，并将在更先进的技术代中应用。

参考文献

［1］Hong Xiao（肖宏）. 半导体制造技术导论（第二版）[M]. 杨银堂，段宝兴，译. 北京：电子工业出版社，2013.

［2］刘勇，吴汉明. 中空沟槽隔离物及其制造方法：ZL 02118928.5 [P]. 2013-11-12.

撰稿人：中芯国际集成电路制造有限公司　　吴汉明

审稿人：北京大学　　　　　　　　　　　　　张兴　蔡一茂

▷▷▷ 10.4.2　等离子体掺杂，電漿佈植，Plasma Doping

等离子体掺杂主要是以等离子体浸没式离子注入（Plasma Immersion Ion Implantation，PIII）工艺为主。PIII 是一种低成本的离子注入方法，在毫托（1mTorr=0.133 322 4Pa）压力范围下具有较发散的离子注入角度，因此可以进行保形掺杂（Conformal doping）及超浅结掺杂。特别是对深宽比较大的深沟槽结构进行掺杂时，PIII 工艺可使深沟槽侧壁及底部的掺杂浓度分布得非常均匀，且沿着沟槽上表面、侧壁及底面形成结深（Junction Depth）一致的超浅结，如图10-46所示[1]。这些优点是传统离子注入工艺所不具有的。PIII工艺在半导体产业及冶金工业上的应用日趋广泛，IMEC及Intel在32nm平面式CMOS结构上已采用PIII形成超浅结，在22nm技术节点以下也利用PIII具有较发散离子注入角度的特点，对FinFET的多重栅极进行掺杂。

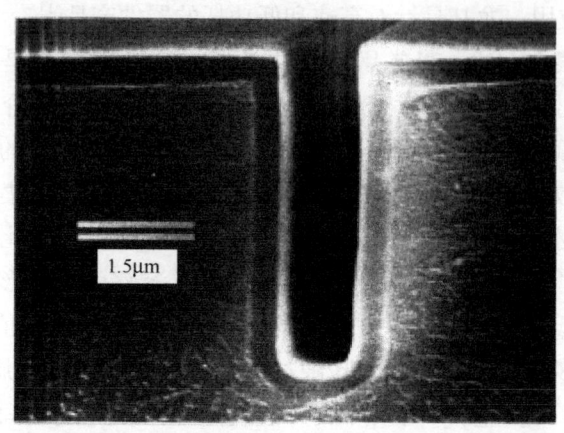

图10-46　以PIII工艺对深沟槽进行保形掺杂的SEM照片（掺杂气体为BF_3，圆片偏置电压为-10kV，腔体压力为5mTorr）[1]

通入适当的反应气体后，采用ICP或ECR系统使反应气体（如BF_3、B_2H_6、PH_3、H_2等）产生高密度的等离子体，将串联一个负电压脉冲源的圆片浸没在高密度等离子体中，就会受到大发散角度的离子轰击。串联脉冲的负电压可决定注入离子的能量，因此控制脉冲的负电压即可得到所需的结深。调整脉冲的周期及脉冲的数量就可决定注入的离子剂量。如图10-47所示，由于脉冲电压在圆片的表面上已形成一个可吸引正离子的负电场，所以正离子可以轰击到深沟槽的上表面、侧壁表面及深沟槽的底端表面，从而形成均匀保形掺杂。传统的离子注入机可通过控制磁场强度而精确检选所需的单一离子源及离子能量，但是凭借ICP或ECR产生的PIII却无法筛选所需的单一离子源，如对BF_3会同时产生BF^{2+}、BF_2^{+2}、B^+、B^{+2}等多种离子，因此会造成离子注入的能量污染（Energy Contamination）。

PIII具有如下优点：

（1）在低脉冲电压下仍可产生高浓度的掺杂离子，可缩短重掺杂流程的时间。

（2）可产生能量低且浓度高的离子源而形成超浅结，并减少离子注入产生的晶体缺陷。

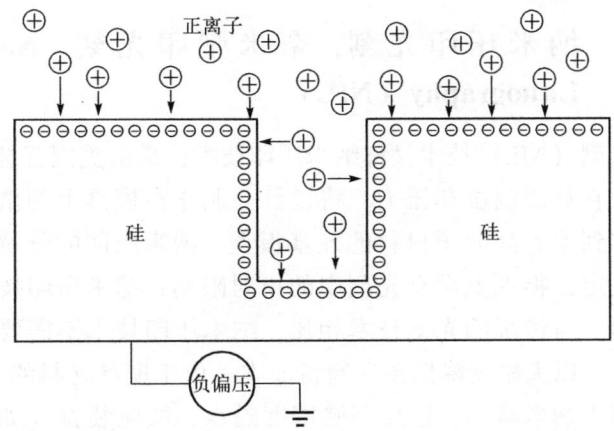

图 10-47　正离子受偏压驱动的离子注入示意图

（3）保形掺杂可优化 3D FinFET 结构或深沟槽结构的特性。

（4）PIII 系统设计简单且成本较低。

目前，PIII 已应用在 22nm 技术节点以下的掺杂工序中，在多晶硅 TFT 面板工艺的氢化作用（Hydrogenation）中也已采用 PIII 将 H_2 分解形成高浓度的氢自由基来钝化晶界中的界面缺陷（Interfacial Defects），使载流子的迁移率增大而提升晶体管的特性[2]。在 SmartCut 的 SOI 圆片制备中，采用 PIII 氢离子注入方式取代传统的氢离子注入，可提高 SOI 的生产率并降低生产成本。氧的等离子体浸没式离子注入（O-PIII）已应用于植牙技术，钛金属经由 O-PIII 工序可在钛表面生长一层 TiO_2 氧化层，这个 TiO_2 氧化层可以增加人工植牙材料与骨骼的附着力，同时提高钛金属的硬度[3]。

参考文献

［1］X. Y. Qian, N. W. Cheung, M. A. Lieberman, et al. Conformal implantation for trench doping with plasma immersion ion implantation［J］. Nuclear Instrument and Methods in Physics Research，1991，B55：898-901.

［2］Imad F. Husein, Shu Qin, Yuan-Zhong Zhou, et al. Plasma immersion ion implantation for materials modification and semiconductor processing; Carbon nitride films and poly-Si TFTs hydrogenation［J］. Nuclear Instrument and Methods in Physics Research，1997，B 121：226-230.

［3］Chih-Hsiung Yang, Yu-Tsai Wang, Wen-Fa Tsai, et al. Effect of oxygen plasma immersion ion implantation treatment on corrosion resistance and cell adhesion of Titanium surface［J］. Clinical Oral implants Research，2011，22（12）：1426-1432.

撰稿人：中芯国际集成电路制造有限公司　　吴汉明
　　　　北京大学　　　　　　　　　　　　　罗正忠
审稿人：北京大学　　　　　　　　　　　　　张兴　蔡一茂

▷▷▷ 10.4.3 纳米压印光刻，奈米壓印光刻，Nano-Imprint Lithography（NIL）

纳米压印光刻（NIL）技术又称纳米压印技术，是由美国普林斯顿大学的周郁教授发明的，它利用温度和压力，将设计并制作在模具上的微小图形，通过压印等技术转移到涂有高分子材料的硅基板上。纳米压印的分辨率由所用印模板图形的大小决定，物理上没有光刻中的衍射限制，纳米压印技术可以实现纳米级线宽的图形。与传统的光刻技术相比，纳米压印技术不需要光刻掩模版和光学成像设备，可以大幅度降低图形制备成本。由于模具材料的不断改进，NIL技术可广泛应用于纳米器件、超高存储密度磁盘、微流装置（如微混合器、微反应器）、微光学器件等微纳制造领域。

NIL 分为热压印、紫外压印和微接触压印 3 种。

1. 热压印（Thermoplastic NIL，T-NIL）

（1）压模制备：在 Si 或 SiO_2 上，通过先进集成电路制造技术（如电子束直写技术）形成需要转移的纳米图形。

（2）压印：首先用具有热塑性的聚合物薄膜覆盖需要形成图形的基片，然后加热，使得聚合物的温度达到玻璃化转换温度，再将印模板压合到高温的聚合物上，从而将印模板上的图形转移到聚合物上。待聚合物的温度降至室温后，将印模板从聚合物基板上拿开，即可完成压印过程。

（3）图形转移：利用等离子体刻蚀，将转移到聚合物上的图形转移到基片上。

2. 紫外压印（Photo NIL，P-NIL）

P-NIL 的核心原理是通过紫外线的辐照使得高分子光刻胶硬化，总体过程与 T-NIL 的类似，但 P-NIL 在室温和低压下即可实现纳米图形的转移。具体过程如下所述。

（1）用电子束直写技术制作印模板：印模板必须能让紫外线透过，通常选用石英。

（2）在硅基板上涂覆对紫外线敏感的光刻胶。

（3）将制备好的印模板压合到硅基板上，在光刻胶上形成软的图形，再用紫外线照射，使光刻胶硬化，固化成所需的图形。

（4）利用等离子体刻蚀等图形转移技术完成基板上的图形转移。

近年来，在 P-NIL 的基础上发展的紫外步进-闪光压印技术可以进一步提高图形的分辨率。

3. 微接触压印（Microcontact NIL，M-NIL）

（1）模具制备：利用电子束或光学光刻制备印模板，将模具材料固化在制备的模板上，等到成型后再将二者分开，从而得到满足要求的模具。

（2）压印：将模具浸泡在硫醇试剂中，并将其压在镀金衬底上。硫醇与金反应后，会生成一层自组装的单分子层，在后续的刻蚀工艺中起到保护作用。

（3）图形转移：主流工艺采用湿法刻蚀，即利用单分子层对氢化物离子的阻挡作用，将样品浸在由氢化物组成的刻蚀溶剂中，从而将没有被单分子层覆盖的金刻蚀掉。

M-NIL 技术的优点是快速、廉价，不需要超净环境，对表面的平整度也没有严格的要求，还能适合多种不同的材料表面。该技术的缺点是受到湿法刻蚀技术的限制，使印出的图形变宽，这只能通过优化工艺参数，包括优化模具上的试剂量及分布，来控制扩散带来的负面效应。

> 撰稿人：中芯国际集成电路制造有限公司　　吴汉明
> 　　　　美国科天（KLA-Tencor）公司　　　　萧宏
> 审稿人：北京大学　　　　　　　　　　　　　张兴　蔡一茂

▷▷▷ 10.4.4　定向自组装光刻，定向自组装微影，Directed Self-Assembly（DSA）Lithography

定向自组装光刻技术是通过衬底的预图形化引导光刻胶在自主装的过程中形成高度有序密集图形阵列的光刻技术。这里所用的光刻胶多为嵌段共聚物（Block Copolymers，BCPs）。从结果上看，该技术能进一步缩减光学光刻图形的节距，是对现有光刻技术的增强。

DSA 技术综合了光学光刻的图形可控性和自组装技术的高密度图形优势，该技术与 193nm 浸没式光刻技术兼容并有望将其推向极限，是亚 10nm 技术代中的有力竞争者。但 DSA 也面临缺陷密度高这一主要挑战。图 10-48 所示为传统无定形的自组装图形与定向自组装图形的比较。

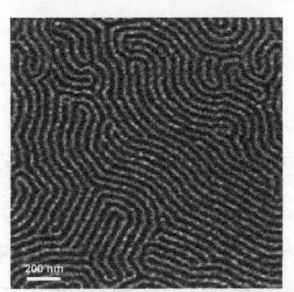
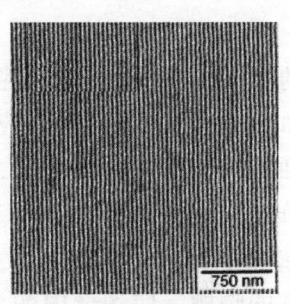

（a）传统无定形的自组装图形[1]　　（b）定向自组装图形[2]

图 10-48　传统无定形的自组装图形与定向自组装图形的比较

作为与半导体工艺兼容的自组装材料，BCP 是由若干段化学性质不同且热力学不相容的聚合物链单元（Block）通过共价键或超分子键连接而成的。将 BCP 旋涂在衬底上，经热处理后，原本无序的 BCP 薄膜会出现相分离，形成具有周期性的图案，即自组装。以二元 BCP 系统为例，聚合物链单元的体积分数决定了自组装的构型（球状、柱状、枝状、片状），如图 10-49 所示[1]。

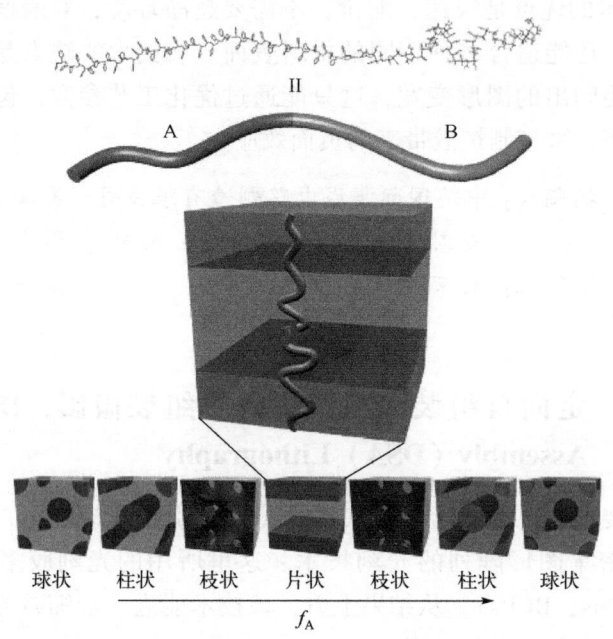

图 10-49　BCP 自组装原理及 BCP 中聚合物链单元的体积分数对自组装构型的影响[1]

选择聚合物链单元长度合适的 BCP 体系，如 PMMA，可以实现半节距（Half Pitch）至 12nm 的线条阵列，这就突破了 193nm 浸没式光刻分辨率的极限[3]。

虽然常规的 BCP 自组装可以实现超高密度的图案，但该图案随机性强、不可控（典型如指纹状），无法直接应用于半导体工艺，因此自组装的定向技术应运而生。通过对衬底的预图形化，可以引导 BCP 在自主装过程中形成取向一致的图形阵列。定向的方法主要有几何限制定向法（Grapho-Epitaxy）和化学选择定向法（Chemo-Epitaxy）两种[3]。前者通过光刻在衬底上形成一定取向、一定宽度的沟槽，使沟槽内的 BCP 在空间限制的作用下，按照沟槽的取向进行自组装，如图 10-50（a）所示；后者通过光刻在对 BCP 选择性化学吸附的材料上定义出具有一定取向的自组装区域，从而实现对 BCP 自组装的定向，如图 10-50（b）所示。

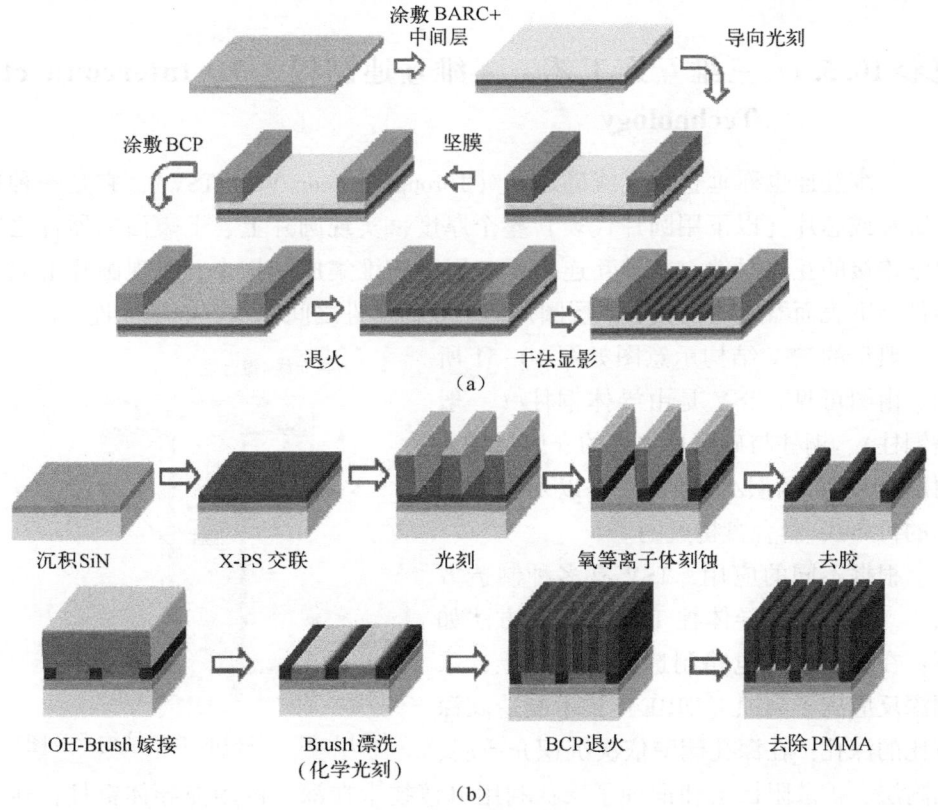

图 10-50　DSA 技术的定向方法

参考文献

[1] S. B. Darling. Directing the self-assembly of block copolymers [J]. Progress in Polymer Science, 2007, 32 (10): 1152-1204.

[2] Sang Quk Kim, Harun H. Solak, Mark P. Stoykovich, et al. Epitaxial self-assembly of block copolymers on lithographically defined nanopatterned substrates [J]. Nature, 2003, 424 (6947): 411-414.

[3] Roel Gronheid, Paulina Rincon Delgadillo, Arjun Singh, et al. Readying Directed Self-Assembly for Patterning in Semi-Conductor Manufacturing [J]. Journal of Photopolymer Science and Technology, 2013, 26 (6): 779-791.

撰稿人：北京大学　蔡一茂　杨远程
审稿人：北京大学　张兴

10.5 新型集成与互连

10.5.1 三维互连工艺，三维互连制程，3D Interconnect Technology

三维互连也称垂直互连或硅通孔（Through Silicon Via，TSV），它是一种贯穿圆片或芯片（以下用圆片代表）整个厚度，实现圆片上、下表面的器件之间电学连接的互连器件。三维互连主要应用于三维集成结构中，实现圆片上表面器件与下表面器件或与相邻下层圆片的上表面器件之间的垂直电学互连。

典型的 TSV 结构示意图如图 10-51 所示。由图可见，TSV 是由导体铜柱（一般是铜柱）、铜柱与硅圆片之间的介质层和黏附层/扩散阻挡层/铜种子层，以及铜柱两端的再布线/键合盘构成的。

根据不同的应用，TSV 有多种制造方法[1]。典型的铜导体柱 TSV 的制造方法如下：在完成集成电路制造后的圆片上，采用深反应离子刻蚀（DRIE）技术制造高深宽比的深孔；在深孔侧壁依次沉积介质层、

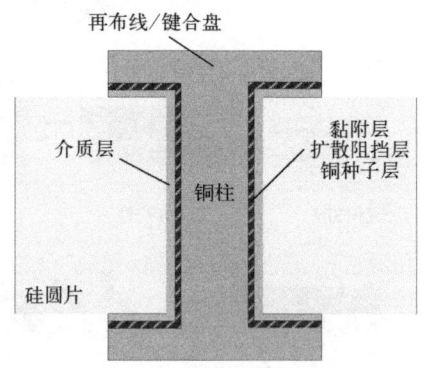

图 10-51 典型的 TSV 结构示意图

黏附层、扩散阻挡层和铜种子层；利用电镀技术在深孔内填充导体铜柱；通过化学机械抛光平整化去除表面的过电镀铜层和铜种子层等，将圆片正面与一个辅助圆片进行临时键合；从圆片背面减薄，使铜柱底部露出，再利用干法刻蚀对圆片背面进行回刻，使铜柱末端凸出于圆片背面；在回刻后的背面沉积介质层，并通过化学机械抛光去除铜柱顶端覆盖的介质层，使其曝露出来，完成 TSV 的整个制造过程。

在芯片的最小厚度受到机械强度、可制造性和散热等因素的限制下，为了减小 TSV 占用的芯片面积，需要 TSV 具有较高的深宽比。一般 TSV 的深宽比大于 5:1 甚至超过 10:1。制造高深宽比 TSV 的主要难点是，在高深宽比深孔内部沉积厚度均匀的介质层、黏附层、扩散阻挡层和铜种子层。介质层一般为 SiO_2，通常采用等离子体增强化学气相沉积（PECVD）或常压化学气相沉积（APCVD）制造，APCVD 具有更好的共形沉积能力，能够在 10:1 的深孔内壁沉积厚度均匀的 SiO_2 介质层。黏附层、扩散阻挡层和铜种子层的材料通常借用平面铜互连的材料体系，如 Ti/TiW/Cu 等。在量产应用中，考虑到生产效率，在

高深宽比深孔内壁沉积上述薄层金属的常用方法是离子化物理气相沉积技术，这种技术能够在10:1的深孔侧壁沉积连续、均匀的金属层。铜柱填充采用铜电镀技术。为了避免在高深宽比深孔内部电镀时容易出现的封口效应而导致铜柱内部形成残留的镀液或空洞等缺陷，电镀液中需要添加较为复杂的添加剂，包括加速剂、抑制剂和平整剂。这些添加剂能够在提高深孔底部电镀速度的同时，抑制深孔开口位置和圆片表面的铜电镀速度。另外，电镀时采用脉冲反向电镀波形，通过反向脉冲周期的电化学反应，可消除正向电镀周期内开口位置电镀沉积的铜，并提高深孔内质量输运反应物离子的均匀性。

为了改善铜柱热膨胀应力、制造难度和成本以及高频性能等方面的问题，TSV的导体柱和介质层可以采用不同的材料或结构。例如，在某些应用中，可以采用重掺杂的多晶硅或单晶硅、中空或填充高分子材料的铜环、金属钨或镍作为导体柱[2]，甚至以碳纳米管作为导体材料[3]，而介质层可以采用不同的高分子材料[4,5]甚至空气间隙[6]代替常规的SiO_2。

参考文献

[1] Manabu Bonkohara, Kenji Takahashi, Masakazu Ishino. Trends and opportunities of system-in-a-package and three-dimensional integration [J]. Electronics and Communications in Japan, Part II, 2005, 88 (10): 37-49.

[2] Zheyao Wang. 3-D integration and through-silicon vias in MEMS and microsensors [J]. Journal of Microelectromechanical Systems, 2015, 25 (5): 1211-1244.

[3] Teng Wang, Kejll Jeppson, Lilei Ye, et al. Carbon-nanotube through-silicon via interconnects for three-dimensional integration [J]. Small, 2011, 7 (16): 2313-2317.

[4] Qianwen Chen, Cui Huang, Zhimin Tan, et al. Low capacitance through-silicon-vias with uniform benzocyclobutene insulation layers [J]. IEEE Transaction on Components, Packaging and Manufacturing Technology, 2013, 3 (5): 724-731.

[5] Deniz Sabuncuoglu Tezcan, Nga P. Pham, Bivragh Majeed, et al. Use of polymer liners for 3D-WLP TSVs: process, reliability and cost [J]. ECS Transactions, 2010, 33 (12): 41-54.

[6] Qianwen Chen, Cui Huang, Dong Wu, et al. Ultralow-capacitance through-silicon-vias with annular air-gap insulation Layers [J]. IEEE Transaction on Electron Devices, 2013, 60 (4): 1421-1426.

撰稿人：清华大学　王喆垚
审稿人：北京大学　张兴　蔡一茂

▷▷▷ 10.5.2 基于 TSV 的三维集成电路，基於 TSV 的三維積體電路，TSV-Based 3D IC

三维集成是指将多层集成电路在垂直方向上堆叠集成为一体使其如同单一器件，并利用垂直互连（也称三维互连或硅通孔）实现相邻两层之间的电信号连接，从而利用第 3 个维度的集成提高系统的性能，降低功耗，减小面积并实现异质集成[1-3]，如图 10-52 所示。三维集成的研究工作始于 20 世纪 80 年代末期，日本东北大学、德国 Fraunhofer IZM 研究所、比利时微电子研究中心（IMEC）、美国伦斯勒理工学院和 IBM 等，先后投入力量对不同的三维集成制造方案进行研究，并在 21 世纪初吸引了广泛的关注。在学术界和工业界的共同努力下，三维集成技术得到了快速发展，并在多种工业产品中得到广泛应用。

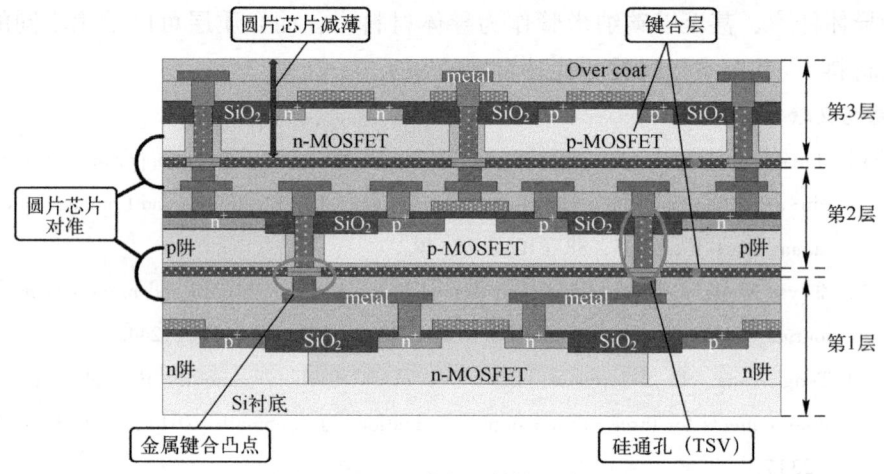

图 10-52 三维集成结构示意图

以 TSV 为基础的的三维集成需要 TSV 制造、圆片减薄和圆片键合等额外的制造技术。典型的三维集成制造过程如下所述。

（1）从圆片正面向圆片内刻蚀高深宽比的深孔。

（2）在深孔内壁沉积绝缘介质层、黏附层、扩散阻挡层和铜种子层。

（3）在深孔内电镀填充金属铜，形成导体柱。

（4）在圆片正面制造再布线和金属键合凸点，并在圆片正面临时键合辅助圆片。

（5）利用机械研磨和化学机械抛光等减薄圆片背面，使导体柱曝露出来。

（6）在圆片背面制造介质层、平面互连和金属键合凸点。

（7）将圆片与另一个圆片进行对准与永久键合，然后去除辅助片，实现双层圆片的三维集成。

第10章 集成电路基础研究与前沿技术发展

需要说明的是,不同的实现方案可能采用不同的工艺顺序,这会导致三维集成的主要制造过程有一定的变化。

根据 TSV 制造顺序所对应的集成电路前道工序(FEOL)和后道工序(BEOL)的不同,可以将三维集成的制造方法分为 Via First、Via Middle 和 Via Last 三种[4]。Via First 方案是在制造晶体管前首先制造 TSV;Via Middle 方案是在晶体管制造完成后制造 TSV,然后制造平面金属互连;Via Last 方案是在晶体管和平面互连全部完成后再制造 TSV。这三种技术方案有各自的优缺点和不同的适用范围。例如,Via Middle 技术可以实现更小直径的 TSV,但是只适合独立的制造商或代工厂采用;而 Via Last 方案可以被封装厂采用,但是制造的 TSV 直径较大。

三维集成的主要优点包括如下 5 个方面。

(1)降低互连总长度:三维集成可以缩短总互连长度,从而提高性能,减少中继器,降低功耗。

(2)提高数据传输带宽:采用高密度 TSV 可以提高数据传输带宽。例如,三星公司的 4GB DRAM 芯片 HBM2,采用 4 层 8Gb 存储器芯片和 1 层缓存芯片,每层存储器芯片超过 5000 个 TSV,能够实现 256GB/s 的数据传输率,是 GDDR5 的 7 倍。

(3)减小芯片面积:高度方向的多层集成可以大幅度降低芯片面积。例如,AMD 公司的 HBM(High-Bandwith-Memory)在带宽提高 60%、功耗降低 50%的情况下,芯片占用的 PCB 面积比 GDDR5 减小 94%。

(4)提高集成度:三维集成不依赖于集成电路特征尺寸,可以适用于任何工艺节点,因此利用第 3 维可以线性提高集成度,从而在不继续减小特征尺寸的情况下,仍旧保持集成度继续增长。例如,三维集成使 NAND 闪存的容量得到提升,维持了摩尔定律的发展速度。

(5)实现异质芯片集成:三维集成的多层芯片可以是不同工艺甚至不同衬底的芯片,从而能够实现 RF、光电子、MEMS、传感器等与 CMOS 的三维集成[3]。

三维集成突出的优点使其具有十分广阔的应用前景。2008 年,东芝公司首先量产了基于 TSV 的 CMOS 图像传感器,随后三维集成的 MEMS 及传感器、存储器、FPGA、功率器件、射频与无线、逻辑与存储集成等产品相继投入量产[5]。随着产业链的持续发展,三维集成制造技术将进一步发展,成本也将逐渐降低,进而使其获得更加广泛的应用,促进多功能、高性能、小体积、低功耗的系统级集成芯片的发展[6]。

参考文献

[1] R. S. Patti. Three-dimensional integrated circuits and the future of system-on-chip designs [J]. Proceedings of the IEEE, 2006, 94 (6): 1214-1224.

[2] Tze-Chiang Chen. Where CMOS is going: trendy hype vs. real technology [J]. IEEE Solid-State Circuits Society Newsletter, 2006, 11 (3): 5-9.

[3] Jian-Qiang Lu. 3-D hyperintegration and packaging technologies for micro-nano systems [J]. Proceedings of the IEEE, 2009, 97 (1): 18-30.

[4] Yole Development. 3DIC & TSV Report Cost, Technologies & Markets [R], 2007.

[5] Beica R. The Growth of Advanced Packaging Technology Overview, Applications and Market Trends [C]. Semicon Taiwan 2015, September 2-5, 2015.

[6] Emma P G. Is 3D chip technology the next growth engine forperformance improvement? [J]. IBM Journal of Research and Development, 2008, 52 (6): 541-552.

撰稿人：清华大学　王喆垚
审稿人：北京大学　张兴　蔡一茂

10.5.3　片上光互连，單晶片光連接模組，On-Chip Optical Interconnect

片上光互连也称为片内光互连（Intrachip Optical Interconnect），是指利用包含光子产生、调制、传输和探测等模块的光子集成回路（Photonic IC）在大规模集成电路芯片上实现数据传输功能，其目标是突破目前基于铜线的电互连技术在互连容量（Interconnect Density）、互连功耗（Interconnect Energy）、时钟与信号同步（Clock and Signal Timing）、传输延时上的物理限制[1,2]。

光子与电子的物理本质决定了光子作为信息的载体具有比电子更多的优点，使得光互连在极短距离互连中表现出了巨大的潜力。首先，由于光波是一种频率更高的电磁波，在进行数十GHz的高速调制时，与调制速率相关的串扰和反射几乎可以不用考虑，因此相比铜线可支持更高的传输速率；其次，由于光波的并行特性，在同一条光传输链路中可以同时支持多个信道的数据传输，从而有望提高互连容量，并且降低互连功耗；再则，光传输链路中没有类似RC弛豫过程的限制，光传输链路相比铜线传输链路可以大幅降低传输延时[1-3]。国际半导体技术路线图（International Technology Roadmap for Semiconductors, ITRS）预测，光互连有望取代铜线互连实现多核处理器内部的全局互连（Global Interconnection）。

采用硅基光电子器件实现片上光互连的研究始于20世纪80年代R. A. Soref等人的开创性工作[4]。此后，在同一芯片上实现光子器件与电子器件的集成成为重要的发展目标。整个研究工作经历了原理验证（Proofs of Princple）、分立器件（Discrete Devices）、混合集成（Hybrid Integration）3个阶段，目前正在朝单片集成（Monolithic Integration）和高度集成的光电回路（Heavily Integrated Electronic/Photonic Circuit）的方向发展[5]。

自2008年以来，芯片上光互连技术的研究已成为国际各大研究机构关注的热点，包括Intel、IBM、NEC、HP等在内的知名微电子公司，均开展了大量硅基芯片光互连相关的技术研究[4]。2015年，IBM公司与美国加州大学伯克利分校和麻省理工学院合作研制了一个采用光互连的处理器芯片[6]，在一片3mm×6mm的硅片上，采用45nm的标准CMOS工艺，制备了7千万个晶体管和850个光子器件，在单一晶片上同时实现了逻辑运算、存储和光互连功能。

参考文献

［1］David A. B. Miller. Device requirements for optical interconnects to silicon chips［J］. Proceedings of the IEEE, 2009, 97（7）：1166-1185.

［2］Keishi Ohashi, Kenichi Nishi, Takanori Shimizu, et al. On-chip optical Interconnect［J］. Proceedings of the IEEE, 2009, 97（7）：1186-1198.

［3］Bahram Jalali, Sasan Fathpour. Silicon photonics［J］. Journal of Lightwave Technology, 2006, 24（12）：4600-4615.

［4］R. Soref, B. Bennett. Electrooptical effects in silicon［J］. IEEE Journal of Quantum Electronics, 1987, 23：123-129.

［5］Nicola Daldosso, Lorenzo Pavesi. Nanosilicon photonics［J］. Laser & Photonics Reviews, 2009, 3（6）：508-534.

［6］Chen Sun, Mark T. Wade, Yunsup Lee, et al. Single-chip microprocessor that communicates directly using light［J］. Nature, 2015, 528（7583）：534-538.

撰稿人：清华大学　冯雪
审稿人：北京大学　张兴　蔡一茂

10.6　纳米级器件模型与模拟

10.6.1　半导体技术计算机辅助设计，半導體技術計算機輔助設計，Technology Computer Aided Design

半导体技术计算机辅助设计（Technology Computer Aided Design, TCAD）主要是指半导体工艺模拟及器件模拟，它是EDA（Electronic Design Automation）的

一个分支。TCAD从功能角度可以分为三个层次：最底层是工艺模拟，如离子注入、扩散等；中间层是器件模拟，根据基本物理特性得到器件的电学特性，如转移特性曲线等；最顶层是集约模型的建立，是指从器件仿真结果提取集约模型参数，并将其应用于后续的电路仿真。知名的商用TCAD工具主要有Synopsys公司的Sentaurus工具，Silvaco公司的Athena和Atlas工具，Crosslight Software公司的Csuprem和APSYS工具等。

TCAD最早起源于20世纪60年代后期及70年代，主要用于对双极晶体管的分析。到了80年代中期，场效应晶体管凭借其优异的可缩小性和更低的功耗，逐渐成为数字集成电路的主流，也正是在这个时期，TCAD得到了极大的发展。一维的工艺模拟和二维的器件模拟成为器件缩小和设计必不可少的辅助工作。到了CMOS盛行的时期，二维的工艺模拟与器件模拟紧密结合，TCAD再一次完成了革命性的发展，为当今各种TCAD工具奠定了基础。

目前，在工艺仿真层级上，主流的商业软件可以完成多种标准工艺的模拟，如离子注入、扩散、氧化、刻蚀、沉积、光刻、CMP、SOI等相关工艺甚至互连。在器件仿真方面，随着对多栅器件的引入，三维模拟成为主流。利用TCAD生成的三维器件结构及其网格布图如图10-53所示。

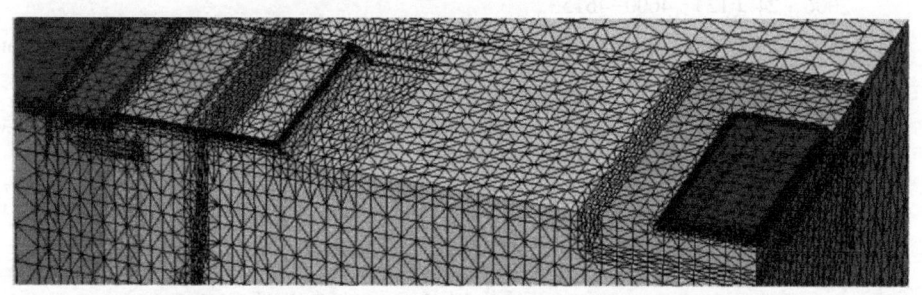

图10-53　利用TCAD生成的三维器件结构及其网格分布图

对于器件级仿真，用户既可以自定义器件结构直接进行电学仿真，也可以在工艺仿真的基础上进行器件仿真。随着器件特征尺寸的不断缩小，量子效应变得越来越严重，这一点在器件仿真中也有很明确的体现。从最初采用的经典漂移扩散模型，考虑量子修正模型，到开发半经典的蒙特卡罗引擎，开发泊松薛定谔引擎等，模拟结果越来越精准，也越来越耗时。

在集约模型的建立上，可以利用器件级仿真的结果对集约模型进行参数提取，如广泛使用的BSIM模型，最终完成SPICE仿真。当然，用户也可以选择使用混合模式直接从器件级搭建一个小规模电路，如SRAM，完成电路仿真。

撰稿人：格芯公司　王一娇

审稿人：北京大学　刘晓彦　杜刚

▷▷▷ 10.6.2 蒙特卡洛器件模拟，蒙特卡洛器件模擬，Monte Carlo Simulation for Device

在物理上，一切宏观的可观测量都可以认为是对应微观量的统计平均值。对于一个由全同粒子组成的体系，系综（Ensemble）的状态可以用单粒子态分布函数来描述。玻尔兹曼（Boltzmann）输运方程就是用于描述分布函数在外界作用场（如电场、磁场和温度场等）下如何随时间变化的动力学方程，它是非平衡统计力学中最重要的方程之一。对于准经典输运，要得到半导体材料中载流子的输运特性，通过求解玻尔兹曼方程，获得载流子的分布函数是一个重要的途径。玻尔兹曼方程是一个复杂的积分-微分方程，很难直接求解，实际上波尔兹曼方程解的存在性和唯一性问题目前仍没有得到很好的解决。

蒙特卡洛器件模拟方法[1-3]是一种采用概率统计的方法进行数值积分，进而直接求解玻尔兹曼方程的统计方法。蒙特卡洛方法跟踪任意时刻粒子在实空间和 k 空间中的运动情况，并将粒子的运动过程分为自由飞行和散射两个过程。在蒙特卡洛方法中，载流子的运动过程被分解为一系列的自由飞行和散射过程，并不断重复，直到载流子运动的时间足够长，使得整个系统的状态达到收敛；然后，对各相空间内的载流子数目和状态进行统计，即可得到最终的分布函数。蒙特卡洛方法的本质是借助随机数处理随机过程，其理论依据是与散射相联系的过程可用随机数来表示。在半导体的散射过程中，通常存在电离杂质散射、晶格散射等机制，这些散射与电子能量和波矢的相关关系严重加剧了蒙特卡洛处理的复杂性。

蒙特卡洛器件模拟方法是模拟存在非稳态输运特性的纳米尺度半导体器件的有效方法，而经量子修正后的蒙特卡洛器件模拟方法则可以用于模拟和量子隧道输运相联系的器件特性。蒙特卡洛器件模拟方法在计算载流子输运方面具有可靠、直观等特点，因此在纳米尺度半导体器件的模拟中得到了广泛应用，已逐渐成为研究纳米尺度半导体器件的标准方法之一[4]。

蒙特卡洛方法的优点是可以直接求解玻尔兹曼输运方程，不基于任何假设，能够准确描述小尺寸及纳米尺度器件中的输运现象，方便考虑各种散射机制的影响；其缺点是计算量较大，而且由于它是一种基于随机过程的统计方法，因此本征噪声较大，不易给出器件的亚阈值特性。

参考文献

[1] Carlo Jacoboni, Lino Reggiani. The Monte Carlo method for the solution of charge transport in semiconductors with applications to covalent materials [J]. Reviews of Modern Physics, 1983, 55 (3): 645-705.

[2] Karl Hess. Monte Carlo Device Simulation: Full Band and Beyond [M]. Kluwer Academic Publishers, 1991.
[3] Carlo Jacoboni, Paolo Lugli. The Monte Carlo Method for Semiconductor Device Simulation [M]. New York: Springer-Verlag Wien, 1989.
[4] 叶良修. 小尺寸半导体器件的蒙特卡罗模拟 [M]. 北京: 科学出版社, 1997.

撰稿人: 中国信息通信研究院　王骏成
审稿人: 北京大学　　　　　　张兴　蔡一茂

▷▷▷ 10.6.3　准弹道输运，準彈道輸運，Quasi-ballistic Transport

随着集成电路技术的持续发展，单个芯片上集成的晶体管数量可以达到十亿量级，研究工作也已触及了器件亚5nm的沟长物理极限。在如此小尺寸的器件中，载流子输运的本质开始改变，已由原来的漂移扩散转变为准弹道输运。

在半导体器件中，载流子具有自由飞行和随机散射两种运动模式。如果平均自由程远小于实际器件的尺寸，此时载流子的输运主要由频繁的随机散射支配，可看作漂移扩散。当平均自由程可以与器件尺寸相比拟时，载流子的输运主要由自由飞行支配，此时的载流子实际上实现了准弹道输运[1]。

在长沟器件中，载流子在渡越沟道的过程中将受到频繁的散射，此时基于散射平衡的漂移扩散模型（DD）或流体动力学模型（HD）可以很好地描述实际器件中的载流子输运。而在纳米尺度下的半导体器件中，载流子输运的本质开始改变，载流子在渡越沟道时只有较少的散射，基于散射平衡的DD模型或HD模型无法描述实际器件中的载流子输运，此时载流子在沟道内的输运已属于准弹道输运。如果器件尺寸进一步缩小，使得载流子渡越沟道的时间远小于散射时间，载流子在经过沟道时将不存在任何散射，此时的器件将实现弹道输运[1]。实现器件真正的弹道输运将成为器件设计的共同目标。但是，由于实际器件总是或多或少地存在随机散射，所以研究器件的准弹道输运特性具有更加重要的意义。

国际上已经对纳米尺度半导体器件的准弹道输运特性开展了一系列的研究。早期的研究工作主要集中在对纳米尺度半导体器件弹道输运的建模上。1994年，Natori曾对弹道输运晶体管进行了详细的分析，并给出了电流-电压关系。但是，这种方法虽然考虑了量子输运，可以用于分析器件的弹道输运特性，却无法研究器件的准弹道输运特性[2]。2003年，Lunstrom给出了基于流处理方法的准弹道输运的电荷传输模型[3]，该模型形式上非常简单，也能较好地反映纳米尺度半导体器件的输运特性，但由于其存在较多的假设，无法对器件的准弹道输运特性进行更精确的分析。由于蒙特卡洛模拟方法本身就能模拟少量散射的载流子输运行为，当前国际上普遍使用蒙特卡洛模拟方法来分析器件的准弹道输运特性。非平衡格林函数等量子输运模型主要使用哈密顿量描述所模拟的器件结构，而载流子之间的相互作用、载流子与声子之间的相互作用则是通过微扰加入到器件的哈密顿量中的。量子输运模型对器件的描述是自底向上的，严格地处理了多体相互作用。通常，使用量子模型可以得到对器件的最严格的描述，但代价是计算量非常庞大。目前，一般采用量子输运模型的器件模拟器，基本上都忽略了载流子与声子之间的相互作用，只考虑弹道输运的情况。即使这样，也需要非常庞大的计算量，通常需要用超级计算机才能完成计算；如果加入声子散射，不光计算量会急剧增加，对计算的并行效率也会有较大影响[4]。半导体器件的载流子输运模型比较如图10-54所示。

类别	半导体器件载流子输运模型	特点
准经典方法	集约模型	适合电路设计
	漂移扩散模型	适合0.5μm以上的器件
	流体动力学模型	很好地处理速度过冲效应
	玻耳兹曼输运方程	经典理论下最准确
量子方法	量子流体动力学模型	保留所有经典流体动力学特征+量子修正
	量子蒙特卡洛方法	保留所有经典特征+量子修正
	量子动力学方程	准确的单粒子描述
	格林函数法	包含对空间和时间域的修正
	直接求解多体薛定谔方程	只能处理少量粒子体系

（近似 ↔ 简单快速；准确 ↔ 困难）

图10-54 半导体器件的载流子输运模型比较[5]

参考文献

[1] Lundstrom M. Fundamentals of Carrier Transport [M]. 2nd ed., Cambridge: Cambridge University Press, 1990.

[2] Kenji Natori. Ballistic metal-oxide-semiconductor field effect transistor [J]. Journal of Applied Physics, 1994, 76 (8): 4879-4890.

[3] Lundstrom M. Device physics at the scaling limit: what matters? [MOSFETs] [C] // Electron Devices Meeting, 2003. IEDM '03 Technical Digest. IEEE International. IEEE, 2004: 33.1.1-33.1.4.

[4] Mathieu Luisier, Andreas Schenk, Wolfgang Fichtner, et al. Atomistic simulation of nanowires in the $sp^3 d^5 s^*$ tight-binding formalism: From boundary conditions to strain

calculations [J]. Physical Review B, 2006, 74: 205323.

[5] Dragica Vasileska, Stephen M. Goodnick, Gerhard Klimeck. Computational Electronics [M]. Boca Raton: CRC Press, 2010.

撰稿人：中国信息通信研究院　王骏成
审稿人：北京大学　　　　　　刘晓彦　杜刚

▷▷▷ 10.6.4　非平衡格林函数，非平衡格林函数，Non-equilibrium Green's Function (NEGF)

传统的半导体材料和器件的模拟方法，如扩散漂移方程、蒙特卡洛模拟等，都可以称为半经典方法。这是因为在这些方法中，混杂了量子理论和经典理论的一些概念。在半经典方法中，载流子仍然被理解为一个一个的实体粒子，半导体晶格周期性势场对载流子的影响，在蒙特卡洛方法中被处理为载流子的能带结构（色散关系）和散射概率，在扩散漂移方程中被处理为载流子的迁移率。因为保留了载流子的粒子性概念，忽视了载流子的波动性概念，所以半经典方法无法处理量子隧道效应这种纯粹由于粒子波动性导致的物理现象。随着器件尺寸的不断缩小，量子效应对器件工作的影响变得越来越重要。使用传统的半经典方法不能很好地描述量子效应对器件性能的影响，因此对纳米尺寸的半导体器件采用非平衡格林函数方法进行模拟是十分必要的[1]。

非平衡格林函数是一种完全基于量子力学的、可以处理载流子输运问题的方法。与载流子的分布函数相比，载流子的格林函数包含了更多的信息。因此，得到了载流子的格林函数，就可以得到整个器件的各种信息。非平衡格林函数的出发点是载流子的哈密顿量，将外界强迫场（如电场、磁场、温度分布等）对载流子的作用处理成微扰，计算出在微扰作用下载流子的格林函数，实现对整个器件性能的计算。具体到器件模拟上，一般情况下，将整个体系分成三部分，即有限长器件区域、左半无穷长接触和右半无穷长接触。在进行计算时，仅处理中间的有限长器件区域，而将左半无穷长接触和右半无穷长接触当作微扰来处理，或者说是将左、右半无穷长接触写成体系的自能。如何写出左、右半无穷长接触的自能，是非平衡格林函数计算的关键。同时，除将左、右半无穷长接触写为自能外，对声子散射的处理也是通过自能的方式进行的。将载流子的哈密顿量与微扰自能（包括声子散射、左/右电极、栅电极等）结合起来，并进行自洽运算，即可得到载流子的格林函数，从而得到器件的性能[2]。

使用非平衡格林函数对半导体器件的性能进行模拟，可以天然地将量子隧道效应、非输运方向的尺寸限制效应等包含在内，并且依然可以将声子散射包含在内，因此与半经典的模拟方法相比，它具有无可比拟的优势。但是，非平衡格林函数的计算量非常大，在通常情况下，仅进行弹道输运的计算，就需要很大的计算量；如果在计算中包含了声子散射，需要的计算量将进一步提升。幸运的是，对非平衡格林函数的计算程序进行并行化处理较为简单，通常可以获得极高的并行效率。同时，也有一些非平衡格林函数的快速计算方法被使用，如普渡大学提出的 mode space 方法、Recursive Green's Function (RGF) 方法和北京大学与普渡大学联合提出的 Low Rank Approximation (LRA) 方法等。

参考文献

[1] Dragica Vasileska, Stephen M. Goodnick, Gerhard Klimeck. Computational electronics [M]. Boca Raton：CRC Press, 2010.

[2] Supriyo Datta. Quantum transport：atom to transistor [M]. Cambridge：Cambridge University Press, 2005.

撰稿人：北京航空航天大学　　曾琅
审稿人：北京大学　　　　　　刘晓彦　杜刚

▷▷▷ 10.6.5　分子动力学模拟，分子動力學模擬，Molecular‑Dynamics Simulation

分子动力学是一种可以在原子或分子层面研究体系动力学过程的计算机模拟方法，它通过求解由原子核和电子等构成的多体系统模拟原子核的运动过程。根据 Born‑Oppenheimer 近似[1,2]，原子核的运动和高速的电子运动可以分开考虑，在忽略原子核运动的量子效应下，可以用经典力学的理论描述原子核的运动。Wainwright 和 Alder 于 1957 年首次在硬球模型下借助分子动力学方法求解了气体和液体的状态方程[3]，开创性地通过分子的微观运动来研究体系的宏观性质。解析理论虽然可以部分地解释实验，但由于采用了很多近似，往往会忽略一些细节；而通过分子动力学模拟的方法可以观察到体系的原子运动的微观细节，进而得到更详细的体系信息，有效弥补实验的不足。随着计算机软硬件技术的快速发展，分子动力学的计算速度不断提高，越发显示出其成本低、计算速度快、适用范围广、准确度较高和可观察微观细节等优点，目前该技术已经广泛用于物理、电子、材料、化学、化工和生命科学等领域。分子动力学的模拟过程需选择势函数、边界条件和系综描述等[4]。在分子动力学模拟中，确定原子间的势函数十分重要，这是因为原子间的势函数有多种形式，因此应根据不同的研究对象采用相应的势参数。势参数一般可以通过实验拟合、量子力学计算和蒙特卡罗法等方法来确定。分子动力学模拟的是有限粒子数的系统，但仍可以利用统计物理的规律来描述系统的性质。

分子动力学方法可计算原子在外场作用下的动力学过程，可应用于与纳米器件相关的微观问题研究，如材料生长、材料预测、离子注入和器件的微观机理等。例如，Onofrio 等人利用分子动力学方法对阻变材料在电场下的原子运动进行了模拟，指出阻变状态改变所需的时间从数百飞秒到数纳秒[5]；Merchant 等人利用分子动力学方法，结合实验对石墨烯纳米孔在脱氧核糖核酸（DNA）测序方面进行了研究[6]。阻变存储器导电细丝形成和断开的分子动力学过程如图 10-55 所示。

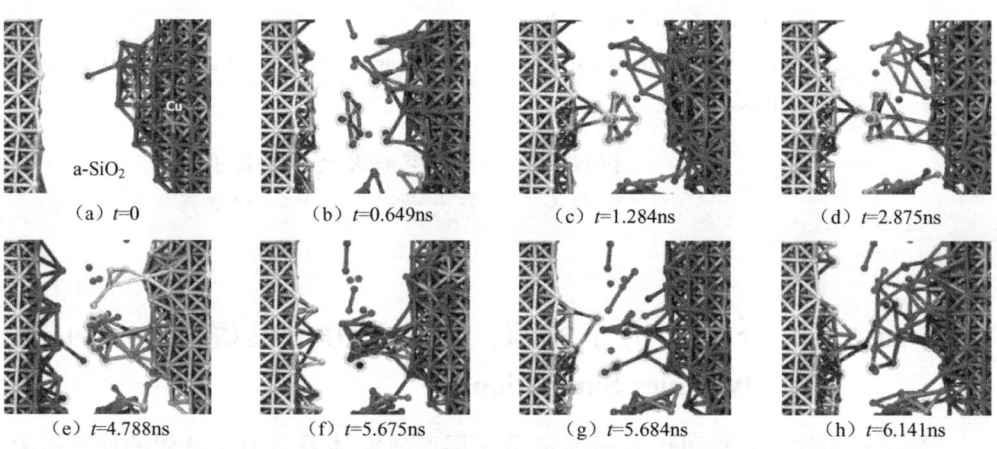

图 10-55　阻变存储器导电细丝形成和断开的分子动力学过程[5]

参考文献

[1] Max Born, Kun Huang. Dynamical Theory of Crystal Lattices [M]. Oxford：Oxford University Press，1954.

[2] Robert N. Barnett, Uzi Landman. Born-oppenheimer molecular-dynamics simulations of finite systems：structure and dynamics of $(H_2O)_2$ [J]. Physical Review B，1993，48（4）：2081.

[3] B. J. Alder, T. E. Wainwright. Phase transition for a hardsphere system [J]. The Journal of Chemical Physics, 1957, 27：1208-1209.

[4] Daan Frenkel, Berend Smit. Understanding molecular simulation：from algorithms to applications [M]. San Diego：Academic Press，1996.

[5] Nicolas Onofrio, David Guzman, Alejandro Strachan. Atomic origin of ultrafast resistance switching in nanoscale electrometallization cells [J]. Nature materials. 2015, 14（4）：440-446.

[6] Christopher A. Merchant, Ken Healy, Meni Wanunu, et al. DNA translocation through graphene nanopores [J]. Nano letters. 2010, 10 (8): 2915-2921.

撰稿人：香港大学　刘飞
审稿人：北京大学　刘晓彦　杜刚

▷▷▷ 10.6.6　第一性原理，第一性原理，First Principles Method

随着集成电路中晶体管尺寸不断缩小并达到纳米尺度，电子器件的性能越来越受到各种量子效应和原子尺度材料性质的影响。基于第一性原理的材料和器件计算对于研究材料性质，理解器件工作的微观机制，以及改进器件性能，发挥着越来越重要的作用。第一性原理计算又称为"从头计算"，是指从量子力学出发，直接求解由原子核与电子组成的多粒子系统的薛定谔方程，不需要任何经验参数，仅从材料的原子种类和坐标出发，得到研究对象的电子结构，从而进一步研究系统的各种物理化学性质。理论上，任何材料的性质均可以通过第一性原理计算得到，然而实际的固体材料是由大量电子及原子核组成的多体系统。直接求解粒子数如此之多、具有大量自变量的薛定谔方程显然是不现实的，因此需要采取近似的方法来求解。第一性原理计算主要采用了3个基本近似简化来求解多粒子系统的薛定谔方程：非相对论近似、玻恩-奥本海默（Born-Oppenheimer）近似[1]和哈特里-福克（Hartree-Fock）近似[2,3]。根据相对论，高速运动的电子质量与电子的运动速度相关，而在非相对论近似下，电子的质量近似为静止质量。在无外场的情况下，固体材料的哈密顿量包括体系中电子和原子核的动能，以及各种粒子之间的相互作用能。原子核的质量远远大于电子的质量，因此原子核的运动速度远小于电子的运动速度，原子核只在其平衡位置附近振动。在玻恩-奥本海默近似下，原子核的运动可以与电子的运动分开考虑，在考虑电子运动时，原子核可以视为静止，此时电子相关的多粒子系统哈密顿量仅有3项，即电子的动能、电子间的相互作用势能和电子在原子核作用下的势能。尽管在玻恩-奥本海默近似下，多体系统的电子运动和原子核的运动可以分离开，但是由于体系中有电子之间的相互作用，电子的薛定谔方程仍然是一个多体方程。哈特里-福克近似将电子的多体薛定谔方程简化为单电子方程，从而大大简化了计算。哈特里-福克近似将电子间的作用平均化，每个电子都看作在其他所有电子和原子核的有效势场中运动，这样每个电子所处的状态就可以用单电子的波函数来描述。

参考文献

[1] Max Born, Kun Huang. Dynamical Theory of Crystal Lattices [M]. Oxford: Oxford University Press, 1954.

[2] Robert N. Barnett, Uzi Landman. Born-oppenheimer molecular-dynamics simulations of finite systems: structure and dynamics of $(H_2O)_2$ [J]. Physical Review B, 1993, 48 (4): 2081.

[3] B. J. Alder, T. E. Wainwright. Phase transition for a hardsphere system [J]. The Journal of Chemical Physics, 1957, 27: 1208-1209.

撰稿人：香港大学　刘飞
审稿人：北京大学　刘晓彦　杜刚

10.6.7 密度泛函理论，密度泛函理諭，Density Functional Theory（DFT）

密度泛函理论是一种研究多电子体系电子结构性质的量子力学方法，其基本思想是通过粒子数密度来表示体系的基态性质。密度泛函理论的核心是霍恩伯格-科恩（Hohenberg-Kohn）定理[1]，它是在托马斯-费米（Tomas-Fermi）模型的基础上提出来的，该定理包括如下两个定理。

【霍恩伯格-科恩第一定理】相互作用的多体系统的基态密度函数是决定该系统基态物理性质的基本变量，基态的波函数是基态密度的泛函，进而所有基态物理量均是基态密度的泛函。这也就是说，基态波函数与基态密度是等价的，含有关于该量子系统完全等价的信息。

【霍恩伯格-科恩第二定理】对于给定外势的系统，基态电子密度使得能量泛函取极小值。

霍恩伯格-科恩定理建立在严格的量子力学理论基础上，但并未给出详细的计算基态电子密度的方法。密度泛函理论可以用很多方法来实现，现在普遍应用的实现手段是科恩-沈吕九（Kohn-Sham）方法[2]。1965年，科恩（W. Kohn）和沈吕九提出了利用无相互作用的自由电子作为辅助手段，代替原来有相互作用的多体系统，即科恩-沈吕九方法。该方法的提出，使得密度泛函理论发展成为一种广泛应用的计算电子结构的方法。科恩-沈吕九方法避免了直接求解含有电子相互作用的薛定谔方程的困难，利用一种近似的方法将其转换为求解单电子的有效方程，将所有的多体之间的相互作用项放入交换关联密度泛函中。交换关联项在利用科恩-沈吕九方法计算多电子体系基态性质的过程中起着非常重要的作用，多体系统的基态密度和基态能量的计算在很大程度上取决于交换关联项的选择。交换关联泛函依赖于整个空间的电荷密度分布，直接求解特别困难，目前还没有准确的表达形式，近似方法主要包括局域密度近似[2]和广义梯度近似[3]。数值求解科恩-沈吕九方程需要将波函数或电荷密度进行离散化,将方程转化为矩阵形式。目前,常用的离散化方法是将波函数在基函数下展开,尽管理论证明需要采用无限个基函数,然而在实际运算中,只需要选取有限个基函数即可。因此,基函数的选择决定了计算的精度。

密度泛函理论被广泛应用于材料物理性质的计算,如力学、热学、电学和光学等性质[4],进而人们可以对材料在器件方面的应用进行有效的评估。Ashton等人利用密度泛函理论预测了826种稳定的二维层状材料结构[5],对于寻找适用于晶体管的沟道材料具有重要意义。将密度泛函理论和非平衡格林函数结合在一起的第一性原理量子输运方法可以从原子结构出发计算纳米器件的电子、声子输运,以及光子对电子输运的影响等[6],被广泛应用于研究分子器件、自旋器件、热传导器件和半导体器件等。

参考文献

[1] Daan Frenkel, Berend Smit. Understanding molecular simulations: from algorithms to applications [M]. San Diego: Academic Press, 1996.

[2] D. R. Hatree. The wave mechanics of an atom with a no-Coulomb central field [J]. Proceedings of the Cambridge Philosophical Society, 1928, 24: 89–110.

[3] J. C. Slater. The theory of complex spectra [J]. Physical Review, 1929, 34 (10): 1293.

[4] R. O. Jones. Density functional theory: Its origins, rise to prominence, and future [J]. Reviews of Modern Physics, 2015, 87 (3): 897–923.

[5] Michael Ashton, Joshua Paul, Susan B. Sinnott, et al. Topology-scaling identification of layered solids and stable exfoliated 2D materials [J]. Physical Review Letters, 2017, 118 (10): 106101.

[6] Jeremy Taylor, Hong Guo, Jian Wang. Ab initio modeling of quantum transport properties of molecular electronic devices [J]. Physical Review B, 2001, 63 (24): 245407.

撰稿人:香港大学　刘飞
审稿人:北京大学　刘晓彦　杜刚

▷▷▷ 10.6.8　原子级器件模拟,原子級器件模擬,Atomic Device Simulation

原子级器件模拟是从非平衡格林函数器件模拟方法发展起来的一种器件模拟方法。随着微电子器件尺寸的不断缩小,器件已经缩小到原子尺度,已经可以用数百甚至数十层原子描述器件结构,因此从原子尺度出发的器件模拟成为可能[1]。

在非平衡格林函数方法中，半导体晶格周期性势场对载流子的影响被处理为体系的哈密顿量。原子级器件模拟器是指利用原子轨道（如紧束缚近似）写出整个器件的哈密顿量，并完成后续的计算，得到器件的性能的半导体器件模拟器。对于硅材料来说，由于需要使用 10 个原子轨道才能很好地描述一个硅原子的哈密顿量（如果考虑自旋轨道耦合，则需要 20 个轨道），因此硅器件的原子级器件模拟器需要的计算量非常庞大。

由于原子级器件模拟器的计算量非常庞大，通常需要利用超级计算机的并行计算能力，在多个 CPU 核上进行并行计算，才能完成原子级器件模拟器的仿真。由于非平衡格林函数的性质，在不考虑电子与晶格间的散射作用的情况下，不同能量之间的电子是脱耦的，因此电子能量是一个天然的并行度。除了电子能量这一个并行度，还可以将整个器件分成多个子部件，每个部件分别计算，然后将计算结果整合起来，作为一个新的自由度。如果是计算整条 $I-U$ 曲线，还可以将栅电压、漏电压作为一个新的自由度。

Mathieu Luisier 开发的 OMEN，以及普渡大学后续开发的 NEMO5，是业界比较著名的原子级器件模拟器。

随着需要计算的原子数量的增加，原子级器件模拟器的计算量急剧增大。目前，原子器件模拟方法仅用于模拟极小尺寸的器件。

参考文献

[1] Dragica Vasileska, Stephen M. Goodnick. Computational Electronics [M]. Boca Raton: CRC Press, 2010.

撰稿人：北京航空航天大学　曾琅
审稿人：北京大学　　　　　刘晓彦　杜刚

10.7 柔性半导体器件

10.7.1 可延展无机半导体器件，可延展無機半導體器件，Flexable Inorganic Semiconductor Devices（FISD）

可延展无机半导体器件是指将电子器件和可延展连接部分通过特定工艺沉积或转移在柔性、可延展的衬底之上，使器件在弯曲和延展等作用下依旧保持很高的器件性能。

许多制备在聚合物柔性衬底上的系统的弯曲能力只能达到数厘米的弯曲曲

率，其应用受制于更小的弯曲曲率和应力作用。实现更具延展性的器件将会促进传感器、柔性显示、医疗电子等多方面快速发展，其中一种技术是将无机电子器件和可延展类弹簧连接线一起嵌入柔性衬底上[1]。

这种器件制备工艺的核心思想是，独立制备电子器件部分和可延展连接部分，然后通过倒装芯片焊接技术将二者相连，通常称之为 CINE（Combination of Interconnects and Electronics）技术。其具体操作步骤如下所述。

（1）利用常规微加工技术制备金属焊点和可延展连接线。

（2）利用可溶解的依附物质作为转移媒介，将接触焊点和可延展连线转移到柔性衬底上。

（3）通过倒装芯片技术在金属焊点上焊接功能性电子器件。

经过上述 3 个步骤，可以实现常见的可延展无机半导体器件。尽管目前这些具有可延展性能的柔性电子器件尚处于研究的起步阶段，但在弥补硅基集成电路芯片的短板和扩展集成电路及其系统的应用方面具有巨大的潜力，为电子信息系统向柔韧性、伸展性、抗振性与轻便性发展奠定了基础，同时降低了柔性电子信息系统的制造成本[2]。图 10-56 所示为罗格研究组提出的可延展器件图。

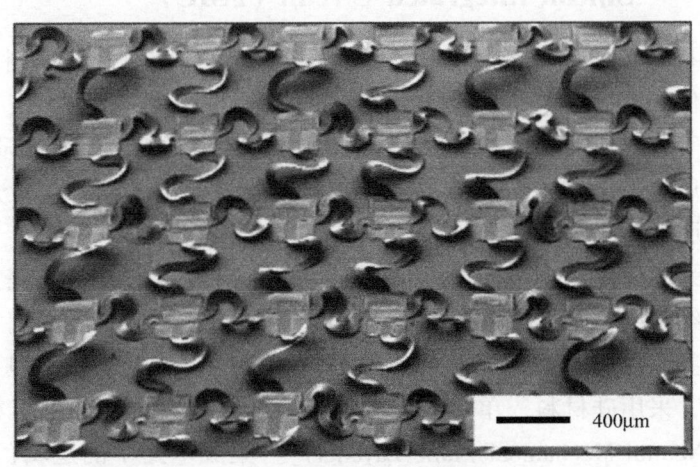

图 10-56 罗格研究组提出的可延展器件图[3]

可延展柔性电子器件具有广阔的应用前景，如在生物医药中，需要电子器件随着人体体位变化而变形，从而实现精确诊断和药物输送；除此之外，也可广泛应用于人工电子皮肤、随身携带、可穿戴电子器件等领域。利用该技术制备基于传感器的可穿戴电子器件，可用于连续、动态地监测人体各项生理数据。随着无机材料和有机材料的迅速发展，以及制备工艺的完善，可延展柔性电子器件将得到迅速的发展，相应的功能性器件应用也将深入人们生活的各个方面。

参考文献

[1] Yugang Sun, Jhon A. Rogers. Inorganic semiconductors for flexible electronics [J]. Advanced Materials, 2007, 19 (15): 1897-1916.

[2] Xiaolong Hu, Peter Krull, Bassel de Graff, et al. Stretchable inorganic-semiconductor electronic systems [J]. Advanced materials, 2011, 23 (26): 2933-2936.

[3] Dae-Hyeong Kim, Jizhou Song, Won Mook Choi, et al. Materials and noncoplanar mesh designs for integrated circuits with linear elastic responses to extreme mechanical deformations [J]. Proceedings of the National Academy of Sciences of the United States of America, 2008, 105 (48): 18675-18680.

撰稿人：南京大学　施毅
北京大学　刘力锋
审稿人：北京大学　张兴　蔡一茂

▷▷▷ 10.7.2　可折叠硅集成电路，可折疊矽積體電路，Foldable Silicon Integrated Circuit (FSIC)

可折叠硅集成电路是指具有可拉伸性、可折叠性的由硅材料制成的集成电路。此类器件在较大的力学形变情况下，如大幅度弯曲甚至折叠、横向拉伸、压缩、揉捏等，仍然能够很好地保持其电学性能并正常工作。其轻质、可折叠、可拉伸的性质将带来许多新的应用，由其直接集成的电子器件可应用在生物系统、医疗假肢和监测仪器等设备上。

长期以来，硅集成电路都是制作在刚性的不可弯折的硅硬衬底上的。近年来，随着以纳米级材料和结构为基础的柔性器件的发展，科学家们发现多数有机材料及某些无机电子材料在塑性或钢箔衬底上可以实现柔性，但无法拉伸或折叠。因此，采用硅材料、单晶硅阵列和柔性衬底，将多层中性机械平面布置（Multilayer Neutral Mechanical Plane Layouts）与集成电路中的逻辑门、振荡器、差分放大器等元器件相结合，研制出了高性能的单晶硅 CMOS 集成电路[1,2]。使用单晶硅的原因是它具有优良的电学性能，尤其是它还具有较高的载流子迁移率。研究人员将 PMMA 与聚酰亚胺（Polyimide，PI）衬底旋涂到硅片上，通过转移（Transfer Printing）、离子刻蚀反应（Reactive Ion Etching）等技术可得到超薄的 Si-CMOS/PI 集成电路，并展现出较好的折叠性和伸展性，为柔性医学仪器的设计提供了新思路，如图 10-57 所示。

纳米级柔性电子学致力于提高电子器件的堆积密度，但采用纳米级别晶体管的柔性集成电路仍然是一个挑战。研究人员在超薄硅片上进行了纳米级别电路的集成，其中环形振荡器在 0.9V 电压下延时仅有 16ps。通过剥落技术（Spalling Technology），研究人员将超薄硅片转移到柔性衬底上，提高了器件的机械柔性。该研究采用主流硅处理技术，可以制备出高复杂度、低成本的超薄柔性集成电路。

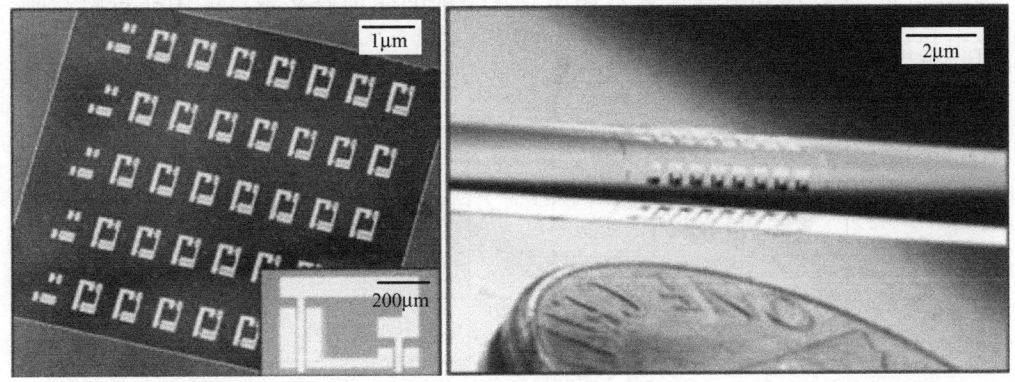

图 10-57 可折叠硅集成电路[2]

可折叠硅集成电路有望在更多领域实现应用，包括监测并保障人体健康的可穿戴式系统，含有集成的电子器件的"智能"外科手套，含有焦平面阵列的半球衬底电子眼型监测器等。

参考文献

[1] Davood Shahrjerdi, Stephen W. Bedell. Extremely flexible nanoscale ultrathin body silicon integrated circuits on plastic [J]. Nano Letters, 2012, 13 (1)：315-320.

[2] Dae-Hyeong Kim, Jong-Hyun Ahn, Won Mook Choi, et al. Stretchable and foldable silicon integrated circuits [J]. Science, 2008, 320 (5875)：507-511.

撰稿人：南京大学 施毅 李昀
审稿人：北京大学 张兴 蔡一茂

10.7.3 柔性薄膜晶体管，柔性薄膜電晶體，Flexible Thin Film Transistors（FTFT）

柔性薄膜晶体管是指将半导体材料通过薄膜制备工艺沉积在柔性衬底上而获得的一类 FET 器件。实现柔性功能的半导体材料包含无机半导体材料（石墨烯等）和有机半导体材料（如小分子、聚合物等）两大类。柔性薄膜晶体管具有可折叠、成本低等优点，可以满足无机场效应晶体管难以应用的一些领域的需求，如柔性显示、低成本射频标签、柔性传感器等[1]。

1962 年，P. K. Weimer 发明了首个无机半导体薄膜晶体管（TFT）。1990 年，研究人员实现了利用有机半导体材料作为有源层的 TFT；2004 年，在接近室温条件下，制备出了柔性衬底的 IGZO TFT。柔性薄膜晶体管的发展具有广阔的前景。

平面柔性薄膜晶体管结构如图 10-58 所示。柔性薄膜晶体管主要由衬底、栅绝缘层、半导体和电极 4 部分构成，其柔性的实现对各部分所用的材料与制备工艺都有特殊要求。

图 10-58 平面柔性薄膜晶体管结构

衬底材料影响 FTFT 的延展性和制备工艺。目前，通用的可延展衬底材料主要有聚对苯二甲酸乙二醇酯（Polyethylene Terephthalate，PET）、聚萘二甲酸乙二醇酯（Polyethylene Naphthalate，PEN）和聚酰亚胺（Polyimide，PI）等聚合物。其中，PET 由于具有成本低、透明度高等优点，得到了广泛应用和研究。栅绝缘材料要求具有较高的介电常数，能经受弯曲、拉伸等形变，并保持介电性能不变。由于要在绝缘层上沉积半导体材料，所以提前对其表面的加工、修饰将会改善半导体沉积膜的均匀性及载流子的传输速率。另外，使用合适的栅绝缘材料也可以有针对性地提升器件的性能。现有的柔性绝缘层材料主要有生物绝缘材料（如纤维素、肽聚糖）、聚合物绝缘材料（如 PVA、PMSQ、PVP、PI、PMMA 等）、无机物聚合材料（如 Al_2O_3、SiN_x、SiO_2 等）和有机/无机混合杂化绝缘材料等。用于 FTFT 的半导体材料，在保持较高载流子迁移率的基础上，具有稳定、可形变的特点。常见的材料是 p 型有机半导体小分子材料和聚合物，如并五苯，其余还包括酞菁类化合物及各种配位化合物、以寡聚噻吩为代表的寡聚材料等；而 n 型半导体材料在实际器件中应用较少，这是因为此类材料在空气中极不稳定，容易发生性质变化。性能较高的 n 型半导体有机材料有苯基双噻二唑衍生物和富勒烯（C_{60}），以及 C_{70}、四羧酸类材料等。除此之外，金属氧化物（如 IGZO、ZnO 等）半导体、石墨烯和碳纳米管也可以作为柔性器件的半导体材料。对于薄膜晶体管，各层材料的接触对器件影响很大，在电极与半导体的接触之间，为了增加载流子注入，需要选择特定的电极材料和修饰层，以更改金属的功函数，实现良好的能级匹配。电极材料一般用 Au 作为源漏电极，ITO 或 Al 作为栅电极，此外还有 PEDOT：PSS、石墨烯、SnO_2 和 ZnO 类透明电极材料。

柔性薄膜晶体管与传统半导体器件的最大区别在于其柔性和延展性，这就对材料的力学性能提出了更高的要求，也为未来柔性薄膜晶体管的发展指明了方向。研究的挑战主要包含如下 3 个方面。

（1）半导体材料方面：合成更加稳定的 n 型有机半导体材料，从而实现高性能互补逻辑电路。

（2）柔性衬底方面：加快耐腐蚀、耐高温、透明度高、成本低且柔韧性好的衬底材料的研究，以及低温柔性衬底加工技术的实现。

（3）在高介电常数的绝缘层材料寻找方面，要进一步兼顾可低温制备、低成本的要求，提高器件的性能。

图 10-59 所示为柔性薄膜晶体管阵列。

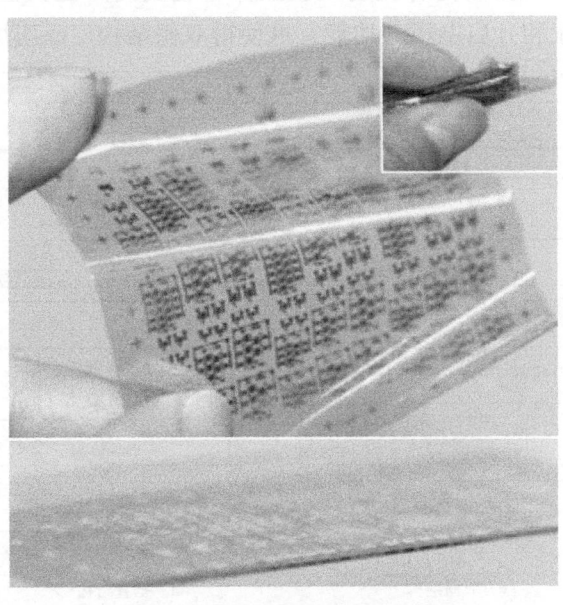

图 10-59　柔性薄膜晶体管阵列[2]

参考文献

[1] 董京, 柴玉华, 赵跃智, 等. 柔性有机场效应晶体管研究进展 [J]. 物理学报, 2013, 62 (4): 439-452.

[2] Tsuyoshi Sekitani, Ute Zschieschang, Hagen Klauk, et al. Flexible organic transistors and circuits with extreme bending stability [J]. Nature Materials, 2010, 9 (12): 1015-1022.

撰稿人：南京大学　施毅　姜赛
审稿人：北京大学　张兴　蔡一茂

▷▷▷ 10.7.4 有机场效应晶体管，有機場效應電晶體，Organic Field Effect Transistors（OFET）

有机场效应晶体管（OFET）是指将有机半导体作为有源层材料的场效应晶体管器件。OFET 的应用极为广泛，主要用于生产大面积柔性设备，同时在探测器、电池及储能设备等诸多领域也具有应用前景。

有机场效应晶体管的常见结构有 6 种，如图 10-60 所示[1]。底接触型结构与顶接触型结构的差异在于晶体管的半导体与源漏极相对位置的分布不同。由于有机半导体易受到空气和水汽的影响，在空气中长时间放置其性能会退化，而顶栅结构却能够有效地解决器件性能退化的问题。垂直型结构更加适合在高频下工作。目前，双栅结构有机场效应晶体管也受到广泛关注，该类器件的栅极有调节开态电流和开启电压的功能，这使得双栅结构广泛应用于反相器。

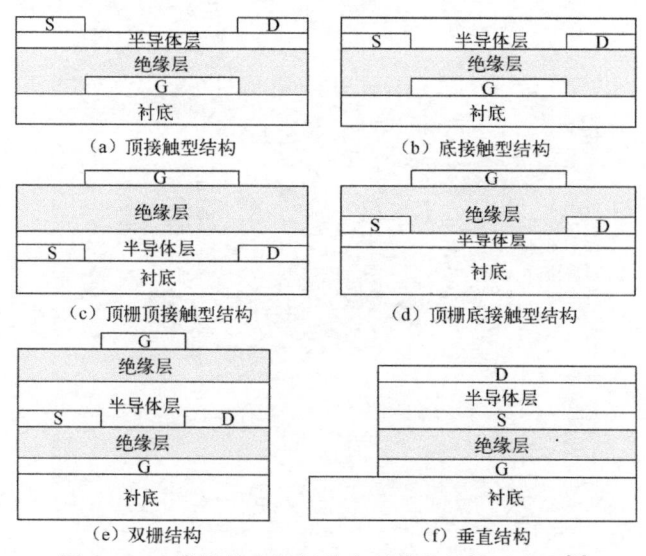

图 10-60　常见的有机场效应晶体管结构示意图[1]

上述6种OFET结构拥有相似的工作原理，均由栅极电压调制沟道载流子浓度，从而调制沟道电流。当施加电压于栅极上时，绝缘体与半导体之间便会有电流通过。当电荷载流子数量增大时，漏源极电流上升，最终使得场效应晶体管被"导通"。该类器件一般具有两种工作模式，即饱和工作区模式和线性工作区模式。

OFET的核心部分是它的半导体材料。根据不同的化学物理性质，可将有机半导体材料分成3类，即有机小分子化合物（如 C_8-BTBT、C_{60} 等）、低分子聚合物（如齐聚噻吩等）和高分子聚合物（如HT-聚三烷基噻吩[2]）。近年来，OFETs在柔性、大面积传感器中得到广泛应用，如最新的人造电子皮肤就是利用压力传感器实现的[3]。图10-61所示为有机场效应晶体管传感器阵列在手部电子皮肤中的应用。

OFETs的发展面临特殊的制备要求导致的制备成本较高、器件的寿命较短且种类非常有限等问题，需要进一步优化OFETs的结构以提高其性能。

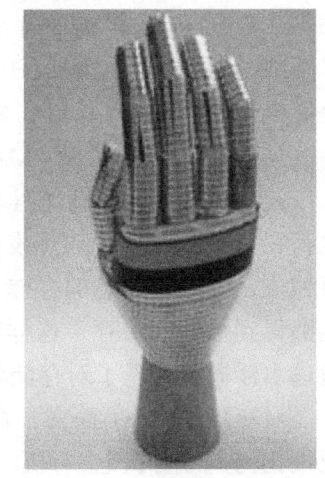

图10-61 应用于电子皮肤中的OFET传感器阵列[3]

参考文献

[1] 王宏，姬濯宇，刘明，等. 有机场效应晶体管及其集成电路研究进展[J]. 中国科学：技术科学, 2009, 39 (9): 1495-1505.

[2] 董京，柴玉华，赵跃智，等. 柔性有机场效应晶体管研究进展[J]. 物理学报, 2013, 62(4):439-452.

[3] Takao Someya, Bholanath Pal, Jia Huang, et al. Organic semiconductor devices with enhanced field and environmental responses for novel applications[J]. MRS Bulletin, 2008, 33(7): 690-696.

撰稿人：南京大学　施毅　陈筱萌
审稿人：北京大学　张兴　蔡一茂

▷▷▷ 10.7.5 柔性存储器，柔性記憶體，Flexible Memory (FM)

柔性存储器通常是指以有机薄膜晶体管（Organic Thin Film FET, OTFT）结构为基础的电学存储器件，它具有一定的柔性和延展性，其制备方法与传统工艺兼容，可实现非破坏性读取，且易与其他电子器件实现集成。柔性存储器有着很大的应用潜力。

根据晶体管栅电极的位置，可将晶体管分为顶栅器件和底栅器件[1]。通常，由于受加工工艺的限制，底栅器件的电学性能较好。根据源、漏金属电极设计的差异，底栅器件又被划分成底接触和顶接触两种结构；通常，具有顶接触的器件能够获得导电性较好的功能层，从而使得存储器呈现更优的工作性能。

柔性薄膜存储器常以改变存储的电荷或电阻两种方式来实现对信息的存储和擦除。改变存储电荷的原理是，在一定的栅极电压下，在柔性衬底上的栅介质中掺杂纳米晶之类的电荷捕获中心，完成电荷的捕获或释放；改变存储电阻的原理是使栅介质中的铁电材料（如P(VDF-TrFE)、MXD6、PZT、BST等）或驻极体材料（如PVA、PMS、RS、KDP、TGS等）发生极化，从而影响沟道的电阻状态。

浮栅型OTFT存储器具有两个栅电极，在控制栅与源极之间加上编程电压，电荷在量子隧道效应或热发射效应的作用下，注入浮栅，电荷被浮栅捕获，即可完成一个电荷状态的存储。由于介质层对浮栅的隔离作用，浮栅存储的电荷能够得到很好的保存，这样就实现了非易失性存储。而当所加电压反向时，电荷逃出浮栅，实现了对存储状态信息的擦除。

对变阻式OTFT而言，在一定的栅极电压下，介质中的有机铁电薄膜层中形成极化场，使得铁电-有机半导体界面处聚集极性相反的电荷，进一步在漏、源之间的形成导电沟道。此时，施加一定的漏极偏压将在沟道中形成电流（定义为状态"1"）。相反极性的栅极电压则不会形成沟道，而使器件处于关断状态（定义为"0"）。由于铁电材料本身存在矫顽场，即使栅极偏压恢复到零，器件的状态仍会保持不变，即实现了对二进制"0"或"1"两个基本单元的存储。

首个以聚合物为栅极绝缘层的OTFT存储器在2004年被披露制得[2]，该器件在栅电压为2.5V的条件下存储数据的保持时间超过3h。以驻极体聚合物PVA为栅介质的OTFT存储器也取得了重要的进展，其结构如图10-62所示。之后又成功制备出以双层聚合物驻极体，以及通过有机驻极体表面修饰过的SiO_2为栅绝缘层的OTFT存储器。

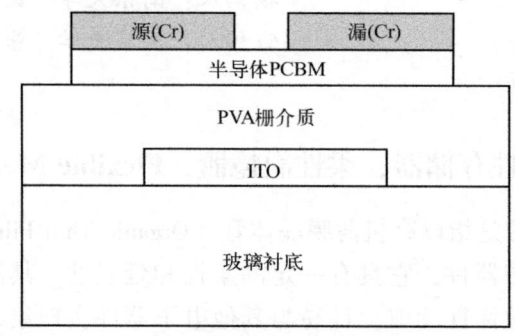

图 10-62　以 PVA 为栅介质的 OTFT 存储器结构[2]

OTFT存储器是柔性薄膜存储器件发展的热点方向,目前已实现的器件的性能已达到工作电压小于2V、存储器工作循环次数超过10^3、存储数据的保持时间可达数百小时的水平[3]。由于有机半导体的载流子迁移率较低,此类存储器中性能占优的还是以无机材料和有机材料混合的器件为主。该类器件在降低操作电压、加快开关速度、明确工作机理、提高可重复性循环工作次数方面还有大量的研究工作要做,有待进一步开发。

参考文献

[1] Qin Xia, Zhang Shi Ming, Li Bing, et al. p53-dependent upregulation of PIG 3 transcription by γ-ray irradiation and its interaction with KAP1 in responding to DNA damage[J]. Chinese Science Bulletin, 2011, 56(30):3162-3171.

[2] Th. B. Singh, N. Marjanovic, G. J. Matt, et al. Nonvolatile organic field-effect transistor memory element with a polymeric gate electret[J]. Applied Physics Letters, 2004, 85(22): 5409-5411.

[3] K. -J. Baeg, Y. -Y. Noh, J. Ghim, et al. Organic non-volatile memory based on pentacene field-effect transistors using a polymeric gate electret[J]. Advanced Materials, 2006, 18 (23):3179-3183.

撰稿人:南京大学　施毅　胡鹏辉
审稿人:北京大学　张兴　蔡一茂

▷▷▷ 10.7.6　柔性衬底技术,柔性襯底技術,Flexible Substrate Technology (FST)

柔性衬底技术(FST)是指以塑料、不锈钢等柔性材料作为衬底,在其上搭建电子器件的技术。例如,在有机电致发光器件、场效应管等器件中使用柔性衬底可以实现更多的功能,Burrows等人早在1997年就将它用在了柔性显示上[1]。因为具有质量小、便于携带、可弯曲等优点,柔性衬底有望实现许多新用途,是当前电子器件的一个研究热点[2]。

目前,柔性衬底材料主要有5种,即塑料、金属、玻璃、纸质和生物复合材料。

(1) 塑料衬底:主要有3类,即非结晶高玻璃化转变温度聚合物(如PCO、PNB)、非结晶聚合物(如PES、PC)和半结晶热塑性聚合物(如PET、PEEK)。因其具有透明、耐用性强、廉价等优点,具有巨大的应用潜力。

(2) 金属箔片衬底:金属材料透光性较差,受此限制,金属衬底一般只用于透光性要求不高的柔性发光显示[3]。在大型柔性器件中,该材料成本较高;而在小型器件中,则有望发挥巨大作用。不锈钢衬底的耐热性能极强,远高于其他柔性衬底，因而在高温条件下工作的柔性器件中有着广泛应用前景。

（3）超薄玻璃衬底：玻璃本身为硬质材料，但薄化处理过的超薄玻璃也可具备一定的柔性，因此可被用作柔性衬底材料。在目前的工艺水平下，超薄玻璃的厚度已经可以达到 50μm 以下，制作的器件表现出良好的可挠曲性，而且超薄玻璃具有高透过性、高表面光滑度、热稳定性、绝缘性等优点；其缺点是玻璃本身韧性较差，虽然薄化处理后具有柔性，但反复弯折后仍容易出现裂纹，而且在切割操作中边缘部位也容易出现裂痕缺陷。2002 年，Andreas Weber 等人实现了薄玻璃-聚合物衬底，其具有良好的物理、化学稳定性，并且实现了量产。

（4）纸质衬底：柔性纸质衬底具有质量小、可弯曲性高、可循环使用等优点，用它制备的电子器件在最近几年内引起广泛关注。塑料衬底也具有类似的性质，但相比之下，纸质衬底具有更低的热膨胀率。图 10-63 所示为三种纸质柔性衬底发光器件[4]。

（a）易贴纸衬底　　　　（b）杂志纸衬底　　　　（c）新闻纸衬底

图 10-63　三种纸质柔性衬底发光器件[4]

（5）生物复合薄膜衬底：由于具有良好的可弯曲性、较低的热膨胀系数和高透光率等优点，因此在有机光电子领域，生物复合薄膜衬底是当前的重点研究方向[5]。

与传统的非柔性衬底相比，这些柔性衬底可以提供相近的性能，并且以柔性来实现更多的应用。为了提高柔性器件的性价比，降低柔性衬底的制造成本是十分迫切的。柔性衬底技术是柔性电子器件的基础，是影响器件性能的决定性因素之一，因此在柔性电子器件的推广过程中，柔性衬底的研究起到了关键作用。

参考文献

[1] Gu G, Burrows P E, Venkatesh S, et al. Vacuum-deposited, nonpolymeric flexible organic light-emitting devices[J]. Optics Letters, 1997, 22(3): 172-174.

[2] 杨利营，印寿根，华玉林，等. 柔性显示器件的衬底材料及封装技术[J]. 功能材

料,2006,37(1):10-13.
[3] 郭磊. 电子器件散热及冷却的发展现状研究[J]. 低温与超导,2014,42(2):62-66.
[4] Jin-Young Kim, Shang Hyeun Park, Taewon Jeong, et al. Paper as a substrate for inorganic powder electroluminescence devices [J]. IEEE Transactions on Electron Devices, 2010, 57(6):1470-1474.
[5] 冯魏良,黄培. 柔性显示衬底的研究及进展[J]. 液晶与显示,2012,27(5):599-607.

撰稿人：南京大学　施毅　国玉
审稿人：北京大学　张兴　蔡一茂

10.7.7　柔性电子标签，柔性電子標籤，Flexible RFID

柔性电子标签是一种采用柔性材料制备的具有可弯曲、可拉伸特性的电子标签。电子标签可以理解成一种"应答器"。它具有体积小、质地薄、柔韧性强、使用寿命较长、与多种材料兼容等特点，在射频识别系统（RFID）中有着广泛的应用。射频识别系统包含两个谐振回路，通过它们之间的电磁耦合可以完成信息的交流与能量的传递：读写器内部的谐振回路在其周围激发出一个磁场，随着电子标签的逐渐靠近，电磁耦合作用使电子标签上的微型芯片启动工作，完成与读写器之间的通信。

电子标签的构造非常简单，由一个较小的半导体芯片和一个固定的电感线圈组成。根据获取能量的方式的不同，电子标签可分为主动式与被动式两种。主动式电子标签的内部包含电源，存储容量大、工作范围广；被动式标签内部不包含电源，即所谓的"无源标签"，它利用电磁感应获得工作所需的能量，价格低，使用寿命较长[1]。

柔性电子标签是一种新型柔性电子器件。柔性芯片是柔性电子标签的核心。文献2中选择聚酰亚胺（Polyimide,PI）作为柔性衬底，通过旋涂改善其粗糙度，经过清洗、溅射、光刻等步骤，采用环形天线，得到具有"可视化防伪"功能的新型柔性电子标签[2]。此外，电感作为一种电磁耦合元件，在电子标签中可以充当"天线"，因此通过优化电感的性能，制备可弯曲的厚膜电感，使柔性电子标签的实现成为可能[1]。

柔性电子标签的大量制备和性能改善意义深远。首先，柔性电子标签有利于充分利用物体形状，显著提高有效使用密度；其次，低成本柔性电子标签将使射频识别技术在物品监视、汽车监控、供应链管理、生产线自动化、运动计时、电子支付等方面得到更加广泛的应用。图10-64所示的是一种用于温度测量的柔性电子标签。

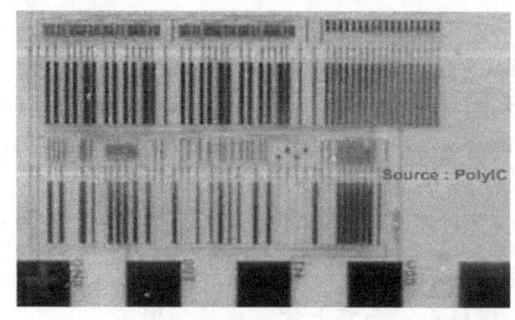 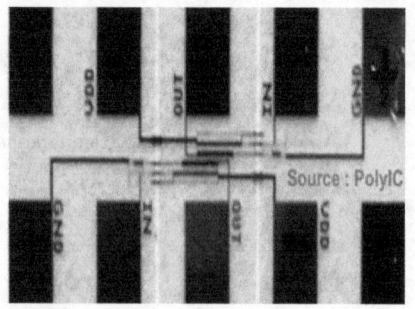

图 10-64 一种用于温度测量的柔性电子标签[3]

参考文献

[1] 赵庚申. 低成本柔性电子标签的设计与制备研究 [D]. 大连理工大学, 2005.
[2] 王均超. 新型柔性电子标签的设计与实现 [D]. 山东大学, 2015.
[3] Ramkumar Ganesan, Jurgen Krumm, Sebastian Pankalla, et al. Design of an organic electronic label on a flexible substrate for temperature sensing [C]. 2013 Proceedings of the ESSCIRC: 423-426.

撰稿人：南京大学　施毅　高茜
审稿人：北京大学　张兴　蔡一茂

▷▷▷ 10.7.8　柔性微机电系统技术，柔性微機電系統技術，Flexible Micro Electro Mechanical Systems (F-MEMS)

通过微加工工艺，将处理物理、化学、生物信号的器件制备在柔性材料的芯片上，并通过器件相互之间的集成或电路集成构建复杂的微型系统，称为柔性微机电技术[1]。例如，人造视网膜芯片，医学中柔性不易伤害组织的温度传感器，机器人研究中常用的柔性触觉传感器等。柔性微机电系统与一般的微机电系统类似，通常包含信号控制模块、信号处理模块、传感器模块和执行器模块等。

在微电子领域，硅基集成电路以其较完善的制作工艺、优异的性能而占据主导地位。但近年来，以柔性的塑料和薄金属为衬底的柔性电子器件开始出现并兴起。柔性器件具有延展性好、柔性高、高效、成本低等优点，可以弥补硅基电路非柔性的缺陷。

人造视网膜芯片就是基于柔性微机电技术制造的，其工作原理是，将利用微加工制造的微电极阵列放置于视网膜处，外部景象刺激光电二极管产生的光电流传入微电极，然后微电极上的电流刺激视网膜上残余的正常视神经细胞，从而产生人造视觉,如图 10-65 所示[2]。

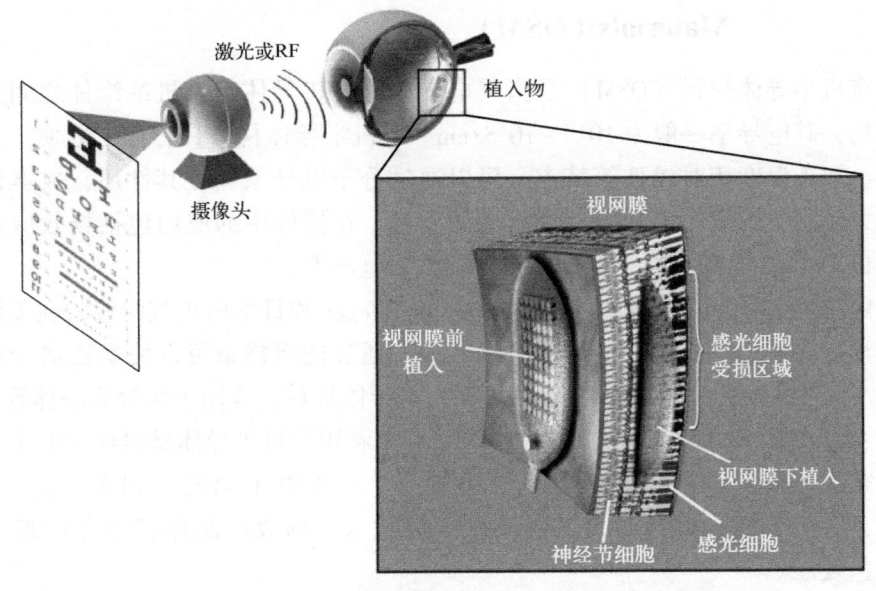

图 10-65　基于柔性微机电系统的人造视网膜芯片[2]

另一个眼睛方面的例子是可佩戴型眼压计。医学上,青光眼等疾病的病因可能是眼压过高,但目前的眼压测量需要用医院的特殊仪器来完成,这就制约了青光眼的预防和治疗。将压力传感器利用微加工工艺制备于半球形状的柔性衬底上,制造出可以佩戴的眼压测量计,可以实现对于眼压的实时监控[3]。

柔性衬底上的 MEMS 传感器将为医疗、机器人、航空航天、航海等行业的传感器应用带来本质的变化,由此产生的设备可以降低成本,减小尺寸和质量,且具备更加灵活的探测能力,从而得到快速发展。

参考文献

[1] 左行勇. MEMS 及 MCM 中柔性铰链的设计与制造 [D]. 成都:电子科技大学,2007.

[2] James D. Weiland, Mark S. Humayun. Visual Prosthesis [J]. Proceedings of the IEEE, 2008, 96(7):1076-1084.

[3] Matteo Leonardi, Peter Leuenberger, Daniel Bertrand, et al. First steps toward noninvasive intraocular pressure monitoring with a sensing contact lens [J]. Investigative Ophthalmology & Visual Science, 2004, 45(9):3113-3117.

撰稿人:南京大学　施毅　张钰嘉
审稿人:北京大学　张兴　蔡一茂

10.7.9 有机半导体材料,有機半導體材料,Organic Semiconductor Materials (OSM)

有机半导体材料(OSM)是指其电导率在有机导体与有机绝缘体之间的有机材料,其电导率一般为 $10^{-10} \sim 10^2 \mathrm{S/cm}$。有机半导体材料具有加工方便、工艺简单、加工温度相对较低等特点,可以通过分子设计来调控其性质,成本低廉且可大量制备,适用于制备柔性可弯曲器件。在器件中的应用包括场效应晶体管(FET)、光电探测器、发光二极管和太阳电池等。

1977 年,美国 M. Mac Diarmid、A. J. Heeger 和日本白川英树等人在美国宾州大学首次催化合成了导电高分子聚乙炔,通过适当掺杂可以使聚乙炔变成良导体[1]。1982 年,Ebisawa 将聚乙炔作为半导体材料,应用于场效应晶体管[2]。1987 年,美国 Kodak 公司的 C. W. Tang 等人利用有机半导体材料作为电子传输层和空穴传输层制备出有机发光二极管[3],在光电子领域受到了广泛关注。此后,有机半导体材料在太阳电池、平板显示、场效应晶体管等方面都得到了快速发展。

OSM 按照分子的大小可分为聚合物大分子材料和小分子材料。目前,具有 π 共轭体系的分子材料多用于 OFET 中。OSM 可根据其特性分为 n 型、p 型两类材料。目前 n 型 OSM 基本上为小分子材料,如 C_{60}、含拉电子取代基的金属酞菁化合物等,如图 10-66 所示。因 p 型材料展现出相对更好的稳定性及更高的器件性能,引起了人们对其更多的关注,其种类包括聚合物(如聚噻吩及其衍生物)、齐聚物和小分子材料(如并五苯、稠环分子)等,如图 10-67 所示。

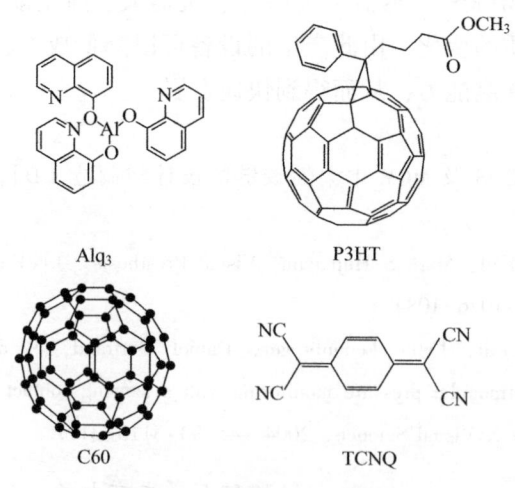

图 10-66 常见的 n 型 OSM

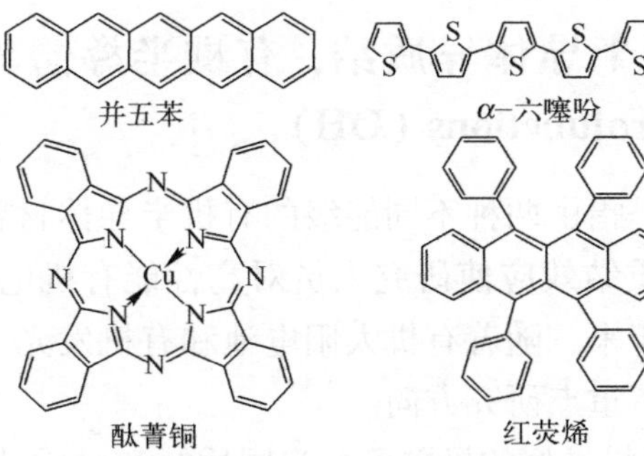

并五苯　　　α-六噻吩

酞菁铜　　　红荧烯

图 10-67　常见的 p 型 OSM

对于有机半导体材料的导电机制，如今并没有完善、统一的理论模型，只能对特定的实验现象提出具有一般性的导电机制。目前，主要提出了 4 种电荷传输模型，分别是能带理论、跃迁传输模型、极化子模型、多重陷阱捕获和释放模型（MTR）。其中，跃迁传输模型是指载流子相对定域在单个分子上，当热能足够大时，载流子在相邻局域态之间跃迁；能带理论是指载流子以相对离域，在整个晶格中以平面波的形式运动，载流子的性质可以用能带理论来解释；极化子模型是指当电荷在半导体中传输时，晶体中的分子由于接受或失去电子导致其几何构型变化，引起晶格畸变，载流子与晶格强耦合，形成极化子；MTR 模型是指载流子在局域态中，当有足够的热能时，载流子从局域的缺陷态脱陷到扩展的能带[4]。

目前，关于有机半导体材料仍有很多问题等待探究。例如，对其分子理论与能带理论的适用性的讨论，关于量子点、量子阱等量子效应问题的研究，以及对其低维化的研究和有序结构生长过程的认识，以及对其界面科学的研究等。

参考文献

[1] Hideki Shirakawa, Edwin J. Louis, Alan G. MacDiarmid, et al. Synthesis of electrically conducting organic polymers: halogen derivatives of polyacetylene, (CH)$_x$[J]. Journal of the Chemical Society, Chemical Communications, 1977 (16): 578-580.

[2] F. Ebisawa, T. Kurokawa, S. Nara. Electrical properties of polyacetylene/polysiloxane interface [J]. Journal of Applied Physics, 1983, 54(6): 3255-3259.

[3] C. W. Tang, S. A. VanSlyke. Organic electroluminescent diodes [J]. Applied physics letters, 1987, 51(12): 913-915.

[4] 胡文平. 纳米科学与技术：有机场效应晶体管 [M]. 北京：科学出版社，2015.

撰稿人：南京大学　施毅　国玉
审稿人：北京大学　张兴　蔡一茂

10.7.10 有机半导体异质结，有機半導體異質結，Organic Heterojunctions (OH)

有机半导体异质结是指由两种不同能级的有机半导体材料构成的结型器件。由有机异质结带来的异质结效应使研究人员对高性能有机电子器件的发展方法产生了崭新的看法。近年来，随着有机太阳电池和有机发光二极管的快速发展，有机半导体异质结成为了重点研究方向。

OH 按照结面两侧材料类型的异同可分为同质结和异质结。同质结的两侧为同种导电类型的半导体材料，包含 n-n 同质结（载流子均为电子）、p-p 同质结（载流子均为空穴）。反之，异质结的两侧为不同导电类型的半导体材料，即所谓的 p-n 结。依据费米能级的不同，又可将 p-n 结分成耗尽型（p 型半导体的费米能级比 n 型半导体的费米能级低）和累积型（p 型半导体的费米能级比 n 型半导体的高）。无机 p-n 结一般为耗尽结，而有机 p-n 结一般为累积型[1]。例如，在 CuPc 与 F_{16}CuPc 形成的有机半导体异质结中，平带状态下的 F_{16}CuPc 的费米能级比 CuPc 的低，如图 10-68（a）所示。当两种半导体相互接触时，由于结面两侧功函数的不同，电子将发生迁移，即从功函数小的半导体（CuPc）转移到功函数大的半导体（F_{16}CuPc），直到两侧的费米能级相同为止，体系达到平衡状态。因而，电子和空穴分别在 F_{16}CuPc 和 CuPc 中累积，OH 也就形成了。

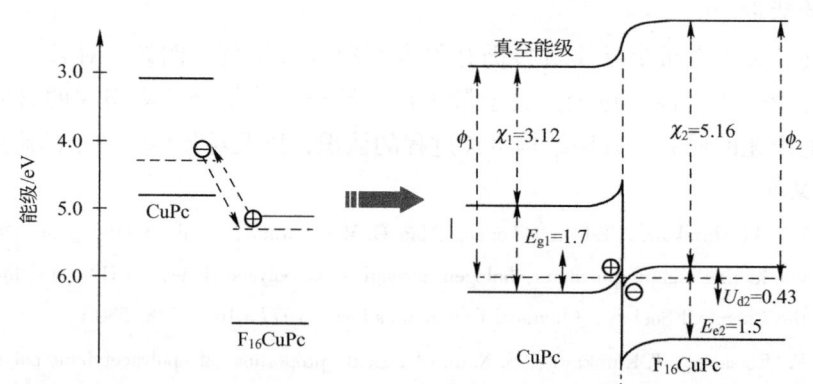

(a) 平带状态下的 CuPc 和 F_{16}CuPc 能带图　　(b) 理论上 CuPc 和 F_{16}CuPc 异质结界面电子结构[1]

图 10-68　CuPc 与 F_{16}CuPc 形成的有机半导体异质结

近年来，关于 OH 的研究仍然面临很多问题，如调节晶体管阈值电压的方法，制备常开型、双极晶体管的方法，用于电路逻辑单元的方法等。例如，在 F_{16}CuPc/CuPc 场效应晶体管中，异质结效应诱导了载流子在有机薄膜内积累，

当 $U_{GS}=0$ 时，有电流流过沟道，观察到常开型工作模式[2]。此外，异质结效有利于两种载流子在异质结界面有效传输，从而实现双极性有机晶体管。实验数据表明，对于用 $F_{16}CuPc$ 和 BP2T 共同制备的异质结晶体管，其载流子迁移率比单独应用 BP2T 或 $F_{16}CuPc$ 制备的晶体管要高[3]。在逻辑电路中，双极性异质结晶体管是反相器的重要组分之一，其噪声容限较高、动态响应较好；与此同时，也在很大程度上使逻辑电路的加工、设计流程更加简单[4]。未来，OH 能够在有机薄膜晶体管、有机光伏电池、有机传感器等有机电子器件中获得更多重要的应用。

参考文献

[1] 闫东航, 王海波, 杜宝勋. 有机半导体异质结导论 [M]. 北京: 科学出版社, 2008.

[2] Rongbin Ye, Mamoru Baba, Yoshiyuki Oishi, et al. Air-stable ambipolar organic thin-film transistors based on an organic homostructure [J]. Applied Physics Letters, 2005, 86(25): 521.

[3] J. Wang, H. Wang, X. Yan, et al. Heterojunction Ambipolar Organic Transistors Fabricated by a Two-Step Vacuum-Deposition Process [J]. Advanced Functional Materials, 2006, 16(6): 824-830.

[4] Haibo Wang, Jun Wang, Xuanjun Yan, et al. Ambipolar organic field-effect transistors with air stability, high mobility, and balanced transport [J]. Applied Physics Letters, 2006, 88(13): 133508.

撰稿人：南京大学　施毅　高茜
审稿人：北京大学　张兴　蔡一茂

▷▷▷ 10.7.11 有机发光二极管，有機發光二極體，Organic Light Emitting Diode (OLED)

有机发光二极管 (OLED) 是指利用有机半导体材料制备的发光二极管，它具有响应速度快，成本低，易于大面积制作，制造工艺简单，发光颜色可通过分子设计进行调节等优点，被认为是一项重要的平板显示器件[1]。

典型的 OLED 结构如图 10-69 所示。给 OLED 加上一个直流电压，其阴阳两极之间形成电位差，产生的电流从阳极到达阴极。在这个过程中，空穴从阳极向阴极移动，电子从阴极向阳极移动，二者在有机复合发射层相遇，形成空穴-电子对，并衰减以光的形式放出能量，宏观上表现为二极管发光[2]。

OLED 按驱动方式可分为直流驱动方式和交流驱动方式两种。由于直流驱动方式电压的方向不会改变，没有形成空穴-电子对的多余的电子和空穴会有一部分流向阴极和阳极，还有一部分累积在 EML/HTL 界面。交流驱动方式的正半周过程与直流驱动方式的一致，但在负半周时，施加在 OLED 两端的电压反向，使原本积累在 EML/HTL 界面的电子和空穴分别向改变方向后的阳极和阴极流去，减少了这一部分的空穴和电子数量，削弱了这一部分的电场，因此在下一个正半周到来时，从两极流向有机层的电子和空穴受到之前多余电子和空穴形成的反向电场力的作用减小，从而更容易结合形成空穴-电子对，也就具有了相对较高的转换效率[3]。

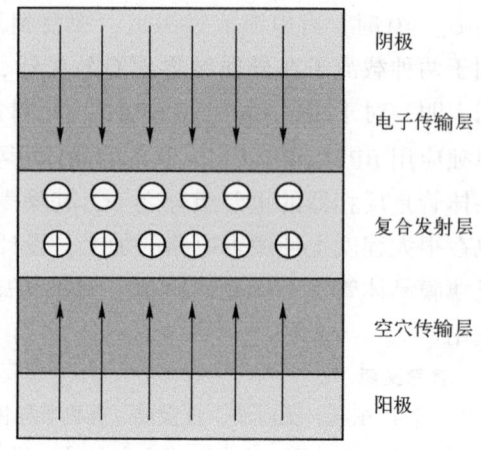

图 10-69　典型的 OLED 结构

OLED 具有绿色环保、节能、寿命长等优点，其应用前景十分广阔。

参考文献

[1] 张步新，张志林，朱文清，等．有机发光二极管矩阵显示技术的研究 [J]．半导体光电，2000，21(3)：177-179．

[2] 杨洋，陈淑芬，谢军，等．有机发光二极管光取出技术研究进展 [J]．物理学报，2011，60(4)：843-852．

[3] 刘佰全，高栋雨，王剑斌，等．白光有机发光二极管的研究进展 [J]．物理化学学报，2015，31(10)：1823-1852．

撰稿人：南京大学　施毅　俞点
审稿人：北京大学　张兴　蔡一茂

▷▷▷ 10.7.12　有机光探测器，有机光探测器，Organic Photodetectors

有机光探测器（Organic Photodetectors，OP）是指由有机材料作为敏感材料的对光信号进行检测的器件，它具有低温、快速、可大面积制备和柔性等特点，可实现多种应用，如大面积的成像器可对弯曲的曲面进行检测。同时，有机光探测器在生物、医学领域也有广泛的应用前景。

1989 年，F. F. So 等人利用菲四酸二酐（Perylenetetracarboxylic Dianhydride，PTCDA）制备有机薄膜，通过将其沉积在 Si 衬底与 ITO 之间，实现了有机材料与无机材料相结合的光探测器。随后，有机聚合物探测器、具有高带宽的有机小分子薄膜多层可见光探测器相继被研制出来。2008年，Ramuz等人研制出3-己基噻吩的聚合物（Polythiophenes，P3HT）作为给体、富勒烯衍生物（Phenyl-C61-Butyric Acid Methyl Ester，PCBM）作为受体的可见光探测器[1]。

按照器件结构的不同，OP可以分为两端器件和三端器件。其中，两端器件包含有机光电二极管和有机光电导体；三端器件包含有机光电晶体管等。OP的工作原理也是基于光伏效应的，但是器件需要施加负向偏压，这是其区别于光伏器件之处。负向偏压是使内部pn结的耗尽层展宽。在光照的作用下，空穴-电子对会在吸收区内产生，其宽度与入射光强相关。产生的载流子在耗尽层内快速向两个电极运动，当外部接通时，迅速形成光电流。但是，由于载流子在耗尽层之外的区域扩散速率不高，影响响应速度，制约着其在高频器件中的应用。光电导探测器是基于光电效应的一种探测器，其结构较为简单。外界光照使半导体材料产生电子和空穴，电子和空穴分别向两端接触电极运动，从而产生光电流[2]。当外界光线作用在有机光电晶体管的半导体层上时，其源漏电流会发生变化，从而可以对光强和波长进行探测。

半导体光电探测器材料通常选用直接带隙材料作为敏感材料，因为该材料会使材料内部获得较大受激吸收速率。目前，OP使用的半导体材料的主要特点是吸收系数高、材料种类多样、电荷迁移率低、具有高的各向异性等[3]。

有机光探测器的优点是易调控、可集成，对光波段具有选择性，制备方式简单，以及有机半导体的材料储备量大、量子产出率较高等。有机光探测器的研究热点是开发新的材料和优化器件结构，以便提高其灵敏度和电荷收集效率。

参考文献

[1] 吴双红. 基于有机小分子材料的光探测器制作及性能研究 [D]. 北京：中国科学院研究生院，2011.

[2] 孙硕. 功能薄膜在有机光电探测器中的应用研究 [D]. 兰州：兰州大学，2008.

[3] 黄德修. 半导体光电子学 [M]. 成都：电子科技大学出版社，1994.

撰稿人：南京大学　施毅　陈筱萌
审稿人：北京大学　张兴　蔡一茂

10.7.13　有机太阳电池，有機太陽電池，Organic Solar Cells

有机太阳电池（Organic Solar Cells，OSC）是指由具有光敏性质的有机半导体材料制备的新型太阳电池器件，其基本工作原理是基于pn结的光伏效应。有机太阳电池具有成本低、加工简便、容易得到大面积柔性器件等优势，因此引起了业界的广泛关注，也成为了开发和研究的热点方向[1]。

在太阳光下吸收光子，当光子的能量足够使价电子激发成自由电子时，就会产生相应的自由空穴和自由电子，从而形成空穴-电子对。当存在不同类型半导体材料的异质结时，异质结会使空穴-电子对解离。通常有机 p 型材料作为电子给体，有机 n 型材料作为电子受体。图 10-70 和图 10-71 所示分别为 OSC 中常见的电子给体和电子受体。

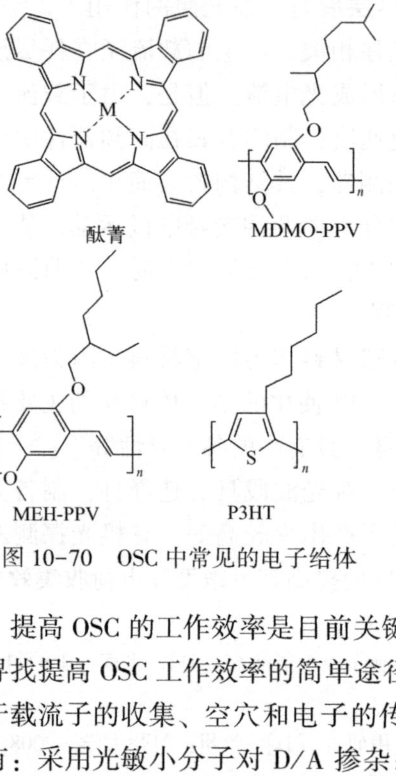

图 10-70　OSC 中常见的电子给体

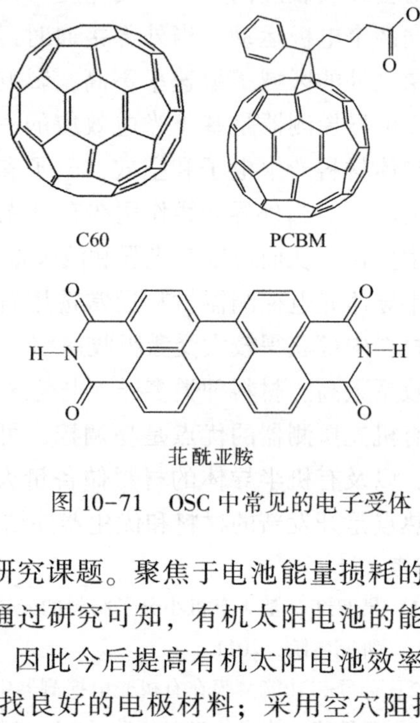

图 10-71　OSC 中常见的电子受体

提高 OSC 的工作效率是目前关键的研究课题。聚焦于电池能量损耗的根源是寻找提高 OSC 工作效率的简单途径。通过研究可知，有机太阳电池的能量损耗于载流子的收集、空穴和电子的传输，因此今后提高有机太阳电池效率的途径有：采用光敏小分子对 D/A 掺杂；寻找良好的电极材料；采用空穴阻挡层；使用超薄富勒烯衍生物（Phenyl-C61-Butyric Acid Methyl Ester，PCBM）层等[2]。

在集成电路系统中，有机太阳电池可作为供电能源，因其不受固定电源的限制，可以大幅增加移动性，实现集成电路系统的能源自供给。有机太阳电池自身的柔性，使其加工比无机太阳电池的加工更加方便，因此可以满足日益更新的集成电路系统的多样化需求[3]。

参考文献

[1] 施敏敏，陈红征，吴刚，等. 有机太阳电池面临的机遇、问题和对策 [J]. 电源技术，2008，32(10):709-712.

[2] 许中华，陈卫兵，叶玮琼，等. 聚合物和小分子叠层结构有机太阳电池研究 [J]. 物理学报，2014，63(21):420-424.

[3] 王琦, 王娜娜, 于军胜, 等. 有机薄膜太阳电池的研究进展 [J]. 半导体光电, 2010, 31(5):670-676.

撰稿人：南京大学　施毅　李昀
审稿人：北京大学　张兴　蔡一茂

10.8 集成微系统技术

10.8.1 可植入式微系统, 可植入式微系统, Implantable Microsystem

可植入式微系统是指利用微纳米技术实现能够长期在体内存在且能够实现特定生物学功能的微纳器件与系统，是微纳米技术的重要研究方向之一。与消费性电子器件、可穿戴器件应用对微纳器件低成本的苛刻要求不同，由于其临床应用的特殊价值，可植入式微系统往往可以接受较高的制造成本，因此可以应用较复杂、高成本的工艺技术来实现特定的功能，这也推动了相关 MEMS 技术的发展。此外，长期体内植入的应用对系统材料的生物兼容性、生理环境兼容性、能量收集与储存、供电等特性也提出了严格的要求，推动了相关微纳米技术的发展。

目前，主要的可植入式微系统研究对象包括人工耳蜗、人工视网膜芯片、植入式眼压计、神经刺激/控制微系统、植入式药物释放泵（包括眼内药物泵、胰岛素泵等），以及上述应用所需的微泵、微流量计、微电极（阵列）等。此外，系统封装、能量收集与传输、处理电路也是可植入式微系统研究中的关键问题。

可植入式微系统的实现手段主要为微机电系统（MEMS）技术。为了与体内柔性组织植入应用相适应，可植入式微系统需要建立在柔性 MEMS 技术的基础上。C 型聚对二甲苯（Parylene C）已获得美国 FDA 认证，是当前可植入式微系统的主要衬底材料，如面向人工视网膜芯片的 Parylene C 柔性微电极阵列[1]。针对某些较高弹性的应用需求，植入级聚二甲基硅氧烷（PDMS）也常被用于可植入式微系统中，如眼内可控氧释放植入系统[2]。

封装是可植入式微系统所面对的关键挑战：一方面，大部分可植入式微系统需要通过与生物组织的直接接触来执行相应功能，如微电极刺激/信号采集，因此长期植入过程中由于电极表面的组织增生导致的电极界面电性能退化，是可植入式微系统真正得到长期应用所急需解决的关键问题之一；另一方面，长期植入有可能导致组织体液渗入微系统，具有高离子浓度的组织体液会严重影响微系统中控制电路的性能，因此组织体液的隔离技术也是发展可植入式微系统必须解决的关键问题。

绝大多数可植入式微系统属于主动式微系统，因此需要消耗能量以实现特定的功能，包括电学加载、机械动作、信号处理与传输等。目前通过近体无线传输方式已经在一定程度上解决了此类问题，但更高效率、更高功率的能量传输，以及稳定可靠的能量储存，仍是当前可植入式微系统能量管理系统的关键问题。

信号处理电路是提高可植入式微系统性能的关键，特别是依赖于大规模微电极阵列实现高分辨率刺激或信号采集的可植入式微系统的关键，如人造视网膜芯片就需要依赖大规模阵列信号处理电路的支持。

参考文献

［1］ D. C. Rodger, Yu-Chong Tai. Microelectronic packaging for retinal prostheses ［J］. IEEE Engineering in Medicine and Biology，2005，24（5）：52-57.

［2］ Dongyang Kang, Karthik Murali, Nicholas Scianmarello, et al. MEMS oxygen transporter to treat retinal ischemia ［C］. Proceedings of the IEEE 28th International Conference on MEMS, Portgal, Jan 20-24, 2015：154-157.

撰稿人：北京大学　王玮

审稿人：北京大学　张兴　蔡一茂

▷▷▷ 10.8.2　纳米能源器件，奈米能源器件，Nano Energy Devices

纳米能源技术是指利用纳米材料或纳米器件实现拾取、转换、存储和利用能量的相关技术与方法。对于纳米能源技术的研究，一方面可以在纳米尺度层面探索能量拾取、转换、存储和利用的物理机制；另一方面，也是解决微纳器件与系统能量提供的重要途径，是微纳器件与系统稳定、可靠工作的重要支撑。纳米能源对可植入式微系统、物联网传感节点、可穿戴器件等应用领域具有重要意义，也对电池（包括燃料电池）、氢能产生与存储、光电、光伏技术等重要能源技术的发展起着关键性作用[1]。

纳米能源器件的功能包含两个方面，一是指利用机械摩擦、压电、电磁、热电等多种方式实现能量转换，即从周围环境中采集能量并将其转换为电能，从而在微纳米尺寸内产生可以供给传感器和处理芯片的能量；二是指微小型能量存储器件（如微型超级电容器、微型锂电池）占用极小面积，并存储一定能量，从而达到为微型电子元器件、无线网络节点等微纳系统供能的目的。近年来,通过对能量产生过程的物理机制的深入研究,发现麦克斯韦位移电流(Maxwells Displacement Current)中随时间变化的原子束缚电荷的微小运动和材料中的电介质极化过程是产生纳米能源的重要新途径之一。基于此,催生了压电纳米发电机、摩擦纳米发电机等新型纳米能源技术[2]。

纳米能源的研究关键在于材料学、物理学与微纳系统技术的交叉融合,属于典型的多学科交叉型研究。

参考文献

[1] http://www.journals.elsevier.com/nano-energy.

[2] Zhonglin Wang. On Maxwell's displacement current for energy and sensors: the origin of nanogenerators [J]. Materials Today, 2017, 20 (2): 74-82.

撰稿人:北京大学　张海霞　王玮
审稿人:北京大学　张兴　蔡一茂

▷▷▷ 10.8.3　体硅微加工工艺,矽微加工技術,Bulk-Si Micromachining Technology

体硅微加工工艺是硅微加工工艺的主要方法之一[1],也是目前制备 MEMS 器件的主要加工方法。体硅微加工工艺主要是指在硅衬底上选择性去除特定位置的硅材料来获得微结构的方法,属于一种典型的三维结构加工方法。体硅微加工工艺主要包括利用特定化学试剂对硅衬底的晶向选择性而实现的各向异性腐蚀(常用的腐蚀液有氢氧化钾、四甲基氢氧化铵)和利用外加定向场所强化的物理/化学反应而实现各向异性刻蚀(如深反应离子刻蚀,即 DRIE)两种方法。此外,各向同性腐蚀(如 HNA 腐蚀液,即氢氟酸、硝酸与冰醋酸的组合)/刻蚀(不加偏压下的气态腐蚀,如 XeF_2 等)也常被用于制备三维体硅结构与器件。

体硅微加工工艺的一个重要参数是掩模与衬底在腐蚀/刻蚀环境下的选择比,该选择比直接决定了体硅微加工工艺的几何参数特征,它不仅受到掩模材质与制备方法、衬底材质与制备质量,以及腐蚀液/刻蚀剂配比、腐蚀/刻蚀温度、搅拌程度和偏压等诸多参数的影响,也受所使用的设备机台影响。通过组合具有合适的选择比的掩模/衬底,可以实现精确的目标结构几何参数控制,从而制备出满足要求的三维结构。通过特定的掩模/衬底组合甚至可以获得具有自停止特征的腐蚀/刻蚀,从而可以进一步提高结构几何参数的控制精度和鲁棒性。

由于硅属于晶体结构，因此在进行各向异性湿法腐蚀时，还要针对衬底晶向进行结构的凸角保护设计，以保证能够按预定的设计获得目标结构。不同类型的硅片（抛光表面具有不同晶面）需要相应的凸角保护设计。

近年来，随着硅微加工能力的快速提升，以及对硅基物理化学性质的深入理解，体硅微加工工艺主要朝着更快速、更高尺寸控制能力和三维曲面微结构加工方向发展。据SPTS公司2016年数据，基于Bosch刻蚀原理的硅刻蚀速率可以超过37μm/min。

常见的体硅微加工工艺制备的器件包括梳齿型微陀螺仪和加速度计、薄膜压力计等。

参考文献

[1] G. T. A. Kovacs, N. I. Maluf, K. E. Petersen. Bulk micromachining of Silicon [J]. Proceedings of the IEEE,1998,86(8):1536-1551.

撰稿人：北京大学　王玮
审稿人：北京大学　张兴　蔡一茂

▷▷▷ 10.8.4　表面硅微加工工艺，面型矽微加工技術，Surface-Si Micromachining Techonlogy

表面硅微加工工艺是硅微加工工艺的一种重要方法[1]，是指在硅衬底上利用多层沉积与选择性去除相结合的方法，通过去除预先形成的薄膜结构来实现最终微结构器件的工艺方法。表面硅微加工工艺主要通过沉积、刻蚀/腐蚀不同结构层/牺牲层材料以获得最终的微结构器件，通常采用多晶硅作为结构层材料，而以氧化硅作为牺牲层材料；此外，也有采用不同类型的金属制备结构层和牺牲层的研究报道。每一层厚度都在微米量级或更薄，最终器件也在该尺寸范围。近年来，随着新材料、新技术的不断突破和影响，考虑到衬底对工艺的影响较小，因此可以相应地选择低成本衬底以降低成本。例如，目前许多薄膜晶体管（TFT）或薄膜太阳电池等通过表面微加工工艺实现的器件都是以聚对苯二甲酸乙二醇酯（PET）作为衬底的。

表面硅微加工工艺的一个关键技术是牺牲层的腐蚀释放技术，由于结构层/牺牲层的厚度通常较小，在腐蚀释放过程中（特别是最后的干燥过程中）会由于表面张力作用导致微结构的粘连，从而引起器件失效。为了避免该问题的发生，一般需要有针对性地进行器件结构优化设计，如优化设计牺牲层厚度，定义多个腐蚀孔以便于释放，定义支撑结构使得粘连发生时接触面积减小而不致器件失效；此外，采用升华的方法（如乙醇/干冰相结合的方法）进行结构干燥，能够显著降低干燥过程中由于表面张力作用引起的结构粘连；还有研究表明，对微结构进行表面疏水处理，能够降低粘连发生时结构接触的作用力，从而避免器件失效。

表面硅微加工工艺的另一个问题是多层材料之间的应力失配问题，如材料的热膨胀系数不匹配引起的工艺热过程中所产生的热应力等。在利用表面硅微加工工艺制备器件时，需要仔细选择材料进行组合，并对结构进行优化设计。近年来，有研究机构利用应力控制的方法实现了多种柔性三维硅结构，是一种实现柔性电子器件的有效技术途径。

常见的利用表面硅微加工工艺制备的器件包括加速度计、柔性多通道神经电极和纳继电器等。

参考文献

[1] J. M. Bustillo, R. T. Howe, R. S. Muller. Surface micromachining for microelectromechanical systems [J]. Proceedings of the IEEE, 1998, 86 (8): 1552-1574.

撰稿人：北京大学　王玮
审稿人：北京大学　张兴　蔡一茂

▷▷▷ 10.8.5 光刻-电镀-注塑技术，微影-電鍍-造模技術，Lithographie - Galvanoformung - Abformung (LIGA) Process

光刻-电镀-注塑（LIGA）技术是一种以 X 射线光刻技术为基础的微机电系统加工技术，即以 X 射线深度同步辐射光刻制造出深宽比达到 500 倍的光刻胶结构，且结构侧壁光滑，平行度偏差在亚微米范围内，再以此为模具进行金属电镀，从而将光刻胶结构转移为金属模具，进而利用该金属模具进行注塑等聚合物制造，从而获得成本低廉的纳微尺度聚合物结构。

传统的 LIGA 技术严重依赖于昂贵的 X 射线作为光源以获得极高深宽比的光刻胶结构，加之 X 射线光刻的掩模也极为复杂且成本高，因此 LIGA 工艺成本非常高，阻碍了 LIGA 技术的应用和发展。近年来，广为研究的技术是应用低成本厚胶光刻来代替传统的 X 射线光刻，即以 LIGA 工艺思想开展的光刻-电镀-注塑（注塑有时可以省略）微纳加工技术，此类加工方法通常被称为准 LIGA 技术，其中最具代表性的是紫外光源曝光的 UV-LIGA 技术。UV-LIGA 技术借助于快速发展起来的、具有极高深宽比光刻性能的厚胶材料，如 SU8、KMPR 等，能够以较低成本制备出光刻胶微结构，并以此为基础进行后续的电镀、注塑等操作，目前已被广泛应用于微纳结构的制备中，是目前 LIGA 技术发展的主流方向[1]。

LIGA/准 LIGA 技术的主要优势是能够制造出较大高宽比的微结构，特别适合制备金属、聚合物等材料，可以实现具有复杂结构的金属、聚合物器件，如微弹簧、异型金属喷口、金属双层微齿轮、金属惯性器件等。准 LIGA 技术具有成本低、批量大、重复性好等特点，是开发 MEMS 器件，特别是具有高深宽比结构的微器件的重要途径之一。

参考文献

[1] H. Guckel. High-aspect-ratio micromachining via deep X-ray lithography [J]. Proceedings of the IEEE, 1998, 86 (8): 1586-1593.

撰稿人：北京大学　王玮
审稿人：北京大学　张兴　蔡一茂

▷▷▷ 10.8.6　智能传感器，智慧型感测器，Smart Sensors

智能传感器是指利用与传感单元集成的信息存储和处理单元，将由外部环境获取的特定信息处理后再进行输出的一类器件，一般包括获取环境信息的传感器和进行信息处理的信息处理单元，以及其他辅助功能单元。利用自身的信息处理能力，智能传感器可以更为准确并自动地获取环境中的信息，在无线传感网、战场侦察、环境探测等多个领域有着广泛的应用需求。

随着微纳电子工艺技术和集成微纳系统技术的快速发展，智能传感器多采用微纳集成制造方法实现多功能、高密度的集成，通常将一种或多种不同功能的传感器敏感结构与信号处理电路、控制电路集成在同一单元内。典型的集成智能传感器有集成压力传感器、集成温度传感器和微惯性测量单元等。

实现智能传感器集成化的关键技术之一，是传感器敏感结构与信号处理电路的集成加工技术。目前，在主流的集成加工技术中，对于信号处理电路多采用 CMOS 集成电路工艺。根据集成方式的不同，传感器的集成技术可以分为单芯片集成技术和多芯片集成技术。

单芯片集成技术是指在单个芯片上实现传感器敏感结构与信号处理电路单元的协同设计和协同加工技术。成熟的单芯片集成技术可以减小传感器各单元之间互连引入的寄生效应影响，提高器件的性能，减小芯片面积，降低总体制造成本。但由于需要同时考虑电路工艺与微机械工艺对工艺温度、洁净级别等工艺条件的不同要求，单芯片集成技术也面临工艺复杂、开发周期长等问题。

根据集成电路工艺与微机械结构工艺的先后顺序不同，单芯片集成加工技术又可以分为微机械工艺在电路工艺之前（Pre CMOS）、微机械工艺在电路工艺中间（Hybrid CMOS）及微机械工艺在电路工艺之后（Post CMOS）三类[1]。前两类集成工艺可以放宽对微机械加工工艺参数的限制，但需要改变集成电路加工工艺的步骤或工艺条件，通常需要专门的生产线来实现，其典型代表如美国 Analog Devices 公司的 iMEMS 集成工艺。微机械工艺全部在电路工艺之后的单芯片集成工艺可以基于标准的电路工艺在集成电路代工厂完成电路部分的加工，之后再完成微机械结构加工，其典型代表如美新半导体公司的热对流式加速度计系列产品采用的集成加工工艺。

多芯片集成（Multi-Chip Integration）是指传感器敏感结构芯片和信号处理集成电路芯片分别采用独立的工艺进行设计和流片，之后通过专门的集成技术实现传感器的集成。由于多芯片集成避免了传感器敏感结构芯片和集成电路芯片之间的工艺限制，可以进行独立的优化、开发，具有开发周期短等优点。随着硅通孔（TSV）等三维集成技术的发展，多芯片集成实现的集成传感器在尺寸、成本等方面的竞争力也不断提升。

随着微电子和传感器集成技术的进步，智能传感器的信息获取和处理能力不断提升，既可以提高传感器的精度、可靠性、性价比，也可实现传感器的多功能化。因此，智能传感器在生产生活中的应用得到了迅猛的发展。意法半导体公司等生产的运动处理单元（Motion Processing Unit, MPU）是基于 MEMS 技术实现的智能传感器的一类典型代表，包含三轴的磁传感器、加速度计、陀螺和温度传感器，可以直接输出用户的运动速度和姿态等信息，在智能终端中得到了大量的应用。

参考文献

[1] O. Brand, G. K. Fedder. CMOS-MEMS [M]. Wiley, 2005.

撰稿人：北京大学　杨振川
审稿人：北京大学　张兴　蔡一茂

10.9　先进表征技术与测试技术

10.9.1　导电原子力显微镜，導電原子力顯微鏡，Conductive Atomic Force Microscope（CAFM）

导电原子力显微镜（CAFM）是原子力显微镜（Atomic Force Microscope,

AFM）和扫描隧道显微镜（Scanning Tunneling Microscope，STM）的一种改进，有着很高的空间分辨率，可以同时测量半导体器件样品的表面粗糙度和电导分布，适用于多晶材料的晶向和晶间区域的研究[1]。

CAFM 结构示意图如图 10-72 所示。与 STM 的锐化的金属线/尖端不同，CAFM 带有一个导电悬臂，悬臂的末端带有涂覆金属或金属合金（如 Pt-Ir 合金）的硅探针。当探针接近样品表面时，样品和探针尖端的排斥力将使悬臂弯曲。通过反馈系统控制力和针尖与样品之间的距离，可以得到高空间分辨率的表面形貌图像。与此同时，一个负电压加在样品与探针之间，通过测量二者之间的隧道电流的大小，就可以得到探针接触点处的电导值，从而得到样品表面的电导分布。由于通过悬臂的电流可以达到 pA 量级，因此需要电流放大器电噪声被抑制在 fA 量级。

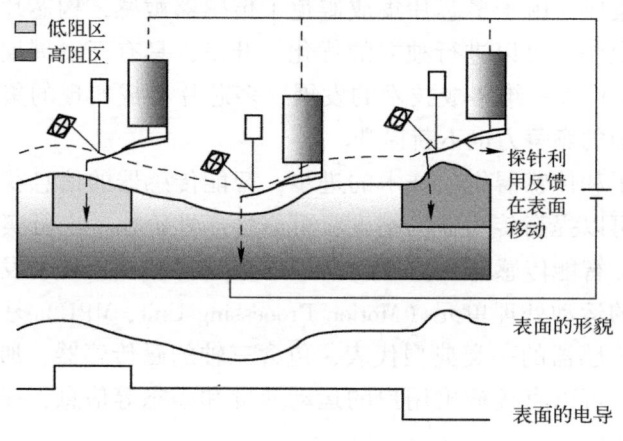

图 10-72　CAFM 结构示意图

CAFM 有两种工作模式，即成像模式和谱模式。在常规的成像模式中，探针尖端在很小的样品区域内（通常为数 μm^2）扫描，并向样品施加负偏压，收集从样品隧穿到探针的电子。选择这种极性的原因是，在这种情况下，电子势垒是从导带到 Si/氧化物界面，这比到探针尖端/氧化物界面要好；另外，衬底注入的发射面积是均匀的，并且主要取决于探针尖端与样本的接触面积。相反，在探针尖端注射的情况下，发射面积取决于探针尖端的形状。在测量期间，探针尖端与样品接触，当研究材料是亲水性材料时，探针尖端拖着吸附在样品表面的水及其他污染物移动。如果施加的电压在探针尖端与衬底之间感应出强电场，使得水电离，产生 OH^-；如果探针尖端处于低电位，OH^- 离子被吸附到样品的表面，使得表面氧化而导致电路开路。

在谱模式中，探针尖端是静止的，同时扫描加在探针尖端与样品之间的电压,这样就得到了来自样品的微小区域的 I-U 特性,从而提取关于局部电子特性的信息,如局部的态密度等。

与 STM 不同,CAFM 可以用于绝缘材料的表面特性分析。此外,除了最基本的表面形貌和导电特性测试,CAFM 还可以用于介质特性分析(如超薄氧化物薄膜击穿特性分析)、纳米电容测量,甚至还可以用于纳米尺度的刻蚀。

参考文献

[1] L. Zhang, T. Sakai, N. Sakuma, et al. Nanostructural conductivity and surface-potential study of low-field-emission carbon films with conductive scanning probe microscopy [J]. Applied Physics Letters, 1999, 75 (22): 3527-3529.

撰稿人:北京大学　张嘉阳
审稿人:北京大学　王润声

▷▷▷ 10.9.2　原子探测断层成像,原子探針斷層成像,Atom Probe Tomography

原子探测断层成像(Atom Probe Tomography,APT)技术是指能够提供纳米级器件的原子尺度(深度方向约为 0.1~0.3nm、横向约为 0.3~0.5nm 的分辨率)的三维成像技术和化学成分测量的材料分析技术[1]。

第一代原子探针——场离子显微镜(APFIM)又称一维原子探针(1DAP),最早出现于 20 世纪 60 年代末[2],它具有直径为 1~2mm 的圆形孔径的场离子检测器,以此作为飞行时间质谱仪的入口,通过施加电场和电压脉冲来蒸发原子,能够处理 50 000 个原子。1980 年,Kellogg 和 Tsong 介绍了一种用激光脉冲替代电压蒸发原子的方法[3],但因早期激光器的稳定性差,没有被大规模采用。第二代仪器是在 20 世纪 80 年代推出的,使用了各种对空间位置敏感的单原子探测器[1]。这种原子探针具有 10~20nm 的样品侧向视场,数据集达到百万原子级别。最新一代的局部电极原子探测器 LEAP 是由 Kelly 等人最早实现商品化的[1],其工作原理如图 10-73 所示。局部电极的主要优点是,它能够实现较低幅度的驻波和脉冲电压,并进一步增强视场。

LEAP 需要精确地将样品的顶点与局部电极中的中心孔对齐,由于局部电极增加了样本位置稳定性,加上检测器具有较宽的视场,旋转样本以选择表面上的位置的能力没有纳入设计。这避免了在实验开始时进行场离子显微镜检查的需要。测试在超高真空条件下进行。在电压脉冲模式下,增加驻留在试样上的正电压的幅度和施加到局部电极的负脉冲以开始场蒸发。通过将得到的离子信号集中在检测器上，然后减小样品和孔之间的距离，直到离子信号填充检测器，进行最终对准。在激光脉冲模式下，由计算机控制调节激光束的精确位置和焦点，同时监测场蒸发，以确保仅靶向样品的顶点区域。

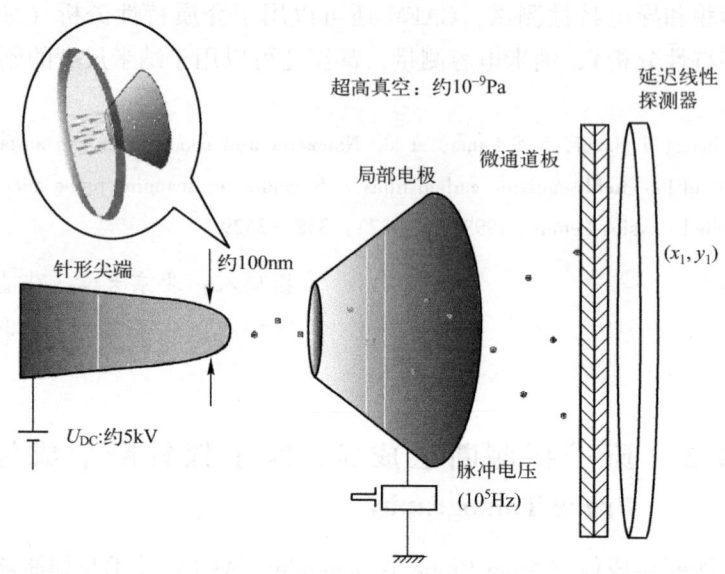

图 10-73　LEAP 工作原理[4]

参考文献

[1] Thomas F. Kelly, Michael K. Miller. Atom probe tomography [M]. Springer US, 2009: 461-469.

[2] Müller E W, Panitz J A, Mclane S B. The Atom-Probe Field Ion Microscope [J]. The Science of Nature, 1970, 39 (5): 83-86.

[3] G. L. Kellogg, T. T. Tsong. Pulsed-laser atom-probe field-ion microscopy [J]. Journal of Applied Physics, 1980, 51 (2): 1184-1192.

[4] Sudip Seal, Michael Moody, Anna Ceguerra, et al. Tracking nanostructural evolution in alloys: Large-scale analysis of atom probe tomography data on blue gene/L. Parallel Processing, 2008. ICPP'08. 37th International Conference on. IEEE, 2008: 338-345.

撰稿人：北京大学　张嘉阳
审稿人：北京大学　王润声

▷▷▷ 10.9.3　非弹性电子隧道谱技术，非彈性電子穿隧譜技術，Inelastic Electron Tunneling Spectroscopy

非弹性电子隧道谱（Inelastic Electron Tunneling Spectroscopy，IETS）技术是

指通过记录和分析金属-绝缘体-吸附物-金属结构的隧道电流和电压得到体系中各组分的精确的振动信息和电子波谱信息的技术，如磁振子和声子等的实验工具。IETS 具有高分辨率和高灵敏度[1]。同时，IETS 中的谐波和组合能带影响很小，使其谱标识比红外谱和拉曼光谱更加简单。利用 IETS 技术还可以观察到光学禁绝跃迁[2]。由于氧化物的光谱强度比吸附物光谱弱，而 IETS 的光谱所覆盖的范围很大（50~19 000cm^{-1}），因此可以在氧化物谱的红外区得到吸附物光谱。

当电子穿过一个氧化层时，一些电子可以通过激发氧化物或吸附物的振动而损失能量，这是一个非弹性过程，往往会导致额外的隧穿路径。在没有任何非弹性相互作用的情况下，$I-U$ 特性曲线是一条平滑的曲线，其二次导数为零。而在典型的 MOS 结构中，存在多种非弹性模式，包括声子、各种黏合振动、键合缺陷和杂质等。当施加在氧化层两端的电压导致费米能级分裂且等于隧穿电子的非弹性相互作用导致的能量损失时，附加的导电通路使得 $I-U$ 特性曲线的斜率在该处增加，$I-U$ 曲线的二次导数在此处出现峰值。峰值的电压位置对应非弹性相互作用的特征能量，且与坐标轴围成的面积和非线性相互作用的强度成比例[3]。

隧穿电子在非弹性相互作用后损失能量，并且增加了有效隧道势垒，之后的隧穿概率也随之降低。在 IETS 中，阴极附近的由于非弹性相互作用产生的峰的强度小于阳极附近由于类似相互作用产生的峰的强度，因为阴极的隧穿电子在较低的能量下穿过了大部分势垒，并因此观测到了更高的隧道势垒。也就是说，IETS 更优先显露阳极附近的非弹性相互作用[4]。这种偏置极性的依赖性便于区分 MOS 结构中两个不同界面之间的结构和键合缺陷。

将扫描隧道显微镜（STM）的尖端保持在表面上的固定位置并扫描偏置电压，可以记录该点处的 $I-U$ 特性，这种技术被称为扫描隧道谱（Scanning Tunneling Spectroscopy）；假设尖端处有恒定的态密度，那么它的一阶导数给出了关于衬底的局部态密度（LDOS）的信息，二阶导数给出了关于吸附物在 IETS 中的振动信息，这也是该技术通常被称为 STM-IETS 的原因。在这种情况下，绝缘氧化层就相当于尖端与吸附物之间的缝隙。STM-IETS 首先由 Stipe、Rezaei 和 Ho 在 1998 年提出，极低的温度和极端的机械稳定性（尖端在被吸附物上的机械振动的振幅必须在 pm 量级或更小的范围之内）使得这项技术在实验中很难实现。近年来，一种新的方法是在带有吸附物的两个电极之间利用单个分子制作一个分子传输结，有时在这个分子附近还会加上额外的栅电极[5]。这种方法与 STM-IETS 相比，其优点在于两个电极与吸附物直接接触，而非存在一个间隙；其缺点是在两个电极之间创建和识别恰好只有一个分子的传输结非常困难。

参考文献

[1] J. D. Langan, P. K. Hansma. Can the concentration of surface species be measured with inelastic electron tunneling?[J]. Surface Science, 1975, 52(1): 211-216.

[2] Victor E. Borisenko, Stefano Ossicini. What is what in the nanoworld: A handbook on nanoscience and nanotechnology[M]. Wiley-VCH, 2012.

[3] MA T. P. Inelastic electron tunneling spectroscopy (IETS) study of high-k gate dielectrics [J]. Science China Information Sciences, 2011, 54(5): 980-989.

[4] B. C. Stipe, M. A. Rezaei, W. Ho. Single-molecule vibrational spectroscopy and microscopy [J]. Science, 1998, 280(5370): 1732-1735.

[5] R. H. M. Smit, Y. Noat, C. Untiedt, et al. Measurement of the conductance of a hydrogen molecule[J]. Nature, 2002, 419(6910): 906-911.

撰稿人：北京大学　张嘉阳
审稿人：北京大学　王润声

▷▷▷ 10.9.4　飞秒激光技术，飛秒雷射科技，Technology of Femtosecond Lasers

飞秒（10^{-15}s）激光是持续时间为飞秒或更小量级的超短电磁脉冲。这种脉冲通常被称为超快脉冲，它具有宽带光谱，并且可以由锁模振荡器产生。飞秒激光脉冲的瞬时功率非常高，具有精确的靶向聚焦定位特性，这些特点使它逐渐在微纳加工领域得到应用。

飞秒激光脉冲是通过飞秒激光器产生的。飞秒激光器通常可以分为体激光器、光纤激光器、染料激光器、半导体激光器以及其他类型的激光器（如色心激光器和自由电子激光器）。由飞秒激光器产生的脉冲大多不能直接使用，需要经过后续的啁啾脉冲放大（Chirped Pulse Amplification）、频率变化、相位匹配、压缩整形后才能使用。

利用飞秒激光技术的研究领域主要涉及个方面：一方面，由于飞秒激光具有超高的频率，它可以被应用到一些超快的瞬态过程的研究中，如飞秒时间分辨光谱数、飞秒化学、飞秒生物学等；另一方面，由于飞秒激光可以提供高达10^{20}W/cm²的聚焦强度、10^{12}bar(1bar=10^5Pa)的光压、10^{21}g的加速度及10^9Gs（1Gs=10^{-4}T）的磁场，它也成为一种提供极端实验条件的手段，出现在高次谐波、激光等离子体、激光核聚变/裂变等强场物理的研究中。例如，Ahmed H. Zewail因利用超快激光观测到了NaI的光离解过程而在1999年获得了诺贝尔化学奖[1]。利用飞秒激光轰击带有金箔的铀矿，轰击金箔产生的高能电子（大于

100MeV) 使得 U 发生核裂变，得到 Kr、Ba 和正电子，这是人类发现的第一个光诱导核裂变反应，也是第一个在光驱动下产生反物质的例子。

飞秒激光也可以应用于先进的微纳结构的加工工艺中，利用飞秒双光子聚合可以制备三维数据存储器件、光子晶体、亚微米/微米器件和一些特殊形状的光波导器件。已经有人利用这种技术制作出纳米尺度的弹簧结构，这一成果曾发表在 2001 年的《自然》杂志上[2]。

随着科技的发展，对频率更高、能量更大的飞秒激光的需求日渐紧迫，获得更短的脉冲方法也被陆续提出，如双波长同步技术、相干与干涉技术、高次谐波叠加技术等[3,4]。

参考文献

[1] Ahmed H. Zewail. Femtochemistry: Atomic-Scale Dynamics of the Chemical Bond [J]. The Journal of Physical Chemistry A, 2000, 104 (24): 5660-5694.

[2] S. Kawata, H. B. Sun, T. Tanaka, et al. Finer features for functional microdevices [J]. Nature, 2001, 412 (6848): 697-698.

[3] Rüdiger Paschotta. Encyclopedia of laser physics and technology [J]. Wiley-VCH, 2008.

[4] Mangirdas Malinauskas, Albertas Zukauskas, Satoshi Hasegawa, et al. Ultrafast laser processing of materials: from science to industry [J]. Light Science & Applications, 2016, 5 (8): e16133.

撰稿人：北京大学　张嘉阳
审稿人：北京大学　王润声

▷▷▷ 10.9.5　低功耗测试，低功耗测试，Power-Aware Testing

随着芯片集成度的不断增加，芯片的功能越来越复杂，芯片测试的数据量和测试时间都快速增加，且芯片在测试时的功耗远大于工作模式时的功耗[1]，因此会导致芯片过热，引起测试错误、可靠性降低和成品率降低等问题，更严重的甚至会烧毁器件，因此低功耗测试技术引起了人们的广泛重视。

降低被测芯片测试功耗的方法主要有如下 3 种。

（1）低功耗自动测试向量生成（ATPG）方法：其核心思想是开发可最小化开关活动性的测试向量，大幅降低测试功耗，而不对面积或电路时序产生影响。目前，基于 ATPG 的低功耗测试向量产生方法主要包括低功耗 X 填充（X-Filling）[2]、测试向量排序[3]和低功耗向量产生机理[4]等。

（2）基于扫描设计的低功耗测试方法：主要包括 4 种方法。第 1 种是针对全扫描电路设置输入控制模块，减少或消除电路组合部分的开关活动；第 2 种是扫描路径分割（Segmentation），对于扫描路径的分割能够显著降低测试功耗而不增加测试的时间；第3种是 L. Whetsel 提出的扫描电路转换，通过增加一个自适应电路，阻隔来自测试仪的扫描控制输出，并将其转换成独立的扫描控制，输出到每个新的扫描路径[3]；第 4 种是对时钟结构进行改进，如 R. Sankaralingam 等人提出的拥有多条扫描链的全扫描电路[5]，Bonhomme 等人提出的一种基于门控时钟的扫描路径和时钟树馈入的扫描路径的技术[6]。

（3）低功耗测试数据压缩方法：这种方法需要同时减少扫描功耗和测试过程中的测试数据量。目前，基于扫描测试的数据压缩方法主要有三类，即基于线性解压缩的测试数据压缩方法、基于广播扫描测试数据的测试数据压缩方法和基于编码压缩的测试数据压缩方法。

参考文献

[1] Patrick Girard, Nicola Nicolici, Xiaoqing Wen. Power-aware testing and test strategies for low power devices [M]. Springer, 2010.

[2] Anshuman Chandra, Rohit Kapur. Bounded adjacent fill for low capture power scan testing [C]. Proceedings of IEEE VLSI Test Symposium (VTS), 2008：131-138.

[3] L. Whetsel. Adapting scan architectures for low power operation [C]. Proceedings International Test Conference (ITC), IEEE, 2000：863-872.

[4] Lung-Jen Lee, Chia-Cheng He, Wang-Dauh Tseng. Deterministic ATPG for low capture power testing [C]. Proceedings of International Workshop on Microprocessor Test and Verification (MTV), Austin, December 10-13, 2012：24-29.

[5] R. Sankaralingam, B. Pouya, N. A. Touba. Reducing power dissipation during test using scan chain disable [C]. Proceedings 19th VLSI Test Symposium (VTS), IEEE, Los Alamitos, Calif., 2001：319-324.

[6] Y. Bonhomme, P. Girard, L. Guiller, et al. A gated clock scheme for low power scan testing of logic ICs or embedded cores. Proceedings 10th Asian Test Symposium, IEEE, Los Alamitos, 2001：253-258.

撰稿人：北京大学　冯建华
审稿人：北京大学　张兴　　蔡一茂

▷▷▷ 10.9.6　三维集成电路测试，三維積體電路測試，3D IC Testing

近年来，基于硅通孔（Through Silicon Via, TSV）的 3D IC 的发展十分迅速，被认为是一种具有广阔应用前景的技术。3D IC 的突出优点是互连缩短、功耗降低、集成度提高、噪声降低和电路工作速度提高，可用于实现新型多功能器件及电路系统等。

尽管有诸多优点，3D IC 的发展也带来了许多技术挑战，尤其是在测试方面。一方面，3D IC 垂直键合多层芯片，虽然集成度大大提高，但由于封装引脚的空间限制（即引脚只能排列在芯片四周），用于测试的引脚数量并没有同比例增多，导致芯片中每个模块用于测试的资源相对变少，降低了芯片电路的可控制性和可观察性，从而大大增加了测试的难度和复杂度；另一方面，广泛用于 3D IC 互连的 TSV 很容易受到制造缺陷的影响[1]。目前，TSV 工艺还不够完善，亟待提高 TSV 的成品率，而 TSV 制造过程中引入的新的缺陷也给测试带来了额外的困难。

由于 3D IC 制造工艺较为特殊，其测试流程也相对复杂[2,3]。根据 ITRS-2013，3D IC 的测试流程主要包括如下 4 个步骤。

（1）键合前测试（Pre-bond Die Test）：在集成到堆叠之前，对单个芯片进行测试，其目的是提高单个芯片的成品率，确保故障芯片不会进入后续 3D 集成工艺流程中。

（2）键合中测试（Mid-bond Stack Test）：对部分堆叠进行测试，主要用于检测键合过程中可能产生的缺陷。

（3）键合后测试（Post-bond Stack Test）：对完整堆叠进行测试，检测圆片减薄、对齐和键合过程中产生的新缺陷，并确保 3D 堆叠和 TSV 互连正常工作。键合后测试一般需要综合考虑键合前测试和键合中测试，以便有效降低测试成本。此外，键合后测试阶段的 3D IC 集成度增加，散热问题突出，因此需要进行有效的测试结构优化，以提升芯片的散热性能。

（4）封装测试（Package Test）：在完成所有芯片堆叠及最终的封装后，对 3D IC 进行出厂前的最终的全面检测。

对于 3D IC，那些针对传统 2D IC 的缺陷和故障模型仍然需要在测试中加以考虑。此外，由于采取了新的工艺，因此还需要考虑 3D IC 所特有的故障模型，主要包括如下两个方面[2]。

（1）TSV 互连故障：TSV 互连故障可能发生在 TSV 制造、TSV 与下层芯片键合及 3D 堆叠过程中，其中可能出现的问题主要包括，在 TSV 制造过程中的微孔可能导致 TSV 出现弱开路的情况，TSV 氧化层中的小孔可能导致 TSV 与衬底的短路，去除种子层不彻底可能导致 TSV 之间的短路，键合面的氧化和污染、TSV 间的高度差别、芯片之间的杂质离子都可能对键合质量造成不良影响，键合对准时在 x、y、z 方向的偏离可能导致 TSV 的短路或开路。

（2）3D 工艺所引入的新的片内故障：这些故障可能无法被传统的测试方法检测出来。例如，3D 工艺在圆片减薄过程中可能导致新的缺陷。前期的研究表明，圆片减薄导致 $I-U$ 特性退化、器件性能降低和成品率降低[4]。此外，热耗散及热机械应力也可能引入新的缺陷。多层堆叠的 3D IC 在工作过程中，若各层芯片产生的热量未及时耗散，将很容易影响芯片的正常功能。另外，芯片内不同材料的热膨胀系数的差异会产生热应力，这也会进一步增大器件失效的概率。

参考文献

［1］Hsien-Hsin S. Lee, Krishnendu Chakrabarty. Test challenges for 3D integrated circuits ［J］. IEEE Design & Test of Computers, 2009, 26（5）: 26-35.

［2］Marinissen E J. Testing TSV-based three-dimensional stacked ICs ［C］. 2010 Design, Automation & Test in Europe Conference & Exhibition, Dresden, March 8-12, 2010: 1689-1694.

［3］International Technology Roadmap For Semiconductors. Test and Test Equipment, 2013 Edition.

［4］A. Ikeda, T. Kuwata, S. Kajiwara, et al. Design and measurements of test element group wafer thinned to 10μm for 3D system in package ［C］. The International Conference on Microelectronic Test Structures, IEEE, 2004: 161-164.

撰稿人：北京大学　冯建华

审稿人：北京大学　张兴　蔡一茂

▷▷▷ 10.9.7　嵌入式内核测试，嵌入式内核测试，Embedded Core Testing

随着集成电路工艺技术的发展和设计水平的提高，可将整个系统集成在单个芯片上，即系统芯片（SoC）。为了提高设计效率和缩短上市时间，内核复用已经成为 SoC 设计的主要方法，这给基于嵌入式内核的 SoC 测试带来了巨大的困难。

1995 年，IEEE 计算机学会的测试技术学会（Test Technology Technical Council, TTTC）开始对嵌入式内核的测试问题进行研究。1997 年，TTTC 学会成立了嵌入式内核测试工作组（Embedded Core Test Group），负责制定嵌入式内核集成电路的测试标准。2005 年 3 月，IEEE-SA 理事会通过针对嵌入式内核测试的 IEEE Std 1500 标准（IEEE Standard Testability Method for Embedded Core-Based Integrated Circuits）。2005 年 7 月，美国国家标准协会（ANSI）通过关于嵌入式内核测试的正式标准；2005 年 8 月，嵌入式内核测试标准正式出版[1]。

嵌入式内核的 SoC 可测试性设计（DFT）需要在 SoC 设计过程中实现每个内核的可测试性，可测试性包括被测内核的可控制性和可观察性。可观察性是指能够完成对 IP 核的访问，解决的方法是利用 SoC 的测试访问机制来实现 SoC

第 10 章 集成电路基础研究与前沿技术发展

引脚与嵌入式内核边界之间的数据传输，但这涉及数据位宽与内核端口位宽的匹配问题，因此需要在内核外部设计一个测试外壳（Wrapper）来匹配不同位宽的数据。可控制性是指对 IP 核的控制能力。如果需要测试芯片中某一 IP 核，则需要激活该 IP 核并使其处于测试状态；测试完成后，则将该 IP 核置于正常工作状态。实现这种测试的方法是人为地定义 IP 核的工作模式和相应的控制指令，进而实现对 IP 核测试的控制。

基于嵌入式内核的 SoC 测试的 IEEE 1500 标准主要包含内核测试结构和内核测试语言（Core Test Language，CTL）两部分[2-4]。内核测试结构由测试外壳（Wrapper）、测试访问机制（TAM）、测试产生器和测试响应器组成。测试外壳是指包围在 IP 核周边的逻辑，它给 IP 核的测试提供一个标准的测试环境；测试访问机制可用于传送测试信息，包括测试激励和测试响应；测试产生器用于产生内核的测试向量；测试响应器用于对测试结果进行分析和比较。内核测试语言（CTL）是指对 IP 核进行测试时提供的交换测试信息的标准媒介。

硬件测试外壳主要利用寄存器为 IP 核测试建立一个测试环境。寄存器分为三大类，即外壳指令寄存器（Wrapper Instruction Register）、外壳数据寄存器（Wrapper Data Registers）和内核数据寄存器（Core Data Register）。通过外壳指令寄存器可以使测试外壳进入测试模式，并初始化被包围的内核的测试活动；外壳数据寄存器包括外壳边界寄存器（Wrapper Boundary Register）和外壳旁路寄存器（Wrapper Bypass Register），外壳边界寄存器用于数据的串行化和解串，外壳旁路寄存器提供穿过内核的短路径，在数据需要以尽可能少的时钟周期穿过内核时，可以采用外壳旁路寄存器；内核数据寄存器是指在被外壳包围的内核内部的寄存器。嵌入式内核测试硬件结构图如图 10-74 所示。

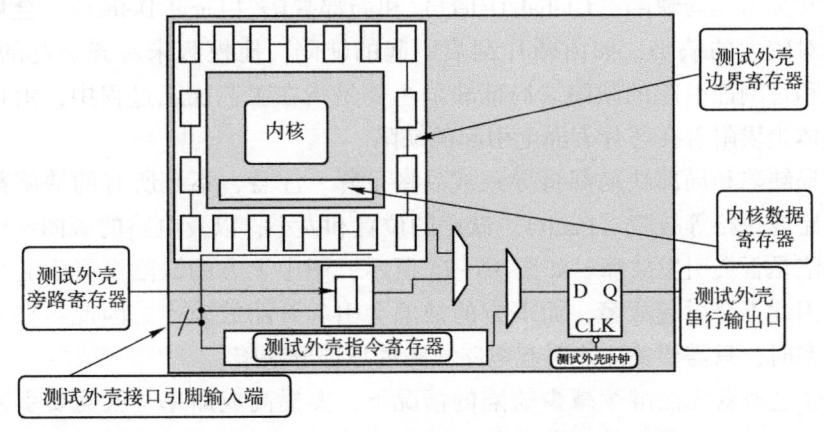

图 10-74　嵌入式内核测试硬件结构图

IEEE 1500 仅标准化了内核周围的测试外壳和 TAM 的接口。为了便于内核测试复用和 SoC 级测试程序开发，IEEE 1500 工作组又成立了一个内核测试语言（CTL）工作组。CTL 可描述各种复杂的信号、分层模型和内核测试所要求的复杂信号时序及其在 SoC 级的复用。传递的测试信息包括测试方法，测试模式和测试规约，测试向量数据，故障模型和故障覆盖率数据，可测试性硬件信息及诊断信息。

参考文献

［1］IEEE Std 1500-2005：Standard for Embedded Core Test ［S］. Test Technology Technical Council of the IEEE Computer Society，2005.

［2］Alfred L. Crouch. Design-for-test for Digital IC's and Embedded Core Systems ［M］. Prentice Hall，1999.

［3］S. Mourad，Y. Zorian. Principles of Testing Electronic Systems ［M］. Jhon Wiley & Sons，2000.

［4］Michael L. Bushnell，Vishwani D. Agrawal. Essentials of Electronic Testing for Digital，Memory & Mixed-Signal VILI Circuits ［M］. Boston：Kluwer Academic Publishers，2000.

撰稿人：北京大学　冯建华
审稿人：北京大学　张兴　蔡一茂

▷▷▷ 10.9.8　缺陷容忍度，缺陷容忍度，Defect Tolerance

在器件制造过程中，由于工艺不完善等问题，会导致缺陷（Defect）的产生。随着工艺尺寸的不断缩小，因缺陷引起的器件失效问题变得更加严重[1]。缺陷通常分为全局缺陷（Global Defect）和局部缺陷（Local Defect）。全局缺陷是指相对较大的缺陷，如由圆片刮痕引起的缺陷，掩模版未对齐引起的缺陷，欠刻蚀和过刻蚀引起的缺陷。局部缺陷主要是指在工艺加工过程中，由化学物质和气体尘埃附着在芯片表面上引起的缺陷。

全局缺陷和局部缺陷都将导致成品率下降。注意，不是所有的缺陷都将导致如开路或短路等故障（Fault）。缺陷的位置和大小，以及电路的版图和密度将决定缺陷是否会引发故障。如图 10-75 所示，图中上方的缺陷没有引起导体的开路，因此不会引起故障，而下方的缺陷会引起开路故障[2]。因此，在考虑提高成品率时，只需要关注能引起电路故障的那部分缺陷。

在工艺改善无法继续减少缺陷的情况下，要提高成品率，就需要引入容缺陷方法。在亚微米量级的工艺条件下，容缺陷方法首先通过建模的方式对缺陷的分布进行预估，然后根据预估的结果，在设计制造过程中加入冗余模块，修改电路布局布线,从而改变电路版图,提高对缺陷的容忍度。

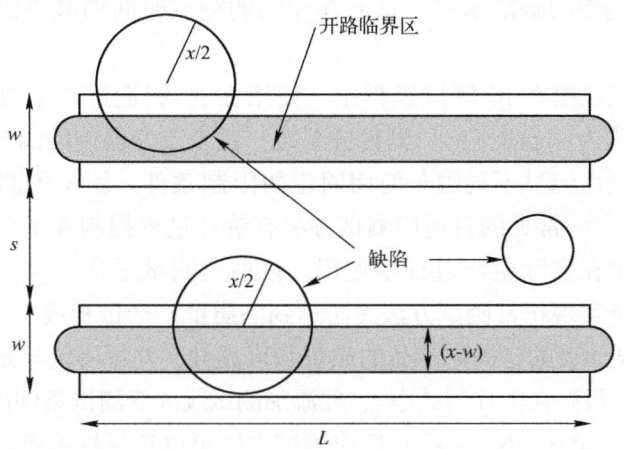

图 10-75　直径为 x 的缺失金属缺陷的临界区[2]

在纳米级的工艺条件下,由于纳米线和纳电子器件的尺寸较小,缺陷密度变得较高。目前,已有的容缺陷方法[3]主要包括缺陷已知(Defect-Aware)容缺陷设计和缺陷未知(Defect-Unaware)容缺陷设计两种。缺陷已知容缺陷设计的关键步骤是容缺陷逻辑映射(DTLM),即给定有缺陷的器件结构和需要实现的逻辑函数,通过算法分析,找到器件结构与逻辑函数之间的对应关系,调整有缺陷器件结构之间的连接,实现逻辑功能。在缺陷未知容缺陷设计中,缺陷的存在和位置都是未知的,因此需要通过算法分析,在有缺陷的芯片中识别出通用的无缺陷子集(Universal Defect-Free Subsets),并将无缺陷子集应用到设计流程中。基于无缺陷子集,可以建立可信的连接,实现缺陷未知容缺陷设计。

参考文献

［1］袁博. 纳米电子系统的容缺陷设计方法研究［D］. 合肥：中国科学技术大学,2014.

［2］I. Koren, Z. Koren. Defect tolerance in VLSI circuits：techniques and yield analysis［J］. Proceedings of the IEEE, 1998, 86（9）：1819-1838.

［3］Mohammad Tehranipoor, Reza M. P. Rad. Defect tolerance for nanoscale crossbar-based devices［J］. Design & Test of Computers IEEE, 2008, 25（6）：549-559.

撰稿人：北京大学　冯建华
审稿人：北京大学　张兴　蔡一茂

▷▷▷ 10.9.9　自适应测试,自我調整測試,Adaptive Testing

自适应测试最早出现于 1993 年,是指通过从临近晶元上获得数据来预测被测器件成品率的方法[1]。使用该测试方法，可以通过调整测试时间（或故障覆盖率）来获得期望的缺陷水平，从而在相同的测试时间内减少测试的次数，提升测试的质量。

自适应测试是指在 IC 测试过程中，使用在 IC 制造过程中收集的数据来影响、改变（或称为"自适应"）器件或系统，甚至改变器件的制造流程的一种测试方法[2]。自适应测试不局限于使用固定的限制条件、固定的测试流程与操作来进行 IC 测试[3]。常见的自适应测试方法有统计过程控制和部分平均测试，也有许多其他技术在实际生产过程中使用。自适应测试通常被认为是一种高级测试策略，可用于实现正常测试方法无法达到的质量、产量和成本目标。

自适应测试的目的是提高产品的质量和可靠性，并尽可能早地在制造过程中识别异常部件（最好在圆片测试中），并添加测试或改变测试条件以筛选有风险的材料（Risk Material）。还有一些自适应测试方法可以选择性地跳过特定材料的测试内容以节省成本。有效地筛选风险较高的材料可以最大限度地降低与客户支持和故障分析相关的成本，并提供早期反馈，以防止其他质量问题的发生。

自适应测试可以通过如下 5 种方式修改生产测试过程。

（1）测试条件：修改电压或时钟频率，如 U_{DD}。

（2）制造流程：添加或删除测试插入，如老化测试插入。

（3）测试内容：添加或删除特定的向量或测试，如跳变故障（Transition Fault）或 I_{DDQ}。

（4）测试限制：改变通过/失败限制，如 DC 电源或 U_{dd} 最小值测试的规格（Specifications）。

（5）测试结果：基于圆片测试结果的后测试分析，改变某些圆片的分选（Binning）。

基于修改的器件和进行修改的时间点，自适应测试可以分为原位、前馈、反馈和后测试[4]。图 10-76 所示的是被测器件和自适应测试应用的整个端到端流程的模型。注意，在每个测试步骤中都存在进行原位、前馈、反馈和后测试的可能性。图 10-76 所示的数据库只是一个简单视图，实际的数据库结构可能包含 2~3 个不同层级、不同容量和延迟的数据库。

由于自适应测试具有处理变化的能力，并且考虑到潜在的宽范围的测试数据，因此自适应测试具有很多的优点，包括降低测试成本，提高质量和可靠性，提升成品率和提高测试效率等。

目前，适应性测试的应用还处于早期试验阶段，尚需要更多、更深入的研究来完成复杂的自适应测试。自适应测试的最大优点是提供了显著的相对于传统方法的改进和成本的节约，这将在集成电路工业中变得越来越有价值。

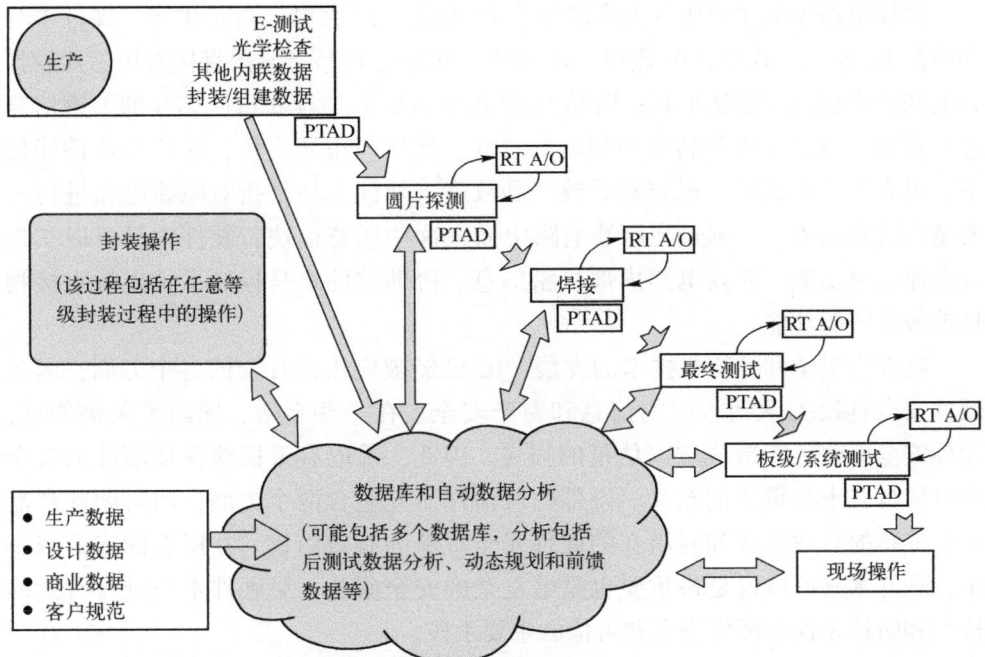

图 10-76 被测器件和自适应测试应用的整个端到端流程的模型[2]

参考文献

[1] A. D. Singh, C. M. Krishna. On optimizing VLSI testing for product quality using die yield prediction [J]. IEEE Transactions on Computer-Aided Design of Integrated Circuits and Systems, 1993, 12 (5): 695-709.

[2] Peter Maxwell. Adaptive testing: Dealing with process variability [J]. IEEE Design & Test of Computers, 2011, 28 (6): 41-49.

[3] Randall C. Overton, Harvey J. Harms, L. Rogers Taylor, et al. Adapting to adaptive testing [J]. Personnel Psychology, 1997, 50 (1): 171-185.

[4] Ender Yilmaz, Sule Ozev, Ozgur Sinanoglu, et al. Adaptive testing: Conquering process variations [C]. 17th IEEE European Test Symposium (ETS), 2012: 1-6.

撰稿人：北京大学　冯建华
审稿人：北京大学　张兴　蔡一茂

10.9.10　硬件安全和可信度，硬體安全和可信度，Hardware Security and Trust

硬件安全问题是指硬件在设计制造过程中，由于一些不可知的因素，导致硬件成品性能与原始设计不相符，并可能造成安全威胁的情况。

集成电路中的主要硬件安全威胁有 IP 剽窃、IC 克隆、过量生产、硬件木马和赝品 IC 等[1]。其中，IP 剽窃、IC 克隆、过量生产是指试图直接盗用芯片设计方的知识产权进行非法牟利；赝品 IC 是指通过反向工程获得原芯片的关键信息进行伪造，或者直接翻新老旧报废的芯片，然后向市场出售，这些芯片性能低下，可靠性没有保障，很容易导致产品故障；硬件木马是指对原始电路进行的恶意修改和插入[2]，通过向原始电路中插入这些恶意模块，硬件木马可以实现改变原电路功能、泄露电路内部机密信息、协助软件木马控制系统或者直接物理摧毁系统等功能。

随着微电子和计算机技术的发展，IC 已经被应用在社会的各个方面，因此硬件安全直接关系到人们的信息和财产安全。在一些金融、国防等关键领域，硬件安全威胁可能造成难以估量的损失。因此，采取有效措施保证硬件的安全和可信具有十分重要的意义。硬件的可信性研究包含两个方面，即对硬件产品安全威胁的有效检测和对潜在的硬件安全威胁的有效防御。在所有的安全威胁中，硬件木马可以说是最重要也是最复杂的安全威胁，对硬件木马进行有效的检测和防护是保证硬件安全和可信的重要手段。

目前，硬件木马的检测方法主要包括破坏性检测、逻辑测试和旁路测试 3 种方法。破坏性检测指的是对芯片进行反向剖解，然后对比所测芯片版图与真实版图是否一致，从而判断芯片是否被篡改。这种方法一般耗时、耗力，而且成本很高，检测后的芯片无法被重新使用。Bao 等人借鉴机器学习的思想，将支持向量机（SVM）和 k-means 聚类算法应用到木马检测上，提高了反向工程的有效性和木马的检测效率[3]。逻辑测试是指通过向被测芯片施加激励，然后对比实际输出与设计输出是否一致来检测硬件木马存在与否。Banga 等人对木马检测的激励生成进行了研究，提高了木马检测的覆盖率和对木马的可观察性[4]。由于木马的插入可能会导致原始电路旁路参数的变化，旁路测试通过测量电路旁路信息（如电路延迟、功率、辐射、热信号等）来对硬件木马进行检测。为了实现对硬件木马的主动防御，对芯片的可信性设计（Design For Trust，DFT）也得到了广泛的研究。芯片可信性设计的主要思想是在电路的设计阶段考虑对木马的防御与检测，通过对原始电路进行处理，使得对原电路插入木马变得更加困难，或者使得在后续检测过程更容易对木马进行检测。Rajendran 等人通过对电路进行逻辑加密，增加了攻击者的木马插入难度[5]。

参考文献

[1] Yaw Obeng, Colm Nolan, David Brown. Hardware security through chain assurance［C］. 2016 Design, Automation & Test in Europe Conference & Exhibition（DATE）. IEEE, 2016：1535-1537.

[2] Mohammad Tehranipoor, Farinaz Koushanfar. A survey of hardware trojan taxonomy and detection [J]. IEEE Design & Test of Computers, 2010, 27 (1): 10-25.

[3] Chongxi Bao, Domenic Forte, Ankur Srivastava. On reverse engineering-based hardware trojan detection [J]. IEEE Transactions on Computer-Aided Design of Integrated Circuits and Systems, 2016, 35 (1): 49-57.

[4] Mainak Banga, Michael S. Hsiao. A novel sustained vector technique for the detection of hardware Trojans [C]. 22nd International Conference on VLSI Design. IEEE, 2009: 327-332.

[5] Jeyavijayan Rajendran, Huan Zhang, Chi Zhang, et al. Fault analysis-based logic encryption [J]. IEEE Transactions on Computers, 2015, 64 (2): 410-424.

撰稿人：北京大学　冯建华
审稿人：北京大学　张兴　蔡一茂

附录 A 集成电路企业简介

A.1 全球部分半导体企业简表

全球部分半导体企业简表见表 A-1。

表 A-1 全球部分半导体企业简表

英文名称	英文简称	中文简称	业务类型	建立年代,总部地点,网址
Advanced Micro Devices, Inc.	AMD	超威	设计	1969,美国,www.amd.com
Amkor Technology, Inc.	Amkor	安靠	封装、测试	1968,美国,www.amkor.com
Apple Inc.	Apple	苹果公司	设计、计算机等	1976,美国,www.apple.com
Applied Materials, Inc.	AMAT	应用材料	设备	1967,美国,www.appliedmaterials.com
Advanced Semiconductor Engineering, Inc.	ASE Group	日月光集团	封装、测试、材料	1984,中国台湾,www.aseglobal.com/en/Index.aspx
ASM (Advanced Semiconductor Materials) International	ASM	先进半导体	设备	1968,荷兰,www.asm.com
ASML Holding N.V.	ASML	阿斯麦	设备	1984,荷兰,www.asml.com
Robert Bosch GmbH	Bosch	博世	车用半导体,MEMS	1886,德国,www.bosch.com
Broadcom Ltd.	Broadcom	博通	设计,MEMS	1991,美国*,www.broadcom.com
ChipMOS Technologies Inc.	ChipMOS	南茂科技	封装、测试	1997,中国台湾,www.chipmos.com.tw
Denso Corporation	Denso	电装	MEMS	1949,日本,www.denso.com/global/en
Dongbu HiTek Co., Ltd.	Dongbu	东部高科	制造	1997,韩国,www.dongbuhitek.co.kr
GlobalFoundries Inc.	GF	格芯	制造	2009,美国,www.globalfoundries.com
HiSilicon Semiconductor Ltd.	HiSilicon	海思半导体	设计	2004,中国,www.hisilicon.com
Shanghai Huahong Grace Semiconductor Manufacturing Corp.	HHNEC	华虹宏力	制造	1997,中国,www.huahonggrace.com

续表

英文名称	英文简称	中文简称	业务类型	建立年代,总部地点,网址
Hitachi High-Technologies	Hitachi High-Tech	日立高新科技	设备	1920,日本,www.hitachi-hightech.com/
Hitachi Kokusai Electric Inc.	Hitachi Kokusai	日立电气	设备	1920,日本,www.hitachi-kokusai.co.jp/global/en/index.html
Tianshui Huatian Technology Co., Ltd	Huatian	天水华天	封装、测试	2003,中国,www.tshtkj.com/index.html
Infineon Technologies AG	Infineon	英飞凌	IDM,车用半导体	1999,德国,www.infineon.com
Intel Corporation	Intel	英特尔	IDM,设计	1968,美国,www.intel.com
Jiangsu Changjiang Electronics Technology Co., Ltd	JCET	长电科技	封装、测试	1972,中国,www.cj-elec.com
King Yuan Electronics Corp. (KYEC)	KING YUAN	京元电子	封装、测试	1987,中国台湾,www.kyec.com.tw/cn/
KLA-Tencor Corporation	KLA-Tencor	科天公司	设备	1997,美国,www.kla-tencor.com
Knowles Electroincs	Knowles	楼氏电子	MEMS	1946,美国,www.knowles.com/
Lam Research Corporation	Lam Research	泛林集团	设备	1980,美国,www.lamresearch.com
Marvell Technology Group	Marvell	美满电子	设计	1995,美国,www.marvell.com
MediaTek Inc.	MediaTek	联发科	设计	1997,中国台湾,www.mediatek.com
Microchip Technology Inc.	Microchip	微芯科技	车用半导体	1989,美国,www.microchip.com
Micron Technology, Inc.	Micron	美光	IDM	1978,美国,www.micron.com
Nikon Corporation	Nikon	尼康	设备	1917,日本,www.nikon.com
Nvidia Corporation	Nvidia	英伟达	设计	1993,美国,www.nvidia.com
NXP Semiconductors N.V.	NXP	恩智浦	IDM,设计,车用半导体	1953,荷兰,www.nxp.com
ON Semiconductor	ONSemi	安森美	车用半导体	1999,美国,www.onsemi.com
Powerchip Technology Corporation	Powerchip	力晶科技	制造	1994,中国台湾,www.powerchip.com
Powertech Technology Inc.	Powertech	力成	封装、测试	1997,中国台湾,www.pti.com.tw
Qorvo	Qorvo	酷沃	MEMS	2015,美国,www.qorvo.com
Qualcomm Incorporated	Qualcomm	高通	设计,MEMS	1985,美国,www.qualcomm.com

附录 A　集成电路企业简介

续表

英文名称	英文简称	中文简称	业务类型	建立年代, 总部地点, 网址
Renesas Electronics Corporation	Renesas	瑞萨	车用半导体	2002, 日本, www.renesas.com
Samsung Electronics Co., Ltd.	Samsung	三星	IDM, 设计	1969, 韩国, www.samsung.com
SCREEN Semiconductor Solutions	SCREEN	网屏半导体	设备	2014, 日本, www.screen.co.jp/eng/spe/index.html
SK Hynix Inc.	SK Hynix	SK海力士	IDM	1983, 韩国, www.skhynix.com
Semiconductor Manufacturing International Corporation	SMIC	中芯国际	制造	2000, 中国, www.smics.com
Sony Corporation	Sony	索尼公司	IDM	1946, 日本, www.sony.net
Siliconware Precision Industries Co., Ltd	SPIL	矽品精密	封装、测试	1984, 中国台湾, www.spil.com.tw
Spreadtrum Communications, Inc.	Spreadtrum	展讯	设计	2001, 中国, www.spreadtrum.com
STATS ChipPAC Ltd.	STATS	星科金朋	封装、测试	1994, 新加坡, www.statschippac.com
STMicroelectronics	STMicro	意法半导体	IDM, 车用半导体, MEMS	1957, 瑞士, www.st.com
TDK Corporation (Tokyo Dengikagaku Kogyo K.K.)	TDK	东京电气化学	MEMS	1935, 日本, www.global.tdk.com
Texas Instruments Inc.	TI	德州仪器	IDM, 设计, 车用半导体, MEMS	1930, 美国, www.ti.com
Tokyo Electron Limited	Tokyo Electron	东京电子	设备	1963, 日本, www.tel.com
Tongfu Microelectronics Co., Ltd.	Tongfu	通富微电	封装、测试	1997, 中国, www.tfme.com/index.php/en
Toshiba Corporation	Toshiba	东芝	IDM	1875, 日本, www.toshiba.com.cn/
Tower Semiconductor Ltd.	TowerJazz	塔富	制造	1993, 日本, www.towerjazz.com
Taiwan Semiconductor Manufacturing Company, Limited	TSMC	台积电	制造	1987, 中国台湾, www.tsmc.com
United Microelectronics Corporation	UMC	联电	制造	1980, 中国台湾, www.umc.com
Vanguard International Semiconductor Corporation (VIS)	Vanguard	世界先进	制造	1994, 中国台湾, www.vis.com.tw
X-FAB Silicon Foundries	X-Fab	爱克斯	制造	1978, 德国, www.xfab.com/home/
Xilinx, Inc.	Xilinx	赛灵思	设计	1984, 美国, www.xilinx.com

*博通公司于2018年将总部迁至美国。

资料整理：陈春章。

A.2 全球重要半导体企业排名

根据企业的综合实力，2016年全球前10位半导体企业排名见表A-2。

表A-2 2016年全球前10位半导体企业排名

2016年排名	2015年排名	公司简称	总部所在地	2015年收入（百万美元）	2016年收入（百万美元）	增长率
1	1	英特尔（Intel）	美国	52 144	56 313	8%
2	2	三星（Samsung）	韩国	42 043	43 535	4%
3	3	台积电（TSMC）	中国台湾	26 574	29 488	11%
4	5	高通（Qualcomm）	美国	16 541	15 436	-7%
5	6	博通（Broadcom）	新加坡	15 183	15 218	0%
6	4	海力士（SK Hynix）	韩国	16 649	14 258	-14%
7	7	美光（Micron）	美国	15 136	13 490	-11%
8	8	德州仪器（TI）	美国	12 112	12 349	2%
9	10	东芝（Toshiba）	日本	9 429	10 770	14%
10	9	恩智浦（NXP）	欧洲	10 563	9 498	-10%
全球半导体市场总规模				335 168	338 931	1%

数据来源：IC Insights，WSTS。数据整理：陈春章、徐小海。

下面分别给出全球重要的集成电路设计企业、集成电路制造企业、集成器件制造商、集成电路封装测试企业、半导体设备供应商、车用半导体供货商和MEMS企业的排名。

A.2.1 全球重要集成电路设计企业排名

2016年全球前10位集成电路设计企业排名见表A-3。

表A-3 2016年全球前10位集成电路设计企业排名

2016年排名	2015年排名	公司简称	总部所在地	2015年收入（百万美元）	2016年收入（百万美元）	增长率
1	1	高通（Qualcomm）	美国	16 541	15 436	-7%
2	2	博通（Broadcom）	新加坡	13 933	13 848	-1%
3	3	联发科技（MediaTek）	中国台湾	7 360	8 800	20%
4	4	苹果（Apple）	美国	5 531	6 493	17%
5	5	英伟达（Nvidia）	美国	4 696	6 340	35%
6	6	超威（AMD）	美国	3 991	4 238	6%

续表

2016年排名	2015年排名	公司简称	总部所在地	2015年收入（百万美元）	2016年收入（百万美元）	增长率
7	7	海思半导体（HiSilicon）	中国	3 270	3 762	15%
8	8	美满电子（Marvell）	美国	2 809	2 403	−14%
9	9	赛灵思（Xilinx）	美国	2 210	2 305	4%
10	11	展锐（Spreadtrum）	中国	1 385	1 510	9%
全球Fabless市场总规模				84 657	88 919	5%

数据来源：IC Insights。数据整理：陈春章、徐小海。

▷▷▷ A.2.2 全球重要集成电路制造企业排名

集成电路制造企业也称为集成电路代工企业。2016年全球前10位集成电路代工企业排名见表A-4。

表A-4 2016年全球前10位集成电路代工企业排名

2016年排名	2015年排名	公司简称	总部所在地	2015年收入（百万美元）	2016年收入（百万美元）	增长率
1	1	台积电（TSMC）	中国台湾	26 574	29 488	11%
2	2	格芯（GlobalFoundries）	美国	5 019	5 545	10%
3	3	联电（UMC Group）	中国台湾	4 464	4 582	3%
4	4	中芯国际（SMIC）	中国	2 236	2 921	31%
5	5	力晶（Powerchip）	中国台湾	1 268	1 275	1%
6	6	塔富（TowerJazz）	以色列	961	1 249	30%
7	7	世界先进（Vanguard）	中国台湾	736	800	9%
8	8	华虹宏力（Hua Hong Semi）	中国	650	712	10%
9	9	东部高科（Dongbu HiTek）	韩国	593	672	13%
10	13	爱克斯（X-Fab）	德国	331	510	54%
全球集成电路代工企业总收入				45 492	50 335	11%

数据来源：IC Insights。数据整理：陈春章、徐小海。

▷▷▷ A.2.3 全球重要集成器件制造商排名

2016年全球前10位集成器件制造商（Integrated Device Manufacturer，IDM）排名见表A-5。

表 A-5　2016 年全球前 10 位集成器件制造商排名

2016 年排名	2015 年排名	公司简称	总部所在地	2015 年收入（百万美元）	2016 年收入（百万美元）	增长率
1	1	英特尔（Intel）	美国	52 144	56 313	8%
2	2	三星（Samsung）	韩国	42 043	43 535	4%
3	3	海力士（SK Hynix）	韩国	16 649	14 258	−14%
4	4	美光（Micron）	美国	15 136	13 490	−11%
5	5	德州仪器（TI）	美国	12 112	12 349	2%
6	7	东芝（Toshiba）	日本	9 429	10 770	14%
7	6	恩智浦（NXP）	荷兰	10 563	9 498	−10%
8	8	英飞凌（Infineon）	德国	6 916	7 283	5%
9	9	意法半导体（STMicro）	瑞士	6 864	6 944	1%
10	10	索尼（Sony）	日本	6 110	6 371	4%

数据来源：IC Insights，WSTS。数据整理：陈春章、徐小海。

▷▷▷ A.2.4　全球重要集成电路封装测试企业排名

2016 年全球前 10 位集成电路封装测试企业排名见表 A-6。

表 A-6　2016 年全球前 10 位集成电路封装测试企业排名

2016 年排名	2015 年排名	公司简称	总部所在地	2015 年收入（百万美元）	2016 年收入（百万美元）	增长率
1	1	日月光（ASE）	中国台湾	4 748	4 861	2%
2	2	安靠（Amkor）[①]	美国	2 885	3 902	35%
3	3	矽品精密（SPIL）	中国台湾	2 607	2 638	1%
4	4	长电科技（JCET）[②]	中国	1 655	2 280	38%
5	6	力成科技（Powertech）[③]	中国台湾	1 291	1 506	17%
6	5	星科金朋（STATS ChipPAC）[②]	新加坡	1 339	1 078	−19%
7	9	天水华天（Tianshui Huatian）	中国	597	811	36%
8	13	通富微电（TFME）[④]	中国	357	764	114%
9	10	京元电子（KYEC）[⑤]	中国台湾	520	743	43%
10	8	南茂科技（ChipMOS）	中国台湾	606	583	−4%

注：① 2016 年安靠合并 J-Devices；② 2016 年长电科技包括星科金朋（STATS ChipPAC）（2015 年合并）的收入；③ 不包括 Greatek 子公司；④ 包括来自 Flipchip International 的收入；⑤ 只提供测试服务。

数据来源：IC Insights 2016，根据同类数据整理。数据整理：徐小海、陈春章。

A.2.5 全球重要圆片制造设备供应商排名

2016 年全球前 10 位圆片制造设备供应商排名见表 A-7。

表 A-7 2016 年全球前 10 位圆片制造设备供应商排名

2016 年排名	2015 年排名	公司简称	总部所在地	2015 年收入（百万美元）	2016 年收入（百万美元）	增长率
1	1	应用材料（Applied Materials）	美国	6 420.2	7 736.9	20.5%
2	2	泛林集团（Lam Research）	美国	4 808.3	5 213.0	8.4%
3	3	阿斯麦（ASML）	荷兰	4 730.9	5 090.6	7.6%
4	4	东电电子（Tokyo Electron）	日本	4 325.0	4 861.0	12.4%
5	5	科天公司（KLA-Tencor）	美国	2 043.2	2 406.0	17.8%
6	6	网屏半导体（Screen Semi. Solutions）	日本	971.5	1 374.9	41.5%
7	7	日立高新科技（Hitachi High-Technologies）	日本	788.3	908.2	24.3%
8	8	尼康（Nikon）	日本	724.2	731.5	1.0%
9	9	日立电气（Hitachi Kokusai）	日本	633.8	528.4	-16.6%
10	10	先进半导体（ASM International）	荷兰	582.5	496.9	-14.7%
		其他		7 586.2	7 988.0	5.3%
		全球半导体设备市场总规模		33 613.7	37 407.3	11.3%

数据来源：Gartner。数据整理：徐小海、陈春章。

A.2.6 全球重要车用半导体供货商排名

2016 年全球前 10 位车用半导体供货商排名见 A-8。

表 A-8 2016 年全球前 10 位车用半导体供货商排名

排名	公司简称	2016 年市场占有率	2015 年市场占有率
1	恩智浦（NXP）	14%	13.6%
2	英飞凌（Infineon）	10.7%	9.9%
3	瑞萨电子（Renesas Electronics）	9.6%	9.3%
4	意法半导体（STMicro）	7.6%	7.3%
5	德州仪器（Texas Instruments）	6.9%	6.4%

续表

排名	公司简称	2016年市场占有率	2015年市场占有率
6	博世（Robert Bosch）	5.9%	5.0%
7	安森美（ON Semiconductor）	4.4%	4.0%
8	微芯科技（Microchip Technology）（包括Atmel）	2.9%	3.0%
9	东芝（Toshiba）	2.6%	2.6%
10	罗姆半导体（Rohm Semiconductor）	2.5%	2.3%
	前10位合计	67.1%	63.4%

数据来源：Semicast Research 2017年3月数据。数据整理：徐小海、陈春章。

A.2.7 全球重要MEMS企业排名

2016年全球前10位MEMS企业排名见表A-9。

表A-9 2016年全球前10位MEMS企业排名

2016年排名	企业简称	2016年销售收入（亿美元）
1	博世（Robert Bosch）	11.6
2	博通（Broadcom）	9.1
3	德州仪器（TI）	7.57
4	意法半导体（STMicro）	6.3
5	酷沃（Qorvo）	5.85
6	惠普（HP）	4.64
7	楼氏电子（Knowles）	4.2
8	电装株式会社（Denso）	4.02
9	东京电气化学（TDK）	3.68
10	高通（Qualcomm）	3.42

数据来源：根据Yole 2017年5月材料整理。数据整理：徐小海、陈春章。

A.3 中国重要半导体企业排名

根据2017年中国半导体行业协会统计并发布的数据进行分类整理，下面给出中国重要半导体企业排名。

A.3.1 中国重要集成电路设计企业排名

2016年中国前10位集成电路设计企业排名见表A-10。

表 A-10 2016 年中国前 10 位集成电路设计企业排名

排名	企业名称	销售额（亿元）
1	深圳市海思半导体有限公司	303
2	清华紫光展锐（展讯）	125
3	深圳市中兴微电子技术有限公司	56
4	华大半导体有限公司	47.6
5	北京智芯微电子科技有限公司	35.6
6	深圳市汇顶科技股份有限公司	30
7	杭州士兰微电子股份有限公司	27.6
8	大唐半导体设计有限公司	24.3
9	敦泰科技（深圳）有限公司	23.5
10	北京中星微电子有限公司	20.5

数据来源：中国半导体行业协会。数据整理：陈贤。

A.3.2 中国重要集成电路制造企业排名

2016 年中国前 10 位集成电路制造企业排名见表 A-11。

表 A-11 2016 年中国前 10 位集成电路制造企业排名

排名	企业名称	销售额（亿元）
1	三星（中国）半导体有限公司	237.5
2	中芯国际集成电路制造有限公司	202.2
3	SK 海力士半导体（中国）有限公司	122.7
4	华润微电子有限公司	56.7
5	上海华虹宏力半导体制造有限公司	50.2
6	英特尔半导体（大连）有限公司	45.8
7	台积电（中国）有限公司	39.6
8	上海华力微电子有限公司	30.3
9	西安微电子技术研究所	25
10	和舰科技（苏州）有限公司	17.5

数据来源：中国半导体行业协会。数据整理：陈贤。

A.3.3 中国重要半导体封装测试企业排名

2016 年中国前 10 位半导体封装测试企业排名见表 A-12。

表 A-12　2016 年中国前 10 位半导体封装测试企业排名

排名	企业名称	2016 年销售额（亿元）
1	江苏新潮科技集团有限公司	193.0*
2	南通华达微电子集团有限公司	135.7**
3	威讯联合半导体（北京）有限公司	83.0
4	天水华天电子集团	66.6
5	恩智浦半导体	58.9
6	英特尔产品（成都）有限公司	39.7
7	海太半导体（无锡）有限公司	32.4
8	上海凯虹科技有限公司	30.4
9	安靠封装测试（上海）有限公司	30.1
10	晟碟半导体（上海）有限公司	27.6

*包括星科金朋销售数据；**包括 AMD 苏州、马来西亚工厂销售数据。

数据来源：中国半导体行业协会。数据整理：陈贤。

A.3.4　中国其他重要半导体企业

2016 年中国半导体行业功率器件十强企业见表 A-13。

表 A-13　2016 年中国半导体行业功率器件十强企业

序号	企业名称
1	吉林华微电子股份有限公司
2	扬州扬杰电子科技股份有限公司
3	苏州固锝电子股份有限公司
4	无锡华润华晶微电子有限公司
5	瑞能半导体有限公司
6	常州银河世纪微电子股份有限公司
7	北京燕东微电子有限公司
8	中国振华集团永光电子有限公司（国营第八七三厂）
9	无锡新洁能股份有限公司
10	深圳深爱半导体股份有限公司

数据来源：中国半导体行业协会。数据整理：陈贤。

2016 年中国半导体行业 MEMS 十强企业见表 A-14。

表 A-14 2016 年中国半导体行业 MEMS 十强企业

序 号	企 业 名 称
1	歌尔声学股份有限公司
2	瑞声声学科技（深圳）有限公司
3	美新半导体（无锡）有限公司
4	深迪半导体（上海）有限公司
5	美泰电子科技有限公司
6	苏州迈锐微电子有限公司
7	苏州敏芯微电子技术有限公司
8	苏州明皜传感科技有限公司
9	无锡芯奥微传感技术有限公司
10	无锡康森斯克电子科技有限公司

数据来源：中国半导体行业协会。数据整理：陈贤。

2016 年中国半导体行业材料十强企业见表 A-15。

表 A-15 2016 年中国半导体行业材料十强企业

序 号	企 业 名 称
1	浙江金瑞泓科技股份有限公司
2	南京国盛电子有限公司
3	宁波江丰电子材料股份有限公司
4	有研半导体材料有限公司
5	北京达博有色金属焊料有限责任公司
6	上海新阳半导体材料股份有限公司
7	安集微电子（上海）有限公司
8	有研亿金新材料有限公司
9	湖北兴福电子材料有限公司
10	江阴江化微电子材料股份有限公司

数据来源：中国半导体行业协会。数据整理：陈贤。

2016 年中国半导体行业设备五强企业见表 A-16。

表 A-16 2016 年中国半导体行业设备五强企业

序 号	企 业 名 称
1	中电科电子装备有限公司
2	北京北方华创微电子装备有限公司

续表

序号	企业名称
3	中微半导体设备（上海）有限公司
4	上海微电子装备有限公司
5	沈阳拓荆科技有限公司

数据来源：中国半导体行业协会。数据整理：陈贤。

A.4 中国半导体与集成电路产业联盟

本节内容是根据中国半导体行业协会提供的资料整理而成的。

A.4.1 中国半导体产业相关联盟

中国半导体产业相关联盟见表 A-17。

表 A-17 中国半导体产业相关联盟

序号	联盟名称	成立时间	备注
1	集成电路产业技术创新战略联盟	2017年3月	62家单位共同发起
2	中国高端芯片联盟	2016年7月	27家单位共同发起
3	中国传感器与物联网产业联盟	2016年4月	
4	中国集成电路知识产权联盟	2016年1月	
5	国家示范性微电子学院产学研融合发展联盟	2015年11月	
6	中国IGBT技术创新与产业联盟	2014年10月	25家单位共同发起
7	中国宽禁带功率半导体及应用产业联盟	2013年12月	
8	中国半导体照明/LED产业与应用联盟	2012年1月	156家单位共同发起
9	集成电路材料和零部件产业技术创新战略联盟（原：集成电路材料产业技术创新战略联盟）	2013年1月	
10	中国半导体行业协会金融IC卡芯片迁移产业促进联盟	2013年9月	24家单位共同发起
11	集成电路设计产业技术创新战略联盟	2010年4月	30家单位联合成立
12	国家集成电路封测产业链技术创新战略联盟	2009年12月	25家单位发起成立
13	国家半导体照明工程研发及产业联盟	2004年10月	46家单位发起成立

数据来源：中国半导体行业协会。数据整理：陈贤。

A.4.2 中国半导体产业相关联盟简介

1. 集成电路产业技术创新战略联盟

集成电路产业技术创新战略联盟成立于2017年3月，由62家重点企业、高校、研究院所和社会组织等共同发起成立。成员单位业务范围涵盖互联网应用、信息系统集成、电子产品整机制造、集成电路设计、集成电路制造、集成电路封测、集成电路装备材料和零部件等。联盟以国家战略为指引，以突破集成电路前沿技术为目标，鼓励开放式创新，促进产业链各环节的交流合作，优化产业技术创新的生态环境；探索各类资源协同的新机制，汇聚联盟内外和国内外的创新资源和力量，推动产业技术水平的快速提升；促进"核心电子器件、高端通用芯片及基础软件产品""极大规模集成电路制造装备与成套工艺""新一代宽带无线移动通信网"等3个重大专项成果的对接与深度融合；深入系统地研究集成电路产业技术创新可持续发展战略，为"十三五"电子与信息领域重大专项顺利实施及后续集成电路的协同创新提供支撑，为我国及全球集成电路产业技术创新和发展做出贡献。秘书处设在中科院微电子所。

2. 中国高端芯片联盟

中国高端芯片联盟成立于2016年7月，由27家国内高端芯片、基础软件、整机应用等产业链的重点骨干企业、著名院校和研究院所共同发起成立。联盟接受国家集成电路产业发展领导小组办公室的指导，其宗旨是围绕高端芯片领域，以建立产业生态为目标，以重点骨干企业为主体，整合各方资源，建立产、学、研、用深度融合的联盟，推动协同创新攻关，促进核心技术和产品应用推广，探索体制机制创新，打造"架构—芯片—软件—整机—系统—信息服务"的产业生态体系，推进集成电路产业快速发展。联盟发起单位包括紫光集团、长江存储、中芯国际、中国电子、华为、中兴、联想、清华大学、北京大学、中科院微电子所、工信部电信研究院等。秘书处设在中国电子信息产业发展研究院。

3. 中国传感器与物联网产业联盟

中国传感器与物联网产业联盟成立于2016年4月，旨在联合联盟成员单位、行业协会及科研机构等，发挥产学研合作和整体资源优势，开展扎实的技术研发及广泛的技术合作，加快传感器、工业智能、信息物理系统（CPS）等核心技术研发，加快我国物联网产业核心技术和关键产品的标准化，推进物联网产业的创新加速及规模化应用，切实推动我国"十三五"期间"中国制造2025""互联网+""大数据"等国家重要战略。秘书处设在上海微技术工业研究院。

4. 中国集成电路知识产权联盟

中国集成电路知识产权联盟成立于2016年1月，由国家工业信息安全发展研究中心（工业和信息化部电子科学技术情报研究所）牵头成立，联盟成员覆盖集成电路设计、制造、封装、测试、相关设备和材料等产业链上下游企业，以及标准化、科研院所、相关软件开发、系统集成、互联网、内容与服务等领域企事业单位及社会团体组织，旨在整合全产业链资源，建成具有全球影响力的集成电路产业新兴知识产权组织。联盟总体目标：一是风险管理，建立知识产权风险防控体系；二是资产管理，通过自主研发和知识产权并购，创建集成电路知识产权资产，引导实施全球专利布阵；三是资产运营，通过知识产权策略性运用，建立中国集成电路产业在全球的比较竞争优势。秘书处设在国家工业信息安全发展研究中心。

5. 国家示范性微电子学院产学研融合发展联盟

国家示范性微电子学院产学研融合发展联盟成立于2015年11月，是为了贯彻落实《国家集成电路产业发展推进纲要》和《关于支持有关高校建设示范性微电子学院的通知》精神，在示范性微电子学院、集成电路骨干企业、行业协会等共同参与下成立的，旨在尽快满足国家集成电路产业发展对高素质人才的迫切需求。联盟将充分发挥成员单位在人才培养、产学研合作协同育人等方面的特色和优势，创新人才培养机制，提高人才培养质量，从而推动我国集成电路产业的可持续发展。秘书处设在中国科学院大学示范性微电子学院。

6. 中国 IGBT 技术创新与产业联盟

中国 IGBT 技术创新与产业联盟成立于2014年10月，由 IGBT 专用材料、设备、芯片、器件、模块、装置及系统应用等产业链骨干企业、科研院所、高等院校等25家单位发起。联盟的主要职能是，协助政府部门加强对 IGBT 产业的支持力度，为政府制定相关产业政策提供依据；联合企业、政府、科研单位、高等院校等多方资源进行 IGBT 发展战略政策研究，探索有效的产学研相结合的技术创新机制，搭建公共技术服务平台；定期开展本行业技术与产业学术年会的各项活动，营造良好的产业发展环境，促进成员单位间的合作交流和资源共享，逐步提高联盟影响力，进而推动 IGBT 全产业链的国产化，提升中国 IGBT 产业链各企业的国际竞争力。秘书处设在株洲中车时代电气股份有限公司。

7. 中国宽禁带功率半导体及应用产业联盟

中国宽禁带功率半导体及应用产业联盟成立于2013年12月，是一家由在中国境内注册成立的从事宽禁带功率半导体研发、生产及应用的企（事）业单位、大专院校、科研院所等，按照平等、合作、互助、互惠的原则，本着共创市场、共享成果、共同发展的理念，自愿联合组成的全国性非营利性社会团体。联盟宗旨是提升中国宽禁带功率半导体产业研发、生产能力，推动中国宽禁带功率半导体产业市场化、产业化。秘书处设在山东天岳先进材料科技有限公司。

8. 中国半导体照明/LED 产业与应用联盟

中国半导体照明/LED 产业与应用联盟成立于2012年1月，由国内156家行业企业、行业协会、标准化组织、检测机构等单位共同发起，主要工作是开展标准检测、知识产权、联合创新、产业链协调、合作交流五个工作推进组的建设；旨在推进半导体照明/LED产业标准化工作，开展半导体照明/LED产业知识产权战略的研究与制定以及服务平台的建设，推进半导体照明/LED产业核心技术和产品的自主创新，完善产业链发展的协调机制，以及推进半导体照明/LED产业的国际交流与合作等。秘书处设在中国电子信息产业发展研究院。

9. 集成电路材料和零部件产业技术创新战略联盟

集成电路材料和零部件产业技术创新战略联盟（原为集成电路材料产业技术创新战略联盟）成立于2013年1月，是由国内从事集成电路材料和零部件制造、应用、科研、开发、教学等产学研单位在自愿参与的基础上，以集成电路材料和零部件产业技术创新发展为主题，共同发起组建的产业技术创新战略联盟，是一家遵守各项法规、保障公平公正、可持续发展的、不排他性的、开放的非营利性创新组织。联盟将整合全国集成电路材料和零部件领域创新资源，依托联盟各成员单位的人才、技术和市场资源，加快推进科技成果产业化，实现我国集成电路制造用材料的本地化供应；通过构建有效的合作方式，增强联盟的整体优势，促进中国集成电路材料和零部件领域人才集聚和关键技术发展，不断提升自主创新能力，支撑我国集成电路技术创新并为国际集成电路材料和零部件技术发展做出贡献。秘书处设在北京多维电子材料技术开发与促进中心。

10. 中国半导体行业协会金融IC卡芯片迁移产业促进联盟

中国半导体行业协会金融IC卡芯片迁移产业促进联盟成立于2013年9月，由24家涉及金融IC卡迁移工作的IC卡设计、芯片制造、模块制造、IC卡制作、保密算法、操作系统（COS）研发等各环节单位发起成立。联盟以应用为导向，推广金融领域IC卡国产芯片，建立与完善我国金融IC卡产业链，全面提升联盟各成员金融IC卡产品的技术、安全等级和服务水平，为我国金融IC卡迁移工程实施和构筑金融IC卡迁移工程安全体系作出贡献。秘书处设在中国半导体行业协会。

11. 集成电路设计产业技术创新战略联盟

集成电路设计产业技术创新战略联盟成立于2010年4月，是以北京集成电路设计园有限责任公司（国家集成电路设计北京产业化基地）为主体，以科研院所和高校为依托，以国产自主知识产权核心技术为基础，联合29家集成电路设计领域的产、学、研核心机构形成的联合开发、优势互补、利益共享、风险共担的技术创新合作组织。秘书处设在国家集成电路设计北京产业化基地。

12. 国家集成电路封测产业链技术创新战略联盟

国家集成电路封测产业链技术创新战略联盟成立于2009年12月，由集成电路封测产业链中的从事制造、开发、科研、教学的25家骨干单位作为发起人，以企业为主体，以产学研相结合为创新平台，以国家科技重大专项为纽带，围绕"以市场带动研发、以成果推动产业"主线，积极开展相关试点工作。

13. 国家半导体照明工程研发及产业联盟

国家半导体照明工程研发及产业联盟成立于 2004 年 10 月，由 46 家单位发起成立，目前有 578 家会员，是为半导体照明等战略性新兴产业提供全方位创新服务的新型组织。联盟通过不断创新体制机制，有效整合了国内外创新资源，促进了以企业为主体的创新体系建设，探索了社会管理和科技服务的新模式，提高了我国半导体照明产业的国际地位和影响力。依托联盟建设的半导体照明联合创新国家重点实验室，在技术研发、标准研制、检测认证、人才培养、成果转化等方面均开展了卓有成效的工作。

（资料来源：中国半导体行业协会　　资料整理：陈贤）

A.5　索尔维会议

半导体技术是建立在物理学基础上的，而集成电路从设计、制造到封装测试等各环节更是离不开物理学中各个分支技术的支撑。索尔维国际会议不仅是一个具有重大影响力的专业的物理与化学国际学术会议，还是一个物理与化学的专业联盟，对半导体技术的发展产生了深远的影响。1911 年 10 月，比利时化学家、企业家和慈善家埃内斯特·索尔维（Ernest Solvay）在布鲁塞尔创办了国际性学术会议——索尔维会议（Solvay Conference），邀请了包括居里夫人在内的当时世界上杰出的科学家们，共同探讨物理学和化学发展中尚待解决的重大问题。埃内斯特·索尔维与瑞典化学家、发明家、企业家阿尔弗雷德·伯纳德·诺贝尔（Alfred Bernhard Nobel）有很多相似之处，他们都是化学家和实业家，也都热衷于公益事业——阿尔弗雷德·伯纳德·诺贝尔将其大部分遗产作为基金设立了诺贝尔奖，而埃内斯特·索尔维则是用自己的资产为召开世界最高学术水平的"索尔维会议"提供了经费。

1921 年第 3 次索尔维会议后，索尔维会议细分为索尔维物理学会议（Solvay Conferences on Physics）和索尔维化学会议（Solvay Conferences on Chemistry）。

1927 年召开的第 5 次索尔维国际会议（1927 Fifth Solvay Conference, Brussels）是最著名的一次索尔维会议，此次会议的议题是"电子与光子"，讨论的重点是量子理论，论辩双方的中心人物是阿尔伯特·爱因斯坦（Albert Einstein）和尼尔斯·亨利克·戴维·玻尔（Niels Henrik David Bohr）。这次"索尔维会议"被誉为"物理学界最豪华的聚会"——在参会的 29 名科学家中，已经得到诺贝尔奖和后来得到诺贝尔奖的科学家共有 17 位（包括 15 位诺贝尔物理学奖获得者和 3 位诺贝尔化学奖获得者，其中居里夫人分别获得 1903 年诺贝尔物理学奖和 1911 年诺贝尔化学奖）。第 5 次索尔维会议部分参会人员合影如图 A-1 所示。

1982 年，美籍华裔物理学家杨振宁教授参加了以"高能物理"为议题的第 18 次索尔维物理学会议。

图 A-1　第 5 次索尔维国际会议部分参会人员合影

照片中获得过诺贝尔物理学奖的科学家有洛伦兹（1902）、居里夫人（1903）、布拉格（1915）、普朗克（1918）、爱因斯坦（1921）、玻尔（1922）、康普顿（1927）、威尔逊（1927）、理查森（1928）、德布罗意（1929）、海森堡（1932）、薛定谔（1933）、狄拉克（1933）、泡利（1945）、玻恩（1954），获得诺贝尔化学奖的有居里夫人（1911）、朗缪尔（1932）和德拜（1936）。

（资料来源：比利时索尔维研究所、维基百科　　资料整理：陈春章）

附录 B 常用参考表

▷▷ B.1 希腊字母表

表 B-1 希腊字母表

序号	大写	小写	英文名	中文近似发音
1	A	α	alpha	阿尔法
2	B	β	beta	贝塔
3	Γ	γ	gamma	伽马
4	Δ	δ	delta	德尔塔
5	E	ε	epsilon	艾普西隆
6	Z	ζ	zeta	泽塔
7	H	η	eta	伊塔
8	Θ	ϑ, θ	theta	西塔
9	I	ι	iota	约塔
10	K	κ	kappa	卡帕
11	Λ	λ	lambda	拉姆达
12	M	μ	mu	谬
13	N	ν	nu	纽
14	Ξ	ξ	xi	克西
15	O	o	omicron	奥米克戎
16	Π	π	pi	派
17	P	ϱ, ρ	rho	柔
18	Σ	σ	sigma	西格马
19	T	τ	tau	陶
20	Υ	υ	upsilon	宇普西龙
21	Φ	φ, ϕ	phi	斐
22	X	χ	chi	希
23	Ψ	ψ	psi	普西
24	Ω	ω	omega	奥米伽

B.2 常用物理化学参考表

B.2.1 元素周期表

表B-2 元素周期表

B.2.2 集成电路制造常用元素

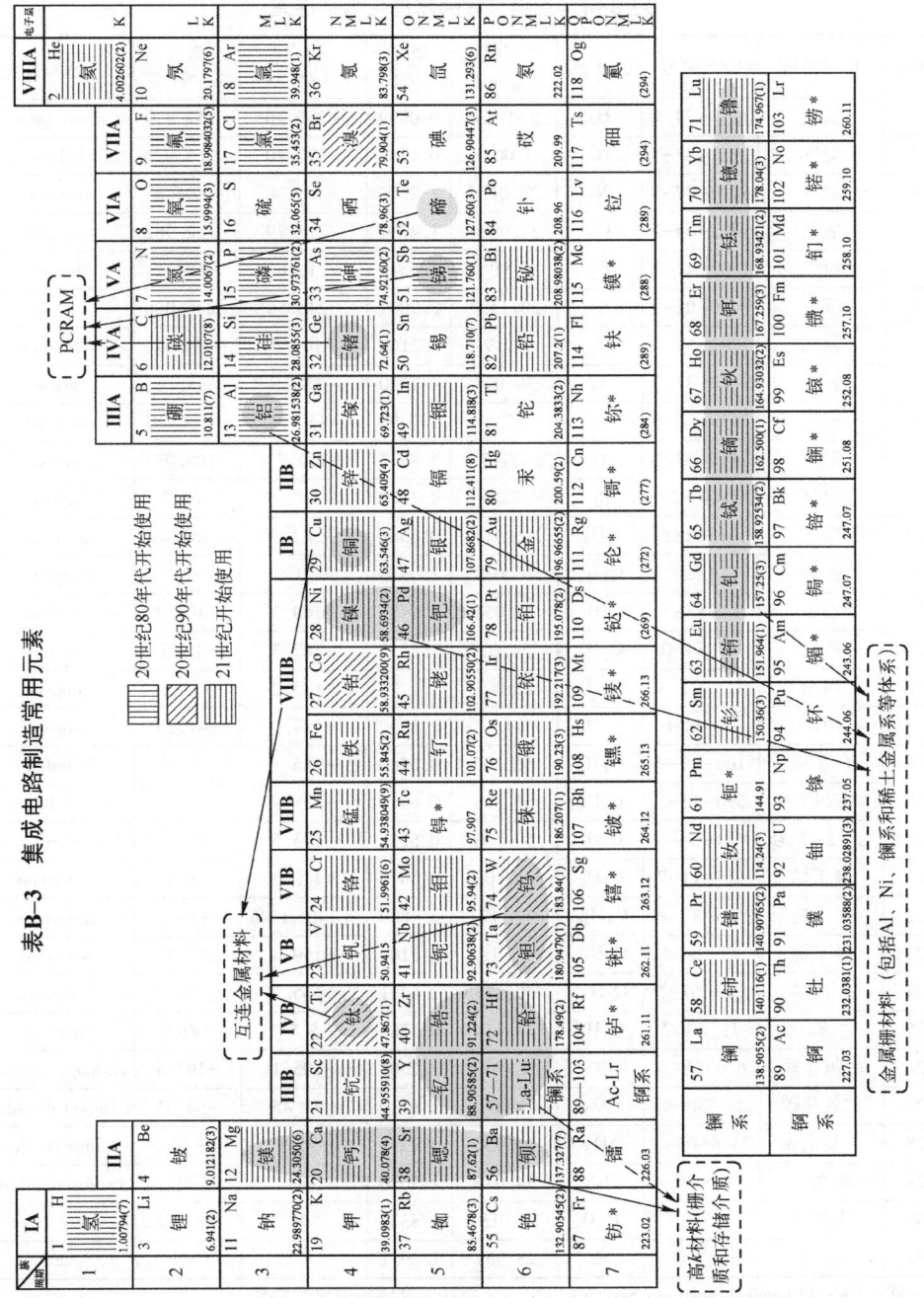

表B-3 集成电路制造常用元素

▷▷▷ B.2.3 常用气体的物理化学特性表

表 B-4 常用气体的物理化学特性表

序号	化学名称	CAS 编号	分子式	摩尔质量/(g/mol)	密度/(g/L)	熔点/℃	沸点/℃	英文名
1	氢气	1333-74-0	H_2	2.01588	0.0899	−259.16	−252.879	hydrogen
2	氦气	275-187-7	He	4.0026	0.1786	−272.20	−268.928	helium
3	氮气	7727-37-9	N_2	28.0134	1.2510	−211.4	−195.8	nitrogen
4	氧气	7782-44-7	O_2	31.9988	1.4291	−218.79	−182.962	oxygen
5	氟气	7782-41-4	F_2	37.9968	1.5540	−219.62	−188.1	fluorine
6	氖气	7440-01-9	Ne	20.1797	0.9002	−248.59	−246.046	neon
7	氯气	7782-50-5	Cl_2	70.9	3.2100	−101.5	−34.04	chlorine
8	氩气	7440-37-1	Ar	39.948	1.7840	−189.3	−185.8	argon
9	氪气	7439-90-9	Kr	83.8	3.7490	−157.37	−153.415	krypton
10	氙气	7440-63-3	Xe	131.3	5.8940	−111.75	−108.099	xenon
11	氡气	10043-92-2	Rn	222	9.7300	−71	−61.7	radon
12	甲烷	74-82-8	CH_4	16.043	0.6560	−182.5	−161.49	methane
13	乙炔	74-86-2	C_2H_2	26.038	1.0970	−80.8	−84	acetylene
14	乙烯	74-85-1	C_2H_4	28.054	1.1780	−169.2	−103.7	ethylene
15	乙烷	74-84-0	C_2H_6	30.07	1.3553	−182.3	−88.5	ethane
16	丙烯	115-07-1	C_3H_6	42.081	1.8100	−185.2	−47.6	propene
17	丙烷	74-98-6	C_3H_8	44.1	1.8300	−187.6	−42.25	propane
18	1-丁烯	106-98-9	C_4H_8	56.106	0.6200	−185.3	−6.47	1-butene
19	顺-2-丁烯	590-18-1	C_4H_8	56.106	0.6410	−138.9	3.7	cis-2-butene
20	反-2-丁烯	624-64-6	C_4H_8	56.106	0.6260	−105.5	0.9	trans-2-butene
21	异丁烯	115-11-7	C_4H_8	56.106	0.5879	−140.3	−6.9	isobutene
22	正丁烷	106-97-8	C_4H_{10}	58.12	2.4800	−(140~134)	−1~1	n-butane
23	异丁烷	75-28-5	C_4H_{10}	58.12	2.5100	−159.4	−11.73	isobutane
24	1-戊烯	109-67-1	C_5H_{10}	70.135	0.6411	−165.2	30	1-pentene
25	苯	71-43-2	C_6H_6	78.114	0.8786	5.5	80	benzene
26	一氧化碳	630-08-0	CO	28.0104	1.2506	−205.1	−191.4	carbon monoxide
27	二氧化碳	24-38-9	CO_2	44.0098	1.9770	−78.45	−56.55	carbon dioxide
28	二氧化硫	7446-09-5	SO_2	64.059	2.9275	−75.5	−10	sulfur dioxide
29	硫化氢	7783-06-4	H_2S	34.076	1.3630	−82	−60	hydrogen sulfide
30	水蒸气		H_2O	18.0154	0.8330	0	99.974	water vapor
31	空气		air	28.959	1.2931			air

注：CAS（Chemical Abstracts Service），化学文摘社，隶属美国化学协会。

▶▶▶ B.2.4 部分液体的物理化学特性表

表 B-5 部分液体的物理化学特性表

序号	化学名称	CAS 编号	分子式	分子量	熔点/℃	沸点/℃	密度/(g/mL)	折射率	备注
1	氨水	7664-41-7	H_3N	17.03	-78	-33	0.86		氨气的水溶液
2	甲醛	50-00-0	CH_2O	30.03	-15	97	1.083	1.3755~1.3775	无色气体,相对密度为1.067,液体密度为0.815
3	甲醇	67-56-1	CH_3OH	32.04	-98	64.7	0.791	1.328~1.330	无色、有酒精气味、易挥发的液体
4	乙腈	75-05-8	CH_3CN	41.05	-46	81-82	0.7857	1.343~1.345	无色液体,极易挥发
5	乙醛	75-07-0	C_2H_4O	44.05	-123	21	0.788	1.331~1.333	无色、易流动液体
6	甲酸	64-18-6	CH_2O_2	46.03	8	101	1.22	1.3701~1.3721	无色而有刺激性气味的液体
7	二甲醚	115-10-6	C_2H_6O	46.07	-141	-24	0.21146	1.3018	常温常压下是一种无色气体或压缩液体
8	丙酮	67-64-1	C_3H_6O	58.08	-94.7	56.05	0.7845	1.3588	无色透明液体
9	乙醇胺	141-43-5	C_2H_7NO	61.08	10.5	170	1.012	1.454	室温下为无色透明的黏稠液体
10	正戊烷	109-66-0	C_5H_{12}	72.149	-129.8	36.1	0.626	1.358	溶于乙醇、乙醚、丙酮、苯、氯仿等
11	(正)己烷	110-54-3	C_6H_{14}	86.18	-96	68.5	0.659	1.375	常温下,己烷均为液态
12	甲苯	108-88-3	C_7H_8	92.14	-95	111	0.87	1.494	无色澄清液体
13	苯腈	100-47-0	C_7H_5N	103.12	-13	188	1.01	1.528	无色油状液体,有苦杏仁气味,味苦涩
14	氯仿	67-66-3	$CHCl_3$	119.38	-63	61	1.48	1.4459	氯仿一般指三氯甲烷,无色透明液体,有特殊气味,味甜
15	氯乙酸乙酯	105-39-5	$C_4H_7ClO_2$	122.55	-26	143	1.14	1.421	无色透明液体,有辛辣的刺激性臭味,不溶于水,溶于乙醇、乙醚
16	1,1,1-三氯乙烷	71-55-6	CH_3CCl_3	133.41	-35	75	1.338	1.4366	常温常压下为无色液体,是一种有毒易燃的危险品
17	邻二氯苯	95-50-1	$C_6H_4Cl_2$	147	-17	180	1.306	1.551	无色、易挥发、有芳香味的液体,不能溶于水,可溶于醇、醚等

续表

序号	化学名	CAS 号码	分子式	分子量	熔点/℃	沸点/℃	密度/(g/mL)	折射率	备注
18	溴苯	108-86-1	C_6H_5Br	157.01	−30.8	156	1.495	1.56	无色或淡黄色液体，不溶于水，溶于甲醇、乙醚、丙酮、苯等
19	溴化苄	100-39-0	$C_6H_5CH_2Br$	171.04	−4	198	1.44		不溶于水，溶于乙醇、乙醚、苯
20	3,5-双三氯甲基溴苯	328-70-1	$C_8H_3BrF_6$	293	−16	−154	1.71	1.426~1.428	无色至淡黄色透明液体

注：CAS（Chemical Abstracts Service），化学文摘社，隶属美国化学协会。

▶▶▶ B.2.5 常用半导体材料参数表

表 B-6 常用半导体材料参数表

特　性	Si	GaAs	4H-SiC	6H-SiC	2H-GaN	2H-AlN	钻石
禁带宽度（@300K）/eV	1.12	1.424	3.26	3.02	3.39	6.2	5.45
晶格参数/nm	0.543	0.565	$a=3.308$ $c=1.008$	$a=0.308$ $c=1.512$	$a=0.319$ $c=0.518$	$a=0.311$ $c=0.498$	3.56
最大工作温度/℃	350	460	1200	1200			1100
熔点/℃	1414	1238	原型>2800	原型>2800		2275	石墨化>1500
电子迁移率/($cm^2 \cdot V^{-1} \cdot s^{-1}$)	1400	8500	900	600	900	1100	2200
空穴迁移率/($cm^2 \cdot V^{-1} \cdot s^{-1}$)	600	400	40	40	150		1600
击穿场强/(10^8V/m)	0.3	0.4	2.2	2.5	3.3	11.8	10
热导率/($W \cdot m^{-1} \cdot K^{-1}$)	149	54	490	490	130	200	2000
饱和漂移速度/(10^5m/s)	1	2	2.7	2	2.9	1.8	2.7
相对介电常数	11.8	12.8	10	9.7	8.9	8.5	
莫氏硬度	7	4~5	9.2~9.3				10

▷▷▷ B.2.6 物理化学常量表

表 B-7 物理化学常量表

常量	符号	量值	备注
原子质量常量	m_u	$(1.6605402\pm0.0000010)\times10^{-27}$ kg	
阿伏加德罗常数	L, N_A	$(6.0221367\pm0.0000036)\times10^{23}$ mol^{-1}	
玻耳兹曼常数	k	$(1.380658\pm0.000012)\times10^{-23}$ J/K	
法拉第常数	F	$(9.6485309\pm0.0000029)\times10^{4}$ C/mol	
第一辐射常量	c_1	$(3.7417749\pm0.0000022)\times10^{-16}$ W·m^2	
第二辐射常量	c_2	$(1.438769\pm0.000012)\times10^{-2}$ m·K	
洛施密特常量	n_0	$2.6867774(47)\times10^{25}$ m^{-3}	$u_r = 1.7\times10^{-6}$
摩尔气体常数	R	(8.314510 ± 0.000070) J/(mol·K)	
摩尔普朗克常数	$N_A h$	$3.9903126821(57)\times10^{-10}$ J·s/mol	$u_r = 1.4\times10^{-9}$
理想气体的摩尔体积	$V_{m,0}$	$(0.02241410\pm0.00000019)$ m^3/mol	在 $T = 273.15$K，$p = 101.325$kPa 条件下
Sackur-Tetrode 常数	S_0/R	-1.1648677 (44)	在 $T = 1$K，$p = 101.325$kPa 条件下 $u_r = 3.8\times10^{-6}$
斯忒藩-玻耳兹曼常量	σ	$(5.67051\pm0.00019)\times10^{-8}$ W/(m^2·K^4)	
维恩位移定律常数	b	$2.8977685(51)\times10^{-3}$ m·K	$u_r = 1.7\times10^{-6}$

注：u_r 为相对标准不确定度（Relative Standard Uncertainty）。

B.3 常用数学常数表

表 B-8 常用数学常数表

符号	数值	中文名称	英文名称	应用领域
0	0	零	Zero	通用
1	1	一，整数一	One，Unity	通用
i	$\sqrt{-1}$	虚数单位	Imaginary unit, unit imaginary number	通用，分析
π	≈3.141 592 653 589 793 238 462 643 383 279 502 88	圆周率	Pi，Archimedes' constant	通用，分析
e	≈2.718 281 828 459 045 235 360 287 471 352 662 49	自然对数的底	e, Napier's constant, Euler's number	通用，分析
$\sqrt{2}$	≈1.414 213 562 373 095 048 801 688 724 209 698 07	2 的平方根	Square root of 2，Pythagoras constant	通用
$\sqrt{3}$	≈1.732 050 807 568 877 293 527 446 341 505 872 36	3 的平方根	Theodorus constant，Square root of 3	通用
$\sqrt{5}$	≈2.236 067 977 499 789 696 409 173 668 731 276 23	5 的平方根	Square root of 5，Gausssum	通用
ϕ	≈1.618 033 988 749 894 848 204 586 834 365 638 11	黄金分割数	Golden ratio	通用
γ	≈0.577 215 664 901 532 860 606 512 090 082 402 43	欧拉常数	Euler-Mascheroni constant	通用，数论
β^*	≈0.702 58	Embree-Trefethen 常数	Embree-Trefethen constant	数论
C_2	≈0.660 161 815 846 869 573 927 812 110 014 555 77	孪生质数常数	Twin prime constant	数论
M_1	≈0.261 497 212 847 642 783 755 426 838 608 695 85	迈塞尔-梅尔滕斯常数	Meissel-Mertens constant	数论
K	≈0.764 223 653 589 220 662 990 698 731 250 092 32	兰道-拉马努詹常数	Landau-Ramanujan constant	数论

续表

符号	数 值	中文名称	英文名称	应用领域
K	≈1.131 988 24	维斯瓦纳特常数	Viswanath's constant	数论
B'_L	≈1.083 66	勒让德尔常数	Legendre's constant	数论
μ	≈1.451 369 234 883 381 050 283 968 485 892 027 44	拉马努詹-索尔德纳常数	Ramanujan–Soldner constant	数论
E_B	≈1.606 695 152 415 291 763 783 301 523 190 924 58	埃尔斯-博温常数	Erdös–Borwein constant	数论
K_0	≈2.685 452 001 065 306 445 309 714 835 481 795 69	欣钦常数	Khinchin's constant	数论
B_2	≈1.902 160 583 104	孪生质数之布朗常数	Brun's constant for twin primes	数论
B_4	≈0.870 588 38	四胞胎质数之布朗常数	Brun's constant for prime quadruplets	数论
$\zeta(3)$	≈1.202 056 903 159 594 285 399 738 161 511 449 99	Apéry 常数	Apéry's constant	数论，特殊函数
Ω	≈0.567 143 290 409 783 872 999 968 662 210 355 54	奥米伽常数	Omega constant	分析数学
δ	≈4.669 201 609 102 990 671 853 203 820 466 201 61	第一费根鲍姆常数	The first Feigenbaum constant	混沌理论
α	≈2.502 907 875 095 892 822 283 902 873 218 215 78	第二费根鲍姆常数	The second Feigenbaum constant	混沌理论
G	≈0.915 965 594 177 219 015 054 603 514 932 384 11	卡塔兰常数	Catalan's constant	组合数学

B.4 常用物理学常量表

B.4.1 通用物理常量表

表 B-9 通用物理常量表

常量	符号	量值
真空中的光速	c	299 792 458 m/s
引力常量	G	$(6.672\ 59 \pm 0.000\ 85) \times 10^{-11}$ N·m²/kg²
普朗克常量	h	$(6.626\ 075\ 5 \pm 0.000\ 004\ 0) \times 10^{-34}$ J·s
约化普朗克常量	$\hbar$	$(1.054\ 572\ 66 \pm 0.000\ 000\ 63) \times 10^{-34}$ J·s

B.4.2 电磁学常量表

表 B-10 电磁学常量表

常量	符号	量值	备注
真空磁导率	μ_0	$1.256\ 637 \times 10^{-6}$ H/m	
真空介电常数	ε_0	$8.854\ 188 \times 10^{-12}$ F/m	
真空特性阻抗	Z_0	$376.730\ 313\ 461\ldots\ \Omega$	
元电荷	e	$(1.602\ 177\ 33 \pm 0.000\ 000\ 49) \times 10^{-19}$ C	
核磁子	μ_N	$(5.050\ 786\ 6 \pm 0.000\ 001\ 7) \times 10^{-27}$ A·m²	
磁通量子	Φ_0	$(2.067\ 834\ 61 \pm 0.000\ 000\ 61) \times 10^{-15}$ Wb	
玻尔磁子	μ_B	$(9.274\ 015\ 4 \pm 0.000\ 003\ 1) \times 10^{-24}$ A·m²	
电导量子	G_0	$7.748\ 091\ 7004(53) \times 10^{-5}$ S	$u_r = 6.8 \times 10^{-10}$
约瑟夫森常数	K_J	$4.835\ 978\ 91(12) \times 10^{14}$ Hz/V	$u_r = 2.5 \times 10^{-8}$
冯·克利青常数	R_K	$25\ 812.807\ 557(18)\ \Omega$	$u_r = 6.8 \times 10^{-10}$

注：u_r 为相对标准不确定度（Relative Standard Uncertainty）。

B.4.3 原子与原子核常量表

表 B-11 原子与原子核常量表

常量	符号	量值	备注
玻尔半径	a_0	$(0.529\ 177\ 249 \pm 0.000\ 000\ 024) \times 10^{-10}$ m	
[经典]电子半径	r_e	$(2.817\ 940\ 92 \pm 0.000\ 000\ 38) \times 10^{-15}$ m	
电子[静]质量	m_e	$(9.109\ 389\ 7 \pm 0.000\ 005\ 4) \times 10^{-31}$ kg	
质子[静]质量	m_p	$(1.672\ 623\ 1 \pm 0.000\ 001\ 0) \times 10^{-27}$ kg	
中子[静]质量	m_n	$(1.674\ 928\ 6 \pm 0.000\ 001\ 0) \times 10^{-27}$ kg	
原子质量常量	m_u	$(1.660\ 540\ 2 \pm 0.000\ 001\ 0) \times 10^{-27}$ kg	
里德伯常量	R_∞	$(1.097\ 373\ 153\ 4 \pm 0.000\ 000\ 001\ 3) \times 10^7$ m^{-1}	
精细结构常数	a	$(7.297\ 353\ 08 \pm 0.000\ 000\ 33) \times 10^{-3}$	
哈特里能[量]	E_h	$(4.359\ 748\ 2 \pm 0.000\ 002\ 6) \times 10^{-18}$ J	
费米耦合常数	G_F	$G_F/(\hbar c)^3 = 1.166\ 37(1) \times 10^{-5}$ GeV^{-2}	$u_r = 8.6 \times 10^{-6}$
汤姆孙截面	σ_e	$0.665\ 245\ 855\ 8(27) \times 10^{-28}$ m^2	$u_r = 4.1 \times 10^{-9}$
弱混合角	θ_W	$\sin^2 \theta_W = 0.222\ 55(56)$	$u_r = 2.5 \times 10^{-3}$

注：u_r 为相对标准不确定度（Relative Standard Uncertainty）。

B.5 国际单位制（SI Units）

B.5.1 国际单位制基本单位

表 B-12 国际单位制基本单位

量的名称	单位名称	单位符号
长度	米	m
质量	千克（公斤）	kg
时间	秒	s
电流	安[培]	A
热力学温度	开[尔文]	K
物质的量	摩[尔]	mol
发光强度	坎[德拉]	cd

注：圆括号中的名称是它前面的名称的同义词，下同；方括号中的字是在不致混淆、误解的情况下，可以省略的字，下同。

▷▷▷ B.5.2 国际单位制导出单位

表 B-13 国际单位制导出单位

量的名称	单位名称	单位符号	其他表示式例
[平面]角	弧度	rad	1
立体角	球面度	sr	1
频率	赫[兹]	Hz	s^{-1}
力	牛[顿]	N	$kg \cdot m/s^2$
压力，压强，应力	帕[斯卡]	Pa	N/m^2
能[量]，功，热量	焦[耳]	J	$N \cdot m$
功率，辐[射能]通量	瓦[特]	W	J/s
电荷[量]	库[仑]	C	$A \cdot s$
电压，电动势，电位，(电势)	伏[特]	V	W/A
电容	法[拉]	F	C/V
电阻	欧[姆]	Ω	V/A
电导	西[门子]	S	Ω^{-1}
磁通[量]	韦[伯]	Wb	$V \cdot s$
磁通[量]密度，磁感应强度	特[斯拉]	T	Wb/m^2
电感	亨[利]	H	Wb/A
摄氏温度	摄氏度	℃	K
光通量	流[明]	lm	$cd \cdot sr$
[光]照度	勒[克斯]	lx	lm/m^2
[放射性]活度	贝可[勒尔]	Bq	s^{-1}
吸收剂量，比授[予]能，比释动能	戈[瑞]	Gy	J/kg
剂量当量	希[沃特]	Sv	J/kg
催化活性	开特	kat	mol/s

▷▷▷ B.5.3 可与国际单位制单位并用的我国法定计量单位

表 B-14 可与国际单位制单位并用的我国法定计量单位

量的名称	单位名称	单位符号	与国际单位制单位的关系
时间	分	min	1 min = 60 s
	[小]时	h	1 h = 60 min = 3 600 s
	日,(天)	d	1 d = 24 h = 86 400 s
[平面]角	[角]秒	″	1″ = (π/648 000) rad
	[角]分	′	1′ = 60″ = (π/10 800) rad
	度	°	1° = 60′ = (π/180) rad
旋转速度	转每分	r/min	1 r/min = (1/60) s^{-1}
长度	海里	n mile	1 n mile = 1 852 m（只用于航行）
速度	节	kn	1 kn = 1 n mile/h = (1 852/3 600) m/s（只用于航行）
质量	吨	t	1 t = 10^3 kg
	原子质量单位	u	1 u ≈ 1.660 540×10^{-27} kg
体积	升	L,(l)	1 L = 1 dm^3 = 10^{-3} m^3
能	电子伏	eV	1 eV ≈ 1.602 176 487×10^{-19} J
级差	分贝	dB	
线密度	特[克斯]	tex	1 tex = 10^{-6} kg/m
面积	公顷	hm^2	1 hm^2 = 10^4 m^2

注：1. 平面角单位度、分、秒的符号，在组合单位中应采用（°）、（′）、（″）的形式。

2. 升的符号中，小写字母 l 为备用符号。

B.5.4 国际单位制词头

表 B-15 国际单位制词头

所表示的因数	中文词头名称	词头符号	所表示的因数	中文词头名称	词头符号
10^{24}	尧[它]	Y	10^{-1}	分	d
10^{21}	泽[它]	Z	10^{-2}	厘	c
10^{18}	艾[可萨]	E	10^{-3}	毫	m
10^{15}	拍[它]	P	10^{-6}	微	μ
10^{12}	太[拉]	T	10^{-9}	纳[诺]	n
10^{9}	吉[咖]	G	10^{-12}	皮[可]	p
10^{6}	兆	M	10^{-15}	飞[母托]	f
10^{3}	千	k	10^{-18}	阿[托]	a
10^{2}	百	h	10^{-21}	仄[普托]	z
10^{1}	十	da	10^{-24}	幺[科托]	y

B.6 常用单位换算表

B.6.1 常用长度单位换算表

表 B-16 常用长度单位换算表

非法定计量单位	单位符号	换算因数
码	yd	1 yd = 0.914 4 m（准确值）
英尺	ft	1 ft = 0.304 8 m（准确值）
英寸	in	1 in = 25.4 mm（准确值）
密耳	mil	1 mil = 25.4 μm
埃	Å	1 Å = 0.1 nm

B.6.2 常用面积单位换算表

表 B-17 常用面积单位换算表

非法定计量单位	单位符号	换算因数
平方英里	$mile^2$	1 $mile^2$ = 2.589 988 km^2
平方码	yd^2	1 yd^2 = 0.836 127 36 m^2（准确值）
平方英尺	ft^2	1 ft^2 = 0.092 903 04 m^2（准确值）
平方英寸	in^2	1 in^2 = 645.16 mm^2（准确值）

B.6.3 常用体积和容量单位换算表

表 B-18　常用体积和容量单位换算表

非法定计量单位	单位符号	换算因数
立方英尺	ft^3	1 ft^3 = 28.316 85 dm^3（准确值）
立方英寸	in^3	1 in^3 = 16.387 064 cm^3（准确值）
加仑（美）	gal（美）	1 gal（美）= 3.785 412 dm^3
夸脱（美）	qt（美）	1 qt（美）= 0.946 3 dm^3
液品脱（美）	liq pt（美）	1 liq pt（美）= 0.473 176 5 dm^3
干品脱（美）	dry pt（美）	1 dry pt（美）= 0.550 610 5 dm^3
及耳（美）	gi（美）	1 gi（美）= 118.294 cm^3
液盎斯（美）	fl oz（美）	1 fl oz（美）= 29.573 53 cm^3
加仑（英）	gal（英）	1 gal（英）= 4.546 092 dm^3（准确值）
夸脱（英）	qt（英）	1 qt（英）= 1.136 5 dm^3
品脱（英）	pt（英）	1 pt（英）= 0.568 261 25 dm^3（准确值）
及耳（英）	gi（英）	1 gi（英）= 142.1 cm^3
液盎斯（英）	fl oz（英）	1 fl oz（英）= 28.413 06 cm^3

B.6.4 其他常用单位换算表

表 B-19　其他常用单位换算表

非法定计量单位	单位符号或名称	换算因数
磅	lb	1 lb = 0.453 592 37 kg（准确值）
盎司	oz	1 oz = 28.349 52 g
金衡盎司	apothecaries ounce	1 金衡盎司 = 31.103 476 8 g（准确值）
标准大气压	atm	1 atm = 101 325 Pa（准确值）
约定毫米汞柱	mmHg	1 mmHg = 133.322 4 Pa
华氏温度	°F	表示温度差和温度间隔时： 1 °F = 1 K 表示温度数值时： $\dfrac{t_F}{°F} = \dfrac{9}{5} \cdot \dfrac{T}{K} - 459.67$

▷▷▷ B.6.5 常用货币换算表

表 B-20 常用货币换算表（2017 年 10 月 1 日汇率）

货币名称	货币代码	货币符号	货币兑换
人民币	CNY	¥	—
美元	USD	$	100 ¥ = 15.216 1 $
欧元	EUR	€	100 ¥ = 12.902 6 €
英镑	GBP	£	100 ¥ = 11.540 4 £
日元	JPY	¥	100 ¥ = 1 709.98 JPY ¥

（资料整理：陈春章）

附录 C 集成电路常用缩写语

3GPP，Third Generation Partnership Project，第三代合作项目

A

a-Si，Amorphous Silicon，非晶硅

AAC，Advanced Audio Coding，先进音频编码

AAS，Automotive Active Safety Systems，[汽车]主动安全系统

ADC，Analog-to-Digital Converter，模/数转换器

ADAS，Advanced Driver-Assistance Systems，高级驾驶辅助系统

AE，Applications Engineer，应用工程师

AES，Advanced Encryption Standard，高级加密标准

AFE，Analog Front End，模拟前端

AI，Artificial Intelligence，人工智能

A-IGCT，Asymmetrical-IGCT，非对称型 IGCT

ALD，Atomic Layer Deposition，原子层沉积

ALE，Atomic Layer Etching，原子层刻蚀

ALU，Arithmetic Logic Unit，算术逻辑单元

AM，Amplitude Modulation，调幅

AMOLED，Active Matrix OLED，有源矩阵有机发光二极管

AMS，Analog Mixed Signal，模拟混合信号

ANN，Artificial Neural Networks，人工神经网络

APCVD，Atmospheric Pressure CVD，常压化学气相沉积

APD，Avalanche Photodiode，雪崩光电二极管

APON，Asynchronous Transfer Mode PON，异步传输模式 PON

APP，Application Program/Software，应用程序

APS，Active Pixel Sensor，有源像素传感器

APT，Atom Probe Tomography，原子探测断层成像

APU，Accelerated Processing Unit，加速处理单元

AR，Augmented Reality，增强现实

ASML，Advanced Semiconductor Material Lithography，阿斯麦公司

ASIC，Application Specific Integrated Circuit，专用集成电路

ASP，Average Selling Price，平均售价

ASSP，Application Specific Standard Product，专用标准产品

ATA，Advanced Technology Attachment，高技术配置

ATE，Automatic/Automated Test Equipment，自动测试设备

AUI，Adaptive User Interface，AUI 接口

AWG，Arbitrary Waveform Generator，任意波形发生器

B

BB Ratio/BO/BI Ratio，Book to Bill Ratio，订单额/销售额比

BBUL，Bumpless Build Up Layer，无凸点积层

BCD，Bipolar-CMOS-DMOS，Bipolar Complementary and Double-diffused Metal-

Oxide-Semiconductor，双极互补双扩散金属-氧化物-半导体
BCM，Body Control Module，车身控制模块
BCS，Body Control System，车身控制系统
BDS，BeiDou Navigation Satellite System，北斗卫星导航系统
BFOM，Baliga's Figure of Merit，巴利加优值
BGA，Ball Grid Array，球栅阵列
BGS，Bulk Gas System，大宗气体系统
BiCMOS，Bipolar Complementary Metal-Oxide-Semiconductor，双极互补金属-氧化物-半导体
BIM，Binary Intensity Mask，二元掩模
BISR，Built-In Self-Repair，内建自修复
BIST，Built-In Self-Test，内建自测试
BJT，Bipolar Junction Transistor，双极晶体管
BL，Bit-Line，位线
BMS，Battery Management System，电池管理系统
BOD，Breakover Diode，转折二极管
BOS，Brake Override System，制动优先系统
BPSG，Borophosphosilicate Glass，硼磷硅玻璃
BVS，Binocular Vision System，双目视觉系统

C

CAD，Computer Aided Design，计算机辅助设计
CAFM，Conductive Atomic Force Microscopy，导电原子力显微镜
CAM，Computer Aided Manufacturing，计算机辅助制造
CAN，Controller Area Network，控制器局域网
CAPEX，Capital Expenditure（Expense），资本支出
CAS，Collision Avoidance System（Pre-crash System），碰撞避免系统（预碰撞系统）
CBE，Chemical Beam Epitaxy，化学束外延
CCD，Charge Coupled Device，电荷耦合器件
CCP，Capacitively Coupled Plasma，电容耦合等离子体
CEBL，Complementary e-Beam Lithography，辅助电子束光刻
CFG，Creep-Feed Grinding，缓进给
CFIUS，Committee on Foreign Investment in the United States，美国外资投资委员会
CIS，CMOS Image Sensor，CMOS图像传感器
CISC，Complex Instruction Set Computer，复杂指令集［计算机］
CLB，Configurable Logic Block，可编程逻辑块
CMOS，Complementary Metal-Oxide-Semiconductor，互补金属-氧化物-半导体
CMP，Chemical Mechanical Polishing，化学机械抛光
CNN，Convolutional Neural Networks，卷积神经网络
CNT，Carbon Nanotube，碳纳米管
COT，Customer-Owned Technology，客户自有技术
CPI，Chip-Package Interaction，芯片-封装交互作用
CPLD，Complex Programmable Logic Device，复杂的可编程逻辑器件
CPML/CPM2，Charged Particle Maskless Lithography，带电粒子无掩模光刻设备
CPP，Contacted Poly Pitch，最小栅节距
CPU，Central Processing Unit，中央处理器
CRT，Cathode Ray Tube，阴极射线管
CSIA，China Semiconductor Industry Association，中国半导体行业协会
CSP，Chip-Scale Package，旧称Chip-Size Packaging，芯片级封装
CSS，Chemical Supply System，化学品供应系统
CTE，Coefficient of Thermal Expansion，热膨胀系数
CTL，Charge-Trapping Layer，电荷俘获层
CTS，Clock Tree Synthesis，时钟树综合
CUDA，Compute Unified Device Architecture，统一计算设备架构
CUF，Capillary Under Fill，毛细管底部填充

CVBS, Composite Video Broadcasting Signal/Composite Video Blanking and Sync, 复合视频广播信号/复合视频消隐和同步
CVD, Chemical Vapor Deposition, 化学气相沉积
Cz-Si/CZ-Si, Czochralski Silicon, 直拉单晶硅

D

DAC, Digital-to-Analog Converter, 数/模转换器
DAR, Display Aspect Ratio, 纵横显示比例
DARPA, Defense Advanced Research Project Agency, 美国国防部高级研究计划局
DBO, Diffraction-Based Overlay, 光学衍射
DCF, Discount Cash Flow, 现金流量折现
DCPVD, Direct Current PVD, 直流物理气相沉积
DCS, Dichlorosilane, 二氯硅烷
DCS, Distributed Control System, 分布式控制系统
DD, Due Diligence, 尽职调查
DDR SDRAM, Double Data Rate SDRAM, 双倍速率同步动态随机存取存储器
D/E, D/E ratio, Debt-to-Equity Ratio, 债务权益比
DES, Data Encryption Standard, 数据加密标准
DFM, Design for Manufacturability, 可制造性设计
DFR, Design for Reliability, 可靠性设计
DFT, Design for Testability, 可测试性设计
DFT, Density Functional Theory, 密度泛函理论
DFY, Design for Yield, 成品率设计
DIMM, Dual In-line Memory Module, 双列直插式内存模组
DIP, Double In-line Package, 双列直插封装
DMD, Digital Micromirror Device, 数字微镜器件
DMOS, Double-diffused Metal Oxide Semiconductor, 双扩散金属-氧化物-半导体
DNN, Deep Neural Network, 深度神经网
DOE/DOX, Design of Experiments, 试验设计
DOF, Depth of Focus, 焦深
DPA, Destructive Physical Analysis, 破坏性物理分析
DPA, Differential Power Analysis, 差分功率分析
DPM, Dipole-Ring Magnetron, 偶极子环磁控管
DPT, Double Patterning Technology, 双重图形化技术
DRAM, Dynamic RAM, 动态随机存取存储器
DRC, Design Rule Check, 设计规则检查
DRFM, Digital Radio Frequency Memory, 数字射频存储器
DRIE, Deep Reactive Ion Etching, 深反应离子刻蚀
DRM, Digital Rights Management, 数字版权管理
DSP, Digital Signal Processor, 数字信号处理器
DSW, Direct Stepper on the Wafer, 圆片直接步进曝光机
DTCO, Design-Technology Co-optimization, 设计-工艺协同优化, 设计与制造的协同发展
DUT, Device Under Test, 待测器件
DVB, Digital Video Broadcasting, 数字视频广播
DVD, Digital Versatile Disc, 数字激光视盘

E

EBA, Emergency Brake Assist (System), 紧急制动辅助（系统）
EBIT, Earnings Before Interest and Tax, 息税前利润
EBITDA, Earnings Before Interest and Tax, Depreciation and Amortization, 息税折旧前盈利
EBL, Electron Beam Lithography, 电子束

光刻

EBPL, Electron Beam Projection Lithography, 投影式电子束曝光系统

EBPVD, Electron Beam PVD, 电子束物理气相沉积

ECC, Error Correction Coding, 纠错编码

ECP, Electro-Chemical Plating, 电化学镀

ECR, Electron Cyclotron Resonance, 电子回旋共振

ECT, Embedded Component Technology, 嵌入式组件技术

ECU, Electronic Control Unit, 电子控制单元

EDA, Electronic Design Automation, 电子设计自动化

EEPROM, Electrically Erasable Programmable ROM, 电可擦可编程只读存储器

EFEM, Equipment Front End Module, 设备前端模块

EHF, Extremely High Frequency, 极高频

EIA, Electronic Industries Alliance, 电子工业协会

EMC, Epoxy Molding Compound, 环氧塑封料

eMCP, embedded Multi-Chip Package, 嵌入式多芯片封装

eMMC, embedded Multi-Media Card, 嵌入式多媒体卡

ENIAC, Electronic Numerical Integrator and Computer, 电子数字积分计算机

EPIC, Explicitly Parallel Instruction Computing, 显式并行指令运算

EPON, Ethernet PON, 以太网无源光纤网络

EPROM, Erasable Programmable ROM, 可擦可编程只读存储器

EQE, External Quantum Efficiency, 外量子效率

ESC, Electronic Speed Control, 电子调速器

ESC, Electrostatic Chuck, 静电吸盘

ESD, Electrostatic Discharge, 静电放电

ETC, Electronic Tolling Collection, 电子不停车收费

ETO, Emitter Turn-Off Thyistor, 发射极关断晶闸管

EUV, Extreme Ultraviolet, 极紫外线

EUVL, Extreme Ultraviolet Lithography, 极紫外光刻

eWLB, Embedded Wafer Level Ball Grid Array, 嵌入式圆片级球栅阵列封装

F

FAE, Field Applications Engineer, 现场应用工程师

FC-BGA, Flip-Chip Ball Grid Array, 倒装芯片球栅阵列

FC-CSP, Flip-Chip Chip Scale Package, 倒装芯片尺寸级封装

FCVD, Flowable CVD, 流动性化学气相沉积

FDSOI/FD-SOI, Fully Depleted SOI, 全耗尽型绝缘体上硅

FDD, Frequency-Division Duplexing, 频分双工

FDDI, Fiber Distributed Data Interface, 光纤分布式数据接口

FeRAM/F-RAM/FRAM, Ferroelectric Random Access Memory, 铁电存储器

FET, Field Effect Transistor, 场效应管

FFT, Fast Fourier Transform, 快速傅里叶变换

FFU, Fan Filter Unit, 风机过滤器单元

FIMI, Force-Current/Measure-Current, 加流测流

FIMV, Force-Current/Measure-Voltage, 加流测压

FinFET, Fin Field Effect Transistor, 鳍式场效应管

FLOPS, Floating-Point Operations Per Second, 每秒浮点运算次数

FM, Frequency Modulation, 调频

FO-WLP/FoWLP, Fan-out Wafer Level Package, 扇出型圆片级封装

FPGA, Field Programmable Gate Array, 现场可编程门阵列

FPU, Floating-Point Unit, 浮点运算单元

FRD, Fast Recovery Diode, 快恢复二极管

FSA, Fabless Semiconductor Association, 无生产线半导体协会

FS‑IGBT, Field‑Stop IGBT, 平面场截止型 IGBT

FTIR, Fourier Transform Infrared, 傅里叶变换红外

FVMI, Force‑Voltage/Measure‑Current, 加压测流

FVMV, Force‑Voltage/Measure‑Voltage, 加压测压

FZ, Floating Zone, 区熔

FZ-Si, Floating Zone Silicon, 区熔单晶硅

G

GAA, Gate-All-Around FET/Device, 栅极全环绕场效应管/晶体管

GAAP, Generally Accepted Accounting Principles/Practice, 通用会计准则

GaAs, Gallium Arsenide, 砷化镓

GAL, Gate Array Logic, 通用阵列逻辑

GaN, Gallium Nitride, 氮化镓

GDDR SDRAM, Graphics DDR SDRAM, 图形双倍速率同步动态随机存取存储器

GDP, Gross Domestic Product, 国内生产总值

GIDL, Gate Induced Drain Leakage, 栅致漏极泄漏

GLONASS, Глобальная навигационная спутниковая система, Globalnaya navigatsionnaya sputnikovaya Sistema, Global Navigation Satellite System, 格洛纳斯卫星导航系统

GMR, Gross Margin Rate, 毛利率

GNP, Gross National Product, 国民生产总值

GNSS, Global Navigation Satellite System, 全球导航卫星系统

GPGPU, General‑Purpose Computing on Graphics Processing Units, 通用图形处理器

GPON, Gigabit PON, 吉比特无源光纤网络

GPS, Global Positioning System, 全球定位系统

GPU, Graphics Processing Unit, 图形处理器

GSA, Global Semiconductor Association, 全球半导体联盟

GSM, Global System for Mobile Communications, 源于 Groupe Spécial Mobile, 全球移动通信系统

GTO, Gate Turn‑Off Thyristor, 栅极关断晶闸管

H

HBT, Heterojunction Bipolar Transistor, 异质结双极晶体管

HDD, Hard Disk Drive, 硬盘驱动器

HDL, Hardware Description Language, 硬件描述语言

HDMI, High‑Definition Multimedia Interface, 高清多媒体接口

HDP, High Density Plasma, 高密度等离子体

HDTV, High‑Definition Television, 高清电视

HEMT, High Electron Mobility Transistor, 高电子迁移率场效［应］晶体管

HEVC, High Efficiency Video Coding, 高效视频编码标准

HKMG, High‑k Metal Gate, High‑k/Metal Gate, 高 k 金属栅

HLS, High Level Synthesis, 高层次综合

HPC, High Performance Computing, 高性能计算

HSA, Heterogeneous System Architecture, 异构系统架构

HSM, Hardware Security Module, 硬件安全模块

HTCC, High Temperature Co‑fired Ceramics, 高温共烧陶瓷

I

IBE, Ion Beam Etching, 离子束刻蚀

IBIS, Input/Output Buffer Information Specification, I/O 缓冲信息规范

IBO, Image‑Based Overlay, 光学显微成像

ICCAD, Integrated Circuit on Computer Aided Design, 集成电路计算机辅助设计

ICCAD, International Conference Computer Aided Design, 计算机辅助设计国际会议

ICP, Inductively Coupled Plasma, 电感耦合等离子体

ICT，Information and Communication Technology，信息与通信技术

IDC，Internet Data Center，互联网数据中心

IDE，Integrated Drive Electronics，集成驱动电子设备

IDM，Integrated Device Manufacturer，整合器件制造公司，整合器件制造商，集成器件制造公司，集成器件制造商

IEDM，(IEEE) International Electron Devices Meeting，IEEE 国际电子器件大会

IEEE，Institute of Electrical and Electronics Engineers，电气电子工程师学会

IETS，Inelastic Electron Tunneling Spectroscopy，非弹性电子隧道谱

IFG，In-Feed Grinding，垂直进给磨削

IGBT，Insulated Gate Bipolar Transistor，绝缘栅双极晶体管

IGCT，Integrated Gate Commutated Thyristor，集成栅极换流晶闸管

IGS，Integrated Gas System，集成气路系统

IIC/I2C/I²C，Inter-Integrated Circuit (Bus)，内部集成电路总线

ILD，Inter-Layer Dielectric，层间介质

IMB，Integrated Module Board，集成模板

IMC，Intermetallic Compound，金属间化合物

IMD，Inter-Metal Dielectric，金属层间介电质层

IMD，Intermodulation Distortion，互调失真

IMEC，Interuniversity Microelectronics Center，比利时微电子研究中心

IMS，Intelligent Manufacturing System，智能制造系统

IMS，IP Multimedia Subsystem，IP 多媒体子系统

IoT，Internet of Things，物联网

I/O，Input/Output，输入/输出

IP，Intellectual Property，知识产权

IP，Internet Protocol，网际协议

IPO，Initial Public Offering，首次公开募股

IPTV，Internet Protocol Television，网络电视

IQC，Incoming Quality Control，来料品质检测，入厂检验

IRT，Isochronous Real-Time，同步实时

ISA，Instruction Set Architecture，指令集架构

ISDN，Integrated Services Digital Network，综合业务数字网

ISSCC，(IEEE) International Solid-State Circuits Conference，国际固态电路会议

ITA，Information and Technology Agreement，信息技术协定

ITRS，International Technology Roadmap for Semiconductors，国际半导体技术路线图

IVI，In-Vehicle Infotainment，车载信息娱乐系统

IXP，Internet Exchange Point，互联网交换点

J

JEDEC，Joint Electron Device Engineering Council，固态技术协会

K

KVM，Kernel-Based Virtual Machine，基于内核的虚拟机

L

LAN，Local Area Network，局域网

LBIST，Logic Built-In Self-Test，逻辑内建自测试

LCD，Liquid Crystal Display，液晶显示

LDCM，Laser Differential Confocal Microscope，激光差动共焦显微镜

LDD，Lightly Doped Drain，轻掺杂漏极

LDMOS，Laterally Diffused MOSFET，横向扩散 MOSFET

LDO，Low Dropout Regulator，低压差线性稳压器

LDW，Laser Direct Writing，激光直写

LED，Light Emitting Diode，发光二极管

LER，Line Edge Roughness，线边缘粗糙度

LGA，Land Grid Array，触点阵列

LIGA，Lithographie-Galvanoformung-Abformung (Lithography-Electroplating-Molding)，光刻-电镀-注塑

L-IGBT，Lateral IGBT，横向型 IGBT

LIN，Local Interconnect Network，局域互联

网络

LNA，Low Noise Amplifier，低噪声放大器

LOCOS，Local Oxidation of Silicon，硅的局部氧化

LPC，Liquid Particle Counter，液体颗粒计数仪

LPCVD，Low Pressure CVD，低压化学气相沉积

LPDDR，Low Power DDR，低功耗 DDR

LPE，Liquid Phase Epitaxy，液相外延

LPG，Laser Pattern Generator，激光图形发生器

LPP，Laser-Produced Plasma，激光致等离子体

LPWAN，Low-Power Wide-Area Network，低功耗广域网

LTCC，Low Temperature Co-fired Ceramics，低温共烧陶瓷

LTE，Long Term Evolution，长期演进

LTPS，Low Temperature Poly-Silicon，低温多晶硅

LUT，Look-Up Table，查找表

LVDS，Low Voltage Differential Signaling，低压差分信号

LVDT，Linear Variable Differential Transformer，线性可变差动变压器

LVS，Layout Versus Schematic，版图电路图一致性检查

M

M&A，Mergers and Acquisitions，并购

MAC，Media Access Control，媒体访问控制

MAN，Metropolitan Area Network，城域网

MBE，Molecular Beam Epitaxy，分子束外延

MCM，Multi-Chip Module，多芯片组件

MCP，Multi-Chip Package，多芯片封装

MCT，MOS Controlled Thyristor，MOS，门控晶闸管

MCU，Microcontroller Unit，微控制器单元，简称微控制器

MEBL，Multi-Electron Beam Lithography，多电子束光刻

MEMS，Micro-Electro-Mechanical System，Microelectromechanical Systems，微机电系统

MERIE，Magnet Enhanced RIE，磁场增强反应离子刻蚀

MESFET，Metal-Semiconductor FET，金属半导体场效应晶体管

MFC，Mass Flow Controller，气体质量流量控制器

MFLOPS，Million FLOPS，每秒百万次浮点运算数

MGS，Metallurgical Grade Silicon，冶金级硅

MGT，MOS-Gated Transistor，MOS 栅控晶体管

microLED/micro-LED/mLED/μLED，Micro Light Emitting Diode，微型发光二极管

MIM，Metal-Insulator-Metal，金属-介质-金属

MIPS，Microprocessor without Interlocked Pipeline Stages，无互锁流水级微处理器

MIPS，Million Instructions Per Second，每秒百万次指令数

MLP，Molded Laser Package，成型激光封装

MMC，Multi-Media Card，多媒体卡

mmWave，Millimeter Wave，毫米波

MOCVD，Metal Organic Chemical Vapor Deposition，金属有机气相沉积

MOPA，Master Oscillator Power Amplifier，主振荡功率放大器

MOVPE，Metal Organic Vapor Phase Epitaxy，金属有机化合物气相外延

MPEG，Moving Picture Experts Group Phase，MPEG［运动图像压缩］标准

MPU，Microprocessor Unit，微处理器单元，简称微处理器

MPW，Multi-Project Wafer，多项目圆片

MR，Mixed Reality，混合现实

MRAM，Magnetoresistive RAM，磁阻存储器

MRI，Magnetic Resonance Imaging，核磁共振成像

MROM，Mask ROM，掩模只读存储器

MTBF, Mean Time BetweenFailures, 平均无故障工作时间

MTF, Modulation Transfer Function, 调制传递函数

MTJ, Magnetic Tunnel Junction, 磁性隧道结

MTP, Multi-Time Programmable, 多次可编程

MTTR, Mean Time To Repair, 平均修复时间

MUF, Molded Underfill, 塑封底部填充

N

NAND, NAND Flash (Memory), 与非闪速存储器

NASA, National Aeronautics and Space Administration, 美国国家航空航天局

NASDAQ, National Association of Securities Dealers Automated Quotations, 美国全国证券交易商协会自动报价表, 简称纳斯达克

NBE, Neutral Beam Etching, 中性离子束刻蚀

NEGF, Non-equilibrium Green's Function, 非平衡格林函数

NEMS, Nano-Electromechanical System, Nano-Electro-Mechanical System, 纳机电系统

NIL, Nano-Imprint Lithography 纳米压印光刻, 纳米压印

NOR, NOR Flash (Memory), 或非闪存器

NPL, Narrowband over Power Line, 窄带电力线载波

NPT-IGBT, Non-punch Through IGBT, 非平面穿通型 IGBT

NPU, Network Processor Unit, 网络处理器

nvRAM/NVRAM, Non-volatile RAM, 非易失性存储器

NVM, Non-volatile Memory, Nonvolatile Memory, 非易失性存储器

NW, Nanowire, Nano-Wire, 纳米线

NYSE, New York Stock Exchange, 纽约证券交易所

O

OAI, Off-Axis Illumination, 离轴照明

OCD, Optical Critical Dimension, 光学关键尺寸

OCV, On-Chip Variation, 在片波动

OEE, Overall Equipment Effectiveness, 总体设备效率

OFDM, Orthogonal Frequency Division Multiplexing, 正交频分复用

OFET, Organic Field Effect Transistor, 有机场效应晶体管

OLED, Organic Light Emitting Diode, 有机发光二极管

OLT, Optical Line Terminal, 光纤线终端

OML, Optical Maskless Lithography, 无掩模光学光刻

ONT, Optical Network Terminal, 光纤网络终端

ONU, Optical Network Unit, 光纤网络单元

Op-Amp, Operational Amplifier, 运算放大器

OPC, Optical Proximity Correction, 光学邻近效应校正

OpenCL, Open Computing Language, 开放计算语言

OpenGL, Open Graphics Library, 开放图形库

OpenMP, Open Multi-Processing, 开放多进程

OTN, Optical Transport Network, 光纤传输网络

OTP, One-Time Programmable, 一次可编程

OQC, Outgoing Quality Control, 出货检验

P

P&R, Place and Route, 布局布线

PaaS, Platform as a Service, 平台服务方案

PAI, Pre-Amorphization Implantation, 预非晶化注入

PAL, Programmable Array Logic, 可编程阵列逻辑

PAS, Parking Assist System, 泊车辅助系统

PATA, Parallel ATA (Advanced Technology) Attachment, 并行 ATA

PC, Personal Computer, 个人计算机

PCB, Printed Circuit Board, 印制电路板

PCell, Parameterized Cell, 参数化单元

PCM, Phase Change Material, 相变材料
PCM, Phase Change Memory, 相变存储器
PCM, Process Control Monitor, 工艺控制监测图形
PCRAM, Phase Change Random Access Memory, 相变［随机］存储器
PCS, Powertrain Control System, 动力传动综合控制系统
PDK, Process Design Kit, 工艺设计包
PDSOI/PD-SOI, Partially Depleted SOI, 部分耗尽型
PEALD, Plasma Enhanced Atomic Layer Deposition, 等离子体增强原子层沉积
PEB, Post Exposure Bake, 曝光后烘烤
PECVD, Plasma Enhanced CVD, 等离子体增强化学气相沉积
PEL, Proximity Electron Lithography, 接近式电子光刻
PER, P/E Ratio, Price/Earnings Ratio, 市盈率
PFM, Pulse Frequency Modulation, 脉冲频率调制
PGA, Pin Grid Array, 针栅阵列
PGA, Programmable-Gain Amplifier, 可编程增益放大器
PI, Power Integrity, 电源完整性
PiN/PIN/P-i-N（Diode）, p-Intrinsic-n Diode, PiN 二极管
PIND, Particle Impact Noise Detection, 粒子碰撞噪声检测
PLA, Programmable Logic Array, 可编程逻辑阵列
PLC, Programmable Logic Controller, 可编程逻辑控制器
PLCC, Plastic Leaded Chip Carrier, 塑料片式有引线载体封装
PLD, Programmable Logic Device, 可编程逻辑器件
PLL, Phase-Locked Loop, 锁相环
PMD, Pre-Metal Dielectric, 金属沉积前介电质
PMT, Photomultiplier Tubes, 光电倍增管

PMU, Power Management Unit, 电源管理单元
PON, Passive Optical Network, 无源光纤网络
PoP, Package on Package, 叠层封装
PROM, Programmable ROM, 可编程只读存储器
PSG, Phosphorosilicate Glass, 磷硅玻璃
PSM, Phase-Shift Mask, 移相掩模
PSM, Photoactive Semiconductor Material, 光活性半导体材料
PSoC, Programmable System on Chip, 可编程系统芯片
PSRR, Power Supply Rejection Ratio, 电源抑制比
PT-IGBT, Punch Through IGBT, 平面穿通型 IGBT
PTP, Precision Timing Protocol, 精确时间协议
PUF, Physical/Physically Unclonable Function, 物理功能不可克隆函数
PVD, Physical Vapor Deposition, 物理气相沉积
PWM, Pulse Width Modulation, 脉冲宽度调制

Q

QAM, Quadrature Amplitude Modulation, 正交振幅调制
QFN, Quad Flat Non-lead Package 四面无引线扁平封装
QFP, Quad Flat Package, 四面引线扁平封装
QKD, Quantum Key Distribution, 量子密钥分配
QLED/QD-LED, Quantum Dot Light Emitting Diode, 量子点发光二极管
QPSK, Quadrature Phase Shift Keying, 四相相移键控
Qubit/Qbit, Quantum Bit, 量子比特

R

R&D, Research and Development, 研发
Radar, Radio Detection And Ranging, 雷达

RAID, Redundant Array of Independent Disks, 冗余磁盘阵列

RAM, Random Access Memory, 随机［存取］存储器

RC-IGBT, Reverse-Conducting IGBT, 反向导通 IGBT

RDL, Redistribution Layer, 再布线层

REBL, Reflective Electronic Beam Lithography, 反射式电子束光刻

RESURF, Reduced Surface, 降低表面电场

RET, Resolution Enhancement Technology, 分辨率增强技术

RF, Radio Frequency, 射频

RFIC, Radio Frequency Integrated Circuit, 射频集成电路

RFID, Radio Frequency Identification, 射频识别

RFPVD, Radio Frequency PVD, 射频物理气相沉积

RHEED, Reflection High Energy Electron Diffraction, 反射高能电子衍射

RIBE, Reactive Ion Beam Etching, 反应离子束刻蚀

RIE, Reactive Ion Etching, 反应离子刻蚀

RISC, Reduced Instruction Set Computer, 精简指令集［计算机］

RMS, Root Mean Square, 方均根

RNN, Recurrent Neural Network, 循环神经网络

ROE, Rate of Return on Common Stockholders' Equity, 净资产收益率

ROI, Return on Investment, 投资回报

ROM, Read Only Memory, 只读存储器

RPS, Remote Plasma Source, 远程等离子体源

RRAM, Resistive (Switching) RAM, 阻变存储器

RTA, Rapid Thermal Annealing, 快速热退火

RTCVD, Rapid Thermal CVD, 快速热化学气相沉积

RTD, Rapid Thermal Diffusion, 快速热扩散

RTL, Register-Transfer Level, 寄存器传输级

RTN, Rapid Thermal Nitridation, 快速热氮化

RTO, Rapid Thermal Oxidation, 快速热氧化

RTOS, Real-Time Operating System, 实时操作系统

RTP, Rapid Thermal Processing, 快速热处理

RVS, Reference Voltage Supplies, 参考电压源

S

SaaS, Software as a Service, 软件服务方案

SAC, Self-Aligned Contact, 自对准接触孔

SAPS, Space Alternating Phase Shift, 空间交变相位移

SAR ADC, Successive Approximation Register ADC, 逐次逼近型 ADC

SAS, Serial Attached SCSI, 串行 SCSI

SATA, Serial AT (Advanced Technology) Attachment, 串行 ATA

SBD, Schottky Barrier Diode, 肖特基二极管

SCL, Serial Clock Line, 串行时钟线

SCR, Silicon Controlled Rectifier, 晶闸管

SCSI, Small Computer System Interface, 小型计算机系统接口

SDE, Source-Drain Extension, 源漏扩展

SDL, Serial Data Line, 串行数据线

SDR, Software Defined Radio, 软件定义无线电

SDRAM, Synchronous Dynamic RAM, 同步动态随机存取存储器

SDTV, Standard-Definition Television, 标清电视

SEG, Selective Epitaxial Growth, 选择性外延

SEM, Scanning Electron Microscope, 扫描电子显微镜

SEMATECH, Semiconductor Manufacturing Technology, 半导体技术研发合作产业联盟

SEMI, Semiconductor Equipment and Materials International, 国际半导体设备与材料协会

SerDes, Serializer/Deserializer, 串行/解串器

SFQR, Site Front Least-Squares Range, 局部平整度

SI, Signal Integrity, 信号完整性
SIA, Semiconductor Industry Association, 美国半导体行业协会
SiC, Silicon Carbide, Carborundum, 碳化硅
S-IGCT, Symmetrical-IGCT, 对称型 IGCT
SiGe, Silicon-Germanium, 锗硅
SIM, Subscriber Identity Module（Card），用户标识模块卡，简称 SIM 卡
SIMD, Single-Instruction Multiple-Data, 单指令多数据
SIMM, Single In-line Memory Module, 单列直插式内存组件
SIMOX, Separation by Implantation of Oxygen, 注氧隔离
SIMT, Single-Instruction Multiple-Threads, 单指令多线程
SIP, Self-Ionized Plasma, 自离子化等离子体
SIP, Single In-line Package, 单列直插封装
SiP, System in Package, System in a Package, 系统级封装
SiPM, Silicon Photomultiplier, 硅光电倍增管
SMO, Source-Mask Optimization, 光源-掩模协同优化
SMT, Simultaneous Multi-Threading, 同步多线程
SMT, Surface Mount Technology, 表面贴装技术
SMT, Stress Memorization Technique, 应力记忆技术
SNN, Spiking Neural Network, 脉冲神经网络
SoC/SOC, System on Chip, System on a Chip, 系统芯片
SOI, Silicon on Insulator, 绝缘体上硅
SoPC, System on Programmable Chip, 可编程系统芯片
SOS, Silicon on Sapphire, 蓝宝石上硅
SOT, Small Outline Transistor, 小外形晶体管
SPARC, Scalable Processor Architecture, 可扩充处理器架构
SPE, Solid Phase Epitaxy, 固相外延
SPI, Serial Peripheral Interface, 串行外设接口
SPOS, Single Particle Optical Sensor, 单颗粒光学传感器
SPS, Sampling per Second, 每秒采样次数
SRAF, Sub-Resolution Assist Feature, 亚分辨率辅助图形
SRAM, Static RAM, 静态随机存取存储器
SSD, Solid State Drive, 固态硬盘
SSTA, Statistical Static Timing Analysis, 统计静态时序分析
STA, Static Timing Analysis, 静态时序分析
STI, Shallow Trench Isolation, 浅槽隔离
STT-MRAM, Spin Transfer Torque-Based Magnetoresistive RAM, 自旋转移矩磁随机存储器
SVM, System Virtual Memory, 系统虚拟存储器
SWP, Surface Wave Plasma, 表面波等离子体
T
TAB, Tape Automated Bonding, 载带自动键合
TCAD, Technology Computer Aided Design, 半导体技术计算机辅助设计
TCP, Transforme Coupled Plasma, 变压器耦合型等离子体
TCP, Transmission Control Protocol, 传输控制协议
TCS, Trichlorosilane, 三氯硅烷
TDI, Time Delay Integration, 时间延迟积分
TDR, Time-Domain Reflectometry, 时域反射
TEOS, Tetraethoxysilane, 正硅酸乙酯
TFET, Tunnel Field Effect Transistor, 隧道场效应晶体管
TFLOPS, TeraFLOPS, 每秒 1 万亿次浮点运算次数
TFT, Thin Film Transistor, 薄膜晶体管
THT, Through Hole Technology, 通孔插装技术
THz, Tera Hertz, 太赫兹
TIM, Thermal Interface Material, 热界面材料

TIS, Tool-Induced Shift, 测量系统引起的位移
TMR, Tunneling Magneto-Resistance, 隧道磁电阻
TMU, Time Measurement Unit, 时间测量单元
TMU, Total Measurement Uncertainty, 总测量不确定度
TMV, Through Mold Via, 穿塑孔
TPM, Trusted Platform Module, 可信平台模块
TPU, Tensor Processing Unit, 张量处理器
TSR, Traffic Sign Recognition, 交通标志识别
TSV, Through Silicon Via, 硅通孔
TTV, Total Thickness Variation, 总厚度变化

U

UART, Universal Asynchronous Receiver/Transmitter, 为通用异步收发器
UAV, Unmanned/Unattended Aviation Vehicle, 无人驾驶飞行器, 俗称无人机
UHDTV, Ultra High-Definition Television, 超高清电视
UHVCVD, Ultrahigh Vacuum CVD, 超高真空化学气相沉积
ULPA, Ultra Low Penetration Air Filter, 超高效过滤器
UPS, Uninterruptible Power Supply/Source, 不间断电源
UPW, Ultrapure Water, 超纯水
USB, Universal Serial Bus, 通用串行总线
UTB, Ultra Thin Body, 超薄体

V

VCD, Video Compact Disc, 激光压缩视盘
VC/PE, Venture Capital/Private Equity, 风险投资基金/私募股权基金
VDMOS/VDMOSFET, Vertical Double-Diffused MOS (FET), 垂直（纵向）双扩散 MOS
VGA, Variable Gain Amplifier, 可变增益放大器
VGA, Video Graphics Array, 视频图形阵列
VLIW, Very Long Instruction Word, 超长指令字
VLSI, Very Large Scale Integration Circuit, 超大规模集成电路
VMI, Vendor Managed Inventory, 供应商管理库存
VPE, Vapor Phase Epitaxy, 气相外延
VR, Virtual Reality, 虚拟现实

W

Wi-Fi, Wireless Fidelity, 无线保真
WIS, Wafer-Induced Shift, 待测圆片引起的位移
WL, Word-Line, 字线
WLAN, Wireless Local Area Network, 无线局域网络
WLCSP, Wafer Level Chip Scale Package, 圆片级芯片尺寸封装
WLP, Wafer Level Package, 圆片级封装
WLU, Wafer Level Underfill, 圆片级底部填充
WPH, Wafers per Hour, 每小时圆片产出量
WSC, World Semiconductor Council, 世界半导体理事会
WSTS, World Semiconductor Trade Statistic, 世界半导体贸易统计公司
WWTP, Wastewater Treatment Plant, 废水处理厂

Z

ZCS, Zero Current Switching, 零电流通断
ZPAL, Zone-Plate-Array Lithography, 波带片阵列光刻
ZVS, Zero Voltage Switching, 零电压光刻

（资料整理：陈春章）

附录 D 集成电路产业常用词汇

A

AC/DC Converter，交流/直流电源转换器：将交流电量转换为等效直流电量的器件，分为线性转换器和开关电源转换器两大类。

Active Matrix Organic Light Emitting Diode（AMOLED），有源矩阵有机发光二极管：起源于有机发光二极管（OLED），具有自发光、色域广、视角宽、刷新快、轻薄等特点。

Advanced Driver-Assistance Systems（ADAS），高级驾驶辅助系统：ADAS 利用安装在汽车上的各式各样的测控装置，在汽车行驶过程中随时感知周围的环境并收集相关数据，通过侦测、辨识、运算和分析，预判可能发生的危险状况，从而有效增加汽车驾驶的舒适性和安全性。

Advanced Encryption Standard（AES），高级加密标准：又称 Rijndael 加密法，由比利时密码学家 Joan Daemen 和 Vincent Rijmen 所设计开发，2002 年被美国政府正式采用，并取代原有的数据加密标准（DES）。目前，AES 已成为对称密钥加密中最流行的算法之一，在全世界广泛被采用。

Audio Video Coding Standard（AVS），数字音视频编解码技术标准：AVS 是我国具备自主知识产权的信源编码标准。信源编码技术解决的重点问题是数字音视频海量数据（即初始数据、信源）的编码压缩问题，故也称数字音视频编解码技术。它是数字信息传输、存储、播放等环节的前提，是数字音视频产业的共性基础标准。第一代 AVS 标准的制订起始于 2002 年，简称 AVS1，包括系统、视频、音频、数字版权管理等 4 个主要技术标准和符合性测试等支撑标准。第二代 AVS 标准简称 AVS2，主要面向超高清电视节目的传输。

Avionics Instrument，航空仪表：是为飞行人员提供有关飞行器及其分系统信息的设备。它可为飞行人员提供操纵飞行器的依据，同时也能反映飞行器被操纵的结果。

Amplitude Modulation（AM），调幅：是一种广泛应用于通信和广播中的使载波的振幅按照所需传送信号的变化规律而变化，但其频率保持不变的调制方法。

AM 分为普通调幅（AM）、双边带调幅（DSB-AM）、单边带调幅（SSB-AM）与残留边带调幅（VSB-AM）等方式。

Analog Signal，模拟信号：是指用连续变化的物理量所表达的信息，如温度、湿度、压力、长度、电流、电压等，又称连续信号，它在一定的时间范围内可以有无限多个不同的取值。

Analog-to-Digital Converter（ADC），模/数转换器：是指将模拟信号转换成数字信号的电路或器件。又称 A-D 转换器、A/D 转换器等。

Application Specific Integrated Circuit（ASIC），专用集成电路：是针对整机或系统的特殊需求而设计、制造的集成电路，具有用户参加设计、针对性强、系统设计优化、性能优越、保密性强等特点。

Artificial Intelligence（AI），人工智能：计算机科学的一个分支，是研究、开发用于模拟、延伸和扩展人的智能的理论、方法、技术及应用系统的一门新的学科，其研究范围包括机器人或机器学习、语音识别、视觉图像、语言处理等。

Audio Codec，音频编解码器：对音频数据流进行编/解码的器件，可根据给定音频文件或流媒体音频编码格式实现压缩或解压缩。

Augmented Reality（AR），增强现实：在人们真实感知环境信息基础上，将利用计算机技术产生的虚拟信息叠加在真实信息上，以便获取更多信息和更好体验。

Automatic Test Equipment（ATE），自动测试设备：对被测对象自动进行性能验证和故障诊断并对故障予以隔离的测试设备。常用于检测集成电路功能完整性和性能指标，以确保集成电路产品的质量。

Avalanche Photodiode（APD），雪崩光电二极管：一种在加偏压作用下，初始光电流通过电荷载流子累积倍增而得到放大的半导体光器件。

Aviation Flight Control，航空飞行控制：主要是对航空器的质心运动（升降、前进和左右）以及角运动（俯仰、偏航和滚转）进行稳定和控制。

B

Battery Management System（BMS），电池管理系统：可以对可充电电池进行数据采集、状态估计、热管理、充/放电能量与安全管理，并具有数据显示、故障诊断、安全报警和数据通信等功能的系统。

BeiDou Navigation Satellite System（BDS），北斗卫星导航系统：由中国自主研发的全球卫星导航系统，是继美国全球定位系统（GPS）、俄罗斯格洛纳斯卫星导航系统（GLONASS）之后的第三个成熟的卫星导航系统。

BinocularVision System，双目视觉系统：使用位置不同的两个摄像头拍摄不同视角下的图像，通过匹配算法逐一计算图像之间像素的匹配关系，然后根据得到的匹配点之间的偏移获取物体图像深度信息，进而构建三维图像的系统。

Bipolar Complementary Metal – Oxide – Semiconductor（BiCMOS），双极性CMOS：是一种将双极性器件和CMOS器件同时集成在同一块芯片上的技术，使芯片既具有CMOS电路高集成度、低功耗的优点，又具有双极电路高速、强电流驱动能力的优势。

Bipolar Complementary and Double – diffused Metal – Oxide – Semiconductor Process，BCD工艺：一种功率集成电路的制造工艺，是将双极性器件、CMOS器件和DMOS器件集成在同一块硅衬底芯片上的制造工艺。

Bluetooth，蓝牙：一种从固定和移动设备建立个人区域网（PAN）的短距离无线数据传输技术。蓝牙技术应用频率范围为2.4~2.485GHz的ISM波段的UHF无线电波。蓝牙技术最初由爱立信公司于1994年创制，目前版本为5.0，由SIG维护。

Body Control Module（BCM），车身控制模块：是一种实现控制汽车车身用电器（如整车灯具、雨刮、洗涤、门锁、电动窗、天窗、电动后视镜、遥控等）的模块，通常还具有电源管理、电压保护、延时断电、系统休眠等功能，是汽车设计中不可或缺的重要组成部分。

Brown Goods，黑家电：泛指可提供信息沟通，用于休闲娱乐的家电产品。

Built-In Self-Test（BIST），内建自测试：是指在电路中植入相关功能电路，使得机器具有自我测试能力，从而提高可靠性、缩短修复周期的技术。

Bulk Gas System，大宗气体系统：在集成电路行业中，是指供应集成电路制造中使用的氮气、氢气、氧气等大宗气体的系统。

Bump，金属凸点：在封装中实现芯片与基板（基片）之间互连的金属凸块材料，主要起机械互连、电气互连和散热的作用。

C

Cable Modem（CM），电缆调制解调器：位于用户处的用于在有线电视系统上传输数据通信信息的调制解调器。

Cellular（Mobile）Communication，蜂窝（移动）通信：采用蜂窝无线组网方式，使终端和网络设备之间通过无线通道连接起来，进而实现用户在活动中可相互通信的技术。

Central Processing Unit（CPU），中央处理器：计算机中的核心集成电路，是根据计算机程序执行指令，进行基本的算术、逻辑、控制以及输入/输出操作的单元。

Charge Coupled Device（CCD），电荷耦合器件：是一种用高感光度半导体材料制成的，由时钟脉冲电压来产生和控制半导体势阱的变化，实现存储和传递电荷信息的固态电子器件。

Chemical Vapor Deposition（CVD），化学气相沉积：借助气相化学反应在衬底表面上沉积另一种固体物质的方法。CVD 是一种应用非常广泛的化学合成方法，常用于制取固体薄膜。CVD 过程包括气相反应物的生成、输运和沉积。

Chip，芯片：指集成在一小块半导体材料上的电子电路。

Clean Room，洁净室：在建筑学中，洁净室是指空气悬浮粒子浓度受控的房间，其建造和使用应减少室内诱入、产生及滞留粒子，室内的其他有关参数（如温度、湿度、压力等）按要求进行控制。在半导体行业中，洁净室是指对空气洁净度、温度、湿度、压力等参数根据需要得到控制的密闭性较好的空间。

Closed Transition Transfer Switch（CTTS），闭式自动切换开关：用来瞬间连接电路进行不断电负荷切换（闭路切换）的开关。

CMOS Image Sensor（CIS），CMOS 图像传感器：主要由光电二极管。金属-氧化物-半导体场效应管及放大器等组成。

Code-Division Multiple Access（CDMA），码分多址：是一种利用不同的码序列分割成不同信道的多址技术，具有抗人为干扰、抗窄带干扰、抗多径干扰、抗多径延迟扩展的能力。

Comparator，比较器：是通过比较两个输入端的电压值或电流值的大小，在输出端以呈现比较结果的集成电路。

Complementary Metal-Oxide-Semiconductor（CMOS），互补金属-氧化物-半导体：是指制造大规模集成电路采用的一种技术或用这种技术制造的芯片。CMOS 广泛用于微处理器、微控制器、SRAM 及其他数字逻辑电路，也用于 CMOS 传感器、数据转换器等通信电路。CMOS 工艺技术有平面型体硅 CMOS、鳍式场效应管 CMOS、绝缘体上硅 CMOS 等。该技术于 1963 年由在仙童公司工作的 Frank Wanlass 申请了专利（US Patent 3356858）。

Complex Instruction Set Computer（CISC），复杂指令集计算机：这种体系结构的设计策略是使用大量的指令（包括复杂指令），程序的各条指令按顺序串行执行，每条指令中的各个操作也按顺序串行执行。丰富的指令集使程序设计变得相对简单，但使 CPU 和控制单元的电路结构变得非常复杂。

Composite Video Broadcasting Signal（CVBS），复合视频广播信号：又称基带视频，是美国国家电视标准委员会（NTSC）电视信号的传统图像数据传输方法，它以单频道模拟波形传输视频数据（分辨率为 480i 或 576i）。

Computer Peripheral，计算机外设：是计算机系统中输入设备、输出设备和外存储器的统称。

Conductivity Sensor，电导率传感器：是在实验室、工业生产和探测领域中用于测量超纯水、纯水、饮用水、污水等各种溶液的电导性或水标本整体离子的浓度的传感器。

Consumer Electronics，消费电子：泛指消费者日常使用的电子产品，一般可以分为个人消费电子产品和家庭消费电子产品。

Controller Area Network（CAN），控制器局域网络：一种总线式串行通信网络，属于现场总线中的一种，在工业测控和工业自动化等领域得到广泛应用。CAN 总线协议已经成为汽车计算机控制系统和嵌入式工业控制局域网的标准总线协议。

D

Data Center，数据中心：是一整套复杂的设施，不仅包括计算机系统和其他与之配套的设备（如通信系统、存储系统等），还包含冗余的数据通信链接、环境控制设备、监控设备以及各种安全装置。

Damascene，镶嵌：又称大马士革镶嵌（Damascus Damascene），是一种集成电路制造中用于结构互连的工艺方法。

DC Converter，直流变换器：将直流电调节成符合系统运行所要求的直流电的电气装置。

Design for Manufacturability（DFM），可制造性设计：简化零件、产品和工艺，以改进质量和降低成本的设计方法。

Design for Testability（DFT），可测性设计：是指在不改变原产品功能的条件下，在产品中增加可实现对其制造缺陷进行检测并节省测试成本的电路或方法。

Die，芯片：是指已完成设计制造但未封装的集成电路产品，又称裸片。

Digital Signal Processor（DSP），数字信号处理器：是指架构设计适合处理数字信号的专用微处理器，广泛用于通信与信息系统、信号与信息处理、自动控制、雷达、军事、航空航天、医疗、家用电器等领域。

Digital Subscriber Line（DSL），数字用户线：是指用户设备安装地与提供服务的本地电信局之间的数字传输链路。

Digital-to-Analog Converter（DAC），数/模转换器：将数字信号转换成模拟信号的电路。又称 D-A 转换器、D/A 转换器等。

Digital Video Broadcasting（DVB），数字视频广播：一组国际认可的欧洲数字视频广播标准。

Duplexer，双工器：又称天线共用器，是一个比较特殊的双向三端滤波器，其作用是将发射信号与接收信号隔离，以保证能同时正常进行信号的接收和发射。

E

Early Warning Airplane，预警机：用于搜索、监视、先期报警空中或海上目标，并引导己方歼击机或防空武器实施截击的军用飞机。

Electrically Erasable Programmable Read Only Memory（EEPROM），电可擦可编程只读存储器：是一种用户可更改的只读存储器（ROM），它可通过高于普通电压的特定操作来擦除和重编程（重写）。

Electronic Design Automation（EDA），电子设计自动化：是指以计算机为工作平台，融合应用电子技术、计算机技术、信息处理及智能化技术的最新成果，实现电子产品设计自动化的技术。

Electronic Toll Collection（ETC）System，电子不停车收费系统：是通过"车载电子标签+IC卡"与ETC车道内的微波设备进行短程通信，从而实现数据交换或费用支付的全自动收费系统。

Electronic Warfare（EW），电子战：应用电磁能量来确定、探测、削弱或抑制敌方使用电磁频谱并保护己方应用电磁频谱的军事行动的统称。

Emitter Turn-Off（ETO）Thyristor，发射极关断晶闸管：是在GTO晶闸管和功率MOSFET基础上研发的一种新型大功率半导体器件。

Erasable Programmable Read Only Memory（EPROM），可擦可编程只读存储器：掉电后仍保留数据的存储器，是一种便于用户根据需要写入，并能把已写入的内容擦去后再改写的ROM。

Etching，刻蚀：在集成电路制造中，刻蚀是指用一种溶液、混合液或混合气体侵蚀薄膜或衬底的表面，有选择地或非选择地去除表面物质的工艺过程。

Extreme Ultraviolet（EUV）Lithography，极紫外光刻：采用光源波长在极紫外波段范围的光刻技术，适用于10nm以下CMOS光刻工艺。

Extremely High Frequency（EHF），极高频：国际电信联盟（ITU）规定的波段，其频率为30~300GHz，波长为1cm~1mm，也称毫米波，是介于超高频（SHF）与远红外之间的电磁波。

F

Fabless，无生产线：是指一种"没有制造业务、只专注于设计"的集成电路制造的运作模式，也用来指代不拥有芯片制造工厂的IC设计公司。"Fabless"

是由"Fabrication"中的"Fab"与"less"组合而成的词汇，又称无晶圆、无晶片等。

Facility Monitoring & Control System（FMCS），厂务监控系统：用于收集厂务中央供应系统的运行数据，监控厂务集中供应设备运行状态的系统。

Fast Recovery Diode（FRD），快恢复二极管：是一种具有开关特性好、反向恢复时间短等特点的半导体二极管，主要应用于开关电源、PWM 脉宽调制器、变频器等电子电路中，作为高频整流二极管、续流二极管或阻尼二极管使用。

Field Programmable Gate Array（FPGA），现场可编程门阵列：是一种采用分段式布线结构的可编程逻辑器件，具有丰富的逻辑单元、灵活的体系结构、高集成度、适用范围广等特点。

Fin Field Effect Transistor（FinFET），鳍式场效应晶体管：一种新型三维立体结构的互补式金属-氧化物-半导体晶体管，其主要特征是由鳍形（Fin）的薄层硅构成折叠的导电通道，并由双面或三面折叠包围的栅极控制。

Filter，滤波器：对信号的频率进行选择，只允许特定频率范围内的信号成分正常通过，而对特定频率范围以外的信号成分进行有效滤除的器件或电路。

Floating-Point Operations per Second（FLOPS），每秒浮点运算次数：用于评估计算机性能的指标之一。

Forward Collision Warning（FCW）Systems，前向碰撞报警系统：通过电子系统感知车体前部的危险程度，避免发生碰撞的报警系统。

Foundry，圆片代工：提供在晶片上采用不同半导体工艺技术实现集成电路产品制造的代工模式。

Frequency Modulation（FM），调频：使载波的振幅保持不变，而其瞬时频率依照所需传输信号的变化规律而变化。

Fully Depleted Silicon on Insulator（FD-SOI），全耗尽型绝缘体上硅：采用很薄的氧化膜将晶体管的管体（沟道）厚度减薄至数纳米，使管体与硅基隔开，从而使沟道处于完全耗尽状态的技术。它能够有效抑制随着栅极长度变短、泄漏电流增大的短沟道效应。

G

Galileo Satellite Navigation System，伽利略卫星导航系统：是由欧盟研制和建立的全球卫星导航定位系统。

Global Navigation Satellite System（GLONASS），格洛纳斯卫星导航系统：由俄罗斯研制并发展建立的一种全球卫星导航系统。

Global Positioning System（GPS），全球定位系统：由美国研制并发展建立的一种全球卫星导航系统。

Global System for Mobile Communications（GSM），全球移动通信系统：由欧洲电信标准化协会提出，后来成为全球性标准的蜂窝无线电通信系统。

Graphics Processing Unit（GPU），图形处理器：一种专门用在 PC、工作站、游戏机、平板电脑、手机等设备中进行图像运算的微处理器。

Graphics Double Data Rate（GDDR）SDRAM，图形双倍速率同步动态随机存取存储器：为高端显卡而专门设计的高性能专用存储器。

H

Hall Sensor，霍尔传感器：是根据霍尔效应制作的一种磁场传感器。霍尔传感器不仅可以测量磁场变化，还可测量产生和影响磁场的物理量。

Hardware Description Language（HDL），硬件描述语言：专门用于描述电子系统中（数字逻辑）电子电路结构与行为的计算机（硬件）语言。

Heating，Ventilating，and Air-Conditioning（HVAC），供热通风与空气调节：HVAC 系统是指控制温度、湿度、空气清净度以及空气循环的空气调节系统。

Heterojunction Bipolar Transistor（HBT），异质结双极晶体管：在发射极和基极使用不同的半导体材料形成异质结的一种双极晶体管。

High-Bandwidth Digital Content Protection（HDCP），高带宽数字内容保护：一种由好莱坞与 Intel 公司合作开发的数字内容加密协议。当数字内容被非法复制时，HDCP 技术会进行干扰，降低复制影像的质量，从而对内容进行保护。

High-Definition Multimedia Interface（HDMI），高清晰度多媒体接口：一种数字化视频/音频接口技术，适合影像传输的专用型数字化接口，通过单根连接线传输未压缩的高清和 4K 视频、多信道环绕声音频及消费电子控制（CEC）信号。

High Efficiency Video Coding（HEVC），高效视频编码标准：也称 H.265 或 MPEG-H Part 2，具有双倍视频数据压缩比且保留同样的视频质量，或者在同样比特率的条件下改进视频质量，可以支持的分辨率达到 8192 像素×4320 像素，包括 8K 超高清（UHD）。

High Electron Mobility Transistor（HEMT），高电子迁移率场效应晶体管：也称异质结晶体管（Heterostructure FET，HFET）或调制掺杂晶体管（Modulation-Doped FET，MODFET），是在具有不同带隙的两种材料之间形成 FET 结（异质结）而不是普通（MOSFET）掺杂结的新型晶体管。

High-k Metal Gate（HKMG），高 k 金属栅：在半导体制造工艺中，用高相对介电常数材料代替栅极绝缘层常用的 SiO_2 材料，可以在保证等效栅氧厚度持续缩小的前提下，使栅介质的物理厚度相对较大，以抑制栅泄漏电流。

I—K

Integrated Device Manufacturer (IDM)，集成器件制造商：设计、制造并出售集成电路产品的半导体公司。

Integrated Circuit (IC)，集成电路：是指通过一系列特定的加工工艺，将晶体管、二极管等有源器件和电阻器、电容器等无源元件，按照一定的电路互连，"集成"在半导体（如硅或砷化镓等化合物）晶片上，封装在一个外壳内，执行特定功能的电路或系统。

Input/Output Buffer Information Specification (IBIS)，I/O 缓冲信息规范：用于描述 I/O 缓冲信息特性的模型。一个 I/O 端口的行为描述可以分解为一系列的简单的功能模块，由这些简单的功能模块即可建立起完整的 IBIS 模型。

Institute of Electrical and Electronics Engineers (IEEE)，电气电子工程师学会：国际性电子技术与信息科学工程师学会，是目前全球最大的非营利性专业学术团体，成立于 1963 年，下设 33 个专业学会。

Integrated Gate Commutated Thyristor (IGCT)，集成栅极换流晶闸管：用作工业设备中切换电流的功率半导体电子器件。

Intellectual Property (IP) Core，知识产权核：具有预先设计且功能可再用于其他设计的模块。

Inter-Integrated Circuit (I^2C) Bus，I^2C 总线：1982 年由飞利浦半导体公司开发的一种两线式同步串行总线，它只需要两根线即可在连接于总线上的器件之间传送信息。

International Technology Roadmap for Semiconductors (ITRS)，国际半导体技术路线图：由美国半导体行业协会（SIA）、欧洲半导体行业协会（ESIA）、日本半导体行业协会（SIA）、韩国半导体行业协会（KSIA）、中国台湾地区半导体行业协会（TSIA）组织的专家们共同完成的一套文件。

Internet of Things (IoT)，物联网：顾名思义，物联网就是物物相连的互联网。物联网是互联网的应用拓展，是新一代信息技术的重要组成部分，也是信息化时代的重要发展阶段。

In-Vehicle Infotainment (IVI) System，车载信息娱乐系统：采用车载专用的处理器，基于车身总线系统、移动网络、无线通信和卫星导航技术、互联网服务等，形成的车载综合信息处理系统。

Joint Electron Device Engineering Council (JEDEC)，固态技术协会：成立于 1958 年，是全球微电子产业的权威标准机构，是一个自愿和开放性标准组织，其会员公司来自拥有半导体产业的全球各个国家和地区。

Known Good Die（KGD），已知合格芯片：该术语形成于20世纪90年代初，是指对裸芯片进行功能测试、参数测试、老炼筛选和可靠性试验，以保证最后挑选出来的芯片质量与可靠性达到封装成品的质量与可靠性等级要求。

L

Laser Diode（LD），激光二极管：一种以pn结电注入泵浦的方式实现受激发射的半导体二极管器件。它以直接带隙半导体为光增益介质，利用从pn结注入的电子和空穴复合产生光增益，并通过器件内的谐振腔产生正反馈，进而实现激光发射。

Light Emitting Diode（LED），发光二极管：利用电子和空穴的复合发出特定波长光的二极管。发光颜色由半导体材料的能带间隙决定。

Liquid Crystal Display（LCD），液晶显示：外加电压使液晶分子取向改变，以调制透过液晶的光强度，产生灰度或彩色图像显示。

Low Dropout Regulator（LDO），低压差线性稳压器：使用工作在线性区的晶体管或场效应管（FET），从应用的输入电压中减去超额的电压，输出经过调节的电压的稳压器。

Low Noise Amplifier（LNA），低噪声放大器：一种位于放大链路输入端，针对给定的增益要求，引入尽可能小的内部噪声，并在输出端获得最大可能信噪比的放大器。

M

Magnetometer，磁强计：测量磁场的仪表。

Mask，掩模：集成电路制造过程中光刻工艺步骤所用的图形底片。

Metal-Oxide-Semiconductor Field Effect Transistor（MOSFET），金属-氧化物-半导体场效应晶体管：一种场效应晶体管，通过控制硅的氧化方法制造。

Microcontroller Unit（MCU），微控制器单元：简称微控制器或单片机，是具有计算功能的单片IC。

Micro-Electro-Mechanical System（MEMS），微机电系统：是在微电子技术基础上发展起来的，融合了光刻、腐蚀、薄膜、LIGA、硅微加工、非硅微加工和精密机械加工等技术制作的，集微传感器、微执行器、微机械结构、微电源、微能源、信号处理和控制电路、高性能电子集成器件、接口、通信等于一体的微型器件或系统。

Micro Light Emitting Diode（micro-LED），微型发光二极管：平面LED的微缩和矩阵化。

Microprocessor without Interlocked Piped Stages（MIPS），无互锁流水级微处理器：由 MIPS 技术公司开发的一种 RISC 指令集架构。

Mixed Reality（MR），混合现实技术：虚拟现实和增强现实技术的融合，是一种在真实视场环境中叠加虚拟视场空间，并使之随着真实空间或互动产生相应的变化，以增强用户体验的技术。

Mixed Signal Design，混合信号设计：包含数字信号和模拟信号两种信号处理电路的集成电路设计。

Mixer，混频器：将两个不同频率的输入信号变换成一个频率等于两个输入频率之差（下变频）或两个输入频率之和（上变频）的输出信号的器件。

Mobile Communication，移动通信：沟通移动用户与固定点用户之间或移动用户之间的通信方式。

Mobile DDR（mDDR），移动双倍速率（同步动态随机）存储器：满足 JEDEC 固态技术协会面向低功耗的内存需求而制定的新内存标准的存储器，常用于低功耗和小体积的移动式电子产品。又称 LPDDR。

Moore's Law，摩尔定律：由英特尔（Intel）创始人之一戈登·摩尔（Gordon Moore）于 1965 年 4 月 19 日提出来的关于集成电路发展趋势预测的规律。

MOS-Controlled Thyristor（MCT），MOS 门控晶闸管：由 MOSFET 和晶闸管复合而成的一种电力电子器件。

Multi-Chip Module（MCM），多芯片组件：将多个芯片或裸片集成在同一个封装衬底上的一种封装。

Multi-Project Chip/Wafer（MPC/MPW），多项目芯片/圆片：将来自不同所有者的多个芯片设计集中于同一个圆片制造生产，从而节省制造成本。主要用于产品的研发阶段。

N

Nano-Silicon，纳米硅材料：直径为 1nm 到数十纳米的硅材料，简称为纳米硅。

Network Processor（NP），网络处理器：是一种可编程器件，专门用于通信领域的各种任务，如包处理、协议分析、路由查找、声音/数据的汇聚、防火墙、QoS 等。

O

Operational Amplifier，运算放大器：可以对电信号进行运算的放大器，通常具有高增益、高输入阻抗和低输出阻抗等特性。

Optical Communication，光通信：以光波为载体的通信方式。

Optical Proximity Correction（OPC），光学邻近效应校正：用于补偿由于散射或工艺引起的误差的光刻增强技术。

Organic Light Emitting Diode（OLED），有机发光二极管：用有机材料作为发光层制成的发光二极管。

Orthogonal Frequency Division Multiplexing（OFDM），正交频分复用技术：一种多载波调制并用于 4G 的通信技术。其方法是，将信道分成若干正交子信道，并将高速数据信号转换成并行低速子数据流，再经过调制在每个子信道上进行传输。

P

Printed Circuit Board（PCB），印制电路板：实现电子元器件或电气组件相互连接的载体。

Performance Optimization with Enhanced RISC - Performance Computing，PowerPC：一种基于精简指令集架构的中央处理器，其基本的设计源自由 Apple、IBM 和 Motorola 成立的 AIM 联盟所开发出来的 Power 微处理架构。

Phase-Shift Mask（PSM），移相掩模：同时利用光线的强度和相位来成像，从而得到更高分辨率的一种分辨率增强技术。

Photodiode，光电二极管：将光信号转变为电信号的半导体光电探测器件。

Photolithography，光刻：一种制作半导体器件（如晶体管、集成电路等）的工艺方法，是平面型晶体管和集成电路生产中的主要工艺方法。

Photomask，光刻掩模版：简称掩模版，是在透明基板上制作各种所需屏蔽的图形，并精确定位，用于对光刻胶图层选择性曝光的图版结构。

Photomultiplier Tubes，光电倍增管：基于二次电子发射的倍增作用将微弱光信号转换为电信号并将微弱电流放大的光电管。

Photoresist，光刻胶：又称光致抗蚀剂，是一种感光材料，其感光成分在光的照射下发生化学反应，从而引起溶解速率的改变。其主要作用是将掩模版上的图形转移到硅片等衬底上。

Physical Implementation，物理实现：芯片设计流程的一部分，是将电路原理图转换成物理图形，以用于制造掩模版的工程步骤。

Physical Vapor Deposition（PVD），物理气相沉积：利用真空物理过程产生薄膜或表面涂层的方法。PVD 基本方法有真空蒸发和溅射等。

Pizeo-electric Sensor，压电传感器：利用压电材料制成的传感器，是一种自发电式传感器。

Place and Route（P & R），布局布线：芯片设计过程中的两个重要步骤，是指有效地布放标准单元或 IP 核，并将它们连接起来。

Planar CMOS，平面 CMOS：是由平面工艺实现的 CMOS。

Power Management Unit（PMU），电源管理单元：是对电源调节、控制的集成电路。

Power Line Communication（PLC），电力线通信：也称电力线载波通信，通过低压电力线向住宅用户和企业用户提供数据和话音的业务。

Pressure Sensor，压力传感器：能感受压力，并能按照一定的规律将压力值转换成电信号输出的器件。分为表压力传感器、差压传感器、绝压传感器、静态压力传感器、动态压力传感器等。

Process，工艺：在集成电路产业中，常指集成电路制造技术的实现过程。

Process Design Kit（PDK），工艺设计包：用于简化设计流程和工艺方法的一套文档，包括器件库资料、验证文件、技术数据、规则文件、仿真模型、设计规则手册等。

Q—S

Quantum DotLight Emitting Diode（QLED），量子点发光二极管：一种以量子点作为发光材料的 LED。

Radar，雷达：利用电磁波探测目标的电子设备。它能发射电磁波到目标并接收其回波，由此获得目标至电磁波发射点的距离、距离变化率（即径向速度）、方位、高度等信息。

Radio Frequency Identification（RFID），射频识别技术：利用射频来读取射频标签信息的技术。

Rectifier Diode，整流二极管：一种将交流电能转变为直流电能的半导体器件。

Reduced Instruction Set Computer（RISC），精简指令集计算机：RISC 的特点是所有指令的格式一致，指令周期相同，采用流水线技术。在 RISC 架构中，对指令数目和寻址方式都进行精简，使其更容易实现，指令并行执行得更好，编译器的效率更高。

Register-Transfer Level（RTL），寄存器传输级：根据硬件寄存器和逻辑操作之间的数据流，建立或定义同步数字电路设计模型的一种抽象方法。

Resistance Sensor，电阻式传感器：将被测量变化转换成电阻变化的传感器。

Resolution Enhancement Technology（RET），分辨率增强技术：在超大规模

光刻制造技术中，特别是 90nm 工艺以下，用来增强影像分辨率的技术。

Routing，布线：是指在 PCB 设计或集成电路设计中，利用 EDA 工具软件或通过人工操作，实现元器件之间电气连接的过程。

Schottky Diode，肖特基二极管：是以其发明人德国物理学家 Walter Hermann Schottky 命名的，一种利用金属与半导体接触形成的金属—半导体结原理制作的二极管。

Secure Cryptoprocessor，安全加密处理器：一种本身不产生加密数据或程序指令，但产生密钥（Key）的处理器。

Sensor，传感器：是一种检测装置，能感受到被测量的信息，并能将感受到的信息，按一定规律变换成为电信号或其他所需形式的信息输出，以满足信息的传输、处理、存储、显示、记录和控制等要求。

Separation by Implantation of Oxygen（SIMOX），注氧隔离：将大剂量氧离子注入到单晶硅中形成隔离层，然后在超高温退火条件下形成顶层硅、二氧化硅绝缘埋层和体硅三层结构的新型 SOI 半导体材料。SIMOX 的重要应用是在离子注入过程中制造 SOI 芯片。

Shortwave Radio（SW），短波：波长介于 100m 与 10m 之间（频率介于 3～30MHz 之间）的无线电波。

Silicon on Insulator（SOI），绝缘体上硅：是指用硅绝缘衬底取代常用的硅衬底，来降低器件寄生电容并改进其性能的半导体制造技术。

System on Chip（SoC），系统芯片：将处理器、存储单元和 IP 核集成在同一颗芯片上并具有系统功能的芯片。

Special Gas，特种气体：是指在特定领域中应用的，对气体有特殊要求的纯气、高纯气，或者由高纯单质气体配制的二元或多元混合气。

Standard Definition（SD），标清：是指物理分辨率在 720p（1280 像素×720 像素）以下的一种视频格式。SDTV 是符合标清视频信号的电视系统。

Synthesis，综合：是指在集成电路设计中，从高级 RTL 设计到逻辑网表的自动转换过程。

System in Package（SiP），系统级封装：将一个系统通过单个或者多个芯片集成在一个封装里。

System Verilog，SV 语言：于 2005 年被定为 IEEE 1800—2009 标准，是硬件设计和验证共同使用的一种硬件描述语言。

T

Tensor Processing Unit（TPU），张量处理器：谷歌公司为机器学习而设计的

ASIC 集成电路。

Terahertz (THz) Waves，太赫兹波：频率范围为 0.1~10THz，波长范围为 0.03~3mm 的电磁波。

Thin Film Transistor (TFT)，薄膜晶体管：是一种三端有源半导体器件，它属于场效应晶体管。TFT 的主要应用是作为有源矩阵显示的驱动和开关器件。

Through Silicon Via (TSV)，硅通孔技术：在三维封装技术中，用于穿过硅圆片或裸片的垂直互连技术。

U—W

Ultrapure Water (UPW)，超纯水：为了研制超纯材料（半导体原件材料、纳米精细陶瓷材料等），应用蒸馏、去离子化、反渗透技术或其他适当的超临界精细技术生产出来的水，其电阻率大于 $18M\Omega \cdot cm$，或者接近 $18.3M\Omega \cdot cm$ 极限值（25℃）。在集成电路制造过程中，超纯水多用于清洗芯片在制造过程中的污染物。

Universal Serial Bus (USB)，通用串行总线：一种使用串行的方式依次按比特位传输数字信号的接口协议的统称。

Uninterruptible Power Supply/Source (UPS)，不间断电源：当正常交流供电中断时，将蓄电池输出的直流变换成交流持续供电的电源设备。

Unmanned Aerial Vehicle (UAV)，无人驾驶飞行器：俗称无人机，是一种由动力驱动的，机上无驾驶人员的，可自主飞行或遥控控制，能单次或重复使用的飞行器。

Verification IP，验证 IP：是指在 SoC 设计中提供协议、接口和存储器的 IP 验证的方法和方案。

Video Codec，视频编解码器：对数字视频进行压缩或解压缩的电路或软件。

Virtual Reality (VR)，虚拟现实：借助于计算机图形图像技术及硬件设备，实现一种使人们可以通过视、听、触、嗅等手段感受到虚拟幻境，产生身临其境的交互式视觉仿真的技术。

Water Supply and Drainage System，给排水系统：为生产和生活提供用水和污水及废水排除设施的总称。

Wafer，晶片/圆片：一种半导体材料或将这种半导体材料沉积到衬底上面形成的薄片或扁平圆片，称为晶片；在其上制作元器件的晶片，称为圆片。

White Goods，白家电：帮助减轻人们的劳动强度或代替人们进行家务劳动、提升生活品质的家电。

Wireless Fidelity (Wi-Fi)，无线保真：符合 IEEE 802.11b 标准、目前使用

最广的一种无线局域网。

X—Z

X-Ray，X射线：高速电子撞击原子产生的一种电磁辐射。其波长范围比可见光波长更短，为0.01~10.00nm。1895年由伦琴发现。

Yield，成品率：是指生产企业在生产产品的过程中，根据产品产出的合格成品情况与核定的产品材料总投入量，所确定的一定比率关系。

ZigBee，紫蜂：一种基于IEEE 802.15.4标准的短距离、低功耗局域网协议。

（资料整理：陈春章）

索 引

本索引给出全书常见专业词汇的中文、英文及其主要讲解部分所在页码。本索引以中文词汇作为主条目。

以数字或字母开头的词。

中文	英文	页码
2.5D 封装	2.5D Package	1027，1098，1107
3D 封装	3D Package	1027，1042，1095
ARM 架构处理器	ARM Processors	269
BCD 工艺	Bipolar-CMOS-DMOS（BCD）Process	226，756
CMOS 图像传感器	CMOS Image Sensor（CIS）	421
Ge/Si 芯壳结构	Ge/Si Core-Shell Structure	1729
IA-64 架构处理器	IA-64 Processors	263
IP 核	Intellectual Property Core	3，810，985
MIPS 架构处理器	MIPS Processors	267
MOS 门控晶闸管	MOS Controlled Thyristor（MCT）	380
PowerPC 处理器	PowerPC Processor	266
RC 约减	RC Reduction	836
UltraSPARC 架构处理器	UltraSPARC Processors	270
x86 架构处理器	x86 Processors	261
X 射线测量设备	X-Ray Metrology Equipment	1465

以下按拼音字母次序排列。

A

安全加密处理器	Secure Cryptoprocessor	285
安全增强设计	Security Enhancement Design	819

B

白家电	White Goods	427
版图比对检查	Layout Versus Layout（LVL）	848
版图电路图一致性检查	Layout Versus Schematic（LVS）	711，848
版图交付	Tape Out	693，712
半定制设计	Semi-Custom Design	716
半节距	Half Pitch	70，864，1276，1744
保持时间约束	Hold Time Constraint	724
背面研磨	Back-Side Grinding	1054
背向散射电子	Back Scattered Electrons	1292
比较器	Comparator	294
比较优势	Comparative Advantages	507，536
边界扫描测试	Boundary Scan Testing	726，1148
边界元素法	Boundary Element Method（BEM）	846
边缘抛光机	Edge Polisher	1228
边缘去除	Edge Bead Removal（EBR）	1461
边缘位置误差	Edge Placement Error（EPE）	1241
变形束电子束曝光系统	Variable-Shaped Electron Beam Exposure System	1262
变压器耦合型等离子体	Transformer Coupled Plasma（TCP）	1387
标准单元库	Standard Cell Library	176，698
表面波等离子体刻蚀设备	Surface Wave Plasma（SWP）Etching Equipment	1396
表面迁移现象	Surface Migration	1327
表面缺陷和污染检测仪	Surface Defect and Contamination Detector（SDCD）	1249
表面台阶仪	Surface Profiler	1475
表面贴装技术	Surface Mounted Technology（SMT）	1029
波纹锯痕	Waviness	1224
波形数字化仪	Digitizer（DGT）	1128，1531，1534

薄膜晶体管	Thin Film Transistor (TFT)	395, 1765
薄膜应力测试	Film Stress Measurement	1471
布局布线	Placement and Routing	694, 709
布局规划	Floor Planning	720, 843
布线	Routing	694, 709
部分耗尽型 SOI	Partially Depleted SOI (PD-SOI)	871

C

参考电压源	Reference Voltage Supplies (RVS)	733, 1530
参数化单元	Parameterized Cell (PCell)	696
产品生命周期	Product Life Cycle	510
产业集群	Industrial Cluster	499
常压化学气相沉积	Atmospheric Pressure CVD (APCVD)	922, 1321, 1327, 1340, 1746
场求解器	Field Solver	845
超薄体	Ultra Thin Body (UTB)	71, 1681
超标量	Superscalar	777, 780
超纯水	Ultrapure Water	639, 644
超大规模集成电路	Very Large Scale Integrated Circuit (VLSI)	242, 1022
超高效过滤器	Ultra Low Penetration Air Filter (ULPA)	645, 1308
超临界流体清洗	Supercritical Fluid Cleaning	1405
超长指令字	Very Long Instruction Word (VLIW)	264, 777
车身控制模块	Body Control Module (BCM)	445
车载信息娱乐系统	In-Vehicle Infotainment (IVI)	444
成核中心	Nucleation Sites	1327, 1580, 1586
成品率设计	Design for Yield (DFY)	855
成形束电子束曝光系统	Shaped Electron Beam Exposure System	1262
乘除法单元	Multiplier and Divider Unit	773
出货量	Shipment	553
触控芯片	Touch Control Chip	424

传感器	Sensor	402, 475, 1788
串行/解串器	Serializer/Deserializer (SerDes)	308
垂直进给磨削	In-Feed Grinding (IFG)	1226
磁控溅射源	Magnetron Source	1322, 1326, 1334, 1336
磁性隧道结	Magnetic Tunnel Junction (MTJ)	804, 971, 1694
粗磨	Rough Grinding	1055, 1227, 1479
存储单元	Memory Cell	253, 789, 967
存储架构	Memory Hierarchy	783
存储器控制器	Memory Controller	791
存储墙	Memory Wall	769

D

大规模集成电路	Large Scale Integrated Circuit (LSI)	85, 1081
大气机械手	Atmospheric Manipulator	1506
大宗气体	Bulk Gas	652
带隙基准源	Bandgap Reference	732
单晶棒	Monocrystal Ingot	1201, 1564
单晶硅	Mono Crystalline Silicon	1549
单指令多数据	Single-Instruction Multiple-Data (SIMD)	778
单指令多线程	Single-Instruction Multiple-Thread (SIMT)	786
氮化镓	Gallium Nitride (GaN)	233, 1600, 1602
导航芯片	Navigation Chip	350
倒装芯片	Flip-Chip (FC)	1027, 1036, 1076
倒装芯片尺寸级封装	Flip-Chip Chip Scale Package (FC-CSP)	1080
倒装芯片球栅阵列	Flip-Chip Ball Grid Array (FC-BGA)	1077
等价性检查	Equivalence Checking	725, 839
等离子刻蚀	Plasma Etching	1379
等离子体增强化学气相沉积	Plasma Enhanced Chemical Vapor Deposition (PECVD)	922, 1327, 1342
等离子体增强原子层沉积	Plasma Enhanced ALD (PEALD)	1327

低功耗双倍速率同步动态随机存取存储器	Low Power Double Data Rate (LPDDR) SDRAM	248
低温共烧陶瓷	Low Temperature Co-fired Ceramics (LTCC)	1071, 1660
低压差线性稳压器	Low Dropout Regulator (LDO)	303
低压化学气相沉积	Low Pressure CVD (LPCVD)	1321, 1341
低噪声放大器	Low Noise Amplifier (LNA)	236, 337, 748
狄拉克费米子	Dirac Fermion	1724
第一性原理	First Principles Method	1759
点缺陷	Point Defects	1573
电感耦合等离子体	Inductively Coupled Plasma (ICP)	1371, 1387
电感式传感器	Conductance Sensor	407
电荷耦合器件	Charge Coupled Device (CCD)	12, 420
电路划分	Circuit Partitioning	718
电路图	Circuit Schematics	699
电路图驱动版图	Schematic-Driven Layout (SDL)	845
电气规则检查	Electronic Rule Check (ERC)	711, 834, 849
电气电子工程师学会	Institute of Electrical and Electronics Engineers (IEEE)	9
电容耦合等离子体	Capacitively Coupled Plasma (CCP)	1371, 1384
电容式传感器	Capacitance Sensor	405
电源完整性	Power Integrity (PI)	1111, 1121
电子回旋共振	Electron Cyclotron Resonance (ECR)	927, 1372, 1391
电子回旋共振等离子化学气相沉积	Electron Cyclotron Resonance Plasma Chemical Vapor Deposition (ECR-CVD)	1355
电子设计自动化	Electronic Design Automation (EDA)	282, 829, 990
电子束光刻	Electron Beam Lithography (EBL)	1291
电子突触	Electronic Synapse	1701
电阻式传感器	Resistance Sensor	404
叠层封装	Package on Package (PoP)	1084
碟形化	Dishing	1437

中文	English	页码
订单额/销售额比率	Book to Bill Ratio	66
定位槽	Notch	1204
定位槽成型磨轮	Notch Grinding Wheel	1213
动力传动综合控制系统	Powertrain Control System	446
动态 CMOS 电路	Dynamic CMOS Circuit	716
动态重构	Dynamic Configuration	827,1710
动态功耗	Dynamic Power	706
动态时序分析	Dynamic Timing Analysis	724,851
动态随机存取存储器	Dynamic Random Access Memory (DRAM)	245,795
多次可编程	Multi-Time Programmable (MTP)	251
多电子束光刻	Multi-Electron Beam Lithography (MEBL)	1290,1294
多核	Multi-Core	781
多线程	Multi-Thread	779
多芯片封装	Multi-Chip Package (MCP)	258,1119
多芯片集成	Multi-Chip Integration	1789
多芯片组件	Multi-Chip Module (MCM)	1039

E

中文	English	页码
二次电子	Secondary Electron	1291
二次配管	Hook Up	644
二元决策图	Binary Decision Diagram	839

F

中文	English	页码
发光二极管	Light Emitting Diode (LED)	305,387
发射极关断晶闸管	Emitter Turn-Off Thyristor	379
法拉第屏蔽	Faraday Shield	1389
反射式电子束光刻	Reflective Electronic Beam Lithography (REBL)	1291
反应离子刻蚀	Reactive Ion Etching (RIE)	1371,1380
反应离子束刻蚀	Reactive Ion Beam Etching (RIBE)	1378
反应腔内衬	Chamber Liner	1381,1385
非晶态	Amorphous	1696

中文	English	页码
非钳位感性开关	Unclamped Inductive Switching (UIS)	873
非线性集成电路	Non-linear Integrated Circuit	730
非易失性存储器	Non-volatile Memory (NVM)	253, 787, 967
非制冷型红外探测器	Uncooled Infrared (IR) Sensor	419
菲涅尔衍射	Fresnel Diffraction	1276
分辨率增强技术	Resolution Enhancement Technology (RET)	853, 911, 1241
分度工作台	Index Table	1227
分立的能级	Discrete Energy	1735
分支预测	Branch Prediction	774
分子动力学模拟	Molecular-Dynamics Simulation	1757
分子束外延	Molecular Beam Epitaxy (MBE)	1328, 1358, 1596
风险投资	Venture Capital (VC)	533, 571, 595
封测代工厂	Outsourced Semiconductor Assembly and Test (OSAT)	1015
蜂窝移动通信	Cellular Mobile Communication	327
浮点运算单元	Floating-Point Unit (FPU)	773
辅助电子束光刻	Complementary e-Beam Lithography (CEBL)	1290
负栅电容晶体管	Negative Capacitance MOSFET	1687
复杂指令集计算机	Complex Instruction Set Computer (CISC)	261, 771

G

中文	English	页码
改良西门子法	Modified Siemens Process	1548
感光板	Emulsion Photoplate	1241
干泵	Dry Pump	1513
干法清洗	Dry Cleaning	927, 1404
高层次综合	High Level Synthesis (HLS)	721
高纯多晶硅	High Purity Polycrystalline Silicon	1548
高纯化学试剂	High Purity Chemicals	1642
高级处理器	Advanced Processors	286
高级驾驶辅助系统	Advanced Driver-Assistance Systems (ADAS)	449

高精度纳米电子束光刻	High Precision Nanometer Electron Beam Lithography	1291
高密度等离子体	High Density Plasma（HDP）	1344，1345，1370
高清多媒体接口	High-Definition Multimedia Interface（HDMI）	315
高速缓存	Cache	773，784
高温共烧陶瓷	High Temperature Co-fired Ceramics（HTCC）	1071，1659
高压氧化炉	High Pressure Oxidation Furnace	1310
高压液体喷射	High Pressure Fluid Jet	1427
个人计算机	Personal Computer（PC）	20，434
各向同性	Isotropic	888，1055，1671
各向异性	Anisotropic	889，1055，1671
给排水系统	Water Supply and Drainage System	633
工艺排气	Process Exhaust	650
工艺设计包	Process Design Kit（PDK）	695
工艺文件	Technology File	696
工艺真空	Process Vacuum	649
功耗墙	Power Wall	769
功率二极管	Power Diode	357，359
功率放大器	Power Amplifier（PA）	335，751，885
功率金属-氧化物-半导体场效应晶体管	Power MOSFET	366
功率双极晶体管	Power BJT	364
功能验证	Functional Verification	708
供应商管理库存	Vendor Managed Inventory（VMI）	1002
股权激励	Equity Incentive	570
固核	Firm Core	47，810，985
固态硬盘	Solid State Drive（SSD）	13，255，797
固相外延	Solid Phase Epitaxy（SPE）	926，1328
故障模型	Fault Model	726，1132，1146，1797

关键尺寸	Critical Dimension	1247, 1390, 1450
光电二极管	Photodiode	383
光电器件	Optoelectric Devices	382
光化学气相沉积	Photo Chemical Vapar Deposition	1353
光刻胶	Photoresist	1368, 1401, 1618
光通信器件	Optical Communication Devices	401
光学关键尺寸	Optical Critical Dimension (OCD)	1450
光学邻近效应校正	Optical Proximity Correction (OPC)	911, 1241, 1446
光掩模	Photomask	1609
规模经济	Scale Economies	494
硅衬底全外延	Blanket Epi on Silicon	1361
硅基光子学	Silicon Photonics	1563
硅基石墨烯	Graphene on Silicon Substrate	1561
硅基碳管	Carbon Nanotubes on Silicon Substrate	1560
硅基应变硅薄膜	Strained Silicon Film on Silicon Substrate	1559
硅通孔	Through Silicon Via (TSV)	259, 1036, 1092, 1114, 1746, 1748, 1796
硅烷热分解法	Silicane Pyrolytic Process	1548
硅烯	Silicene	1727
国内生产总值	Gross Domestic Product (GDP)	42, 79

H

焊料	Solder	1672
焊盘	Pad	987, 1064, 1066
毫米波	Millimeter Wave	346, 468, 744
黑家电	Brown Goods	427
横向扩散 MOSFET	Laterally Diffused MOSFET (LDMOS)	874
红海	Red Ocean	501
宏观缺陷检测	Macro Defect Inspection	1459
后仿真	Post-Simulation	699, 708, 835

中文	English	页码
互补金属-氧化物-半导体	Complementary Metal-Oxide-Semiconductor (CMOS)	217, 880
划片槽区域	Scribe-Line	1444, 1451
滑移位错	Slip Dislocation	1583
化合物半导体	Compound Semiconductor	877, 1590, 1711
化合物量子点	Compound Quantum Dots	1607
化合物量子阱	Compound Quantum Well	1606
化学辅助离子束刻蚀	Chemical Assisted Ion Beam Etching (CAIBE)	1378
化学机械抛光	Chemical Mechanical Polishing (CMP)	924, 1434, 1645, 1646, 1746
化学品氧化	Chemical Oxidation	914
化学气相沉积	Chemical Vapor Deposition (CVD)	624, 922, 1321, 1327, 1632
化学束外延	Chemical Beam Epitaxy (CBE)	1364
化学外延	Chemoepitaxy, Chemo-epitaxy	1328
回流炉	Reflow Oven	1498
混合现实	Mixed Reality (MR)	483
混频器	Mixer	338, 749
霍尔传感器	Hall Effect Sensor	410

J

中文	English	页码
机械泵	Mechanical Pump	1359, 1377, 1513
基板	Substrate	1027, 1033, 1036, 1041, 1043, 1045, 1610, 1663, 1664
激光二极管	Laser Diode	383, 397
激光干涉光刻	Laser Interference Lithography (LIL)	1258, 1261
激光化学气相沉积	Laser-Asisst Chemical Vapor Deposition	1354
激光直写	Laser Direct Writing (LDW)	1290
极紫外光刻机	Extreme Ultraviolet (EUV) Lithography System	1288
极紫外线	Extreme Ultraviolet (EUV)	909

极紫外光掩模	Extreme Ultraviolet Lithography Photomask	1616
集成电路	Integrated Circuit (IC)	3
集成电路计算机辅助设计	Integrated Circuit Computer Aided Design (ICCAD)	14
集成栅极换流晶闸管	Integrated Gate Commutated Thyristor (IGCT)	355, 378
几何限制定向法	Grapho-Epitaxy	1744
计算光刻	Computational Lithography	72, 911, 1287
计算机	Computer	434, 435
计算机辅助测试	Computer Aided Testing (CAT)	97
计算机辅助管理	Computer Aided Management (CAM)	97
计算机辅助设计	Computer Aided Design (CAD)	97, 185
寄存器传输级	Register-Transfer Level (RTL)	694, 717, 722
寄存器堆	Register File	773
寄生参数提取工具	Parasitic Parameter Extractor	845
加载存储单元	Load Store Unit	773
价值链	Value Chain	503
监听	Snooping	781
建立时间约束	Setup Time Constraint	709, 724
溅射	Sputtering	921, 1326, 1344, 1369, 1377
溅射刻蚀	Sputtering Etching	927, 1370
键合丝	Bonding Wire	124, 1169
降低表面电场	Reduced Surface Field (RESURF)	874
焦深	Depth of Focus (DOF)	909, 1281, 1287
洁净室	Clean Room	645
结构冲突	Structure Hazard	776
结泄漏电流	Junction Leakage Current	704
金刚石磨轮	Diamond Grinding Wheel	1203, 1224, 1478
金属化学气相沉积	Metal Chemical Vapor Deposition	1322, 1347

金属间化合物	Intermetallic Compound (IMC)	1059, 1075, 1115, 1169, 1668
金属-氧化物-半导体场效应晶体管	Metal-Oxide-Semiconductor Field Effect Transistor (MOSFET)	221
金属有机气相沉积	Metal Organic Chemical Vapor Deposition (MOCVD)	922, 1323, 1356, 1600
尽职调查	Due Diligence	601
进入壁垒	Entry Barriers	534
浸没式光刻	Immersion Lithography	15, 182, 908
浸没液体	Immersion Fluid	1287, 1630
精简指令集计算机	Reduced Instruction Set Computer (RISC)	261, 771
精密测量单元	Precision Measurement Units (PMU)	1126, 1530
静电卡盘	Electrostatic Chuck	1335
静态 CMOS 电路	Static CMOS Circuit	716
静态重构	Static Reconfiguration	827, 1710
静态功耗	Static Power	706
静态时序分析	Static Timing Analysis	724, 851
静态随机存取存储器	Static Random Access Memory (SRAM)	243, 793
纠错编码	Error Correction Coding (ECC)	790, 792
聚焦环	Focus Ring	1411
聚焦离子束显微镜	Focused Ion Beam (FIB) Microscope	1469
绝缘体上硅	Silicon on Insulator (SOI)	219, 229, 372, 866, 917, 959
绝缘栅双极晶体管	Insulated Gate Bipolar Transistor (IGBT)	355, 369, 451, 756, 878

K

开放多进程	Open Multi-Processing (OpenMP)	783
开放计算语言	Open Computing Language (OpenCL)	782
开关电源控制器	Switching Power Supply Controller	298, 301
开关稳压器	Switching Regulator (SWR)	760

中文	English	页码
抗反射涂层	Antireflection Coating	1629
可编程逻辑	Programmable Logic	823
可编程系统芯片	Programmable System on Chip (PSoC)	826
可编程增益放大器	Programmable-Gain Amplifier (PGA)	1533
可编程阵列逻辑	Programmable Array Logic (PAL)	823
可测性设计	Design for Testability (DFT)	726, 841, 1117, 1148
可靠性设计	Design for Reliability	856, 1117, 1155
可制造性设计	Design for Manufacturability (DFM)	853, 978, 1117, 1155, 1293
可重构计算芯片	Reconfigurable Computing Chip	826
可重构运算单元	Reconfigurable Processing Elements	1710
刻蚀剂	Etchant	1271, 1369, 1398
客户自有技术	Customer-Owned Technology (COT)	175, 697
空气隙	Air Gap	1738
控制冲突	Control Hazard	776
控制器局域网	Controller Area Network (CAN)	322, 444, 477
扣非净利润	Net Profit Excluding Unusual Items	566
快恢复二极管	Fast Recovery Diode (FRD)	359
快速热处理	Rapid Thermal Processing (RTP)	1304, 1317, 1589
快速热退火	Rapid Thermal Annealing (RTA)	919, 1304, 1318
宽带隙材料	Wide-Bandgap Materials	219, 1723

L

中文	English	页码
蓝海	Blue Ocean	501
冷阱	Cold Trap	1540
离子辅助刻蚀	Ion Assist Etching	1380
离子化物理气相沉积	Ionized Physical Vapor Deposition	1321, 1326, 1337
离子色谱仪	Ion Chromatogram	1538
离子束刻蚀	Ion Beam Etching (IBE)	1377
离子研磨	Ion Milling	1378

中文	English	页码
立式扩散炉	Vertical Diffusion Furnace	1303，1307
量子点发光二极管	Quantum Dot Light Emitting Diode（QLED）	393
量子反常霍尔效应	Quantum Anomalous Hall Effect	1737
量子计算机	Quantum Computer	770，1713
量子理论	Quantum Theory	5，1756
量子效应	Quantum Effect	231，241，1713，1736，1752
磷化铟	Indium Phosphide（InP）	232，1597，1598
流程管理	Flow Management	831
流程可视化	Flow Visualization	831
流处理器	Stream Multi-processor	786，822
流动性化学气相沉积	Flowable CVD（FCVD）	922
卤素钨灯	Tungsten Halogen Lamp	1319
乱序执行	Out of Order Execution	774
逻辑门级	Gate Level	717，838
逻辑设计	Logic Design	693，694，708
逻辑优化	Logic Optimization	722，838
逻辑综合	Logic Synthesis	693，722，838
滤波器	Filter	343，733

M

中文	English	页码
毛利率	Gross Margin Rate	559
每个周期可以执行的指令数	Instructions Per Cycle（IPC）	776
密度泛函理论	Density Functional Theory（DFT）	1760
面缺陷	Surface Defects	1575
模/数转换器	Analog-to-Digital Converter（ADC）	291，735
模拟集成电路	Analog IC	289，729
成型激光封装	Molding Laser Package	1085

N

中文	English	页码
纳机电系统	Nano-Electro-Mechanical System（NEMS）	239

纳米喷射	Nano Spray	1424, 1426
纳米线	Nanowire	1728, 1735
纳米压印	Nano-Imprint	1742
内部集成电路总线	Inter-Integrated Circuit Bus	276, 323
内建自测试	Built-In Self-Test (BIST)	1118, 1126, 1149
内圆切片机	Inner Diameter Blade Sawing	1206, 1566
能量采集	Energy Harvesting	761

P

喷淋头	Showerhead	1381, 1385, 1523
碰撞电离	Impact Ionization	1684
片内测试	On-Chip Test	1123
片上光互连	On-Chip Optical Interconnect	1750
片上网络	Network on Chip (NoC)	782
片外测试	Off-Chip Test	1124, 1133
频率合成器	Frequency Synthesizer	750
平边参考面	Orientation Flat	1204
平均售价	Average Selling Price (ASP)	555
平面CMOS集成电路	Planar CMOS IC	221
破坏性物理分析	Destructive Physical Analysis (DPA)	1164

Q

鳍式场效应晶体管	Fin Field Effect Transistor (FinFET)	227, 869, 962
企业价值倍数	EV/EBITDA	513
气路系统	Gas Panel	1520
气体质量流量控制器	Mass Flow Controller (MFC)	1508
气相色谱	Gas Chromatogram	1540
气相外延	Vapor Phase Epitaxy (VPE)	1360
汽车主动安全系统	Automotive Active Safety Systems	447
前仿真	Pre-Simulation	699, 708
浅槽隔离	Shallow Trench Isolation (STI)	875, 931, 943

嵌入式处理器	Embedded Processor	769, 812
切筋成型机	Cropping Machine	1502
切克劳斯基法	Czochralski (CZ) Method	1199
切片机	Slicing Machine	1206, 1566
球栅阵列	Ball Grid Array (BGA)	1067, 1077, 1178
区熔单晶硅	Floating Zone Silicon (FZ-Si)	1549
驱动程序	Driver	816
去耦合	Decouple	1372, 1385, 1397
全定制设计	Full-Custom Design	716
全氟化合物	Perfluorinated Compound (PFC)	1511
全耗尽型 SOI	Fully Depleted SOI (FD-SOI)	871
全球半导体联盟	Global Semiconductor Association (GSA)	61
全球移动通信系统	Global System for Mobile Communications (GSM)	28
全自动掩模清洗设备	Automatic Photomask Cleaning Equipment	1266
缺陷分析扫描电子显微镜	Defect-Review Scanning Electron Microscope	1463

R

热超声	Thermal Ultrasonic	1057, 1489, 1495
热化学气相沉积	Thermal CVD	1327
热界面材料	Thermal Interface Material (TIM)	1113
热膨胀系数	Coefficient of Thermal Expansion (CTE)	1030, 1041, 1045, 1071, 1106
热施主	Thermal Donor	1563, 1580
热脱附气相色谱质谱仪	Thermal Desorption-Gas Chromatogram Mass Spectrometer (GC-MS)	1539
热压	Thermal Compression	1495, 1650
热预算	Thermal Budget	914, 919, 1211, 1304, 1310, 1318, 1343, 1351
人工神经网络	Artificial Neural Network (ANN)	1705

认知无线电	Cognitive Radio	746，1715
任意波形发生器	Arbitrary Waveform Generator（AWG）	1128，1531，1533，1535
软核	Soft Core	47，810，985
软件定义无线电	Software Defined Radio（SDR）	291，745
软硬件协同设计	Hardware Software Co-design	280，818，826，1123

S

三维封装	3D Packaging	863，1042，1095
三维集成	3D Integration	863，1699，1746，1748，1789
三维与非闪速存储器	3D NAND Flash Memory	800
三栅晶体管	Tri-Gate Transistor	869
扫描电子显微镜	Scanning Electron Microscope	1245，1443，1446，1450，1463
扫描链	Scan Chain	725，841，1126，1142
栅极关断晶闸管	Gate Turn-Off Thyristor（GTO）	361，376
栅氧泄漏电流	Gate Oxide Leakage Current	705
栅致漏极泄漏电流	Gate Induced Drain Leakage Current	705
闪速存储器	Flash Memory	253，797
扇出型	Fan-out	1028，1046，1090
扇出型圆片级封装	Fan-out Wafer Level Package（FoWLP，Fan-out WLP）	1090，1107
扇入型	Fan-in	1028，1035，1107
扇入型圆片级封装	Fan-in WLP	1107
设备前端模块	Equipment Front End Module（EFEM）	1407，1421
设计仿真	Design Simulation	706
设计规则检查	Design Rule Check（DRC）	694，696，710，730，848
设计流程	Design Flow	693，697，730

射频	Radio Frequency (RF)	742
射频等离子体	Radio Frequency Plasma	1343, 1355
射频电源	RF Generator	1510
射频功率放大器	Radio Frequency Power Amplifier (RF PA)	335, 751
射频开关	Radio Frequency Switch	752
射频识别	Radio Frequency Identification (RFID)	354
射频收发器	Radio Frequency Transceiver	746
射频微机电开关	RF MEMS Switch	414
射频物理气相沉积	Radio Frequency Physical Vapor Deposition	1321, 1326, 1332
砷化镓	Gallium Arsenide (GaAs)	231, 345, 1592, 1594, 1595
深紫外光刻	Deep Ultraviolet Lithography (DUVL)	905, 1613
深紫外光刻胶	DUV Photoresist	906, 1623
神经形态工程	Neuromorphic Engineering	1707
神经元	Neuron	288, 485, 1705
生物微机电系统	Bio-MEMS	426, 900
湿法去胶	Wet Striping	1268, 1301
时间测量单元	Time Measurement Unit (TMU)	1127, 1528, 1531, 1533
时序分析	Timing Analysis	724
时序逻辑	Sequential Logic	702, 715, 838
时序收敛	Timing Closure	720, 725, 851
时钟抖动	Clock Jitter	704, 728, 739, 1134
时钟偏差	Clock Skew	704, 843
时钟树综合	Clock Tree Synthesis (CTS)	694, 725, 843
时钟延迟	Clock Latency	704
世界半导体理事会	World Semiconductor Council (WSC)	58, 140, 172
事件驱动	Event Driven	707, 717, 835, 836, 1707

试验设计	Design of Experiments (DOE)	998, 1118
首次公开发行	Initial Public Offering (IPO)	572
输出缓冲器	Output Buffer	702
输入/输出	Input/Output (I/O)	701
输入缓冲器	Input Buffer	701
束闸阵列	Beam Blanker Array	1295
数/模转换器	Digital-to-Analog Covertor (DAC)	293, 739
数据冲突	Data Hazard	777
数据通道	Datapath	772
数据中心	Data Center	438
数字微镜器件	Digital Micromirror Device (DMD)	1259
数字信号处理器	Digital Signal Processor (DSP)	278, 785
双倍速率同步动态随机存取存储器	Double Data Rate (DDR) SDRAM	246
双工器	Duplexer	341
双极互补金属-氧化物-半导体	Bipolar Complementary Metal-Oxide-Semiconductor (BiCMOS)	224
双极晶体管	Bipolar Junction Transistor, Bipolar Transistor (BJT)	217, 236, 364, 756, 867
双扩散金属-氧化物-半导体	Double-diffused MOS (DMOS)	222
双列直插封装	Dual In-line Package (DIP)	1023
双重图形化技术	Double Patterning Technology (DPT)	938
私募股权	Private Equity (PE)	509, 525, 533, 571
四面无引线扁平封装	Quad Flat No-lead (QFN) Package	1032, 1066
四面引线扁平封装	Quad Flat Package (QFP)	1031
四探针方块电阻测试仪	Four-Point Probe	1473
塑封机	Molding Machine	1500
算术逻辑单元	Arithmetic and Logic Unit (ALU)	720, 773
隧道场效应晶体管	Tunneling Field Effect Transistor	880, 1682

中文	英文	页码
隧道磁电阻	Tunneling Magneto-Resistance (TMR)	971

T

中文	英文	页码
太赫兹集成电路	Terahertz Integrated Circuit	1711
太阳轮	Sun Gear	1216
碳化硅	Silicon Carbide (SiC)	234, 878, 1603, 1605
碳基电子器件	Carbon-Based Electronic Device	1726
碳纳米管	Carbon Nanotube (CNT)	219, 1560, 1730
陶瓷基板材料	Ceramic Substrate Materials	1663
陶瓷外壳	Ceramic Packaging Shell (CPS)	1052, 1071, 1658
特种气体	Specialty Gases	620, 653, 1632
体缺陷	Bulk Defects	1577
替代金属栅	Replacement Metal Gate (RMG)	865, 955
铁电材料	Ferroelectric Material	1687, 1770
铁电存储器	Ferroelectric RAM (FeRAM, FRAM)	71, 787, 802
通用图形处理器	General Purpose GPU (GPGPU)	274, 786
同步电路	Synchronous Circuit	702, 715, 724
同步动态随机存取存储器	Synchronous Dynamic RAM (SDRAM)	246
同步多线程	Simultaneous Multi-threading (SMT)	780
统计静态时序分析	Statistical Static Timing Analysis (SSTA)	725, 852
凸点	Bump	1050, 1077
图形处理器	Graphics Processing Unit (GPU)	273, 786
图形双倍速率同步动态随机存取存储器	Graphics Double Data Rate (GDDR) SDRAM	249
椭圆偏振	Elliptical Polarization	1448, 1451
拓扑材料	Topological Materials	1737
拓扑相变	Topological Phase Transitions	1727, 1737

W

中文	英文	页码
外差共焦测量系统	Heterodyne Confocal Measurement System (HCMS)	1245

外延缺陷	Epitaxial Defects	1587
网表	Netlist	694,706,722,725
网际协议	Internet Protocol,IP	28
网络处理器	Network Processor(NP)	283,440
微波等离子体	Microwave Plasma	928,1343
微波毫米波集成电路	Microwave & Millimeter Wave Integcated Circuit	744
微波器件	Microwave Devices	344
微处理器	Microprocessor	213,689,786,1149
微粗糙度	Microroughness	1198,1224,1226
微电极阵列	Micro Electrode Array(MEA)	1720,1774,1783
微机电系统	Micro-Electro-Mechanical System(MEMS)	238,403,413,900,1143,1774
微机电系统惯性器件	MEMS Inertial Device	413
微流控芯片	Microfluidics Chip	415
微缺陷	Microdefects	1578,1588
微外设器件	Microperipherals	135
微型发光二极管	Micro Light Emitting Diode(MicroLED)	392
伪静态随机存取存储器	Pseudo SRAM(PSRAM)	794
委托代理	Principal-Agent	516
位错	Dislocation	1574,1583,1585
钨栓塞	W-Plug	936,955
无凸点积层	Bumpless Build Up Layer(BBUL)	1100
无掩模光刻	Maskless Lithography	1290
无应力抛光	Stress Free Polish	1436
无源滤波器	Passive Filter	733
物理气相沉积	Physical Vapor Deposition(PVD)	920,1321,1326
物理设计	Physical Design	693,842
物理验证	Physical Verification	693,710

物联网	Internet of Things (IoT)	431, 1143
雾抛光	Haze Polishing	1235

X

系统级封装	System in Package (SiP)	237, 1036, 1103, 1477
系统芯片	System on Chip (SoC)	15, 809, 1141
系统总线	System Bus	441, 813
显影	Development	624, 906, 1297, 1618
现场可编程门阵列	Field Programmable Gate Array (FPGA)	279, 824
现场去胶	In-Situ PR (photoresist) Strip	1402
现金流量表	Cash Flow	550
现金流量折现	Discounted Cash Flow	513
线边缘粗糙度	Line Edge Roughness (LER)	1450
线程	Thread	779
线缺陷	Line Defects	1574
线性集成电路	Linear Integrated Circuit	730
线性稳压器	Linear Regulator	306, 759
相变材料	Phase Change Material (PCM)	808, 968, 1113
相变存储器	Phase Change Memory/RAM (PCM/PCRAM)	71, 807, 1695
消息传递接口	Message Passing Interface (MPI)	782
小外形晶体管	Small Outline Transistor (SOT)	1025
协处理器	Coprocessor	268, 775
泄漏电流	Leakage Current	357, 359, 704
芯片级封装	Chip-Scale Package (CSP)	88, 114, 1020, 1039, 1477
新能源汽车	New Energy Vehicles	448
信号完整性	Signal Integrity (SI)	852, 1110
行为级	Behavior Level	15, 717
行星载具	Planet Carrier	1216

形式验证	Formal Verification	725, 839
虚拟现实	Virtual Reality (VR)	482
选择性外延	Selective Epitaxy	869, 922, 942

Y

压应力	Compressive Stress	940, 1362, 1472
亚阈值泄漏电流	Subthreshold Leakage Current	704
亚阈值斜率	Subthreshold Swing	1684, 1687
研磨浆料	Lapping Slurry	1216, 1567
研磨盘	Lapping Plate	1215
掩模	Mask	1240
氧属硫族化合物	Chalcogenide	1695
液晶显示器	Liquid Crystal Display	306
液相外延	Liquid Phase Epitaxy (LPE)	1328, 1362
一次可编程	One-Time Programmable (OTP)	251
仪表放大器	Instrumentation Amplifier	296
忆阻器	Memristor	1700
异步电路	Asynchronous Circuit	715
异质集成	Hetero-Integration	864, 883, 1748
异质结	Heterojunction	236, 1778
异质结双极晶体管	Heterojunction Bipolar Transistor (HBT)	220, 231, 236, 885, 1361
异质外延生长	Heteroepitaxial Growth	1722, 1729
译码单元	Decoder	774
音频编解码器	Audio Codec	329
引线键合	Wire Bonding, Wire Bond	1011, 1020, 1036, 1048, 1059
引线框架	Lead Frame	1051, 1176
应力记忆技术	Stress Memorization Technique (SMT)	941, 948, 960, 1375
映射	Mapping	696, 723, 1128

硬核	Hard Core	47, 775, 810, 985
硬件抽象层	Hardware Abstraction Layer	692, 817
硬件仿真	Hardware Emulation	728
硬件描述语言	Hardware Description Language (HDL)	280, 717
硬掩模	Hard Photomask	1617
有机发光二极管	Organic Light Emitting Diode (OLED)	388, 390, 1779
有机封装基板	Organic Packaging Substrate	1664
有限元法	Finite Element Method	846, 1156
有源矩阵有机发光二极管	Active Matrix Organic Light Emitting Diode (AMOLED)	148, 301, 390
有源滤波器	Active Filter	733
预非晶化注入	Pre-Amorphization Implantation (PAI)	1314
原子层沉积	Atomic Layer Deposition (ALD)	923, 1321, 1327, 1349, 1350
原子层刻蚀	Atomic Layer Etching (ALE)	1374, 1398
原子力显微镜	Atomic Force Microscopy (AFM)	1245, 1450, 1467
圆片测试	Circuit Probe	1124, 1150, 1152
圆片盒装卸系统	Load Port	1504
圆片级封装	Wafer Level Package (WLP)	1035, 1090
圆片级芯片尺寸封装	Wafer Level Chip Scale Package (WLCSP)	1087
约束驱动版图	Constraint Driven Layout (CDL)	834, 845
运算放大器	Operational Amplifier	295, 731

Z

噪声系数	Noise Figure (NF)	337
增强现实	Augmented Reality (AR)	244, 483
张应力	Tensile Stress	940, 953, 1362, 1472
针栅阵列	Pin Grid Array (PGA)	1022, 1029, 1177
振荡器	Oscillator	334, 340, 754

整合器件制造公司	Integrated Device Manufacturer (IDM)	980
只读存储器	Read Only Memory (ROM)	176, 772, 787
直流/直流转换器	DC/DC Converter	301, 766
直流分析	Direct Current (DC) Analysis	706
直流物理气相沉积	Direct Current PVD (DCPVD)	1321, 1331
指令集架构	Instruction Set Architecture (ISA)	770
智慧城市	Smart City	433
智慧家庭	Smart Home	432
智能传感器	Smart Sensors	1788
智能电网	Smart Grid	451
智能功率集成电路	Smart Power Integrated Circuit (SPIC)	757
智能卡	Smart Card	285, 429
智能制造系统	Intelligent Manufacturing System (IMS)	478
中等收入陷阱	Middle Income Trap	81
中断控制器	Interrupt Controller	692, 774, 815
中国半导体行业协会	China Semiconductor Industry Association (CSIA)	139
中介转接层	Interposer	1028, 1036, 1094
中性离子束刻蚀	Neutral Beam Etching (NBE)	1376, 1378
中央处理器	Central Processing Unit (CPU)	13, 135, 768
众核	Many Cores	769, 782
主掩模版	Master Mask	1270
注氧隔离	Separation by Implantation of Oxygen (SIMOX)	920, 1556
专用标准产品	Application Specific Standard Product (ASSP)	47, 135, 281
专用放大器	Specialty Amplifier	297
专用集成电路	Application Specific Integrated Circuit (ASIC)	47, 114, 135, 281, 809
装片	Die Attach	1056, 1065
资本结构	Capital Structure	517, 563
资本支出	Capital Expenditure	69, 531, 551

资产负债表	Balance Sheet	550, 569, 604
资产评估	Asset Evaluation	568, 603
资产投资	Asset Investment	529
籽晶	Seed Crystal	1199, 1339
自动化物料搬运系统	Automated Material Handling System (AMHS)	632
自热效应	Self-Heating Effect (SHE)	1702
自旋属性	Spin Property	1686
总测量不确定度	Total Measurement Uncertainty (TMU)	1444
总体设备效率	Overall Equipment Effectiveness (OEE)	996, 1004
阻变存储器	Resistive Random Access Memory (RRAM)	806
组合电路	Combinational Circuits	727, 842

（资料整理：陈春章）